한국의 공익인권 소송 ②

민주사회를 위한 변호사모임

法 文 社

머리말

이 책은 2010년 2월에 발간한 『한국의 공익인권 소송』의 속편이다. 당시 우리는 법학전문대학원의 출범에 맞추어 대학원 학생들에게 공익과 인권 의식을 함양하게 하고 그에 관련된 소송 기법을 익히는 실무 교육이 이루어졌으면 하는 바람에서 위 책을 펴냈다. 또한 사법연수원에서 공부하는 예비 법조인들과 이제 막 판사, 검사, 변호사의 업무를 시작하거나 아직 법조인으로서의 경험이 많지 않은 법률가들에게도 도움이 되었으면 하는 기대도 있었다. 위 책은 총론과 각론으로 구성되어 있는데, 총론에서는 공익인권 소송의 역사와 의미, 기획과 수행 방법, 국제인권 소송 등을 다루고, 각론에서는 주로 1987년의 6월 항쟁 후에 있었던 소송 사건에서 고른 대표적 사례 26건을 소개하였다. 이 사례들은 개개의 사건 그 자체로 사회적으로 적지 않은 영향을 미친 것들이어서 각자 한 권의 책으로 엮을 만 하였으나, 이를 적당한 양으로 줄여 쓰게 하여 독자들이 읽는 데 부담을 덜도록 했다. 그런데도 위 책은 1400쪽이 넘은 방대한 분량이 되어 책에 실린 사례 외의 의미 있는 소송 사건을 넣지 못하는 아쉬움이 있었다. 이런 제약이 있기는 하였으나 위 책은 발간 후 법학 분야에서 비중 있는 공익인권 관련 도서로 선정되는 한편, 서울대학교 법학전문대학원을 비롯한 몇 몇 대학원에서 실무 교재로 사용되는 등 일정한 성과를 거두었다고 여겨진다.

이런 사정으로 우리는 위 책을 출간하면서 일정한 시간이 지나면 유사한 성격의 2권, 3권을 펴내야겠다고 예정하였다. 이는 위 책이 주로 사례를 중심으로 하는 실무서인 만큼 사회적으로 쟁점이 되었던 사례가 일정 정도 쌓이면 그 속편 형식의 책을 내는 것은 시기가 문제이지 당연한 것으로 보았기 때문이다. 이제 그 때가 되었다고 의견을 모아 이 책을 펴내게 된 것이다.

그렇다면 왜 유독 지금인가. 그 이유는 무엇보다도 2016년 10월 말부터 시작되어 박근혜 전 대통령의 탄핵과 구속 등에까지 이른 이 시기가 국민적 관심이 그 어떤 때보다 비등했고 역사적 의의가 크다고 보았기 때문이다. 다 알다시피 민주화 이전의 유물이라고도 해도 지나치지 않을 박 전 대통령을 비롯한 국정 농단 세력에 대한 국민의 광범위한 심판 요구는 촛불로 타올라 전국을 소용돌이쳤다. 그리고 그 뜻을 헤아려 박 전 대통령에 대한 헌법재판소의 만장일치 탄핵 결정이 이루어졌으며, 현재도 최순실, 김기춘 등에 대한 재판이 진행 중이다. 우리는 공익인권의 본질적 요소를 시민의 정당한 이익 보호와 국가가 마땅히 책임져야 할 국민의 기본권 보장이라 할 때, 역사 교과서의 국정화 등 권위주의 정권시기로 뒷걸음친 박 전 대통령에 대한 탄핵 심판 사건을 다루는 것은 이 책의 목적에 부합하며, 그 기억이 생생이 남아 있을 때 사건의 전후 경과를 글로 남겨 독자들과 공유하는 것은 우리의 도덕적 책무이기도 하다고 생각했다. 그래서 2017년 봄 박 전 대통령이 탄핵에 이어 구속된 무렵부터 이 책을 기획하게 된 것이다.

또 하나는『한국의 공익인권 소송』발간 후 공익인권의 관점에서 볼 때 괄목한 만한 변화와 진전이 이루어진 점을 들 수 있다. 지난 7년 여 간 여러 법무법인에서 공익 목적의 기구를 법무법인 내외에 설치하여 공익인권적 수요에 부응하려 노력하고 있으며, 다른 한편에서는 공익인권 업무만을 전담하는 독립 법인과 법률사무소 등도 등장하고 있다. 이제 변호사가 공익인권 활동을 주된 업무의 하나로 삼는 일이 점점 낯설지 않게 되어 가고 있다. 우리는 이 책의 총론 부분에서 이러한 공익인권 부문에서의 긍정적인 움직임과 현황 등을 살펴보는 글을 실었다. 다만 탄핵 심판 사건은 그 정치적 함의의 포괄성을 고려하여 개별 사례 쪽이 아닌 총론 부분에 넣되 끝 쪽에 싣도록 편집했다.

마지막으로는 첫 책의 발간 이후 공익인권적 성격의 적지 않은 소송이 이루어졌다는 점이다. 우리는 이를 사상과 양심의 자유, 소수자 보호, 노동, 변호인의 조력을 받을 권리, 환경・보건, 성 평등, 정치적 기본권, 언론・표현의 자유, 과거사, 사생활 보호와 알 권리, 교육, 아동, 국제인권 등 각 영역별로 구분하여 정리해 보았는데, 그 중요도의 면에서 과거의 책에 실린 소송 사건에 못지않은 것이 대부분이었다. 따라서 이 책을 읽게 될 법학전문대학원 학생들과 실무 법률가들에게 이를 추려 소개하는 것을 지체할 이유는 없다고 보았다. 오히려 기대 이상으로 사회적 확산 효과가 큰 소송이 많아 선별하는 데 애로가 있을 정도였다.

이런 몇 가지 이유로 이 책을 펴내게 되었다. 이 책의 구체적인 편집 내용이나 관련 문헌, 참고 자료 소개 등은 종전의 책과 큰 차이가 없다. 이 책에 실린 사례 24건의 필자들은 직접 소송을 수행・기획하거나 그와 연관된 활동을 한 변호사와 학자 등이다. 이들은 매우 바쁜 시간을 쪼개어 원고를 집필하였고, 세심하게 관련 자료 등을 정리, 본문에 보탰다. 총론 부분 집필자들을 포함하여 이들 사례를 집필한 필자들의 노고에 깊이 감사드린다.

이 책은 대략 3주 간격으로 이어진 편집위원회 회의의 산물인데, 민변의 공익인권변론센터 소장인 송상교 변호사는 회의 자료를 준비하는 외에 출판사와 협의하여 구체적인 발간 일정을 세우는 등 수고가 컸다. 아울러 이 회의에 빠짐없이 참여하여 경험과 지혜를 나눈 나머지 편집위원들, 즉 이상희, 서선영, 임애리, 조영관, 전민경, 서채완 변호사는 이 책 편집의 기본 방향을 정하는 한편, 원고들이 수합되는 대로 각자 필자별로 나누어 원고들을 감수하고 교열을 보는 외에 마지막 교정까지 담당했다. 또 민변의 이수연 간사는 편집과정과 출판에 이르는 모든 세세한 사항에 관여하여 그때그때 적절히 필자나 편집위원 등과 연락하고 소통하여 문제가 생기면 바로 시정할 수 있도록 하는 등 실무적으로 큰 도움을 주었다. 이 책은 이들 모두의 땀과 열정으로 이루어진 결정체이다. 이들의 헌신적인 참여가 없었더라면 이 책의 발간은 좀 더 늦어졌을 것이다. 또한 이 책은 발간 취지에 깊이 공감한 <법조공익모임 나우>의 공익사업비 지원으로 발간될 수 있었다. 이들 모두에 대하여 다시 한 번 깊은 사례의 말씀을 드린다.

끝으로 법률서적 발간에서 오랜 역사와 전통을 가진 법문사에서 재정적 부담을 무릅쓰고 이 책의 발간을 기꺼이 맡아 준 데 대하여 심심한 감사의 말씀을 드리고 싶다.

2018. 1.

편집위원회를 대표하여

이 석 태

일러두기

- 이 책자는 〈법조공익모임 나우〉의 공익사업비 지원으로 발간되었습니다.
- 책자에 등장하는 소송사례는 2008년 이후 진행된 최근 주요 공익인권소송 중 분야를 대표하는 사건으로 선정된 것이고, 원칙적으로 소송을 직접 수행하거나 관여한 변호사 또는 교수가 집필하였습니다.
- 각 사건에 등장하는 개인과 단체의 이름은 명예회복의 의미가 있거나 본인이 동의한 분, 이미 널리 알려져 있거나 대표성이 있는 공적인물과 단체를 제외하고는 원칙적으로 익명으로 처리하였습니다.
- 지적재산권 등의 문제를 고려하여 동의를 얻지 않은 각 사건의 반대 상대방 서면은 싣지 않았습니다. 상대방 주장의 주요내용은 본문과 자료에 포함된 자료 등을 통하여 확인할 수 있습니다.
- 분량 등을 고려하여 자료로 포함된 서면 중 상당 부분은 전체를 싣지 않고 주요 내용만을 발췌하였습니다.
- 사건 이해를 위한 주요 서면, 판결문 전문은 별도의 파일로 출판사 또는 민주사회를 위한 변호사모임 홈페이지에서 내려받으실 수 있습니다.

차 례

제1부 총 론

제2부 각 론

제 1 부

총 론

- 변호사의 공익소송
- 한국의 공익변호사 현황과 전망
- 국제인권구제절차의 현황과 과제
- 민변의 공익인권변론과 공익인권변론센터
- 박근혜 탄핵심판사건과 한국사회

변호사의 공익소송*

한 상 희**

1. 여는 말

변호사는 공적 시민이다. 그는 지식집단의 구성원이며,[1] 법집행의 최전선에 서서 고객과 국가 사이에서 법권력 혹은 법률서비스를 전달한다. 그는 한편으로는 법집행의 한 부분을 이루는 동시에 다른 한편으로는 그에 대한 고객의 요구를 구성하고 법체계 안으로 투입하는 시민이기도 하다. 법질서의 가장 중요한 부분에 변호사의 존재가 자리하고 있는 것이다.

변호사가 공익에 기여하여야 할 의무는 여기서 도출된다. 물론 변호사는 법의 집행과 전달, 그리고 법적 수요의 투입이라는 공적 역할을 담당하고 있는 만큼 그 자체로 공적인 이익에 봉사하고 있는 직업군이라 할 수 있다. 하지만, 오늘날 많은 국가들에서는 직무 수행의 결과로 당연히 도출되는 공익의 관념에 부가하여 별도의 공익활동의무를 부과하면서 변호사윤리를 구성한다.

미국에서 1970년대 급격히 성장하였던 공익소송은 이런 공익활동의 중심에 자리한다. 재판의 공개가 필연의 원칙인 만큼 가장 가시성이 높은 국가기관인 법원을 무대로 공공의 이익을 위하여 사건을 구성하고 공개적인 변론을 펼치며, 그 과정에서 폭넓은 언론접촉과 시민교육, 전문가의 조직화, 혹은 관련된 이익집단과의 연대활동 등을 통하여 국가의 정책과정을 압박하고 경우에 따라 그 내용을 변경하게 만드는 일련의 활동들이 이 공익소송을 계기로 이루어지기 때문이다. 그리고 이 과정에서 정치체계가 채 대표하지 못한 사회부분들이 다시 한번 자기의 목소리를 낼 수 있는 기회가 생겨나게 된다. 법치의 틀에 의한 민주주의의 실천이라는 의미 또한 가질 수 있는 것이다.

이 글은 공익소송의 이러한 측면들을 보다 강조하고자 하는 관점에서 기획되었다.

---

* 이 글은 한인섭 외, 법조윤리, 박영사, 2017 중 김인회와 필자가 책임집필하였던 "제11장 변호사의 공익법률활동"의 내용을 기반으로 필요한 사항을 가감, 편집한 것이다.

** 교수, 건국대학교 법학전문대학원.

1) Center for Professional Responsibility, Model Rules of Professional Conduct, ABA, 1992, p.5.

공익소송의 의미를 살펴보면서, 그리고 우리나라의 공익소송 발전과정을 소략하게나마 짚어보면서 그것의 사회적 의미를 정리해 보고자 한 것이다.

2. 변호사의 공익활동

가. 공익활동의 의미와 근거

법치의 원칙상, 법집행은 보편·일반성의 원칙에 부합하여야 하며 혹은 국가가 공적으로 제공하는 법률서비스는 공공재로서의 성격을 가지고 있는 만큼 모든 사람들이 보편적으로 이용할 수 있어야 한다. 하지만 국가의 공권력이란 필연적으로 한계가 있다. 그것만으로는 법집행의 기본토대가 되는 모든 법사실들을 다 포괄할 수 없으며 법집행에 대한 시민사회의 요구들을 제대로 반영해 낼 수도 없다. 법률서비스로서의 법집행 또한 서비스의 수요자들과 긴밀한 소통관계가 전제되지 않으면 그 기능을 제대로 발휘할 수가 없다. 이런 상황에서 그 법집행 혹은 법률서비스의 공급을 유한할 수밖에 없는 공적 자원이나 경제능력이 결정적인 위력을 행사하는 사적 자치라는 시장의 원리에만 맡겨 둔다면 법집행의 사각지대가 발생하는 것은 물론, 경제적 약자나 사회적 약자들이 그대로 법으로부터 소외되고 마는 현상이 발생하게 된다. 이는 법집행 또는 법률서비스에 대한 보편적 접근이라는 법치와 민주성의 요청에 어긋난다. 이런 모순을 극복하기 위하여 국가 또는 변호사단체는 법률서비스의 배타적 제공권을 가지는 변호사로 하여금 일정한 공적 의무를 부과하게 된다.

실제 변호사의 공익활동의무는 몇 가지로 근거지워진다. 자유주의 혹은 법치주의적 법질서에서 가장 먼저 그 근거로 제시되는 것은 인권 혹은 기본적 자유와 권리에 대한 국가의 보장의무이다. 국민들은 재판을 받을 권리를 가질 뿐 아니라, 법적용에 있어 평등하게 대우받을 권리도 가진다. 더구나 헌법은 특정한 경우 국민들에게 변호사의 도움을 받을 권리까지 기본권으로 인정하고 있다. "변호사의 공익성"이란 여기서부터 나온다. 변호사는 기본적으로 국가로부터 위임 혹은 신탁받은 업무의 수행인이며, 여기에는 의당히 변호사가 공적 이익을 위하여 일정한 서비스를 제공하여야 할 의무가 당연히 수반된다고 보는 것이다. 변호사의 존재 자체가 국민의 자유와 권리를 보호하여야 한다는 국가적 의무를 실현하기 위한 하나의 수단으로 이루어져 있는 것이다.

변호사가 법률전문직에 지나지 않는다고 하더라도 이런 의무가 소거되는 것은 아니다. 전문직체계 자체가 국가가 직접 혹은 간접적인 방식으로 공식 승인하고 제도화한 것이기 때문이며, 바로 그로부터 이 공익성의 요청이 파생되어 나오기 때문이다. 즉, 법률전문직으로서의 변호사제도가 국가법체계내로 편입되는 과정에서 공익성은 법률전문직이 지향하여야 할 기본적인 가치 내지는 이념으로 투입되는 것이다.

요컨대, 변호사의 공익성은 변호사제도에 내재하는 본질적인 속성이자 그 존재이유의 토대를 이룬다. 변호사제도의 발전과정이 잘 보여 주듯, 변호사가 제공하는 법률서비스는 국가의 법집행에 있어 필요불가결한 것이었다. 당사자주의에 입각한 소송제도는 그 대표적인 예가 된다. 변호사의 도움 없이는 법적 정의를 실현하는 것은 상당히 곤란해진다. 즉, 공공재로서의 법률서비스를 변호사라고 하는 법률전문직이 그 일부를 전담하여 자신의 업무로 포섭하는 과정에서 변호사의 공공성이 당연한 속성으로 부착되었다는 것이다.

물론 변호사의 법률서비스란 시장의 논리에 따라 결정되는 것이라고 보는 시장주의의 논리들은 변호사의 공공성에 대한 요구들을 당연시한 것으로 여기지는 않는다. 그것은 규범필연적인 의무가 아니라 그동안 변호사들이 공적인 역할을 수행하면서 구축되어 온 하나의 관행적인 것에 지나지 않는다고 보는 것이다. 그러나 그럼에도 이들 또한 변호사의 공익활동의무를 부정하지는 않는다. 오히려 그들의 관심은 이러한 의무가 이행되는 체제에 맞추어진다. 즉 변호사의 공익활동의무는 국가적·공적 강제가 아니라 변호사 사회 내부 혹은 법률서비스시장의 내부에서 자율적으로 결정되고 또 집행되어야 하는 것이라고 본다.

나. 공익활동과 공익법운동

공익법(public interest law)운동 혹은 공익소송의 사례들은 이렇게 변호사들에 주어지는 공익활동의무의 중요한 부분을 차지한다. 그래서 보기 나름으로는 공익법운동은 변호사의 공익활동을 하나의 운동으로 혹은 그것을 하나의 제도적 차원으로 구성하는 작업이자 동시에 그러한 공익활동을 법체계 속으로 포섭하여 일반인들에게 법적으로 대표될 수 있는 기회 혹은 역량을 확장함에 집중하는 것에 초점을 맞춘 용어라 할 수 있다.

그런데 여기서 공익법운동을 R. 다반(Dhavan)의 정의에 따라 소외집단에 대한 차별이나 억압을 제거하기 위한 법 운동이라는 차원으로 한정할 이유는 없어 보인다. 그는 공익법운동의 타겟을 주로 사회·경제적 소외집단의 문제에 맞추고자 하는 경향을 보이나, 후기산업화사회로 접어들면서 시민사회의 법적 관심이 무한히 확장하고 있는 오늘날에까지 그렇게 좁게 파악할 필요는 없다.

오히려 그와 함께 사회 내에서 인권이나 환경 등 많은 사람들이 공유하고 향유하여야 할 가치 혹은 이익임에도 불구하고 정치·사회적으로 대표되지 못하거나 과소대표되고 있는 다양한 이익들을 법과정을 통하여 새로이 그 실현의 가능성을 확보하고자 하는 제반의 운동들을 포괄하는 개념으로 사용하는 것이 보다 현실적 타당성을 가질 것으로 보인다. 오늘날의 공익활동의 추구지점이 1960년대의 제1세대 공익법운동이 지향했던 법률원조 수준을 넘어서, 후술하듯 법과정에 대한 시민참여기회의 확대라든가 시민과 법기관가의 협치적 관계의 형성으로까지 발전하고 있기 때문이다. 법치의 체제가 추구하는 법의 보편성·일반성의 요청은 단순히 법으로부터 소외된 계층이나 사회부분을 법적으로 대표하는 수준을 넘어 모든 사람들이 법과정에 능동적이고 유권적으로 참여할 수 있는 기회의 보장 혹은 그러한 상태를 지향하는 것이어야 한다는 것이다.

실제 우리나라의 변호사법과 변호사윤리장전 등의 법령에 의해 부과되고 있는 공익활동의무는 이렇게 넓은 개념의 공익법활동을 예정하고 있다. 예컨대, 대한변호사협회의 『공익활동 등에 관한 규정』 제2조 제1호 및 제7호의 규정은 우리 사회에서 변호사의 의무대상인 공익활동의 내용을 잘 정리하고 있다.

> 1. 시민의 권리나 자유 또는 공익을 위하거나 경제적인 약자를 돕기 위하여 마련된 자선단체, 종교단체, 사회단체, 시민운동단체 및 교육기관 등 공익적 성격을 가진 단체에 대하여 무료 또는 상당히 저렴한 비용으로 법률서비스를 제공하는 활동과 위 공익적 단체의 임원 또는 상근자로서의 활동 중 이 회 또는 지방변호사회가 공익활동으로 인정하는 활동 〈중략〉
> 7. 개인에 대한 무료변호 등 법률서비스 제공행위 가운데 공익적 성격을 가진 것

이에 의하면 ① 인권옹호활동, ② 공익실현·증진활동, ③ 경제적 약자 지원이라는 지향성이 하나의 요소를 이루며, ④ 그 활동의 방법은 무료 또는 상당히 저렴한 비용을 받음에 그쳐야 한다. 여기서 마지막의 요소는 굳이 고려되어야 할 것인가는 별론으로 하더라도, 공익활동의 핵심에 평화권이나 발전권과 같은 현대적 개념의 인권의 보장이나 생태보호, 혹은 사회·경제적 개혁 등과 같이 보다 포괄적이고 보다 광범위하게 확산되어 있는 이익들도 포함될 여지를 남긴다.

공익법운동은 이러한 활동들을 사회변동 혹은 개량을 위한 수단 또는 시민의 의식이나 인식을 계몽·계발하거나 각성시키는 수단으로 활용하면서 이를 집단적으로 계속하여 추구하는 일련의 계획적 행위 내지는 그 경향이라 할 수 있다. 공익법운동은 개별적 사건 혹은 개인적 이익의 대표행위에 그치지 아니하고 거기서 제기되었던 제반의 법문제를 사회적 의제로 삼고 이를 해결하기 위하여 다른 변호사·법률가 혹은 시민들과 연대하거나 의사의 교환 하에 연계된 행동으로 나아가는, 비교적 장기간에 걸친 사회적 움직임이 공익법운동인 것이다.

3. 공익인권소송

가. 공익인권소송의 개념

엄밀히 보자면 변호사의 공익법활동은 법을 통한 사회변화를 지향하는 전략으로 이용된다. 현재의 질곡을 깨치기 위한 방법으로 법과정을 활용하여 사회의 현상(現狀)을 바꾸고자 하는 것이다. 이러한 법동원(legal mobilization)에는 여러 가지의 방법이 있다. 그 중 가장 뚜렷하게 등장하는 것이 공익입법운동이다. 이는 법의 제정·개정, 혹은 폐지 등의 과정에 개입하여 현실을 바꾸어나가고자 하는 방식이다. 그와 함께 행정영역에서 법의 집행과정에 개입하여 정보공개에서부터 청문회·공청회의 개최, 의견서제출 등 행정절차에의 참여 등으로 이루어지는 법동원방식도 있다. 하지만, 법률전문직으로서의 특수성이 가장 잘 드러나는 것이 공익법소송 혹은 공익인권소송이다. 이는 소송이라는 사법과정을 통하여 법해석의 변화와 선례를 만들어내고 이를 바탕으로 사회의 구성을 바꾸고자 하는 변호사집단에 특유한 사회변화 전략이라 할 수 있을 것이다.

공익소송은 주로 미국사회를 중심으로 발전된 개념으로 기존의 법체계에 의하여 충분히 보호받지 못하는 사회적 소수자와 약자의 권리나 이익을 법적으로 보호하기 위한 소송을 말한다.[2] 그러나 우리의 현실에서는 공익법운동의 개념 확장에서와 마찬가지로 그 영역을 확장하여 민주화 및 권력감시활동이나 시민들의 사법접근권 확대를 위한 소송까지 포함하는 것으로 이해할 필요가 있다.[3] 그래서 그 중심영역에는 경제적·사회적 결핍으로 인하여 법원이나 변호사를 이용하는 데 드는 비용을 감당할 수 없는 경우나 정치·사회적인 편견이나 억압이 극심하여 스스로의 권리를 제대로 이행할 수 없는 상태에 놓이게 된 소수자 등의 경우를 지칭하는 좁은 개념의 공익법소송이 존재한다고 이해하는 한편, 그와 더불어 어떤 사회적 이익이 중요한 법적 이익임에도 불구하고 아직 법적 권리로 인식되지 못한 경우, 많은 사람들에게 두루 이익이 되는 것이기는 하지만 개인적으로는 그 이익이 크지 않아 법적 절차로 나아갈 필요성을 느끼지 못하는 경우 등도 공익법소송의 범주 속으로 포섭되도록 하는 것이 바람직하다. 즉 공익법소송은 사회적인 소수자, 약자들이 법적으로 충분히 보호를 받지 못하게끔 하거나 혹은 커다란 공익상의 필요가 있음에도 불구하고 그 위험부담 때문에 선불리 법적 문제로 제시되지

---

2) 황승흠, "공익인권소송의 역사와 쟁점," 한국의 공익인권소송, 경인문화사, 2010, 19쪽 내지 21쪽. 미국에서 공익법운동 혹은 공익소송은 초기에 법률원조의 측면과 함께 NAACP나 ACLU 등과 같은 인권단체들에 의한 법개혁운동과 결합함으로써 그 존재의의를 확보할 수 있었다. 그리고 인종통합을 명령한 1954년의 Brown사건은 공익법운동의 전기를 이루었다고 한다. S. L. Cummings and I. V. Eagly, "After Public Interest Law," Northwestern University Law Review, vol. 100, No. 3, pp.1252-3.

3) 염형국, "한국의 공익변호사 현황과 전망," 공익과 인권, 제13호, 2013, 9쪽.

못한 채 방치되는 경우에 이러한 이익이나 권리를 보호하기 위하여 법원에 소송을 제기하여 새로운 판결을 이끌어내려는 노력을 의미한다.

이렇게 본다면 공익소송의 중요한 분야 중의 하나로 인권소송을 들 수 있게 된다. 인권소송은 문자대로 해석한다면 인간의 가장 기본적인 권리인 인권이 보장되지 못했을 때 그 인권을 지키기 위한 소송을 의미한다. 하지만 우리나라에서의 인권소송은 이와 같이 넓은 의미로만으로는 도저히 특정되지 않는 또 다른 의미를 가진다. 그것은 군부독재와 권위주의 정부 시절 정부에 벌어진 인권탄압 행위에 대한 인권변론활동을 포함하거나 혹은 그러한 활동으로부터 시작되었기 때문이다. 또한 변호사의 인권소송 혹은 인권활동은 이렇게 확보되는 인권들을 바탕으로 정치과정 및 정책과정에 적법절차를 확립하고 시민들의 능동적인 참여를 보장하는 한편, 사회 각 부분들 사이의 실질적인 평등을 도모함으로써 전반적인 민주화를 추구하는 변론활동으로까지 확대되기도 하였다. 그래서 우리나라에서 목도되는 변호사들의 인권소송 내지는 활동은 넓게는 민주화운동이라는 보다 추상적이고 일반화된 사회개혁의 활동까지도 포괄하는 것으로 이해하여도 별 무리 없다고도 할 수 있다.[4)]

나. 공익인권소송의 근거와 기능

법원은 사회적으로 대표되지 못하거나 부분적으로만 대표되고 있는 부분이 가장 유효하게 자신의 요구를 공적 영역으로 투입할 수 있는 통로가 된다. 사법과정을 통해 대표강화(representation re-inforcement)의 현상이 발생한다는 J. 일리(Ely)의 말처럼 법원은 정치체계가 채 대변하지 못한 사각지대의 목소리를 대변하는 가장 효과적이고도 보편적인 장치를 마련한다. 일리에 따르면, 정치의 실패가 나타나는 대표적인 사례는 두 가지가 있다. 첫째, "내부자들이 자신은 내부에 계속 남고 외부자들은 외부에 남도록 하기 위하여 정치 변화의 통로를 막고 있는 경우" 즉 어떠한 정책과정에서 자신들의 이익을 극대화하기 위하여 그에 대립하거나 그로부터 배제되어야 할 외부자들을 구성하고 이들을 정책의 외부적 존재로 내몰아 소외시키고 있는 경우가 그것이다. 선거권이나 공민권을 제한하거나 발언권 자체를 부여하지 않는 경우가 여기에 해당한다. 둘째, "현실적으로 발언이나 투표권이 배제되는 사람은 없지만, 실효적인 다수자에게 신세를 진 대표자들이, 일부 소수자에 대하여 단순한 적의 때문에 혹은 이익공동성의 인식을 편견에 기하여 거부하기 때문에 체계적으로 불이익을 주고, 이에 따라 대표 시스템에 의하여 다른 집단에게 부여되는 보호를 그 소수자에게 거부하는 경우"가 또 그것이다.

---

4) 실제 공익소송과 인권소송은 이론적으로 별개로 정립되었고 우리나라에서는 따로 시도되었다. 하지만 공익의 가장 핵심에 있는 것이 인권이라는 점, 우리나라에서 인권변호사라고 하는 동일한 주체가 공익소송과 인권소송을 수행했다는 점 등에 비추어 보면 이를 굳이 구분하여 사용할 필요는 없다고 생각된다.

우리의 경우에는 "빨갱이" "종북좌파" 등과 같은 담론정치를 통해 일정한 국민부분을 "비국민"으로 낙인찍고 그들의 정치적 참여 자체를 통제하거나 정치적 영향력을 극소화시키는 전략은 이에 해당한다.[5)]

이런 상황에서 법원에 부여되는 역할은 두 가지다. 기득권을 장악한 정치대표자들이 사회적으로 분출하는 변화의 요구들을 차단하거나 무시 혹은 거부하고 있을 때 그 변화의 물꼬를 열어두는 것이 그 하나이며, 다수자가 자신의 힘으로써 차별하고 소외시키고 있는 소수자를 능동적으로 대변해 내는 것이 그 나머지 역할이다.

변호사의 공익법활동 혹은 그 한 전술적 선택으로서의 공익소송은 이러한 법원의 성격과 역할에 초점을 맞춘다. 공익인권소송은 특히 정치적으로 해결되어야 할 많은 공공의 이익들이 정치권에서 해결되지 못함으로써 발생하는 공백을 메우는 역할을 담당한다. 공익인권소송은 단순한 개인의 권리나 이익이 아니라 집단의 권리나 이익을 보호하기 위한 것이므로 필연적으로 제도의 개혁을 요구한다. 즉, 사회 전체로 확산시킬 만한 이익을 대상으로 전형적인 사건을 제기하므로 소송의 결과는 곧 제도개혁으로 이어진다. 제도개혁 과정에서 공익인권소송은 제도개혁의 직접적인 주체인 국가를 대상으로 함으로써 강한 압력으로 작용한다. 그리고 공익인권소송은 승패가 분명하기 때문에 문제해결에 효과 있는 결론을 도출할 수 있다. 사법부가 판결 또는 결정의 형태로 제도개선의 필연성을 확정적으로 판정하면 다른 행정 조치나 입법을 기다릴 필요가 없다.[6)] 그리고 공익인권소송은 법률적 문제의 발굴부터 소송의 수행까지를 포괄하므로 변호사의 공익활동의 대부분이 포함된다. 즉 법률문제의 발견, 법률상담, 소송계획의 수립, 재판의 진행, 제도 개혁 방안 마련, 법률안의 제출, 재판의 집행 등 법률활동의 거의 모든 분야가 포함된다. 이런 면에서 공익인권소송은 변호사 공익활동의 최고 형태라고도 할 수 있다.

우리 사회에서 공익인권소송이라는 개념이 널리 퍼지게 된 시기가 대체로 1987년 6월의 민주항쟁 이후부터라고 할 수 있음[7)]은 이런 맥락에서 이해가능하다. 법치의 이념이 철저히 무시되고 권력에 의한 자의적 지배가 횡행했던 권위주의적 통치의 시대에서는 인권은 물론 공익소송이라는 것 자체가 무의미하거나 혹은 정치적인 금기로 설정되어 통제되었기 때문이다. 그러다가 6월항쟁으로 촉발된 민주화국면이 진행되면서 우리 정치와 사회에서 최소한의 정치적 자유와 인권이 보장되고 사회 각 분야의 요구가 분출되기 시작했다. 정치적 자유를 중심으로 한 시민권의 회복을 위한 요구라든가 노동자, 농민과 같은 전통적인 피억압계급의 자기주장은 물론, 생태나 환경, 평화 등과 같이 종

---

5) 이에 관한 설명으로는 유승익, "관습헌법의 법리－존 하트 일리의 대표보강적 접근방법과 관련하여－," 법학연구(경상대), 제24권 제2호, 2016, 194-5면 참조.
6) 이석태, 위의 논문, 9쪽.
7) 이석태, "공익인권소송의 기획과 수행," 한국의 공익인권소송, 경인문화사, 2010, 3쪽.

래 개발독재나 군사주의적인 반공체제 등에서 제대로 표출되지 못하였던 정치적 · 사회적 약자와 소수자의 집단적 요구 또한 적지 않았다. 공익인권소송은 이러한 사회의 집단적 요구들을 법률적 · 사법적으로 처리함으로써 사회적 갈등이나 분쟁을 해결함에 있어 매우 참신하면서도 평화적인, 그러면서도 안정적이고 실효적인 해결방법으로 인식되었다.

실제 공익소송은 여러 가지의 법문제들을 해결하는 기능을 수행한다. 그것은 사회적 약자나 대표되지 못하는 사람들의 권리를 구제하는 기능 외에도, 그러한 사건으로 드러나는 집단적인 갈등이나 구조적인 문제들을 합법적이고 투명한 규율과 절차를 통해서 해결함으로써 사회평화 및 질서에 기여한다.[8] 또한 기존의 법상태를 변경하는 효과를 확보함으로써 사회를 개량하거나 부조리를 제거하는 한편, 국가가 현재의 정책을 변경하거나 새로운 정책과제를 수행하도록 촉발하는 계기를 마련하기도 한다. 그뿐 아니라 정규적인 정치과정이나 정책과정에서 제대로 논의되지 못하였던 사회문제를 재판정에서의 변론과정 혹은 언론보도 등을 통하여 공론화하고 이에 대한 사회여론을 형성하는 한편, 전문적인 지혜를 수렴하는 역할을 수행하기도 한다.[9] 물론 후술하는 바와 같이 공익소송의 내재적 한계 또한 결코 무시할 것은 아니지만, 그럼에도 불구하고 이러한 기여와 효과로 인하여 공익소송은 변호사의 공익활동의무의 가장 중요한 지점에 자리하게 되는 것이다.

다. 공익인권소송의 발전과 유형

한국의 공익인권소송은 조영래 변호사가 수행한 망원동 수재사건에서부터 비롯된다는 데에 의견이 일치하고 있다. 망원동 수재사건은 개발과 경제의 논리가 지배하던 상황에서 다수의 주민들에게 폭넓게 확산되어 있어 쉽게 대표되지 못하던 이익－즉, 확산이익－을 대상으로, 변호사가 의도적으로 개입하여 이를 법의 영역으로 포섭하여 집단적으로 소송을 제기하여 소정의 승소판결을 이끌어내었을 뿐 아니라 그 소송의 과정을 통하여 사회적인 관심과 인식전환의 계기를 마련함으로써 어느 정도의 사회변화를 이끌어냈다는 점에서 공익인권소송의 전형이라고 할 수 있다.[10]

하지만 이 사건의 의미는 이런 성공담의 사례를 넘어선다. 이 사건을 계기로 하여 한국의 인권소송은 급진적으로 변화하게 되었기 때문이다. 즉, 그동안 인권변호사의 활

8) 이에 대하여는 A. T. Bibee, “Litigating for Peace: the Impact of Public Interest Litigatrion in Divided societies,” Thesis for M.A, University of Oregon, 2013. 이 학위논문은 북아일랜드와 남아프리카에서 분쟁의 평화적 해결을 위한 수단으로 공익소송이 채택되는 사례를 분석하고 그것이 분열된 사회에서 갈등가능성을 최소화하는데 어떤 기능을 수행하는지를 실증적으로 추적하고 있다.

9) 이에 관하여는 김학기, “공익소송의 입법론적 고찰,” 원광법학 제29권 제3호, 2013, 30-31면 참조.

10) 황승흠, 앞의 논문, 35쪽 내지 36쪽.

동은 시국 형사사건 내지 노동사건의 변론이라는 영역에 머물러 왔었다. 그런데 위법·부당한 공권력 행사로 인해 피해를 보게 된 다수의 일반 시민들에 대하여 재판을 통한 권리구제를 실현함으로써 인권변호사들의 지평을 확대하였다.[11] 이 사례는 1970년대와 1980년대 초 반독재, 민주화 운동의 일환으로 제기되었던 소위 인권변론과, 1980년대 중반 이후 새로운 노동운동의 방식으로 등장한 노동변론에 더하여 공익인권소송의 새로운 범주를 연 것이다. 그때까지 누적되어 왔던 인권변론과 노동변론의 경험을 활용하고 이를 다양한 생활공간으로까지 확대 적용하면서 한국의 공익소송운동의 중대한 발판을 마련한 원동력이 되었던 셈이다.

이후 한국의 공익인권소송은 다양한 방면으로 확대되고 있다. 특히 시민운동의 발전은 적극적인 공익인권소송을 필요로 하였다. 민주화와 더불어 법이 사회통제 및 분쟁해결의 주요한 수단으로 등장하고 이 과정에서 시민사회는 역으로 법을 이용하여 사회를 개량하거나 개혁하려고 노력하게 된다. 사회의 법화(legalization)과 함께 사회 각 부분에서의 법동원－입법과 사법 양면에서－이 활성화되기 시작한 것이다. 거기에 다양한 형태의 시민운동이 발전하고 각종의 시민단체, 인권단체를 비롯하여 환경·소비자·여성·아동·청소년·장애인 등 다원적이고 다층적인 이해관계들이 운동의 형태로 혹은 집단적으로 분출하기 시작하였다.

여기에 질적·양적으로 급성장한 변호사직역의 내부적 변화도 나름의 기여를 하였다. 민주화 이후 출범한 민변을 비롯하여 다양한 조직체계를 갖추게 된 변호사 사회는 때맞추어 등장한 공익인권소송에 깊은 관심을 가지게 되었다. 변호사들의 공익활동이나 인권활동들이 종래의 개별적 수준에서 점차 조직적·체계적 수준으로 발전하고 그 활동의 방식도 다양화되는 한편, 공익인권소송이나 공익활동을 풀타임으로 전담하는 변호사와 변호사단체들도 등장하게 된 것이다. 나아가 이러한 공익전담변호사의 조직화는 다시 공익인권사건의 범위와 종류를 급진적으로 확장하였다.[12] 특히 현행 헌법체계에서 활성화된 헌법소송제도는 변호사들의 공익법운동전략을 다양화시키는 데 그치지 않고 보다 효과적으로 법변화를 통한 사회개량·개혁의 가능성을 제공하였다는 점에서 그 의미는 결코 적지 않다.

요컨대 민주화 이후, 시민운동과 결합된 공익인권소송은 기존의 인권옹호, 민주화의 의지에 더하여 국가 또는 대기업과 같은 대형의 권력에 대한 시민적 통제를 확보한다고 하는 사회구조적인 문제의식, 소비자권익옹호라는 사회운동적인 측면 및 환경과 생태의 지속가능한 보존이라는 지향을 가지게 되었고, 이를 시민사회단체는 물론 지역의

---

11) 한택근, "망원동 수재 집단 손해배상청구소송," 한국의 공익인권소송, 경인문화사, 2010, 142쪽.

12) 이런 변화에 힘입어 공익소송의 범위는 대폭 확장되어 소비자사건, 환경사건, 행정소송과 헌법소송 등은 물론 입법변론활동이나 정책개선연구 및 제안 등 능동적인 정책과정참여활동도 활성화되고 있다. 염형국, 앞의 논문, 12쪽.

주민단체와의 연대를 확보하고, 법의 실체에 영향을 미치는 다양한 분야의 전문가들과 결합하여 총체적인 사회참여의 방안들을 모색하는 등 그 활동 방식을 지속적으로 확대해왔다. 이를 유형별로 간략히 소개하면 다음과 같다.

- 공해문제와 환경문제 : 김포공항 항공기 소음피해 집단소송, 새만금 소송 등
- 소비자 권익옹호 : 백화점 사기세일에 대한 민·형사소송, 교복업체 단합사건 등
- 여성권익 옹호 : 서울대 조교 성희롱 사건 손해배상소송, 제대 군인 가산점제도에 대한 위헌확인 헌법소원, 호주제위헌소송 등
- 복지문제 : 노령수당 부지급처분 취소청구소송, 장애인 보험차별 소송 등
- 기본적 인권 : 변호인의 조력을 받을 권리를 위한 소송, 공익제보자의 권리 보호소송, 수용자의 인권침해 구제 소송, 양심에 따른 병역거부자 소송, 성전환자 호적상 성별 정정사건 등
- 주주의 권익 : LG그룹 주주대표소송
- 과거사 사건 관련 : 수지김 유족의 손해배상청구소송, 소록도 대일보상청구소송, 인혁당 사건 등에 대한 재심소송 등
- 외국인·난민의 권리 보호 : 이주노동자노동조합 설립신고 반려처분 취소소송, 난민인정불허결정처분취소소송 등
- 노동자의 권리 : 불법파견과 사용자의 직접고용 책임을 인정받기 위한 소송 등[13)]
- 재심사건 : 비교적 최근에 이루어진 활동으로 약촌오거리 택시기사 살인사건이나 삼례 나라수퍼 강도사건 등
- 국가감시활동: 한미FTA협상문서 정보공개청구사건, 국회특수활동비 지출내역 정보공개청구사건
- 저항권의 행사: 촛불집회관련 집회금지통고처분집행정지가처분신청사건
- 불공정거래 등 경제력 남용 사건: 증권, 공정거래 등과 관련한 집단소송사건[14)]

라. 공익소송의 방식

공익소송이 기획되고 진행되는 방식은 그것이 달성하고자 하는 목적에 따라 혹은 그 소송이 이루어지는 법체계에 따라 달라진다. F. 실바(Silva)는 미국과 라틴아메리카에서 공익소송이 이루어지는 유형을 비교분석하면서 이 두 법체계에서의 행태가 보이는 차

13) 이상은 이석태·한인섭, 한국의 공익인권소송, 경인문화사, 2010 참조.

14) 이상은 최근에 새로이 등장한 공익소송사건들의 일부이다. 참고로 미국의 하바드 대학 공익법센터에는 다음과 같은 공익법 분야들을 제시하고 있다: 에이즈/HIV, 동물문제, 파산/부채, 기업/경제문제, 아동/청소년, 시민권/인권, 언론, 소비자, 형사사건, 사형제도, 장애인, 가정폭력, 경제개발, 교육, 노령자, 환경/에너지/공익사업, 가족, 농업/이주노동자, LGBT문제, 총기규제, 정부감시/법제도개선/내부고발, 건강/의료, 노숙인/주거, 인권, 이주/난민, 지적재산/테크놀로지, 노동/고용, 지역법(municipal law), 원주민/종족법, 인적 상해/의료과오/제조물책임, 검찰. 빈곤, 국선변호, 법률서비스, 수형자문제, 재산권/부동산, 인종/인종지문제/문화권, 종교문제, 출산문제, 안보/방위/무기통제, 세금, 통상, 이행기정의/민주화, 신탁과 영지(estates), 투표/정치자금, 여성문제 등. http://hls.harvard.edu/dept/opia/what-is-public-interest-law/public-interest-issue-areas/ 참조.

이를 고객, 소송방법, 사회・정치적 의미 등을 기분으로 비교한 바 있다. 이를 간략히 정리해 보자.[15)]

우선 공익소송으로 대표하고자 하는 고객이 서로 다른 유형을 보인다. 미국의 경우 주로 개인을 대변하거나 개인을 강조하는 양상을 보인다. 반면, 남미의 공익소송은 공동체나 집단, 혹은 사회운동 등을 대변한다. 남미에서는 심지어 개인을 대표하는 소송은 공익법 혹은 공익소송으로 취급하지 않는 경향을 보인다고 한다.[16)] 그래서 인권이나 형사법, 소수자의 권리 등과 같이 다수의 사람들을 대표할 때에야 비로소 공익소송이라는 명칭을 사용할 수 있게 된다. 물론 이들은 개인을 고객으로 받아들이기는 한다. 하지만 그때에도 그 사건이 직접적으로 다수의 사람들 혹은 집단에 이익이 될 때에야 그렇게 한다고 한다.

소송의 전략이나 방법의 측면에서는 미국의 경우 소송이라는 방법 외에도 대중교육이나 대중조직, 언론홍보 등과 같이 보다 넓은 영향을 미치는 수단들을 사용하는 경향을 보인다. 혹은 법원 뿐 아니라 행정기관 등 다양한 통로를 통해 그 고객의 수요를 충족시키고자 노력한다. 그리고 이 과정에서 공익소송을 수행하는 변호사들은 승소하여 고객의 요구가 충족되는 것을 추구한다. 반면, 남미의 경우에는 보다 협소한, 그러나 보다 공격적인 전략이 채택된다. 그들은 소송을 통하여 사회에 가능한 한 강력한 충격을 주고자 노력한다. 그리고 이런 소송과정은, ① 혁신적인 선례를 받아내거나, ② 모범적인 변론을 행함으로써 이후 다른 소송에서도 활용할 수 있도록 하거나, 혹은 ③ 아직 사건이 법적으로 성숙하지 아니한 경우에는 차후의 소송제기가 가능할 수 있도록 그 기회를 열어두기 위하는 등의 목표를 가지고 수행된다.[17)] 공익소송의 목표가 이렇게 사회적인 영향력을 극대화하는데 주어져 있음으로 인해, 이들에게는 소송 자체 혹은 소송에서의 승리 외에도 소송의 과정에서 파생되는 다른 부수적 효과 또한 공익소송의 추구지점이 되는 것이다. 그러다보니 소통이나 교육과 같은 수단도 널리 사용된다.

공익소송의 사회적・정치적 의미에 대한 이해도 상호 차이가 난다. 남미의 경우에는 공익소송이 ① 가시적인 것(visibility)이어야 하며, ② 정부나 사회의 기능에 있어서의 구조적인 문제에 관한 것이어야 하며, ③ 정책 또는 보다 일반적인 관점에서는 거버넌스에서의 변화를 촉발하려는 목표를 가지고 있어야 한다고 본다. 하지만 미국의 공익법 변호사들은 공익소송이 정부구조의 문제나 시장질서의 문제들을 포함하는 것임을 인정하면서도 그 관심방향은 소송이 진행되는 법원을 설득하고 소정의 판결을 받아내는 것에 중점을 둔다. 그리고 이를 위한 수단으로 고객의 능력과 역량을 확보하고 강화하는

15) Fabio De Sá E Silva, "Lawyers, Governance, and Globalization: the Diverging Paths of "Public Interest Law" across the Americas," Oñati Socio-legal Series, vol. 5, no. 5, 2015.

16) ibid., p.1335.

17) ibid., p.1336.

데에 비중을 두게 된다.[18]

물론 이러한 차이는 변호사의 개업형태나 공익소송을 인식하는 방식의 차이에서 연유하기도 한다. 즉 미국의 경우에는 기업법무나 대형로펌, 혹은 수익추구에 반대되는 대향지점에 공익소송을 자리매김하는 경향과도 관련이 있다. 여전히 사회적·경제적 약자에 대한 법률원조의 수준에서 공익소송을 개념화하는 것이다. 반면 남미의 경우에는 이런 구별점은 의연히 존재하기는 하지만 동시에 그렇게 구별되는 것들을 분파적, 사익추구적 혹은 탈정치화의 사례로 이해한다.[19]

이런 차이점은 약간의 조정 작업이 필요하겠지만 어느 정도 우리의 공익소송에 대해서도 조명해 볼 필요가 있다. 공익소송의 기획이나 수행의 단계에서 어떠한 목표를 어떠한 (소송)전략을 통해 달성할 것인지를 획정하는 나름의 유의미한 준거를 이루기 때문이다. 즉, 공익소송을 수행하고자 하는 변호사(들)는 사전에 ① 그 소송이 고객의 개인적－사적－인 권리구제를 목표로 하는 것인지 아니면 그 소송을 통하여 사회적인 영향력이나 관심을 확보하고자 하는 것인지, 그래서 소송과 관련하여 ② 변론을 비롯한 재판에 집중할 것인지 아니면, 다양한 사회적 선전·홍보활동을 같이 하거나 혹은 그것을 우선할 것인지, 나아가 ③ 사건을 구성함에 있어서도 개인적 권리나 법리적 공방에 집중할 것인지 아니면 정치·사회적인 문제나 구조적 결합을 발굴하고 그것을 고발하거나 혹은 교정하는데 집중할 것인지가 결정되어야 하는 것이다. 그리고 그 결정의 여하에 따라 세부적인 전술의 차이들을 평가하고 선택할 수 있게 된다.

4. 공익소송의 한계와 그 개선방안

가. 탈정치화의 우려

그리고 바로 이러한 전략적 선택의 과정에서 공익소송의 한계가 발생한다. 실제 공익소송의 역기능으로 ① 객관소송의 가능성이 열리며, ② 집단이기주의에 따른 공익소송의 악용사례가 우려되며, ③ 사법이 정치화될 위험 또한 없지 않으며, ④ 공익소송이라는 이름으로 전략적 봉쇄소송이 남용될 수도 있다는 점이 거론되기도 한다.[20] 하지만

18) ibid., p.1338.

19) ibid., pp.1340-1. 실제 미국에서의 공익소송은 최근에 와서 약간의 소극적 변화를 겪고 있다. 사법부가 점차 보수적인 법관들로 충원되고 있고 종교적 보수주의자들이나 재산권이나 기업활동을 중심으로 하는 집단들의 사법적 영향력이 커지게 되면서 사회변화를 위한 소송운동전략이 그리 만만치 않게 된 것이 그 한 원인이다. 또한 민영화나 분권화의 경향이 가속화되면서 공적 이익이라는 것도 지역화, 분편화되는 추세에 있다는 점, 그리고 사회복지예산이나 프로그램들이 줄어들면서 공익소송의 토대가 약화되고 있는 점, 공익법운동 자체에서도 종래 정부의 지원이 중심이 되던 체제에서 대형로펌의 비중이 커지고 있는 체제로 이행하고 있다는 점, 사회개혁의 이념이 약화되고 있는 점 등 또한 그 주요한 원인이 되고 있다 한다. Cummings & Eagly, op.cit., pp.1254-5 참조.

20) 김학기, 위의 논문, 30-1면.

이러한 우려나 위험은 비교적 사소한 것이 된다. 객관소송의 가능성은 그 자체 선악의 평가가 따라야 하겠지만, 현행법제의 수준에서도 얼마든지 차단 가능할 뿐 아니라 오히려 집단소송과 같이 소송의 효과를 보다 사회화시킬 수 있는 제도적 개선이 요망된다는 점에서 아직은 우리의 문제라 하기 어렵다. ②나 ④의 문제 또한 공익소송의 개념요소로서의 공익을 어떻게 볼 것인가의 문제이며 더 나아가 공익소송을 어떻게 제도화－법적 제도화뿐 아니라 사회적 제도화－할 것인가의 문제로 이전될 뿐이다.

공익소송이 야기할 수 있는 가장 큰 역기능은 그것과 시민사회의 정치화라는 민주주의의 요청간의 충돌이다. 공익소송은 자칫하면 사회적·정치적 갈등이 사법의 영역으로 포섭되면서 법의 형식을 빈 정치가 발생하고 이 과정에서 사적인 이익이나 분파적 성향이 과도하게 정치화되어 사법의 정치화에까지 비화될 수 있는 소지를 가진다. 예를 들어 참여정부의 이라크파병결정에 대한 헌법소원사건이나 주한미군의 전략적 유연화 정책의 채택에 대한 헌법소원사건의 경우가 그것이다. 어떤 면에 비추어보더라도 사법의 판단대상으로 하기 어려운 사건이 사법화됨으로써 헌법재판관들은 결국 정치적 판단을 하지 않을 수 없게 내몰리게 된다. 그리고 이 과정에서 정치는 역으로 사법화되어 아무런 기능조차도 하지 못 한 채 사회적·정치적 갈등을 방치해버리는 현상이 발생하게 된다.

그런데 이보다 더 큰 문제는 사법의 정치화 혹은 정치의 사법화가 야기하는 탈정치화의 현상이다.[21)] 실제 이런 현상은 사법관의 지배(juristo-cracy)를 필연화하게 되지만, 그와 동시 민주주의적 지배의 주체가 되어야 하는 대중－시민－은 이 판단의 과정에서 온전히 소외되어 통치－사법판단－의 대상으로 전락하고 마는, 민주주의의 이념과는 자못 거리가 멀어지는 상황이 벌어지게 된다.

우리 공익소송의 역사에서 비교적 초기에 이루어졌던 「1994년 생계보호기준 위헌확인」 사건[22)]은 그 단적인 사례를 이룬다. 보건복지부장관이 고시한 “94년 생계보호기준”이 당시 대도시의 최저생계비에 훨씬 미치지 못함을 이유로 이 기준이 헌법상의 행복추구권과 인간다운 생활을 할 권리를 침해하였다고 주장한 이 사건에서 헌법재판소는 그 기준이 헌법상 용인될 수 있는 재량의 범위 안에 드는 것이라는 이유로 청구를 기각하였다. 그런데 이 사건은 당시의 우리 법원이나 행정부의 정책과정에서 사회권에 대한 인식이 거의 초보적인 수준에 머물러 있었고 따라서 패소함이 명약관화한 상태였음을 중시하지 않았다. 그리고 그와 함께 심판의 진행과정에서 이 사건의 사회적 의미나 그 정책개선의 절실성에 대한 대중교육이나 홍보의 기회조차도 그렇게 충분하지 않았

21) 홍성수, “소송을 통한 사회변동전략의 한계－미국의 성희롱 소송을 중심으로,” 법과사회, 제38권, 2010, 217면 참조.
22) 헌법재판소 1997. 5. 29. 선고 94헌마33.

다. 그러다보니 심판을 청구하였고, 기각결정이 났다는 사실 외에 달리 우리 사회가 확보할 수 있었던 '이익'이 그리 없었다. 오히려 헌재로서는 사회권에 관한 중대한 선례 하나를 확보할 수 있었고, 그 결과는 「2002년도 국민기초생활보장최저생계비 위헌확인」 청구사건에서의 패소[23]로 이어졌다.

물론 이러한 사건들은 법리적으로 얼마든지 헌법재판소에서 다투어볼 수 있는 것들이며 헌법재판소가 나름 성실히 숙고할 수 있는 기회를 마련했다는 점에서는 단순한 공익소송 이상의 성과를 거둔 것이라고 할 수도 있다.[24] 하지만, 문제는 그러한 사법적 심판절차로 인하여 이 생활보장제도를 개선하기 위한 정치적 의제설정의 기회가 상실되었다는 점에 있다. 실제 이 사건에 관한 공익법운동은 사법의 방식보다는 입법의 방식으로 진행되는 것이 보다 효과적일 수 있었다. 인간다운 생활에 대한 국민과 정부의 인식개선을 이끌어내고 실효적인 사회보장제도를 만들어내기 위한 활동의 경로가 사법이 아니라 정치의 영역에서 모색되었어야 했다는 것이다. 하지만 복지국가를 향한 정치적 의제가 채 성숙하기도 전에 그리고 사회권에 관한 담론들이 제대로 구성되기도 전에 사법영역으로 이 사건이 전환하였고, 그 결과 사회권의 추상성과 광범위한 입법재량만을 확인한 헌법재판소의 결정이 내려짐으로써 우리 사회는 복지국가를 향한 정치적 투쟁의 기회 하나를 상당기간동안 지연해야 했었다. 본질상 정치의 문제로 설정되어야 했던 사건이 사법의 경로를 따라 처리됨으로써 우리 사회는 스스로 탈정치화라는 아픈 경험을 하게 된 것이다.

그리고 바로 이러한 점 때문에 공익소송을 통한 사회변화의 전략은 언제나 그 내재적 한계를 의식할 필요가 있다. 미국에서의 공익법운동이 미국법원의 보수화현상으로 인하여 어려움에 처해져 있다는 언급은 이 점에서 의미심장하다. 보기 나름으로는 미국보다 더 보수적이며 관료화되어 있는 우리의 법원이 과연 사회변동의 전초 역할을 할 수 있는 것인지에 대한 의심은 언제든지 타당할 수 있다는 것이다. 물론 그렇다고 해서 공익소송의 존재가치나 그 사회적 효과에 대해 결코 소극적으로 판단하고자 하는 것은 아니다. 오히려 그러한 긍정적 기능성을 극대화하기 위한 방안을 강구하여야 한다는 당위론적 관점에서 이러한 한계에 대한 자기반성적 인식이 긴요하게 대두되는 것이다.

나. 소송을 통한 사회변화의 전략: 실체적 한계

법사회학의 오래된 의제 중의 하나가 법을 통한 사회변동 내지는 사회발전이 가능한

---

23) 헌법재판소 2004. 10. 28. 선고 2002헌마328 결정.

24) 이 소송을 두고 일본의 아사히소송에 비견할 수 있는 성과를 거두었다는 평가도 있다. 하지만 일본의 아사히소송의 경우 藤木소송등 그에 이어 공적 부조를 공격하는 후속소송활동들을 통해 나름의 사법적 성과를 거두었다는 점에서 이 사건과는 대비된다. 임성택, "판례소개: 일본의 복지소송(상)" 월간 복지동향, 1999. 2.; 임성택, "판례소개: 일본의 복지소송(하)" 월간 복지동향, 1999. 3. 참조.

가라는 질문이자 이를 위한 다양한 시도들이다. 법은 인간의 행동을 통제하고 사회 내에 존재하는 자원을 배분하는 틀을 마련하는 만큼 이를 통해 입법자 혹은 법권력의 담당자들은 법으로써 바람직한 사회발전의 계기를 확보한다는 의지를 가질 수 있다. 그리고 그 최초의 모델은 제2차대전 이후 새로이 등장하는 독립국가들에 대한 서방 강대국들의 개입이었다. 전통적인 법체계에 따라 생활하던 이들 사회에 강대국들은 원조라는 이름하에 자신들의 법을 이식하였고 한국이나 대만과 같은 국가들에서는 권위주의적인 정치권력이 그 법을 강력한 통치술로 수용하면서 나름의 성과를 거두기도 하였다.

하지만 일부 예외적인 상황을 제외하고는 사회발전과 법의 관계를 단순한 목적－수단의 관계 속에서 일원적·단선적으로만 해석하면서 양자를 결합시키고자 하는 이 시도는 더 이상 진행되지 못하였다. 1970년대에 접어들면서 서구중심주의적 근대화모델을 제시하였던 「법과 사회발전」 프로젝트는 더 이상 유효하지 않은, 그래서 결과적으로는 실패한 것으로 선언되었던 것이다. 후발국가들이 저성장에 빠진 원인을 근대화에 결여에 있다고 보면서 도구적 합리성과 형식적 합리성에 기반한 근대적－서구적－법체계를 도입하고 국가기구를 이에 맞추어 정비함으로써 경제의 발전이나 사회의 근대적 구성이 이루어질 것이라고 보았던 기대가 거의 대부분의 사례에서 제대로 이행되지 못하였던 것이다. 오히려 이러한 정책목표는 법권력의 분배를 지나치게 국가중심 혹은 관료권력중심으로 구성할 수밖에 없었고 이 과정에서 국가의 과대성장현상이 발생하거나 혹은 현실사회와 법의 규율이 괴리되어 버리는 역작용을 발생시켰다.

결국 이 시도는 국가관료제의 과대성장이나 혹은 법 이외의 사회·문화적인 요인들의 주변효과 등으로 인하여 곧장 좌절될 수밖에 없는, 단순한 '희망에 찬 전망*hopeful speculation*' 이외의 아무것도 아니었던 것이다. 그 원인은 무엇일까? 우선 ① 법의 적용과 실천이 경우에 따라서는 비공식적 규범들에 의하여 왜곡되거나 장애받을 수 있다는 사실을 제대로 인지하지 못 하였다. 소위 법전법*law in text*과 현실법law in action－특히 관습법이나 비공식적 메커니즘들－의 차이에 대한 인식이 부족하였던 것이다. ② 법률가를 중심으로 한 국가체제의 존재 자체가 형성되지 못 하였다. 미국식의 모든 문제를 처리하는 법률가의 존재가 제3세계에서는 결여되어 있을 뿐 아니라 그들이 행동하는 것 또한 허용하지 아니하는 사회문화가 존재하였다. ③ 미국법과 같은 자유주의적 합법성의 개념이 통용될 수 있는 사회·정치적 구조를 갖지 못하였다.[25)]

이런 법현실의 문제는 우리의 경우에도 여전히 존재한다. 그런 만큼 우리의 공익소송 혹은 넓게는 공익법운동의 경우는 비록 그것이 법과 사회발전의 프로젝트만큼 광범

---

25) J. H. Merryman, "Comparative Law and Social Change: On the Origins, Style, Decline & Revival of the Law and Development Movement," *American Journal of Comparative Law*, vol.25, No.3, 1977, pp.457-491.

위한 영역에 걸쳐 포괄적으로 진행되지는 않지만, 그 미시적 수준에서조차 또한 비슷한 경로를 거칠 가능성이 적지 않다. 특히 우리 사회와 같이 여전히 법전법과 현실법 사이의 괴리가 적지 않은 상황에서 변호사를 비롯한 법률가들의 사회적 영향력이 그리 크지 않은 상황에서 보수화된 사법부가 사회변화의 주체적 기능을 담당하는 사회공학자(Social Engineers)로서의 역할을 담당하며 그 실효적 결과를 야기할 것을 기대하기가 쉽지 않다. 더구나 도그마틱에 기반한 법해석의 수준과 사회정책적인 비용－편익분석에 익숙한 정책영역을 결합하면서 이 이질적인 두 전략이 제대로 융합하기를 기대하기란 그리 쉽지 않은 과제가 된다.

여기에 1980년대 이후 특히 1997년의 IMF사태를 거치면서 본격화되고 있는 신자유주의의 성향은 종래 강조되었던 법의 수단성을 넘어 아예 값싼 정부의 이념아래 법영역을 대폭적으로 축소하고자 시도하는 만큼 공익소송의 전략적 가치는 그만큼 좁아들게 된다. 종래 시장을 구성하고 시장을 유지하던 핵심요소가 법이었다고 한다면 이 시기에 들어서면서부터는 그것이 경제로 바뀌고 또 자유화와 민영화의 전략이 이를 대체하게 되었기 때문이다. 더구나 이 시기는 사회변동의 주체는 국가 혹은 관료들이 관할하는 공법이 아니라 사적 자치와 재산권의 보장을 기반으로 하는 사법이 된다. 물론 이러한 분위기에 편승하여 사회와 사법부가 보다 더 보수화되는 양상을 띠게 되는 것 또한 주요한 장벽을 이룬다. "운동"으로서의 공익소송의 시도들이 제대로 주효하기 어렵게 되는 사회구조적 변화가 일어나고 있는 것이다.

다. 공익소송의 전략을 위한 모색: 사법접근권의 질적 확장

하지만, 이런 한계들은 역으로 공익소송의 전략마련을 위한 토대를 구성한다. 마치 신자유주의적 프레임이 공익소송의 한계를 야기하였듯이 그 신자유주의를 극복하기 위한 대안들이 공익소송의 가능성을 열어 제키게 한다는 것이다. 실제 위에서 언급한 두 가지의 한계들－탈정치화와 발전프레임의 한계－이 중첩되는 지점이 법주체로서의 시민들을 통치의 대상 혹은 자본권력의 외부로 밀어내고 사회과정의 주체가 아니라 객체로 주변화시킨다는 점이다. 그리고 공익소송은 이러한 통치술에 반발하여 삶의 질과 인권과 민주주의, 평화 등의 법적 가치들을 추구하는 대항적 운동으로서의 가치를 충분히 담아낸다는 점에서 언제나 그 가능성을 예정하고 있다.

여기서 문제는 공익소송 그 자체가 아니라 공익소송이 이루어지는 과정과 전술의 여하이다. 부연하자면, 공익소송이 사회·경제적 약자들의 억눌림에 주목하여 그들의 개인적인 권리나 이익의 회복에 집중한다면, 그래서 사법절차가 공익소송활동의 주된 부분을 차지한다면 위에서 서술한 한계들은 너무도 분명하게 주효할 수 있게 된다. 그러나 공익소송이 공익법운동으로 이어지고 그것이 하나의 사회적 세력화의 과정으로 연결될 수 있다면 사정은 달라진다. 공익소송의 주력이 법관을 설득하고 그의 권위적 판단을 이끌어내는 수준에서 더 나아가 혹은 경우에 따라서는 그에서 벗어나, 다양한 시공간에서 시민들을 설득하고 교육하며 그들의 지지를 이끌어내는 운동적 차원으로 이어질 필요가 있다는 것이다.

북미에서 사법접근권(access to justice)을 바라보는 시각이 변화하는 과정을 보면, 법과 사법과정을 통한 인권의 실현과 사회의 민주화가 어떤 방향으로 이루어져야 하는지를 짐작해 낼 수 있다. 실제 1960년대 북미의 경우 이 논의는 법률원조를 중심으로 구성되면서 공익법운동 혹은 공익소송의 운동과 그 궤를 같이 하였다. 사회적 약자 특히 경제적 약자들에게 법률원조를 부여하고 이를 통해 그들이 형사절차나 정부의 복지행정, 주택문제 또는 고용문제에서 불이익을 당하지 아니하도록 적법절차를 보장한다는 전략이 중심을 이루었던 것이다. 그것이 1970년대에 들어서면서는 사법제도를 향한 전략으로 이행하면서 사법개혁의 논의로 초점이 바뀌게 된다. 법률원조의 대상이 되었던 사회적 · 경제적 약자들이 더 이상 보호의 대상에 머무르게 할 것이 아니라 이들과 함께 일반적인 서민들도 손쉽게 사법제도에 접근하여 적극적이고 능동적으로 사법과정을 이용할 수 있도록 그것을 보다 공정하고 손쉬운 절차로 개선할 것을 요구하는 운동으로 발전하였던 것이다. 이 시기에 중산층을 중심으로 소액사건제도의 도입이라든가 무과실책임 및 제조물책임제도의 도입, 소비자보호제도의 구축뿐 아니라 인권위원회나 주택임대차보호청의 설치 등의 요구들이 집중적으로 나온 것은 바로 이런 맥락에서였다.

1980년대에 들어서면서는 사법과정을 통한 실질적인 평등의 구현이라는 슬로건 하에 시민들이 전정한 법주체로 자리매김할 수 있겠끔 하는 제도변화의 요구가 주력을 이룬다. 회복적 정의라든가 대안적 분쟁해결장치(ADR)의 도입, 가족법이나 상속법, 부동산거래법, 아동복지법 등 개별적인 법영역에서 실제적 정의와 실질적인 평등을 이루기 위한 법개정 운동이 일어나고 이 과정에서 법과 사법의 영역에 참여하는 시민들의 역량을 강화(empowering)하기 위한 제반의 조치들이 강조되었다. 이어 1990년대에는 법원을 통한 사후적 교정이 아니라 사전적 · 예방적 분쟁통제, 법정립과 법집행의 과정에 대한 시민적 참여기회의 확대, 사적 영역에서 만들어지는 제반의 규율들－취업규칙이나 쇼핑센터이용규칙 등－에 대한 공적 규제 등을 사법접근권의 개념이 포섭하기도 하고, 2000년대에는 법체계의 운영에 시민들이 주체적으로 참여하게끔 시민과 법정립 · 집행기관간의 협치적 관계를 형성하고 거버넌스의 체제를 정비하는 일련의 운동이 벌어지기도 하였다.

시민들을 교육하고 각성시켜 법주체로 나아가 그 역량을 강화하는 한편 법운영의 주역으로 자리매김하고자 하는 일련의 흐름이 이루어지고 있는 것이다. 여기서 주의해야 할 점은 이러한 사법접근권의 변화 과정 자체가 변호사의 공익활동이 지향하였던 법적·사법적 의제설정의 변화양상에 다름 아니라는 점이다. 변호사의 공익활동이 궁극적으로는 변호사가 주체가 되어 사법적 정의를 실현하는 시민사회가 아니라, 변호사를 매개로 하여 시민과 시민사회 자체가 법의 주체도 자리매김할 수 있는 민주적 법치의 체제를 구성하는 것을 지향하여야 한다는 것이다. 그리고 그 과정의 중심에 공익법활동을 하는 변호사들이 자리한다. 여기서 변호사의 공익활동과 시민들의 사법접근권 특히 법률서비스에의 접근권을 조화시키는 특단의 노력이 필요하게 되기 때문이다.

여기서의 기본적 인식은 공익법활동 혹은 공익소송을 통한 사회변화라는 근본적인 목표는 법규율의 한 축을 차지하는 시민들의 주체화와 그들의 사법적 참여가 보장되지 아니하고는 결코 달성될 수 없다는 자각과 반성이다. 민주사회에서 법치와 사법의 핵심이 국가에 의한 일방적인 법집행이 아니라 시민들이 주도하는 법 내지는 시민들의 참여와 동의에 의하여 실천되는 법의 지배에 놓여 있다고 한다면, 시민들을 법적으로 혹은 사법적으로 각성시키는 것이야 말로 민주적 법치, 민주적 사법의 중핵을 이루는 첩경이 되는 것이다. 그래서 사회·경제적 약자들을 대상으로 삼아 변호사가 이들을 원조하는 체제를 넘어서서 그들이 능동적으로 법주체로 나설 수 있도록 역량을 강화하며 그들이 실질적인 평등과 실체적 정의를 향유할 수 있도록 법제와 사법과정을 개선해 나가는 운동을 변호사들이 그들과 함께 주도해 나가는 방식으로 나아가야 한다는 요청이 절실하게 된다. 시민들을 공익법운동의 주변에 놓고 그들을 대상화하는 식의 전략으로는 마치 법과 사회발전 프로젝트의 제1세대가 그리되었듯 본래의 목표에 도저히 가닿지 못하는 상황이 발생할 것이기 때문이다.

우리의 경우에도 이러한 과제는 의연히 타당하다. 공익법변호사의 역할은 국가와 시민사회(혹은 고객)을 중개하면서 일면에서는 법집행의 보조자로서 다른 면에서는 시민의 자유와 권리의 보장자로 기능하면서 이를 통해 인권의 보장과 사회생활의 민주적 발전을 도모하는 것에 집중된다. 그렇다면, 그가 수행하는 공익소송에서 무엇보다 중요한 것은 재판 그 자체뿐 아니라 그 재판을 통해서 혹은 그 재판을 계기로 자신의 고객 또는 시민 일반이 보다 손쉽게 법과 사법과정에 접근할 수 있도록 그 기회를 확대하고 시민들과 고객의 역량을 강화하는 것이 된다. 요컨대 시민을 법과 사법의 영역에서 주체로 활성화시키고 이를 통해 정책변화를 이끌어낼 수 있도록 정치화하는 것 그것이 공익소송의 주된 타겟으로 설정되어야 한다는 것이다.

물론 이는 공익소송에 나서는 개별 변호사로서는 쉽게 실천할 수 있는 과제가 아니다. 공익소송이 보다 조직적이고 보다 체계적으로 관리되어야 하는 이유가 여기에 있다. 그 방안으로 몇 가지만 제시해 본다.

첫째, 공익소송을 계기로 시민들을 법주체로 각성시키는 작업은 가장 중심적인 것이다. 실제 공익소송 그 자체가 사회적·정치적으로 대표되지 못하던 생활관계들을 조사하고 분석하며 그들의 요구와 주장들을 사법과정에 집약하고 집적하는 작업을 필연적으로 요구한다. 요구의 수렴과 이익의 정비가 본질적으로 요구되는 것이다. 그리고 이 과정에서 공익소송은 권리와 이익의 당사자인 '고객'들을 일차적으로 교육하고 각성시키는 기능을 수행하게 된다. 필요한 것은 여기서 더 나아가 유사한 상태에 있는 잠재적인 고객들을 발굴하고 그들의 연대를 확보하면서 보다 확대된 사회의 지지를 이끌어내는 일이다. 공익소송의 전술중 상당부분이 시민교육과 언론홍보활동으로 이어지는 것은 이 때문이다. 공익소송이라는 행위를 공익소송'운동'으로 고양시키는 것이 절실한 요청인 것이다.

둘째, 이런 확장된 공익소송－엄밀히 보자면 그것은 공익법운동이라 규정되어야 한다－을 효율적이고 실효적으로 진행하기 위하여 필수적으로 요구되는 것은 그것의 조직화, 체계화의 작업이다. 시민교육과 홍보, 혹은 다양한 사회집단이나 단체들과의 연대를 확보하기 위해서는 나름의 조직적 활동이 절실하다는 것이다. 물론 "약촌오거리 택시기사살인사건"등과 같이 최근 사회의 주목을 받은 재심사건의 경우처럼 변호사의 개인적인 관심과 노력에 의하여 법과 정의가 재정립되고 그에 상응하는 사회적 각성을 이끌어낸 경우도 우리 법체계의 소중한 성과로 기록되어야 한다. 하지만, 그러한 개인적인 노력과 함께 혹은 그것을 뛰어 넘어 보다 체계적이고 조직적으로 공익소송이 관리되고 또 그것과 보다 확장된 수준의 공익법운동으로 연계될 수 있다면 우리의 법체계는 보다 진전된 모습으로 이어질 수 있을 것이다.[26)]

셋째, 공익소송은 수많은 정보와 자료와 지식의 집적으로 이루어진다. 대부분의 경우 일반적인 재판사건이 비할 바 못되는 양의 준비서면이나 의견서, 증거자료 등이 수집, 작성될 뿐 아니라 그것들이 법정에서의 변론과정으로 통해 다시 여과되고 정제되어 새로운 지식으로 집적된다. 그리고 이 모든 것들은 그 자체 우리 법발전의 소중한 자원을 이룬다. 특히 공익소송이 시험소송의 형태를 띠면서 당장의 성취보다는 향후의 법변화를 유도하기 위한 차원에서 진행되는 경우 이러한 정보와 자료와 지식들은 가장 핵심적인 전략적 자원으로 자리잡게 된다. 상술한 공익소송의 조직화·체계화의 요청은 그래서 이 부분에서 각별한 의미를 가진다. 정보와 자료의 조직적이고 체계적인 관리와 함께 소송이나 연대활동 혹은 시민활동의 과정에서 집적된 다양한 지식들을 효율적으

26) 최근 들어 공익법전담변호사나 그 단체가 늘어나고 있음은 이 점에서 참으로 고무적인 일이라 할 수 있다. 하지만 여전히 그 양의 측면에서는 미흡한 것도 사실이다. 특히 시민단체들과 연계하거나 그 소속으로 활동하는 전담변호사의 경우 모두 불과 1-3명 정도의 수준에 머물러 있어 조직은 있으되 체계는 존재하지 않는 상황이 계속되고 있다. 대형로펌의 지원을 받는 공익전담변호사체제 역시 마찬가지다. 태평양이나 지평관련의 경우에만 5명의 변호사로 어느 정도의 체계성을 갖추고 있을 뿐 나머지는 1-2명의 변호사뿐이어서 조직과 체계의 시너지효과는 전혀 기대할 수 없는 수준에 있다. 자세한 것은 염형국 변호사의 "한국의 공익변호사 현황과 전망" 참조.

로 관리하고 그 다음의 공익소송이나 입법활동을 위하여 전달할 수 있는 유효한 체계가 구성될 필요가 있다는 것이다. 뿐만 아니라 이렇게 집적된 정보와 지식들을 나름으로 분석하고 평가하여 새로운 정보와 지식으로 재생산해 냄으로써 그 최적의 전략자산을 구축하는 것 또한 두말할 나위 없이 절실한 요청이다.

넷째, 광범위하고 포괄적인 연대체계를 구성하는 것은 공익소송을 공익법운동으로 발전시키는 가장 기본적인 전략이다. 실제 공익소송은 개별·구체적인 사건을 통해 사회변화를 이끌어내고자 하는 작업이기에 그 '운동'적 한계는 언제나 예정되어 있다. 자칫하면 개별사건의 문제로만 위축될 가능성이 적지 않다는 것이다. 그래서 유사한 지향, 유사한 관심을 가지고 있는 제사회집단들과의 연대를 형성하거나 다양한 방식의 네트워크를 구축하는 것 혹은 이런 저런 협력의 체계나 지원의 틀을 구성하는 것은 너무도 당연한 과제가 된다.

다섯째, 다양한 입법적 조치들은 공익소송을 제도화함에 있어 필연적이다. 그동안 집단소송제도의 도입 및 활성화, 징벌적 손해배상제도의 도입과 강화, 다수당사자소송제도의 확대,27) 법률원조체제의 질적·양적 확대, 행정소송에서의 원고적격의 확대 등과 같은 제도개선의 요구들이 계속 이어졌던 것은 이 때문이다. 하지만, 공익소송의 활성화를 위해 더욱 중요한 제도개선사항은 이에 대한 공적 지원체계의 확립이다. 그동안 우리 사회는 공익소송을 변호사의 윤리차원에서 다루면서 그 모든 부담을 변호사 개인에게 전가시켜 버렸다.28) 그리고 이 과정에서 체계적·조직적으로 구성되어야 할 공익소송 내지는 공익법활동을 개별 변호사의 실천윤리의 문제로 개인화시켜 버림으로써 그 사회적 기능성에 심각한 한계를 초래하였다. 물론 최근에 와서 민변과 같은 조직이나 대형법무법인의 지원을 받는 공익법조직이 등장하면서 이런 조직화의 문제들이 해결될 수 있는 단초들이 열리고 있기는 하다. 그러나 그것은 공익법운동의 사회적 효과에 비할 때 오직 "단초"수준의 미미한 것에 불과하다. 오히려 국가 또는 사회의 공공영역 속에서 구성되는 사회적 기금이나 공적 조직의 구성을 통한 적극적이고 실질적인 지원의 체계를 구축하여 보다 안정적이고 지속적인 공익법활동이 가능하도록 할 필요가 있다.29)

여섯째, 공익소송이나 공익법활동의 효과는 물론 그 지속가능성을 담보하는 최선의

---

27) 오시영, "다수당사자소송의 발전과 전망-이른바 공익소송을 중심으로," 민사소송 제16권 제2호, 2012, 259-311면 참조.

28) 이 점을 감안한다면, 경우에 따라서는 소송비용의 지원도 절실하다. 소송의 사안에 따라 어느 정도의 공익성이 인정된다면 공익소송이 패소하더라도 그 소송비용은 국고에서 부담하거나 혹은 사회·정책적 책임이 있는 원고에게 이전하는 등의 장치가 필요하다.

29) 현재 법률구조공단을 중심으로 진행되고 있는 법률원조사업은 이런 의미에서 근본적인 혁신이 필요하다. 경제적 약자를 지원하는 수준을 넘어 공공의 이익과 직결되는 사법활동-여기에는 그 부대적 활동까지 포함된다-에 대한 지원과 육성의 노력도 절실하다.

장치는 법률가양성과정과의 결합이다. 로스쿨에서의 공익법클리닉은 그 대표적인 사례가 된다. 하지만 우리의 경우에는 아주 예외적인 경우를 제외하고는 이런 연계체계는 기대난망이다. 그것은 총입학정원제와 정원제변호사시험제도 혹은 로스쿨 교수들에 대한 변호사개업금지조치 등 로스쿨제도의 설계상의 문제이기도 하지만, 더 나아가 아직도 공익법운동이나 공익소송의 존재가치에 대하여 낯설어 하는 법공동체 그 자체의 후진성이 원인이기도 하다. 실제 로스쿨에서의 임상실습과정으로서의 공익법클리닉을 운영하는 것은 공익법운동의 차원에서뿐 아니라 법률가양성체계의 개혁에 있어서도 가장 효과적이고도 가장 손쉽게 실시할 수 있는 개선책이 된다는 점에서 이의 조속한 변화가 요망된다.

5. 다시 여는 말

미국 플로리다의 변호사회에 소속된 아동공익법센터에서 발간한 연차보고서의 머리말은 이렇게 끝맺는다: "우리는 전반적으로 대표권이 박탈당한(disfranchised) 사람들, 과소대표되는 사람들, 그리고 전통적인 공적포럼에 유의미하게 접근할 기회가 없는 사람들의 법적 요구들을 옹호하는 우리의 미션을 계속해 나갈 것이다."[30] 공익법운동 혹은 그 실천적 전략으로서의 공익소송은 바로 이 부분에 주목한다. 사법을 통한 대표성의 강화, 그리고 이를 토대로 인권과 정의, 평화, 생태, 민주주의 등과 같은 현대적 덕목들을 실천하는 것이 그의 주된 목표인 것이다.

하지만, 이런 접근법도 나름의 한계를 가진다. 마치 법과 사회발전의 프로젝트가 초기단계에서 실패하였던 것과 마찬가지로 그 소외된 집단의 사람들이 능동적이고 유권적인 시민으로 변화될 수 있는 가능성이 열리지 않는 한 그 공익소송의 노력은 단지 사적 권리와 이익의 구제라는 한정된 성과와 경우에 따라 발생하는 사법관의 지배, 그리고 그 결과로서의 시민사회의 탈정치화라는 엄청난 폐단을 야기할 가능성이 많아진다. 이 글이 공익소송이라는 개별적이고 구체적인 공익법운동을 소개하면서 계속하여 그 부대적인 활동들―시민교육, 이익의 집결과 수렴, 시민사회와의 연대, 입법운동 등―과 연계시키고자 노력한 것은 이 때문이다. 공익소송의 과정을 통하여 혹은 그 결과를 바탕으로 시민들이 법적으로 보다 많은 역량을 획득할 수 있고 이를 바탕으로 그들이 법과정에 주체적으로 접근할 수 있도록 할 때 진정으로 공익소송과 공익법운동이 지향하는 사회변화라는 창대한 성과를 거둘 수 있을 것이라고 생각하기 때문이다.

물론 우리 사회는 공익소송과 공익법운동과 관련하여 불과 30년도 되지 않는 짧은 시간동안 적지 않은 성취들을 이루어 왔다. 오심의 교정에서부터 공공정보의 공개, 정

---

30) "Annual Report: Public Interest Law," The Florida Bar Journal. July/August 2014, p.64.

책과정에의 참여권보장, 국가정책의 변경 등과 같은 전통적인 성과는 물론 촛불집회의 공간적 확장까지 이루어냄으로써 정권 자체를 바꾸어내는 결정적인 계기를 마련하기도 하였다. 하지만 그보다 더 큰 성과는 연이은 공익소송활동을 통해 우리 사회에 내재하는 수많은 문제들을 공론의 장으로 끌어들이고 그것을 교정하거나 바꾸어내어야 할 필요성에 대한 사회적 인식을 제고하였다. 뿐만 아니라 그러한 의제들을 중심으로 다양한 사회집단들 간의 연대를 촉진하는 매개들을 만들어내기도 하였다.

이 글이 그럼에도 공익소송으로부터 운동의 차원으로의 전환을 강조하는 것은 이러한 활동성과들을 저평가하고자 함이 아니라 그 소중한 성취들을 바탕으로 보다 제도화된, 혹은 보다 지속가능한 형태의 공익소송운동 혹은 공익법운동이 기획되고 또 조직되어야 한다고 보기 때문이다. 물론 이를 위해서는 국가와 사회 혹은 공적 차원에서의 다양한 지원이 있어야 하겠지만, 그와 함께 광장의 조증에도 불구하고 일상의 울증을 벗어나지 못하는[31] 대중들의 억눌린 삶에 한걸음 더 다가서는, 그래서 공익의 초점을 그들의 일상 맞추어내는 거리의 변호사들(street lawyers)이 보다 많이 나타나고 그들이 보다 효율적으로 조직되고 관리되고 보상받는 우리의 법체계 또한 절실하게 요청된다. 그리고 그러한 때 우리의 변호사들은 세상을 바꾸어내는 힘찬 동력이 될 것이다.

31) 엄기호, 나는 세상을 리셋하고 싶습니다, 창비, 2016.

한국의 공익변호사 현황과 전망*

염 형 국**

1. 여는 글

공익법 운동은 전체 시민운동 안에서 법을 동원하여 공익을 추구하는 운동이다. 우리나라에서 공익(법)이라는 개념이 사용되기 시작한 것은 1990년대 중반부터이다. 공익법에 관한 국내에서의 전통적인 정의는 '공익(법)'을 '사회적으로 아주 중요한 권리임에도 불구하고 잘게 쪼개져서 사회 구성원 개개인에게 흩어져 있기 때문에 법적으로 제대로 보호받지 못하는 이익이 공익이고, 이처럼 역사적으로 무변호되거나 저변호되어 왔던 이익들에 대하여 법적 대표성을 부여하고자 하는 노력이 공익법'이라는 것이다.[1)]

'공익'이라는 것은 그 구체적 내용이 사람마다의 가치관 및 시대적·사회적 상황에 따라 크게 달라질 수밖에 없는 추상적이고 모호한 기준만을 제시하고 있을 뿐이어서 공통적으로 공익으로 인식될 수 있는 이익이 존재함은 의문의 여지가 없으나, 판단주체에 따라 공익인지 여부를 달리 판단할 가능성이 있는 이익이 존재함도 부인할 수 없다. 예컨대 다수의 이익에 합치되고 대다수가 찬성하는 경우만 공익에 해당하는 것이 아니라 시민들 간에 의견이 첨예하게 갈리는 경우에 양쪽 모두 공익에 해당할 수 있다.[2)]

---

* 이 원고는 필자가 2013년 서울대학교 공익인권법센터에서 발행하는 <공익과 인권> 제13권 pp.5-47에 게재한 "특집: 공익인권 법무 분야의 현황과 전망; 한국의 공익변호사 현황과 전망" 논문내용을 수정·보완한 것이다.

** 변호사, 공익인권법재단 공감.

1) 황승흠, 「공익소송의 어제와 오늘」, 조영래 변호사 8주기 추모 심포지움 자료집(미간행) (1998), pp.2-3. 이와 같이 사회적으로 중요한 권리이지만 그 이익이 잘게 쪼개져 흩어져 있고, 개인이 향유하는 이익에 비해 비용이 많이 들며 그 이익을 향유하는 집단이 소외되었기 때문에 그 동안 제대로 보호를 받지 못하였는데, 이러한 공익을 권리로 실현하기 위한 현실적인 노력 또는 사회운동이 전개되었는바, 이를 '공익법 운동'이라고 한다.

이러한 견해는 거의 무비판적으로 수용되었고 비록 체계화된 담론으로 제시된 것도 아니고 이를 둘러싼 활발한 논의가 전개된 것도 아니지만 공익법 운동에 대한 이러한 인식은 그 이전까지의 법률운동에 대한 평가나 그 이후의 공익법 운동의 전개 양상에 상당한 영향을 끼쳤다. 김진·이상희, "공익소송의 이론적 배경", 민주사회를 위한 변호사모임 공익소송위원회, 『공익소송위원회 활동보고서 1999. 8.-2002. 1.』(2002), pp.8-9; 이찬진, "시민운동과 공익법운동: 새로운 전형으로서의 공익법 운동을 중심으로", 참여연대, 『참여연대 창립 5주년 기념 심포지움: 21세기의 새물결, 공익법운동』(1999), p.39.

2) 해군기지가 설치될 예정인 제주도 강정마을에서 마을회가 환경, 인권, 안보에 저해되는 해군기지 설치 반대를 위해 제주특별자치도에 기부금품 모집등록을 하자, 이에 대해 제주특별자치도는 행정안전부에 "강정마을

공익법운동에서의 '공익(법)'은 사회적 약자·소수자의 관점에서 정의되어야 한다. 이러한 관점에서 공익법을 적극적으로 정의하자면, 공익법이란 소외집단이 사회에서의 차별적이고 불평등한 기회와 권리에서 비롯된 사회적, 경제적 문제의 해결을 '법'을 통해 할 수 있도록 하기 위한 소외집단의 그리고 그들을 위한 운동의 일부이다.[3] 이러한 관점에서 보면 '쪼개져 확산된 이익'의 법적인 보호뿐만 아니라 소수자 인권옹호, 소수자 인권침해를 막기 위한 제도권 권력 및 자본권력에 대한 감시 그리고 사법접근권(access to justice) 확보 또한 중요한 공익법의 영역에 해당한다. 공익법운동은 이러한 공익법을 옹호 및 확장, 확산시키는 의식적인 노력·활동을 일컫는다.[4]

이러한 공익법운동은 법을 동원하여 공익을 추구하는 것이므로, 법을 다루는 일을 업으로 하는 변호사들이 큰 역할을 담당해왔다. 공익법운동에 참여하는 변호사들은 과거 본업을 따로 하면서 가외업무로 공익활동에 참여해 왔으나, 최근 들어 공익활동을 전담하는 변호사들의 숫자가 급격하게 늘어가고 있다. 공익법운동에 참여하는 공익(전담)변호사(단체)가 활성화되면 공익인권 영역에서의 법률지원 활동이 활성화되고, 공익인권 영역에서의 법률수요는 계속해서 늘어나게 된다. 또한 늘어나는 공익인권 법률수요를 공익변호사(단체)가 로펌이나 개별 변호사에게 중개할 수 있고, 현장 상황을 정확히 알기 어려운 로펌에서는 공익전담변호사(단체)를 매개로 자체 공익활동을 보다 활발히 전개할 수 있다. 이처럼 공익변호사(단체)를 매개로 하여 개별 변호사와 로펌의 공익활동이 활발해지고, 더 나아가 공익법운동 전체가 활성화될 수 있다.

또한 공익전담변호사(단체)는 공익인권 현장에 뛰어들어 공익단체들과 함께 사회적 약자의 인권보장과 소수자 인권 환경에 대한 제도적 개선을 통해 우리 사회 인권의 경계를 확장하고, 법을 인권보장과 사회변화를 위한 도구로 이용하는 공익법활동의 활성화를 도모함으로써, 우리 사회의 긍정적인 변화를 꾀할 수 있다. 따라서 공익전담변호사의 활성화는 사회 정의를 실현하고 사회적 약자의 인권보장을 통한 우리 사회의 변화를 모색하기 위하여 반드시 필요하다. 아래에서는 공익전담변호사의 현황과 그와 관련된 문제들을 검토하고, 공익전담변호사에 대한 지원방안을 살펴보면서 공익전담변호사의 앞으로의 전망에 관해 고찰하기로 한다.

회에서 신청한 해군기지 건설 반대활동을 위한 기부금품 모집이 법 제4조 제2항의 기부금품 모집등록사업 해당여부"를 질의하였다. 그러자 행정안전부는 "기부금품법 제4조 제2항에 따라 공익사업에 한해 기부금품 모집이 가능하므로, 다수의 이익에 합치되고 대다수가 찬성하는 경우에 등록 가능-주민들 간에 의견이 첨예하게 갈리는 사업에 대해 일방의 기부금품 모집등록은 부적절"이라고 회신하였다.

3) "Public interest law is a part of the struggle by, and on behalf of, the disadvantaged to use 'laws' to solve social and economic problems arising out of a differential and unequal distribution of opportunities and entitlements in society." Rajeev Dhavan, "Whose Law? Whose Interest?", Jeremy Cooper and Rajeev Dhavan (eds.), Public Interest Law (Blackwell, 1986), p.21.

4) 이러한 맥락에서 최근에 제기되고 있는 다양한 집단소송(개인정보유출 피해자 집단소송, 금융피해자 집단소송 등)을 공익법운동이라는 틀에서 공익소송으로 볼 수 있을지 논의가 필요하다.

2. 공익변호사의 의의

우리나라의 공익법운동의 시초는 일제시대에 독립운동을 하던 열사를 변론하던 인권변호사의 활동과 1970~80년대 독재 권력에 억압받는 시민을 변론하던 인권변호사 활동이다.[5] 이러한 인권 변론의 전통은 1980년대말에 이른바 '노동변호사 운동'으로 계승되어 노동자 계층의 소외된 이익을 법적으로 대변하여 노동변호사라는 하나의 전문영역을 개척하였다. 1987년 민주화 이후 시민사회 활동이 활성화되면서 다양한 방식으로 공익인권활동에 참여하는 변호사들이 늘어났다. 실제로 많은 로펌에서 일부 공익 변호를 담당하고 시간을 쪼개서 법률 봉사에 나섰다. 우리나라 변호사 역사에서 공익전담변호사가 등장하기 시작한 것은 1990년 중반 이후에 시민단체에 공익활동 전담변호사가 상근을 하면서부터이다. 이는 1970~80년대 독재 권력에 억압받는 시민을 변론하던 인권변호사의 전통을 잇는 것이었다.[6]

2000년대에 들어 공익변호사들이 모여 공익활동 전담조직을 형성하여 보다 조직적이고 체계적인 공익활동을 전개하기에 이르렀다. 2004년 1월 아름다운재단 산하에 만들어진 공익변호사그룹 공감을 필두로 2011년 7월 공익법센터 어필, 2012년 2월 공익인권변호사모임 희망을 만드는 법 등이 공익활동을 전담으로 하는 공익변호사의 모임이다. 이러한 공익변호사단체들은 여성・장애인・이주노동자・난민・성소수자・빈곤・인신매매 피해자 등 우리 사회의 다양한 소수자와 사회적 약자들에 대한 법률지원을 하고 있다. 또한 2009년 6월에 설립된 재단법인 동천의 경우에 법무법인 태평양의 공익활동 활성화를 위하여 설립되어 난민・장애인・탈북민・사회적 기업 등의 분야에서 활발하게 법률지원사업을 벌이고 있다. 재단법인 동천을 필두로 하여 로펌이 공익법인을 설립하고 공익전담변호사를 배치하여 로펌의 공익활동을 중개・지원하도록 하는 경우가 늘어나고 있다. 한편 의뢰인으로부터 일정 정도의 수임료를 받으며 소송・자문 등을 수행하지만, 노동・환경 등의 공익분야를 특정하여 사건을 담당하는 사무실도 늘어가고 있다. 현재 노동・환경 분야를 특정하여 사건을 담당하는 사무실로는 금속노조 법률원, 공공운수노동조합 법률원, 노동법률원 법률사무소 새날, 환경법률센터, 녹색법률센터 등이 있다.

이른바 '공익변호사'는 공익단체에 소속되어 낮은 수준이지만 소속단체로부터 일정한

---

5) 전통적인 형태의 인권 변론은 엄밀한 의미에서의 공익소송이라 할 수 없으며, 오히려 변호사에게 요구되는 가장 기본적인 시대적인 소명을 암울한 시대 상황에서 거부하지 않고 묵묵히 이를 수행하였던 것이라고 할 수 있다. 다만, 그 과정에서 '법'과 '변론'이라는 수단을 통하여 사회문제를 해결할 수 있다는 희망을 갖게 되었다는 점에 있어서는 충분히 평가될 수 있다는 견해도 있다. 이찬진, 「시민운동과 공익법운동, 21세기의 새 물결, 공익법운동과 시민운동」, 참여연대 5주년 심포지엄 자료집, 1994. 9. 4.

6) 박원순, 『역사가 이들을 무죄로 하리라: 한국인권변론사』, 두레, 2003, p.505 이하 참조.

보수를 받으면서 공익활동을 전담한다는 점에서 자신의 변호사 활동 중 일부분을 프로보노[7] 성격으로 봉사하는 변호사와 차이를 보인다. 공익변호사는 기존의 형사변론 중심의 인권변호사활동에 그치던 것을 소비자사건, 환경사건, 인권사건, 행정소송과 헌법소송 등 민사법 및 공법 영역으로 그 소송영역을 확장하였을 뿐 아니라, 소송 이외에 공익입법활동, 정책개선연구 등으로 그 활동의 범주를 넓혀나가고 있다. 현재 상근하는 변호사가 있는 시민사회단체에는 한국가정법률상담소, 대한가정법률복지상담원, 참여연대, 성매매 피해여성 자활지원을 위한 다시함께센터, 전국공무원노동조합, 전국교직원노동조합, 전국사회보험노동조합, 소비자단체협의회 등이 있다. 향후 현재의 공익변호사 형태 이외에도 전통적인 자유주의·재산권을 옹호하는 보수적 가치를 지향하는 공익변호사(단체), 집단소송 전문의 공익변호사(단체), 변협 또는 지방변호사회 산하의 공익변호사(단체), 로스쿨 산하의 공익로펌 등의 형태도 출현할 것으로 예상된다.

그러나 '공익변호사'라는 개념에 대해 과도한 의미부여를 할 필요는 없다. 전업으로 공익활동만을 담당하는 공익변호사의 존재의의는 별론으로 하고, '공익변호사'라는 용어가 동어반복일 수 있다. 변호사의 사명은 사회의 기본적 인권을 옹호하고 사회정의를 실현하는 것이기 때문이다. 따라서 '공익변호사'의 개념은 공익활동을 전업으로 하는 일부 공익전담변호사만을 지칭하는 것이 아니라 자신의 상당 시간을 할애하여 '공익활동'에 관여하는 변호사들로 확대하는 방향으로 논의가 이루어질 필요가 있다.

3. 공익변호사의 현황·유형

공익변호사를 공익활동을 전업으로 하는 변호사로 정의하게 되면 아래 보는 바와 같이 공익전담변호사단체·시민단체 등에서 활동하는 변호사 이외에 법률구조공단 소속 변호사, 국선전담변호사, 법무부 소속의 법률홈닥터 등도 공익변호사로 분류할 수 있다. 다만 본고는 공익법운동에 있어서의 공익변호사 확산을 도모하는 것에 그 의의가 있으므로 민간에서 공익활동을 전담하고 있는 변호사들의 현황을 파악하고자 한다. 2017년 9월 현재 공익(전담)변호사들의 현황은 다음과 같다.

가. 공익전담변호사단체

공익전담변호사단체는 개인과 단체의 기부 또는 법률구조·소송구조기금으로 운영되는 변호사 사무실로 의뢰인으로부터 수임료를 받는 사건은 수임하지 않는다. 공익전담

7) 프로보노의 어원: 라틴어의 '공공선을 위하여(Pro Bono Publico)'라는 단어에서 유래하며, 이때 'Pro'는 영어의 'for(~을 위하여)'를 의미하는 전치사이고, 'bono'는 'good(좋은 것, 이익이 되는 것)', 'publico'는 'public(공공의)'을 의미하고 법률가들이 무상으로 법률지원을 하는 것에서 비롯되었고, 전문가들의 공익활동을 통칭하여 프로보노라고 칭한다.

변호사단체 소속 공익변호사는 단체의 미션에 따라 여성/장애인/이주민 등 다양한 공익영역에서 공익소송/법률자문/법률상담/법률교육/입법운동/연구조사/법률매뉴얼 작성 등 다양한 형태로 활동을 한다.

단체명	활동영역	소속 변호사 수	비 고
공익인권법재단 공감	여성, 장애인, 이주·난민, 빈곤과 복지, 국제인권, 취약노동, 성소수자, 공익법 일반, 공익활동중개	9명	2004년 1월 설립
공익법센터 어필	난민, 인신매매, 무국적자, 구금된 이주자, 해외한국기업 인권침해	5명	2011년 1월 설립 미국 변호사 1명
공익인권변호사모임 희망을 만드는 법	장애인, 성소수자, 기업인권, 공익법 일반	9명	2012년 2월 설립
이주민지원센터 감사와 동행	이주민, 이주여성	3명	2014년 3월 설립 호주·뉴질랜드 변호사 1명
광주전남 공익변호사 모임 동행	여성, 장애인, 이주민	2명	2015년 설립
장애인권법센터	장애인	1명	2016년 설립

나. 시민단체를 기반으로 하는 공익전담변호사

시민단체는 권력감시/여성/소비자/환경 등의 다양한 공익영역에서 시민사회의 변화와 발전을 위한 다양한 공익활동을 펼치고 있다. 특히 소수자인권옹호나 제도개선 등 공익법 영역과 관련된 활동을 펼침에 있어서 공익전담변호사의 필요성이 제기되어 참여연대를 필두로 하여 단체 내부에 공익전담변호사를 두는 시민단체가 현저히 증가하고 있고, 이러한 경향은 앞으로도 더욱 확대될 것으로 보인다. 시민단체에 소속된 공익전담변호사는 소속단체에서 요구하는 법률자문/법률상담/공익소송/제도개선 등의 활동을 담당한다.

단체명	활동영역	전담변호사 수	비 고
민주사회를 위한 변호사모임	권력감시, 시국사건, 민주주의, 소수자인권 등	2명(사무처)/공익인권변론센터 3명	회원변호사 수 1,143명
참여연대	권력감시, 사회경제, 국제/평화/연대	2명	활동가로 근무
오픈넷	정보인권	3명	
국제아동인권센터	아동인권	1명	
사교육걱정없는 세상	학생인권	1명	
아시아의 창	이주여성, 이주노동자	1명	

소비자단체협의회	소비자 권리	1명	
반월시화공단노동자권리찾기 모임 월담	노동인권	1명	
부산시민권익센터	시민권, 소비자권리	1명	
한국 유니세프	아동인권	1명	
전국사회보험노동조합	사회보험 노조	1명	
경기비정규직센터	비정규직 인권	1명	
청소년 성소수자 위기지원센터 띵동	청소년 성소수자 인권	1명	
전국교직원노동조합	교직원인권	2명	

다. 로펌[8)]을 기반으로 하는 공익전담변호사－로펌 내 코디네이터

2000년대 후반 들어 대형로펌에서는 로펌의 사회적 책임의 측면에서 보다 적극적이고 체계적인 공익활동을 할 수 있는 방안을 모색하면서 기존의 소속변호사와 별도로 공익활동의 수행·중개·조정의 역할을 담당하는 공익전담변호사를 채용하기 시작하였다. 법무법인 태평양을 필두로 하여 2017년 9월 현재 8개 로펌에서 공익전담변호사를 채용하여 로펌의 공익활동을 수행하고 조정하도록 하고 있다.

로펌명	활동영역	전담변호사 수	비 고
법무법인 태평양	장애인, 이주민, 탈북민, 난민, 사회적기업, 시민사회 등	5명(그중 2명은 펠로우)	재단법인 동천 2009년 6월 설립
법무법인 지평	장애인, 아동, 사회적기업, 국제인권, 북한인권 등	5명	사단법인 두루 2014년 9월 설립
김앤장 법률사무소	장애인, 다문화가정, 이주노동자, 탈북민 등	2명	김앤장 사회공헌위원회(2013년 5월 출범)
법무법인 율촌	장애인, 난민, 공익법제, 생활법률	2명	사단법인 온율 2014년 3월 설립
법무법인 세종	청소년, 북한이탈주민, 다문화가정	1명(미국 변)	사단법인 나눔과 이음 2014년 9월 설립
법무법인 화우	이주노동자, 한센인 등	1명	화우공익재단 2014년 12월 설립
법무법인 원	여성, 아동청소년, 국제인권, 사회적기업, 협동조합	1명	사단법인 선 2013년 12월 설립
법무법인 동인	노숙인, 노인 등	1명	

8) 국내 10대 로펌 중 법무법인 광장, 법무법인 바른, 법무법인 로고스(2011년 10월 사단법인 희망과 동행 설립), 법무법인 대륙아주는 공익전담변호사를 아직 두고 있지 않다.

라. 노동 · 환경 등 특정 공익영역의 변호사단체

노동 · 환경 등 특정 공익영역에서는 2000년대 초반부터 전담변호사단체의 필요성이 제기되어 해당 영역을 전담하는 변호사단체를 설립하여 대응해왔다. 비영리로 운영되지는 않지만, 해당 영역에서 저렴한 수임료를 받고 전문적으로 소송을 수행하고 법률자문 등에 응하고 있다.

단체명	활동영역	소속변호사 수	비 고
금속노조법률원	노동인권	5명(서울 4/경남 1)	금속노조 내 부설기관
노동법률원 법률사무소 새날	노동인권	3명	
공공운수노조 법률원	노동인권	2명	
환경법률센터	환경	1명	환경운동연합 산하
녹색법률센터	환경	1명	녹색연합 산하

마. 국가 · 지자체의 출연 · 위탁을 기반으로 하는 공익전담변호사

최근 들어 국가나 일부 지자체에서는 자체적인 법률수요가 아닌 법률사각지대에 있는 시민들의 법률수요에 부응하기 위해 예산을 출연하거나 민간에 위탁하여 장애인이나 그 외에 사회복지 영역을 담당하는 공익전담변호사를 채용하여 업무를 수행하게 하고 있다. 이들은 국가 · 지자체의 출연 · 위탁을 기반으로 하기는 하지만, 일정정도 독립성을 가지고 공익법운동의 차원에서 활동을 하고 있다.

단체명	활동영역	소속변호사 수	비 고
서울사회복지공익법센터	사회복지	4명	서울시복지재단 산하
서울장애인권센터	장애인 인권	2명	
한국가정법률상담소	가정법률	1명	
대한가정법률복지상담원	가정법률	1명	
성매매 피해여성 자활지원을 위한 다시함께 센터	성매매피해여성	1명	반상근 형태
경기장애인권센터	장애인 인권	1명	
중앙장애아동 · 발달장애인지원센터	장애인 인권	2명	
중앙장애인권익옹호기관	장애인 인권	1명	
한국자폐인사랑협회 신탁의사결정지원센터	자폐인 인권	1명	

바. 지역을 기반으로 하는 공익전담변호사

근래 들어 지역에 기반을 두어 공익활동을 펼치는 변호사사무실이 계속해서 등장하고 있다. 기존의 법원이나 관공서 근처가 아닌 지역에 변호사 사무실을 열고 주민들의 법률상담, 공익소송 등을 하고 있다.

단체명	활동영역	소속변호사 수	비 고
동네변호사카페	여성, 공익 일반	1명	
원곡 법률사무소	이주민, 장애인	3명	
법률사무소 보다	국제인권, 소수자인권	1명	

사. 공익변호사 지원단체

공익전담변호사의 활동을 지원하거나 변호사 공익활동을 중개·지원하는 단체들이 늘어나고 있다. 그간 공익인권법재단 공감이나 재단법인 동천에서 부분적으로 공익활동 교육·중개를 담당하였으나, 2016년 4월 서울지방변호사회 산하에 프로보노지원센터가 설립되어 변호사와 공익단체 간의 공익활동을 중개하고, 필요한 지원을 담당하게 되었다. 그 외에도 변호사의 공익활동을 지원하는 다양한 형태의 단체들이 등장하고 있다.

단체명	활동영역	전담변호사 수	비 고
법조공익모임 나우	공익변호사 지원	1명	회원변호사 수 50명
서울지방변호사회 프로보노지원센터	변호사 공익활동 지원	1명	
민변 공익인권변론센터	공익변론 지원	3명	
대한변협 사랑샘재단	변호사 공익활동 지원	2명	

4. 공익변호사의 활동형태

가. 공익소송

공익소송은 공익법상의 문제를 해결하기 위한 방편으로 법원에 소송을 제기하는 것을 말한다. 공익소송을 규정하는 몇 가지 요소를 정리해 본다면 ① 목적의식을 가진 공익법단체 또는 공익변호사가, ② 이제까지 적절한 법적 구제를 받지 못했던 공익에 관하여, ③ 새로운 법원(또는 헌법재판소)의 판례를 이끌어내기 위하여, ④ 법원에 소송을 제기하는 것이라고 할 수 있다.[9)]

공익소송의 제기를 통해 소송 당사자의 권리를 구제할 뿐만 아니라 해당 사안에 관하여 제도를 개선하는 효과를 도모하여 공익법 운동을 활성화시키는 복합적인 목표를 가지고 공익소송이 제기되고 있다. 공익법운동으로서의 공익소송은 ① 소송제기의 어려움, ② 보수적인 법원의 소극적 판단(사법소극주의), ③ 담당 변호사의 전문성 문제, ④ 법질서 테두리 내에서의 문제제기라는 한계 등 다양한 도전과제를 안고 있다.

나. 입법운동

공익소송의 제기를 통한 공익법운동이 법질서 테두리 내에서의 문제제기, 사법소극주의 등의 한계에 부딪히자, 시민운동 차원에서 적극적으로 법제도 자체를 변화・개선하려는 움직임이 크게 활성화되었다. 당사자단체・활동가・전문가・법률가들이 함께 협업하여 의견을 수렴하고 입법안을 만들어 입법청원을 하거나 국회의원을 섭외하여 법안 발의를 하는 형태로 입법운동을 벌이고 있다. 이러한 입법운동과 관련해서는 ① 당사자・시민의 의견 반영 부족, ② 법률가・전문가 중심의 운동, ③ 입법부의 원활한 협조 부족 등의 한계가 있다.

다. 연구조사

공익법운동의 영역에서 제도개선이 필요하거나 시범소송을 제기하고자 하는데 해당 분야에 대한 기존의 연구결과가 부족하거나 해당 실태 또는 외국 제도에 관한 조사가 필요한 경우가 많다. 이러한 연구조사를 위해 해당 단체 활동가・전문가・법률가가 결합하여 국가기관・지자체・연구기관의 연구용역을 수주하거나 자체적으로 연구조사를 진행하고 있다.

라. 공익법 교육・중개

공익법 운동의 활성화를 도모하기 위해서는 직접적으로 법을 동원하여 공익을 추구하는 운동방식 이외에도 공익법운동에 관심 있는 (예비)변호사, (예비)활동가를 양성하고 교육하는 공익법 교육과 공익법 분야에서의 법률수요(공익단체・당사자)와 법률공급(변호사・전문가 등)을 연결하거나 네트워크를 형성하는 공익법 중개 활동도 매우 중요한 공익법 운동의 영역이라고 할 수 있다. 구체적인 공익법 교육・중개의 방식으로는 자원활동가 인턴십・인권법 캠프・공익법 강의・전문 분야 변호사 네트워크 구축・공익변호사 간담회(라운드테이블) 등이 있다.

---

9) 황승흠, 「공익소송의 어제와 오늘」, 조영래 변호사 8주기 추모 심포지움 자료집(미간행), 1998.

5. 공익변호사 활성화 방안

가. 공익변호사 양성교육 · 정보제공

공익변호사 양성과 관련하여 로스쿨 · 사법연수원 인권법학회 학회원들이나 공감에서 주도하여 진행해온 공익변호사 양성을 위한 라운드테이블에서 요청되는 많은 사항은 공익변호사 진로 및 구체적인 설립 및 운영 · 업무에 관한 정보가 제공되었으면 하는 것과 공익변호사로 진로를 고민하는 로스쿨생 · 연수생들을 위한 멘토링을 해줄 사람이 필요하다는 것이다. 이를 위해 공익변호사 진로를 고민하는 로스쿨생 · 사법연수생을 위한 논의의 장, 정보공유의 장이 정기적으로 마련되어야 하고, 로스쿨에서도 공익변호사 진로를 가진 학생들을 위한 진로상담이 이루어져야 하며, 공익변호사단체들과의 상시 네트워크가 구축되어야 한다.

(1) 공익변호사 라운드테이블

공익변호사 라운드테이블은 공익변호사 활성화를 위하여 지난 2011년부터 시작된 모임으로 공익변호사, 공익변호사가 되기를 희망하는 예비 법률가와 공익변호사의 설립 · 지원을 고민하는 잠재적 후원자들이 모여 정보 공유, 방안 논의, 네트워킹 등이 이루어고 있는 모임이다. 공익변호사 라운드테이블은 처음 2011년에 아름다운재단 회의실에서 소규모로 진행하다가, 2012년에는 장소를 옮겨 서초동 변호사교육문화관 북카페에서 진행하였고, 2013년에는 변호사교육문화관 지하대강당에서 진행하는 등 점차 규모가 확대되고 있다.

연 도	주 제	패 널
2011년	1차 공익변호사단체의 고민과 전망	김종철 변호사(어필), 양동수 변호사(동천), 강명득 변호사, 염형국 변호사(공감)
	2차 로스쿨에서의 공익변호사 양성방안	한인섭 교수(서울대), 박경신 교수(고려대), 황필규 변호사(공감)
	3차 공익단체에서 상근하는 변호사의 평가와 전망	권두섭 변호사(민주노총법률원), 이소아 변호사(민변), 김민선 변호사(가정법률상담소), 김해성 대표(지구촌 나눔)
	4차 예비 공익변호사들의 진로고민과 계획	배의철 변호사, 김동현 변호사, 한가람 변호사, 김준우 변호사
2012년	1차 공익변호사단체의 활동	양동수 변호사 · 김차연 변호사(동천), 류민희 변호사(희망법), 황필규 변호사(공감)
	2차 공익변호사단체의 설립과정과 향후계획	김종철 변호사(어필), 서선영 변호사(희망법), 배의철 변호사(공익법률기금), 임자운 변호사

2013년	1차 신참 공익변호사들의 경험	이미연 변호사(동네변호사카페), 정소연 변호사(법률사무소 보다), 고지운 변호사(이주민지원센터 친구), 김종보 변호사(민변)
	2차 예비/1년차 공익변호사들의 진로모색	오진숙 변호사, 조영관 변호사, 정민영 변호사, 임자운 변호사, 이은혜 변호사, 박다혜 변호사, 경규연 변호사
	3차 공익 변호사 양성의 기반 마련	염형국 변호사(공감), 박지환 변호사(낭만펀드), 김용혁 변호사(서울대 공익기금), 민경한 변호사(대한변호사협회 인권이사), 손정혜 변호사(서울지방변호사회 인권이사), 한인섭 교수(서울대 로스쿨), 김재원 교수(성균관대 로스쿨), 박경신 교수(고려대 로스쿨), 손창완 교수(연세대 로스쿨), 이용구 변호사
2014년	1차 공익 변호사들의 경험 나누기	배영근 변호사(녹색법률센터), 조현주 변호사(금속노조법률원), 김준우 변호사(법무법인 화우), 임자운 변호사(반올림)
	2차 새로운 공익인권변호사의 진로에 관한 모색	김남희 변호사(참여연대 복지노동팀), 신훈민 변호사(진보네트워크), 김예원 변호사(서울장애인인권센터), 배정호 변호사(법무법인 겸인), 백신옥 변호사(해우법률사무소)
	3차 공익변호사 양성의 기반 마련	이용구 변호사(법조공익모임 나우), 양동수 변호사(재단법인 동천), 염형국 변호사(공익인권법재단 공감), 이경주 교수(인하대 로스쿨)
2015년	1차 공익변호사와 변호사의 공익활동	김도희 변호사(서울사회복지공익법센터), 송상교 변호사(민변), 이종희 변호사(공익인권변호사모임 희망법), 탁선호 변호사(민주노총 금속노조 법률원), 여연심 변호사(서울변회 인권이사)
	2차 공익변호사의 진로와 전망	고지운 변호사(이주민지원센터 감사와 동행), 김지현 변호사(부산 시민권익센터), 소라미 변호사(공익인권법재단 공감), 김성진 변호사(사단법인 선), 한인섭 교수(서울대 로스쿨)
2016년	1차 부산 "풀타임 공익변호사로 살고 싶은 나, 비정상인가요?"	고지운 변호사(이주민지원센터 감사와 동행), 김지현 변호사(부산 시민권익센터), 송시섭 교수(동아대), 정은주 학생(부산대 로스쿨), 최달용 변호사(법무법인 지평 부산사무소)
	2차 서울 "공익변호사가 되고 싶은 나, 비정상인가요?"	송상교 변호사(민변 공익인권변론센터), 이희숙 변호사(재단법인 동천), 김가연 변호사(사단법인 오픈넷), 염형국 변호사(공익인권법재단 공감), 안진걸 사무처장(참여연대)
2017년	1차 광주 '변호사 공익활동 네비게이션'	김예원 변호사(장애인권법센터), 임태호 변호사(광주지방변호사회 인권 및 법률구조위원장), 김태봉 교수(전남대 로스쿨), 이소아 변호사(광주전남 공익변호사모임 동행), 이탁건 변호사(재단법인 동천), 김정희 변호사(법무법인 지음)

2차 서울 '변호사 공익활동 네비게이션'	김준우 변호사(민변), 이현서 변호사(이주민지원공익센터 감사와 동행), 최초록 변호사(사단법인 두루), 염형국 변호사(서울지방변호사회 프로보노지원센터장), 오재욱 변호사(법무법인 에셀)

공익변호사 라운드테이블은 그동안 공익변호사 진로에 관한 정보를 제공하고 구체적인 공익변호사 활동을 소개하고 공익변호사들의 고민을 들을 수 있는 자리를 마련함으로써 공익변호사를 꿈꾸는 로스쿨생과 사법연수생들에게는 공익변호사를 고민하는 사람들 간에 네트워크를 구축하는 기회가 되었고, 고민을 구체화시키고 공익변호사의 꿈을 현실화시킬 수 있는 계기를 마련해주었으며, 로스쿨 교수님들과 선배 변호사들에게는 후배 공익변호사 양성을 위해 보다 고민하고 노력하는 자리가 되어가고 있다. 이러한 공익변호사 라운드테이블은 앞으로도 그 내용과 범주, 지역을 다양화하여 지속·발전되어야 한다.

(2) 공익변호사 멘토링·특강

공익인권법재단 공감을 비롯하여 공익활동에 참여하는 변호사들은 그동안 정규 공익법 실무 강의 또는 특강을 통해 사법연수원과 로스쿨에서 공익·인권을 추구하고자 하는 많은 이들과 함께해 왔다. 그리고 공감과 서울지방변호사회 프로보노지원센터에서는 변호사 및 로스쿨생을 대상으로 변호사 공익활동 관련 멘토링을 진행하고 있다. 1인 이상의 변호사가 공익활동 관련 자문을 원하는 후배 변호사·로스쿨생들에 대한 멘토링을 통해 공익변호사를 지향하거나 변호사의 공익활동에 관심이 있는 사법연수생, 로스쿨생들에게 소규모로 자문과 조언을 제시하고 진로 상담을 하고 있다. 변호사 공익활동과 관련된 멘토링 및 특강 또한 계속해서 확대되어야 한다.

나. 공익변호사조직의 법적 근거 마련

공익활동만을 전담하는 변호사가 날로 증가하고 공익활동에 대한 관심이 커가는 상황에서 기존 변호사법 상의 제도만으로는 공익활동을 뒷받침하기에 한계가 있다. 이에 지난 2012년 7월 법무부는 공익전담 변호활동에 대한 활동 근거 규정을 마련하여 변호사의 공익활동을 촉진하는 한편 법조인에 대한 국민 신뢰를 제고하고자 공익법률활동을 전담하여 수행하는 변호사조직으로 법무법인(공익) 제도를 신설하는 변호사법 개정안을 공개하였다.[10)]

10) 그러나 그 이후 제대로 된 논의가 이어지지 못하고 변호사법 개정안 자체가 유야무야 되고 말았다. 새로운 정부가 들어섰으므로, 공익법무법인을 포함한 변호사법 개정안 논의가 다시 시작되어야 한다.

법무법인(공익)은 법조경력 5년 이상인 자 1인이 포함된 3인 이상의 구성원을 인적 요건으로 하고, 그 활동이 의뢰인을 위한 무상의 공익적 법률 활동에 한정될 수 있도록 공익법률활동에 대한 대가로 수수료를 받거나 그 밖의 어떠한 명목으로도 금품을 받아서는 안 되는 것으로 활동영역을 제한하였다. 법무부장관의 인가를 받아 설립되고, 공익법률활동 수행에 필요한 비용을 마련하기 위하여 법무부장관의 허가를 받아 기부금품을 모집할 수 있으며, 중립적 기관인 법조윤리협의회가 공익법률활동 수행에 필요한 비용을 지원하는 등 공익법률활동 관련 업무를 수행할 수 있도록 하였다.

공익법률활동을 전담하여 수행하는 변호사조직의 근거를 변호사법에 규정하는 것은 매우 바람직한 일이다. 그러나 법무법인(공익)의 요건을 갖추기 어려운 로스쿨을 갓 졸업한 변호사들이 만든 신생 공익전담변호사조직은 최소한 5년이 경과하고 3명 이상이 결합하여야 변호사법에 근거한 조직이 될 수 있다. 의욕이 충만한 로스쿨 출신 신참 변호사의 의지가 꺾이지 않을 수 있도록 하고, 소규모의 공익변호사단체들도 양성될 필요가 있다. 다양한 형태의 공익전담변호사조직과 개인이 존재해야 하고, 이러한 다양한 형태의 공익전담변호사의 형태 또한 변호사법에 규정할 필요가 있다. 또한 경제적 이유로 법의 보호를 받지 못하는 자를 위한 법률구조 외에도 구조적인 이유로 차별받고 인권침해를 당하는 자를 위한 법률지원도 공익의 영역에 포함시키는 등 공익을 보다 적극적으로 정의할 필요가 있다.

한편 현행 법률구조법은 정부와 지방자치단체가 재정지원을 하는 것은 물론 전문인력인 공익법무관을 파견할 수 있도록 규정하고 있지만, 법률구조단체로 등록하기 위해서는 '사무소와 3억원 이상의 자산 보유', '변호사 3인 이상', '법무사 또는 법률구조업무 3년 이상 경력자 5명 이상', '상담직원 2명 이상'을 갖출 것을 요구하는 등 지원 요건이 지나치게 까다로워 현재 이 법률에 따라 등록된 법률구조단체는 대한변호사협회의 법률구조재단과 가정법률상담소 등 극소수에 불과한 실정이다. 경제적 이유로 법의 보호를 받지 못하는 자를 위한 법률구조단체는 그 요건을 완화하여 대폭 확대하여 민간에서의 법률구조를 보다 활성화시킬 필요가 있다.

다. 공익법률기금 조성

(1) 공익전담변호사 임금지원제도(펠로우십)

공익변호사단체가 많지 않은 현실에서 공익업무를 하고자 하는 변호사들이 경제적인 어려움 없이 공익단체에서 일할 수 있도록 경제적으로 지원하는 공익전담변호사 임금지원제도가 우리나라에도 도입될 필요가 있다. 미국의 스캐든 펠로우십이나 이퀄 저스티스 웍스(Equal Justice Works) 펠로우십기금의 사례를 참고하여 2014년부터 공익인권법재단 공감에서도 공익변호사 양성기금을 조성하여 공익펠로우십을 운영하고 있다.[11] 이러한 공익변호사 양성기금은 공감의 운영 기금과 별도로 조성・운영된다. 법조공익모임 나우－공감에서 진행하고 있는 펠로우십은 변호사 또는 변호사 예정자를 대상으로 지원신청을 받아 공익단체에서 일하고자 하는 지원자를 선정하고 이들에 대한 인건비를 지원하는 방식이다. 지원자는 지원할 때에 특정 공익단체에서의 구체적인 활동계획 및 해당 공익단체와의 업무협조 등에 관한 사항을 제출하여야 한다.

선발된 공익펠로우들은 지원내용에 따라 장애인/여성/이주・난민/아동/노인/빈곤 등 활동계획상의 공익단체에서 상근하면서 공익펠로우기금에서 만 2년동안 인건비를 지원받게 된다. 나우－공감에서는 필요시에 해당 영역담당자가 수시로 자문을 한다. 이들은 매년 2회 자신들의 활동내용을 보고서로 제출하고 평가를 받게 된다.

현재 법무법인 태평양에서 설립한 재단법인 동천이 자체적인 펠로우십을 운영하고 있다. 2017년 현재 선발된 펠로우 변호사 2인은 동천에서 근무하며 장애인/난민/북한이탈주민/사회적 기업 등의 분야에서 공익활동을 전업으로 하고 있다. 한편 연수원 41～43기는 공익법률기금을 조성하여 공익전업변호사로 활동하고 있는 변호사들을 지원하고 있고, 서울대학교 법학전문대학원에서도 1・2・6기를 중심으로 공익전담변호사 3인에 대한 지원기금을 조성하여 지원하고 있다.

(2) 변호사협회 및 지방변호사회의 공익법률기금 조성

2013년 6월부터 법무부와 안전행정부, 대한변호사협회가 주도하여 법률 사각지대 해소를 위해 무변촌에 주민들의 자문 변호사 격인 '마을 변호사' 제도를 운영하고 있다. 이 제도는 개업 변호사가 없는 읍・면・동 지역마다 변호사 1명씩을 배정해 전화・인터넷・우편 등을 통해 법률 자문과 상담을 해주는 제도이다. 2016년 5월 현재 마을 변호사는 전국적으로 1,413개 지역을 대상으로 1,514명이 위촉되어 활동하고 있다.[12]

그러나 변호사 사무실이 기존의 대도시에 머물러 있는 상태에서 전화・인터넷・우편을 통한 법률자문과 상담이 얼마나 효과가 있을지 지켜볼 일이다. 무변촌을 없애 법률사각지대를 해소하기 위해서는 일본과 같이 변호사협회의 재정적 지원 하에 무변촌에서의 사무실 개소를 지원하고 최소수익을 보장하는 등의 조치와 공익활동을 전업적

---

11) 2015년부터 법조공익모임 나우와 공동으로 공익변호사 자립지원사업을 펼치고 있다. 2017년 현재 4기째 지원을 하고 있다. 1기_고지운(이주민지원센터 친구), 신훈민(진보네트워크): 2016년 종료/2기_이소아(광주・전남 공익변호사모임 동행), 김지현(부산 시민권익센터): 2017년 상반기 종료/3기_임자운(반도체 노동자의 건강과 인권지킴이 반올림): 2017년 4월 종료), 조영신(반월시화공단 노동자권리찾기모임 월담): 지원 중/4기_송지은(청소년 성소수자 위기지원센터 띵동), 김예원(장애인권법센터), 신지형(녹색법률센터): 2017년 지원 시작

12) 법무부 마을변호사 홈페이지 참조
http: //www.moj.go.kr/HP/MOJ03/menu.do?strOrgGbnCd=100000&strRtnURL=MOJ_10207010(최종접속일 2017. 9. 10.)

으로 하는 공익변호사 사무실에 대하여 변호사협회 및 지방변호사회 차원에서 변호사 등록비 면제, 변호사 회비 면제, 공익전담변호사 사무실 임대료 지원, 공익전담변호사에 대한 임금 지원 등의 재정적 지원책이 필요하다.

라. 변호사 공익활동 지원기관 활성화

공익전담변호사 활성화는 전체 변호사 공익활동이 활성화되어야 가능하다. 전체 변호사 공익활동이 활성화되기 위해서는 공익활동을 하고자 하는 변호사들이 손쉽게 자신을 필요로 하는 곳을 찾을 수 있고, 변호사의 법률지원을 필요로 하는 공익단체도 수월하게 자신을 지원해줄 변호사를 찾을 수 있어야 한다. 해당 분야를 처음 접하는 변호사들을 위해서 관련 전문지식과 노하우를 교육받을 수 있어야 하고, 이러한 교육이 가능하도록 하는 매뉴얼이 마련되어야 한다. 공익 영역에서의 정보인프라를 통한 정보공유가 원활히 이루어져야 하고, 선배변호사와 후배변호사와의 협업이 가능한 구조를 만들어야 한다. 이러한 기능을 담당할 수 있는 변호사 공익활동중개센터의 설립이 절실히 필요하다.

미국에서는 1996년부터 비영리민간단체로 '프로보노 인스티튜트(Pro bono institute)'[13]가 운영되고 있고, 호주에서는 2002년부터 '내셔널 프로보노 리소스 센터(National pro bono resource center)[14]가 운영되고 있다. 두 기관 모두 변호사들의 공익활동 계획 수립 및 성과측정, 사회 취약계층과 변호사의 연계, 공익활동 인프라 구축 등 변호사 공익활동의 중개센터 역할을 하고 있다. 우리나라에서도 변호사의 공익활동을 지원하고 중개하는 기관들이 속속들이 설립되어 운영 중이다.

(1) 서울지방변호사회 프로보노지원센터[15]

지난 2016년 4월에 개소한 프로보노지원센터는 사회적 약자·소외계층의 인권 보호와 공익 실현을 위해 프로보노 활동을 하는 변호사를 지원하고 프로보노 변호사와 공익단체를 중개하고 이들 사이의 네트워크를 구축하는 등 변호사 공익활동 중개기관의 역할을 담당하기 위해 설립된 서울지방변호사회 산하 공익활동기구이다. 프로보노지원센터는 공익적 영역에서 법률자문 등의 법률서비스를 수행할 변호사가 필요한 공익단체와 프로보노 활동을 하고자 하는 변호사를 연결해 주는 다리 역할을 위해 온라인상에 변호사-공익단체 공익활동 중개시스템을 마련하여 공익활동을 중개해오고 있고, 2017년부터는 영역별로 변호사와 공익단체 활동가가 한자리에 모여 상호 협력 방안을

---

13) Pro bono institute 홈페이지 http: //www.probonoinst.org/ (최종접속일 2017. 9. 10.)
14) National pro bono resource center 홈페이지 http: //www.nationalprobono.org.au/home.asp (최종접속일 2017. 9. 10.)
15) 서울지방변호사회 프로보노지원센터 홈페이지 http: //probono.seoulbar.or.kr/ (최종접속일 2017. 9. 10.)

논의하고 모색하는 '영역별 프로보노 라운드테이블'을 개최해 오고 있다. 그 외에도 공익·인권분야 연구활동 지원사업, 영역별 법률매뉴얼 제작 및 법률교육, 프로보노 포럼·세미나, 변호사 공익활동 멘토링, 시니어 프로보노 변호사단 운영, 봉사활동 등을 하고 있다.

프로보노지원센터는 향후 변호사 프로보노 활동의 허브기관으로서의 역할을 하기 위해 변호사 공익활동 인프라 구축, 변호사 공익활동 관련 정보 구축, 변호사 공익활동의 중개센터 역할 확대를 도모하고, 서울 지역 외에 다른 지역에서도 유사한 센터가 설립되어 해당 지역에서의 변호사 프로보노 활동을 지원·중개하여야 할 것이다.

(2) 민변 공익인권변론센터

1988년 우리 사회의 민주화와 인권보장을 위해 설립된 '민주사회를 위한 변호사모임'은 2016년 4월 공익인권변론센터를 열어 사회의 다양한 공익소송을 제기하고 지원하는 역할을 해오고 있다. 민변은 내부적으로 그간 여러 공익 소송을 해오는 과정에서 주로 제보가 들어오는 것 위주로, 각각의 위원회가 산발적으로 대응을 해왔다는 반성이 제기되었다. 앞으로는 공익인권변론센터가 적극적으로 공익소송을 발굴하고 시민들의 제안도 받아 공익 소송을 이끌어가며, 공익변론 관련 자료도 축적하여 민변의 공익소송 활성화를 위한 체계적인 발판의 역할을 할 것으로 기대된다.

(3) 법조공익모임 나우[16]

법조공익모임 나우는 2013년 12월 판·검사 출신 중심으로 변호사 50명이 공익활동을 전담하는 후배 변호사들에 대한 지원을 위해 만들어졌다. 법조공익모임 나우는 공익인권영역에서 활동 중인 변호사 및 변호사 단체 지원, 사회적약자의 인권보장을 위한 상담·자문·공익소송 등 법률지원, 공익적 법률영역 확장을 위한 정책 지원 등을 해오고 있다.

(4) 사랑샘재단[17]

사랑샘재단은 지난 2014년에 설립되어 ① 배려 계층 지원 사업(사회적 배려계층을 위한 봉사활동 및 지원, 사회적 배려계층의 삶에 대한 실태 조사 및 연구, 사회적 배려계층에 대한 법률 교육 및 상담), ② 사회봉사 사업(미취업 및 실직 청년들을 위한 상담·강연·세미나 개최 및 생활비·장학금·연구비 지원, 공익활동 변호사, 정신적·경제적 고충을 겪는 변호사, 예비 법조인들에 대한 지원·교육), ③ 사회 봉사자들에 대한 지원 및 포상 등의 사업을 펼치고 있다.

---

16) 법조공익모임 나우 홈페이지 http: //now.or.kr/2015/ (최종접속일 2017. 9. 10.)
17) 재단법인 사랑샘 홈페이지 http: //www.sarangsaem.kr/ (최종접속일 2017. 9. 10.)

6. 공익변호사의 전망

가. 공익변호사 수의 증가

공익활동을 하는 변호사들의 조직인 공익변호사단체는 큰 폭으로 증가하지 못하는 반면에, 공익활동가들이 중심이 되어 활동하는 공익단체에 변호사가 상근을 하는 형태는 지속적으로 늘어나고 있다. 영리를 목적으로 하는 회사의 임직원이 되는 사내변호사의 경우에는 변호사법 제38조 제2항[18]에 의하여 사전에 소속 지방변호사회의 겸직허가를 받아야 하지만, 비영리공익단체의 임직원이 되는 경우에는 지방변호사회의 겸직허가가 필요치 않다.[19] 현재 상근하는 변호사가 있는 공익단체는 한국가정법률상담소, 대한가정법률복지상담원, 참여연대 공익법센터, 성매매 피해여성 자활지원을 위한 다시함께센터, 전국공무원노동조합, 전국교직원노동조합, 전국사회보험노동조합, 소비자단체협의회, 비정규직센터 등으로 계속해서 늘어나고 있는 추세이다.

IMF 경제위기 이후 로펌의 급격한 성장과 확대[20]는 변호사업계를 로펌중심으로 재편시키고 있으며, 변호사의 공익활동도 변호사 개인의 공익활동뿐만 아니라 로펌의 공익활동이라는 새로운 공익활동의 형태를 필요로 하는 계기가 되고 있다.[21] 단독개업 변호사나 소규모 합동사무소의 변호사들은 영업을 직접 담당하기 때문에 현실적으로 공익활동 등에 신경 쓸 여유가 없고, 공익활동을 할 기회가 줄어들게 된다.[22] 반면 대형로펌의 경우에 변호사 수가 많아 모든 변호사가 영업을 담당할 필요가 없으며 또한 효율적인 팀별 시스템을 갖추고 있기 때문에 팀으로 공익활동을 하는 경우 변호사의 활동량을 조율할 수 있다.[23] 공익인권법재단 공감이 2008년부터 주최한 로펌 공익담당

---

18) 변호사법(법률 제11825호, 일부개정 2013. 5. 28, 시행 2013. 5. 28.) 제38조(겸직 제한) ① 변호사는 보수를 받는 공무원을 겸할 수 없다. 다만, 국회의원이나 지방의회 의원 또는 상시 근무가 필요 없는 공무원이 되거나 공공기관에서 위촉한 업무를 수행하는 경우에는 그러하지 아니하다.
② 변호사는 소속 지방변호사회의 허가 없이 다음 각 호의 행위를 할 수 없다. 다만, 법무법인·법무법인(유한) 또는 법무조합의 구성원이 되거나 소속 변호사가 되는 경우에는 그러하지 아니하다.
1. 상업이나 그 밖에 영리를 목적으로 하는 업무를 경영하거나 이를 경영하는 자의 사용인이 되는 것
2. 영리를 목적으로 하는 법인의 업무집행사원·이사 또는 사용인이 되는 것
③ 변호사가 휴업한 경우에는 제1항과 제2항을 적용하지 아니한다.

19) 서울지방변호사회 겸직허가및신고규정(변경 2013. 3. 15, 시행 2013. 3. 15.) 제3조 참조.

20) 급속하게 성장한 로펌은 2000년대 이후에도 변호사 영입 확대, 인수합병 등을 통해 그 수와 규모가 확대되어 왔다. 그 결과 2012년 대한변호사협회의 통계에 따르면 전체 로펌 수는 총 787개로서 2000년 185개에서 4배 이상 증가하였으며, 전체 14,407명의 변호사(서울변호사회의 경우 10,630명)중 로펌에 소속된 변호사는 7,314명(서울변호사회의 경우 5,868명)으로 그 비율이 50%를 넘고 있다. 대한변호사협회 홈페이지 http://www.koreanbar.or.kr/info/info07.asp (최종접속일 2013. 9. 10.) 참조.

21) 양동수, 위의 글, p.3 이하 참조.

22) 참여연대 공익법센터, 「변호사의 공익활동 프로그램」, 대한변호사협회(2001. 11.), p.61.

23) 양동수, 위의 글, p.8.

변호사 간담회 등을 통해 로펌의 공익활동을 활성화하기 위해 공익전담변호사를 두어 해당 로펌의 공익활동을 코디네이팅 하는 방법이 적극적으로 제기되었고, 2009년 법무법인 태평양에서 처음으로 공익전담변호사를 채용하기 시작하여 2012년 법무법인 세종, 2013년 김앤장 법률사무소 및 법무법인 화우에서 각각 공익전담변호사를 채용하여 로펌의 공익활동을 중개지원하고 있다. 로펌의 공익전담변호사의 역할은 ① 해당 로펌의 공익활동중개 및 지원, ② 직접적인 공익활동, ③ 그밖에 로펌의 사회공헌활동 지원 등을 담당하고 있다. 앞으로 대형로펌의 공익전담변호사 채용은 더욱 일반화될 것으로 예상되며, 공익전담변호사의 역할도 보다 다양해질 것이다. 이를 위해서 공익전담변호사모임 등의 정보공유와 공익활동 중개·연계, 로펌 공익활동 활성화 방안 논의 등을 위해 정기적인 회의가 가능한 느슨한 네트워크가 필요한바, 지난 2016년 11월 김앤장 등 11개 대형로펌은 로펌 공익활동 활성화를 위해 로펌 공익네트워크를 결성하였다.

나. 공익변호사조직의 전망

공익변호사단체라고 하면 으레 공감·어필·희망법 등과 같이 비영리·전업으로 공익활동만을 하는 변호사사무실을 지칭하였다. 그러나 공익변호사단체의 형태와 내용은 갈수록 다양화되고 있다. 동네변호사카페의 경우에 서민들의 사법접근권 확대, 성폭력 피해자지원, 국선변호인활동, 공익단체 법률자문 등 공익적 활동을 하고 있고, 이주민지원센터 친구는 이주민 영역에 초점을 맞춰 이주민에 대한 다양한 법률상담과 민·형사 소송을 지원하고 법원의 소송구조·대한변호사협회의 법률구조를 통해 수임료를 보전받는 등 공익활동을 활발히 펼치고 있다. 한편 국선전담변호사, 법률홈닥터 등과 같이 법원·법무부의 예산지원을 받아 서민들을 위한 무료 형사변론, 무료 상담·법 교육 등을 담당하고 있는 사무실도 넓게 보면 공익변호사(단체)로 분류할 수 있을 것이다.

비영리·전업적인 공익변호사조직을 넘어서 다양한 조건과 배경을 가진 공익변호사단체가 새롭게 출현하고 있다. 공익단체에서 상근하는 변호사의 경우에도 기존에 다른 상근자와 동일하게 공익단체에 소속되어 활동하였으나, 소송사건 수임이나 변호사법 제34조의 문제, 세제상 문제 등으로 별도의 변호사사무실을 등록하는 형태도 계속하여 늘어나고 있다. 앞으로 법률 협동조합, 공익 법무법인 등 보다 다양한 공익변호사(단체) 조직형태가 생겨날 것으로 예상된다.

다. 현행 법률구조제도의 전면적 개편

(1) 현행 법률구조제도 현황

법률구조란 경제적·사회적 약자에 대하여 법률상담, 소송대리 등 법률사무에 관한 각종 지원을 무료 또는 저렴한 비용으로 제공하는 것을 말한다. 법률구조의 이념은 경제적・사회적 약자들도 국가가 제공하는 사법시스템에 동등하게 접근할 수 있도록 함으로써 법치주의가 실질적으로 보장되도록 함에 있다. 현행 법률구조는 법률구조공단에 의한 법률구조, 법원에 의한 소송구조와 국선변호, 각종 민간단체에 의한 법률구조로 이루어져 있으나, 각 분야별 법률구조 프로그램이 양적으로나 질적으로 충분하지 못할 뿐 아니라 상호 간에 유기적 연계를 구축하지 못하여 비효율적으로 운영되고 있는 실정이다.[24] 현행 법률구조제도 현황을 살펴보면 다음과 같다.

(가) 대한법률구조공단－전반적 법률구조, 법무부 산하 공공기관

법률구조법에 따라 1987년 9월 1일 설립된 법무부 산하 공공기관으로, 1972년 6월 14일 설립되었던 재단법인 대한법률구조협회의 후신이다. 2015년 현재, 본부(경북 김천시 소재), 18개 지부(전국 지방법원, 검찰청 단위)와 40개 출장소(전국 지원, 지청 단위), 72개 지소(전국 시・군법원 단위)가 있다. 대한법률구조공단은 경제적으로 어렵거나 법의 보호를 충분히 받지 못하는 사람들을 위해 법률상담, 소송대리 및 형사변호, 기타 법률사무에 관한 각종 지원을 하고 있다.[25]

그러나 법률구조공단은 법무부 산하 특수법인으로서 이사장 및 이사를 법무부장관이 임명, 법률구조사업 시행 및 관련 규칙 제정도 법무부장관 승인을 받도록 하고 있어 독립적 법률구조사업 시행에 한계가 있다. 향후 조직상 정부의 개입으로부터 독립성을 강화할 필요가 있다. 한편 공단은 형식적으로는 모든 법률적 쟁송에 대한 심판의 대리, 변호 등을 할 수 있다고 되어 있으나, 법무부 산하 기관의 한계로 인하여 행정소송과 국가배상소송 등 국가와 지자체를 상대방으로 하는 소송은 잘 수임하지 않는다. 향후 공단의 법률구조 대상 사건이 대폭 확대될 필요가 있다.

(나) 법 원

① 소송구조

소송구조제도는 소송비용을 지출할 자금능력이 부족한 사람에 대해 법원이 신청 또는 직권으로 재판에 필요한 일정한 비용의 납입을 유예 또는 면제시킴으로써 그 비용을 내지 않고 재판을 받을 수 있도록 하는 제도이다. 민사소송, 행정소송, 가사소송의 본안사건은 물론이고, 독촉사건, 가압류・가처분신청사건도 그 대상이 된다. 소송을 제기하려는 사람과 소송계속 중의 당사자가 신청할 수 있다.[26] 소송구조를 하기 위해서는 신청인의 무자력과 승소가능성이라는 2가지 요건이 필요하다. 무자력은 자연인의 경우

---

24) 사법제도개혁추진위원회, 『법률구조제도 개선방안에 관한 보고서』, 2006. 11. 20.

25) 대한법률구조공단 홈페이지 http: //www.klac.or.kr/ (최종접속일 2017. 9. 10.)

26) 신청서에는 1,000원의 인지와 송달료 2회분을 첨부하여, 소 제기 전에는 소를 제기하려는 법원, 소 제기 후에는 소송기록을 보관하고 있는 법원에 신청하여야 한다.

에는 경제적으로 빈곤하여 자기 및 가족에게 필요한 생활을 해하지 않고서는 소송비용을 지출할 수 없는 상태에 있는 사람을 의미한다.[27] 승소가능성은 신청인이 그 소송에서 패소할 것이 분명하지 아니할 경우 인정되며, 법원이 재판절차에서 나온 자료를 기초로 판단한다.

② 국선변호

경제 형편이 어려운 등으로 피고인이 변호인을 선임할 수 없는 경우에 구속 피의자·피고인의 '권리'를 보장해 주기 위해 국가가 선임해주는 변호인이다. 법원은 2004년부터 국선변호 사건을 전담하는 국선전담변호사제도를 도입하여 시행하고 있다. 국선전담변호사제도는 대법원이 형사절차에서 경제적 조건, 사회적 조건 등으로 변호사를 선임할 수 없는 피의자·피고인을 위하여 법원이 변호사를 선발하여 국선변호사건을 전담하게 한 제도이다. 국선전담변호사는 법원에 소속되어 사선 변호인을 선임할 능력이 없는 피의자나 피고인의 변호사건을 전담한다. 이들은 일반 국선변호사와 달리 경제적 약자의 소송구조나 친족이 당사자인 사건을 제외하고는 일반사건을 수임할 수 없다. 국선전담변호사는 법원으로부터 매월 일정액을 보수로 지급받고 공동 사무실을 이용할 수 있으며, 임기는 2년으로 연임할 수 있다. 재임용 여부는 각급 법원별로 설치된 국선변호 감독위원회가 판단한다.

(다) 법무부

① 성폭력 피해자 국선변호인

성폭력 피해자 및 그 법정대리인은 형사절차상 입을 수 있는 피해를 방어하고 법률적 조력을 보장하기 위하여 변호사를 선임할 수 있다.[28] 변호사는 형사절차에서 성폭력 피해자 및 그 법정대리인의 대리가 허용될 수 있는 모든 소송행위에 대한 포괄적인 대리권을 가진다. 성폭력 피해자에게 변호사가 없는 경우 검사는 국선변호사를 선정할 수 있으며, 13세 미만·장애인 성폭력 피해자 등에게는 의무적으로 국선변호사를 선정해야 한다.

② 법률홈닥터[29]

법률홈닥터는 2012년 5월부터 지방자치단체와 사회복지협의회 등 지역 거점기관에 상주하며 취약계층을 상대로 '맞춤형 1차 무료 법률복지서비스'를 제공하는 법무부 소속 변호사이다. 법무부는 지난 2011년 4월 취약계층 서민들이 보다 손쉽게 법률서비스

27) 이에 대한 소명자료로 '소송구조 재산관계진술서'를 작성해서 제출하여야 한다.
28) 「성폭력범죄의 처벌 등에 관한 특례법」 제27조 제1항.
29) 법무부, 2013. 6. 3. 자 보도자료, 「서민들이 지킴이, 법률홈닥터 우수사례집 발간」

를 이용할 수 있도록 하기 위해 '찾아가는 서민 법률주치의' 역할을 할 수 있는 '법률홈닥터' 사업을 시작하였다. 변호사 자격을 갖춘 법무부 소속 '법률홈닥터'가 지방자치단체와 사회복지협의회 등 지역 거점기관에 배치되어 수요자에게 법률과 복지를 결합한 종합적인 해결책을 제공하는 것이다. 법률홈닥터는 배치된 기관을 거점으로 출장·방문상담 등을 통해 인근 무변촌 지역 주민들에게도 법률복지 서비스를 제공하고 있다.

주요 업무 내용은 ① 소송 이전의 1차 무료 법률상담 및 법률문서 작성 조력, ② 지역 사회의 복지 네트워크와 결합하여 법률문제 방치자들을 발굴, 종합적인 서비스 제공, ③ 대한법률구조공단, 가정법률상담소, 사회복지시설 등 연계 및 법교육 실시 등이다. 2011년 4월부터 2012년 3월까지 1년간의 시범사업을 거쳐 2012년 5월 정식으로 시작된 법률홈닥터 사업은 법률상담, 법교육, 법률문서 작성 등 다양한 법률구조 서비스를 제공하고 있다. 2017년 현재 전국 60개 지역에 법률홈닥터가 배치되어 활동 중이다.

(라) 헌법재판소－헌법재판 국선대리인

국가나 지자체·공공기관에 의해 인권침해를 당한 경우에 누구나 헌법재판소에 헌법소원을 청구할 수 있다. 그러나 청구인이 변호사가 아닌 한 반드시 변호사를 대리인으로 선임하여야 한다. 정말 구제받아야 할 사람이 변호사를 선임할 돈이 없어 권리구제를 받지 못하는 일이 없도록 헌법재판소는 국선대리인제도를 마련하고 있다. 국선대리인의 선임을 희망할 때에는 헌법재판소에 국선대리인 선임신청서를 제출하여야 한다.[30)]

(마) 대한변호사협회－대한변협법률구조재단[31)]

대한변호사협회(약칭 '변협')는 생활보호대상자 등 경제적 사정으로 인해 변호사 선임이 어려운 이들의 법률상담부터 시작해 소송까지 이어지는 법률구조활동을 벌이고 있다. 변협의 법률구조사업은 정부 법률구조공단보다 앞서 추진됐지만, 법률구조공단이 설립되면서 변협 내 법률구조사업회 형태의 소규모로 운영되다가 법률구조사업 확대 요구 등에 따라 2003년 대한변협 법률구조사업회 기금 5억원과 국내 10대 로펌의 기부를 받아 재단법인 대한변협법률구조재단(이하 '법률구조재단')을 설립하였다.

법률구조공단은 국가 예산으로 운영되는 공공기관이어서 국가를 상대로 하는 민사소송사건이 구조대상에서 제외되고, 행정심판사건 또한 국무총리실 및 각 시·도 행정심판위원회 사건에 한정해 소송구조를 제공하는 반면, 법률구조재단은 법률구조공단이 수행하기 어려운 국가나 정부기관을 상대로 하는 행정소송도 가능하다. 또한 법률구조공단은 당사자 중 한쪽을 구조하게 되면 상대방의 소송대리를 맡을 수 없는 반면, 법률구조재단은 양 당사자에 대한 소송구조가 가능하다.

---

30) 국선대리인 선임신청은 청구인이 작성한 헌법소원 청구서를 제출하면서 할 수도 있고 헌법소원 청구서를 작성하지 않고, 헌법소원을 청구하고자 하는 이유를 함께 기재한 선임신청서를 제출함으로써 할 수도 있다.
31) 대한변협법률구조재단 홈페이지 http: //www.legalaid.or.kr/ (최종접속일 2017. 9. 10.)

(바) 지방변호사회 형사당직변호사 제도

서울지방변호사회 등 각 지방변호사회는 불법연행, 가혹행위 등으로 인권침해를 당하였거나 그 밖의 사유로 수사단계에서 변호인의 조력이 필요한 사람을 지원하는 형사당직변호사단을 운영하고 있다. 형사당직변호사는 갑자기 체포, 구속되었을 때, 지방변호사회에 연락하면 형사당직변호사가 구금되어 있는 장소로 직접 달려가 법률적인 조언과 앞으로의 대처 방안을 무료로 상담해주는 역할을 한다.

(2) 현행 법률구조제도의 문제점

(가) 규율 법률이 각기 다르고 여러 기관에서 분산운영

현행 법률구조제도는 규율 법률이 서로 다르고 여러 기관에 분산되어 운영되고 있다. 가령 국선변호는 '형사소송법', 소송구조는 '민사소송법'에서 요건과 절차를 규정하고 있고, 국선보조인은 '소년법', 헌법재판 국선대리인은 '헌법재판소법', 피해자 국선변호인은 '성폭력범죄의 처벌 등에 관한 특례법'이 각각 규율한다. 국선변호, 소송구조 및 국선보조는 법원이 관리·운영하나 헌법재판 국선대리인은 헌법재판소가 선임하며, 피해자 국선변호인은 검사가 선정한다. 이처럼 근거조항이 여러 법률에 흩어져있고 운영주체가 달라 국민들의 제도 이용은 쉽지 않은 반면, 이를 관리·운영하는 데에는 과다한 비용이 들어 법률구조제도가 효율적으로 운영되지 못하고 있다. 각 분야의 법률구조가 양적으로나 질적으로 충분하지 못할 뿐 아니라 상호 간에 유기적인 네트워크가 구축되어 있지 못하여 매우 비효율적으로 운영되고 있다.

(나) 변호사의 직무독립성 훼손

법률구조사업이 국가 주도로 확장되는 과정에서 피고인의 방어권 등 국민의 재판청구권 보장을 위해 반드시 지켜져야 할 변호사의 직무독립성이 충분히 확보되지 못하여 변호 내지 변론의 독립성이 훼손되고 있다는 우려가 지속적으로 제기되어 왔다. 실제로 지난 2014년 국선전담변호사 선발 시 재판연구원(로클럭)에게 향후 경력법관 임용을 위해 유리한 경력을 만들어주고자 특혜를 주었다는 의혹이 제기되는 등 선발과 재위촉 과정의 투명성 및 공정성이 담보되지 못하고 있다는 우려가 커지면서, 법원이 변호사를 관리·감독하는 현행 제도 하에서는 변호인이 법원의 눈치를 보지 않고 피고인의 이익을 제대로 대변하기가 어렵다는 비판의 목소리가 더욱 높아졌다.

형사국선변호뿐만 아니라 여타 법률구조제도에서도 상당 부분 국가기관이 사건을 담당할 변호사를 선정하고 관리하는 방식을 취하고 있어 국선변호와 마찬가지로 해당 국가기관과의 관계에서 변호사의 직무독립성이 충분히 보장되지 못하는 한계가 있다. 일례로, 검찰청의 관리 하에서 개별 사건별로 선정되는 피해자 국선변호인이 선정권자인 관

할 검찰청의 불기소처분에 대해 적극적으로 불복하며 피해자를 보호하기란 쉽지 않다.

(다) 인적 · 물적 자원의 부족

법률구조가 국민의 권리와 법치주의를 실질적으로 보장하기 위한 제도적 장치라는 점에 대한 충분한 인식의 부족으로 인하여 정부나 지방자치단체의 충분한 지원이 따르지 못하고 있다. 법률구조 활동의 핵심적 주체라고 할 수 있는 변호사나 변호사단체의 적극적이고 자발적인 참여가 미미하고, 기부문화의 미성숙으로 인하여 법률구조 부분에 있어 민간 기부가 활성화되어 있지 못하다. 법원의 소송구조의 경우에 적극적으로 소송구조 결정을 할 경우 곧 예산부족 상태에 이르기 때문에 적극적인 소송구조 결정을 하기 어려움이 있다. 이는 결국 저조한 소송구조 실적이라는 결과로 이어지고, 저조한 실적은 다시 예산 증액을 어렵게 만드는 악순환이 발생하고 있다.

(라) 낮은 변호사 보수

국선변호사 소송구조를 담당하게 되는 경우에 낮은 변호사 보수로 인하여 충실한 서비스를 이끌어 내기가 쉽지 않다. 상당수 변호사들은 낮은 보수 때문에 소송구조 · 법률구조사건의 수임 자체를 꺼리는 경우가 많다. 따라서 사건당 기본 변호사 보수액을 증액하고, 소액사건 · 단독사건 · 합의사건 등에 따라 기본보수액을 달리 하는 방안이 마련되어야 하고, 변호사 보수를 소송완결 후가 아니라 변호사 선임계 제출시에도 일부 선지급할 수 있도록 하는 방안도 마련될 필요가 있다.

(3) 법률구조제도 개선방안[32] – 사법지원센터 설립방안[33]

국선변호사 등 우리나라의 법률구조제도는 법원과 헌법재판소, 검찰과 대립적이고 독립적인 지위를 갖지 못하고, 법원과 헌법재판소, 법무부가 관리하는 종속적 제도로 전락하여 피의자와 피고인, 피해자 보호라는 그 본연의 기능을 제대로 수행하지 못하고 있다는 비판을 받아 왔다. 또한 제도의 효율적 운영을 위해 현재 여러 기관으로 분산되어 운영되는 법률구조제도를 통합해야 한다는 지적도 수차 있어 왔으나 국가기관은 기득권에 안주하며 개선의 노력을 보여주지 않았다.

---

32) 공적변호인(Public Defender)제도를 도입하자는 의견도 있다. 공적변호인제도는 국가가 변호사를 공무원으로 채용하여 그들로 하여금 형사사건의 국선변호 업무를 수행하도록 하는 제도이다. 법률구조 제공의 방식은 크게 쥬디케어(judicare) 방식과 고용변호사(salaried scheme) 방식이 있다. 쥬디케어 방식은 사건별로 일반 개업변호사를 선정하여 법률구조 서비스를 제공하게 하는 방식이고, 고용변호사 방식은 정부 등이 변호사를 공무원으로 채용하여 법률구조 업무에 투입하는 방식이다.
공적변호인 제도에 대한 비판으로 ① 미국의 공적변호인 조직은 검찰청의 30%에 달하는 예산을 사용하고 있는 등 제도도입에 막대한 재정적 부담이 예상됨, ② 공적변호인은 공무원으로서 무사안일하게 업무를 처리할 가능성이 있고, 같은 국가기관인 검찰에 맞서 피의자나 피고인의 이익을 얼마나 열성적으로 대변할 수 있을지에 대한 의문이 있음, ③ 미국에서도 공적변호인이 피의자나 피고인에게 유죄인정을 권유하는 등 사건을 빨리 종결하려는 경향이 있다는 비판이 있다.

33) 대한변호사협회 2016. 4. 25. 보도자료 '대한변협은 국선변호사 등 현행 법률구조제도를 통합한 법률안을 제시한다.'

그리하여 법원 및 법무부 등 국가기관으로부터 독립된 변호사단체가 주도하여 국선변호, 국선보조, 헌법재판에서의 국선대리, 민사소송에서의 소송구조, 법률구조법에 의한 법률구조, 기타 그 밖의 법률에 의한 법률구조를 통합적으로 다루는 가칭 '사법지원센터'의 설립이 필요하다. 일본은 2004년 종합법률지원법을 근거로 민·형사 등 법률구조제도를 통합적으로 운영하는 사법지원센터(일명 '법테라스')를 2006년 설립하여, 국가기관이 직접적으로 변호사를 관리·감독하지 않고 센터를 통해 개개의 법률구조사건을 계약변호사들이 수행하도록 함으로써 변호사의 직무수행 상 독립성을 확보하고 있다. 일본은 과거 민사법률구조를 담당했던 민사법률구조협회(법테라스의 전신) 시절부터 일본변호사연합회가 운영상 주도적인 역할을 한 것으로 알려져 있다.

참고문헌

■ 단행본

박원순, 『역사가 이들을 무죄로 하리라: 한국인권변론사』, 두레, 2003.

서울지방변호사회, 『변호사핸드북』, 1984.

한인섭, 『법률가의 윤리와 책임』, 박영사, 2003.

■ 논문

김주영, 「증권관련집단소송제의 미활성화, 그 원인, 문제점 및 개선방안」, 기업지배구조연구, 2007 겨울호.

염형국, 「로스쿨에서의 공익인권법 교육 활성화 방안」, 전남대학교 법학전문대학원 인권법평론 제2호, 2008.

황승흠, 「변호사의 공익활동 의무」, 법과 사회 제26호, 2004.

황승흠, 「변호사의 공익 대변 이념의 구현: 변호사의 공익활동 지원을 위한 입법방안」, 법과사회 제42호, 2012.

■ 기타자료

김용혁, 「서울대학교 법학전문대학원 공익기금에 대한 발제」, 2013 공익변호사 양성을 위한 라운드테이블(미간행).

문재완, 「변호사 업무의 전문성과 변호사의 공익활동」, 법률신문 2006. 5. 29.자 법률칼럼.

박지환, 「사법연수원 42기 공익기금에 대한 발제」, 2013 공익변호사 양성을 위한 라운드테이블(미간행).

서울지방변호사회, 「사법지원센터설립준비위원회 연구보고서」, 2012. 12.

양동수, 「로펌 프로보노 활성화 방안 연구」, '로펌 프로보노 현황과 전망' 국제심포지엄 자료집(미간행), 2013.

장유식, 「변호사의 공익활동 지원을 위한 입법방안」, 법무부 주최 변호사법 개정안 공청회 자료집, 2012. 7.

차병직 · 문건영, 「변호사 공익활동의 활성화 방안」, 사법제도개혁추진위원회, 2005. 12.

참여연대 공익법센터, 「변호사의 공익활동 프로그램」, 대한변호사협회, 2001. 11.

참여연대, 「집단소송제도 도입을 위한 자료집」, 2003.

참여연대 이슈리포트, 「한국과 일본의 '무변촌' 실태와 양국 변호사단체의 활동 조사」, 2008.

한국법제연구원, 「소외계층의 권익보호를 위한 법률구조제도의 체계화 방안」, 2008.

한국성폭력상담소, 「성폭력범죄 피해아동 법률조력인제도의 시행 평가 연구」, 2013.

황승흠, 「공익소송의 어제와 오늘」, 조영래 변호사 8주기 추모 심포지움 자료집(미간행), 1998.

황승흠 · 박준석, 「변호사 공익활동 활성화를 위한 지원방안에 관한 연구」, 법무부, 2012. 4.

황필규, 「한국 공익법운동의 성과와 도전」, 공익변호사그룹 공감 5주년 기념 세미나 자료집, 2009.

■ 언론 기사

레디앙, 2013. 4. 30.자 기사, 징벌적 손해배상, 하도급법 개정안 본회의 통과, http://www.redian.org/archive/54249

법무부, 2013. 6. 3. 보도자료, 서민들이 지킴이, 법률홈닥터 우수사례집 발간.

이데일리 2011. 11. 14.자 기사, 로스쿨 위기 ②학사관리엄정화방안이 자살 부른다?

■ 기관 홈페이지

공익법센터 어필 홈페이지 http://www.apil.or.kr/

공익인권법재단 공감 홈페이지 http://kpil.org/

공익인권변호사모임 희망을만드는법 공식블로그 http://hopeandlaw.tistory.com/

사단법인 희망과 동행 홈페이지 http://www.hotokr.com/

예일대 로스쿨 펠로우십 홈페이지 http://www.law.yale.edu/stuorgs/initiative.htm

재단법인 동천 홈페이지 http://www.bkl.or.kr/

스캐든 펠로우십재단 홈페이지 http://www.skaddenfellowships.org/

Equal Justice Works 펠로우십 홈페이지 http://www.equaljusticeworks.org/post-grad/equal-justice-works-fellowships

Pro bono institute 홈페이지 http://www.probonoinst.org/

National pro bono resource center 홈페이지 http://www.nationalprobono.org.au/home.asp

국제인권구제절차의 현황과 과제: 유엔인권시스템의 진정절차를 중심으로

황 필 규*

1. 유엔인권시스템과 개인진정절차 개관

가. 유엔인권시스템

국제평화와 안전유지를 위해 1945년 설립된 국제기구인 유엔(United Nations)은 국가 간 다자적 합의인 유엔헌장(United Nations Charter)을 두고 있고 평화, 개발, 인권의 통합적인 발전을 꾀하고 있다. 대한민국은 1992년 유엔에 가입했다.

유엔총회 결의 60/251(2006년 3월 15일)에 의해 유엔총회 산하기관으로 유엔인권이사회(UN Human Rights Council)가 신설되었다. 유엔인권이사회의 47개 이사국은 192개 총회 회원국의 절대과반수로 선출된다. 정기적으로 개최되는 유엔인권이사회 회의에서는 주제별, 국가별 인권상황이 보고되고 결의가 채택된다. 또한 유엔인권이사회는 국가별 인권상황 정례검토(Universal Periodic Review: UPR)라는 제도를 통해 모든 회원국의 인권상황을 주기적으로 검토하여 관련 보고서를 채택하고 있다. 유엔인권이사회는 정기회의와 국가별 인권상황 정례검토 외에도 주제별(의사표현의 자유, 이주민의 권리, 인권옹호자의 보호, 자의적 구금 등) 및 국가별(예: 북한, 미얀마 등) 특별절차(Special Procedures)를 두고 연례보고서 및 국가방문보고서 보고, 개별적인 진정절차를 진행하고 있다.

인권조약의 국가별 이행을 감시할 수 있는 조약감시기구를 둔 주요 유엔인권조약으로는 모든 형태의 인종차별철폐를 관한 국제협약(이하 '인종차별철폐협약'), 경제적, 사회적 및 문화적 권리에 관한 국제협약(이하 '사회권규약'), 시민적 및 정치적 권리에 관한 국제규약(이하 '자유권규약'), 여성에 대한 모든 형태의 차별철폐에 관한 협약(이하 '여성차별철폐협약'), 고문 및 그 밖의 잔혹한, 비인도적인 또는 굴욕적인 대우나 처벌의 방지에 관한 협약(이하 '고문방지협약'), 아동의 권리에 관한 협약(이하 '아동권리협약'), 장애인의 권리에 관한 협약(이하 '장애인권리협약'), 모든 이주노동자와 그 가족의 권리보호에

---

* 변호사, 공익인권법재단 공감.

관한 국제협약(이하 '이주노동자권리협약') 등이 있다. 주요 유엔인권조약감시기구는 모두 정기적인 국가보고서 심의와 최종견해/권고 채택의 절차를 두고 있고, 일부 조약감시기구의 경우 개인진정절차를 통해 구체적인 사안에 대한 결정/의견을 제시하고 있다.

나. 특별절차의 개인진정절차[1)]

특별절차메커니즘은 인권침해 진정에 대하여 서신 발송의 형태로 정부를 직접적으로 개입시키게 된다. 진정의 대상이 되는 인권침해는 이미 발생한 것인지, 발생 중인 것인지, 높은 발생가능성이 있는 것인지를 불문한다. 특별절차담당자는 관련 당사국에 발송되는 서신에서 진정사실, 적용되는 국제인권기준, 우려와 질의, 후속조치에 대한 요청 등을 제시한다. 이러한 통보는 개별적인 사례 그 자체뿐만 아니라 국제기준에 부합하지 않는 인권침해의 일반적인 패턴이나 경향, 특정 집단이나 공동체에 영향을 미치는 사례, 기존 혹은 제안된 법, 정책 또는 관행을 다룰 수 있다. 경우에 따라서는 이러한 통보는 정부간기구 혹은 비정부단체에도 보내질 수 있다. 이러한 일반적인 진정에 대한 서신의 발송으로는 생명권 침해 등 심각한 인권침해에 적시에 대응하기 어렵다고 판단되는 경우 특별절차담당자는 관련 당사국 등에 긴급조치(urgent appeals)를 요청할 수 있다.[2)]

진정에 개입하여 통보를 발송할 것인지 여부는 일반적으로 정보원과 제공된 정보의 신뢰성, 세부내용의 제공, 개별 특별절차의 임무 범위 등 일정 기준에 근거한 특별절차담당자의 재량에 맡겨져 있다. 진정에 대한 통보는 피해진정인이 국내구제절차를 완료했는지, 관련 당사국이 관련 국제인권기준을 비준했는지와 무관하게 이루어질 수 있다.

진정이 심사되기 위해서는 1) 피해자, 2) 가해자, 3) 진정을 제출하는 개인이나 단체, 4) 해당 사건이 발생한 일시와 장소, 5) 해당 사건의 구체적 설명 등의 정보가 필요하다. 그리고 피해자의 실명 등이 가해자 측이나 유엔인권이사회의 공식보고서에 공개되는 것에 동의하는지를 반드시 밝혀야 한다. 인권침해적 언어를 사용하거나 명백히 정치적 목적이 있는 진정이나 언론보도에만 근거한 진정은 고려되지 않는다. 진정의 형식은 개별 특별절차가 제시하고 있는 양식 혹은 온라인양식[3)]에 근거하되 이러한 형식을 지키지 않았다고 하여 고려되지 않는 것은 아니다. 진정 제출 후에도 구금의 해제, 새로운 법원의 판결, 상황을 개선하기 위한 관련당국의 조치 등에 관한 추가적인 정보 제공은 권장된다.

---

1) 유엔인권고등판무관실, http://www.ohchr.org/EN/HRBodies/SP/Pages/Communications.aspx, 2017. 10. 30. 방문.
2) Code of Conduct for Special Procedures Mandate-holders of the Human Rights Council (18 June 2007), Article 10.
3) 유엔인권고등판무관실, https://spsubmission.ohchr.org/, 2017. 10. 30. 방문.

특별절차담당자나 유엔은 개입하는 사례의 당사자의 안전을 보장할 수 있는 수단을 가지고 있지는 않다. 진정의 통보와 당사국의 답변은 유엔인권이사회의 정례회의 때 진정사건보고서(Communications Reports)가 발표되기 전까지는 공개되지 않는다. 그러나 인권침해의 심각한 우려가 있는 등 특별한 경우에는 특별절차담당자가 사전에 공개성명을 발표할 수 있다. 관련 당사국으로 하여금 침해사례를 조사하거나 적절한 예방적 조치를 취할 수 있도록 당사국에 발송되는 진정의 통보에는 일반적으로 피해자의 실명이 포함된다. 이 실명은 진정사건보고서에도 공개되는데 사생활 기타 보호의 필요성이 있는 경우에는 비공개될 수 있다. 정보원의 신분은 관련 당사국에 대한 진정의 통보나 진정사건보고서에 포함되거나 공개되지 않는다.

특별절차담당자들은 유엔인권이사회의 정례회의 때 그 전 기간동안 이루어진 진정내용의 요약, 진정의 통보와 당사국 등의 답변이 담긴 진정사건보고서를 제출한다. 일부 특별절차담당자들은 진정사건에 대한 의견을 제시하기도 한다. 다만 특별절차 자체가 국가들로 하여금 자신이 보낸 서신과 질의에 답변하도록 강제할 수는 없고 국가가 인권보호 의무를 이행하도록 독려, 촉구, 비난 그리고 때때로 압력을 가할 수 있을 뿐이다.[4] 특별절차담당자가 진정에 개입하지 않고 정부 등에 통보를 발송하지 않는 경우, 진정사건에 대한 의견에서 각하, 기각, 일부 인용 취지의 입장을 밝히는 경우에도 (소송에서의 상소와 같이) 공식적으로 이의를 제기할 수 있는 절차는 존재하지 않는다.

특별절차는 후술하는 조약감시기구의 개인진정절차와 비교해보았을 때 1) 해당 국가의 관련 조약 가입 여부와 무관하게 이용할 수 있는 점, 2) 다양한 주제별, 국가별 특별절차의 존재로 인하여 조약에 비해 훨씬 더 많은 이슈를 다룰 수 있는 점, 3) 국내구제절차이행의 완료를 요구하지 않아 긴급한 대응이 필요한 경우 좀 더 유용하게 활용할 수 있고 특별절차담당자도 해당국가에 대한 질의나 성명 발표 등을 통해 긴급한 사안에 대처할 수 있는 점 등의 장점이 있다고 볼 수 있다.[5]

진정이 가능한 특별절차는 다음과 같다.[6]

시민적 및 정치적 권리	평화적 집회결사의 자유/의사표현의 자유/종교 혹은 믿음의 자유/법관과 변호사의 독립성/비사법적 살인/현대적 노예제/강제실종/고문/자의적 구금/프라이버시
경제적, 사회적 및 문화적 권리	주거권/문화권/교육권/빈곤/식량권/건강권/유해물질/안전한 식수와 위생/환경권

4) 아태지역 국가인권기구포럼(APF), 『국제인권 및 국제인권제도: 국가인권기구 매뉴얼』, 2012, 146쪽 참조.
5) 장영석, 「개인청원 결정 이행 메커니즘」, 대한변호사협회 · 유엔인권정책센터, 『제3회 유엔인권권고 분야별 이행사항 점검 심포지엄』 2013. 12. 3, 8-9쪽 참조.
6) 백범석, 「국제인권메커니즘-유엔인권을 중심으로」, 서울지방변호사회, 『법률가를 위한 국제인권법 교육』, 2016, 102쪽 참조.

특정 그룹	인권옹호자/선주민/국내난민/이주민/노인/여성폭력/아프리카 후손들/법과 관행상 여성차별/소수민족/장애/알비니즘/성적 지향 및 성정체성
기타 주제	아동매매, 성매매, 포르노그라피/진실, 정의, 회복 및 재발방지/인종주의/테러리즘/인권과 국제연대/인신매매/용병/기업과 인권/민주주의와 평등한 국제질서/외채/일방적인 강제조치
국 가	벨라루스/캄보디아/중앙아프리카공화국/조선민주주의인민공화국/에리트레아/아이티/이란/미얀마/1967년 이래 점령된 팔레스타인 영토/소말리아/수단

다. 조약감시기구의 개인진정절차[7)]

거의 모든 조약감시기구들은 진정처리 권한을 갖고 있다. 진정처리 권한을 부여하는 조항은 각 조약 또는 선택의정서에 포함되어 있다. 특별절차의 진정절차는 모든 유엔 회원국들에게 적용되는 보편성을 갖고 있지만 조약감시기구의 진정절차는 조약감시기구의 진정처리 권한을 수용한다는 내용의 선언을 발표하였거나 진정처리 권한 관련 선택의정서를 비준한 국가들에게만 적용된다.

조약감시기구의 진정절차는 모든 국내 구제책이 이미 소진되어야 하고, 여타 유엔의 진정 메커니즘의 조사를 받고 있지 않아야 함을 요구한다. 조약감시기구의 진정절차는 적격성 심사와 내용 심사 2단계로 되어있다. 적격성 심사 단계에서, 조약감시기구는 진정이 적격성을 구성하는 공식적, 기술적 기준을 충족하고 있는지, 그리고 진정된 내용이 조약의 범주에 포함되는지 심사한다. 진정 제기자와 해당 국가는 진정의 적격성 심사에 필요한 사실과 의견을 제출할 수 있다. 진정된 사안의 적격성이 인정되면 조약감시기구는 진정의 내용을 뒷받침할 사실과 의견을 수집하고 검토한다. 모든 절차는 '서면'으로 진행된다.

조약감시기구는 위원들간 동일한 공감대가 형성될 수 있도록 노력하지만 위원 각자가 조약감시기구의 공식의견에 개인적인 의견을 추가할 수 있도록 허용한다. 조약감시기구가 제시하는 결론은 '견해(view)' 또는 '의견(opinion)'이라는 명칭으로 이루어진다. 특별절차의 개인진정절차와 마찬가지로 별도의 조약감시기구의 결정에 대한 정식이의제기절차는 존재하지 않는다. 조약감시기구의 결론이 법적 구속력을 갖는지에 대해서는 논란의 여지가 있는데 조약감시기구가 내린 결론의 법적 구속력 유무와 무관하게 조약감시기구에 의한 강제이행은 사실상 불가능하다. 조약감시기구의 의견에는 사실과 법에 대한 견해가 담겨있고 해당 국가가 문제해결을 위해 취해야 할 조치, 즉 법 개정이나 피해자 보상과 같은 권고가 포함될 수도 있다. 해당 국가에게는 이런 의견과 권고에 대

7) 유엔인권고등판무관실, http://www.ohchr.org/EN/HRBodies/TBPetitions/Pages/IndividualCommunications.aspx#proceduregenerale, 2017. 10. 30. 방문; 아태지역 국가인권기구포럼(APF), 앞의 글, 147-150쪽 참조.

해 어떻게 대응할 것인지 답변을 요청한다. 조약감시기구들은 해당 국가들의 대응을 요청하고 이에 대해 논의하는 후속절차를 갖고 있다.

조약감시기구의 현황과 한국에 대한 개인진정 적용가능성은 다음과 같다.

유엔핵심인권협약	한국가입	개인진정 근거	개인진정 한국 적용여부
인종차별철폐협약	1978	제14조	○
사회권규약	1990	선택의정서	×
자유권규약/선택의정서	1990/ 1990	제1선택의정서	○
여성차별철폐협약/선택의정서	1984/ 2006	선택의정서	○
고문방지협약	1995	제22조	○
아동권리협약/아동의 무력충돌 참여 선택의정서[8]/아동매매 등 선택의정서[9]	1991/ 2004/ 2004	통보절차에 관한 선택의정서	×
장애인권리협약	2008	선택의정서	×
대한민국이 당사국이 아닌 유엔 핵심인권협약		자유권규약 제2선택의정서,[10] 고문방지협약 선택의정서, 아동권리협약 통보절차에 관한 선택의정서, 장애인권리협약 선택의정서 이주노동자권리협약 및 강제실종자보호협약[11]	

2. 한국의 유엔개인진정 현황

가. 한국의 유엔특별절차 개인진정

특별절차 진정사건보고서에 의하면 2011년 이후 한국 정부에게 진정에 대한 통보가 이루어진 진정사건은 다음과 같다.[12]

사건번호	관련 특별절차	진정 개요
KOR 3/2016	의사표현의 자유 평화적 집회결사의 자유 인권옹호자	표현의 자유와 평화적 집회결사의 자유에 대한 권리의 정당한 행사에 대하여 인권옹호자이자 노조활동가인 한상균 씨에 대하여 5년 징역형이 선고됨.

8) 정식 명칭: 아동의 무력충돌 참여에 관한 아동의 권리에 관한 협약 선택의정서.
9) 정식 명칭: 아동매매, 아동성매매 및 아동음란물에 곤한 아동의 권리에 관한 협약 선택의정서.
10) 정식 명칭: 사형폐지를 목적으로 하는 시민적 및 정치적 권리에 관한 국제규약 제2선택의정서.
11) 정식 명칭: 강제실종으로부터 모든 사람들이 보호를 위한 국제협약.
12) 유엔인권고등판무관실, https://spcommreports.ohchr.org/Tmsearch/TMDocuments, 2017. 10. 30. 방문.

KOR 2/2016	의사표현의 자유 고문 진실, 정의, 회복 및 재발방지	2015년 일본군 "위안부"에 관한 한일정부간 합의는 양국의 국제적 의무와 진실, 정의, 회복에 대한 여성피해자들의 인권에 비추어 심각하게 우려됨.
KOR 1/2016	건강권 유해물질 기업과 인권	가습기살균제에서 발견된 유해화학물질에 노출되어 건강에 부정적 영향을 받아 140명이 넘는 사망자를 포함하여 적어도 530명의 개인들의 권리가 침해됨.
KOR 4/2015	종교 혹은 믿음의 자유	600여명의 양심적 병역거부자들이 수감되어 있음. 한국은 병역의무에 대한 민간대체복무를 제공하지 않고, 병역의 거부는 3년 이하의 징역형에 처해지고 평생 공직에서 배제됨.
KOR 3/2015	의사표현의 자유 인권옹호자 평화적 집회결사의 자유	인권옹호자인 Vital Nshimirimana씨는 서울에서 개최되는 세계민주주의운동(WMD) 8차 회의 참가를 위한 유효한 입국비자가 있음에도 불구하고 입국이 거부되고 퇴거당함.
KOR 2/2015	자의적 구금 의사표현의 자유 인권옹호자 평화적 집회결사의 자유	2015년 세월호 참사를 기념하기 위한 평화적 시위와 노동절 행진 중 함형재 씨, 김현식 씨, 권장희 씨, 강광철 씨, 안길수 씨, 이기호 씨 등 시위자와 인권활동가들에 대한 과도한 무력사용과 구금이 행해짐.
KOR 1/2015	인권옹호자 법관과 변호사의 독립	2010년부터 2014년까지, 장경욱 변호사는 한 탈북자의 법률대리인으로 활동했고, 김인숙 변호사는 시위 중 경찰을 공격했다는 혐의가 있는 한 사람의 법률대리인으로 활동했음. 검찰에 의해 징계절차가 개시되었는데 위에서 언급된 역할 때문인 것으로 판단됨.
KOR 3/2014	인권옹호자 여성폭력 식량권 평화적 집회결사의 자유 환경 노인	2012년부터 경상도 밀양의 다섯 개 마을에 한국전력이 69기의 756kv 원자력 송전탑을 건설하는 것에 반대하여 항의하는 환경인권옹호자들과 영향을 받는 지역사회에 대하여 공무원, 사설경비원, 경찰이 과도한 무력을 사용함.
KOR 4/2014	의사표현의 자유 평화적 집회결사의 자유	2013년 고용노동부는 해고교사의 조합원자격을 허용한 전교조의 규약을 개정할 것을 명령한 후 전교조가 불법임을 선언했음. 2014년 일부 전교조 교사들은 고용노동부의 결정에 항의하기 위한 전국적인 평화적 집회에 참여하였는데 교육부는 391명의 교사를 국가공무원법 위반으로 고발함.
KOR 2/2014	주거권 식량권 건강권 빈곤 안전한 식수와 위생	인도 오디샤주 자갓싱푸르 지역과 주변 지역에 살고 있는 거주자들에 대한 강제퇴거 관련 추가 진정이 제출됨. 프로젝트에 반대하는 사람들의 권리는 억압되었고 일련의 인권침해를 초래함.
KOR 1/2014	의사표현의 자유 인권옹호자 평화적 집회결사의 자유	2013년 전국철도노조원들은 근로조건 개선을 요구하는 파업과 연관된 집회를 개최함. 이 파업과 관련하여 한국철도공사는 8,000명의 노조원을 해고하고 업무방해를 이유로 186명의 노조원들에게 소송을 제기하여 77억원의 손해배상을 청구함.

KOR 2/2013	의사표현의 자유 인권옹호자 법관과 변호사의 독립	장경욱, 김용민, 양승봉 변호사는 2013년 기자회견을 열고 국정원에 의해 간첩혐의로 기소된 자신들의 의뢰인의 범죄혐의가 협박에 의해 확보된 증거에만 기초한 것이라고 주장함. 이에 대한 대응으로 3명의 국정원 직원이 기관에 대한 명예훼손을 이유로 위 3명의 변호사들에 대하여 각 2억원의 손해배상을 청구하는 민사소송을 제기함.
KOR 1/2013	인권옹호자 주거권 식량권 건강권 빈곤 안전한 식수와 위생 평화적 집회결사의 자유 기업과 인권	인도 정부는 한국에 기반을 둔 다국적 제철기업인 포스코에 종합제철소와 부대 항구 건설을 양해하였는데, 이 프로젝트는 인도 오디샤주 자갓싱푸르 지역과 주변 지역에 살고 있는 20,000명에 이르는 사람들을 그들의 집과 토지로부터 강제로 떠나게 할 수 있음.
KOR 3/2012	의사표현의 자유 인권옹호자 이주민	2012년 전 서울경인이주노조 위원장인 Michel Catuira씨는 당시 유효한 G-1 비자를 지니고 있었음에도 인천공항에서 한국 재입국이 불허되었고, 필리핀으로 강제퇴거되었음.
KOR 2/2012	의사표현의 자유 인권옹호자 고문 평화적 집회결사의 자유	2011년 4월부터 강정마을 해안의 해군기지 건설에 반대하는 평화적 시위가 있어왔음. 여러 평화적 시위자들이 경찰에 의해 괴롭힘, 협박, 부당한 처우, 감금의 대상이 되었음.
KOR 1/2012	법관과 변호사의 독립 종교 혹은 믿음의 자유 고문	우즈베키스탄인 X씨는 2008년 우즈베키스탄의 종교적 박해를 피해 한국에 옴. 2012년 그는 불법 입국과 체류를 이유로 단속되어 구금됨. X씨는 난민신청불허결정을 통지받고 곧바로 우즈베키스탄으로 강제퇴거됨. 후에 그의 모친은 그녀의 아들이 소위 비밀경찰에 의해 국가정보기구로 끌려갔음을 지역경찰로부터 알게 됨. 그의 상황과 소재는 알려져 있지 않음.
KOR 2/2011	종교 혹은 믿음의 자유 고문	우즈베키스탄인인 Abdoolla Raviev씨는 2001년 한국에 입국했음. 비자기간 도과 체류로 2009년 2월 구금됨. Raviev씨는 2007년 과격 이슬람 단체로 알려진 히즈브 우트 타리르 구성원 신분으로 인한 박해가능성을 이유로 난민신청을 함. 2009년 6월, 그의 난민신청은 법무부에 의해 공식적 설명 없이 불허되어 강제퇴거 위험이 있음.

위 진정사건 중 일부는 한국정부 외의 주체에 대하여도 진정의 통보가 이루어졌다, 즉, KOR 2/2013, KOR 2/2014 인도제철소 사건에서는 문제가 된 사업의 소재국인 인도정부와 그 사업을 진행하는 기업인 포크소-인디아도 통보의 대상이 되었고, KOR 1/2016 가습기살균제 사건에서는 문제가 된 기업, 즉 애경, 코스트코, 이마트, GS리테일, 한빛화학, 홈플러스, 롯데쇼핑, 옥시레킷벤키저, SK케미컬 등이 모두 통보의 대상이 되었고, KOR 2/2016 일본군 위안부 사건의 경우 일본 정부도 통보의 대상이 되었다. 한편 한국정부에 통보된 진정에 대해서는 대부분 정부가 답변을 제출하였는데, 대부분

한국 법제에 대한 소개와 더불어 현행 법제상 인권침해의 소지가 없다는 것이 답변의 내용이었다.

특별절차담당자들은 대부분 사례에서 진정의 통보를 하고 정부 등의 답변이 오면 이를 특별절차 진정사건보고서를 통해 공개하는 수준에 그쳤지만 예외적으로 구체적인 입장을 밝힌 경우도 있었다. KOR 2/2013, KOR 2/2014 인도제철소 사건의 경우, 관련된 모든 특별절차담당자들이 유엔인권고등판무관실 보도자료의 형식으로 공동성명을 발표하고 "다국적 철강기업인 포스코에 의한 오디샤 내 대형 제철소 건설은 적절한 보호장치가 확보되고 수천 명의 권리 존중이 보장되지 않는 한 계획대로 진행되어서는 안 된다."는 강한 입장을 천명했다.[13] 그리고 각각의 권리들이 어떻게 침해되고 있는지 혹은 침해될 가능성이 있는지를 구체적으로 적시했다. 이러한 특별절차담당자들의 성명은 실제로 포스코가 다양한 이해관계자들과의 대화에 적극적으로 나서는 계기가 된 것으로 알려졌다.

> "강제철거는 중대한 인권침해를 구성하고, 이는 예외적인 경우에, 진정한 의견수렴 후 사람들을 주거가 없는 상태에 놓이게 하거나 추가적인 인권침해에 노출시키지 않는 것을 포함하여 인권법에 부합하는 방식으로만 행해질 수 있다."
>
> "포스코 프로젝트로 인해 강제 퇴거될 사람들은 여러 세대에 걸쳐 적절한 식량을 확보하고 그들과 그들 가족의 생계를 유지하기 위하여 그들의 토지에 의존하여 왔다."
>
> "개발의 이름으로 사람들의 빈곤이 강요되어서는 안 된다. 잠재적 이윤보다 그들의 권리가 우선시되어야 한다. 빈곤상태에서 생활하는 사람들의 권리에 큰 잠재적 영향을 미치는 이러한 프로젝트는 영향을 받는 공동체의 의미 있는 참여, 동의 및 관여 없이 진행되어서는 안 된다."
>
> "주변 인도주민의 안전한 식수와 위생시설에 대한 접근은 반드시 보장되어야 하고 대규모 투자 프로젝트에 요구되는 물보다 우선시되어야 한다."
>
> "프로젝트의 영향을 받는 지역 주민들은 그들의 인권을 지키기 위한 평화적이고 집단적인 집회활동의 결과로 자의적인 구금과 무고(誣告)뿐만 아니라 폭력, 괴롭힘 및 협박을 당하고 있다고 알려져 있다."
>
> "인권존중은 사회적 및 사람중심의 지속 가능한 발전 실현의 필수적인 부분인 모든 개인과 시민사회의 효과적인 참여 뿐만 아니라 투명하고 책임 있는 기관과 거버넌스를 필요로 한다."
>
> "제철소 부지 주변에 살면서 주변 삼림지역으로부터 그들의 생계를 유지하는 주민들은 삼림지역의 훼손과 관련된 그들의 우려를 반복적으로 표명해왔다. 건강권의 필요불가결한 부분인 사람들의 건강한 환경에서 살 권리가 이 제철소로 인하여 위태로워질 수 있지만, 그들의 반대의견은 무시되어 왔다."[14]

---

13) 유엔인권고등판무관실, 2013. 10. 1.자 보도자료, "인도: 심각한 인권상황 관련 오디샤 초대형 철강프로젝트 중단 긴급 촉구", http://newsarchive.ohchr.org/EN/NewsEvents/Pages/DisplayNews.aspx?NewsID=13805&LangID=E, 2017. 10. 30. 방문.

또한 일반적인 특별절차와는 달리 자의적 구금에 관한 워킹그룹 등은 개입한 진정사건과 관련하여 "의견"("Opinions")을 내고 있는데, 한상균 씨, 이영주 씨에 대한 진정사건에 대한 "의견"이 대표적인 예다. 2016년 7월 4일 한상균 위원장은 정부의 노동개악에 반대하여 민주노총이 2015년 11월 14일 서울에서 개최한 집회와 관련하여 징역 5년과 벌금 50만원(약 400유로)을 선고받았다. 해당 집회에서 경찰은 시위대를 해산시키려고 과도한 공권력을 사용했다. 그 전에 법원은 한상균 위원장이 2014년 4월 발생한 세월호 참사 희생자들을 추모하기 위해 2015년 4월과 5월에 개최된 평화로운 집회에 참석했다는 이유로 체포영장을 발부했다. 민주노총 이영주 사무총장은 2015년 11월 14일 집회에 참석했다는 이유로 체포영장이 청구되었고 경찰의 체포를 피하기 위해 2015년 12월부터 민주노총 사무실에서 생활하고 있었다. 유엔 자의적 구금에 관한 워킹그룹은 다음의 의견을 채택했다.

3. 실무그룹은 다음과 같은 경우에 자유의 박탈을 자의적인 것으로 간주한다.

(b) 자유의 박탈이 세계인권선언 7, 13, 14, 18, 19, 20, 21조에, 혹은 자유권규약 가입 당사국의 경우 동 규약 12, 18, 19, 21, 22, 25, 26, 27호에 보장된 권리 혹은 자유를 행사한 데에 따른 것일 경우(항목 II)

77. 이상에 비추어, 실무그룹은 다음과 같은 의견을 표명한다.

유엔인권헌장 9, 19, 20조와 자유권규약 9, 19, 21조에 위배되는 한상균 씨에 대한 자유의 박탈은 자의적이며 II항목에 해당한다.

78. 실무그룹은 정부가 한상균 씨가 처한 상태를 지체 없이 구제하고, 세계인권선언과 자유권규약에 수립된 국제기준에 부합하도록 하기 위해 필요한 조치를 지체 없이 취하기를 요청한다.

79. 실무그룹은 본 사건의 모든 배경을 고려할 때 적절한 구제는 한상균 씨를 즉각 석방하고 국제법에 맞게 보상받을 권리를 부여하는 것이다.

80. 실무그룹은 정부가 한상균 씨의 자유에 대한 자의적 박탈이 발생하게 된 배경을 완전하고 독립적으로 조사할 것과 한상균 씨의 권리를 침해한 책임자에게 적절한 조치를 취할 것을 촉구한다.

81. 이 사건에 대한 보상의 일환으로 특히 재발 방지를 위해, 실무그룹은 정부가 집시법을 포함한 평화로운 집회에 대한 권리와 관련된 법적 틀과 관행을 집회 결사의 자유에 관한 특별보고관의 방한 보고서(A/HRC/32/36/Add.2)에 제시된 권고와 부합하도록 개선할 것을 촉구한다.[15)]

나. 한국의 유엔조약감시기구 개인진정

유엔인권고등판무관실 조약감시기구 데이터베이스[16)] 등에 올라와있는 2000년 이후

14) 같은 글.

15) Working Group on Arbitrary Detention, *Opinion No. 22/2017 concerning Sang-gyun Han and Young-joo Lee*, UN Doc. A/HRC/WGAD/2017/22 (30 May 2017).

주요 조약감시기구 개인진정 사건 중 실체적 판단이 이루어진 사건의 개요와 조약감시기구의 견해의 주요 내용 등은 다음과 같다.[17)]

유엔문서번호 (견해 채택일) 주제	사건 개요 견해 및 권고 주요 내용
CERD/C/86/D/51/2012 (01/05/2015) 근로의 권리, 건강권, 효과적 구제와 인종차별에 대한 당사국의 의무	개요: 진정인은 국내 한 초등학교에서 영어를 가르치는 뉴질랜드 교사로서 의무적인 HIV/AIDS 검사와 약물 검사를 강요받았음. 견해: 위원회는 한국계가 아닌 외국인 영어 교사에 한정된 의무적 HIV/AIDS 검사정책이 공중보건이나 그 밖의 어떠한 사유로도 정당화되지 않으며 근로에 대한 권리에서 평등을 보장한 당사국의 의무를 위반한 것이라고 판단함. 위원회는 당사국에게 진정인이 근무하지 못한 1년간의 임금을 포함한 적절한 보상을 제공할 것, 인종차별을 야기하거나 지속시키는 효과가 있는 법과 관행을 폐지하는 적절한 조치를 취할 것 등을 권고함.
CAT/C/53/D/519/2012 (21/11/2014) 본국 송환 시 고문의 위험	개요: 진정인은 1972년생 미얀마인으로 그를 미얀마로 강제퇴거시키는 것은 고문방지협약 제3조 위반을 구성함을 주장함. 견해: 위원회는 진정인이 그의 귀국 시 예상되는 고문의 실제적인 개인적 위험을 충분히 입증하는 데 실패하였다고 판단하여 그의 송환이 고문방지협약 제3조 위반을 구성하지 않는다고 결론내림.
CCPR/C/110/D/1908/2009 (25/03/2014) 생명권 및 고문 등을 당하지 않을 권리	개요: 진정인은 기독교로 개종한 이란인으로 난민신청이 확정적으로 불허됨. 진정인은 박해의 위험이 있는 이란으로 강제 송환하는 것은 생명권 및 고문 등을 당하지 않을 권리를 규정한 자유권규약 제6조 제1항, 제7조 등에 위배되고, 3년 넘게 진정인을 장기구금하여 무기한 구금이 가능토록 한 것은 자의적 구금 금지를 규정한 규약 제9조에 위배됨을 주장함. 견해: 위원회는 진정인의 자의적 구금 주장에 대해서는 국내구제절차를 완료하지 않았음을 이유로 판단하지 않았지만, 진정인을 이란으로 송환된다면 자유권 규약 제6조 제1항 및 제7조에 위반하는 것이라고 판단함. 위원회는 당사국이 진정인에게 효과적인 구제를 제공할 의무가 있고 더욱이 당사국이 진정인을 이란으로 다시 송환할 가능성이 있는 제3국으로 송환해서도 안 된다고 권고하고 향후에 유사한 침해를 방지하기 위한 조치를 취할 의무가 있음을 확인함.
CCPR/C/88/D/1321-1322/2004 (23/01/2007) 양심적 병역거부	개요: 진정인들은 여호와의 증인으로 그들의 종교적 신념에 따라 군복무를 위한 입영을 거부하였다는 이유로 1년 6개월의 징역형을 선고 받았음. 진정인들은 의무복무제에 대한 대체수단이 당사국 내에 없다는 점이 자유권규약 제18조 제1항에 의한 자신들의 권리를 침해한다고 주장함. 견해: 위원회는 각 진정인에 대하여 당사국의 규약 제18조 제1항 위반이라는 견해를 밝힘. 당사국은 진정인들에게 적절한 보상을 포함한 효과적인 구제를 할 의무가 있음. 당사국은 유사한 위반이 장래에 또 발생하지 않도록 보장할 의무가 있음.

16) 유엔인권고등판무관실, http://tbinternet.ohchr.org/_layouts/treatybodyexternal/TBSearch.aspx?Lang=en, 2017. 10. 30. 방문; 양심적 병역거부에 대해서는 많은 유사사건 결정례가 존재한다.

17) 장영석, 앞의 글, 29-32쪽 참조.

CCPR/C84?D/1119 /2002 (23/08/2005) 국가보안법 결사의 자유	개요: 진정인은 대학총학생회 간부로 선출되어 자동적으로 한국대학생총학생회연합(한총련)의 회원이 되었음. 1997년 대법원은 한총련을 국가보안법 제7조상의 이적단체로 보았는데, 2001년 진정인은 9기 한총련의 대표부 소속이 된 것을 이유로 국가보안법 제7조에 의하여 체포 및 기소되었음. 진정인은 1심에서 징역 1년 및 자격정지 1년을 선고받았음. 견해: 위원회는 국가보안법에 의한 진정인의 결사의 자유에 대한 제한이 자유권규약 제22조 제2항의 요건을 충족시키지 못하였고, 따라서 자유권규약 제22조 제1항을 위반하였다고 결론지음. 당사국은 진정인에게 보상을 포함한 효과적인 구제조치를 제공할 의무가 있음. 위원회는 규약과 일치하는 방향으로 국가보안법 제7조를 개정할 것을 당사국에게 권고하였음.
CCPR/C/84/D/968 /2001 (23/08/2005) 선거	개요: 언론인인 진정인은 1997년에 있을 대통령선거에 대한 여론조사를 다룬 기사를 주간지에 실은 것을 이유로, 공직선거및선거부정방지법 제108조 위반으로 기소되어, 100만원의 벌금형을 선고받았음. 헌법재판소는 관련 조항이 합헌이라고 판단하였고, 고등법원은 진정인의 항소를 기각하였음. 견해: 위원회는 진정인의 표현의 자유에 대한 제한이 자유권규약 제19조 제3항의 조건을 충족시키고 있으므로, 규약 제19조 상의 권리의 침해를 발견할 수 없다고 판단했음.
CCPR/C/80/D/926 /2000 (19/03/2000) 국가보안법, 표현의 자유	개요: 진정인은 화가로서 '모내기'라는 작품을 제작하였음. 1989년 진정인은 이 작품이 적을 이롭게 하는 표현이라는 이유로 국가보안법 제7조에 의하여 기소되었고, 대법원에 의하여 유죄가 확정되었음. 견해: 위원회는 당사국이 진정인의 표현의 자유 제한의 필요성을 입증하지 못하였다고 보아 진정인에 대한 유죄판결은 자유권규약 제19조 제2항의 침해를 구성한다고 보았음. 당사국은 진정인에게 적절한 구제조치를 제공해야 할 의무가 있음.
CCPR/C/78/D/639 /1996 (18/09/2003) 교육권	개요: 진정인은 서울중학교 외국어교사로서 국어교육발전을 목표로 하는 모임을 만들고 출판을 목적으로 새로운 국어교과서를 제작하였음. 당사국의 교육관련 법들은 중학교교과서의 독립적인 출판을 금지하고 있음. 그는 관련법령에 대하여 헌법소원을 제기하였으나, 헌법재판소는 관련 법령을 합헌으로 판단했음. 견해: 진정인은 자신이 제작한 교과서가 공립 중학교에서 교과서로 사용되기 위하여 당국에 의해 검토되고 이에 따라 승인/거절되게 할 수 있게 하는 권리가 있다는 점을 주장하고 있음. 위원회는 이는 규약 제19조의 범위를 벗어난 것이고 따라서 선택의정서 제3항에 의하여 받아들일 수 없다는 점을 밝힘.
CCPR/C/78/D/878 /1999 (18/09/2003) 국가보안법	개요: 진정인은 1980년대 군사정권을 비판하는 글들을 배포하고 북한을 방문한바 있음. 이를 이유로 진정인은 고문 및 가혹한 처우를 받았고 이 과정에서 북한노동당에 가입했으며 간첩활동을 했음을 자백했음. 자백에 근거하여 진정인은 국가보안법을 위반하였다는 이유로 기소되어 종신형을 선고받았음. 형을 사는 동안 진정인은 사상개조를 강요받았음. 견해: 준법서약의 형태로 유지되고 있는 사상개조체제는 정치적 견해에 기초하여 차별적으로 대우함으로써 표현과 신념의 표출의 자유를 제한함. 따라서 자유권규약 제18조 제1항, 제19조 제1항, 제26조를 위반함. 한편 위원회는 오직 그의 정치적 견해를 근거로 하여 진정인을 13년 동안 감금한 것은 규약 제10조 제1항과 제3항 위반을 구성한다고 봄.

3. 유엔인권권고의 일반적인 법적 성격 및 유엔인권진정 이행의 문제점과 과제

가. 유엔인권권고의 일반적인 법적 성격[18)]

유엔인권권고는 유엔총회 및 유엔인권이사회의 결의, 조약기구의 조약에 대한 일반적·추상적 유권해석인 일반논평(General Comments) 혹은 일반권고(General Recommendations), 개별적·구체적 유권해석인 국가보고서에 대한 최종평가(Concluding Observations), 개인통보에 대한 의견(Views 또는 Opinions), 유엔특별절차의 연례보고서(Annual Reports), 국가방문 보고서(Mission Reports), 개인통보에 대한 의견(Opinions) 등이 모두 포함되는 개념이다. 유엔인권진정의 결정 혹은 권고의 특수한 측면을 논하기에 앞서 유엔인권권고의 일반적인 법적 성격을 살펴보고 이를 전제로 추가적인 논의를 진행할 필요가 있다.

유엔인권권고는 실체적인 측면에서뿐만 아니라 절차적인 측면에서도 국내법적 효력을 가지는 국제인권법에 근거한다. 유엔인권이사회의 국가별 인권상황 정기검토와 특별절차의 경우, 국내법적 효력을 가지는 유엔헌장 명문의 규정[19)]과 법적 기구인 유엔총회의 결의 등에 기초하고 있다. 한편 인권조약과 관련된 권고의 경우, 권고의 주체인 조약기구의 구성과 임무가 조약상 명문으로 규정되어 있을 뿐만 아니라, 그 권고가 이루어지는 절차에 대하여도 명문의 규정[20)]을 두고 있다. 따라서 국가보고서가 제출되고 유엔인권권고가 이루어지는 절차는 법률에 근거한 법적 절차라고 볼 수 있다. 유엔인권기구의 권고는 그 권고가 실체적·절차적 측면에서 국내에서 법적 구속력을 갖는 국제인권법의 명문의 규정에 근거한다는 점에 비추어 다른 국내법과 명백히 배치되지 않는 한 충분히 존중되고 그 취지가 충분히 반영될 수 있도록 국내적으로 해석·적용되어야 한다.[21)]

유엔인권권고의 수용, 권고의 이행 혹은 이행 노력의 약속은 국제법적으로는 조약에 의한 의무부담의 의사표시일 수 있다. 유효한 모든 조약은 그 당사국을 구속하며 또한 당사국에 의하여 성실하게 이행되어야 한다.[22)] 어느 당사국도 조약의 불이행에 대한 정당화의 방법으로 그 국내법 규정을 원용해서는 안 된다.[23)] 한편 이러한 약속은 국내법

---

18) 황필규, 「유엔인권권고 이행 메커니즘 확립 방안」, 대한변호사협회·유엔인권정책센터, 『제2회 유엔인권권고 분야별 이행사항 점검 심포지엄』, 2012. 12. 6, 151-153쪽 참조.
19) 유엔헌장 제1조 제3항, 제13조 제1항 (b), 제55조 (c), 제56조, 제62조 제2항, 제68조, 제76조 (c) 등.
20) 자유권규약 제40조, 경제적, 사회적 및 문화적 권리에 관한 국제규약 제16조, 제17조 등.
21) 황필규, 「외국인의 인권과 차별금지」, 『인권과 정의』 제365호, 대한변호사협회, 2007. 1, 49쪽.
22) 조약법에 관한 비엔나협약 제26조.
23) 조약법에 관한 비엔나협약 제27조.

적으로는 법적 기관의 권고에 대한 의무부담의 의사표시로서 행정작용의 의미를 지닌다. 따라서 비록 유엔인권권고 자체는 법적 구속력이 없다고 하더라도 그에 대한 행정상 의사표시에는 신뢰보호의 원칙의 적용가능성 등 법적인 효과가 발생하게 된다고 보아야 한다. 한편 유엔인권권고가 국가인권정책기본계획 등에 반영되는 경우 이는 행정계획의 일부로서의 법적 성질을 가지게 된다.

나. 유엔인권진정 결정 및 권고 이행의 문제점과 과제

(1) 특별절차의 진정절차와 이행

특별절차의 개인진정과 관련하여 정부는 "특별절차의 견해는 독립된 전문가의 견해로서, 국제인권규범의 해석과 적용에 대해 더욱 풍성한 자료를 제공하고 있지만 우리나라가 가입한 인권조약이나 조약기구의 견해와 같은 법률적 효력을 부여하기는 어렵다."는 입장을 취하고 있다. "특별보고관의 해석이나 보고서는 새로운 시각을 던져주는 것으로 관련 논의에 참고하며 그것을 토대로 정부의 정책을 점검해볼 수 있는 준거로 활용하는 정도가 바람직하다."는 것이고 "특별보고관의 권고에 대해 법률적 효력을 부여하여 직접적으로 이를 존중할 국가의 의무가 있다고 보기는 어렵다."는 것이다.[24] 그러나 실제로는 정부는 여기서 더 나아가 특별절차를 통한 결정과 권고에 대해서는, 그것이 일반적인 보고서가 되었건, 한국 방문보고서가 되었건, 진정절차와 관련 내용이 되었건 무관하게 그 이행에 대한 논의가 전무한 상태에서 철저하게 무시하는 태도를 취해왔다고 보는 것이 더 정확할 수 있다.

그러나 위 유엔인권권고의 일반론에 의하더라도 이를 행정에 반영하고 그 이행을 위해 노력해야 함은 당연하다고 할 것이다. 특별절차의 경우에는 특히 1) 한국이 주제별 특별절차에 대하여 상시 방문을 환영하는 상태(Standing Invitation)로 특별절차의 존중과 수용 입장을 분명하고 있는 점, 2) 한국이 유엔인권이사회의 이사국으로 입후보하면서 ① 한국이 유엔인권고등판무관실과 생산적인 파트너십을 유지하고 있고, 유엔인권이사회의 특별절차에 전적으로 협조하며, 특별절차에 대해 상시 방문을 요청해 두었다는 것, ② 인권이사회의 활동에 건설적으로 참여하고 그 권한과 기능을 지원하는 데 헌신하고 있다는 것 등을 공약으로 내세운 바도 있다는 점을 고려한다면 그 권고 이행을 위하여 최선을 다하는 것이 한국이 직간접적으로 천명한 국제사회와의 약속을 지키는 것이기도 하다.[25] 그 구체적인 이행방안에 대해서는 후술하는 일반적인 유엔인권시스템의 이행방안을 기본으로 하고 조약감시기구의 권고 이행방안을 참고하여 결정하고 운

---

24) 이주형, 「국제인권법의 국내적 수용을 위한 행정부의 역할」, 대법원, 법무부, 『대법원·법무부 국제인권법연구회 공동학술대회: 국제인권법의 국내적 수용과 차별금지』, 2013. 10. 12, 106쪽 참조.

25) 장영석, 앞의 글, 10-11쪽; UN Doc. A/67/355 (7 September 2012) 참조.

영하면 될 것으로 판단된다.

(2) 조약감시기구의 진정절차와 이행

조약감시기구의 개인진정사건 관련 결정의 이행과 관련해서도 정부는 별다른 입장 없이 이를 사실상 방치하고 있다. 이와 관련해서는 과거 1) 그 법적 구속력을 부정한 일명 '손종규 사건'이라 불리는 제3자 개입금지 위반 관련 1990년대 후반 판결들, 2) 그 이행을 제대로 확보하기 위한 특별법 제정을 촉구한 2003년 국가인권위원회 권고, 3) 2007년까지 법무부의 연구서 발간과 공청회 등이 있었지만 약 10년 동안 사실상 정부 차원의 논의는 중단되었다고 볼 수 있다.

유엔자유권위원회는 1995년 8월 3일 '손종규 사건'에서 한국정부가 진정인의 표현의 자유 행사를 이유로 유죄를 선고한 것에 대해 보상을 포함한 효과적인 구제조치를 제공할 의무가 있음을 결정하였고, 이에 진정인은 이러한 조약감시기구의 결정을 근거로 국가배상소송을 제기하였다. 서울지방법원은 이 사건과 관련하여 1심[26]과 항소심[27]에서 유엔조약감시기구의 결정은 권고사항에 불과하므로 법적인 기속력이 없고 법원이 그 판단에 기속되는 것이 아님을 판시했다. 대법원도 상고를 기각하면서 조약감시기구의 결정으로 새로운 청구권이 발생하는 것도 아님을 분명히 했다.

> "위 국제규약 제2조 제3항은 위 국제규약에서 인정되는 권리 또는 자유를 침해당한 개인이 효과적인 구제조치를 받을 수 있는 법적제도 등을 확보할 것을 당사국 상호간의 국제법상 의무로 규정하고 있는 것이고, 국가를 상대로 한 손해배상 등 구제조치는 국가배상법 등 국내법에 근거하여 청구할 수 있는 것일 뿐, 위 규정에 의하여 별도로 개인이 위 국제규약의 당사국에 대하여 손해배상 등 구제조치를 청구할 수 있는 특별한 권리가 창설되는 것은 아니라고 해석된다."[28]

한편 국가인권위원회는 2003년 국무총리와 법무부장관에게 "개인통보제도에 따른 유엔인권규약위원회 결정을 이행할 수 있도록 하는 특별법을 제정할 것"을 권고했다. 국가인권위원회가 제시한 정부 입장에 대한 반박이자 특별법 제정의 필요성은 다음과 같다.

> "현재 국내법체계와 배치된다는 주장에 대하여, 국내법원이 판단하는 사안과 유엔인권이사회가 판단하는 사안은 동일하다고 할 수 없다. 국내재판부의 판단에 대해서는 유엔인권이사회가 판단하는 경우가 드물고, 개인이 형사절차에 의하여 조사를 받고, 기소되며 재판을 받는 절차와 기소가 되는 근거법이 규약이 보장하고 있는 권리를 침해하는가만을 판단할 뿐이므로, 유엔인권이사회의 결정이 법원의 최종판결을 번복하는 것이라고는 볼 수 없다.

26) 서울지방법원 1996. 5. 30. 선고 95가단185632 판결.
27) 서울지방법원 1996. 11. 15. 선고 96나2751 판결.
28) 대법원 1999. 3. 26. 선고 96다55877 판결.

또한, 현행법상 개인이 국가를 상대로 보상을 받으려면 국가배상법에 의하여 공무원의 과실이나 불법행위를 입증해야 하는 책임이 있다. 국내의 재판과정에서 인권침해를 당하고 헌법재판소의 심리까지 거친 후, 유엔인권이사회에 통보하여 대략 5년간의 기간이 걸린 후에 결정이 내려진다는 점을 감안할 때, 인권을 침해당한 개인이 겪는 물적, 심적 고통과 다시 소를 제기하여 배상을 받아야 함에도 불법행위를 소를 제기한 개인이 입증해야 한다는 것은 이중고통을 야기한다고 할 것이다. 또한, 국가기관의 인권침해에 대해 국내 구제절차를 완료하고 개인통보제도에 따라 결정이 날 때까지 국내법상 공소시효가 만료하는 경우가 대부분이라 할 것이다. 따라서, 국가배상법에 의하여 소송을 다시 제기하는 것은 실효성있는 구제가 아니라고 할 것이다.

특별법에 근거한 행정절차는 민주화보상심의위원회를 제외하고는 방법이 없으며, 민주화보상심의위원회의 활동도 한시적이기 때문에 유엔인권이사회 등의 개인통보제도에 따른 결정을 이행하는 방법으로는 효과적이지 않다고 할 것이다."[29]

2004년 1월 국무조정실에서 법무부에 개인진정제도의 실효성 확보방안을 강구할 것을 요청하였고, 이에 법무부는 2005년 3월 『국제인권규약상 개인통보의 국내구제방안 연구』를 발표하고 외교부, 국가인권위원회 및 법원행정처와 T/F를 구성하여 이행방안을 논의하고 2007년 공청회를 개최했다. 당시 특별법 제정이 가장 적절한 방안으로 제시되었지만 그 후 법무부는 '구체적인 내용이나 구제절차의 형식 등 구체적인 사항에 대해 결론을 내리기 어려운 상황'이라는 핑계로 논의를 중단하게 된다.[30]

이미 국내 이행법률에 대해서도 1) 개인진정 결정을 근거로 형사법상으로는 재심을 청구할 수 있도록 하고, 민사상으로는 국가배상법상 배상을 받을 수 있도록 하자는 견해, 2) 국제기관의 판정 결과를 재심 사유에 포함시키고, 피해자가 일일이 국가를 상대로 한 별도의 소송을 제기하지 않아도 곧바로 피해구제를 할 수 있는 근거 법률이 제정되어야 한다는 견해, 3) 개인진정 결정의 국내적 이행에 대한 조정책임을 법무부 등에 두자는 견해 등 여러 견해가 제시된 바 있고 그 장단점 및 문제점에 대해서도 많은 지적이 있었다.[31] 결국 정책적인 결단의 문제만이 남았다고 볼 수 있고, 특히 특별법 제정 전이라도 정부가 의지만 있으면 국내적 이행에 대한 조정 등을 통해 실질적인 이행에 나설 수 있는 길이 있음을 강조할 필요가 있다.

---

29) 국가인권위원회, 『유엔인권협약 개인통보제도에 따른 국내구제절차마련 특별법제정 및 고문방지협약 제21조와 제22조에 대한 수락선언권고』, 2003.
30) 이주형, 앞의 글, 108-109쪽 참조.
31) 장영석, 앞의 글, 23-24쪽 참조.

4. 유엔인권조약 및 권고 이행 메커니즘 확립 방안[32)]

유엔인권시스템의 개인진정에 관한 결정 혹은 권고의 국내적 이행의 문제는 유엔인권조약 및 권고의 국내적 이행이라는 일반적인 문제의 하나이고 전체적인 시스템 내의 문제이다. 따라서 개인진정에 관한 결정 혹은 권고의 국내적 이행은 이러한 전체적인 틀 속에서 고민되고 진단될 필요가 있고, 그러한 전체적이고 일반적인 틀의 개선을 통해 효율적인 국내이행을 위한 방법론이 모색될 필요가 있다.[33)]

가. 대한민국은 총체적인 인권정책의 수립 · 시행하고 관련된 원칙과 절차를 확립하여야 한다.

대한민국의 국가인권정책기본계획의 수립과 이행은 법령에 근거가 없이[34)] 행정규칙에 불과한 대통령 훈령인 국가인권정책협의회규정에 근거하고 있다. 대한민국 정부가 수립하는 다수의 '기본계획'이 대부분 법령에 근거를 두고 있다는 점에 비추어 '인권정책'기본계획의 위상을 알 수 있다. 한편 그 내용을 보게 되면, 기본계획에 어떠한 내용을 담아야 하는지에 대해서는 전혀 언급이 없고 주로 형식적인 협의회 운영만을 규정하고 있다. 실제 운영도 1년에 1~2회 정도 회의를 하는 것으로 알려져 있고 그 회의 내용도 충분히 공개되지 않고 있다. 유엔인권권고와 관련될 수 있는 규정은 '국제인권기준의 변화'가 있을 경우 기본계획을 변경할 수 있다는 규정[35)]뿐이다.

유엔인권권고 이행의 효과성은 대한민국 내 인권정책 전반의 수립과 이행 메커니즘의 효과성, 지속가능성 등에 의존하게 되어 있다. 결국 유엔인권권고 이행의 문제는 대한민국이 전체적인 인권시스템을 어떻게 가져나가고자 하는가의 '인권을 향한 정치적 의지'의 문제다.[36)] 총체적인 인권정책의 내용, 그 수립과 시행 관련 원칙과 절차를 규정한 '인권기본법'의 제정이 이루어져야 한다. 인권기본법은 인권의 목록이나 기준 및 원칙을 정하는 것이 아니라 보편적인 인권문제가 국가 및 지방자치단체를 포함한 사회

---

32) 황필규, 앞의 글, 2012. 12, 154-165쪽 참조.

33) 박찬운, 「국제인권규범의 국내적 이행을 위한 시민사회의 역할」, 대한변호사협회 · 유엔인권정책센터, 『제3회 유엔인권권고 분야별 이행사항 점검 심포지엄』, 2013. 12. 3, 219쪽 참조.

34) 유남영, 「국내 인권레짐의 제도화를 위한 인권기본법의 제정을 위하여」, 한국인권재단, 『2012 한국인권회의: 도시와 인권, '인권도시' 도전과 과제』, 2012. 2. 9-11, 311-312쪽.

35) 국가인권정책협의회규정 제7조 제2항.

36) 최은아, 「유엔 자유권위원회가 한국정부에 권고한 최종견해 이행 관련 토론문: 인권행위자들(한국정부와 한국민간단체들)의 후속 활동을 중심으로」, 대한변호사협회 · 유엔인권정책센터, 『유엔인권권고 분야별 이행사항 점검 심포지엄』, 2011. 12. 9, 58-59쪽; 오재창, 「국제 인권 메커니즘의 권고사항 이행을 위한 국내 후속 조치에 관한 토론문」, 대한변호사협회 · 유엔인권정책센터, 『유엔인권권고 분야별 이행사항 점검 심포지엄』, 2011. 12. 9, 281-282쪽.

의 각 단위에서 계속하여 논의, 제기, 계획, 교육될 수 있는 제도적인 공간과 절차를 규정하는 것이다. 이 인권기본법에 포함되어야 하는 내용으로는 국제인권기구의 우리나라에 대한 권고사항에 대한 후속조치 및 이행과 관련된 논의를 하는 절차,[37] 인권영향평가의 제도화, 국가인권정책기본계획 및 인권교육의 제도화, 지방자치단체의 역할과 인권의 지방화를 위한 지역인권기구의 설치, 이러한 절차에서의 국가인권기구 및 시민사회의 참여와 역할, 기업의 인권옹호자로서의 역할, 해외개발원조에 있어서 인권의 고려 등을 들 수 있다.[38] 당장 법률의 제정이 어렵다면 위의 내용을 담은 하위 법령이라도 마련되어야 한다.

나. 대한민국은 유엔인권권고에 대한 인권에 기초한 접근을 명확히 하여야 한다.

유엔인권권고가 국제인권법에 근거한 것임에도 불구하고 대한민국은 그 권고의 수용 여부나 이행 노력 등을 언급할 때에는 국내법에 근거한 접근을 하고 있다. 국내 판례를 들어 권고의 내용을 사실상 반박하는 것이 그 예이다. 또한 대한민국은 일부 유엔인권권고에 대하여 불수용을 직접적으로 언급하거나 '쟁점'이 되는 사형제, 양심적 병역거부, 국가보안법 등 핵심적인 인권 현안과 관련된 권고에 대해서는 '고려', '고려 필요', '검토', '검토 필요', '검토 예정', '연구' 등의 입장으로 일관하고 있다. 이러한 입장이 이미 상당 기간 유지되어 왔다는 점에서 그동안 무엇을 얼마나 연구하였는지 그 연구는 언제 끝나는지에 대한 내용이 제시되지 않는다면 아무런 원칙이나 의미 없는 방어적 수사일 수밖에 없다.[39] 그러나 더 심각한 문제는 대한민국이 이들 '쟁점' 사항들에 관해서는 뚜렷한 입장의 정리나 표명 없이 이들을 사실상 논란거리로 만들고 있다는 데 있다.

적어도 대한민국이 국제인권기준에 입각한 인권에 기초한 접근으로 유엔인권권고를 바라본다면 그 권고의 올바름을 확인하는 것으로부터 출발하여야 한다. 즉 유엔인권권고내용 중 즉각적인 수용이나 이행이 어려운 사항에 대해서는 '쟁점'이지만 '검토'한다가 아니라 '올바르고 바람직한 방향이지만 당장에는 이러저러한 한계가 있어 즉각적인 이행이 어렵고, 이 한계를 극복하기 위해 이러저러한 구체적인 계획을 가지고 이를 시행하려고 한다.' 정도의 입장 정리와 표명이 이루어질 필요가 있다. 또한 더 이상의 '합권고적' 정책해석, 보고서를 위한 '이행' 점검은 지양되어야 한다. 즉, '보고서'의 '보고서'에 의한 '보고서'를 위한 유엔인권권고의 이행 상황 정리는 지양되어야 하고, 유엔인

---

37) 정정훈, 「이주 · 인종차별 분야 유엔 인권권고사항의 이행 실태 토론문: 인종차별철폐협약 심의 후속조치」, 대한변호사협회 · 유엔인권정책센터, 『유엔인권권고 분야별 이행사항 점검 심포지엄』, 2011. 12. 9, 7쪽.

38) 유남영, 앞의 글, 309-310쪽.

39) 황필규, 「유엔인권이사회 국가별 인권상황 정기검토(UPR) 평가 및 이행방안: 한국정부의 활동을 중심으로」, 외교통상부 · 국가인권위원회, 『유엔 인권이사회 한국 인권심의(UPR) 평가 및 이행방안 토론회』, 2008. 8. 26, 22쪽.

권권고의 수용을 통해 어떠한 구체적인 개인들의 인권이 보호되고 그 인권침해가 방지되어야 하는지 혹은 되었는지가 권고 이행의 계획, 실행 및 평가의 핵심이 되어야 한다.[40]

다. 대한민국은 입법, 사법, 행정 모든 영역에서 유엔인권권고의 이행을 위하여 노력하여야 한다.

한국의 인권상황에 대한 유엔인권기구의 심의와 권고를 다루는 국내 정부 부처인 법무부, 외교통상부, 여성가족부 등은 유엔인권권고를 철저하게 협의의 '정부'의 문제로 바라보고 있다. 국가보고서를 준비하는 과정에서나 그 이행을 논의하는 자리에는 협의의 '정부'만이 존재할 뿐이나. 심지어는 유엔인권기구의 우려사항이나 권고사항에 대한 변명으로 입법부의 입법 활동 미진이나 사법부의 판결 결과를 드는 경우조차 있다.

유엔인권기구의 심의와 권고는 '대한민국'을 대상으로 하는 것이지 협의의 '정부'를 대상으로 하는 것이 아니다.[41] 이는 차별금지법의 제정, 친고죄의 폐지, 미등록 이주노동자의 노동3권을 인정한 서울고등법원 판결에 대한 대법원의 존중 등 입법부와 사법부의 역할을 특정하여 이루어진 권고를 통해서도 쉽게 알 수 있다. 따라서 법무부 등은 국가보고서 준비와 유엔인권기구의 심의과정에서 입법부와 사법부의 참여를 반드시 보장하여야 한다. 또한 유엔인권권고를 입법부와 사법부에 전달하여 그 취지, 배경 등을 충분히 설명하고, 이것이 이후에 국회의 입법과 법원의 재판 운영[42] 및 사법행정 등에 반영될 수 있도록 하여야 한다.[43]

국회는 적어도 그 소관 상임위원회이나 별도로 구성된 단위에서 법제개선의 필요성과 관련한 유엔인권권고의 국내이행을 확인하고 평가하는 활동을 안정적이고 체계적으로 수행하여야 하고, 더 나아가 영국 의회의 인권공동위원회와 같이 정부에 대한 인권감시자 역할도 수행하여야 한다.[44] 사법부도 법원행정처나 관련 단위에서 유엔인권권고에 대한 이행 계획의 수립과 그 이행, 사법체계에서 국제인권기준을 어떻게 주류화시킬 것인가에 대한 고민과 계획을 제시하여야 한다.[45] 한편 국가인권위원회는 스스로 작성

---

40) 황필규, 「정부, 국가인권위원회, NGO의 UPR 실무그룹의 심의 평가 및 향후계획에 대하여」, 국가인권위원회, 『유엔인권이사회 UPR 심의 대비 토론회』, 2012. 11. 29, 49쪽, 55-56쪽.

41) 우종길, 「국제인권메커니즘의 권고사항 이행을 위한 국내 후속조치」, 대한변호사협회 · 유엔인권정책센터, 『유엔인권권고 분야별 이행사항 점검 심포지엄』, 2011. 12. 9, 250쪽.

42) 정정훈, 앞의 글, 7-9쪽; 이인석, 「사법부의 역할(토론문)」, 대한변호사협회 · 유엔인권정책센터, 『유엔인권권고 분야별 이행사항 점검 심포지엄』, 2011. 12. 9, 287-297쪽.

43) 이석준, 「유엔 권고이행 국내메커니즘」, 대한변호사협회 · 유엔인권정책센터, 『유엔인권권고 분야별 이행사항 점검 심포지엄』, 2011. 12. 9, 275쪽.

44) 최은아, 앞의 글, 60쪽; 오재창, 앞의 글, 284-286쪽.

45) Navanethem Pillay, *Strengthening the United Nations human rights treaty body system: A report by the United Nations High Commissioner for Human Rights*, United Nations Human Rights Office of High Commissioner, 2012, 85쪽.

한 '국가인권기구를 위한 UPR 이행모니터링 가이드라인'에서 그 권고 이행과 관련한 국가인권기구의 역할로 1) 권고에 대한 국내적, 지역적 및 국제적 증진과 보급, 2) 권고의 실현을 위한 국가인권기구의 구체적 전략의 수립, 3) 권고의 실현을 위한 국가 정책과 프로그램의 개발, 이행 및 점검에의 기여, 4) 권고의 직접적이고 완전하고 효과적인 이행을 보장하기 위한 전략의 집행, 5) 후속 절차의 다양한 단계에서 이해관계자 기타 관련 당사자와의 협력 등을 명시하고 있는 바,[46] 이러한 역할을 실질적으로 충실히 수행하여야 한다.[47] 결국 행정부, 입법부, 사법부 등 3부와 국가인권위원회를 포함하는 모든 국가기관들은 자신의 소관사항을 기본으로 하여 가능한 한 광범위하게 유엔인권권고의 이행을 위한 교차적이고 다층적인 실행과 점검 체계를 갖추어야 하고,[48] 상호작용과 상호협의를 위한 공식화된 적절한 통로를 마련하여야 한다.[49]

라. 대한민국은 인권과 일반적인 국가작용의 분리를 극복하고 모든 정책 수립과 시행, 법제 개선, 관행 개선에서 인권의 '주류화'를 이루도록 하여야 한다.

현재 유엔인권권고에 대한 대응과 국가인권정책기본계획의 수립 등은 주로 정부 각 부처의 인권 관련 부서 중심으로만 이루어지고 있다. 특히 법무부 인권국과 각 인권조약을 주관하는 부처의 인권 관련 부서만이 이에 대한 보고서 등을 작성하고 있다. '인권정책'의 범주에 속하는 일부 정부정책을 제외하고 정부정책 일반에 대한 인권적 접근은 전혀 이루어지고 있지 못한 실정이다.

인권의 문제는 소위 '인권정책'에 국한되는 문제가 아니고 모든 정부정책에서 어떻게 인권의 문제를 녹아들게 할 것인가의 문제이다. 따라서 모든 정부정책, 입법, 사법행정, 조약체결 등에 대한 인권영향평가제도가 도입되어야 하고,[50] 인권문제에 대한 접근이 아닌 모든 문제에 대한 인권적 접근이 이루어져야 한다. 예컨대, 외국인혐오주의나 인종주의의 문제의 경우에도 인권교육과 캠페인의 문제만으로 바라봐서는 안 되고 관련 정부 정책이나 행정작용에서 이를 근절하기 위한 의지의 표명과 입장의 관철이 이루어져야 한다. 난민지원시설을 혐오시설로 보는 일부 주민들의 반발을 그대로 수용하여 그 명칭을 애매모호하게 바꾸고 외딴 곳으로 시설을 옮기는 정부의 행태, 내국인 범죄율이 외국인 범죄율의 두 배나 되는 상황임에도 불구하고 외국인 범죄의 증가를 대대적으로

46) National Human Rights Commission of Korea, *Guidelines on National Human Rights Institutions and the UPR Follow-up Process*, 2009.
47) 우종길, 앞의 글, 251쪽.
48) 최은아, 앞의 글, 60쪽.
49) Open Society Justice Initiative *et al*, *Improving Implementation and Follow-up: Treaty Bodies, Special Procedures, Universal Periodic Review: - Report of Proceedings*, 2010, 31쪽.
50) 유남영, 앞의 글, 312쪽.

보도하도록 하여 국민의 위기의식을 부추기는 정부의 행태는 오히려 외국인혐오주의나 인종주의를 조장하는 결과를 낳는다.

마. 대한민국은 모든 유엔인권권고의 내용과 관련한 구체적이고 종합적인 이행계획을 제시하여야 하고 모든 유엔인권권고를 통합적으로 점검, 이행할 수 있는 시스템을 마련하여야 한다.

기존 유엔인권기구의 심의 전 국가보고서나 중간점검의 내용은 유엔인권권고의 구체적인 이행의 내용을 담고 있는 것이라기보다는 기존 정책을 유엔인권권고에 끼워 맞추는 '합권고화'의 결과물에 불과했다.[51] 심의 후의 정부 측 대응은 유엔인권권고가 사실을 왜곡하였다거나, 정부가 활동을 잘했고 긍정적인 평가를 받았다는 보도자료를 내는 것으로 활동을 마무리하는 일회성 행사로 그친 경우가 대부분이었다. 이는 기본적으로 이러한 권고를 진지하게 받아들이려는 정부의 의지가 결여되었기 때문이기도 하지만, 각각의 유엔인권기구의 담당부처가 산재되어 있고, 이들 부처 간의 협의가 제대로 이루어지지 않은 데에도 기인한다.[52] 국가별 인권상황 정례검토의 경우 그나마 국가의견서[53]를 통해 개별 권고사항의 수용 여부에 대한 입장은 확인할 수 있다. 그러나 조약기구의 경우, 비록 '관련부처/기관의 권고사항 이행 상황을 연 1회 점검'한다는 정부의 주장이 있기는 하지만,[54] 그 권고에 대한 대한민국의 이행 의사나 이행 계획 · 노력은 공식적으로 혹은 직접적으로 확인할 수 없는 상황이다.[55] 단지 국가인권정책기본계획이나 차기 국가보고서를 통해 일부 유추 해석할 수 있을 뿐이다. 또한 2007년 이주민의 인권에 관한 특별보고관의 한국 방문 보고서,[56] 2011년 의사 · 표현 자유의 권리에 관한 특별보고관의 한국 방문 보고서[57] 등 특별절차와 관련된 보고서에서도 많은 권고내용이 제시되었지만 이에 대한 이행 계획의 수립이나 이행 노력은 보고된 바 없다.

대한민국은 모든 유엔인권권고 사항과 관련하여 담당 단위, 계획과 일정, 예산 등

---

51) 이성훈, 「UPR 한국 심의에 대한 평가와 향후 계획」, 외교통상부 · 국가인권위원회, 『유엔 인권이사회 한국 인권심의(UPR) 평가 및 이행방안 토론회』, 2008. 8. 26, 28쪽; 황필규, 앞의 글, 2012. 11, 50쪽.

52) 황필규, 앞의 글, 2008, 24-25쪽.

53) Human Rights Council, *Report of the Working Group on the Universal Periodic Review: Republic of Korea–Addendum–Response of the Republic of Korea on the UPR Recommendations*, UN Doc. A/HRC/8/40/Add.2, 16 June 2008.

54) 이경아, 「이주 · 인종차별 토론문: 인종차별철폐협약 심의 후속조치」, 대한변호사협회 · 유엔인권정책센터, 『유엔인권권고 분야별 이행사항 점검 심포지엄』, 2011. 12. 9, 1쪽.

55) 정정훈, 앞의 글, 6쪽.

56) Jorge Bustamante, *Report of the Special Rapporteur on the human rights of migrants: Mission to the Republic of Korea*, UN Doc. A/HRC/4/24/Add.2, 14 March 2007.

57) Frank La Rue, *Report of the Special Rapporteur on the promotion and protection of the right to freedom of opinion and expression, –Addendum–Mission to the Republic of Korea*, UN Doc. A/HRC/17/27/Add.2, 21 March 2011.

실효적인 이행이 담보될 수 있는 구체적인 이행방안을 공개적으로 제시하여야 한다. 특히 예산과 관련하여서는 권고의 이행을 위한 정책의 수립 및 시행, 연구조사 등에 소요되는 비용이 구체적으로 정부예산에 반영될 수 있도록 하여야 한다.[58] 또한 '고려', '검토', '연구' 등 무책임 용어의 나열을 지양하고 각 권고사항에 대한 이행계획을 그 내용과 함께 담당단위, 현재 시행되고 있는 정책과의 관계, 일정 등을 제시하여 그 책임을 명확히 하여야 한다.[59] 즉, 유엔인권권고의 이행을 평가하기 위해서는 그 권고의 수용을 통해 기존 정책방향이나 내용이 구체적으로 어떻게 변화하였고, 그 변화를 위하여 어떤 별도의 계획이 수립되었으며, 그 별도 계획의 시행을 위해 정부 측의 어떤 단위가 어떠한 추가적인 예산과 인력을 가지고 어떠한 추가적인 시간과 노력을 투여하였는지를 밝혀야 한다.[60]

대한민국은 유엔인권권고의 이행구조가 국가인권정책기본계획의 틀과 상호보완적이 될 수 있도록 적절한 시스템을 개발하고 운영하여야 한다. 유엔인권권고는 국가인권정책협의회규정의 '국제인권기준'[61]에 해당한다고 보아야 하기 때문에, 유엔인권이사회의 국가별 인권상황 정례검토 보고서나 조약기구의 최종견해 등이 나오면 이를 즉각적으로 국가인권정책기본계획에 반영하여야 한다.[62] 그 외에도 외국인정책기본계획 등 인권이 관련되는 국가기관의 기본계획에도 즉각적으로 반영하여야 한다.[63] 그리고 그 과정에서 어떤 정책이 어떻게 바뀌었고, 그 이행계획이 어떠한지를 명시하여야 한다.[64] 또한 조약기구나 특별절차를 통한 개인통보/진정의 경우 이에 대하여 국제인권기준에 입각한 즉각적이고 성의 있는 답변[65]을 제출하여야 하고, 국내적으로 문제를 해결하려는 노력을 병행하여야 하며, 적어도 매년 정기적으로 그 관련 내용을 국가인권정책기본계획에 반영하여야 한다. 즉, 유엔인권권고는 국가인권정책기본계획의 내용을 풍부하게 하고 그 실행을 강화하는 데 기여하도록 배치되어야 한다.[66]

---

58) 김경희, 「유엔아동권리협약의 이행상황분석과 실현방안」, 대한변호사협회 · 유엔인권정책센터, 『유엔인권권고 분야별 이행사항 점검 심포지엄』, 2011. 12. 9, 170-171쪽.
59) 황필규, 앞의 글, 2008, 23쪽; Navanethem Pillay, 앞의 글, 85쪽.
60) 명숙, 「정부에게 국제인권기구와 인권 메카니즘은 어떤 의미를 가지는가」, 외교통상부 · 국가인권위원회, 『유엔 인권이사회 한국 인권심의(UPR) 평가 및 이행방안 토론회』, 2008. 8. 26, 48쪽; 황필규, 앞의 글, 2012. 11, 50쪽.
61) 국가인권정책협의회규정 제7조 제2항.
62) 이성훈, 앞의 글, 30쪽; 조시현, 「유엔 인권이사회 한국 인권심의(UPR) 평가 및 이행방안 토론회 토론문」, 외교통상부 · 국가인권위원회, 『유엔 인권이사회 한국 인권심의(UPR) 평가 및 이행방안 토론회』, 2008. 8. 26, 41쪽; 최은아, 앞의 글, 59쪽; 유남영, 앞의 글, 311쪽; Human Rights Council, *Draft report of the Working Group on the Universal Periodic Review: Republic of Korea*, UN Doc. A/HRC/WG.6/14/L.8, 30 October 2012, para. 124.15.
63) 정정훈, 앞의 글, 6쪽.
64) 황필규, 앞의 글, 2012. 11, 53-54쪽.
65) Navanethem Pillay, 앞의 글, 23쪽.
66) 황필규, 앞의 글, 2008, 24-25쪽.

유엔인권권고의 이행을 통한 인권의 효과적인 보호와 증진을 보장하기 위해서 국가보고서의 준비과정과 권고의 이행과정 중 정기적이고 주기적인 국가적 논의는 매우 중요하다.[67] 또한 유엔인권권고가 효과적이고 지속가능하기 위해서는 인권조약 시스템, 특별절차, 국가별 인권상황 정례검토 등 다양한 유엔인권메커니즘과 관련된 국가보고서나 권고가 나온 후의 국내적 작용이 인권의 보편성과 불가분성에 기초하여 조화를 이루고 일관성을 유지하여야 한다.[68] 여러 유엔인권메커니즘은 상호보완적이므로 관련 권고의 이행은 포괄적이고 총체적으로 접근되어야 한다.[69] 국가보고서 제도가 있는 9개의 유엔인권조약과 2개의 선택의정서를 비준한 경우 10년간 약 20개의 보고서, 즉 매년 2개의 보고서를 작성해야 하는 상황에 놓이기 때문에,[70] 유엔인권기구별 별도의 국내 이행점검 단위를 구상하기보다는[71] 유엔인권메커니즘의 효율적인 활용, 일관성의 유지와 시너지효과의 증진이라는 면에서 통합적이고 표준화된 보고, 점검, 이행 메커니즘이 만들어져야 한다.[72] 각각의 개별 유엔인권기구의 권고에 대한 이행계획을 공유하고 자문을 구하는 자리도 마련되어야겠지만, 적어도 1년에 1회 정도는 정부가 책임지고 각종 권고의 이행상황을 점검하고 논의하는 공개적인 장이 마련될 필요가 있다.[73]

바. 대한민국은 유엔인권기구의 심의를 전후한 국내 의견수렴과정 및 권고 후 논의과정에 대한 명확한 절차를 마련하여야 하고, 유엔인권기구를 통하여 이루어진 한국인권상황에 대한 평가와 권고 등을 체계적으로 정리하고 이에 대한 모든 사회구성원의 접근성 강화 방안을 강구하여야 한다.

그동안 유엔인권기구의 국가보고서 심의를 전후한 과정에서 정부 측은 NGO측에 정보를 제공하는 것을 꺼려하는 경우가 많았고, 의견수렴을 위한 NGO 간담회에서도 의견수렴의 원칙과 절차의 수립 및 그 공개, 간담회 후 의견 수용 여부와 그 사유의 공개 등에 대한 의지를 찾아보기 어려웠다.[74] 정부 측은 제1차 국가별 인권상황 정례검토 결과보고서가 나온 후 'UPR 후속 이행 계획 수립'과 '권고 이행상황에 대한 정기적 모니터링 및 평가 체계 구축, 동 내용의 공개'를 약속하였고,[75] 시민적 및 정치적 권리

67) Navanethem Pillay, 앞의 글, 8쪽.
68) Navanethem Pillay, 앞의 글, 12쪽, 25쪽.
69) 우종길, 앞의 글, 249-250쪽.
70) Navanethem Pillay, 앞의 글, 21쪽.
71) 방기태, 「제2차 UPR 심의 결과 및 후속조치 계획」, 국가인권위원회, 『유엔인권이사회 UPR 심의 대비 토론회』, 2012. 11. 29, 8쪽.
72) Open Society Justice Initiative *et al*, 앞의 글, 31쪽; Navanethem Pillay, 앞의 글, 85쪽.
73) 황필규, 앞의 글, 2008, 23-24쪽.
74) 이성훈, 앞의 글, 28쪽; 조시현, 앞의 글, 43쪽; 명숙, 앞의 글, 47쪽; 최은아, 앞의 글, 59-60쪽; 김종철, 「NGOs 활동 평가와 향후계획: 시민사회와의 간담회와 국가보고서에의 반영을 중심으로」, 국가인권위원회, 『유엔인권이사회 UPR 심의 대비 토론회』, 2012. 11. 29, 29쪽; 황필규, 앞의 글, 2012. 11, 50쪽.

에 관한 국제규약 관련 국가보고서 워크숍에서 NGO 의견 수용 여부와 그 사유를 공개할 것을 약속한 바 있으나,[76] 이러한 약속은 지켜지지 않았다. 심의 중에는 보수적이고 형식적인 답변과 해명 방식의 방어를 통해 한국의 인권상황의 개선보다는 그럴 듯한 권고를 받아내는 것에만 관심을 집중하였다.[77]

앞으로는 국가보고서의 준비과정과 권고의 이행과정에서, 그리고 국가인권정책협의회의 국가인권정책기본계획 수립과 이행 논의과정에서,[78] 광범위한 참여가 보장되어야 하고[79] 정부 부처간 협의,[80] 국회와 대법원,[81] 국가인권위원회, NGO, 인권전문가, 관련된 당사자,[82] 지방자치단체[83] 등과의 공개된 장에서의 의견교환 등이 주기적이고 체계적으로 이루어질 수 있도록 예견가능하고 명확한 표준화된 의견 수렴, 조정 및 보고 절차를 확립하여야 한다.[84] 이러한 표준화된 절차 확립은 체계적이고 정기적인 자가 진단, 정책 검토, 건설적인 국내 대화의 기회를 제공한다.[85]

예컨대, 사형제, 양심적 병역거부, 국가보안법 등 정부가 국제사회에서 지속적으로 비판받고 있는 인권사안이나, 국내적으로는 오히려 인권침해의 가능성이 증대되고 있지만 정부가 대외적으로 인권 개선에 노력하고 있고 권고를 수용한다고 입장을 밝힌 비정규직 문제, 주민등록제도 등 개인정보보호 문제, 그리고 정부가 수용 불가의 입장을 명확히 밝힌 이주노동자권리협약 비준 문제 등에 대해서는 공론의 장에서 활발한 논의가 이루어질 수 있도록 계획을 제시하여야 한다.[86]

대한민국은 국가별 인권상황 정례검토 최종 결과보고서, 국가보고서, NGO 보고서 등 관련 자료, 조약기구의 권고, 정부 보고서 및 입장, NGO보고서, 특별절차 한국 관련 내용 등을 체계적으로 정리, 번역하고 이를 국민들이 쉽게 접근할 수 있도록 하는

---

75) 장재복, 「국가별 정례 인권 검토(UPR) 평가 및 이행방안」, 외교통상부 · 국가인권위원회, 『유엔 인권이사회 한국 인권심의(UPR) 평가 및 이행방안 토론회』, 2008. 8. 26, 8쪽.

76) 이승한 법무부 인권국 인권정책과장 발언, 법무부, 『유엔자유권규약 제4차 국가보고서 작성을 위한 워크숍』, 2011. 2. 16.

77) 이성훈, 앞의 글, 28쪽; 조시현, 앞의 글, 40－41쪽; 명숙, 앞의 글, 47-48쪽; 정경수, 「UPR 실무그룹 채택 보고서의 내용 및 의미」, 국가인권위원회, 『유엔인권이사회 UPR 심의 대비 토론회』, 2012. 11. 29, 8쪽.

78) Human Rights Council, *Draft report of the Working Group on the Universal Periodic Review: Republic of Korea*, UN Doc. A/HRC/WG.6/14/L.8, 30 October 2012, para. 124.15.

79) 이석준, 앞의 글, 274쪽; Navanethem Pillay, 앞의 글, 8쪽.

80) 이석준, 앞의 글, 2011, 274쪽.

81) University of Bristol, *Implementation of UN Treaty Body Concluding Observations: The Role of National and Regional Mechanisms in Europe – Summary and recommendations from the High Level Seminar*, 19-20 September 2011, 4쪽.

82) 김영석, 「국가별 정례 인권 검토(UPR) 평가 및 이행방안에 관한 토론문」, 외교통상부 · 국가인권위원회, 『유엔 인권이사회 한국 인권심의(UPR) 평가 및 이행방안 토론회』, 2008. 8. 26, 38쪽.

83) 김경희, 앞의 글, 169-170쪽.

84) 황필규, 앞의 글, 2008, 24쪽; Open Society Justice Initiative *et al*, 앞의 글, 31쪽; 오재창, 앞의 글, 282-283쪽; 유남영, "앞의 글, 311쪽; Navanethem Pillay, 앞의 글, 85쪽.

85) Navanethem Pillay, 앞의 글, 12-13쪽.

86) 황필규, 앞의 글, 2008, 24쪽.

계획을 마련하고 구체적인 일정을 제시하여야 한다.[87] 또한 입법, 사법 등 모든 분야에서의 국제인권법과 관련 권고의 반영, 전문가 양성과 정책 개발, NGO와의 협력 강화 등을 위해서는 국제인권 논의에 대한 체계적인 정보화가 반드시 필요하고 각 국제인권기구별, 차수별, 정책 대상별 관련 보고서 및 최종견해 등이 자료화되고, 권고 내용의 변화와 대한민국의 이행 여부를 손쉽게 확인할 수 있는 체계적인 자료의 정리와 제시가 필요하다.[88] 이들 자료는 모두 공문서라고 볼 수 있고, 특히 한국 인권상황과 관련된 공문서가 한글본이 존재하지 않거나, 관리조차도 되고 있지 않다는 것은 있을 수 없는 일이다.[89]

대한민국은 유엔인권기구의 심의 웹캐스트를 공영방송 등을 통하여 동시통역으로 중계하여야 하고 다른 관련 문헌과 함께 그 웹캐스트를 적절한 방식으로 공개, 보급하여야 한다. 이는 유엔인권기구의 가시성과 접근성을 높여 인권상황에 대한 광범위한 감시를 가능하게 할 뿐만 아니라 큰 인권교육적인 효과를 가져 올 수 있다.[90]

사. 대한민국은 유엔인권기구의 활동과 그 강화에 적극적으로 참여함을 통하여 그 권고의 수준과 깊이가 좀 더 구체적이고 실질적인 것이 될 수 있도록 노력하여야 한다.

대한민국은 특별절차에서의 상시초청 입장에 만족하지 말고 국내에서 문제가 되는 인권과 관련된 특별보고관들을 능동적으로 초청하여야 하고, 또한 국가방문이 가능한 기존 조약기구뿐만 아니라, 고문방지협약 선택의정서의 가입 등을 통해 조약기구인 고문방지를 위한 소위원회 등의 방문도 가능하도록 하여야 한다.[91] 유엔인권이사회의 국가별 인권상황 정례검토에 대한 중간평가보고서, 조약기구의 후속조치 질의에 대한 답변, 특별절차상 질의에 대한 답변 등도 즉시 혹은 적시에 적극적으로 제출하여야 하고[92] 그 과정에서도 NGO 등의 광범위한 참여를 보장하여야 한다. 또한 대한민국은 유엔인권시스템을 강화하려는 유엔인권기구의 노력, 예컨대 조약기구의 경우 1) 종합적인 보고 일정 확립, 2) 단순화되고 조정된 보고 절차 확립, 3) 개인통보절차, 문의, 국가방문의 강화, 4) 조약기구 위원의 독립성과 전문성 강화, 5) 조약의 이행역량 강화, 6) 조약기구의 가시성과 접근성의 증진 등의 노력[93]에 적극적이고 능동적인 기여를 하여야 한다.

---

87) 오재창, 앞의 글, 283쪽.
88) 정정훈, 앞의 글, 9쪽.
89) 황필규, 앞의 글, 2008, 23쪽.
90) 오재창, 앞의 글, 284쪽; Navanethem Pillay, 앞의 글, 13-14쪽, 88-89쪽.
91) Navanethem Pillay, 앞의 글, 13쪽, 16쪽.
92) Open Society Justice Initiative *et al*, 앞의 글, 31쪽; Human Rights Council, *Draft report of the Working Group on the Universal Periodic Review: Republic of Korea*, UN Doc. A/HRC/WG.6/14/L.8, 30 October 2012, para. 124.15.
93) 위의 글, 13쪽.

민변의 공익인권변론과 공익인권변론센터

송 상 교*

1. 민변과 민변 변론의 역사[1]

가. 1988년 51명의 변호사로 출범

한국 인권변호사의 큰 줄기는 일제시대 독립운동가들을 변론하였던 김병로, 이인, 허헌 변호사 등으로부터 시작하여 해방 후 큰 족적을 남긴 이병린 변호사 등을 거쳐 특히 1970년대 박정희 유신 독재 정권 아래서 1980년대 중반까지 시국사건 변론을 담당하였던 다수의 변호사들로 이어졌다. 그중 이돈명, 한승헌, 조준희, 황인철, 홍성우 변호사 등이 '인권변호사 1세대'로 일컬어졌다. 이후 1980년대 중반 이후 활발하게 시국변론에 참여했던 조영래, 이상수, 박성민, 박원순 변호사 등이 '인권변호사 2세대'로 불렸다.

1980년대 들어 <망원동 수재사건> 소송과 1985년 <구로 동맹파업 사건> 공동변론을 계기로 흩어져 있던 인권변호사들이 조직적으로 사회 민주화와 공익인권소송을 수행해야 할 필요성이 제기되었고, 이들은 이를 계기로 1986년 5월 「정의실현 법조인회(정법회)」를 결성하였다. 한편 1988년부터 당시 젊은 변호사들을 중심으로 「청년변호사회(청변)」가 결성되었다.

'정법회'와 '청변'은 서로 힘을 모으기로 하여 마침내 1988년 5월 28일 51명의 창립회원으로 '민주사회를 위한 변호사모임'(이하 '민변')이 출범하였다. '민주사회를 위한 변호사모임'이라는 이름은 당시로는 파격적인 작명으로서 그 이름을 고 조영래 변호사가 제안한 것으로 알려져 있다. 민변은 '기본적 인권의 옹호와 민주주의의 발전에 기여'(민변 회칙 제3조)함을 목적으로 하는 단체로서 우리 사회 민주화를 위한 최초의 법조 부문 운동단체이다. 출발부터 신구세대 변호사가 뜻을 같이 함으로써 '명망성'과 '활동성'을 결합할 수 있었고 이처럼 세대를 아우르는 폭넓은 구성은 30년이 지난 지금도 민변

---

* 변호사, 민주사회를 위한 변호사모임 공익인권변론센터.

1) 민변 홈페이지에 있는 민변 역사 소개를 요약 정리하였다. http: //minbyun.or.kr/?page_id=65

의 가장 큰 힘이다. 민변의 출범으로 그간 개별 변호사들의 분산적 활동으로 인한 한계를 극복하고 조직적이고 지속적으로 사회정의와 인권, 민주주의를 위한 대응이 가능하게 되었다.

나. 출범 초기부터 시국사건 변론과 독재 청산에 매진

민변이 출범하자마자 기다렸다는 듯이 시국사건 변론 요청이 폭주하였다. 민변은 <부천경찰서 성고문사건>에 대한 공소유지 담당, <임수경·문익환 목사 방북사건> 등 변호인 조력이 필요한 사안에 발 벗고 나섰고, <남한사회주의노동자동맹(사노맹) 사건>, <서울사회과학연구소 사건> 등 계속되는 국가보안법 위반 사건을 변론하였다. <윤석양 이병 보안사 민간인 사찰 양심선언>, 1991년 시위·분신 정국 및 <유서대필 사건>에서는 변론 활동 외에 진실 발견을 위한 노력에도 큰 힘을 기울였다. 동시에 법률전문가로서의 특성을 살려 권위주의시대의 악법을 청산하기 위하여 노력하였으며, 비슷한 시기에 조직되었던 민가협, 인의협 등 사회운동 단체와의 연대를 통해 양심수 석방 등 현안에 대한 대처와 더불어 제도개혁을 위한 대외활동에도 힘을 쏟았다.

김영삼 정부의 출범 후 민변은 1993년 안기부의 간첩사건 조작 진상조사, 1994년 『한국사회의 이해』 저자들에 대한 국가보안법 적용 사건 등 문민정부의 이름 아래 자행되는 반민주적 잔재를 고발하고 척결하기 위하여 동분서주하면서도, 변화된 사회 속에서 새로운 과제를 인식하고 적극적으로 대응하려 하였다. 1995년에는 5·18학살주범 불기소처분에 대한 헌법소원을 제기하고 5·18특별법 제정을 촉구하였으며, 1996년 12월 26일 안기부법과 노동법 날치기 통과에 맞서 변호사 철야농성을 벌이기도 했다.

다. 90년대 후반, 진보적 법률전문가단체로서의 역할 모색

1998년 김대중 정부 출범 후 형식적 민주화가 진전되는 과정에서 민변은 인권단체의 역할을 수행하면서도 법률전문가로서의 역량을 발휘하고자 공익소송 활동을 강화하였다. 전통적인 시국사건은 점차 감소하는 추세였고, 새로운 공익소송을 기획·발굴·수행하는 역할을 보다 적극적으로 해야 한다는 안팎의 요구가 제기되었다. 1999년 민변 총회에서 공익소송의 기획·발굴·수행을 위하여 '공익소송센터'를 설립하자는 의견이 대두되었으나 이후 논의 과정에서 여러 현실적 상황을 고려하여 우선 '공익소송위원회'를 두기로 의견을 모았고, 그 결과 1999. 8. 공익소송위원회가 출범하게 되었다.[2] 이후 공익소송위원회는 <불심검문 손해배상청구소송>, <집단 담배소송>, <김포공항 소음피해 소송>, <중국교포 국적회복신청사건>, <호주제 위헌소송>, <군산 성매

2) 민주사회를 위한 변호사모임, 『민변백서2』 20쪽, 2008. 5.

매 집결지 화재 피해에 대한 국가배상소송>, <성람재단 정신의료기관 및 장애인 시설 인권유린 사건>, <미군장갑차 수사기록 정보공개청구 소송>, <공직선거법 위헌소송 및 주민투표법 위헌소송> 등을 진행하였다.

시민사회의 성장은 2002년 총선에서 '총선 시민연대'의 결성과 활동으로 이어지는데, 민변도 선거법 개정 연구와 헌법소원, 공천무효확인소송 등 법률적 지원을 통해 적극 동참하고, 스스로를 시민사회 속의 전문가 단체로 자리매김하였다. 또한 김대중 정부가 공언한 인권법 제정과 인권기구 설치가 올바르게 진행될 수 있도록 다른 시민단체들과 함께 '공동추진위원회'를 결성하고 '인권법 공청회'를 개최하였다. 2001년부터는 인권주간 행사의 하나로 한국 인권보고대회를 개최하여 사회 각 분야의 인권상황을 아우름으로써 '인권'이 우리의 일상에 녹아드는 데 앞장섰다.

라. 2000년대, 사회개혁의 일선에 섬

2002년 대통령 선거에서 민변 회원이기도 한 노무현이 대통령에 당선되고 2004년 대통령 탄핵 사태로 개혁세력이 사상 처음으로 국회 의석 과반수를 점하기도 하였다. 과거 독재정권시절의 적폐청산과 민주적 법·제도개혁에 대한 국민들의 기대가 높아졌다. 국가보안법·사립학교법·과거사법·언론관계법 등 이른바 4대 개혁입법과 과거청산 작업에 대해 전사회적으로 치열한 공방이 진행되었으며, 사법개혁위원회와 사법제도개혁추진위원회를 통해 형사소송법 개정, 국민참여재판 제도 도입, 법학전문대학원 설립 등 각종 사법제도 개혁이 추진되었다. 이와 같은 개혁입법, 과거청산, 사법개혁 등이 구체적으로 진행되는 과정에서, 민변은 진보적 전문가단체로서 구체적 대안을 개발하고 분명한 목소리를 내고자 하였다. 동시에 한미 FTA와 쇠고기 수입 졸속협상, 비정규직법 제정, 이랜드 비정규직에 대한 부당해고에 반대하고 김용철 변호사의 양심선언에서 촉발된 삼성그룹 비자금 조성 및 불법로비 사건의 고소·고발을 주도하는 등 현안에 적극 대응하였다.

마. 2008년, 창립 20주년 이후의 도약

2008년, 민변은 스무 돌을 맞이하였고 그해 뜨거웠던 쇠고기 촛불집회를 통해 큰 변화를 맞았다. 정부의 미국산 쇠고기 수입 강행으로 촉발된 전 국민적 촛불집회는 민주주의에 대한 우리 사회의 뜨거운 요구를 가감 없이 보여주었다. 민변은 '미국산 쇠고기 수입 고시'에 대해 10만 명을 국민청구인단으로 하는 헌법소원을 진행하였다. 아울러 촛불집회 현장에서 인권침해 감시활동, 연행자를 위한 변호인 접견과 함께 수백 명의 국민을 위한 무료변론을 진행하였다. 정부의 비합리적인 일련의 행태에 대하여 적극적으로 나서 국민의 목소리를 대변하였다. 이 과정에서 민변은 종전의 제한적 범위를 넘어 일반 시민들과 직접 만나고 변론하게 되었으며 이는 향후 민변이 보다 대중적인 활동을 모색하는 계기가 되었다.

한편 2010년 전후로 대한민국의 민주주의와 인권이 급격히 퇴보하였다. 2009년 용산참사사건, 2011년 제주 강정 해군기지 공사 강행, 2014년 세월호 참사, 2015년 백남기 농민 물대포 직사로 인한 중상(이후 2016년 사망), 역사교과서 국정화 강행, 2016년 박근혜-최순실 국정농단 등이 이어졌다. 그러나 그러한 과정에서도 인권을 증진시키고 좀 더 나은 사회로 나아가기 위한 노력도 굽힘없이 계속되었다. 희망버스, 세월호 참사 이후 진실규명을 위한 노력, 국정농단에 대한 전국민적 촛불집회와 헌정사상 최초의 대통령 탄핵 등이 그것이다.

민변 내적으로도 꾸준히 회원이 증가하여 2015년 회원 1,000명 시대를 맞이하였다. 꾸준히 배출되는 새로운 회원들은 지난 30년 간 민변이 해 온 공익인권 활동을 이어 곳곳에서 새로운 공익인권 변론과 개혁활동을 계속 해나갈 것이다.

2. 민변의 공익인권변론

'기본적 인권의 옹호와 민주주의의 발전에 기여'(민변 회칙 제3조)함을 목적으로 하는 변호사단체로서 민변의 가장 기본적 역할은 소송을 통한 공익과 인권의 실현이라 할 것이다. 민변의 공익인권변론은 특정 영역에 국한되지 않는다. 다만 그 성격에 따라 시국사건 변론과 공익인권소송 변론으로 나눌 수 있다.

가. 시국사건 변론

(1) 시국사건의 의미

민변이 창립 이래 쉼 없이 수행하여 온 가장 기본적인 유형이 시국사건에 대한 변론이다. 민변은 창립 이전은 물론 창립 직후부터 민주화 과정에서 공권력에 의해 정치적 이유로 탄압을 받는 학생, 노동자, 시민사회단체, 재야인사 등을 변론하는 것을 사명으로 여겨 왔다. 민변 외에는 서슬퍼런 권력에 맞서 정치적 이유로 탄압을 받는 사람들을 변론할 곳이 없기 때문이기도 했다. 이러한 변론사건을 '시국사건'이라고 불러 왔는데, 이는 자연스럽게 진행하여 온 사건들을 통칭하는 말이기 때문에 엄밀하게 시국사건의 의미를 정의내리는 것은 쉬운 일이 아니다. 민변 변론규정에서는 시국사건을 크게 ① 국가보안법 위반 사건, 집회 및 시위에 관한 법률 위반 사건 등 정치적 의사표현으로 인하여 입건된 사건, ② 사회적 약자 및 소수자의 인권옹호를 위하여 형사변호가 필요한 사건, ③ 기타 국가권력으로부터 시민의 정당한 인권이 침해되어 그 구제가 필요한 사건으로 정하고 있다(민변 변론활동 등에 관한 규정 제2조 제1호).

독재정권 하에서 사회 각계의 민주화운동과 통일운동이 계속되었고 공권력은 주로 인신구속과 형사처벌의 방법으로 이를 탄압하였다. 수사기관의 가혹행위를 통한 허위자백 강요와 사건 조작이 자행되었고, 처벌의 수단으로 형법은 물론 반공법과 국가보안법, 집시법 등 공안 관련 법률이 동원되었다. 따라서 시국사건은 주로 부당한 검찰의 인신구속과 기소에 맞서 시민, 학생, 노동자 및 활동가를 변론하는 형사변론의 외형을 띄는 경우가 많았다. 시국사건 변론은 직접적으로는 탄압을 받는 개인을 변론하는 것이지만, 그 본질은 국민의 의사표현의 자유와 사상·양심의 자유를 옹호하는 변론이자 나아가 정부의 부당한 공권력 행사에 맞서 민주주의의 정당성을 지키는 변론이었다.

(2) 민변의 시국사건 변론

시국사건은 1988년 출범 이래 지금까지 민변이 감당해야 할 가장 기본적이고 중요한 소송이었다. 출범 직후 및 90년대 민변이 변론한 주요한 시국사건으로는 <부천서 성고문 사건 공소유지>, <임수경·문익환 목사의 방북 사건>, <사노맹> 등 국가보안법 위반 사건, <윤석양 이병 보안사 민간인 사찰 양심선언>, 1991년 시위·분신 정국에서 발생한 이른바 <유서대필 사건> 변론 등이 있다.

김대중, 노무현 정부 이후 이러한 시국사건은 줄어드는 듯 하였으나 2010년 이후에는 과거로 돌아간 듯 대규모 시국사건이 줄을 이었다. <전교조 시국선언>에 대한 집단 징계와 형사기소(2009년), <서울시 공무원 조작간첩 사건>(2013년 기소),[3] <내란음모 사건>[4](2013년), <통합진보당 위헌정당 해산심판 청구 사건>(2014년), <세월호 침몰 사건>(2014년), <백남기 농민 물대포 사망사건>(2015년) 등이 그것이다.

전형적인 형사변론은 아니나 표현의 자유와 사상과 양심의 자유에 대한 억압에 맞서는 변론도 여전히 중요한 부분이었다. <국방부의 불온서적 지정에 대한 헌법소원 제기를 이유로 한 파면처분 취소소송>(2009년)[5] 등이 그것이다.

---

3) 서울시 공무원으로 일하던 재북화교 출신 유우성이 간첩 혐의로 2013. 1. 10. 긴급체포되어 기소된 사건이다. 민변 통일위원회를 중심으로 공동변호인단이 구성되어 변론하였고 간첩 혐의에 대해 1, 2, 3심 모두 무죄가 선고되었다. 변론 과정에서 국정원 중앙합동신문센터가 유우성의 여동생에 대해 허위자백을 하도록 회유·협박한 사실이 드러났고, 항소심에서는 유우성의 출입경기록을 조작하여 법원에 제출한 사실도 밝혀졌다.

4) 통합진보당의 이석기 의원 등이 이른바 지하혁명조직(RO)을 조직하여 내란음모를 하였다는 등의 혐의로 기소되었는데, 2심에서 핵심 혐의인 내란음모에 대해서는 무죄가 선고되고 내란선동 및 국가보안법 위반 혐의에 대해서만 유죄가 선고되었다. 대법원에서 상고가 기각되었다(대법원 2015. 1. 22. 선고 2014도 10978 판결).

5) 2008년 국방부가 장하준 교수의 <나쁜 사마리아인들> 등 책 23권을 불온서적으로 지정한 것에 당시 군법무관 7명이 "학문의 자유 등 기본권을 침해했다"며 헌법소원을 제기했다. 군은 2009년 3월 법무관들 6명에 대해 파면 및 감봉 등의 징계처분을 하였다. 위 사건 1심은 1명에 대한 파면 처분만을 취소하였으나, 항소심은 파면처분을 받은 법무관 2명에 대하여 파면처분이 재량권을 남용하여 위법하다고 인정하고 처분을 취소하였다(서울고등법원 2011. 8. 16. 선고 2010누15614 판결). 위 두 명의 파면취소판결은 확정되고, 나머지 4

시국사건은 해당 이슈가 정치·사회적으로 중요한 논점이 되는 경우가 많다. 따라서 해당 사건에 대한 변론은 좁은 의미로서 법정에서의 변론 뿐 아니라 법정 밖에서의 다양한 법적 검토와 문제제기, 입법 활동 등이 종합적으로 이루어진다. 2014년 세월호 사건이나 백남기 농민 물대포 사망 사건 같은 경우 진실규명 및 피해자 지원을 위한 여러 가지 활동과 함께 손해배상 소송, 집회 등 기소자에 대한 형사변론, 중요 정보에 대한 정보공개청구 소송 등 변론 내외의 종합적인 지원활동을 하였다.

(3) 국가보안법 변론

시국사건 변론에서 빠지지 않는 것이 국가보안법이다. 국가보안법은 1948. 12. 1. 제정 당시부터 많은 우려와 반대 논의를 불러일으켰다. 우려는 곧 현실이 되어 국가보안법은 이후 정부에 대한 비판과 저항을 하는 반정부인사나 지식인, 학생들에 대한 정치적 탄압의 도구로 남용되었고 인권침해를 양산하였다. 국가보안법의 위헌성에 대하여 많은 논란이 끊이지 않았고, 헌법재판소는 1991년에는 국가보안법 제7조에 대한 위헌제청사건에서 비록 국가보안법의 위헌을 선고하지는 않았으나, '국가의 존립·안전이나 자유민주적 기본질서에 무해한 행위는 처벌에서 배제하고, 이에 실질적 해악을 미칠 명백한 위험성이 있는 경우로 처벌을 축소 제한'하는 한도에서 합헌이라는 한정합헌 결정을 내림으로써 국가보안법에 대한 엄격한 해석의 필요성을 제시하였다.[6)]

위 헌재 결정 이후 국가보안법은 1991. 5. 31. 개정되었으나 사상 탄압으로서의 본질은 전혀 변하지 않았다. 2004년에 개폐 논의가 깊이 진행되었으나 결국 폐지 내지 개정이 이루어지지 못했다. 1992년 유엔 인권이사회에서 국가보안법의 반인권성을 지적하고 폐지를 권고하는 등 유엔 및 국제사회에서 국가보안법 폐지를 권고한 사례는 일일이 열거할 수 없을 정도이다. 우리 사회에서도 국가보안법의 위헌성에 대한 인식이 커지고 있고, 법원 역시 국가보안법 적용의 문제점을 인식하고 이를 엄격하게 해석하는 방향으로 나아가고 있다.[7)]

그러나 국가보안법 자체가 정치적인 통제수단의 성격을 가지는 이유로 최근에까지

명에 대해서는 현재 대법원 2011두22808 사건으로 진행 중이다.

6) "국가보안법 제7조 제1항 소정의 찬양·고무·동조 그리고 이롭게 하는 행위 모두가 곧바로 국가의 존립·안전을 위태롭게 하거나 또는 자유 민주적 기본질서에 위해를 줄 위험이 있는 것이 아니므로 그 행위일체를 어의대로 해석하여 모두 처벌한다면 합헌적인 행위까지도 처벌하게 되어 위헌이 되게 된다는 것은 앞서 본 바이다. 그렇다면 그 가운데서 국가의 존립·안전이나 자유 민주적 기본질서에 무해한 행위는 처벌에서 배제하고, 이에 실질적 해악을 미칠 명백한 위험성이 있는 경우로 처벌을 축소 제한하는 것이 헌법 전문·제4조·제8조 제4항·제37조 제2항에 합치되는 해석일 것이다"(헌법재판소 전원재판부 1990. 4. 2. 89헌가113 결정).

7) 예컨대 대법원 2010. 7. 23. 선고 2010도1189 전원합의체 판결은 국가보안법 제7조의 '이적의 목적' 해석에 있어서 종전 판례를 변경하여 이적의 목적은 검사에게 입증책임이 있다고 판시하고 이적의 목적을 추정해서는 안된다는 점을 확인하였다. 이적의 목적의 인정 방법에 있어서 검사에게 지나치게 많은 재량을 준 것은 문제이나 이적의 목적 인정에 있어서도 형사소송법의 일반원칙의 엄격한 적용을 요구한 것은 이전에 비해 진전된 태도였다.

국가보안법의 악용이 계속되고 있다. 위 서울시 공무원 조작간첩 사건, 내란음모 사건과 같은 유형의 사건에서 뿐만 아니라 개인의 의사표현을 탄압하는 데에도 국가보안법이 악용되고 있다. 아니라 개인의 의사표현에 대해서도 탄압의 수단으로 악용되고 있다. 2013년 조롱의 목적으로 김정일 찬양 동영상을 페이스북에 게시한 대학생을 국가보안법으로 기소한 사건, 2017년 <노동자의 책 구속 및 기소 사건>[8]은 국가보안법이 여전히 시국사건 변론에서 중요한 과제임을 보여준다.

나. 2008년 촛불집회 변론, 2012년 표현의 자유 옹호 변론

(1) 2008년 쇠고기 촛불집회 변론[9]

2008년 5월 이명박 정부의 굴욕적인 미국산 쇠고기 수입 협상이 세상에 알려지면서 촉발되어 근 4개월 동안 지속되었던 '쇠고기 촛불' 집회는 여러 면에서 우리 사회의 민주주의 발전에 한 획을 긋는 사건이었다. 교복 입은 학생부터 넥타이 맨 직장인, 아이 손을 잡은 엄마들까지 평소 사회 참여가 어려웠던 다양한 국민들이 국가와 정부를 향해 자신의 목소리를 냈다. 검역주권과 국민의 건강권으로 시작되었던 이슈는 시간이 흘러 민주주의와 국민주권, 언론과 표현의 자유에 대한 요구로 이어졌다.

당시 정부는 집회 참가자 상당수를 연행하였고 하룻저녁에 백 명이 넘는 집회 참가자가 연행되기도 하였다. 집회에 참여했다는 이유로 기소된 시민이 천 명을 넘어섰고 광우병 보도를 했던 문화방송 피디수첩 제작진, 일부 언론에 대하여 광고주 불매운동을 했던 시민들, 자동차로 집회에 참가한 시민들(촛불자동차), 미네르바 등 인터넷 누리꾼, 광우병대책회의에 참가한 시민단체의 활동가 등 많은 사람들이 체포되거나 기소되었다. 많은 언론인들이 징계 받거나 회사에서 해고되었다. 심지어 국가(경찰)가 집회주최자에 대하여 손해배상을 청구하기까지 하였다. 시민의 인권을 보장하기 위한 소송지원의 필요가 급격히 늘었다.

민변은 매일 수십 명의 시민이 연행되고 다치는 상황에서 회원들이 매일 거리에 나가 인권침해감시활동을 하였고 밤늦게까지 연행자 접견을 하였다.[10] 쇠고기 협상의 위헌성에 대하여 연구를 거듭하였고 96,072명의 국민이 청구인으로 참여한 미국산 쇠고기 수입 고시에 관한 위헌확인 헌법소원을 제기하였다. 촛불집회로 기소된 국민들, 의사표현을 이유로 기소된 국민과 언론인들을 위하여 변론을 하였다. '쇠고기 촛불'은 4개월 정도 지속되었지만 그로 인한 재판은 그 후 2016년까지 8년 넘게 계속되었다. 민변

8) 한 노동자가 개인적으로 다양한 사회과학 서적을 파일화하여 인터넷에 게시한 것에 대하여 검찰이 국가보안법 제7조 위반으로 기소한 사건.
9) 이 부분 서술은 민주사회를 위한 변호사모임, 『촛불백서Ⅱ』, 2016. 5. 발간사 참조.
10) 민변이 1991. 5. 25.부터 8. 26.까지 접견한 시민의 숫자는 총 1,398명이었다. 위 『촛불백서Ⅱ』 23쪽.

은 이 기간 '쇠고기 촛불'로 기소된 국민들을 지속적으로 변론하였고 민변이 접수하여 진행한 변론사건의 피고인의 수가 939명에 이르렀다.[11] 촛불변론 과정에서 시민의 의사 표현의 자유와 집회의 자유에 대한 중요한 변론들이 진행되었고 일정한 성과가 있었다. <집시법 제10조 야간옥외집회 조항에 대한 헌법재판소의 헌법불합치결정>(2009년), <미네르바 무죄 판결 및 허위사실유포죄 위헌결정>(2010년), <피디수첩 제작진에 대한 무죄판결>(2011년 무죄 확정), <야간옥외시위에 대한 한정위헌결정>(2014년) 등이 그것이다. 더 중요한 것은 촛불변론 과정에서 민변의 소명과 시민과의 소통의 중요성을 새삼 깨닫게 되었다는 점이다. 이는 이후 민변이 좀더 시민의 삶 속으로 들어가야 한다는 고민으로 이어졌다. 2008년 쇠고기 촛불 변론은 민변의 성격을 크게 바꾸어 놓았다고 평가받는다. 그간 민변이 제한된 범위 내에서 학생, 노동자, 시민사회단체 등과 연대하며 시국변론을 하여 왔다면 이 기간 민변의 변론과 접견은 평범한 시민을 대상으로 이루어졌으며 많은 평범한 시민과 민변이 직접 만나는 계기를 만들어주었다. 그리고민변의 변론 및 법적 의견 개진은 온라인과 언론 등을 통해 시민들 사이에 퍼져나가게 되었다. 이 경험은 민변에게 '시민과의 소통 증대', 즉 국민과 소통을 넓히기 위해 의식적이고 체계적인 시도와 노력이 필요함을 일깨워주었다.[12]

(2) 2012년 표현의 자유 옹호 변론

한편 2012년 유명 팟캐스트 '나꼼수'에 대한 수사를 계기로 시민의 의사표현의 자유, 특히 온라인 상의 의사표현의 자유를 보호하기 위한 변론이 진행되었다. 이때 시민의 기부로 모인 '표현의 자유 기금'을 통하여 정부정책이나 공직선거 후보자, 공무원 등 공인에 대한 지지·반대·비판 등을 이유로 수사 내지 기소를 당한 시민에 대한 변론 등 2017년까지 200여 건의 변론을 진행하였다.

(3) 2008년 이후 촛불집회 등 다양한 시민의 의사표현 탄압에 대한 옹호 활동, 집회 참여자에 대한 접견 또는 법률지원은 민변의 주요 활동으로 자리잡았다. 그러나 역설적이게도 이 시기 의사표현의 자유와 집회의 자유의 침해는 더 커졌다. 집회 단순참가자에 대한 형법 제185조 일반교통방해죄 적용과 높은 벌금액 부과, 온라인 상에서의 공적 의사표시 특히 정부 비판에 대한 정부의 적극적 고소·고발과 처벌, 집회 현장에서 차벽 설치의 일상화, 무차별적 채증과 이를 이용한 기소, 최루액(PAVA)을 섞은 물대포 발사, 집회 주최자에 대한 형사처벌 뿐 아니라 민사소송 및 가압류를 통한 굴복 강요

11) 약식명령사건 858명, 정식기소사건 81명이었다. 검찰이 발간한 수사백서에 따르면 2008. 5. 2.부터 8. 15.까지 촛불집회·시위 건으로 1,476명이 입건되었고 이중 1,050명을 약식기소하고 165명을 불구속기소, 43명을 구속기소하였다고 한다. 당시 검찰이 기소한 시민 대부분을 민변이 변론하였다. 위『촛불백서Ⅱ』23쪽.

12) 민주사회를 위한 변호사모임,『촛불백서』, 61쪽, 2010. 5.

등이 그것이었다. 급기야 2015년에는 세월호 집회를 이유로 4·16 연대 집행부가 구속되고 백남기 농민이 직사 물대포에 맞아 사경을 헤매다가 1년 뒤 사망하는 불상사까지 발생하였다.

다. 소수자 및 사회적 약자를 위한 변론

(1) 소수자 및 사회적 약자 인권 옹호를 위한 '공익인권변론'

90년대 이래 시국사건 또는 인권소송과 다른 측면에서 '공익소송'이라는 개념이 대두하였다. 이 공익소송에는 미국의 공익법운동에 기원을 둔 '확산이익', 즉 잘게 쪼개어진 다수의 권리를 보장하는 요소가 중요한 축이 된다. 그러나 이러한 '공익'의 정의는 지나치게 좁아 그간 진행되어 온 다양한 인권보장을 위한 변론활동을 적절히 반영하지 못하며 우리가 누구의 권익을 옹호하고자 하는가에 대한 충분한 답을 제시해 주지는 못한다. '공익'의 의미는 고전적이거나 새로이 확대되는 인권 개념과 만날 수 있어야 한다. 즉 다른 중요한 축으로서 사회적 약자와 소수자의 권익을 보장하기 위한 변론이라는 점이 중시되어야 한다.

그러한 점에서 민변의 변론은 단지 '공익소송'이라 하기보다는 '공익인권소송'이라고 부르는 것이 실체에 부합할 것이다. 민변의 공익인권소송에는 좁은 의미의 공익인권소송(확산이익과 사회적 약자 권익 보장)은 물론 위 시국사건에 대한 변론도 포함된다고 할 것이다.

민변 변론규정은 '공익인권사건'을 '다중의 확산이익이 있는 사건으로 소송 등 법적 대응을 통해서 사회적 약자 및 소수자의 권익보호, 공권력 또는 사회 경제적 지위를 가진 집단 또는 개인 등으로부터 침해된 시민의 권리를 구제하고 불합리한 법령과 사회제도 개선, 국가권력 남용 방지 및 민주사회 발전과 정의로운 사회를 만드는데 도움이 되는 사건'이라고 규정한다(민변 변론활동 등에 관한 규정 제2조 제3호). 잘게 쪼개어진 다수의 권리를 보장하는 요소가 그 한 축이라면, 다른 중요한 축은 사회적 약자와 소수자의 권익을 보장하는 것이다.

(2) 공익인권 변론의 주요 이슈

공익인권변론의 주제는 노동, 사법, 여성, 언론, 교육, 문화, 환경 등은 물론 최근 사생활 및 정보인권, 아동인권, 소수자 인권, 난민 및 이주민 인권 등 그 분야가 계속 확대 심화되고 있다. 민변은 각 주제별로 관심을 공유하는 회원들로 구성된 위원회가 있고[13] 각 지역 별로 8개 지부[14]가 있다. 각 위원회와 지부는 지속적으로 공익인권변론

13) 민변의 주제별 위원회는 2017. 5. 현재 사법위원회, 노동위원회, 여성인권위원회, 환경보건위원회, 과거사청

을 연구·수행하며 필요할 때마다 개별적 또는 공동으로, 그리고 관련 영역의 개인 및 단체와 연대하여 다양한 방식으로 법률지원을 진행하여 왔다.

노동자의 노동3권을 보장하고 특히 불리한 지위에 있는 비정규직 노동자의 권리를 옹호하는 노동 변론은 전통적으로 민변의 중요한 활동이었다. 최근에도 ＜청년유니온 노동조합 설립신고 반려처분 취소소송＞, ＜삼성전자 백혈병·희귀질환 업무상 재해 소송＞, ＜철도노조 파업에 대한 업무방해죄 기소사건＞, ＜노동자에 대한 부당한 해고 또는 부당노동행위에 대한 소송＞ 등이 진행되었다.

여성인권을 옹호하기 위한 변론 역시 민변이 역점을 두고 진행하여 온 분야다. 여성에 대한 구조적 차별을 시정하기 위한 ＜동성동본 불혼 위헌 소송＞, ＜호주제 위헌 소송＞ 등은 민변이 여성단체, 전문가와 오랜 기간 준비 기획하여 진행한 소송이었다. 그 밖에 성폭력 및 성희롱 피해자의 권리를 보장하고 가해자에 대한 책임을 묻는 소송(＜르노삼성 성희롱 사건＞ 등), ＜기지촌 위안부 국가배상 청구 소송＞, ＜아동기 성폭력 출산 미고지 혼인취소 사건＞[15] 변론 등 여성의 권익을 옹호하는 소송이 진행되었다.

환경과 국민의 건강을 위한 소송 역시 민변이 환경단체와 함께 진행하여 왔다. 대기오염으로 고통받는 천식환자 23명이 국가와 서울시, 그리고 자동차 회사를 상대로 진행한 국내 최초의 대기오염소송이었던 ＜서울 대기오염소송＞, 이명박 정부의 이른바 4대강 살리기 사업에 대해 국민소송단이 제기한 ＜4대강 취소소송＞, 가습기 살균제로 인한 많은 피해를 일으켰던 ＜가습기 살균제 피해자의 국가 및 회사에 대한 손해배상 청구 소송＞, 그리고 2015년 국민소송단(원고 2167명)이 원자력안전위원회를 상대로 제기한 ＜월성1호기 수명연장 허가 처분 취소소송＞ 등이 있었다.

표현의 자유 및 언론의 자유 영역에서도 다수의 공익인권변론이 진행되어 왔다. 첫 번째 유형은 개인의 의사표현의 자유 제한에 대한 소송이 있다. 2008년 촛불집회 당시 ＜언론소비자 주권연대 사건＞(촛불집회 당시 광고주불매운동을 벌인 시민들을 업무방해죄로 기소한 사건), ＜인터넷실명제 위헌 헌법소원 사건＞(헌재 2010헌마 252, 이용자 수가 일정 수준을 넘는 인터넷 게시판에 글을 쓸 때 반드시 실명인증을 하도록 한 정보통신망법 제44조의5 제1항 등에 대한 위헌사건), ＜SNS 선거운동 금지 위헌사건＞(인터넷상 선거운동

산위원회, 교육청소년위원회, 국제통상위원회, 디지털정보위원회, 국제연대위원회, 언론위원회, 통일위원회, 미군문제연구위원회, 민생경제위원회, 소수자인권위원회, 아동인권위원회 15개가 있다.

14) 민변의 지부는 2017. 5. 현재 부산지부, 대구지부, 울산지부, 인천지부, 광주전남지부, 대전충청지부, 전주전북지부, 경남지부 8개 지부가 있다.

15) 베트남 여성이 한국 남성과 결혼하면서 베트남에서 출산한 경험을 고지하지 않았다는 이유로 남편 측이 혼인취소를 구한 사건. 대법원은 '아동기 성폭력으로 인한 출산 경험을 고지하지 않은 것'은 민변 제816조 제3호의 혼인 취소 사유가 될 수 없다고 판단하였으나(대법원 2016. 2. 18.자 2015므 654 본소, 2015므661 반소 결정), 이후 환송심에서 다른 사실관계를 이유로 혼인취소가 인정되었다.

을 금지한 공직선거법 제93조 제1항 한정위헌 사건), 공무원의 의사표현의 자유와 한계가 다투어진 ＜나주세무서 공무원 파면 취소사건＞(나주세무서 공무원이 내부게시판에 조직 비판을 게시한 이유로 품위유지의무 위반 징계를 받아 민변 광주전남지부에서 취소소송을 진행함) 등이 그런 유형이다. 이명박 정부 이후, 특히 2014년 세월호 사건 이후 대통령에 대한 개인의 SNS상의 비판과 비난에 대하여 대통령에 대한 명예훼손 혐의를 적용하여 기소한 사례가 눈에 띄게 증가하였다. 이는 과연 대통령이 명예훼손죄의 형사 피해자가 될 수 있느냐에 대한 논쟁을 낳았다. 두 번째 유형은 언론의 자유에 관한 것이다. ＜피디수첩 사건＞ 형사변론(2008년 MBC의 피디수첩에서 광우병 관련 보도를 한 것이 국가 및 공무원의 명예를 훼손하였다며 기소한 사건. 이 사건은 국가기관에 대한 명예훼손이 성립할 수 있는가에 대한 법리가 다투어졌고 무죄가 확정되었다),[16] ＜신문등진흥법 헌법소원＞(1인 인터넷사업자 기본권 침해 위헌 결정) 등이 있었다.

개인의 사생활 및 정보인권과 관련해서는 권력기관의 민간인에 대한 사찰과 통제 없는 정보수집 실태에 대한 소송으로 ＜기무사 민간인사찰 국가배상 소송＞(기무사의 민간인 사찰에 대한 국가배상 청구. 대법원 원고 승소 확정), ＜주민등록법 헌법소원＞(주민등록번호 임의번호 변경 불허에 대한 헌법소원), ＜패킷감청 헌법소원＞, ＜통신자료 무단수집 헌법소원＞ 등이 진행되었다.

교육과 관련한 공익인권소송은 학생의 인권에 관한 소송으로 ＜학내 종교의 자유 손해배상청구 사건＞, 학생의 교육받을 권리에 관한 소송으로 ＜국정교과서 위헌소송＞, ＜국립대 기성회비 반환청구 소송＞, 교사에 대한 부당한 징계에 관한 소송으로 ＜일제고사 거부 교사 징계취소사건＞ 등에 대한 변론들이 진행되고 있다.

민생, 경제민주화 영역은 가장 많은 분쟁이 발생하는 영역이다. 다만 공정거래위원회의 조사나 정치 사회적 해결, 각종 위원회 등을 통한 조정·중재 등 소송 외의 다양한 방식으로 문제를 풀어가고 제도를 개선하기 때문에 많은 수의 사건으로 변론으로 이어지지는 않는다. ＜남양유업 사건＞, ＜대형마트 영업제한 취소소송＞ 등이 있었다.

2000년대 이후 사회적 약자와 소수자의 인권을 위한 소송이 양적으로 크게 늘었다. 소수자 인권에 대한 인식 확대와 함께 구체적 인권에 착목하는 공익변호사들의 활발한 활동이 결합된 결과이다. 성소수자 인권 관련 소송으로 ＜등록부 정정 소송＞(2013년),[17] ＜동성혼 혼인신고 소송＞, 군대 내 동성간 성접촉을 처벌하는 ＜군형법 제92조의6 위헌소송＞(2017년) 등이 진행되었다. 장애인 인권 관련하여 정신장애인의 강제입원에 관한 ＜정신보건법 제24조 위헌소송＞, 이주민 및 난민의 인권을 옹호하기 위한 소송 등

16) 민주사회를 위한 변호사모임, 『촛불백서Ⅱ』, 140쪽, 2016. 5.

17) 성별 정정시 외부성기 성형수술을 요구하는 것의 위헌성을 다투는 소송. 지속적인 소송을 통해서 법원이 외부성기 성형수술을 받지 아니한 성전환자의 성별정정을 허가한 일련의 사례가 만들어졌다.

이 끊임없이 진행되고 있다.

라. 잘못된 과거사를 청산하고 진실을 바로세우는 소송

과거사 소송은 민변 공익인권소송의 주요한 부분을 이룬다. 이는 특정 주제에 국한되지 않으며 20세기 한국 현대사와 직접 관련된 몇 가지 유형으로 나뉜다. 첫 번째로 1945년 해방 시까지 일본 제국주의 하에서 고통받은 위안부, 강제징용 피해자 등에 대해 사죄와 배상이 이루어지지 않은 점과 관련하여 <일본군 위안부 부작위 위헌확인 소송>(2011년),[18] <일본국 전범기업에 대한 손해배상청구 소송>[19] 등이 진행되었다. 두 번째로 해방 및 한국 전쟁 당시 발생한 인권침해에 대한 진실규명 및 손해배상 소송이 진행되었다. 여기에는 해방 이후 예비검속 및 보도연맹 관련자에 대한 집단학살, 한국전쟁 당시 이루어진 민간인학살에 대한 손해배상 소송 등이 있었다. 세 번째로 군부독재 정권 하에서 자행된 고문 등 조작사건에 대한 재심 및 손해배상 소송이 진행되었다. <인혁당 사건>, <민청학련 사건> 등 많은 조작 사건에 대한 재심, <긴급조치 사건>에 대한 위헌 및 재심, <재일동포 간첩단 조작 사건> 등 많은 사건들에 대한 재심 및 국가배상청구가 진행되었다. 현대사에서 소수자에 대한 억압과 국가폭력에 대한 진실 규명과 국가배상 청구소송도 진행되었다. <한센인 시설 단종·낙태 손해배상 청구 소송>,[20] <미군 기지촌 위안부 국가배상 청구 소송> 등이 진행되었다. 최근에는 베트남 전쟁 당시 한국군의 베트남 민간인 살해 등에 대한 한국정부의 책임을 묻기 위한 소송도 논의 중이다.

3. 민변 공익인권변론센터의 설립과 활동

가. 설립 배경

2015년 민변 회원이 1천명을 넘어섰다. 1988년 민변 설립 후 민변은 많은 공익인권변론을 수행하여 왔으나 많은 수의 사건이 회원 개인의 역량을 중심으로 이루어졌다. 회원 개인의 역량에 의존하지 않는 민변 공익인권변론의 질적 발전을 모색해야 한다는 문제의식이 커졌다. 복잡해진 이슈와 쟁점에 체계적, 능동적으로 대응하기 위하여 민변의 발전전략을 논의하였고 그 결과로 2016년 4월 변론 전담 기구인 '공익인권변론센터'

---

18) 일본군 위안부 관련 한일청구권협정에 따른 분쟁해결절차에 이르지 않은 것은 위헌이라는 확인 소송.

19) 강제징용피해자들이 일본의 전범기업(미쯔비시, 신일철주금)을 상대로 국내법원에 강제노동에 대한 손해배상을 청구한 사건(일본에서 제기한 소송은 패소함).

20) 1990년대 초까지 소록도병원 등 한센인 시설에서, 임신과 출산을 금지하고, 부부동거의 전제로서 단종 수술을 실시하였는바, 이러한 단종·낙태 수술에 대한 국가배상청구사건.

를 출범시켰다(이하 "변론센터"). 1999년에 공익소송센터 논의가 시작되고 공익소송위원회가 만들어진 후 17년 만이다.[21]

나. 변론센터의 주요 활동

변론센터는 공익인권변론의 허브 기능을 한다. △민변의 공익인권변론의 기획과 수행, △변론을 수행하는 회원, 위원회, 지부에 대한 기금, 변론 자료의 제공 등 지원, △변론자료의 축적과 소통, △변론기획을 위한 다양한 시민, 단체 협력, △변론의 질적 발전을 위한 교육 활동을 하고 있다.

(1) 변론의 기획과 수행

민변의 공익인권변론을 능동적으로 기획하고 수행, 지원하는 것이 변론센터의 첫 번째 역할이다. 기획 및 제안되는 소송을 일정한 기준 아래 '민변변론사건'[22]으로 정하고 그에 따라 소송대리인(변호인)단을 구성하고 재정적, 내용적 지원을 한다. 공익인권 변론의 주제와 이슈를 시국사건이나 집회, 표현의 자유에 국한하지 않고 군대나 수용시설 인권, 사회권 영역, 소비자들의 피해에 대한 공익소송 등으로 적극 확대하고 있다. 변론센터 설립 후 1년(2016. 5.~2017. 4.) 동안 96건의 변론을 민변변론사건으로 정하여 1,100명이 넘는 국민을 변론하였다.

〈변론센터 설립 후 주요 민변변론사건〉

- 국가기관의 무차별적 통신자료 제공 요청행위 등에 대한 헌법소원
- 가습기 살균제 피해자 손해배상 청구 소송
- 백남기 농민 유족의 국가배상청구 소송
- 국정교과서 위헌 헌법소원, 취소소송, 연구학교지정취소소송, 정보공개청구 소송
- 국민의 알 권리 보장을 위한 각종 정보공개소송(한미FTA, GMO, 세월호, 위안부합의 등 다수)
- 다물제이호(주)가 동양시멘트지부 조합원들을 상대로 제기한 손해배상 청구 소송
- 4.13 총선 낙선운동 관련 선거법 위반 사건

21) 1999년 민변 공익소송위원회 설립 후 공익소송위원회는 자체규정(공익소송위원회 운영규정, 공익소송비용분담기준)을 제정하고, 다양한 공익소송을 연구·검토하고 소송을 진행하였다. 공익소송에 대한 평가 결과 공익소송 활동이 본 궤도에 진입하기 위해서는 공익소송활동 경험, 사건자료 등에 관한 공익소송 정보의 데이터베이스 구축 활용이 필요하고 시민사회단체와의 유기적 관계 설정이 필요함을 인식하였다. 비민주적 법제도 개선에 관한 연구·조사 기능까지 활성화하기 위해서는 장기적으로 상근 또는 반상근 간사를 포함한 조직적 기반을 갖춘 공익소송센터로 확대할 필요성이 제기되었다. 그 후 이러한 문제의식은 2016년에 비로소 실현되었다.

22) 민변 공익인권변론센터 운영위원회가 미리 정해진 절차를 거쳐 민변의 변론사건으로 정한 사건을 <민변변론사건>이라고 부른다. 민변변론사건 중에서 당사자 사정 등으로 기금 지원이 필요한 경우 공익인권기금을 지원한다.

- 세월호 조사관 공무원지위 확인소송
- 북한의 해외 식당 종업원 탈북 관련 인신구제신청
- 검정고시출신자 교대 수시지원 제한 헌법소원
- 경찰 불법행위 손해배상 청구 소송
- 항공사 연착 등에 대한 손해배상 청구 소송
- 우남찬가 민·형사 소송
- 노동자의 책 국가보안법 사건 형사변론
- 군영창처분 취소 및 위헌 제청 신청
- 메탄올 실명 손해배상 청구 소송
- 청와대 KBS보도개입 헌법소원
- 로이엔터테인먼트 손해배상 청구 소송
- 영장없는 휴대폰 압수 준항고
- 위안부 소녀상 지킴이 형사 변론
- 집시법 소음기준 초과 기소사건 형사변론 및 위헌제청신청
- 청와대 앞 불심검문 국가인권위원회 진정
- 블랙리스트 피해자 국가배상청구
- 나, 다니엘 블레이크 소송
- 지뢰피해자 위로금 결정 취소소송

민변의 공익인권소송은 통상 3가지의 경로로 진행된다.

첫 번째는 시민의 다양한 의견을 수렴하는 과정에서 시민의 소송제안을 통해 소송이 진행되는 경우다. <검정고시출신자 교대 수시지원 제한 헌법소원>이 그런 사례다. 어느 대안학교 교사가 민변 변론센터로 이메일을 보내왔다. '검정고시 출신자들은 왜 교대 수시지원이 안될까요?'라고 묻는 글이었다. 검정고시 출신자가 교대 수시지원에 제한을 받고 있는 현실은 그간 잘 알려져 있지 않았다. 인권은 본질적으로 "왜"라는 질문이다. "왜 기회조차 주지 않는가?" 변론센터는 그 질문에 공감하였고 당사자와 연락을 주고받으면서 민변 교육·청소년위원회와 상의하여 헌법소원을 제기하였다. 그 밖에도 <항공사 연착에 대한 손해배상>, <화물자동운송료 반환소송> 등이 시민의 문제제기로 진행되었다.

둘째로 특정 분야 인권 이슈를 지속적으로 다루는 시민사회단체와 소통하는 과정에서 수면 위로 끌어올려지는 소송이 있다. 2017년 8월 변론센터는 빈곤사회연대 등 여러 단체와 함께 이른바 <나, 다이엘 블레이크 소송>을 제기하였다. 심장질환으로 수술을 받아 근로할 수 없는 사람에 대해 지자체와 국민연금관리공단이 규정을 위반한 부실한 평가로 '근로능력 있음'이라고 평가한 뒤 근로를 조건으로 한 조건부 수급결정을 하였고 그로 인해 수급권자가 무리하게 근로를 시작한 뒤 쓰러져 끝내 사망에 이른

사건이었다. 조건부 수급 제도의 문제점을 적나라하게 드러낸 사건이었고, 이 사안에 대해 여러 단체가 논의를 하던 중 손해배상 청구를 하기로 하고 여러 단체와 변호사가 힘을 모아 소송을 제기하였다. 켄 로치 감독이 영국의 수급제도 현실을 그린 영화 '나, 다니엘 블레이크'의 내용과 사안이 너무도 흡사하여 대리인단은 소송의 명칭을 '나, 다니엘 블레이크 소송'이라고 명명하였다. <통신자료 무단수집 헌법소원>, <군영창처분취소 및 위헌제청>, <총선넷 변호인단>, <위안부 소녀상 지킴이 대학생 기소사건> 등이 그러한 사례다.

세 번째로 민변 또는 변론센터가 모니터링 및 연구를 통하여 자체적으로 소송을 기획하여 진행하는 경우도 있다. 2015년 11월 정부가 역사교과서 국정화를 강행하자 당시 민변은 자체적으로 '국정화저지 TF'를 구성하고 국정화 절차와 내용의 위헌·위법성을 검토하였다. 그후 국정화의 문제점을 제기하는 방편으로 헌법소원을 제기하기로 결정하였다. 이후 관련 단체와 연계하여 국민을 상대로 소송인단을 모아 3,374명을 청구인으로 하여 헌법소원을 제기하였다. 민변이 진행한 공익인권 변론 중에서 순수하게 민변 자체적으로 기획하여 제기한 사례가 많지는 않다. 공익인권변론이란 본래 현장에서 발생하는 구조적 문제와 인권침해를 포착하여 소송화하는 것이므로 본질적으로 시민과 단체와의 긴밀한 연계 속에서 이루어질 수밖에 없다. 다만 민변은 향후 자체적인 소송 기획을 보다 더 활성화하려는 계획을 세우고 있다.

(2) 공익인권변론 지원

(가) 공익인권기금 등 변론기금 조성과 지원

공익인권변론으로서 민변변론사건에 해당하는 변론도 당사자와 개별 유료약정을 하는 것이 원칙이다. 다만 당사자의 무자력 등 경제적 어려움, 변론 기획의 경위 등 사안의 성격을 고려하여 당사자가 비용 및 변호사 보수를 지급하기 어려운 변론사건에 대해서 당사자의 수임료 부담 의무를 면제하거나 경감할 수 있다. 이러한 경우 변론을 수행하는 변호사의 변론을 지원하기 위하여 별도의 변론지원기금을 운영한다. 현재 민변의 변론기금으로는 일반적인 변론기금으로 '공익인권기금', 특별한 이슈를 위한 특정 변론기금으로 '표현의 자유 기금', '국가보안법 기금'이 있다.

민변 회원 누구나 진행하는 사건에 대하여 민변변론사건 지정 또는 변론기금의 지원을 신청할 수 있다. 기금 지원 여부는 변론센터에 설치된 운영위원회가 심의한다. 변론센터 설립 후 1년(2016. 5.~2017. 4.) 동안 민변변론사건 중 70건에 대하여 기금을 지원하였다.

(나) 공익인권소송 기획을 위한 지속적 연구·기획

공익인권소송은 하루아침에 뚝딱 시작되는 것이 아니다. 특정 사안에 대하여 지속적으로 현황을 모니터링하고 법적, 제도적 문제점을 연구해야 한다. 민변은 각 주제별로 관심을 공유하는 회원들로 구성된 위원회가 있고 각 지역 별로 8개 지부가 있다. 각 위원회 또는 지부에서 일상적 활동 속에서 공익인권 소송 사례를 지속적으로 연구 기획하고 있다. 한편 위원회 등에서 포괄하지 않는 다양한 주제에 대해서도 변론센터는 자발적인 회원의 연구·기획팀을 운영하면서 이를 통해 공익인권변론을 연구 기획하고 있다.[23)]

(다) 공익인권변호사단 운영

이와 별도로 1년차에서 10년차 변호사 회원들을 중심으로 '공익인권변호사단'이 운영된다. 2017. 7. 현재 80명 정도의 회원이 참여하고 있다. 공익인권변호사단은 집회 현장에서 연행되는 시민이 있을 경우 변호인 접견, 집회나 명예훼손 등 일상적인 공익인권변론의 수행 등을 수행한다.

(3) 공익인권변론 자료의 축적과 소통

(가) 디지털도서관

민변이 쌓아온 공익인권변론 자료는 무수히 많다. 그러나 그 동안 회원 각자가 진행하는 변론 자료가 체계적으로 공유되고 축적되지 못했다. 그 결과 같은 이슈에 대한 변론의 질이 축적되지 못하는 아쉬움이 있었다. 변론센터는 민변 공익인권변론 자료의 체계적 축적과 활용을 위하여 2017년 4월 디지털도서관을 개설하여 운영하고 있다. 디지털도서관에는 민변과 회원이 수행한 공익인권변론 사건의 판결문, 담당변호사가 작성한 소장·변론요지서·증거신청서 등 각종 서면과 양식, 연구자료, 교육자료 등 각종 인권·법률정보들이 업로드 되고 회원 누구나 자유롭게 검색하고 변론에 활용할 수 있다.

(나) 변론 내용 지원

'민변 변론매뉴얼': 민변이 쌓아온 30년 변론의 경험과 노하우, 최전선의 법적 쟁점을 정리하여 회원들이 활용할 수 있도록 형사, 민사 영역별로 '변론매뉴얼'을 작성한다.

'이주의 변론': 정기적으로 의미 있는 최신 판결과 서면 등을 취합하여 '이주의 변론'으로 공유한다. 변론에 관한 회원의 질문과 답변으로 지혜를 모으는 회원게시판 '이것이 궁금해요'를 운영한다.

(4) 시민과 함께하는 법률지원 활동

변론기획을 위한 다양한 시민, 단체 협력을 한다. 집회에서 연행된 시민에 대해 변호인 접견을 하고, 구금시설 수용자로부터 접수되는 '구금서신'을 검토하여 법률적 조언을

---

23) 2017. 7. 현재 이러한 연구·기획팀으로 '집회의 자유 연구모임', '피의자노트(자기변호노트) 기획팀', '사회권 연구모임', '조선적 재일동포 입국을 위한 기획팀' 등이 운영되고 있다.

하고 있다. '민변의 작은 변론이야기'를 운영하여 공익인권변론을 시민에게 전달한다.

(5) 변론을 위한 지속적 교육

매년 상반기 민변의 신입회원을 상대로 충실한 변론을 위한 '신입회원 집중단기연수' 프로그램을 운영한다. 2017년 제5회 연수가 진행되었다. 이 프로그램에서 민사, 형사 등 각종 공익인권소송 변론에 대한 교육을 집중적으로 진행한다.

박근혜 탄핵심판사건과 한국사회

이 용 구*

1. 들어가며

가. '박근혜 탄핵심판사건'은 국회가 헌법 제65조[1]에 따라 2016. 12. 9. 16:10경 대통령(박근혜) 탄핵소추안을 의결하고, 같은 날 그 탄핵소추의결서 정본을 제출받은 헌법재판소(이하 '헌재'라고 한다)가 재판을 진행한 후 2017. 3. 10. 11:21경 이정미 헌재 소장 대행이 "피청구인 대통령 박근혜를 파면한다."라는 주문을 선고한 2016헌나1 대통령(박근혜) 탄핵 사건을 말한다.

탄핵소추안은 2016. 12. 3. 우상호(더불어민주당 원내대표), 박지원(국민의당 원내대표), 노회찬(정의당 원내대표) 의원 등 171명의 의원이 발의하였고, 국회에서 재석 284명, 찬성 234명으로 의결되었으며,[2] 재판관 8명[3] 전원의 일치된 판결로 인용되었다.

나. 공식적인 탄핵심판절차의 시작과 끝은 당시 여당인 새누리당을 제외한 민주당, 국민의당, 바른정당, 정의당 소속 국회의원들과 재판관들의 몫이었다. 하지만 전체 탄핵의 과정을 보면, 그 계기를 촉발한 것은 언론이었고, 국회의 의결과 헌재의 인용결정을 이끌어낸 주역은 두말할 필요도 없이 전국 주요 도시의 광장에서 촛불을 든 국민이었다.

다. 대한민국 헌법 제정 이래 대통령에 대한 탄핵소추안이 국회에서 의결된 것은 2004. 3. 12. 대통령 노무현 탄핵사건(헌재 2004헌나1)과 대통령 박근혜 탄핵사건 등 두

---

* 변호사, 법무부 법무실장, 전 법무법인 엘케이비앤파트너스.

1) 대한민국헌법 제65조
① 대통령·국무총리·국무위원·행정각부의 장·헌법재판소 재판관·법관·중앙선거관리위원회 위원·감사원장·감사위원 기타 법률이 정한 공무원이 그 직무집행에 있어서 헌법이나 법률을 위배한 때에는 국회는 탄핵의 소추를 의결할 수 있다.
② 제1항의 탄핵소추는 국회재적의원 3분의 1 이상의 발의가 있어야 하며, 그 의결은 국회재적의원 과반수의 찬성이 있어야 한다. 다만, 대통령에 대한 탄핵소추는 국회재적의원 과반수의 발의와 국회재적의원 3분의 2 이상의 찬성이 있어야 한다.

2) 제346회 정기회 회의록에는 출석의원 300인, 개의 시 재석의원 284인, 산회 시 재석의원 284인으로 기재되어 있다.

3) 재판관 이정미, 김이수, 이진성, 김창종, 안창호, 강일원, 서기석, 조용호.

차례에 불과했다. 그런데 노대통령 탄핵사건은 소추사유가 대통령이 기자회견을 하면서 국회의원 선거를 앞두고 소속 정당에 대한 지지의사를 밝힌 것이 '공무원의 정치적 중립 의무를 위반했다는 것' 등으로, 비교적 중대하지 않은 일회성 사건이었기 때문에 당초 탄핵소추가 인용되기에는 무리가 있었다. 그 때문에 탄핵심판과정에서 소추위원 측[4)]은 대통령의 권한정지 기간을 늘리기 위해 재판의 지연을 의도하였고, 반대로 대통령 측이 신속한 절차진행을 촉구하는 양상으로 진행되었다. 하지만 박근혜 탄핵사건은 노대통령 탄핵사건과는 질적으로 달랐다. 먼저, 소추사유가 국가권력 전반이 박근혜, 최순실 등의 사적 도구로 전락했다는 것이었기 때문에 소추사유가 인정된다면, 법위반의 중대성에 비추어 파면결정이 내려질 가능성이 매우 컸다. 때문에 소추위원 측은 가급적 신속한 재판을 희망하였고, 대통령 측은 재판의 지연을 의도하였다. 다음 노대통령 탄핵사건 당시에는 국민의 다수가 탄핵에 반대하고 있었지만, 박근혜 탄핵사건에 대해서는 국민의 80% 이상이 탄핵을 지지하고 있었다. 누군가 농담처럼 헌재 결정의 주문내용은 여론조사결과와 일치한다고도 했지만, 압도적인 국민의 탄핵지지를 헌재도 외면하기는 쉽지 않은 상황이었다.

라. 2016. 10. 29. 3만 명으로 시작된 1차 촛불집회부터 선고일 직전인 2017. 3. 4. 19차 촛불집회까지 주최 측인 박근혜정권퇴진비상행동이 추산한 연인원 1,588만 2,000명의 국민이 참여했을 정도로 국민의 탄핵지지는 강고했다. 또 2016년 11월 말경부터 12월 초경까지 최순실 등의 국정농단의혹사건에 대한 국정조사, 서울중앙지검 특별수사본부와 박영수 특검의 수사가 진행되면서, 그 수사결과의 일부 또는 관련자들의 인터뷰가 언론에 보도되었고, 그 결과 탄핵법정 밖에서 이미 많은 진실이 밝혀지고 있었던 것도 국민의 분노에 기름을 붓고 있었다. 이러한 상황은 탄핵사건의 변론에 참여하는 국회 측 대리인들에게는 매우 큰 장점이었다. 물론 탄핵법정에서 증거에 의하여 확인되어야 할 것이었지만, 그래도 기본적인 사실관계가 어느 정도 신빙성 있는 자료를 근거로 전 국민에게 알려져 있다는 것은 소추사유를 증명해야 할 입장에서는 당연히 유리한 점이었다. 반대로 이러한 사정은 국회 측 대리인들에게 큰 부담으로도 작용했다. 만약 대부분의 국민이 상식적으로 직감하고 있는 사실관계를 눈앞에 놓고도 입증에 실패한다면 그것은 전적으로 국회 측 대리인의 잘못일 수밖에 없었다.

마. 또한 탄핵사건의 결론에 따라 2017년 12월로 예정되어 있던 제19대 대통령선거가 4월 말 또는 5월 초로 앞당겨질 가능성이 농후했다. 그런데 정당마다 이른바 장미대선이라고 불렸던 조기대선을 치루기 위한 준비 정도가 달랐다. 유력한 대선 후보였던 안철수 국민의당 대표는 국민의당 리베이트 사건을 계기로 당대표직에서 물러난 상태

---

4) 소추위원이 당시 국회 법제사법위원회 위원장이었던 김기춘 전 비서실장이었다는 것은 역사의 아이러니다.

였고, 바른정당은 탄핵소추 건을 계기로 새누리당에서 탈당한 의원들이 결성했기 때문에 대선을 치룰 준비가 다소 부족했다. 겉으로 드러나지는 않았지만, 이런 유력 대선 후보 예정자들과 정당들의 속내도 사정을 복잡하게 만들었다.

바. 탄핵사건을 둘러싼 이런 상황은 탄핵심판의 변론에도 큰 영향을 줄 수밖에 없었다. 더구나 헌재는 탄핵심판의 변론과정을 녹화하여 거의 실시간으로 공개하고 있었기 때문에 탄핵법정에서 한 재판관, 소추위원, 대리인, 증인들의 말 한마디 한마디가 전국에 생중계 되다시피 했고, 그것에 기자들의 주석과 평가, 학자나 변호사 등 전문가들의 평가가 바로 뒤따르고 있었다.

탄핵사건 자체의 엄중함만으로도 변론에 임하는 자세를 가다듬을 수밖에 없었는데, 박근혜 탄핵사건을 둘러싼 특수한 사정은 많은 사건을 경험한 대리인에게도 익숙하지 않은 것이었다.

위와 같은 모든 점들이 박근혜 탄핵사건을 간단치 않게 만들었고, 통상적인 변론이라면 하지 않았을 고민을 할 수밖에 없었다. 대통령 측 대리인의 사정도 다를 것이 없었을 것이다.

사. 이 글은 위와 같은 특수성을 가진 박근혜 탄핵사건에 국회 측 대리인으로 참여했던 변호사가 겪었고, 고민했던 내용을 후배 변호사들에게 전달하기 위한 것이다. 다만, 이 글의 내용을 다른 15분의 국회 측 대리인들과 사전에 상의하지 않았기 때문에 다른 대리인들의 경험, 생각과는 크건 작건 다를 수 있다는 점을 미리 밝혀둔다.

2. 탄핵소추안 발의 경과

가. 언론의 의혹 보도와 박근혜 전 대통령의 대응

- 2014. 11. 24. 세계일보, “청와대, 정윤회 감찰 돌연 중단 의혹” 보도
- 2014. 11. 28. 세계일보, 정윤회 문건 보도
- 2014. 12. 01. 박 전 대통령, 청와대 수석비서관회의 개최 “문건 유출은 국기문란”
- 2015. 01. 05. 서울중앙지검, 조응천, 박관천 기소
- 2016. 07. 26. TV조선, “재단법인 미르, 30개 기업이 486억 냈다”보도
- 2016. 09. 20. 한겨레신문, “최순실씨, K스포츠재단 설립 · 운영 개입” 보도
- 2016. 09. 23. 경향신문, “삼성이 최순실씨 딸 정유라 위해 독일에 승마장 구입해 제공하는 등 특혜의혹”
- 2016. 10. 20. 박 전 대통령, “불법행위 저질렀다면 엄중 처벌” 첫 공식입장
- 2016. 10. 24. JTBC, 태블릿PC를 근거로 “대통령 연설문 최씨에게 사전 유출”보도
- 2016. 10. 25. 박 전 대통령 1차 대국민 담화 “일부 연설이나 홍보, 최씨 도움 받은 적 있다”

(1) 2016. 10. 29. 1차 촛불집회는 2016. 10. 24. JTBC의 최순실 태블릿PC 보도에 이은 10월 25일 박근혜 전 대통령의 1차 대국민 담화에서 촉발되었다. 나중에 사실로 확인된 것이지만, 박근혜 전 대통령은 대통령 취임 오래 전부터 연설문은 물론이고, 정치적 행보나 주요 정책에 관해서 최순실의 조언을 지속적으로 받았다. 새누리당 대통령 후보로 선출된 후 했던 대통령 후보 수락 연설도 최순실과의 공동 작품이었고, 대통령 취임사 역시 박근혜, 최순실, 정호성 비서관 3명이 논의했다. 이들 3명이 '창조경제', '문화융성'이라는 단어를 중심으로 국정과제를 제시했고, 그 말 속에 문화와 체육을 이용하여 사적 이익을 추구하려는 속내가 숨겨져 있었다. 문화재정 2% 등은 박근혜의 대통령 선거공약에도 들어 있었는데, 아마도 이들은 대통령 출마 당시부터 문화와 체육 영역에서 이권을 챙길 생각을 가지고 있었던 것 같았다. 박근혜 전 대통령의 최순실에 대한 의존은 정권의 획득과 유지에 필수적인 요소였고, 박근혜 정부는 박근혜, 최순실의 공동정부였다. 그 빙산의 일각이 JTBC 기자가 입수한 최순실의 태블릿PC에서 드러난 것이었다. 대통령이 공표하기 전에는 국가기밀인 드레스덴 선언문을 비롯해서 각종 연설문 44개의 초안을 최순실이 사전에 받아 수정한 사실이 드러났고, 행정부 정책으로 구체화될 국무회의 말씀자료, 청와대 비서진이나 장차관 인사자료도 최순실이 사전에 확인했음이 드러났다. 그 다음날 박근혜 전 대통령은 대국민담화를 발표하면서 취임 후 일정 기간 일부 자료들에 대해 최순실의 의견을 들었다고 자백을 했다.

(2) 그런데 JTBC의 보도가 있기 이전에 이미 일부 언론은 박근혜 정부의 비선실세를 정조준하고 있었다. 그 첫 보도를 한 곳이 세계일보였는데, 그 보도 이후 있었던 세계일보에 대한 청와대와 정부의 탄압(사장 교체, 세무조사, 광고 중단 등)이 소추사유의 하나가 되었다. 세계일보는 2014. 11. 24. "청와대가 비선실세로 불리는 정윤회를 요주의 인물로 간주하고 감찰하였으나 의혹을 조사하던 경찰 출신 행정관이 외압에 의해 갑작스레 원대 복귀하면서 사실상 중단되었다"고 보도하였고, 그 다음날 「정윤회 감찰 비서관도 '의문의 사퇴'」라는 제하에 "(박관천 경정에게) 감찰을 지시했던 조응천 공직기강비서관도 외압에 의해 사퇴하였다"는 취지로 보도하였다. 그 후 11월 28일 추가로 이른바 '정윤회 문건'을 정면으로 보도하였는데, "비선실세 정윤회가 문고리 권력 3인방[5]을 포함한 핵심그룹 10명과 함께 국정에 개입하였고, 3인방은 정윤회의 정보원 노릇을 하였다"는 취지의 기사를 보도하면서 단독 입수한 청와대 작성 감찰보고서를 공개하였다.

이에 대한 박근혜 전 대통령의 대응은 두 가지 방향으로 진행되었는데, 하나는 비선실세 의혹을 청와대 문건유출 의혹으로 그 본질을 왜곡하는 것이었다. 박근혜 전 대통

5) 청와대 비서관이었던 이재만, 안봉근, 정호성을 말한다.

령은 2014. 12. 1. 수석비서관회의를 주재하면서 '기초적인 사실 확인조차 하지 않은 채 외부로 문건을 유출하게 된 것은 국기문란'이라면서 수사 가이드라인을 공표하였고, 그 이후 검찰은 문건유출 수사에 착수하여 2015. 1. 5. 조응천 공직기강비서관과 박관천 경정을 공무상비밀누설 혐의로 기소하였다. 다른 하나는 세계일보에 대한 응징이었다. 2014. 11. 28. 이후 세계일보에 대한 국민건강보험공단의 광고가 1년 동안 중단되는 등 공공기관의 광고 매출이 급감하였고, 2015. 1. 21. 서울지방국세청 조사4국이 통일교의 심장부라고 불리는 ㈜청심에 대한 세무조사에 착수하였다. 2014. 12. 1. 세계일보 회장에 갑작스럽게 취임한 손대오는 2015. 1. 1. 이사회 및 주주총회를 거치지도 않은 채 조한규 대표이사를 해임하였다. 그 와중에 정윤회 문건을 보도했던 조현일 기자는 본인과 가족에 대한 테러의 위협을 느끼고 호신용 칼을 가지고 다녀야 했다고 탄핵법정에서 증언하였다.

(3) 다음 박근혜, 최순실의 국정농단 사건의 몸통인 미르·케이스포츠재단을 겨냥한 것은 TV조선이었다. TV조선은 2016. 7. 26. "미르재단 설립 두 달 만에 대기업에서 500억 원 가까운 돈을 모았는데, 안종범 대통령 정책조정수석비서관이 모금과정에 깊숙이 개입한 정황이 드러났다"고 보도하였다. 이후 케이스포츠재단에 대해서도 같은 의혹을 제기하였는데, TV조선은 차은택을 재단 실세로 지목했다. 하지만 TV조선은 안종범과 미르·케이스포츠재단을 연결하는 최순실의 실체까지는 접근하지 못했고, 후속보도도 하지 못했다. 청와대는 조선일보를 부패세력으로 지목하고 송희영 조선일보 주필이 대우조선해양으로부터 초호화 향응을 제공받고, 고재호 전 대우조선해양 사장 연임을 안종범 당시 경제수석에게 로비했다는 의혹을 제기하였다. 이후 검찰은 청와대의 의혹 제기에 따라 수사에 착수하여 송희영 주필 등을 배임수재, 변호사법위반 등의 혐의로 기소하였다.

이처럼 '언론의 의혹 보도 ⇒ 청와대의 왜곡 및 수사 가이드라인 제시 ⇒ 검찰 수사 ⇒ 언론의 침묵'으로 이어지는 일이 반복되었다.

(4) 국정농단의 핵심인물인 최순실을 처음 세상으로 드러낸 것은 2016. 9. 20.자 한겨레 보도였다. 한겨레는 TV조선의 보도를 기반으로 미르·케이스포츠재단을 재조명하면서 이 두 재단의 실세가 최순실이라고 보도했다. 최순실은 단골 스포츠센터 원장이었던 정동춘을 케이스포츠재단 2대 이사장(1대 이사장은 정동구)으로 앉혔고, 정동춘은 한겨레와의 인터뷰에서 전경련과 연결된 사람(누구인지는 밝히지 않으면서)이 이사장 제안을 했다고 밝혔다. 박근혜－최순실－안종범－전경련－미르·케이스포츠재단의 연결구조가 처음 폭로되었다. 나아가 한겨레는 9월 22일 이석수 특별감찰관이 미르·케이스포츠재단의 모금과정을 알아보기 위해 안종범 정책조정수석에 대한 내사를 벌였다고 보도했다.

이어 경향신문이 가세했다. 9월 23일 경향신문은'삼성이 최순실 딸 정유라를 위해 독일에 승마장을 구입해 제공하는 등 특혜의혹'이 있다고 보도하였고, 9월 26일 한겨레는 "정유라가 승마 핑계로 (이화여대에) 2학기 동안 안 나가자 지도교수가 제적을 경고했고, 최순실이 학교에 찾아오자 교수가 교체되었다"는 취지로 보도했다. 이후 노컷뉴스, 한겨레, 경향신문의 보도가 이어지다 10월 18일 JTBC가 "최순실, 케이스포츠재단 설립 하루 전 국내에 '더블루케이'라는 스포츠마케팅 회사를 세우고 케이스포츠재단의 자금이 더블루케이에 유입되었다"는 취지로 보도하였다.

(5) 당시 국회의 국정감사에서도 미르 · 케이스포츠재단에 대한 의혹이 거듭 제기되었는데, 내내 침묵하던 박근혜 전 대통령은 10월 20일에서야 처음 두 재단에 관해 발언하였다. 박 전 대통령은 청와대 수석비서관회의에서 "미르 · 케이스포츠재단이 경제단체 주도로 설립되었다. 두 재단은 설립 취지에 맞게 해외 순방과정에 참여하면서 본격적인 활동을 하였고, 코리아 프리미엄을 전 세계에 퍼뜨리는 성과도 거두었다. 만약 어느 누구라도 재단과 관련해 자금 유용 등 불법행위를 저질렀다면 엄정히 처벌을 받을 것"이라는 취지로 말하였다. 즉, 두 재단은 대통령 자신과 무관하게 설립 · 운영되었고, 두 재단의 자금을 유용한 사람이 있다면 처벌받을 것이라면서 자신과 최순실 및 두 재단의 연관성을 부인하고, 언론이 제기한 의혹을 재단 운영자 개인의 횡령 문제로 규정한 것이었다. 나중에 밝혀진 것이지만 박 전 대통령의 입장은 청와대 수석비서관들의 대책회의에서 정리된 것으로, 미르 · 케이스포츠재단에 관련된 사람들에 대한 일종의 행동지침이었는데, 실제 미르 · 케이스포츠재단 관계자, 전경련 관계자, 청와대 수석 및 행정관들이 서울중앙지검 1기 특별수사본부 수사 초기에 했던 진술 기조도 이에 따른 것이었다.

그런데 이때의 대응은 세계일보나 TV조선의 의혹 제기에 대한 종전 대응과는 다른 점이 있었다. 하나는 미르 · 케이스포츠재단이 전경련에 의해 설립되었고, 두 재단이 문화와 체육 관련 국정운영에 도움을 준 사실 자체를 박 전 대통령이 인정한 것이었다. 만약 대기업의 미르 · 케이스포츠재단 기부금 출연, 두 재단의 이사진 등 임직원 선정, 두 재단의 사업계획 수립 등을 전경련 대신 최순실, 안종범 등이 주도한 것이 밝혀진다면, 박 전 대통령은 수습을 할 수 없는 상황에 직면할 수밖에 없었다. 또 하나는 종래의 수사 가이드라인과 달리 수사의 대상을 두 재단의 운영진으로 삼은 것이었다. 박 전 대통령이 실제 어느 선까지 수사할 것으로 의도했는지는 알 수 없고, 두 재단의 운영진이 최순실이 아닌 제3자(이른바 바지대표)라는 전제에서 그와 같은 발언을 했을 수도 있다. 그런데 두 재단의 실제 운영자가 최순실이고, 두 재단의 기금이 더블루케이 등 사기업으로 유용되었다면, 그 책임은 최순실과 그 측근들이 져야 했다. 종전의 수사 가이드라인은 이른바 적대적인 인물을 겨냥한 것이었다면, 이번에는 박 전 대통령의 아군을 겨냥한 것이었다. 이것은 박근혜, 최순실의 공동정부가 무너지고 있다는 것을 의미했다. 이제 박 전 대통령이 탄핵을 피하기 위해서는 최순실 등 관련자들이 박 전 대통령과의 관계를 일체 부인하고, 두 재단의 설립, 운영이 박 전 대통령 및 청와대와 무관한 것이어야 했다. 그러나 실제 상황은 박 전 대통령이 의도했던 대로 수습될 수 없는 지경에 이미 이르렀는데, 박 전 대통령과 청와대의 몇몇 수석들만 실상을 모르고 있었다.

박 전 대통령의 10월 20일자 수석비서관회의 발언과 정면으로 배치되는 증거가 박 전 대통령과 최순실의 관계를 폭로하고 있는 JTBC의 최순실 태블릿PC 문건이었던 것이다. 더구나 10월 25일 1차 대국민담화를 통해 박 전 대통령이 최순실과의 관계를 일부 자백하자 국민 여론은 걷잡을 수 없이 탄핵으로 향하게 되었다.

(6) 2014. 11. 24. 세계일보 보도를 시작으로 2016. 10. 25. 대국민담화문 발표까지의 흐름에서 주목할 것은 검찰이 보인 모습이었다. 청와대는 비선실세 의혹이 제기되면, 비선실세 의혹 자체를 감찰 또는 수사하라는 것이 아니라 문건유출행위 또는 개인적 범죄행위 등으로 본질을 왜곡하고, 문건유출행위 또는 개인적 범죄행위 등에 대한 수사 가이드라인을 발표하는 방식으로 대응했다. 그리고 이러한 수사 가이드라인을 철저히 수행한 것이 박근혜 정부의 검찰이었다. 이 과정을 설계, 지휘한 사람이 청와대 민정수석이라는 주장은 매우 설득력이 있었다. 안종범 정책조정수석은 탄핵심판사건에서 10월 20일 수석비서관회의 전에 청와대 일부 수석이 참석한 대책회의가 열렸는데, 그 회의에서 자신이 "청와대가 미르·케이스포츠재단 설립을 주도했다"는 것을 인정하자는 의견을 제시하였으나 받아들여지지 않았다고 증언하기도 하였다. 그 반대의 논리(즉, 청와대가 두 재단과 무관하다는 논리)를 가지고 국면을 타개할 수 있다고 박 전 대통령에게 건의할 사람은 민정수석 외에는 달리 생각할 수 없었다. 박 전 대통령이 반대의 논리를 받아들였던 이유는 자신이 여전히 검찰을 장악하고 있다고 믿었기 때문일 것이었다. 전경련이 청와대와 무관하게 순수하게 두 재단을 설립했고, 그 운영도 최순실과 관계없이 전경련이 주도했다고 조작할 수 있는 기관은 검찰밖에 없었을 것이다.

나. 검찰의 수사와 촛불집회

- 2016. 10. 27. 서울중앙지검, 특별수사본부(1기) 구성
- 2016. 10. 29. 1차 촛불집회(주최 측 추산 3만 명 참가)
- 2016. 10. 30. 최순실, 독일에서 귀국
- 2016. 11. 01. 최순실 긴급체포
- 2016. 11. 02. 안종범 긴급체포
- 2016. 11. 03. 정호성 긴급체포

- 2016. 11. 04. 박 전 대통령 2차 대국민 담화 "검찰 조사 성실히 임하겠다. … 특별검사 수사도 수용"
- 2016. 11. 05. 2차 촛불집회(주최 측 추산 20만 명 참가)
- 2016. 11. 12. 3차 촛불집회(주최 측 추산 100만 명 참가)
- 2016. 11. 15. 및 16. 박 전 대통령 변호인 검찰 조사 거부
- 2016. 11. 20. 최순실, 안종범, 정호성 구속기소(검찰, 박 전 대통령 공범으로 인정) 박 전 대통령 피의자 입건
- 2016. 11. 27. 차은택, 송성각 기소(검찰, 박 전 대통령 공범으로 인정)
- 2016. 11. 29. 박 전 대통령 3차 대국민 담화 "임기 단축 포함 진퇴문제 국회 결정에 맡길 것"
- 2016. 11. 30. 박영수 변호사 특검 임명
- 2016. 12. 03. 탄핵소추 발의(야 3당 및 무소속 의원 171명)
- 2016. 12. 03. 6차 촛불집회 (주최 측 추산 전국 232만 1,000명 참가)
- 2016. 12. 09. 국회 본회의 표결 (찬성 234명, 반대 56명으로 가결) 대통령 권한정지, 황교안 국무총리 직무대행

(1) 박 전 대통령이 사실상 최순실에 대한 공무상비밀누설 혐의를 자백하고, 새누리당이 10월 26일 야당의 특검안을 수용하기로 전격 결정하자 그 동안 정치상황과 여론을 지켜보던 검찰도 수사에 착수하지 않을 수 없었다. 김수남 전 검찰총장은 10월 27일 이영렬 전 서울중앙지검장을 본부장으로 한 특별수사본부(이하 특검 수사 이후에 설치된 특별수사본부와 구별하기 위해'1기 특수본'이라고 한다)를 서울중앙지검에 설치하면서, 형사8부, 특수1부를 투입하였고, 10월 31일에는 첨단범죄수사1부까지 추가 투입하였다. 1기 특수본의 수사대상은 미르 · 케이스포츠재단의 설립과 모금 과정에 청와대나 최순실이 개입하였는지, 최순실이 두 재단의 자금을 유용하거나 사유화했는지, 최순실이 대통령 연설문 등 청와대와 정부 문서를 받아본 것이 사실인지, 정유라가 이화여대에 부정입학을 했는지 등이었다.

(2) 그러자 박 전 대통령은 10월 30일 우병우 민정수석과 안종범 정책조정수석, 김재원 정무수석, 김성우 홍보수석, 이재만 총무비서관, 정호성 부속비서관, 안봉근 국정홍보비서관 등의 사표를 수리하고, 민정수석에 최재경 전 인천지검장을 임명했다. 청와대 인사들에 대한 검찰의 전면적인 수사가 예정되어 있었기 때문에 청와대 비서진의 인적 쇄신이 불가피한 측면이 있었지만, 민정수석의 교체는 새로운 검찰 리더십의 등장을 의미하는 것으로 받아들여졌다. 그리고 이 날 최순실이 독일에서 혼자 귀국했다. 최순실의 갑작스런 귀국은 지금까지 있었던 일련의 의혹이 대통령과는 무관한 자신만의 국정농단이라는 주장과 시나리오를 예고하는 것 같았다.

그러나 박 전 대통령과 최순실이 생각했을 법한 마지막 짬짜미는 성공하지 못했다. 먼저, 청와대 참모들이 협조하지 않았거나 협조할 수 없는 상황이 되어 있었다. 안종범은 박 전 대통령의 지시로 미르·케이스포츠재단을 설립했다고 자백하면서도, 최순실을 모른다고 진술했다. 다른 한편, 두 재단을 운영한 사람은 최순실이라는 객관적 증거는 넘쳐났다. 그 결과 두 재단의 설립, 운영과정에서 안종범이 최순실과 협의하지 않았다면, 두 재단의 설립, 운영과정에서 두 사람을 매개한 제3자가 있을 수밖에 없는데, 그 사람은 박 전 대통령일 수밖에 없었다. 또 JTBC의 태블릿PC는 물론이고, 최순실의 사무실과 주거지 등에서 압수된 PC 등에서 청와대 문건이 나오자 정호성은 청와대 및 행정부 문건을 지속적으로 최순실에게 유출한 것을 자백했고, 그것이 박 전 대통령의 '포괄적인 지시'였다고 진술했다. 최순실에게서 압수한 문건들은 최순실이 두 재단을 실질적으로 운영했고, 두 재단과 관련된 플레이그라운드, 더블유케이 등에 관여한 사실을 명백히 보여주고 있었다. 최순실과 차은택, 고영태 등의 관계도 드러났고, 문체부 제2차관이었던 김종, 장관이었던 김종덕도 빠질 수 없는 국정농단의 연결고리를 구성하고 있었다. 전경련의 이승철 부회장은 초기에는 당초의 청와대 방침(전경련이 순수하게 두 재단을 설립했다는 논리)에 따르다가 국정농단의 윤곽이 드러나면서 전경련과 자신이 사는 쪽－즉, 박 전 대통령에 의해 기부금 출연을 강요받은 피해자 논리－을 선택했다. 나아가 최순실에 의해 버림받은 노승일, 박헌영과 같은 사람들이 최순실의 진면목을 폭로할 준비를 하고 있었다. 둘째, 검찰이 종전에 보였던 태도를 벗어나 매우 적극적으로 수사에 임했다. 10월 25일 이후 권력이 붕괴한 것을 인식해서인지는 몰라도 나중에 확인한 1기 특수본의 수사는 매우 적극적이었다. 1기 특수본은 박 전 대통령을 국정농단 사건의 공범으로 인지할 수밖에 없었고, 수사의 칼날은 최순실, 안종범을 넘어 박 전 대통령을 향하고 있었다. 1기 특수본이 11월 20일 최순실, 안종범, 정호성을 기소하면서 수사결과를 발표하면서 박 전 대통령을 공범으로 적시하자 11월 23일 최재경 민정수석이 사임의사를 표명하였는데, 어쩌면 그 사임은 임명 당시에 이미 예정되어 있었던 것이었는지 모른다. 이런 일이 가능했던 이유는 촛불민심이었다.

(3) 최순실이 박근혜 정부의 비선실세였다는 사실이 드러나면서 민중총궐기 투쟁본부는 10월 29일 청계광장에서 집회를 개최하였다. 당초 주최 측은 참석인원을 3~4천 명 수준으로 예상했으나, 10배 정도인 3만 명이 참석했다. 그것이 1차 촛불집회로 불리게 되었다. 1주일 후인 11월 5일 주최 측은 광화문광장으로 장소를 옮겨 2차 촛불집회를 개최했는데, 이 집회에는 10만 명의 시민들이 모여 '박근혜 퇴진', '이게 나라냐', '하야하라 박근혜'라는 문구가 적힌 피켓과 촛불을 들고 자리를 메웠다. 초기 촛불집회의 변곡점을 이룬 것은 주최 측 추산 100만 명의 시민들이 모인 11월 12일자 3차 촛불집회였다. 이날 참석 인원은 2008년 광우병 촛불집회 때의 70만 명을 넘어 2000년대 들

어 최대 기록을 갱신했다.

11월 29일 박 전 대통령이 3차 대국민 담화에서 '즉시 하야'가 아닌 자신의 진퇴 문제를 국회에 넘긴다는 발표를 하면서 국민은 더욱 분노했고, 그 분노는 12월 3일 150만 명이 운집한 6차 촛불집회로 이어졌다. 당시 새누리당은 박 전 대통령의 4월 퇴진과 6월 조기 대선을 당론으로 발표했는데, 이에 대한 항의로 새누리당 당사 앞에서도 촛불집회가 열리기도 하였다. 또 사상 최초로 청와대 100m 앞인 효자치안센터까지 행진이 허용되기도 하였다. 경찰은 1차 촛불집회 때부터 일정 공간을 벗어난 집회, 시위를 금지하였고, 이에 대해 주최 측이 서울행정법원에 집회금지처분취소가처분신청을 하였는데, 서울행정법원은 매번 가처분신청을 인용했다. 촛불집회에 나타난 국민의 여론은 앞서 본 1기 특수본의 수사뿐만 아니라 법원의 집회 허용, 나아가 국회의 탄핵소추안 발의와 의결을 가져온 원동력이었다.

(4) 촛불집회는 새로운 참여민주주의를 구현했다는 평가와 함께 세계적으로 보기 드문 비폭력 평화시위를 이끌어냈다는 평가를 받고 있다. 탄핵소추안 의결 전까지 촛불집회에서는 국민의 다양한 발언이 이어졌는데, 중요한 것들을 모아 보면 다음과 같다.

- 이 땅의 권력자는 5천만 국민이다. 그게 헌법정신이다. 권력자 여러분! 환영합니다.
- 시민으로서, 이 나라에 사는 사람으로서, 지금 돌아가는 일들이 분통하고, 싸우고자 나왔다.
- 청년들이 취업 걱정할 때 최순실 딸과 조카는 아는 이모 빽 믿고 대학에 갔다.
- 대통령이 4년 내내 '쉬운 해고' 협박을 했는데 이제 우리가 대통령을 해고시켜야 한다.
- 미친년처럼 새누리당 밖에 모르고 살았는데, 죄송합니다. 여러분!
- 부당한 일을 겪으면 이렇게 정정당당히 권리를 행사해야 한다고 가르쳐 주고 싶어 아이와 같이 나왔다.
- 우리 딸이 '아빠, 비참해하지마. 성실하게 사는 우리 아빠가 젤 멋있다'고 하더라.
- 나도 영화배우 원빈, 전지현보다 이 순간 촛불 들고 있는 우리 국민이 가장 아름답다고 생각한다.
- 간병인으로 일하는 50대 아줌마입니다. 정규 교육과정은 초등학교밖에 못 배운 제가 박근혜, 김기춘 보다 자존감이 높은 사람인 줄은 이번에 처음 알았습니다.
- 주름살 없는 게 그렇게 중요합니까? 박근혜 보다 어리고 주름은 더 많지만 제가 더 아름답지 않습니까?
- 세월호가 가라앉았을 때 7시간 동안 자리를 비운 박근혜 대통령 때문에 나왔다. 한 의원이 촛불은 바람 불면 꺼진다고 하더라. 하지만 촛불 하나가 꺼지기 전에 우리는 두 개를 붙일 거고 이어 백 개, 수백 개의 촛불이 나올 거다.

(5) 촛불집회에 참가한 국민이 참가이유를 밝히면서 최순실 국정농단 외에 가장 많이 언급한 것이 세월호 참사에 대한 대통령의 책임을 묻기 위해서 나왔다는 것이었다.

2014. 4. 16. 8:48경 안산시 단원고 학생 325명을 포함한 탑승객 476명을 태우고 제주도를 향해 운항하던 세월호가 11:18경 전남 진도 인근 해상에서 침몰하였다. 이로 인하여 세월호 탑승자 295명이 사망하고, 152명이 상해를 입었으며, 9명이 실종되었다(세월호 인양 후 4명의 시신을 수습하여 현재는 5명 실종). 청와대 국가안보실은 사고 당일 8:52경 전남 119소방본부에 최초 사고접수가 된 이후, 이를 지체 없이 보고받지 못하다가 YTN 보도를 통해 9:19경 세월호 사고소식을 인지하게 되었고, 당시 김기춘 비서실장을 포함한 청와대 비서진 역시 언론 보도를 통해 늦어도 9:30경 이전에는 사고소식을 들었다. 세월호 사고 직후인 8:52경부터 세월호 좌현이 완전히 침수된 10:20경까지 세월호 승객들에 퇴선지시만 하였다면 탑승자들을 모두 구조할 수 있었고, 10:20경부터 잠수부 투입과 공기 주입 등으로 세월호 선실에 갇힌 승객들을 구조할 가능성도 있었다. 그러나 세월호가 전복되기까지 현장에 출동했던 해경 123정, 구조헬기 3대(511호, 512호, 513호), 관공선 등은 소극적인 구조로 일관하여 해경 123정이 10:25경까지 79명, 해경 헬기가 13:35경까지 35명을 구조하는 데 그쳤고, 10시를 전후하여 관공선과 어선 30여 척이 58명의 생존자들을 구조하였을 뿐이었다. 세월호가 전복되어 침몰하는 과정은 TV로 생중계되어 온 국민이 지켜보고 있었다. 그런데 박 전 대통령이 국민 앞에 모습을 보인 것은 17:15경 중앙재난안전대책본부를 방문했을 때인데, 당시 상황보고를 받고 "구명조끼를 학생들은 입었다고 하는데 그렇게 발견하기가 힘듭니까?"라고 질문하여 세월호 승객들이 어떤 상태에 있는지조차 파악하지 못하고 있었다. 세월호 참사 당일 박 전 대통령은 청와대 본관 집무실에 출근하지 않았는데, 탄핵소추안이 의결되기까지도 세월호 사고 당일 어디서 무엇을 했는지 밝혀진 것이 없었다. 어떤 이유에서인지는 몰라도 박근혜 정부 하에서 세월호는 금기어가 되었고, 세월호를 추모하는 문화예술인들은 불이익을 받았으며, 세월호 사고를 조사하기 위한 국정조사, 감사원의 감사, 검찰의 수사는 축소되거나 왜곡되었다. 세월호 참사 특별조사위원회는 구성 단계에서부터 활동종료 때까지 극심한 방해를 받았다.

재난을 당하여 생명을 잃어가는 국민을 방치하고, 그 원인을 규명해 달라는 유족들을 외면한 박근혜 정부에 대한 국민의 분노는 촛불집회의 밑거름이 되었고, 박 전 대통령의 성실의무위반, 생명권 보호의무위반은 탄핵소추사유의 하나가 되었다.

3. 탄핵심판사건의 쟁점

가. 탄핵소추사유

(1) 탄핵심판의 심판대상(소송물)은 소추사유가 하나일 경우 '소추의결서에 기재된

소추사유에 기초하여 피소추자를 파면할지 여부', 즉 '소추사유가 파면할 만한 헌법 또는 법률위배'에 해당하는지 여부이고, 소추사유가 여럿일 경우에는 '소추의결서에 기재된 소추사유들을 종합하여 피소추자를 파면할지 여부', 즉 '모든 소추사유들을 종합할 때 파면할 만한 헌법 또는 법률위배'가 있다고 볼 것인지 여부이다. 또 소추사유 역시 추가 · 철회 · 변경이 가능하지만, 이를 위해서는 국회가 변론종결 전에 원래의 탄핵소추 발의 · 의결과 동일한 절차 및 방식을 거쳐 피소추자의 새로운 위헌 · 위법행위를 소추사유로 기재한 소추의결서를 소추위원으로 하여금 헌법재판소에 제출케 함으로써 소추사유를 추가할 수 있다. 만약 국회가 탄핵소추의 발의나 의결절차를 거치지 않고 단순한 의안채택의 형식으로 소추사유를 추가하는 것은 허용되지 않는다. 다만, 기존의 소추사유와 기본적 사실관계의 동일성이 인정되는 범위 내에서는, 형사소송법 제298조를 준용하여 소추위원이 별도의 국회절차 없이 소추사유를 추가할 수 있다.[6]

헌재는 노대통령에 대한 2004헌나1 사건에서 "심판의 대상은 대통령이 직무집행에 있어서 헌법이나 법률에 위반했는지의 여부 및 대통령에 대한 파면결정을 선고할 것인지의 여부이다. 헌법재판소는 사법기관으로서 원칙적으로 탄핵소추기관인 국회의 탄핵소추의결서에 기재된 소추사유에 의하여 구속을 받는다. 따라서 헌법재판소는 탄핵소추의결서에 기재되지 아니한 소추사유를 판단의 대상으로 삼을 수 없다. 그러나 탄핵소추의결서에서 그 위반을 주장하는 '법규정의 판단'에 관하여 헌법재판소는 원칙적으로 구속을 받지 않으므로, 청구인이 그 위반을 주장한 법규정 외에 다른 관련 법규정에 근거하여 탄핵의 원인이 된 사실관계를 판단할 수 있다. 또한, 헌법재판소는 소추사유의 판단에 있어서 국회의 탄핵소추의결서에서 분류된 소추사유의 체계에 의하여 구속을 받지 않으므로, 소추사유를 어떠한 연관관계에서 법적으로 고려할 것인가의 문제는 전적으로 헌법재판소의 판단에 달려있다."고 판시하였다.[7]

(2) 그런데 박근혜 탄핵심판사건의 소추사유는 다소 복잡하고, 중첩되어 있었다. 소추사유의 사실관계를 중심으로 소추사유를 재구성하면 다음과 같다.

1. 헌법 위배행위
   ① 최순실 국정농단 관련 부분
   - 박근혜 대통령은 공무상 비밀 내용을 담고 있는 각종 정책 및 인사 문건을 청와대 직원을 시켜 최순실에게 전달하여 누설하였다.
   - 최순실과 그의 친척이나 그와 친분이 있는 주변인 등이 비선실세로서 각종 국가정책 및 고위 공직 인사에 관여하거나 이들을 좌지우지하도록 하였다. 그 과정에서 국무위

6) 이상 주석 헌법재판소법, 673~675쪽 참조.
7) 헌법재판소 2004. 5. 14. 선고 2004헌나1 결정 참조.

원이 아닌 최순실에게 국무회의의 심의를 거쳐야 하는 사항을 미리 알려주고 심의에 영향력을 행사하도록 하였다.

• 이러한 과정을 통하여 박근혜 대통령은 최순실 등의 사익을 위하여 대통령의 권력을 남용하여 사기업들로 하여금 각 수십억 원에서 수백억 원을 갹출하도록 강요하고 사기업들이 최순실 등의 사업에 특혜를 주도록 강요하였다.

②-1 문화체육관광부 공무원 해임 관련 부분

• 박근혜 대통령은 청와대 간부들 및 문화체육관광부의 장, 차관 등을 최순실 등이 추천하거나 최순실 등을 비호하는 사람으로 임명하였다.
  - 예를 들어 김종덕 문화체육관광부장관(차은택의 대학원 지도교수), 김종 문화체육관광부 차관(최순실의 추천), '문고리 삼인방'(이재만, 정호성, 안봉근), 윤전추 3급 행정관(최순실의 헬스트레이너), 차은택 문화창조융합본부장, 김상률 교육문화수석(차은택의 외삼촌), 송성각 한국콘텐츠진흥원장(차은택의 지인) 등

• 박근혜 대통령은 이들이 최순실 등의 사익추구를 방조하거나 조장하도록 하였다.
  - 예를 들어 김종은 2013. 10.경 최순실의 추천으로 문화체육관광부 차관으로 임명되어 2016. 10. 30. 사퇴할 때까지 최순실 등의 체육계 인사 개입과 이권 장악을 도왔다. 김 전 차관은 문체부 산하 공기업 그랜드코리아레저(GKL)가 창단한 장애인 펜싱팀 대행업체로 더블루케이를 선정하도록 압박하고, 케이스포츠재단 설립 과정을 돕고, 더블루케이에 평창동계올림픽 관련 이권사업을 몰아주었다.

• 박근혜 대통령은 최순실 등의 사익추구에 방해될 문화체육관광부의 고위 공직자들을 자의적으로 해임시키거나 전보시켰다.
  - 예로는 2013. 4.경 최순실의 딸 정유라가 한국마사회컵 승마대회에서 우승을 못하자 청와대의 지시로 문화체육관광부가 승마협회를 조사·감사하였고, 그 결과가 흡족하지 않자 박근혜 대통령은 2013. 8.경 유진룡 문화체육관광부장관에게 동 조사·감사에 관여한 노태강 국장과 진재수 과장을 두고 '나쁜 사람'이라고 언급하고 경질을 사실상 지시하였고, 그 후 이들은 산하기관으로 좌천된 일을 들 수 있다.
  - 이와 관련하여 2014. 7.경 유진룡 장관이 갑자기 면직되었고, 그 후 2014. 10.경 김기춘 비서실장으로부터 문화체육관광부 김희범 차관에게 문화체육관광부 1급 공무원 6명의 일괄 사표를 받으라는 부당한 압력이 행사되었으며, 이들은 명예퇴직을 하게 되기도 하였다.

• 이와 같이 '국민전체에 대한 봉사자로서 신분이 보장되는' 공무원을 최순실 등의 '사익에 대한 봉사자'로 전락시키고 공무원의 신분을 자의적으로 박탈시킴으로써 직업공무원제도(헌법 제7조)의 본질적 내용을 침해하고, 대통령에게 부여된 공무원 임면권(헌법 제78조)을 남용하였다.

②-2 최순실에 대한 이권과 특혜 관련

• 박근혜 대통령은 애초에 최순실 등을 비호하기 위한 공무원 임면을 통하여 최순실 등이 문화체육관광부로부터 동계스포츠영재센터(최순실의 조카 장시호 운영)를 통하여 6억 7천만 원을, '늘품체조'(차은택 제작)로 3억 5천만 원의 예산지원을 받는 등 각종

이권과 특혜를 받도록 방조하거나 조장하였다.

- 이로써 "국가가 법집행을 함에 있어서 불평등한 대우를 하지 말아야 한다"는 평등원칙(헌법 제11조)을 위배하고 정부재정의 낭비를 초래하였다.

③ 사기업의 뇌물수수 및 최순실 특혜 강요, 사기업 임원 인사 개입

- 박근혜 대통령은 청와대 수석비서관 안종범 등을 통하여 최순실 등을 위하여 사기업에게 금품 출연을 강요하여 뇌물을 수수하거나 최순실 등에게 특혜를 주도록 강요하고, 사기업의 임원 인사에 간섭하였다.
- 이로써 '국민의 자유와 복리'를 증진하고 '기본적 인권을 보장할 의무'를 지니는 대통령이 오히려 기업의 재산권(헌법 제23조 제1항)과 개인의 직업선택의 자유(헌법 제15조)를 침해하고, 국가의 기본적 인권의 보장의무(헌법 제10조)를 저버리고, '개인과 기업의 경제상의 자유와 사적자치에 기초한' 시장경제질서(헌법 제119조 제1항)를 훼손하고, 대통령의 헌법수호 및 헌법준수의무(헌법 제66조 제2항, 제69조)를 위반하였다.

④ 언론의 자유 부분

- 최순실 등 '비선실세'의 국정농단과 이를 통한 사익 추구를 통제해야 할 박근혜 대통령 및 그 지휘·감독을 받는 대통령 비서실 간부들은 오히려 최순실 등 비선실세의 전횡을 보도한 언론을 탄압하고, 언론 사주에게 압력을 가해 신문사 사장을 퇴임하게 만들었다.
  - 일례로 세계일보는 2014. 11.경 "박근혜 대통령의 국회의원 시절 비서실장이자 최태민의 사위인 정윤회가 문고리 3인방을 포함한 청와대 안팎 인사 10명을 통해 각종 인사개입과 국정농단을 하고 있다"라며 '정윤회 문건'을 보도하였다. 이에 대하여 박근혜 대통령은 2014. 12. 1. 비정상적인 국정 운영이 이루어지고 있다는 보도내용의 사실 여부에 대해서는 언급이 없이 '기초적인 사실 확인조차 하지 않은 채 외부로 문건을 유출하게 된 것은 국기문란'이라면서 문건의 외부 유출 및 보도가 문제라는 취지로 발언하였다. 그 후 김기춘 비서실장은 2014. 12. 13. 문건 수사를 "조기 종결토록 지도하라"라고 김영한 전 민정수석비서관에게 지시하였고, 우병우 당시 민정비서관은 당시 문건 유출자로 지목받던 한일 전 경위에게 "자진출두해서 자백하면 불기소 편의를 봐줄 수 있다"라고 하였으며, 김상률 청와대 교육문화수석비서관은 2015. 1.경 세계일보 편집국장 한용걸을, 신성호 청와대 홍보특보는 세계일보 조한규 사장을 만나 세계일보의 추가 보도에 대하여 수습을 원하는 메시지를 전달하였다. 한편 그 무렵 청와대 고위 관계자는 세계일보의 사주인 통일교의 총재(한학자)에게 전화하여 조한규 사장의 해임을 요구하였고, 조한규 사장은 2016. 2.경 세계일보 사장에서 물러났으며, 세계일보는 그 후 추가 보도를 자제하였다.
- 이러한 청와대의 세계일보 보도 통제 및 언론사 사장 해임은 최순실 등의 비선실세에 대한 언론보도를 통제하고 다른 언론에도 위축효과를 가져온 것으로서, 박근혜 대통령과 최순실의 긴밀한 관계, 박근혜 대통령의 위 2014. 12. 1. 발언을 고려하면, 청와대의 세계일보 언론 탄압은 박근혜 대통령의 지시 혹은 묵인 하에서 벌어진 것이므로 박근혜 대통령은 언론의 자유(헌법 제21조 제1항) 및 직업의 자유(헌법 제15조)의 침해에 대한 책임이 있다.

⑤ 생명권 보장 조항 위배

- 세월호 참사가 발생한 당일 오전 8시 52분 소방본부에 최초 사고접수가 된 시점부터 당일 오전 10시 31분 세월호가 침몰하기까지 약 1시간 반 동안 국가적 재난과 위기상황을 수습해야 할 박근혜 대통령은 어디에도 보이지 않았다. 침몰 이후 한참이 지난 오후 5시 15분경에야 대통령은 재난안전대책본부에 나타나 "구명조끼를 학생들은 입었다고 하는데 그렇게 발견하기가 힘듭니까?"라고 말하여 전혀 상황파악을 하지 못하였음을 스스로 보여주었다. 대통령은 온 국민이 가슴 아파하고 눈물 흘리는 그 순간 국민의 생명과 안전을 책임지는 최고결정권자로서 세월호 참사의 경위나 피해상황, 피해규모, 구조진행상황을 전혀 인지하지 못하고 있었던 것이다.
- 그 후 박근혜 대통령은 국민들과 언론이 수차 이른바 '세월호 7시간' 동안의 행적에 대한 진실 규명을 요구하였지만 비협조와 은폐로 일관하며 헌법상 기본권인 국민의 알 권리를 침해해 왔다. 최근 청와대는 박대통령이 당일 오전 9시 53분경에 청와대 외교안보수석실로부터, 10시경에 국가안보실로부터 각 서면보고를 받았고, 오전 10시 15분과 10시 22분 두 차례에 걸쳐 국가안보실장에게 전화로 지시하였으며, 오전 10시 30분에는 해양경찰청장에게 전화로 지시하였다고 일방적으로 발표하였다. 그러나 이를 확인할 수 있는 근거자료는 전혀 제시하지 않았다. 만일 청와대의 주장이 사실이라 하더라도 대통령은 처음 보고를 받은 당일 오전 9시 53분 즉시 사태를 정확히 파악하고 동원 가능한 모든 수단과 방법을 사용하여 인명구조에 최선을 다했어야 한다. 또한 청와대 참모회의를 소집하고, 관계 장관 및 기관을 독려했어야 한다. 그러나 박근혜 대통령은 편면적인 서면보고만 받았을 뿐이지 대면보고조차 받지 않았고 현장 상황이 실시간 보도되고 있었음에도 방송 내용조차 인지하지 못했다.
- 결국 국가적 재난을 맞아 즉각적으로 국가의 총체적 역량을 집중 투입해야 할 위급한 상황에서 행정부 수반으로서 최고결정권자이자 책임자인 대통령이 아무런 역할을 수행하지 않은 것이다. 세월호 참사와 같은 국가재난상황에서 박대통령이 위와 같이 대응한 것은 사실상 국민의 생명과 안전을 보호하기 위한 적극적 조치를 취하지 않는 직무유기에 가깝다 할 것이고 이는 헌법 제10조에 의해서 보장되는 생명권 보호 의무를 위배한 것이다.

2. 법률 위배행위

⑥ 재단법인 미르, 재단법인 케이스포츠 설립·모금 관련 범죄

⑦ 롯데그룹 추가 출연금 관련 범죄

⑧ 케이디코퍼레이션 관련 특정범죄가중처벌등에관한법률위반(뇌물)죄, 직권남용권리행사방해죄, 강요죄

⑨ 플레이그라운드 관련 직권남용권리행사방해죄, 강요죄

⑩ 주식회사 포스코 관련 직권남용권리행사방해죄, 강요죄

⑪ 주식회사 케이티 관련 직권남용권리행사방해죄, 강요죄

⑫ 그랜드코리아레저 관련 직권남용권리행사방해죄, 강요죄

⑬ 문서 유출 및 공무상 취득한 비밀 누설 관련 범죄

(3) 위와 같이 의결된 소추사유는 13가지로 구성되어 있었는데, 헌재는 제1회 준비기일에서 13가지의 소추사유를 정리하여 5가지 유형으로 분류할 것을 제안하였고, 국회(탄핵심판절차에서는 청구인으로 불렸으므로 '청구인'이라고 하고, 박 전 대통령을 '피청구인'이라고 한다) 측은 소추사유를 5가지 유형으로 분류하였다.

① 비선조직에 따른 인치주의로 국민주권주의와 법치국가원칙 위배
- 공무상비밀누설 부분
- 최순실 등이 원하는 사람들을 고위 공무원으로 임명한 부분
- 최순실이 국정에 개입한 부분

② 대통령의 권한 남용
- 공무원 임면권 남용 부분
- 미르 및 케이스포츠재단 출연금 모금 부분
- 최순실 등(KD코퍼레이션, 플레이그라운드, 더블루케이 등)에 대한 특혜 제공 부분

③ 언론의 자유 침해 여부

④ 생명권 보호 의무 위반 여부

⑤ 뇌물수수 등 각종 형사법 위반

이후 5가지 유형에 대해 주장 및 증거제출이 이루어진 후 청구인 대리인은 2017. 2. 1. 제10회 변론기일에 뇌물수수 등 각종 형사법 위반 부분을 제외하고, 4가지 유형, 즉, '① 최순실 등 비선조직에 의한 국정농단에 따른 국민주권주의와 법치주의 위반, ② 대통령 권한 남용, ③ 언론의 자유 침해, ④ 생명권 보호의무와 직책성실의무 위반' 등으로 정리하였고, 헌재는 2016헌나1 결정문에서 '① 사인의 국정개입 허용과 대통령의 권한 남용 여부, ② 공무원 임면권 남용 여부, ③ 언론의 자유 침해 여부, ④ 생명권 보호의무 등 위반 여부'의 4가지 유형으로 정리하여 소추사유를 판단하였다.

(4) 탄핵소추는 특검의 수사가 시작되기 전, 최순실, 안종범, 정호성, 차은택, 송성각 등이 공소제기 된 시점에서 이루어졌기 때문에 소추사유는 이들에 대한 범죄사실을 기초로 구성되었다. 따라서 1기 특수본의 수사결과만 소추사유에 반영되고, 특검이 본격적으로 수사하기 시작한 부분(예를 들면 삼성그룹의 정유라 승마지원 부분)은 반영되지 않았으며, 헌재 역시 이 부분에 대해서는 심리하지 않았다.

나. 탄핵심판의 절차적 쟁점

(1) 피청구인 대리인이 2016. 12. 16.자 답변서에서 제기한 절차적 쟁점은 ① 탄핵

소추가 아무런 객관적 증거 없이 의결되었으므로 부적법하여 각하되어야 한다는 점, ② 국회의 국정조사와 특검 수사가 진행 중이므로 그 조사 및 수사결과에 근거하거나 적어도 법사위 자체의 조사절차(국회법 제130조 제1항)를 거친 후 국회 표결이 이루어졌어야 하는데, 이러한 절차 없이 탄핵소추가 의결되었고, 피청구인이 항변할 기회를 보장받지 못하였으므로 탄핵소추가 피청구인의 방어권(항변권)을 침해하였다는 점, ③ 피청구인이 검찰 수사에 응하지 않았다는 것을 이유로 하는 탄핵소추는 무죄추정의 원칙을 침해한 것이라는 점, ④ 낮은 지지율과 100만 명의 촛불집회로 국민의 탄핵의사가 분명해졌다는 사유로 이루어진 탄핵소추는 헌법 위반이라는 점 등이었다.

그런데 법무부는 2016. 12. 23.자로 "이 사건 탄핵심판은 2016. 12. 3. 제20대 국회 국회의원 171인이 법이 정하는 탄핵대상인 대통령에 대한 탄핵소추안을 발의한 후 2016. 12. 9. 재적의원 3분의 2를 넘는 234명으로 의결하여 같은 날 국회 소추위원이 법률이 요구하는 내용을 기재한 소추의결서 정본을 헌법재판소에 제출함으로써 개시되었는바, 적법 요건은 일응 갖추었다고 볼 것이다"라는 취지의 의견서를 제출하였다.

(2) 헌재는 제2회 준비기일에서 쟁점을 정리하면서 피청구인 측에 법무부도 절차적 위법이 없다는 의견서를 제출하였으니 절차적 위법 주장을 모두 철회할 것을 권유하였고, 피청구인 대리인이 이를 수용함으로써 절차적 위법 문제는 일응 다투지 않는 것으로 정리되었다.

(3) 그런데 2017년 1월 말경 피청구인 측 대리인으로 몇 명의 변호사가 추가 선임된 후 피청구인 측 대리인들은 2월 말까지 절차적 위법을 다시 쟁점화 하였다. 피청구인 측이 변론종결 전까지 제기했던 절차적 위법 사유는 다음과 같다.

① 소추사유의 특정 여부

- 탄핵심판절차에서도 공소사실 특정에 관한 형사소송법 제254조 제4항이 준용되므로 소추사유에 해당하는 사실을 구체적으로 특정하여야 하는데, 소추의결서에 기재된 소추사실은 그 일시, 장소, 방법, 행위태양 등이 특정되지 않은 채 추상적으로 기재되어 있으므로 부적법하다.
- 소추의결서에는 탄핵사유의 내용과 그에 적용된 헌법 위반 또는 법률 위반 조항이 모두 복합적으로 나열되어 있어서 소추사유가 무슨 법령 위반인지 특정할 수 없으므로 부적법하다.
- 청구인은 2017. 2. 1.자 준비서면에서 소추사유를 추가, 변경하였으므로 이 부분에 대한 국회의 소추의결이 없었으므로 심판대상이 될 수 없다.

② 국회 의결절차의 위법 여부

- 국회 스스로 탄핵소추안 의결에 필요한 증거를 수집하기 위해 국정조사와 특별검사에 의한 수사를 실시하기로 의결하도고 그 결과를 보지 않고 법제사법위원회의 조사절차

도 거치지 아니한 채 검찰의 공소장과 의혹 보도 수준의 신문기사만을 증거로 탄핵소추안을 의결한 것은 위법하다.

- 소추의결은 아무런 토론 없이 진행되었으므로 부적법하다.
- 탄핵사유는 개별 사유별로 독립된 탄핵사유가 되는 것이므로 각각의 탄핵사유에 대하여 별도로 의결절차를 거쳐야 하는데, 국회가 여러 개 탄핵사유 전체에 대하여 일괄하여 의결한 것은 헌법에 위배된다.
- 국회가 탄핵소추를 의결하면서 피청구인에게 혐의사실을 알려주지 않고 의견 제출의 기회도 주지 않았으므로 적법절차원칙에 위반된다.

③ 8명 재판관에 의한 탄핵심판 결정 가부

- 재판관 1명이 결원된 상태에서 헌법재판소법 제23조에 따라 사건을 심리할 수는 있지만, 8명의 재판관만으로는 탄핵심판 여부에 대한 결정을 할 수 없고, 8명의 재판관이 결정을 하는 것은 피청구인의 '9명으로 구성된 재판부로부터 공정한 재판을 받을 권리'를 침해하는 것이다.

(4) 피청구인 대리인이 제기한 절차적 쟁점 중 소추사유의 불특정 문제와 국회의 의결절차 위법 문제 등은 이미 노대통령에 대한 2004헌나1 결정에서 헌재가 받아들이지 않았던 주장을 되풀이하는 것이었다.

다만 8명의 재판관에 의한 탄핵심판 결정이 부적법하다는 주장은 새로운 것이었는데, 피청구인 대리인은 2017년 1월 말 이후 이 주장을 반복하였다. 2017. 1. 31. 박한철 헌재소장이 퇴임하면서 8명의 재판관으로 재판부를 구성할 수밖에 없게 되었다. 대통령에 대한 탄핵소추가 의결되면 헌법 제65조 제3항에 따라 대통령의 권한행사가 정지되는데, 헌재 소장이 임기 만료로 퇴임하여 공석이 발생한 상황에서 대통령 권한대행인 국무총리가 헌재 소장을 임명할 수 있는지 여부에 대해 국회에서도 견해의 대립이 있었고, 당시는 소극설에 따라 헌재 소장 임명절차가 전혀 진행되지 않고 있었다. 따라서 8명의 재판관에 의한 탄핵심판 결정이 부적법하다는 주장은 헌재 소장의 공석을 메울 현실적인 방법이 전혀 없는 상황에서 무작정 헌정위기 상황을 연장하고, 피청구인에 대한 탄핵심판 선고를 미루자는 것에 불과했다.

다. 실질적 쟁점

(1) 피청구인이 제기한 절차적 주장은 형식적인 것에 불과했고, 실제 탄핵심판사건의 진행방향과 결론까지 좌우할 실질적인 쟁점은 다음과 같았다.

(2) 먼저, 탄핵의 요건은 직무집행에 있어서 헌법이나 법률 위배가 있는지, 그 헌법이나 법률 위배가 국민의 신임을 배반한 것으로 평가할 정도로 중대한지 여부이다. 탄핵심판절차 역시 변론주의가 적용되는 재판절차이므로 직무집행에 있어서 헌법이나 법

률 위배가 있는지는 청구인 측이 입증해야 했다. 최순실 등 비선조직에 의한 국정농단에 따른 국민주권주의와 법치주의 위반, 대통령 권한 남용 부분은 1기 특수본의 수사기록(최순실, 안종범, 정호성, 차은택, 송성각에 대한 증거기록)이 있었으므로, 서울중앙지검에서 수사기록을 신속하게 송부 받으면 해결될 문제였다. 다만, 그 중에서도 대통령의 공무원 임면권 남용 부분은 충분한 수사가 이루어지지 않았을 가능성이 컸다.

헌법재판소법 제32조는 "재판부는 결정으로 다른 국가기관 또는 공공단체의 기관에 심판에 필요한 사실을 조회하거나, 기록의 송부나 자료의 제출을 요구할 수 있다. 다만, 재판·소추 또는 범죄수사가 진행 중인 사건의 기록에 대하여는 송부를 요구할 수 없다"고 규정하고 있는데, 이 단서 규정이 문제될 수 있었지만, 종전 헌재 사건(예를 들면 통진당 해산사건 등)에서 이미 검찰 또는 법원은 재판·수사 중인 사건의 기록을 헌재로 송부한 전례가 있었기 때문에 큰 문제가 되지는 않았다.

더 큰 문제는 언론의 자유 침해 부분과 생명권 보호의무 위반 부분이었다. 언론의 자유 침해 부분은 이에 대한 조사나 수사가 없었기 때문에 간접정황과 증인의 증언으로 입증할 수밖에 없었다. 세월호 참사 부분은 세월호 선원 및 해경에 대한 형사사건기록, 감사원의 감사결과, 국회의 조사결과 등이 있었고, 이미 기자들과 유족들에 의해 방대한 자료가 정리 되어 있었다. 그러나 많은 자료에도 불구하고 세월호 참사의 책임을 피청구인의 헌법 및 법률위반에 기인한 것으로 규명하기에는 결정적인 것이 부족했다. 세월호 참사의 책임을 대통령에게 물을 수 있다면, 법령상 직접적인 지휘책임 선상에 있는 해수부장관이나 안행부장관, 국가안보실장, 해경청장 등의 책임도 물을 수 있어야 하는데, 이 사건으로 책임을 진 사람은 현장지휘책임자인 김경일 해경 123정장 등에 불과했다. 김장수 국가안보실장은 주중대사로 영전되었고, 김규현 국가안보실 위기관리센터장은 청와대 외교안보수석으로 재임하는 상황이었다. 즉, 세월호 참사에 대한 조사나 수사가 진행되었더라도 조사가 제대로 이루어지지 않았거나 조사결과가 축소·왜곡 되었고, 수사의 초점 자체가 상급 지휘자에 대한 책임을 물을 수 있는 것이 아니었다. 이것은 그 만큼 세월호 참사에 대한 조사나 수사가 부실했다는 것을 의미했다.

가장 결정적인 것은 피청구인이 세월호 침몰 당시 무엇을 했는지 밝혀진 것이 없었다는 점이었다. 피청구인 스스로 밝히지 않는다면 직무유기의 문제로 접근할 수밖에 없는데, 그것은 간단한 것이 아니었다. 만약 세월호 참사에 대한 피청구인의 책임을 탄핵심판절차에서도 규명하지 못한다면 또 다른 면죄부를 주는 것이 아닌지 하는 걱정이 큰 걱정거리의 하나였다.

(3) 두 번째 큰 쟁점은 탄핵심판절차에 적용될 증거법의 문제였다. 헌법재판소법 제40조 제1항은 "헌법재판소의 심판절차에 관하여는 이 법에 특별한 규정이 있는 경우를 제외하고는 헌법재판의 성질에 반하지 아니하는 한도에서 민사소송에 관한 법령을 준

용한다. 이 경우 탄핵심판의 경우에는 형사소송에 관한 법령을 준용하고, 권한쟁의심판 및 헌법소원심판의 경우에는 「행정소송법」을 함께 준용한다"고 규정하였다. 이에 대해 「주석 헌법재판소법」은 "탄핵심판절차에는 모든 재판절차에 보편적인 요소, 헌법재판절차에 공통적인 요소, 형사재판적 요소, 징계절차적 요소가 혼재되어 있다. 따라서 탄핵심판이라는 헌법재판제도의 의의와 기능을 잘 살려나가기 위해서는 상이한 여러 절차적 요소들을 적절히 배분하고 조화시키는 것이 중요하다. 다만, 형사소송에 관한 법령을 우선적으로 준용하도록 한 입법의 취지(법 제40조), 탄핵심판절차는 피소추자를 공직에서 파면하는 중대한 결과를 초래하는 절차라는 점, 형사소송절차를 통하여 소추사실을 밝히는 것이 피소추자의 절차적 기본권을 충실히 보장하게 된다는 점에 비추어 볼 때 1차적으로 형사소송에 관한 법리를 적용하는 것이 원칙이라 할 것이다. 특히 증거조사절차와 증거법칙은 특별한 사정이 없는 한 형사소송에 관한 법령을 적용함이 옳을 것이다"라고 기재하고 있었다. 연혁적으로 헌법재판소법의 전신인 구 탄핵재판소법(1950. 2. 21. 법률 제101호) 제18조는 "탄핵재판소는 탄핵의 소추를 받은 자를 소환하여 신문할 수 있다. 전항의 경우에는 형사소송에 관한 법령의 규정을 준용한다", 제19조는 "증거에 관하여는 형사소송에 관한 법령의 규정을 준용한다"고 규정하고 있었다.

한편, 노대통령에 대한 2004헌나1 사건에서는 피청구인 측이 청구인 측 증거에 대해 모두 동의를 하였기 때문에 증거법칙이 특별히 쟁점이 되지 않아, 탄핵심판절차의 증거법칙에 대해서는 선례가 없는 셈이었다.

만약 탄핵심판절차에 전문법칙이 그대로 적용된다면, 3만 2천 쪽에 달하는 서울중앙지검의 수사기록에 대해 피청구인 측이 부동의로 답변하는 경우 그 작성자와 진술자를 증인으로 신문하는 데에만 수개월이 걸릴 수밖에 없었다. 2016. 11. 20. 공소가 제기된 최순실에 대한 서울중앙지법의 형사재판이 2017. 10.경 현재까지도 종결되지 않고 있는 것을 보면 전문법칙의 적용은 그 자체로 탄핵심판의 거부를 의미했다.

탄핵심판절차의 증거법에 대한 청구인 측 논리는 "탄핵심판절차와 형사소송절차는 구별되어야 한다"는 탄핵심판의 특수성론과 신속한 재판론이었다.

"헌법 제65조 제1항과 헌법재판소법 제48조는 탄핵의 사유를 '그 직무집행에 있어서 헌법이나 법률을 위반한 경우'라고 하여 포괄적으로 규정하고 있는데, 헌법재판소는 '헌법이나 법률을 위반한 경우'에 불문헌법과 국제조약, 국제법규 등을 포함하는 것으로 해석하고 있다. 따라서 탄핵사유는 대통령직을 계속하기 어려운 중대한 헌법・법률위반 행위로 충분하고, 탄핵사유가 반드시 형사상 범죄이어야만 하는 것은 아니므로, 탄핵심판절차에서 형사소송법의 전문법칙 규정을 당연히 준용하여야 하는 것은 아니다."

다음, 전문법칙을 필요로 하는 형사소송절차와 탄핵심판절차의 차이점을 강조하였다. "형사소송은 무죄추정의 원칙이 적용되기 때문에 재판부의 예단을 배제하여야 하고, 이를 위해 형사소송규칙은 법원에 예단이 생기게 할 수 있는 서류 기타 물건을 '첨부'하거나 그 내용을 '인용'하여서는 안 된다고 규정하고 있으나(형사소송규칙 제118조 제2항), 탄핵절차는 피청구인에 대한 징계절차가 아니라 헌법수호의 절차이므로 무죄추정의 원칙이 적용될 이유가 없고, 탄핵심판에 이르게 되는 정치·사회적 사정이 이미 성숙된 상태이므로 재판관의 예단을 배제하는 절차가 불필요하며, 그런 이유로 헌법재판소법 제26조는 청구서에 '증거서류' 또는 '참고자료'를 첨부하여 제출할 수 있도록 하고 있다. 또한 헌법재판소법 제32조는 제31조의 '증거조사'와 별개로 '자료조사'를 규정하고 있다. 더구나 헌법재판소법 제32조는 제출된 자료에 대한 별도의 증거조사에 관하여 규정하고 있지 않고, 헌법재판소법 제26조는 증거조사를 하지 않아도 되는 참고자료가 재판의 자료가 될 수 있음을 긍정하고 있으므로, 헌법재판소법 제32조에 의하여 획득된 자료에 대한 증거조사절차를 거칠 필요 없다. 나아가 형사소송법은 유죄판결에 증거의 요지를 명시하도록 규정하고 있지만(형사소송법 제323조 제1항), 헌법재판소법은 탄핵결정문에 주문과 이유만 설시하도록 규정하고 있고, 증거의 요지를 명시할 필요가 없다(헌법재판소법 제36조 제1, 2항)."

마지막으로 신속한 절차진행의 필요성을 강조하였다. "탄핵심판절차에 전문법칙을 엄격하게 적용하면, 절차진행이 매우 지연되는데, 이는 국민의 열망에도 배치된다. 조속한 결정으로 정치·경제적 불확실성을 하루빨리 제거하여 국정 정상화가 이루어지도록, 절차진행속도를 지연시키는 전문법칙의 엄격한 적용을 지양하여야 한다."

탄핵심판절차의 증거법칙에 대해 헌재는 2017. 1. 17. 제6회 변론기일에서 기본원칙을 밝히고 증거채부결정을 하였다. 먼저, 증거 동의한 서증은 전부 채택하였다. 언론보도에 대해서 피청구인이 부동의 할 뜻을 밝히자 언론보도는 보도의 내용이 증명력을 가지는 것이 아니라 해당 일시에 그러한 내용의 보도가 있었다는 점에 대해서만 증명력을 가지고, 그런 의미에서 증거로 채택할 뜻을 밝히기도 하였다. 증거로 사용함에 동의하지 않는 조서의 경우 먼저 헌재는 형사재판과 구별되는 탄핵심판의 성질상 피의자신문조서와 진술조서가 차이가 난다고 보지 않았다. 수사기관이 작성한 조서의 경우 민사소송법에 따라 공문서로서 당연히 증거능력이 인정된다고 할 수는 없으나, 그렇다고 형사소송법과 같이 진정성립을 인정하기 위해 원진술자의 증언이 반드시 필요한 것도 아니라고 하면서, 진술과정 전부를 영상녹화한 조서, 진술과정에 변호인이 입회하고 변호인이 진술과정에 아무런 문제가 없음을 확인한 조서는 그 적법성이 담보된 것으로 보아 증거로 채택하였다. 다음, 수사보고서는 원칙적으로 증거로 채택하지 않지만, 수사보고서에 첨부된 공문서(예, 법인등기부등본, 공적 활동을 기록한 보고서 등)는 증거로 채택하였다. 압수조서에 대해서는 어느 장소에서 어떤 물건이 압수되었다는 점에 대해서만 증거로 채택하였고, 태블릿PC에 관한 수사목록은 모두 증거로 채택하지 않았다. 대통령 순방에 관한 기록도 증거로 채택하였다.

이러한 기준에 따라, 변호인이 입회하였지만 진술의 임의성에 대하여 이의를 제기한 최순실의 피의자신문조서는 증거로 채택되지 않았고, 변호인이 입회하였거나 영상녹화가 되었던 안종범, 이승철, 차은택, 송성각, 김종, 정호성 등에 대한 조서는 모두 증거로 채택되었다. 한편, 안종범의 업무수첩은 원칙적으로 증거로 채택하지 않았지만, 안종범이 탄핵사건 법정에 증인으로 출석하여 진정성립을 인정한 수첩 사본 부분(결국 안종범의 피의자신문조서에 반영된 부분과 대동소이하였다)은 증거로 채택하였다.

헌재는 공문서의 진정성립을 추정하는 민사소송법의 증거법칙을 따르지 않았고, 그렇다고 형사소송법의 전문법칙을 적용한 것도 아니라, 탄핵심판 고유의 증거법칙을 제시한 셈이었다. 그것은 먼저 수사과정에서 작성된 증거서류의 경우 그 작성과정이 적법(임의성, 형식적 진성성립, 실질적 진정성립 등을 포함)하다는 점이 객관적으로 담보되는 경우에는 원진술자에 의해 주관적으로 진정성립이 인정되지 않더라도 증거로 사용할 수 있다는 것이었는데, 적법성 담보의 방법은 진술과정의 영상녹화나 변호인의 조사 참여였다. 다음, 수사과정 이외에서 작성된 증거서류의 경우 그것이 수사과정과 무관하게 공무원이 공무수행과정에서 작성된 공문서인 경우에는 원칙적으로 증거능력을 인정하였다.

헌재가 증거채부 기준을 제시하자 대리인들은 청구인 측과 피청구인 측을 불문하고 큰 동요를 보이면서 급하게 유·불리를 따지느라 분주했다. 청구인 측은 헌재가 증거로 채택하지 않은 증거서류 중에 일반 사기업이 업무상 작성한 문건의 경우 형사소송법 제315조를 적용하더라도 당연히 증거능력이 있는데, 이를 배척하는 것은 부당하다는 생각이었다. 피청구인 측은 전문법칙 자체가 적용되지 않고, 중요한 조서들이 증거로 채택되는 것에 적지 않게 당황하였다. 헌재의 기준은 탄핵심판의 특수성을 적극 고려한, 타당한 결론이었다.

이 증거채부 기준이 적용되자, 증인들의 출석 여부와 관계없이 영상녹화가 되었거나 변호인이 입회한 조서는 증거로 채택될 수 있었고, 반대로 영상녹화나 변호인 입회가 없는 상태에서 조서가 작성된 사람 중 꼭 필요한 사람을 증인으로 불러야 하는 상황이 되었다. 결과적으로 헌재의 기준은 신속한 탄핵심판의 이상에 부합하는 것이었다. 이로써 탄핵심판은 가장 큰 산 하나를 넘게 되었다.

4. 심판의 진행

가. 개 관

- 2016. 12. 09. 소추의결서 접수
- 2016. 12. 09. 주심 강일원 재판관 지정
- 2016. 12. 10. 헌재 재판관 회의, 준비재판부 구성
  (준비재판부 재판장 이정미, 이진성, 강일원 재판관)
- 2016. 12. 14. 준비절차 회부
- 2016. 12. 15. 준비명령
- 2016. 12. 22. 1회 변론준비기일: 탄핵소추사유를 5가지 유형으로 정리
- 2016. 12. 23. 법무부 의견서 제출
- 2016. 12. 26. 서울중앙지검, 1기 특수본 수사기록 송부
- 2016. 12. 27. 2회 변론준비기일
- 2016. 12. 30. 3회 변론준비기일
- 2017. 01. 03. 1회 변론기일: 피청구인 불출석
- 2017. 01. 05. 2회 변론기일: 윤전추 증인신문
- 2017. 01. 10. 3회 변론기일:
- 2017. 01. 12. 4회 변론기일: 이영선, 류희인, 조한규, 조현일 증인신문
- 2017. 01. 16. 5회 변론기일: 최순실, 안종범 증인신문
- 2017. 01. 17. 6회 변론기일: 수사기록 중 일부 조서 증거채택(증거채택기준 결정)
- 2017. 01. 19. 7회 변론기일: 김상률, 정호성 증인신문
- 2017. 01. 23. 8회 변론기일: 김종, 차은택, 이승철 증인신문
- 2017. 01. 25. 9회 변론기일: 유진룡 증인신문
- 2017. 01. 31. 박한철 소장 퇴임
- 2017. 02. 01. 10회 변론기일: 김규현, 유민봉, 모철민 증인신문
- 2017. 02. 07. 11회 변론기일: 정현식, 김종덕 증인신문
- 2017. 02. 09. 12회 변론기일: 조성민, 문형표, 노승일, 박헌영 증인신문
- 2017. 02. 14. 13회 변론기일: 이기우 증인신문, 고영태 · 김수현 대화 녹취록 증거채택
- 2017. 02. 16. 14회 변론기일: 정동춘 증인신문
- 2017. 02. 20. 15회 변론기일: 방기선 증인신문
- 2017. 02. 22. 16회 변론기일: 안종범 증인신문, 대통령 측 강일원 재판관 기피신청
- 2017. 02. 27. 17회 변론기일: 피청구인 불출석, 최종변론
- 2017. 03. 10. 선고

(1) 헌재는 2017. 2. 27. 변론이 종결될 때까지 3차례의 준비기일과 17차례의 변론기일을 진행하였다. 청구인 측 서증은 갑 제1호증부터 제174호증까지, 피청구인 측 서증은 을 제1호증부터 제60호증까지 제출되었다. 증인은 청구인과 피청구인 측이 함께 신청한 증인 3명(최순실, 안종범, 정호성), 청구인 측 증인 9명(윤전추, 이영선, 류희인, 조현일, 조한규, 유진룡, 정현식, 박헌영, 노승일), 피청구인 측 증인 14명(김상률, 김종, 차은택, 이승철, 김규현, 유민봉, 모철민, 김종덕, 조성민, 문형표, 이기우, 정동춘, 방기선, 안종범) 등이 출석하여 증인신문을 마쳤다. 이재만, 안봉근, 김기춘, 고영태, 류상영, 김형수, 김홍탁, 이성한, 김수현, 김영수, 최상목 등은 증인채택이 되었으나, 소환장이 송달되지 않거나 소환장을 송달받고 불출석하여 증거결정이 취소되었다. 그 밖에 직권에 의한 1건, 청구인 측 1건, 피청구인 측 17건 등 19건의 사실조회를 하여 70개 기관과 기업으로부터 조회결과를 받았다.

(2) 소추위원은 권성동 법제사법위원장이었고, 소추위원단은 더불어민주당 이춘석, 박범계, 박주민 의원, 국민의당 김관영, 손금주 의원, 정의당 이정미 의원 등으로 구성되었다. 청구인 측 대리인은 황정근, 김봉준, 신미용, 이명웅, 임종욱, 최규진, 최지혜, 한수정 변호사, 법무법인 거산(문상식), 법무법인 공존(전종민, 탁경국), 법무법인 도시(이금규), 법무법인 만아(김현수, 김훈), 법무법인 엘케이비앤파트너스(이용구, 김현권) 등이었다. 황정근 변호사가 대리인단을 총괄하였고, 이명웅, 신미용 변호사는 헌법연구관 출신으로 헌법소송에 전문성을 발휘하였으며, 문상식, 이금규, 김현수 변호사는 검사 출신으로 수사기록 검토 및 분석 등을 담당하였다. 필자와 전종민 변호사는 판사 출신이었다.

피청구인 측 대리인은 이중환, 구상진, 김평우, 서성건, 이상용, 위재민, 유영하, 장창호, 정기승, 정장현, 채명성, 최근서 변호사, 법무법인 율전(이동흡, 전병관, 배진혁), 법무법인 범무(조원룡), 법무법인 신촌(송재원), 법무법인 에이치스(황성욱), 법무법인 정론(손범규), 영남 법무법인(서석구) 등이었다. 구상진, 김평우, 유영하, 정기승, 이동흡 변호사 등은 재판 중반 이후에 선임계를 제출하였다.

(3) 심판과정은 크게 세 시기로 구분할 수 있는데, 첫 번째 시기는 2017. 12. 22. 제1회 준비기일부터 2017. 1. 17. 제6회 변론기일까지로, 수사기록에 대한 증거결정이 있었던 시기였다. 이 시기에는 최순실, 안종범에 대한 증인신문이 있었다.

두 번째 시기는 2017. 1. 19. 제7회 변론기일부터 2017. 2. 7. 제7회 변론기일까지였다. 이 시기에는 박한철 헌재소장이 2017. 1. 31. 퇴임함에 따라 2017. 2 1. 이정미 재판관이 헌재소장 권한대행이 되었고, 무엇보다도 헌재가 2017. 2. 1. '미르 · 케이스포츠재단의 설립 경위 및 국정운영에 최순실의 도움을 받은 구체적 사실관계를 설명할 것'을 요구함에 따라 피청구인이 본인의 명의로 2017. 2. 3. 의견서를 제출하였다. 그 의견서는 기존 대리인들의 의견서와 같은 취지로 소추사유를 전면 부인하는 것이었다. 이

시기에는 주요증인으로 정호성, 김종, 차은택, 이승철, 유진룡에 대한 증인신문이 있었다.

마지막 시기는 2017. 2. 9. 제12회 변론기일부터 2017. 2. 27. 제17회 변론기일까지였다. 이제 주요증인에 대한 증인신문도 종료되었고, 더 이상 새로운 사실관계도 드러날 것이 없었기 때문에 심리는 전체적으로 느슨해질 수밖에 없었다. 이런 상황에서 피청구인 측은 무더기로 증인신청을 했는데, 그것은 대부분 재판의 지연을 꾀하기 위한 것이었다. 설령 피청구인 측 증인이 출석하더라도 신문사항은 전혀 새로운 것이 없이 기존에 나왔던 질문을 반복하거나 소추사유와는 관계가 먼 사실관계를 묻는 것이었다. 문제는 불필요한 증인들이었음에도 헌재가 피청구인 측 증인들을 채택하여 변론기일을 계속 추가 지정하고 있었던 것에 있었다. 이성한, 김수현, 김영수, 최상목, 방기선 등이 증인으로 채택되었는데, 기왕에 증인으로 채택한 고영태, 류상영, 박헌영, 노승일, 안봉근, 김기춘, 이기우 등에 대한 증인신문도 남아 있었다. 2월 초 이렇게 증인 채택이 되면서 변론기일이 2월 22일까지 지정되게 되었다. 이정미 헌재 소장 권한대행의 임기가 2017. 3. 13.까지였기 때문에 3월 13일을 넘기게 되면 재판관이 7명밖에 없게 되고, 탄핵결정이 인용되기 위해서는 7명 중에 6명이 다수의견을 구성해야 했다. 그러나 당시 상황에서 과연 6명이 탄핵인용의견을 낼 것인지 장담할 수 없었기 때문에 무슨 일이 있어도 3월 13일 이전에 선고가 이루어져야 했다. 또 3월 13일이 퇴임일인데, 이날 이정미 헌재 소장 권한대행이 오전에 결정을 선고하고, 퇴임식을 하는 것도 적절하지 않았다. 따라서 늦어도 3월 10일에는 선고가 있어야 하고, 그러기 위해서는 변론종결 후 평의기간을 고려하여 그보다 2주 전인 2월 24일에는 변론이 종결되어야 했다. 그런데 헌재는 2017. 2. 7. 제11회 변론기일에 2월 22일까지 증인신문기일을 잡으면서 정작 변론종결일에 대해서는 아무런 언급이 없었고, 이런 상황은 2월 9일 제12회 변론기일, 2월 14일 제13회 변론기일까지 계속되었다. 청구인 측 대리인들로서는 속이 시커멓게 타들어가는 시기였다. 이때 채택된 증인들은 대부분 피청구인 측이 신청한 증인들이었고, 특히 마지막 2월 22일 신문할 것으로 예정된 증인은 최순실, 안종범이었다. 만약 피청구인 측 증인이 기일에 불출석하고, 이런저런 이유로 다시 기일을 잡는 경우 2월 24일을 넘어서 3월에 들어가서야 변론이 종결될 우려도 있었다. 또 당시 고영태, 김수현 등이 자기들의 전화대화를 녹음한 녹취파일과 녹취록 일부가 서울중앙지검에서 송부되어 왔는데, 그 녹취파일 일부에는 최순실의 권력을 이용하여 고영태, 김수현 등이 한몫을 잡으려고 했고, 김수현 등이 김종 차관으로부터 문체부 공문서를 직접 받아서 이권을 챙기려고 한 정황이 있었다. 고영태, 김수현 등의 대화는 최순실이 비선실세였다는 것을 대전제로 하고 있음에도, 피청구인 측 대리인은 이것을 빌미로 고영태, 김수현 등이 최순실을 이용했다고 주장하면서, 최순실의 국정농단이 아니라 고영태 등의 이권개입이 사태의 본질이라는 취지로 주장하고, 녹취파일에 대한 검증신청을 하고 있었다. 청구인 측 대리인은 문제의 녹취파일을 모두 들은 후 오히려 소추사유의 입증에 유리한 정황이 많이 있고, 녹취파일에 대한 부동의 자체가 절차 지연을 가져올 수 있다고 보아 모두 증거에 동의하였다. 또 헌재가 다행히도 피청구인 측의 녹취파일 검증신청을 기각하여 큰 문제가 발생하지는 않았지만, 그 밖에도 기일을 지연시킬 요인은 충분히 많았다. 특히, 헌법재판소법에 따르면, 변론종결일에 피청구인 본인이 출석할 수도 있는데, 피청구인의 출석은 헌재로서도 간단한 일이 아니었고, 피청구인의 진술 준비 등을 이유로 변론종결일의 변경을 구하는 경우 헌재로서는 불가피하게 변론종결일을 변경할 수밖에 없을 것이라고 예상되기도 하였다.

마침내 헌재는 2017. 2. 16. 제14회 변론기일에서야 2월 24일 변론을 종결할 예정임을 밝혔다. 이 변론종결일에 대해 피청구인 측은 최후변론의 준비 부족 등을 이유로 변경할 것을 강력하게 요구하였고, 결국 재판관회의를 거쳐 최종적으로 변론종결일이 2월 27일로 결정되었다. 헌재의 관행은 변론종결일에 선고기일을 지정하지 않는 것이었다. 통상 변론종결 후 2주일 정도 후의 날로 선고기일이 지정되어 왔지만, 그것은 반드시 그렇게 정해진 것은 아니었다. 따라서 2월 24일 변론이 종결된다는 것은 2월 28일 선고가 될 수도 있다는 것을 의미했다. 문제는 박영수 특검의 수사종료일이 2월 28일이었기 때문에 2월 28일 탄핵이 선고되고 대통령직을 잃게 되면, 그 날 박영수 특검에 의하여 소환될 가능성을 완전히 배제할 수 없었다. 피청구인 측 대리인들은 이런 상황을 피하고 싶었을 것이다. 2월 27일 변론이 종결되면, 변론종결 하루 만에 선고를 하는 것은 물리적으로 불가능했다. 반대로 변론종결일을 아예 2월 28일 이후인 3월 2일 등으로 잡을 수도 있었겠지만, 그것은 3월 10일까지 선고를 못하게 될 수도 있었기 때문에 결국 타협점은 2월 27일 변론종결일이 되는 것이었다.

이러한 것들이 탄핵심판이 진행되면서 해결되어야 했던 큰 쟁점들이었다. 다음은 기일별로 세세한 것들을 소개할 차례다.

나. 변론준비기일(제1회~제3회)

(1) 제1회 변론준비기일(2016. 12. 22. 14시)

변론준비기일은 헌재의 소법정에서 열렸다. 탄핵소추가 되고 나서 첫 재판이기 때문에 온 국민의 관심이 집중된 가운데 열리는 변론준비기일이었다. 비교적 작은 소법정의 방청석이 가득 찼고, 좌석을 확보하지 못한 사람들은 헌재 지하 대강당에서 중계되는 화면을 보아야했다.

청구인 대리인은 제1회 준비기일이 열리기 전에 신속한 재판을 위해 소추의결서에 첨부된 서증을 증거로 신청하였고, 서울중앙지검에 최순실, 안종범, 정호성 등의 수사기록에 대한 문서송부촉탁을 신청하였다.

헌재는 변론준비를 이정미, 이진성 재판관과 주심재판관인 강일원 재판관으로 구성된 준비재판부로 하여금 진행하게 하였는데, 제1회 준비기일은 재판부 고지사항 고지(이정미 재판관), 쟁점정리(강일원 재판관), 증거정리(이진성 재판관)의 순으로 진행되었다. 먼저, 이정미 재판관은 청구인이 한 서울중앙지검에 대한 문서송부촉탁신청에 대해, 문서송부촉탁은 헌법 제113조 제2항, 헌법재판소법 제10조 제1항, 제40조 제1항, 형사소송법 제272조, 형사소송규칙 제132조의 4 규정에 따른 것으로, 헌법재판소법 제32조 단서의 위반 문제는 발생하지 않는다고 하면서 피청구인 측의 이의신청을 기각하였다.

이어서 강일원 재판관은 소추사유를 5가지 유형으로 구분하여 심리할 예정임을 고지하였고, 탄핵심판절차도 당사자주의와 변론주의가 기본이므로 전면적 직권탐지주의에 따른 절차 운용은 바람직하지 않지만, 신속한 심리를 위해 직권주의 요소를 강화하겠다고 밝혔다.

이진성 재판관은 쌍방이 공통으로 신청한 최순실, 안종범, 정호성 3명을 증인으로 채택하였다. 첫 재판이라서 그랬는지 준비재판부의 진행은 매우 매끄럽고 또 단호했다. 무엇보다도 신속한 재판을 하겠다는 의지가 분명했다.

이날의 압권은 이진성 재판관의 석명이었다. 이진성 재판관은 소추사유 중 생명권 보장과 관련하여 세월호 참사 당일 피청구인의 행적에 관한 사실관계를 보강할 필요가 있으므로 피청구인이 문제의 7시간 동안 청와대 어디에 있었고, 구체적으로 무슨 업무를 보았는데, 언제 어떤 보고를 받았고, 어떤 지시를 하였는지를 분 단위로 밝히고, 관련 자료가 있으면 제출할 것을 피청구인 측에 명하였다. 세월호 참사로 사망하거나 실종한 304명의 희생자가 탄핵 법정에 함께 하는 듯했고, 그것을 이진성 재판관도 인식한다는 느낌이 들었다. 이진성 재판관의 석명사항을 들은 직후 세월호가 바다 위로 솟아오르는 모습이 그려졌다.

(2) 제2회 변론준비기일(2016. 12. 27. 14시)

서울중앙지검은 청구인 측이 송부촉탁을 신청한 수사기록 중 최순실, 안종범에 대한 수사기록(A4 용지, 3만 2천 쪽 분량)을 헌재로 송부하였고, 청구인 측은 수사기록 목록을 기초로 증거신청을 하였다. 당시까지 최순실, 안종범 수사기록은 서울중앙지검, 특검, 최순실, 안종범의 변호인 정도만 열람하는 정도였는데, 이제 헌재 재판관, 관련 연구관, 청구인 측 대리인과 피청구인 측 대리인이 볼 수 있는 상태가 되었으니 당연히 수사기록에 대한 비밀유지가 문제될 수밖에 없었다. 재판부는 수사기록의 남용 문제를 언급하면서 비밀을 유지할 것을 당부하였고, 소추위원은 비록 일시적이었지만, 청구인 측 대리인들에게조차도 수사기록 복사를 제한하기도 하였다.

준비재판부는 언론의 자유 침해 부분에 대해서 피청구인의 방어권 행사를 위해 사실관계를 더 구체적으로 기재할 것을 요청하였고, 청구인 측은 소추의결서에 기재된 생명권 보호의무 위반 외에 성실한 직책수행의무 위반을 추가하였다.

(3) 제3회 변론준비기일(2016. 12. 30. 14시)

준비재판부는 이 날 처음으로 탄핵심판의 성질에 맞추어 민, 형사소송에 관한 법령을 모두 준용하여 절차를 진행할 계획이나, 형사상 엄격한 전문법칙을 그대로 적용할 수 없다고 밝혔다. 즉, 피청구인 측 대리인이 크게 기대했을 법한 전문법칙 적용이 어렵게 되는 상황이었고, 이로써 청구인 측 대리인은 비교적 가벼운 마음으로 새해를 맞이할 수 있었다.

재판부는 증인신문 계획을 수립했는데, 먼저 이재만, 안봉근, 윤전추, 이영선을 1월 5일, 최순실, 안종범, 정호성을 1월 10일 신문하기로 하였다. 당시 최순실, 안종범, 정호성에 대해서는 본인들에 대한 형사재판이 서울중앙지법에서 진행되고 있었기 때문에 기일 중복을 피하기 위해 증인신문의 순서를 위와 같이 조정하고, 준비절차를 마쳤다.

다. 변론기일

(1) 제1회 변론기일(2017. 1. 3. 14시)

헌법재판소법 제52조에 따라 탄핵심판의 변론기일에는 당사자가 출석하여야 하고, 당사자가 출석하지 않으면, 다시 기일을 정하여야 한다. 그때에도 당사자가 불출석하면 출석 없이 심리를 진행할 수 있다. 피청구인은 제1회 변론기일에 불출석하였기 때문에 기일을 변경하여 제2회 변론기일을 지정하였다.

(2) 제2회 변론기일(2017. 1. 5. 10시)

이날 예정되어 있던 이재만, 안봉근은 송달불능으로, 이영선은 불출석사유서를 제출하고 불출석하였고, 윤전추에 대한 증인신문만 진행되었다. 윤전추는 최순실의 국정농단과 관련해서 최순실이 수시로 청와대를 방문하여 이재만, 안봉근, 정호성 등과 회의를 한 점, 피청구인의 의상 등을 최순실이 전담하여 제공하고, 의상비를 대납한 점, 세월호 참사 당일 피청구인이 무엇을 하였는지, 세월호 사고를 보고받은 시점 등이 주로 문제되었는데, 윤전추는 피청구인의 행적 등이 군사기밀이라는 이유로 답변하지 않거나 알지 못한다는 취지의 답변으로 일관하였다. 다만, 세월호 참사 당일 윤전추가 8시 30분경 청와대 관저로 출근하여 9시경 피청구인을 만났는데, 당시 외출이 가능한 평상복을 입은 단정한 차림이었고, 이후 하루 종일 관저 사무실에서 밀린 보고서를 보았다고 증언하였다. 또 피청구인의 의상비를 최근에 처음으로 의상실에 전달했다고 증언하기도 하였다.

(3) 제3회 변론기일(2017. 1. 10. 10시)

재판부는 탄핵심판이 형사재판과 구별되는 절차라는 점을 재차 강조하였다. 가령 소추의결서에는 대기업들이 미르·케이스포츠재단에 출연금을 낸 것이 한편으로는 강요죄에 해당한다고 하기도 하고, 다른 한편으로는 뇌물공여죄에 해당한다고 하기도 하였는데, 탄핵심판에서는 형사재판과는 달리 특정 행위가 강요인지 뇌물공여인지가 문제되는 것이 아니라 출연금을 낸 행위가 헌법 및 법률위반행위가 되는지가 문제되는 것이므로, 이를 규범적으로 구별하지 말고 하나의 사실행위로 주장, 증명하라는 요청이었다. 나아가 피청구인 측에 대해서는 전문법칙에 연연하지 말고 적극적인 주장과 증명을 할 것을 요청하였다. 또 피청구인 측에 세월호 참사 관련해서 피청구인이 세월호 침몰을 최초로 인지한 시점인 언제인지, 피청구인이 세월호 침몰 당일 국가안보실장 등 관련자들과 통화한 기록을 제출할 것을 요청하였다.

이날 신문이 예정되었던 정호성, 안종범, 최순실 등은 본인들 재판준비 등을 이유로 모두 불출석하였다.

(4) 제4회 변론기일(2017. 1. 12. 10시)

이영선, 유희인, 조현일, 조한규에 대한 증인신문이 진행되었다. 이영선 역시 윤전추와 유사하게 피청구인의 행적 등은 군사기밀이라는 이유로 답변하지 않거나 알지 못한다는 취지의 답변으로 일관하였다. 유희인은 참여정부 당시 국가안보실 위기관리센터장으로, 국가위기관리 시스템에 관하여 증언하였고, 조현일, 조한규는 세계일보 기자와 전 사장으로, 세계일보가 정윤회 문건 관련 보도를 하게 된 경위와 보도 이후 탄압을 받은 사실 등에 관하여 증언하였다.

(5) 제5회 변론기일(2017. 1. 16. 10시)

피청구인 측 대리인이 이날 증거의견을 밝혔다. 최순실, 안종범 수사기록, 추가로 도착한 정호성 수사기록 중 핵심적인 피의자신문조서, 진술조서 등에 대해 모두 부동의하였고, 이에 전문법칙의 적용 여부가 뜨거운 쟁점으로 부각되었다. 특히 수사과정에서 핵심적인 역할을 하였던 안종범 업무수첩의 증거채택 여부가 문제되었다.

이날 최순실, 안종범이 증인으로 출석하여 탄핵심판이 시작된 이후 가장 뜨거운 재판이 되었다.

최순실에 대한 청구인 측 신문사항은 최순실과 피청구인 관계의 성격(당시 박영수 특검은 뇌물수수죄 적용과 관련해서 두 사람의 관계를 경제공동체로 보고 있었다), 국정개입, 미르·케이스포츠재단 설립 및 운영, 케이디코퍼레이션, 더블루케이, 플레이그라운드 관련 이권개입 등 국정농단사건의 전반에 걸쳐 있었다. 최순실은 예상했던 대로 거의 모든 질문에 대해 "모른다, 기억 안 난다, 아니다, 억울하다"라고 답변을 하였고, 자신에 대한 의혹은 대부분 고영태의 허위진술과 조작에 의한 것이라고 하였다. 최순실은 긴 증인신문시간이었음에도 자신이 모른다고 답변한 질문을 몇 시간 지나 반복해서 물으면 "왜 또 질문하느냐"고 반문할 정도로 기억력이 비상한 사람이었다. 그런데 이날 증인신문에서 최순실이 인정한 부분도 제법 있었다. 자신이 2013. 6.경부터 2016. 9.경까지 정호성과 메일 아이디, 비밀번호를 공유하면서 피청구인의 말씀자료를 받고 수정한 것이 맞다고 하였고, 피청구인과의 개인적 용무로 청와대에 종종 출입하였다고 하였다. 또 미르·케이스포츠재단의 설립과 관련해서 안종범과 상의한 적이 없지만, 정호성으로부터 "좋은 취지로 재단을 설립하니, 잘 살펴봐 달라"는 피청구인의 말을 전해 들었는데, 그것은 "전면에 나서라는 취지가 아니라 재단이 잘 돌아가는지 정도를 파악해 달라는 것이었다"고 증언하였다. 또 "케이디코퍼레이션 관련 자료를 정호성을 통해 피청구인에게 전달했는데, 그것은 에너지 절감 등 차원에서 이야기한 것이지 현대차 납품과 관련해서 청탁한 것은 아니다"라는 취지로 진술하기도 하였다. 김종 차관과 차은택과의 관계도 모두 부인하지는 않았다. 최순실의 증언 내용은 미르재단과 플레이그라운드와 관련해서는 차은택에게, 케이스포츠재단과 더블루케이와 관련해서는 고영태에게 각각 그 책임을 전가하는 기조에서 이루어지기는 했지만, 정호성을 매개로 한 연설문 수정, 두 재단이 청와대가 주도하여 설립되었고, 최순실 자신도 재단의 업무가 잘 돌아가는지를 살펴보는 정도로 관여했다는 점만큼은 인정하였다. 최순실이 인정한 부분은 비선실세의 실체에 접근해 가고 있었다.

안종범은 기억력이 비상하고, 성실하고 우직한 사람이었다. 그가 청와대 재직 시절 피청구인의 지시사항을 세세히 기재한 업무수첩이 그의 성실함을 대변하고 있었고, 업무수첩의 내용을 수사과정이나 탄핵 법정에서 거의 대부분 정확히 기억하고 있었던 것이 그의 기억력을 보여주었다. 그런데 그는 피청구인의 정책이 타당하다고 생각하고 있는 확신범에 가까웠는데, 위법행위에까지 나아가게 된 것은 자신과 측근들이 피청구인을 잘못 보필한 때문이라고 생각하는 우직한 충신이었다. 안종범이 이런 사람이었기 때문에 그는 소추사유 중 피청구인과 정호성, 최순실의 관계에서 밝혀질 수밖에 없는 부분을 제외하고, 거의 대부분을 인정하고, 매우 결정적인 증언을 하였다. 먼저, 피청구인의 지시에 의해 두 재단을 설립하였고, 두 재단의 임원 명단을 자신에게 알려준 것도 피청구인이라고 증언하였다. 두 재단의 임원은 대부분 최순실이 그 이전에 알고 있었거나 차은택 등으로부터 소개받아 알게 된 사람이었기 때문에 두 재단의 임원을 피청구인이 안종범에게 알려주었다면, 그 명단은 최순실이 피청구인에게 전달한 것일 수밖에 없었다. 또 자신은 최순실을 알지 못했고, 최순실과 두 재단의 설립에 관해 상의한 적이 없다고 하였다. 결국 피청구인과 최순실이 공모하여 두 재단을 설립하였고, 피청구인의 지시에 의해 안종범이 실행행위를 담당하였으며, 피청구인이 최순실에게 두 재단의 운영을 맡긴 것이 명백해졌다. 또 SK, 롯데, 삼성, 현대차, 포스코, KT 등과 관련된 최순실의 이권 개입에 관해서는 피청구인의 지시로 자신이 업무를 추진했다고 밝혔다.

(6) 제6회 변론기일(2017. 1. 17. 14시)

제6회 변론기일 강일원 주심재판관은 탄핵심판의 증거법칙에 관한 기준을 발표하였는데, 그 내용은 위에서 본 것과 같다. 이 기준에 따르면 청구인 측 증거 중 많은 조서가 증인신문을 하지 않는 이상 증거능력이 없게 되었다. 또 헌재의 원칙에 따라 구체적인 채부결정을 하였는데, 형사소송상 당연히 증거능력이 있는 업무일지 또는 업무상 작성한 사문서들이 증거로 채택되지 않았다. 이 점은 이의를 제기해야 한다고 의견이 모아져서 제7회 변론기일에 이의신청을 하였는데, 이때 주심재판관의 솔직한 이야기를 들을 수 있었다. “사문서라고 하더라도 업무상 작성한 문서들은 증거능력을 인정하는 것이 맞다. 그런데 그 문서들이 소추사유를 증명하는 데 그렇게 필요하다고 생각하지 않는다.” 이것은 타당한 지적이었다. 청구인 측 대리인은 가급적 채택되는 증거의 범위를 넓히기 위해 위와 같은 의견을 제시하였지만, 그 기준에 따라 채택될 사문서들은 설령 증거로 채택되지 않더라도 소추사유를 인정하는 데에는 크게 영향이 없었다. 주심재판관의 답변을 듣고, 헌재가 소추사유의 증명 관계를 꿰뚫어 보고 있다는 생각이 들었고, 그것으로써 탄핵인용 쪽으로 가고 있다는 막연한 느낌이 들었다.

이날 예정되었던 증인 고영태, 류상영은 소재가 파악되지 않아 출석요구서를 송달하지 못했고, 유진룡 전 장관은 해외체류를 이유로 연기신청을 하였으며, 이승철 역시 불출석사유서를 제출하고 불출석하였다.

(7) 제7회 변론기일(2017. 1. 19. 10시)

이날 청구인 측은 증인신청을 정리하였다. 이재만, 안봉근, 김종, 차은택, 이승철은 조서가 증거로 채택되었기 때문에 증인신청을 철회하였고, 황창규 KT 회장 등 기업 관계자들에 대해서도 증인신청을 대폭 철회하였다. 이때부터 청구인 측 대리인은 신속한 진행이 최대의 화두가 되었고, 반대로 피청구인 측은 청구인 측이 철회한 증인도 다시 증인신청을 하는 등 최대한 증인의 수를 늘리려고 하였다.

오전에는 차은택의 외삼촌인 김상률 전 교문수석에 대한 증인신문이 있었고, 오후에는 정호성에 대한 증인신문이 있었다.

정호성은 이미 1기 특수본 수사과정에서 공무상비밀누설 혐의를 다 인정하고 있었고, 탄핵심판의 증인신문 전에 서울중앙지법의 형사재판에 피고인으로 출석하여 자신의 조서를 모두 인정하였기 때문에, 청와대와 정부 문건을 최순실에게 전달한 것, 그것이 피청구인의 포괄적인 지시에 의한 것이었다는 것을 증언할 것은 어느 정도 예상되었다. 실제 정호성은 청와대 말씀자료와 인사 관련 문건, 문체부 문건 등을 피청구인의 지시 또는 최순실의 요구로 최순실에게 전달하고, 그 의견을 받아서 피청구인에게 전달한 사실을 그대로 인정했다. 실체 최순실의 의견에 따라 국가정책이 결정되었는지, 인사가 이루어졌는지는 아직 밝혀지지 않았지만, 정호성의 증언으로 최순실이 국정에 개입한 사실 자체는 증명이 될 수 있었다. 문제는 그 밖의 사정을 증언할 것인지 여부였는데, 정호성은 모든 잘못을 최순실에게 돌리고, 피청구인을 보호하려고 안간힘을 썼다. 정호성은 최순실이 보좌진이 보좌할 수 없는 부분을 도와주는 일종의 '없는 사람', '배후의 조력자'이어야 했는데, 최순실이 드러나면서 이 사태가 일어났다는 인식을 하고 있었다. 사실상 최순실이 비선실세라는 것을 인정하는 순간이었다. 또 피청구인이 대포폰을 이용했다는 사실도 인정했다. 그 대포폰은 박 전 대통령이 최순실 등 비선조직과의 통화를 위한 것일 수밖에 없었다. 또 정호성은 미르·케이스포츠재단의 설립에는 관여하지 않았다고 증언하였는데, 안종범, 정호성의 증언에 의하면, 두 재단과 관련해서는 최순실이 피청구인과 직접 공모했다고 볼 수밖에 없었다. 정호성은 본인의 의도와는 다르게 탄핵결정에 상당 부분 기여하였다.

이날 소추위원은 소추사유를 헌법위배를 중심으로 재작성해서 헌재에 제출할 것이라고 밝혔는데, 이것은 탄핵재판은 형사재판과 다르다는 재판부의 지적을 받아들이는 한편, 소추사유를 더 간명하게 정리하여 신속한 심리를 꾀하려는 것이었다.

이제 탄핵심판의 산행은 정상고지를 넘어 내리막을 향하고 있었다.

(8) 제8회 이후의 변론기일

• 제8회 변론기일(2017. 1. 23. 10시): 김종, 차은택, 이승철에 대한 증인신문이 있었는데, 이들은 최순실의 국정개입, 미르·케이스포츠재단의 설립과 운영에 대해 상세한 증언을 하였다.

• 제9회 변론기일(2017. 1. 25. 10시): 1월 31일 퇴임을 앞 둔 박한철 소장은 이날 심판절차가 지연될 경우 7명의 재판관만으로 평의를 해야 하는 상황이므로 늦어도 3월 13일까지는 선고되어야 할 것임을 밝혔다. 피청구인 측은 이 말을 근거로 재판관 임기 때문에 심판의 기한을 정하는 것은 피청구인의 방어권 보장을 위해 부당하다는 취지로 반박하는 등 헌재에 대해 비난하기 시작하였다. 이날 유진룡 전 장관에 대한 증인신문이 있었다.

• **제10회 변론기일**(2017. 2. 1. 10시): 재판부는 피청구인 측에 피청구인이 국정운영에 최순실의 도움을 받은 사실 및 미르・케이스포츠재단의 설립 경위를 해명할 것을 석명하였다. 이날 전 위기관리센터장인 김규현, 국정기획수석인 유민봉, 전 교문수석인 모철민에 대한 증인신문을 하였다.

• **제11회 변론기일**(2017. 2. 7. 10시): 정현식 전 케이스포츠재단 사무총장, 김종덕 전 문체부장관에 대한 증인신문을 하였다. 김기춘은 불출석사유서를 제출하고 출석하지 않았다.

• **제12회 변론기일**(2017. 2. 9. 10시): 조성민 전 더블루케이 대표, 문형표 전 보건복지부 장관, 노승일 전 케이스포츠재단 부장, 박헌영 케이스포츠재단 과장에 대한 증인신문을 하였다.

• **제13회 변론기일**(2017. 2. 14. 10시): 이기우 그랜드코리아레저 대표에 대한 증인신문을 하였다.

• **제14회 변론기일**(2017. 2. 16. 10시): 정동춘 케이스포츠재단 이사장에 대한 증인신문을 하였다. 이날 헌재는 2월 24일 변론을 종결할 것임을 고지하고, 종합준비서면을 2월 23일까지 제출할 것을 명하고, 피청구인의 출석 여부를 밝힐 것을 고지하였다. 피청구인 대리인이 고영태 녹취파일에 대한 검증신청을 하였으나 기각되었다.

• **제15회 변론기일**(2017. 2. 20. 10시): 2월 18일 피청구인 대리인은 준비서면을 제출하면서, 변론종결일을 3월 2일 또는 3일로 변경해 달라는 주장을 하였고, 피청구인이 변론종결일에 출석해서 최후 진술만 하고, 신문을 받지 않아도 되는지를 물었다. 헌법재판소법 제31조 제1항 제1호에 따르면, 재판부는 사건의 심리를 위하여 필요하다고 인정하는 경우에는 직권 또는 당사자의 신청에 의하여 당사자를 신문할 수 있도록 되어 있다. 탄핵심판과정에서 피청구인이 구체적인 사실관계를 인정한 것이 거의 없었기 때문에 피청구인이 출석한다면 본인신문은 불가피한 것이었다. 특히, 세월호 참사 당일의 행적과 관련해서 피청구인에게 묻지 않을 수 없었다. 다른 한편, 탄핵결정을 면하기 위해서는 소추사유의 인정은 별론으로 하더라도 법위반의 중대성 측면에서 피청구인 본인의 호소가 필요한 측면이 있었다. 피청구인 대리인단은 후자를 위해서 피청구인이 출석할 필요가 있지만, 본인신문을 피하고자 위와 같은 질문을 한 것으로 생각되었다. 재판부는 변론종결일은 2월 22일 증인신문결과를 보고 재판부가 합의하여 결정할 것이고, 피청구인이 출석하면 신문에도 응해야 한다고 못 박았다.

김기춘, 최상목은 불출석하였고, 방기선 전 청와대 행정관에 대한 증인신문이 있었다.

• **제16회 변론기일**(2017. 2. 22. 10시): 최순실은 불출석하였고, 안종범에 대한 2차 증인신문이 있었다. 이날 피청구인 측 대리인은 편파적인 증인신문, 위법한 재판진행 등을 이유로 주심재판관에 대한 기피신청을 하는 등 탄핵심판절차 자체를 파행으로 끌

고 가려고 시도하였다. 피청구인의 대리인들 중 일부는 탄핵법정에서 한 주장을 태극기 집회에서 그대로 반복하면서, 탄핵을 박 전 대통령에 대한 정치적 탄압으로 몰고 가고 있었다. 헌재는 3월 13일 이전에 심판선고를 해야 한다는 박한철 소장의 발언은 개인적 의견 표명에 불과하고, 쟁점의 정리와 증거채부는 헌재의 권한사항이며, 주심재판관으로서는 증인의 부족한 증언내용을 정리해야 하는 임무가 있기 때문에 증인신문에 개입한 것일 뿐이라고 해명하고, 기피신청은 오로지 재판 지연을 목적으로 한 것이라고 하면서 각하하였다. 이날 피청구인 측은 피청구인이 변론종결일에 출석할 것인지 여부를 결정하지 못했다고 밝혔고, 헌재는 변론기일을 2월 27일 오후 2시로 변경하였다.

피청구인의 출석 여부는 이날까지도 결정되지 않다가 2월 26일 출석하지 않기로 결정했다.

• **제17회 변론기일**(2017. 2. 27. 14시): 이날 헌재 앞에는 한편으로는 태극기 부대가, 다른 한편에서는 탄핵을 지지하는 집회가 열렸고, 대리인들은 그 사이를 뚫고 헌재 정문을 통과해야 했다. 대한민국은 총만 안 들었을 뿐 전쟁을 하고 있었다.

먼저, 소추위원인 권성동 법제사법위원장이 탄핵의 의미와 탄핵심판을 지켜보면서 느낀 내용을 중심으로 최종변론을 했고, 황정근 총괄대리인이 소추사유 전반을 아우르는 변론을 하였다. 다음 필자가 세월호 부분에 집중해서 최종변론을 하였고, 마지막으로 이명웅 변호사가 법위반의 중대성 부분을 강조하였다. 청구인 측 최종변론은 약 74분이 걸렸다. 피청구인 측 대리인은 약 5시간 정도 최후변론을 하였다. 먼저 이동흡 대표변호사가 피청구인 본인의 의견서를 대독하였다. 피청구인은 "정치인의 여정에서 단 한 번도 부정과 부패에 연루된 적이 없었고, 주변의 비리에도 엄정했다. 최순실을 비롯한 주변사람들의 잘못된 일 역시, 사전에 알았더라면 누구보다 앞장서서 엄하게 단죄를 하였을 것이다"라고 하면서, 소추사유 하나하나를 부인하는 취지의 의견을 밝혔다. 이어서 이동흡, 전병관, 이중환, 김평우, 구상진 변호사 등 거의 대부분의 변호사가 최후변론을 하였는데, 이동흡, 전병관, 이중환 등 비교적 초반에 선임계를 낸 대리인들은 대체로 '탄핵소추 기각' 주장을 하였고, 김평우 변호사 등 늦게 선임계를 제출한 대리인들은 '각하' 주장에 힘을 실었다.

(9) 변론종결 이후

변론종결 이후 대법원장이 이정미 재판관 후임자를 지명하였다. 2월 17일 당시 고영한 법원행정처장은 국회 법제사법위원회에 출석하여 의원들의 질문에 "이정미 재판관의 후임자를 지금 지명하는 것은 탄핵심판 심리에 지연의 빌미가 된다는 우려가 있다"고 하면서 여러 사정을 고려해 조만간 입장을 정하겠다고 하였다. 이는 헌재가 탄핵심판의 선고기일을 지정하면 그때 가서 후임자 인선 절차를 시작하겠다는 뜻으로 받아들여졌다. 그런데 갑자기 대법원은 3월 6일 이정미 재판관의 후임으로 이선애 변호사를 지명하였다. 그렇지 않아도 피청구인 측 대리인은 이정미 재판관의 퇴임일인 3월 13일을 시한으로 하여 탄핵심판을 진행하는 것이 부당하다고 하고, 9인 재판관에 의한 선고를 받을 권리를 주장하면서 각하 주장을 하였는데, 선고기일이 지정도 되지 않았음에도 갑자기 후임자를 지명한 배경에 대해 여러 추측이 떠돌 수밖에 없었다.

헌재는 3월 8일 오후 늦게 선고기일을 3월 10일 오전 11시로 결정하였다. 선고는 방송생중계를 허용할 예정이라고 밝혔다.

5. 탄핵결정

2017. 3. 10. 오전 선고일 필자가 헌재에 도착한 시각은 10시 30분경이었다. 헌재 정문 앞은 통제가 되어 차량 통행이 일체 허용되지 않았고, 헌재 청사 주변을 경찰 버스가 에워싸고 있었기 때문에 헌재 청사를 멀리 돌아서 정문으로 간 후 대리인 신분을 확인받고서야 법정에 들어갈 수 있었다. 청구인 측과 피청구인 측 대리인이 삼삼오오 도착하여 재판부가 입장하기를 기다리고 있었는데, 의외로 청구인 대리인들 표정은 심각한데, 피청구인 측 대리인들의 얼굴은 밝았다. "이것은 뭐지?"라는 생각과 함께 전날 밤까지 떠돌던 온갖 소문들이 다시 생각났다. 그 전날까지 그럴 듯하게 퍼져 있던 소문은 재판관 8명이 5:2:1로 갈렸다는 것이었다. 5명이 탄핵인용, 2명이 각하, 1명이 기각이라는 것이었다. 또 다른 소문은 기각 1명이 각하 2명에 합류해서 결국 각하가 3명이라는 것이었다. 이 경우 5명은 재적 3분의 2에 미치지 못하므로 법정의견이 될 수 없고, 결국 각하 주문이 법정의견이 되는 것이었다. 그런데 아무리 생각해도 탄핵소추가 위법하다고 볼 흠결은 없었다.

2017. 3. 10. 11시 온 국민이 지켜보는 가운데 이정미 헌재 소장 권한대행이 선고문을 낭독하기 시작했다. 먼저, 탄핵심판 동안 이루어진 재판관평의, 기일진행, 증거조사 등을 개관하였다. 다음 절차적 위법 부분에 대해서는 국회의 소추절차에 헌법이나 법률을 위배한 위법이 없고, 다른 적법요건에도 흠결이 없다고 밝혔다. 이제 각하 주장은 배척되었고, 인용 또는 기각결정만 남게 되었다. 어제까지의 소문은 낭설이었다. 탄핵사유별로 피청구인의 직무집행에 있어 헌법이나 법률을 위배하였는지를 보았는데, 공무원 임면권을 남용하여 직업공무원제도의 본질을 침해하였다는 부분에 대해서는 무엇보다 노태강 국장이나 진재수 과장이 최순실의 사익 추구에 방해가 되었기 때문에 피청구인이 인사를 했다고 볼 자료가 없고, 유진룡 장관의 면직이나 6명의 1급 공무원 사직 역시 그 이유가 명확하지 않다고 보아 탄핵사유로 인정되지 않았다. 다음, 언론의 자유 침해 부분도 세계일보에 누가 압력을 행사하였는지가 분명하지 않고, 피청구인이 관여

하였다고 볼 증거가 없다고 했다. 다음 세월호 부분에 대해서는 국가재난상황이 발생하였다고 하여 피청구인에게 구체적인 특정한 행위 의무가 발생한다고 볼 수 없고, 직책성실수행의무는 탄핵심판의 판단대상이 되지 않는다고 보았다. 이렇게 소추사유 3가지가 받아들여지지 않았다. 당초 청구인 측 대리인단은 공무원 임면권 남용 부분은 인정될 수 있다고 보았는데, 예상과는 달랐다. 이정미 소장 권한대행이 여기까지 설명하자 머리를 숙이거나 탄식 소리를 내는 청구인 측 대리인들이 있었다. 마지막 최순실의 국정개입 허용과 권한남용 부분 이후부터 선고까지는 정말 정신이 없어서 선고내용이 거의 귀에 들어오지 않았다. 거의 일사천리로 탄핵 주문으로 흘러가고 있었다. 정신을 차린 것은 "이에 재판관 전원의 일치된 의견으로 선고합니다. 주문, 피청구인 대통령 박근혜를 파면한다"는 소리를 들었을 때였다. 이때 옆에 있던 최규진 변호사의 손을 꼭 잡았다. 그리고 세월호 참사와 관련하여 피청구인은 생명권 보호의무를 위반하지는 않았지만, 헌법상 성실한 직책수행의무 및 국가공무원법상 성실의무를 위반하였고, 다만, 그러한 사유만으로 파면 사유를 구성하기 어렵다는 김이수, 이진성 재판관의 보충의견이 있었다는 말을 들었을 때 갑자기 눈물이 나기 시작했다. 탄핵 법정에서도 세월호를 구하지 못한 데 대한 유족들에 대한 미안함과 세월호 참사 부분에 누구보다 관심을 기울이신 두 분 재판관님에 대한 고마움 등이 눈물이 되었다. 이정미 소장 권한대행이 선고를 마치고 법정의 벽시계를 본 후 시각을 기록하였는데, 11시 21분 27초였다. 박근혜가 대통령직에서 파면된 시점이었다. 이렇게 탄핵심판은 끝이 났다.

6. 탄핵심판사건이 우리 사회에 미친 영향

가. 탄핵심판이 진행되면서 국민은 우리 사회가 가지고 있었던 온갖 문제점의 총체를 확인할 수 있었다. 대통령은 오랜 지인인 최순실과 권력을 나누어 가지면서 청와대와 정부를 대통령과 최순실의 사적 이익을 추구하기 위한 도구로 만들었다. 권력의 사유화는 청와대 비서진을 비롯해서 행정부 관료들을 자신들의 뜻에 따를 사람들로 채우는 것에서부터 시작되었고, 비서진과 관료들은 이를 이용하여 고위직을 탐하고, 국정농단에 부역을 했다. 최순실의 권력을 이용해서 이권을 챙기려고 했던 고영태 등도 이런 관료들을 자신들의 도구로 이용하려고 하였다. 이들을 감시해야 할 청와대 민정수석실은 오히려 국정농단이 드러나는 것을 막고, 유지하는 컨트롤타워의 역할을 했고, 검찰은 그 민정수석실의 지휘에 복종했다. 최순실이 거리낌 없이 행동할 수 있었던 배경에는 수사기관이 통제되어 있다는 자신감이 있었다. 국가예산이 최순실이 경영하는 미르·케이스포츠재단으로 흘러들어가는 상황임에도 그 예산안은 기재부, 문체부, 외교부 공무원에 의해 편성되었고, 국회에 제출되었다. 이 과정에서 이의를 제기한 공무원도

있었지만, 그런 공무원은 극소수였고, 이의를 제기한 공무원은 사직을 불사하는 용기를 내야 했다. 이러한 징후는 이미 여기저기서 나타나고 있었음에도 국회 다수당은 문제를 은폐하는 데 급급했다. 청와대 정책수석은 소관 사무도 아닌데 전경련과 몇몇 대기업 임원에게 재단 출연금을 요구했고, 정책수석실 비서관 등은 상관인 수석비서관의 지시라는 이유로 아무런 이의제기 없이 실무를 집행했다.

이런 적폐는 공적 영역에 국한된 것만 아니었다. 미르·케이스포츠재단에 우리나라를 대표하는 53개 기업이 774억 원을 출연하였는데, 그 중 이사회 의결을 거치거나 이사회 산하 투명경영위원회 또는 윤리위원회에 보고한 기업은 2개 기업에 불과했다. 물론 이사회 의결을 거쳐야 할 의무적 기준에 미달하는 금액이었다고 주장하지만, 박근혜, 최순실은 별다른 견제장치 없이 수월하게 출연금을 모을 수 있었고, 대기업은 이에 대해 아무런 통제장치도 갖추고 있지 못했다. 또 최순실의 국정농단을 이용해서 세무조사를 무마해 달라는 대기업 총수도 있었고, 몇몇 대기업은 각종 인허가에서 혜택을 보려고 하였다. 그것이 강요인지 뇌물공여인지는 더 따져보아야 할 문제지만, 적어도 국정농단과 정경유착은 한 덩어리의 문제임이 확인되었다. 탄핵심판 이전에도 이런 문제점들이 확인되었지만, 이번처럼 온갖 문제점을 총체적으로, 그것도 적나라하게 보여준 사건은 없었다. 국민은 나라가 쉽게 무너져 내린 것을 보았다.

나. 무너져 내린 나라를 구한 것은 국민 자신이었다. 촛불명예혁명이라는 말은 과한 말이 아니었다. 비록 언론에 의해 촉발되기는 하였지만, 그 언론이 힘을 받을 수 있었던 것은 국민이 있었기 때문이었다. 수사기관이 권력자의 눈치를 보고, 정치인들이 머뭇거릴 때 탄핵을 외치기 시작한 것은 광장에 모인 촛불시민이었고, 촛불시민이 있었기 때문에 탄핵심판의 법정에 나온 증인들도 진실을 은폐할 수 없었다. 그래서 탄핵결정은 국민의 승리일 수밖에 없었다. 이번 탄핵심판의 모델은 참여민주주의, 광장민주주의를 통해 국민이 대한민국 건국 이후 처음으로 승리한 귀중한 경험이 되었다. 그것도 비폭력 평화 집회·시위를 통한 것이었고, 특정 세대가 참여한 것이 아니라 전 세대가 가족들과 함께 참여해서 이루었다는 점에서 더욱 의미가 있다.

다. 촛불을 든 국민은 단순히 대통령의 탄핵만 요구한 것이 아니었다. 박근혜 정권퇴진 비상국민행동은 3차 촛불집회부터 대통령 퇴진 이외에 13개 요구안을 제시하였는데, 그것은 정부의 공기업 성과연봉제 도입 반대, 쌀 수입 중단 및 농산물 최저가격 보장, 노점 단속 및 강제퇴거 중단, 장애등급제·의무부양제 폐지, 청년 일자리 창출, 대학구조조정 반대, 여성 비정규직 철폐, 공안탄압 중지, 대북 적대정책 폐지, 한일 위안부 합의 무효화, 세월호 참사 진상규명, 신규 핵발전소 건설 저지, 철도·가스·의료민영화 추진 중단, 재벌 사내유보금 환수 등을 포괄하고 있다. 국민은 국가사회의 총체적 개조를 요구했다. 1987년 헌법 체제 이후 심화된 사회적 불평등과 경제적 양극화, 사회적 약자와 소수자에게 인간다운 생활을 보장하지 못하는 국가의 공공성 상실, 국민의 생명과 안전을 지키지 못하는 국가를 보면서, 국민은 보다 나라다운 나라, 공정하고 정의로운 사회를 요구했고, 이것의 첫 출발이 탄핵심판이었을 뿐이었다. 그래서 탄핵심판 절차는 종결되었지만, 탄핵심판에 담긴 국민의 뜻은 아직 종결되지 않은 채 진행되고 있는 셈이다.

제 2 부

각　　론

- 서울시 공무원 조작간첩 사건
- 가족관계등록부상 성별정정 사건
- 정신보건법 제24조 제1항 보호의무자에 의한 입원에 대한 위헌법률심판제청사건
- 청년유니온 노동조합설립반려처분취소소송
- 삼성반도체 희귀질환 업무상 재해 사건
- 권영국 변호사에 대한 공무집행방해 등 기소 사건
- 월성1호기 수명연장허가 무효확인 및 취소소송
- 르노삼성 성희롱 사건 손해배상청구소송
- 통합진보당 정당해산심판청구 사건
- '언론 소비자 주권연대' 광고주 불매운동 업무방해 사건
- 인터넷실명제 결정
- 2008년 촛불집회 사건으로 본 집회주최자에 대한 민 · 형사상 책임
- 긴급조치위반 형사재심과 국가배상청구 소송
- 한센인 단종·낙태 국가배상청구 사건
- 일본국 전범기업에 대한 손해배상청구 사건
- 유서대필 조작사건
- 주민등록법 헌법소원
- 학교 내 종교의 자유 침해에 대한 손해배상청구 사건
- 도라산역 벽화 철거 손해배상 사건
- 대형마트 영업시간제한 등 취소사건
- 한미FTA 협상문서 정보공개청구소송
- 출생신고를 위한 친생자관계부존재확인 및 피해아동보호명령사건
- 강제송환 위기에 처한 장기구금된 난민신청자를 위한 유엔 개인청원 사건
- 구치소 내 과밀수용행위 위헌확인 사건

서울시 공무원 조작간첩 사건

김 용 민*

1. 사건 개요

가. 사건의 배경

간첩혐의를 받았던 서울시 공무원은 2004년 탈북하여 한국에 정착해 살고 있던 재북화교 출신 유우성이다. 유우성이 재북화교이기는 하나 부계, 모계가 모두 3대째 북한에서 살고 있었고, 모계 쪽은 북한 국적을 취득하였으며, 유우성 역시 북한에서 태어나고 북한공민들만 다니는 학교를 다니는 등 북한공민들과 동일한 생활을 해 왔다. 한국에서 많은 노력 끝에 비교적 안정적으로 정착을 하고 있던 유우성은 북한에 남아 있던 가족들과 종종 연락을 하고 지냈다. 참고로 북한 국경지역은 중국 휴대폰을 소지하고 있으면 우리가 중국과 통화를 하듯이 남한에서 북한으로 쉽게 통화를 할 수 있다. 2006년 5월 22일경 유우성이 어머니와 전화 통화를 하던 중 어머니가 보위부 단속에 적발되어 평소 앓고 있던 심장병증세 악화로 사망하게 된다. 자신과 전화통화를 하다 사망한 어머니에 대한 충격과 슬픔으로 유우성은 어머니 장례식에라도 참석하기 위해 밀입북하였다. 당시 유우성은 비록 국내에 정착했으나 북한 당국이 이를 알지 못하기 때문에 재북화교로서 북한에 출입할 수 있는 통행증을 발급받아 다녀왔다. 뒤에 밀입북 사실이 알려져 유우성은 수사를 받았으나 검찰에서 불기소처분을 받았다. 어머니 장례를 마치고 한국으로 들어 온 유우성은 대학을 졸업하고, 2011년 6월경 탈북자를 대상으로 한 서울시 계약직 공무원 채용과정에 합격하여 계약직 공무원으로 임용되었다. 북한에 남아 있던 유우성의 가족은 보위부에게 어머니를 잃었다는 슬픔과 분노 등을 이유로 2011년 7월경 중국 연길로 이사를 나오게 된다. 그 이후 평소 남한에 대한 동경이 컸던 유우성의 여동생도 남한에 들어와 함께 살고 싶어했고, 그 무렵 친하게 지내던 국정원 직원이 유우성에게 여동생을 데리고 들어오면 잘 도와주겠다고까지 하여 2012

* 변호사, 법무법인 양재 강남분사무소.

년 10월 말경 여동생을 한국으로 데려와 국정원에 탈북자로 신고를 하게 되었다. 여동생은 한국에 들어와서 모든 탈북자들이 거쳐가는 국정원 관리 중앙합동신문센터라는 곳에 수용되어 조사를 받게 되었다. 그리고 여동생은 조사과정에서 자신의 화교신분을 실토하게 되었다. 국정원은 유우성 역시 재북화교 출신이라는 사실을 2007년경 알고 있었다. 그러나 당시 탈북자의 수가 적어 재북화교를 탈북자로 인정할지에 대한 논의 자체가 거의 없었던 때라 별 문제가 되지 않으나 탈북자들이 늘어나면서 재북화교를 보호대상 탈북자 범위에서 제외하기 시작하였다. 따라서 여동생은 화교사실을 실토하고 자연스럽게 강제 출국되기를 기다렸다. 그러나 여동생은 갑자기 자신과 오빠 유우성이 간첩행위를 했다는 허위자백을 하기 시작하였다.

나. 변호인단 구성

유우성은 2013. 1. 10. 간첩혐의로 긴급체포되어 체포구속 통지 없이 수사가 진행되다가 2013. 1. 18.경 천주교인권위원회와 민변에 사건이 접수되어 민변 통일위원회에서 사건을 담당하게 되었다. 유우성이 2013. 1. 10. 체포된 후 가족이나 보호자에게 체포통지를 해야 하는데 국정원에서 제대로 통지를 하지 않아 천주교 신부님이 수소문 끝에 국정원 수사 중임을 알게 되었다. 신부님은 천주교인권위원회 사무국장에게 연락을 해 도움을 요청했고, 천주교인권위원회는 민변에 변론을 요청하게 된 것이다. 연락을 받은 장경욱 변호사가 국정원에 접견을 시작하였고, 그 이후 민변 통일위원회를 중심으로 공동변호인단이 구성되어 교대로 접견 및 수사참여를 했다. 공동변호인단은 천낙붕, 장경욱, 양승봉, 김용민, 김진형, 김유정, 설창일, 김남국, 이광철 변호사와 민변 장연희 간사로 구성하였고, 유우성의 국내 보호자 및 신뢰관계인인 신부님과 목사님이 함께 많은 도움을 주었다.

사건이 접수되자마자 변호사들은 국정원에서 조사를 받고 있는 유우성을 접견했다. 국가보안법사건의 경우 사건 초기에 피의자들이 낙심하고 허위자백을 하는 경우가 많기 때문에 사실 변호인 접견은 한시가 급하다. 그러나 민변 변호인단이 접견을 가고 나자 국정원 직원들은 유우성에게 "하필 저런 변호사를 선임했느냐, 징역 3년 나올거 5년, 7년 나오게 하는 변호사들이다"라는 취지로 말하며 이간질을 했다. 당시 유우성도 매우 당황했다고 뒤늦게 변호인들에게 고백했다. 변호인들은 접견을 다녀오고 조사참여를 다녀오면 다른 변호인들에게 내용을 공유하기 위해 보고서를 작성해 공유했다. 당시만 하더라도 SNS를 통한 문서, 자료공유를 거의 하지 않을 때여서 수시로 이메일을 주고받으며 상황을 공유했다.

다. 유우성에 대한 공소사실[1)]

여동생이 허위자백한 간첩행위는 유우성이 어머니 장례식 이후 4차례 북한에 밀입북 했다는 것이고, 3차례 탈북자 정보를 북한에 넘겼다는 것이다. 특히 유우성이 어머니 장례식 이후인 2006년 5월 말경 가족이 걱정되어 두만강을 도강해 다시 북한에 들어왔다가 북한 보위부에 단속되었고 폭행과 고문을 당한 뒤 간첩이 되었다고 하였다. 그리고, 오빠가 한국에서 탈북자 정보를 북한에 보낸다고 연락을 하면 여동생 자신이 두만강을 도강해 중국으로 나가 PC방에서 메신저로 탈북자 명단을 받았다고 하였다. 그러나 공소사실은 그 자체로 허구성과 모순을 가지고 있었다. 이미 언급한 것처럼 중국과 북한의 국경지대는 중국 휴대폰으로 통화가 가능하고 팩스도 보낼 수 있기 때문에 만약 유우성이 탈북자 명단을 전달하려고 한다면 남한에서 북한에 있는 여동생에게 휴대폰으로 통화하거나 중국에서 팩스 등을 이용해 전달하면 되는데 여동생이 목숨을 걸고 도강을 할 이유가 없다. 나아가 여동생은 어떨 때는 도강을 하고 어떨 때는 여권을 이용해 이동했는데, 북한 보위부의 공작원이라면 도강을 할 이유가 없이 보위부에서 여권으로 이동할 수 있게 도와주면 해결 될 일이었다.

유우성에 대한 국가보안법위반 혐의는 총 9가지인데 이를 세분화해서 정리하면 아래와 같다.

(1) 2006. 6. 22.자 국가보안법위반(특수잠입 · 탈출)

피고인은 2006년 5월 23일 어머니 장례식을 위해 밀입북 한 이후 다시 불상의 방법으로 밀입북 하였다가 북한 회령시 보위부에 체포되어 조사를 받고 북한 회령시 보위부 공작원으로 인입되었다. 그리고 보위부의 지령을 받고 2006년 6월 22일 남한에 잠입하였다.

(2) 2006. 8. 23.자 국가보안법위반(편의제공)

피고인은 회령시 보위부에서 노트북을 사달라는 연락을 받고 인터넷으로 중고 도시바 14인치 노트북을 구입하여 포장한 후 2006년 8월 23일경 중국으로 우체국 국제특급우편(EMS)을 보내 외당숙에게 우송하고 이를 보위부에 전달하게 하였다.

---

1) 유우성에 대한 기소혐의는 국가보안법위반만 있는 것이 아니라 화교인데 탈북자를 가장했다는 이유로 북한이탈주민보호법위반, 여권법위반 등이 추가로 있었으나 여기에서는 국가보안법위반 혐의에 대하여만 다루기로 한다. 참고로 나머지 혐의에 대하여는 유우성이 북한공민과 동일하게 태어나고 자랐고, 생활했기 때문에 북한이탈주민보호법상 북한이탈주민에 해당한다는 변론을 했으나 받아들여지지 않아 유죄로 확정되었다.

(3) 2007. 8. 중순경 국가보안법위반(잠입 · 탈출)

피고인은 2007년 8월 중순경 두만강을 도강하여 북한으로 밀입북 하였다.

(4) 2011. 2.경 국가보안법위반(간첩) 및 국가보안법위반(회합 · 통신등)

피고인은 연세대학교 중문과에 편입한 이후 여러 동아리, 단체에 가입하여 탈북자 정보를 수집하고 이를 보위부 반탐부부장에게 보고하였다. 위 반탐부부장은 피고인의 여동생에게 두만강을 도강하여 오빠가 보내는 자료를 받아 오라고 지시를 하였고, 피고인은 2011년 2월경 두만강을 도강하여 연길 소재 PC방에 온 여동생에게 QQ메신저를 이용하여 탈북자 약 50여명의 명단을 전달하였고 여동생이 이를 USB에 저장하여 다시 두만강을 도강해 보위부 반탐부부장에게 전달하였다.

(5) 2011. 5.경 국가보안법위반(간첩) 및 국가보안법위반(회합 · 통신등)

피고인은 지속적으로 탈북자 정보를 수집하였고, 2011년 5월경 수집한 탈북자 70~90여명의 정보를 여동생에게 QQ메신저를 이용하여 전달하였다(이 때 여동생은 두만강을 도강하지 않고 여권으로 중국을 왕래하였다).

(6) 2011. 7. 초순경 국가보안법위반(특수잠입 · 탈출) 및 국가보안법위반(회합 · 통신등)

피고인은 여동생이 남한침투 지시를 받아 이를 상의하고 여동생과 아버지의 중국 이사를 돕기 위해 2011년 7월 초순경 두만강을 도강하여 북한에 밀입북하고, 회령시 보위부 반탐부부장을 만나 그 동안의 성과에 대해 보고했다.

(7) 2012. 1. 24.자 국가보안법위반(특수잠입 · 탈출), 국가보안법위반(회합 · 통신등) 및 국가보안법위반(편의제공)

피고인은 2012. 1월 24일 새벽 아버지와 함께 두만강을 도강하여 북한에 밀입북하였고, 회령에서 반탐부부장을 만나 표창을 받았으며, 반탐부부장에게 카메라 등을 선물로 제공하고 같은 날 밤 두만강을 도강해 중국으로 갔다.

(8) 2012. 7.경 국가보안법위반(간첩) 및 국가보안법위반(회합 · 통신등)

피고인은 탈북자 단체 등에서 꾸준히 탈북자 정보를 수집하였고, 2011. 6.경 서울시에 복지정책과 계약직 공무원으로 채용되어 탈북자 정보에 쉽게 접근할 수 있게 되었다. 피고인은 2012년 7월경 수집한 탈북자 50~60여명의 정보를 연길에 있는 여동생에게 윈도우 라이브 메신저로 보냈고 여동생이 USB에 저장한 뒤 두만강을 도강하여 이를 보위부에 전달하였다.

(9) 2012. 12. 25.자 국가보안법위반(회합 · 통신등), 2012. 10. 30.자 국가보안법위반 (특수잠입 · 탈출) 및 국가보안법위반(편의제공)

피고인은 2012년 10월 25일경 한국침투 지령을 받은 여동생을 중국 연길에서 만났고(회합 · 통신), 함께 한국에 들어올 여동생에게 항공권을 사 주었으며(편의제공), 지령을 받고 한국에 입국하였다.

라. 사건의 진행 경과

2012. 10. 말경 유우성의 여동생이 한국에 입국하여, 중앙합동신문센터에서 조사를 받으면서 허위 자백을 했고, 여동생에 대한 수사가 마무리 될 무렵인 2013. 1. 초경 유우성을 구속하고 유우성에 대한 수사가 시작되었다.

2013. 2. 26.경 검찰은 유우성에 대한 수사를 마무리하고 구속기소했고, 변호인들은 국민참여재판을 신청했다. 유우성에 대한 기소 직후 검찰은 여동생의 진술번복, 출국가능성 등을 이유로 증거보전을 신청하여 2013. 3. 4. 수원지방법원 안산지원에서 여동생에 대한 증인신문을 하는 증거보전재판이 진행되었다. 그 이후 1심 재판이 진행되던 중인 2013. 4. 26. 여동생에 대한 인신보호법상 구제청구를 통해 여동생이 국정원의 중앙합동신문센터에서 나올 수 있게 되었다. 그 이후 여동생은 검찰에서의 진술을 모두 폭행, 협박, 회유 등으로 인한 허위자백이라고 진술을 번복하였고, 기타 증거조사를 통해 2013. 8. 22. 1심에서 국가보안법위반혐의 모두에 대하여 무죄가 선고되었다.

검찰은 즉시 항소했고, 2013. 11. 1. 위조한 중국공문서를 법원에 증거로 제출하였다. 이에 대해 변호인측은 증거수집을 통해 위조사실을 입증하는 한편 중국에 사실조회를 신청하였는데, 2014. 2. 14.경 중국으로부터 위조사실을 확인하는 회신이 도착했다. 결국 항소심 재판도 국가보안법위반 혐의 전부에 대하여 무죄가 선고되었다.

검찰은 다시 상고를 했고, 대법원은 오랜 심리 끝에 2015. 10. 29. 국가보안법위반 혐의 전부에 대한 무죄를 확정하였다.

한편, 검찰은 유우성에 대한 항소심 무죄 선고 직후 기존에 유우성에 대해 기소유예 처분을 했던 외국환거래법위반 혐의 등을 재개하여 기소하였다.

2. 수사과정에 대하여

가. 수사과정

국정원은 중앙합동신문센터(현 북한이탈주민보호센터, 이하에서는 당시 명칭인 중앙합동신문센터라고 한다)에서 여동생을 감시카메라가 있는 독방에 약 6개월간 구금하고, 수사를 진행했다.

여동생에 대한 수사가 어느 정도 마무리 된 2013. 1. 10.경 국정원은 유우성을 구속하고 국가보안법위반 혐의에 대하여 수사를 시작하였다.

유우성은 여동생이 허위자백을 하는 것이라고 생각하여 수사기간 내내 여동생과의 대질조사를 강력하게 요청했었다. 그러나 수사기관은 끝까지 이를 거절했다.

변호인들이 국정원 조사동 변호인 접견실에서 유우성을 처음 만났다. 당시 유우성은 긴장하여 밥도 제대로 먹지 못하고 있었고, 국정원 직원들에 대하여 겁에 질려 있었다. 변호사들이 다녀가면 국정원 직원들은 무슨 얘기를 했느냐고 묻는다고 하였다. 만약 다시 그렇게 물어보면 정식으로 문제제기를 하겠다고 경고하고 왔다.

유우성은 변호인 접견에서 너무나 엄청난 일들을 여동생이 허위로 진술하고 있다는 것을 믿을 수 없다고 하였고, 심지어 여동생이 미친 것 같다고 말을 했으며, 자신이 화교신분이라는 것 때문에 약점이 잡혀서 이러는 것 같다고도 말을 했다. 그러나 변호인들조차 일부는 여동생이 허위로 오빠를 간첩으로 몰고 간다는 것이 도저히 믿어지지 않아 유우성의 말을 반신반의하고 돌아왔었다. 변호인들이 유우성을 접견하고 조사에 참여도 하자 국정원은 더 이상 수사를 진행하지 않고 유우성에게 자필 진술서를 쓰라고만 요구하며 사실상 수사를 마무리 했다. 사실 국정원은 2013. 1. 10. 유우성을 체포했고, 그 이후 변호인 조력 없이 8일 동안 충분히 수사를 진행했다. 물론 유우성이 국정원의 압력과 회유에 넘어가지 않아 자백을 받아내지는 못했지만 여동생의 진술을 이미 확보한 상태이므로 유우성에 대한 추가 수사에 큰 의미를 두지 않았던 것 같다. 대신 언론에 대대적으로 보도하여 서울시 공무원 간첩을 잡았다며 여론전에서 승기를 잡고 시작한 것이다.

그 이후 유우성은 검찰조사에서 여동생과의 대질을 하지 않는 한 진술거부권을 행사하겠다고 하였고, 끝내 대질조사가 이루어지지 않았다. 검찰과 국정원의 주장 및 공소사실에 의하면 유우성과 여동생은 공범인데 공범간의 진술이 상이하고 피의자가 대질조사를 강력하게 요구하면 통상 대질조사를 한다. 그러나 이 사건에서는 수사기관이 철저하게 대질조사를 차단하였고, 유우성과 여동생이 만나거나 접촉할 수 있는 일체의 수단을 차단했다. 그러면서 일방적으로 여동생이 편지를 쓰게 해서 유우성에게 전달하고 이를 증거로 제출하는 방법을 사용했다. 수사기관은 유우성과 여동생을 철저하게 분리시켰는데, 변호인이 여동생을 찾아가 접견신청한 것도 불허하였고, 증거보전절차에서 여동생 증인신문을 진행할 때에도 영상진술의 방법으로 진행하도록 해야 한다고 법원에 요구하였으며, 증인신문을 마친 이후 판사와 검사, 변호사가 보는 앞에서 남매가 5분만 대화를 할 수 있게 해 달라는 요구에도 철저하게 반대하여 결국 한 마디도 못하게 만들었다. 변호인들은 이러한 과정을 지켜보고 싸우면서, 검사들이 수사기법이 뛰어나거나 법령에 대한 이해도가 높아서가 아니라 숨겨야 할 것이 있었기 때문이라고 생각하였다.

나. 여동생에 대한 접견신청(중앙합동신문센터)

변호인단은 여동생의 진술이 실제로 유우성의 간첩혐의를 인정한 것인지 여부와 왜 그런 진술을 했는지 등을 직접 확인할 필요가 있고, 여동생 역시 공범으로 기소될 가능성이 있기 때문에 변호인접견을 가기로 했다(유우성의 아버지가 선임하는 방식으로 진행했다). 2013. 2. 6. 변호인들은 여동생에 대한 변호인 접견을 신청해서 국정원이 관리하는 중앙합동신문센터에 접견을 갔다.

한편, 중앙합동신문센터의 위치나 현황에 대해 아무도 모르고 있기 때문에 백방으로 수소문을 했다. 국회의원에게 문의를 해도 알지 못하고 있을 정도였다. 그만큼 베일에 가려져 있고 폐쇄적인 공간이다. 결국 수소문 끝에 종교단체를 통해 어렵게 주소를 확인하고 무작정 찾아가게 되었다.

그런데 변호인 접견을 신청하려면 또 하나의 난관이 있었다. 접견신청서를 어디에 접수해야 하는지가 문제였다. 결국 국정원 신고전화번호인 111에 전화를 해서 변호인 접견을 가겠다고 어렵게 연결연결하여 담당 수사관에게 팩스로 접견신청서를 보냈다. 그리고 접견에 대한 답변을 기다리기로 하고 일단 중앙합동신문센터에 갔다. 국정원 수사관은 아무런 연락이 없었다. 다시 변호인이 국정원에 전화하여 재촉을 하자 아직 결정을 못했다고 하다가 그 이후에 여동생이 접견을 원하지 않는다고 답변을 해 왔다. 이에 대해 변호인접견은 변호사의 권리이기도 하고 여동생이 변호인 접견의 의미를 모르기 때문에 일단 만나겠다고 하니 국정원 수사관은 변호인 접견 대상에 해당하는지도 의문이 있다는 답변만 하고 결국 돌아가라고 했다.

변호인들은 중앙합동신문센터 정문 대기실에서 계속 기다리며 대책을 고민하고 있는데 권총을 찬 경비원들이 왔다갔다하면서 가라는 압력을 주었다. 우리는 그 경비원들에게 변호인 접견을 하겠다고 요청하였으나 그들은 외부 용역으로 근무하고 있기 때문에 자신들과 무관하다고 곧바로 거절했다.

변호인단은 여동생이 변호인의 접견을 거부한다고 통보받았다. 그러나 뒤에 여동생의 접견 거절은 변호인 접견의 의미를 잘 모르고 한 것이고, 국정원의 접견거부는 위법하다는 취지의 법원의 판단을 받았다.

3. 국가보안법위반 사건 1심[2)]

가. 재판 경과

변호인단은 유우성 재판에서 국민참여재판을 신청했다. 국가보안법 사건의 특수성을 고려하면 국민참여재판이 어려울 수도 있겠다는 생각은 했지만, 공소사실 자체의 허구성이나 모순, 여동생 진술의 신빙성을 배심원들에게 판단받아 보자는 취지였다. 한편, 검찰은 여동생 진술에 대한 증거보전을 신청하여 진행했고, 변호인들은 증거를 수집하기 위해 범죄혐의 장소인 중국 연길에 현장조사를 총 4회 다녀왔다. 국정원에 사실상 감금되어 있던 여동생은 인신구제청구라는 제도를 통해 밖으로 나오게 되었다. 이러한 재판과정에서 주요한 사건들을 구체적으로 살펴보면 아래와 같다.

나. 증거보전 재판

검사는 유우성에 대하여 2013. 2. 26.경 국가보안법위반 혐의 등으로 기소한 후 여동생의 진술이 번복될 가능성과 중국으로 추방가능성이 있어 미리 진술을 확보할 필요가 있다는 사유를 들어 증거보전재판을 신청했다. 이러한 신청에 따라 2013. 3. 4. 안산지원에서 증거보전재판이 진행되었다. 당시 변호인들은 증거보전신청 사유에 해당하지 않는다는 주장과 이미 본안 재판부 배당이 되었으므로 본안 재판부로 이송하여 진행하자는 주장 및 기일이 급하게 잡혀 재판준비 시간이 부족하므로 연기를 신청했으나 모두 받아들여지지 않고 절차가 강행되었다. 그러나 여동생은 검사의 주신문에는 공소사실에 부합하는 진술을 하다가 반대신문에서 상당부분 진술을 번복하였다. 한편, 항소심에서 위 증거보전에서 한 여동생의 진술은 증거능력이 없다고 판단받게 된다.

다. 중국 현장 증거조사

증거보전절차를 마친 후 변호인단은 여동생의 진술이 모순되거나 객관적인 증거에 반할 수 있다는 판단을 하여 범죄 장소로 기재된 중국 연길에 증거수집을 하러 갔다. 한편 중국에서 유우성의 가족(아버지, 외삼촌 등)을 만나 유우성의 무죄에 대한 진술을 청취하고, 관련 증거들을 제공받을 수 있었다. 그리고 여동생이 진술한 범죄현장과 이동경로 등을 여러 차례 따라가면서 객관적 사실과 맞지 않거나 증거들의 모순점 등을 찾아내게 되었다. 이와 같이 변호인단은 총 4회의 중국 현지 조사를 통해 상당한 증거

---

2) 서울중앙지방법원 2013. 8. 22. 선고 2013고합186 판결.

를 확보했고 이를 법원에 제출하여 결국 무죄판결을 이끌어 냈다.

[자료 1] 현장조사 보고서

라. 인신구제청구[3)]

이 사건의 가장 중요한 변곡점은 여동생이 국정원으로부터 풀려 나 기존 허위진술을 번복한 일이었다. 그로 인해 유우성이 무죄가 선고되었고, 국정원은 결정적 증거를 조작한 것이다. 여동생은 2013. 4. 26.경 인신보호법상 구제청구 제도를 통해 국정원에서 나올 수 있었다.

여동생이 국정원에서 풀려나는 과정은 매우 드라마틱하였고, 변호인들에게도 생소한 변론활동이었다. 여동생은 2012. 10. 30. 한국에 입국한 이후 줄곧 중앙합동신문센터에 감금되어 있었고 가족과의 연락이나 변호인의 접견을 포함한 일체의 외부 접촉이 차단된 상태였다. 아마도 검찰과 국정원은 여동생이 변호인을 만나는 순간 허위자백이 무너지고 위법한 수사과정이 드러날 것이라 염려하고 있었던 것으로 보인다. 변호인단은 어떻게든 여동생을 만나야 사건의 실마리가 풀릴 것이라 생각하였고, 인신보호법상 구제청구라는 제도를 활용하기로 결정했다. 당시 변호인들에게 인신보호법상 구제청구는 낯선 제도였고, 북한이탈주민보호법상 180일이 다 되어가 여동생이 어차피 나올 것이라고 예상되어 위 제도를 이용할지에 대한 논란이 있었으나 국정원이 전혀 예상하지 못한 절차라 판단하고 진행을 했다. 인신보호법상 구제청구 재판을 하는 과정에서 여동생의 혼란스러운 태도, 국정원 직원들의 방해 등 많은 난관에 부딪쳤으나 결과적으로 여동생은 이 제도를 통해 중앙합동신문센터에서 나왔다.[4)] 그리고 여동생은 곧 자신이 국정원에 속았다는 사실(오빠가 1~2년만 살고 나오면 한국에서 같이 살게 해 주겠다는 기망)을 알게 되어 곧바로 다음 날 아침 긴급 기자회견을 통해 자신이 폭행과 고문을 당했다는 사실을 폭로하였다. 그렇다면 여동생은 자신과 오빠의 처벌을 감수하면서까지 왜 허위자백을 하게 되었을까에 대한 합리적인 의문이 들 수밖에 없을 것이다. 이는 여동생의 조사과정을 들여다보면 이해할 수 있다.

[자료 2] 인신구제청구서 – 공익변호사그룹 공감 작성

---

3) 서울중앙지방법원 2013인2 결정.

4) 인신구제청구 사건은 각하되었다. 인신구제청구서 부본이 국정원에 송달되자 국정원은 급히 여동생에 대하여 비보호결정을 하였고, 법무부로부터 강제출국명령을 받았다. 따라서 더 이상 여동생이 중앙합동신문센터에 수용될 법적 근거가 없어진 것이다. 그럼에도 불구하고 국정원은 강제출국명령에 거소를 중앙합동신문센터로 지정했기 때문에 여동생이 출국하기 전까지는 중앙합동신문센터에 있어야 한다는 주장을 했다. 이에 대해 법원은 재판과정에서 여동생에게 출국일까지 자유롭게 어디든지 갈 수 있다고 안내해 주었고, 변호인들의 설득과 가족과 통화를 시켜주는 등의 노력 끝에 여동생이 재판 끝난 후 중앙합동신문센터로 가지 않고 하루만 변호인들을 따라가겠다고 하고 나왔다. 그리고 국정원으로부터 속았다는 것을 알게 된 여동생은 중앙합동신문센터로 돌아가지 않았다. 따라서 수용이 해제되었기 때문에 법원은 인신구제청구를 각하하였다.

마. 여동생의 법정 증언

여동생은 약 6개월 동안 중앙합동신문센터에서 독방에 갇혀 있었고, 법정에서 그 조사과정 및 허위자백의 경위에 대해 상세하게 증언하였다.

여동생은 국정원 중앙합동신문센터에 입소하자마자 이례적으로 독방 혹은 1인실에 수용되었다. 처음 5일 동안은 여동생의 탈북 경위 등에 대해 국정원 직원들이 친절하게 진술을 청취하였다. 그러다 5일이 지나자 여동생이 화교라는 사실을 추궁하기 시작했다. 참고로 국정원은 2007년경 이미 유우성이 화교라는 사실을 알고 있었다. 여동생은 화교를 인정하면 이미 한국에서 공무원으로 살고 있는 오빠에게 악영향을 미칠 수 있을지 몰라 처음에는 극구 부인하였다. 그러자 국정원 직원들은 여동생의 가슴과 등에 "회령 화교 유○○"이라고 이름을 적은 종이를 붙이고 다른 탈북자들이 머무는 숙소동으로 데리고 가 망신주기를 하였다. 그러다가 다른 탈북자들이 지나가고 난 후 회령에서 알고 지냈던 탈북자 혼자 여동생에게 접근하여 서로 알아보게 하였고, 여동생도 결국 화교사실을 털어 놓게 되었다.

화교사실을 인정하게 된 여동생에게 남은 것은 강제출국일 것이나 국정원 조사관들은 여동생의 국적이 확인되지 않았다며 강제출국을 시키지 않았다. 대신 갑자기 오빠의 밀입북에 대해 조사를 시작하였다. 여동생이 알기로는 어머니 장례식 이후 오빠가 한 번도 북한에 간 적이 없어 이를 사실대로 말했다. 그러자 국정원 직원 2명이 여동생을 폭행하고, 욕설을 하며, 전기고문실로 데려가겠다고 협박하는 등의 가혹행위를 했다. 여동생은 그러한 가혹행위를 견디기 어려웠던 한편, 화교를 시인했기 때문에 오빠에게 닥칠 불이익이 걱정되었다. 국정원 직원들은 여동생을 강하게 몰아 부치다가 오빠의 밀입북을 인정하면 오빠를 도와 줄 수 있다고 거짓으로 회유하였고, 오빠도 이미 밀입북을 인정했다고 거짓말을 했다. 그러나 당시 유우성에 대한 조사가 이루어지기 전이었다. 여동생은 국정원 직원들의 폭행이 두렵기도 했으나 한편으로 오빠도 이미 인정했고 국정원 직원이 오빠를 도와주겠다고 하니 이를 믿고 허위 진술을 하게 되었다. 여동생은 처음에 오빠가 약 15차례 밀입북 했다고 허위 진술했다가 나중에 4차례 정도로 줄어들었다.

여동생은 오빠의 밀입북만 허위로 인정하면 모든 일이 끝날 줄 알았다. 그러나 국정원 직원들은 여동생에게 오빠가 밀입북해서 무슨 일을 했냐고 추궁을 하기 시작하더니 오빠가 탈북자 정보를 넘기는 간첩행위를 했다고 주장하기 시작했다. 여동생은 너무 황당하고 두려워 간첩행위를 하지 않았다고 강력하게 항의했다. 그러나 이어지는 폭행과 폭언 등으로 인해 다시 공포감에 휩싸였다. 그리고 국정원 직원들은 여동생에게 한국에서는 비행기를 폭파해서 사람을 죽인 김현희도 자백해서 다 용서해 주었으니 오빠의 간첩행위를 인정하면 오빠가 1~2년 정도 감옥에 다녀와서 같이 한국에서 살 수 있게 해 주겠다고 거짓으로 회유하였다. 여동생은 폭행 등의 공포에서 벗어나고 싶은 심정과 강제추방이 아니라 오빠와 한국에서 살 수 있게 해 준다는 말을 믿고 싶었고 결국 이를 믿었다. 그리고 오빠도 이미 자백했다는 거짓말도 믿었다. 여동생은 오빠의 간첩행위에 대해서 국정원 직원들이 요구하는 대로 허위자백을 하게 되었다. 그러나 허위자백을 한 날 여동생은 너무 괴롭고 한편으로 억울하여 자살시도를 하였으나 실패에 그쳤다.

이미 오빠의 밀입북과 간첩행위를 허위로 인정하였기 때문에 여동생은 국정원 직원들이 요구하는 대로 허위진술을 이어 나갔다. 사실 여동생은 모든 진술이 허위이기 때문에 어디에서 시작해서 어떤 거짓말을 만들어 내야 할 지 알 길이 없었는데 국정원 직원들이 칠판에 그림을 그려가며 이야기를 만들어 주었고, 이를 암기하여 진술서를 작성하기 시작하였다. 여동생의 허위 진술은 상당히 구체적이었는데, 영화 "변호인"을 보면 구체적인 진술이 어떻게 만들어 지는지 그 과정이 잘 나와 있고 여동생의 진술도 비슷하게 만들어졌다.

그러나 2013년 4월 26일 여동생은 중앙합동신문센터에서 나오게 되었다. 한국에 온 후 처음으로 가족과 전화통화도 하고, 지인을 만나게 된 여동생은 드디어 용기를 내어 입을 열었다. 오빠는 간첩이 아니라고, 모든 진술은 허위이고 자신이 국정원에서 폭행 등을 당해 어쩔 수 없이 진술한 것이라고 했다. 물론 국정원 직원들은 이에 대해서 사실이 아니라고 반박하였다.

그리고 여동생은 오빠의 재판에 증인으로 출석하여 기존 증거보전에서의 진술을 모두 뒤집었다. 오빠와 자신은 간첩이 아니라고 했다. 국정원과 검찰에서 자신이 어떤 조사를 받았는지, 국정원 직원과 검사의 위법한 수사가 어떠했는지 모두 진술했다. 그리고 정부의 강제출국명령에 따라 오빠의 재판을 끝까지 지켜보지 못하고 2013년 7월 중순 중국으로 추방되었다.

바. 재판 결과

2013년 8월 22일 1심 법원은 유우성의 국가보안법위반 혐의 9가지에 대하여 모두 무죄를 선고했다. 국가보안법 사건에서는 매우 이례적인 일이었다. 그러나 사건의 내막을 보면 무죄에 수긍이 간다.

유우성에 대한 간첩혐의를 인정할 만한 증거는 사실 여동생의 진술이 거의 유일하였다. 그러나 여동생이 자신의 기존 진술은 모두 허위라고 법정에서 증언하였기 때문에 사실상 증거가 없게 된 셈이었다. 한편으로는 여동생의 기존 진술에 의하더라도 상당한 모순점들이 발견되었다. 여동생은 오빠에게 탈북자 명단을 받기 위해 목숨을 걸고 두만강을 2번이나 도강했다고 진술했는데 전화나 팩스로 전달이 가능한 수준이므로 두만강을 도강할 이유가 없었다. 그리고 여동생은 중국에서 많이 사용하는 QQ메신저를 이용해서 명단을 파일로 받았다고 진술했으나 여동생의 QQ메신저 가입일이 명단을 받았다는 날보다 뒤였음이 밝혀졌다. 나아가 오빠가 밀입북했다는 시기에 중국에서 촬영한 사진이 발견되었고, 중국에서의 통화내역 등이 발견되었다. 이처럼 여동생의 기존 허위 진술은 그 자체만으로도 객관적인 사실과 다르고 모순되어 믿을 수가 없다는 것이 법원의 판단이었다.

그렇기 때문에 1심 법원에서는 유우성에 대한 간첩혐의 전부에 대하여 무죄를 선고했다.

4. 국가보안법위반 사건 2심[5)]

가. 증거조작

검찰과 국정원은 1심 재판에서 무죄가 선고된 이후 항소하였다. 국가보안법혐의가 전부 무죄로 된 사안이라 검찰 입장에서는 항소심 재판에서는 무엇인가 반전의 카드가 필요한 상황이었다.

그러자 검사는 2013. 11. 1.경 위조된 문서를 법원에 증거로 제출하게 된다. 검사가 제출한 위조문서는 유우성의 출입경기록이다. 위조 출입경기록에 의하면 유우성이 어머니 장례식 이후 다시 북한에 들어간 것처럼 기록이 되어 있다. 그래서 검사는 변호인과 유우성이 1심에서 거짓말로 무죄를 받았다고 주장을 하며 출입경기록을 증거로 제출하였다. 반면에 유우성이 어머니 장례식 이후 다시 북한에 가지 않았다면 간첩으로 포섭된 사실이 없기 때문에 혐의점 모두가 근거를 잃게 되는 상황이다.

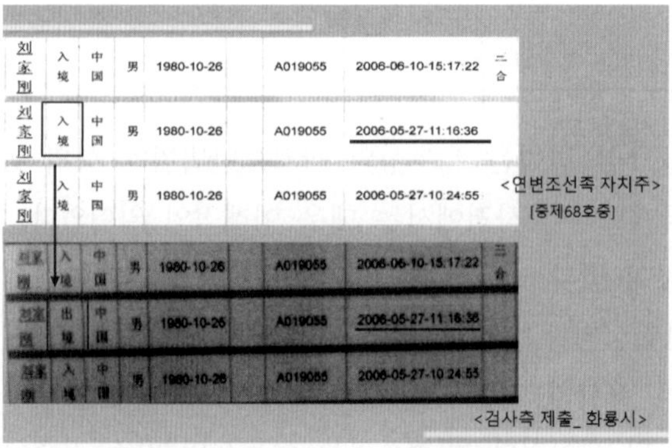

[그림 1] 원본 출입경기록(상단)과 위조된 출입경기록(하단) 비교

5) 서울고등법원 2014. 4. 25. 선고 2013노2728 판결.

유우성과 변호인들은 즉각 검찰 증거의 위조를 주장하며 반박하였다. 변호인들과 유우성 가족이 중국 및 국내에서 확인한 결과 검찰이 출입경기록을 발급할 수 없는 기관에서 발급받아 왔고, 유우성의 실제 여권기록과도 맞지 않게 위조되었으며, 유우성의 인적사항도 제대로 적혀있지 않았고, 관인에 찍힌 담당부서도 존재하지 않았기 때문이다. 즉 검찰의 증거는 위조된 출입경 기록이었다. 더 나아가 내용을 보면 유우성을 간첩으로 만들기 위해 허위로 변경을 했다. 위 출입경기록 비교를 살펴보면, 상단 출입경기록은 유우성이 정식으로 발급받은 기록으로 위조되거나 내용이 변조되지 않은 기록이고, 하단 출입경기록은 검찰이 증거로 제출한 위조된 출입경기록이다. 상단의 원본 출입경기록에는 유우성이 2006. 5. 27. 10:24경 북한에서 중국으로 입경했다는 기록이 기재된 이후 2차례 더 입경한 것으로 기재되어 있는데 이는 중국이 전산화 작업을 하는 과정에서 잘못 기재되었음이 확인되었다. 그런데 검찰측 증거는 그 중 2006. 5. 27. 11:16 입경기록을 출경으로 변경하여 마치 유우성이 2006. 5. 27. 10:24경 중국에 들어온 이후 다시 북한으로 갔다가 2006. 6. 10. 15:17에 돌아온 것처럼 내용을 변경한 것이다. 한편, 국정원 공작원이라는 성명불상자가 변호인들에게 접근하여 검찰에서 내용을 바꾼 출입경기록이 나올 것이라고 경고를 하고 간 사실이 있어 변호인들은 이에 대비를 하고 있었다. 이러한 대비의 일환으로 변호인단은 정식으로 발급받은 출입경기록 등을 가지고 있다가 법원에 제출하였다. 그러자 검사는 위조된 문서 2가지를 추가로 제출하였다. 그러나 그 역시 위조 여부를 쉽게 확인할 수 있을 정도로 수준이 낮은 문서였다. 한 예로, 팩스를 통해 발급사실을 확인한 중국 공문서(화룡시 공안국)는 보낸 팩스 번호가 다른 2개의 문서가 발견되었다. 그리고, 팩스번호마저 피싱사이트 등에서 사용하는 매우 의심스러운 번호였다. 아래 [그림 2]에서와 같이 선양총영사관에 처음 접수된 화룡시공안국의 팩스공문은 오전 9시 20분경 발신번호 "96802000"이었다. 그러나 국정원에서도 보내고 난 후 이상한 점을 발견하였는지 약 1시간 20분 뒤인 오전 10시 40분경 같은 내용의 팩스를 발신번호만 "04334223692"로 변경하여 보냈고 선양총영사관이 이를 접수하였다. 발신번호 "04334223692"는 화룡시 공안국의 정식 팩스번호이므로 국정원에서 정교하게 위조하기 위해 다시 보낸 것이다. 뒤에 검찰 수사를 통해 밝혀진 바에 의하면 이 팩스는 국정원 직원이 휴대폰 앱을 통해 국정원에서 발송한 것이었다.

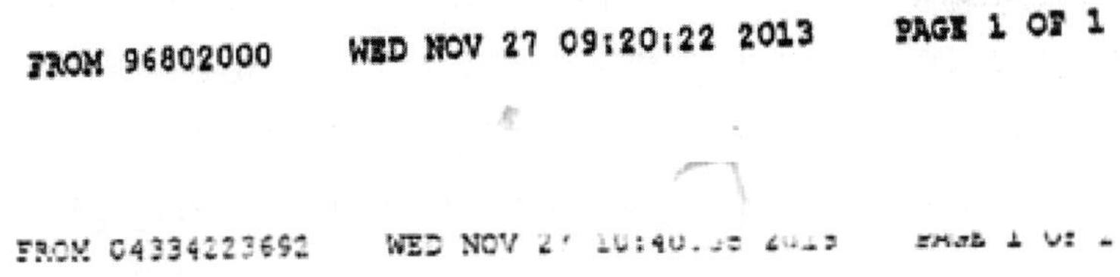

[그림 2] 팩 스

한편 변호인들이 재판부에 증거조작을 충분히 설명했음에도 불구하고 재판부가 설득되었다는 느낌을 받지 못하여 중국정부에 문서위조 여부에 대한 사실조회를 신청하였다[자료 3]. 그러나 중국정부에 사실조회를 신청해도 회신이 오지 않았던 과거 사례에 비추어 변호인들도 답변이 오리라 크게 기대하지 않았고, 한편으로는 당시 박근혜 정부와 중국정부의 관계가 좋은 편이라 오히려 불리한 답변이 오지 않을까 하는 걱정도 있었다. 그러나 이러한 걱정과 달리 중국정부는 대사관을 통해서 2014. 2. 14.경 사실조회에 대한 회신을 했다. 그 내용은 변호인들이 주장한 것과 동일하게 검찰이 제출한 증거들(3개)이 모두 위조되었고, 위조한 사람을 찾아서 처벌해 달라는 것이었다. 이러한 중국정부의 회신이 있은 후 재판의 분위기는 급변했다. 그 전까지는 검찰이 항소심에서 유죄판결을 받을 것이라는 기대를 하는 분위기였고, 언론에서도 큰 관심이 없는 사건(당시 통합진보당 이석기 의원의 내란음모 사건이 진행중이었다)이었으나 중국의 회신공문을 통해 검찰은 공소유지 자체가 어려운 지경으로 몰렸고, 모든 언론에서 대서특필을 하기 시작했다. 이에 변호인들은 위조된 증거를 철회하고, 항소를 취하하거나 공소를 취소하라고 압박을 하였으나 검찰은 위기를 공격적으로 타개하기로 전략을 짠 듯하였다. 검찰의 대응논리는 외교라인을 통해 정식으로 증거들을 입수했는데, 중국정부가 위조를 주장하는 것은 이상하다는 것이고, 검찰은 대한민국 정부의 기관이므로 중국정부의 말을 믿지 말고 대한민국 정부의 말을 믿으라는 것이었다.

위조된 증거를 통해 간첩이 될 뻔한 피해자 유우성은 검사들과 관련 국정원 수사관들을 국가보안법위반(무고,날조)혐의로 고소하였고, 시민단체들 역시 검사와 국정원 수사관들을 고발하였다. 그럼에도 불구하고 검찰은 수사를 진행하지 않고 시간만 끌다가 증거를 조작한 중국인 조력자가 자살소동을 벌이면서 그 존재가 드러나자 어쩔 수 없이 수사로 전환하였다.

나. 관련자 처벌, 검사 징계

검찰은 특별수사본부를 꾸려 증거조작에 대한 수사를 진행하였는데, 변호인들의 주장과 달리 국가보안법위반 혐의를 적용하지 않고, 형법상 모해증거위조만을 적용하여 축소수사하였고, 해당 검사들은 조작을 알지 못했다며 불기소처분을 했고, 국정원 직원 일부에 대해서만 모해증거위조 등의 혐의로 기소를 했다. 한편 기소, 공소유지 검사에 대해서는 위조된 증거를 알지 못하게 법원에 제출한 잘못이 있다며 정직 1개월의 징계를, 그 지휘라인에 있던 부장검사는 감봉 3개월의 징계에 그쳤다. 국정원 직원들은 대공수사처장 및 그 지휘를 받던 과장 2명, 중국선양영사관 파견 직원 등에 대해서만 기소가 되었는데, 위조에 직접 가담을 한 과장 1명만 실형이 선고되었고, 나머지 직원들에 대해서는 벌금형의 선고유예가 확정되었다.

다. 기타 쟁점

위와 같이 항소심 재판은 증거조작이 밝혀져 사실상 쉽게 끝날 것으로 생각했다. 그러나 변호인들의 기대와 달리 검찰은 총력을 다해 항소심 공소유지를 했다. 물론 피해자인 유우성에 대한 사과는 전혀 없었고, 여전히 유우성이 간첩이니 엄벌에 처해야 한다는 입장을 견지했다. 특히 검찰은 공안 1부 부장검사를 포함한 주요 검사들이 모두 공판에 투입되어 변호인들보다 검사가 더 많이 출석하여 재판이 진행되었다.

1심 재판에서 핵심 증거였던 여동생이 기존 검찰의 진술과 증거보전에서의 진술을 모두 번복하였기 때문에 여동생 진술을 토대로 유죄가 선고되기는 쉽지 않을 수 있다고 예상을 하였지만 변호인들 입장에서는 위 진술들에 대한 증거능력이 여전히 있기 때문에 이에 대한 다툼을 이어갈 필요성이 있다고 판단했다. 검찰의 진술에 대해서는 여동생에 대한 불법구금 및 폭행, 협박과 고문에 의한 진술로 임의성이 없음 등을 다투었고, 증거보전에서의 진술은 공개재판주의를 위반한 잘못을 지적하여 증거능력을 다투었다. 이에 대하여 항소심 재판부는 여동생의 검찰 진술은 부당한 장기간 구금상태에서 변호인의 조력을 받을 권리도 보장받지 못한 채 회유에 넘어가 진술한 것으로 특히 신빙할 수 있는 상태 하에서의 진술로 보기 어려워 증거능력이 없다고 판단했고, 증거보전에서의 진술은 조서에는 비공개로 진행된 것으로 기재되어 있으나 비공개결정의 선고가 없어 비공개사유를 알 수 없으므로 공개재판을 받을 권리를 침해하여 증거능력이 없다고 판단하였다. 결국 유우성에 대한 국가보안법위반 혐의의 주요증거는 사실상 없게 되었다.

한편 사정이 위와 같이 전개되자 검찰은 국가보안법위반 혐의 중 여동생의 진술과 무관한 편의제공 혐의(노트북을 국제우편으로 중국에 보내 북한 보위부에 전달한 혐의)에 대하여 집중하였다. 이에 대해서는 국정원과 검찰이 우편물을 보낸 자료를 증거로 제시하였다. 그런데 우체국에 확인해 보니 우편물을 보내는 경우 자세한 정보가 기재되어 있는데, 검찰의 증거는 이 부분이 누락되어 있고 막연히 노트북의 무게와 유사하니 노트북을 보낸 것이 맞다는 주장만 반복했다. 이에 대하여 변호인들은 검찰이 보냈다고 기소한 노트북과 가장 유사한 모델을 구해 무게를 확인했고, 해외택배로 보내기 위한 최소한의 포장을 하여 무게를 확인해 보았는데 검찰이 주장하는 무게와는 상당히 달랐다. 즉 검찰이 주장하는 무게는 2,169g이내였는데, 노트북과 이를 포장한 무게는 3kg를 훌쩍 넘었다. 이러한 사실을 법정에서 효과적으로 주장하기 위해 변호인들은 공판기일에 저울을 준비하였고, 노트북, 충전기, 마우스, 우체국에서 사용하는 포장 박스 등을 모두 준비하여 법정에서 직접 무게를 재보는 변론을 진행하였고, 이러한 주장에 재판부는 큰 관심을 보이며 공소사실의 허구성을 확인하게 되었다.

라. 재판 결과

항소심 재판부 역시 유우성에 대한 국가보안법위반 9가지 혐의 전부에 대하여 무죄를 선고하였다. 위 판결에서 의미가 있는 것은 그 동안 국정원 중앙합동신문센터에서 조사를 받았던 탈북자들에 대해서는 자발적 동의를 전제로 구금상태를 인정하지 않았던 판례들을 뒤집고 사실상 구금상태를 인정하였다. 나아가 중앙합동신문센터에서 조사를 받고 있는 사람에 대한 변호인의 조력권 역시 인정되었다. 물론 수사가 진행되었다는 특수성이 고려된 판결이지만 중앙합동신문센터에서 벌어지는 인권침해 상황을 법원도 인식하였고, 이를 사후적으로 감시할 수 있는 토대를 마련한 매우 중요한 판결이었다.

한편 검찰이 조작된 증거를 철회하여 이에 대한 증거능력 판단을 받지 못하게 되어 아쉬움이 남긴 하나 적어도 재판기록에는 남기고자 변호인들이 피고인측 증거로 제출하면서 검찰의 수사와 공소유지 위법성을 지적했다.

5. 국가보안법위반 사건 3심[6)]

검찰은 국가보안법위반 혐의 전부에 대하여 다시 무죄가 선고되자 대법원에 상고하였다. 이미 검찰이 위조된 증거를 제출하여 사법체계를 뒤흔들어 놓았음에도 불구하고 조작의 피해자인 유우성에게 사과하지 않은 채 상고를 단행한 것에 대한 비판이 존재하였다. 검찰은 여전히 여동생의 진술에 증거능력이 있고, 유죄의 취지로 자백을 한 사실이 있으므로 이를 통해 유우성의 간첩혐의가 입증된다는 주장을 하였다.

이에 대하여 대법원은 상고가 제기된 때로부터 약 1년 5개월이 지난 뒤에 검사의 상고를 기각하는 판결을 했다. 대법원은 항소심 판단에 위법이 없다고 하면서 여동생에 대한 불법감금과 변호인의 조력을 받을 권리 침해 등에 대하여도 모두 인정하였다. 한편 여동생의 증거보전에서의 진술에 대하여도 항소심과 마찬가지로 공개재판주의를 위반하여 증거능력이 없다고 판단하였다.

6. 판결 이후의 상황

2014. 2. 14. 중국에서 온 회신공문으로 검찰과 국정원은 증거를 조작한 기관으로 국내외의 비난을 받게 되었다. 이에 대해 당시 박근혜 대통령이 사과하였고, 남재준 국

6) 대법원 2015. 10. 29. 선고 2014도5939 판결.

정원장도 사과했으며 뒤에 국정원장에서 사실상 경질되었다. 한편 증거를 위조한 국정원직원이 구속되었고, 검사들에 대한 수사가 진행되었다. 이러한 위기상황에서 검찰은 유우성에 대한 추가 기소를 하기로 입장을 정리했다. 그래서 유우성에게 2010년경 기소유예처분을 했던 외국환거래법위반 사건을 다시 수사하여 유우성을 기소하기에 이른다. 유우성은 탈북자들이 북한에 남은 가족들에게 돈을 보내는 적법한 방법이 없어 중국을 통해 우회적으로 보내는 일에 일부 도움(유우성의 계좌를 빌려 줌)을 준 일이 있었다. 이에 대하여 당시 서울동부지검에서 수사를 했으나 탈북자들이 돈을 보낼 수 있는 합법적 방법이 없는 사정과 유우성이 이득을 취한 것이 없고, 계좌만 빌려 주었다는 사정 등을 고려하여 기소유예처분을 하였던 것이다. 나아가 유우성에 대한 국가보안법위반 혐의로 기소할 당시에도 검찰은 공소장에 유우성이 외국환거래법을 위반한 사실이 있다고 기재를 했음에도 당시 수사를 재개하거나 기소하지는 않았다. 그런데 증거조작이 발각된 이후 서울중앙지검은 이 사건을 다시 수사하여 기소까지 한 것이다. 물론 검찰은 탈북자 단체의 고발이 있었다고 하나 고발장을 보면 검찰관계자의 언급을 인용한 기사가 유일한 증거였다. 즉 검찰에서 언론에 사건을 말하고, 이를 시민단체에서 고발하면 검찰이 수사를 진행하는 방식을 취한 것인데 뒤에 밝혀진 박근혜 정부 국정농단 사건에서 이러한 패턴이 다수 발견되었다.

유우성은 2014. 4. 25. 항소심에서 국가보안법위반 혐의에 대해 무죄를 선고받았고, 검찰은 검사들에 대한 수사를 마무리하여 무혐의 처분하면서 2014. 5. 1.경 법무부에 징계청구를 했다. 그리고 그 직후인 2014. 5. 9. 검찰은 유우성에 대하여 이미 기소유예처분을 했던 위 외국환거래법위반 혐의를 추가로 기소하였다.

위 추가기소 사건은 1심에서 국민참여재판으로 진행되었다.[7] 변호인들은 위 추가기소가 유우성에 대한 보복기소로 공소권남용에 해당한다는 주장을 했다. 이에 대하여 배심원들은 다수결로 공소권남용이 맞다고 판단하였다. 그러나 1심 재판부는 배심원들의 평결을 뒤집고 유죄를 선고하였다. 이에 대하여 유우성은 항소했고, 항소심 재판부는 1심을 뒤집고 공소권남용이 맞다는 판결을 하였다.[8] 이에 검찰은 상고를 했고 공소권남용이 아니라는 주장을 하고 있으며 2017. 9. 현재 상고심 계속 중에 있다.

7) 서울중앙지방법원 2015. 7. 16. 선고 2014고합539 판결.
8) 서울고등법원 2016. 9. 1. 선고 2015노2312 판결.

심층질문

1. 북한이탈주민보호센터(구 중앙합동신문센터)에 수용되어 있는 탈북자들이 인신보호법상 구제청구의 대상이 될 수 있는지 여부 및 수사가 아닌 단순 조사를 받고 있는 탈북자들에게 변호인 접견권이 있는지 여부?

2. 국가보안법상 혐의를 받고 있는 사람에 대한 증거를 조작하는 경우 이를 국가보안법 제12조에 따른 무고, 날조의 죄로 처벌할 수 있는지 아니면 형법상 증거위조 등의 죄로 처벌할 수밖에 없는지?

3. 국정원 직원들은 중국공문서를 위조해 증거로 제출했는데, 중국정부에 확인만 하면 쉽게 들킬 수 있는 무모한 범행을 저지른 이유가 무엇인지, 이에 대한 법률적 동기가 존재하는지 여부?

4. 공소유지를 하는 검사가 수사기관에서 제출하는 증거가 위조되었을지 여부를 확인해야 할 의무가 있는지 여부 및 있다면 확인의 정도는 어느 정도인지?

5. 대법원은 공소권남용 자체를 인정하면서도 구체적인 사건에서 공소권남용을 인정한 사례가 없다. 대법원은 99도577판결 외 다수의 판결에서 "검사가 자의적으로 공소권을 행사하여 피고인에게 실질적인 불이익을 줌으로써 소추재량권을 현저히 일탈하였다고 보여지는 경우에 이를 공소권의 남용으로 보아 공소제기의 효력을 부인할 수 있는 것이고, 여기서 자의적인 공소권의 행사라 함은 단순히 직무상의 과실에 의한 것만으로는 부족하고 적어도 미필적으로나마 어떤 의도가 있어야 한다"라고 판결하였다. 그렇다면 유우성에 대한 추가 기소(외국환거래법 위반)가 기존 대법원 판례에 비추어 공소권남용에 해당할 수 있는지 여부?

자료 1 현장조사 보고서-연길방문 보고서

연길방문 보고서

방문일정: 2013. 3. 23.~25.

방문자: 천낙붕, 장경욱, 양승봉, 김용민

1. 2013. 3. 23. 일정

2013. 3. 23. 유우성 가족 면담.

14경 아버지, 외삼촌, 외숙모와 성보호텔에서 만남.

약 1시간 30분가량 면담하였고 면담과정에서 여동생의 진술이 대부분 거짓이고 유우성의 진술이 사실임이 확인됨.

외삼촌, 외숙모는 중국에서 의사생활을 하다 정년퇴직을 했으며 당시의 상황에 대해서 매우 상세하게 기억하고 있음.

유우성이 어머니 장례에 들어왔다가 함께 중국으로 돌아갔고 장춘을 거쳐 북경에 간 사실을 모두 알고 있다.

아버지는 구체적인 진술을 잘 하지 못하고 여동생의 진술을 확인하면 곧장 흥분을 하였으나 여동생의 진술이 모두거짓이고 미친 것 같다는 취지로 말함.

유우성의 집에 방문하였고, 유우성 집에서 2012. 1. 22. 찍은 가족사진을 찾았고, 이를 증거로 제시하기로 함–알리바이

유우성 가족들과 저녁식사를 하면서 많은 대화를 나누었고, 신뢰관계가 더욱 형성되는 자리였음.

아버지는 변호인들에게 계속 직접 술을 따라주며 연신 고맙다고 인사를 했고, 외삼촌 등 가족들도 변호인들에게 깊은 감사의 표시를 했음.

저녁식사를 하는 과정에서 어머니 장례식에 외삼촌, 유우성 등이 어떻게 출입증을 받아 들어간 것인지 설명을 들었고, 유우성 아버지가 보따리상을 하면서 돈을 모아 연길에 집을 산 사실, 북한에서 집을 교환하고 나와 교환한 집에 최영미의 언니가 사는 것으로 알고 있다는 사실, 2011. 5.경 여동생이 중국에 나온 것이 보따리상을 하기 위해서였다는 것과 당시 이불 2개를 가지고 나와 큰 고모댁에 미리 놓아둔 사실을 확인하였음.

내일(24일) 다시 호텔에서 만나 인터뷰를 하기로 함.

2\. 2013. 3. 24. 일정

유우성 가족과 오전 10시에 호텔에서 만나기로 하였으나 만나지 못함.

유우성 가족과 연락이 되지 않아 변호인들이 집에 2차례나 찾아갔으나 아무도 없어 만나지 못함–가족들이 사라져 걱정이 됨.

여동생이 USB를 샀다는 집근처 가태2원슈퍼를 확인한 결과 연길에 동일한 이름으로 단 1개의 가게가 존재하였는데 집에서 매우 멀리 떨어진 연길 서시장(재래시장)에 있음을 확인하고 방문함.

가태2원슈퍼의 간판이 기록의 사진과 달랐으나 가게의 출입문, 구조 등은 동일한 것으로 보임.

간판이 약한 비닐간판이라 자주 교체를 하는 것으로 보이고 현재도 비닐이 찢어져 있었음.

다만, 가게에서 USB를 판매하고 있는 것은 사실이나 여동생이 집에서 매우 먼 거리인 위 장소까지 사러 갔다고 보기는 어렵고, 동인당이나 PC방과도 상당히 먼 거리였음.

유우성 집 근처 진달래 광장에 있는 연미사진관에서 2012. 1. 22. 촬영한 유우성 가족사진을 확인하였으나 원본파일이 보관되어 있지 않았음. 다만, 가족사진을 자기네 사진관에서 찍은 게 맞다고 하며 기억난다고 함(사진의 배경도 자기 사진관 배경이라고 하였고, 동일한 배경으로 찍은 사진도 확인하였음).

여동생이 근무했다고 주장하는 동인당 근처에 있는 PC방을 방문하였는데 QQ메신저, 윈도우 라이브 메신저가 설치되어 있지 않았고, 한글파일(HWP)이 실행되지 않았음.

한편, 여동생이 지목한 PC방을 방문하였는데 동인당과 상당히 먼 거리에 있었으며, 위 PC

방에는 QQ메신저가 설치되어 있으나 여전히 한글파일(HWP)이 실행되지 않았음.

국○걸이 운영하는 시사이드해선구이성을 방문하였으나 최소한 몇 달 전에 이미 사장이 바뀌었다고 함(전화번호는 동일함).

이후 유우성의 집에 다시 방문하여 여동생이 국정원에 자신의 집이라고 알려준 주소가 사실은 다른 집이었다는 것을 확인하였음.

호텔로 돌아와 유○보와 통화를 했는데 2011. 7.초경 유우성이 북한에 가지 않고 계속 자기와 함께 있다가 아버지, 여동생이 이사오는 것을 마중나갔다고 함－알리바이

다만, 유○보는 2012년 설에 출장을 가서 유우성과 함께 보내지 않은 것으로 기억한다고 함.

아버지가 2011. 7. 북한에서 이사 나온 이후에 북한에 다시 가지 않은 것으로 알고 있으며, 당시에도 건강이 좋지 않아 매우 힘들게 나왔다는 취지로 말함.

양○(여동생 남자친구)와 전화통화를 했는데 여동생과 자주 만나서 놀았는데 여동생이 두만강을 건너 북한에 다녀온 사실을 알지 못하고 아마도 가지 못할 것으로 안다고 함. 또한, 여동생이 동인당에서 근무하지 않았으며, 당시 중국어학원을 다녔다는 사실을 확인해 줌.

다만, 2013. 1.경 한국에서 여동생 친구라고 하면서 공안국(국정원으로 추정) 사람들이 전화를 해서 끊었다고 함.

조○화(유우성 친구)와 전화통화를 했는데 유우성이 어머니 장례식에 참여할 당시 자신은 연길에 없었다고 함. 한편, 그 이후 유우성이 북한에 따로 들어가지 않은 것으로 안다고 함.

3. 2013. 3. 25. 일정

오전 11시 40분 비행기를 탑승하기 전 다시 유우성 아버지를 만나기 위해 집에 방문했으나 만나지 못하여 장경욱 변호사님이 당부의 글을 적어두고 왔습니다.

자료 2 인신구제청구서

1. 청구취지

피수용자의 수용을 해제한다.
라는 결정을 구합니다.

2. 청구이유

• **피수용자의 수용상황**

피수용자는 구제청구인과 친남매 관계에 있는 중국화교입니다(소갑 제1～3호증). 2012. 10. 30. 청구인과 함께 제주공항을 통해 국내 입국하여 입국수속대에서 북한이탈주민의 보호 및 정착지원에 관한 법률(이하 '북한이탈주민지원법'이라 합니다) 제7조 제1항에 의한 '보호신청'을 하였고, 같은 날 위 법시행령 제12조에 의한 임시보호시설인 '중앙합동신문센터'(경기도 시흥시 조남동 소재, 국가정보원 관리)에 수용되었습니다.

수용된 이후 현재까지 중앙합동신문센터에 수용되어 5개월이 넘는 기간 동안 인신구금 상태

에서 국가정보원 수사관들 이외에는 일체의 외부접촉도 하지 못하고 있는 상태입니다.

• **인신보호법상 구제청구**

인신보호법은 위법한 행정처분 또는 사인(私人)에 의한 시설에의 수용으로 인하여 부당하게 인신의 자유를 제한당하고 있는 개인의 구제절차를 마련함으로써 「헌법」이 보장하고 있는 국민의 기본권을 보호하는 것을 목적으로 하고 있습니다(제1조). 이 법에서 "피수용자"란 자유로운 의사에 반하여 국가, 지방자치단체, 공법인 또는 개인, 민간단체 등이 운영하는 의료시설·복지시설·수용시설·보호시설(이하 "수용시설"이라 한다)에 수용·보호 또는 감금되어 있는 자를 말하고, 다만 형사절차에 따라 체포·구속된 자, 수형자 및 「출입국관리법」에 따라 보호된 자는 제외됩니다. 한편 이 법에서 "수용자"란 수용시설의 장 또는 운영자를 말합니다(제2조). 피수용자에 대한 수용이 위법하게 개시되거나 적법하게 수용된 후 그 사유가 소멸되었음에도 불구하고 계속 수용되어 있는 때에는 피수용자, 그 법정 대리인, 후견인, 배우자, 직계혈족, 형제자매, 동거인, 고용주 또는 수용시설종사자(이하 "구제청구자"라 한다)는 인신보호법으로 정하는 바에 따라 법원에 구제를 청구할 수 있고, 다만 다른 법률에 구제절차가 있는 경우에는 상당한 기간 내에 그 법률에 따른 구제를 받을 수 없음이 명백하여야 합니다(제3조).

• **피수용자의 신분 - 중국화교**

피수용자는 중앙합동신문센터에서 북한이탈주민지원법상에 규정된 조사를 받았습니다. 조사과정에서 피수용자는 당초 탈북자라고 진술하다가 중국화교라고 진술을 번복하였습니다. 이러한 진술번복 과정에서 피수용자는 청구인 유우성의 간첩행위에 대해 진술을 하였고, 국가정보원은 이러한 피수용자의 진술을 근거로 청구인에 대한 내사(특별사법경찰관리집무규칙 제22조)를 개시하였고, 청구인에게 국가보안법위반 혐의로 수사에 착수하여 2013. 1. 10. 청구인을 체포하여 구속한 후 같은 달 29일에 사건을 검찰에 송치하였습니다. 검찰은 청구인 유우성을 기소(서울중앙지방법원 2013고합186, 소갑 제4호증)하면서 "(청구인)유우성은 중국 국적의 재북화교임에도 2004. 4. 탈북자로 신분을 위장하여 주거지원금, 정착금 등을 부정수령하였고, 중국을 경유하여 5회 밀입북을 하는 과정에서 2006. 5.경 북한 보위부 공작원으로 포섭되어 탈북자 정보수집 지령을 받고 국내에 잠입하여 탈북자 관련단체에서 활동, 서울특별시 공무원으로서의 업무 등을 통하여 수집한 200여명의 탈북자 신원정보를 3회에 걸쳐 북한에 남아있던 피수용자를 통하여 북한 보위부에 전달하였고, 북한 보위부의 지령에 따라 (청구인) 유우성의 간첩활동을 지원하기 위하여 피수용자를 탈북자로 위장하여 국내로 잠입시키는 등 국가보안법, 북한이탈주민지원법 등을 위반하였다"는 취지의 수사결과가 기재된 보도자료를 배포하기도 하였습니다(소갑 제3호증, 제5호증). 이처럼 검찰의 기소에 의하여 청구인 유우성의 친동생인 피수용자의 신분이 중국화교로 판단되었으면 국가정보원은 즉시 중국대사관에 수용상황에 대한 통보를 하여 중국에 있는 가족과의 연락과 면회, 영사 접촉 등 필요한 조치를 취했어야 함에도 불구하고 이러한 조치를 전혀 하지 않은 채 중국인인 피수용자를 5개월이 넘는 기간 동안 법관의 영장 없이 위법하게 인신을 구속하여 수사를 진행하고 있습니다. 지난 2013. 2. 피수용자의 부의 요청에 따라 변호사가 위 중앙합동신문센터를 방문하여 변호인 접견을 하려고 수차례 시도하였으나 수용자인 국가정보원 측은 피수용자가 변호인 접견을 원하지 않는다거나 피수용자가 참고인 신분으로 변호인 접견의 대상이 아니라는 이유로 변호인 접견 및 서신교환을 불허하기도 하였습니다(소갑 제6호증).

• **중앙합동신문센터 - 법령에 의하여 설치된 임시보호시설**

북한을 벗어난 북한주민이 대한민국 국민의 일원으로서 대한민국의 자유민주적 법질서에 적응하여 건강하고 문화적인 생활을 영위할 수 있도록 그에 필요한 보호 및 지원을 하기 위하여 제정된 북한이탈지원법의 입법목적에 따라 북한이탈주민으로서 북한이탈주민지원법에 따른 보호를 받으려는 사람은 재외공관장 등에게 직접 보호를 신청하여야 하고, 보호신청을 받은 재외공관장 등은 그 사실을 통일부장관 및 국가정보원장에게 통보하여야 합니다. 통보를 받은 국가정보원장은 해당 보호신청자가 국내에 입국한 날부터 180일 이내에 일시적인 신변안전조치와 보호여부 결정 등을 위한 필요한 조사를 할 수 있습니다. 통일부장관은 국가정보원장으로부터 조사결과를 통보받은 후 30일 이내에 북한이탈주민대책협의회의 심의를 거쳐 보호여부를 결정하지만, 국가안전보장에 현저한 영향을 줄 우려가 있는 사람에 대하여는 국가정보원장이 그 보호여부를 결정하고 그 결과를 지체없이 통일부장관과 보호신청자에게 통보하여야 합니다. 국제형사범죄자, 중대한 비정치적 범죄자, 위장탈출 혐의자 등은 보호대상자로 결정하지 않을 수 있습니다(북한이탈주민지원법 제8조, 제9조 참조). 보호신청자의 임시 보호나 그 밖의 필요한 조치의 내용·방법과 필요한 조치를 위한 시설의 설치·운영 등에 대해서는 국가정보원장이 정하도록 하고 있는바, 중앙합동신문센터는 보호신청자에 대한 보호 여부 결정 전에 보호신청자의 신변을 내부나 외부의 위해로부터 보호하고, 관계기관과 합동으로 보호신청자가 진정한 북한이탈주민인지 여부 및 국가안전보장에 현저한 영향을 줄 우려가 있는지 여부 등 보호여부를 결정하는 데에 필요한 조사를 수행할 목적으로 국가정보원에 의하여 설치된 임시보호시설입니다.

• **중앙합동신문센터의 조사범위 및 변호인접견 불허상황**

임시보호시설인 중앙합동신문센터에서의 조사는 북한이탈지원법에서 규정한대로 보호 여부의 결정을 위하여 필요한 조사에 국한되어야 할 것이지, 북한이탈주민이 아닌 중국화교임이 밝혀져 위 법에 따른 보호대상자가 아님이 명확해진 상황에서는 국가보안법위반·북한이탈주민지원법위반 혐의에 대한 수사를 개시하는 것은 별론으로 하고, 더 이상 이 법에 의한 보호조치가 필요치 아니하고, 그 이상으로 북한에서의 행적, 해외체류 행적, 청구인 유우성의 간첩행위에 관한 첩보 등에 관하여 조사를 하여서는 안 될 것입니다. 북한이탈지원법시행령 제12조 제3항에 나와 있는 '임시보호나 그 밖의 필요한 조치를 위한 시설'로서의 중앙합동신문센터는 어디까지나 동조 제1항 '일시적인 신변안전조치와 보호여부 결정 등을 위한 필요한 조사'를 위해 인정될 수 있는 합리적 필요범위 내의 시설이어야 하며, 보호신청자를 장기 구금하면서 다른 형사사건의 참고인(증인)조사(내지 피수용자 본인에 대한 국가보안법위반 등 혐의에 대한 조사)를 하는 것은 그러한 합리적 필요 범위 내에 포섭된다고 볼 수 없고 위법한 수용이 되기 때문입니다. 가사 중앙합동신문센터의 설치가 관계 법령에 의하여 인정된다고 하더라도, 그것이 곧 위법한 수용의 적법성을 인정해주는 것은 아닙니다. 즉 적법한 시설이더라도 그 시설에서의 수용이 위법하게 이루어지고 있다면 그러한 적법시설에서 벌어진 개별적인 위법 수용조치는 당연히 위법한 것입니다. 수용자인 국가정보원이 의심하고 있는 대로 피수용자가 실제 북한이탈주민이 아니면서 북한이탈주민으로 위장하여 입국한 것이라면 이는 출입국관리법위반 혹은 국가보안법위반의 형사범죄에 해당하는바, 수용자인 국가정보원은 그러한 범죄혐의에 대하여 강제수사를 진행하고 있는 것입니다. 그런데 국가정보원과 검찰은 피수용자를 중앙합동신문센터에 수용한 채로 청구인 유우성에 대한 국가보안법 혐의 등에 대한 참고인 조사를 한다는 명목으로 국가보안법 혐의 등에 대한 수사를 계속하고 있고, 변호인 접견도 참고인조사단계에서 변호인의 참여를 허용하는 것은 수사기밀의 누설 및 증거인멸의 위험 등 심각한 문제가 있다는 이유를 대면서 이를 불허하고 있습니다. 국가정보원 측은 피수용자가 이 법상 보호신청자로 임시로 중앙합동신문센터에 수용되어 필요한 조사를 받고 있는바, 중앙합동신문센터에서 이 법상 필요한 조사를 받는 피조사자 지위에서는 변호인의 조력을 받을 권리는 물론 변호인의 접견권도 인정되지 않고, 청구인 유우성의 국가보안법위반 등 피의사건에 대하여 참고인의 지위에 있는 피수용자에 대하여 변호인의 접견권은 인정될 수 없다고 주장하고 있습니다. 국가정보원법 제11조에 의하면 국가정보원장·차장과 그 밖의 직원은 그 직원을 남용하여 법률에 따른 절차를 거치지 아니하고 사람을 체포 또는 감금하거나 다른 기관·단체 또는 사람으로 하여금 의무 없는 일을 하게 하거나 사람의 권리 행사를 방해하여서는 안 되고, 국정원 직원으로서 국가정보원법 제16조에 따라 사법경찰관리(군사법경찰관리를 포함한다)의 직무를 수행하는 사람은 그 직무를 수행할 때에 형사소송법 제34조를 포함하여 범죄수사에 관한 적법한 절차를 준수하여야 한다고 규정되어 있습니다. 이를 위반하여 사람을 체포 또는 감금하거나 다른 기관·단체 또는 사람으로 하여금 의무 없는 일을 하게 하거나 사람의 권리 행사를 방해한 사람은 같은 법 제19조에 의하여 처벌하도록 규정되어 있습니다.

- **수용해제결정의 필요성**

2012. 10. 30. 중앙합동신문센터에 수용된 피수용자에 대한 조사는 국내에 입국한 날부터 180일인 2013. 4. 26.경에 완료될 것으로 예정되어 있습니다. 그러나 북한이탈주민지원법시행령 제15조 제2항의 '국가정보원장은 제12조에 따른 임시 보호나 그 밖의 필요한 조치를 마친 날부터 30일 이내에 보호 여부를 결정하여야 한다. 다만, 부득이한 사유가 있는 경우에는 그러하지 아니하다.'는 규정에 따라서 180일이 경과하더라도 그로부터 30일 이내에 보호 여부 결정을 위한 임시보호조치가 가능하도록 되어 있고, 부득이한 사유가 있을 경우에는 그러한 제한도 없는 것으로 규정되어 있습니다. 따라서 피수용자에 대한 조사기간 만료시점이 임박하였더라도 법원에서 인신보호법에 따는 수용해제의 판결을 내릴 충분한 필요가 존재합니다. 설사 본건 인신구제청구사건이 법원에 계류 중에 피수용자에 대한 수용이 해제된다고 하더라도 피수용자가 법원에 구제를 청구한 사유와 같은 사유로 다른 수용시설에 다시 수용되었거나 향후 같은 사유로 재수용될 가능성을 배제할 수 없는 한, 위와 같은 수용 해제의 사유만으로 그 구제척구의 이익이 없다고 할 수 없습니다(대결 2012.1.27. 2011인마2).

- **결론**

결국 수용자 국가정보원의 피수용자에 대한 수용은 그 사유가 소멸되었음에도 불구하고 계속 위법하게 수용하고 있는 때에 해당하므로 즉시 수용을 해제하여야 합니다. 이에 구제청구인의 대리인은 귀 법원에 피수용자에 대한 인신구제청구를 하기에 이른 것입니다.

자료 3 사실조회신청서

사실조회신청서

사 건 2013노2728 **국가보안법위반(간첩)등**
피고인 **유우성**

위 사건에 관하여 피고인의 변호인은 다음과 같이 사실조회를 신청합니다.

다 음

1. 조회목적

주한중국대사관에 검찰이 화룡시 공안국으로부터 수신하였다는 출입경기록과 발급사실확인서를 화룡시 공안국이 발급한 사실이 없다는 사실을 확인하여 검찰이 제출한 출입경기록이 위조된 것임을 입증하고자 합니다.

2. 조회처

중화인민공화국주대한민국대사관
(100－809) 서울특별시 중구 명동2가 27

3. 조회할 사항

별지와 같음

첨 부 서 류

1. 검사가 제출한 유우성의 출입경기록 사본 1부
2. 검사가 제출한 화룡시 공안국 명의의 사실확인서 1부
3. 변호인이 제출한 유우성의 출입경기록 사본 1부

2013. 12. .
피고인의 변호인
법무법인 율
담당변호사 양승봉
법무법인 주원
담당변호사 김용민
변호사 김진형

서울고등법원 제7형사부 귀중

– 별지 –

사실조회할 사항

1. 화룡시 공안국이 심양주재 대한민국영사관의 중국인 유가강(남, 1980. 10. 26.생 호구번호 A019055)의 출입경기록 사실조회요청에 대하여 [첨부서류 1.]과 같은 내용으로 회신한 사실이 있는지.

2. 화룡시 공안국이 자체적으로 출입경기록을 발급하여 외부기관에 제공할 권한이 있는지.

3. 화룡시 공안국에서 삼합세관을 통한 출입경기록을 발급, 관리할 권한이 있는지.

4. 피고인 유우성(중국명: 유가강)의 중국 호구상 주소는 연길시인데 화룡시 공안국에서 연길시 주민에 대한 출입경기록을 발급, 관리할 권한이 있는지.

5. 화룡시 공안국이 출입경기록발신여부에 대한 심양주재 대한민국영사관의 사실조회요청에 대하여 [첨부서류 2.]와 같이 '출입경기록 발급사실'을 확인하여 준 사실이 있는지.

6. [첨부서류 3.]의 출입경기록 중국인 유가강(남, 1980. 10. 26.생 호구번호 A019055)에 대한 진정한 출입경기록인지.

7. 동일인에 대한 출입경기록이 [첨부서류 1.]과 [첨부서류 3.]으로 두 종류가 존재하는 이유.

8. [첨부서류 1.]과 [첨부서류 3.] 가운데 어느 것이 유가강에 대한 진정한 출입경기록인지.

9. 피고인 유우성(중국명: 유가강)이 2006. 5. 23.경 북한출입경에 사용한 통행증(번호 A019055)으로 연속하여 2회 출입경이 가능한지. 만약 불가능하다면 [첨부서류 3.]에 피고인이 2006. 5. 27. 중국으로 나온 뒤(入) 같은 날 다시 나오고(入), 2006. 6. 10. 재차 중국으로 나온(入) 기록이 존재하는 것이 오류인지.

자료 4 준항고장

준항고인 법무법인 상록
피준항고인 국가정보원장

1. 신청취지

피준항고인이 2013. 2. 5. 피의자(피내사자) 유○○에 대한 접견을 불허한 처분은 이를 취소한다.

2. 신청원인

• **피의자(피내사자) 유○○에 대한 국가보안법위반 범죄사실의 조작 개연성**

위 피의자(피내사자)는 현재 국가보안법위반 피의사실로 구속 수사(2013. 1. 10. 국가정보원에 의해 체포, 1. 29. 검찰 송치) 중에 있는 유우성의 여동생입니다. 피의자(피내사자)는 2012. 10. 30. 국내 입국한 즉시 북한이탈주민으로 신고한 이후 위 일시로부터 경기 시흥시 조남동

87-1 소재 국가정보원 중앙합동신문센터에 수용되어 현재까지 사실상의 구금상태로 독방에서 외부와 일체의 접촉도 차단된 가운데 국가정보원의 조사를 받고 있는 것으로 보이고, 그 과정에서 국가정보원 수사관들의 강압, 협박, 기망, 회유 등에 의하여 위 유우성에 대하여 허위의 진술(유우성이 국가안전보위부의 지령을 받기 위하여 방북하였다거나 국가안전보위부의 지령에 따라 탈북자의 신상정보를 유우성으로부터 건네받아 전달하였고, 그녀도 국가안전보위부의 지령에 따라 유우성의 간첩 행위를 도와주기 위하여 잠입하였다는 등)을 하고 있는 것으로 보입니다. 유우성 남매의 부 유○○(중국 거주)은 두 남매가 아무런 죄도 없이 간첩의 누명을 쓰고 있는 상황을 전해 듣고 망연자실한 상태로 그 구명을 호소하고 있고, 특히 피의자(피내사자)의 허위 진술에 의하여 유우성의 국가보안법위반 피의사실이 날조된 것에 대하여 그 방북 일시를 확인하면서 피의자(피내사자)의 진술이 그와 같다면 그것은 정신이 미치지 않고서야 있을 수 없는 터무니가 없는 것이라고 증언하고 있습니다.

• **피준항고인의 피의자(피내사자)에 대한 변호인 접견 신청에 대한 불허의 경위**

피의자(피내사자)의 오빠로서 유우성은 터무니없는 거짓말을 할 수 밖에 없을 정도의 피의자(피내사자)의 신상에 대하여 걱정을 하며 국가정보원 수사 이래로 계속하여 피의자(피내사자)와의 대질신문을 요구하였으나 국가정보원은 그 약속을 어겼고 검찰은 증거인멸 운운하며 현재까지 이를 거부하고 있습니다(소갑 제1호증의 1, 2 각 변호인 의견서 참조). 유우성은 준항고인 등에게 피의자(피내사자)의 안위에 대하여 걱정을 하며 피의자(피내사자)에 대한 변호인 접견을 요청하며 가족으로서 변호인 선임을 의뢰하였고, 준항고인은 중국에 있는 부 유○○과 통화를 하여 그로부터 부모님과 같은 마음으로 두 남매를 구명하기 위하여 도와달라는 부탁을 받았습니다. 이에 준항고인(담당변호사 천낙붕, 장경욱) 등은 2013. 2. 4. 피준항고인에 대하여(국가정보원 전화번호 02-2202-8685, 팩스번호 02-2187-0329, 담당 수사관 박○○ 010-4100-××××) "피의자 또는 피내사자: 유○○(1987. 3. 00.생), 접견 일시: 2013. 2. 5. 15:00, 접견 장소: 국가정보원 변호인 접견실 또는 국가정보원 중앙합동신문센터 중 지정안내하는 곳"이라는 내용의 변호인 접견신청을 하였습니다(소갑 제2호증의 1 접견신청서, 소갑 제2호증의 2 팩스 송신 보고서 참조). 피준항고인은 2013. 2. 5. 오전부터 준항고인의 거듭되는 피의자(피내사자)에 대한 변호인 접견 허부 여부에 대한 독촉에도 불구하고 계속 윗선에서 검토 중이라는 말로 시간을 지체하는 가운데, 2013. 2. 5. 15:30경 준항고인의 담당변호사 천낙붕, 장경욱 변호사와 준항고인 외 법무법인 주원의 담당변호사 김용민 변호사, 그리고 유우성의 후원인 김○○ 신부 이상 4명이 경기 시흥시 조남동 87-1 소재 국가정보원 중앙합동신문센터 민원안내실에 도착한 가운데 위 변호사들이 변호인선임신고서, 변호사 신분증과 함께 변호인 접견신청을 하였음에도 민원안내실의 직원들은 "지시가 없었다, 소관사항이 아니다, 모르는 사항이다"라며 그 접수조차 거부하였습니다(소갑 제3호증 접견신청서). 이에 준항고인은 2013. 2. 5. 15:49경 국가정보원 수사관 박○○와의 전화통화로 국가정보원 중앙합동신문센터에 도착한 사실을 알리며 피의자(피내사자)에 대한 변호인 접견 허부에 대한 공식적 응답을 줄 것을 또다시 요청하게 되었고, 위 박○○는 계속 검토 중에 있다고 전하였습니다. 피준항고인은 2013. 2. 5. 16:30이 되어서야 위 박○○ 수사관을 통해 전화통화로 준항고인 등에게 피의자(피내사자)가 변호인을 만나기를 원하지 않아 변호인 접견을 불허한다는 공식 입장을 전달하여 왔습니다. 피의자(피내사자)가 변호인을 만나기를 원하지 않는다는 피준항고인 측의 일방적 통보는 피의자(피내사자)에 대한 변호인의 접견을 막아 중앙합동신문센터에서 최장 6개월에 이르는 사실상의 구금상태에서 이루어지는 탈북자 간첩 조작의 진상을 은폐하기 위한 구실에 불과한 것입니다. 국가정보원 중앙합동신문센터에서 2012. 10. 30. 이래 현재까지의 기간만으로도 사실상의 장기간의 구금상태로 독방에서 조사를 받으며 친오빠 유우성에 대하여 허위진술을 할 수 밖에 없는 피의자(피내사자)로서는 엄청난 심리적 불안과 중압감을 가질 수밖에 없으며, 자신의 방어권 행사에 필요한 유일한 존재인 변호인에 대해 더욱더 의지하며 도움을 받고 싶어 하는 것은 당연한 일인데 변호인 접견을 스스로 원하지 않는다는 것이야말로 피준항고인이 변호인 접견권을 침해하고 있음을 보여주는 명백한 반증입니다. 세상에 피의자 신분으로 변호인으로부터 수사의 전 기간, 전 국면에 걸쳐 모든 방법으로 도움을 받길 원하지 않는 사람은 없습니다. 그렇기 때문에 사선변호인이 없는 피의자의 경우 구속 전 피의자심문(영장실질심사)의 단계에서부터 지방법원판사는 직권으로 변호인(국선변호인)을 선정하도록 함으로써 헌법이 보장하는 피의자의 변호인의 조력을 받을 권리를 보장하고 있는 것입니다.

• **결 론**

피준항고인이 피의자(피내사자)가 변호인을 만나려 하지 않는다는 이유를 들어 변호인 접견을 불허하는 것은 변호인의 접견권을 침해한 것입니다.

자료 5 보도자료-국정원 증거조작 공소제기에 대한 변호인단 입장

1. 어제(2014. 3. 31.) 언론보도에 따른 '간첩증거조작' 수사결과에 의하면 국정원 대공수사국 김모과장은 협력자 김모씨에게 수백만원을 주고 중국공문서를 위조하도록 지시하였고, 화룡시 공안국 회신서 조작에 대하여 국정원 수사팀 사무실에서 회의가 열렸고, 위조된 서류를 국정원 사무실에서 팩스번호를 조작, 화룡시 공안국에서 보낸 것처럼 선양영사관에서 전송하는 등 증거조작이 매우 조직적으로 이루어진 것으로 밝혀졌습니다.

2. 이뿐만 아니라 이들은 변호인이 정상적으로 발급받아 제출한 출입경기록을 변조하고 공증서를 위조하는 등 중국으로부터 '검찰이 제출한 증거는 모두 위조된 것'이라는 사실조회회신이 오기 직전까지도 증거조작을 시도하였을 정도로 그 조작의 수법과 대담성이 상상을 초월할 정도로 조직적이고 충격적입니다.

3. 그럼에도 불구하고 검찰의 수사결과는 분노한 국민들의 기대에 전혀 부응하지 못하고 있습니다. 크게 3가지의 관점에서 문제가 있다고 할 것입니다. 우선, 전형적인 꼬리자르기식 수사입니다. 국정원 지휘부에 대한 수사와 담당검사를 포함한 검찰 내부에 대한 수사를 사실상 포기한 것으로 보여지는 수사결과입니다. 한편, 적용법조에 있어서도 큰 문제를 내포하고 있습니다. 형량에 있어 매우 큰 차이가 나는 국가보안법을 적용하지 않고 일반 형법을 적용하는 것은 봐주기 수사라고 할 것입니다. 마지막으로는 수사의 누락입니다. 검찰은 증거조작의 핵심인 출입경기록 위조에 대한 판단을 하고 있지 않아 이에 대한 수사를 진행하지 않은 것으로 보입니다. 나아가 천주교인권위원회에서 고발한 내용 중 증거은닉혐의에 대한 수사를 진행하지 않

았습니다. 아래에서는 이러한 문제점들을 구체적으로 설명하겠습니다.

4. 국정원의 수직적 위계질서와 조직구조를 감안한다면 지휘체계의 승인없이 기획담당과장에 불과한 자가 수천만원의 예산을 들여서 증거를 조작하고 선양총영사관의 영사에게 증거조작에 가담할 것을 지시할 수는 없을 것입니다. 한편, 변호인의 주장을 반박할 자료를 구해오라는 압박이 상당했을 것으로 보이는 점과 인사권까지 행사하여 권모 팀장 및 이모영사를 선양총영사관에 파견 보낸 사실은 국정원 지휘부에서 충분히 알았거나 또는 지시했을 수 있다는 정황증거입니다. 한편, 국정원 대공수사팀이 사전에 기획회의를 하고 팩스 번호 조작이라는 교활한 수법을 사용하였으며 비정상적인 예산이 집행되었는데 이에 대한 보고서가 국정원장에게 전달되었을 가능성이 매우 높습니다. 따라서 반드시 국정원 지휘책임자에 대한 수사와 기소가 진행되어야 합니다.

5. 또한 담당검사들 역시 이미 2013. 6.경 대검찰청에서 길림성 공안청에 출입경기록을 요청하였다가 거절당했음에도 재판부에 그와 같은 사실을 밝히지 않고 국정원을 통해 출입경기록을 입수하여 증거로 제출한 사실, 내용이 서로 다른 여러 개의 출입경기록을 제출받아 그 가운데 한 개를 선택해서 재판부에 제출했고, 검사 스스로도 의심스러워 화룡시공안국에 확인공문을 보낸 사실과 화룡시에서 답변이 오기도 전에 이를 증거로 제출한 사실이 있습니다. 이를 종합하면 담당검사들도 위조사실에 대해 인식이 있었거나 적어도 미필적 고의가 있었던 것이라고 판단됩니다. 특히, 2013. 12. 6. 공판에서 변호인단은 검사제출 출입경기록에 대하여 강력하게 위조주장을 하고 중국 공무원들의 위조확인 동영상을 포함한 증거의견 PT를 진행하였으며, 국정원의 공작원이라 자칭하는 자가 출입경기록 위조에 대해 예언한 바 있으므로 중국문서들에 대하여 철저하게 검증하라고 경고한 바 있습니다. 그럼에도 불구하고 담당검사들은 2013. 12. 18. 법정에서 조선족 김모씨가 위조해 온 삼합변방검사참 명의의 <상황설명서>에 대한 답변서를 아무런 검증 없이 증거로 제출하였습니다. 이런 정황들을 종합하면 담당검사들도 위 증거위조행위에 관여하였거나, 최소한 위조행위를 인식하고 묵인하였거나 미필적고의로 이를 법원에 제출한 것이라고 볼 수 있을 것입니다.

6. 그렇다면 위 증거조작은 국정원과 검찰이 유우성을 간첩으로 처벌받게 하기 위하여 증거를 위조하고 위조 증거를 사용한 것으로서 국가보안법 제12조(증거날조죄)가 적용되어야 합니다.

7. 국가보안법은 수사기관의 자의적 판단에 따른 남용을 방지하기 위해 제12조 규정을 두었는데, 피해자 유우성에 대한 수사 및 공판과정에서 증거가 조작되고, 선별적으로 제출하는 것과 같은 수사기관과 검사의 행위는 전형적인 사건 조작이며, 권한을 남용한 것으로서 국가보안법 제12조의 증거날조행위에 해당한다고 할 것입니다(2014. 3. 21.자 보도자료 참고).

8. 그럼에도 불구하고 검찰은 국정원 김모과장과 협조자 김모씨에 대해서만 형법 제155조의 모해증거위조죄 등으로 기소한다고 발표했습니다.

9. 검찰이 이 사건에 대해 국가보안법이 아닌 형법을 적용하는 것은 증거조작을 지시한 국정원 지휘책임자와 증거조작에 관여한 것으로 보이는 담당검사들 및 검찰 지휘부에 대한 처벌을 회피하기 위한 것으로 보입니다.

	국가보안법 제12조(증거날조)	형법 제155조(모해증거위조)
행위	**제1항 타인으로 하여금 형사처분을 받게 할 목적으로 이 법의 죄에 대하여 무고 또는 위증을 하거나 증거를 날조·인멸·은닉** **제2항** 범죄수사 또는 정보의 직무에 종사하는 공무원이나 이를 보조하는 자 또는 **이를 지휘하는 자가** 직권을 남용하여 제1항의 행위	**피고인, 피의자 또는 징계혐의자를 모해할 목적으로** 타인의 형사사건 또는 징계사건에 관한 증거를 인멸, 은닉, 위조 또는 변조하거나 위조 또는 변조한 증거를 사용
형량	사형, 무기 또는 7년 이상 징역	10년 이하 징역

10. 한편, 검찰 수사결과를 살펴보면 가장 중요한 위조 문서인 출입경기록에 대한 수사가 전혀 없었던 것으로 보여집니다. 다른 위조문서들은 위 출입경기록을 보완하기 위한 문서들에 불과하므로 검찰 수사의 가장 중요한 초점은 출입경기록 위조라고 할 것입니다. 그럼에도 불구하고 검찰은 출입경기록이 위조되었는지조차 판단하지 않은 것으로 보여집니다. 출입경기록 위조에 대하여 제대로 수사를 해야만 국정원이 왜 문서를 위조하게 되었는지 동기를 확인할 수 있고, 누구의 지시로 위조하게 되었는지 퍼즐이 맞춰질 수 있는 것입니다. 검찰은 실망스러운 수사결과로 헌정사상 유례없는 증거조작 사건을 덮으려고 할 것이 아니라 가장 기초적인 수사부터 진행해야 할 것입니다.

11. 나아가 피해자 유우성이 병합을 요청하였고 천주교인권위원회에서 고발한 증거은닉 내지 인멸부분에 대한 수사가 이루어지지 않은 것으로 보입니다. 이 사건은 단순히 증거조작으로 마무리 될 사건이 아니라 검사를 포함한 수사기관에서 조직적으로 간첩을 조작했을 개연성이 매우 높은 사건입니다. 이에 대한 가장 중요한 정황이 바로 증거은닉입니다. 즉 유우성이 밀입북했다는 시기에 중국에서 촬영한 사진들을 은닉하거나 선별적으로 제출하면서 마치 북한에서 촬영한 것처럼 증거로 제출한 행위는 명백한 증거은닉 내지 인멸행위라고 할 것입니다. 검찰의 수사는 이 부분에까지 확장되어야 합니다.

12. 검찰이 스스로 명예를 회복할 기회를 저버리고 국정원 직원 일부에 대한 처벌만으로 사건을 축소, 은폐하려고 한다면 증거조작과 관련된 사건의 수사는 검찰이 아니라 별개의 특별검사를 임명하여 증거조작과 간첩사건조작을 철저하게 수사하도록 해야 합니다.

13. 또한 특별검사가 임명되면 검찰이 국정원 지휘책임자와 간첩조작사건의 담당검사들을 수사하지 않은 것에 대해 국가보안법 제11조의 특수직무유기에 대해 수사를 해야 할 것입니다.

국가보안법

제11조(특수직무유기) 범죄수사 또는 정보의 직무에 종사하는 공무원이 이 법의 죄를 범한 자라는 정을 알면서 그 직무를 유기한 때에는 10년 이하의 징역에 처한다.

14. 국민은 검찰에게 바위도 자를 수 있는 예리하고 튼튼한 검을 쥐어주었습니다. 그러나 검찰 수사결과를 보면 검찰은 스스로 그 칼을 버리고 낡은 과도를 휘두르며 간신히 꼬리만 자르고 있습니다. 검찰은 이제라도 낡은 과도를 버리고 큰 칼을 휘두르며 법치주의의 근간을 흔드는 조직적인 범죄를 도려내어야 할 것입니다.

가족관계등록부상 성별정정 사건

박 한 희*

1. 사건의 배경

가. 트랜스젠더와 성별정정

일반적으로 사람이 태어나면 「가족관계 등록 등에 관한 법률」에 따라 남성 또는 여성 어느 하나의 성별로 출생신고가 이루어진다. 그리고 이렇게 출생 시 지정된 성별은 가족관계등록부의 성별란에 기입되고 이를 바탕으로 성별 번호가 포함된 주민등록번호가 부여된다. 대다수의 사람들은 이렇게 지정된 자신의 성별에 대해 별다른 위화감이나 불편함을 느끼지 못하고 살아간다. 하지만 그 중에는 지정 성별에 따른 외모, 옷차림, 성역할, 신체 등에 불편함을 느끼고, 나아가 그와는 반대의 성별, 또는 남/여가 아닌 독자적인 성별로 자신을 인식[1]하는 사람들이 존재한다. 이러한 사람들을 트랜스젠더(Transgender) 또는 성전환자[2]라고 부른다.

많은 트랜스젠더들은 사회 속에서 자신의 성별정체성에 따라 살아가기를 원하고, 이를 위하여 '성별 이행(transition)'이라는 과정을 거치게 된다. 여기에는 성별정체성에 맞추어 옷차림, 머리 모양 등 외견을 변화시키는 것부터 개명, 호르몬 요법이나 외과 수술을 통한 신체 특징의 변화까지 모두 포함되며, 개인은 자신의 신체적, 경제적, 사회적 여건에 따라 성별 이행의 정도를 선택한다. 그리고 '성별 이행'의 과정에서 트랜스젠더들은 외관, 주변인과의 관계 등 사회적으로 인식되는 성별이 가족관계등록부상의 법적인 성별과 불일치하는 상황에 놓이게 된다.

이러한 법적 성별과 사회적인 성별의 불일치는 성별이 구분되는 모든 영역에서 트랜스젠더를 배제하고 소외시킨다. 많은 트랜스젠더들은 성별에 따른 옷차림, 행동거지 등

---

* 변호사, 공익인권변호사모임 희망을 만드는 법.

1) 이렇게 개인이 '자신의 성별에 대해 내적으로 인식하고 경험하는 것'을 성별정체성(gender identity)라고 부른다.

2) 일반적으로 당사자 커뮤니티나 사회학에서는 트랜스젠더를 주로 사용하고 법학에서는 성전환자를 주로 사용한다. 이 글에서는 맥락에 따라 두 용어를 적절히 혼재해서 쓰고자 한다.

이 요구되는 학교에서부터 차별과 인권침해를 받으며, 사회에 나와서는 외관과 법적 성별이 다르다는 이유로 면접과정에서 부당한 질문을 받거나 채용을 거부당하기도 한다. 또한 공공기관의 이용, 은행 및 보험 업무, 병원 이용, 선거 투표, 해외 출입국 심사, 휴대폰이나 인터넷 가입과 같이 신분 확인이 요구되는 모든 업무에 있어 신분증을 제시하기 어려워 이러한 업무를 포기하거나, 제시하더라도 본인 여부를 의심받는 등의 어려움을 겪는다.

따라서 트랜스젠더에게 있어 가족관계등록부상 성별을 자신의 성별정체성에 맞게 정정하는 것은 인간으로서의 존엄을 지키고 행복하게 삶을 영위하기 위해 요구되는 최소한의 조건이다.

[자료 1] 법적 성별이 자신의 성별 정체성과 일치하지 않을 때 일어나는 일들

나. 대법원 판례와 예규에 따른 성별정정 기준

2006. 6. 22. 대법원은 전원합의체 결정을 통하여 성전환자의 호적상 성별정정을 허가하는 결정을 내렸다. 대법원은 "종래에 성염색체, 생식기 등 생물학적 요소에 따라 성을 결정해왔으나, 근래에 와서는 개인의 성별인식이나 성별 역할 수행, 즉 정신적·사회적 요소들 역시 사람의 성을 결정하는 요소 중의 하나로 인정받게 되었다"고 하면서, 성전환자가 일정한 요건을 갖춘 경우는 출생 시와는 달리 전환된 성을 법률적 성별로 평가할 수 있다고 판시하였다. 또한 "호적이 진실에 부합하지 않을 시에는 이에 맞게 기재사항을 수정해야 하고", "호적법이 성별란 정정 규정을 두지 않은 것은 입법 당시 이를 상정하지 못한 것이지 성별 정정을 불허하기 위한 취지는 아니다"는 이유를 들어 (구) 호적법 제120조의 절차에 따라 성별란 정정이 가능하다고 판시하였다(대법원 2006. 6. 22.자. 2004스42 전원합의체 결정).

이 결정에 따라 그 전까지 몇몇 하급심 법원에서 간헐적으로 이루어졌던 성전환자의 성별정정이 일정한 요건만을 갖추면 가능하게 되었다. 이후 대법원은 2006. 9. 6. 대법원 예규로 「성전환자의 성별정정허가신청사건 등 사무처리지침」[3])을 마련하여 법원이 성별정정 허가여부를 판단하는데 있어 조사해야 하는 요건과 제출해야 하는 서류 등을 다음과 같이 제시하였다.

---

3) 「성전환자의 성별정정허가사건등 사무처리지침」은 2006. 9. 6. 대법원 호적예규 제716호로 제정되었고 「(구) 호적법」이 폐지되고 「가족관계 등록 등에 관한 법률」이 제정됨에 따라 2007. 12. 10. 가족관계등록예규 제256호로 대체되었다. 이후 국가인권위원회의 권고결정(06진차525·06진차673 병합결정)을 일부수용하여 2009. 1. 20. 예규 제293호로 개정되었고, 2011. 11. 10. 도로명 주소 도입을 반영하여 예규 제339호로 개정되었다. 그 후 대법원 2011. 9. 2.자 2009스117결정을 반영하여 예규 제346호(2011. 12. 5.)로 재개정되었고 이후 민법 개정에 따른 연령 조정, 일부 문구 수정 등을 거쳐 현재 예규 제435호(2015. 1. 8.)가 적용되고 있다.

1. 대한민국 국적자로 19세 이상의 행위능력자일 것
2. 현재 혼인중이 아닐 것
3. 미성년인 자녀가 있지 않을 것
4. 성전환증으로 성장기부터 지속적으로 반대의 성에 귀속감을 느껴왔을 것
5. 성전환수술을 받아 외부성기를 포함한 신체외관이 반대의 성으로 바뀌었을 것
6. 생식능력이 없고 재전환할 가능성이 극히 없을 것
7. 범죄 또는 탈법행위에 이용할 의도나 목적이 없을 것
8. 부모의 동의서를 제출할 것

즉, 대법원은 성별정정을 받을 수 있는 트랜스젠더를 '성전환 수술을 받아 생식능력이 없고', '혼인 중이 아니고', '미성년 자녀가 없는' 사람으로 제한하고 있으며 '성인이어도 부모의 동의서를 제출할 것'을 요구하고 있다. 이러한 요건들은 성별정정을 허가하는 다른 국가들과 비교해보아도 가장 엄격한 요건으로서, 트랜스젠더의 구체적인 삶에 대한 이해 없이 지나치게 경직된 기준이라는 비판을 받아왔다.

[자료 2] 「성전환자의 성별정정허가사건등 사무처리지침」

다. 외부성기 성형수술의 장벽

대법원이 제시하는 요건들은 여러 면에서 인권침해적인 요소들이 있지만 그 중에서도 특히 문제적인 것이 외부성기 성형수술 요구이다. 이를 이해하기 위하여 간략하게 트랜스젠더가 받는 성전환 관련 외과수술의 과정을 살펴보면, 여성에서 남성으로 성전환하는 경우에는 일반적으로 가슴제거수술, 자궁난소적출수술, 음경 성형수술을 단계별로 받게 되며 남성에서 여성으로 성전환하는 경우에는 고환절제수술과 질, 외음부 성형수술을 동시 또는 단계별로 받는다.

결국 음경, 질 및 외음부 성형수술과 같은 외부성기 성형수술은 가장 마지막에 이루어지는 수술로서 개인에 따라 전혀 필요로 하지 않는 경우도 많다. 또한 필요로 하는 경우에도 수 천만원에 이르는 비용과 건강상 부담이 크기 때문에 경제적, 사회적, 신체적 상황에 따라 개인에 맞게 신중히 선택해야만 하는 문제이다. 그럼에도 대법원 예규는 '외부성기를 포함한 신체외관의 변화'를 규정하고 있고, 이에 따라 실제로 성별정정허가사건을 담당하는 법원들은 외부성기 성형수술을 일률적으로 요구하여 왔다. 이는 성전환자의 성별정정에 실질적인 장벽으로 작동하였고 따라서 해당 요건을 완화할 필요성이 강하게 요구되었다.

2. 성별정정 관련 사건의 경과

대법원 전원합의체 결정에서부터 최근에 이르기까지 성전환자의 성별정정과 관련된 주요 결정과 사건들의 경과는 다음과 같다.

2006. 06. 22. : 대법원 2006. 6. 22.자 2004스42 전원합의체 결정
2006. 09. 06. : 대법원 예규 「성전환자의 성별정정허가신청사건 등 사무처리지침」 제정
2006. 10. 12. : 「성전환자의 성별변경 등에 관한 특별법안」 발의(노회찬 의원 등 12인)
2008. 11. 13. : 국가인권위원회 성별징징 요건 완화 및 특별법 제정 권고
2011. 09. 02. : 대법원 2011. 9. 2.자 2009스117 전원합의체 결정
(미성년자녀를 둔 성전환자의 성별정정 불허)
2013. 03. 15. : 서울서부지방법원 2013. 3. 15.자 2012호파4225 결정
(외부성기 성형 없는 트랜스젠더 남성에 대한 성별정정 허가)
2013. 11. 19. : 서울서부지방법원 2013. 11. 19.자 2013호파1406 결정(결정이유 설시)
2013 ~ : 같은 취지 결정 다수(인천지방법원, 대구가정법원, 울산지방법원 등)
2017. 02. 14. : 청주지방법원 영동지원 2017. 2. 14.자 2015호기302 결정
(외부성기 성형 없는 트랜스젠더 여성에 대한 성별정정 허가)

3. 트랜스젠더 남성(여성에서 남성으로의 성전환자)에 대한 성별정정 사건

가. 사건의 진행

(1) 기획신청 준비와 신청당사자 모집

2012년 공익인권변호사모임 희망을만드는법의 류민희, 조혜인, 한가람 변호사와 공익인권법재단 공감의 장서연 변호사가 함께 참여하고 있는 SOGI(성적지향·성별정체성) 법정책연구회(이하 '소지법연구회')는 성별정정 요건을 완화하기 위한 활동을 준비하였다. 구체적으로는 법원에 기획신청을 하는 것을 목표로 하였다. 당시 연구회에는 트랜스젠더 남성이 연구원으로 함께 하고 있었고, 그의 제안에 따라 우선적으로 외부성기 성형 수술 요구의 문제점을 다투기로 결정하였다.

준비과정에서 가장 핵심은 신청당사자의 모집이었다. 트랜스젠더들의 다양한 삶의 이야기를 전하기 위해서는 되도록 연령, 상황이 각기 다른 여러 명이 필요하면서도, 대법원 재항고까지 갈 경우 3년 내지 5년이 걸릴 수도 있는 만큼 지속적으로 신뢰관계를

유지할 수 있는 적정한 인원수를 고려해야 했다. 그렇게 하여 소지법연구회 당사자 연구원을 중심으로 20대 중반부터 40대 후반까지, 취업준비생부터 공무원까지 다양한 구성을 가진 5명의 신청인을 모집하였다.

법원에 성별정정 신청을 위해서는 요건을 맞추어 신청서를 제출하는 것 외에 병원 진단서, 인우보증서, 진술서 등 수십 개의 첨부서류를 당사자 별로 준비해야 했다. 그 중 필수서류 중 하나인 정신과 진단서 2부의 경우 진단과 발급을 받는 데 100만원에 가까운 큰 비용이 들었기에 젊은 신청인에게는 그것만으로도 큰 부담이 되었다. 다행히 한국게이인권운동단체 친구사이에서 비용 중 일부를 지원해 주어 진행에 도움이 되었다. 또한 전문가 의견서를 모으기 위한 비용은 한 독지가로부터 도움을 받기도 하였다.

(2) 신청에서부터 심문, 허가결정까지

신청인들이 확정된 후 소지법연구회에서는 준비를 위한 수차례의 워크숍과 연구 작업을 진행하였다. 트랜스젠더에 대한 의학적 정보와 해외 법령, 판례, 헌법적 쟁점들을 조사, 번역, 연구하면서 근거들을 쌓아 나갔다. 또한 국내 법학 교수들과 의사들, 외국 전문가들로부터 법률적, 의학적 쟁점에 대한 의견서를 받았다.

그렇게 모여진 논거들과 자료들을 종합하고 다듬어 2012. 12. 19. 서울서부지방법원에 신청서를 제출하였다. 가족관계등록부 정정사건의 경우 라류 가사비송사건으로서 법원의 폭넓은 재량이 인정되며 심리기간이 명확히 정해져 있지 않은 것을 특징으로 한다. 다만 성별정정 사건의 경우 대법원예규에 의해 당사자 심문을 하는 것을 원칙으로 하고 있다. 그렇기에 법원과 지속적으로 연락을 하면서 심문이 잡힐 것인지 언제 하게 될 것인지를 물어보았고, 결국 2013년 3월 심문기일이 잡혔다는 연락을 받았다.

대리인단 변호사 4명과 신청당사자들은 예상 질문을 작성하여 미리 연습을 하는 등 심문기일을 준비하였다. 당일 신청인들 중 4명이 법원 심문을 진행하였고, 1명은 상을 당하여 그보다 한 주 늦게 심문을 진행하였다. 그는 심문 당시 "취업 서류심사를 통과하고 최종 면접에서 떨어질 때마다, 법적 성별은 여자인데 모습은 정장을 입은 남자여서 떨어진 것은 아닐 것이라고, 내 실력이 모자란 탓이라고, 그렇게 생각하면서 더 열심히 하려고 했다. 그렇지만 면접을 보면 언제나 떨어졌다."라는 말을 전하며 눈물을 흘리기도 하였다. 그리고 심문기일 다음날, 신청으로부터 4개월 뒤인 2013. 3. 15. 신청인 5명에 대해 모두 등록부정정 허가결정이 이루어졌다.

[자료 3] 등록부정정허가신청서

나. 사건의 쟁점과 입증

(1) 외부성기 요구에 대한 규범적인 필요성이 존재하는지

성전환자의 성별정정에 있어 일정한 요건을 둔 것은 '전환된 성에 대한 귀속감, 전환된 성으로서의 삶의 안정성과 불가역성' 및 '성별정정으로 인해 신분관계 변동에 영향을 미치는지 여부' 등을 고려하여 개인은 법률적 성별을 판단하기 위함이라 할 것이다. 그러나 대리인단은 이러한 판단에 있어 '외부성기'가 반드시 요구되지 않는다는 점을 다음과 같이 주장하였다.

먼저 외부성기가 없다 하여도 개인이 신체적인 성별과는 다른 성별에 귀속감을 가질 수 있고 성별정정 허가신청 시에 제출하는 정신과의사의 진단서, 호르몬요법 등 다른 의료적 조치의 정도 등을 통해 전환하고자 하는 성별에 대한 귀속감을 충분히 판단할 수 있으므로 외부성기는 법률적인 성별을 판단하는 데 있어 절대적 요소라 볼 수 없다.

또한 사회생활에 있어 외부성기를 드러내야 하는 경우는 목욕탕, 수영장을 가거나 성생활을 하는 것과 같이 일상생활에 있어 반드시 필요한 영역이 아니거나 극히 내밀한 개인적인 영역이다. 따라서 외부성기를 갖추지 않았다 하여 사회생활에 어려움을 겪거나 반대로 외부성기를 갖춘다 하여 사회생활상 큰 이익이 있다 볼 수 없다. 그럼에도 외부성기수술을 요구하는 것은 막대한 수술비용과 그 과정에서 일어날 수 있는 건강상 부담으로 인해 성전환자에게 과도한 부담을 지우는 것이다.

(2) 대법원 판례와 예규가 외부성기수술을 필수적으로 요구하는지

대법원 판례와 예규는 '외부성기를 포함한 신체외관'이 반대의 성으로 바뀌었을 것을 성별정정 판단의 기준으로 삼고 있다. 위 문구만을 놓고 보자면 외부성기는 신체외관을 판단하기 위한 하나의 요소이지 외부성기만을 독립하여 필수적인 요건으로 두고 있는 것이 아니다. 그럼에도 그 동안 법원의 관행은 외부성기 수술을 성별정정에 있어 필수적인 것으로 해석하고 이를 요구하여 왔다.

이에 대해 대리인단은 2006년의 대법원 판결은 이미 성전환수술을 마친 신청인에 대한 것이므로 외부성기 유무가 쟁점이 안 되었던 점, 외부성기는 신체외관의 하나의 요소에 불과하다는 점을 들어 대법원 판례와 예규가 외부성기를 독자적인 필수요건으로 요구하고 있다 볼 수는 없다고 이야기하였다.

(3) 외부성기 요구에 대한 의학적 필요성이 존재하는지

대리인단은 성별정정에 있어 외부성기를 요구하는 것은 법적으로만이 아니라 의학적 관점에서 보아도 필수적이지 않다는 점 역시 이야기하였다.

성전환자가 받는 의료적 조치는 일반적으로 호르몬요법, 가슴 또는 기타 성형수술, 생식기 제거수술, 외부성기 성형수술이 단계적으로 이루어진다. 중요한 것은 이러한 의료적 조치의 정도는 개인의 신체적, 경제적, 사회적 상황에 따라 선택적으로 이루어진다는 점에 의학적 견해가 일치한다는 것이다. 따라서 가장 마지막 조치인 외부성기 성형수술은 필수적으로 요구되는 의료적 조치도 아닐 뿐더러 수술의 난이도로 인하여 높은 부작용과 후유증의 위험을 안고 있다. 외부성기 성형수술의 대표적인 위험으로는 요도협착, 누공 등 비뇨기과 합병증과 수술부위의 괴사가 있다. 특히 남성으로 성전환하는 경우 이루어지는 음경 성형수술의 경우 여러 단계에 거쳐 이루어지는 매우 고난이도의 수술로서 그 위험성이 특히나 높은 수술이고 성공한다 하여도 만족스러운 결과를 얻기가 어렵다.

이러한 문제들로 인하여 WPATH와 같은 의학계의 전문가들 역시 외부성기는 사회적 성별을 형성하는 데 필수적이지 않으므로 법적 성별정정에 있어 외부성기가 전제조건이 되어서는 안 된다는 의견을 밝히고 있다.[4)]

(4) 헌법상 기본권 침해

대리인단은 또한 위와 같이 법적, 의학적으로 필요성이 없음에도 성별정정에 외부성기 성형수술을 필수적으로 요구하는 것은 자신의 성별정체성에 따라 삶을 영위하고자 하는 성전환자의 헌법상 기본권을 침해하는 것임을 주장하였다.

먼저 외부성기 성형수술의 요구는 사실상 국가가 성전환자에게 외과수술을 강요하는 것으로서 헌법 제12조 신체의 자유가 보장하는 신체를 훼손당하지 않을 권리를 침해한다. 또한 헌법 제10조 제1문 후단이 보장하는 자기결정권에는 개인이 자신의 성별정체성에 따라 성별을 결정하고 표현할 '성별정체성의 자기결정권' 역시 포함된다. 그럼에도 외부성기 성형수술을 필수적으로 요구하는 것은 성별정체성에 따른 삶을 영위하는 데 지나치게 엄격한 기준을 두는 것으로서 이러한 자기결정권을 침해한다.

독일 연방헌법재판소 역시 성전환자법(Transsexuellengesetz; TSG)이 성별변경의 요건으로 생식능력 제거와 외부성기 성형수술을 요구하는 것이 신체의 온전성(physical integrity)에 대한 권리, 성전환자의 성적 자기결정권을 침해하는 것이라고 판단하여 헌법불합치 결정을 내린바 있다.[5)]

---

4) WPATH, 「WPATH Statement on Legal Recognition of Gender Identity」, 2015. 1. 9.

5) 독일연방헌법재판소 1 BvR 3295/07 결정(2011. 1. 11.)

(5) 입 증

(가) 관련 자료 및 의견서

외부성기 성형수술 요건이 갖는 문제점을 보여주기 위해서는 트랜스젠더가 처한 현실을 보여줄 수 있는 자료가 필요했다. 당시 트랜스젠더들을 대상으로 이루어진 실태조사는 2006년 「성전환자 인권실태조사 보고서」가 유일했고, 이 보고서를 바탕으로 트랜스젠더의 사회적, 경제적 상황, 수술에 드는 비용, 위험성 등을 이야기하였다. 또한 이러한 자료를 뒷받침하기 위하여 국내외 여러 전문가들에게 의견서를 받았다. 국내 법학교수들에게 해외 법령, 판례에 대한 분석과 헌법, 국제인권법적 관점에서 외부성기성형수술이 갖는 위헌성에 대한 의견서를 받았고, 트랜스젠더에 대한 임상경험이 많은 전문의로부터 의료계의 입장에 대한 의견서를 받았다. 트랜스젠더 건강에 관해 세계적으로 권위 있는 기관인 WPATH의 자료와 의견서는 외부성기 성형요건이 의학적 필요성이 없다는 것을 뒷받침해주었다.

(나) 당사자들의 목소리

이 사건 결정을 받는 데에는 당사자들의 목소리와 힘이 결정적인 역할을 했다. 트랜스젠더라는 소수자의 관점에서 기존의 고정관념과 제도가 인권침해와 차별이라는 판단을 이끌어낸 결과는, 신청인들이 자기진술서와 심문기일에서의 진술을 통해 찬찬히 자신들의 진솔한 삶의 이야기를 전달하지 않았다면 이루어지기 힘들었을 것이다. 신청당사자 중 가장 나이가 많았던 한 사람은 심문기일 마지막에 다음과 같은 말을 하였다.

> "제가 성별변경을 하고자 하는 첫째 이유는 20년 넘게 살아온 집사람과 혼인신고를 하기 위함이고, 둘째는 제대로 된 신분증을 내밀고 취직자리를 알아보고 싶기 때문입니다. 그렇지만 저는 이미 오래 살았고, 이번에 변경되지 않는다고 하더라도 어쩔 수 없습니다. 저는 안 되어도 좋으니, 바깥에서 심문을 기다리고 있는 저 친구들에게는 제발 성별변경을 허가해 주십시오. 성별변경이 되지 않는다면, 밖에 있는 저 친구들보다 2~30년을 먼저 살아온 선배로서, 저들이 앞으로 얼마나 많이 방황하고 힘들게 살지를 압니다. 취직은 물론이고 모든 관공서나 병원에서와 같이 신분증을 내밀어야 할 때마다 제가 느꼈던 차별과 모멸감과 난감함과 살고 싶지 않은 순간들을 저 친구들도 역시 똑같이 느끼면서 살 것입니다."

다. 법원의 결정

가사비송인 가족관계등록부 정정사건의 특성상 결정 이유를 반드시 적지 않아도 되며 이 사건 역시 서울서부지방법원은 자세한 결정이유를 설시하지 않았다. 그러나 같은 해 11월 동 법원은 30여명의 성기성형을 하지 않은 트랜스젠더 남성에 대해 성별정정을 허가하면서 결정이유를 자세히 설시하였다. 아래에서는 이 결정문의 내용을 간략히 소개하고자 한다.

(1) 외부성기 성형수술 요구의 위헌성

법원은 먼저 여성에서 남성으로의 성전환자에 대한 외부성기 성형수술이 실패할 가능성이 크며 성공하더라도 성기로서의 감각을 기대하기 어려운 고난도의 수술이며, 그 비용이 수 천만원에 이르는 등 성전환자에게 큰 부담을 준다는 점을 확인하였다. 그리고 많은 성전환자들이 외부성기 성형수술을 받지 못하여 서류상 성별과 외관상 인식되는 성별이 불일치하는 결과, 직·간접적으로 고용에서 제외되어 주로 비정규직에 종사하는 등 어려운 경제적, 사회적 상황에 놓여 있다는 사실 역시 인정하였다.

그럼에도 성별정정에 있어 외부성기 성형을 요구하는 것은 ① 성전환자의 성정체성에 대한 확인 및 신분관계의 안정이라는 목적은 법원이 재판 과정에서 신청인의 성별정체성 형성 과정과 확고함의 정도를 심리, 판단함으로써 충분히 달성될 수 있다는 점 ② 성별정정 허가로 인한 신분관계의 중대한 변동이 있는지와 외부성기를 갖추었는지 여부는 서로 무관하다는 점에서 반드시 필요한 수단이 아니라는 점에서, 이러한 외부성기 성형수술 요구는 헌법상 보장된 성전환자의 인간으로서의 존엄과 행복추구권을 침해하는 것으로서 수단의 적합성, 침해최소성에 반한다고 판단하였다.

(2) 대법원 결정 및 예규의 해석

법원은 우선적으로 2006년과 2011년의 대법원 전원합의체 결정은 모두 외부성기 성형수술까지 모두 마친 성전환자에 대한 판단 사례로서 이 사건과 같이 외부성기 성형수술만을 하지 않은 경우를 정면으로 다루지 않았다는 점을 지적하였다. 그리고 ① 대법원 결정들의 취지는 법률적 의미의 성을 결정함에 있어서는 출생 시의 생물학적 성 이외에 정신적·사회적 의미의 성까지 종합하여 판단할 수 있다는 것이지 외부성기 성형수술을 하지 않은 경우 성별정정 허가를 명시적으로 불허한 것은 아니라는 점 ② 대법원 예규 역시 이러한 대법원 결정의 취지에 따라 해석하여야 하고 2011년 개정으로 허가요건이 조사사항으로 변경된 점 등에 비추어 볼 때 외부성기 성형수술을 받지 아니하였다 하여 성별정정이 절대적으로 불허된다고 볼 수는 없다 판단하였다.

(3) 비교법적 검토

법원은 비교법적으로도 한국의 외부성기 성형수술 요건이 과도하다는 것 또한 인정하였다. 당시 유럽의 경우 거의 모든 나라에서 성별정정을 인정하고 있으며 그 요건도 점차 완화되는 추세였다. 독일의 경우 2011년 연방헌법재판소는 성별변경의 요건으로서 성전환수술을 요구하는 성전환자법이 헌법에 합치되지 않는다는 결정을 내렸고, 영국의 경우에는 2004년 성별변경에 관하여 성별인정법을 제정하여 성전환 수술을 요구하지 않고 있으며, 스페인, 스웨덴, 핀란드 등의 다수 국가, 미국의 일부 주 역시 성전환수술을 필수적인 요건으로 두고 있지 않았다. 이를 종합적으로 고려하여 성별정정에 있어 외부성기 성형수술을 요구하지 않는 것이 세계적인 입법 및 판례의 경향이고 법리적으로 근거가 있다고 판단하였다.

(4) 신청인에 대한 성별정정 허가

"우리 헌법은 제1조에서 우리나라가 민주국가임을 천명하고 있다. 민주사회는 국민 개개인이 인간의 존엄성을 유지하면서 평등하게 자신이 지니고 있는 기본 특성을 인정받을 때 유지된다. 이러한 민주사회의 특징은 우리 사회의 기본질서를 해하지 아니하는 한 다양성을 존중하고, 차별이 없는 존경과 배려로 서로를 관용할 때 이루어지는 것이다. 그리고 관용은 나에게 편안한 사람들과 편안한 삶의 방식을 공유하는 공간을 내어주는 것이 아니라 나에게 불편한 사람들과 불편한 삶의 방식을 함께 할 공간을 내어주는 것으로서 차이를 뛰어 넘는 동등과 배려와 존중을 의미한다.

(중략)

그렇다면, 신청인과 같이 여성에서 남성으로의 성별정정의 허가에 있어서 외부성기의 형성을 요구하는 것은 앞서 본 바와 같이 위헌성이 있고, 위 각 대법원 결정 및 현행 사무처리지침을 해석함에 있어서도 여성에서 남성으로의 성별정정을 허가함에 있어서는 외부성기의 형성을 그 요건으로 보고 있지 않다고 해석할 여지도 충분하므로 신청인의 이 사건 신청이 외부성기 형성을 제외한 위 각 대법원 결정 및 현행 사무처리지침에서 정한 성별정정 허가의 요건을 충족한 이상 신청인의 가족관계등록부 중 성별란의 기재를 "여"에서 "남"으로 정정하는 것을 허가함이 타당하다."

라. 결정 이후의 변화

2013년 3월 서울서부지방법원 결정이 나온 후 같은 달 인천지방법원 부천지원에서도 동일 취지의 결정이 나왔고 이후로 개별적으로 성별정정 허가신청을 한 사람들도 유사한 결정을 받는 등 그 결과가 확산되었다. 소지법연구회는 이 결정이 일시적인 몇몇 법원의 사례로 끝나지 않도록 하기 위해서 트랜스젠더 당사자들에게 이 사건의 의미를 설명하고 후속적인 신청을 할 필요가 있다고 생각하였다.

이에 소지법연구회는 2014. 3. 29. 트랜스젠더 커뮤니티를 대상으로 성별정정 신청에 대한 설명회를 개최하였다. 당시 설명회에는 성별정정 신청방법과 첨부서류에 대한 안내, 서부지방법원 결정의 의의와 이후 신청에 있어 필요한 사항들을 설명하였다. 설명회에는 외부성기 성형수술을 하지 않은 트랜스젠더 남성들이 여럿 참여하였고 이는 법원에 대한 성별정정 허가신청 건수의 증가로 이어졌다. 그리고 2013년 11월 서울서부지방법원은 30여명의 성기성형을 하지 않은 트랜스젠더 남성에 대해 성별정정을 허가하면서 위와 같이 결정이유를 설시하였다. 이 결정은 <한겨레21>에 의해 '2013년 최고의 판결'로 선정되기도 하였다.

2014년 이후로도 울산지방법원, 대구가정법원, 제주지방법원 등 전국 각지의 법원에서 동일한 취지의 결정들이 이어졌다.[6] 특히 인천지방법원 2014. 5. 8. 자 2014호파1681 결정과 같이 "성전환자에 대한 성별정정 허가 여부를 판단하기 위해서는 성장과정에서 확인되는 정신적, 사회적 의미에서의 성 이외에 반대 성으로의 신체외관의 변화도 고려하여야 하나 신체외관의 변화를 판단함에 있어 반드시 외부성기 형성이 필수적 요소는 아닌 것으로 보인다"라 하여 결정이유를 자세히 설시한 결정들도 있었다.

그러나 한편으로 이들 결정들은 모두 1심 법원의 판례이고 대법원 판례와 예규를 변경시킨 것은 아니다. 그렇기에 성별정정 허가 여부는 결국 법원장의 재량에 크게 의존할 수밖에 없다는 한계를 갖고 있다. 실제로 일부 법원의 경우는 여전히 성별정정에 외부성기 성형수술을 하였을 것을 요구하고 있으며, 이전에 성별정정을 허가해 준 법원도 법원장이 바뀜에 따라 허가를 해주지 않게 된 경우도 나타났다. 또한 이 결정은 트랜스젠더 남성에 대한 결정이기에 트랜스젠더 여성의 경우에까지 미치지 못했다는 한계 또한 있다.

4. 트랜스젠더 여성(남성에서 여성으로의 성전환자)에 대한 성별정정 사건

가. 사건의 진행

앞서 이야기한 바와 같이 서울서부지방법원의 결정 이후 외부성기 성형수술 없는 트랜스젠더 남성에 대해서는 여러 건의 성별정정 허가결정이 있었지만 트랜스젠더 여성에 대해서는 같은 취지의 결정이 나오지 않았다.

그러한 차이가 난 이유 중 하나는 남성으로 성전환하는 경우와 여성으로 성전환하는 경우에 외부성기 성형수술의 난이도, 위험성 등이 다소 차이가 있었기 때문이다. 음경

6) 후속 결정들로는 다음과 같은 것들이 있다.
인천지방법원 부천지원 2013. 3. 26. 자 2012호파2612 결정, 수원지방법원 평택지원 2013. 10. 30. 자 2013호파1430 결정, 울산지방법원 2014. 3. 31. 자 2014호파61** 결정(사건번호 뒤 2자리 미상), 서울남부지방법원 2015. 5. 2. 선고 2014호파1153 결정, 인천지방법원 2014. 5. 8. 자 2014호파1681 결정, 서울가정법원 2014. 6. 26. 선고 2014호파3341 결정, 대전가정법원 천안지원 2014. 7. 18. 자 2014호파1356 결정, 대구가정법원 2014. 8. 5. 자 2014호파4037 결정, 제주지방법원 2015. 4. 14. 자 2015호파345 결정 등.

성형수술의 경우 한 번의 수술이 아닌 몇 단계에 걸쳐 수술이 이루어져 그 난이도가 높고 설사 수술이 성공하여도 만족스러운 결과가 나오기 힘들며, 비용 역시 질, 외음부 성형수술에 비하여 상당히 높다. 물론 질, 외음부 성형수술 역시 1,000만원에 가까운 비용이 들며 부작용의 위험 역시 높다. 다만 이러한 경제적, 신체적 부담을 법원에 이야기하기 위해 트랜스젠더 남성의 경우와는 별도의 준비가 필요한 것 또한 사실이었다. 또한 여성으로 성전환하는 경우 고환절제수술과 외부성기 성형수술을 동시에 하는 경우가 많아 외부성기 성형수술만 하지 않은 당사자들이 그다지 많지 않다는 점 역시 이러한 신청이 많지 않은 이유 중 하나였다.

하지만 2010년 이후로 트랜스젠더 운동이 섬점 더 활발해지고 다양한 형태의 커뮤니티가 조직됨에 따라 성별정정을 원하는 다양한 욕구를 가진 트랜스젠더 당사자들 역시 점차 드러나기 시작하였다. 그런 흐름 속에서 2015년 한 트랜스젠더 여성의 성별정정 허가신청에 대한 문의가 들어온 것을 계기로 소지법연구회는 새로운 기획 신청을 준비하기 시작하였다.

당시 신청당사자는 고환절제수술만을 받은 상태로 이미 직장에서 여성으로 일하고 있으며 친구들 역시 모두 신청인을 여성으로 대우해 주는 등 사회적으로는 여성으로서 생활하고 있었다. 그럼에도 아직 법적 성별이 남성이기에 학업, 직업 선택은 물론 신분확인이 필요한 모든 영역에서 배제되고 소외되어 왔다. 소지법연구회에서는 희망을만드는법의 한가람 변호사를 주심으로 하여 필요한 서류를 발급받고 의견서를 모으는 등 신청을 위한 준비 작업에 들어갔고 2015. 10. 청주지방법원 영동지원에 신청서를 제출하였다.

나. 사건의 쟁점과 입증

(1) 외부성기 성형수술에 대한 의학적 문제점

외부성기 성형수술 요건이 갖는 문제점에 있어서 기본적인 쟁점은 앞서의 서울서부지방법원 결정 당시와 유사하다. 그래서 기본적인 논거들은 유지하되 트랜스젠더 여성에게 있어 외부성기 성형수술이 갖는 의학적인 문제점을 더욱 부각시킬 필요가 있었다. 이를 위해서 트랜스젠더의 호르몬요법 등 의료적 조치에 대하여 연구 및 임상경험이 많은 산부인과 전문의와 보건의학 교수로부터 의견서를 받아 의학적 견해들을 보충하였다.

(2) 국제인권기준 및 외국의 요건과의 비교

대법원 예규가 규정하는 성별정정 요건이 세계적으로 보아도 엄격하다는 지적은 예규 제정 당시부터 제기되었고, 앞서의 서울서부지방법원 결정에서도 이러한 비교법적 해석이 결정의 주요 근거가 되었다. 외국, 특히 유럽 국가들의 경우 이미 2000년대 이후로 많은 나라들에서 외부성기 성형수술을 포함한 성전환수술이 없이도 성별 변경이 가능하도록 하는 입법이나 판례들이 축적되어 왔다. 2015년부터는 여기에서 더 나아가 새로운 흐름이 형성되기 시작하였는데 바로 자기 결정권에 기초한 성별 변경이다. 이러한 법률을 제정한 나라들에서는 의사의 진단, 법원의 심사와 같은 어떠한 사전 요건 없이 단지 스스로가 결정하고 신청하는 것에 의해 법적 성별을 변경하도록 하고 있는데, 유럽과 남미를 중심으로 점차 이러한 국가들이 늘어나고 있는 추세이다. 이러한 흐름 속에서 외부성기 성형수술을 무조건적으로 요구하는 현행 대법원의 기준은 더욱 문제라는 점을 지적하였다.

국제인권 규범에서 보아도 외부성기 성형수술을 포함한 외과수술을 성별정정의 요건으로 두는 것은 개인의 자기결정권과 신체 온전성을 침해한다는 견해가 이미 일반적으로 받아들여지고 있다. 특히 2015년에는 대한민국정부에 대해 유엔 자유권위원회(UN Human Rights Committee)가 직접적으로 성별정정 요건을 완화할 것을 권고한 바 있어, 이러한 자료들을 정리하여 법원에 참고자료로 제출하였다.

〈유엔 자유권위원회 대한민국 제4차 정기보고서에 대한 최종견해〉[7]

14. 위원회는 다음 점들에 대해 우려를 한다.
    (e) **<u>(트랜스젠더의) 성별을 법적으로 인정받기 위해 요구되는 과도한 제한(규약 2조, 17조 그리고 27조)</u>**

15. **<u>한국 정부는</u>** 소위 '전환치료'의 선전, 혐오발언, 그리고 성적지향 및 성별정체성을 이유로 한 폭력을 포함한 어떤 종류의 사회적 낙인과 차별도 용납하지 않는다는 것을 공식적인 형태로 분명하게 명시하여야 한다. 당사국은 성소수자 개개인을 보호할 수 있는 법률체계를 강화해야하며, 뿐만 아니라 군형법 제92조의6을 폐지하고, 민간단체의 소위 '전환치료' 행사에 공공건물을 사용하지 못하도록 막아야 하며, 학생들에게 섹슈얼리티와 다양한 성별 정체성에 대해 포괄적이고 정확하며 연령에 적합한 정보를 제공하는 성교육 프로그램을 개발하고, **<u>트랜스젠더의 법적 성별 정정을 용이하게 해야 한다</u>**. 또한 성적지향 및 성별정체성의 다양성에 대한 감수성과 존중을 증진하기 위한 대중 캠페인과 공무원 교육을 개발하여 시행하여야 한다.

(3) 당사자의 목소리와 진술들

서울서부지방법원 결정과 마찬가지로 당사자의 삶의 이야기와 이를 뒷받침하는 다양한 진술들이 결정을 이끌어내는데 주요한 역할을 했다. 성별정정 허가신청 시에는 필수적인 서류는 아니지만 가족, 친구 등 주변인들의 진술서를 첨부하는 경우가 많다. 이

7) UN Human Rights Committee, 「Concluding observations on the fourth periodic report of the Republic of Korea」, *UN. Doc. CCPR/C/KOR/CO/4, Nov. 2015.*

사건 신청인의 경우 진술 서면만이 아니고 친구, 직장동료 등과 직접 또는 화상전화로 만나 신청인을 비롯하여 성전환자의 성별정정에 대한 생각들을 촬영한 동영상을 제출하였다. 이를 통하여 신청인의 여성으로서의 삶과 성별정정의 중요성을 더욱 생생하게 전달할 수 있었다.

또한 서울서부지방법원 결정의 신청당사자 중 2명이 각각 진술서를 제출하여 성별정정이 이루어진 후에 삶이 어떻게 더 나아졌는지를 구체적으로 이야기함으로써 성별정정을 허가할 경우 혹여 문제가 있지 않을까 우려하던 법원이 전향적인 결정을 내리도록 이끌었다.

다. 법원의 결정

법원은 우선적으로 질, 외음부 등 외부성기 성형수술이 신청인과 같은 트랜스젠더 여성을 '더 여성적으로 느끼게' 해주거나 하지는 않으며, 반면에 수술로 인한 위험성과 후유증이 크다는 점, 그로 인하여 외부성기 성형수술을 하지 않고 살아가는 성전환자들도 많다는 점을 지적하였다. 그 후 성별정정에 외부성기 성형수술을 요구하는 근거들을 분석하며 다음과 같이 하나씩 그 부당성을 논하였다.

첫째, 남성과 여성으로 구분되는 가족관계등록부상 신분관계가 흔들릴 수 있다는 주장에 대해서는, ① 신청인은 출생 시 지정된 성별과는 반대의 성으로 확고한 정체성을 갖고 있는 점 ② 외부성기 수술을 받지 않은 경우의 외관은 사고로 인해 외부성기를 손상당한 경우와 동일하고 후자의 경우 그러한 손상으로 기존의 성별지위에서 이탈당하지 않는다는 점을 지적하였다.

둘째, 공동체 내 다른 구성원에게 혐오감, 불편함, 당혹감 등을 주게 된다는 주장에 대해서는, 다양성 존중과 소수자 권익 보호를 논의하는 현대의 민주주의 사회에서 유의미한 법이론적 주장이 되기 어렵다는 점을 지적하였다.

셋째, 외부성기 성형수술을 하지 않으면 성전환자 자신에게도 혼란을 가져올 수 있어 더 큰 고통으로 이어질 수 있다는 점에 대해서는, ① 이미 수년, 수 십년간 자신의 정체성을 인식해온 신청인이 혼란을 느낄 가능성이 극히 희박한 점 ② 외부성기 성형수술을 마치지 않아 사회적 생활관계가 위험해지더라도 이는 성전환자 개인이 감당할 문제지 국가가 일방적으로 개입할 의무가 없음을 지적하였다.

법원은 또한 신분관계가 개인의 헌법상 행복추구권, 인격권과 분리되어 경직되게 운영되어서는 안 된다는 사실을 지적하며 다음과 같이 설시하였다.

> "신분관계 정립의 기준을 보다 명확하고 일의적으로 할 필요는 있다. 그러나 연령, 출생지, 부모 등과 달리 현실에서도 쉽게 다양함이 목격되는 성별 특성 등을 감안한다면, 성전환증을 인

정하고 따라서 그에 따른 성별정정을 인정하는 한, 또한 그 성별정정이 제3자의 이익을 해하거나 탈법적인 수단으로 성행할 우려가 없는 한 성전환자들의 특성은 최대한 반영될 필요가 있다. 이들의 외관이 일반적인 성별 기준에 미치지 못한다는 데서 오는 일반인의 혼란감은, 경제적 어려움, 수술의 위험성 또는 자신의 성생활방식 등에 대한 선택으로 외부성기 수술을 받지 않은 채 살아가는 성전환자들이 외부성기를 갖추지 못했다는 이유로 성별정정이 되지 않음으로써 겪게 되는 사회적, 경제적, 인격적 고통에 비하면, 당연히 감내되어야 할 것이기 때문이다."

마지막으로 앞서의 서울서부지방법원 결정과 마찬가지로 대법원 결정은 외부성기의 형성을 '반대 성으로의 신체를 갖춤'의 하나의 내용 또는 중요한 하나의 내용으로 보았을 뿐 이와 달리 외부성기 수술을 성별정정의 절대적인 요건으로 제시하면서 다른 모든 요건이 갖추어졌음에도 외부성기 수술을 마치지 않으면 성별정정 허가를 명시적으로 불허하는 취지는 아니라고 해석해야 한다고 보았다. 그러면서 '성전환수술로 반대 성으로의 신체를 갖춤'에 대한 판단기준은 기존 성으로의 불가역성과 반대 성의 대표적 표징 형성을 본질로 하는 것이지 외부성기의 유무가 핵심이 아니라는 점을 지적하였다.

결론적으로 신청인이 고환 절제수술 및 유방 확대술을 받았고, 여성호르몬 요법으로 여성으로서의 신체적 윤곽과 목소리를 갖게 된 이상, 이러한 반대 성으로의 신체를 갖추었다고 평가하였고, 여성으로서의 자기 정체성, 외관, 형성되어 있는 사회적 관계, 대외적 인식과는 달리 가족관계등록부에 남성으로 등재되어 있음으로 발생하는 심리적, 경제적, 인격적 고통은 이루 말할 수 없는바, 신청인의 신청이 이유 있다고 판단하였다.

5. 결정들의 의미와 향후 과제들

가. 결정들의 의미

서울서부지방법원과 청주지방법원 영동지원의 결정들은 각각 2006년 대법원 결정 이후 외부성기 성형수술 없이 트랜스젠더 남성, 여성에 대해 이루어진 첫 성별정정 허가결정이라는 점에서 큰 의미를 갖고 있다. 과거 몇몇 지방법원에서 수술이 없이도 성별정정을 허가한 사례들이 존재하였으나 대법원 결정 이후로는 그러한 사례들이 알려지지 않은 상황에서, 이들 결정들은 지나치게 엄격한 대법원 성별정정 기준의 문제점을 알리는 역할을 하였다.

이들 결정들은 또한 공통적으로 외부성기 성형수술 요구가 갖는 위헌성을 지적하였다. 결정들은 트랜스젠더들이 처한 구체적 현실에 대한 검토를 통해 이들이 현실 속에서 겪는 사회적, 경제적, 인격적 고통에 초점을 두고, 성별정정에 있어 외부성기 성형수술을 일률적으로 요구하는 것이 부당할 뿐더러 트랜스젠더의 인간으로서의 존엄성,

행복추구권을 침해한다는 점을 지적하였다. 또한 2006년 대법원 결정과 대법원 예규가 외부성기 성형수술을 하나의 표지로 본 것이지 이를 절대적으로 요구한다고 볼 수 없다는 해석기준을 제시하였으며, 비교법적인 관점에서도 외부성기 성형수술 요건이 정당화될 수 없다는 점을 분명히 하였다.

이들 결정들은 특히 한 번의 사례로 끝나지 않고 전국 여러 법원의 후속 결정들로 이어지고 확산되어, 그 동안 외부성기수술을 받지 못하였거나 받지 않았다는 이유만으로 자신의 성별정체성을 인정받지 못하고 일상 속에서 고통을 겪고 있던 트랜스젠더들의 인권을 크게 증진시켰다는 점에서 높이 평가될 수 있을 것이다.

나. 향후의 과제 – 권리로서의 성별정정

위와 같이 이 사건 결정들은 트랜스젠더의 인권증진에 큰 획을 그었다는 점에서 의의가 있지만 한편으로 대법원의 판례와 예규가 변경되지 않은 상황에서 갖는 한계 역시 존재한다. 대법원 예규가 갖는 문제는 요건의 엄격함도 있지만 허가여부의 판단과 절차를 법원의 폭넓은 재량에 맡김으로써 당사자들의 예측가능성을 저해하고 성별정정 절차에서 부적절한 보정명령이 이루어지는 등 또 다른 인권침해가 발생한다는 점에도 있다.

이러한 문제들을 개선하기 위해서는 성별정정에 대해 현행기준보다 완화된 요건과 명확한 절차를 가진 특별법의 제정이 한 방법이 될 수 있다. 이와 관련하여 2006. 10. 12. 제17대 국회에서 노회찬 의원 대표발의로 「성전환자의 성별변경 등에 관한 특별법안」이 발의된 바 있다. 이 법안은 '외부성기 성형수술을 요구하지 않고', '미성년자도 법정대리인의 동의를 얻어 성별정정을 할 수 있는' 등 당시의 대법원 예규보다 완화된 요건을 두었다. 그러나 이 법안은 법제사법위원회에서 심사가 보류되다 제17대 국회 임기만료로 폐기되었고, 이후로 성별정정과 관련하여 구체적인 입법 활동은 이루어지지 않고 있다.

그러나 한편으로 법률이 만들어진다 하더라도 이 사회가 트랜스젠더를 여전히 '불쌍하고 소외'된, 허가를 '해주어야' 하는 대상으로 바라보는 한 현재 법원 심사 과정에서 이루어고 있는 트랜스젠더가 받는 여러 인권침해의 현실은 크게 개선되지 않을 것이다. 트랜스젠더가 주류 사회에 편입되기 위하여 성별정정의 '허가'를 구하는 것이 아니라 당연한 성별정체성의 권리를 누리는 동등한 시민으로서 '존중'받을 수 있도록 관련된 제도와 사회의 관점을 바꿔나가는 것이 앞으로도 트랜스젠더 관련 공익인권소송의 과제라 할 것이다.

[자료 4] SOGI법정책연구회 논평

함께 검토할 판결, 결정례

〈성별정정에 관한 대법원 전원합의체 결정〉

대법원 2006. 6. 22.자 2004스42 전원합의체 결정.

대법원 2011. 9. 2.자 2009스117 전원합의체 결정.

〈성별정정 요건 완화와 특별법 제정에 대한 국가인권위 권고〉

국가인권위원회 2008. 8. 25.자 06진차525 · 506진차673병합 결정.

관련자료

이승현, 「성전환자의 법적 지위에 대한 국내논의 동향 및 제언: 2006년 대법원 성별정정 허가결정 후 국내법학계 논의를 중심으로」, 『법과사회』, 제44호, 2013. 6., 247-269쪽.

한가람, 「성전환자 성별정정과 '외부성기' 요건: 서울서부지방법원 2013. 11. 9.자 2013호파1406 결정을 중심으로」, 『인권법평론』, 제12호, 2014, 185-224쪽.

홍성필/이승현, 「성전환자의 법적 성별 변경허용시 의료조치 강제에 대한 국제법적 평가」, 『대한국제법학회』, 제58집 제2호, 2013, 131-160쪽.

SOGI법정책연구회, 「제5회 SOGI 콜로키움: 성전환자 성별정정 10년-의미와 과제」, 2016. 11. 19.

심층질문

1. 개인의 성별은 어떻게 결정되는가? 신체적, 정신적, 사회적 요소로 어떤 것을 고려해야 하는가? 외부성기의 형태는 성별 판단에 어떠한 영향을 주는가?

2. 트랜스젠더들은 스스로 인식하는 성별정체성과 법적인 성별이 불일치할 때 어떠한 어려움을 겪는가? 이를 해소하기 위해 현행 신분체계를 어떻게 개선할 수 있는가?

3. 트랜스젠더에게 가족관계등록부상 성별정정은 어떤 의미를 갖는가? 성별정정이 이루어졌을 때 트랜스젠더와 그 주변인들, 나아가 사회에 미치는 영향은 어떠한가?

4. 현행 대법원 예규는 외부성기 성형수술을 절대적 요건으로 두고 있는가? 만일 그렇다면 트랜스젠더의 인간으로서의 존엄과 행복추구권을 보장해야 한다는 대법원 2006. 6. 22.자. 2004스42 전원합의체 결정과 충돌하는 부분은 없는가?

5. 트랜스젠더에게 외부성기 성형수술은 어떠한 의미를 갖는가? 모든 트랜스젠더가 외부성기 성형수술을 포함한 성전환수술을 받는가? 그렇지 않다면 이러한 사람들에 대한 성별정정은 어떻게 이루어질 수 있는가?

6. 외부성기 성형수술 없이 성별정정을 허가한 결정이 갖는 의미와 이후에 이루어진 사회적 변화들은 무엇인가? 1심 법원의 결정이기에 갖는 한계점은 무엇인가? 해당 결정의 의미를 보다 확산하기 위해서는 어떤 것들이 필요한가?

7. 현재 성별정정 요건인 '성전환수술', '생식능력이 없을 것', '만 19세 이상일 것', '혼인 중이 아닐 것', '미성년 자녀가 없을 것' 등의 요건들은 트랜스젠더의 성별 판단에 있어 모두 필수적인 요건들인가? 이러한 성별정정 요건들을 완화한다면 어떠한 변화들이 있겠는가?

8. 최근 유럽과 남미 몇몇 국가를 중심으로 자기결정권에 기반한 성별 변경법이 제정되고 있는 것은 어떤 의미를 갖는가? 권리로서의 성별정체성은 어떤 것이고 이를 보장하기 위해서는 어떠한 법제도들이 필요한가?

자료 1 법적 성별이 자신의 성별 정체성과 일치하지 않을 때 일어나는 일들[8)]

많은 트랜스젠더들은 자신의 성별 정체성에 따라 사회적 삶을 영위하기를 바라며, 이를 위해 일정한 시점에서 성별 이행(transition)의 과정에 들어간다. 복장을 포함하여 외형적인 모습을 바꾸거나, 호르몬 요법을 통하여 2차 성징을 변화시키거나, 혹은 외과적 수술로 신체적인 전환을 하고자 한다.

어떠한 선택을 하는가는 각자의 성별 위화감(gender dysphoria) 정도 등에 따라 다르다. 성별 이행을 한 트랜스젠더는 여성 또는 남성으로 통하는(passing) 모습을 가지기도 하지만, 때로는 어느 한 쪽으로도 보이지 않는 중성적인 모습을 가지게 되기도 한다.

트랜스 여성이 여성으로 통하거나 트랜스 남성이 남성으로 통하는 성별 이행을 거치면서 사회관계에서 기존의 신분증상 성별과 외모가 불일치하는 문제가 발생할 수 있다. 동시에 법적으로 남성과 여성을 다르게 취급하는 경우 법적 성별이 자신의 성별 정체성 및 현재 살아가고 있는 사회적 성별과 불일치하는 문제도 생긴다.

먼저, 신분증이나 여권 등 공문서상의 성별 표기가 자신의 성별 성체성과 일치하지 않아 생기는 가장 큰 문제는 신분 확인이 불가능해진다는 점이다. 이로 인해 신분증 제시가 필요한 모든 상황에서 신분증을 제시하기 어려워지거나 제시하여도 본인 여부를 의심받게 되어서 일상

8) 한국성소수자연구회(준), 「혐오의 시대에 맞서는 성소수자에 대한 12가지 질문」, 2016, 73-74쪽.

생활에 많은 제약을 받는다. 단순한 예로 구청이나 주민 센터 등의 행정기관 및 법원, 경찰서와 같은 공공 기관을 이용하기 어려워지고, 보험회사나 은행 같은 금융 기관을 이용할 때, 구직 활동이나 취업 등을 위해 노동 현장을 찾을 때, 병원을 갈 때, 선거를 위해 투표할 때, 자격증을 취득하거나 학교 진학 등을 위해 교육 기관을 이용할 때, 해외 출입국 시 심사를 받을 때, 주류나 담배를 구입하거나 음주운전 단속 등에 걸렸을 때처럼 일상에서 신분증 확인이 필요한 모든 순간, 모든 상황이 문제된다.

우리나라는 성별 정보가 포함된 주민등록번호를 공공 영역과 민간 영역에서 일상적으로 사용하고 있기 때문에 더욱 큰 제약을 받는다. 특히 생계에 필수적인 취업 과정에서 외모와 일치하지 않는 주민등록번호를 가지고 있는 것은 치명적이다. 면접에서 성별에 대한 해명을 요구받으며, 그 과정에서 차별적인 취급을 당하거나 채용이 거부되기도 한다. 취업에 성공한 경우라도 정체성으로 인해 해고되거나 사직을 종용받는 등 비자발적으로 직장을 그만두는 경우도 많다. 트랜스젠더 취업자의 고용 형태가 열악할 수밖에 없는 이유를 여기서 찾을 수 있다. 전체 경제활동인구에서 수입이 있는 일에 종사하는 임금 근로자 중 정규직 비율을 살펴보면 20대가 65.5퍼센트로 나타나는데, 20대 트랜스젠더 취업자의 경우 정규직 비율은 약 3분의 1 수준인 23.1퍼센트이다. 30대도 크게 다르지 않아서, 30대 취업자 중 정규직이 66.7퍼센트인 반면, 30대 트랜스젠더 취업자 중 정규직 비율은 31.3퍼센트에 그치고 있다.

또한 법적으로 성별에 따라 다른 취급이 이루어지는 경우도 문제로 남는다. 공적 영역에서의 각종 여성 할당제나 고용 할당제 등 여성 차별 철폐를 위한 정책, 행형법상 교도소 수용을 비롯한 형사법상 문제나 근로관계상 여성 근로자 보호 등 법적 성별을 기준으로 판단될 가능성이 높은 영역에서 법적 성별이 남성으로 되어 있는 트랜스 여성은 배제될 가능성이 높다. 한편, 현행법이 법적 혼인을 지금처럼 이성 간의 관계에 한정시키는 한, 이성애자 트랜스젠더는 법적 성별을 변경하지 않을 경우 혼인이 불가능하게 된다.

자료 2 성전환자의 성별정정허가신청사건 등 사무처리지침

개정 2015. 1. 8. [가족관계등록예규 제435호, 시행 2015. 2. 1.]

제1조(목적)

이 지침은 성전환자가 가족관계등록부의 성별란에 기록된 출생당시의 성(성)을 전환된 성(성)으로 변경하기 위하여 「가족관계의 등록 등에 관한 법률」 제104조에 따라 등록부정정허가신청을 하는 경우에 필요한 사항과 법원이 그 심리를 위하여 조사할 사항 그리고 성별정정허가결정을 받은 성전환자의 가족관계등록부 기록과 관련된 사항을 정함을 목적으로 한다.

제2조(적용범위)

① 이 지침은 신청인 겸 사건본인(이하 "신청인"이라 한다)이 성전환증에 의하여 성전환수술을 받았음(이하 "성전환증"이라 한다)을 이유로 성별정정허가신청을 하는 경우에 적용한다.

② 이 지침은 성염색체, 성선(성선), 외부성기 등 3가지 요소 중 어느 하나에 불일치가 존재하여 성보완 수술 또는 성적합 수술을 받은 사람이 성별정정허가신청을 하는 경우에는 적용하지

아니한다. 다만, 성보완 수술 또는 성적합 수술에 의하여 생물학적 성과 가족관계등록부에 기록된 성을 일치시키거나 성보완 수술 또는 성적합 수술을 받고 가족관계등록부의 성별을 정정한 사람이 성전환증을 이유로 성별정정허가신청을 하는 경우에는 이 지침에 의하여 처리할 수 있다.

제3조(첨부서류)

① 신청인은 「비송사건절차법」 제9조제1항의 신청서에 다음 각 호의 서면을 첨부하여야 한다.

1. 가족관계등록부의 기본증명서, 가족관계증명서 및 주민등록표등(초)본
2. 신청인이 성전환증 환자임을 진단한 2명 이상의 정신과 전문의사의 진단서나 감정서
3. 신청인이 성전환수술을 받아 현재 생물학적인 성과 반대되는 성에 관한 신체의 성기와 흡사한 외관을 구비하고 있음을 확인하는 성전환시술 의사의 소견서[성전환시술 의사 명의의 소견서를 첨부할 수 없는 경우에는 그 소견서를 첨부할 수 없는 이유를 소명하고 다른 전문의사 명의의 신체감정서를 제출할 수 있고, 신청인이 외국에서 성전환수술을 받은 경우에는 그 수술 결과 신청인이 생물학적인 성과 반대의 성으로 외부성기 등을 갖추게 되었음을 확인한 국내의 성형외과 또는 산부인과 전문의의 진단서(신체감정서, 소견서)를 제출하여야한다]
4. 신청인에게 현재 생식능력이 없고, 향후에도 생식능력이 발생하거나 회복될 가능성이 없음을 확인하는 전문의사 명의의 진단서나 감정서
5. 신청인의 성장환경진술서 및 2명 이상 인우인의 보증서(성장환경진술서 및 인우보증서에는 (ⅰ) 신청인의 유아기, 소년기, 청년기, 성년기 등 각 시기별로 이성관계를 포함한 대인관계와 사회생활에 대한 구체적인 진술과 (ⅱ) 신청인이 성전환수술을 받기 전부터 일정기간 이상 지속적으로 생물학적인 성과는 반대되는 성적 주체성과 자아를 가지고 생활하였으며, 그러한 성적 주체성 내지는 자아의 발로로 성전환수술을 받았고, 신청인이 성전환수술을 받은 이후부터 현재까지 확립된 성적 주체성과 자아에 지극히 만족하면서 사회생활을 하고 있다는 취지의 진술이 기재되어야 한다)
6. 부모의 동의서

② 신청서를 접수하거나 재판에 참여하는 법원사무관 등은 제1항 각 호의 서면이 첨부되었는지 유무를 면밀히 검토하여야 하며, 제1항 각 호의 서면이 첨부되지 아니하였음을 발견한 때에는 신속히 신청인에게 서류의 보완을 위하여 필요한 사항을 지적하고 그 보정을 권고하여야 한다.

제4조(사실조회)

성별정정허가신청사건을 처리하는 법원은 필요한 경우 사실조회를 실시할 수 있다.

제5조(법원의 심리)

① 법원은 신청인을 심문하여야 한다.

② 법원은 신청서와 이에 첨부한 의사의 진단서나 소견서 등 서면의 신빙성에 대하여 합리적인 의심이 있다고 판단되는 경우, 공신력 있는 의료기관에 신청인에 대한 감정을 촉탁할 수 있으며, 인우보증이나 동의의 진실성을 확보하기 위하여 필요한 경우에는 인우인이나 신청인의

친족에 대한 참고인심문을 실시할 수 있다.
③ 심문은 공개하지 아니한다. 그러나 법원은 상당하다고 인정하는 자에게 방청을 허가할 수 있다.

제6조(조사사항)
법원은 성별정정허가신청사건의 심리를 위하여 신청인에 대한 다음 각 호의 사유를 조사한다.
1. 신청인이 대한민국 국적자로서 19세 이상의 행위능력자인지, 현재 혼인중인지, 신청인에게 미성년인 자녀가 있는지 여부
2. 신청인이 성전환증으로 인하여 성장기부터 지속적으로 선천적인 생물학적 성과 자기의식의 불일치로 인하여 고통을 받고 오히려 반대의 성에 대하여 귀속감을 느껴왔는지 여부
3. 신청인에게 상당기간 정신과적 치료나 호르몬요법에 의한 치료 등을 실시하였으나 신청인이 여전히 수술적 처치를 희망하여, 자격있는 의사의 판단과 책임 아래 성전환수술을 받아 외부성기를 포함한 신체외관이 반대의 성으로 바뀌었는지 여부
4. 성전환수술의 결과 신청인이 생식능력을 상실하였고, 향후 종전의 성으로 재 전환할 개연성이 없거나 극히 희박한지 여부
5. 신청인에게 범죄 또는 탈법행위에 이용할 의도나 목적으로 성별정정허가신청을 하였다는 등의 특별한 사정이 있는지 여부

제7조(성별정정의 허가와 그 효력)
① 법원이 성별정정허가결정을 하는 때에 참고할 주문례는 아래와 같다.
[주문기재례]
등록기준지 서울특별시 영등포구 여의대로 3(도로명주소가 없는 경우 지번방식의 주소로 기재함) 사건본인 김을순(금을순)의 가족관계등록부 성별란에 "여"로 기록된 것을 "남"으로, 정정하는 것을 허가한다.
② 성전환증을 이유로 한 성별정정허가의 효력은 법원이 그 결정을 고지한 때로부터 장래에 향하여 발생하며, 다른 법률에 별도의 규정이 있는 경우를 제외하고는 기존의 법률관계에는 영향을 미치지 아니한다.

제8조(개명허가신청)
신청인이 성별정정허가신청과 함께 개명허가신청을 하거나 성별정정허가신청사건의 심리중에 개명허가신청을 한 경우, 개명허가신청사건의 심리와 사무처리에 관해서는 원칙적으로 「대법원 가족관계등록예규」 제211호에 따르되, 같은 예규 제3조제1항의 사실조회는 실시하지 아니할 수 있으며, 성별정정을 허가한 경우에는 개명도 허가할 수 있다.

제9조(가족관계등록부 기록)
성전환증을 이유로 성별정정허가결정을 받은 신청인의 등록부정정신청을 접수한 시(구)·읍·면의 장은 신청인의 성별란을 정정하고, 일반등록사항란에 정정사유를 기록한다.
등록사항별증명서 기재례는 가족관계등록실무자료집(기재편) 참조

자료 3 등록부정정허가 신청서

등록기준지 ○○○○○
신청인 겸 사건본인 ○○○

신 청 취 지

등록기준지 ○○○○○ 사건본인 ○○○의 가족관계등록부 성별란에 "여"로 기록된 것을 "남"으로 정정하는 것을 허가한다.
라는 결정을 구합니다.

신 청 이 유

(생략)

3. 성별정정허가에 있어 신체외관 요건 중 '외부성기' 요구의 문제점

신청인이 제출한 성장환경진술서 등에 드러난 바와 같이, 신청인은 이미 남성으로서 확고한 귀속감을 지속적으로 가져왔고, 자신의 생물학적 성별과의 불일치감으로 고통을 받아왔으며, 지속적으로 타인과 남성으로서 관계를 맺어 왔고, 남성으로서 사회생활을 하고 있습니다. 또한 신청인은 호르몬 요법과 가슴수술 등을 통하여 남성으로서의 음성과 외관을 가지고 있고, 의복이나 두발, 행동양식에 있어서도 남성으로서의 모습을 지니고 있습니다.

이에 따라 신청인은 자신의 진정한 성별을 법적 성별과 일치시킴으로써 인간으로서의 존엄성을 가지고 떳떳하게 남성으로 살아가고자 하나, 성별정정이 되지 않음으로써 신청인은 매사에 자신의 등록된 성별이 드러날까 봐 조심스러워 하고 있고, 무엇보다 이미 학업이나 직업의 선택과 수행에 있어서도 불이익을 받아 왔고 현재에도 그러합니다. 신청인이 맺는 대부분의 생활관계에서 신청인은 남성이지만, 주민등록증을 비롯한 공적 문서의 성별이 여성이라는 것 때문에 고통을 받고 있습니다.

이러한 사정은 신청인이 스스로 선택한 것도, 신청인의 탓도 아니라 신청인이 성전환자라는 사회적 성적 소수자라는 것 때문입니다. 성전환자의 성별정정을 허가하는 대법원 판례들과 예규의 취지는, 이러한 점을 고려하여 신청인과 같은 성전환자가 어엿한 한 명의 남성으로서 사회생활과 가정생활을 꾸려나갈 수 있도록 함으로써 사법부가 국민의 기본권을 보장하고자 한 것이라 할 것입니다.

그런데 대법원 판례와 예규는 성별정정허가에 있어 신체외관 요건과 관련하여 "외부성기를 포함한 신체외관"을 반대의 성으로 바꿀 것을 요구하고 있습니다(대법원 2006. 6. 22.자 2004스42 전원합의체 결정, 대법원 2011. 9. 2.자 2009스117 전원합의체 결정 및 가족관계등록예규 제385호「성전환자의 성별정정허가신청사건 등 사무처리지침」 참조). 그러나 신청인은 외부성기에 해당하는 음경과 고환·음낭에 대한 성형수술은 하지 못하고 있습니다.

그렇다 하더라도 신청인의 성별정정을 허가할 필요성은 대단히 큰바, 신청인의 성별정정을 허가함에 있어 전환된 성에 부합하는 '외부성기'를 요구하는 것의 문제점에 대해 상술하면 다음과 같습니다.

가. '외부성기' 요구의 문제점 개관

(1) 성전환자의 성별정정에 있어 가장 큰 장벽으로 작용

일반적으로 '성전환 수술'이라고 알려진, 전환된 성에 부합하는 외부성기를 형성하는 수술은 대다수 성전환자들이 보통으로 거치는 수술이라는 관념이 있습니다. 그러나 성전환과 관련한 의료적 조치는 매우 긴 시간 동안 복잡한 과정을 거쳐 이루어지는 것이고, 외부성기 수술은 가슴수술 등 '성전환 수술' 과정의 일부로서 성전환과 관련한 의료적 조치에서 보통 필요한 경우에만 최후에 이루어지는 것으로서 성전환자라고 해서 꼭 받아야 하는 수술은 아닙니다. 뒤에서 살펴보는 바와 같이 국제적인 성전환자 의료기준 역시 외부성기 수술은 신중하게 선택에 따라 이루어져야 한다고 강조하고 있습니다.

성전환자들이 외부성기 수술을 하지 않거나 못하는 이유는 주로 경제적인 요인이나 의료적인 요인 때문입니다. 외부성기 수술을 시술받은 연도를 평균 1997.으로 하였을 때에도 평균 1,390만 원 정도의 비용이 드는 것이 현실입니다(소갑 제1호증 성전환자 인권실태조사 133쪽 참조). 특히 남성으로 성전환한 자의 경우 질 제거, 요도성형, 음낭성형, 고환보형물 삽입술, 음경성형(피부이식 등), 귀두성형, 음경보형물 삽입술 등 각 수술은 여러 차례에 걸쳐 단계적으로 이루어지고 그 수술 난이도가 높아 비용도 매우 높습니다. 이러한 수술비용은 성전환과 관련한 의료적 조치에 대해 건강보험이 적용되지 않는 국내 현실, 그리고 성별정정이 되지 아니한 상태에서 외관과 법적 성별의 불일치로 취업이 힘듦으로써 상당수가 빈곤한 처지에 놓여 있는 성전환자의 현실과 결합하면 더욱 큰 부담으로 작용합니다.

또한 외부성기 수술의 의료적인 문제 역시 성전환자가 외부성기 수술을 하지 못하는 중요한 이유입니다. 후술하는 바와 같이, 외부성기 수술은 성전환자에게 일률적으로 의료적 필요성이 있지 아니한 의료적 조치입니다. 또한 그 부작용의 빈도와 정도, 재수술 가능성 역시 상당할 뿐만 아니라 신체에 치명적인 후유증을 낳을 수 있습니다. 뿐만 아니라 지병이 있는 경우나 고령인 경우에는 이러한 수술 자체가 생명에 위협이 될 수 있어 아예 수술을 받지 못하고 있습니다. 이러한 위험성에 더하여 현재의 의료기술 수준에서 외부성기 수술의 결과가 형태나 기능에 있어서 만족감을 주기 어려운 측면도 있습니다. 한편으로는 호르몬 요법, 그리고 외부성기 성형수술에 비해서 위험성이 덜한 가슴수술 등을 통해서 전환된 신체외관에 상당한 만족감을 가지고, 더 나아가 외부성기를 형성하는 수술까지는 굳이 원하지 않는 경우도 많습니다.

그럼에도 성별정정허가에서 '외부성기'를 요구하는 것은 이미 성전환과 관련한 의료적 조치로 인해 상당한 경제적·건강상 부담을 지고 있는 성전환자에게 과도한 경제적·신체적 부담을 지도록 하여 성별정정허가신청을 가로막게 하는 장벽으로 작용하고 있습니다. 이 때문에 성전환자들은 젊은 나이에 성별정정을 하여 자신의 능력대로 학업이나 취업을 제대로 이어나가는 것이 사실상 불가능한 결과가 초래되는 것이 현실입니다.

성전환자들이 성별정정허가의 기준에서 가장 부담스러워 하고 힘겨워 하는 것이 바로 이러한 '외부성기' 요구입니다. 이처럼 전환된 성에 부합하는 '외부성기'를 요구하는 것은 성전환자의 성별정정에 있어 실질적으로 가장 큰 장벽이 되고 있습니다.

(2) **과도한 의료적 개입의 획일적 요구**

의료의 목적은 개인이 도달 가능한 최고 수준의 건강을 유지하는 것이라 할 것입니다. 의료적 시술은 개인의 최선의 이익에 따라 결정되어야 하고, 개인의 특정 상황에 따라 이루어질 수 있어야 합니다. 의료시술 제공에 있어 환자에게 최선의 이익을 보장해야 한다는 것은 의사의 기본적인 윤리규범이기도 합니다.

따라서 성전환증 내지 성주체성장애의 진단을 받은 경우에도 외부성기 성형수술의 의료적 필요성은 개인에 따라 다르며, 개인의 의료적 상황에 따라 그 필요성은 개별적으로 심사되어야 합니다. 그럼에도 일률적으로 이러한 의료시술을 강제하는 것은 개인의 건강과 자기 신체에 대한 자기결정권을 과도하게 침해할 수 있고, 이는 의료 윤리의 차원에서도 어긋나는 일이라 할 것입니다.

물론 법적 성별을 정정하지 않겠다고 한다면 이러한 외부성기 성형수술은 성전환자 개인의 판단과 의사의 전문적 진단에 따라 이루어질 것입니다. 그러나 성전환자의 법적 성별을 정정하는 것은 '선택'의 문제가 아니라 '생존과 존엄성'의 문제입니다. 자신이 원하는 성을 법적으로 인정받고 이를 기본으로 하여 삶을 영위하는 것은 자신의 행복 추구에 있어서 본질적인 의미를 가지는 것이기 때문입니다. 이와 같이 성전환자가 인간으로서의 존엄성을 가지고 행복을 추구하면서 살기 위하여 등록된 성별을 정정하고자 하는 데 대하여 의료적으로 수술이 반드시 요구되지 않음에도 특정한 의료적 시술을 받도록 강제하는 것은, 즉 건강한 신체에 대해 심각한 위험성이 따르는 외과적 수술을 강제하는 것은, 사실상 "국가가 법적인 이유로 의료시술을 처방한다는 것"과 마찬가지로서, 도달 가능한 최고 수준의 건강을 유지한다는 의료의 취지에 반하는 일이라 할 것입니다.

위와 같이 성전환자의 성별정정허가에 있어 전환된 성에 부합하는 외부성기를 요구하는 것은 의료적으로 필요하지 않거나 부적합한 경우에까지 신체침해를 수반하는 외과수술을 획일적으로 요구하는 것으로서 성별을 정정하고자 하는 성전환자에게 과도한 의료적 개입을 요구하는 것이라 할 것입니다.

(3) **성전환자에 대한 헌법상 기본권 보장 취지에 반함**

성전환자의 성별정정은 성전환자의 가장 기초적인 기본권을 보장하기 위한 것입니다. 이미 대법원은 성전환자에 대하여 가족관계등록부상 성별란 기재는 물론 이에 따라 부여된 주민등록번호가 종전의 성을 따라야 한다면 헌법상 기본권이 침해될 우려가 있다고 하여 성전환자의 성별정정허가가 성전환자의 기본권 보장을 위해 필요하다는 것을 설시한 바 있습니다(대법원 2006. 6. 22.자 2004스42 전원합의체 결정 참조). 그러나 앞서 개관한 바와 같이 '외부성기'까지를 요구하는 것은 오히려 성전환자에게 성별정정에 있어 지나치게 무거운 부담을 부과하고 획일적이고 과도한 의료적 개입을 요구하는 것으로서, 성별정정허가를 통하여 성전환자의 기본권을 보장한다는 취지에 반할 우려가 큽니다.

헌법 전문과 헌법 제10조는 모든 국민은 인간의 존엄과 가치, 행복추구권 및 능력을 최고도로 발휘할 권리를 가진다고 선언하고 있습니다. 국민 각자가 현재의 성별에 부합하도록 자신의 성별을 공적으로 확인받아 공시하는 것은 이러한 기본적인 권리를 실현하는 데 있어 필수적 요소라 할 수 있습니다(대법원 2011. 9. 2.자 2009스117 전원합의체 결정 대법관 박시환, 대법관 김지형, 대법관 전수안 의견 참조). 따라서 성별정체성은 개인의 존재 그 자체를 구성하는 것으로서 이를 법적으로 인정받지 못하는 것은 인간의 존엄을 유지하고 스스로 선택한 가치관에 따라 행복을 추구한다는 가장 기본적인 권리를 부정당하는 것이나 다름없습니다. 그러므로 성전환자의 성별정정은 성전환자에게도 이 사회에서 인간으로서 누릴 수 있는 행복의 추구를 가능하게 하기 위한 기반이라 할 것입니다(대법원 2011. 9. 2.자 2009스117 전원합의체 결정 대법관 양창수, 대법관 이인복 의견 참조).

성별정정의 취지가 이러함에도 '외부성기'의 요구는 이러한 기본권 실현을 가로막고 있는 것이 현실입니다. 앞서 살펴본 바와 같이 '외부성기'를 요구하는 것은 성전환자로 하여금 실질적으로 성별정정허가를 받기 어렵게 함으로써 성전환자 역시 누려야 하는 인간으로서의 존엄과 가치, 행복추구권 및 능력을 최고도로 발휘할 권리를 누리지 못하게 하는 결과를 초래하고 있습니다.

뿐만 아니라 성전환자 당사자의 의사나 판단, 건강이나 연령과 관계없이 전환된 성에 부합하는 '외부성기'를 요구함으로써 위험한 외과수술을 받도록 하는 것은 오히려 신체의 완전성을 침해하고 도달 가능한 최고 수준의 건강을 누릴 성전환자의 권리와 인간으로서의 존엄성을 침해하는 결과를 낳고 있습니다.

따라서 성전환자의 성별정정허가에 있어 '외부성기'를 요구하는 것은 성전환자의 기본권을 보장한다는 성전환자의 성별정정허가의 취지를 상당 부분 몰각시키거나 오히려 성전환자의 기본권을 침해하는 결과를 낳아 성별정정허가의 성전환자 기본권 보장 취지에 반하는 결과를 초래하고 있다 할 것입니다.

이하에서는 위와 같은 문제점을 보다 상세하게 풀어 살펴보도록 하겠습니다.

(중략)

4. 결 어

신청인은 현재의 가족관계등록부상의 성별과 달리 남성에 대한 확고한 귀속감을 가지고 남성의 외관을 하여 남성으로서 살아가고 있습니다. 그러나 신청인은 법적 성별이 여성이라는 이유로 신청인은 하루하루를 고통스럽게 살아가고 있습니다. 주변에 자신의 법적 성별이 여성이라는 것이 알려질까 노심초사하며 지내고 있고, 법적 성별과 자신의 진정한 성별의 불일치로 자신이 원하는 직업을 구하기도 극히 어려우며, 아파서 병원을 이용할 때에도, 관공서에서 자신과 관련한 서류를 뗄 때에도, 은행에서 통장을 만들거나 본인확인을 할 때에도, 참정권 행사를 위해 투표소에서 신분을 확인할 때에도, 불심검문 등에 있어 신분증을 제시할 때에도, 출입 시 신분증을 요구하는 관공서를 출입할 때에도, 신청인은 본인이 맞느냐는 질문과 이상한 사람이 아닐까 하는 의심의 눈초리를 수도 없이 받아야 하고 있습니다.

또한 신청인이 자신이 원하는 행복한 미래를 꿈꾸고 자신의 능력을 발휘하고 계발할 수 있는 미래를 계획할 때에도, 자신의 온전한 가정생활과 사회생활을 꾸려나가는 데에도, 법적 성별과 자신이 현재 살아가고 있는 성별이 다르다는 이유로 크나큰 어려움을 겪고 있습니다.

이처럼 하루하루를 불안과 공포와 슬픔과 좌절과 고통과 분노로 살아가고 있는 신청인으로서는 하루라도 빨리 가족관계등록부상 성별을 남성으로 정정함으로써 당당하고 존엄한 인간으로서 살기를 원하고 있습니다.

사정이 이러한데도 신청인에게 경제적, 정신적, 건강상 부담을 안기고 있는 외부성기 수술을 받지 아니하였다는 이유만으로 성별정정이 되지 않는다면, 이 사회에서 고통 받고 소외되고 있는 성적 소수자로서의 신청인의 삶에 더욱 커다란 고통과 좌절을 안겨주는 일이라 할 것입니다. 또한 이러한 신청인의 성별을 계속해서 여성으로 두게 된다면, 신청인이 인간으로서의 존엄과 가치를 가지고 사회의 어엿한 한 구성원으로서 살아가는 데 있어, 또 한 명의 남성으로서 가정을 꾸리고 싶다는 꿈을 실현하는 데 있어 커다란 장애에 가로막히게 되는 결과를 초래한다 할 것입니다.

신청인은 남성이 되고 싶다거나 남성으로 변하고 싶다는 것이 아닙니다. 그저 신청인은 어려서부터 그러하듯 남성인 자일뿐이고, 그에 따라 법적으로도, 사회적으로도 남성으로서 살아가고 싶어할 뿐입니다.

이러한 사정을 두루 살피시어, 신청인은 대한민국 국적자로서 만 19세 이상의 행위능력자이고, 현재 혼인중이 아니며, 미성년인 자녀도 없고, 성전환증으로 인하여 성장기부터 지속적으로 선천적인 생물학적 성과 자기의식의 불일치로 인하여 고통을 받고 오히려 반대의 성에 대하여 귀속감을 느껴왔으며, 호르몬 요법과 성전환과 관련한 외과적 수술을 통하여 신체외관이 반대의 성으로 바뀌었고, 생식능력도 상실하였으며, 향후 종전의 성으로 재전환할 개연성이 없고, 신청인에게 범죄 또는 탈법행위에 이용할 의도나 목적으로 성별정정허가신청을 하였다는 등의 특별한 사정도 없는바, 신청인의 가족관계등록부 중 성별란 기재 "여"를 "남"으로 정정할 것을 조속히 허가하여 주시기를 바랍니다.

자료 4 [논평] 대법원의 성전환자 성별정정 허가 10주년, 트랜스젠더 기본권 보장을 위한 성별정정 요건 개정과 절차 정비가 필요하다 중 일부 발췌

개선의 방향

꼭 10년 전 대법원은 이 전원합의체 결정으로 성적 소수자인 트랜스젠더의 인권을 크게 향상시켰다. 10년이 지난 지금, 여전히 트랜스젠더의 기본권 보장은 요원하고 법원이 오히려 트랜스젠더의 인권을 침해하고 있었다는 사실을 돌아본다. 그럼으로써 우리는 개선의 방향으로서 다음과 같이 요구한다.

우리는 가장 먼저 ▲기본권 침해의 요소가 없도록 국제인권기준에 부합하는 성별정정 요건의 개정, ▲성별정정 절차에서 인권침해가 발생하지 않도록 이 절차에 대한 제도적 개선을 요구한다. 현재의 성별정정 요건과 성별정정 절차는 기본권을 보장하기 위함이라는 대법원의 결정 취지를 무색케 해 왔다.

성별정정 요건의 개정과 절차의 개선만큼이나 시급한 것은 성별정정 사건을 처리하는 법관과 법원공무원들의 변화이다. 트랜스젠더에 대한 몰이해는 이들에 의한 인권침해로 직접적으로 이어진다. 따라서 우리는 ▲성별정정 담당 법관에 대하여 트랜스젠더와 성별정체성에 관한 필수적 교육 이수를 요구한다. 이를 통해 법관들은 요건과 절차를 간략하게 정한 대법원 예규만을 참고하는 것이 아니라, 트랜스젠더와 성별정체성에 대한 기초적인 이해를 가지고 성별정정이 어떠한 의미를 가지는지를 인식할 수 있어야 한다.

또한 '등록부정정'으로 묶여 있는 현재의 사건 통계 체계를 변경하여 ▲성별정정 신청사건에 대한 통계의 작성 역시 요구한다. 이러한 통계는 성별정정 사건의 현황을 법원 스스로가 정확하게 파악함으로써 트랜스젠더의 기본권 보장을 위한 성별정정 신청사건의 개선에 있어 중요한 자료가 될 것이다. 이미 일본은 트랜스젠더의 성별 변경에 관해 국가적으로 통계를 내고 있고, 이것은 중요한 정책 자료로 활용되고 있다.

마지막으로 이러한 성별정정의 요건과 절차의 개선에 있어 그 방향성을 제대로 설정하기 위하여 ▲트랜스젠더 당사자의 목소리를 충분히 반영할 것을 요구한다. 법원이 트랜스젠더에 대해 성별정정을 허가해 "주는" 시민, "시혜"를 베푸는 대상으로 바라볼 때, 트랜스젠더의 기본권을 보장하겠다는 법원의 성별정정 허가 취지는 무색해질 수밖에 없다. 소수자 당사자의 목소리가 성별정정 절차에 반영될 때, 법원은 비로소 사회구성원의 인권을 보장하고 소수자를 보호하는 최후의 보루로서의 사명을 다할 수 있을 것이다.

다시 한 번 트랜스젠더에 대한 성별정정을 허가한 대법원의 역사적인 결정을 기억하고, 지난 10년을 되돌아본다. 법원뿐만 아니라 이 사회가 트랜스젠더에 대해 차별과 인권침해, 편견과 모욕을 가해온 역사를 함께 기억한다. 사법부의 태도는 사회적 현실과 완전히 분리되어 있지 않다. 10년 전 내디딘 커다란 발걸음과 진전은 앞으로도 계속되어야 한다.

2016. 6. 22. SOGI법정책연구회

정신보건법 제24조 제1항 보호의무자에 의한 입원에 대한 위헌법률심판제청사건

염 형 국*·김 도 희**

1. 여는 글

수십 년간 구 정신보건법[1] 제24조 보호의무자에 의한 입원 조항으로 인해 숱하게 많은 강제입원 피해자들이 양산되었다. 언론에 보도된 정신병원 강제입원 피해사례는 빙산의 일각에 불과하다. 2016년 개봉한 영화 <날 보러와요>는 정신병원 강제입원 제도의 폐해를 생생하게 보여주고 있다. 병원으로 가게 되는 과정부터가 그렇다. 사설 응급이송단이 갑자기 집에 들이닥쳐 다짜고짜 목을 조르고, 팔을 묶는 등 불법체포를 하는 경우가 많다. 사설 응급이송단은 가족이 동의하기만 하면 당사자를 응급차량에 태워 정신병원에 보내 가족의 요청대로 '못 나오게' 하면 되고, 당사자가 멀쩡하든 정신병이 있든 전혀 상관하지 않는다. 그러나 절차의 보장이 바로 인권보장의 핵심이다. 범죄를 저지른 피의자·피고인에 대한 절차가 강화된 것도 이러한 맥락에서다. 99명의 범인을 풀어주더라도 1명의 국민도 억울함이 없도록 하는 것이 적법절차의 보장이라는 헌법상 대원칙의 요청이다. 하물며 범죄자에 대해서도 적법절차 원칙이 지켜지고 있음에도 정신장애인은 정신질환이 있다는 이유만으로 이러한 원칙이 지켜지지 않고 있다.

지난 2016년 9월 29일 헌법재판소는 재판관 전원 일치 의견으로, 보호의무자 2인의 동의와 정신건강의학과 전문의 1인의 진단이 있으면 보호입원이 가능하도록 한 정신보건법 제24조 제1항, 제2항은 헌법에 합치되지 않는다는 결정을 선고하였다. 뒤늦게나마 부당하게 정신병원에 격리당하고 배제되어온 정신장애인의 인권이 최소한이나마 보장될 수 있는 기반이 마련된 점은 참으로 다행스러운 일이 아닐 수 없다. 한편 지난 20년간 큰 변화 없이 유지되어 온 '정신보건법'이 2016년 5월 29일 '정신건강증진 및 정

* 변호사, 공익인권법재단 공감.
** 변호사, 서울사회복지공익법센터.

1) 구 정신보건법은 지난 2016년 5월 29일 '정신건강증진 및 정신질환자 복지서비스 지원에 관한 법률'로 전면 개정되어 2017년 5월 30일부터 시행 중이다. 헌법재판소의 심판대상 조항은 구 정신보건법 조항이지만, 편의상 이하에서는 '정신보건법'으로만 서술하겠다.

신질환자 복지서비스 지원에 관한 법률'로 전면 개정되어 2017년 5월 30일부터 시행을 앞두고 있다. 바야흐로 정신보건계가 새로운 전환기를 맞이하고 있는 것이다. 정신질환자[2)]를 병원이나 시설에 강제로 입원시킴으로써 사회로부터 배제·격리할 것이 아니라 지역사회에서 증상을 관리하며 회복을 통해 살아갈 수 있도록 해야 한다는 일련의 움직임은 복지현장 뿐 아니라, 국제사회, 학계, 의료계까지도 인정하는 추세이다. 정신질환자에 대한 패러다임의 변화, 지역사회통합 모델의 등장, 회복과 인권과 복지라는 화두 등 커다란 시대적 변화의 흐름 속에서 헌법재판소의 이러한 결정은 적지 않은 시사점을 던져주고 있다. 이하에서는 위 헌법불합치 결정의 내용과 의의를 살펴보고, 향후 개선되어야 할 법제도적 과제를 고찰해 보고자 한다.

2. 정신보건법 제24조 제1항 등에 대한 헌법불합치 결정과 이유

가. 사실관계

2013년 11월 4일 밤, 박○○(여성, 당시 58세)씨는 강남구 신사동 소재 자신의 집에서 자고 있던 중 갑자기 들이닥친 3명의 남성에 의해 손과 발이 포승줄에 묶였다. 3명의 남성은 박씨를 응급이송단 차량에 싣고 경기도의 한 정신병원으로 데려갔다. 독방에 갇힌 그에게 간호사는 '코끼리 주사'를 놓았다. '이 주사를 맞으면 코끼리도 쓰러진다'고 해서 붙여진 이름이다. 간호사는 한참만에야 정신을 차린 박씨의 옷을 벗기고 종이기저귀를 채웠다. 그러고는 다시 박씨의 팔다리를 끈으로 묶었다. 병원에선 이틀 동안 밥을 한 끼도 주지 않았다. 박씨는 나중엔 허기를 달래기 위해 변기 물까지 먹었다고 했다. 그는 자신이 왜 정신병원에서 이런 취급을 받는지 이해할 수 없었다. 의사는 그를 인격장애로 진단했다.

현행 정신보건법은 보호의무자 2명의 동의와 정신과 전문의 1명의 진단이 있으면 강제입원이 가능하도록 되어 있다. 박씨는 나중에서야 딸들이 보호의무자로 자신을 강제입원 시킨 사실을 알게 되었다. 박씨는 홀로 4남매를 기르면서 죽을 고생으로 일하여 서울 강남에 3층 다가구주택 건물을 구입할 수 있었다. 2010년 7월경 박씨의 큰딸은 이 건물을 담보로 하여 3억여원을 대출을 받자고 하여 큰딸에게 필요한 서류를 건네주었다. 그러나 큰 딸은 대출을 받은 후에 박씨에게 대출금을 주지 않았다. 알고 보니 큰딸이 남자를 만나면서 대출 받은 돈을 그 남자에게 다 주었던 것이다. 이에 박씨는 큰

---

2) 국내에서는 정신질환을 가진 자에 대한 법적 용어조차 아직 통일되지 않고 있다. '정신보건법'에서는 '정신질환자', '장애인복지법'에서는 '정신장애인'이라 하고, 그 정의도 차이가 있으며 대체로는 정신질환자의 범위가 더 넓다. 2016. 5. 시행예정인 '정신건강복지법'에서는 '장애인복지법'과 유사하게 정의되었으며, '정신질환자'라는 용어의 존치여부에 대한 검토도 필요하다. 이하 원고에서는 '정신장애인'과 '정신질환자' 용어를 혼용한다.

딸에게 그 남자를 혼인빙자간음 및 사기 혐의로 고소하겠다고 했다. 그러자 큰딸은 오히려 박씨가 우울증으로 신경정신과 치료 경력이 있는 것을 기화로 박씨를 정신병원에 강제 입원시켰다.

박씨는 정신병원에 강제입원 되기 한두 달 전부터 갱년기 우울증을 이유로 신경정신과 외래진료를 받고 있었을 뿐이었다. 박씨의 갱년기 우울증은 정신병원에서 입원해서 치료를 받을 만큼의 중증이 전혀 아니었고, 자신의 건강 또는 안전이나 타인의 안전을 해할 염려 또한 전혀 없었다. 박씨는 병원 측에 갱년기 우울증으로 강제입원을 하냐며 퇴원을 요구하자, 담당 의사는 '퇴원을 요구하는 그 말이 입원의 필요성을 인정하는 근거가 된다'면서 보호의무자인 딸들이 승낙하지 않으면 퇴원이 안 된다고 하였다.

박씨는 입원한 지 두 달이 지나서야 병원 안에 있는 공중전화를 이용해 평소 알고 지내던 교회 목사의 부인에게 도움을 청했다. 박씨는 교회 목사의 부인 도움을 얻어 변호사를 선임해 자신이 입원 당시 갱년기 우울증을 앓고 있었을 뿐 정신의료기관에서 입원치료를 받을 정도의 정신질환에 걸려 있거나, 자신의 건강·안전이나 타인의 안전을 해할 염려가 없었음에도 강제로 입원되었다고 주장하면서 2014년 1월 서울중앙지방법원에 인신보호법에 따른 구제청구를 하였다(서울중앙지방법원 2014인1). 인신보호법은 정신병원 등 시설에 부당하게 수용된 사람들이 법원 심리를 통해 수용이 해제될 수 있도록 하고 있다. 그러나 박씨가 법원에 인신구제 청구를 한 지 하루 만에 자녀들은 그를 다른 정신병원으로 옮겼다. 그는 병원을 옮긴 지 18일 만에 가까스로 자녀들의 동의를 얻어 퇴원할 수 있었다. 자신을 감금한 자녀들을 고소한 것을 취하한 대가였다.

박씨는 자신에 대한 인신구제청구 사건을 계속 중이던 2014년 2월 보호의무자 2인의 동의와 정신건강의학과전문의 1인의 진단에 의하여 정신질환자를 입원시킬 수 있도록 한 정신보건법 제24조가 신체의 자유 등을 침해한다고 주장하면서 위헌법률심판제청을 신청하였고, 당해 사건 법원인 서울중앙지방법원은 2014년 5월 위 신청을 받아들여 정신보건법 제24조 제1항, 제2항에 대하여 이 사건 위헌법률심판을 제청하였다(서울중앙지방법원 2014초기408). 그리하여 헌법재판소에서 정신보건법 제24조 보호의무자에 의한 입원조항의 위헌 여부를 판단하게 되었다.

나. 헌법재판소 공개변론 및 헌법불합치 결정

2016년 4월 14일 오후 2시 헌법재판소 대심판정에서 정신보건법 제24조 제1항과 제2항에 대한 위헌제청 사건에 관한 공개변론이 열렸다. 심판대상은 구 정신보건법(2011. 8. 4. 법률 제11005호로 개정된 것) 제24조 제1항, 제2항이 헌법에 위반되는지 여부이다. 심판대상조항은 다음과 같다.

[심판대상조항][3)]

정신보건법(2011. 8. 4. 법률 제11005호로 개정된 것)

제24조(보호의무자에 의한 입원) ① 정신의료기관등의 장은 정신질환자의 보호의무자 2인의 동의(보호의무자가 1인인 경우에는 1인의 동의로 한다)가 있고 정신건강의학과전문의가 입원등이 필요하다고 판단한 경우에 한하여 당해 정신질환자를 입원등을 시킬 수 있으며, 입원등을 할 때 당해 보호의무자로부터 보건복지부령으로 정하는 입원등의 동의서 및 보호의무자임을 확인할 수 있는 서류를 받아야 한다.

② 정신건강의학과전문의는 정신질환자가 입원등이 필요하다고 진단한 때에는 제1항에 따른 입원등의 동의서에 당해 정신질환자가 다음 각 호의 어느 하나에 정한 경우에 해당된다고 판단한다는 의견을 기재한 입원등의 권고서를 첨부하여야 한다.

1. 환자가 정신의료기관등에서 입원등 치료 또는 요양을 받을 만한 정도 또는 성질의 정신질환에 걸려 있는 경우
2. 환자 자신의 건강 또는 안전이나 타인의 안전을 위하여 입원등을 할 필요가 있는 경우

---

3) [관련조항] 정신보건법 제24조(보호의무자에 의한 입원) ③ 제1항의 입원등의 기간은 6개월 이내로 한다. 다만, 정신의료기관등의 장은 6개월이 지난 후에도 계속하여 입원등의 치료가 필요하다는 정신건강의학과전문의의 진단이 있고 보호의무자가 제1항에 따른 입원등의 동의서를 제출한 때에는 6개월마다 시장·군수·구청장에게 입원등의 치료에 대한 심사를 청구하여야 한다.

④ 정신의료기관등의 장은 제3항에 따른 심사결과에 따라 퇴원등의 명령을 받은 때에는 당해 환자를 즉시 퇴원등을 시켜야 한다.

⑤ 정신의료기관등의 장은 제1항 및 제3항에 따라 정신질환자를 입원등을 시키거나 입원등의 기간을 연장시킨 때에는 지체 없이 본인 및 동의서를 제출한 보호의무자(이하 이 조에서 "보호의무자"라 한다)에게 그 사유와 제29조에 따른 퇴원심사등의 청구에 관한 사항을 서면 또는 전자문서로 통지하여야 한다.

⑥ 정신의료기관등의 장은 환자 또는 보호의무자로부터 퇴원등의 신청이 있는 경우에는 지체 없이 당해 환자를 퇴원등을 시켜야 한다. 다만, 정신건강의학과전문의가 정신질환자의 위험성을 고지한 경우에는 정신의료기관등의 장은 퇴원등을 거부할 수 있다. 이 경우 환자 또는 보호의무자는 즉시 제27조에 따른 기초정신보건심의위원회 또는 광역정신보건심의위원회(기초정신보건심의위원회가 설치되지 아니한 경우에 한한다)에 이의를 신청할 수 있다.

⑦ 정신의료기관등의 장은 제6항 단서에 따라 퇴원등을 거부하는 경우에는 지체 없이 환자 및 보호의무자에게 그 거부사유 및 제29조에 따라 퇴원등의 심사를 청구할 수 있음을 서면 또는 전자문서로 통지하여야 한다.

⑧ 정신의료기관등의 장은 제6항 단서의 후단에 따른 심사결과에 따라 퇴원등의 명령을 받은 때에는 당해 환자를 즉시 퇴원등을 시켜야 한다.

⑨ 제6항 본문에 따라 환자를 퇴원등을 시킨 때에는 보호의무자에게 그 사실을 서면 또는 전자문서로 통지하여야 한다.

제21조(보호의무자) ① 정신질환자의 민법상의 부양의무자 또는 후견인은 정신질환자의 보호의무자가 된다. 다만, 다음 각호의 1에 해당하는 자는 보호의무자가 될 수 없다.

1. 피성년후견인 및 피한정후견인
2. 파산선고를 받고 복권되지 아니한 자
3. 당해 정신질환자를 상대로 한 소송이 계속 중인 자 또는 소송한 사실이 있었던 자와 그 배우자
4. 미성년자
5. 행방불명자

② 제1항의 규정에 의한 보호의무자 사이의 보호의무의 순위는 부양의무자·후견인의 순위에 의하며 부양의무자가 2인 이상인 경우에는 민법 제976조의 규정에 따른다.

③ 제1항의 규정에 의한 보호의무자가 없거나 보호의무자가 부득이한 사유로 인하여 그 의무를 이행할 수 없는 경우에는 당해 정신질환자의 주소지(주소지가 없거나 알 수 없는 경우에는 현재지)를 관할하는 시장·군수 또는 구청장이 그 보호의무자가 된다.

이날 위헌제청신청인의 대리인 측에서 권오용 · 이성재 · 염형국 · 김도희 · 김수영 변호사 등이 참석하였고, 이해관계자인 보건복지부 대리인으로 정부법무공단의 서규영 변호사가 참석하였다. 또한 제청신청인 측 참고인으로 안석모 국가인권위원회 사무총장이, 보건복지부 측 참고인으로는 강지언 대한정신의료기관협회 수석부회장이 참석하였다.

위헌제청인의 대리인 측은 "정신보건법 제24조에서 정신질환을 이유로 정신병원 입원 동의 권한을 보호의무자에게 부여한 것은 환자의 자기결정권을 박탈하는 것이다. 법 24조는 보호의무자가 환자 본인의 의견을 가장 잘 대변할 것을 전제로 하나, 현실은 그렇지 않다. 입원 환자의 1/4 정도가 가족과 의료진이 속여 입원을 당하고, 그중 1/3은 보호자 동행 없이 입원을 당하고 있다. 환자와 보호의무사의 '이해관계 충돌'을 전제로 하여 제3자인 법원과 같은 심사기관이 입원 여부를 판단해야 한다. 이러한 강제입원은 입원 환자 수가 정신의료기관 수익으로 직결되는 구조에 기인한다. 현재 국가는 의료급여 제도를 통해 정신질환자를 수용하는 정신의료기관에 연간 2조 원 이상 국가예산을 지출하고 있다. 정신과 의사 입장에선 병원 경영을 해야 하기에 환자를 빨리 내보낼 수 없는 거다."는 취지로 변론을 하였다. 반면 보건복지부 대리인 측은 "법 24조를 '인권침해 조항'이라고 보는 발상은 법률 조항의 의미를 제대로 파악하지 못한 것이다. 정신질환이 상당할 정도로 진행되어 회복되기 어려울 정도로 방치될 수 있는데 보호의무자 동의가 있는 경우, 적시에 치료하여 사회복귀를 도울 수 있다. 보호의무자와 정신질환자 사이에 이익 충돌 우려가 있어 오 · 남용 우려가 있지만 이는 감금죄 같은 형사상 책임으로 방지할 수 있다"고 주장하였다.

한편 제청신청인 측 참고인인 안석모 국가인권위원회 사무총장은 "정신보건시설에서 발생하는 인권침해 인권위 진정 건수가 해가 갈수록 증가하고 있다. 2015년 기준으로 비자의입원에 관한 인권위 진정건수는 3,348건으로 이중 강제입원 절차에 관한 사건이 50%를 차지한다. 이는 세계적 추세와도 동떨어져 있다. 실제 지난 2014년 유엔 장애인 권리위원회는 장애를 이유로 자유를 박탈하는 정신보건법에 대해 우려를 표하며, 강제 입원제도를 폐지할 것을 촉구하기도 했다"고 의견을 냈다. 반면, 보건복지부 측 참고인 강지언 대한정신의료기관협회 수석부회장은 "정신질환의 진단은 미국정신의학회의 '정신질환의 진단 및 통계 편람(DSM)'을 이용하고 있어 상당 부분 객관화되어 있으므로 정신과 전문의들의 진단결과는 서로 큰 차이가 없다. 보호입원제도가 남용된다는 것은 소수 일탈자에 의한 남용 위험성을 지적하는 것인데, 남용사례는 전체 비자의 입원 중 극히 일부분에 불과하다."고 반박했다. 이후 헌법재판관들의 개별질의와 이에 대한 제청신청인 대리인, 보건복지부 대리인, 참고인들의 답변이 이어졌다.

공개변론 이후 헌법재판소는 지난 2016년 9월 29일 재판관 전원 일치 의견으로, 보호의무자 2인의 동의와 정신건강의학과 전문의 1인의 진단이 있으면 보호입원이 가능하도록 한 정신보건법 제24조 제1항, 제2항은 헌법에 합치되지 않는다는 결정을 선고하였다. 그러나 헌법재판소는 심판대상조항에 대하여 단순위헌결정을 하여 그 효력을 즉시 상실시킨다면 보호입원의 법률적 근거가 사라져 보호입원의 필요성이 인정되는 경우에도 보호입원이 불가능한 법적 공백 상태가 발생하게 되어 입법자가 심판대상조항의 위헌성을 제거하여 합헌적인 내용으로 법률을 개정할 때까지 심판대상조항이 계속 적용되도록 할 필요가 있다고 판단하였다.

다. 정신보건법상 보호입원 제도

(1) 보호입원의 의의

정신보건법상 정신질환자란 '정신병(기질적 정신병을 포함한다) · 인격장애 · 알코올 및 약물중독 기타 비정신병적 정신장애를 가진 자'를 말한다(정신보건법 제3조 제1호). 심판대상조항은 정신질환자의 보호의무자 2인이 동의하고 정신건강의학과전문의(이하 '정신과전문의'라고만 한다)가 입원 또는 입소(이하 '입원'이라고만 한다)의 필요성을 인정하는 경우 당해 정신질환자를 정신의료기관 또는 정신요양시설(이하 '정신의료기관'이라고만 한다)에 강제로 입원시킬 수 있도록 함으로써, 이른바 '보호의무자에 의한 입원' 또는 '보호입원'을 규정하고 있다.

보호입원 제도는 1995. 12. 30. 법률 제5133호로 제정된 구 정신보건법 제25조가 보호의무자 1인의 동의와 정신과전문의의 입원의 필요성이 있다는 진단이 있으면 정신질환자를 그 의사에 반하여 정신의료기관에 입원시킬 수 있도록 하면서 처음 입법되었는데, 2008. 3. 21. 법률 제8939호로 개정된 구 정신보건법 제24조에서 보호의무자 2인의 동의를 요하도록 개정된 것 외에는 큰 변화 없이 지금까지 그 내용을 유지하고 있다.

(2) 보호입원의 요건

정신질환자에 대한 보호입원을 위해서는 먼저 보호의무자 2명의 동의가 필요하다. 정신질환자의 민법상 부양의무자 또는 후견인이 보호의무자가 된다(제21조 제1항). 보호의무자 사이의 보호의무 순위는 부양의무자 · 후견인의 순위에 의하며, 부양의무자가 2인 이상인 경우에는 민법 제976조의 순서에 따른다(제21조 제2항). 피성년후견인 · 피한정후견인, 파산선고를 받고 복권되지 아니한 자, 미성년자, 행방불명자는 물론 당해 정신질환자를 상대로 소송이 계속 중인 자 또는 소송한 사실이 있었던 자와 그 배우자는 보호의무자가 될 수 없다(제21조 제1항 단서). 또한, 보호입원을 위해서는 정신과전문의의 진단이 필요하다. 정신과전문의는 정신질환자가 입원이 필요하다고 진단한 때에는 입원동의서에 당해 정신질환자가 정신의료기관에서 입원치료를 받을 만한 정도 또는 성질의 정신질환에 걸려있다거나, 또는 정신질환자 자신의 건강 또는 안전이나 타인의 안전을 위하여 입원을 할 필요가 있는 경우에 해당된다고 판단한다는 의견을 기재한 입원권고서를 첨부하여야 한다(제24조 제2항).

(3) 퇴원 및 입원기간

정신질환자는 본인 또는 보호의무자의 신청에 의하여 언제든지 퇴원할 수 있는 것이 원칙이다. 다만 정신의료기관장은 정신질환자 또는 보호의무자의 신청에도 불구하고 정신과전문의가 정신질환자의 위험성을 고지한 경우에는 퇴원을 거부할 수 있고, 이 경우 정신질환자 또는 보호의무자는 기초정신보건심의위원회 또는 광역정신보긴심의위원회에 이의를 신청할 수 있다(제24조 제6항). 보호입원기간은 최장 6개월이다. 정신의료기관장은 6개월이 지난 후에도 당해 정신질환자에 대하여 계속하여 입원치료가 필요하다는 정신과전문의의 진단 및 보호의무자의 동의가 있으면 시장·군수·구청장에게 입원치료에 대한 심사를 청구하여야 한다(제24조 제3항). 심사청구를 받은 시장·군수·구청장은 즉시 당해 청구내용을 기초정신보건심의위원회에 회부하여 기초정신보건심의위원회 안에 설치된 기초정신보건심판위원회로 하여금 심사하도록 하고, 정신질환자의 퇴원 또는 계속입원 여부는 심사결과에 따라 결정된다(제30조, 제31조, 제33조). 계속입원이 결정된 정신질환자는 시·도지사에게 재심사를 청구할 수 있다(제34조). 정신의료기관장은 6개월마다 이러한 갱신절차를 거침으로써 정신질환자에 대하여 6개월을 초과하는 계속적인 보호입원을 할 수 있다.

(4) 강제입원 현황

2013년 정신보건통계현황에 따르면, 2013년에 정신의료기관에 입원 중인 환자의 수는 80,462명이고, 그 중 정신질환자 본인의 의사에 의한 입원이 21,294명으로 26.5%를, 본인의 의사에 반하는 입원이 59, 168명으로 73.5%를 각 차지하고 있다. 심판대상조항에 따라 보호입원된 환자의 수는 51, 132명으로, 전체 입원 환자 중 63.5%를, 본인의 의사에 반하여 입원된 환자 중 86.4%를 차지한다. 이는 본인의 의사에 반하는 입원이 전체 입원의 다수를 차지하고 있고, 본인의 의사에 반하는 입원 중에서도 심판대상조항에 의한 보호입원이 대다수를 차지하고 있음을 보여준다.

라. 헌법재판소 헌법불합치 결정의 이유[4]

(1) 제한되는 기본권

헌법 제12조 제1항 전문은 “모든 국민은 신체의 자유를 가진다.”라고 규정하여 신체

4) 헌법재판소 홈페이지 https: //www.ccourt.go.kr/cckhome/kor/event/selectrecentMainDecisionList.do 참조.

의 자유를 보장하고 있는데, 신체의 자유는 신체의 안전성이 외부로부터의 물리적인 힘이나 정신적인 위험으로부터 침해당하지 아니할 자유와 신체활동을 임의적이고 자율적으로 할 수 있는 자유를 말한다(헌재 1992. 12. 24. 92헌가8 참조). 심판대상조항은 정신질환자의 보호의무자 2인의 동의와 정신과전문의 1인의 진단만 있으면 정신질환자를 본인의 의사에 반하여 6개월까지 정신의료기관에 입원시킬 수 있도록 하고 있으므로, 정신질환자의 신체의 자유를 제한한다. 그런데 위와 같이 기본권을 제한하기 위해서는 헌법 제37조 제2항에 따른 과잉금지원칙을 준수하여야 하는바, 심판대상조항이 과잉금지원칙을 위반하여 정신질환자의 신체의 자유를 침해하는지 여부를 살펴본다.[5)]

(2) 과잉금지원칙 위반 여부

1) 목적의 정당성 및 수단의 적절성

심판대상조항은 정신질환자를 신속·적정하게 치료하고, 정신질환자 본인과 사회의 안전을 지키기 위한 것으로서 그 목적이 정당하다. 보호의무자 2인의 동의 및 정신과전문의 1인의 진단을 요건으로 정신질환자를 정신의료기관에 보호 입원시켜 치료를 받도록 하는 것은 입법목적을 달성하는 데 어느 정도 기여할 수 있다.

2) 침해의 최소성

보호입원은 정신질환자의 신체의 자유를 인신구속에 버금가는 수준으로 제한하므로, 정신질환자 본인에 대한 치료와 사회의 안전 도모라는 측면에서 긍정적인 효과를 긍정하더라도 그 과정에서 신체의 자유 침해를 최소화하고 악용·남용가능성을 방지하며, 정신질환자를 사회로부터 일방적으로 격리하거나 배제하는 수단으로 이용되지 않도록 해야 한다. 그러나 심판대상조항은 다음과 같이 정신질환자의 신체의 자유 침해를 최소화할 수 있는 방안을 충분히 마련하지 않고 있어, 침해의 최소성 요건을 충족하고 있다고 볼 수 없다.

가) 보호입원의 대상과 진단의 문제

정신과전문의는 정신질환자가 ① 입원치료·요양을 받을 만한 정도의 정신질환에 걸려 있거나, ② 자신의 건강 또는 안전이나 타인의 안전을 위해 입원을 할 필요가 있는 경우에 입원의 필요성이 있다고 진단한다. 따라서 정신질환자는 입원치료·요양을 받을 만한 정도의 정신질환을 가지고 있는 경우에도 보호입원될 수 있고, 치료·요양을

---

5) 제청법원이 언급한 개인의 자기결정권이나 통신의 자유에 대한 제한은 보호입원 대상자의 신체의 자유가 제한됨으로써 부수적으로 발생하는 결과이므로 이들 기본권에 대하여는 별도로 판단하지 않고, 한편 정신질환자의 수용에서 해제에 이르기까지 일련의 과정에서 요구되는 적절한 절차보장은 결국 격리수용의 필요성에 대한 판단에 공정성과 객관성을 담보하기 위한 것으로서 실체문제와 분리될 수 없으므로 과잉금지원칙 위반 여부에서 적법절차 문제를 포함하여 검토하기로 한다.

위한 것이 아니라고 하더라도 자신의 건강 또는 안전이나 타인의 안전을 위해서도 보호입원될 수 있다.

그런데 정신보건법은 입원치료·요양을 받을 정도의 정신질환이 어떤 것인지에 대해서는 구체적인 기준을 제시하지 않고 있어, 정신과전문의의 정신질환 소견만 있으면 누구나 보호입원될 가능성이 있다. 또한 '자신의 건강 또는 안전이나 타인의 안전'이라는 요건 또한 매우 추상적일 뿐만 아니라 이를 판단할 수 있는 구체적인 기준도 마련되어 있지 않다. 실제 통계를 보면 보호입원이 얼마나 광범위하게 이용되고 있는지를 알 수 있다.

나) 보호의무자 2인의 동의와 정신과전문의 1인의 진단 요건의 문제

심판대상조항이 정한 보호입원의 요건은 보호입원의 적정성을 담보하기에 부족하다. 심판대상조항이 보호의무자 2인의 동의를 요건으로 설정한 것은 보호의무자가 정신질환자의 입원 여부를 결정함에 있어 정신질환자 본인을 위하여 최대한 이익이 되는 쪽으로 판단하리라는 선의에 기초하고 있으나, 보호의무자 중에는 부양의무의 면탈이나 정신질환자의 재산탈취와 같은 목적으로 보호입원을 악용하는 사람도 있을 수 있으므로, 이러한 경우에는 그 보호의무자의 동의권은 제한되거나 부정되어야 한다. 그러나 현행 정신보건법은 정신질환자의 이익을 저해하는 보호입원을 방지할 수 있는 제도를 충분히 마련하고 있지 않다. 소송이 제기되지 않은 상태에서 이해충돌이나 갈등이 발생할 수 있고 이해충돌이나 갈등이 모두 소송으로 발전하는 것도 아니므로, 정신보건법 제21조 제1항 제3호와 같은 결격사유를 둔 것만으로는 보호의무자와 정신질환자 사이의 이해충돌을 적절히 예방하고 있다고 볼 수 없다.

정신장애나 질환의 특성상 보호입원의 필요 여부에 관하여 전문가의 의견이 필요하다는 점은 부인할 수 없으나, 이러한 필요성이 인정되더라도 그 진단의 남용가능성을 차단할 수 있는 제도적 장치가 마련되어야 한다. 그러나 심판대상조항은 입원치료·요양을 받을 만한 정신질환을 앓고 있는지 또는 환자 자신의 건강·안전이나 타인의 안전을 위하여 입원이 필요한지 여부에 대한 판단권한을 정신과전문의 1인에게 전적으로 부여함으로써, 그의 자의적 판단 또는 권한의 남용 가능성을 배제하지 못하고 있다. 정신과전문의가 자신의 경제적 이익을 위하여 진단 권한을 남용하는 경우 현행 정신보건법상 이를 막을 방법이 없고, 정신과전문의와 보호입원된 정신질환자 사이에 이해관계가 충돌할 수 있다.

보호의무자 동의 요건의 문제점과 정신과전문의 진단 요건에 관한 문제점들이 서로 결합하는 경우 보호입원 제도가 남용될 위험성은 더욱 커진다. 보호의무자 2인이 정신과전문의와 공모하거나, 또는 그로부터 방조·용인을 받아 정신질환자를 보호입원 시킬

수 있고, 이는 실제로도 종종 발생하여 사회문제가 되었다. 또한, 사설 응급이송단에 의한 정신질환자의 불법적 이송, 감금 또는 폭행과 같은 문제도 빈번하게 발생하고 있다.

다) 입원기간과 계속입원의 문제

보호입원은 입원기간도 최초부터 6개월이라는 장기로 정해져 있어, 보호입원이 치료의 목적보다는 격리의 목적으로 이용될 우려가 크다. 피보호입원자와 보호의무자는 언제든지 정신의료기관장에게 퇴원을 신청할 수 있으나, 정신의료기관장은 정신과전문의로부터 정신질환자의 위험성을 고지받았음을 이유로 이를 거부할 수 있다. 또한, 정신의료기관장은 6개월이 지난 후에도 피보호입원자에 대하여 계속하여 입원치료가 필요하다는 정신과전문의의 진단 및 보호의무자 2인의 동의가 있는 때에는 6개월마다 시장·군수·구청장 소속 기초정신보건심의위원회의 계속입원 심사를 통해 얼마든지 피보호입원자의 입원을 연장할 수 있다. 이로 인하여 보호의무자와 의료기관 사이의 이해만 맞으면 얼마든지 정신질환자의 의사나 이익에 반하는 장기입원이 가능하다. 실제로 2013년 통계에 의하면 평균입원기간은 정신의료기관의 경우 176일, 정신요양시설의 경우 3,655일에 이른다.

라) 보호입원 대상자의 의사 확인이나 절차 보조인의 관여 배제

강제입원은 기본적으로 인신구속의 성질을 가지므로 부당한 강제입원으로부터 환자의 권리를 보호할 수 있는 절차의 마련이 필요하다. 예컨대 당사자에 대한 사전고지, 청문 및 진술의 기회, 강제입원에 대한 불복, 부당한 강제입원에 대한 사법심사, 국가 또는 공적 기관에서 제공하는 절차보조인의 조력과 같은 절차가 보장될 필요가 있다. 그런데 정신보건법은 심판대상조항과 같은 보호입원제도를 두면서 이러한 절차들을 전혀 마련하고 있지 아니하다.

심판대상조항은 입원을 결정함에 있어 정신질환자 모두에 대해 판단능력 내지 입원에 대한 동의능력이 전혀 없는 것으로 간주하여 이들의 의사를 고려하고 있지 아니하다. 또한, 입원 전이나 입원 당시에 당사자에게 고지하는 제도가 없고, 입원 후에야 이를 통지하는 사후통지제도만을 두고 있다. 공적기관에서 제공하는 절차보조인과 같이 보호입원 전반에 걸쳐 객관성을 담보할 수 있는 자의 관여도 허용하고 있지 아니하다.

기초정신보건심의위원회는 피보호입원자의 정신의료기관장의 퇴원거부에 대한 이의신청, 정신의료기관장의 피보호입원자에 대한 입원기간 연장에 대하여 심사한다. 그러나 위 위원회에서는 피보호입원자를 직접 대면하여 그의 진술을 충분히 청취하는 절차를 거치지 않은 채 대부분 서류 위주로 심사가 이루어지고 있는 점, 피보호입원자가 이미 보호입원된 상태에서 사후적으로 입원의 필요성 등을 심사하게 되어 결국은 처음 입원의 필요성이 있다고 인정한 정신과전문의 1인의 진단에 상당히 의존할 수밖에 없

는 점 등에 비추어 보면, 위 위원회가 보호입원 당시의 위법·부당성을 충분히 심사할 수 있으리라고 기대하기 어렵다. 더구나 피보호입원자는 정신의료기관으로부터 치료의 필요성이라는 이유로 통신·면회의 자유를 제한받을 수 있고, 또 정신의료기관 내에서 격리되거나 결박당할 수도 있다. 보호의무자나 정신의료기관장이 외부와의 접촉이나 퇴원을 원하는 피보호입원자의 입원을 장기화할 목적으로 이를 악용할 경우, 피보호입원자는 인간으로서 가져야 할 최소한의 존엄성마저 침해당할 수 있다.

법원에 인신보호법 제3조에 따라 구제를 청구하는 것도 피보호입원자를 위법·부당한 보호입원으로부터 충분히 보호하는 방법이 되기 어렵다. 인신보호법상 구제청구는 보호입원의 위법성을 심사함에 있어 심판대상조항에서 정한 보호입원 요건이 구비 여부만을 심사함에 그칠 수 있고, 피보호입원자가 보호입원된 때와 인신보호법상 구제가 청구된 때 사이에는 상당한 시간적 간격이 있으며, 피보호입원자로서는 정신의료기관에 격리수용되어 있어 구제청구 자체를 이용하기도 쉽지 않다. 나아가 피보호입원자에 대한 구제청구 절차가 진행되면 정신의료기관이 정신질환자를 퇴원시키거나 다른 정신의료기관으로 전원시키는 방법으로 그 절차를 무력화시킬 수 있다.

3) 법익의 균형성

심판대상조항이 정신질환자를 신속·적정하게 치료하고, 정신질환자 본인과 사회의 안전을 도모한다는 공익을 위한 것임은 인정된다. 그러나 심판대상조항은 단지 보호의무자 2인의 동의와 정신과전문의 1인의 판단만으로 정신질환자에 대한 보호입원이 가능하도록 하면서 정신질환자의 신체의 자유 침해를 최소화할 수 있는 적절한 방안을 마련하지 아니함으로써 지나치게 기본권을 제한하고 있다. 따라서 심판대상조항은 법익의 균형성 요건도 충족하지 못한다.

3. 헌법불합치 결정의 의의

가. 불법·부당한 강제입원이 만연한 현실에 대한 인정[6)]

헌법재판소의 결정은, 이번 결정이 7전8기의 도전 끝에 이루어 낸 값진 결정이라는 점과 더불어 불법·부당한 강제입원이 만연한 현실을 개선할 효시가 된다는 점에서는 환영할 만하다. 심판대상조항에 의한 보호입원을 인신구속으로 인정하면서 입원의 필요성에 대한 판단에 있어 객관성과 공정성을 담보할 만한 장치를 두고 있지 않고, 보호입원 대상자의 의사 확인이나 부당한 강제입원에 대한 불복제도 및 절차조력제도를 충분

6) 김도희, 「보호입원제도 존속의 한계성에 관하여-정신보건법 제24조 제1항 등의 헌법불합치 결정을 중심으로」, 사회보장법연구 제5권 제2호, 2016. 12. 1-39쪽.

히 갖추고 있지 아니하여, 보호입원 대상자의 신체의 자유를 과도하게 제한하고 있음을 인정하였다. 다만, 보호의무자에 의한 입원 제도 그 자체가 위헌이라고 본 것이 아니라, 보호입원을 통한 치료의 필요성 등에 관하여 독립적이고 중립적인 제3자에게 판단 받을 수 있는 절차를 두지 아니한 채 보호의무자 2인의 동의와 정신과 전문의 1인의 판단만으로 정신질환자 본인의 의사에 반하는 보호입원을 가능하게 했다는 점에서 보호입원이 존속할 근거로 남을 수 있게 된 점은 아쉽다.

본질적으로 인신구속의 성질을 지닌 정신질환자의 강제입원절차에서, 입원요건을 완화하여 신속하게 신체를 구속해야 할 할 현실적인 필요성은 추상적이고 불분명한 우려인 데 반해 독립적이고 객관적인 입원심사가 보장되지 않는 입원규정으로 인해 피보호입원자가 겪는 기본권 침해는 매우 구체적이고 직접적인 피해이다. 정신보건법 제26조의 응급입원에서 긴급한 입원치료가 필요한 경우의 요건을 별도로 규정하고 있는 이상 보호입원에서 신속하고 간이하게 입원절차를 진행해야 할 필요성은 더욱 낮을 수밖에 없다. 그럼에도 불구하고 아래 표와 같이 보호입원은 응급입원보다 입원요건이 더 완화되어 있는 반면 입원심사의 객관성과 공정성은 덜 담보되어 있는 실정이다. 즉, 응급입원은 입원기간이 72시간으로 짧은 점, 의사와 경찰관의 동의를 받아야 하는 점, 환자 자신이나 타인의 안정을 해칠 중대한 위험성 및 상황의 긴급성이 있어야 하는 데 반해, 보호입원은 입원기간이 6개월로 장기인 점, 진단에 필요한 입원기간을 두지 않고 바로 치료입원으로 넘어가는 점, 치료를 받을만한 정도나 성질의 정신질환이 있거나 또는 환자 자신이나 타인의 위험성을 요건으로 두고 있어 오히려 입원이 필요성이 급박한 응급입원보다 보호입원의 입원절차가 간소하고, 장기입원으로의 유인요소가 크다고 할 수 있다.

〈현행 정신보건법상 입원유형〉

	제23조 자의입원	제24조 보호입원	제25조 행정입원	제26조 응급입원
진단입원 동의주체	–	–	정신의학과 전문의	의사와 경찰관
치료입원 동의주체	–	정신의학과 전문의 1인	2인 이상의 정신의학과 전문의	–
치료입원 판단기준	–	치료를 받을만한 정도나 성질의 정신질환의 존재 '또는' 환자 자신이나 타인의 위험성	환자 자신이나 타인의 위험성	환자 자신이나 타인의 안전을 해칠 중대한 위험성 '및' 상황의 긴급성
입원기간	–	진단입원: 없음 치료입원: 6개월	진단입원: 2주 치료입원: 3개월	진단입원: 72시간 치료입원: 제23조 내지 제25조에 따름

이러한 바탕에는 정신질환자의 부양의무자 또는 후견인 지위에 있는 보호의무자가 정신질환자에게 가장 이익이 되는 의사결정을 할 것이라는 전제 내지 믿음 하에 법적 제한을 크게 완화한 것으로 보인다. 이러한 전제는 일견 타당할 수 있으나 경우에 따라서는 보호의무자가 정신질환자와 가장 이해관계에 얽혀 있을 수 있는 현실을 너무도 쉽게 간과한 것이다. 이번 결정을 통해 적어도 강제입원을 둘러싼 현대사회의 민낯을 헌법재판소가 드러내고 인정했다는 점에서는 큰 의미가 있다고 생각한다.

나. 시행예정 법조항의 위헌성에 대한 판단의 필요성

이번 사건을 보면, 사실상 새로 개정되어 시행될 법률에 대해서 헌법재판소가 위헌 여부를 판단할 수 있었으나, 제도적인 한계로 인하여 위헌 확인을 하지 못한 점이 있다. 헌법재판소가 단순위헌결정을 하지 않고 헌법불합치결정을 선고하고, 입법자가 심판대상조항의 위헌성을 제거하여 합헌적인 내용으로 법률을 개정할 때까지 심판대상조항이 계속 적용되도록 할 필요가 있다고 판단하면서도 국회에서 2016. 5. 29. 법률 제14224호로 통과된 정신보건법 전부개정법 '정신건강증진 및 정신질환자 복지서비스 지원에 관한 법률'(2017. 5. 30. 시행 예정)의 내용이나 개정법률에서 심판대상조항의 문제점을 해소하였는지 여부에 대해 판단하지 않은 것이다. 구체적 규범통제의 경우 사건이 발생한 이후 제기하는 '사후절차'라는 한계가 있어 기본권을 사전에 보호할 수 있는 추상적 규범통제 도입에 대한 논의가 제기되어 왔다.

추상적 규범통제는 현재의 위헌법률심판이 가진 한계를 보완하면서도 법률의 합헌성 제고 등 국민 기본권 강화에 도움이 될 수 있다는 것이다. 위헌법률심판에 추상적 규범통제제도가 도입되면 구체적인 기본권 침해상황이 발생하지 않더라도 헌법재판소가 법률의 위헌 여부를 심사할 수 있다.[7] 헌법재판소는 관련 법조항이 이번 헌법불합치 결정을 선고하기 전에 입법부에서 개정하였음에도 적극적으로 해당조항의 개정사항에 대해 판단하지 않았다. 그러나 이번 사건과 같이 심판대상법률과 직접적으로 연계된 시행

7) 현행 헌법상의 위헌법률심판제도가 보여주는 구조적 특성은, 첫째, 헌법재판소를 별도로 두지 않고 일반법원에서 위헌법률심판을 담당하는 미국, 일본 등의 국가에서는 구체적 규범통제만을 인정하는 것이 일반적이지만, 독일과 같이 헌법재판소제도를 도입한 상황에서 추상적 규범통제를 도입하지 않고 있는 것은 헌법재판소의 장점을 충분히 활용하지 못하는 것이라고 할 수 있을 것이다. 둘째, 법률에 대한 위헌결정의 효력과 관련하여 일반적 무효를 인정하되, 형벌법규를 제외하고는 원칙적 장래효를 인정함으로써 법적 안정성의 측면을 강조하고 있다. 사후적 구제수단인 구체적 규범통제에서 장래효만을 인정할 경우에는 사전예방적 구제수단을 강화할 필요성이 오히려 더 크다는 점이며, 이런 측면에서도 추상적 규범통제의 도입필요성이 강조될 수 있을 것이다. 셋째, 재판소원의 배제로 인하여 법원이 위헌법률심판제청을 하지 않을 경우에는 헌법재판소가 이를 직접 통제할 수 있는 방법이 없다는 문제가 제기되었고, 이를 해소하기 위하여 우리나라의 독특한 제도인 헌법재판소법 제68조 제2항에 의한 헌법소원(이른바 위헌소원)을 별도로 인정하고 있다. 그러나 장기적으로는 역시 재판소원을 통해 문제를 해결하는 것이 보다 합리적이라고 할 수 있을 것이다. 이상의 내용은 헌법재판소, 「추상적 규범통제에 관한 고찰」, 헌법재판연구 제22권, 18-19면 참조.

예정법률 등 예외적인 경우에 한하여 부분적으로 도입하는 것은 우선 고려해볼 수 있을 것이다. 아직 시행하지 않은 법률이라도 사건관련성이 인정된다면 심사할 수 있도록 하는 것이 입법경제적인 측면에서도 도움이 될 것이며, 법률로 이러한 예외적 규정을 둔다면, 헌법재판소로서도 입법권에 대한 침해우려를 불식할 수 있을 것이다.[8)]

다. 법률의 추가 개정 의무

헌법재판소의 보호입원에 대한 헌법불합치 결정은 향후 정신보건분야에 결코 적지 않은 변화를 추동해낼 것으로 기대된다. 이제 입법자는 심판대상조항의 위헌성을 제거하여 합헌적인 내용으로 법률을 개정할 의무를 지게 되었다. 이는 이미 심판대상조항이 개정되었다고 해도 마찬가지이다. 해당 조항의 위헌성이 개정으로 완전히 치유되지 않았다면 입법자가 또 개정할 수 있다고 보아야 한다.[9)]

또한 헌법불합치결정을 할 때 헌법재판소는 입법시한을 정하는 경우가 대부분인데 반해 이번 결정에서는 입법시한을 정하지 않았다. 이러한 경우에도 입법자에게 '합리적인' 기한 내 또는 입법개선에 필요한 상당한 기한 내에 입법개선을 해야 할 의무가 부과된다고 보아야 한다. 헌법재판소의 위헌 결정 이유를 크게 나누어 보면, ① 정신질환 자체를 판단하는 구체적 기준의 미비, ② 보호의무자 내지 정신과전문의의 이해관계에 따른 권한남용의 위험성, ③ 피보호입원자의 의사 확인 및 절차 보조인 관여의 배제 등의 문제인바, 개정법률에서 위와 같은 위헌요소를 모두 해소하였다고는 보이지 않는다. 위헌성이 치유되지 않은 규정을 계속 적용하도록 하는 것은 국민의 기본권과 헌법의 규범력에 대한 중대한 침해가 될 수 있기 때문에 곧바로 정신건강복지법 관련조항을 추가로 개정하여야 한다.

헌법불합치 결정이유를 보면 단순히 심판대상조항만을 개정하도록 요구[10)]한 것으로

---

8) 국회 입법조사처, 「정신질환자 보호입원 규정 헌법불합치 결정의 의미와 입법개선 과제」, 이슈와 논점 1205호, 2016.

9) 과거 '소득세법'(1994. 12. 22. 법률 제4803호로 소득세법 전문개정(시행일 2006. 1. 1.)하였으나, 1995. 12. 29. 법률 제5031호로 위 내용의 일부를 개정), '주택건설촉진법'(1992. 12. 18. 법률 제4530호로 주택건설촉진법 일부개정(시행일 1993. 3. 1.)하였으나, 1993. 2. 24. 법률 제4540호로 위 내용 중 일부를 개정), '상가건물임대차보호법'(2001. 12. 29. 법률 제6542호로 상가건물임대차보호법 제정(시행일 2003. 1. 1.)하였으나, 2002. 8. 26. 법률 제6781호로 위 법률 부칙을 개정하여 시행일을 2002. 11. 1.로 변경) 등에서도 법령의 공포 후 시행 전 법령을 개정한 사례들이 있다.
법제처 홈페이지 참조. http: //www.moleg.go.kr/knowledge/legislation?pstSeq=44204

10) 헌법재판소 결정에 따라 국회입법조사처가 입법개선과제로 밝힌 내용은 다음과 같다(국회 입법조사처, 「정신질환자 보호입원 규정 헌법불합치 결정의 의미와 입법개선 과제」, 이슈와 논점 1205호, 2016).
1. 보호입원제도의 보완
헌법재판소가 계속 적용을 하도록 결정함으로써 보호입원 제도가 유지·운용될 수는 있으나 입법자는 적정 시기에 이 제도를 개선할 뿐만 아니라 궁극적으로 정신질환자 입·퇴원 절차의 법률적 규제방식을 전반적으로 개편할 것을 요구받고 있다. 그런데 헌법불합치 결정된 규정은 이미 「정신건강증진 및 정신질환자 복지서비스 지원에 관한 법률」 제43조로 개정되어 시행을 앞두고 있다. 개정된 규정을 보면 보호입원의 요건으로

볼 수 있으나, 헌법재판소의 "보호입원은 정신질환자의 신체의 자유를 인신구속에 버금가는 수준으로 제한하므로, 정신질환자 본인에 대한 치료와 사회의 안전 도모라는 측면에서 긍정적인 효과를 긍정하더라도 그 과정에서 신체의 자유 침해를 최소화하고 악용·남용가능성을 방지하며, 정신질환자를 사회로부터 일방적으로 격리하거나 배제하는 수단으로 이용되지 않도록 해야 한다"는 점을 명시적으로 밝히고 있다. 이는 불법·부당한 강제입원을 배제하기 위해서는 단순히 해당조항만을 바꾼다고 해결되는 것이 아니라 지금과는 다른 악용·남용 가능성을 방지할 장치들이 마련되어야 하고, 정신질환자가 사회적 격리 또는 배제가 되지 않도록, 즉 병원이나 시설대신 지역사회에서 살아갈 수 있는 환경을 만들어야 하는 폭넓은 과제를 함께 부여하는 것으로 평가할 수 있다.

4. 정신병원 강제입원 절차 강화 방안

가. 강제입원 절차의 강화

이번 개정된 정신건강복지법에서는 보호의무자에 의한 입원조항이 대폭 강화되었다. 우선 입원요건에 대해 ① 정신질환자가 정신의료기관등에서 입원치료 또는 요양을 받을 만한 정도 또는 성질의 정신질환을 앓고 있는 경우, ② 정신질환자 자신의 건강 또는 안전이나 다른 사람에게 해를 끼칠 위험이 있어 입원등을 할 필요가 있는 경우의

자신의 건강 또는 안전, 다른 사람에 대한 해를 끼칠 위험이 있는 경우를 정하면서 그 구체적인 기준은 보건복지부령으로 위임하였다. 입원환자의 증세를 진단하기 위하여 우선 2주의 범위에서 입원하게 할 수 있고, 이후 서로 다른 정신의료기관 특히 국·공립 정신의료기관 등에 소속된 1명을 포함한 2명 이상의 정신과 전문의의 일치된 소견이 있을 때만 1개월 이상의 입원이 가능하게 하였다. 또한 퇴원심사기간도 기존 6개월 단위 심사에서 최초의 입원 후 3개월까지로 단축되었다. 입원기간을 연장할 경우에 정신의료기관등의 장은 특별자치시장, 특별도지사, 시장, 군수, 구청장에게 연장심사를 청구하게 하였으며 2명 이상의 정신과 전문의의 일치된 진단이 있어야 하도록 하였다. 그러나 헌법재판소 결정에 비추어 본다면 입원요건을 단지 다른 사람에 대한 해를 끼칠 위험정도로 정하여 위임할 경우에 포괄위임이 될 우려가 있으므로 보다 구체적으로 법률에서 요건을 정하거나 또는 구체적인 범위를 정하여 위임할 것이 요구된다고 하겠다.

2. 사전고지제도 등의 도입

입원자에 대한 '사전고지'에 대해서 헌법재판소가 지적한 만큼 사전고지제도를 도입하는 입법적 보완이 필요하다. 현행 보호입원제도가 계속 적용되기 위해서는 개정법률 제3조 보호의무자 입원과 관련하여 입원 2주안에 국·공립 정신의료기관 또는 보건복지부장관이 지정하는 정신의료기관 소속 정신과 전문의의 2차 진단이 제대로 이루어질 수 있도록 정신과 전문의 인력을 확대하고 보건복지부장관 지정병원을 실질적으로 활용하는 등의 보완이 필요하다. 단기적, 현실적으로 국·공립 정신의료기관에서 정신과 전문의 채용예산이 추가적으로 확보되기 어려운 상황이라면 입원적합성심사만을 별도로 실시하는 것도 고려해볼 만하다.

3. 입원적합성심사 등의 개선

개정법률에서 '입원적합성심사위원회'를 설치할 수 있는 기관을 국·공립 정신의료기관에 한정(개정법률 제46조제1항)하고 있는데 이렇게 되면 연간 10만 명에 달하는 보호입원을 심사하는 것이 어렵기 때문에 보호입원의 절차로 인해 치료받아야할 정신질환자가 치료시기를 놓치는 상황이 벌어질 우려가 있다. 따라서 지역사회 정신의료기관들을 활용하는 방안을 강구하여야 할 것이다. 결국 보호입원제도를 계속 적용하는데 있어서 환자의 인권과 치료받을 권리가 동시에 보호·실현되는 법·제도적 환경을 조성하는 것이 중요하다. 국·공립 정신의료기관 등이 운영하는 입원적합성심사위원회가 보호입원의 적부를 심사하는 과도기적 단계를 넘어 궁극적으로는 보호입원에 대하여 법원의 청문(Hearing)절차를 마련하도록 하는 입법개선도 요구된다.

두 요건을 모두 충족시키는 경우(기존 법에서는 ① 또는 ②의 요건 중 어느 하나만 충족시켜도 입원이 가능하였다)에만 입원을 시킬 수 있도록 강화시켰다. 정신건강의학과전문의가 정신질환자의 입원이 필요하다고 진단한 경우 그 증상의 정확한 진단을 위하여 2주의 범위에서 기간을 정하여 입원하게 할 수 있고, 진단입원 결과 해당 정신질환자에 대하여 서로 다른 정신의료기관등에 소속된 2명 이상의 정신건강의학과전문의(제21조 또는 제22조에 따른 국·공립의 정신의료기관등 또는 보건복지부장관이 지정하는 정신의료기관등에 소속된 정신건강의학과전문의가 1명 이상 포함되어야 한다)의 일치된 소견이 있는 경우에만 해당 정신질환자에 대하여 치료를 위한 입원을 하도록 하여 진단을 위한 입원과 치료를 위한 입원을 분리시켰다.

한편 개정법에서는 입원 단계에서 입원적합성 여부를 심사하는 입원적합성심사위원회를 도입하였다. 법 제46조는 보호의무자에 의한 입원(제43조) 및 행정입원(제44조)에 따른 입원등의 적합성을 심사하기 위하여 각 국립정신병원 등 대통령령으로 정하는 기관 안에 입원적합성심사위원회를 설치하도록 하였다. 입원적합성심사위원회의 위원장은 최초로 입원등을 한 날부터 1개월 이내에 정신의료기관등의 장에게 해당 정신질환자의 입원등의 적합 여부를 서면으로 통지하여야 한다.

나. 보호입원 요건 관련법령

정신건강증진 및 정신질환자 복지서비스 지원에 관한 법률

제43조(보호의무자에 의한 입원등) ② 제1항 전단에 따른 정신건강의학과전문의의 입원등 필요성에 관한 진단은 해당 정신질환자가 다음 각 호의 모두에 해당하는 경우 그 각각에 관한 진단을 적은 입원등 권고서를 제1항에 따른 입원등 신청서에 첨부하는 방법으로 하여야 한다.

1. 정신질환자가 정신의료기관등에서 입원치료 또는 요양을 받을 만한 정도 또는 성질의 정신질환을 앓고 있는 경우
2. 정신질환자 자신의 건강 또는 안전이나 다른 사람에게 해를 끼칠 위험(보건복지부령으로 정하는 기준에 해당하는 위험을 말한다. 이하 같다)이 있어 입원등을 할 필요가 있는 경우

정신건강증진 및 정신질환자 복지서비스 지원에 관한 법률 시행규칙

제34조(보호의무자에 의한 입원등) ② 법 제43조 제2항 제2호에서 "보건복지부령으로 정하는 기준에 해당하는 위험[11]"이란 다음 각 호의 어느 하나에 해당하는 경우를 말한다. 이 경우 해당 위험 기준을 판단하는 때에는 정신질환자의 질병, 증세, 증상, 기왕력, 행위의 성격 또는 건강이나 안전에 미치는 영향 등을 종합적으로 고려하여야 한다.

1. 본인 또는 타인의 건강 또는 안전에 중대하거나 직접적인 위해를 가하는 경우

2. 본인 또는 타인의 건강 또는 안전에 중대하거나 직접적인 위해를 가할 개연성이 높다고 인정되는 경우
3. 본인 또는 타인의 건강 또는 안전에 상습적인 위해를 가하는 경우
4. 본인의 건강이나 안전에 중대하거나 급박한 위험이 있는 경우
5. 본인의 건강이나 안전에 중대하거나 급박한 위험의 개연성이 높다고 인정되는 경우

개정 정신건강복지법 제43조에 의하면 보호입원은 입원치료의 필요성(and)과 자・타해 위험성 요건 모두를 충족하여야 가능한 것으로 개정되었다. 정신의학계에서는 '선진국 모두가 자・타해 위험으로 제한하는 것이 아니고, 세계보건기구(WHO) 정신보건법 제정 원칙(1996)과 UN MI 정신질환자 보호원칙(1991)에서도 강제입원 요건은 자・타해 위험으로 제한되어 있지 않고, '치료 필요성' 기준에 따른 입원을 인정하고 있으며(WHO 경우 '치료필요성' and/or '자타해 위험', UN MI 원칙은 or), 자・타해 위험성을 좁게 해석한다면, 치료적 관점에서의 비자의입원이 제한되어 치료가 필요한 사람에게 질병 초기의 치료적 개입이 어려워져 오히려 정신질환자 당사자 및 보호자와 사회에 더 큰 위험이 될 수 있다고 주장하고 있다. 이러한 정신의료계의 주장을 받아들여 최근 보건복지부는 최근 증상의 악화 혹은 중독성 약물의 갈망/중독/금단으로 인한 건강의 악화, 위생 불량, 난치성 증상, 자기관리능력의 저하 등까지도 자・타해 위험이 있는 것으로 보는 등 자・타해 위험성의 기준을 완화하는 지침을 내렸다고 한다.

그러나 우리도 가입되어 있는 유엔장애인권리협약(CRPD) 제12조에서 정신장애라는 이유로 자유를 박탈당해서는 안 되고 법적으로 동등한 권리를 보장받아야 함을 명시하

11) ※ 국립정신건강센터의 자・타해 위험의 예시
① 자살 또는 자해의 시도가 임박하거나 잠재적인 위험의 예시
- 지난 1년 이내의 자살이나 자해시도 경험이 있음
- 명료하고 구체적인 자살이나 자해시도 계획이 있음
- 지속적인 자살생각이나 자해충동에 몰입하고 있음
② 증상의 악화로 인한 건강의 중대하거나 급박한 위험의 예시
- 치료가 필요한 증상이 있음에도 불구하고 병식의 부재, 치료환경의 미비 등의 사유로 증상이 심각한 수준으로 악화되는 경우
- 정신질환으로 인한 재산의 탕진, 신체적 건강을 돌보지 않음, 위생 및 청결의 문제로 인한 감염성 질환의 위험 증가
- 정신질환에 대한 치료에도 불구하고 난치성 증상의 지속 및 현실검증력과 판단력에 심대한 장애가 지속되는 경우
- 정신질환으로 인하여 본인의 신체적 건강관리를 포함하여 기본적 자기관리능력에 심대한 장애를 보이는 경우
③ 중독성 약물의 과도한 복용으로 인한 건강의 중대하거나 급박한 위험의 예시
- 제어되지 않는 갈망 등 중독의 문제로 야기되는 정신적, 신체적 건강의 위험성
- 의식장애, 혼미, 금단증상 등으로 인한 자해 위험성 증가 및 타인에 대한 공격적 행동 위험
④ 타인에 대한 신체적 가해행위나 그 위협행위, 성적 문제행동 등 타인의 신체나 생명, 성적 자기결정권을 침해하거나 그 위험이 있는 경우
⑤ 방화, 기물파손, 모욕이나 명예훼손 등 타인의 재산, 명예를 침해하거나 그 위험이 있는 경우
보건복지부 국립정신건강센터, '정신건강복지법 관련 질의응답(Q&A)', 2017. 5. 12.

고 있고, 유엔 장애인 권리 위원회는 2014년 CRPD 일반 논평에서 12조에 기해 정신병원 강제입원 제도는 폐지되어야 한다고 해석하고 있다. 또한 우리나라는 선진국(영국 13.5%, 이태리 12%, 프랑스 12.5% 등)에 비해 강제입원 비율이 61.6%(2016년 기준)로 월등히 높고, 정신병원 평균 입원일수도 프랑스 35.7일, 독일 26.9일, 이탈리아 13.4일에 비해 한국은 평균 197일에 달한다. 이러한 점에 대한 반성적 고려로 강제입원의 요건이 강화된 측면이 있으므로, 강제입원 요건은 엄격하게 적용되어야 한다. 하지만 자·타해 위험요건에 관한 이러한 보건복지부의 완화된 지침은 치료의 필요성과 거의 같은 개념으로 보여져 치료의 필요성 요건과 별개로 자·타해 위험 요건을 둔 정신건강복지법을 형해화시킬 뿐만 아니라, 정신건강복지법시행규칙 제34조 제2항 각호에서 정하고 있는 '본인 또는 타인의 건강 또는 안전에 중대하거나 직접적인(혹은 급박한) 위해를 가하거나 가할 개연성이 높다고 인정되는 경우'에 정면으로 반하는 위법한 지침에 해당하기 때문에 당장 철회하여야 한다.

다. 보호입원 요건의 판단주체

비자의 입원의 요건인 자·타해 위험의 판단은 1차적으로 정신과 전문의 1인이 담당하게 된다. 그러나 자·타해 위험 판단에 기하여 '본인의 의사에 반하는' 비자의 입원을 하기 위해서는, 즉 의료의 측면이 아닌 인신구속의 측면에서 판단할 (준)사법기관의 개입이 필요하다. 독립적이고 중립적인 제3자에게 판단받을 수 있는 절차를 두지 아니한 채 보호의무자 2인의 동의와 정신과 전문의 1인의 판단만으로 정신질환자 본인 의사에 반하는 보호입원을 가능하게 함으로써 결국 제도의 악용이나 남용 가능성을 차단하지 못한다.

개정 정신보건법의 경우에 이러한 문제에 대해, 최초의 입원인 경우에는 입원적합성 심사위원회가, 계속 입원의 경우에는 이전처럼 정신보건심판위원회('정신건강심의위원회'로 변경)가 담당하도록 하였다. 최초입원의 심사기관인 입원적합성심사위원회는 서면조사를 원칙으로 하되, 환자가 대면 조사를 요청하면 조사관이 방문조사를 할 수 있도록 하였고, 계속입원 심사기관인 기초정신건강심의위원회는 거의 대부분 서류심사로 진행하고, 환자를 담당한 의사의 진단에 의존하게 된다. 특히 기초정신건강심의위원회의 경우에 짧은 시간에 수십 건의 사례를 서면만으로 심사하여 96% 이상 계속입원을 승인하는 방식으로 운용되고 있는바, 이러한 심사기관이 과연 준사법적 강제입원 심사기관으로 볼 수 있는지도 의문이다. 헌법 제12조의 해석 및 UN MI 정신질환자 보호 원칙 18에 의하면 정신질환자의 신체의 자유를 박탈하는 강제입원은 원칙적으로 당사자가 참여하는 청문을 거친 뒤 법원의 허가를 얻은 후에만 허용된다고 볼 것이다. 입원적합성심사위원회의 방문조사는 원칙이 아닐뿐더러, 방문조사원의 조사에 응하는 것을 당사자의 절차참여권(청문권) 보장 취지에 부합된다고 볼 수 는 없다.[12)]

라. 사법심사제도 도입의 필요

헌법재판소의 정신보건법 제24조 제1항, 제2항이 헌법에 합치되지 않는다는 결정은 보호입원 제도 그 자체가 위헌이라고 본 것이 아니라, 심판대상조항이 보호입원을 통한 치료의 필요성 등에 관하여 독립적이고 중립적인 제3자에게 판단 받을 수 있는 절차를 두지 아니한 채 보호의무자 2인의 동의와 정신과전문의 1인의 판단만으로 정신질환자 본인의 의사에 반하는 보호입원을 가능하게 함으로써, 결국 제도의 악용이나 남용 가능성을 배제하지 못하고 있다는 점에 위헌성이 있다고 본 것이다. 헌법재판소에 따르면 강제입원은 기본적으로 신체의 자유를 제한 내지 박탈하는 인신구속의 성질을 가지므로 부당한 강제입원으로부터 환자의 권리를 보호할 수 있는 절차, 즉 당사자에 대한 사전고지, 청문 및 진술의 기회부여, 부당한 강제입원에 대한 사법심사, 강제입원에 대한 불복절차, 국가 또는 공적기관에서 제공하는 절차보조인의 조력과 같은 절차보장이 필요하다.[13)] 이러한 헌법재판소의 결정의 취지에 따라 강제입원의 요건을 강화하고 그에 대한 사법심사절차를 도입하는 내용의 정신건강복지법 개정이 필요하다.[14)] 대한신경정신의학회 역시 의료현장 전문가로서 "개정법의 근본 취지인 환자 인권보장의 강화와 필요성에 대해 강력히 찬성하지만, 개정법의 급격한 입법 절차로 인해 정신질환자들을 치료하고 수용할 지역사회 시스템은 실제로 정비되지 않았다."라고 지적하면서, "'인권보호'와 '사회로의 복귀와 재활(탈수용화)'이라는 시대적 흐름에 맞추기 위해서는 환자가 지역 사회에서 방치되지 않도록 한국 실정에 맞는 사법입원 제도로 재개정해야 한다"고 주장하고 있다.[15)]

선진국들의 사례를 보면 많은 나라들이 정신병원 강제입원에 대한 심사기관으로 법원이 아닌 심판위원회의 형태를 취하면서 법조인과 의료전문가, 정신병원 치료 유경험자 등이 함께 대면하여 심사하고, 입원하는 정신질환 당사자가 자신의 입장을 진술할

---

12) "대면조사를 요청하면 조사관이 방문조사를 나오긴 하나 의사나 법조인이 아닌 비전문가라 절차 관련 형식적 요건을 갖추었는지 정도만 확인할 가능성이 높을 것으로 예상되어 실제 인권 보호에 도움이 될지 의문이다." 김창윤, 「정신보건법의 철학과 개정방향: 강제입원제도를 중심으로」, 2017 개정 정신보건법 설명회 연제집 p.45.

13) 헌법재판소 2016. 9. 29. 선고 2014헌가9 결정. 정신보건법 제24조 1항 등 위헌제청 결정문 p.15.

14) "입원 전 사법부(또는 준사법 기관) 판단에 의한 입원 제도를 도입하면 공권력의 도움을 받아 치료거부 환자에 대한 개입이 용이해지고, 입원 기준이나 해석을 둘러싼 인권침해 논란도 줄어들 것이다. 또한 강제 입원을 위한 보호자 요건도 까다롭게 할 이유도 없어진다. 강제 입원 절차의 정당성에 대한 논란도 해결된다." 김창윤, 「정신보건법의 철학과 개정방향: 강제입원제도를 중심으로」, 2017 개정 정신보건법 설명회 연제집 p.51.

15) 대한신경정신의학회 2017년 5월 25일 성명서 참조.

수 있으며, 필요한 경우에 당사자를 보조할 절차보조인(내지 변호인)의 참여도 보장되고 있다. 법원의 심사방안과 심판위원회의 심사방안을 비교해보자면, 사법심사방안의 경우는 인신구속의 관점에서 엄격하게 심사를 할 수 있는 장점이 있는 반면, 판사가 정신질환에 대한 이해가 부족하여 정신과 전문의의 의견에 좌우될 위험성이 있다. 심판위원회의 심사방안의 경우는 정신의료전문가, 법조인, 사회복지 전문가 등 다양한 전문가들이 모여 정신질환자 본인에게 가장 적절한 치료방안을 고민할 수 있는 장점이 있을 수 있는 반면, 사법심사방안에 비해 신속한 심리가 어렵다.

우리나라의 경우 오랫동안 심판위원회 형태로 계속입원 심사를 하였고, 이번에 개정된 정신건강복지법에서 최초입원의 경우에 입원적합성심사위원회를 별도로 두어 심사하도록 하였다. 그러나 앞서 본대로 대면심사를 하지 않고, 서면심사로 진행되어 당사자의 청문권 등 절차보장이 전혀 이루어지지 못하고 있는 상황이다. 따라서 사법심사방안으로 개정하는 것이 현재로서 선택할 수 있는 가장 적절한 대안으로 생각된다.

5. 헌법재판소 불합치 결정의 현실적 문제점[16)]

그런데 헌법재판소에서 정신병원 보호입원제도에 대해 헌법불합치 결정이 내려졌다고 해도, 나아가 결정 취지를 고려한 법개정이 이루어진다고 해도 곧바로 현실이 개선될 수 없는 몇 가지 이유가 있다.

가. 재정지원 구조의 문제

영국의 경우 1950년대 이후 탈시설화를 천명하며 국가주도의 지역사회정신보건정책을 이끌어간 중앙정부가 국가의 포괄적 사회정책의 틀 속에서 국민의 정신건강문제의 해결과 사회적 비용절감을 위한 국가 정신보건정책을 제시해왔다. 이로써 영국은 국가보건체계(NHS, National Health System)를 통해 전 국민 무상의료가 이루어지고, 이에 따라 정신과 치료 뿐 아니라 정신사회재활 및 사회복귀서비스가 재정적으로 통합관리되고 있다. 한편 미국의 경우 1999년 미 연방대법원에서 Olmstead v. L.C.소송사건에 대해 장애인의 불필요한 시설격리는 미국장애인법(ADA)상의 차별이라고 판결[17)]하였다.

16) 이하 내용은 필자들이 국가인권위원회의 2016년 장애인 인권증진을 위한 실태조사 연구보고서 『정신장애인 지역사회 통합을 위한 해외사례 비교연구 실태조사』에 공동연구원으로 참여하여 연구한 내용의 일부를 정리한 것이다.

17) 정신장애인 2인이 '주치의가 자신을 지역사회 기반의 치료 프로그램에 배치하는 것이 적합하다고 결정했음에도 불구하고 주(州)정부가 지역사회가 아닌 정신병원에 격리시켰다'며 오하이오주를 상대로 자신들이 격리된 환경에서 감금되어 있음을 부당하다며 소를 제기한 사건이다. 미국장애인법(ADA)은 장애인의 고립과 격리를 심각한 차별로 규정하고 있으며, 주치의가 지역사회에 기반한 치료를 결정했음에도 불구하고 공무원들이 재정 부족을 이유로 이들을 병원에 감금했던 것이다. 미국 연방대법원은 이에 대해, 미국장애인법을 근거로 '국

이 사건을 계기로 정신장애나 신체적 장애를 가진 사람들이 시설생활로 인해 가족관계나 사회적 활동, 일, 교육, 문화생활 등의 일상생활에서의 차별이 발생하지 않도록 가능한 한 지역사회와 같은 통합된 환경에서 서비스를 받도록 하는 정부의 의무가 확인되었다. 주정부는 주립병원에서 환자들을 퇴원시킴으로써 재정을 절감하고, 연방정부의 재정지원을 통해 지역에서 지역정신보건센터를 운영하고, 그 밖의 정신장애인 사회서비스를 확충해 나가는 체계이다.

반면 우리나라는 건강보험과 의료급여 재정에 의료비 이외에는 포함되지 않기 때문에 정신병원의 입원비용과 지역사회의 정신사회재활 및 사회복귀서비스 비용이 통합관리되고 있지 않다. 정신병원 입원환자 중 전체의 70%에 이르는 의료급여수급자가 정신병원 입원시 지방정부의 부담은 20% 불과하고, 80%가 중앙정부의 의료급여 예산으로 충당된다. 반면, 정신질환자의 지역사회서비스는 100% 지방자치단체가 떠맡고 있는바, 현재와 같은 구조는 정신병원에서의 장기입원을 조장하는 가장 큰 요인이 되고 있다.[18]

현재 정신질환자 관련 서비스 재정지원의 가장 큰 문제점은 장기입원 중심의 정신의료서비스에 대한 재정투입에 집중되어 있고, 정신질환자의 지역사회이행, 재활, 복지 등에 대한 재정지원은 지방정부에게만 맡겨져 있다는 점이다. 특히 정신의료 재원과 지역사회복지 재원 간의 엄격한 분리 운영은, 장기입원을 완화함으로써 절감된 재원을 지역정신보건복지서비스 확충을 위해 활용할 수 없는 장벽으로 작용한다. 중앙정부든 지방정부든 공공의료체계 하에서 치료 뿐 아니라 재활 및 사회복귀서비스를 재정적으로 통합하거나, 그것이 불가능하다면 복지체계만이라도 타 장애인복지체계와 통합하는 획기적 전환이 필요한 시점이다.

나. 지역사회 복지체계 구축의 문제

미국의 경우 1970~80년대 정신병원의 병상수가 50~70% 정도 감소되었고, 위 Olmstead 판결을 계기로 더욱 가속화됨으로써 탈시설화 측면에서 성공적인 것으로 평가받는다. 그러나 탈시설화에 따라 정신병원에서 벗어나 지역사회에서 살아가야 하는 정신질환자들을 위한 지역사회 준비가 부족했던 미국의 경우 초기의 혼란이 현재까지도 이어지고 있다. 정신병원에서 퇴원하거나 정신요양시설에서 퇴소한 정신질환자들은 지역사회에서 살아가기 위한 복지체계 준비가 미흡하여 지역사회에 안정적으로 정착하지 못하고 이들 상당수가 홈리스가 되거나 다시 병원이나 시설로 돌아가거나 혹은 범

가는 장애인을 정신병원 등의 시설에 수용하는 것보다는 지역사회 중심의 서비스를 제공할 의무가 있다'는 판결을 내렸다. 이 사건을 계기로 정신장애나 신체적 장애를 가진 사람들이 시설생활로 인해 가족관계나 사회적 활동, 일, 교육, 문화생활 등의 일상생활에서의 차별이 발생하지 않도록 가능한 한 지역사회와 같은 통합된 환경에서 서비스를 받도록 하는 정부의 의무가 확인되었다.

18) 보건복지부, 「2015 보건복지통계연보」 및 중앙정신보건사업지원단, 국가정신건강보고서, 2015 참조.

죄를 저질러 재소자로 전락하였다.

우리나라 역시 정신질환자들이 정신병원에서 퇴원하더라도 지역사회에서 증상을 회복하며 생활할 주거가 마련되어 있지 않고, 고용(직업훈련)·소득보장·그밖의 지역사회 복지서비스 등 지역사회 인프라가 턱없이 부족하며, 여전히 가족이 모든 부담을 질 수 밖에 없는 구조이다. 그렇다보니 가족이 없거나 어려운 경우는 방치되거나 다시 병원이나 시설로 돌아가게 되는 경우도 많다. 지역사회 복지인프라가 절대적으로 부족한 상황에서 헌법재판소의 헌법불합치 결정이 났다고 해서 무작정 탈원화가 이루어진다고 한들 우리나라의 정신질환자들도 상당수가 다시 정신병원이나 시설로 돌아가거나 혹은 홈리스로, 재소자로 전락할 가능성 역시 충분히 존재한다.

6. 닫는 글

지금까지 헌법불합치 결정을 중심으로 그 의의와 개선과제를 살펴보았다. 전 세계적으로 정신장애인의 인권보장을 위해 폐쇄 정신병동에 가두는 방식에서 지역사회로의 복귀를 도모하는 '탈원화', '지역사회통합'이 정신보건의 가장 중요한 이념이 된 지 오래이다. 주요국가 중 유독 우리나라만이 강제입원을 통한 격리정책을 유지·확대하고 있어 세계적 추세에 역행하고 있다. 정신보건법 보호의무자에 의한 입원조항에 대한 헌법불합치결정은 우리나라가 탈원화, 지역사회통합 정책으로 전환할 매우 중요한 계기가 될 것이다. 지금 이 순간에도 정신병원과 정신요양시설에는 10만여 명이 넘는 정신장애인들이 눈에 초점이 없이 걸어 다니거나 멍하니 앉아있다. 그보다 훨씬 많은 이들이 강제입원될 불안감에 하루하루를 견디고 있다. 입원치료가 필요한 정도의 질환을 가지고 있는지에 대한 심사는 의료의 영역이라 하더라도 자해, 특히 타해의 위험성과 그에 따른 입원(인신구속)의 필요성을 사법기관 내지 중립적인 기관에서 담당할 수 있도록 하는 방안을 모색해야 한다.

한편, 헌법재판소의 강제입원 헌법불합치 결정에 따라 앞으로 정신병원에의 강제입원이 엄격해져서 입원치료가 필요하지 않은 정신장애인에 대한 불합리한 강제입원은 상당히 개선될 수 있을 것으로 보인다. 그렇다면 정신병원에 입원하지 않고 지역사회 거주하는 정신장애인을 위한 지역사회 복지 체계가 시급히 마련되어야 한다. 지금과 같이 지역사회 복지 인프라가 턱없이 부족한 상황에서 무작정 탈시설화가 이루어진다면, 우리나라 정신장애인들의 상당수가 다시 정신병원으로 돌아가거나 혹은 노숙으로, 범죄에 따른 교도소 재소자로 전락할 가능성이 크다. 정신장애인들도 정신병원이 아닌 지역사회에서 살아갈 수 있도록 주거, 일자리, 소득보장 등의 기반을 시급히 마련하여야 한다.

참고문헌

국가인권위원회, 『정신장애인 지역사회 통합을 위한 해외사례 비교연구 실태조사』, 2016년 장애인 인권증진을 위한 실태조사 연구보고서, 2016.

국회 입법조사처, 「정신질환자 보호입원 규정 헌법불합치 결정의 의미와 입법개선 과제」, 이슈와 논점 1205호, 2016.

국회 박인숙 의원실, 「개정 정신보건법의 문제점과 재개정을 위한 토론회」 자료집, 2017.

김도희, 「보호입원제도 존속의 한계성에 관하여－정신보건법 제24조 제1항 등의 헌법불합치 결정을 중심으로」, 사회보장법 연구 제5권 제2호, 2016. 12.

김창윤, 「정신보긴법의 철학과 개정방향: 깅제입원제도를 중심으로」, 2017 개정 정신보건법 설명회 연제집 p.45.

박인환, 「의사결정지원을 위한 성년후견제도의 평가와 모색」, 비교사법 제22권 제2호, 2015.

보건복지부, 「2015 보건복지통계연보」, 2015.

보건복지부, 「정신보건서비스 전달체계 개편을 위한 정신보건기관 기능 재조정 방안 연구」, 2015.

보건복지부, 「정신장애인의 사회통합을 위한 국제포럼」 자료집, 2017.

신권철, 「정신보건법상 강제입원제도의 문제점과 개선방안-물화(物化)되는 인격적 주체성의 복원을 중심으로-」, 서울법학 제22권 제2호, 2014.

신권철, 「정신보건법 이념과 현실을 통해 본 이데올로기」, 한국정신보건사회복지학회 학술발표논문집, 2016.

오호철, 「일본 법제도에 있어 의사결정대행에서 의사결정지원체제로의 패러다임 전환에 관한 동향」, 법이론실무연구 제3권 제2호, 2015.

이용표, 「복지정책으로 본 정신건강복지법의 평가와 과제」, 국가인권위원회 2016 정신장애인 인권증진을 위한 토론회, 2016.

중앙정신보건사업지원단, 『국가정신건강보고서』, 2015.

헌법재판소, 「추상적 규범통제에 관한 고찰」, 헌법재판연구 제22권.

심층질문

1. 형사절차가 아닌 사적인 입원절차에서 헌법상 적법절차 원칙이 그대로 적용될 수 있는가?

2. 강제입원 피해에 대한 소송을 기획하고 진행하는 과정에서, 주체로 참가하는 정신질환 당사자 단체와 인권단체, 그리고 변호사들의 관계와 역할 분담은 어떠해야 하며, 이 사건의 경우는 어떠하였는가?

3. 인신보호법상 위법한 행정처분이나 개인에 의해 부당하게 수용시설에 갇혀 있는 개인 등이 피수용자를 수용하고 있는 시설의 장 등을 상대로 법원에 제기하는 인신구제청구소송이 가지는 일반적인 특징은 무엇이고, 이번 소송에서는 그러한 특징이 어떻게 나타났는가?

4. 정신질환자에 대한 정신병원 강제입원 제도와 관련하여, 정신질환자 본인의 인권과 그 보호자 및 사회의 안전은 어떻게 조화를 이룰 수 있을까?

청년유니온 노동조합설립반려처분취소소송

정 병 욱*

1. 사건 개요의 설명

가. 소송의 배경

청년실업은 주로 15세에서 29세 또는 34세 사이 청년세대의 실업을 의미한다. 2000년 이후 한국 경제는 '만성적인 청년실업'이라는 문제에 봉착하게 되었는데, 2003년 대졸구직자는 약 68만 명 정도였지만 순위 100위 안에 드는 기업들의 채용인원은 2만 명에 불과했다. 그 결과 2004년 기준으로 전체 실업자의 47.8%가 청년층이었고, 2006년 청년실업률은 8%를 넘었다.

국제노동기구(ILO) 추정 2012년 한국의 청년실업률은 9%였고, 매년 증가되어 2014년에는 10%에 달했다. 실질 실업률은 더욱 심각했다. 2010년 실질 청년실업률은 27.4%에 달했으며 2014년에는 30.9%까지 치솟았다. 2015년에는 대졸 실업자만 50만 명을 넘어서는 등 청년세대의 실업문제는 악화일로에 있다.

이명박 정부는 청년실업에 대한 실질적인 대책을 마련하지 않았는바, 2009년경부터 구직 청년과 실직 청년을 아우르는 전국단위의 청년들의 노동조합 결성이 논의되었고, 2010. 3. 18. 전국단위의 "청년유니온"이 고용노동부장관에게 노동조합 설립신고를 하기에 이른다.

나. 노동조합의 설립절차

노동조합은 근로자가 주체가 되어 자주적으로 단결하여 근로조건의 유지·개선 기타 근로자의 경제적·사회적 지위의 향상을 도모함을 목적으로 조직하는 단체 또는 그 연합단체를 말하는데(노동조합 및 노동관계조정법 제2조 제4호), 그 설립은 자유롭게 할 수 있어야 하고 행정관청에 신고만 하면 노동조합으로 인정되는 것이 원칙이다(설립신고주

* 변호사, 법무법인 송경.

의). 그리고 조합결성인원은 2명 이상이면 가능하다. 그 설립절차는 설립신고서에 노동조합규약을 첨부하여 연합단체인 노동조합과 2이상의 특별시 · 광역시 · 도 · 특별자치도에 걸치는 단위노동조합은 고용노동부장관에게, 2이상의 시 · 군 · 구(자치구를 말함)에 걸치는 단위노동조합은 특별시장 · 광역시장 · 도지사에게, 그 외의 노동조합은 특별자치도지사 · 시장 · 군수 · 구청장(자치구의 구청장을 말함)에게 제출하면 되고, 설립신고서를 접수받은 고용노동부장관 · 특별시장 · 광역시장 · 도지사 · 특별자치도지사 또는 시장 · 군수 · 구청장은 3일 이내에 신고증을 교부하게 되는데, 노동조합이 신고증을 교부받은 경우에는 설립신고서가 접수된 때에 설립된 것으로 보게 된다(같은 법 제10조, 제12조). 설립신고서의 기재사항은 ① 명칭, ② 주된 사무소의 소재지, ③ 조합원수, ④ 임원의 성명과 주소, ⑤ 소속된 연합단체가 있는 경우에는 그 명칭, ⑥ 연합단체인 노동조합에 있어서는 그 구성노동단체의 명칭, 조합원수, 주된 사무소의 소재지 및 임원의 성명 · 주소이다(같은 법 제10조 제1항). 그리고 노동조합규약의 기재사항은 ① 명칭, ② 목적과 사업, ③ 주된 사무소의 소재지, ④ 조합원에 관한 사항(연합단체인 노동조합에 있어서는 그 구성단체에 관한 사항), ⑤ 소속된 연합단체가 있는 경우에는 그 명칭, ⑥ 대의원회를 두는 경우에는 대의원회에 관한 사항, ⑦ 회의에 관한 사항, ⑧ 대표자와 임원에 관한 사항, ⑨ 조합비 기타 회계에 관한 사항, ⑩ 규약변경에 관한 사항, ⑪ 해산에 관한 사항, ⑫ 쟁의행위와 관련된 찬반투표 결과의 공개, 투표자 명부 및 투표용지 등의 보존 · 열람에 관한 사항, ⑬ 대표자와 임원의 규약위반에 대한 탄핵에 관한 사항, ⑭ 임원 및 대의원의 선거절차에 관한 사항, ⑮ 규율과 통제에 관한 사항이다(같은 법 제11조).

다만, 설립신고제도와 관련하여, 노동조합 및 노동관계조정법 제12조 제3항에 의하면, 행정관청은 같은 법 제2조 제4호 각 목의 1에 해당하거나, 이에 해당하여 보완을 요청하였는데, 보완을 하지 아니하였을 경우 신고를 반려할 수 있는데, 이것이 결국 실질적인 허가제에 해당하므로 설립신고주의라고 보기 어려운 부분이 있고, 법개정 움직임도 있는 실정이다.

이 사안도 이와 같은 행정관청의 사실상의 노동조합신고 '허가'에 대한 반발로 일어난 사안이다.

다. 고용노동부장관의 설립신고반려와 첫 번째 노동조합설립반려처분취소소송

청년유니온(위원장 김영경)은 청년노동자 등이 참여하여 실업자와 구직자를 포함한 청년노동자의 노동조건의 유지, 개선 등을 도모하기 위하여 2010. 3. 13. 창립총회를 하고, 2010. 3. 18. 고용노동부장관에게 설립신고를 하였으나, 고용노동부장관은 2010. 3. 23. 청년유니온의 조합원 80명 중 12명만이 소속사업장이 있고, 대부분은 무직 상태

(구직 중)에서 노동조합 및 노동관계조정법(이하 '노조법'이라고 한다) 제2조 제4호에 의한 근로자가 주체로 된 상태로 볼 수 없고, 정치활동이 주된 사업으로 판단된다고 하여 노조법 제2조 제4호 마목 및 라목에 해당하여 반려처분을 1차로 하였고,[1] 청년유니온은 이에 2010. 4. 11. 총회를 개최하고 규약 일부를 개정하여 2010. 4. 13. 고용노동부장관에게 다시 노동조합 설립신고를 하였으나, 고용노동부장관은 "① 노동조합 설립신고서 및 구비서류, 주사무소 소재지를 구체적으로 기재하고, 임원의 성명과 주소, 사업장별 명칭, 조합원수와 대표자의 성명을 기재할 것, ② 임원선거 및 규약제정, 노동조합 임원선거 및 규약제정의 적법절차 여부를 확인할 수 있는 서류를 제출할 것, ③ 노동조합 임원에 대한 근로자성을 확인할 수 있는 증빙자료를 제출하고, 선립신고서의 진위 여부를 확인하기 위하여 감소인원 57명에 대한 조합원 탈퇴여부 확인 서류를 제출하고, ④ 노동조합 조직대상 내용을 관계 규정에 부합하게 변경할 것"이라는 보완요구를 하여 청년유니온이 2010. 5. 11. 보완을 하였지만, 고용노동부장관은 2010. 5. 14. ① 청년유니온의 조합원 중 재직근로자 아닌 자가 다수여서 노조법 제2조 제4호에서 규정하는 근로자가 주체가 되는 단체로 보기 어렵고, 노조법 제2조 제4호 라목에서 규정하는 근로자가 아닌 자의 가입을 허용하는 경우에 해당하며, ② 고용노동부장관의 보완요구 중 제1 내지 제3보완요구에 대하여 기간 내에 보완을 하지 아니하였다는 이유로 노조법 제12조 제3항 제1호 및 제2호[2]에 의하여 설립신고반려처분을 하였다.

위 반려처분에 대하여, 청년유니온은 2010. 7. 13. 서울행정법원 2010구합28694호로 고용노동부장관을 상대로 노동조합설립신고반려처분 취소소송을 제기하였으나, 위 법원(서울행정법원 제12행정부, 장상균, 민달기, 김종범[3] 판사)은 2010. 11. 18. "구직자나, 실직자가 노동조합의 조합원이 될 수 있으나", 청년유니온이 조합원 수에 관한 허위신고를 한 것으로 보이므로 고용노동부장관의 반려처분이 적법하다는 판결을 하였고, 이에 대하여 청년유니온은 따로 항소하지 않아 위 판결이 그대로 확정되었다.

---

1) 제2조(정의) 이 법에서 사용하는 용어의 정의는 다음과 같다.
4. "노동조합"이라 함은 근로자가 주체가 되어 자주적으로 단결하여 근로조건의 유지·개선 기타 근로자의 경제적·사회적 지위의 향상을 도모함을 목적으로 조직하는 단체 또는 그 연합단체를 말한다. 다만, 다음 각목의 1에 해당하는 경우에는 노동조합으로 보지 아니한다.
가. 사용자 또는 항상 그의 이익을 대표하여 행동하는 자의 참가를 허용하는 경우
나. 경비의 주된 부분을 사용자로부터 원조받는 경우
다. 공제·수양 기타 복리사업만을 목적으로 하는 경우
라. 근로자가 아닌 자의 가입을 허용하는 경우. 다만, 해고된 자가 노동위원회에 부당노동행위의 구제신청을 한 경우에는 중앙노동위원회의 재심판정이 있을 때까지는 근로자가 아닌 자로 해석하여서는 아니된다.
마. 주로 정치운동을 목적으로 하는 경우

2) 제12조(신고증의 교부) ③행정관청은 설립하고자 하는 노동조합이 다음 각호의 1에 해당하는 경우에는 설립신고서를 반려하여야 한다. <개정 1998.2.20.>
1. 제2조제4호 각목의 1에 해당하는 경우
2. 제2항의 규정에 의하여 보완을 요구하였음에도 불구하고 그 기간내에 보완을 하지 아니하는 경우

3) 주심 판사.

라. 지역별 청년유니온의 결성과 두 번째 노동조합설립반려처분취소송

청년유니온은 서울행정법원에서 위와 같이, 구직자나 실직자도 노동조합의 조합원이 될 수 있다는 판결이 있은 이후 지역 단위의 노동조합을 결성하기 시작했고, 서울, 인천, 부산, 대전 등 지역별로 위원장 1명과 조합원 1명으로 이루어진 노동조합(가령, 서울지역은 "청년유니온 14", 인천지역은 "청년유니온 2" 등)을 결성하여, 각 지역을 관할하는 지방자치단체에 노동조합설립신고서를 제출하였다.

그 중, "청년유니온14(위원장 김형근)"는 2011. 4. 14. 지역단위노조로서 서울특별시장에게 노동조합설립신고서를 제출하였는데, 서울특별시장은 2011. 4. 19. 청년유니온14에 대하여 '조합원 2명 중 1명이 구직자이고, 구직자의 경우 특정한 사용자에게 현실적으로 취업하고 있지 않아 근로자로 볼 수 없는바, 노조법 제2조 제4호 라목 본문이 규정한 "근로자가 아닌 자의 가입을 허용하는 경우"에 해당할 뿐만 아니라 근로자가 아닌 자를 제외하면 사실상 1인 노동조합으로서 단체성을 갖추지 못하고 있으므로 노동조합법상 노동조합으로 볼 수 없다'는 이유로 반려처분을 하였고, 청년유니온14는 2011. 7. 4. 서울특별시장을 상대로 서울행정법원 2011구합20932호로 노동조합설립반려처분취소소송을 제기하였고, 위 법원(서울행정법원 제13행정부, 박정화, 김태환,[4] 이승원 판사)은 2012. 2. 9. 구직 중인 자가 근로의 의사나 능력이 없는 노동조합상의 근로자가 아니라고 할 수 없다고 판시하여, 원고 승소 판결을 하였고, 위 판결은 서울특별시장이 서울고등법원 2012누8450호로 항소하였으나 2012. 11. 16. 패소하였고(제10행정부, 강민구, 이현수, 이정권[5] 판사), 다시 서울특별시장이 대법원 2012두28247호로 상고하였으나, 최종적으로 2015. 1. 29. 상고기각판결(제3부, 민일영, 박보영, 김신,[6] 권순일)을 받아 확정되었다.

마. 소송진행 경과

(1) 서울행정법원 2010구합28694 노동조합설립반려처분취소(원고 청년유니온, 피고 고용노동부장관)

2010. 7. 13. : 소장 접수

2010. 10. 28. : 변론기일

2010. 11. 18. : 판결선고기일(원고 패)

---

4) 주심 판사.
5) 주심 판사.
6) 주심 판사.

(2) 서울행정법원 2011구합20932 노동조합설립반려처분취소(원고 청년유니온14, 피고 서울특별시장)

2011. 7. 4. : 소장 접수
2011. 9. 20. : 변론기일
2011. 10. 27. : 변론기일
2011. 12. 27. : 변론기일
2012. 1. 12. : 변론기일
2012. 2. 9. : 판결선고기일(원고 승)
2012. 3. 7. : 피고 항소
2012. 4. 4. : 피고 보조참가인 고용노동부장관 보조참가신청
2012. 7. 20. : 변론기일
2012. 8. 31. : 변론기일(종결)
2012. 9. 12. : 변론재개
2012. 10. 19. : 변론기일
2012. 11. 16. : 판결선고(피고 항소기각)
2012. 12. 3. : 피고 상고
2013. 1. 14. : 피고 상고이유서 제출
2013. 1. 16. : 피고 상고이유서 제출
2013. 1. 29. : 원고 답변서 제출
2015. 1. 29. : 판결선고(피고 상고기각)

2. 소송의 쟁점과 판결

첫 번째 청년유니온의 고용노동부장관을 상대로한 서울행정법원 2010구합28694 노동조합설립반려처분취소와 두 번째 청년유니온14의 서울특별시장을 상대로한 서울행정법원 2011구합20932 노동조합설립반려처분취소 각 소송은 모두 '구직 중인 노동자가 포함된 노동조합 설립신고의 적법성'이 핵심 쟁점이었다.

가. 소송의 쟁점과 변론

(1) 쟁 점

"구직 중인 노동자"를 조직 대상으로 하는 노동조합의 규약이 노조법 제2조 제4호의 결격사유 중 라.목 "근로자가 아닌 자의 가입을 허용하는 경우"에 해당하는지 여부가

핵심 쟁점이었다.

(2) 변 론

(가) 원고측 변론[7]

① 소장 목차

1. 당사자관계
2. 이 사건의 경위
3. 이 사건 반려처분의 위법성
4. 구직 중인 근로자가 포함된 노동조합 설립신고의 적법성
가. 헌법상 단결권과 노동조합 설립의 자유
나. 노조법 제2조 제4호 단서 라.목의 규정
다. "구직 중인 근로자"의 근로자성
라. 소결
5. 결론

② 준비서면 목차

1. 피고 주장의 요지 및 부당성
2. 원고의 설립신고 경위
3. 피고 주장의 부당성
가. 노동조합 설립신고제와 피고의 심사범위
나. 조합원 자격과 관련하여
다. 원고 조합의 단체성
라. 소결
4. 결론

③ 원고 변론의 주요 내용

원고측 변론 중 쟁점이 '구직 중인 근로자가 포함된 노동조합 설립신고의 적법성'이었으므로 소장에서의 주장사항 중 "4.번 구직 중인 근로자가 포함된 노동조합 설립신고의 적법성" 부분을 따로 아래와 같이 표로 정리하여 옮긴다.

---

7) 국가인원위원회는 2010. 9. 30. 노동부장관에게 아래와 같이 권고한 바 있다(위원장 현병철, 위원 최경숙, 유남영, 문경란).
1. 노동조합법 제2조 제1호 근로자 정의규정을 개정하고 노조법 제2조 제4호 라목의 단서 부분을 삭제할 것
2. 노동조합법 시행령 제9조 제2항의 "이 법에 의한 노동조합으로 보지 아니함 통보" 부분을 삭제하고, 시정요구 불이행에 대한 제재는 보다 덜 침익적인 형태로 보완하는 방안을 모색할 것
3. 행정관청은 노동조합 설립을 위해 제출된 설립신고서와 규약에 한정하여 심사하되, 관련 법령에서 규정하고 있는 것 이외의 자료를 제출할 것을 임의적으로 요구하는 등의 광범위한 재량권을 행사하는 관행을 개선할 것

가. 헌법상 단결권과 노동조합 설립의 자유

헌법 제33조 제1항은 "근로자는 근로조건의 향상을 위하여 자주적인 단결권·단체교섭권 및 단체행동권을 가진다"고 정하고 있으며, "헌법에 의한 근로자의 단결권·단체교섭권 및 단체행동권을 보장하여 근로조건의 유지·개선과 근로자의 경제적·사회적 지위의 향상을 도모(노조법 제1조)"하기 위한 노조법 제5조는 "근로자는 자유로이 노동조합을 조직하거나 이에 가입할 수 있다"고 하고 있습니다. 즉 헌법상 보장된 단결권에 기하여 모든 근로자는 자유로이 노동조합을 조직할 수 있는 것이 근로자로서의 기본권이라 할 수 있는 것이 원칙이고, 예외적으로 노조법 제12조 제3항에서 행정관청이 설립신고증을 반려하여야 하는 경우를 들고 있으며 그 하나가 "제2조 제4호 각목에 해당하는 경우"라는 것입니다.

나. 노조법 제2조 제4호 라. 목의 규정

1) 피고가 원고 조합의 설립신고서를 반려한 것은 "구직 중인 노동자"를 조직 대상으로 하는 원고 조합의 규약이 노조법 제2조 제4호의 결격 사유 중 라. 목 "근로자가 아닌 자의 가입을 허용하는 경우"에 해당한다는 것입니다.

위 조항은 1953년 노동조합법 제정 당시부터 존속해 온 것으로서, 사용자들이 노동조합 설립을 방해하기 위해 조합 대표자나 임원 등을 해고함으로써 설립신고서를 반려하는 수단으로 자주 사용되어 왔습니다(가까운 예로 그동안 민주노총의 임원들 중 근로자가 아닌 자가 포함되어 있다는 이유로 피고가 오랫동안 신고서를 반려해왔습니다). 그러다가 이에 대해 비판이 끊이지 않자 사용자의 해고권 남용으로부터 노동조합의 설립 및 존립을 보호하자는 취지에서 1987년에 단서로 "다만, 해고의 효력을 다투고 있는 자를 근로자가 아닌 자로 해석하여서는 아니된다"는 규정을 신설하게 된 것입니다.

2) 행정관청은 그 동안 위 조항의 의미를 특정사용자와 결합관계에 있는 자, 즉 '취업자'만을 가리키는 것으로 협소하게 해석하여 왔으나, 이는 기업별 노동조합이라는 우리나라 노동조합 형태상의 특성으로부터 나오게 된 지극히 편의적인 것입니다.

즉 원칙적으로 모든 근로자는 노동조합 조합원이 될 수 있는 자격을 가지는 것임에도, 노동조합 형태가 기업별노동조합이다 보니까 특정한 사용자에 대하여 취업상태에 있지 않은 근로자가 어떻게 그 사용자에 대해서만 효력을 갖는 단체협약을 체결하는데 있어 이에 관여하고 또 그 단체협약의 효력을 주장할 수 있는 노동조합의 조합원이 될 수 있는가라는 관념이 고정되었고, 이로부터 부득이 노동조합의 소극적 요건인 "근로자가 아닌 자의 가입을 허용하는 경우"에서 현실적으로 구체적인 사용자와 사용종속관계에 있지 않은 근로자를 근로자가 아닌 자로 해석하여 왔던 것입니다.

3) 그러나 이제 노동조합의 형태를 기업별노동조합으로 제한하지 않고 근로자들의 자주적인 의사(단결권의 내용으로서의 「조직형태 결정의 자유」)에 따라 산업별노동조합이나 지역별노동조합 등이 결성되고 있는 이상 사용자와 고용관계가 없는 실업자도 당해 노동조합의 규약에 따라 조합원 자격을 가질 수 있습니다.

즉 본래 헌법과 노조법에서 정하고 있는 단결권의 주체가 되는 근로자는 사용종속 관계하에서 노무에 종사하며 임금을 받아 생활하는 자 일반을 말하는 것이지, 구체적으로 특정한 사용자와 근로계약관계를 맺고 있으면서 현실적으로 취업하고 있는지의 여부는 전혀 문제되지 않으므로, 당연히 실업자·미취업자·해고자도 근로자에 해당되는 것입니다. 대부분의 국가에서 취하고 있는 산업별·지역별노동조합의 형태에 따르면 그가 현재 취업이 되어 있건 실직상태이건 아니면 아직 미취업 상태이건 관계없이 그가 사용자와의 사용종속관계에서 임금 등을 받아 생활할 자이기만 하면 당연히 노동조합원이 될 수 있는 자격이 있는 것으로 하고 있습니다.

4) 산업별·지역별노동조합은 개념의 본질상 그리고 역사적으로도 실업노동자·자유직종 노동자·해고자·정년퇴직자·미취업자 등을 그 조직대상으로 하여 왔고, 그 단체협약도 개별기업에 국한하여 적용되지 않고 그 지역 또는 그 산업에 속한 조합원 전체에게 미칠 뿐만 아니라 나아가 아직까지 구체적으로 취업하고 있지 않은 근로자에 대해서도 일정한 근로기준을 제시하는 역할을 하게 되므로, 이에 따라 그 조직범위에 있어서도 처음부터 개별 기업에의 사용종속관계를 떠나 그가 임금노동자이기만 하면 조합원으로 될 것을 예정하고 있습니다.

더욱이 산업별·지역별 노동조합의 경우 그 단체협약에 있어서도 개별 사용자에 대한 구체적인 의무 부과 등을 그 교섭이나 단체협약의 내용으로 하기 보다는 그 노동조합이 포괄하고 있는 조합원들을 위한 일반적인 기준을 설정하는 것이 주된 역할이라는 점까지 고려한다면 위 노동조합의 소극적 요건에서 근로자를 제한적으로 해석할 수밖에 없었던 우려, 즉 당해 사용자와 직접 사용종속관계에 있지도 않은 근로자가 노사간의 교섭에 관여하게 할 수도 있다는 문제는 적어도 산업별·지역별 노동조합의 경우에는 발생하지 않게 됩니다. 산업별·지역별노동조합의 경우에는 본질적으로 기업별노동조합에서와 같은 특정 사용자만을 상대로 그와 그에게 취업하고 있는 근로자들만을 적용범위로 하는 단체협약 체결을 예정하지 않고 있기 때문입니다.

5) 따라서 비근로자의 가입을 제한하고 있는 위 규정은 근로자가 아닌 사람이 노동조합에 관여함으로써 노사관계의 자율성이 왜곡될 우려가 있는 경우에만 적용되는 것으로 제한적으로 해석해야 할 것이지, 원고 조합처럼 어디까지나 "종속 노동관계에서 받는 임금 등의 수입에 의하여 생활하는 자"이면서 다만 현실적으로 구체적인 고용관계를 가지지 못하는 '구직중인 근로자'까지 위 규정의 제한을 받는다고 보는 것은, 단결권 보장과 노동조합의 의의·목적 등에 비추어 부당하다 할 것입니다.

다. "구직 중인 근로자"의 근로자성

1) 노조법상 '근로자'란 "직업의 종류를 불문하고 임금·급료 기타 이에 준하는 수입에 의하여 생활하는 자(노조법 제2조 제1호)"를 말하는바, 이 규정 중 '…에 의하여 생활하는 자'의 의미는 현실적으로 생활하고 있는 것 뿐 아니라 그에 의하여 생활할 수밖에 없는 경우도 포함하는 것입니다. 학설의 다수도 이와 같이 해석하고 있습니다(김유성 노동법 II 55쪽, 이상윤 노동조합법 59쪽, 이병태 최신 노동법 49쪽, 임종률 노동법 27쪽 이하에서는 근로자 개념을 협의와 광의의 2가지로 나누고, 협의의 근로자는 근로기준법 상의 '…근로를 제공하는 자'를 말하고, 광의의 근로자는 노조법 상의 '…에 의하여 생활하는 자'를 말한다고 하면서, "광의의 근로자에는 협의의 근로자 이외에 협의의 근로자가 되려는 자, 즉 실업근로자도 포함된다"고 하고 있습니다).

즉 근로자는 근로조건에 관한 제반사항의 결정에 있어서 상대방인 사용자에 비해 사회·경제적으로 열등한 지위에 있으므로 사용자의 일방적인 결정을 사실상 그대로 감수할 수밖에 없는 경우가 많은바, 근로조건의 대등 결정을 통한 적절한 생계의 확보를 위해서는 이러한 '임금생활자'들의 단결활동을 보장해야 하는 것이고, 따라서 단결활동의 필요성은 반드시 구체적으로 현재 취업 중인 근로자에게만 국한되는 것이 아니라 실업자나 피해고자라고 하더라도 '임금생활자'이므로 노동조합을 결성할 수 있는 근로자의 개념에 포함된다고 보아야 하는 것입니다(김유성, "노동조합을 결성할 수 있는 근로자", 법률신문 1993. 8. 16. 자 참조).

2) 헌법상 노동3권의 보호는 근로자의 지위를 사용자와 대등한 수준으로 향상시킴으로써 사용자와의 고용계약에 의한 사용종속관계로부터 근로자를 보호하는 것에 주된 목적을 두고 있고 이는 '현재 사용종속관계에 있는 근로자'만의 보호가 아니라 '근로자들의 사용종속관계해소'에 있음이 명백하며, 세계 각국이 미취업자에게도 단결권을 보장하고 있고 단결권의 보장이 취업자 · 미취업자를 가리지 않는 직능별 조합(길드, guild)으로부터 발전하여 온 역사적 배경은 이러한 점을 잘 반영하고 있다고 할 것입니다. 또한 사용자와 근로계약을 맺고 있지 아니한 자가 노동조합을 결성하거나 가입하는 것을 제한 · 금지한다면 이는 헌법상의 단결권의 본질적 내용을 침해함으로써 위헌의 소지도 있다고 할 것입니다.

3) 학설 뿐만 아니라 기존의 실무에 있어서도 특정 사용자와 고용관계를 맺고 있지 않는 다수의 연예인 노동자로 구성된 전국 연예인노조 및 퀵 서비스노조에 대하여 조합원 자격을 문제 삼은 바가 없고, 산업별 노조가 보편화 되어 있는 외국에서는 미취업자의 노동조합 가입을 당연한 권리로 인정되고 있습니다(심지어 독일의 지배적인 견해는 개별 기업에 취업하고 있는 근로자만으로 조직된 기업별 노동자단체는 일정한 산업 분야의 모든 근로자를 보호하여야 하는 사명을 수행할 수 없다는 점에서 노동조합이 아니라고 보고 있습니다).

라. 소 결

위에서 살펴본 바와 같이, 일시적으로 실업 상태에 있는 자나 구직 중인 자도 노동3권을 보장할 필요성이 있으므로 노조법상 근로자에 해당합니다.

원고는 연령과 고용형태에 따른 초기업 노동조합으로 초기업 노동조합에서는 원래부터 일정한 사용자에의 종속관계를 조합원의 자격요건으로 하는 것이 아니므로 '구직 중인 실업자'의 노동조합원 자격을 피고가 문제삼을 수는 없습니다.

특히, **대법원(대법원 2004. 2. 27. 선고 2001두8568 판결)**은 "지역별 노동조합이 그 구성원으로 '구직중인 여성 노동자'를 포함하여 노동조합설립신고를 한 경우, '구직중인 여성 노동자'는 노동조합및노동관계조정법상의 근로자가 아니라는 이유로 노동조합설립신고를 반려하는 것은 위법하다"는 원심의 판단을 수긍한 바 있습니다.

더불어 **서울행정법원 2010. 11. 18. 선고 2010구합28694 판결(확정)**에 의하더라도 구직 중인 자나 일시적인 실업자도 노동3권을 보장해야 한다는 취지로 구직 중인 자나 일시적인 실업자가 대다수인 노동조합의 노동조합설립신고를 반려한 것은 위법하다고 판단하였습니다.

따라서 원고의 조합원 2명 중 1명이 근로자가 아닌 자여서 원고가 사실상 1인 노동조합에 불과하여 단체성을 갖추지 못하였다며 노동조합설립신고를 반려한 피고의 처분은 위법하다고 할 것입니다.

(나) 피고측 변론[8)]

피고측은 당시 최신 대법원 판결이었던 대법원 2011. 3. 24. 선고 2007두4483 판결이 "노조법 제2조 제1항 및 제4호 단서 라목의 근로자라 함은, 특별한 사정이 없는 한 특정한 사용자에게 고용되어 현실적으로 취업하고 있는 자에 한정하는 것이 원칙"이라고 한 것을 들어 구직 중 근로자는 위 라목의 근로자에 해당하지 아니하고, 구직 중인 근로자를 노동조합의 조합원으로 인정한 대법원 2004. 2. 27. 선고 2001두8568 판결 역시 한시적이고 1회성인 판결로 폐기될 것이라고 주장하였으며, 청년유니온 14의 조합원 2인 중 1인은 노동조합신고서상 사업장 관련자료에 "구직중이라 도서관에서 공부"라고 기재되어 있어 전혀 구체적으로 취업이 특정되어 있지 않아 노조법 소정의 조합원 자격이 없는 결격자이므로 그렇다면, 청년유니온14는 단체성을 결여한 설립신고 반려처분 대상이라고 주장하였다.

(다) 원고측 반론

피고측의 최신 대법원 판결(2007두4483 판결)에 대하여 원고는 2007두4483 대법원 판결은 어차피 노조법상 근로자에 해당하는 자에 대하여 포항시청이 반려처분을 한 것에 관하여 위법하다는 판결을 한 것으로 노조법상 근로자의 의미에 대하여 방론을 제시한 것에 불과하다고 반박했다.[9)] 또, ILO 결사의 자유 협약과 외국의 사례를 들어 노조법상 근로자는 단지 사용자에 종속되어 있는 자만을 규정한다고 볼 수 없다고 주장하였다. 준비서면의 위 주장 부분만 따로 표로 옮긴다.[10)]

3) ILO 결사의 자유 협약(C87)에 의하면, '군인과 경찰을 제외하고 모든 근로자에게 스스로 선택하는 단체를 조직하고 가입할 수 있는 권리를 보장'하고, '고용관계의 존재여부를 기준으로 하여 결사의 자유가 보장되는 자의 범위를 결정하여서는 아니된다는 입장'이며,

8) 피고측 답변서 목차

1. 이 사건 처분의 경위, 내용 가. 원고조합의 노동조합설립신고 나. 피고의 반려처분 2. 반려처분의 적법성 가. 원고조합이 구직자일 뿐 근로자 아닌 자를 조합원으로 가입허용한 것은, 노조법상 조합설립신고의 반려사유 나. 원고조합은 단체성을 결여하여 설립신고 반려처분대상 3. 결어

9) 대법원(2007두4483 판결) 역시 판결이유에서 "원고 조합이 노동조합법에 의하여 설립되는 경우 조합원들의 취업은 그 시기를 특정할 수 없을 뿐이지 취업 자체는 확실시되어 이 사건 항만에서 원고의 조합원들에 의한 노무공급은 당연히 이루어질 수 있다는 점에서, 원고의 조합원은 일반적인 의미에서의 단순한 실업자 내지 구직자와는 구별되는 사정을 알 수 있다."고 판시하여, 2007두4483 판결 사안은 구체적으로 실업자 내지 구직자 여부가 특별히 문제되는 사안이 아니었다(대법원 2011. 3. 24. 선고 2007두4483 판결).

10) 원고 준비서면 목차는 (2)항에서 표로 정리한 바 있다.

비록 우리는 아직 ILO 87호 협약을 비준하지 않았으나, 'ILO 회원국은 비록 이들 기본협약을 비준하지 않았더라도 ILO의 회원국이라는 사실만으로 기본협약에 내포된 기본적인 권리에 관한 원칙들을 ILO 헌장에 입각하여 신의에 따라 준수하고 존중하며 촉진하고 실현할 의무가 있다'고 할 것[11]이므로 단지 고용관계가 없다는 이유만으로 노조법상 '근로자'가 아니라고 볼 수 없습니다.

4) 외국의 경우, ① 일본은 일본노동조합법상 노동자는 근로기준법 등에서 말하는 노동자에 한정되지 않는다고 해석하면서, '실업 중에 있는 자'는 근로기준법상 노동자는 아니지만, 노동관계와 연관이 밀접하고 단결권, 단체교섭권의 보장과도 친숙하기 때문에 노동조합법상 '노동자'로 보는 것이 통설입니다[12](일본은 한국과 유사한 청년유니온이 법상 노조로서 단체교섭까지 하고 있습니다). ② 영국은 1992년 노동조합및노동관계(통합)법[Trade Union and Labour Relations (Consolidation) Act 1992.] 제296조에 의하면 위 법의 인적 적용대상 범위를 근료계약 뿐 아니라 다른 계약에 의하여 직접 노무나 용역을 제공하는 노무제공자로 정하고 있고, ③ 독일은 일찍부터 단체협약법(1974년 개정법)에서 유사근로자란 개념을 법으로 설정하여 노동자인지 자영업자인지 판단이 불명확한 범주의 노동자에게 노동법을 적용하고 있고(단체협약법 Tarifsvertragsgesetz 제12조 제1항), ④ 프랑스는 헌법에서 '누구나 조합활동을 통하여 자기의 권리와 이익을 옹호할 수 있고 또한 자기가 선택한 조합에 가입할 수 있다'고 밝혀 노동3권의 주체에 아무런 논란의 여지가 없습니다[특히, 프랑스에서는 피고가 우려하는 학생노조(SUD 학생노조)까지 설립되어 있습니다].[13]

5) 결국 우리 노조법과 대법원 판례 및 ILO 결사의 자유 협약, 외국의 사례 등에 비추어 우리 노조법상 근로자는 단지 사용자에 종속되어 있는 자만을 규정한다고 볼 수 없는 바, 이를 전제로 원고 조합원의 자격을 문제삼은 피고의 이 사건 반려처분은 위법하다고 할 것입니다.

나. 판결의 구체적인 내용

(1) 제1심

(가) 서울행정법원 2010. 11. 18. 선고 2010구합28694 판결

청년유니온에 대한 서울행정법원 2010구합28694 판결은 비록 청년유니온이 보완하지 아니한 부분으로 인하여 패소하였지만, '구직 중인 근로자'가 포함된 노동조합의 설립신고가 적법하다고 판결한 것은 의미가 있고, 특히, 구직 중인 근로자가 포함된 노동조합의 상대방은 장차 취업할 회사 등을 상대로 단체교섭을 할 수 있어 구직 중인 사람도 노동 3권을 보장할 필요성이 있다고 판결이유에 명시하였다.

---

11) 1998년 '노동에서의 기본적인 원칙과 권리에 관한 선언'(the ILO Declaration on Fundamental Principles and Rights at Work)

12) 위 일본노동조합법 pp.93-94 참조, 이는 피고가 들고 있는 참고자료에 인용된 外尾교수조차 인정하고 있습니다.

13) 조경배, 노동3권의 주체로서 근로자개념과 특수고용노동자, 노동법학 제22호(참고자료 6)

따라서 적어도 원고와 같은 초기업적 노동조합의 경우에는 일시적으로 실업상태에 있거나 구직 중인 사람이라고 하더라도 자신의 노동력을 제공하고 임금·급료 기타 이에 준하는 수입을 받아 생활할 의사나 능력이 있다면 헌법 제33조 제1항에서 보장하는 단결권의 주체가 되어야 할 필요성이 있다고 보아야 하고, 장차 취업할 당시 회사 등을 단체교섭의 상대방으로 하여 채용 그 자체 내지 채용조건 등을 주된 교섭사항으로 단체교섭을 할 수 있으므로 설립신고 당시 사용자 내지 사용자단체가 특정되지 아니한다거나 사용자의 수가 너무 많다는 이유만으로 단체교섭권 내지 단체행동권을 보장할 필요성이 없다고는 볼 수 없다. 그리고 이와 같이 일시적으로 실업상태에 있거나 구직 중인 사람도 노동3권을 보장할 필요성이 있는 한 노조법상 근로자 개념에 포함된다고 해석하는 이상, 이러한 사람들이 노동조합의 주요 부분을 점하고 노동조합의 운영활동을 주도한다고 하여 노조법 제2조 제4호에서 규정하는 근로자가 주체가 되어 조직하는 단체에 해당하지 아니한다고는 볼 수 없다. 이와 관련하여 피고는 재직근로자만이 노동조합의 조직주체가 될 수 있다는 입장이나 현행 노조법 등 관련 법률에서 그와 같은 해석을 뒷받침할 만한 근거를 찾을 수 없다.

돌이켜 이 사건에 관하여 보건대, 을 3호증의 2, 을 9호증의 각 기재에 변론 전체의 취지를 보태어 보면, 원고의 조직대상은 현재 취업 중인 정규직 내지 비정규직 근로자 외에도 취업준비생, 구직자, 실업자 내지 불안정 노동에 시달리는 청년을 모두 포함하고 있는데, 위 조직대상은 자신의 노동력을 제공하고 임금·급료 기타 이에 준하는 수입을 받아 생활할 의사나 능력이 있는 사람으로서 노동3권을 보장할 필요성이 있다고 봄이 상당하다. 따라서 원고의 조합원, 특히 임원 중 다수가 재직근로자가 아니어서 노조법 제2조 제4호에 따른 근로자가 주체가 되는 단체로 보기 어렵고 노조법 제2조 제4호 라목에 해당한다는 이유로 이 사건 설립신고를 반려한 것은 노조법상 근로자의 개념을 오해한 것으로 위법하다.

(나) 서울행정법원 2012. 2. 9. 선고 2011구합20932 판결

서울청년유니온에 대한 서울행정법원 2011구합20932 판결은 구직 중인 노동자의 노동조합 설립이 적법하다는 점을 인정한 데 그 의미가 있다. 다만, 노동조합의 신고제에 대하여 사실상 허가제로 운영되는 행정청의 반려권한에 대하여 적법하다고 판시한 것은 노동조합신고제의 사실상 허가제 운영에 대한 면죄부가 되었다.

(1) 반려권한의 부존재 주장에 대하여

노동조합법 제10조 제1항에 의하면 노동조합을 설립하고자 할 때에는 설립신고서에 규약을 첨부하여 행정관청에 제출하여야 하고, 노동조합법 제12조 제1항은 행정관청이 설립신고서를 접수한 때에는 3일 이내에 신고증을 교부하도록 하여 이른바 '신고주의'를 채택하고 있으며, 노동조합법 제12조 제3항은 설립신고서를 제출한 노동조합이 노동조합법 제2조 제4호 각 목에 해당될 때에는 신고증을 교부하지 아니하고 그 신고서를 반려하여야 한다고 규정하고 있는바, 원고 조합의 이 사건 설립신고가 노동조합법 제2조 제4호 라목 본문에 해당한다고 보아 반려한 이 사건 처분에 대하여 원고 조합으로서는 그 반려사유가 존재하지 아니함을 다투는 것은 별론으로 하더라도 피고가 원고 조합의 이 사건 설립신고를 심사

하여 반려한 것 자체가 위법하다고 볼 여지는 없다. 원고의 위 주장은 이유 없다.

(2) 처분사유의 부존재 주장에 대하여

(가) 근로기준법은 "현실적으로 근로를 제공하는 자에 대하여 국가의 관리·감독에 의한 직접적인 보호의 필요성이 있는가"라는 관점에서 개별적 노사관계를 규율할 목적으로 제정된 것인 반면에, 노동조합법은 "노무공급자들 사이의 단결권 등을 보장해 줄 필요성이 있는가"라는 관점에서 집단적 노사관계를 규율할 목적으로 제정된 것으로 그 입법목적에 따라 근로자의 개념을 상이하게 정의하고 있는 점, 일정한 사용자에의 종속관계를 조합원의 자격요건으로 하는 기업별 노동조합의 경우와는 달리 산업별·직종별·지역별 노동조합 등의 경우에는 원래부터 일정한 사용자에의 종속관계를 조합원의 자격요건으로 하는 것이 아닌 점에 비추어, 노동조합법 제2조 제4호 라목 단서는 '기업별 노동조합'의 조합원이 사용자로부터 해고됨으로써 근로자성이 부인될 경우에 대비하여 마련된 규정으로서 이와 같은 경우에만 한정적으로 적용되고, 원래부터 일정한 사용자에의 종속관계를 필요로 하지 않는 산업별·직종별·지역별 노동조합 등의 경우에까지 적용되는 것은 아닌 점 등에 비추어 볼 때, 노동조합법 제2조 제1호 및 제4호 라목 본문에서 말하는 '근로자'에는 특정한 사용자에게 고용되어 현실적으로 취업하고 있는 자뿐만 아니라, 일시적으로 실업 상태에 있는 자나 구직 중인 자도 노동3권을 보장할 필요성이 있는 한 그 범위에 포함되는 것이다(대법원 2004. 2. 27. 선고 2001두8568 판결 참조). 따라서 노동조합법 제2조 제4호 라목 본문 소정의 '근로자가 아닌 자'란 근로의 의사 또는 능력을 가지지 않은 사람(자영업자, 자영농민, 학생 등)을 말한다고 할 것이다.

(나) 살피건대, 지역별 노동조합의 성격을 가진 원고 조합의 조합원 2명 중 1명이 현실적으로 취업하고 있는 자가 아닌 구직 중인 자에 해당한다는 사실은 당사자 사이에 다툼이 없거나 갑 제6호증의 기재에 변론 전체의 취지를 종합하여 인정할 수 있는바, 위 법리에 비추어 보면, 구직중인 원고 조합의 조합원을 근로의 의사나 능력이 없는 자영업자, 자영농민, 학생 등과 마찬가지로 보아 노동조합상의 근로자가 아니라고 할 수는 없다. 원고의 위 주장은 이유 있다.

(3) 피고의 주장에 대한 판단

피고는 원고 조합의 노동조합규약(갑 제3호증)을 고려하면, 원고 조합을 구성하기 위해서는 최소한 3인 이상의 조합원이 필요하다고 할 것이므로, 원고 조합이 이른바 설립중인 단체에 불과하여 '단체성'을 갖추지 못하였다는 취지로 주장하므로 살피건대, 피고가 당초 이 사건 처분을 함에 있어서 2명의 조합원으로 구성된 원고 조합의 조합원 중 1명이 구직자에 불과하여 근로자로 볼 수 없으므로 이를 제외하면 원고 조합이 사실상 1인의 노동조합으로서 단체성을 갖추지 못하였다는 취지로 원고 조합의 설립신고를 반려한 사실은 앞서 본 바와 같은바, 피고가 이 사건에서 새로이 주장하는 위 사유는 원고 조합의 '단체성'과 관련된 것이기는 하나, 피고가 당초 이 사건 처분 당시 제시한 위 반려사유와 기본적 사실관계를 달리하는 것으로서 새삼 이를 이유로 원고의 설립신고를 거부하는 것이 정당하다고 볼 수는 없으므로, 피고의 위 주장은 나아가 살필 필요없이 이유없다(설령 피고의 위 주장 사유가 이 사건 처분의 반려사유가 되는 것으로 본다 하더라도, 원고가 주장하는 사정만으로 원고 조합이 단체성을 갖추지 못하였다고 보기도 어렵다).

(2) 제2심(서울고등법원 2012. 11. 16. 선고 2012누8450 판결)

> 이 법원이 이 사건에 관하여 설시할 이유는 제1심 판결의 이유 기재와 같으므로, 행정소송법 제8조 제2항, 민사소송법 제420조 본문에 따라 이를 그대로 인용한다.

(3) 제3심(대법원 2015. 1. 29. 선고 2012두28247 판결)

결과적으로 제1심, 제2심 판결이 그대로 인용되었고, '구직 중인 노동자'의 노동조합 설립신고를 적법하다고 인정하였다.

> 1. 서울청년유니온 노동조합이 원고와 실질적으로 같은 조직으로서 그에 대한 설립신고가 완료되었다는 점을 알 수 있는 자료가 전혀 제출되지 아니한 이 사건에서, 원심이 피고의 주장과 같은 사정을 직권으로 탐지하지 아니하였다 하더라도, 소의 이익에 관한 판단을 누락한 위법이 있다고 할 수 없다.
>
> 2. 노동조합 및 노동관계조정법(이하 '노동조합법'이라고 한다) 제2조 제1호와 제4호 (라)목 본문에서 말하는 '근로자'에는, 특정한 사용자에게 고용되어 현실적으로 취업하고 있는 사람 이외에도, 일시적인 실업 상태에 있거나 구직 중인 사람도 노동3권을 보장할 필요성이 있는 한 그 범위에 포함되며, 노동조합법 제2조 제4호 (라)목 단서는 일정한 사용자와의 종속관계가 전제되지 않는 산업별·직종별·직업별 노동조합이 아니라 기업별 노동조합의 조합원이 해고되어 근로자성이 부인될 경우에만 한정적으로 적용된다고 보아야 한다(대법원 2004. 2. 27. 선고 2001두8568 판결 등 참조).
>
> 원심이 같은 취지에서 지역별 노동조합인 원고의 조합원 중 1명이 구직자라고 하여 노동조합법상 근로자가 아니라고 할 수는 없다는 이유로, 원고의 노동조합 설립신고를 반려한 피고의 처분이 위법하다고 판단한 것은 정당하고, 거기에 상고이유로 주장하는 바와 같은 노동조합법상 근로자의 개념이나 그 인정 범위, 노동조합의 단체성 등에 관한 법리오해, 석명권 불행사, 심미미진, 판단누락, 위헌적 법률 해석 등의 위법이 없다. 상고이유에서 들고 있는 대법원판결들은 사안이 달라 이 사건에 원용하기에 적절하지 아니하다.

3. 판결 이후의 상황

청년유니온의 고용노동부장관에 대한 노동조합설립신고반려처분취소소송 패소 이후, 청년유니온은 지역별로 나누어 지방자치단체장에게 노동조합설립신고서를 제출하였고, 청년유니온14의 서울특별시장에 대한 노동조합설립신고반려처분취소소송에서 청년유니온14의 손을 들어준 서울행정법원 2012. 2. 9. 선고 2011구합20932 판결 이후 서울특별시장은 2012. 3. 14. '서울청년유니온'(위원장 한지혜, 당시 소송진행 중이었던 '청년유니온14'와는 별개의 노동조합)에게 노동조합설립신고 필증을 내어주었다.

[자료] 서울청년유니온 노동조합설립신고증

그리고, 2012년도 9월까지 서울에 이어, 인천, 광주, 대전, 충북, 대구까지 지역별 청년유니온 노동조합 신고가 받아들여졌고, 결국 위 대법원 판결 전인 2013. 4. 30. 고용노동부는 전국 단위 '청년유니온' 노동조합에 노동조합설립신고 필증을 내어주었다(당시 청년유니온 조합원 약 700여명, 위원장 한지혜).[14]

현재까지 청년유니온은 청년들의 실업 문제 해결과 청년들의 부당한 노동조건을 개선하기 위하여 헌신하고 있다.

4. 참고자료

참고로, 이 사건 이전에 '서울여성노동조합'은 2000. 9. 30. '구직 중인 여성 노동자'를 포함한 노동조합설립신고를 거부한 서울특별시장을 상대로 서울행정법원 2000구30925호로 노동조합설립신고반려처분취소소송을 하였고, 제1심 법원은 2001. 1. 16. 원고 승소 판결을, 이에 대하여 서울특별시장이 항소하였으나, 항소심 법원은 2001. 9. 19. 항소기각 판결을, 다시 서울특별시장이 상고하였으나, 대법원은 2004. 2. 27. 심리기각판결을 하였는바, 위 대법원의 판결 이유를 소개한다.

(출처: 대법원 2004. 2. 27. 선고 2001두8568 판결【노동조합설립신고반려처분취소】[공2004.4.1.(199),557])

【이유】

원심판결 및 원심이 인용한 제1심판결 이유에 의하면, 원심은 근로기준법은 '현실적으로 근로를 제공하는 자에 대하여 국가의 관리・감독에 의한 직접적인 보호의 필요성이 있는가'라는 관점에서 개별적 노사관계를 규율할 목적으로 제정된 것인 반면에, 노동조합및노동관계조정법(이하 '노조법'이라 한다)은 '노무공급자들 사이의 단결권 등을 보장해 줄 필요성이 있는가'라는 관점에서 집단적 노사관계를 규율할 목적으로 제정된 것으로 그 입법목적에 따라 근로자의 개념을 상이하게 정의하고 있는 점, 일정한 사용자에의 종속관계를 조합원의 자격요건으로 하는 기업별 노동조합의 경우와는 달리 산업별・직종별・지역별 노동조합 등의 경우에는 원래부터 일정한 사용자에의 종속관계를 조합원의 자격요건으로 하는 것이 아닌 점에 비추어, 노조법 제2조 제4호 (라)목 단서는 '기업별 노동조합'의 조합원이 사용자로부터 해고됨으로써 근로자성이 부인될 경우에 대비하여 마련된 규정으로서, 이와 같은 경우에만 한정적으로 적용되고, 원래부터 일정한 사용자에의 종속관계를 필요로 하지 않는 산업별・직종별・지역별 노동조합 등의 경우에까지 적용되는 것은 아닌 점 등을 근거로, 노조법 제2조 제1호 및 제4호 (라)목 본문에서 말하는 '근로자'에는 특정한 사용자에게 고용되어 현실적으로 취업하고 있는 자뿐만 아니라, 일시적으로 실업 상태에 있는 자나 구직중인

14) 관련기사-6번째 설립 신고 끝. 청년유니온, 전국 단위 노조로 인정 받아 http://v.media.daum.net/v/20130430202710493?f=o

자도 노동3권을 보장할 필요성이 있는 한 그 범위에 포함되고, 따라서 지역별 노동조합의 성격을 가진 원고가 그 구성원으로 '구직중인 여성 노동자'를 포함시키고 있다 하더라도, '구직중인 여성 노동자' 역시 노조법상의 근로자에 해당하므로, 구직중인 여성 노동자는 근로자가 아니라는 이유로 원고의 이 사건 노동조합설립신고를 반려한 이 사건 처분을 위법하다고 판단하였는바, 이러한 원심의 판단은 정당하고, 거기에 노조법에 정한 근로자의 개념에 관한 법리를 오해한 위법이 있다고 할 수 없다.

그러므로 상고를 기각하고, 상고비용은 패소자가 부담하도록 하여 관여 법관의 일치된 의견으로 주문과 같이 판결한다.

심층질문

1. 청년유니온의 고용노동부 장관에 대한 노동조합설립반려처분취소소송의 의의는?
2. 노동조합의 설립신고와 관련한 노조법상 문제점은 무엇인가?
3. 구직 중인 자나 실업 중인 자도 노동조합의 조합원이 될 수 있는가?
4. 구직 중인 자나 실업 중인 자가 노동조합의 조합원이 되어야 하는 이유는 무엇인가?

자료 서울청년유니온 노동조합설립신고증

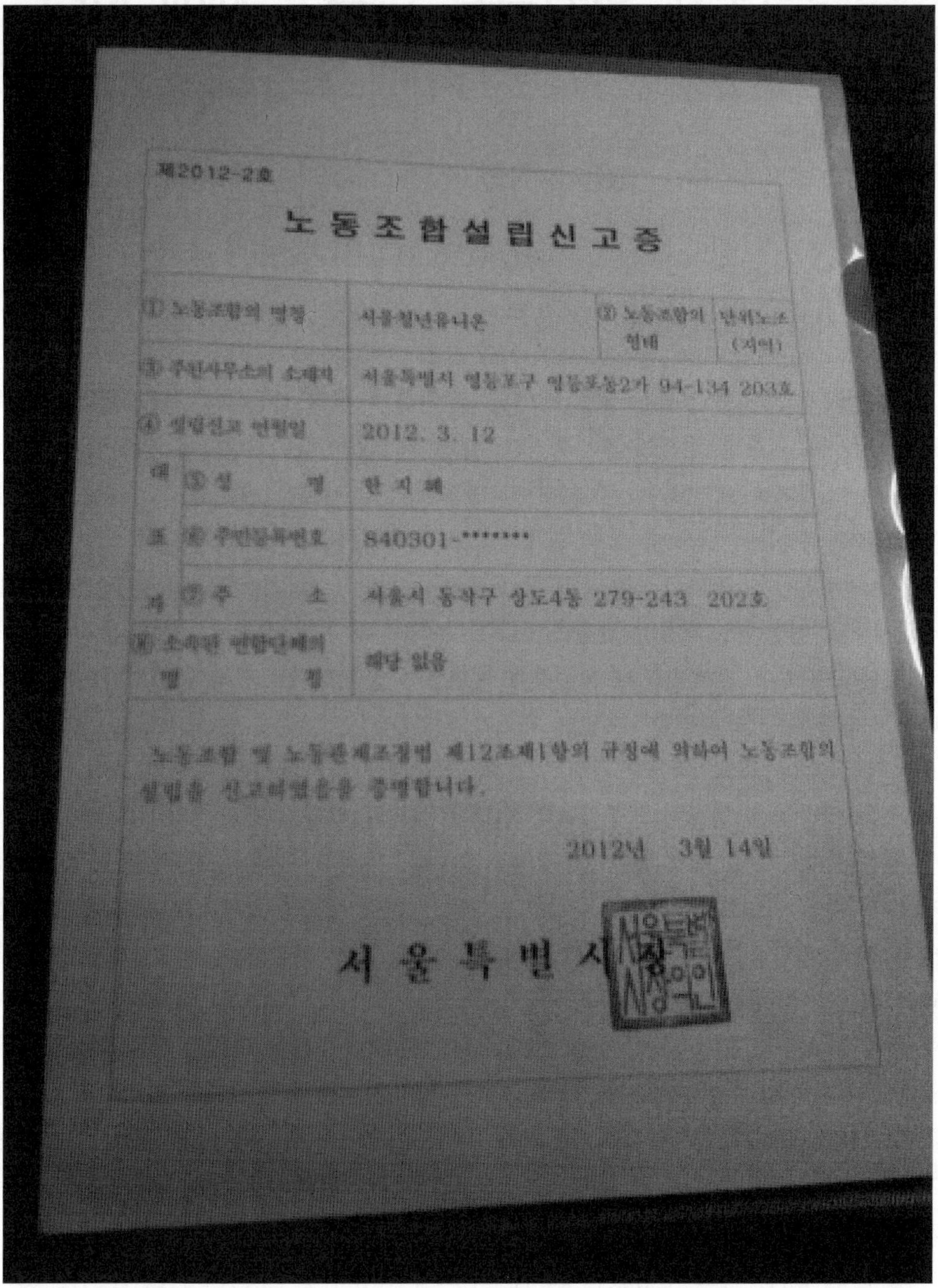

제2012-2호

노 동 조 합 설 립 신 고 증

① 노동조합의 명칭		서울청년유니온	② 노동조합의 형태	단위노조 (지역)
③ 주된사무소의 소재지		서울특별시 영등포구 영등포동2가 94-134 203호		
④ 설립신고 연월일		2012. 3. 12		
대표자	⑤ 성 명	한 지 혜		
	⑥ 주민등록번호	840301-*******		
	⑦ 주 소	서울시 동작구 상도4동 279-243 202호		
⑧ 소속된 연합단체의 명 칭		해당 없음		

노동조합 및 노동관계조정법 제12조제1항의 규정에 의하여 노동조합의 설립을 신고하였음을 증명합니다.

2012년 3월 14일

서 울 특 별 시 장

삼성반도체 희귀질환 업무상 재해 사건

임 자 운*

1. 사건 개요의 설명

삼성반도체 직업병 문제는 2007년 3월 고 황유미 씨의 죽음으로 처음 세상에 알려졌다. 당시에는 한낱 의혹에 불과했지만, 같은 해 만들어진 시민단체 '반올림'에 수백 명의 피해 제보가 모이고 그 이듬해부터 반도체 공장 내부의 위험을 드러내는 전문기관의 조사 결과들이 나오며, 점차 실체가 있는 사회 문제가 되어갔다.

서울행정법원은 2011년 6월 반도체 노동자 두 명(고 황유미, 고 이숙영)의 백혈병을 산업재해로 인정하는 최초의 판결을 선고한다. 2014년 8월 서울고등법원 항소심 판결의 결론도 같았다. 삼성반도체 노동자의 백혈병이 공장의 업무환경에 기인한 직업병이라는 사실은 누구도 부인할 수 없는 팩트가 되었다.

하지만 당연하게도, 백혈병 판결로 인해 이 문제를 둘러싼 법적 분쟁이 모두 해결되는 것은 아니었다. 반도체 노동자들의 질병은 점점 다양해졌다. 뇌종양·유방암 등 각종 암과 불임·유산·2세 질환 등 생식독성 질환, 루게릭·루푸스 등 각종 희귀질환까지 수십 종에 이르렀다. 새로운 질병이 나타날 때마다 새로운 분쟁이 시작되는 것과 같았다. 특히 의학적으로 관련 연구가 부족할 수밖에 없는 '희귀질환' 피해자들은 가장 어려운 싸움을 준비해야 했다.

甲의 경우가 그랬다. 만 18세이던 2003년 2월 대학 등록금 마련을 위해 삼성반도체 공장에 취직했고, 2년 후 회사를 나와 그토록 원하던 대학에 입학했으나, 그 해 3월 갑자기 쓰러지고 만다. 그 후 시력 및 근력 저하, 언어장애, 통증과 마비 등의 증상을 겪지만 정확한 병명조차 찾지 못하다가, 2008년 7월이 되어서야 '다발성경화증' 이라는 희귀질환 판정을 받는다.

입사 전까지만 해도 건강했던 그녀는 반도체 공장에서 온갖 화학물질을 취급했고, 생리불순, 급격한 체중감소, 혈액 수치 이상 등 여러 이상 증세를 겪었던 것이 떠올라,

---

* 변호사, 반도체 노동자의 건강과 인권지킴이 반올림.

2011년 1월 '반올림'에 직업병 피해 제보를 한다. 이종란, 문은영 노무사와 함께 2011년 7월 근로복지공단(이하 '공단')에 산재보상 신청을 하지만, 2014년 4월 불승인 처분을 받는다. 질병과 업무 사이의 인과관계가 인정되지 않는다는 이유였다.

나는 2013년 3월, 이 사건을 처음 맡았다. 같은 해 사법연수원을 졸업하여 변호사가 막 되었고 바로 '반올림' 상임활동가가 막 되었을 때다. 변호사로서나 활동가로서 어설프기 짝이 없을 때, 이 사건을 덜컥 맡았다. 무엇을 어떻게 시작해야 할지도 몰랐다. 선배 변호사들을 찾아다니며 조언을 구해보아도 별 소득이 없었다. 결국에는 부딪치며 배워나갈 수밖에 없겠다는 생각이 들었을 때, 사실 그 보다는 소제기 기한이 얼마 남지 않았던 2013년 5월, 삼성반도체 희귀질환 피해자 甲의 요양불승인 처분 취소소송을 제기했다.

2. 1심(서울행정법원)

가. 소송의 쟁점과 변론

(1) 업무상 질병의 인정요건

산업재해보상보험법(이하 '산재보험법') 제37조[1]와 동법 시행령 제34조[2]에 따르면 업무상질병의 인정요건은 다음 세 가지로 정리된다. 첫째 업무수행 중 유해·위험 요인의 취급·노출이 있었을 것, 둘째 유해·위험 요인의 취급·노출이 질병을 유발할 정도였을 것, 셋째 유해·위험 요인의 취급·노출이 발병의 원인으로 의학적으로 인정될 것.

---

1) 산업재해보상보험법 제37조(업무상의 재해의 인정 기준) ① 근로자가 다음 각 호의 어느 하나에 해당하는 사유로 부상·질병 또는 장해가 발생하거나 사망하면 업무상의 재해로 본다. 다만, 업무와 재해 사이에 상당인과관계(相當因果關係)가 없는 경우에는 그러하지 아니하다.
1. 업무상 사고
2. 업무상 질병
가. 업무수행 과정에서 물리적인자(因子), 화학물질, 분진, 병원체, 신체에 부담을 주는 업무 등 근로자의 건강에 장해를 일으킬 수 있는 요인을 취급하거나 그에 노출되어 발생한 질병
나. 업무상 부상이 원인이 되어 발생한 질병
다. 그 밖에 업무와 관련하여 발생한 질병
② (생략)
③ 업무상의 재해의 구체적인 인정기준은 대통령령으로 정한다.

2) 산업재해보상보험법 시행령 제34조(업무상 질병의 인정기준) ① 근로자가 「근로기준법 시행령」 제44조 제1항 및 같은 법 시행령 별표 5의 업무상 질병의 범위에 속하는 질병에 걸린 경우 다음 각호의 요건 모두에 해당하면 법 제37조 제1항 제2호 가목에 따른 업무상 질병으로 본다.
1. 근로자가 업무수행 과정에서 유해·위험 요인을 취급하거나 유해·위험 요인에 노출된 경력이 있을 것
2. 유해·위험 요인을 취급하거나 유해·위험 요인에 노출되는 업무 시간, 그 업무에 종사한 기간 및 업무 환경 등에 비추어볼 때 근로자의 질병을 유발할 수 있다고 인정될 것
3. 근로자가 유해·위험 요인에 노출되거나 유해·위험 요인을 취급한 것이 원인이 되어 그 질병이 발생하였다고 의학적으로 인정될 것
(이하 생략)

이를 다시 줄이면 ① '업무환경의 유해성'과 ② 업무환경과 질병 사이의 '의학적 관련성'이다. 업무상 질병에 관한 산재소송은 결국 이 두 가지를 입증하는 싸움이다. 대법원은 여러 차례 입증책임은 재해노동자에게 있다고 했다. 따라서 입증되지 못한 요건사실은 노동자 측에 불리하게 해석된다.

(2) 원고의 업무환경

(가) 업무환경을 파악하는 과정

변호사의 역할은 종종 통역자와 비슷하다고 생각한다. 사건 당사자는 자신이 처했던 상황을 정돈되지 않은 언어로 쏟아낸다. 심각한 인권 문제를 다루는 사건일수록(그래서 더 중요한 사건일수록), 당사자의 언어는 더 거칠고 어지러워진다. 또 어떤 사건은 전문가의 도움을 받아야 그 내용을 이해할 수 있는데, 그들의 언어는 종종 복잡하고 난해하다. 이처럼 거칠고 어지럽고 복잡하고 난해한 언어들로 표현되는 사건의 진상을 고스란히, 법률적 쟁점에 맞게, 이해하기 쉽게, 재판부에 전달하는 일을 변호사는 해야 한다. 심지어 그것은 사건의 승패를 떠나 변호사가 해야 하는 최소한이다.

이 사건에서도 변호사는 당사자와 전문가의 언어로 표현되는 반도체 공장의 업무환경을 판사에게 잘 전달하는 일부터 해야 했다. 물론 쉽지 않았다. 법대를 나와 사법고시를 봤고, 연수원을 졸업하자마자 반올림 활동가가 되었다. 반도체 공정에 대한 사전지식은 없었다. 공장 내부를 묘사하는 당사자의 언어부터가 어려웠다. 이해에 도움을 받고자 반도체 공정에 관한 전문자료를 들춰볼수록, 문제는 더 심각해졌다.

공단에 대한 정보공개청구를 통해 이 사건 불승인 처분 관련 자료부터 받아냈다. 노동자가 업무상 질병을 이유로 산재보상 신청을 하면, 공단은 '재해조사'라는 명목으로 사업장의 업무환경을 조사한다. 그 과정에서 사업주로부터 관련 자료를 제출받기도 한다. 그러한 조사 결과(역학조사 보고서[3])와 사업주 제출자료(사업주 확인서)부터 꼼꼼히 읽었다.

원고의 진술도 여러 차례 들었다. 입원 중인 병원으로 찾아가 직접 얘기를 듣거나 전화 통화를 했다. 원고와 함께 일했던 동료를 소개받기도 했다. 그들에게 묻고 또 물었다. 모든 상담내용을 기록하고 정리했다. 공장 내부가 머릿속에 그려질 때까지 원고와 동료를 닦달했다.

그렇게 정리된 내용을 준비서면에 담았다. 최대한 쉽게 설명하려고 했다. 원고가 일했던 공간은 여러 세부공정들이 모여 있었다는 점을 강조하기 위해 그림으로 표현했다.

---

3) 반도체 공장과 같이 업무환경이 복잡하거나 질병이 난해한 경우, 근로복지공단은 좀 더 전문적인 조사가 필요하다고 판단하여 산업안전보건연구원 등 자문기관에 조사를 의뢰한다. 산업안전보건연구원 등은 해당 조사를 실시한 후 그 결과를 '역학조사 보고서'라는 이름의 문서로 공단에 제출한다(산업재해보상보험법 시행규칙 제22조, 요양업무처리규정 제9조 등).

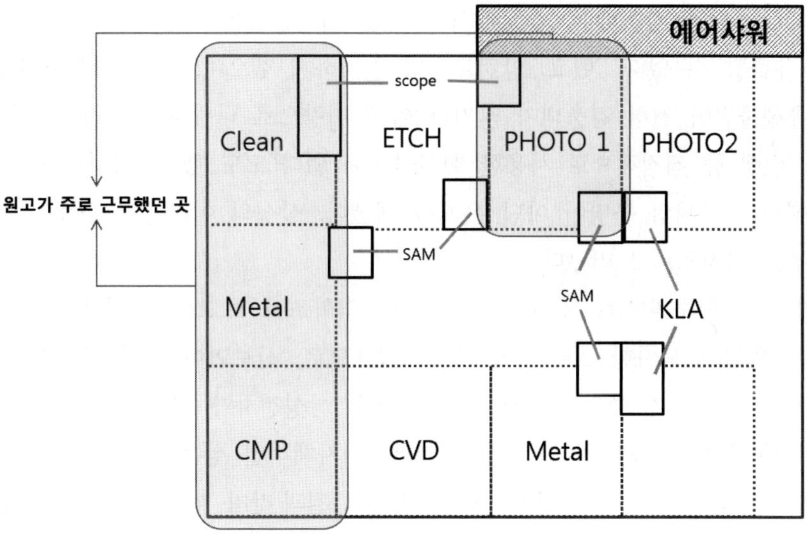

[원고가 근무했던 '카파라인' 내부]

(나) 삼성전자 기흥사업장 카파라인

원고는 2003. 2.부터 2년간 삼성전자 기흥사업장에서 「카파라인」 오퍼레이터로 근무했다.

「카파라인」은 일반적인 생산 라인이 아닌 기술 개발 라인이었다. 반도체 배선 재료를 기존의 알루미늄에서 구리(cooper, 카파)로 대체하는 생산 기술을 개발했다. 여러 공정 조건을 세세하게 달리 설정해 가며 반복적으로 테스트함으로써, 최고의 산출물을 뽑아내는 최적의 '레시피(recipe)'를 만드는 곳이었다.

업무환경 면에서 특이점이 많았다. 반도체 생산라인을 구성하는 여러 세부공정들[4]이 소규모로 밀집되어 있었고, 소수 인원이 여러 공정의 설비를 동시에 담당했으며, 일반 생산라인에서 쓰던 노후화된 설비를 가져와서 사용했다. 원고와 같은 카파라인 오퍼레이터들은 일반 생산라인에서는 설비 내에서 자동으로 이루어지던 작업들을 수동으로 직접 했고, 일반 생산라인에서 외부 협력업체 직원이나 엔지니어가 하던 일들도 직접 하는 경우가 많았다.

(다) 삼성전자의 업무환경 은폐와 산업안전보건연구원의 엉터리 역학조사

그러한 「카파라인」 안에서 원고는 어떤 화학물질에 얼마나 노출되었을까.

그에 대한 직접 증거로서 소제기 시점에 원고 측이 확보하고 있는 자료는 위에서 말한 '역학조사 보고서'와 '사업주 확인서' 뿐이었다. 하지만 두 자료 다 별 내용이 없었다. 먼저 삼성전자가 제출한 '사업주 확인서'는 전반적으로 "원고의 업무환경은 유해하

4) 확산, 포토, 식각, 세정, 증착, 연마, 검사 등.

지 않았다"는 점을 강조했다. 공장에서 취급한 화학물질은 각종 안전장치가 작동되어 "외부로 유출될 수 없다" 했고, 안전교육도 철저하게 했으며, 실제 작업환경측정 결과에서도 유해물질이 전혀 검출되지 않거나 아주 미량으로 나왔다고 했다. 심지어 "(원고는) 작업 수행 중 직접적으로 사용한 화학물질이 없다"고도 했다. 삼성은 늘 그래왔듯, 이 사건에서도 문제의 규명이 아닌 은폐를 택했다. 삼성의 이러한 진술들은 소송 과정에서 대부분 거짓으로 드러났다.

산업안전보건연구원(이하 '산보연)이 작성한 '역학조사 보고서'도 너무 부실했다. 「카파라인」은 원고가 퇴사한 2005년에 폐쇄되었으므로, 산보연이 역학조사 할 당시(2011년)에는 이미 존재하지 않았다. 그러자 산보연은 삼성전자가 제출한 자료(위 '사업주 확인서')에 의존하여 원고의 업무환경을 평가했다. 자체적인 성분분석이나 노출평가는 전혀 없었다. 삼성이 원고 근무 당시 '작업환경측정 결과'라며 제출한 자료는 엉성하기 짝이 없는 대여섯 줄짜리 표 하나에 불과했는데, 산보연은 그에 대해서도 추가적인 자료 요구나 조사를 하지 않았다. 노동자의 직업병 문제를 규명하기 위한 공공기관의 조사업무가 이처럼 형편없는 수준이었다.

(라) 법원의 자료제출 요구와 삼성전자, 고용노동부의 거부

그래서 나는 원고의 업무환경을 직·간접적으로 파악할 수 있는 추가 자료에 대한 증거조사를 신청했다.

먼저 「카파라인」에서 취급한 화학제품 관련 자료에 대한 문서송부촉탁을 신청했다. 그러자 삼성전자는 총 40여개 화학제품의 목록을 보내왔는데, 일부 제품들의 성분물질은 '기밀사항'이라는 이유로 감추어져 있었다.

또한 원고 근무 사업장에서 운영 중인 '유독가스 누출 감지시스템'의 작동 내역에 대한 사실조회, 그리고 최근(2013년) 고용노동부가 해당 사업장을 대상으로 실시한 '안전보건진단 결과'에 대한 문서송부촉탁을 신청했다. 그러자 삼성전자와 고용노동부는 "해당 자료를 모두 폐기했다"거나 "영업비밀에 해당한다", "사건과 관계없으므로 제출하지 않겠다"는 등의 이유를 대며, 일제히 자료 제출을 거부했다.

(3) 업무환경과 질병 사이의 의학적 관련성

(가) 질병의 원인을 규명하는 연구(역학연구)의 한계

특정 집단 안에서 일어나는 질병의 원인이나 변동 상태를 연구하는 학문을 '역학(疫學)'이라 한다. 예컨대 흡연과 폐암 사이의 관련성은 흡연 집단과 비 흡연 집단 사이의 폐암 발병 이력 혹은 폐암 발병 집단과 비 발병 집단 사이의 흡연 경력을 비교하는 역학연구를 통해 밝혀진다. 양 집단의 비교 결과가 통계적으로 유의할 정도로 분명한 차이를 보일 때, 또한 그러한 차이가 여러 건의 역학연구에서 거듭 나타날 때, 양자 간의

의학적 관련성은 비로소 분명하게 인정될 수 있다.

이러한 연구 방법은 기본적으로 특정 유해요인이 질병에 미치는 영향을 '통계적으로' 검증하는 것이므로, 충분한 숫자의 질병 발생이 필요하다. 발병자 수가 적은 '희귀질환'에 대해서는 연구 자체가 어렵다. 같은 이유에서 대부분의 희귀질환은 그 원인이 제대로 규명되지 않았다.

희귀질환은 치료 기술도 개발되지 않은 경우가 많다. 투병생활이 길어질수록 산재보상이 매우 절실할 수밖에 없다. 그런데 산재보험법은 업무와 질병 사이의 '의학적 관련성'을 규명하라고 하니, 실제 희귀질환이 산업재해로 인정되는 경우는 매우 드물다. 산재보상이 가장 절실한 사람들이 가장 간단하게 배세되고 마는 것이다.

(나) 다발성경화증의 발병 원인

다발성경화증은 중추신경계를 구성하는 신경세포에 다발적 손상이 발생하는 질환이다. 왜 그러한 손상이 발생하는지는 의학적으로 밝혀지지 않았다. 역시 희귀질환이라는 한계(즉 발병자 수가 적어 역학연구를 수행하는 것이 어렵다는 한계) 때문이다. 의사도 모르는 병의 원인을 어떻게 아픈 노동자에게 밝히라고 하는가. 입법적 조치가 필요한 문제지만, 어쨌거나 나는 이 사건에서 '의학적 관련성'의 벽을 넘어야 했다.

두 가지 방법을 취했다. 첫째는 다발성경화증에 대한 기존 연구 결과들에서 사건에 도움이 되는 내용을 직접 찾아 강조하는 것이었다. 다발성경화증은 희귀질환임에도 불구하고 직업적 원인에 대한 역학연구들이 꽤 있었다. 특히 '유기용제' 노출과의 관련성을 긍정하는 연구결과가 많았다. 유기용제는 이물질을 녹여 없애는 용도로 쓰이는 화학물질로서 반도체 공정에서 많이 쓰인다. 원고도 유기용제를 수시로 취급했다. 당연히 원고의 유기용제 취급과 관련 연구결과를 재판부에 거듭 강조했다.

두 번째는 의학 전문가의 도움을 받는 것이었다. 신뢰하는 의사로부터 소견서를 직접 받아 증거로 제출하거나, 법원에 진료기록 감정을 신청하는 방법이 있다. 이 사건에서는 둘 다 했다. 특히 진료기록 감정 신청을 할 때는 질문지 작성에 공을 들였다.[5] 법원이 지정한 의사로부터 원고 측에 유리한 답변이 나오게 하려면, 원고의 업무환경에 존재했던 여러 가지 유해요인을 최대한 구체적으로 설명해야 했다. 다행히 '직업환경의학과'와 '신경과'로부터 받은 감정 결과가 나쁘지 않았다. 의사들은 보통 질병의 원인을 단정적으로 말하지 않는다. 희귀질환의 경우에는 더욱 그렇다. "의심이 된다", "가능성이 있다" 정도의 표현만으로 질병의 업무관련성에 대한 긍정적인 신호를 보낸다. 이 사건에서 받은 감정 결과도 그러했다.

5) '감정'은 법원이 지정한 제3자로부터 전문가적 소견을 듣는 것이므로, 어떤 답변이 나올지 예측하기 어렵다. 따라서 감정 신청 여부의 판단도 신중해야 하지만 감정 신청을 하기로 했다면, 최대한 질문지 작성에 공을 들여야 한다.

피고 측은 적극적인 반론을 폈다. “연구 결과가 일관되지 않다”, “유기용제가 다발성 경화증의 원인이라는 것은 확립된 견해가 아니다”라고 했다. 양자 간의 관련성을 부인하는 연구 논문과 전문가 소견서도 냈다. 어떤 질병에 대해서건, 희귀질환의 경우에는 더욱, 역학연구의 결과가 완전히 일관되고 명확하기 어렵다. 피고 주장은 그러한 점을 전혀 고려하지 않고 있었다.

(4) 또 하나의 쟁점: ‘질병의 업무관련성’ 판단의 본질은 무엇인가

변론을 거듭할수록 더욱 분명해지는 점은, 이 사건 질병의 업무관련성을 명확하게 밝히는 것은 사실상 불가능하다는 것이었다. 원고의 업무환경이 얼마나 유해했는지, 그 업무가 다발성경화증에 어떻게 영향을 주었는지는 누구도 명확하게 알 수 없었다.

특히 원고의 업무환경은 밝힐 수 없는 지점들이 너무 많았다. 가령 원고가 업무 중에 직접 취급했던 ‘PFI－XXX’라는 화학제품을 보자. 총 3개의 화학물질로 구성된 혼합물인데 그 중 2개 성분은 기밀사항이라는 이유로 감추어져 있었다(재판부의 질문에 삼성 측도 “모른다”고 답했다). 남은 1개 성분에서는 급성독성 등 인체유해성이 확인되었지만, 중추신경계에 어떠한 영향을 미치는지는 알 수 없었다. 또한 그 성분물질은 산업안전보건법상 ‘작업환경측정 대상 물질’[6]에 해당되는데, 원고가 근무할 당시 그 물질의 노출상황을 측정한 자료는 없었다.

또한 원고가 근무했던 공장에서 유해 화학물질 관리가 제대로 되었는가를 알 수 있는 자료도 없었다. 고용노동부가 2013년 공장 내부를 진단한 ‘종합진단 보고서’라는 것이 있었지만, 고용노동부는 법원의 요청에도 불구하고 그 보고서를 제출하지 않았다. 삼성전자의 영업비밀이 포함되어 있다는 이유였다.

어떠한 사정으로 인해 요증(要證)사실을 규명할 수 없게 되었을 때, 그에 따른 불이익은 누가 지는가. 바로 ‘입증책임’ 문제다. 전술하였듯, 대법원은 현행 산재보험법상 업무상 질병 인정요건에 대한 입증책임은 노동자 측에 있다고 했다. 따라서 업무환경의 유해성이 규명되지 않았다면 그 업무환경은 유해하지 않은 것으로 해석된다. 이 사건에서처럼 그 유해성 규명을 곤란하게 만든 책임이 회사나 국가에게 있더라도, 노동자 입증책임 원칙을 기계적으로 해석한다면 모든 불이익은 노동자에게 전가된다.

그래서 나는 노동자의 직업병 인정 투쟁이 기울어질 대로 기울어진 운동장에서 벌어지는 매우 불공정한 싸움이라고 생각해 왔다. 기회가 될 때마다 입증책임 전환 혹은 분배의 필요성을 강조해 왔고, 관련 법률개정안이 나오도록 의원실을 찾아다니기도 했다.

하지만 소송에서 입법적인 문제만을 강조할 수는 없었다. 입법운동과는 다른 전략이 필요했다. 대법원 판례와 사법연수원 교재에서 답을 찾았다.

---

6) 산업안전보건법 제42조, 동 시행규칙 제93조 및 별표 11의 5.

대법원은 '질병의 업무관련성' 판단에 대해 다음과 같이 설시해 왔다.

"근로자의 업무와 사망 등 사이의 **인과관계는 반드시 의학적 · 자연과학적으로 명백히 입증되어야 하는 것은 아니고** 근로자의 취업 당시 건강상태 등 제반 사정을 고려하여 업무와 재해발생 사이에 인과관계가 있다고 **추단되는 경우에도** 그 입증이 있다고 보아야 한다."[7]

"'공무상 질병'은 공무 집행 중 공무로 인하여 발생한 질병을 뜻하는 것이므로, 공무와 질병의 발생 사이에는 인과관계가 있어야 하고, 인과관계는 주장하는 측에서 증명하여야 한다. 다만 인과관계는 반드시 의학적 · 자연과학적으로 명백히 증명되어야 하는 것은 아니며, **규범적 관점에서 상당인과관계가 인정되는 경우에는** 증명이 있다고 보아야 한다."[8]

사법연수원 교재[9]는 이러한 대법원 판례를 이렇게 설명했다.

위와 같은 법원의 판단 배경에는 **업무상 재해 여부 판정의 본질은 과연 해당 사안이 업무상 재해 보상제도를 적용하여 구제할 만한 것인가 아닌가를 결정하는 것**이기 때문에, 이는 본래 의학상의 원인을 규명하는 것을 목적으로 하는 의학판정이 아니고 **법률판단**이라는 전제에 있기 때문이다.

이를 토대로 나는 소송 초기부터 아래와 같이 주장했다. 여러 차례의 준비서면과 법정변론을 통해 거듭 강조했다. 때로는 판사 입장에서 지겨울 수 있겠다 싶을 정도로 반복했다. 이 주장이 일부라도 받아들여지지 않는다면, 소송에서 이길 가망이 없다고 생각했기 때문이다.

업무상 질병 인정 요건인 '질병의 업무관련성'이라는 것은 **자연과학적 · 의학적 관련성과는 분명하게 구별되는 규범적 관련성 판단**이고, 결국 **당해 사건의 재해자를 산재보상보험제도의 보호범위 안으로 포섭할지를 판단하는 법률 판단**입니다.

따라서 그 판단을 함에 있어서는 '작업장에서 발생할 수 있는 산업안전보건상의 위험을 사업주나 근로자 어느 일방에게 전가하는 것이 아니라 사회 전체가 분담하도록 하는' **산재보상보험제도의 목적이 고려되어야** 합니다. 또한 업무상 질병 인정요건에 대한 **입증 곤란의 상황이 발생하였다면 그 상황이 발생한 경위에 대해서도 규범적인 평가가 이루어져야** 합니다. 회사나 정부의 잘못으로 인하여 입증이 어려워진 부분을 재해자 측에 불리하게 판단해서는 안 되는 것입니다.

결국 그러한 모든 사정들을 종합적으로 고려하여, 궁극적으로는 **당해 사건 재해자에게 산재보험에 따른 치료비 · 생계비 보장을 해주는 것이 타당한가를 판단하여야** 합니다.

---

7) 대법원 2000. 5. 12. 선고 99두11424 판결 등.
8) 대법원 2015. 6. 11. 선고 2011두32898 판결.
9) 노동특수이론 및 업무상 재해관련소송, 사법연수원, 2010년, 193-194쪽.

나. 법원의 판결 내용

서울행정법원(이도행 판사)은 2015. 11. 25. 원고 패소 판결을 내렸다.[10] 주요 판결 이유는 다음과 같다.

"다발성경화증은 발병원인이 명확히 밝혀지지 않았다. 유기용제 노출과 연관성이 있다는 연구결과 및 의학적 견해가 일부 존재하나, 일관성이 없고 방법상의 편향성이 있어 믿기 어렵고, 다발성경화증의 발생기전에 대하여 아직 객관적이고 합리적인 근거가 충분히 제시되지 않아 선불리 그 증명력을 인정하기 어렵다."

"원고가 수행한 오퍼레이터는 PM엔지니어나 설비엔지니어에 비하여 전반적인 유해인자 노출수준이 낮은 것으로 평가된다"

"2004년 상반기 작업환경 측정결과 원고가 근무한 카파라인의 포토공정에서 혼합 유기용제가 거의 검출되지 않았다."

"우리나라에서 다발성 경화증의 유병률은 인구 10만 명당 3.5명이고, 삼성전자 반도체 기흥사업장(2011년을 기준으로 약 25,000명이 근무하고 있다)에서 근무한 근로자 중 원고만이 유일하게 다발성 경화증을 앓고 있는데, 이는 우리나라 다발성 경화증의 유병률을 크게 벗어나지 않는다."

"원고가 반도체 생산공정에서 유해화학물질에 노출되었을 가능성은 있으나, 원고가 어떠한 유해화학물질에 어느 정도로 노출되었는지를 알 수 없는 이 사건에서 유해화학물질 노출이 다발성 경화증 발병의 원인이 되었다고 단정할 수도 없다."

참담했다. 노동자 입증책임의 원칙을 기계적으로 적용한 판결이었다. 이 사건 질병과 업무환경의 특수성, 사업주와 국가의 자료 은폐 문제에 대해서는 어떠한 고려도 하지 않았다.

판결 선고가 있던 날, 나는 어느 대학원에서 강의를 해야 했다. 학생들에게 반도체 직업병 문제에 대한 이야기를 하다 눈물을 보이고 말았다. 너무 분했고, 원고에게 미안했다. 어떻게든 항소심에서 뒤집어야겠다고 생각했지만, 이처럼 꽉 막힌 법원을 향해 무엇을 어떻게 해야 할지 막막했다.

---

10) 서울행정법원 2015. 11. 25. 선고 2013구단51933 판결.

3. 2심(서울고등법원)

가. 소송의 쟁점과 변론

(1) 1심 판결의 문제점과 입증 계획

항소심을 준비하면서는 먼저 1심 판결의 문제점을 세세하게 검토하여 추가적인 입증 계획을 짰다. 크게 세 가지 문제점이 보였다. 첫째 "다발성경화증의 발병원인에 대한 연구결과들은 일관성이 없어 믿기 어렵다" 했으니, 관련 연구 결과들이 보여주는 상당 수준의 일관성을 명확하게 드러낼 필요가 있었다. 이참에 주요 연구 결과들을 일괄해서 정리해 보기로 했다.

둘째 "원고의 담당 직무(오퍼레이터), 작업 내용, 작업환경측정 결과 등에 비추어 유해인자 노출 정도가 심하지 않았다"고 했다. 원고가 근무했던 '카파공정'의 특수성을 다시 한 번 강조하고 회사가 제출한 작업환경측정 결과가 얼마나 엉터리 자료인지, 그밖에 유해인자 노출 정도를 추단할 수 있는 간접정황들에 대해 좀 더 명확하게 드러내 보기로 했다.

셋째 "삼성전자 사업장에서의 다발성경화증 유병률이 일반 유병률을 크게 벗어나지 않는다"고 했다. 삼성 안에서의 유병률과 일반 유병률을 비교하는 것. 자료가 부족하고 반론의 여지가 있어 피해왔던 논점이지만, 더는 그럴 수 없었다. 직접 다루어 보기로 했다.

넷째 '다발성경화증 발병원인', '유해물질 노출 정도' 등을 알 수 없다는 점이 바로 질병의 업무관련성 부인의 근거가 되었다. 규범적 관련성 판단이므로 입증 곤란의 경위에 대해서도 규범적 평가를 해야 한다는 주장을, 더욱 효과적으로 강조할 수 있는 방법을 고민해야 했다.

(2) 다발성경화증 관련 연구결과 정리

그동안 '반올림'의 활동을 적극적으로 지원해온 의사들이 있다. 그들의 전문지식이 결합되지 않았다면 삼성반도체 직업병 문제는 여기까지 오기 어려웠을 것이다. 그 중에서도 첫 손에 꼽히는 의사가 공유정옥 선생이다. 그녀는 직업환경의학 전문의이면서 활동가다. 2007년 11월 '반올림'이 만들어질 당시부터 현재까지 '반올림'의 주축이다.

그녀에게 소송 상황을 설명하고 도움을 청했다. 다발성경화증의 발병원인에 대해 최근까지 나온 논문들을 정리해 달라고 했다. 그녀는 망설임 없이 수락했다.

그렇게 전달받은 20여개 논문 중 다시 9개를 추려 주요 내용을 준비서면에 담았다.

유기용제 노출, 20세 이전의 교대근무, 자외선 노출 부족[11] 등이 발병 위험을 높이는 인자로 지목되고 있었다. 모두 원고의 업무환경에 존재했던 것들이다.

(3) 삼성반도체 공장의 다발성경화증 피해자 추가 제보

항소심이 진행 중이던 2016년 8월, '반올림'으로 한 통의 제보메일이 왔다. 자신도 삼성반도체 기흥공장에서 일하다 다발성경화증에 걸려 투병 중이라 했다. 이름은 밝히지 않았다. 산재보상 받는 것은 어려울 거라며 미리 포기한 눈치였고, 단지 자신의 존재를 알리고 싶다 했다.

바로 답장을 보내 소송상황을 알렸고 진술이 필요하다고 했다. 거듭 설득한 끝에 승낙을 받고 제보자의 집에 갔다. 이 사건 원고와는 사업장(기흥)이 같았고, 근무 기간과 담당업무도 일부 겹쳤다. 유기용제 노출, 20세 이전의 교대근무, 자외선 노출 부족도 함께 겪었다. 그러한 업무상의 유사점을 강조하며 제보자의 진술서와 의무기록을 갑호증으로 제출했다.

(4) 삼성전자 반도체 공장에서의 다발성경화증 발병률

그 전까지 삼성반도체·LCD 공장 근무자로서 다발성경화증에 걸린 것으로 확인된 사람은 총 세 명이었는데, 네 명으로 늘었다. 질병관리본부 보고서에 따르면 이 병의 국내 유병률은 10만 명당 3.5명에 불과했다. 삼성반도체·LCD 생산라인에 50,000여명이 근무한다는 점을 감안할 때,[12] 유병률 및 발병률[13]이 이례적으로 높을 것이라고 주장했다.

그러자 피고 측 변호사는 네 명의 근무이력과 또 다른 발병사례를 확인해 보겠다며, 삼성전자에 대한 사실조회를 신청했다. 삼성전자는 기다렸다는 듯 답변서를 보냈다. "네 명의 업무 사이에 특별한 공통점은 없고, 또 다른 발병사례도 없다"고 했다.

그러면서 「다발성경화증 유병률/발병률 관련 의견」이라는 묻지도 않은 의견을 첨부했는데, 그 내용이 아주 인상적이었다. 요컨대 삼성전자 사업장 누적 근무자의 수[14]는 120,195명(약 120,000명)이고, 이를 통해 '당사 유병률 및 발병률 추정치'를 계산하면 각각 10만명당 3.32명과 0.87명이 나오는데, 이는 국가 연구에서 나타난 일반 유병률

11) 자외선 노출 부족에 따른 비타민 D합성의 감소가 다발성경화증의 발병 위험을 높인다는 연구결과들이 다수 있다. 반도체 공장 노동자들은 야간 근무를 포함한 교대근무를 하게 되고 창문이 없는 밀폐된 공간(클린룸)에서 근무한다. 따라서 상대적으로 자외선에 노출되는 시간이 적을 수밖에 없다.

12) 삼성전자가 직접 소송에서 밝힌 숫자다. 2010년 기준.

13) 유병률(prevalence rate)은 '대상 집단에서 특정 질병을 가진 사람 수의 점유율'을 뜻하고, 발생률(incidence rate)은 '대상 집단에서 특정 질병을 새롭게 지니게 된 사람의 점유율'을 뜻한다. 일반적으로 발생률에 '이환기간'(질병을 가지고 있는 기간)을 곱한 것이 유병률이 되는데, 질병관리본부 보고서에 따르면 다발성경화증의 평균 이환기간은 3.8년이었다.

14) 확인이 가능한 1997년부터 2016년까지를 기준으로 한다고 했다.

(3.36명) 및 발병률(0.94명)보다 낮다는 것이다.

삼성의 계산법에는 크게 두 가지 문제가 있었다. 첫째, 누적 근무자 수(유병률의 분모)를 너무 크게 잡았다. 삼성이 주장한 약 12만 명에는 반도체·LCD 생산라인 근무자가 아닌, 사무직 종사자, 다른 전자제품 생산라인 종사자 등이 섞여 있었다. 둘째, 현재까지 확인된 다발성경화증 유병자 네 명(유병률의 분자)의 업무 및 연령 특성을 전혀 고려하지 않았다. 네 명은 모두 오퍼레이터였고 20대에 발병했다. 따라서 정확한 유병률 비교를 하려면 전체 누적 근무자 중에서 오퍼레이터와 20대에 해당하는 이들의 숫자를 따로 추려서 비교해야 했다. 아울러 모든 연령대 국민의 유병률과 비교할 것이 아니라, 20대 국민의 유병률과 비교해야 했다.

특히 연령 특성을 고려하지 않은 것은 문제가 컸다. 대부분의 질병은 나이가 들수록 유병률·발병률이 높아진다. 따라서 유병률·발병률을 비교할 때 비교 집단의 연령을 고려하지 않는 것은 아무 의미가 없다고 전문가들은 말한다.[15)]

그렇다면 연령 특성을 고려했을 때는 어떻게 될까. 질병관리본부 보고서에 따르면 국내 20대의 다발성경화증 유병률·발병률은 각각 10만명당 1.4명과 0.37명이다. 삼성전자가 직접 계산해서 제공한 '당사 유병률·발병률' 추정치인 3.32명, 0.87명 보다 크게 낮다. 앞서 설명하였듯 이는 전체 누적 근무자 수 약 12만 명을 분모로 놓고 계산한 숫자다. 반도체·LCD 라인에서 근무한 20대 여성만을 따로 추려 계산한다면, 차이는 훨씬 더 크게 벌어질 것이 분명했다.

결과적으로 삼성전자가 첨부한 의견서는 원고 측에 대단히 유리한 자료가 되었다. 물론 나는 소송에서 이 부분을 적극 활용했다. 즐거운 마음으로.

(5) 추가 유해물질 확인

삼성전자가 소송 초기에 제출한 40여개 화학제품 외에 추가적으로 주장할 수 있는 유해물질은 없을지, 이에 대해서도 계속 고민했다.

그 즈음 삼성전자가 운영하는 블로그 '삼성반도체 이야기[16)]'에서 '삼성전자 건강연구소'에 대한 글을 보게 되었다. 이 연구소는 삼성이 "임직원 건강 증진을 위한 중·장기적 연구 과제를 수행하는 국내 최초의 산업보건 민간연구소"라고 대대적으로 선전하며 2010년 4월 출범한 곳으로, 주로 반도체 산업의 위험요인에 대한 연구 활동을 담당한다고 했다. 블로그에는 이 연구소의 연구 실적을 홍보하는 글들이 간간이 올라왔는데, 그 중 몇 가지가 이 사건과 관련이 있어 보였다. 특히 「반도체 포토공정에서 발생하는 화학물질 및 부산물 확인」과 「반도체 사용 시너의 구성성분에 관한 연구」는 원고의 업

15) 이 부분은 역학(疫學) 분야 전문가인 고려대학교 보건대학원 김승섭 교수님의 도움을 받았다.
16) http: //www.samsungsemiconstory.com

무와 직접 관련이 있었다. 원고는 카파라인 안에서 주로 '포토공정' 업무를 담당했었고, 업무 중 '시너'를 직접 취급했기 때문이다.

재판부에 해당 연구 논문에 대한 증거조사(사실조회)를 신청했더니, 삼성전자는 20줄이 채 안 되는 논문 초록만을 제출했다. 초록에는 "포토공정 각 단계별로 발생하는 화학물질을 확인한 결과, MSDS상 기재물질 외 총 37종의 물질이 확인되었다"거나 "반도체 공정에서 사용하는 시너를 분석해 보았더니 평균 4-5개의 성분을 포함하고 있었다"는 심상치 않은 내용들이 있었지만, 정작 해당 물질이 무엇인지를 밝히지는 않았다.

그래서 다시 재판부에 해당 물질을 확인할 수 있는 자료에 대한 '문서제출명령'[17]을 신청했다. 삼성 측과의 서면 공방이 있었으나[18] 재판부는 결국 명령장을 발부했고, 삼성은 어쩔 수 없이 위 "포토공정 부산물 37종"과 "시너의 평균 4-5개 구성성분(총 10종)"의 목록을 보내야 했다. 그렇게 확인된 총 47종의 물질 중 36종이 발암성, 급성독성 등을 함유한 유해물질이었다. 다발성경화증과 관련이 있는 신경독성, 중추신경계 장해가 확인된 물질들도 상당수 있었다.

또한 나는 소송 내내 "유해물질의 복합노출에 따른 상가작용"을 강조했다. 여러 유해요인에 복합적으로 노출되면, 각 유해인자의 유해성이 상승작용을 일으킨다는 것이다. 이는 화학물질 노출기준에 관한 고용노동부 고시[19]에 명시되었을 뿐 아니라, 직업병 관련 판례에서도 간간이 언급되는 내용이다. 원고가 여러 유해물질에 복합적으로 노출되었을 뿐 아니라, 다른 유해인자(교대근무, 자외선 노출 부족, 과로·스트레스 등)에도 함께 노출되었으므로, 그에 따른 유해성의 상승작용이 이 사건 업무환경을 평가함에 있어 대단히 중요하다고 주장했다.

(6) 종합준비서면과 최종PT

2017년 2월, 어느덧 항소심 재판도 막바지에 이르렀다. 재판장은 양측에게 다음 기일까지 주장과 입증을 마칠 것을 촉구했다. 나는 지금껏 나왔던 모든 주장과 입증자료를 정리하는 종합준비서면을 낼 것이고, PT(프리젠테이션)를 이용한 최종 변론을 하고 싶다고 했다. 재판장은 PT 변론을 승낙하며, 최종 변론기일을 4월로 잡았다.

2013년 5월에 처음 소송을 제기했으니, 근 4년 만에 사실심이 종결되는 것이었다.

17) 민사소송법 제344조 이하.

18) 회사는 산재소송에서 소송 당사자가 아닌 제3자다. 제3자에 대하여 문서의 제출을 명하는 경우에는 제3자 또는 그가 지정하는 자를 심문하여야 한다(민사소송법 제347조 제3항). 재판 실무에서는 제3자로부터 의견서를 제출받는 것으로 심문에 갈음하는 경우가 많다.

19) 화학물질 및 물리적 인자의 노출기준 제3조(노출기준 사용상의 유의사항)
① 각 유해인자의 노출기준은 해당 유해인자가 단독으로 존재하는 경우의 노출기준을 말하며, 2종 또는 그 이상의 유해인자가 혼재하는 경우에는 각 유해인자의 상가작용으로 유해성이 증가할 수 있으므로 제6조에 따라 산출하는 노출기준을 사용하여야 한다.
②~④ (생략)

기록은 총 4천 3백여 페이지에 이르렀고, 1 · 2심 통틀어 총 18번의 변론기일이 있었으며, 42개의 서면과 82개의 갑호증을 제출했다.

그 모든 내용을 50여 페이지의 종합준비서면에 정리해야 했다. 며칠을 고스란히 쏟았다. 목차는 판결문 구조와 비슷하도록 맨 앞에 "전제사실들"을 나열한 후 "판단 기준(판례)"과 "판단 근거"를 적었다. 갑호증으로 제출된 다발성경화증 관련 논문들의 주요 내용도 다시 한 번 표로 정리해서 제출했다. 원고가 노출된 화학물질 목록을 정리하는 데도 공을 들였다. 삼성전자가 소송 초기에 제출한 40여개 물질과 소송 과정에서 추가로 드러난 포토공정 부산물 37개, 시너 성분 물질 10개 등을 표로 정리해서 물질 이름과 노출경위, 유해성 등이 한 눈에 보이도록 했다. 이 사건 업무환경에 관하여 무엇이 어떤 이유로 감추어졌는지에 대해서도 표로 정리했다. 종합준비서면 만으로 원고 측의 모든 주장과 입증자료가 일목요연하게 보이도록, 결국 이 서면만으로 원고 승소 판결문을 쓸 수 있도록 '서비스' 하자고 생각했다.

그리고 PT준비를 했다. 나는 다른 산재 소송에서도 말미에는 PT변론을 요청했다. 재판부가 허락하지 않으면 어쩔 수 없었지만, 허락을 받으면 최선을 다해 준비했다. 특별한 기술이 있는 것은 아니었다. 단지 반도체 직업병 소송이 다른 산재소송과 어떻게 다르고, 그래서 무엇이 더 고려되어야 하는 지를, 분명하게 어필하지 않으면 패소하고 만다는 절박함이 있었다. 반도체 직업병 문제가 오랜 시간 사회적 논란이 되어 왔지만, 여전히 입증책임 원칙을 단순하게 적용하면 간단하게 지고 만다는 것을 잘 알고 있었기 때문이다. 특히 이 사건 최종 변론 준비에는 더 신경이 쓰였다. 어쩌면 내 생에 가장 중요한 발표가 될 수 있겠다고 생각했다.

2017. 4. 28. 오후 4시. 서울고등법원 제1별관 303호에서 최종 변론이 있었다. 재판장의 몇 가지 질문에 답을 한 후, PT를 시작했다. 준비한 슬라이드에 맞게 설명을 이어갔다. 발표 시간은 대략 3-40분 정도로 준비했었다. 그런데 재판부가 경청하는 모습에 고무되었던지 말에 살을 붙이기 시작했다. 이 병의 특징과 원고의 업무환경, 관련 판례를 차례로 설명한 후, 이 사건 원고의 다발성경화증이 왜 직업병인지, 다섯 가지 근거를 들어 설명했다. 마지막에는 "업무환경 입증곤란의 경위에 대한 규범적 평가가 있어야 한다"는 주장과 "이 사건 상병의 업무관련성 판단은 병의 과학적 원인을 규명하는 문제가 아니라 원고에 대한 사회적 부조 여부를 판단하는 것일 뿐"이라는 주장을 다시 한 번 강조하는 것으로 끝을 냈다.

주심 판사의 몇 가지 질문에 답을 한 후, 변론은 종결되었다. 법정을 나서며 시계를 보고서야 나의 발표 시간이 한 시간을 넘겼다는 걸 알았다. 끝까지 경청해 준 재판부에 감사했다.

법원을 나오며 원고에게 전화를 걸었다. 다 끝났고 우리가 할 수 있는 것은 다 했으니, 결과를 기다려 보자고 했다. 할 수 있는 것은 다 했다는 말, 원고에게 정말 자신있게 말할 수 있었다. 그게 참 다행이었다.

나. 법원의 판결 내용

서울고등법원 제2행정부(재판장 김용석)는 먼저 다발성경화증과 같은 희귀질환의 산재인정 여부를 판단하는 기준에 관하여 다음과 같이 설시했다.[20]

> "희귀질병이어서 그에 관한 임상적 자료가 충분하지 않고, 작업현장에서 발병원인으로 거론되는 요소들과 근로자의 질병 사이의 인과관계를 규명하는 것이 현재의 의학적·자연과학적 기술 수준이나 성과에 비추어 현저히 곤란한 경우라 하더라도 그러한 사정만으로 만연히 상당인과관계를 부정하는 것은 타당하지 않고, 현 단계에서 조사가능한 의학적·자연과학적 연구성과 등을 바탕으로 근로자의 업무 전 건강상태, 구체적 업무형태, 질병의 발병시기 등을 고려하고, 여기에 근로자의 업무상 재해를 신속하고 공정하게 보상함으로써 근로자 보호에 이바지함을 목적으로 하는 산업재해보상보험제도의 취지와 손해로 인한 특수한 위험을 적절하게 분산시켜 공적 부조를 도모하고자 하는 사회보험제도의 목적 및 사회형평의 관념 등을 고려하여 그 인과관계의 유무를 규범적 관점에서 판단하여야 할 것이다.
>
> 이러한 법리에 비추어 보면, 이 사건 상병과 같이 발병원인이 규명되지 않은 희귀성 질환의 경우에도 현재의 의학적·자연과학적 연구성과 등을 통해 그 질병의 원인으로 거론되는 요소들이 업무환경에 존재하고, 정상적인 업무수행과정에서 그러한 발병원인들을 가지게 되었으며, 그 이전에는 근로자에게 질병의 원인이 될 만한 다른 건강상 결함이나 유전적 요소가 밝혀진 바 없고, 업무수행 중 또는 업무수행 직후에 질병의 증상이 비로소 나타났다면 일응 근로자의 재해와 업무 사이의 상당인과관계는 추단된다고 보아야 할 것이다."

또한 여러 연구 결과들에 의해 다발성경화증의 직업적 원인으로 인정되는 6가지 요인들 중, 원고는 최소 3가지 이상의 요인(① 햇빛 노출 부족으로 인한 비타민 D 결핍, ② 유기용제 노출, ③ 20대 이전의 교대근무)에 복합적으로 노출되었다고 보았다. 특히 화학물질과 관련하여, 유기용제를 포함한 수십여 종의 유해 화학물질에 노출되었음을 인정했다.

유해인자 노출 수준에 관하여는 '카파라인' 업무환경의 특수성과 동료의 진술, 고용노동부 진단 결과 등을 종합적으로 고려하여 상당수준의 노출을 인정했다. 피고 측이 강조했던 삼성전자 제출 작업환경측정 결과에 대해서는 여러 문제점을 들어 증명력을 낮게 보았다.

삼성반도체·LCD 생산라인 근무자 중 4명이 20대에 다발성경화증에 걸렸다는 사실

---

20) 서울고등법원 2017. 5. 26. 선고 2015누71398 판결.

을 토대로 유병률·발병률을 추산했을 때, 일반 국민 20대의 유병률·발병률 보다 훨씬 높게 나타난다는 점도 항소인용의 근거로 삼았다. 삼성전자가 밝힌 누적 임직원 수를 토대로 추산하더라도 분명히 그렇다며, 우리 주장처럼 삼성전자의 의견서를 원고 측에 유리한 자료로 해석했다.

종합준비서면에 첨부했던 다섯 개의 표를 고스란히 판결문 뒤에 별지로 붙인 것도 인상적이었다. 밤새 정리했던 관련 연구 목록, 노출 물질 목록 등이 모두 상당인과관계 판단의 직접적인 근거가 된 것이다. 애쓴 보람이 있었다.

4. 소송 이후의 사회적 변화

무엇보다 피고 근로복지공단이 상고를 하지 못하도록 사회적 여론을 만들어야 했다. '반올림' 입장문이 나왔고 언론에 기고글도[21] 냈다. 다행히 공단은 상고장을 제출하지 않았고, 그렇게 원고의 다발성경화증은 산업재해로 확정되었다.

전술하였듯 삼성전자 반도체·LCD 사업장에서 다발성경화증 피해가 확인된 사람은 총 네 명(이 사건 원고와 B, C, D)이다. B는 이 사건보다 훨씬 전에 소송을 시작했으나, 1·2심에서 모두 패소하고 대법원까지 갔다. C는 이 사건과 비슷하게 소송을 시작하여 2017년 1월 1심에서 승소했고, 이 사건 승소 후 항소심에서도 승소(항소기각)하여 역시 확정되었다.[22] D는 현재 산재보상 신청을 준비하고 있다.

그리고 2017년 8월 28일, 대법원은 1·2심에서 모두 패했던 B의 사건을 파기환송했다.[23] 결과도 결과지만 판결문의 내용이 정말 놀라웠다. 산재보험제도의 목적을 자세하게 설명한 후, 전자산업 분야의 특수한 위험과 그 산업에 산재보험제도가 어떻게 적용되어야 하는지를 구체적으로 밝혔다. 그리고 이 사건 항소심 판결을 포함, 반도체 직업병 승소 사건 판결문에 간간이 등장했던 주옥같은 문장들이 처음으로 대법원 판결문에 올라왔다. "업무와 질병 사이의 인과관계를 규명하는 것이 현재의 의학·과학 수준에서 곤란하더라도 그것만으로 인과관계를 부정할 수 없다", "사업주의 협조 거부나 관련 행정청의 조사 거부 등으로 작업환경상 유해요소를 규명할 수 없었던 사정은 상당인과관계를 인정함에 있어 근로자에게 유리한 간접사실로 고려할 수 있다", "여러 유해요소가 복합적으로 작용하는 경우 유해요소들이 서로 상승작용을 일으켜 질병 발생의 위험이 높아질 수 있다" 등등. 말 그대로 기념비적인 판결이 나왔다.

2013년 여름쯤으로 기억한다. 소장은 제출했지만 도통 감이 잡히지 않아 막막한 심

21) 「소정씨의 승소」, 『허핑턴포스트』. 2017. 5. 29. 자.
22) 서울고등법원 2017. 7. 25. 선고 2017누39268 판결.
23) 대법원 2017. 8. 29. 선고 2015두3867 판결.

경으로, 원고가 입원 중인 병원을 다시 찾았었다. 원고는 좁은 침상에 반도체 공정과 다발성 경화증에 관한 전문자료들을 늘어놓고 나름의 연구를 하고 있었다. 몸도 성치 않은 사람이 편히 쉬지도 못하는 게 안쓰러워 물었다. 이 소송에서 왜 그렇게 이기고 싶냐고. 원고의 답은 간단했다.

"내 잘못이 아니란 말, 듣고 싶어서요"

통상 업무상 질병이 아니면 '개인 질병'이라 한다. 업무와 무관한 생활습관, 유전적 요인 등에 기인한 질병이란 뜻이다. 그런데 그 말이 원고에게는 '내 탓'으로 들릴 수 있다는 걸, 그때 처음 알았다. 소송에 임하는 자세를 달리 하지 않을 수 없었다.

오랜 시간이 걸렸고 1심에서 패소하고 크게 상심도 했지만, 결국 이겼다. 결코 당신 잘못이 아니라는, 그저 열심히 일했을 뿐인 당신을 그 공장이 병들게 한 것이라는, 그 당연한 말을 원고는 결국 법원으로부터 직접 받아냈다. 이 사건은 내게 평생의 자부심이 될 것이다. (끝)

함께 검토할 판결례

서울고등법원 2014. 8. 21. 선고 2011누23995 판결(삼성반도체 백혈병, 산재인정).

서울행정법원 2014. 11. 7. 선고 2011구단8751 판결(삼성반도체 재생불량성빈혈・뇌종양 산재인정).

서울고등법원 2017. 7. 7. 선고 2016누38282 판결(삼성반도체 난소암, 산재인정).

대법원 2017. 8. 29. 선고 2015두3867 판결(삼성LCD 다발성경화증, 산재인정).

영 화

또 하나의 약속(김태윤 감독).

탐욕의 제국(홍리경 감독).

책

먼지없는 방(김성희).

사람냄새(김수박).

삼성이 버린 또 하나의 가족(희경).

심층질문

1. 판례는 '산업재해보상보험제도'의 목적과 기능에 대해 어떻게 설명하고 있나?

2. '다발성경화증'과 같은 희귀질환의 경우 현실적으로 산재보상을 받는 것이 더욱 어렵다. 그 이유는 무엇일까?

3. 소송법상 '입증책임'의 정확한 뜻은 무엇일까? 그것은 행위책임인가, 결과책임인가?

4. 최근 대법원은 삼성LCD 공장 노동자의 산재소송에서 이렇게 판시했다.
   "산업재해보상보험법 제5조 제1호가 정하는 업무상의 사유에 따른 질병으로 인성 하려면 업무와 질병 사이에 인과관계가 있어야 하고 그 증명책임은 원칙적으로 근로자 측에 있다. 여기에서 말하는 인과관계는 반드시 의학적 · 자연과학적으로 명백히 증명되어야 하는 것은 아니고 법적 · 규범적 관점에서 상당인과관계가 인정되면 그 증명이 있다고 보아야 한다."

   1) 업무상 질병에 관한 '입증책임' 문제는 오래전부터 많은 논란이 되었다. 현행 재해자 입증책임 원칙이 타당하다는 재계 및 정부 측 입장과 입증책임을 전환 내지 분배해야 한다는 노동계, 국가인권위원회 등의 입장이 팽팽하게 대립해 왔다. 양측 주장의 근거와 문제점은 각각 무엇일까?

   2) 인과관계를 "의학적 · 자연과학적"으로 증명하는 것과 "법적 · 규범적 관점에서" 인정하는 것은 어떻게 다른가? 업무와 질병 사이의 인과관계는 왜 "규범적" 판단 대상인가?

5. 국내 산업재해 현황과 관련하여 가장 심각한 문제는 상당수의 재해가 은폐되고 있다는 것이다. 사업주들이 재해 사실을 은폐하려는 이유와 그로 인한 폐해는 각각 무엇일까?

6. 현재까지 시민단체 '반올림'에 제보된 삼성반도체 · LCD 공장 직업병 피해자는 총 233명(2017. 7. 기준)인데, 그 중 60여명만이 근로복지공단에 산재보상 신청을 했고, 공단은 그 중 9명에 대해서만 산재승인 처분을 내렸다. 이처럼 제보자 중 일부만 산재보상 신청을 하고, 그중 일부만 산재승인 처분을 받게 되는 이유는 각각 무엇일까?

권영국 변호사에 대한 공무집행방해 등 기소 사건

이 재 호*

1. 이 사건의 개요

가. 사안의 배경

(주)쌍용자동차(이하 '쌍용자동차'라고 함)는 2005. 1. 27. 상하이자동차에 인수되었으나, 2009년 법정관리를 신청하고 총인원의 30%에 해당하는 2646명에 대한 정리해고 계획을 발표한 후 노동부에 2405명에 대한 정리해고 계획서를 제출하였다. 금속노조 쌍용자동차 지부(이하 '쌍용차지부'라 한다)는 2009. 4.경 쟁의행위에 대한 찬반투표를 거쳐 파업을 결의한 후 2009. 5. 22. 총파업에 돌입하였으며, 이후 회사는 2009. 5. 31. 직장폐쇄를 단행하였다.[1]

전국금속노동조합(이하 '금속노조'라 함)은 2009. 6. 22. "금속노조 쌍용차지부 파업투쟁으로 인한 대량 연행자 발생시 신속한 변호사 접견이 이루어질 수 있도록 적절한 조치를 취해 줄 것을 부탁한다"는 내용으로 민변 노동위원회 소속 변호사들의 법률지원을 요청하였다. 민변 노동위원회는 2009. 6. 26. 11:00경 '쌍용차 정리해고 문제의 올바른 해결을 위한 법률전문가 공동 기자회견[2]'을 예정하였고, 권영국 변호사는 당시 민변 노동위원회의 위원장을 맡고 있었다.

나. 사건의 요지

권영국 변호사는 민변 노동위원회의 위원장으로서 2009. 6. 26. 11:00로 예정되어 있던 기자회견에 참가하기 위해 같은 날 10:30경 경기도 평택의 쌍용자동차 공장 앞에

---

* 변호사, 법률사무소 동하.

1) 이 부분은, 이상희, 「신자유주의 구조조정과 노동자 저항－쌍용자동차 정리해고철회 투쟁 사례를 중심으로－」(중앙대학교대학원 사회학과 2014. 2. 석사학위 논문)를 참고하였다.

2) 당시 기자회견을 공동주최한 법률전문가단체는 노동인권실현을위한노무사모임, 민변 노동위원회, 민주주의법학연구소, 전국불안정노동철폐연대 법률위원회 4개 단체이다.

도착하였고, 공장 주변을 둘러보다가 쌍용차지부 조합원 6명이 전경대원들에 의해 둘러싸여 있는 것을 보았다. 권영국 변호사는 그곳에 있던 중대장(A)에게 위 조합원들을 잡아두고 있는 이유가 무엇인지를 물었으나, 중대장(A)은 물론 전경대원들 역시 쌍용차지부 조합원 6명을 잡아두고 있는 이유에 대해 아무런 설명도 하지 않았고 그 상태가 한동안 유지되었다. 권영국 변호사는 위 조합원 6명에 대한 체포가 부당하다는 취지로 항의하였고, 항의하는 과정에서 전경대원들이 잡고 있던 방패를 잡아당기고 밀었다. 권영국 변호사는 누군가로부터 길 건너편에 경찰책임자들이 있다는 것을 듣고 그곳으로 이동하였고, 전경대 3개 중대를 관할하는 격대장(B) 및 평택경찰서 수사과장(C)에게 조합원 6명을 감금하고 있는 이유에 대해 묻는 한편 위 조합원들에 대한 불법감금에 대해 항의하였다.

권영국 변호사의 항의가 있은 직후, 현장책임자인 평택경찰서 수사과장(C)은 권영국 변호사에게 위 조합원들을 퇴거불응죄의 현행범인으로 체포하는 것이라고 말하고, 누군가에게 음어(陰語)를 사용하면서 조합원들에 대한 체포를 지시하였다. 곧이어, 중대장(A)은 위 조합원들에게 '퇴거불응죄의 현행범인으로 체포한다'면서 체포의 이유 및 미란다원칙을 고지한 후 이들에 대한 연행을 지시하였고, 전경대원들은 조합원들에 대한 연행에 항의하던 권영국 변호사를 비롯한 여러 사람들을 방패로 강하게 밀어내는 등 유형력을 행사하면서 쌍용차지부 조합원 6명을 연행하였다.

이후, 전경대원들은 쌍용자동차 공장 밖으로 나온 금속노조 소속의 다른 조합원(D)을 에워싸는 방법으로 10여 분 이상 억류하였다. 권영국 변호사가 위 조합원에 대한 체포이유를 밝혀줄 것을 요구하자, 중대장(A)은 위 조합원에게 퇴거불응죄의 현행범인으로 체포한다면서 변호사선임권을 고지한 후 전경대원들에게 위 조합원(D)에 대한 연행을 지시하였다. 곧이어, 권영국 변호사는 위 조합원(D)에 대한 변호인접견을 신청하였다. 하지만, 위 중대장(A)은 권영국 변호사의 변호인접견신청에 대해 아무런 반응도 하지 않았고, 전경대원들은 위 조합원(D)을 승합차에 태웠다. 권영국 변호사는 위 승합차의 진행을 막으면서 여러 차례 반복하여 변호인접견을 신청하였고, 전경대원들은 권영국 변호사를 방패로 밀어내기도 하고 권영국 변호사를 둘러싸면서 밀어내기도 하였다. 권영국 변호사는 다시 승합차 뒤쪽으로 이동하여 변호인접견을 요구하였고, 그 과정에서 권영국 변호사를 밀어내려는 전경대원들과의 사이에 몸싸움이 발생하였다. 곧이어, 중대장(A)은 전경대원들에게 권영국 변호사에 대한 체포를 지시하였다. 권영국 변호사는 공무집행방해죄로 체포되어 연행된 후 수원서부경찰서 유치장에 수감되었다가, 체포적부심사에서 법원의 석방결정으로 석방되었다.

다. 사건의 진행경과

(1) 체포적부심사청구 및 석방결정

2009. 6. 27.(토) 16:20경: 수원지방법원 평택지원(당직실)에 체포적부심사청구서 접수
2009. 6. 27.(토) 22:00경: 평택지원 212호 법정에서 심문기일 진행
2009. 6. 28.(일) 01:00경: 석방결정(2009초적7)
2009. 6. 28.(일) 01:05경: 석방

(2) 권영국 변호사에 대한 형사재판

2009. 12. 28. : 권영국 변호사, 공무집행방해죄와 상해죄의 경합범으로 기소됨
2010. 11. 19. : 법원, 검찰의 2010. 11. 18.자 공소장변경신청을 허가함(6회 공판)
2011. 9. 9. : 법원, 검찰의 2011. 8. 25.자 공소장변경신청을 허가함(18회 공판)
2011. 10. 10. : 검찰 징역 1년 구형(20회 공판, 변론종결)
2011. 10. 20. : 1심 판결 선고(무죄, 평택지원 2009고단1660)
2011. 10. 26. : 검찰 항소장 제출
2012. 11. 16. : 2심 변론종결(5회 공판)
2013. 1. 25. : 법원, 2심 판결선고(검사의 항소 기각, 수원지법 2011노5044)
2013. 1. 31. : 검찰 상고장 제출
2017. 3. 15. : 대법원, 3심 판결선고(검사의 상고기각, 대법원 2013도2168)

(3) 재정신청 사건

2009. 7. : 권영국 변호사, 전경대 중대장(A)과 현장책임자(C) 등 6명을 직권남용체포 및 직권남용권리행사방해 혐의로 형사 고소
2009. 12. 31. : 검찰, 피고소인들에 대해 불기소처분(수원지검 2009형제64614)
2010. 5. 7. : 검찰, 권영국 변호사의 검찰항고기각결정(서울고검)
2010. 5. 31. : 권영국 변호사, 재정신청
2011. 1. 21. : 법원, 수사과장 및 중대장에 대한 공소제기결정, 다른 피의자에 대한 재정신청은 기각함(서울고법 2010초재1874)
2011. 2. 11. : 검찰, 법원의 공소제기결정에 따라 수사과장 및 중대장을 직권남용체포 및 직권남용권리행사방해죄로 기소(수원지검 2011형제6649)
2013. 1. 21. : 검찰, 수사과장 및 중대장에 대해 무죄구형(8회 공판, 변론종결)
2013. 2. 6. : 1심 판결 선고(중대장에 대해 집행유예 판결, 수사과장에 대해 무죄판결,

수원지법 2011고단328)

2013. 2. 6. : 중대장 항소

2013. 2. 13. : 검찰 항소(중대장의 유죄판결에 대한 무죄취지 항소, 수사과장의 무죄판결에 대하여는 항소하지 않아 확정됨)

2013. 10. 17. : 검찰, 중대장에 대해 무죄구형(5회 공판, 변론종결)

2013. 11. 28. : 2심 판결 선고(항소기각, 수원지법 2013노888)

2013. 11. 29. : 중대장 상고

2013. 12. 4. : 검찰 상고(중대장의 유죄판결에 대한 무죄 취지의 상고)

2017. 3. 9. : 대법원, 3심 판결 선고(상고기각, 대법원 2013도16162)

2. 체포적부심사청구 및 석방결정

가. 체포적부심사청구를 할 것인가

수사기관은 체포한 피의자를 구속하고자 할 때에는 체포한 때로부터 48시간이내에 구속영장을 청구하여야 하고, 그 기간 내에 구속영장을 청구하지 아니하는 때에는 즉시 피의자를 석방하여야 한다(형사소송법 제200조의2 제5항). 하지만, 체포적부심사가 청구되는 경우, 법원이 수사 관계 서류와 증거물을 접수한 때부터 결정 후 검찰청에 반환된 때까지의 기간은 위 48시간에 산입되지 않는다(같은 법률 제214조의2 제13항). 한편, 체포적부심사청구서가 제출된 후부터 관할법원이 심문을 진행한 후 석방결정이든 기각결정이든 적부심청구에 대한 결정을 할 때까지는 상당한 시간이 소요된다. 하지만, 수사기관에서 체포적부심사가 청구된 사건의 피의자를 법원의 결정이 있기 전에 미리 석방하는 경우는 찾아보기 어렵다. 그렇기 때문에, 체포된 때로부터 48시간 내에 석방될 가능성이 많은 피의자의 경우에는, 체포적부심사를 청구하는 것이 자칫 구금기간을 늘리게 되는 부정적 결과를 초래할 수도 있으므로, 체포된 피의자의 적부심사청구 여부는 신중하게 판단할 필요가 있다.

이 사건은 개인의 일탈행위가 아니라 변호인 내지 변호사로서의 직무에 충실했던 변호사가 변호인접견을 요구하는 중에 도리어 공무집행방해죄의 현행범인으로 체포되어 경찰서 유치장에 수감된 사건이었기에, 체포행위 그 자체에 대한 적부심사가 필요한 사건이었다. 또한 권영국 변호사 역시 적부심사청구로 인해 자신의 구금기간이 다소 길어진다고 하더라도 경찰의 체포행위에 대한 당부 판단을 받고자 하였기에, 체포적부심사를 청구하였다.

나. 관할법원

체포 또는 구속의 적부심사는 관할법원에 청구해야 한다(형사소송법 제214조의2 제1항). 하지만, 체포적부심사의 관할법원이 어디인지에 대한 명시적인 규정을 두고 있지는 않으므로, 형사소송법 총칙편에 규정되어 있는 관할규정에 따라야 할 것이다. 이 사건에서처럼 평택(범죄지)에서 체포된 피의자가 수원서부경찰서(현재지)에 수감되어 있는 경우, 어느 법원에 적부심사를 청구해야 하는지 애매하다. 이 사건은 수원지방검찰청 평택지청에서 수사지휘를 하고 있었고, 쌍용자동차 평택공장 밖에서 발생한 사건이었기 때문에 신속한 절차진행을 위해서는 사건 발생지인 평택지원에서 적부심사를 진행하는 것이 낫다는 판단으로 평택지원에 적부심사청구서를 접수하였다. 또한 접수 당일은 토요일이었으므로, 적부심사청구서는 법원 당직실에 접수하였다.

다. 심리 및 결정

법원은 적부심사청구서가 접수된 때부터 48시간 내에 피의자를 심문하고 수사관계서류와 증거물을 조사하여 그 청구가 이유 있다고 인정한 때에는 결정으로 피의자의 석방을 명하여야 한다(형사소송법 제214조의2 제1항). 이 사건에서 적부심사청구서가 당직실에 접수된 것은 2009. 6. 27.(토) 16:20경이고, 같은 날 22:00경 심문기일이 열렸으며, 그 다음날인 2009. 6. 28.(일) 01:00경 석방이 결정되었으므로, 약 9시간 만에 적부심사절차가 완료되었다.

이렇듯 적부심사 과정이 신속하게 진행될 수 있었던 것은 우선 청구서를 접수하면서 법원 담당 직원에게 신속한 절차 진행의 필요성을 설명한 것이 주효했던 것으로 보이고, 다음으로 이 사건 당시 촬영된 사진 및 동영상 자료를 청구서 접수시에 함께 제출함으로써 담당 판사로 하여금 심문 전에 미리 권영국 변호사가 변호인접견을 요구하다가 체포되었다는 사실을 명확히 인식할 수 있도록 한 것과 심문 당시 체포과정에 대한 권영국 변호사의 일목요연한 설명이 있었기에 가능했던 것으로 볼 수 있다.

라. 법원의 석방결정에 대한 불복가능성

적부심사청구 사건에서는 법원의 기각결정은 물론 석방결정에 대하여도 항고가 허용되지 않는다(형사소송법 제214조의2 제8항 참조). 따라서, 권영국 변호사는 법원의 석방결정이 있은 후 곧바로 석방되었다. 한편, 이 사건과는 무관하지만, 대법원은 '보증금 납입을 조건으로 한 피의자 석방결정[3]'에 대하여는 피의자나 검사가 그 취소의 실익이 있는 한 항고할 수 있는 것으로 판시하고 있다(대법원 1997. 8. 27.자 97모21 결정 참조).

[자료 1] 체포적부심사청구서(예시)

3. 권영국 변호사에 대한 형사재판

가. 소송의 쟁점과 변론

(1) 현행범인체포서의 기재 내용

검사 또는 사법경찰관리가 현행범인을 체포하거나 현행범인을 인도받은 때에는 즉시 사건명, 체포일시, 장소, 범죄사실의 요지, 체포의 이유를 통지해야 한다(형사소송법 제213조의2, 제87조 참조).

이 사건의 경우, 권영국 변호사에 대한 현행범인체포서에는, 체포일시는 '2009. 6. 26. 11:25경'으로, 범죄사실의 요지는 '2009. 6. 26. 11:15~35경까지 쌍용자동차 조합원 6명을 퇴거불응 혐의로 체포하였다는 이유로 폭력사태 및 불법행위를 차단하기 위해 대기 중인 경찰대비 경력들을 위력으로 밀치면서 욕설하는 등 정당한 공무집행을 방해한 것'으로 기재되어 있다.

하지만, 권영국 변호사는, 쌍용차지부 조합원 6명이 연행되고 나서 그 상황이 종료된 후, 이들에 대한 체포·연행과는 무관하게 다시 쌍용차 공장 밖에서 체포되었던 금속노조 소속의 다른 조합원 1명(D)에 대한 변호인접견을 요구하다가 체포된 것이었기에, 권영국 변호사에 대한 현행범인체포서 기재 범죄 사실에는 큰 오류가 존재한다. 또한 시간적으로 권영국 변호사보다 먼저 체포된 것이 분명한 위 금속노조 조합원(D)에 대한 현행범인체포서에는 위 조합원(D)이 '2009. 6. 26. 11:35경' 체포된 것으로 기재되어 있고, 이에 의하면 권영국 변호사가 체포되고 나서 약 10분 후에 위 조합원(D)이 체포되었다는 것이므로, 이 사건 당일의 현행범인체포서에 기재된 체포일시에도 상당한 오류가 존재한다.[4] 그리고 이러한 오류가 의도된 것인지는 알 수 없으나, 검찰은 이후의 형사재판에서 현행범인체포서에 기재된 범죄일시 및 범죄사실을 토대로 공소를 유지하였다.

---

3) 이러한 기소 전 보증금 납입을 조건으로 한 석방의 대상자는 '구속된 피의자'이므로, 체포된 피의자에 대한 보증금 납입을 조건으로 한 석방은 허용되지 않는다(형사소송법 제214조의2 제4항).

4) 이처럼 권영국 변호사에 대한 현행범인체포서에 기재된 체포일시에 오류가 존재한다는 것은 이 사건 당일 먼저 체포된 쌍용차지부 조합원 6명에 대한 현행범인체포서에 기재된 체포일시에도 오류가 존재할 수 있다는 것을 의미한다. 실제로 항소심에서, 쌍용차지부 조합원 6명에 대한 현행범인체포서 기재 체포일시 등을 제시하면서 이들에 대한 이동제한(고착관리) 시간이 10분 정도에 불과하였다는 검사의 주장이 배척된 이유 중의 하나는, 위 조합원 6명에 대한 현행범인체포서에 기재된 체포일시가 정확한 것으로 인정하기 어렵다는 것이었다.

(2) 기소요지 및 공소장 변경

(가) 권영국 변호사에게 적용된 혐의는 공무집행방해죄와 상해죄이고, 상해죄의 피해자는 전경대원 2명으로 기재되어 있다. 당초 기소내용과 2차례의 공소장 변경을 거쳐 변경된 공소사실을 보면, 아래와 같다.

당초 공소사실 (2009. 12. 24.)	1차 공소장변경 (2010. 11. 9.)	2차 공소장변경 (2011. 9. 9.)
피고인은 2009. 6. 26. 11:15 경부터 같은 날 11:35경까지 사이에 평택시 칠괴동 150-3에 있는 쌍용자동차 평택공장 앞 버스정류장에서 공장을 불법점거하면서 퇴거에 불응하던 금속노조 쌍용자동차 지부 조합원 ○○○ 등 6명을 경찰 대비 경력이 퇴거불응 혐의로 현행범 체포하는 것을 보았다.	피고인은 2009. 6. 26. 11:15 경부터 같은 날 11:35경까지 사이에 평택시 칠괴동 150-3에 있는 쌍용자동차 평택공장 앞 버스정류장에서 공장을 불법점거하면서 퇴거에 불응하던 금속노조 쌍용자동차 지부 조합원 ○○○ 등 3명이 기자회견 촬영 등을 이유로 공장 외부로 나온 것을 발견한 경찰 대비 경력이 위 ○○○ 등의 신원 및 수배 여부와 점거장소 이탈경위 등을 확인하기 위해 검문한 뒤 상부 지시를 기다리며 위 ○○○ 등 3명의 이동을 제한하고 있는 것을 보게 되었다.	피고인은 2009. 6. 26. 10:30 경부터 같은 날 11:25경까지 사이에 평택시 칠괴동 150-3에 있는 쌍용자동차 평택공장 앞 버스정류장에서 공장을 불법점거하면서 퇴거에 불응하던 금속노조 쌍용자동차 지부 조합원 ○○○ **등 6명이** 기자회견 촬영 등을 이유로 공장 외부로 **나오는** 것을 발견한 경찰 대비 경력이 위 ○○○ 등의 신원 및 수배 여부 **확인과 노조측과 사측의 격렬한 대립으로 인한 위험발생의 방지 및 범죄의 예방과 제지를 위해** 상부의 지시를 기다리며 위 ○○○ 등 **6명의** 이동을 제한**(고착관리)**하고 있는 것을 보게 되었다.
그러자 피고인은 변호사 신분증을 보이며 체포이유를 대라고 외치면서 경찰 대비 경력인 807전경대 소속 이○○ 상경, 김○○ 상경 등에게 욕설을 하고 발로 위 대비 경력이 들고 있는 방패를 걷어차고, 양손으로 방패를 잡아당겼다. 그후 위 대비경력 현장 책임자로부터 위 ○○○ 등이 퇴거불응죄의 현행범으로 체포되었다는 고지 받았음에도 불구하고 퇴거불응죄의 현행범 체포가 부당하다며 전경들이 들고 있던	그러자 피고인은 변호사 신분증을 보이며 경찰들이 위 장oo 등을 막고 있는 이유를 대라고 소리치면서 경찰 대비 경력인 807전경대 소속 이○○ 상경, 김○○ 상경 등에게 욕설을 하고, 양손으로 방패를 잡아당기는 한편, 발로 위 대비 경력이 들고 있는 방패를 걷어찼다. 그런 뒤, 다시 성명불상 조합원 1명이 퇴거불응죄로 현행범 체포되어 연행되는 것을 보게 되자, 현장책임자로부터 그 체포사유를 고지받았음에도	그러자 피고인은 변호사 신분증을 보이며 경찰들이 위 ○○○ 등을 막고 있는 이유를 대라고 소리치면서 경찰 대비 경력인 807전경대 소속 이○○ 상경, 김○○ 상경 등에게 욕설을 하고, 양손으로 방패를 잡아당기는 한편, 발로 위 대비 경력이 들고 있는 방패를 걷어찼다. **피고인은 그 후 위 대비경력** 현장책임자로부터 **위 ○○○ 등이 퇴거불응죄의 현행범인으로 체포되었다는 고지**

방패를 잡아당기고 몸으로 밀었다.	불구하고 퇴거불응죄의 현행범 체포가 부당하다며 양손으로 전경들이 들고 있던 방패를 잡아당기고 몸으로 밀었다.	**를 받았음에도** 불구하고 현행범인 체포가 부당하다며 전경들이 들고 있던 방패를 잡아당기고 몸으로 방패를 밀었다.
이로써 피고인은 위 이○○에게 약 3주간의 치료를 요하는 우측견관절부염좌 등의 상해를, 위 김○○에게 약 6주간의 치료를 요하는 좌측수부제5수지중위지골기저부관절내골절을 각 가함과 동시에 위 경찰관들의 현행범 체포에 관한 정당한 직무집행을 방해하였다.	이로써 피고인은 위 이○○에게 약 3주간의 치료를 요하는 우측견관절부염좌 등의 상해를, 위 김○○에게 약 6주간의 치료를 요하는 좌측수부제5수지중위지골기저부관절내골절을 각 가함과 동시에 위 경찰관들의 현행범 체포에 관한 정당한 직무집행을 방해하였다.	이로써 피고인은 위 이○○에게 약 3주간의 치료를 요하는 우측견관절부염좌 등의 상해를, 위 김○○에게 약 6주간의 치료를 요하는 좌측수부제5수지중위지골기저부관절내골절을 각 가함과 동시에 위 경찰관들의 현행범 체포에 관한 정당한 직무집행을 방해하였다.

(나) 기소 당시의 공소사실에는, 권영국 변호사가 '조합원 6명을 경찰 대비 경력이 퇴거불응 혐의로 현행범 체포하는 것을 보고' 공무집행방해 행위를 한 것으로 기재되어 있다. 이는 현행범인체포서의 범죄사실 기재 내용과 궤를 같이 한다.

하지만, 1심 재판 계속 중의 증거조사를 통해, 기소 당시의 공소사실에는 실제 사건 당시의 사실관계와 상당한 차이가 있다는 것이 확인되었고, 검사는 결국 공소사실을 변경하였다(1차 공소장 변경). 이후, 서울고등법원의 공소제기결정으로 평택경찰서 수사과장 및 중대장에 대한 형사재판이 별도로 진행되자, 검사는 다시 공소사실을 변경하였다(2차 공소장 변경).

이와 같이, 2차례의 공소장변경을 거치면서, 공소사실은 ① '(쌍용차지부 조합원 6명에 대한) 체포'라는 표현이 삭제되고, 대신 '조합원 6명의 이동을 제한하고 있는 상태(고착관리)'로 변경되었고, ② 권영국 변호사가 체포될 당시의 상황, 즉 금속노조 조합원(D)에 대한 변호인접견을 요구하다가 체포된 것이라는 부분은 공소사실에서 아예 제외되었다. 또한 상해죄의 피해자로 적시되어 있는 2명의 전경대원이 언제, 어떤 상황에서, 어떻게 상해를 입게 된 것인지에 대해서는 구체적으로 특정되어 있지 않다.

(3) 공무집행방해의 점에 대한 쟁점과 변론

(가) 고착관리의 운영방식

이 사건 재판과정에 관여한 여러 경찰관 및 전경대원들의 설명을 들어보면, 고착관리란 "전경대원들이 방패를 들고 특정인 주변을 에워쌈으로써 그 특정인을 고립시키는 것"으로 이해된다. 실제로, 지휘관으로부터 특정인에 대한 고착관리를 지시받은 전경대원들은 자신들이 에워싸는 그 특정인을 고립시켜야 하고, 지휘관의 별도의 지시가 없는 한 몇 시간이든 계속하여 그러한 고착상태를 유지하여야 한다. 하지만, 전경대원들은 고착상태로 인해 고립되어 있는 특정인에게 아무 말도 하지 않는다. 그 특정인이 '왜 잡아두느냐'고 묻더라도 마찬가지이다. 그렇다고, 고착관리를 지시한 지휘관이나 또는 현장책임자가 그 특정인에게 '왜 잡아두는지'에 대해 설명하는 것도 아니다.

이처럼, 고착관리는 인신의 자유를 강제로 제한하는 것이 분명함에도 불구하고, 변명할 기회는 주어지지 않으며, 아무런 설명도 없고, 어떠한 권리도 고지되지 않는다. 이 사건에서 쌍용차지부 조합원들에 대한 고착관리가 그러했다.

(나) 고착관리의 성격

그렇다면, 인신의 자유를 기본권으로 보장하고 있는 우리 헌법과 형사법 하에서 위와 같은 고착관리를 어떻게 이해해야 하는가. 고착관리는 지휘관의 지시에 따라 전경대원들이 사람을 둘러싸는 방식으로 그 안에 가두는 것이다. 따라서, 체포 · 감금이라는 표현을 사용하지 않는 것일 뿐 그 실질은 체포 · 감금이라고 보아야 한다.

이 사건에서, 검사는, 고착관리의 성격에 대해 별다른 설명을 하지 못하다가,[5] 나중에는 위와 같은 이동제한(고착관리)이 노사 간의 충돌을 막기 위한 차원에서 이루어진 행위로서 체포가 아니라 체포에 이르기 전 단계에서 취해진 경찰관직무집행법 제6조 제1항에 근거한 즉시강제조치라고 주장하였다.[6]

행정상 즉시강제는 그 본질상 행정 목적 달성을 위해 불가피한 한도 내에서 예외적으로 허용되는 것으로, 경찰관의 제지 조치 역시 그러한 조치가 불가피한 최소한도 내에서만 행사될 수 있는 것이다.[7] 하지만, 이 사건 당시에는 조합원들이 어떠한 범죄행위를 목전에서 저지르려고 하거나 이들의 행위로 인하여 인명 · 신체에 위해를 미치거나 재산에 중대한 손해를 끼칠 우려 등 긴급한 사정이 있지도 않았다. 그리고 이 사건 당시 긴급한 사정이 존재하지 않았다는 것은 증거조사 과정에서 확인된 사실이기도 했으나, 검사는 이 주장을 상고심까지 계속 유지하였다.

(다) 공무집행의 적법 여부

공무집행방해죄는 공무원의 직무집행이 적법한 경우에 한하여 성립할 수 있다. 따라서, 공무집행의 적법성 여부, 즉 조합원들에 대한 고착관리의 적법성 여부는 이 사건의

5) 첫 번째 공소장변경을 통해 변경된 공소사실에 기재된 '이동을 제한하고 있는 것'의 의미에 대한 변호인의 석명요구에 대한 검사의 답변은 "이동을 제한한다는 의미는 법률적 체포 · 감금을 이야기하는 것은 아닌데, 말 그대로 이동을 제한한다는 의미이기 때문에 구체적으로 더 이상 어떻게 설명을 하여야 할 지 어렵다"는 것이었다(제8회 공판조서에서 인용하였다).

6) 이러한 검사의 주장은 고착관리를 형사상의 인신구속제도로부터 분리시킴으로써, 조합원들에 대한 고착관리 상태에서는 현행범인 체포에 관한 적법절차의 준수가 요구되지 않는다는 주장으로 연결될 수 있고, 나아가 이 사건 당시의 조합원들에 대한 고착관리가 적법한 공무집행이었다는 결론으로 이어질 수 있다.

7) 행정상 즉시강제의 허용요건에 관하여는 대법원 2008. 11. 13. 선고 2007도9794 판결 참조.

주요 쟁점이었다. 또한 변호인 접견 요구에 대해 최소한의 안내도 하지 않은 채로 변호인접견을 차단한 경찰관의 행위가 적법한 공무집행에 해당하는지 여부 역시 주요 쟁점이었다.

이러한 쟁점에 대한 판단은 사실관계에 대한 확인에서 시작한다. 예컨대, 만일 경찰의 고착관리가 비교적 짧은 시간 내에 종료되었고, 조합원들에 대한 고착관리가 이들에 대한 신원확인 및 수배여부 확인 등을 하는데 필요한 조치였다는 주장이 설득력을 얻게 된다면, 조합원들에 대한 고착관리는 적법한 공무집행으로 평가될 수도 있을 것이다. 반면, 조합원들에 대한 신원확인 및 수배여부 확인 등의 필요성을 고려하더라도, 그에 통상 필요한 시간을 뛰어넘어 계속하여 조합원들을 고착상태에 두고 있었다면, 그리고 조합원들이 자신들을 붙잡아 두고 있는 이유를 묻고 있음에도 불구하고 별다른 설명 없이 고착관리가 계속된다면, 그러한 고착관리는 체포・감금으로 평가될 수 있을 것이다. 따라서, 공무집행의 적법성 여부는 법 적용의 영역이라고 하더라도, 그에 대한 판단은 사실관계의 확인에서 시작되는 만큼 증거조사를 통한 사실관계의 확정은 사건의 결론을 좌우하게 된다.

이 사건에는 경찰에서 채증한 동영상과 쌍용차지부에서 촬영한 동영상이 존재하고, 그 외에도 현장에 있었던 전경대원과 지휘관, 조합원들, 기자회견 참석을 위해 현장을 방문한 다른 변호사들과 노무사 등 다수의 목격자가 존재한다. 따라서 동영상에 대한 증거조사는 물론 전경대원, 조합원, 변호사 등에 대한 증인신문이 진행되었고, 이러한 증거조사를 통해, 고착관리가 이루어진 방식, 고착관리가 시작된 때로부터 체포이유가 고지될 때까지 어느 정도의 시간이 경과되었는지, 퇴거불응죄의 현행범인으로 체포한다는 내용의 체포이유는 어떤 과정을 거쳐 고지되었는지, 변호인접견 요구에 대해 아무런 대꾸도 하지 않은 지휘관의 모습 등 사실관계가 상당부분 확인될 수 있었다.

결국, 법원은 전투경찰대원들이 위 조합원들에게 체포의 이유 등을 고지하지도 않은 채 이동을 제한(고착관리)하다가 상당한 시간이 경과하고 나서 권영국 변호사의 항의가 있은 후에야 비로소 체포이유 등을 고지한 것은 현행범인 체포의 적법절차를 준수한 것이 아니므로 적법한 공무집행으로 볼 수 없다고 판시하였다.

(라) 구체적인 변론 과정

① 공소사실에 대한 인부의견 및 입증계획의 제출

공소가 제기된 피고인은 공판준비기일 또는 공판기일에서 공소사실을 인정하는지, 부인하는지에 대한 인부의견을 진술해야 한다. 만일 피고인이 공소사실을 다투고자 한다면, 변호인의견서 또는 의견서를 통해 공소사실에 대한 인부의견을 미리 제출할 필요가 있다. 또한 피고인 측의 입증계획도 미리 제출하는 것이 좋다. 재판 계속 중에 입증계획을 추가하거나 변경할 수 있음은 물론이다.

이 사건에서도 공소사실에 기재된 피고인의 공무집행방해 및 상해 혐의에 대해 모두 부인한다는 취지의 의견서를 제출하는 한편, 검찰의 증거목록에는 등장하지 않는 변호사(2명), 노무사, 민변 노동위원회 간사, 평택경찰서 수사과장(C), 전경대 격대장(B)에 대한 증인신문과 변호인 제출의 동영상에 대한 증거조사를 요청하는 내용의 입증계획서를 제출하였다.

[자료 2] 입증계획서(예시)

② **증거인부서의 제출**

검사가 제출하는 증거에 대한 인부 의견은 공판준비기일이나 공판기일에서 직접 '구두'로 진술할 수도 있으나, 이 사건에서는 아래와 같은 형식의 증거인부서를 별도로 제출하면서 증거에 대한 의견을 진술하였다.

순번	증거방법					참조사항 등	인부내용
	작성	쪽수(수)	쪽수(증)	증거명칭	성명		
1	사경	5		검거경위서	△△△	검거 당시 상황	부동의

③ **석명요구**

공무집행방해죄의 구성요건은 폭행 또는 협박이다. 그런데, 공소사실에는 권영국 변호사가 언제 방패를 잡아당기고 걷어찼다는 것인지, 상해의 피해를 입었다는 전경대원들이 언제, 어떤 상황에서 상해를 입었다는 것인지 등에 대해서는 명확히 기재되어 있지 않다. 이에, 변호인은 석명요구를 통해 권영국 변호사가 폭행을 가한 시점과 그 시점에서 경찰관들이 무엇을 하고 있었는지, 그리고 권영국 변호사가 어느 시점에 전경대원들에게 상해를 가하였다는 것인지에 대한 특정을 요구하였다. 이러한 석명요구는 법정에서 직접 '구두'로 하였으며, 석명요구서를 제출하지는 않았다.

④ **증거조사의 순서**

공판단계에서 이루어지는 증거조사의 순서[8]에 대한 의견진술도 가능하다. 이 사건에서, 변호인은 증인신문에 앞서 경찰에서 채증한 동영상과 변호인이 제출한 동영상에 대한 증거조사가 먼저 진행되기를 희망한다는 의견을 진술하였고, 법원은 변호인의 요청을 받아들여 동영상에 대한 증거조사를 먼저 실시하였다. 또한, 변호인은 증인신문의

8) 원칙적으로는, 검사가 신청한 증거를 먼저 조사한 후 피고인 또는 변호인이 신청한 증거를 조사하도록 되어 있으나, 법원은 직권 또는 검사, 피고인, 변호인의 신청에 따라 증거조사의 순서를 변경할 수 있다(형사소송법 제291조의2 참조).

순서에 대해서도 의견을 진술하였다. 이처럼 증인신문의 순서에 대해서도 의견을 진술한 이유는, 검사 신청의 증인이 11명에 이르고, 이들이 모두 경찰관 내지 전경대원들이었기 때문에, 장기간 동안 검사 신청 증인에 대한 증인신문이 계속될 경우에는 법원이 유죄의 심증을 가질 수도 있다는 우려 때문이었다.

⑤ 동영상에 대한 증거조사와 증거설명서의 활용

녹음·녹화매체 등에 대한 증거조사는 녹음·녹화매체 등을 재생하여 청취 또는 시청하는 방법으로 한다(형사소송규칙 제134조의8 제3항). 하지만, 해당 동영상 증거를 처음부터 끝까지 그대로 재생히면서 시청하는 방식으로 증거조사가 진행되지는 않는다. 검사는 공소사실과 관련된 특정 장면이 재생되는 순간 그 내용과 의미를 진술하고, 변호인 역시 변론 내용과 관련된 부분이 재생되는 순간 그 내용과 의미를 진술한다. 중간중간 화면을 정지한 상태에서 위와 같은 진술이 이루어지는데, 경우에 따라서는 해당 장면을 반복하여 재생하기도 한다. 따라서, 동영상에 대한 증거조사에서 진술할 내용을 미리 정리해 두어야 하고, 필요하다면 증거조사 전이나 그 후에라도 정리된 내용을 제출하는 것이 좋다.

이 사건에서도 주요시간대별 영상을 캡쳐하고 그 영상의 내용과 변호인의 의견을 기재한 자료를 준비하여 제출하였다. 그리고 그 내용 안에는 검사가 폭행, 상해 시점으로 특정한 시간대의 상황에 대한 설명을 포함하였다.

[자료 3] 동영상 설명자료(예시)

⑥ 증인신청과 증인신문

증인신문을 위해서는 해당 증인에 대한 증인신청이 먼저 선행되어야 하고, 법원이 그 증인신청을 채택하여야만 증인신문이 진행될 수 있다. 검사 신청의 증인에 대해서는 검사가, 변호인 신청의 증인에 대해서는 변호인이 증인신청을 해야 한다. 형사재판에서는 증인신문사항을 미리 제출하지는 않는다. 따라서 증인신문기일에는 증인신문사항을 여러 부 준비하여 제출해야 한다.[9] 주신문이든, 반대신문이든 마찬가지이다. 증인신문 내용은 증인신문조서 또는 공판조서에 첨부된 속기록 내지 녹취록에 기재되어 있다. 따라서 증인신문을 마친 후에는 열람등사신청을 통해 해당 증인신문내용을 확인해야 한다.

이 사건에서는 1심 공판과정에서 검사 신청의 증인 11명에 대한 증인신문과 변호인 신청 증인 12명에 대한 증인신문이 있었다. 증인신문의 주된 내용은 고착관리의 명목으로 조합원들이 사실상 체포되어 있던 시간은 어느 정도인지, 위 조합원들에게 체포이유

9) 민사재판에서도 반대신문사항은 미리 제출하지 않는데, 이때에도 증인신문기일에는 반대신문사항을 여러 부 준비하여야 한다. 증인신문기일에도 반대신문사항을 먼저 제출하지는 않으며, 주신문이 끝난 후 반대신문을 하기 전에 반대신문사항을 제출하면 된다.

가 고지된 것은 언제인지, 권영국 변호사로부터 상해의 피해를 입었다는 전경대원들은 어떤 상황에서 상해를 입었다는 것인지 등에 대한 것이었다.

⑦ 문서송부촉탁

한편, 사건 당일 쌍용차지부 조합원 6명에 대한 경찰의 고착관리 내지 체포 시점, 그 후의 보고사항, 변호인접견요구에 대한 조치여부 등을 확인하기 위해, 경기지방경찰청 및 평택경찰서, 수원서부경찰서에 대한 각 문서송부촉탁으로 이 사건 당일 중대장(A)과 평택경찰서 수사과장(C)이 사용한 각각의 무전기 교신 내역 일체를 요청하였다.10)

[자료 4] 문서송부촉탁신청서(예시)

⑧ 기일진행상황에 대한 정리 필요성

공동변호인이 선임되어 있는 사건이나 여러 차례 재판이 진행되는 사건에서는 공판기일의 진행내용을 정리해 둘 필요가 있다.

[자료 5] 기일진행상황(예시)

(4) 상해의 점에 대한 쟁점과 변론

① 공소사실의 불특정

공소사실이란 범죄의 특별구성요건을 충족하는 구체적 사실을 의미하고, 공소사실의 기재는 범죄의 일시·장소와 방법을 명시하여 사실을 특정할 수 있도록 해야 한다(형사소송법 제254조 제4항). 이는 심판의 대상을 명확히 함으로써 피고인의 방어권 행사를 보호하기 위한 것이다. 따라서 상해행위의 시점과 그 경위는 피고인의 방어권 행사를 위해 특정될 필요가 있고, 공소사실이 특정되지 아니한 공소제기는 무효이므로 판결로써 공소를 기각해야 한다.

하지만, 검사는 상해의 점에 대한 증거로 경찰 채증 동영상, 피해 전경 2명의 진술조서 및 증언 등을 제시하면서도, 권영국 변호사의 상해행위가 각 피해자별로 어느 시점에 있었는지, 그리고 각 피해자별로 상해를 입게 된 경위를 특정하지 않았다.

② 상해행위 및 인과관계의 존재여부

권영국 변호사는 쌍용차지부 조합원 6명을 고착관리의 명목으로 사실상 체포하고 있던 전경대원들이 들고 있던 방패를 잡아당기거나 밀었던 사실이 있다. 하지만, 사람의 신체에 직접적인 유형력을 행사한 적이 없고, 방패를 밀거나 잡아당긴 것은 체포의 이

---

10) 이에 대해서는, "112신고센터 운영규칙 제26조(자료보존) 제1항 제2호(112 신고 접수 및 무선지령내용 녹음자료는 24시간 녹음하고 3개월 간 보존)에 의거 현재 보존되어 있는 녹음자료가 없음을 회보한다"는 내용의 회신이 제출되었다(평택경찰서 회신).

유도 고지하지 아니한 채 위 조합원 6명을 구금하고 있던 위법한 공무집행에 대한 항의였을 뿐, 사람의 생리적 기능을 훼손하기 위한 것도 아니었다. 또한 상해의 피해를 입은 전경대원 2명이 진술하는 각각의 피해 경위는 권영국 변호사가 전경대원들의 방패를 잡아 당겼던 것과는 다른 시점과 장소에서 발생하였다는 것이다. 따라서 상해행위 자체가 인정될 수 없을 뿐 아니라 인과관계 역시 인정될 수 없음을 주장하였다.

③ 위법성조각사유의 존재

또한, 설령 상해죄의 구성요건해당성이 인정된다고 하더라도, 이는 쌍용차지부 조합원들에 대한 경찰의 불법체포 및 연행에 항의하는 과정에서 위 조합원들의 신체의 자유에 대한 부당한 침해를 방위하기 위한 행위로서 위법성이 조각된다는 점을 주장하였다.

나. 판결의 구체적 내용

(1) 1심 판결의 요지(수원지방법원 2011. 10. 20. 선고 2009고단1660 판결)

1심 법원은, 쌍용차지부 조합원들에 대한 전경대원들의 고착처분을 위 조합원들에 대한 사실상의 체포에 해당하는 것으로 인정하고, 전경대 지휘관이나 전경들을 비롯한 어느 누구도 위 조합원들에게 피의사실의 요지, 체포의 이유와 변호인을 선임할 수 있음을 말하고 변명할 기회를 주지 않은 채 이루어진 위와 같은 체포 행위는 위법한 공무집행에 해당한다고 판시하였다. 또한 체포 이유의 고지 이후에 이루어진 연행 역시 그 이전의 불법적인 체포행위의 연장선상에서 이루어진 것이어서 전체적으로 보아 이전의 체포행위와 하나의 공무집행에 해당한다고 판시하면서, 전경대원들이 전경대 지휘관의 명령에 따라 조합원 6명을 체포하여 연행한 행위는 위법한 직무집행이고, 이러한 위법한 직무행위를 하는 전경대원들에게 대항하여 폭행을 가하였다고 하더라도 공무집행방해죄는 성립하지 않는다고 판시하였다.[11]

한편, 상해죄 부분에 대하여는 정당방위를 인정하여 무죄를 선고하였다.

---

11) 이 부분 판시 내용 중 일부를 소개한다.
'(가) 위와 같은 고지는 장○○, 정○○, 김○○을 체포한 때로부터 약 40분 이상, 최○○, 김○○, 채○○을 체포한 때로부터 약 30분 이상이 경과한 이후에야 이루어진 것으로서, 그 때에 비로소 위 6명에 대하여 현행범인 체포의 절차를 밟았다고 하더라도 이는 체포 당시에 준수하였어야 할 절차를 뒤늦게 밟는 형식을 취한 것에 불과하다[대법원도 사법경찰관이 대상자를 수사관서까지 동행한 것이 사실상의 강제연행, 즉 불법체포에 해당한다면, 사법경찰관이 그로부터 6시간 상당이 경과한 이후에 비로소 긴급체포의 절차를 밟았다고 하더라도 이는 동행의 형식 아래 행하여진 불법 체포에 기하여 사후적으로 취해진 것에 불과하므로, 그와 같은 긴급체포 또한 위법하다고 판시한 바 있다(대법원 2006. 7. 6. 선고 2005도6810 판결) (나) 체포된 사람들과 변호사인 피고인의 계속된 요구에도 불구하고 피의사실의 요지와 체포의 이유 등을 고지하지 아니한 이 사건의 불법 체포의 위법성의 정도는, 사소한 절차상의 흠을 넘어 중대한 하자에 해당하고, 그와 같은 위법성은 사후적으로 취해진 긴급체포에도 그대로 승계된다고 할 것이므로, 불법체포에 기하여 사후적으로 행하여진 현행범인 체포 역시 위법하다.]

(2) 2심 판결의 요지(수원지방법원 2013. 1. 25. 선고 2011노5044 판결)

2심 법원은, 경찰관들의 위법한 공무집행에 항의는 과정에서 위법한 공무집행에 사용되고 있던 방패를 잡아당기거나 발로 차는 행위가 공무집행방해죄에 해당한다고 볼 수 없다고 판시하는 한편, 상해행위가 정당방위에 해당하여 위법성이 조각된다고 판시하여, 검사의 항소를 모두 기각하였다.

(3) 대법원 판결의 요지(대법원 2017. 3. 15. 선고 2013도2168 판결)

대법원도 원심 판시와 같은 취지로 판시하면서 검사의 상고를 기각하였다.

4. 재정신청 사건

가. 재정신청을 통한 공소제기(서울고등법원 2010초재1874)

권영국 변호사는 이 사건 당시 현장 책임자인 평택경찰서 수사과장(C)과 자신에 대한 체포를 직접 지시했던 중대장(A) 등 6명을 직권남용권리행사방해 및 직권남용체포 혐의로 고소하였다. 하지만, 검사는 위 고소 사건의 피의자 6명 모두에 대하여 불기소처분(증거불충분)을 하였다. 권영국 변호사는 검찰항고를 거쳐 서울고등법원에 재정신청을 제기하였고, 서울고등법원은 2011. 1. 26. 수사과장(C)과 중대장(A)에 대해서는 공소제기를 결정하고, 나머지 4명에 대한 재정신청에 대해서는 기각하였다.[12] 서울고등법원의 공소제기 결정이 있자, 수원지방검찰청 소속 검사는 평택경찰서 수사과장(C) 및 중대장(A)을 직권남용체포 및 직권남용권리행사방해 혐의로 기소하였다. 이 사건에서 권영국 변호사는 피해자의 지위에 있다.

나. 소송상 쟁점과 변론

(1) 검사의 기소 및 공소유지의 문제점

법원의 공소제기 결정이 있더라도, 그 공소제기는 검사가 담당한다. 공소를 유지하는 것 역시 검사이다. 구 형사소송법(2007. 6. 1. 법률 제8496호로 개정되기 전의 것)은 제263조(공소제기의 의제)에서 법원의 공소제기 결정이 있는 때에는 공소제기가 있는 것으로 간주한다고 규정하여 기소독점주의의 예외를 인정하는 한편, 제265조(공소의 유지와 지정변호사)에서 공소유지를 담당한 변호사를 지정하여 공소유지를 담당하도록 규정하고

12) 위 법원은, 나머지 4명에 대하여, 이들이 권영국 변호사에 대한 불법체포에 실제 관여하였는지를 단정하기 어렵다거나 현행범인으로 체포된 권영국 변호사의 신병을 인수받은 것에 불과하여 권영국 변호사에 대한 불법체포의 공동정범으로 보기 어렵다고 판시하면서 이들에 대한 재정신청을 기각하였다.

있었다. 하지만 2007. 6. 1. 형사소송법 개정으로 위 263조 및 265조가 모두 삭제된 이후에는 법원의 공소제기 결정이 있더라도 검사가 공소를 제기하고 공소를 유지하고 있다.

이 사건에서, 검사는 수사과장(C)과 중대장(A)을 기소하기는 하였지만, 위 수사과장과 중대장에 대해 모두 무죄를 구형하였다. 1심 법원이 수사과장에 대해서는 무죄판결을, 중대장에 대해서는 유죄판결을 선고하자, 검사는 수사과장(C)에 대한 무죄판결에 대해서는 아예 항소를 하지 않아 무죄판결이 확정되도록 하였고, 중대장(A)에 대한 유죄판결에 대해서는 무죄 취지로 항소를 제기하였다. 항소심에서도 중대장에 대한 유죄판결이 유지되자, 다시 무죄취지로 대법원에 상고하였다.

이처럼 검찰은 서울고등법원의 공소제기결정으로 수사과장(C)과 중대장(A)을 기소하기는 하였지만, 애초부터 이들에 대한 형사처벌을 원하지 않았고, 이러한 검찰의 태도는 공소유지과정에서 그대로 드러났다. 결국 검찰은 사안에 따라 공소유지에 관한 검사로서의 의무를 저버릴 수 있는 조직이라는 것이 이 사건에서 여실히 확인되었다고 할 수 있다. 따라서 법원의 공소제기 결정으로 기소된 사건에 대해 검사로 하여금 공소유지를 담당하도록 하는 것은 재고될 필요가 있다.

(2) 고착관리의 적법성에 대한 주장의 계속

이 사건에서도 조합원들에 대한 고착관리가 적법한 공무집행에 해당하는지 여부는 중요한 문제이다. 고착관리가 적법한 공무집행에 해당한다면, 권영국 변호사는 전경대원들의 정당한 직무집행을 방해한 것으로 볼 수 있고, 나아가 권영국 변호사에 대한 현행범인 체포 역시 적법한 공무집행으로 평가될 수 있기 때문이다. 실제로 이 사건의 변호인은 물론 검사 역시도 고착관리가 노사 간의 충돌을 막기 위한 예방조치 차원에서 이루어진 행위로서 체포에 이르기 전 단계에서 취해진 경찰관직무집행법 제6조 제1항에 근거한 즉시강제조치라고 주장하였다. 그러나 법원은 이러한 주장을 받아들이지 않았다.

(3) 변호인의 접견교통권 인정 여부

형사소송법은 제34조에서 '변호인 또는 변호인이 되려는 자는 신체구속을 당한 피고인 또는 피의자를 접견하고 서류 또는 물건을 수수할 수 있으며 의사로 하여금 진료하게 할 수 있다'고 규정하고 있다. 이러한 변호인의 접견교통권은 '변호인' 또는 '변호인이 되려는 자'에게 인정되는 것이지, 변호사의 신분 내지 자격을 가지고 있는 모든 사람에게 인정되는 것은 아니다. 이 사건 당시 권영국 변호사는 체포된 쌍용차지부 조합원 6명은 물론 이들이 연행된 후에 체포된 금속노조 조합원 1명(D) 대하여도 변호인으로 선임된 것은 아니었다. 따라서 권영국 변호사에게 '변호인'으로서의 접견교통권은 인정될 수 없다. '변호인이 되려는 자'로서의 접견교통권은 인정될 수 있는가. 만일 접견교통권이 인정되지 않는다면, 경찰이 권영국 변호사의 변호인접견요구를 받아들이지 않는다고 하여 위법하다고 보기 어려울 수 있고, 변호인접견을 요구하면서 경찰의 조합원 연행에 항의한 권영국 변호사에 대한 체포행위 역시 적법한 공무집행으로 평가될 수도 있을 것이다.

그렇다면, 어느 경우에 '변호인이 되려는 자'로서 접견교통권을 행사할 수 있는가. 형사소송법 제34조에 규정되어 있는 변호인의 접견교통권은 신체구속을 당한 피고인이나 피의자의 인권보장과 방어준비를 위하여 필수불가결한 권리라고 할 수 있다.[13] 하지만, 신체구속을 당한 피고인이나 피의자가 주도적으로 자신의 변호인을 선임하는 것은 현실적으로 어렵다. 현행법상 '변호인이 되려는 자'로 인정되기 위한 요건이 별도로 정해져 있는 것은 아니다. 따라서, 피의자 또는 피고인 등으로부터 변호인 선임을 의뢰받은 단계의 변호사는 물론, 변호인이 될 가능성이 없다고 인정되지 않는 한, 스스로 변호인으로서 신체구속을 당한 피고인 또는 피의자를 조력하고자 하는 변호사라면, '변호인이 되려는 자'로서 체포 또는 구속된 피의자에 대한 접견교통권을 갖는다고 보아야 한다.

변호인이 되려는 자는 변호인이 되려는 의사를 어떤 방식으로 표시해야 하는가. 방식의 제한은 없다. 수사기관이 그 의사를 인식하는데 필요한 적당한 방법으로 사용하면 되고, 구두로 그 의사를 표시하더라도 무방하다.[14]

다. 판결의 구체적 내용

1심 법원은, 권영국 변호사를 현행범인으로 체포하도록 직접 지시한 중대장(A)에 대해 유죄판결을 선고하였고, 그 판결은 상고심까지 유지되었다. 1심 판결의 요지는 아래와 같다.

- 피고인(중대장 A, 이하 같다)이 쌍용차지부 조합원 6명을 전경대원들을 동원하여 방패로 에워싸고 30분 내지 40분 동안 이동하지 못하게 하다가 연행한 것과 잠시 후 같은 방법으로 금속노조 조합원 1명(D)을 10분 동안 이동하지 못하게 한 것은 경찰관직무집행법 제6조 제1항에 근거한 행정상 즉시강제가 아니라 사실상 체포에 해당하고, 위 금속노조 조합원 1명(D)에 대한 체포행위는 형사소송법에서 정한 현행범인 체포 절차를 준수하지 못한 것으로 위법하다.
- 피해자(권영국 변호사, 이하 같다)는 위 조합원(D)의 '변호인이 되려는 자'로서 형사소송법 제34조에서 정한 접견교통권을 갖는 지위에 있었다고 봄이 상당하고, 위 조합원(D)으로부터 명시적인 선임의뢰를 받지 않았다는 등의 사정은 위 인정에 방해가 되지 않는다.

---

13) 대법원 1990. 2. 13.자 89모37 결정.
14) 대법원 2003. 1. 10. 선고 2002다56628 판결 참조.

• 피해자의 접견요청은 조합원(D)의 변호인이 되려는 자로서 정당한 권리행사일 뿐 경찰의 체포·호송을 방해하기 위한 공무집행방해행위로 볼 수 없다. 따라서, 피고인이 피해자의 정당한 접견교통권 행사를 제한하고 더 나아가 피해자를 공무집행방해죄의 현행범인으로 체포한 것은 형사소송법에 정한 요건을 충족하지 못하였음은 물론, 직무집행위 필요성과 상당성도 갖추지 못하였다.

5. 이 사건의 의미

수사기관은 누군가를 체포할 때에 '변호인을 선임할 권리가 있다'면서 변호인선임권을 고지한다. 하지만, 그것은 형식상의 절차일 뿐, 이 사건과 같이 변호인접견을 요구하는 변호사가 도리어 공무집행방해죄의 현행범인으로 체포될 만큼 실제로는 변호인의 조력을 받을 권리가 보장되지 않는 경우가 발생한다. 2015년에는 수사기관(검사)의 피의자 조사에 참여한 변호인이 피의자에게 채워진 보호장비(수갑)의 해제를 요구하다가 조사실에서 강제퇴거를 당한 경우도 있었다. 이 사건을 계기로 적어도 수사기관이 체포현장에서 변호인접견을 요구하는 변호사를 공무집행방해죄의 현행범인으로 체포하는 예는 쉽사리 발생하지 않을 것이고, 신체구속을 당한 피의자가 변호인의 조력을 받을 권리 역시 조금은 더 보장될 수 있을 것이다.

함께 검토할 판결례

〈쌍용자동차(주)의 정리해고 사건〉
대법원 2014. 11. 13. 선고 2014다20875, 20882 판결.
서울고등법원 2014. 2. 7. 선고 2012나14427, 74290 판결.

〈대한문 앞 집회방해 사건〉
서울고등법원 2016. 11. 8. 선고 2015노2496 판결.

〈수사기관의 일방적인 처분을 통한 변호인의 접견교통권 제한 여부〉
대법원 2007. 1. 31.자 2006모657 결정(접견신청불허처분취소결정에 대한 재항고).
대법원 1996. 6. 3.자 96모18 결정(사법경찰관의처분취소에 대한 재항고).

〈피의자신문에 참여한 변호인에 대한 수사기관의 강제퇴거처분의 적법여부〉
수원지방법원 2015. 7. 28. 자 2015보6 결정.
(대법원 2015모2357호 재항고 사건으로 계속 중)

〈변호인이 되려는 변호사가 문서로써 그 의사를 표시해야 하는지 여부〉

대법원 2003. 1. 10. 선고 2002다56628 판결(변호인의 접견교통권 침해에 대한 손해배상).

〈행정상 즉시강제의 허용요건〉

대법원 2008. 11. 13. 선고 2007도9794 판결.

관련자료

김남근, 「쌍용자동차사건을 계기로 본 정리해고제도의 개혁과제」(정리해고 대안모색 토론회 자료, 2012. 6.)

이상희, 「신자유주의 구조조정과 노동자 저항 – 쌍용자동차 정리해고철회 투쟁 사례를 중심으로 –」(중앙대학교대학원 사회학과 2014. 2. 석사학위 논문)

심층질문

1. 대법원 판례에 의해, 변호인의 접견교통권은 헌법상 기본권의 하나로 보장되고 있는 신체구속을 당한 사람이 변호인의 조력을 받을 권리와 표리관계에 있는 것으로 인정되고 있는데, 그 이유는 무엇인가?

2. 수사기관이 변호인(변호인이 되려는 자를 포함한다. 이하 같다)의 접견신청을 불허할 경우, 이에 대한 불복방법은 무엇인가?

3. 이 사건에서 법원은 권영국 변호사가 '변호인이 되려는 자'로서 형사소송법 제34조에서 정한 접견교통권을 갖는 지위에 있다고 판시하면서, 이 사건 직전에 금속노조의 민변 노동위원회에 대한 법률지원요청이 있었다는 것을 그 이유 중의 하나로 들었다. 만일 이 사건 이전에 금속노조로부터 위와 같은 법률지원 요청이 없었다고 가정할 때, 과연 법원이 권영국 변호사에게 '변호인이 되려는 자'로서의 접견교통권을 인정하였을 것인지 여부?

4. 이 사건과 같이 수사기관의 직무집행의 적법성 여부가 문제되는 사안에서, 만일 재판부가 변호인으로 하여금 증인신문이 예정되어 있는 수사관에 대한 반대신문사항을 미리 제출하도록 한 후 이를 증인신문에 앞서 검사에게 송부하였다면, 해당 증인에 대한 증인신문기일에 변호인으로서 취할 조치는 무엇인지?

자료 1 체포적부심사청구서(예시)

체포적부심사청구서

사　　건　공무집행방해
피 의 자　권영국

위 피의자는 2009. 6. 26. 11:25경 경기도 평택에 있는 쌍용자동차(주) 앞에서 공무집행방해죄의 현행범인으로 체포되어 현재 수원서부경찰서 유치장에 수감 중인바, 피의자의 변호인은 아래와 같이 체포적부심사를 청구합니다.

청구취지

"피의자의 석방을 명한다"
라는 재판을 구합니다.

청구이유

1. 이 사건의 경위 등

가. 이 사건의 경위
피의자 권영국은 …(중략)…노조원에 대한 변호인접견을 요구하다가 수사지휘관으로 보이는 자의 지시를 받은 전경대원들에 의해 공무집행방해죄의 현행범인으로 체포되었습니다.

나. 관 할
권영국 변호사는 현재 수원서부경찰서 유치장에 수감되어 있으나, 이 사건은 경기도 평택에서 발생한 것으로 수원지방검찰청 평택지청에서 수사지휘를 하고 있으며, 권영국 변호사가 수원서부경찰서로 이송된 것 역시 위 평택지청의 지시에 따른 것입니다.

2. 체포의 위법성

가. 나. 다. (생략)
라. 이 사건의 경우, 사건 당시의 상황이 촬영된 사진 및 동영상 자료가 있고, 위 사진 및 동영상을 통해 권영국 변호사가 현행범인으로 체포될 당시의 사정을 그대로 알 수 있는바, 현행범인체포서의 범죄사실의 기재가 이 사건 당시의 사실관계와 다르다는 점은 쉽게 확인할 수 있습니다. 요컨대, 권영국 변호사는 …(중략)… 노조원에 대한 변호인접견을 요구하다가 공무집행방해죄로 체포된 것입니다.
마. 위와 같이, 이 사건 당시 경찰들의 직무는 …(중략)… 수사기관에 주어진 인신구속에 관한 권한을 명백히 일탈하는 것이므로, 그 자체로 위법하다고 할 것입니다. 또한 권영국 변호사에 대한 계속 구금 역시 위법하다고 할 것입니다.

3. 결 론

그렇다면, 권영국 변호사를 공무집행방해죄의 현행범인으로 체포한 행위는 위법하다고 할 것이므로, 권영국 변호사에 조속한 석방을 명하여 주시기 바랍니다.

입증방법

1. 증 제1호증의 1 내지 5 각 사진
1. 증 제2호증 동영상 CD

자료 2 입증계획서(예시)

입증계획

사 건 2009고단○○○○ 공무집행방해 등
피고인 ○○○

위 사건에 관하여 피고인의 변호인은 다음과 같이 입증계획을 제출합니다.

다 음

순번	증거항목	소 속	사건과의 관계	입증취지
1	김○○	변호사	09. 6. 26. 당시 사건 현장에서의 충돌사항을 목격한 변호사	공무집행의 적법여부 등
2	송○○	변호사		
3	전○○	○○ ○○위원회 간사	처음부터 끝까지 피고인과 동행하였고 사건 현장을 목격함	공무집행의 적법여부 등
4	성○○	노무사	사건 현장에 있었고, 2차 피체포자의 체포사실을 알려준 장본인	피고인이 체포될 당시의 상황
5	○○○	평택경찰서 수사과장	사건 현장 지휘감독	공무집행의 적법여부
6	○○○	○○○○경찰서 소속 경비과장(격대장)	사건 현장 지휘감독	공무집행의 적법여부
7	동영상	현장 촬영 영상	사건현장을 촬영한 동영상	사건 진행의 경과

2010. 1. 21.

자료 3 동영상 설명자료(예시)

파일 명칭	재생 시간	주요 장면 캡쳐 화면	영상의 내용	주요 음성 내용	비 고 (변호인 의견)
	00분 25초		• 왼쪽 화면상 권영국 변호사의 뒷모습이 보임 • (중대장)의 모습이 보임 • (중대장)이 다른 곳으로 가버림(00분52초)	• 조합원 음성: "…이유를 대줘야 될 거 아니야. 이 양반아 미란다 원칙을 얘기해줘야 할 거 아니야 연행하는 이유가 뭐야" • 권영국 변호사 음성: "…왜 여기 막고 있어요?" "책임잡니까? 지휘자 맞아요?"	• 체포 · 감금된 조합원이 체포 이유를 알려달라고 요구 • 권영국 변호사가 책임자임을 물었음에도, (중대장)은 아무런 답도 하지 않은 채 다른 곳으로 이동한 사실

자료 4 문서송부촉탁신청서 일부(예시)

송부 촉탁할 문서의 표시

1. 경기지방경찰청, 평택경찰서, 수원서부경찰서에서 보관하고 있는,

가. 2009. 6. 26. 당일 경기지방경찰청 소속 ○○○중대장이던 A가 사용한 무전기의 교신 내역 중 **같은 날 08:00부터 12:00까지의 무전기 교신 내역 일체**

나. 2009. 6. 26. 당일 평택경찰서 수사과장이던 B가 사용한 무전기의 교신 내역 중 **같은 날 08:00부터 12:00까지의 무전기 교신 내역 일체**

다. 2009. 6. 26. 10:00~12:00 사이에 쌍용자동차 평택공장 앞에서 체포 연행되어 수원서부경찰서에서 조사를 받은 ○○○(주민번호:), ○○○(생년월일: 주소:), ○○○(생년월일: , 주소:)에 대한 각 **피의자신문조서** 및 위 ○○○, ○○○, ○○○의 체포 연행과 관련하여 작성된 **수사보고서 일체**

라. 위 다.항 기재 ○○○, ○○○, ○○○에 대한 각 **사건처리결과**를 인증 있는 등본으로 하여 회신하여 주시기를 바랍니다.

2. 만일, 제1항 기재 문서 중 보관하고 있지 않은 문서가 있는 경우에는, 그 문서의 보관청을 특정하여 회신하여 주시기를 바랍니다.

자료 5 기일진행상황(예시)

<table>
<tr><th colspan="8">기 일 진 행 상 황</th></tr>
<tr><td>법 원</td><td>평택지원</td><td>사건번호</td><td>2009고단○○○</td><td>사건명</td><td colspan="3">공무집행방해 등</td></tr>
<tr><td>기일내용</td><td>변론준비기일</td><td>기일일시</td><td>2009. ○. ○.(수).</td><td>장 소</td><td colspan="3">○호 법정</td></tr>
<tr><td>피 고 인</td><td>○○○</td><td>공판검사</td><td></td><td>재판부</td><td>형사 ○ 단독</td><td>주심</td><td></td></tr>
<tr><td>종전기일
진행내역</td><td colspan="7">• 사건의 쟁점 정리
① 공무집행의 적법성－미란다 원칙 고지여부, 접견교통권침해여부
② 폭행, 협박 여부
③ 상해사실 인정여부 및 인과관계 존부
• 공소장 기재 적용법조: 검사 "형법 제136조 제1항"으로 답변
• 변호인 측 석명사항
① 폭행 및 상해의 시점
② 동영상 CD의 원본제출
• 검사 측에서 변호인 석명사항에 대한 의견서 제출 예정
• 심리계획: 다음 공판준비기일에서 진행
• 재판장: 형소규칙 제148조 제1항 언급함
• 다음기일: 공판준비기일 2010. 6. 3. 10:30</td></tr>
<tr><td>2010. 6. 3.
공판준비기일진행내역</td><td colspan="7">출석: ○○○ 변호사 출석
• 검사:
① 의견서 및 증거설명서 제출
② 동영상 CD 원본의 소재는 추적 중: 특별수사본부가 해체되어, 해당 CD의 원본 파일이 어디에 있는지 확인하고 있는 중, 다음 기일까지 이에 대한 의견 제시하겠음.
• 변호인:
① 검사 제출의 의견서 및 증거설명서에 대해 "별 다른 의견 없음" 진술
② 동영상 CD에 있는 파일 중, 편집 확실한 파일은 증거로서 적당치 않음, 철회가능성에 대한 석명 요청
• 재판장
① 다음 공판기일에 재판부 변경 예정, 새로운 재판부에서 심리계획 진행 예정
② 검사에 대해 석명:
－ 편집확실한 파일에 대해 증거유지할 것인지 의견 제출 요구
－ 동영상 파일 원본에 대한 제출 가능 여부에 관한 의견제출 요구</td></tr>
</table>

월성1호기 수명연장허가 무효확인 및 취소소송

김 영 희*

1. 소송의 배경, 기획과 준비과정

가. 소송을 하게 된 배경과 월성1호기에 대하여

국내 원전은 부산, 경주, 울진, 영광 4개 부지에 24기가 있고, 그중 경주에 6기의 원전이 있다. 경주의 원전단지는 중수로 4기, 경수로 2기, 중저준위 방사성폐기물처분장이 한 곳에 모여 있는 세계적으로 드문 곳이다. '경주'라는 이름을 피해 그곳은 '월성'원전이라고 부른다. 지역에 원전이 있다는 것은 그 지역 특산품의 판매에 방해가 되고, 지역 이미지를 떨어뜨린다고 보기 때문에 원전은 사람들이 어느 지역인지 잘 모르게 이름이 지어지거나 바뀌게 되었다. 부산의 원전이지만 고리원전, 영광원전은 영광굴비 판매 저감 등을 이유로 한빛원전, 울진원전은 한울원전으로 이름이 바뀌게 되었다. 울진에서 잡히는 대게이지만 영덕대게로 팔린다고 한다.

* 변호사, 김영희 법률사무소.

월성원전단지 앞에는 아름다운 해변과 죽어서 용이 되어 나라를 지키겠다는 문무대왕릉이 있다. 그리고 그 바다로 원전의 온배수가 1초에도 수백톤씩 쏟아져내린다. 원전의 온배수에는 원전의 액체 방사성폐기물이 섞여 있고, 원전은 기체 방사성폐기물을 평상시에도 내보내고 있다. 그래서 주변의 공기와 물, 생태계는 방사능으로 오염될 수밖에 없다. 정부와 한수원은 기준치에 미달하기 때문에 안전하다고 주장한다. 그러나 주변 주민들을 소변검사를 해보면 방사능인 삼중수소가 검출된다. 원전과 가까이 살수록 방사능 수치는 높아진다. 그리고 주변 주민들 가운데 각종 암에 걸린 분들이 많다. 인근 주민들은 이사를 가고 싶어 집을 내놔도 아무도 사지를 않는다. 주변 주민들은 정부와 한수원에 이주대책을 요구하고 있으나 이루어지지 못하고 있다.

후쿠시마사고를 보고 우리 모두는 원전사고가 우리의 현실이 될 수 있다는 것을 느끼고 있다. 원전이 보이는 마을에 사는 주민들은 누구보다도 불안하다. 특히 월성1, 2, 3, 4호기는 중수를 냉각재로 쓰기 때문에 삼중수소가 경수로 원전에 비하여 훨씬 많이 배출되고, 원자로 구조가 경수로에 비해 더 취약하며, 체르노빌 원전처럼 사고시 폭발적인 핵분열 반응에 의해 원자로가 폭발할 가능성이 있다.

나. 원전 밀집도, 주변 인구 세계 1위인 한국 원전의 위험성

한국의 원전은 국토 대비 원전 밀집도 세계 1위, 원전 반경 30km 이내 인구수도 세계 1위이다. 전 세계 원전 부지당 평균 원자로 개수는 2.4기인데, 한국은 원전 부지당 원자로 개수가 모두 6개다.[1)]

순위	국가	원전	원자로 개수	설비용량(MW)	인근 30km 반경 인구
1	한국	고리	8	8260	3,410,000
2	캐나다	브루스	8	6700	30,000
3	한국	한울	6	6216	80,000
4	한국	한빛	6	6193	170,000
5	우크라이나	자포로지에	6	6000	320,000
6	프랑스	그라블린	6	5706	460,000
7	한국	월성	6	4809	1,300,000
8	중국	진샨	7	4386	1,300,000
9	캐나다	피커링	6	3244	220,000
10	인도	라자스탄	6	1180	460,000

1) 도표 출처: 국제원자력기구(IAEA) PRIS 데이터 및 Nature지 인구 정보를 바탕으로 그린피스 서울사무소 작성.

1986. 4. 일어난 체르노빌사고 이후 30년이 넘게 지났지만 지금도 체르노빌원전 반경 30km 이내 지역은 사람이 살 수 없는 거주제한구역이다. 이처럼 원전 반경 30km 지역은, 원전에서 사고시 모든 것을 버리고 떠나야 하는, 그리고 다시는 아무도 살 수 없는 지역이 될 수 있다는 것을 의미한다. 그런데 우리나라는 원전 반경 30km 이내 지역에 약 440만명이 살고 있다.[2)]

비상계획구역 인구수 현황

(단위: 명)

구분	지자체	기존	재설정 이후	기초지역 최대 반경 기준 (원전 30km, 하나로 1.5km)
고리원전	부산	29,021	581,802	2,488,632
	울산	28,542	1,012,861	1,036,285
	경남	–	99,658	298,349
	소계	57,563	1,694,321	3,823,266
월성원전	경북	10,089	56,280	244,300
	울산	–	1,046,450	1,054,439
	소계	10,089	1,102,730	1,298,739
한울원전	경북	15,043	36,272	38,133
	강원	643	10,715	14,192
	소계	15,686	46,987	52,325
한빛원전	전남	14,614	70,935	72,230
	전북	4,232	66,391	66,848
	소계	18,846	137,326	139,078
하나로	대전	3,690	35,192	22,490
합계		105,874	2,091,541	4,400,613
			※ 고리・월성 중첩 인구(925,015) 제외 수치임	※ 고리・월성 중첩 인구(935,285) 제외 수치임

2) 아래 '비상계획구역 인구수 현황' 및 월성 원전 비상계획구역 지도는 원자력안전위원회, '방사선비상계획구역 재설정안 심사결과 및 향후계획 2015' 참조.

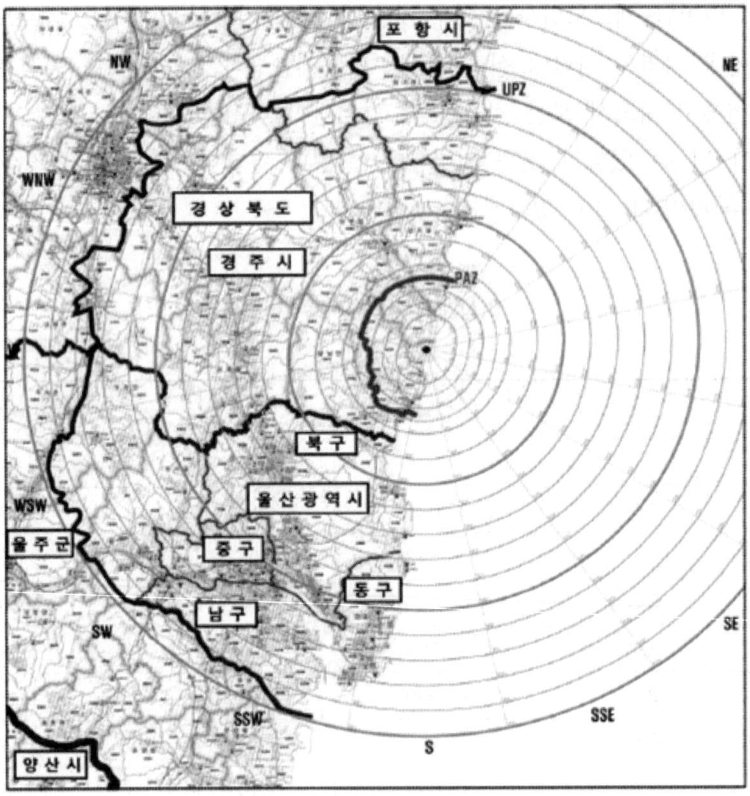

[월성원전]

구분	범위	인구수(명)		지자체
기존	• 8~10km	경북	10,089	(경북)경주
재설정안	• 약 21~30km – 경북: 약 21~28km – 울산: 약 24~30km	경북 울산 합계	56,280 1,046,450 1,102,730	(경북)경주 · 포항 (울산)울주 · 중구 · 남구 · 북구 · 동구

월성원전 반경 30km 이내 인구는 130만명인데, 후쿠시마는 16만명이었고, 후쿠시마 사고 처리비용은 225~700조원에 이를 것으로 추산되고 있다.[3] 그리고 후쿠시마원전 부근은 농어촌지역이고 산업시설이 거의 없는 반면, 월성원전 30km 이내 지역에는 현대자동차, 울산석유화학단지, 울산미포산업단지 등 대규모 산업단지들이 포함된다. 울산은 국내 주요 도시 중에서도 수출 비중이 가장 높은 도시이고, 2010년 기준 국내 수출 비중 15.31%를 차지한다.[4]

3) 일본 경제산업성은 225조원, 일본경제연구센터는 700조원을 후쿠시마사고 처리비용으로 예상.
4) 2011 울산산업경제현황 참조.

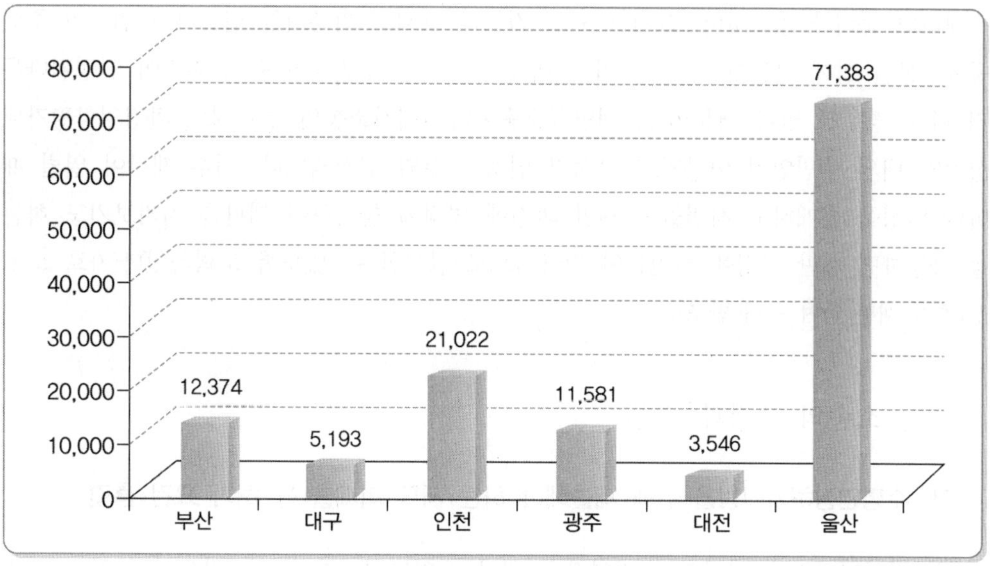

[주요도시별 수출 현황]

다. 소송의 기획과 준비과정

원자력안전위원회('원안위')는 2015. 2. 27. 설계수명을 다한 월성1호기의 수명을 10년 연장하는 처분을 했다. 원안위는 이날 새벽 1시, 월성1호기가 안전하지 않고, 수명연장을 하기 위한 관련 절차들을 위반하였다는 전문가들과 시민사회의 지적에도 불구하고 원안위원 2명이 퇴장한 가운데 월성1호기 수명연장허가안을 표결에 부쳐 의결을 강행했다.[5)]

월성1호기 수명연장허가처분이 난 후 여러 환경단체들과 전문가들이 모여서 회의를 하였고, 수명연장허가처분이 위법사유가 많다고 판단하고 소송을 제기하기로 하였다. 핵없는 사회를 위한 공동행동과 각 지역별로 환경단체들이 원고 모집을 하고, 공익인권법재단 공감, 녹색법률센터, 민변 환경보건위원회, 탈핵법률가모임 해바라기, 환경법률센터 및 여러 개인 변호사들은 '국민소송대리인단'을 구성하여 소송을 수행하기로 하고 소장 작성 등 본격적인 소송 준비에 들어갔다(자료 1. 국민소송인단 모집 웹자보 참조). 그래서 월성1호기 주변 주민들은 물론, 전국적으로 원고를 모집하여 2167명의 시민들이 원고로 참여하였다. 이런 대규모 환경소송 내지 공익소송은 대개 각 지역별 시민단체들이 원고를 모집하거나 온라인 홍보 등을 통해 모집하고, 위임장을 우편 등의 방법으로 받는다. 가족 전부가 원고로 참여하기도 하는데 이 경우 미성년자에 대해서는 법

5) 월성1호기는 설비용량 67만kWe, 운영허가: 1978. 2. 15. 상업운전 개시: 1983. 4. 22.
한수원 월성1호기 수명연장허가 신청: 2009. 12. 30. 원자력안전위원회 월성1호기 수명연장허가: 2009. 12. 30.

정대리인 동의가 필요하다. 그리고 원고 적격의 문제로 거주지를 입증하기 위하여 주민등록초본을 함께 받는다. 일정한 거리 내에 거주하는 주민들만 원고 적격이 인정된다든지 하는 경우가 있기 때문인데, 새만금소송이나 4대강소송의 경우에도 환경영향평가대상지역 내의 주민인지 여부가 원고적격 인정 여부와 연결되었다. 이후 재판이 열릴 때마다 일정을 공개하고 시민들이 재판 과정에 법정에 참석하여 재판을 지켜보기도 하는 등 가능하면 재판 과정에 시민들이 적극적으로 참여할 수 있도록 노력하였다(자료 2. 월성1호기 재판 참여 안내 참조).

2. 소송의 쟁점과 변론

가. 수명연장허가신청을 위해 제출해야 하는 서류 미제출 등 허가 요건 흠결

원자력안전법령상 원전의 수명연장을 위한 운영변경허가처분을 받으려는 자는 최종안전성분석보고서 등 7종 서류('7종 서류')[6]와 7종 서류 중 변경되기 전과 변경된 후의 비교표('비교표')를 제출해야 한다. 원안위는 이들 서류를 검토, 심의한 후 의결로 수명연장허가(정확히는 수명연장을 위한 운영변경허가처분)를 하도록 규정되어 있다.

그리고 허가기준으로 주요하게는 원전 시설이 원안위규칙으로 정하는 기술기준에 적합하여 방사성물질 등에 따른 인체, 물체 및 공공의 재해방지에 지장이 없어야 하고, 원전 시설의 운영으로 인하여 발생되는 방사성물질 등으로부터 국민의 건강 및 환경상의 위해를 방지하기 위한 기준에 적합해야 한다고 규정하고 있다. 즉 7종 서류와 비교표가 제출되어야 할 뿐만 아니라 월성1호기가 방사성물질 등에 따른 재해방지와 건강 및 환경상의 위해를 방지하기 위한 기준에 적합한지를 충분히 심사하여야 하는 것이다.

또 원전의 설계수명이 만료된 후에 그 시설을 계속하여 운전하려는 자는 주기적 안전성평가보고서 등 3종 보고서(이하 '3종 보고서')[7]를 제출하고 원안위는 이를 심사하고 그 결과를 통보하는 제도를 마련하고 있다. 그리고 관련 규정은 원전의 수명연장시 계통·구조물·기기에 대하여 최신 운전경험 및 연구결과 등을 반영한 기술기준을 활용하여 평가하고, 방사선환경영향에 대하여 최신 기술기준을 활용하여 평가하라고 규정하고 있다.

다음 내용은 원안위의 월성1호기 수명연장 운영변경허가를 위한 심의의결안의 일부

---

6) 원자력안전법 제20조 제2항 및 시행규칙 제16조 제5항이 정하는 발전용원자로 및 관계시설에 관한 운영기술지침서, 최종안전성분석보고서, 운전에 관한 품질보증계획서, 방사선환경영향평가서, 고시 및 지침에 따라 작성된 운전에 관한 기술능력의 설명서, 핵연료장전계획에 관한 설명서, 비상운전절차서 작성 시 적용할 기술의 근거 및 검증방법에 관한 설명서, 모두 합해서 7가지의 서류이다.

7) 원자력안전법 시행령 제37조가 정하는 주기적 안전성평가보고서, 주요 기기에 대한 수명평가보고서, 운영허가 이후 변화된 방사선환경영향평가보고서를 말한다.

로, 원안위의 월성1호기 수명연장 심사대상 서류가 3종 보고서만 기재되어 있다.

가. 계속운전 심사

1) 신청자: 한국수력원자력(주)
2) 원자로: 열출력 2,064 MWt 가압중수로(PHWR)
3) 심사대상 서류: 주기적 안전성평가보고서, 주요기기 수명평가 보고서, 방사선환경영향평가서 총 3종

그리고 심사결과 '원자력안전법시행규칙 제21조의 평가기준을 만족함'이라고 되어 있는데, 위 규정은 주기적 안전성평가기준이지 운영변경허가기준이 아니다.

5) 심사 결과

- 한국수력원자력(주)가 2009.12.30. 제출한 월성 1호기 계속운전 신청건을 심사한 결과, 원자력안전법 시행규칙 제21조의 평가기준을 만족함

원고들은 원전사업자인 한수원이 7종 서류와 비교표를 제출하지 않았고, 원안위는 3종 보고서만을 심의대상으로 심의를 한 후 수명연장허가를 의결하였다는 점을 들어, 수명연장 운영변허가를 위한 제출서류의 부존재 및 이에 기한 허가 기준 심의 부존재로 인한 무효라고 주장하였다. 수명연장을 위한 운영변경허가와 주기적 안정성 평가는 제출서류와 평가기준을 각각 달리하고 있는데도, 원안위의 심의대상 자료가 주기적 안전성평가 자료에 국한됨으로써, 월성1호기가 수명연장을 위한 운영변경허가기준을 충족하는지 여부에 대해서 전혀 심의되지 않은 채 내려진 허가는 무효라고 본 것이다.

이에 대하여 피고는 7종 서류들은 이미 운영허가를 받은 자가 변경허가를 받으려는 경우에 제출하여야 하는 서류가 아니라고 주장하나 이는 운영변경허가의 경우 운영허가의 경우와 같다고 규정하는 원자력안전법령의 문언에도 반하는 것으로 타당하지 않다는 점 등에 대하여 변론하였다. 또 피고는 운영허가를 받은 자가 변경사항이 발생하여 이에 대한 변경허가를 신청하는 경우 운영허가신청 당시 제출한 서류 중 달라진 부분이 없는 경우에는 그 서류에 대하여는 제출의무를 면제하는 것으로 보아야 한다고 주장했는데, 관련 규정의 문언, 해석, 제출된 문서 등의 입증을 통하여 피고 주장이 타당하지 않음을 보였다.

원자력안전위원회

정부 3.0

수신 한국수력원자력(주) 사장
(경유)
제목 월성1호기 계속운전 운영변경허가 알림

1. 관련
가. 한수원㈜ 발전(운)74104-5338(2009.12.30)
나. 한국원자력안전기술원 대형인허가PM-3(2015.1.14.)
다. 제35회 원자력안전위원회(2015.2.26-2.27) 의결

2. 귀 사가 원자력안전법 제23조 및 동법시행령 제36조 제4항에 따라 월성 1호기 계속운전을 위하여 제출한 계속운전 안전성 평가보고서에 대해 검토한 결과 관련 기술기준에 적합함을 알려드립니다.

3. 이에 따라, 귀 사의 월성1호기 계속운전 운영변경 신청건을 원자력안전법 제20조에 따라 허가합니다. 끝.

갑제 1

[수명연장을 위한 운영변경허가 심의의 부존재 – 운영변경허가 심사대상 서류가 아닌 수명연장을 위한 주기적 안전성평가보고서만을 대상으로 심사]

피고는 '비교표'라는 표제의 서류는 따로 제출하지 않았지만 월성1호기 최종안전성분석보고서 개정안이 원자력안전법령에서 요구하는 비교표라고 주장하였다. 그러나 원고는 원자력안전법령이 제출을 명하는 비교표는 '운영허가신청서 첨부서류(7종 서류) 중 변경되기 전과 변경된 후의 비교표'이고, 비교표는 허가 심의대상과 변경내용의 요지를 체계적으로 파악하게 하여 심의의결을 실질화 하는데 중요한 문서임에도 그러한 비교표가 제출되지 않았다는 점에 대해 주장입증하였다.

나. 수명연장사업에 해당하는 대규모 설비개선사업에 대한 운영변경허가를 원안위 과장 전결로 처리

월성1호기에 대해서는 최초 운영허가시인 1978. 2. 15.로부터 2016. 4.에 이르기까지 모두 91건의 운영변경허가신청이 있었고 이에 대하여 운영변경허가가 이루어졌다. 그런데 91건의 운영변경허가 중에 원안위가 심의, 의결한 것은 단 1건으로 월성1호기 수명연장을 위한 운영변경허가 뿐이고, 나머지 90건은 원안위의 심의, 의결 절차를 거치지 않은 채 원안위 과장 전결로 이루어졌다. 이점에 대하여 피고는 '운영변경허가'의 경우 '운영허가'와 달리 원안위의 심의가 필요하다고 볼 수 없다고 주장하였다.

그러나 원자로시설의 최초 운전을 위한 운영허가와 그 이후의 운영변경과 관련한 허가는 물론 수명을 만료한 노후 원전의 계속운전을 위한 운영변경허가는 피고의 심의의결권의 핵심을 이루는 권한이라는 점을 관련 규정과 여러 증거로 입증하였다. 월성1호기 핵심설비인 원자로 교체를 위한 운영변경허가조차 원안위의 심의, 의결 없이 2008.

12. 원안위 사무처 소속 원자력안전과장의 전결만으로 처리되었다. 원자로 교체 작업은 원자로만 해도 6천억원, 부대비용까지 합하면 1조원 가까이 되고, 그 교체를 위한 원전 정지기간만도 2년이 넘었던 것으로 수명연장의 필수이자 핵심이 되는 설비개선 사항인데 단순 설비교체 절차에 따라 과장 전결로 운영변경허가를 내린 것이다. 이러한 수명연장에 해당하는 대규모 설비개선에 대해서는 원안위가 안전성평가가 제대로 이루어졌는지 충분히 검토, 심의한 후 허가를 해야 할 사항인데 과장 전결로 운영변경허가가 내려짐으로써 원안위의 심의, 의결권이 빈껍데기가 되었고 주요 설비에 대한 안전성평가가 적절한지에 대한 심의, 의결 없이 이루어진 수명연장허가는 위법하다고 원고들은 주장하였다.

2012. 1. 조석 지식경제부차관은 한국원전수출산업협회 신년 인사회에서 "월성1호기 수명연장 해야 하지 않겠습니까? 우리 원자력계 일하는 방식 있지 않습니까? 허가가 나는 것은 기정사실화 하고 돈부터 집어넣지 않습니까? 7천억 들어갔나요? 그러고 나서 허가 안내주면 7천억 날리니까 큰일난다고 그러지"라고 발언하였는데 그는 2013. 9. 원전 사업자인 한수원 사장으로 취임하였다. 조 전 차관이 말한 '한국 원전업계의 일하는 방식'은 실제 월성1호기와 함께 수명연장 심사대상인 고리1호기에 베낀 듯이 적용되었다고 보도되었다.[8] 1심 마지막 변론기일에서 원피고 모두 그동안의 변론 내용을 총망라한 종합 프리젠테이션 방식의 구두변론을 하였는데, 당시 조 전 차관의 위 발언 영상을 보여주기도 하였다.

다. 최신기술기준을 적용하여 안전성을 평가 하지 않은 위법

수명연장을 위한 주기적 안전성평가의 경우 계통, 구조물, 기기에 대하여 최신 운전경험 및 연구결과 등을 반영한 기술기준('최신기술기준')을 활용하여 평가하고, 그 결과 원전 시설의 안전성이 확보되도록 해야 한다.[9] 이는 설계수명이 다된 노후화된 원전의

8) 경향신문 2013. 5. 31.자 기사.
http://biz.khan.co.kr/khan_art_view.html?artid=201305312220095&code=920501

9) **원자력안전법시행령 제38조**
② 제36조제4항에 따라 계속운전을 하려는 원자로시설에 대해서는 제1항제4호에도 불구하고 다음 각 호의 규정을 적용한다.
1. 계통·구조물·기기에 대하여 최신 운전경험 및 연구결과 등을 반영한 기술기준을 활용하여 평가할 것
2. 방사선환경영향에 대하여 최신 기술기준을 활용하여 평가할 것

원자력안전법시행규칙 제21조
④ 영 제38조제2항에 따른 기술기준에 적용되는 사항은 다음 각 호와 같고, 그 세부사항은 위원회가 정하여 고시한다.
1. 발전용원자로 운영자는 구조물·계통 및 기기에 대한 안전성 향상을 위하여 국내·외의 최신 운전경험 및 연구결과를 반영한 기술기준을 활용하여 안전성평가를 수행하여야 하며, 그 결과 원자로 및 관계시설의 안전성이 확보되도록 할 것
2. 발전용원자로 운영자는 운영허가 이후 변화된 자연환경 및 부지특성 등을 반영한 방사선환경영향평가를 수행하여야 하며, 그 결과 최신 기술기준에 만족되도록 할 것

수명을 연장하려면 신규로 건설하는 원전의 수준으로 안전성을 강화하라는 취지이다.

월성1호기는 그 후에 건설된 월성 2, 3, 4호기와 동일한 CANDU6 원자로[10]에 해당한다. 월성 2, 3, 4호기 건설 당시 적용된 설계기준은 캐나다 원자력규제기관의 규제문서인 R-7(격납건물계통요건), R-8(원자로 정지계통요건), R-9(비상노심냉각계통요건)이다. CANDU6 원자로를 캐나다에서 설계하고 제조한 것이기 때문에, 설계, 제조국으로서 CANDU6 원전에 대해 가장 잘 알고 있는 캐나다의 규제기준이 CANDU6 원전의 안전성을 확보할 수 있도록 최적화 되어 있다. 월성1호기와 동일한 원전인 월성 2, 3, 4호기[11]에 적용된 R7, 8, 9 규정이 월성1호기 수명연장을 위한 안전성평가에서는 적용되지 않았는데, 이는 수명연장시 최신기술기준을 활용하여 안전성평가를 해야 하는 규정을 위반한 것이라고 원고들은 주장하였다.

이점에 대하여 피고는 계통·기기·구조물은 원자력발전소의 하드웨어에 해당하므로, 최신기술기준이 나올 때마다 이를 반영하여 보수, 교체하는 것이 불가능하기 때문에 법령에서 "국내·외의 최신 운전경험 및 연구결과를 반영한 기술기준"을 활용하여 평가하도록 하고 있으며, 해당 기술기준은 관련 지침에 나열된 기술기준으로 한정된다고 주장하였다. 그러나 이러한 주장은 최신기술기준을 활용한 평가를 통한 안전성 향상을 목적으로 하는 관련 규정의 취지에 정면으로 역행하는 것임을 원고들은 반박하고, 입증하였다.

월성1호기에는 ① 격납용기, ② 비상노심냉각계통, ③ 제1안전정지계통, ④ 제2안전정지계통이라는 4가지의 '특수안전계통'이 있다. CANDU6 원전은 사고 후에 위 4가지 특수안전계통에 의해 사고 완화를 하도록 설계되고, 안전성이 확보가 되어 있다. 그래서 위 특수안전계통 4가지는 CANDU6 원전의 핵심 중에서도 핵심계통인데, 여기에 적용되는 규정이 바로 R7, 8, 9, 10이다.

① 격납용기-R7

② 비상노심냉각계통-R9

③ 제1안전정지계통-R8

④ 제2안전정지계통-R10

캐나다에서 온 중수로 전문가 증인은 설계기준사고 또는 설계기준지진 시 위 특수안전계통이 작동하지 않으면 사고완화가 불가능하고 중대사고로 이어지는 것을 의미하고, 그렇기 때문에 R7, 8, 9, 10 규정은 CANDU6 원전이 100% 만족해야 하는 필수적인 요건이라고 증언하였고, 월성1호기가 이러한 요건을 갖추지 못한 것에 대해 크게 우려하였다.

---

10) 월성 1, 2, 3, 4호기는 캐나다원자력공사(AECL)가 설계한 CANDU6형 원전이다.

11) 원전의 상업운전개시 연도가 월성2호기는 1997년, 월성3호기는 1998년, 월성4호기는 1999년으로, 2015년 월성1호기 수명연장허가 시점에서 볼 때 1997년 이전에 이미 월성2호기에 적용된 R7, 8, 9는 '최신기술기준'이라고 하기에도 민망할 정도로 오래된 규정이다.

라. 결격사유에 해당하는 원안위원이 의결에 참여

원안위는 원전에 관한 규제기관으로서 특히 후쿠시마사고 후 원자력 규제기관의 독립성, 공정성, 투명성 강화가 세계적인 요구로 각국의 입법에 반영되어, 우리나라도 2011. 10. 원자력안전위원회의 설치와 운영에 관한 법률('원안위법')이 제정, 시행되어 구성된 기관이다. 원안위법제10조[12]는 위원회의 독립성, 공정성 확보의 수단으로서 위원의 결격 사유를 규정하고 있고, 특히 제5호는 최근 3년 이내 원자력이용자 또는 원자력이용자단체로부터 연구개발과제를 수탁하는 등 원자력이용자 또는 원자력이용자단체가 수행하는 사업에 관여하였거나 관여하고 있는 사람을 위원의 결격사유로 규정하고 있다.

그런데 원안위원장인 A는 2012. 12. 원자력이용자인 한수원이 고리 1호기 정전사고 은폐 등 현안 대책 마련을 위해 만든 협의체인 한수원의 원자력정책자문위원회 위원으로 활동한 바 있다. 한수원이 원자력정책자문위원회 구성을 추진한 배경은 '영향력 있는 유력인사의 한수원 정책결정 참여로 우호적 여론 형성'을 위한 것이고, 한수원은 원자력정책자문위원들에게 정책자문에 대한 대가로 자문료, 특별자문료 등을 지급하는 것을 책정하였다. 원안위원장 A가 원자력정책자문위원으로 활동한 것은 한수원 내부 위원회 활동을 한 것으로서 한수원이 수행하는 사업에 관여한 것이고, 연구개발과제를 수탁하는 것과 동일한 대가수수관계에 해당한다고 원고들은 주장하였다.

원안위원 B는 2010. 12.경부터 2011. 11.경까지 한수원의 신규 원전 부지선정위원회 위원으로 활동하면서 원전 신규 부지 선정 과정에 참여하였고, 2012. 12.경 한수원 사업자지원사업 본사심의위원회 위원으로 활동한 사실이 있다.

신규원전을 건설할 부지를 어디로 할 것인가 선정하는 문제는 그 자체로 한수원의 이익을 위한 것으로 원자력이용자가 수행하는 사업에 관여하는 핵심적인 사항이다. 원전 부지 선정은 지질 등 안전성, 환경성, 건설 적합성 등을 고려해야 할 뿐만 아니라 부지로 되는 지역에서는 지가의 하락과 상승, 주민들 간에 격렬한 찬반 논쟁이 촉발되어 첨예한 이해관계 대립이 생긴다. 원자력안전법 제10조는 원전 부지의 사전승인 신청

---

12) 원안위법 제10조(결격사유) ① 다음 각 호의 어느 하나에 해당하는 사람은 위원이 될 수 없다.
1. 「국가공무원법」 제33조 각 호의 어느 하나에 해당하는 사람
2. 탄핵결정에 따라 파면된 사람
3. 「정당법」 제22조에 따른 당원
4. 최근 3년 이내 원자력이용자, 원자력이용자단체의 장 또는 그 종업원으로서 근무하였거나 근무하고 있는 사람
5. 최근 3년 이내 원자력이용자 또는 원자력이용자단체로부터 연구개발과제를 수탁하는 등 원자력이용자 또는 원자력이용자단체가 수행하는 사업에 관여하였거나 관여하고 있는 사람

② 위원이 제1항 각 호의 어느 하나에 해당하게 되는 때에는 그 직에서 당연 퇴직한다.

시, 방사선환경영향평가서, 부지조사보고서 등의 서류를 원안위에게 제출하도록 규정하고 있다.[13)]

따라서 원안위원 B가 한수원에서 부지선정위원회 위원으로 참여하여 부지를 선정한 다음, 다시 원안위원으로서 부지사전승인을 한다는 것은 원안위법 제10조 제1항 제5호의 취지에 정면으로 반하는 것이다. 사실조회결과에 따르면 부지선정위원으로 참여한 대가로 한수원은 회의비 및 수당을 지급하였고, 위원별로 최소한 1,600만원 이상의 수당이 지급된 사실이 확인되었다.

원안위원 B는 한수원 사업자지원사업 본사심의위원회에도 참여하였는데, '사업자지원사업'이란 주로 원전이 설치된 지역에 대한 주민지원사업을 말한다. 사업자지원사업의 대상에는 월성1호기가 있는 월성지역도 포함된 사실도 확인되었다. 즉 한수원 월성본부에서는 경주시 양남면에 조사료 수확기 지원사업으로 4억4천만원 등 총 11억9천만원을 지원하기로 결정하고, 이와 별도로 월성본부 사업계획으로 지역경제협력사업 등으로 20억3천만원을 지원하는 것으로 결의하였는데, 원안위원 B는 찬성의 표시와 함께 서면결의서에 날인을 하였다. 원안위원 B가 월성1호기가 위치한 지역을 지원하는 사업에 대하여 관여한 것도 결국 원안위법 10조 제1항 제5호에 따른 '원자력이용자가 수행하는 사업에의 관여'에 해당한다고 원고들은 주장하였다.

마. 지진 문제

(1) 역사지진을 내진설계에 반영하지 않은 잘못

2016. 9. 12. 20:32 규모 5.8 지진이 경주에서 발생하였는데 관측사상 국내 최대 규모였다. 이후 경주지역에는 2017. 8. 26. 현재 지진이 모두 633회 발생했다. 그런데 역사지진기록에 따르면 한반도 동남권 지역에서 발생한 지진은 경주지역 일대에 집중되어 75회 발생했다. 국내 역사지진 중에 가장 피해가 큰 것은 779년(신라 혜공왕) 규모 6.7~6.9 정도의 지진으로 당시 집들이 무너지고 100여명이 사망했다고 기록되어 있다. 원전 부지 반경 320km 이내 역사지진에 대해서도 모두 평가하여 내진설계에 반영하여야 하나, 월성1호기 내진설계에는 이러한 역사지진이 반영되지 않았다.

---

13) 원자력안전법 제10조(건설허가) ③ 위원회는 발전용원자로 및 관계시설을 건설하려는 자가 건설허가신청 전에 부지에 관한 사전 승인을 신청하면 이를 검토한 후에 승인할 수 있다.
⑤ 제3항에 따른 부지승인을 받으려는 자는 승인신청서에 방사선환경영향평가서 · 부지조사보고서와 그 밖에 총리령으로 정하는 서류를 첨부하여 위원회에 제출하여야 한다.

발생일자	위도	경도	주요기록
89. 6. - (百濟 己婁 13. 6. -)	37.5	127.1	민가가 무너져 사망자 다수
100. 10. - (新羅 婆娑 21. 10. -)	35.8	129.2	민가가 무너져 사망자 발생
304. 9. - (新羅 基臨 7. 9. -)	35.8	129.2	샘물이 솟구침
502. 12. - (高句麗 文咨 11. 12.)	39.0	125.8	집이 무너지고 사망자 발생
510. 5. - (新羅 智證 11. 5. -)	35.8	129.2	집이 무너지고 사망자 발생
779. 3. - (惠)	35.8	129.2	민가가 무너지고 사망자 100여명 발생
1455. 1. 15. - (端宗 2. 12. 28.)	35.0	127.3	담과 가옥이 무너지고 사람이 깔려 사망함
1518. 6. 22. - (中宗 13. 5. 15.)	37.6	127.0	팔도에서 성과 집이 무너짐
1568. 11. 19. - (宣祖 1. 11. 1.)	–	–	팔도에 지진 발생
1643. 6. 9. - (仁祖 21. 4. 23.)	35.6	128.2	땅이 갈라지고 바위가 떨어져 압사당한 사람이 있음
1643. 7. 24. - (仁祖 21. 6. 9.)	35.5	129.5	성벽이 무너지고 큰 파도가 육지로 나왔다가 되돌아가는 듯함
1681. 6. 26. - (肅宗 7. 5. 11.)	37.9	129.1	거암이 붕괴되고 바닷물이 조수가 밀려가는 듯함
1714. 3. 15 - (肅宗 40. 1. 30.)	38.0	126.6	팔도에서 지진으로 장문함
1727. 6. 20. - (英祖 3. 5. 2.)	39.9	127.5	가옥과 성첩이 많이 부서지고 내려앉음
1810. 2. 19 - (純祖 10. 1. 16.)	42.1	129.7	성첩이 무너지고 산기슭 사태로 사람과 가축이 깔려 죽음

(2) 월성1호기 주변 활성단층을 반영하지 않은 내진설계

원전은 지진이 일어날 가능성이 희박하다고 인정되는 곳에 설치해야 한다. 그런데 월성1호기 주변에 가장 활동성이 높은 단층인 읍천단층과 수렴단층, 방폐장 부지 단층 외에도 62개의 활성단층이 존재한다. 그러나 한수원은 활동성단층 2개만 반영한 지진평가로 지진위험을 축소했다고 할 수 있다. 월성1호기 스트레스테스트 민간검증단 보고서에 따르면 월성1호기는 활성단층대 인근에 있는 노후원전이지만 내진설계는 가장 낮은 수준이다.

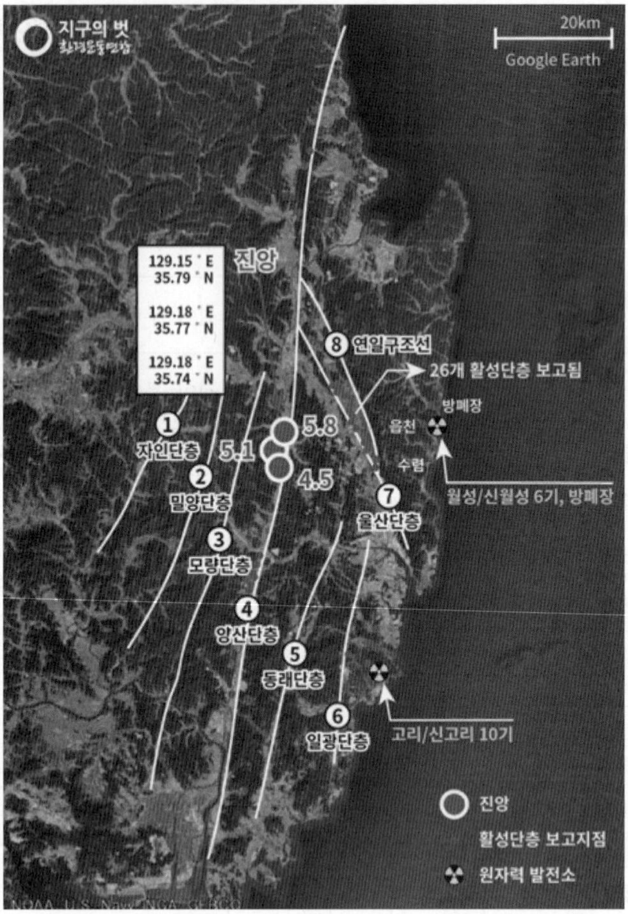

위 그림에서 ④ 양산단층은 부산에서 경주, 포항, 영해로 이어지는 170km의 대규모 단층이다. 지진은 단층에서 발생하고, 대규모 지진은 대규모 단층에서 발생하는데, 경주에서 발생한 대규모 역사지진들은 양산단층에서 발생했다고 볼 수 있다는 것이 전문가의 분석이다. 서울대 이기화교수는 양산단층은 활성단층이라고 지적한다. 1994년 일본 교토대 등 연구팀은 3년간에 걸쳐 지진파를 측정한 뒤 양산단층이 활성단층으로 30년 내에 규모 7~8의 강진이 올 수 있다고 예측하기도 하였다. 그런데 월성원전은 양산단층이 비활성단층이라는 전제에서 내진설계가 된 것이다. 원전 부지 반경 320km 이내 지역(바다 포함)에 대한 지진재해도를 분석하여 대비를 해야 하나 동해와 일본지역의 지진자료를 제외하였다.

(3) 월성1호기 부지 이질암반으로 지진에 더 취약

월성1호기 부지는 응회암, 석영안산암, 화산암괴, 규질 점토암 등 7가지 암석으로 구성되어 이질암반으로 지진에 취약하다. 아래 그림은, 한수원이 작성한 월성1호기 지반

암석 구조도인데, 그림 상단의 둥그런 모양이 월성1호기 원자로이고 그 바로 밑의 지반 상황은 두 개의 다른 암종으로 구성되어 있으며, 그 아래에는 다시 여러 종류의 암반으로 구성되어 있음을 확인할 수 있다. 월성1호기는 2002년 부등침하로 동쪽에 비해 서쪽이 더 많이 가라앉았다고 한다. 이와 같이 서로 다른 암반으로 구성된 곳에서는 지진 발생 시 진원에서 나온 지진파가 단단한 지반에서 연약한 지반으로 들어갈 때 경계면에서 증폭된다. 실제로 2016. 9. 12. 경주지진 당시 월성1호기 원자로 밑에서 측정한 최대중력가속도(g) 값이 바로 옆에 위치한 월성2, 3, 4호기보다 1.6배 높게 측정되었다. 월성1호기와 월성2, 3, 4호기는 바로 인접해 있는 만큼, 이러한 차이가 발생하는 이유는 월성1호기의 지반이 서로 다른 종류의 암반으로 구성되어 있기 때문으로 보여지고, 서로 다른 종류의 암반으로 구성된 월성1호기 부지는 지진에 매우 취약하다는 것은 경주지진을 통해 명확하게 확인된 것이다.

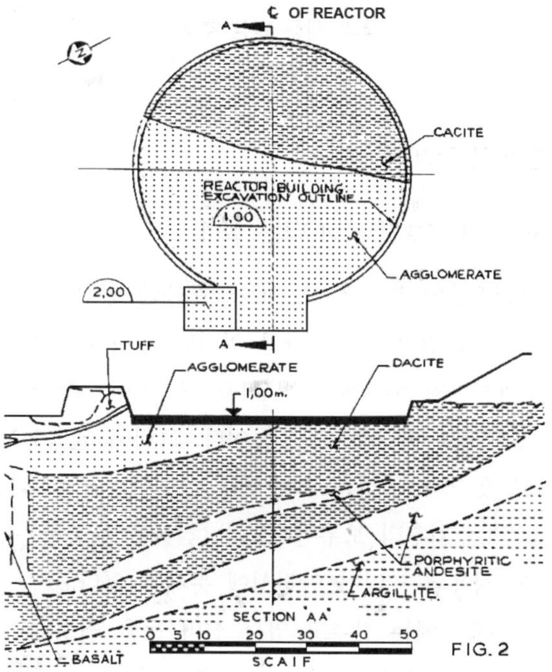

FIG. 2

TABLE 2

Rock Type	Shear Wave Velocity (m/sec)
Tuff	1000
Agglomerate	1000
Dacite	1500
Dacite-Breccia	2000
Andesite	1300
Basalt	1800
Argillite	2200

Averages
- 1630 discounting Tuff
- 1540 all seven layers
- 1520 discounting Tuff and Argillite

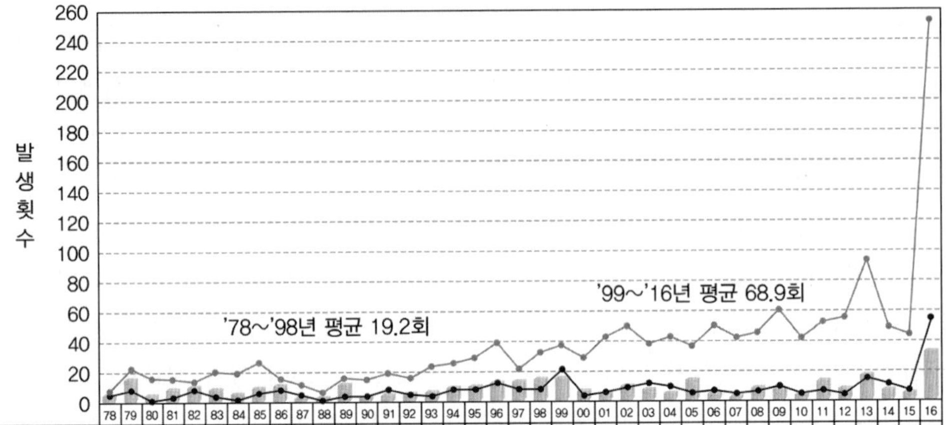

	78	79	80	81	82	83	84	85	86	87	88	89	90	91	92	93	94	95	96
규모 3.0 이상	5	17	6	10	11	10	7	11	12	4	4	15	3	7	7	7	11	11	14
유감지진	5	8	1	3	8	4	2	6	9	5	1	4	4	8	5	4	8	8	13
총횟수	6	22	16	15	11	20	19	26	15	11	6	16	15	19	15	23	25	29	39

	97	98	99	00	01	02	03	04	05	06	07	08	09	10	11	12	13	14	15	16
규모 3.0 이상	8	7	16	8	7	11	9	6	15	7	2	10	10	5	14	9	18	8	5	54
유감지진	8	9	22	5	6	9	12	10	6	7	5	7	10	5	7	4	15	11	7	55
총횟수	21	32	37	29	43	49	38	42	37	50	42	46	60	42	52	56	93	49	44	252

[국내 지진 발생 추이]
(기상청)

바. 월성1호기 안전성의 문제점

(1) 월성1호기와 월성2, 3, 4호기 차이 나는 설비

월성1호기는 최신기술기준인 R7, 8, 9, 10을 활용한 안전성 평가를 하고, 그 결과 안전성이 확보되도록 하여야 함에도 불구하고 이러한 절차를 거치지 않았다. 따라서 동일한 원전인 월성2, 3, 4호기와 비교하여 월성1호기는 주요 설비들을 갖추지 못하고 있는데, 예를 들면 사용후핵연료 방출조 수문 등이다. 그리고 월성2, 3, 4호기는 비상냉각 열교환기를 2대 갖추고 있으나 월성1호기는 1대 뿐이다. 격납건물은 원전사고 발생시 방사성 물질의 유출을 막는 최후의 보루인데, 격납건물을 관통하는 배관의 밸브에 대해 월성1호기는 R7 규정이 적용되지 않아 안전성에 문제가 있다.

이와 같이 월성2, 3, 4호기에는 갖추고 있는 설비 등을 월성1호기는 갖추지 못한 상태인데도 원안위는 월성1호기 수명연장허가를 하였는데, 인체, 물체 및 공공의 재해방지와 국민의 건강 및 환경상 위해 방지라고 하는 원자력안전법의 안전 목적은 달성이 불가능하다고 원고들은 주장하였다.

(2) 기타 안전상의 문제점

원전은 지진 후에는 거의 화재가 발생 가능성이 매우 높기 때문에 화재방호계통(fire protection systems)이 지금은 거의 '안전계통'으로 분류하여 설계를 하는데 월성1호기의 화재방호계통은 '비안전계통'으로 분류하여 설계되어 있어 사고 후 화재 방호에 거의

무방비 상태라고 할 수 있다고 캐나다 중수로 전문가가 증언하였다. 또한 원전은 냉각이 되지 않으면 후쿠시마사고처럼 멜트다운으로 이어질 수 있는데, 사고 후에 원자로 냉각을 위한 계통이 대부분 내진설계가 되어 있지 않는 등 사고시 또는 지진시 기능을 정상적으로 하지 못할 수 있다는 증언이다. 또 원전에는 최상위 안전설계기준이 있고, 각 계통의 설계자는 설계기준을 설계문서에 반영하여 그 요건을 만족한다는 것을 보여주어야 하는데, 월성1호기는 수명연장을 하면서도 건설 당시 적용하던 30년 전 설계기준을 그대로 적용하여 안전성이 문제가 된다고 증언하였다. 예를 들어 지진과 직결되는 배관지지대의 경우 안전등급이 상향조정 되어 내진설계를 하도록 개정되었으나, 월성1호기의 경우 배관지지대에 대해 개정 전 기준에 따라 낮은 등급을 적용하여 내진설계가 안된 부분들이 있어 문제라는 것이다. 그 외에도 기술적인 문제점들이 많이 쟁점이 되었으나 어렵고 전문적인 내용이라 이 정도로 소개한다.

참고로 후쿠시마사고 후 사고조사위원회에 위원으로 참여한 변호사는 원전 설계 도면을 그릴 수 있을 정도로 원전의 기술적인 내용까지도 열심히 공부를 했다고 함께 일했던 사고조사위원으로부터 들었다. 원전의 기술적 문제, 지진, 방사능, 경제성 등 원전 관련 소송에는 여러 전문적인 분야들이 망라되어 있다. 소송에서 가장 어려웠던 점은 모든 정보와 자료, 전문가들조차 피고 측에 집중이 되어 있는 반면, 원고 측은 거의 맨손으로 소송을 해야 한다는 점이다.

사. 월성1호기의 기타 문제점

(1) 사용후핵연료 다량 배출

월성1호기는 중수로 원전인데, 국내 20기의 경수로가 매년 약 400톤(20톤/기)의 사용후핵연료가 발생되는데 비해, 4기의 중수로는 매년 약 350톤(90톤/기)의 사용후핵연료가 발생된다. 2015년까지 경수로에는 6,735톤, 중수로에는 7,733톤의 사용후핵연료가 발생하였다. 부피로 보더라도 사용후핵연료 발생량이 경수로 21기를 합한 것(1만 5451다발)보다 월성원전 중수로 4기를 합한 것(39만 1872다발)이 더 많다(2014년 말 기준). 월성1호기 수명연장을 허가할 때 고려하여야 할 요소로 이러한 사용후핵연료 다량 발생이라는 문제점에 대해서도 변론하였다.

〈사용후핵연료 저장현황('14년말)〉

구분		저장용량*	현 저장량
고 리		6,494	5,322
한 빛		9,017	5,413
한 울		7,066	4,652
월성	경수로	523	64
	중수로	499,632	391,872
계		522,732	407,323

* 비상 노심분 제외

(2) 삼중수소 등 다량 배출

월성원전이 경수로 원전에 비하여 방사성물질인 삼중수소가 매우 많이 배출된다는 점도 월성1호기 수명연장 허가를 취소해야 할 사정으로 변론을 하였다. 삼중수소는 몸속에 들어와 인체 내부의 탄수화물, 단백질, 지방, DNA, RNA 등의 구성요소가 되어 이들 물질에 원래 존재하던 수소 대신 삼중수소가 자리한다. 그래서 이들 물질 구조에

(한수원, 단위: TBq)

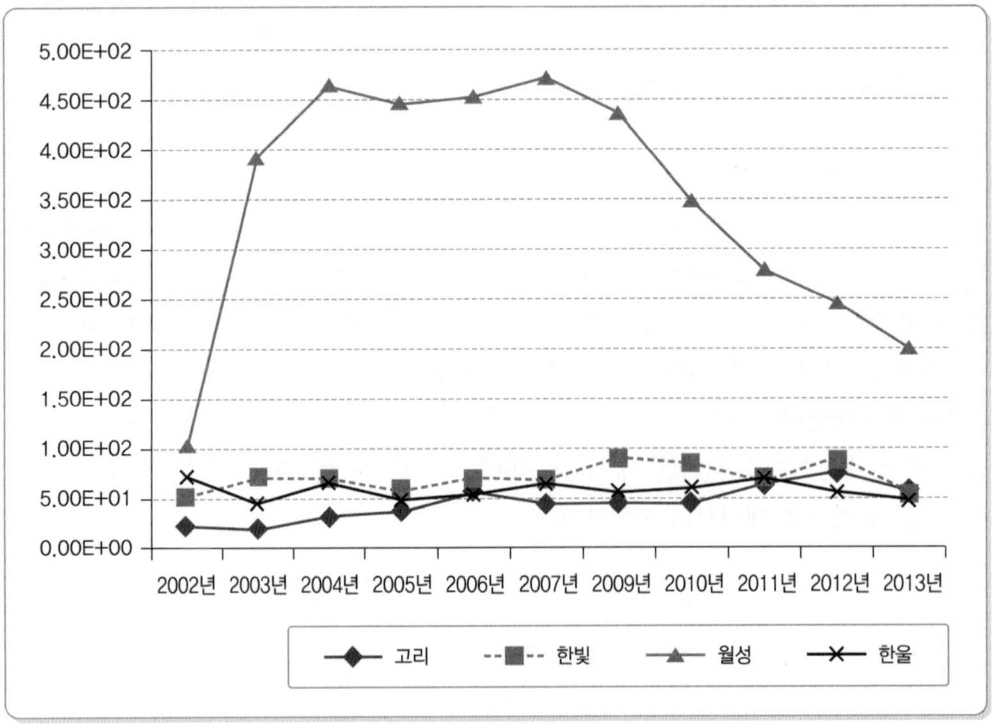

[2002~2013 원전별 연간 삼중수소 배출량]

변형을 가져오고, 암, 백혈병 등을 일으킨다. 삼중수소가 신체 내에서 탄소와 만나 탄수화물 성분으로 결합되는 경우에는 훨씬 더 오랜 시간 동안 몸에 머물게 된다. 삼중수소는 기체형태로 방출되는 방사성 물질 중 가장 많은 양을 차지하는데, 삼중수소는 크기가 매우 작고 이온을 띄지 않아 금속과 콘크리트 구조물을 통과하기 때문에 원자로 외부로의 유출을 막을 수 없다.

아. 월성1호기 수명연장은 경제적 손실이고 월성1호기 폐쇄해도 전력수급에 문제가 없음.

월성1호기 수명연장허가를 취소하더라도 사회경제적으로 문제가 없다는 점에 대해서 부수적인 사정을 주장입증하였다. 국회예산정책처가 작성한 '월성1호기 계속운전 경제성 분석'에 의하면, 월성1호기 수명연장은 어떠한 경우에도 적자사업인 것으로 확인되었다. 아래 표는 국회예산정책처 보고서에 충당금으로 적립한 원전해체비용을 제외하고 미집행된 설비투자비용을 반영한 경제성 분석표[14][15]이다.

〈월성1호기 경제성 분석〉

		이용률	총편익 (a)	총비용 (b)	순편익 (a–b)	비용항목						
						운영비	원전 해체비	중저 준위	사용후 핵연료	사업자 지원	지역 개발세	설비 투자
수명 연장 하는 경우	시나리오1	80%	13,993	16,262	-2,269	8976	893	75	4744	76	151	1347
	시나리오2	85%	14,868	16,732	-1,864	9165	893	75	5011	80	161	1347
	시나리오3	90%	15,742	17,204	-1,462	9354	893	75	5279	85	171	1347
수명연장 안한 경우		0	1,697	-1,697	0	1089	0	608	0	0	0	

위 분석에 따르면 수명연장 결정이 나지 않은 상황에서 설비 투자한 비용(5,383억 원)을 매몰비용[16]으로 제외하고 편익을 계산하더라도, 최고 2,269억 원, 최저 1,462억

14) 월성1호기 수명연장 최대 2,269억원 손해 보는 사업, 정의당 심상정 국회의원, 환경운동연합 공동보도자료, 2014. 8. 19.

15) 전기요금은 전력수급기본계획에 따라 물가상승률의 1/3만큼만 적용하여 총편익을 산정하였다.
원전해체비용은 한수원에서 제시하고 있는 비용을 반영한 것이다. 한수원의 주장처럼 해체비용 총 6,210억원 대신에 해체비용 충당금으로 적립된 5,031억원을 제외하고 남은 금액 1,179억원을 해체비용으로 보고, 물가상승률 2.93%, 할인율 4.99% 반영하여 선정한 것이다.
설비투자는 선투자된 비용 5,031억원을 제외하고, 향후 투자할 1,347억원만을 반영한 것이다. 향후 투자시점이 명확하지 않아 당초 계획에서 제시하고 있는 금액을 반영하였다.

16) 의사 결정을 하고 실행한 이후에 발생하는 비용 중 회수할 수 없는 비용.

원의 적자가 발생하게 된다. 따라서 수명연장을 위한 추가비용(7,050억 원 중 터빈교체 비용 등 1,347억 원 미집행, 스트레스 테스트 결과, 후쿠시마 후속 보완대책 등 안전비용 추가 예상)을 들이는 것보다 폐쇄 절차를 밟는 것이 현명하고 경제적인 판단인 것이다.

2016년 10월 현재 총 발전설비는 103기가와트(1GW는 100만kW급 원전 1기 해당)이고, 봄, 가을의 최대 전력소비는 60~70GW, 여름, 겨울의 최대 전력소비는 75~85GW이다. 월성1호기 발전설비는 0.68GW로 전제 설비의 약 0.66%에 불과하고 폐쇄해도 전력수급에 전혀 지장이 없다. 또 국회예산정책처가 노후원전 폐쇄에 따른 설비예비율을 계산한 결과 월성1호기를 폐쇄하더라도 설비예비율이 2020. 26.1%, 2025. 22.5% 등 전기가 남아도는 것으로 확인되었다.[17)]

3. 소송의 결과

2017. 2. 7. 월성1호기 수명연장허가처분을 취소하라는 1심 판결이 선고되었다. 1심 법원은 월성1호기 수명연장이 크게 네 가지 점에서 위법하다고 판단했다.

첫째, 수명연장을 위해서는 원안위의 '운영변경허가'를 받아야 하는데, 수명연장사업에 해당하는 대규모 설비개선사업에 대한 운영변경허가를 원안위 사무처 과장 전결로 처리했다. 심지어 원전의 가장 핵심설비인 원자로 교체작업(부대비용까지 합치면 1조원의 비용이 들고, 교체를 위한 발전정지기간이 2년이나 되는)까지도 원안위 위원들이 심의, 의결한 것이 아니라 일개 과장이 전결 처리한 것이다. 월성1호기는 운영허가가 1978년에 났고, 그 뒤로 2016년 4월까지 모두 91건의 운영변경허가가 있었는데 그중 90건을 원안위 심의, 의결 없이 원안위 과장이 전결 처리했다.

원자력안전법에 따르면 운영변경허가의 기준은 필요한 기술능력을 확보하고 있는지, 방사능 재해 방지에 지장이 없는지, 원전 운영으로 발생하는 방사능으로부터 국민과 환경상의 위해를 방지할 수 있는지 등등의 엄격한 심의를 거쳐야 하는데 이런 과정이 없었던 것이다. 이것은 월성1호기 수명연장을 위한 대규모 설비개선사업에 대해 원안위가 규제기관으로서의 역할을 전혀 하지 못하였고, 안전성 확보가 확인되지 않았다는 것을 의미한다.

둘째, 수명연장을 위한 '운영변경허가' 신청서류조차도 제대로 제출되지 않았다. 법원은 '비교표'가 제출되지 않은 것이 위법하다고 했는데, 사실은 운영변경허가를 받기 위해 내야할 7가지 문서 전부가 제출되지 않았다. 7가지 문서는 그중 한 가지만 하더라도 수천페이지 분량으로, 원전 설비 현황과 안전성을 검토하고 사고시 대비책을 마련하는 등 원전 전반에 대해 파악할 수 있는 필수적인 문서들이다. 법원은 비교표가 제출되지 않아 원안위원들이 수명연장을 위한 허가사항인 설비교체의 변동 내역조차도 파악

---

17) 설비예비율은 연중 가장 많은 전력을 소비하는 시점에서 추가로 확보하고 있는 설비용량을 말한다.

하지 못한 채 수명연장을 허가한다는 결론을 의결한 셈이 되었다고 지적했다. 그래서 법원은 원안위가 월성1호기 수명연장을 위한 운영변경허가사항에 대해 적법한 심의 및 의결을 하지 않았다고 판단했다.

셋째, 당시 원안위원장 A는 한수원이 '영향력 있는 유력인사의 정책결정 참여로 우호적 여론을 형성할 목적'으로 설치한 원자력정책자문위원을 지냈고, 원안위원 B는 한수원 소속 부지선정위원으로 신규 원전 부지 선정 기준을 수립하고 부지평가활동 등을 하였으므로 원안위원 결격 사유에 해당이 된다고 법원은 판단했다. 그리고 결격사유가 있어 당연 퇴직해야 할 위원이 관여한 수명연장 허가는 위법하다고 본 것이다.

넷째, 원전 수명연장을 위해서는 대규모로 설비개선을 하고 이때 최신기술기준을 적용하여 안전성을 확보하라는 것이 원자력안전법령이다. 법의 취지는 노후화된 원전의 설계수명을 연장하려면 새로 짓는 원전의 안전성에 버금가는 수준으로 끌어올리려는 것이라고 법원은 해석했다. 특히 한번 사고가 나면 그 피해를 가늠할 수 없는 핵발전의 특성상 원자력안전법령은 최대한 보수적으로 엄격하게 해석해야 하고, 안전성 평가 기준일 당시의 국내외의 최신기술기준이 모두 포함되어야 한다고 강조했다. 원안위 산하 한국원자력안전기술원(KINS)는 원자력안전법 관련 규정을 위반하여 심사를 했고, 최신 기준을 적용할 경우 월성1호기의 안전성평가결과가 어떤지에 대해 원안위 심의는 이루어지지 않았다고 법원은 판단했다. 그러다보니 월성1호기는 수명연장을 하면서 같은 종류의 원자로인 월성2, 3, 4호기 안전성 수준에도 미치지 못하게 된 것이다.

4. 소송 이후의 사회적 변화

세계적으로 원전 관련 소송에서 승소 사례는 드물고, 특히 원전 수명연장을 취소하라는 소송에서 승소한 것은 확정판결은 아니지만 1심에서라도 이 사건이 거의 유일하다고 알고 있다. 필자는 재벌을 상대로 한 소송, 새만금소송, 4대강소송 등 여러 공익소송들을 수행하였는데 가장 어려움을 느낀 것은 정보의 구조적 편재였다. 소송에서는 결국 입증을 통해 이겨야 하는데, 모든 정보와 자료는 상대방이 쥐고 있고, 관련 법령에서 적극적 정보공개를 규정하고 있음에도 불구하고 재판 과정에서 정보공개는 거의 이루어지지 않았다. 원전 관련 정보에 대해서 좀더 적극적인 법, 제도 개선이 반드시 필요하다. 국민의 생명, 안전과 직결된 사항임에도 불구하고 대부분의 정보가 제대로 공개되지 않고 있기 때문이다. 실제 소송 과정에서 사실조회신청, 문서제출명령신청 등 가능한 모든 방법을 동원하고, 증인신문을 통해서도 입증을 하였다. 관련 문서 등 서증으로 입증을 하는 것 뿐만 아니라 원전 관련 소송과 같이 기술적이고 복잡한 사안에 대해서는 전문가 증언을 통하여 생생하고도 쉽게 전달하는 것이 사안에 대해 이해도를 높이고 경우에 따라서는 중요한 증언이 나오기도 한다고 생각한다. 월성1호기 소송의 경우에도 여러차례의 전문가 증언이 있었는데 모두 도움이 많이 되었다. 증인신문을 준비하는 과정에서는 가능한 많은 자료를 파악하고, 증인과 충분한 대화를 나누는 것이 재판에 도움이 된다.

그리고 국내 공익소송은 경제적 지원이라고는 기대하기 어렵고 헌신과 희생을 요구하는 구조다. 반면 전문가와 각종 지원이라는 측면에서도 절대적으로 상대방이 유리했다. 그래서 공익소송은 처음부터 불리한 싸움일지도 모른다. 그러나 정의에 대한 사명감, 미래세대에 대한 죄의식과 책임감은 이 소송을 '견디게' 해주었다. 결국은 가치관의 문제로, 돈보다 중요한 것이 있기에 우리들은 '공익소송'에 몸을 던지는 것이다.

후쿠시마 사고 이후 원전에 대한 안전성 강화를 위해 무엇보다도 투명성 강화와 규제기관의 독립성, 공정성 확보가 세계적인 요구가 되었다. 그러나 국내 원전은 국책사업이자 보안시설이라는 이유로 외부 통제가 사실상 없었던 영역이다. 월성1호기 소송뿐만 아니라 후쿠시마 사고 이후 국내에서 진행된 원전 관련 소송을 통해 소송의 결과를 떠나 정부와 원자력계로 하여금 관련 규정을 준수하고 안전을 확보하도록 하는 계기가 되고 있다고 본다. 특히 월성1호기 소송은 1심이지만 승소함으로써 원전 관련 인허가가 법원의 판결에 의하여 취소될 수 있다는 것을 보여주었다. 무엇보다 비밀주의에 의해 알려지지 않았던 원전의 문제점들이 판결에 의해 확인되고 알려졌다는 것이 의미가 있다(자료 3. 프레시안 기고 참조).

심층질문

1. 과학기술의 영역에 대해 법원이 독자적 판단을 할 수 있는가?
2. 원전과 관련하여 침해될 수 있는 기본권은?
3. 원전 관련 소송에서 원고 적격의 범위는?
4. 환경소송에서 원고 적격의 범위가 확대될 필요성 및 근거는?
5. 환경소송에서 시민단체 등을 원고로 할 필요성 및 근거는?
6. 공익소송에서 재원 조달 등 지속가능한 시스템을 위한 제도적 개선방안은(미국 NRDC 사례 참조)?
7. 환경소송, 원전 관련 소송에서 입증책임의 분배 내지는 전환의 필요성 및 제도적 개선방안은?

함께 검토할 판결, 결정례

〈원전 관련 소송에서 원고적격 관련 판결〉

대법원 1998. 9. 4. 선고 97누19588 판결.

서울고등법원 2015누61810 판결.

〈환경영향평가대상 지역 밖의 주민에 대해 원고적격 인정한 판결〉

대법원 2006. 3. 16. 선고 2006두330 전원합의체 판결.

〈환경소송에서 인과관계 입증에 관한 판결〉

대법원 1974. 12. 10. 선고 72다1774판결(한국전력 사건).

대법원 1984. 6. 12. 선고 81다558 판결(진해화학 사건).

대법원 1991. 7. 23. 선고 89다카1275 판결(나전모방 사건).

인천지방법원 1999. 8. 8. 선고 96가합8303 판결(비산유리섬유 사건).

〈행정행위는 처분 당시에 시행 중인 법령과 허가기준에 의하는 것이 원칙이라는 판결–처분시법주의〉

대법원 1998. 3. 27. 선고 96누19772 판결.

대법원 2006. 8. 25. 선고 2004두2974 판결.

함께 읽을 자료

각국의 원자력발전소 안전규제 법제, 일본에너지법연구소.

김기진 외, 『한권으로 꿰뚫는 탈핵』, 무명인, 2014.

김익중, 『한국탈핵』, 한티재, 2013.

정남구, 『잃어버린 후쿠시마의 봄』, 시대의 창, 2012.

Newton Highlight, 원자력발전과 방사능.

자료 1

월성1호기
수명연장 허가취소 소송,
국민소송인단을 모집합니다.

지난 2월 27일 새벽 1시, 원자력안전위원회는
위법 논란과 파행 속에 월성원전 1호기 수명연장 허가(안)을 표결에 부처 의결했습니다.

안전성 미해결 쟁점도 해결되지 않았고 위법논란도 해결하지 않은 채
표결을 반대하는 2명의 위원이 퇴장한 상태였습니다. 후쿠시마 원전은
가장 오래된 원전부터 폭발했습니다. 1억년에 한 번 사고 난다는 안전성평가를 했음에도
불구하고 사고가 발생했습니다.
최신기술기준 평가도 적용하지 않은 월성1호기는 더 위험합니다.

원자력안전위원회의 수명연장 허가 결정 취소소송을 합니다. 원고로 참여해주십시오.

원고 대한민국 국민 누구나 가능
소송비용 1만원 (인지대, 송달료, 소송준비비용 등)
계좌번호 우리은행 1005-701-679022 (예금주_환경운동연합)
원고 모집 마감기간 2015년 4월 30일
필요서류 위임장(1부), 주민등록초본(1부)
※ 미성년인 경우 미성년자용 위임장(1부), 주민등록초본(1부)
신청 ① 구글 설문지(http://goo.gl/TkyJyr)를 통해 이름, 주소, 연락처, 이메일, 주민등록번호 기재 후 소송비용 1만원을 입금해주세요.
② 첨부한 위임장을 작성하시어 주민등록초본과 함께 우편으로 보내시거나 스캔 또는 사진찍어 이메일로 보내주시면 접수가 완료됩니다.
접수처 서울특별시 종로구 필운대로 23 (우편번호 110-806), 환경운동연합
E-mail: nonuke@kfem.or.kr
문의 02-735-7000 (환경운동연합)

주최 핵없는 사회를 위한 공동행동
소송 대리인단 공익인권법재단 공감, 녹색법률센터, 민변 환경보건위원회, 탈핵법률가모임 해바라기, 환경법률센터

자료 2

월성1호기 수명연장허가 무효소송
항소심 – 5차 기일

2018년 1월 16일(화) 오전 11시 30분
서울고등법원 제1별관 제303호 대법정
(서울 서초구 서초중앙로 157, 교대역 11번출구)

사건번호: 서울고등법원 2017누38043

2015년 10월 2일 첫 재판을 시작으로 12번의 재판을 거쳐 2017년 2월 7일 서울행정법원에서 월성1호기 수명연장허가 취소판결이 선고되었습니다.
하지만 피고 원자력안전위원회의 항소로, 서울고등법원에서 2심 재판이 진행중입니다. 많은 관심과 방청을 요청드립니다.

재판은 원고가 아니어도 신분증이 없어도 누구나 참관이 가능합니다
(문의: 환경연합 안재훈 팀장 010-3210-0988)

핵없는사회를위한공동행동

월성1호기 수명연장 운영변경허가처분 무효확인
국민소송대리인단

자료 3 프레시안 [기고] 월성 1호기는 지금 당장 중단돼야 한다 – 김영희 변호사

1. 월성1호기 승소, 하루라도 빨리 가동이 중단되어야

파티는 없었다. 월성1호기 수명연장허가를 취소하라는 승소 판결이 선고되는 순간, 우리는 뜨거운 눈물을 흘렸고 서로 부둥켜안았다. 그리고 바로 돌아와서 '집행정지신청서'를 썼고, 당일로 제출했다. 하루라도 빨리 월성1호기가 가동 중지되기를 바라는 마음에서였다. 1심 판결에 대해 원안위가 즉각 항소하겠다고 했고, 대법원까지 가게 되면 그 사이 수명연장기간이 다 지날 수 있기 때문이다. 그래서 가동을 중단시키는 것이 중요하고, 그 방법이 '집행정지결정'을 받아내는 것이다.

월성1호기 소송의 피고 당사자인 원자력안전위원회(이하 '원안위')는 판결 소식을 듣고도 수명연장을 위한 운영변경허가에 문제가 없었다는 게 원안위 판단이라며 항소할 방침이라고 했고, 월성1호기를 계속 가동하겠다고 했다. 법원이 월성1호기 수명연장이 위법하고 취소한다고 했는데도 끄떡도 안하는 모습이다.

2. 법원이 확인한 월성1호기 수명연장의 위법성

월성1호기 소송 과정에서 '원자력계'의 민낯이 드러났다. 엉터리인 줄 알고 있었지만 이 정도까지인 줄은 몰랐다. 법원은 월성1호기 수명연장이 크게 네 가지 점에서 위법하다고 판단했다.

첫째, 수명연장을 위해서는 원안위의 '운영변경허가'를 받아야 하는데, 수명연장사업에 해당하는 대규모 설비개선사업에 대한 운영변경허가를 원안위 사무처 과장 전결로 처리했다. 심지어 핵발전소의 가장 핵심설비인 원자로 교체작업(부대비용까지 합치면 1조원의 비용이 들고, 교체를 위한 발전정지기간이 2년이나 되는)까지도 원안위 위원들이 심의, 의결한 것이 아니라 일개 과장이 전결 처리한 것이다. 월성1호기는 운영허가가 1978년에 났고, 그 뒤로 2016년 4월까지 모두 91건의 운영변경허가가 있었는데 그중 90건을 원안위 심의, 의결 없이 원안위 과장이 전결 처리했다.

원자력안전법에 따르면 운영변경허가의 기준은 필요한 기술능력을 확보하고 있는지, 방사능 재해 방지에 지장이 없는지, 핵발전소 운영으로 발생하는 방사능으로부터 국민과 환경상의 위해를 방지할 수 있는지 등등의 엄격한 심의를 거쳐야 하는데 이런 과정이 없었던 것이다. 이것은 월성1호기 수명연장을 위한 대규모 설비개선사업에 대해 원안위가 규제기관으로서의 역할을 전혀 하지 못하였고, 안전성 확보가 확인되지 않았다는 것을 의미한다.

둘째, 수명연장을 위한 '운영변경허가' 신청서류조차도 제대로 제출되지 않았다. 법원은 '비교표'가 제출되지 않은 것이 위법하다고 했는데, 사실은 운영변경허가를 받기 위해 내야할 7가지 문서 전부가 제출되지 않았다. 7가지 문서는 그중 한 가지만 하더라도 수천페이지 분량으로, 핵발전소 설비 현황과 안전성을 검토하고 사고시 대비책을 마련하는 등 핵발전소 전반에 대해 파악할 수 있는 필수적인 문서들이다. 법원은 비교표가 제출되지 않아 원안위원들이 수명연장을 위한 허가사항인 설비교체의 변동 내역조차도 파악하지 못한 채 수명연장을 허가한다

는 결론을 의결한 셈이 되었다고 지적했다. 그래서 법원은 원안위가 월성1호기 수명연장을 위한 운영변경허가사항에 대해 적법한 심의 및 의결을 하지 않았다고 판단했다.

셋째, 이은철 당시 원안위원장은 한수원이 '영향력 있는 유력인사의 정책결정 참여로 우호적 여론을 형성할 목적'으로 설치한 원자력정책자문위원을 지냈고, 조성경 원안위원은 한수원 소속 부지선정위원으로 신규 핵발전소 부지 선정 기준을 수립하고 부지평가활동 등을 하였으므로 원안위원 결격 사유에 해당이 된다고 법원은 판단했다. 그리고 결격사유가 있어 당연 퇴직해야 할 위원이 관여한 수명연장 허가는 위법하다고 본 것이다.

넷째, 핵발전소 수명연장을 위해서는 대규모로 설비개선을 하고 이때 최신기술기준을 적용하여 안전성을 확보하라는 것이 원자력안전법령이다. 법의 취지는 노후화된 핵발전소의 설계수명을 연장하려면 새로 짓는 핵발전소의 안전성에 버금가는 수준으로 끌어올리려는 것이라고 법원은 해석했다. 특히 한번 사고가 나면 그 피해를 가늠할 수 없는 핵발전의 특성상 원자력안전법령은 최대한 보수적으로 엄격하게 해석해야 하고, 안전성 평가 기준일 당시의 국내외의 최신기술기준이 모두 포함되어야 한다고 강조했다.

그런데 월성1호기 수명연장을 함에 있어 이런 정신은 지켜지지 않았다. 수명연장 허가를 내기 전에 최신기준을 적용해서 안전성을 갖추어야 한다고 김익중 원안위원이 수차례 호소를 하고 원자력안전과 미래 등 전문가들과 시민단체도 규제 적용이 잘못되었다고 목소리를 높였지만 소용이 없었다. 원안위 산하 한국원자력안전기술원(KINS)는 원자력안전법 관련 규정을 위반하여 심사를 했고, 최신기준을 적용할 경우 월성1호기의 안전성평가결과가 어떤지에 대해 원안위 심의는 이루어지지 않았다고 법원은 판단했다. 그러다보니 월성1호기는 수명연장을 하면서 같은 원자로인 월성2, 3, 4호기 안전성 수준에도 미치지 못하게 된 것이다.

3. 월성1호기는 얼마나 안전하지 않은 걸까?

재판을 통해 드러난 월성1호기의 문제점들을 짚어본다. 월성1호기는 중수로형 핵발전소인데, 경수로에는 없지만 중수로에만 있는 특유한 설비들 때문에 중수로 수출국인 캐나다의 규제가 적용되어야 한다. 월성2, 3, 4호기 인허가업무를 총괄하였고 캐나다원자력공사(AECL)에서 20여년 근무한 엔지니어로서 중수로 최고 전문가인 하정구 증인은 재판에서 월성1호기는 가장 핵심설비인 특수안전계통에 최신기준을 적용하지 않아 심각한 문제라고 증언했다.

이 특수안전계통 4가지는 ① 핵발전소 사고시 방사능을 가두는 격납용기, ② 멜트다운이 일어나지 않도록 식히는 비상노심냉각계통, ③ 핵발전소를 정지시키는 제1, 2 안전정지계통이다. 사고가 났을 때 특수안전계통이 작동하지 않으면 사고완화가 불가능하고 후쿠시마사고 같은 중대사고로 이어지는 것을 의미한다.

그리고 이들 특수안전계통에 대해서는 캐나다의 최신기준, 즉 ① 격납용기는 R7, ② 비상노심냉각계통은 R9, ③ 제1, 2 안전정지계통은 R8과 R10이 각각 적용되어서 설계되고, 안전성이 확보되어야 한다. 하정구 증인은 R7,8,9,10 규정이 적용되지 않은 부분이 존재한다면 이는 특수안전계통이 갖추어야 할 요건을 만족하지 못한 것이므로 사고 후 특수안전계통에 치명적일 수 있다고 증언했다. 그런데 월성1호기는 수명연장 설비개선을 하면서 이러한 최신기준을 적용하지 않았다.

핵발전소는 각각의 계통에 대하여 최상위 안전설계기준이 있는데, 발전소 안전에 관한 헌법

같은 최상위규정이다. 그런데 월성1호기에는 최상위 안전설계기준을 건설 당시 적용하던 규제를 업데이트 하지 않고 그대로 적용하였고, 안전성 확보가 실패한 것이라는 증언도 나왔다. 법원이 지적한대로, 수명연장을 하는 핵발전소는 새로 짓는 핵발전소와 같은 안전성을 갖추어야 하는데 월성1호기는 30년 전의 기준으로 수명연장을 한 것이다. 30년 전 기준을 따르고 있는 것의 문제점은, 예를 들면 지진이 나면 파손되어 사고로 이어질 수 있는 배관지지대가 월성2, 3, 4호기는 고압력을 견딜 수 있도록 등급이 상향조정되었으나 월성1호기는 등급을 높이지 않았다.

월성1호기는 0.2g(중력가속도, 지진시 핵발전소가 받는 충격의 정도)로 내진설계가 되어 있고, 한수원은 월성1호기 스트레스테스트에서 내진여유도가 0.3g까지 확보되었다고 했다. 정부는 경주지진이 계속되자 지난해 말 핵발전소가 규모 7.0 지진도 견딜 수 있도록 내진보강을 하겠다면서 월성1~4호기의 경우 내진보강을 마쳤다고 했다. 그런데 월성1호기는 원자로가 380개의 압력관으로 이루어져 있고, 압력관 자체는 0.3g로 내진성능을 높일 수 없다고 하정구 증인은 증언했다.

원자로 아래의 콘크리트 플랫폼을 충격을 잘 흡수하도록 내진성능을 높이는 것을 할 수는 있지만, 380개의 원자로 자체는 압력관 두께를 늘리는 등 다시 설계를 하고, 내진검증을 해서 새로 설치를 하지 않는 한 더 높은 강도의 지진을 견딜 수 없다는 것이다. 원자로의 내진성능을 높이자면 압력관 두께가 커져서 원자로 크기가 훨씬 더 커지고 새로 설치하는 비용도 어마어마하게 늘어나 비현실적이라고 한다.

4. 말로는 투명성을 높이겠다면서 정보를 공개하지 않은 원안위

재판 과정에서 원고들이 월성1호기 관련 자료들이 없어서 원안위와 한수원에 자료 제출을 요구하자 요구한 모든 자료가 국가안보 관련이고 영업비밀이라며 내놓지 않았다. 어렵게 절차를 밟아서 최소한으로 받아낸 정보에 대해서도 대부분 가림처리를 한 채로 극히 일부 자료를 제출했다. 내가 재판에서 국가안보사항이고 영업비밀이 맞냐고 묻자 하정구 증인은 한마디로 “웃기는 일”이라고 했다.

하정구 증인은 월성2, 3, 4호기 인허가 업무를 총괄했고 당시 정말 중요한 사항들은 본문이 아니라 참고사항으로 다 돌려서 재판에서 요구한 자료들에 국가기밀이나 영업비밀이라고 할 만한 내용이 없다고 했다. 더군다나 월성2, 3, 4호기 '최종안전분석보고서' 같은 문서는 캐나다 원자력공사(AECL)에서 일할 때 여기저기 돌아다녔다고 한다.

그런 '최종안전분석보고서' 등 수명연장허가 심사대상을 원안위는 원안위원조차도 마음대로 볼 수 없게 하였다. 김익중 원안위원은 월성1호기 수명연장 심사 당시 '최종안전분석보고서' 등 관련 서류를 보기 위해서는 원안위 사무실 내에서 열람하는 것만 허용이 되었고, 밖으로 들고 나가는 것은 철저히 금지되었다고 증언했다. 더군다나 원안위원이 수명연장 심사대상 문서를 보는데 원안위 직원이 옆에서 지키고 앉아 문서 내용을 촬영을 하지 못하도록 감시를 했다고 한다. 원안위원들은 대부분 비상임위원이라 한달에 두 번 회의를 할 뿐이고, 자료들을 가져가지 못하면 자료가 매우 방대하여 사실상 제대로 된 검토는 불가능한데도 외부 반출을 금지한 것이다. 그러니 제대로 된 심의가 가능하였겠는가?

원안위가 하도 자료제출을 하지 않아 급기야 월성1호기 국민소송단 변호사들이 원안위에 가서 현장검증을 했는데 사진에 나오는 '월성1호기 최종안전성분석보고서'가 1권부터 15권까지 수천페이지에 걸쳐 있지만 책 내용은 열어보지도 못했고, 재판부도 국민소송단 변호사들도 최종안전분석보고서가 저렇게 생겼구나, 껍데기만 보고 돌아와야 했다. 원안위는 말로만 정보공개, 투명성을 외치면서 실제로는 원안위원과 법원에게조차 비밀주의로 일관한 것이다.

5. 청와대 압력으로 월성1호기 수명연장 허가?

월성1호기 수명연장허가가 나게 된 경위도 기가 막히다. 김익중 원안위원은 재판에서 수명연장이 의결되던 날 저녁식사 이후 청와대에서 "오늘 통과시킬 것"이라는 취지로 원안위원들에게 전화를 걸었다고 들었다는 사실을 증언했다. 실제로 이은철 원안위원장은 당일 날짜를 넘겨가면서까지 그 다음 날 새벽에 무리하게 표결을 강행하여 수명연장을 통과시켰다.

월성1호기 수명연장 허가 여부는 원안위의 고유한 권한으로, 청와대가 원안위에 전화를 걸어 '통과시키라'고 압력을 행사한 것이 사실이라면 이는 직권남용죄에 해당된다.

청와대에서 압력을 가했을 것이라고 생각할 수 있는 또 하나의 단서는 김영한 전 청와대 민정수석의 업무수첩에 삼척 핵발전소 찬반 주민투표가 치러진 이후 "삼척 주민투표의 영향이 영덕으로 확산될 조짐이 보인다"며 "선제적 대응이 필요"하고 기필코 "원전 건설을 달성"한다는 내용이 적혀있다는 사실이다. '청와대'는 노후핵발전소 수명연장이든, 신규 핵발전소 건설이든 '기필코 강행'하려는 의지로 불타고 있었던 것이다.

6. 월성 주민들의 피눈물은 우리 모두의 피눈물

정부의 핵발전소 유지확대 정책에 밀려 원안위는 껍데기로 전락하고 허수아비 역할을 하는데그쳤다. 노후화된 월성1호기가 수명을 연장해도 될 만큼 안전성을 갖추었는지에 대한 객관적이고 독립적인 통제와 감시는 없었다. 그리고 월성1호기는 당장이라도 가동을 중단해야 할 만큼 안전성이 우려된다고 전문가는 진단하고 있다. 지난 해 9. 12. 이후 경주지진은 현재까지 575차례 지진이 일어났는데 경주 지역은 신라시대에 4번이나 규모 6.5~7.0 지진이 일어났던 곳이고 지진 때문에 왕(혜공왕)을 죽인 적도 있을 정도이다. 특히 월성1호기 부지 바로 밑 지반은 서로 다른 암반(이질암반)으로 구성되어 지반이 매우 취약한 곳이다. 그래서 9. 12. 경주지진 당시 바로 옆 월성2, 3, 4호기 보다 지진으로 인한 충격이 1.6배 높게 나타났다.

월성1호기의 설비용량은 전체 전력설비의 0.7% 정도 밖에 되지 않고, 선고가 난 2월 7일에도 전력예비율은 18.4%나 되어 전기는 남아돈다. 한수원도 월성1호기가 가동이 안 된다고 하여 전력공급에 문제가 생기는 것은 아니라고 했다. 그렇다면 정부와 한수원은 법원의 판결을 받아들이고 당장이라도 월성1호기 가동을 중단해야 한다.

월성1호기 재판을 하는 동안 걱정에 가득찬 경주 주민들이 재판을 지켜보곤 했다. 월성1호기가 보이는 곳에 사는 어떤 주민은 옥수수를 쪄가지고 와서 재판하는데 힘내라면서 응원하는 마음을 전했다. 그분은 5살 난 손자의 몸에서 삼중수소가 검출되었다며 눈물을 쏟았다. 이제 그만 그분들의 피눈물을 닦아주고 싶다. 그리고 남의 일이 아니라는 사실을 우리 모두 깨달으면 좋겠다.

김영희 변호사는 탈핵법률가모임 해바라기 대표를 맡고 있습니다.

르노삼성 성희롱 사건 손해배상청구소송

이 종 희*

1. 사건 개요

가. 소송의 배경

한국에서 1993년 이른바 '서울대 신교수 성희롱 사건'으로 성희롱(sexual harassment)이 최초로 의제화된 이후, 성희롱에 대한 법제화가 이루어지기 시작하였다. 1995년 제정된 여성발전기본법(현재 '양성평등기본법'으로 법명 변경)에서 '성희롱'이라는 용어가 법에 처음 등장하였고, 이후 1999년 남녀차별금지및구제에관한법률(국가인권위원회로 차별구제업무가 일원화되면서 현재 폐지)을 제정하고 남녀고용평등법(현재 '남녀고용평등 및 일·가정 양립 지원에 관한 법률'로 법명 변경, 이하 '남녀고용평등법')을 개정함으로써 직장 내 성희롱을 고용상의 성차별의 하나로 규제하게 되었다.

이후 성희롱에 대한 국가인권위원회 진정례, 법원의 판례가 많이 축적되어 성희롱에 관한 판단기준이 어느 정도 정립되었고, 성희롱을 대수롭지 않은 일로 여기는 사회의 인식도 변화하였다. 서울대 신교수 성희롱 사건에서는 업무 과정에서 상급자가 성희롱 가해행위를 했음에도 불구하고 대한민국의 사용자책임이 부정되었으나, 남녀고용평등법에 성희롱에 관한 사용자의 의무가 규정되면서 점차 사용자책임이 인정되는 범위도 넓어졌다.

그러나 법령상 규정된 성희롱 예방교육 의무를 다했다거나 성희롱이 사적으로 이루어졌다는 이유 등으로 사용자가 책임을 면하는 경우가 여전히 많다. 피해자가 자신의 피해에 대해 문제제기를 하는 것은 쉽지 않은 상황도 지속되고 있다. 남녀고용평등법 제14조 제2항에서 "사업주는 직장 내 성희롱과 관련하여 피해를 입은 근로자 또는 성희롱 피해 발생을 주장하는 근로자에게 해고나 그 밖의 불리한 조치를 하여서는 아니된다"고 규정하고 형사처벌까지 예정하고 있으나, 이 조항 위반으로 기소된 사례나 이

---

* 변호사, 전국교직원노동조합.

조항이 언급된 판결이 매우 드물어 실효성을 잃고 있는 상황이다. 현실에서 성희롱 피해자는 필요한 보호조치는 받지 못한 채 유무형의 불이익을 받다 결국 퇴사로 몰리는 경우가 대다수이다. 이와 같은 현실에서 이 사건 소송은 성희롱에 관한 사용자책임의 범위와 남녀고용평등법 제14조 제2항의 의미를 적극적으로 다투었다는 데서 의미가 있다.

나. 소송을 진행하기까지의 과정

르노삼성자동차 주식회사(이하 '회사')에 근무하는 원고는 2012. 4.부터 2013. 3.까지 약 1년간 직속팀장에 의하여 성희롱 피해를 받은 자이다. 2013. 3. 담당 이사에게 성희롱 피해 사실을 알렸으나 담당이사가 사직을 권유하면서 공식신고를 만류하였고, 피해신고 후 인사팀 등에 의하여 자신에 대한 허위소문이 유포되었다. 그러자 원고는 2013. 6. 성희롱 가해자, 담당이사, 인사팀장, 회사를 상대로 손해배상청구소송을 제기하였다.

손해배상청구소송 제기 이후 오히려 원고와 원고를 도와준 동료직원(이하 '조력자')에 대한 징계, 대기발령 등 회사의 불이익조치가 이어졌다. 이에 여성단체를 중심으로 2014. 3. '르노삼성자동차 직장 내 성희롱 사건 해결을 위한 공동대책위원회'가 출범하여, 성희롱에 대한 불이익조치 쟁점을 부각시키며 사건에 대한 지원을 시작하였다. 그리고 민변 여성인권위원회 변호사를 중심으로 한 법률지원단이 구성되었다.

법률지원단은 원고와 조력자가 겪은 불이익조치에 대하여 회사 등을 남녀고용평등법 제14조 제2항 위반으로 형사고소하는 것을 주된 활동으로 삼았다. 손해배상청구소송은 이미 별도의 위임계약에 의해 진행되고 있었기에 그에 직접적으로 관여하지는 않았다. 그러나 성희롱 가해자의 책임만 인정하는 1심 판결 선고 이후 기존 대리인들이 항소심 소송을 맡지 않게 되면서, 형사고소 사건과의 연관성을 고려하여 법률지원단에서 손해배상청구 항소심과 상고심을 대리하게 되었다.

다. 사건 및 소송의 경과

2012. 4.~2013. 3. : 원고가 직속 팀장으로부터 성희롱 피해를 받음
2013. 3. : 원고가 회사 내에서 성희롱 피해 사실을 신고함
2013. 6. 11. : 원고가 성희롱 가해자, 담당이사, 인사팀장, 회사를 상대로 손해배상청구소송 제기함
2013. 7. 19. : 원고를 도와준 동료직원이 정직 징계를 받음
2013. 9. 4. : 원고가 견책 징계를 받음
2013. 10. 17. : 원고가 업무전환 통보를 받음
2013. 12. 6. : 조력자가 직무정지 및 대기발령 통보를 받음

2013. 12. 11. : 원고가 직무정지 및 대기발령 통보를 받음
2014. 6. : 원고와 조력자가 회사 등을 남녀고용평등법위반으로 고소
2014. 12. 18. : 손해배상청구 사건 1심 판결 선고
2015. 12. 18. : 손해배상청구 사건 2심 판결 선고

2. 원고의 청구와 쟁점

가. 원고의 청구

원고는 성희롱 가해자인 직속 팀장, 담당 이사, 인사팀장, 회사를 피고로 하여 손해배상청구의 소를 제기하였다. 원고는 소 제기시, 1) 직속 팀장에 대하여는 약 11개월에 걸친 성희롱 행위에 관하여, 2) 담당 이사에 대하여는 원고에게 사직을 종용하고 공식 신고를 막고자 한 행위와 원고가 신고를 하자 원고를 차별대우한 행위에 관하여, 3) 인사팀장에 대하여는 소속 인사팀 직원들에 대한 관리·감독 의무를 소홀히 하여 인사팀 직원들이 허위의 소문을 전파하도록 한 부분에 관하여 불법행위책임을 주장하였다. 4) 회사에 대하여는 직속 팀장, 담당 이사, 인사팀장, 인사팀 직원들에 대한 사용자책임을 물음과 동시에 회사 고유의 책임으로 성희롱 예방교육 미비로 성희롱 발생을 방지하지 아니한 행위, 직장 내 성희롱에 대한 적절한 구제절차를 갖추지 못하여 원고의 피해를 확산시킨 행위에 관하여 불법행위책임을 주장하였다.

소 제기 이후 원고와 조력자에 대한 불이익 조치들이 가해지자, 원고는 청구원인을 추가하였다. 회사 고유의 불법행위책임 발생 원인으로, ① 원고가 기존에 수행하던 전문 업무에서 원고를 배제하고 공통업무(서무업무)만을 수행하도록 통보한 행위, ② 원고에 대하여 징계 처분을 한 행위, ③ 조력자에 대하여 징계처분을 한 행위, ④ 원고에 대하여 직무 정지 및 대기 발령을 명하고 절도방조죄로 고소한 행위를 추가하였다. 인사팀장에 대해서도, 대기발령을 이유로 원고의 신체의 자유를 과도하게 제한하고 압박한 행위 등에 관하여 추가로 불법행위책임을 주장하였다.

나. 항소심에서의 주장과 쟁점

1심 법원은 직속 팀장에 대한 청구에 대해서는 직속 팀장의 행위가 직장 내 성희롱에 해당한다며 불법행위책임을 인정하였으나, 나머지 피고에 대한 청구는 모두 기각하였다. 이후 원고는 회사에 대한 청구에 대해서만 항소하였고, 직속 팀장에 대한 청구부분은 직속 팀장이 항소를 하지 않아 확정되었으며 기타 나머지 피고에 대한 청구 부분은 모두 그대로 확정되었다. 이에 항소심에서는 회사의 책임 부분에 집중하여 공방이

이루어졌다.

1) 직속 팀장의 불법행위에 대한 사용자책임

2) 남녀고용평등법 제14조 제2항의 불리한 조치로 인한 불법행위책임

3) 인사팀 직원의 불법행위에 대한 사용자책임

회사는 1) 직속 팀장의 불법행위에 대한 사용자책임과 관련하여, 1심 판결이 성희롱 행위를 과다하게 인정하였다며 사용자책임의 전제가 되는 불법행위의 성립범위에 대하여 다투었다. 그리고 직속 팀장의 행위는 직무와 무관한 개인적인 행위라 회사가 알 수 없었으며 회사는 성희롱 예방교육을 충실하게 하였으므로 사무집행관련성이 없거나 면책사유가 있다고 주장하였다. 2) 남녀고용평등법 제14조 제2항의 불리한 조치로 인한 불법행위책임과 관련하여서는, 각 조치는 별도의 근거에 따라 이루어진 것이라고 주장하였다. 3) 인사팀 직원의 불법행위에 대한 사용자책임과 관련하여서는, 인사팀 직원이 원고에 관한 허위사실을 유포한 것이 아니라 조사하고 있는 성희롱 사건에 대하여 개인적 인상을 말한 것에 불과하여 불법행위에 해당하지도 않고 사무집행관련성도 없다고 주장하였다.

3. 법원의 판결

가. 직속 팀장(성희롱 가해자)의 불법행위에 대한 사용자책임 부분

(1) 1심

1심 법원은 원고가 주장한 사실관계를 대부분 인정하고 직속 팀장의 언행이 직장 내 성희롱에 해당한다고 판단하였다. 회사 내 징계 절차에서는 직속 팀장이 원고에게 '내가 마사지를 잘하는데 온몸에 아로마 오일을 쫙~ 발라서 전신마사지를 해줄 수 있다'고 말한 부분만 성희롱으로 인정되었다. 그러나 법원은 위 오일마사지 발언뿐만 아니라 직속 팀장이 개인적인 약속을 만들어 원고를 만나고 집까지 데려다 주려고 한 행위, 회식자리에서 '사랑한다'고 한 발언 등 11개월에 걸친 직속 팀장의 일련의 언행을 포괄적으로 직장 내 성희롱으로 보았다. 피고들은 원고가 직속 상사에게 긍정적인 느낌의 이메일을 보낸 것 등을 반대 근거로 들었으나 1심 법원은 직속 팀장이 상사로서 인사고과를 하는 권한이 있었기 때문에 원고가 좋은 관계를 유지하려 노력할 수밖에 없었다고 판단하였다.

그러나 법원은 사무집행관련성이 없다고 보아 민법 제756조에 기한 회사의 사용자책임은 부정하였다. ① 직속 팀장이 원고와 업무 외의 사적인 자리를 갖기 위해 접근하면서 성희롱 행위가 시작된 것으로 보이는 점, ② 직속 팀장의 성희롱 행위가 회사의

업무를 수행하는 과정에서 일어난 것도 아니고, 가해행위의 동기가 업무처리와 관련된 것으로 볼 수도 없는 점, ③ 회사가 성희롱 예방교육을 부실하게 하는 등으로 성희롱의 위험발생 및 방지조치를 결여하였다고 보기도 어려운 점, ④ 직속 팀장의 성희롱 행위는 개인적으로 이루어지고 피해자인 원고도 상당한 기간 동안 이를 공개하지 않았으므로, 회사가 이를 알았거나 알 수 있었다고 보기도 어려운 점 등을 그 근거로 설시하였다.

(2) 2심

(가) 직장 내 성희롱 해당 여부(피용자의 불법행위)

직속 팀장의 행위에 대해서 항소심 법원도 동일하게 포괄적으로 직장 내 성희롱에 해당한다고 판단하였다.

항소심 법원은 남녀고용평등법 제2조 제2호의 '직장 내 성희롱'에 관한 정의[1]에서 '성적인 언동 등'에 대하여 "상대방이 원하지 않음에도 불구하고 상대방에게 성적인 접근 내지 구애를 하는 것, 성적인 호의를 요청하는 것, 성차별적인 발언을 하는 것 그 밖에 상대방을 성적인 대상으로 삼거나 성적인 차별의 대상으로 삼아 말과 행동을 하는 것 일체"를 가리킨다고 하여 성희롱의 정의를 확장하여 해석하였다. 그리고 이 사건에서 개인적인 대화나 만남을 지속적으로 시도 내지 요구하는 직속 상사의 언행 중 일부는 직접적으로 성적인 발언과 행동이 없었다 하더라도 직장 내 성희롱에 해당한다고 보았다.

(나) 사용자책임의 요건으로 사무집행관련성 충족 여부

항소심 법원은 "부하직원의 업무환경에 영향을 미칠 수 있는 상급자가 그 부하직원에 대하여 직장 내 성희롱을 한 경우에는 그 자체로 직무위반행위로서 민법 제756조에서 말하는 '사무집행에 관한 불법행위'에 해당한다."라고 하여 직장 내 성희롱의 사무집행관련성을 기존보다 크게 넓히는 판시를 하였다. 그 근거로, 남녀고용평등법에 따라 사업주의 사무에 직장 내 성희롱 예방 등의 사무가 규범적으로 포함되게 되었고, 나아가 주로 피해 근로자의 업무환경에 영향을 미칠 수 있는 상급자가 그 지위를 이용하여 직장 내 성희롱을 자행하고 있는 현실에서 적어도 부하직원의 업무환경에 영향을 미칠 수 있는 상급자의 경우에는 설령 사업주로부터 명시적으로 직장 내 성희롱 예방 등의 직무를 부여받지 않았다 하더라도 그 부하직원에 대한 직장 내 성희롱 예방 등은 규범적으로 그가 수행하여야 할 직무의 하나에 해당한다고 보아야 한다는 점을 들었다.

---

1) 남녀고용평등법 제2조(정의)
2. "직장 내 성희롱"이란 사업주·상급자 또는 근로자가 직장 내의 지위를 이용하거나 업무와 관련하여 다른 근로자에게 성적 언동 등으로 성적 굴욕감 또는 혐오감을 느끼게 하거나 성적 언동 또는 그 밖의 요구 등에 따르지 아니하였다는 이유로 고용에서 불이익을 주는 것을 말한다.

이 사건의 경우 성희롱 가해자가 단순한 상급자 정도가 아니라 원고를 포함한 팀원들에 대한 지휘감독권과 1차적인 근무평정권을 가진 단위 부서의 장으로서 원고의 업무 환경에 가장 큰 영향을 미칠 수 있는 상급자에 해당하는 점, 성희롱 가해자가 직장 내 성희롱 예방교육 업무를 부여받기까지 한 점 등을 고려하면 사무집행관련성이 인정된다고 보았다.

한편 피고는 사용자책임을 부정한 서울대 신교수 성희롱 사건에 관한 판결을 들어 직속 팀장의 행위는 사무집행관련성이 없다고 주장하였으나, 법원은 위 판결이 사업주의 성희롱 예방 등 의무가 도입되기 전의 판결이라 이 사건에서 원용할 수 없다는 점을 명확히 밝혔다.

또 피고는 직장 내 성희롱 예방교육을 충실히 하는 등의 노력을 기울였으므로 손해위험창출과 방지조치 결여의 책임 정도 면에서도 사무집행관련성이 부정되어야 한다고 주장하였으나, 법원은 ① 회사 내부전산망에 게시한 성희롱 대처방안에 성희롱 신고가 있는 경우 최대한 당사자들 스스로 해결할 수 있도록 조치하는 것으로 기재된 점, ② 직장 내 성희롱 예방교육이 성희롱 가해자에 의해 이루어진 점, ③ 위 예방교육이 1년에 30분간 이루어진 것에 불과하여 실제로 교육자료 배포·게시 등으로 그쳤을 개연성을 배제할 수 없는 점 등을 들어 피고의 주장을 배척하였다.

(다) 면책사유의 존부

사용자가 직장 내 성희롱을 알았거나 알 수 없었으므로 면책되어야 한다는 피고의 주장에 대하여, 사용자가 직장 내 성희롱에 대하여 알 수 없었다는 것이 사용자책임의 면책사유에 해당하지 않는다는 점을 명시하였다.

가사 직장 내 성희롱을 알 수 없었다는 점이 면책사유에 해당한다고 판단하더라도, ① 이 사건에서 성희롱 가해자가 단위 부서의 장으로서 업무를 총괄하는 지위에 있는 점, ② 성희롱 가해자가 직장 내 성희롱 신고를 접수받아야 할 지위에 있었던 점에 비추어 피고가 직장 내 성희롱을 알았거나 최소한 알 수 있었다고 보아야 한다고 판단하며 피고의 주장을 배척하였다.

다만 이 사건에서 직속 팀장이 원고에게 변제를 하였다는 항변이 인용되어 최종적으로는 이 부분 청구가 기각되었다.

나. 남녀고용평등법 제14조 제2항의 불리한 조치로 인한 불법행위책임 부분

(1) 1심

1심 법원은 원고의 성희롱 신고 이후 일어났던 불리한 조치에 대해서 원고가 주장한 사실관계를 대부분 인정하면서도, 모두 별도의 인사조치 사유에 기한 조치라는 회사의 주장을 받아들이며 불법행위책임을 부정하였다.

(2) 2심

원고는 이 부분 청구에 관하여 본래 회사 고유의 책임으로 주장하였으나, 항소심 법원은 주식회사의 경우 대표자나 대리인을 통하여 행위할 수밖에 없다며 피고 자신의 책임이 아닌, 피고가 고용한 임직원들의 불법행위에 대한 사용자책임으로 청구원인을 정리하였다.

(가) 남녀고용평등법 제14조 제2항의 수범자, 불리한 조치의 의미, 입증책임

항소심 법원은 개별 불리한 조치에 대한 판단의 선제로서, 최초로 남녀고용평등법 제14조 제2항의 구체적 의미에 대하여 밝혔다.

① 먼저 남녀고용평등법 제14조 제2항의 수범자에 관하여, 그 규정만 보면 사업주만 의무가 있는 것처럼 보이나, 같은 법 제38조에서 양벌규정[2]을 두고 있는 점을 들어 법인의 경우 사업주인 당해 법인은 물론 그 대표자, 그리고 그 불리한 조치를 할 권한을 위임받은 담당 임직원 또한 남녀고용평등법 제14조 제2항의 수범자에 해당한다고 판시하였다.

② 남녀고용평등법 제14조 제2항에서 말하는 불리한 조치의 의미에 관해서는, 직장 내 성희롱 그 자체 내지 이에 대한 피해 근로자의 문제제기 등(이하 '성희롱 문제제기 등')과 관련된 것이어야 하고, 불리한 조치를 하게 된 다른 실질적인 이유가 있는 경우는 이에 해당하지 않는다고 판시하였다. 사업주 등의 직장 내 성희롱 피해 근로자에 대한 불리한 조치가 직장 내 성희롱에 대한 피해 근로자의 문제제기 등을 이유로 한 것인지 여부는 "불리한 조치를 하게 된 경위와 시기, 사업주 등이 내세우는 불리한 조치의 사유가 명목에 불과한지, 불리한 조치가 주로 직장 내 성희롱에 대한 피해 근로자의 문제제기 등에 대한 보복조치로 이루어진 것인지 등을 종합적으로 고려하여 판단하여야 할 것"이라며 근로기준법 제104조 제2항[3] 위반에 관한 판례를 참조하여 판시하였다. 이에 더하여 "사업주 등이 내세우는 사유가 직장 내 성희롱에 대한 피해 근로자의 문제제기 등이 있기 이전에 존재하였는지 여부, 그리고 직장 내 성희롱에 대한 피해 근로자의 문제제기 등과는 별개로 존재하는 피해 근로자의 다른 적극적인 행위에 기한 것인지 여부는 중요한 고려사항이 된다"고 밝혔다.

---

2) 남녀고용평등법 제38조(양벌규정) 법인의 대표자나 법인 또는 개인의 대리인, 사용인, 그 밖의 종업원이 그 법인 또는 개인의 업무에 관하여 제37조의 위반행위를 하면 그 행위자를 벌하는 외에 그 법인 또는 개인에게도 해당 조문의 벌금형을 과(科)한다. 다만, 법인 또는 개인이 그 위반행위를 방지하기 위하여 해당 업무에 관하여 상당한 주의와 감독을 게을리하지 아니한 경우에는 그러하지 아니하다.

3) 근로기준법 제104조(감독 기관에 대한 신고) ① 사업 또는 사업장에서 이 법 또는 이 법에 따른 대통령령을 위반한 사실이 있으면 근로자는 그 사실을 고용노동부장관이나 근로감독관에게 통보할 수 있다.
② 사용자는 제1항의 통보를 이유로 근로자에게 해고나 그 밖에 불리한 처우를 하지 못한다.

③ 입증책임에 관해서도 밝혔다. 남녀고용평등법 제30조는 "이 법과 관련한 분쟁해결에서 입증책임은 사업주가 부담한다"고 규정하고 있는데, 모든 입증책임이 사업주 등에 있다고 보는 것은 합리적이지 않을 뿐만 아니라 형평에도 맞지 않는다며, 장애인차별금지 및 권리구제 등에 관한 법률 제47조를 참조하여 적어도 불리한 조치가 있었다는 점은 피해 근로자가 입증하여야 하고, 그 불리한 조치를 하게 된 다른 실질적인 이유가 있었다는 점에 대하여는 사업주 등에게 입증책임이 있는 것으로 입증책임을 배분하여야 한다고 판시하였다.

(나) 각 불리한 조치에 대한 판단

쟁점이 된 ① 원고에 대한 업무전환 통보, ② 원고에 대한 견책 징계, ③ 조력자에 대한 정직 징계, ④ 원고에 대한 직무정지·대기발령 및 형사고소 중, 항소심 법원은 ① 원고에 대한 업무전환 통보만 남녀고용평등법 제14조 제2항에 위반한 불리한 조치에 해당된다고 판단하였다. "원고에게, 이 사건 직장내 성희롱이 문제된 이후에 새로이 발생한 사유가 아니라 원고에게 원초적으로 존재하는 사유인, '엔지니어링 경험 부족'이라는 이유를 내세워 이 사건 업무배치를 한 것은 설득력이 떨어진다"며, 앞서 불리한 조치 판단에서 중요한 고려사항으로 본 '사업주 등이 내세우는 사유가 직장 내 성희롱에 대한 피해 근로자의 문제제기 등이 있기 이전에 존재하였는지 여부'를 주요 사정으로 삼았다. 그리고 종래 전문 업무만 수행하여 오던 원고에게 추가 전문 업무를 부여하지 않고 비전문적이고 한직인 공통 업무를 부여함으로써 원고에게 소외감을 주고자 하였던 의도가 엿보인다고 판단하였다.

② 원고에 대한 견책 징계, ④ 원고에 대한 직무정지·대기발령 및 형사고소의 경우 별건의 혐의에 기초한 것으로 보고 성희롱 문제제기 등과의 관련성을 부정하였다.

③ 조력자에 대한 정직 징계의 경우, 조력자는 남녀고용평등법 제14조 제2항의 불리한 조치의 대상이 될 수 없다며 불법행위책임을 부정하였다. 남녀고용평등법 제14조 제2항의 불리한 조치의 대상은 피해 근로자 본인이라며 제3자가 직장내 성희롱에 대하여 문제제기 등을 하는 피해 근로자 본인에게 도움을 준 사람이라 할지라도 남녀고용평등법 제14조 제2항이 정한 불리한 조치의 대상이 될 수 없다고 판시하였다.

다. 인사팀 직원의 불법행위에 대한 사용자책임 부분

(1) 1심

1심 법원은, 인사팀 직원이 회사 내 다른 직원들에게 '원고가 성격이 보통이 아니더라. 아마 일방적으로 당하고만 계시지는 않았을 것이다', '피해자가 민감하게 반응한 부분이 있을 수 있다. 주관적인 것이 개입되기 때문에 남자에게 불리하게 진행되는 게 대부분이다'라는 말을 했던 사실을 인정하면서도, "구체적 사실관계에 관해 언급한 것이 아니었고 단순히 자신의 개인적인 인상을 사적인 자리에서 간략하게 설명한 것에 불과"하다며 인사팀 직원이 원고의 명예를 훼손하는 불법행위를 한 것은 아니라고 판단하였다. 이에 회사의 사용자책임도 부정하였다.

(2) 2심

항소심 법원은 사업장에서 직장 내 성희롱 사건에 대하여 조사업무를 수행하는 자의 조리상 의무를 처음으로 설시하였다. 직장 내 성희롱 조사업무를 수행하는 사람은 "당해 직장 내 성희롱 사건의 내용을 누설하는 것을 포함하여 당해 직장내 성희롱 사긴의 가해자와 피해자의 사회적 가치 내지 평가를 침해할 가능성이 있는 일체의 언동을 공연히 하여서는 아니 되는 등으로 비밀유지와 공정성을 엄수하여야 할 조리상의 의무가 있다"며 이를 위반할 경우 2차 피해가 발생할 개연성이 있고 이는 직장 내 성희롱을 신고조차 못하게 하는 것으로 이어질 수 있다고 지적하였다.

이 사건에서 인사팀원의 발언이 피해자인 원고의 사회적 가치 내지 평가를 침해할 가능성이 있는 내용인 점, 발언의 상대방이 모두 회사 직원들로서 다른 직원들에게 전파할 개연성이 높은 점 등을 들며 인사팀원의 발언은 "그 발언 내용이 단순한 의견의 표명인지 간접적이고 우회적인 방법에 의한 사실의 적시인지 여부에 상관없이" 직장 내 성희롱 사건의 조사업무를 수행하는 사람이 지켜야 하는 의무를 저버린 위법한 행위라고 보았다. 또한 이는 사무집행에 관한 불법행위이기에 회사가 사용자책임을 진다고 판단하였다.

4. 항소심 판결 이후의 상황

위 항소심 판결에 대하여 쌍방이 항소하여 손해배상청구소송은 현재 대법원에 계류 중이다.[4] 손해배상청구소송과 별개로 2014년 고소하였던 남녀고용평등법위반 사건은 3년이 지난 현재까지 검찰로 송치되지 않은 채 지방고용노동청에 머무르고 있다.

피해에 대한 구제가 늦어지는 동안 이 사건 원고는 회사 안에서 각종 불이익에 계속 노출되어 있다. 원고는 단편적인 업무만 배정받고 있을 뿐 업무와 정보 제공에서 소외되고 있다고 호소하고 있다. 원고는 이 사건 성희롱 신고 이전 최상등급의 근무평정을 받아 왔으나, 성희롱에 대한 문제제기 이후 연속적으로 하위 등급의 평가를 받았다. 항

4) 원고에 대한 최종교정을 보는 와중인 2017. 12. 22. 원고 패소 부분에 대한 파기환송 판결이 내려졌다(대법원 2017. 12. 22. 선고 1016다202947 판결). 대법원은 원고에 대한 견책징계, 원고에 대한 직무정지와 대기발령 등도 남녀고용평등법상 불리한 조치에 해당된다는 취지의 판결을 하였다. 한편 성희롱 피해자를 도와준 제3자에 대한 불리한 조치로 성희롱 피해자에 대한 불법행위책임이 성립할 수 있다고 판시하였다.

소심 판결에서 회사에 대한 일부 승소판결을 얻은 이후에는 최하위 등급의 평가를 받기까지 이르렀다.

이 사건으로 성희롱 피해자가 겪는 2차 피해 문제에 대한 관심이 늘어나면서 직장 내 성희롱 피해자에 대한 보호조치를 강화하고 불리한 조치를 구체화하는 남녀고용평등법 개정안이 여럿 발의되어 통과되었다. 그러나 이러한 움직임에도 불구하고 여전히 실무에서 수사기관은 전례가 드물다는 이유로 남녀고용평등법 제14조 제2항에 대한 판단을 유보하고 있는 듯하다. 따라서 법률의 개정과 함께 직장 내 성희롱 피해자가 겪는 불리한 조치와 관련한 구체적 판단 사례를 축적시키는 것이 필요하다. 판단 사례가 축적되어야 규정이 실효적으로 작동할 수 있을 것이며 성희롱 피해자에게 가해지는 불리한 조치에 대한 사회적 인식도 바뀔 수 있을 것이다.

함께 검토할 판결례

〈성희롱 및 이후 조치에 대한 사용자의 민사상 책임〉

대법원 1998. 2. 10. 선고 95다39533 판결.

서울지방법원 2002. 11. 26. 선고 2000가합57462 판결.

대법원 2009. 2. 26. 선고 2008다89712 판결.

수원지방법원 2010. 4. 15. 선고 2008가합5314 판결.

서울중앙지방법원 2015. 5. 6. 선고 2012나43353 판결.

관련자료

김엘림, 「성희롱의 방지에 관한 사용자의 법적 책임」, 『노동법학』 제34권, 한국노동법학회, 2010.

박은정, 「성희롱 판단 기준과 사용자의 대리책임: 미국 EEOC 지침을 중심으로」, 『법학논집』 제19권 제2호, 이화여자대학교 법학연구소, 2014.

이종희, 「성희롱 발생과 이후 조치에 대한 사용자의 민사상 책임」, 『사법정의와 여성 Ⅲ』, 민변 여성인권위원회, 2014.

정현미 외, 『성희롱 2차 피해 실태 및 구제강화를 위한 연구』, 국가인권위원회 인권상황 실태조사 연구용역보고서, 2015.

심층질문

1. 성희롱과 성차별의 개념은 어떻게 구분되는가? 성적인(sexual) 언행이라고 할 수 없으나 성차별적인 발언에 해당하는 경우에도 성희롱의 정의에 포함하여 해석할 수 있는가?

2. 직장 내 성희롱에 해당하기 위해서는 "지위를 이용하거나 업무 등과 관련하여" 성적 언동 등을 하여야 한다(남녀고용평등법 제2조 제2호). 이는 사용자책임이 인정되기 위한 요건인 '사무집행에 관하여'와 다른 의미인가?

3. 보복조치를 금지하는 다른 법률 규정을 찾아보자(근로기준법 제104조 제2항, 노동조합 및 노동관계조정법 제81조 제1호 등). 남녀고용평등법 제14조 제2항과 문언상 어떤 차이가 있는가? 보호되는 행위와 보복행위 사이의 인과관계, 또는 관련성을 어떤 기준으로 판단하여야 하는가?

4. 남녀고용평등법 제14조 제2항에서 불리한 조치를 금지하는 대상으로 규정하고 있는 "성희롱 피해 발생을 주장하는 근로자"는 누구인가? 이는 "피해를 입은 근로자"와 어떻게 구분되는가?

5. 직접적으로는 조력자를 대상으로 하는 불리한 조치가 성희롱 피해자에 대한 불리한 조치가 된다고 해석하여 성희롱 피해자에 대한 손해배상책임을 인정할 수 있는가?

6. 장애인차별금지 및 권리구제 등에 관한 법률 제47조와 남녀고용평등법 제30조의 입증책임 조항은 어떤 차이가 있는가? 그 차이를 고려할 때 성희롱 분쟁에서 입증책임 배분은 어떻게 이루어지는 것이 타당한가?

자료 2심 판결문(서울고등법원 2015. 12. 18. 2015나2003264 판결)

주문

1. 제1심 판결의 피고에 대한 부분 중 다음에서 지급을 명하는 돈에 해당하는 원고 패소부분을 취소한다.

피고는 원고에게 10,000,000원 및 이에 대하여 2014. 11. 1.부터 2015. 12. 18.까지는 연 5%의, 그 다음날부터 다 갚는 날까지는 연 20%의 각 비율로 계산한 돈을 지급하라.

2. 원고의 피고에 대한 나머지 항소를 기각한다.

3. 원고와 피고 사이의 소송총비용은 이를 10분하여 그 9는 원고가, 나머지는 피고가 각 부담한다.

4. 제1항 중 돈의 지급 부분은 가집행할 수 있다.

이유

1. 기초사실

<생략>

2. 관련법령

<생략>

3. 원고의 청구원인 요지(원고는 2015. 2. 23.자 준비서면을 통하여 청구원인을 최종적으로 아래와 같이 정리하였다)

피고는 아래와 같이 원고에 대하여 세 가지 손해배상책임을 부담하는바, 피고는 원고에게 위자료로 합계 120,000,000원 및 이에 대한 지연손해금을 지급할 의무가 있다.

가. ○○○의 불법행위에 대한 사용자책임

원고는 피고의 여성 근로자이고, ○○○는 원고가 소속된 팀의 팀장으로서 원고의 상급자였는바, ○○○는 2012년 4월경부터 2013년 3월 초순경까지 남녀고용평등법 제12조에 위반하여 원고에게 직장내 성희롱을 하는 위법행위를 저질렀고, 원고는 이로 말미암아 정신적 손해를 입었는바, 피고는 ○○○의 위 불법행위에 대하여 사용자로서 손해배상책임을 부담한다.

나. 피고 자신의 불법행위책임

피고는 남녀고용평등법 제14조 제2항을 위반하여 직장내 성희롱 피해자인 원고에게, ① 2013. 10. 17. 원고가 기존에 수행하여 오던 전문업무에서 원고를 배제하고 원고로 하여금 공통업무만 수행하도록 하는 내용의 부당한 업무배치 통보를 하고, ② 2013. 9. 4. 원고가 □□□로부터 진술서를 작성받은 것을 빌미로 삼아 원고에게 부당한 징계처분을 하며, ③ 2013. 7. 19. 원고를 도와주는 ☆☆☆에 대하여 보복적 징계처분을 하고, ④ 2013. 12. 11. ☆☆☆가 불법적으로 피고의 문서를 불법적으로 반출한 행위에 원고가 가담한 혐의가 있다는, 근거 없는 이유를 내세워 원고에게 부당한 직무정지 및 대기발령을 함과 아울러 그 무렵 위 혐의로 원고를 절도방조죄로 부당하게 고소하는 등의 불리한 조치를 하는 위법행위를 저질렀고, 원고는 이로 말미암아 정신적 손해를 입었는바, 피고는 자신의 위 불법행위에 대하여 손해배상책임을 부담한다.

다. ◆◆◆의 불법행위에 대한 사용자책임

◆◆◆은 원고가 ○○○로부터 당한 직장내 성희롱 사건의 조사를 담당한 피고 연구소 인사팀 소속 직원으로서 위 사건에 대하여 철저한 비밀유지의무가 있는데, 2013년 3월경 비밀유지의무를 위반하여 위 사건과 관련하여 원고의 명예를 훼손하는 내용의 발언을 하는 위법행위를 저질렀고, 원고는 이로 말미암아 정신적 손해를 입었는바, 피고는 ◆◆◆의 위 불법행위에 대하여 사용자로서 손해배상책임을 부담한다.

4. ○○○의 불법행위에 대한 사용자책임을 묻는 청구에 대하여

가. 인정사실

<생략>

나. ○○○의 불법행위(○○○의 원고에 대한 직장내 성희롱)

1) 남녀고용평등법 제2조 제2호는 '직장내 성희롱'을 "사업주·상급자 또는 근로자가 직장 내의 지위를 이용하거나 업무와 관련하여 다른 근로자에게 성적 언동 등으로 성적 굴욕감 또는 혐오감을 느끼게 하거나 성적 언동 또는 그 밖의 요구 등에 따르지 아니하였다는 이유로 고용에서 불이익을 주는 것을 말한다"고 규정하면서, 제12조에서 사업주, 상급자 또는 근로자의 직장내 성희롱을 금지하고 있다.

위 규정에서 말하는 '직장내의 지위를 이용하거나 업무와 관련하여'라는 요건은 포괄적인 업무관련성을 나타낸 것으로서 업무수행의 기회나 업무수행에 편승하여 성적 언동이 이루어진 경우뿐 아니라 권한을 남용하거나 업무수행을 빙자하여 성적 언동을 한 경우도 이에 포함되고, 어떠한 성적 언동이 업무관련성이 인정되는지 여부는 쌍방 당사자의 관계, 행위가 행해진 장소 및 상황, 행위의 내용 및 정도 등의 구체적 사정을 참작하여 판단하여야 한다(대법원 2006. 12. 21. 선고 2005두13414 판결 참조).

그리고 위 규정에서 말하는 '성적인 언동 등'의 경우, 남녀고용평등법 시행규칙 제2조 별표 1은 그 가, 나, 다목에서 주로 성적 접촉 등의 직접적인 신체접촉을 하거나 직접적으로 성적인 발언을 하거나 또는 음란한 매체 등을 보여주는 행위를 예시하고 있으나, 위 규정에서 말하는 '성적인 언동 등'이라 함은 반드시 위와 같은 수준의 행위에 국한되는 것이 아니고, 당사자의 관계, 행위가 행해진 장소 및 상황, 행위에 대한 상대방의 명시적 또는 추정적인 반응의 내용, 행위의 내용 및 정도, 행위가 일회적 또는 단기간의 것인지 아니면 계속적인 것인지 여부 등의 구체적 사정을 참작하여 볼 때, 객관적으로 보아 상대방과 같은 처지에 있는 일반적이고도 평균적인 사람에게 성적 굴욕감 내지 혐오감을 느낄 정도로, 상대방이 원하지 않음에도 불구하고 상대방에게 성적인 접근 내지 구애를 하는 것, 성적인 호의를 요청하는 것, 성차별적인 발언을

하는 것 그 밖에 상대방을 성적인 대상으로 삼거나 성적인 차별의 대상으로 삼아 말과 행동을 하는 것 일체를 가리킨다고 해석함이 타당하다. 왜냐하면 이와 달리 해석하여 '성적 언동 등'을 이성 또는 동성 간의 육체적 관계나 사람의 신체적 특징과 관련된 육체적, 언어적, 시각적 행위로 한정할 경우, 상대방에게 원하지 않는 개인적인 교제 차원의 대화나 만남을 강압적 내지 지속적으로 요구하는 행위, 눈으로 상대방의 신체를 훑어보는 행위, 특히 여성 근로자에게 "집에서 살림이나 하지" 등의 성차별적 발언을 하는 행위 등이 성적 언동 등에서 자칫 제외될 가능성이 있는데, 이는 특히 여성 근로자들이 직장내에서 위와 같은 언동 등으로 인하여 성적 굴욕감 또는 혐오감을 느끼고 그로 인하여 업무수행에 방해를 받는 경우가 적지 않은 현실을 감안할 때 타당하다고 볼 수 없기 때문이다(우리 사회의 직장내 성희롱 문제를 뿌리째 들어내기 위하여는 특히 여성 근로자에 대하여 그 여성 근로자가 내 어머니나 누나, 여동생, 딸이라고 가정할 경우 차마 쉽게 하지 못할 행위를 하였다면 설령 행위자가 직장생활의 활력소가 될 만한 가벼운 농담 내지 장난 차원에서 행하였다는 명분을 내세우더라도 다른 특별한 사정이 없는 한 이는 '성적 언동 등'에 해당한다고 보아도 틀림이 없다 할 것이다).

2) 그러므로 보건대, 아래 가) 내지 마)의 점을 종합할 때, ○○○가 위 인정사실 2) 내지 6), 8) 내지 10), 12) 기재와 같이 원고에 대하여 한 언동(이하 '이 사건 언동'이라 한다)은 ○○○가 직장내 상급자로서의 지위를 이용하거나 업무와 관련하여 원고에게 성적 언동 등으로 성적 굴욕감 또는 혐오감을 느끼게 한 행위로서 남녀고용평등법 제12조를 위반한, 같은 법 제2조 제2호 소정의 직장내 성희롱에 해당한다고 봄이 타당하고, 이로 인하여 원고가 정신적 고통을 입었음은 경험칙상 명백하다 할 것이므로, 이 사건 언동은 민법 제750조 소정의 불법행위를 구성한다.

가) ○○○는 차량상품성팀의 팀장으로서 원고를 포함하여 소속 팀원들에 대한 지휘감독권과 1차적인 근무평정권을 가지고 있었기 때문에, ○○○가 원고에게 개인적으로 대화하거나 만남을 가질 것을 요구할 경우 비록 그것이 업무 외적인 것이 명백한 상황이라 하더라도 이를 대놓고 거부하기가 쉽지 않은 것이 현실이다.

나) 그리고 이 사건의 경우, ○○○는 배우자가 있는 남성이고, 원고는 미혼 여성으로서, 특별한 사정이 없는 한 ○○○와 원고가 이성간의 교제로서의 성질을 띤 개인적인 대화나 만남을 지속적으로 가져야 할 하등의 이유가 없는 특수성이 있기까지 하다.

다) 한편, ① 원고가 2012. 5. 11. 카카오톡 대화를 통하여 ○○○에게 "○○○와 개인적 대화가 싫고 불편하다, 퇴근 후에 ○○○와 개인적으로 연락하고 만나는 자리가 불편하다"는 등의 말을 한 점, ② 원고가 2012. 8. 8. 카카오톡 대화를 통하여 친구인 ◑◑◑에게 "나 돈보다 더 이상 이 회사 못 다니겠어, 다른 건 다 참겠는데 팀장이 계속 찝쩍거리는 건 정말 하루에도 일하다 오바이트가 나올 거 같아" 등의 말을 한 점, ③ 원고가 2013. 3. 4. 회식 자리에서 ○○○로부터 개인 이름과 함께 "사랑한다"는 말을 연속하여 들은 이후에 옆에 있던 직장 동료에게 "회사 내에 성희롱만 없어도 회사 다니겠다, 더 이상 못 다니겠다"는 말을 한 점, ④ 원고가 이미 2012. 9. 22.부터 ○○○의 성희롱으로 인한 정신적 고통으로 인하여 심리상담을 받아 온 점 등을 종합할 때, 원고는 ○○○의 이 사건 언동으로 인하여 심리상담을 받아야 할 정도의 성적 굴욕감이나 혐오감을 느꼈을 뿐만 아니라 이러한 감정을 ○○○에게 명시적 내지 추정적으로 표명한 것으로 보인다.

라) 나아가 이 사건 언동이 ○○○가 근무 중 사무실에서 사내메신저 등을 이용하여 원고

에게 제의하여 이루어진 개인적인 주말 산행, 퇴근 후 술자리, 차량 동승 상태에서 있었거나, 사무실·사내 카페·회식 자리에서 있었던 점에 비추어, 이 사건 언동과 ○○○의 업무수행 사이에 포괄적인 업무관련성이 있다고 봄이 타당하다.

마) ○○○가 원고에 대하여, 원고가 원하지 아니하는 이성간의 교제로서의 성격을 띤 개인적인 대화나 만남을 지속적으로 시도 내지 요구하는 것을 핵심으로 하는 이 사건 언동은 가사 그동안 우리 사회에 만연해 있는 여성에 대한 왜곡된 사회적 인습이나 비뚤어진 직장문화 등에 의하여 형성된 ○○○의 평소의 생활태도에서 비롯된 것으로서 아무런 문제의식 없이 이루어진 것이라 하더라도, 나아가 일부 언동의 경우 직접적으로는 성적인 발언과 행동이 없었다 하더라도{이와 관련하여 피고는 위 인정사실 기재 5), 6), 8) 기재 언동의 경우 그 언동 사실 자체를 부인하면서 가사 그 언동이 있었다 하더라도 이는 성희롱에 해당하지 않는다고 주장하고 있다}, 원고와 ○○○의 관계, 이 사건 언동이 행하여진 장소 및 상황, 이 사건 언동에 대한 원고의 명시적 또는 추정적인 반응의 내용, 이 사건 언동의 내용 및 정도, 이 사건 언동이 이루어진 기간 및 횟수 등에 비추어 볼 때, 객관적으로 보아 원고와 같은 처지(즉 상대방이 배우자가 있는 남성 직장상사이고 본인은 미혼 여성인 경우)에 있는 일반적이고도 평균적인 사람에게 성적 굴욕감이나 혐오감을 느낄 수 있게 하는 행위에 해당한다고 봄이 타당하다.

다. 사무집행 관련성

1) 민법 제756조에 규정된 사용자책임의 요건인 '사무집행에 관하여'라는 뜻은 피용자의 불법행위가 외형상 객관적으로 사용자의 사업활동 내지 사무집행행위 또는 그와 관련된 것이라고 보여질 때에는 행위자의 주관적 사정을 고려함이 없이 이를 사무집행에 관하여 한 행위로 본다는 것이고, 외형상 객관적으로 사용자의 사무집행에 관련된 것인지 여부는 피용자의 본래 직무와 불법행위와의 관련 정도 및 사용자에게 손해발생에 대한 위험창출과 방지조치 결여의 책임이 어느 정도 있는지를 고려하여 판단하는 것이 원칙이다(대법원 1999. 1. 26. 선고 98다39930 판결 등 참조).

그런데 남녀고용평등법 제5조 제2, 3항, 제12조, 제13조 제1항, 제14조의 규정에 의하면, 사업주는 직장내 성희롱을 예방하고, 직장내 성희롱 발생이 확인된 경우 해당 피해 근로자를 직장내 성희롱으로부터 보호하여야 할 의무가 있으므로, 남녀고용평등법에 따라 사업주의 사무에는 위와 같은 직장내 성희롱 예방 등의 사무가 규범적으로 포함되게 되었다 할 것이고, 나아가 주로 피해 근로자의 업무환경에 영향을 미칠 수 있는 상급자가 그 지위를 이용하여 직장내 성희롱을 자행하고 있는 현실을 감안할 때, 남녀고용평등법의 위와 같은 입법취지를 실질적으로 구현하기 위하여는, 동료 근로자나 단순 상급자는 별론으로 하고, 적어도 부하직원의 업무환경에 영향을 미칠 수 있는 상급자의 경우에는 설령 사업주로부터 명시적으로 직장내 성희롱 예방 등의 직무를 부여받지 않았다 하더라도 그 부하직원에 대한 직장내 성희롱 예방 등은 규범적으로 그가 수행하여야 할 직무의 하나에 해당한다고 봄이 타당하다. 따라서 부하직원의 업무환경에 영향을 미칠 수 있는 상급자가 그 부하직원에 대하여 직장내 성희롱을 한 경우에는 그 자체로 직무위반 행위로서 민법 제756조에서 말하는 '사무집행에 관한 불법행위'에 해당한다고 봄이 타당하다.

2) ○○○의 이 사건 언동(이하 '이 사건 직장내 성희롱'이라 한다)의 사무집행 관련성 유무에 관하여 보건대, ① ○○○는 단순한 상급자 정도가 아니라 원고가 소속된 차량상품성팀

(총 인원 35명)의 팀장으로서 원고를 포함하여 차량상품성팀 팀원들에 대한 지휘감독권과 1차적인 근무평정권을 가지고 있는 단위 부서의 장으로서 원고의 업무환경에 가장 큰 영향을 미칠 수 있는 상급자에 해당하는 점, ② ○○○가 피고로부터 차량상품성팀 팀원들에 대한 직장내 성희롱 예방교육 업무를 부여받기까지 한 점 등을 고려할 때, ○○○는 원고의 ○○○의 원고에 대한 이 사건 직장내 성희롱은 그 자체로 직무위반행위로서 민법 제756조에서 말하는 '사무집행에 관한 불법행위'에 해당한다고 봄이 타당하다.

3) 이에 대하여 피고는, 대법원 1998. 2. 10. 선고 95다39533 판결을 내세우며 ○○○의 이 사건 직장내 성희롱은 ○○○ 본래의 직무와 관련성이 없어 외형상 객관적으로 피고의 사무집행행위와 관련된 불법행위로 볼 수 없다고 주장하나, 위 대법원 판결은 그 사안은 물론 판결 자체가, 우리 법제상 1999. 2. 8. 법률 제5933호로 구 남녀고용평등법이 개정되면서 사업주의 직장내 성희롱 예방 등 의무가 최초로 도입되기 전에 있었던 것으로서 이 사건에 원용하기에는 적절하지 아니하므로, 이와는 다른 전제에 서 있는 피고의 위 주장은 받아들일 수 없다.

피고는 또한, 직장내 성희롱 예방교육을 충실히 하는 등 사용자의 손해해발생에 대한 손해위험창출과 방지조치 결여의 책임 정도 면에서 이 사건 직장내 성희롱의 사무집행 관련성은 부정되어야 한다고 주장하나, 위 인정사실과 갑 제54, 59호증, 을나 제1호증의 각 기재와 변론 전체의 취지를 종합하여 인정되는 아래 가) 내지 다)의 사정에 비추어 볼 때, 피고가 제출한 모든 증거들을 종합하여 보더라도, 피고가 이 사건 언동이 이루어진 기간 동안 직장내 성희롱 예방교육을 충실히 한 점을 인정하기에 부족하고, 달리 이를 인정할 만한 증거가 없으므로, 이와는 다른 전제에 서 있는 피고의 위 주장 역시 받아들일 수 없다.

가) 피고의 직장내 성희롱 예방교육 일지에 따르면, 이 사건 직장내 성희롱이 이루어진 기간 동안 원고가 소속된 차량상품성팀 직원들에 대한 직장내 성희롱 예방교육이 2012. 11. 12. 09:30부터 10:00까지 사이에 30분 동안 팀장인 ○○○의 주관하에 1회 실시하고, 그 강사 또한 팀장인 ○○○인 것으로 기재되어 있는데, 1년에 30분 강의만으로 직장내 성희롱 예방교육이 충실하게 이루어졌다고 보기 힘들 뿐만 아니라, 차량상품성팀에 대한 직장내 성희롱 예방교육을 주관하고 강사를 맡은 사람이 다름이 아닌 이 사건 직장내 성희롱의 가해자인 ○○○이다.

나) 직장내 성희롱의 특성상 그 신고가 있는 경우 우선적으로 가해자를 피해자로부터 분리하는 조치를 취하는 것이 적절하다 할 것임에도 불구하고, 피고가 2012년 직장내 성희롱 예방교육과 관련하여 전사 내부전산망 게시판의 '성희롱예방'란에 게시한 '성희롱 피해자 권리구제 절차 및 대처방안'에는 직장내 성희롱 사건의 신고가 있는 경우 최대한 당사자들 스스로 해결할 수 있도록 조치하는 것으로 기재되어 있다(남녀고용평등법 제25조는 근로자의 직장내 성희롱 신고가 있을 경우 자율적인 해결을 위하여 노력하여야 한다고 규정하고 있으나, 이는 피고가 직접 해결하려 하기보다는 근로자참여 및 협력증진에 관한 법률에 따라 해당 사업장에 설치된 노사협의회를 통한 자율적인 해결을 위하여 노력하여야 한다는 취지이지, 가해자와 피해사 사이의 자율적인 해결을 말하는 것이 아니다).

다) 남녀고용평등법 시행령 제3조 제3항에 의하면, 단순히 교육자료 등을 배포·게시하거나 전자우편을 보내거나 게시판에 공지하는 데 그치는 등 근로자에게 교육 내용이 제대로 전달되었는지 확인하기 곤란한 경우에는 직장내 성희롱 예방교육을 한 것으로 보지 않는다고 규정하고 있는바, 위 2012. 11. 12. 09:30부터 10:00까지 사이에 30분 동안 강의 방식으로 이루어진

것으로 되어 있는 차량상품성팀에 대한 직장내 성희롱 교육이 실제로는 단순히 교육자료 등을 배포·게시하거나 전자우편을 보내거나 게시판에 공지하는 데 그쳤을 개연성을 배제할 수 없다.

라. 면책사유의 존부

1) 피고는, 대법원 1998. 2. 10. 선고 95다39533 판결의 판시에 비추어 볼 때, 피용자의 직장내 성희롱을 사용자가 알았거나 알 수 있었던 경우가 아니면 사용자는 면책되어야 하는바, ○○○의 이 사건 직장내 성희롱은 은밀하게 사적으로 이루어졌고 원고도 상당 기간 이를 공개하지 아니하여 피고로서는 이를 알지도 못하였고 알 수도 없었으므로, 피고는 면책되어야 한다고 주장한다.

2) 살피건대, 피용자의 직장내 성희롱에 대하여 사용자가 알 수 없었다는 것은 사용자책임의 면책사유에 해당한다고 보기 어렵고(대법원 1998. 2. 10. 선고 95다39533 판결이 피용자의 직장내 성희롱에 대하여여 사용자가 알 수 없었다는 것이 사용자책임의 면책사유에 해당한다는 취지라고는 볼 수 없다), 가사 피용자의 직장내 성희롱에 대하여 사용자가 알 수 없었다는 것이 면책사유에 해당한다고 가정하여 판단하더라도, 비록 원고가 이 사건 직장내 성희롱이 있었던 동안에 피고 관계자에게 이 사건 직장내 성희롱을 신고한 적이 없기는 하나(원고가 정작 피고 연구소의 직장내 성희롱 상담실 담당자였던 사정도 피고 관계자에게 이 사건 직장내 성희롱 신고를 하지 못하게 된 한 원인으로 작용하였을 것으로 보인다), ① ○○○가 원고가 소속된 차량상품성팀이라는 단위 부서의 장으로서 차량상품성팀의 업무를 총괄하는 지위에 있는 점, ② 피고가 2012년 직장내 성희롱 예방교육과 관련하여 전사 내부전산망 게시판의 '성희롱 예방'란에 게시한 '성희롱 피해자 권리구제절차 및 대처방안에 직장내 성희롱 사건이 발생한 경우 부서장 또는 사내 상담실에 신고하여 권리구제절차를 밟도록 되어 있어서 ○○○가 차량상품성팀의 부서장으로서 차량성품성팀 팀원들의 직장내 성희롱 신고를 접수받아야 할 지위에 있었던 점 등에 비추어 볼 때, ○○○의 원고에 대한 이 사건 직장내 성희롱이 있었던 동안 피고로서는 이 사건 직장내 성희롱을 알았거나 최소한 알 수 있었다고 봄이 타당하다. 따라서 피고의 위 주장은 어느 모로 보나 받아들일 수 없다.

마. 피고의 사용자책임

그렇다면, 피고는 민법 제756조에 따라 ○○○의 사용자로서 ○○○가 그 사무집행에 관하여 이 사건 직장내 성희롱을 함으로써 원고가 입은 정신적 손해를 배상할 책임이 있다.

나아가 피고가 배상하여야 할 위자료의 액수에 관하여 보건대, 원고, ○○○및 피고의 관계, 원고의 나이 및 성별, 이 사건 직장내 성희롱의 내용, 정도 및 기간, 원고가 피고 관계자에게 이 사건 직장내 성희롱을 신고한 시점 등 이 사건 변론에 나타난 제반 사정을 고려하여, 피고가 배상하여야 할 위자료의 액수를 7,000,000원으로 정한다.

따라서 다른 특별한 사정이 없는 한 피고는 불법행위자 본인인 ○○○와 공동하여(서로 별개의 원인으로 발생한 독립된 채무이나 동일한 경제적 목적을 가져서 서로 중첩되는 부분에 관하여는 일방의 채무가 변제 등으로 소멸하면 타방의 채무도 소멸하는 이른바 부진정연대의 관계에 있다는 취지이다) 원고에게 위자료 7,000,000원 및 이에 대하여 원고가 구하는 바에 따라 이 사건 2014. 10. 31.자 청구취지 변경신청서 부본 송달일 다음날인 2014. 11. 1.부터 피고가 그 이행의무의 존재 여부나 범위에 관하여 항쟁하는 것이 타당하다고 인정되는 당심 판결 선고일인 2015. 12. 18.까지는 민법이 정한 연 5%의, 그 다음날부터 다 갚는 날까지는 연 20%의 각 비율로 계산한 지연손해금을 지급할 의무가 있다.

바. 피고의 변제 항변

피고는, 가사 피고가 ○○○의 이 사건 직장내 성희롱에 대하여 사용자책임을 진다고 하더라도 ○○○가 제1심 판결에 의하여 이 사건 직장내 성희롱에 대하여 원고에게 배상하여야 할 위자료 액수로 확정된 위자료 10,000,000원 및 이에 대하여 2014. 12. 18.까지는 연 5%의, 그 다음날부터 다 갚는 날까지는 연 20%의 각 비율로 계산한 지연손해금 전액을 제1심 판결 선고일인 2014. 12. 18. 이후에 전액 변제하였으므로 피고가 이 사건 직장내 성희롱에 대하여 사용자책임에 기하여 원고에게 배상하여야 할 위자료 및 그 지연손해금 채무 전부가 소멸하였다는 취지로 예비적 항변을 하고 있는바, 원고가 이를 명백히 다투지 아니하므로, 민사소송법 제150조 제1항에 의하여 이를 자백한 것으로 본다.

사. 소결

그렇다면, 피고가 이 사건 직장내 성희롱에 대하여 사용자책임에 기하여 원고에게 배상하여야 할 위자료 및 그 지연손해금 채무 전부가 부진정연대관계에 있는 ○○○의 변제에 의하여 소멸하였다 할 것이므로, 결국 원고의 이 부분 청구는 이유 없다.

5. 피고 자신의 불법행위책임을 묻는 청구에 대하여

가. 청구원인의 정리

1) 원고는 이 부분 청구의 청구원인으로, 피고는 남녀고용평등법 제14조 제2항을 위반하여 이 사건 직장내 성희롱 피해자인 원고에게, ① 2013. 10. 17. 원고가 기존에 수행하여 오던 전문업무에서 원고를 배제하고 원고로 하여금 공통업무만 수행하도록 하는 내용의 부당한 업무배치 통보를 하고, ② 2013. 9. 4. 원고가 이 으로부터 진술서를 작성받은 것을 빌미로 삼아 원고에게 부당한 징계처분을 하며, ③ 2013. 7. 19. 원고를 도와주는 ☆☆☆에 대하여 보복적 징계처분을 하고, ④ 2013. 12. 11. ☆☆☆가 불법적으로 피고의 문서를 불법적으로 반출한 행위에 원고가 가담한 혐의가 있다는, 근거 없는 이유를 내세워 원고에게 부당한 직무정지 및 대기발령을 함과 아울러 그 무렵 위 혐의로 원고를 절도방조죄로 부당하게 고소하는 등의 불리한 조치를 하는 위법행위를 저질렀고, 원고는 이로 말미암아 정신적 손해를 입었는바, 피고는 자신의 위 불법행위에 대하여 손해배상책임을 부담한다고 주장한다.

2) 살피건대, 피고와 같은 주식회사의 경우 그 대표자나 대리인을 통하여 행위할 수밖에 없는데, 그 대표자인 대표이사를 통하여 대표방식으로 행위를 하든 그 외의 임직원을 통하여 대리방식으로 행위를 하든 그 행위의 효과가 사업주인 피고에게 미치기는 하나, 불법행위와 관련하여서는 대표이사가 그 업무집행에 관하여 불법행위를 한 경우에는 상법 제389조 제3항, 제210조에 의하여 피고 자신의 불법행위책임을 지게 되지만, 대표이사 이외의 임직원이 그 업무집행에 관하여 불법행위를 한 경우엔 민법 제756조에 의하여 사용자책임을 지는 것인바, 아래에서 보는 바와 같이 원고가 남녀고용평등법 제14조 제2항에 위반된 불리한 조치로 지목하는

행위는 비록 그 효과는 피고에게 귀속되는 것이라 할지라도(가령 2013. 9. 4.자 원고에 대한 징계처분은 피고 R&D본부장에 의하여 이루어졌지만 그 효과는 피고에게 귀속하는 것이다), 그 행위 자체는 피고의 대표이사인 프랑수아 프로보가 아니라 피고의 다른 임직원에 의하여 행하여진 것들로서(이 사건에서 문제가 되는 피고의 행위들은 모두 피고 연구소의 해당 부서의 장에 의하여 이루어졌는바, 피고의 경우 피고 연구소의 근로자에 관한 사항에 관한 권한은 해당 부서의 장에게 포괄적으로 위임되어 있는 것으로 보인다) 만약 그 행위가 불법행위라면 피고 역시 면책사유가 존재하는 등의 특별한 사정이 없는 한 손해배상책임을 지기는 하나 그것은 어디까지나 사용자책임에 따른 손해배상책임이지 자신의 불법행위에 기한 손해배상책임은 아니다.

3) 다만 이 사건 소송의 진행경과에 비추어 볼 때, 원고가 제출한 서증들에 원고가 남녀고용평등법 제14조 제2항에 위반된 불리한 조치로 지목하는 행위의 주체가 드러나 있는 등 원고가 피고의 대표이사 아닌 임식원들이 남녀고용평등법 제14조 제2항에 위반된 불리한 조치를 하였음을 이유로 피고에게 그 사용자책임을 묻는 것으로 충분히 선해가 가능한 상황이고, 이에 대하여 피고 또한 원고가 남녀고용평등법 제14조 제2항에 위반된 불리한 조치로 지목하는 행위의 주체가 누구인가를 충분히 인식하고 있는 상태에서 원고의 위 청구에 대하여 반박하고 관련 증거 또한 제출하여 이에 대한 방어의 기회가 충분히 보장된 것으로 보이므로, 원고의 이 부분 청구에는 민법 제756조에 기한 사용자책임을 묻는 것이 포함되어 있는 것으로 보고 이하에서 이에 관하여 판단하기로 한다.

나. 판단의 전제

1) 남녀고용평등법 제14조 제2항의 수범자

남녀고용평등법은 제14조 제2항에서 "사업주는 직장내 성희롱과 관련하여 피해를 입은 근로자 또는 성추행 피해 발생을 주장하는 근로자에게 해고나 그 밖의 불리한 조치를 하여서는 아니 된다"고 규정하고 있는바, 여기서 말하는 사업주는 개인사업체의 경우 그 개인사업체를 경위하는 개인, 법인사업체의 경우 그 법인 자체를 뜻한다고 할 것이다. 따라서 위 규정만 놓고 보면, 법인사업체의 경우 그 대표자나 대표자 이외의 임직원에게, 직장내 성희롱과 관련하여 피해를 입은 근로자 또는 성희롱 피해 발생을 주장하는 근로자(이하 '피해 근로자'로 총칭한다)에게 해고나 그 밖의 불리한 조치(이하 '불리한 조치'로 총칭한다)를 하여서는 아니 될, 남녀고용평등법 제14조 제2항의 의무가 없는 것처럼 보이나, 남녀고용평등법은 제37조에서 제2항 제2호에서 사업주자가 제14조 제2항을 위반하여 직장내 성희롱과 관련하여 피해를 입은 근로자 또는 성희롱 발생을 주장하는 근로자에게 불리한 조치를 하는 경우 3년 이하의 징역 또는 2천만원 이하의 벌금에 처하는 것으로 규정하면서 제38조에서 법인의 대표자나 대리인, 사용인, 그 밖의 종업원이 그 법인의 업무에 관하여 제37조의 위반행위를 하면 그 행위자를 벌하는 외에 그 법인에게도 해당 조문의 벌금형을 과하는 것으로 규정하고 있는 점을 감안할 때, 법인의 경우 사업주인 당해 법인은 물론 그 대표자, 그리고 그 불리한 조치를 할 권한을 위임받은 담당 임직원 또한 남녀고용평등법 제14조 제2항의 수범자에 해당한다고 봄이 타당하다(참고로 근로기준법의 경우 같은 법이 정한 각종 의무와 책임의 주체를 사업자가 아니라 사용자로 규정하면서, 사용자를 '사업주 또는 사업 경영 담당자, 그 밖에 근로자에 관한 사항에 대하여 사업주를 위하여 행위하는 자'로 정의하여, 위와 같은 해석상의 문제가 발생할 여지가 없도록 되어 있고, 노동조합 및 노동관계조정법 제2조 제2호 역시 마찬가지이다). 이하에서는 '사업주와 그 대표자 및 대표자 이 외의 담당 임직원'을 '사업주 등'으로 총칭하기로 한다.

2) **남녀고용평등법 제14조 제2항에서 말하는 불리한 조치의 의미**

남녀고용평등법 제14조 제2항은 사업주 등이 직장내 성희롱과 관련하여 피해 근로자에게 불리한 조치를 하여서는 아니 된다고 규정하고 있는바, 여기서 말하는 불리한 조치라 함은 직장내 성희롱 그 자체 내지 이에 대한 피해 근로자의 문제제기 등(이하 '직장내 성희롱에 대한 피해 근로자의 문제제기 등'으로 총칭하고, 이 사건 직장내 성희롱과 관련하여서는 '이 사건 직장내 성희롱에 대한 원고의 문제제기 등'으로 총칭한다)과 관련한 것이어야 하고 불리한 조치를 하게 된 다른 실질적인 이유가 있는 경우는 이에 해당하지 않는다고 봄이 타당하다. 그리고 사업주 등의 직장내 성희롱 피해 근로자에 대한 불리한 조치가 직장내 성희롱에 대한 피해 근로자의 문제제기 등을 이유로 한 것인지 여부는 불리한 조치를 하게 된 경위와 시기, 사업주 등이 내세우는 불리한 조치의 사유가 명목에 불과한지, 불리한 조치가 주로 직장내 성희롱에 대한 피해 근로자의 문제제기 등에 대한 보복조치로 이루어진 것인지 등을 종합적으로 고려하여 판단하여야 할 것이고(직접적인 사안은 아니지만 대법원 2012. 10. 25. 선고 2012도8694 판결 참조), 그 판단을 함에 있어서 사업주 등이 내세우는 사유가 직장내 성희롱에 대한 피해 근로자의 문제제기 등이 있기 이전에 존재하였는지 여부, 그리고 직장내 성희롱에 대한 피해 근로자의 문제제기 등과는 별개로 존재하는 피해 근로자의 다른 적극적인 행위에 기한 것인지 여부는 중요한 고려사항이 된다 할 것이다.

3) **남녀고용평등법 제14조 제2항의 불리한 조치에 대한 입증책임**

남녀고용평등법 제30조는 "이 법과 관련한 분쟁해결에서 입증책임은 사업주가 부담한다"고 규정하고 있는바, 직장내 성희롱 피해 근로자가 사업주 등을 상대로 남녀고용평등법 제14조 제2항의 불리한 조치를 이유로 손해배상책임을 묻는 민사사건에 있어서, 모든 입증책임이 사업주 등에 있다고 보는 것은 합리적이지 않을 뿐만 아니라 형평에도 맞지 않는다 할 것이므로, 적어도 불리한 조치가 있었다는 점은 피해 근로자가 입증하여야 하고, 그 불리한 조치를 하게 된 다른 실질적인 이유가 있었다는 점에 대하여는 사업주 등에게 입증책임이 있는 것으로 입증책임을 배분하는 것이 타당하다(비록 다른 법률이기는 하나, 장애인차별금지 및 권리구제 등에 관한 법률은 제46조에서 "누구든지 장애 또는 과거의 장애경력 또는 장애가 있다고 추측됨을 이유로 차별을 하여서는 아니 된다"고 규정하면서, 제47조에서 위와 같은 취지로 입증책임을 배분하고 있다).

다. 피고의 시스템 엔지니어링 오퍼레이션(System Engineering Operation) **담당 이사 ◇◇◇가** 2013. 10. 17. **원고에 대하여 한 업무분장 조정 통보가 남녀고용평등법 제14조 제2항의 불리한 조치에 해당하는지 여부**

1) **기초사실**

<생략>

2) **판단**

가) 이 사건 업무배치가 원고에게 불리한 조치인지 여부

살피건대, 위 기초사실과 갑 제26, 31호증, 을나 제119, 123호증의 각 기재에 변론 전체의 취지를 종합하여 인정되는 다음과 같은 사정, 즉 ① 원고가 기존에 공통업무는 수행하지 않고 HMI 업무만을 수행하여 온 점, ② HMI 업무는 전문업무인 반면 공통업무는 비전문업무인데다가 그 대부분이 당장은 특별히 할 일이 없는 한직이기까지 한 점, ③ 이 사건 업무배치 당시 원고는 계속하여 HMI 업무를 수행할 것을 희망하였던 점, ④ ◇◇◇가 이 사건 업무배치를 할 당시 정한 시스템 엔지니어링 오퍼레이션의 업무분장표에 따르면, 시스템 엔지니어링 오퍼레이션 소속 다른 직원들은 공통업무를 아예 맡지 않거나 맡아도 1~3개 정도를 맡는 것으로 되어 있는 반면 유독 원고의 경우에는 공통업무를 5개나 맡는 것으로 되어 있는 점 등을 종합할 때, 이 사건 업무배치는 원고에게 불리한 조치에 해당한다고 봄이 타당하다.

나) 이 사건 업무배치가 이 사건 직장내 성희롱에 대한 원고의 문제제기 등과 관련된 것인지 여부

살피건대, 갑 제30, 31, 52, 63, 104 내지 108, 123 내지 126호증, 을나 제39, 119, 123, 138, 150, 151, 152호증의 각 기재와 변론 전체의 취지를 종합하여 인정되는 아래 (1) 내지 (4)의 사정에 비추어 볼 때, 피고가 제출한 모든 증거들을 종합하여 보더라도, 이 사건 업무배치가 이 사건 직장내 성희롱에 대한 원고의 문제제기 등과 관련된 것이 아니라 다른 실질적 이유가 있었던 것으로 보기 부족하고, 달리 이를 인정할 만한 증거가 없으므로, 이 사건 업무배치는 이 사건 직장내 성희롱에 대한 원고의 문제제기 등과 관련된 것으로 봄이 타당하다.

(1) 2013년 10월 당시 피고 연구소에서 HMI 업무를 담당한 인력은 원고를 제외하면 모두 공학을 전공한 사람들이고, 그 이후에 HMI 업무를 담당하게 된 인력 역시 모두 공학을 전공한 점은 인정되나, 다른 한편으로 ① HMI 업무는 인간의 기본적 속성에 기초하여 인간이 좀 더 기계를 쉽게 사용할 수 있는 방법을 연구하는 업무로서 반드시 엔지니어링을 전공한 사람들만이 할 수 있는 것은 아닌 점, ② 실제로 원고가 2012년 근무평정에서 최고 등급인 'SP' 등급을 받는 등 2012년 1월부터 HMI 업무를 적어도 무리 없이 수행하여 온 것으로 볼 수 있는 점, ③ 피고 R&D 본부가 2012년 1월부터 원고가 이 사건 직장내 성희롱을 피고 관계자에게 신고한 2013년 3월까지 총 9회에 걸쳐 원고에게 HMI 업무 관련 교육을 시켜온 점 등에 비추어 볼 때, ◇◇◇가 2013. 10. 17. 원고에게, 이 사건 직장내 성희롱이 문제된 이후에 새로이 발생한 사유가 아니라 원고에게 원초적으로 존재하는 사유인, '엔지니어링 경험 부족'이라는 이유를 내세워 이 사건 업무배치를 한 것은 설득력이 떨어진다.

(2) 그리고 ◇◇◇가 이 사건 업무배치를 한 또 다른 이유인 "원고가 담당하고 있는 HMI 업무가 2014년 4월 이후가 되면 대폭 축소된다는 것"은 원고에게 2014년 4월 이후에 추가로 부여할 HMI 업무가 없다는, 피고의 인력운용 계획에 터잡은 것으로 보이는데, 아무리 원고 본인의 의사를 존중하여 취한 부득이한 조치라고는 하나 원고가 2014. 3. 31.부터 다시 HMI 업무를 부여받고 그때부터 현재까지 계속하여 원고가 HMI 업무만을 수행하여 오고 있는 점에 비추어, 위 이유의 전제가 되는 피고의 인력운용계획 자체의 필요성 및 합리성 또한 부족해 보인다.

(3) 또한 ◇◇◇가 이 사건 업무배치를 통하여 부여하겠다고 한 공통업무의 경우 교육 관련 오퍼레이션 파일럿 업무를 제외하면 특별히 당장 진행하여야 할 일이 없었고, ◇◇◇가 이 사건 업무배치를 할 당시 정한 시스템 엔지니어링 오퍼레이션의 업무분장표에 따르면 시스템 엔지니어링 오퍼레이션 소속 다른 직원들은 공통업무를 아예 맡지 않거나 맡아도 1～3개 정도를 맡는 것으로 되어 있는 반면 유독 원고의 경우에는 공통업무를 5개나 맡는 것으로 되어 있는 점에 비추어 볼 때, ◇◇◇가 전문업무인 HMI 업무만을 수행하여 오던 원고에게 추가로 HMI 업무는 부여하지 않는 대신 비전문적이고 한직인 공통업무를 부여함으로써 원고에게 소외감을 주고자 하였던 의도 또한 엿보인다.

(4) 이 사건 업무배치는 남녀고용평등법 제10조에서 말하는 '배치' 내지 근로기준법 제23조에서 말하는 '전직'의 하나로서 이에 관하여는 인사권자인 사용자에게 업무상 필요한 범위 내에서는 상당한 재량이 인정되기는 하나, 이는 어디까지나 근로기준법이나 남녀고용평등법 등의 강행법규에 위배되지 않는 범위에서 인정되는 재량으로서(대법원 2009. 4. 23. 선고 2007두20157 판결 등 참조), 남녀고용평등법 제14조 제2항의 불리한 조치는 오히려 위와 같은 인사상의 재량권 행사라는 명목 아래 행하여질 위험이 높은 것이 현실인 점이 감안되어야 한다.

다) 이 사건 업무배치가 현실화되지 않았는지 여부

사용자 등이 남녀고용평등법 제14조 제2항의 불리한 조치를 하겠다는 의사표시를 하였으나 이를 현실화하지 않은 경우 이는 남녀고용평등법 제14조 제2항의 불리한 조치에 해당한다고 볼 수 없는바(직접적인 사안은 아니지만 대법원 2004. 8. 30. 선고 2004도3891 판결 참조), 이 사건 업무배치 이후에도 원고가 기존 HMI 업무로부터 부당하게 배제된 적이 없고 원고가 계속하여 HMI 업무를 수행하였다는 취지의 피고의 주장 속에 예비적으로라도 이 사건 업무배치가 현실화된 적이 없다는 주장이 포함되어 있는 것으로 선해가 가능하므로 이에 관하여 본다.

살피건대, 갑 제52, 63호증, 을나 제119, 123, 138, 151, 152호증의 각 기재와 변론 전체의 취지를 종합하여 인정되는 다음과 같은 사정, 즉 ① 원고가 ◇◇◇로부터 이 사건 업무배치를 통보받은 이후 2013. 11. 13.경부터 2013. 12. 11.까지 기존 업무와 함께 새로이 부여받은 교육 관련 오퍼레이션 파일럿 업무를 수행한 점, ② 원고가 위 기간 동안 이 사건 업무배치를 받은 다른 공통업무를 수행하지 않은 것은 다른 공통업무의 경우 특별히 당장 진행하여야 할 일이 없었기 때문인 점, ③ 원고가 2013. 12. 11. 피고 연구소 인사팀장인 ▽▽▽로부터 2013. 12. 12.부터 직무정지 및 대기발령 사유 해소 시까지 직무정지 및 대기발령을 통보받았다가 2014. 3. 27. 대기발령 종료 및 2014. 3. 28.자 원직복귀를 통보받는 바람에 2013. 12. 12.부터 2014. 3. 27.까지는 그 업무를 수행할 수 없었던 점, ④ ◇◇◇가 원고 본인의 희망을 존중하여 2014. 3. 31. 이후 원고에게 HMI 업무만을 부여하고 공통업무는 부여하지 아니한 점 등을 종합할 때, 이 사건 업무배치는 이미 2013. 11. 13.경부터 2013. 12. 11.까지 현실화되었다가 단지 2014. 3. 31.자로 철회된 것으로 봄이 타당하므로, 피고의 위 주장은 받아들일 수 없다.

3) 소결

결국 ◇◇◇가 2013. 10. 17. 원고에 대하여 한 이 사건 업무배치는 남녀고용평등법 제14

조 제2항의 불리한 조치에 해당하므로, 원고의 이 부분 주장은 이유 있다.

라. 피고 R&D 본부의 본부장 ♤♤ ♤♤♤가 2013. 9. 4. 원고에 대하여 한 징계처분이 남녀고용평등법 제14조 제2항의 불리한 조치에 해당하는지 여부

1) **기초사실**

가) 피고의 취업규칙은 제41조에서 "사원이 다음 각 호의 1에 해당될 경우에는 징계할 수 있다"고 규정하면서 그 제1호에서 "형사소추의 원인이 되는 불법한 행위를 한 경우", 그 제2호에서 "서약서 또는 회사의 제 규정을 위반한 경우", 그 제15호에서 "기타 징계의 필요성이 있는 경우"를 각 규정하고 있고, 제49조에서 "사원은 업무를 수행함에 있어서 다음 각 호의 사항을 엄수하여야 한다"고 규정하면서 그 제4호에서 "공사의 분별을 명확히 하며, 항상 상대방의 인격을 존중하고 예의와 우애를 지킨다"고 규정하고 있다.

나) 피고 R&D 본부의 본부장 필립 페리에는 2013. 8. 21.과 2013. 8. 27. 2차에 걸쳐 징계위원회를 개최한 다음, 2013. 8. 27.자 징계위원회 의결에 터잡아 2013. 9. 4. 원고에 대하여 "원고가 2013. 6. 24. 11: 40경부터 12: 15경까지 사무실 및 회의실에서 차량상품성팀 부하직원인 이 에게 '호적에 빨간 줄 긋기 싫으면 지금 당장 와', '명예훼손과 허위사실 유포로 고소, 조사' 등 협박성 발언을 하며 강압적 분위기 하에서 □□□으로부터 의무 없는 진술서를 받은 행위"(이하 '이 사건 징계사유'라 한다)가 피고의 취업규칙 제41조 제1, 2, 15호, 제49조 제4호가 정한 징계사유에 해당한다는 이유로 원고에 대하여 견책의 징계처분(이하 '이 사건 징계처분'이라 한다)을 하였다.

[인정근거] 다툼 없는 사실, 갑 제24, 48, 60호증의 각 기재, 변론 전체의 취지

2) **판단**

가) 살피건대, 갑 제25, 48, 60, 63호증의 각 기재와 변론 전체의 취지를 종합하면, ① 원고가 2013. 10. 15. 경기지방노동위원회에 이 사건 징계처분에 대한 구제신청을 하였고, 경기지방노동위원회가 2013. 12. 4. 원고의 구제신청을 인정하는 내용의 판정을 한 사실, ② 이에 피고가 2014. 1. 6. 중앙노동위원회에 재심신청을 하였으나, 중앙노동위원회가 "2014. 3. 17. 원고가 □□□으로부터 진술서를 받는 과정에서 '호적에 빨간 줄 긋기 싫으면 지금 당장 와. 명예훼손과 허위소문을 유포한 것이 사실이라면 고소하겠다'라는 다소 과격한 발언을 하였음은 인정되나, 진술서를 받을 당시의 분위기가 일반인으로 하여금 공포심을 느끼게 할 만한 정도로는 보이지 않는 점, 원고가 진술서를 받는 과정에서 협박을 하였다는 점에 대한 피고의 입증이 달리 없는 점 등에 비추어 볼 때, 이 사건 징계사유로 삼은 행위가 형사소추의 원인이 되는 불법행위에 해당한다고는 볼 수 없고, 이 사건 징계사유로 삼은 행위가 사회통념상 징계의 필요성이 있는 행위로 볼 수도 없으므로, 피고가 이 사건 징계사유를 내세워 이 사건 징계처분을 한 것은 정당하다고 할 수 없다"는 이유를 들어 피고의 재심신청을 기각하는 판정을 한 사실, ③ 피고가 위 재심판정을 수용하고 2014. 3. 27. 원고에 대하여 이 사건 징계처분을 취소한다는 취지의 통보를 한 사실, ④ 한편 피고 R&D 본부가 2013. 8. 21.과 2013. 8. 27. 이 사건 징계처분을 위한 징계위원회를 개최할 당시 피고 R&D 본부장 겸 피고 연구소장인 ♤♤ ♤♤

♤가 아니라 피고 연구소 부소장인 ♧♧♧이 징계위원장을 맡았고, 2013. 8. 21. 징계위원회를 개최할 당시 원고의 변호사 대동을 거부한 사실 등은 인정된다.

나) 하지만 갑 제25, 48, 60, 89, 100호증, 을나 제31, 40, 110호증의 각 기재와 제1심 증인 ▥▥▥의 증언에 변론 전체의 취지를 종합하여 인정되는 아래 (1) 내지 (6)의 사정을 종합할 때, 이 사건 징계처분은 이 사건 직장내 성희롱에 대한 원고의 문제제기 등과 관련된 것이 아니라 이와는 별건이라 할 수 있는, 아래에서 보게 될 원고의 이 사건 행위를 이유로 한 것으로 봄이 타당하므로, 이 사건 징계처분은 남녀고용평등법 제14조 제2항의 불리한 조치에 해당하지 않고, 따라서 원고의 이 부분 주장은 받아들이지 않는다.

(1) 적어도 원고가 2013. 6. 24. 11:40경부터 12:15경까지 사이에 피고 연구소 내에서 차량상품성팀 부하직원인 이 으로부터 진술서를 받는 과정에서 이 에게 "호적에 빨간 줄 긋기 싫으면 지금 당장 와. 다른 사람들에게 허위소문을 퍼뜨리고 다니면서 원고의 명예를 훼손한 것이 맞다면 고소하겠다"는 취지의 말을 한 것(이하 '이 사건 행위'라 한다)은 원고 스스로도 인정하고 있는 것으로 보이는바, 협박죄에 있어서 고지된 해악의 실현은 반드시 그 자체가 위법한 것임을 요하지 아니하고(대법원 1991. 11. 26. 선고 91도2344 판결 참조), 그에 따라 권리행사 차원에서 고소를 하겠다는 고지를 한 경우라 하더라도 그것이 사회통념상 허용되는 정도나 범위를 넘는 때에는 협박죄가 성립될 수 있으므로(대법원 1991. 11. 26. 선고 91도2344 판결, 대법원 1984. 6. 26. 선고 84도648 판결 등 참조), 피고 측이 원고의 이 사건 행위를 피고의 취업규칙 제41조 제1호에서 정한 '형사소추의 원인이 되는 불법한 행위'에 해당하는 것으로 본 데 잘못이 있다고는 단정할 수 없고, 또한 징계의 필요성은 별론으로 하고, 원고의 이 사건 행위가 "사원은 업무를 수행함에 있어서 항상 상대방의 인격을 존중하고 예의와 우애를 지킨다"고 정한 피고의 취업규칙 제49조 제4호를 위반한 행위로서 최소한 피고의 취업규칙 제41조 제2호에서 정한 징계사유에 해당함은 명백해 보인다.

(2) 그리고 이 사건 행위는 피고의 이 사건 직장내 성희롱에 대한 문제제기 등이 있기 전에 있었던 일이 아니라 그 후에 발생한 것으로서, 피고 측이 원고가 이 사건 행위를 한 사실을 적극적으로 탐지해 낸 것도 아니고, □□□이 원고의 이 사건 행위에 대하여 2013. 6. 25. 피고의 노동조합에 해당하는 사원대표위원회 대의원인 ▣▣▣과 상담을 받고, 이후 ▣▣▣을 중간에 끼고 원고와 사이의 3자 대면을 거친 이후에도 원고로부터 진술서를 돌려받지 못하자 2013. 6. 28. ▣▣▣을 통하여 피고 연구소 인사팀에 원고의 이 사건 행위와 관련한 고충을 해결하여 달라는 요청을 함으로써 원고의 이 사건 행위가 공식적으로 불거지게 되었다.

(3) 나아가 피고 R&D 본부 측은 2013. 8. 27. 2차 징계위원회를 개최할 당시 심의 및 의결의 공정성을 담보하기 위하여 참고인으로 ♣♣♣과 차량상품성팀의 ♠♠♠ 과장을 출석시켜 그 진술을 들음과 아울러 피고 사원대표위원회의 ▣▣▣ 대의원을 참관인으로 불러 그 진술 또한 들었는데, 징계위원회 위원이 □□□에게 원고를 용서해 주고 싶은 마음이 있냐는 질문에 □□□이 "원고의 잘못에 대해서는 처벌을 받아야 한다. 최소한의 조치는 취해야 한다"고 답변하여 피고 R&D 본부로서는 □□□의 입장도 고려하지 않을 수 없는 상황에 있었던 것으로 보이고, 당시 또 다른 참고인으로 출석한 ♠♠♠ 과장으로부터 "(원고가 □□□으로부터 진술서를 받은 날인) 2014. 6. 24. 12:20경 원고로부터 '물증이 있으니 고소를 하려 한다'는 말을 듣고 압박감을 느껴 원고에게 '당신이 경찰도 아닌데 회사에서 이러면 안 된다'고 하였고

이에 원고가 화를 내면서 반말을 하자 '나이 많은 사람에게 반말하지 말라'고 한 적이 있다"는 진술을 청취하여 원고의 이 사건 행위가 적법한 징계사유가 될 수 있음에 대한 정황증거 또한 확보하였던 것으로 보인다.

(4) 한편, 그 취업규칙이나 징계규정 등에 별도의 규정이 없는 한 사업주의 근로자에 대한 징계절차에서 징계대상 근로자가 변호사를 대동하여 출석할 권리가 당연히 보장된다고는 할 수 없는데, 피고의 징계규정에 징계대상 근로자가 변호사를 대동하여 징계절차에 출석할 권리를 보장하는 규정이 없으므로, 피고 R&D 본부가 원고가 징계위원회를 개최함에 있어서 원고의 변호사 대동을 거부한 것에 절차상의 하자가 있다고는 볼 수 없고(직접적인 사안은 아니지만, 대법원 2015. 2. 12. 선고 2014두44045 판결 및 그 제2심 판결인 서울고등법원 2014. 10. 2. 선고 2014누40526 판결, 제1심 판결인 서울행정법원 2013. 12. 20. 선고 2013구합6800 판결 참조), 피고의 징계규정에 따르면, 징계위원회를 개최함에 있어서 징계대상자의 출석, 소명 및 변론의 기회를 주면 충분한 것으로 되어 있고(제9, 10조), 위와 같은 피고의 징계규정에 어떠한 불합리한 점이 있다고는 볼 수 없는데, 피고 R&D 본부 측은 원고에 대한 적법한 통지를 거쳐서 2013. 8. 21. 징계위원회를 개최하고 원고가 출석을 하지 아니하자 다시 2013. 8. 27. 징계위원회를 개최하여 비록 원고가 또다시 불참하였으나 원고로부터 사전에 제출받은, 원고가 그 변호사의 조력하에 작성한 의견서 등에 기초하여 심의를 한 끝에 징계의결을 하였는바, 그렇다면 피고 R&D 본부 측은 징계위원회를 개최함에 있어서 원고에게 징계규정에 따라 그 절차상의 권리를 충분히 보장한 것으로 보인다.

(5) 가사 위와는 견해를 달리하여 이 사건 징계사유에 적시된 원고의 행위가 형사처벌의 대상이 될 수도 있는 행위라는 점을 감안하여, 피고 R&D 본부 측이 2013. 8. 21. 징계위원회를 개최함에 있어서 원고의 변호사 대동을 거부한 데에 절차상의 하자가 있다는 견해에 서더라도, 이것이 이 사건 징계처분 자체의 하자로만 작용하는 것은 별론으로 하고, 이 사건 징계처분이 이 사건 직장내 성희롱에 대한 원고의 문제제기 등과 관련된 것임을 의심할 만한 사유에 해당한다고는 보기 어렵다.

(6) 한편, 피고의 징계규정 제6조에 의하면, 피고 R&D 본부 징계위원회의 위원장은 본부장이 맡도록 되어 있기는 하나, 통역 및 번역 등에 곤란한 문제가 있어서 본부장인 ♤♤ ♤♤♤가 그 권한을 부본부장인 ♧♧♧ 상무에게 위임하여 ♧♧♧ 상무가 원고에 대한 징계위원회 위원장을 맡게 된 것이므로 이 역시 절차상의 하자에 해당한다고 보기 어렵다.

마. 피고 르노디자인아시아센터(RDA)의 센터장인 ◐◐ ◐◐가 2013. 7. 19. ☆☆☆**에 대하여 한 징계처분이 남녀고용평등법 제14조 제2항의 불리한 조치에 해당하는지 여부**

1) **기초사실**

<생략>

2) **판단**

가) 원고는, 자신이 이 사건 직장내 성희롱을 피고 관계자에게 신고한 이후 ☆☆☆가 원고에게 조언을 하는 등으로 이 사건 소송을 준비하는 것과 관련하여 ☆☆☆가 도움을 주었는바,

피고 르노디자인아시아센터 측이 원고를 동료들로부터 고립시키기 위하여 원고를 돕는 ☆☆☆에 대하여 본보기 차원의 보복조치로서 위 징계처분을 한 것이므로 이는 남녀고용평등법 제14조 제2항의 불리한 조치에 해당한다고 주장한다.

나) 살피건대, 사업주 등이 남녀고용평등법 제14조 제2항의 불리한 조치를 하는 것은 형법 법규인 남녀고용평등법 제37조 제2항 제2호의 구성요건에 해당하는 것으로서, 남녀고용평등법 제14조 제2항을 사업주 등에 불리하게 확장해석 내지 유추해석하는 것은 죄형법정주의에 어긋나 허용되지 않는다 할 것인바, 남녀고용평등법 제14조 제2항의 불리한 조치의 대상은 피해 근로자 본인이므로 이 사건 ☆☆☆처분과 같이 피해 근로자 본인이 아닌 제3자의 경우 설령 그 제3자가 직장내 성희롱에 대하여 문제제기 등을 하는 피해 근로자 본인에게 도움을 준 사람이라 할지라도 남녀고용평등법 제14조 제2항이 정한 불리한 조치의 대상이 될 수 없다고 봄이 타당하다.

다) 따라서 위와는 다른 전제에 서 있는 원고의 이 부분 주장은 더 나아가 살필 필요 없이 받아들일 수 없다.

바. 피고 연구소 인사팀장인 ▽▽▽가 2013. 12. 11. 원고에 대하여 한 직무정지 및 대기발령과 그 무렵 한 고소가 남녀고용평등법 제14조 제2항의 불리한 조치에 해당하는지 여부

1) **기초사실**

<생략>

2) **판단**

가) 살피건대, 갑 제77호증의 기재에 변론 전체의 취지를 보태면, 원고가 2014. 6. 30. 이 사건 고소 사건에 대하여 담당 검사로부터 "원고는 ☆☆☆가 짐을 정리하여 차량에 싣는 데 도와달라는 요청을 받고 ☆☆☆의 짐을 ☆☆☆의 차량에 실어주었을 뿐 ☆☆☆의 짐에 피고 소유의 물건이 있었던 사실을 몰랐다는 취지로 주장하고, ☆☆☆의 주장도 원고의 주장을 뒷받침한다. 달리 피고가 제출한 CCTV 및 원고과 ☆☆☆와 사이에 주고받은 카카오톡 메시지만으로는 원고가 ☆☆☆의 절도 범행을 알고 있었다고 보기 어렵다. 달리 피의사실을 인정할 증거가 없다"는 이유로 혐의 없음(증거불충분) 처분을 받은 사실은 인정된다.

나) 하지만, 갑 제101호증, 을나 제45 내지 59, 96, 106, 110, 140 내지 143호증의 각 기재와 영상, 제1심 증인 ▥▥▥의 증언과 이 법원의 검증결과에 변론 전체의 취지를 종합하여 인정되는 아래 (1) 내지 (13)의 사정을 종합할 때, 피고 연구소 인사팀 측에서 볼 때, 원고에게 쟁점 혐의가 있다고 의심할 만한 상당한 이유가 있었던 것으로 보이므로, 피고 연구소 인사팀장인 ▽▽▽가 이 사건 직무정지 및 대기발령과 이 사건 고소를 한 것은 이 사건 직장내 성희롱에 대한 원고의 문제제기 등과 관련된 것이 아니라 이와는 별건이라 할 수 있는 쟁점 혐의에 기초한 것으로 봄이 타당하고, 따라서 이 사건 직무정지 및 대기발령과 이 사건 고소는 남녀고용평등법 제14조 제2항의 불리한 조치에 해당하지 않는다 할 것이며, 그에 따라 원고의 이 부분 주장은 받아들이지 않는다.

(1) ☆☆☆는 자신에 대한 위 징계처분에 대하여 2013. 10. 15. 경기지방노동위원회에 구제

신청을 하여 2013. 12. 4. 경기지방노동위원회로부터 구제신청을 인용하는 판정을 받았다.

(2) 그런데 피고 측은, ☆☆☆가 위 구제신청 사건에서 경기지방노동위원회에 제출한 증거서류들 중 일부가 정상적인 방법으로는 취득할 수 없다고 의심할 만한 것들이 포함되어 있다는 의심을 하였다.

(3) 이에 피고 대표이사로부터 피고의 취업규칙 제48조(피고의 취업규칙 제48조는, 징계사유가 있다고 판단되는 경우 징계처분의 결정이 있기 전이라도 대표이사 또는 그 권한을 위임받은 자가 구두 또는 서류상으로 즉시 징계대상자의 직무수행을 금지시킬 수 있는 것으로 규정하고 있다)에 따라 직무정지 및 대기명령 권한을 위임받은 피고 연구소 인사팀장 ▽▽▽는 2013. 12. 6.(금) 16:41경 ☆☆☆에게 "위 구제신청 사건에서 불법 또는 사규 위반적인 방법으로 자료를 취득하여 권한 있는 자의 승인 없이 경기지방노동위원회에 제출한 혐의 등이 형사소추의 원인이 되는 행위 등 징계사유에 해당된다고 평가될 가능성이 있다"는 이유로 2013. 12. 9.부터 직무정지 및 대기발령 사유 해소시까지 직무정지 및 대기발령을 명한다는 통보서를 이메일로 보냈고, 위 이메일 송부 직후 피고 연구소 인사팀 이 과장이 위 직무정지 및 대기발령 통보서를 직접 ☆☆☆에게 전달하였다.

(4) 위 직무정지 및 대기발령 통보서에는 2013. 12. 9.(월) 12:00까지 회사 컴퓨터 및 기타 업무와 관련된 장비를 해당 부서에 반납하여 달라는 내용이 기재되어 있었고, ▧▧▧ 또한 2013. 12. 9. 12:00까지 물품들을 정리하면 된다고 구두로 전달하였다.

(5) ☆☆☆는 위 직무정지 및 대기발령 통보를 받은 이후 자신의 피고 르노디자인아시아센터 사무실에서 2시간 가량 계속하여 회사 컴퓨터에 들어 있는 자료를 다량의 문서로 출력하였고, 이에 옆방에서 근무하던 피고 르노디자인아시아센터의 센터장인 ◐◐ ◐◐ 상무는 같은 날 18:30경 피고 연구소의 인사담당 부장인 ▥▥▥에게 "☆☆☆가 피고의 기밀문서를 외부에 유출할 것이 염려되니 ☆☆☆가 정문 입구를 통과하기 전에 보안점검이 필요할 것 같다"는 취지의 문자메시지를 보냈다.

(6) 한편, 원고는 같은 날 17:49경부터 18:11경까지 사이에 ☆☆☆로부터 카카오톡으로 "막 뒤질 거 같아서…지금 싹다 일단 가지고 가려고요…과장님 지금 와주실 수 있으세요?"라는 문자메시지를 받은 다음, 같은 날 18: 33경부터 피고 르노디자인아시아센터 출입구 앞에서 ☆☆☆를 기다리면서 ☆☆☆가 서류가 들어있는 종이가방 2개를 들고 나오자 이를 들어주면서 함께 ☆☆☆의 차량으로 이동하였다.

(7) ☆☆☆는 원고를 조수석에 태운 채 자신의 차량을 운전하여 같은 날 19:00경 피고 연구소 정문 게이트에 도착하여 보안점검을 받게 되었는데, 당시 피고 인사팀 직원들의 문서 확인 요청에 ☆☆☆ 및 원고가 이에 적극적으로 협조하지 않는 과정에서 실랑이가 벌어졌고, 결국 원고와 ☆☆☆의 신고에 의해 경찰이 출동하여 피고 연구소 인사팀 직원들과 원고 및 ☆☆☆가 인근 고매파출소에 갔다.

(8) 고매파출소에서 ☆☆☆는 피고의 문서라고 인정한 일부 문서들을 피고 인사팀 직원들에게 되돌려 주었고, 나머지 문서은 피고 인사팀 직원들과 ☆☆☆ 사이의 의견대립으로 고매파출소에 보관하게 되었다.

(9) 피고 연구소 인사팀 측은 ☆☆☆가 피고 자료의 불법 유출 혐의를 이유로 위 직무정지 및 대기발령을 통보받았음에도 불구하고 그 통보를 받은 당일 피고의 컴퓨터에서 다량의 문서

를 출력하여 이를 반출하는 과정에서 피고 연구소 인사팀 직원들의 문서 확인 요청에 제대로 협조하지 아니한 점에 기초하여 ☆☆☆가 또 다시 피고의 문서를 불법적으로 반출하려고 한 혐의가 있다고 판단하였고, 나아가 원고의 경우 피고 르노디자인아시아센터 사무실 앞에서 ☆☆☆를 기다리면서 ☆☆☆가 서류가 들어있는 종이가방 2개를 들고 나오자 이를 들어주면서 함께 ☆☆☆의 차량으로 이동한 다음, 피고 연구소 정문 게이트에서의 보안점검 당시 ☆☆☆ 차량에 동승한 상태에서 ☆☆☆와 함께 피고 연구소 인사팀 직원들의 문서 확인 요청에 적극적으로 협조하지 않으면서 실랑이를 벌인 점에 터잡아 원고에게 쟁점 혐의가 있다고 판단하였다.

(10) 이에 피고 연구소 인사팀장인 ▽▽▽는 2013. 12. 11. 쟁점 혐의를 이유로 원고에게 이 사건 직무정지 및 대기발령을 함과 아울러 이 사건 고소를 하였다.

(11) 피고 측이 ☆☆☆를 위 2013. 12. 6.자 피고 문서의 반출 혐의에 기초하여 절도죄로 고소한 사건에서, 담당 검사는 2014. 6. 30. "☆☆☆가 피고의 문서를 가져가 절도 피의사실은 인정되나 위 직무정지 및 대기발령 통보를 받은 이후 급한 마음에 ☆☆☆의 책상과 서랍에 있던 서류와 함께 사무실 밖으로 반출할 수 없는 피고의 문서도 가져가게 된 사안으로 ☆☆☆가 외부로 유출하기 위하여 피고의 문서를 가져간 것으로 보이지는 아니하고, ☆☆☆가 가져간 서류는 압수되거나 피고에 반환되었다"는 이유를 들어 기소유예 처분을 하였다.

(12) 위 기소유예 처분에 대하여 피고는 검찰항고를 하였고, 서울고등검찰청 담당 검사는 2014. 10. 28. ☆☆☆에 대한 기소유예 처분에 대한 재기수사를 명하는 처분을 하였다.

(13) 한편, ☆☆☆는 위 기소유예 처분에 대하여 헌법재판소 2014헌마574호로 헌법소원심판을 청구하였고, 헌법재판소는 2015. 2. 26. "☆☆☆가 2013. 12. 6. 피고의 문서 일부를 가지고 나오기는 하였지만 절도의 고의 내지 불법영득의 의사는 인정하기 어렵다"는 이유를 들어 위 기소유예 처분을 취소하는 결정을 하였다.

사. 소결

피고 연구소의 시스템 엔지니어링 오퍼레이션의 부서장인 ◇◇◇가 시스템 엔지니어링 오퍼레이션의 업무분장이라는 그 사무집행에 관하여 2013. 10. 17. 그 원고에 대하여 한 이 사건 업무배치는 남녀고용평등법 제14조 제2항의 불리한 조치에 해당하는 위법행위로서 이로 인하여 원고가 정신적 손해를 입었을 것임은 경험칙상 명백하므로, 피고는 민법 제756조에 따라 ◇◇◇의 사용자로서 ◇◇◇의 위 사무집행에 관한 불법행위로 인하여 원고가 입은 정신적 손해를 배상할 책임이 있다.

나아가 피고가 배상하여야 할 위자료의 액수에 관하여 보건대, ① 피해 근로자가 당해 직장내 성희롱에 대하여 문제제기 등을 한 이후에 사업주 등으로부터 불리한 조치를 당할 경우 직장내 성희롱을 당한 것 이상의 정신적 고통을 입을 수 있고, 이는 직장내 성희롱의 발생 위험을 높게 하는 결과로도 이어질 수 있기 때 직장내 성희롱을 예방함에 있어서 사업주 등이 직장내 성희롱에 대한 문제제기 등과 관련하여 피해 근로자에게 불리한 조치를 하는 것을 금지하는 것은 매우 중요한 의미를 갖는다고 하지 않을 수 없는 점, ② 위와 같은 직장내 성희롱 문제의 구조적인 특성에 착안하여, 우리 입법자가 남녀고용평등법 제14조 제2항에서 사업주 등이 직장내 성희롱에 대한 문제제기 등과 관련하여 피해 근로자에게 불리한 조치를 하는 것을 금지하면서 이에 그치지 아니하고 제37조 제2항 제2호에서 사업주 등이 제14조 제2항의 불리한 조치를 할 경우 이를 형사처벌하는 규정까지 두고 있는데, 이는 직장내 성희롱과 관련한 유일한 형사처벌 규정인 점(남녀고용평등법은 사업주 등이 직장내 성희롱을 한 경우에도 이를 형사처벌의 대상으로 삼지 않고 단지 과태료 부과대상으로 삼고 있다), ③ 이 사건 업무배치가 원고의 이 사건 소송 제기 이후에 이루어진 점 등에 이 사건 업무배치의 내용, 이 사건 업무배치가 현실화되었던 기간, 이 사건 업무배치가 추후에 철회된 점 등 이 사건 변론에 나타난 제반 사정을 고려하여, 피고가 배상하여야 할 위자료의 액수를 7,000,000원으로 정한다.

결국 피고는 ◇◇◇의 사용자로서 ◇◇◇의 위 사무집행에 관한 불법행위에 대한 위자료 7,000,000원 및 이에 대하여 원고가 구하는 바에 따라 이 사건 2014. 10. 31.자 청구취지 변경신청서 부본 송달일 다음날인 2014. 11. 1.부터 피고가 그 이행의무의 존재 여부나 범위에 관하여 항쟁하는 것이 타당하다고 인정되는 당심 판결 선고일인 2015. 12. 18.까지는 민법이 정한 연 5%의, 그 다음날부터 다 갚는 날까지는 연 20%의 각 비율로 계산한 지연손해금을 지급할 의무가 있다.

6. ◆◆◆의 불법행위에 대한 사용자책임을 묻는 청구에 대하여

가. 인정사실

1) 피고가 2012년 직장내 성희롱 예방교육과 관련하여 전사 내부전산망 게시판의 '성희롱예방'란에 게시한 '성희롱 피해자 권리구제절차 및 대처방안'에는 직장내 성희롱 사건의 발생이 신고된 경우 철저한 비밀유지 상태에서 신속·공정·정확하게 피해내용을 조사하고, 조사가 완료되면 그 조사결과를 피해자 및 가해자에게 통지함과 아울러 재발방지를 위하여 그 조사결과를 무기명 공개하도록 되어 있다.

2) 피고 연구소 인사팀은 2013. 3. 15.경부터 2013. 4. 29.경까지 이 사건 직장내 성희롱 사건을 조사하는 업무를 수행하였는데, ◆◆◆은 피고 연구소 인사팀 직원으로서 원고와 ☆☆☆의 진술서를 영문으로 번역하는 일의 일부를 하는 등으로 위 조사업무의 일부를 담당하였다.

3) ◆◆◆은 이 사건 직장내 성희롱 사건에 대한 조사가 시작된 지 얼마 안 된 2013년 3월 하순경 ♭♭♭(원고와 같은 오퍼레이션 소속 직원임)과 △△△(◆◆◆과 함께 피고 연구소 댄스동호회 활동을 하고 있는 피고 연구소 직원임)과 가진 술자리에서 △△△으로부터 이 사건 직장내 성희롱 사건에 대한 조사의 진행사항에 관한 질문을 받고 △△△과 사이에 "성희롱은 남자들 본인도 알지 못하는 사이에 벌어지는 경우가 많고 주관적으로 해석될 수 있는 소지도 있기 때문에 남자에게 불리하게 진행되는 게 대부분이다"라는 취지의 이야기를 나누었다. ◆◆◆은 또한 2013. 3. 29. 자신과 함께 피고 연구소 댄스동호회 활동을 하고 있는 피고 연구소 직원인 ◁◁◁와 함께 수원역으로 차량으로 이동하는 중에 ◁◁◁로부터 이 사건 직장내 성희롱 사건과 관련하여 가해자를 비난하는 취지의 말을 듣자 "피해자도 성격이 보통이 아니더라, 아마 일방적으로 당하고만 있지는 않았을 것이다"라는 취지의 말을 하였다.

4) ◆◆◆이 위 발언을 함에 있어서 원고의 실명을 거론하지는 않았지만, ◆◆◆이 위 각 발언을 할 무렵에는 이미 피고 연구소 내부에서 이 사건 직장내 성희롱 사건이 신고되고 그 당사자가 누구인지 정도는 광범위하게 알려져 있는 상태였기 때문에, △△△, ♭♭♭, ◁◁◁ 모두 ◆◆◆의 위 발언이 원고와 ☆☆☆와 관련하여 이루어진 것임을 다 알고 있었다.

5) 2013. 5. 15. 피고 연구소의 댄스동호회 여직원들 사이의 카카오톡 채팅방에서 이 사건

직장내 성희롱 사건에 관하여 기존에 퍼져 있는 소문은 잘못된 것 같다는 취지의 말이 나오면서 대화가 오갔는데, 당시 ♭♭♭은 "나도 최초로 들은 게 ◆◆◆이었고, 성희롱은 항상 남자에게 불리하다고 그렇게 얘기했는데. 그래서 나도 솔직히 여자가 오버했겠지 예민했을 수도. 이야기를 오늘 들으니 술자리에서 △△△과 ◆◆◆이 괘씸하네"라는 말을 하고, ◁◁◁는 "나도 여자가 먼저 꼬신 거라는 얘기 들었어요. 남자들은 다 쌍방인 것처럼 말하더라구. ◆◆◆이 그런던데"라는 말을 하였다.

[인정근거] 다툼 없는 사실, 갑 제5, 6, 17, 40, 41호증, 을나 제1, 6 내지 10, 13 내지 16호증의 각 기재, 변론 전체의 취지

나. 판단

1) **사용자책임의 성립**

비록 남녀고용평등법에 명문의 규정이 있는 것은 아니지만, 사업장에서 피해자의 신고에 의하여 직장내 성희롱 사건에 대한 조사가 진행되는 경우 그 조사업무를 수행하는 사람은 당해 직장내 성희롱 사건의 내용을 누설하는 것을 포함하여 당해 직장내 성희롱 사건의 가해자와 피해자의 사회적 가치 내지 평가를 침해할 가능성이 있는 일체의 언동을 공연히 하여서는 아니 되는 등으로 비밀유지와 공정성을 엄수하여야 할 조리상의 의무가 있다고 봄이 타당하다. 특히 피해 근로자와 관련하여서는 조사업무를 수행하는 사람이 위와 같은 언동을 공연히 할 경우 상당한 수준의 2차 피해가 발생할 개연성이 있고, 이는 결국 피해 근로자가 직장내 성희롱을 신고조차 못하게 하는 것으로 이어질 수 있으므로, 남녀고용평등법의 입법취지상 직장내 성희롱 사건의 조사업무를 수행하는 사람은 위와 같은 점에 특히 유의할 의무가 있다 할 것이다.

그런데, 피고가 2012년 직장내 성희롱 예방교육과 관련하여 전사 내부전산망 게시판의 '성희롱예방'란에 게시한 '성희롱 피해자 권리구제절차 및 대처방안'에 직장내 성희롱 사건의 발생이 신고된 경우 철저한 비밀유지 상태에서 공정하게 피해내용을 조사하도록 되어 있기까지 함에도 불구하고, ◆◆◆은 이 사건 직장내 성희롱 사건에 대한 조사 초기에 위와 같이 "성희롱은 남자들 본인도 알지 못하는 사이에 벌어지는 경우가 많고 주관적으로 해석될 수 있는 소지도 있기 때문에 남자에게 불리하게 진행되는 게 대부분이다", "피해자도 성격이 보통이 아니더라 아마 일방적으로 당하고만 있지는 않았을 것이다"는 취지의 발언을 피고 연구소 직원들에게 하였는바, ① 위 첫 번째 발언의 경우 비록 일반론적 형태를 취하고 있기는 하지만, 이 사건 직장내 성희롱과 관련하여서도 피해자에게 주관적으로 민감하게 반응하는 등으로 남자에게 불리한 소지가 있다는 취지가 담겨 있다고 볼 수 있고, 위 두 번째 발언의 경우에는 아예 피해자의 성격을 거론하면서 가해자도 일부 피해를 입거나 억울한 소지가 있을 수 있다는 취지의 것으로서 위 두 발언 모두 피해자인 원고의 사회적 가치 내지 평가를 침해할 가능성이 있는 내용의 것인 점, ② ◆◆◆이 위 발언들을 한 상대방은 모두 피고 연구소 직원들로서(특히 △△△은 원고가 같은 오퍼레이션 소속 직원이기까지 하다) 피고 연구소의 다른 직원들에게 ◆◆◆의 위 발언들을 전파할 개연성이 높다고 할 수 있고, 실제로 위에서 본 피고 연구소 댄스동호회 카카오톡 채팅방의 대화를 통하여 전파된 점 등을 종합할 때, 이 사건 직장내 성희롱 사건의 조사업무를 수행하던 ◆◆◆이 이 사건 직장내 성희롱 사건에 대한 조사 초기에 위 발언을 한 것은 그 발언 내용이 단순한 의견의 표명인지 간접적이고도 우회적인 방법에 의한 사

실의 적시인지 여부에 상관 없이 위에서 본 직장내 성희롱 사건의 조사업무를 수행하는 사람이 지켜야 하는 의무를 저버린 위법한 행위라 할 것이고, 이로 인하여 원고가 정신적 고통을 입었을 것임은 경험칙상 명백하다 할 것이므로, 피고는 민법 제756조에 따라 ◆◆◆의 사용자로서 ◆◆◆의 위 사무집행에 관한 불법행위로 인하여 원고가 입은 정신적 손해를 배상할 책임이 있다.

이에 대하여 피고는, 피고 연구소의 인사 담당 부장인 ▥▥▥이 피고 연구소 인사팀 직원들에게 주의를 촉구하는 등 ◆◆◆의 선임 및 그 사무감독에 상당한 주의를 다하였으므로 피고는 면책되어야 한다고 주장하나, 피고가 제출한 모든 증거들을 종합하여 보더라도, 피고가 ◆◆◆의 선임 및 그 사무감독에 상당한 주의를 다하였음을 인정하기에 부족하고, 달리 이를 인정할 만한 증거가 없으므로, 피고의 위 주장은 받아들이지 않는다.

2) **위자료 액수**

나아가 피고가 배상하여야 할 위자료의 액수에 관하여 보건대, ◆◆◆의 위 발언의 내용과 그로 인하여 원고의 사회적 가치 내지 평가가 침해되었을 정도, ◆◆◆이 위 발언을 하게 된 전후 경위, ◆◆◆의 위 발언이 전파된 범위 등 이 사건 변론에 나타난 제반 사정을 고려하여, 피고가 배상하여야 할 위자료의 액수를 3,000,000원으로 정한다.

다. 소결

따라서 피고는 ◆◆◆의 사용자로서 원고에게 ◆◆◆의 위 사무집행에 관한 불법행위에 대한 위자료 3,000,000원 및 이에 대하여 원고가 구하는 바에 따라 이 사건 2014. 10. 31.자 청구취지 변경신청서 부본 송달일 다음날인 2014. 11. 1.부터 피고가 그 이행의무의 존재 여부나 범위에 관하여 항쟁하는 것이 타당하다고 인정되는 당심판결 선고일인 2015. 12. 18.까지는 민법이 정한 연 5%의, 그 다음날부터 다 갚는 날까지는 연 20%의 각 비율로 계산한 지연손해금을 지급할 의무가 있다.

7. 결 론

그렇다면 피고는 원고에게 위자료로 총 10,000,000원(=위 7,000,000원+위 3,000,000원) 및 이에 대하여 이 사건 2014. 10. 31.자 청구취지 변경신청서 부본 송달일 다음날인 2014. 11. 1.부터 피고가 그 이행의무의 존재 여부나 범위에 관하여 항쟁하는 것이 타당하다고 인정되는 당심 판결 선고일인 2015. 12. 18.까지는 민법이 정한 연 5%의, 그 다음날부터 다 갚는 날까지는 연 20%의 각 비율로 계산한 지연손해금을 지급할 의무가 있으므로, 원고의 피고에 대한 청구는 위 인정범위 내에서 이유 있어 이를 인용하고, 나머지 청구는 이유 없어 이를 기각할 것인바, 제1심 판결 중 피고에 대한 부분은 이와 일부 결론을 달리하여 부당하므로, 제1심 판결의 피고에 대한 부분 중 위 인정금액에 해당하는 원고 패소부분을 취소함과 아울러 피고에게 위 인정금액의 지급을 명하고, 원고의 피고에 대한 나머지 항소는 이유 없어 이를 기각한다.

통합진보당 정당해산심판청구 사건

고 윤 덕*

1. 사건 개요의 설명

가. 통합진보당에 대한 정당해산심판 청구

대한민국 정부는 2013. 11. 5. 통합진보당에 대한 정당해산심판을 청구하였다.[1] 그 청구이유를 요약하면 다음과 같다.[2]

① 통합진보당은 현재 민족해방을 주장하는 종북성향의 순수 NL계열로 구성되어 있다.

② 통합진보당의 최고이념인 진보적 민주주의는 과거 김일성이 주장하여 북한의 건국이념이 된 것으로 궁극적으로 사회주의를 추구하는 이념이고, 민중주권주의는 소위 특권계층의 주권을 박탈하고 '일하는 사람'인 '민중'만이 주권을 가지는 사회를 추구한다는 개념이므로, 모든 국민이 주권을 가진다는 '국민주권주의'에 반하는 것이다(목적의 위헌성).

③ 통합진보당은 북한의 대남혁명론을 추종하는「강온양면」전술에 따라 혁명의 결정적 시기가 도래하면 무력에 의한 혁명을 추구하고, 그 전의 준비기 동안에는 대중정당을 통한 반국가활동 등에 의하여 혁명역량을 강화하는 것을 도모하고 있다. 이석기 등이 관여한 RO 조직[3]의 내란음모・선동 행위와 일심회 간첩단 사건 등 각종 반국가활동은 우리나라 체제를 파괴하려는 활동이며, 비례대표 부정경선 등은 민주적 선거제

---

* 변호사, 법무법인 시민.

1) 헌법재판소 2014. 12. 19. 선고 2013헌다1 결정. 통합진보당해산심판청구 사건. 한편, 정부는 같은 날 정당활동정지 가처분신청도 함께 제기하였고, 해당 사건은 위 정당해산심판 선고일에 기각결정이 선고되었다. 별다른 이유는 설시하지 않았다(헌법재판소 2014. 12. 19. 선고 2013헌사907 결정. 정당활동정지 가처분신청 사건). 이하에서는 가처분신청 사건을 제외하고 본안인 통합진보당해산심판청구 사건을 중심으로 기술한다.

2) 법무부,「통합진보당」정당해산 심판청구 보도자료(2013. 11. 5.자) 참조.

3) RO는 김일성 주체사상을 지도이념으로 하는 지하혁명조직(Revolutionary Organization)의 약칭으로, 청구인은 반국가단체인 민혁당의 잔존세력이 주축이 되어 RO를 결성하였으며, 현재 피청구인의 핵심세력이라고 주장하였다.

도를 부정하는 것이고, 국회 본회의장 최루탄 투척, 5·12 중앙위원회 집단폭력 등은 의회주의 원칙, 정당민주주의에 반하는 것이다(활동의 위헌성).

④ 통합진보당은 민주노동당 시절부터 창당 및 NL계열의 입당 과정, 강령 개정 및 3당 합당 등 과정에 북한 지령을 통해 북한과 연계되어 온 사실이 확인되어, 존치할 경우 북한과 함께 우리나라의 존립을 위태롭게 할 우려가 상당히 높다.

나. 정부의 정당해산심판 청구에 대한 시민사회의 인식과 우려

(1) 심판청구권의 남용으로 인한 민주주의의 위기

정당해산제도는 정당의 목적과 활동이 민주적 기본질서의 핵심을 정면으로 위반하는 경우에 정당의 존속을 부인하는 예외적인 제도이다. 헌법과 헌법재판소법(이하 '헌재법')에 규정되어 있기는 하지만 적어도 현재 우리 사회에서 헌법수호를 위해 실제로 활용될 경우를 상정하기 어렵다. 국가권력에 의한 강제적인 정당해산은 민주주의를 지킨다는 명분 아래 민주주의의 가장 근본적인 행위주체인 정당을 정치의 장에서 완전히 축출하는 것으로서 그 자체가 민주주의에 대한 심각한 훼손이기 때문이다.

통합진보당은 원내 제3정당인 소수야당으로 우리 사회 진보적 진영을 대변해 온 정치세력이다. 당시 정부는 국가정보원 대선개입 사건으로 인하여 정치적 위기에 처해 있었다. 정당해산심판 청구는 보수정권이 공안정국을 조성하여 국면을 전환하려는 시도로 의심되었고, 심판청구권의 남용, 졸속적인 청구라는 비판이 제기되었다. 통합진보당에 대한 지지여부나 호오(好惡)와는 별개로 정당해산심판 청구 자체가 민주주의에 대한 위기상황으로 인식된 것이다.

(2) 집회·결사의 자유, 표현의 자유 등 기본적 인권의 침해 우려

통합진보당이 추구한 이념과 정책, 주장들은 일부에 의해 독창적으로 구성되어 제시된 것이 아니다. 진보진영에서 오랫동안 주장해 온 내용과 같은 것들이 많다. 그런데, 통합진보당과 이전의 민주노동당이 그 창당부터 북한의 지령을 받아 활동해 왔고 북한과 연계가 되어 있다는 정부의 주장은 우리 사회의 진보진영에 대한 종북이념 공세와 다르지 않다. 이석기 의원 등에 대한 내란관련 사건 제1심 재판[4]이 진행 중이고 관련된 사실관계가 확정되지도 않은 상황에서 정부가 정당해산을 청구하고 대대적인 여론몰이를 하는 것은 정부 정책을 비판하는 시민사회의 주장과 활동을 원천적으로 봉쇄하

4) 수원지방법원 2014. 2. 17. 선고 2013고합620, 624(병합), 699(병합), 851(병합) 판결. 이후 항소심은 서울고등법원 2014. 8. 11. 선고 2014노762 판결, 상고심은 대법원 2015. 1. 22. 선고 2014도10978 전원합의체 판결. 참고로 이 사건은 그 항소심 판결 전까지 "RO사건"이라고 표현되었다. 그러나 항소심에서 "RO"의 존재가 인정되지 않았고, 이 사건 결정문에서는 '내란관련 사건'이라고 하고 있다. 이하 위 사건에 대해서는 '내란관련 사건'으로 지칭한다.

려는 시도라고 볼 수밖에 없었다. 시민의 정치적 권리, 집회·결사의 자유, 표현의 자유와 같은 기본적 인권에 대한 심각한 위협이 아닐 수 없는 것이다.

다. 소송대리인단의 구성

정부의 정당해산심판 청구의 부당성과는 별개로 정당해산심판 사건은 그 자체로 헌법적으로 큰 의미가 있는 것이다. 헌법재판소(이하 '헌재'라고 한다)는 6월 민주항쟁에 의해 만들어진 1987년 헌법의 산물이다. 민주주의, 법치주의, 민주적 기본질서, 정당제도, 표현과 사상의 자유 등 우리 헌법에 추상적으로 규정된 이념과 가치의 의미를 구체적으로 밝혀내고 확인하는 일은 법률가로서 사회공동체의 발전에 기여하는 것이기도 하다.

소송대리인단은 민주사회를 위한 변호사 모임(이하 '민변'이라 한다)의 회장을 역임한 김선수 변호사를 단장으로 하여 민변 회원 공지 등을 통해 자원한 여러 명의 변호사들로 구성했다. 이후 내란관련 사건 기록에 대한 본격적인 증거조사에 들어갈 때 그 사건 변호인들 중 일부가 합류했다.

2. 소송의 쟁점과 변론[5)]

가. 정당해산제도의 법리 부분의 쟁점

(1) 정당해산제도의 성격(헌법보호와 정당보호)

청구인은 정당해산제도의 성격이 방어적 민주주의, 예방적 수단임을 내세워 신속한 절차 진행을 요구했다. 가처분까지 신청된 상태였다. 이에 대해 피청구인 측은 정당해산제도의 정당특권(정당보호)으로서의 성격을 강조했다. 그리하여 정당해산은 예외적, 최후수단적인 것이며, 심판의 신속성 보다는 신중하고 엄격한 심사와 절차가 요구된다고 했다.

청구인은 헌법보호적 성격을 강조하면서 남북한이 분단되어 대립하고 있는 우리나라의 특수한 사정을 고려하여 시민사회의 다원성은 제한될 수 있다는 취지로 주장했다. 피청구인 측은 이러한 주장은 우리 시민사회를 체제 내적으로 순응시키려는 논리일 뿐이며, 오히려 시민사회의 다원성이 체제 경쟁에서 우위를 지키는 것이라고 했다. 우리나라에서 정당해산이 도입된 배경은 독일과는 다르다. 정부에 의한 야당탄압을 방지하는 데 그 일차적인 목적이 있었던 것이다. 권위주의 정권시절 소수야당과 진보세력을 탄압했던 과거의 경험에 비추어 보더라도 정당해산제도의 정당(야당) 보호의 관점은 강

5) 이하에서는 대한민국 정부를 "청구인", 통합진보당을 "피청구인"이라고 한다. 편의상 대리인단은 "피청구인 측"이라고 한다.

조될 수밖에 없다고 했다.

최종적으로 피청구인 측은 정당해산제도의 이중적 성격에 대해, 그 헌법보호적 의미는 정당에 대한 특별한 보호라는 원칙이 적용된 결과이고, 구별되는 정당들 사이의 경쟁체제를 의미하는 복수정당제도를 보호하는 목적에서 적용되는 것이기 때문에 헌법보호보다는 정당보호에 중점이 있으며, 이를 통해 입헌주의적 헌법의 보호를 도모하게 되는 것이라고 정리했다.

(2) 정당해산심판의 적용법리(입헌주의적 한계 및 요건판단의 엄격성)

위와 같이 정당해산제도의 성격을 '정당보호를 통한 입헌주의적 헌법보호'라고 하는 경우 정당해산심판은 적법절차, 비례의 원칙 등 입헌주의적 한계 내에서 이해되고 운용되어야 한다. 그리하여 정당이 가지는 다원적 민주주의 사회에서의 기능과 민주주의 개념, 법치국가적 원칙 등에 비추어 볼 때 정당해산의 사유에 대한 사법적 판단은 엄격한 기준이 적용되어야 하는 것이다. 피청구인 측은 구체적으로, ① 헌법 제8조 제4항이 규정하고 있는 '민주적 기본질서'는 정치과정의 개방성과 다원성에 개입하는 법적 요건이므로 가장 엄격한 기준에 의하여 이해되어야 하고, ② 정당의 목적과 활동은 헌법의 정당에 대한 특별한 보호와 다원적 민주주의 사회의 특별한 기능에 따라 '정당 형성의 자유'보다 높게 인정하여야 하며, ③ 정당에 불리한 사실들은 엄격하게 조사된 증거들에 의하여 충분하게 입증되지 않는 이상 입증된 사실로 간주될 수 없다는 기준을 제시했다.

※ 이상의 기본적인 법리를 반영하여 답변서 제출 전에 가처분 사건에서 '심리방법 및 절차에 관한 의견서', 본안인 정당해산심판 사건에서 '사실인정 기준에 관한 의견서'를 제출했다.

(3) 헌법 제8조 제4항의 구체적인 해석

(가) 민주적 기본질서의 의미

정당해산 요건으로서의 '민주적 기본질서'에 대해 피청구인 측은 민주주의적 측면과 법치주의적 측면에 근거한 입헌민주주의로 개념화해서 주장했다. 청구인은 이에 대해 별다른 의견을 제시하지 않았다. 피청구인 측은 정당해산제도의 입헌주의적 한계를 설명하면서 "정당이 가지는 다원적 민주주의 사회에서의 기능과 민주주의 개념, 법치국가적 원칙 등에 비추어 정당해산의 사유에 대한 사법적 판단은 엄격한 기준이 적용되어야 할 것"이라고 주장했다. 여기서 학설 대립이 있는 ① 경제질서 포함 여부, ② 자유민주적 기본질서와의 관계가 문제되었다. 심판청구서 등을 검토한 결과 피청구인의 '민중주체의 자립경제' 부분은 헌법상 경제질서 위반의 소지가 아예 없었다. 불필요한 쟁점을 만들지 않기 위해서 경제질서는 민주적 기본질서에 포함되지 않는 것으로 주장하고, 자유민주적 기본질서에 대한 논쟁은 하지 않는 것으로 정리했다.

(나) "위배될 때"의 의미

헌법재판소는 탄핵심판사건[6]에서 "헌법재판소법 제53조 제1항의 '탄핵심판청구가 이유 있는 때'란, 모든 법위반의 경우가 아니라, 단지 공직자의 파면을 정당화할 정도로 '중대한' 법위반의 경우를 말한다."고 제한적으로 해석했다. 피청구인 측은 "위배될 때"의 의미 역시 해석에 의해 제한되어야 한다고 판단했다. 문제는 그 이론적 근거와 구체적인 기준을 제시하는 것이었다.

처음에는 1956년 독일공산당 해산결정을 인용하여 위배행위의 적극성, 지속적 계획성, 구조적 기능 훼손의 위험이 있어야 한다는 정도로 주장했다. 그러나 이후 변론을 거치면서 독일연방헌법재판소의 1950년대 입장인 '논리적 위험 및 결과의 중대성'은 정당보호 관점에서 적절하지 않다는 판단을 했고, 최종적으로 유럽인권재판소의 입장과 베니스위원회의 입장을 종합하여 '충분하게 인정된(현존) 급박한 위험'이 인정되어야 한다는 것으로 정리했다. 정당에 대한 특별한 보호와 국가의 다원적 민주주의 사회를 보장할 의무 사이의 균형을 고려해서 판단해야 하므로, 그 위험은 '현존'해야 하고, 국가가 그 의무의 이행을 지체해서는 안 되는 '급박'한 상황이어야 한다는 것이다. 결국 이러한 위험성은 수단이 폭력에 의존하여 다원적 민주주의와 양립 불가능할 때에 한해 인정될 수 있다.

(4) 비례의 원칙

청구인은 이 사건 심판청구서의 법리 부분에서 위헌정당의 요건을 충족하는 경우에도(헌법 제37조 제2항에 따른 비례성 원칙의 심사까지는 아니나) "정당해산의 필요성(구체적 위험성)과 비례성은 최소한 필요"하다고 했다. 그런데, 이를 적용하는 단계에 이르러서는 "구체적 위험성, 침해의 최소성, 정당해산의 불가피성"을 검토하는 데 그쳤다.

이에 대해 피청구인 측은, 정당해산심판의 예외성, 최후수단성 등을 고려할 때 '정당해산 이외에 다른 적절한 대체수단은 없는지'라는 비례성, 정당해산으로 인해 침해되는 헌법상 정당 활동의 자유 침해와 해산하지 않음으로 인해 야기될 위험성 사이의 법익의 균형성도 함께 고려되어야 한다는 입장을 제시했다.

이후 변론을 거치면서 논리를 보다 정교하게 다듬었다. 즉, 비례의 원칙을 적용하는 근거로, 우선 기본권 제한 입법에 대해서 비례의 원칙에 따른 합헌성의 심사를 하는 것처럼, 정당해산심판에서 헌법재판소가 가지는 정당해산결정권은 법치국가 원리에 따른 비례의 원칙에 따라 수행되어야 한다는 점, 그리고 정당보호와 헌법보호라는 이중적 과제를 규범조화적으로 해결하는 방법인 점을 제시했다. 또한 비례의 원칙의 판단요소를

6) 헌법재판소 2004. 5. 14. 선고 2004헌나1 결정.

위험의 명백성, 위험의 현존과 중대성, 대체수단의 부존재, 법익의 균형성으로 정리했다.

※ 위와 같은 법리적 쟁점에 관하여 장영수 교수(청구인 추천)와 정태호 교수(피청구인 추천)가 참고인으로 결정되어 각각 의견서를 제출하고 법정에서 진술했다.

나. 소송법적 쟁점

(1) 정당해산심판의 준용 절차

헌재법은 다른 특별한 규정이 없는 한 민사소송 절차를 준용한다고 규정하면서 탄핵심판의 경우 형사소송 절차를 준용한다고 명시하고 있다(헌법 제40조 제1항). 즉, 정당해산심판의 경우에는 형사소송 절차를 준용한다고 명시하지 않음으로써 조문상으로는 민사소송 절차가 준용되는 것으로 해석될 수 있었다.

어느 절차를 준용하는가에 따라 서증의 증거능력, 증거조사 방법, 입증정도 등에서 차이가 발생한다. 헌재는 준비절차기일에 민사소송 절차가 준용되는 것으로 전제하고 절차를 진행하겠다는 입장을 밝혔다. 이에 피청구인은 헌재법 제40조 제1항에 대하여 정당해산심판절차에 민사소송 절차를 준용하는 것으로 해석하는 한 위헌이라고 주장하면서 헌법소원을 제기했다.[7)]

[자료 1] 헌법소원심판청구서

(2) 현재 재판 진행 중인 사건기록의 송부촉탁

헌재법 제32조는 '자료제출 요구 등'이라는 제목으로 "재판부는 결정으로 다른 국가기관 또는 공공단체의 기관에 심판에 필요한 사실을 조회하거나, 기록의 송부나 자료의 제출을 요구할 수 있다. 다만, 재판·소추 또는 범죄수사가 진행 중인 사건의 기록에 대하여는 송부를 요구할 수 없다."고 규정하고 있다. 이 사건 심판 진행 당시 내란관련 사건은 재판 진행 중이었기 때문에 그 형사기록을 검찰 또는 법원으로부터 송부받아 정당해산 사건의 증거로 사용할 수 있는지가 핵심적인 문제로 되었다. 청구인은 각 법원과 검찰청에 대해 재판 중인 기록의 인증등본송부촉탁을 신청했고, 준비절차를 진행하는 수명재판부가 이를 받아들였다. 이에 피청구인은 수명재판관의 문서인증등본 송부촉탁결정에 대해 헌재법 제32조 단서를 위반했다고 이의신청을 했다.[8)]

[자료 2] 이의신청서

---

7) 이에 대하여는, 이 사건 변론을 진행 중이던 2014. 2. 27. 재판관 전원일치의 기각결정이 선고되었다. 다만 김이수 재판관만은 별개의견으로 민사소송 절차의 준용이 제한되어야 한다는 견해를 제시했다(헌법재판소 2014. 2. 27. 선고 2014헌마7 결정).

8) 이에 대하여, 헌재 전원재판부는 제3차 변론기일(2014. 3. 11.)에 이의신청을 기각했다. "수명재판관이 2013. 12. 30. 결정한 문서인증등본송부촉탁은 헌법 제113조 제2항, 헌재법 제10조 제1항, 헌재 심판규칙 제39조 및 제40조에 의한 문서송부촉탁"이며, "따라서 헌재법 제32조 단서 위반의 문제는 발생하지 않는다."는 것이었다.

다. 심판의 대상에 관한 문제

(1) 청구인의 주장

청구인은 기본적인 해산 대상은 피청구인이지만 그 전신인 민주노동당의 제반 강령과 활동들도 모두 심판의 대상이 되어야 한다고 주장했다. "민주노동당 시절 당권을 장악한 NL계열은 합당, 분당으로 인한 영향을 받지 않고, 현재까지 통합진보당의 핵심세력으로 자리 잡아 민주노동당 시절 때와 같은 노선인 대남혁명전략(NLPDR)을 추구하고 있으므로 통합진보당의 목적과 활동의 위헌성을 판단하는 데 있어서 민주노동당 시절부터의 강령, 대선공약, 정책자료 등과 당시 활동 등도 반드시 고려해야 한다."는 것이었다. 이를 위하여 과거 1980년대 사상논쟁, NL과 PD의 구분, 각종 공안사건들을 나열하였고, 수많은 인사들의 과거 이력과 발언까지 문제 삼았다. 피청구인의 진정한 목적을 밝혀내기 위한 것이라고 했다.

(2) 시적 범위와 인적 범위의 제한 필요

청구인의 주장은 소송물(심판대상)과 소송자료(판단자료)의 성격을 혼동한 것이다. 그리고 과거의 활동 이력이나 단편적인 사건(주로 국가보안법위반 사건)을 가지고 현재를 판단한다는 점, 나아가 이를 정당의 목적이나 활동과 동일시 한다는 점에서 심각한 문제가 있다. 피청구인 측은 ① 피청구인은 2011. 12. 13. 민주노동당, 국민참여당 등이 신설합당 형식으로 창당한 정당이고 따라서 심판대상으로 되는 것은 피청구인 창당 이후의 목적과 활동에 한한다, ② 정당의 '활동'은 정당의 의사결정에 기초하고 정당의 기본적인 정치노선이 지배하는 '활동'을 의미하는 것이지 당원들의 개별적 행위를 의미하는 것이 아니기 때문에 당원 일부의 개별적 발언이나 활동, 당조직과 무관한 단체의 활동, 입당 전의 입장이나 주장 등은 정당의 활동으로 귀속될 수 없다고 주장했다.

라. 피청구인 '목적'의 위헌성 관련 쟁점

(1) 목적의 판단자료 및 숨은 목적(은폐된 목적)의 탐지 문제

기본적으로 피청구인의 강령 등 공식적인 자료의 내용에는 위헌적인 부분이 없었다. 이 부분은 청구인도 인정하고 있었다고 본다. 그런데 청구인은 일부 인사들의 과거 전력, 개인적인 기고문이나 발언, 토론문과 같은 자료들, 그리고 주사파 전향자들의 증언 등을 토대로 통합진보당 강령의 숨은 의미, 북한의 대남혁명전략과의 유사성을 주장했기 때문에 이 부분의 문제점을 분명하게 지적할 필요가 있었다.

목적의 위헌성은 원칙적으로 강령, 당헌과 당규, 정당의 위임을 받아 작성한 각종 발표문과 정책 등을 기준으로 판단해야 한다. 개별 당원의 주장과 활동을 통해 피청구인 강령상의 목적을 함부로 추단해서는 안 되며, 정당을 주도한 인물이더라도 당의 강령과 주요방침에 관여하지 않았거나, 당의 입장을 정하는 업무에 관여하기 전에 한 언행이나 그 업무와 무관한 발언 등은 피청구인 목적 판단의 근거가 될 수 없다. 정당의 부속 연구소나 자문기구 등에서 발간한 책자나 연구물은 그 자체가 정당의 공식입장이 아니기 때문에 그 중 당의 공식기구에서 당의 입장으로 승인하거나 채택한 것만을 목적 판단의 기초로 삼을 수 있다.

'숨은 목적', '은폐된 목적'[9]을 찾아내어 그것도 판단의 대상으로 삼아야 한다는 청구인의 주장은 공개적 활동을 하는 대중정당에 대해서 타당하지 않은 주장이다. 공개된 합법적 대중정당의 운영원리에 맞게 토론되고 합의를 거쳐 형성된 목적을 무시하고 일부의 의도나 자의적 해석에 의해 정당의 목적을 왜곡하는 결과를 초래할 가능성이 높기 때문이다. 나아가 '퍼즐 맞추기'[10] 식의 논증방식은 그 전제로서 사실인정의 정확성이 담보되어야 하는데, 그렇지 않은 경우 자의적인 국가권력에 의한 독단이고 폭력일 뿐이다.

(2) 진보적 민주주의 도입 경위 및 북한의 대남혁명전략과의 동일성 주장에 대하여

청구인은 피청구인의 최고이념인 진보적 민주주의는 북한의 지령에 따라 김일성의 사상을 도입한 것이며, 북한의 대남혁명전략(NLPDR)과 내용이 동일하고, 강령에서 '사회주의'를 삭제한 것은 위장전술이라고 주장했다. 이를 입증하기 위해 피청구인 강령, 대선공약, 정강정책, 주요 당직자의 북한에 대한 발언 등을 북한헌법과 조선노동당 규약, 북한의 성명, 노동신문 등 사설, 북한의 대남혁명전략, 북한의 지령 등과 비교 분석했다. 이러한 논증방식은 마치 국가보안법 사건과 같았다. 우리 헌법상 민주적 기본질서에 위배되는지 여부가 아니라 북한의 주장과 같은지 다른지가 중심이 되었던 것이다.

피청구인 측은 북한의 주장과 다르다는 점을 주장·입증하는 것은 의미가 없다고 보았다. 대신 진보적 민주주의 강령의 도입경위, 당내 토론 경과, 찬반의견 등을 상세히 설명했다. 또한 피청구인 강령의 진보적 민주주의, 민중주권(주의), 민중중심의 자립경제, 통일방안의 내용을 구체적으로 설명하고 이를 우리 헌법과 법률, 정부 정책, 남북공동선언 등과 비교하여 위헌적인 요소가 없음을 주장했다. 피청구인의 공식 문헌과 입법 성과들, 조례제정 노력, 주요 회의 결정 자료를 정리하여 제출했고, 민주노동당과 피청구인에서 활동한 인사들, 진보정책연구원의 인사들이 법정에 나와 관련 내용을 증언했다.

9) 청구인은 '진보적 민주주의'는 궁극적으로 북한식 사회주의를 추구하는 것이라고 주장했다.
10) '퍼즐 맞추기'라는 표현은 제2차 변론기일에 청구인 측 참고인으로 출석한 장영수 교수가 진술 과정에서 사용한 말이다.

(3) 기타 주한미군 철수, 평화협정 체결, 국가보안법 폐지 등 주장에 대하여

청구인은 "피청구인의 주한미군 철수, 평화협정 체결, 국가보안법 폐지 주장은 북한이 주장하는 내용과 동일한 것으로, 북한에 동조하는 것이기 때문에 헌법위반이다"라는 취지의 주장을 반복했다. 그러나 이 부분은 헌법사항이 아닐 뿐만 아니라 헌법이 규정하고 있는 민주적 기본질서와 관련이 없는 정책사항에 불과하다. 정당은 사회적 문제에 대한 다양한 정책과 입장을 표현할 수 있고, 그것이 결과적으로 북한의 주장과 비슷하다고 하더라도 그 이유만으로 민주적 기본질서에 반한다고 할 수 없다. 이러한 주장이 피청구인만의 주장이 아닌 점을 입증하기 위해서 관련 내용의 국내외 유력 정치인들의 인터뷰, 학술논문, 국제사회의 국가보안법 폐지 권고 등 자료를 제출했다.

※ 이상의 쟁점에 대해서도 참고인 진술이 있었다. 피청구인 강령의 위헌성에 관해서는 김상겸 교수(청구인 추천)와 송기춘 교수(피청구인 추천)가, 특히 북한과 관련된 부분에 관해서는 유동렬 치안정책연구소 연구관(청구인 추천)과 정창현 교수(피청구인 추천)가 의견을 진술했다.

마. 피청구인 '활동'의 위헌성 관련 쟁점

(1) 구성원 활동의 정당귀속 기준과 구성원의 행위에 대한 정당의 책임

청구인은 소속 국회의원과 경기도당의 인사들이 연루된 내란관련 사건을 피청구인의 위헌적인 활동으로 주장했다. 나아가 구성원의 국가보안법 위반 사건과 비례대표 부정경선, 중앙위원회 폭력 사건 등에 대해서도 정당해산 사유로 주장했다.

피청구인 측은 개별 구성원의 행위가 정당 활동으로 평가(귀속)되기 위한 기준과 정당의 책임을 묻기 위한 기준을 검토했다. 당원의 위헌적 행위 자체를 옹호, 은폐하는 경우와 당원의 행위에 대한 부당한 공격 내지 공권력에 의한 탄압에 저항하는 경우는 구별되어야 한다는 판단이었다.

(2) 내란관련 사건에 대하여

우선 내란관련 사건을 피청구인의 '활동'으로 귀속할 수 있는지 문제되었다. 피청구인은 내란관련 사건의 회합(2013. 5. 10. 및 5. 12. 이석기 의원 초청 정세강연 모임, 이하 '이 사건 모임')을 사전에 인지하지 못했고, 사후에도 동의, 승인한 바 없었다. 내란관련 사건에서 문제된 이석기, 김○○의 발언은 피청구인의 기본노선이 구현되었다고 볼 수 없고, 그 전에 있었던 당직선거 출마자 결의대회 등에서 출마자나 지지자가 한 연설의 내용을 피청구인의 공식 입장, 활동이라고 할 수도 없었다. 피청구인이 내란관련 사건에 대하여 수사기관의 부당한 수사와 기소에 대해 비판하고 공안탄압이라고 주장했지만 이것을 위헌적인 활동 내지 그에 동조하는 것으로는 볼 수 없었다.

한편, 청구인은 심판청구 당시 피청구인의 핵심세력인 RO가 북한을 추종하고 폭력혁명노선을 추구하고 있으므로 피청구인이 해산되어야 한다는 취지로 주장했다. 그러나 내란관련 사건 항소심에서 RO의 존재 자체가 인정되지 않고 내란음모 부분은 무죄가 선고되었다. 따라서 위와 같은 주장은 더 이상 유지될 수 없었다. 그리고 내란선동 행위에 대해서는 그 '개연성'이 인정된다고 하여 유죄가 선고되었는데, 정당해산심판의 경우 내란범죄를 결의, 실행할 '개연성'으로는 부족하고 '구체적이고 명백하고 급박한 위험성'이 인정되어야만 하므로 역시 해산사유로는 삼을 수 없었다. 이 부분은 내란관련 사건의 항소심 판결문과 상고이유서를 참조하여 주장했다.

(3) 개별 구성원의 위법행위에 관한 주장 등

청구인은 피청구인의 위헌적인 '활동'으로 국가보안법위반 전력자의 대거 기용 등 대중정당을 이용한 조직적 반국가·이적 활동, 북한의 대남혁명전략에 따른 각종 대중투쟁 및 상설연대체의 구성, 의회 및 정당 민주주의를 훼손하는 비례대표 부정경선, 중앙위원회 폭력사건 등을 제시했다. 그러나 이것들은 개별 구성원의 위법행위일 뿐 피청구인의 행위로 볼 수 없으며, 특히 각종 대중투쟁 사례나 사회운동 세력들의 연대기구가 북한과 연계되어 있음을 입증할 객관적인 증거는 제시되지 않았다.

피청구인 측은 국가보안법 위반 전력이 민주화운동으로 인정받은 사례를 정리하여 제출했다. 또 청구인이 대남혁명전략에 따른 것이라고 주장한 매향리 미군 폭격장 폐쇄 투쟁(2000년), 미군 장갑차 여중생 사건(2002년), 평택 미군기지 확장 저지 투쟁(2005-2006년), 한미 FTA 반대 투쟁(2006-2007년), 광우병 촛불집회(2008년), 제주해군기지 이전 반대 투쟁(2011년) 등 대중투쟁의 의의와 그 진행 경과 등도 당시 자료와 함께 정리하여 제출했다.

바. 의원직 상실 여부

의원직 상실은 적법한 선출절차를 통해 부여된 헌법기관의 지위를 박탈하는 것이다. 그런데, 정당 해산에 따른 소속 의원들의 자격상실 여부에 관하여 현행 헌법과 정당법 등 법률에는 전혀 근거 규정이 없다. 국회의원의 지위, 정당기속성, 정당국가화 경향 등이 헌법상 원리가 될 수 없다는 점을 기본으로 하고, 관련한 헌법과 정당법의 규정 내용과 변천과정, 이론적 근거들을 정리하여 의원직 상실이 부당함을 주장했다.

※ 정당해산심판은 그 서면자료가 워낙 방대하므로 이상의 논의에 대하여 가장 요약적으로 정리한 쟁점요약서면을 첨부한다. 다만, 120여 쪽에 이르는 답변서를 압축한 것이고, 사건 초기에 심화가 되지 않은 내용이 있는 점을 참작하기 바란다.

[자료 3] 쟁점요약서면(답변서)

3. 헌법재판소의 결정

가. 소송의 결과

헌재는 2014. 12. 19. 피청구인을 해산하고 그 소속 국회의원은 의원직을 상실한다는 결정을 선고했다. 정당해산 및 국회의원직 상실에 대해서는 8명의 재판관이 해산의견,[11] 1명의 재판관이 기각의견[12]이었고, 해산의견에 가담한 두 명의 재판관은 추가로 보충의견을 밝혔다.[13] 결정 당일 헌법재판소가 보도자료를 통해 밝힌 다수의견과 소수의견의 요지는 아래와 같다.

- (다수의견) 피청구인이 북한식 사회주의를 실현한다는 숨은 목적을 가지고 내란을 논의하는 회합을 개최하는 등 활동을 한 것은 헌법상 민주적 기본질서에 위배되고, 이러한 피청구인의 실질적 해악을 끼치는 구체적 위험성을 제거하기 위해서는 정당해산 외에 다른 대안이 없으며, 피청구인에 대한 해산결정은 비례의 원칙에도 어긋나지 않고, 위헌정당의 해산을 명하는 비상상황에서는 국회의원의 국민 대표성은 희생될 수밖에 없으므로 피청구인 소속 국회의원의 의원직 상실은 위헌정당해산 제도의 본질로부터 인정되는 기본적 효력이라고 판단한 것이다.
- (소수의견) 정당해산의 요건은 엄격하게 해석하고 적용하여야 하는데, 피청구인에게 은폐된 목적이 있다는 점에 대한 증거가 없고, 피청구인의 강령 등에 나타난 진보적 민주주의 등 피청구인의 목적은 민주적 기본질서에 위배되지 않으며, 경기도당 주최 행사에서 나타난 내란 관련 활동은 민주적 기본질서에 위배되지만 그 활동을 피청구인의 책임으로 귀속시킬 수 없고 그 밖의 피청구인의 활동은 민주적 기본질서에 위배되지 않는다.

나. 쟁점별 판결이유[14]

(1) 청구의 적법성

헌재는 이 사건 청구의 절차적 위법을 인정하지 않았다. 그 근거로 대통령 사고 시에

11) 재판소장 박한철, 주심 재판관 이정미, 재판관 이진성, 김창종, 안창호, 강일원, 서기석, 조용호. 위 8인의 의견이 법정의견이 되었다. 이하에서는 '다수의견'이라 한다.
12) 재판관 김이수. 이하에서는 이 의견을 '소수의견'이라 한다.
13) 재판관 안창호, 조용호. 이하에서는 이 의견을 '보충의견'이라 한다.
14) 이 사건의 결정문은 총 349쪽에 이르는 방대한 분량이다. 이 중 법리에 관한 부분을 제외하고 다수의견과 소수의견이 나뉜 부분, 즉 피청구인의 목적이나 활동이 민주적 기본질서에 위배되는지 여부 및 해산의 필요성 인정 여부에 관하여 다수의견이 118쪽, 소수의견이 180쪽에 이른다. 그리고 청구인 주장과 피청구인 주장이 대립하는 쟁점에 대해서는 각각의 주장 요지를 설시하고 그에 대한 헌재의 견해를 설명하는 것이 일반적인 판결 작성 요령이지만, 이 사건 결정에서 다수의견은 헌재의 견해를 일방적으로 정리했을 뿐이어서 어

는 법령에 따라 국무총리가 그 직무를 대행한다는 점과 의안의 긴급성에 관한 판단은 정부의 재량인 점을 제시하였다. 심판청구권 남용에 대해서도 인정하지 않았다(3-4쪽).

(2) 심판대상(정당의 시적 범위)

헌재는"민주노동당의 목적과 활동은 피청구인의 목적과 활동과의 관련성이 인정되는 범위에서 이 사건 판단의 자료로 삼을 수는 있겠으나, 민주노동당의 목적이나 활동 그 자체가 이 사건의 판단 대상이 되는 것은 아니다."라고 판시했다(3쪽). 따라서 피청구인의 활동 중에서 내란관련 사건, 비례대표 부정경선, 중앙위 폭력사태, 야권단일화 여론조작 사건 등만을 판단대상으로 삼았고, 나머지 민주노동당 시절의 일들은 '진보적 민주주의'의 민주적 기본질서 위배 여부를 판단하기 위한 자료 차원에서 검토했다.

(3) 정당해산심판제도의 의의

헌재는 우리나라 정당해산제도가 방어적 민주주의 관점보다는 정당보호, 특히 소수야당 보호를 주된 취지로 하고 있음을 인정했다. 즉, "우리의 경우 이 제도는 발생사적 측면에서 정당을 보호하기 위한 수단으로서의 성격이 부각된다. 정당해산심판의 제소권자가 정부인 점을 고려하면 피소되는 정당은 사실상 야당이 될 것이므로, 이 제도는 정당 중에서도 특히 정부를 비판하는 역할을 하는 야당을 보호하는 데에 실질적인 의미가 있다. … 따라서 정치적 비판자들을 탄압하기 위한 용도로 남용되는 일이 생기지 않도록 정당해산심판제도는 매우 엄격하고 제한적으로 운용되어야 한다. '의심스러울 때에는 자유를 우선시하는(in dubio pro libertate)' 근대 입헌주의의 원칙은 정당해산심판제도에서도 여전히 적용되어야 할 것이다."(10쪽).

(4) 정당해산 사유(헌법 제8조 제4항의 해석)

(가) "정당의 목적이나 활동"의 의미

이 사건 결정은 "정당의 목적이란, 어떤 정당이 추구하는 정치적 방향이나 지향점 혹은 현실 속에서 구현하고자 하는 정치적 계획 등을 통칭한다."(12쪽), "정당의 활동이란, 정당 기관의 행위나 주요 정당관계자, 당원 등의 행위로서 그 정당에게 귀속시킬 수 있는 활동 일반을 의미한다."고 했다(13쪽). 그리고 여기서 나아가 "만약 정당의 진정한 목적이 숨겨진 상태라면 공식 강령은 이른바 허울이나 장식에 불과할 것이고, 이 경우에는 강령 이외의 자료를 통해 진정한 목적을 파악해야 한다."고 했다(13쪽). 확장

느 쪽 주장을 받아들이고 어느 쪽 주장을 배척했는지 잘 알 수 없다. 헌재 결정 요지나 보도자료만으로는 쟁점이 명확하게 드러나지 않기 때문에 이하 내용은 이 사건 결정에 대한 평석인 김선수 외, 『통합진보당 해산결정, 무엇이 문제인가』(도서출판 말)를 참고하였다. 가급적 결정문의 순서에 의해 기술하고, 소수의견과 보충의견은 필요한 곳에서 인용했다. 인용한 부분의 말미에 괄호를 두고 이 사건 결정의 해당 부분(쪽수)을 표시했다.

해석의 여지를 남긴 것이다.

정당에 속한 개인이나 단체의 활동을 정당 활동으로 볼 수 있는지 여부에 대해, "구체적인 경위를 살펴서 그것을 정당의 활동으로 볼 수 있는 사정이 있는지를 판단해야 한다. 예컨대, 활동을 한 개인이나 단체의 지위 등에 비추어 볼 때 정당이 그러한 활동을 할 권한을 부여하거나 그 활동을 독려하였는지 여부, 설령 그러한 권한의 부여 등이 없었다 하더라도 사후에 그 활동을 적극적으로 옹호하는 등 그 활동을 사실상 정당의 활동으로 추인한 것과 같다고 볼 수 있는 사정이 있는지 여부, 혹은 사전에 그 정당이 그러한 활동의 계획을 알았더라도 이를 정당 차원에서 지원하고 지지했을 것이라고 가정적으로 판단할 수 있는 사정이 있는지 여부 등을 구체적으로 살펴 전체적이고 종합적으로 판단해야 한다."고 했다(13-14쪽).

헌재는 정당의 '목적'과 '활동'에 대하여 "동 조항의 규정형식에 비추어 볼 때, 정당의 목적이나 활동 중 어느 하나라도 민주적 기본질서에 위배된다면 정당해산의 사유가 될 수 있다고 해석된다."고 했다(14쪽).

(나) "민주적 기본질서"의 의미

헌재는 "정당해산심판제도가 수호하고자 하는 민주적 기본질서는 우리가 오늘날의 입헌적 민주주의 체제를 구성하고 운영하는 데에 필요한 가장 핵심적인 내용이나 요소를 의미하는 것으로서, 민주적이고 자율적인 정치적 절차를 통해 국민적 의사를 형성·실현하기 위한 요소, 즉 민주주의 원리에 입각한 요소들과, 이러한 정치적 절차를 운영하고 보호하는 데에 필요한 기본적인 요소, 즉 법치주의 원리에 입각한 요소들 중에서 필요불가결한 부분이 중심이 되어야 한다. 이는 이것이 보장되지 않으면 우리의 입헌적 민주주의 체제가 유지될 수 없다고 평가되는 최소한의 내용이라 하겠다.", "우리 헌법 제8조 제4항이 의미하는 민주적 기본질서는, 개인의 자율적 이성을 신뢰하고 모든 정치적 견해들이 각각 상대적 진리성과 합리성을 지닌다고 전제하는 다원적 세계관에 입각한 것으로서, 모든 폭력적·자의적 지배를 배제하고, 다수를 존중하면서도 소수를 배려하는 민주적 의사결정과 자유·평등을 기본원리로 하여 구성되고 운영되는 정치적 질서를 말하며, 구체적으로는 국민주권의 원리, 기본적 인권의 존중, 권력분립제도, 복수정당제도 등이 현행 헌법상 주요한 요소라고 볼 수 있다."라고 판시했다(14-16쪽).

(다) "위배될 때"의 의미

헌재는 민주적 기본질서에 '위배될 때'를 해석하면서 단순한 위반 또는 저촉으로는 부족하고 '실질적인 해악을 끼칠 수 있는 구체적인 위험성'을 초래해야 한다고 판시했다(17쪽). 그러나 그 구체적인 의미나 표지를 제시하지 않았으며, 이후 다수의견을 보면(134-136쪽) 위험성의 문제를 사실상 사안의 중대성과 개연성의 문제로 이해한 것으로 보인다.

반면에 소수의견은, 민주사회에서 표현 활동의 중요성에 비추어 표현활동이 민주적 기본질서에 위배되는 것으로 평가되기 위해서는 '실질적 해악을 끼칠 구체적 위험'이 인정되어야 하는데, 그 위험은 '명백하고 임박할 것을 요한다.'(287-288쪽)고 함으로써 보다 엄격하게 보았다.

(라) 비례원칙의 적용

헌재는 정당해산심판에 있어 비례원칙이 적용된다고 판시하였다. 즉, "강제적 정당해산은 우리 헌법상 핵심적인 정치적 기본권인 정당 활동의 자유에 대한 근본적 제한이므로 헌재는 이에 관한 결정을 할 때 헌법 제37조 제2항이 규정하고 있는 비례원칙을 준수해야만 하는 것이다. 따라서 헌법 제37조 제2항의 내용, 침익적 국가권력의 행사에 수반되는 법치국가적 한계, 나아가 정당해산심판제도의 최후수단적 성격이나 보충적 성격을 감안한다면, 헌법 제8조 제4항의 명문규정상 요건이 구비된 경우에도 해당 정당의 위헌적 문제성을 해결할 수 있는 다른 대안적 수단이 없고, 정당해산결정을 통하여 얻을 수 있는 사회적 이익이 정당해산결정으로 인해 초래되는 정당의 정당활동 자유 제한으로 인한 불이익과 민주주의 사회에 대한 중대한 제약이라는 사회적 불이익을 초과할 수 있을 정도로 큰 경우에 한하여 정당해산결정이 헌법적으로 정당화될 수 있다."고 하였다(18쪽).

(5) 한국사회의 특수성

헌재는 "한국사회의 특수성"이라는 제목 하에 '남북한의 대립'과 '현실상황에 대한 고려 필요성'을 서술하면서, 입헌주의의 보편적 원리와 함께 한국사회의 특수성을 동시에 고려할 수밖에 없다는 견해를 피력했다(20쪽).

(6) 피청구인의 목적이나 활동이 민주적 기본질서에 위배되는지 여부

(가) 해산대상으로서의 정당, '주도세력'이란 애매한 개념으로 대체

다수의견은 '피청구인 주도세력'을 "진보적 민주주의의 실현을 추구하는 경기동부연합과 광주전남연합, 부산울산연합의 주요 구성원 및 이들과 이념적 지향점을 같이하는 당원들"을 의미하는 것으로 정의했다. 그리고 이들을 견제하던 세력들이 탈당함에 따라 이들의 방침대로 당직자 결정 등 주요 사안을 결정하면서 당을 주도해 왔다고 판시했다(42쪽).[15]

---

15) 청구인의 원래 주장은 주체사상을 지도이념으로 하는 지하혁명조직인 RO가 피청구인을 장악했고(RO는 전위조직이고, 피청구인은 전위조직의 지배를 받는 하위의 전술적 대중정당에 불과), 피청구인은 북한식 사회주의 추구를 그 목적으로 하며, 내란관련 사건의 모임에서 드러났듯이 폭력 및 무력으로 국가전복을 도모하는 활동을 하였기 때문에 해산되어야 한다는 것이었다. 그러나 내란관련 사건의 항소심에서 RO의 존재가 인

다수의견은 피청구인의 강령이나 정책 등을 분석하기에 앞서 진보적 민주주의 강령 도입 경위, 피청구인 주도세력의 성향에 대해 기술했다. 그리고 다수의견 스스로 주도세력이라고 평가한 사람들 중 "이○기, 이○규, 박○순, 김○현, 이○엽, 민○렬, 정○연, 장○섭 등은 민족민주혁명당(이하 '민혁당') 조직원으로 활동하였고, 최○영, 이○훈은 일심회 사건 관련자들이고, 김○교, 최○욱, 류○진은 실천연대 사건 관련자들"이라고 하면서(43쪽), "피청구인 주도세력의 형성과정, 대북자세 및 활동상황, 활동경력, 이념적 동일성 등 제반 사정을 종합해 보면, 피청구인 주도세력의 성향은 북한을 추종하고 있다고 봄이 타당하다."고 결론 내렸다(59쪽).

이에 대하여 소수의견은 우선 '주도세력'이라는 개념 자체가 자의적이고, 그 범주도 뚜렷하지 않아 개별 구성원이나 그 외연(外延)이 확정되어 있지 않다고 지적했다(321-322쪽). 그리고 다수의견이 "10여년도 더 지난 국가보안법 위반 형사 판결이나, 오랜 시간 피청구인 구성원들과 직접적인 접촉이 없었던 사람들의 증언에 기초하여 피청구인 구성원들의 과거와 현재의 사상, 신념을 판단하고 있다."고 비판했다. "현재의 활동내역에 대한 객관적 분석이 선행되어야 하고, 이를 과거의 활동과 종합하여 살펴보아야 비로소 내면화된 신념, 신조가 어떤 것인지 접근할 수 있을 것이다. 그러한 최소한의 분석조차 없이 함부로 다른 사람의 이념적 지향점과 사상이 무엇이라고 단정할 수는 없는 법"이라고 했다(322쪽).

(나) '숨은 목적'과 퍼즐 맞추기

다수의견은 정당해산 요건으로서의 목적과 관련하여 '숨은 목적' 또는 '진정한 목적'을 설정했다.[16] 다수의견은 피청구인의 이념적 지향점으로서의 진보적 민주주의는 그 강령상 문언에서 드러나는 의미와 피청구인 주도세력이 진정으로 추구하고 의도하고 있는 내용과는 사뭇 다르다고 하면서, "피청구인 주도세력의 강령상 목표는 1차적으로는 폭력에 의하여 진보적 민주주의를 실현하고, 이를 기초로 통일을 통하여 최종적으로는 북한식 사회주의를 실현하는 것"이라고 보았다(90쪽). 나아가 "피청구인의 주도세력이 피청구인을 장악하고 있음에 비추어 그들의 목적과 활동은 피청구인의 목적과 활동으로 볼 수 있다"고 했다(129쪽). 피청구인 주도세력의 신념이나 목적이 피청구인의 숨은 목적, 진정한 목적이 된다고 본 것이다.

반면에 소수의견은 다수의견의 논증방식에 대하여 문제가 있다고 비판한다. 즉, 피청

정되지 않고, 내란음모 무죄가 선고되면서(2명은 내란선동죄 인정) 청구인의 기존 주장은 변경되었다. 즉, RO를 매개로 한 주장을 "민혁당 잔존세력", "경기동부연합" 등으로 변경한 것이다. RO의 존재와 내란음모 혐의는 피청구인 해산의 가장 결정적인 사유였는데, 이 두 가지가 법원 판결에 의해 부정되었음에도 다수의견은 RO에 대해서는 한 마디 언급도 하지 않고, 이를 '피청구인 주도세력'이라는 애매한 개념으로 대체해서 사실상 RO가 존재하는 것과 동일한 논리를 전개했다.

16) 청구인은 '진정한 장기 목적, 은폐된 목적'을 입증하는 것이 정당해산심판에서 가장 중요한 과제라고 주장했었다(148쪽). 이에 대해 다수의견은 '진정한 목적', 소수의견은 '숨은 목적' 또는 '진정한 목적'이라고 표현했다.

구인에게 '은폐된 목적'이 있다는 점 자체가 증명되어야 할 사항이며, 정당의 의사결정 과정이나 이를 통하여 형성되는 정책노선은 평면적인 하나의 퍼즐판과 같이 물리적으로 분리해 낼 수 있는 조각들의 결합으로 이루어지는 것이 아니라는 것이다(148쪽). 그리고 다수의견의 결론에 대해 정당해산심판의 사유를 엄격하게 해석, 적용한 결과인지 의문을 제기하고 있다(321쪽).

(다) 피청구인의 목적으로서의 '진보적 민주주의'와 강령개정 과정

① 피청구인의 목적으로서의 '진보적 민주주의'

다수의견은 '진보'와 '민주주의'라는 용어는 정치적 · 철학적으로 다양하게 해석되어 왔기 때문에 피청구인 강령의 진보적 민주주의의 진정한 의미를 파악하기 위해서는 강령 등의 문언적 의미 외에도 진보적 민주주의가 피청구인 강령에 도입되게 된 경위 및 피청구인 강령에 진보적 민주주의를 도입함에 있어서 주도적 역할을 했던 사람들이 누구인지, 그 사람들의 이념적 성향 및 지향점이 무엇인지를 살펴볼 필요가 있다고 했다(26쪽, 60쪽).

② 진보적 민주주의의 강령도입 경위

다수의견은 피청구인 주도세력이 강령에서 '사회주의적 이상과 원칙'을 삭제하고 진보적 민주주의를 규정하고 그 과제로 '자주 · 민주 · 통일'을 제시한 것은 북한의 주장과 그 내용이 같거나 매우 유사한 것으로서 북한의 지령에 의해 이루어진 것이라는 '암시'를 하고 있다(40쪽). 그러나 이는 의심일 뿐 증거로써 입증되지 않은 것이다.

③ 진보적 민주주의의 판단 자료

헌재는 정당의 목적에 대한 판단자료로 공식적인 강령이나 당헌의 내용, 정당대표나 주요 당직자 및 정당관계자(국회의원 등)의 공식적 발언, 정당의 기관지나 선전자료와 같은 간행물 이외에도 "정당의 의사결정과정에서 일정한 영향력을 가지거나 정당의 이념으로부터 영향을 받은 당원들의 행위도 정당의 목적을 파악하는 데 도움이 될 수 있다"고 했다(12-13쪽). 이는 '숨은 목적'을 파악하는 중요한 연결고리를 이루었다.

다수의견은 진보적 민주주의가 의미하는 바를 파악하기 위한 '판단자료'로 「강령해설자료집」, 「진보적 민주주의 정강정책해설서」, 「2013년 정책당대회 선언문」 등을 "공식적인 자료"로, 「집권전략보고서」, 「21세기 진보적 민주주의」, 「통합진보당 강령 20문 20답」 및 그 외 박○순, 최○영, 최○엽, 김○민, 한○석이 작성한 글과 주○환의 발언 등을 "피청구인 주도세력이 추구하고자 했던 이념적 지향과 목적을 판단하는 주요한 자료"로 규정했다(60-61쪽). 그러나 그 구분의 기준이 불분명할 뿐 아니라 아무런 근거 없이 무차별적으로 인용해 위헌의 근거로 삼았다는 점에서 문제가 있다.

④ 김일성의 진보적 민주주의 및 북한식 사회주의 추종 여부

다수의견은 앞에서 본 바와 같이 "피청구인 주도세력의 강령상 목표는 1차적으로 폭력에 의하여 진보적 민주주의를 실현하고, 이를 기초로 통일을 통하여 최종적으로는 사회주의를 실현하는 것"이며(90-91쪽), "피청구인의 우리 사회에 대한 인식, 변혁을 위한 강령적 과제와 순위, 변혁의 주체 및 주권의 소재와 그 범위, 변혁의 대상, 변혁의 전술적 방법, 변혁의 목표, 연방제 통일방안 등에서 북한의 민족해방 민주주의변혁론과 전체적으로 같거나 매우 유사하다"고 인정했다(101쪽).

이에 반해 소수의견은 피청구인의 진보적 민주주의 강령이 북한의 적화통일전략에 동조하기 위해 도입된 것도 아니고 그 내용이 북한의 주장과 같지도 않다고 정확하게 지적했다. 즉, "일하는 사람, 민중에 해당하는 계급과 계층의 이익을 중심으로 우리 사회의 모순들을 극복해 실질적 민주주의를 구현하겠다는 것"이라고 볼 수 있고, "그 구체적인 내용들은 이른바 진보적 정치세력들에 의하여 수십 년에 걸쳐 주장되고 형성된 여러 논리들과 정책들을 선택적으로 수용하고 조합한 것"이라고 하면서, "특정한 집단의 주권을 배제한다거나, 기본적 인권을 부인하고, 나아가 북한의 적화통일전략에 동조하는 내용을 담고 있다고 볼 수 없다."고 했다(225쪽). "우리가 일반적으로 민주적 기본질서에 위배된다고 보는 개념요소들, 예컨대 폭력혁명이나 일정한 계급, 계층의 주권적 권리나 기본권의 박탈(계급독재), 1당(1인) 독재 등을 내용으로 하고 있지 않으며, … '북한식 사회주의'가 내포하고 있는 인민주권, 생산수단의 사적 소유와 경제활동의 자유의 박탈, 수령을 중심으로 한 일당 독재의 추구를 위한 전제조건으로서 '진보적 민주주의'가 도입되었다고 보기 어렵다."는 것이다(244-245쪽).

⑤ 자주적 민주정부 및 자주·민주·통일

다수의견은 민주노동당과 피청구인이 지향하는 자주적 민주정부를 수구보수 세력이 배제된 민중정권을 의미하는 것으로 이해했다. 그리고 "주권자의 범위를 민중에 한정하고 민중에 대비되는 일부 특정 집단에 대해 적대적인 관계로 설정하고 있으므로, 피청구인 주도세력이 내세우는 민중주권주의는 일반적 의미로서의 국민을 주권자로 보는 국민주권주의와 다르다."고 했다(69쪽).

다수의견은 피청구인이 강령적 과제로 제시하는 자주·민주·통일을 북한이 민족해방 민주주의변혁론에서 주장하는 것과 같은 것으로 평가한다. 즉, "민족해방 민주주의변혁론은 대미종속성의 근본원인 또는 정당화근거가 분단이라는 현실에 있다고 보고 민족통일도 민족적 과제로 제기된다고 하여, 변혁운동의 핵심과제를 민족자주(자주), 민주주의(민주), 민족화해(통일)라고 한다. 그중 북한은 우리 사회 모순의 핵심은 미국에의 예속성에 있다고 하면서 '자주'를 '민주' 및 '통일' 보다 선차적으로 달성해야 할 과제라고 한다. 피청구인 주도세력 역시 우리 사회에 대한 인식이 북한의 민족해방 민주주의 변혁론과 기본적으로 같고, 강령적 과제도 '자주', '민주', '통일'로 같으며, 선차적 과제도 '자주'로서 같다."고 하고(95-96쪽), "피청구인 주도세력이 주장하는 자주적 민주정권은 북한의 민족해방 민주주의변혁론에서 주장하는 자주적 민주정권과 용어에서 뿐만 아니라 그 계급적 성격에서도 민중주권론에 기초한 민중민주주의를 지향하는 민중정권으로 같다. 그들은 북한과 같은 자유민주주의 체제에 대한 부정적 인식에 기초하여 진보적 민주주의 체제 구축을 위해 기존의 정치경제구조 및 정치세력을 혁파해야 한다고 하면서 한미상호방위조약 폐기와 주한미군 철수, 국가보안법 폐지, 생산소유구조의 다원화, 수구세력의 규제 등을 주장하여 북한의 주장과 그 내용이 실질적으로 같다."고 한 것이다(97-98쪽).

반면에 소수의견은 다수의견이 자주·민주·통일을 북한의 주장과 등치시키는 것에 대해 비판한다. 즉, "자주파가 자주·민주·통일의 기본노선을 중시한 점은 인정되지만, 자주와 민주, 통일의 추구는 자주파만의 목표라거나, 북한을 추종하는 입장에서만 가치를 부여할 수 있는 과제가 아니다. 우리 헌법 전문은 '우리 대한국민은 3·1운동으로 건립된 대한민국임시정부의 법통과 불의에 항거한 4·19민주이념을 계승하고, 조국의 민주개혁과 평화적 통일의 사명에 입각하여 정의·인도와 동포애로써 민족의 단결을 공고히' 할 것을 규정하고 있으며, 어떠한 가치에 더 중점을 둘 것인가에 관해서는 이견이 있을 수 있겠으나, 우리 헌법으로부터 독립한 주권국가로서의 자주의 이념과 민주주의의 추구, 평화통일의 사명을 도출하는 것은 자연스럽다. 「남북관계 발전에 관한 법률」에서도 남북관계의 발전은 자주·평화·민주의 원칙에 입각하여 남북공동번영과 한반도의 평화통일을 추구하는 방향으로 추진되어야 한다고 정하고 있다(제2조 제1항). '자주·민주·통일', 이른바 '자민통'을 내세우고, 특히 자주나 통일의 관점을 중요하게 주장한다는 점이 곧 북한식 사회주의의 추구와 논리적, 체계적으로 연관된다고 볼 수 없다."는 것이다(231쪽).

(라) 한국사회에 대한 인식과 집권방법

① 한국사회에 대한 인식

다수의견은 피청구인 주도세력이 한국사회를 기본적으로 식민지반(半)자본주의사회로 보고 있다고 보고, 이러한 피청구인의 한국사회에 대한 인식은 북한의 대남혁명전략과 동일한 것이라고 판단했다(90쪽 참조).

그에 반해 소수의견은 피청구인의 현실인식을 '신자유주의 종속국가', '87년 체계의 한계'를 노정한 것으로 보았고(199쪽), 이는 1980년대 사회구성체 논쟁을 통하여 다투어졌던 우리 사회의 현실과는 분석의 층위를 달리하는 것이라고 평가했다. 당시의 논쟁이 주권의 소재와 생산수단의 사유관계를 기준으로 한 것이라면, 민주노동당과 피청구인은 주권의 소재에 의문을 표하고 있지 않다는 것이다(200쪽). "한국의 신자유주의는 내부 발전과정이 아니라 강제로 이식된 '종속성'을 근본특징으로" 한다는 주장이 대한민국이 독립한 주권국가임을 부정하는 취지라고 볼 수는 없으며, '신자유주의'의 문제를 지적한다는 것은 시장근본주의에 관한 비판으로서 그 바탕에 있는 자본주의의 현실을 이미 인정하고, 전제하는 것이라고 했다(201쪽).

② 연대활동(소위 상설연대체)

민주노동당과 피청구인은 소수정당으로서 다양한 세력과 연합하고, 또한 대중활동을 병행하는 전략을 채택했다. 이는 소수정당으로서 지극히 당연한 전략이라고 할 수 있다. 그런데 다수의견은 피청구인의 상설연대체 구성 주장이 북한의 통일전선전술과 동일하다고 판단했다(98-99쪽). 반면에 소수의견은 이것이 특정이념과 연관된 것이라거나 대남혁명론에 따른 통일전선전술로 볼 근거가 없다고 지적했다(241-243쪽 참조).

③ 집권방법으로서의 선거와 저항권의 결합

다수의견은 민주노동당과 피청구인이 집권방법으로 저항권에 대해 언급한 것을 전민항쟁 노선을 유지하면서 무력 등 폭력을 행사하여 자유민주주의 체제를 전복하고 헌법제정에 의한 새로운 진보적 민주주의 체제를 구축하여 집권할 수 있다는 입장으로 평가했다(87쪽). 반면에 소수의견은 피청구인의 저항권 관련 주장에 대해 부당한 국가 공권력 행사에 대한 항의와 투쟁을 강조하고, 그것이 상황에 따라서는 저항권 행사로 이어질 수 있다는 점을 지적하고 강조한 것으로 이해했다(239-240쪽).

(마) 민중주권

다수의견은 "피청구인 주도세력이 추구하는 정권은 자주적 민주정권이고, 그 성격은 민중주권이 구현된 민중정권이며, 진보적 민주주의는 민중에게 주권이 있는 민중주체의 민주주의, 즉 민중주권론에 기초한 민중민주주의"라고 하면서(67쪽), 이것은 국민주권원리에 반한다고 판단했다(69쪽). 그리고 피청구인의 민중주권주의를 혁명론, 특히 북한의 민족해방 민중(인민)민주주의 혁명론의 관점에서 이해하고 있다(73-74쪽). 보충의견은 더 나아가 민중주권을 프롤레타리아 계급독재를 의미하는 것으로 보았다(333-334쪽).

그러나 피청구인은 민중주권의 내용으로 특정계급·계층의 주권이나 재산권 등 기본권의 박탈을 주장한 바가 전혀 없다. 이에 대해서는 소수의견도 정확하게 지적했다. 즉, "민중주권에 관한 피청구인의 주장은, 사회적 갈등을 해소하는 과정에서 부당한 특권을 행사하는 몇몇 사람이 아니라, 대다수 국민들의 입장에 서서 그들이 실질적으로 주권적 권리를 행사하여 국가의 의사결정, 국가권력의 창설 및 통제에 참여할 수 있도록 하여야 한다는 의미라고 보는 것이 합리적이다. 피청구인은 '민중의 주권과 소수 지배세력들의 정치경제적 특권은 공존할 수 없다'고 보고 있으나, 피청구인이 '적대적으로 대립'된다고 본 것은 민중의 '주권'과 소수의 '정치경제적 특권'이다."(207쪽), "피청구인이 주장하는 민중주권은, 주권의 주체로서의 추상적 국민의 범위에서 '특권적 지배계급' 또는 '소수 지배세력'을 배제하는 것이 아니고, 그동안 정치·경제적 권력으로부터 소외된 계급·계층의 주권적 권리를 실질적으로 보장하겠다는 취지이다."(208쪽).

(바) 연방제 통일방안

다수의견은, 피청구인 주도세력은 통일방안을 우리 사회 변혁을 위한 수단으로 보고 있고(79쪽), 피청구인 주도세력이 낮은 단계 연방제 통일 이후 추진할 통일국가의 모습은 과도기 단계인 진보적 민주주의 체제를 거친 사회주의 체제로 보인다고 인정했다(80쪽). 보충의견은 "피청구인 주도세력이 1민족 1국가 2체제 2정부의 연방제 통일방안을 주장하는 이유는 북한과 같이 자유민주주의체제의 변혁과 진보적 민주주의체제 및 사회주의체제(북한식 사회주의체제)를 추구하기 위한 전략으로 인식하고 있기 때문인 것으로 보인다."고 단정지었다(341쪽).

반면에 소수의견은 우리 헌법은 평화통일의 기본원칙을 규정하고 있는 외에 통일 실현의 구체적인 방안이나 과정, 통일 이후 대한민국의 정부형태·조직 등에 관해 특정하고 있지 않다고 하면서 "통일의 구체적 방안이나 통일 이후의 정부 조직 형태 등은 그 내용이 확정된 것이 아니고, 특정한 방식의 통일정책이 민주적 기본질서에 포함되어 있다고 보기는 어렵다"고 했다(218쪽). 그리고 "북한의 통일방안과 유사하다는 혐의를 받고 있는 피청구인의 연방제 통일방안의 주된 취지는 남과 북이 대등하고 평화적으로 공존할 수 있는 방식이어야 한다는 점에 있다. 이는 노태우 정부 이후 여러 정부에서 통일을 위한 해법으로 제시하는 바와 본질적으로 다르지 않으며, 현재에도 우리 사회의 여러 정당들과 전문가들에 의해 수용되고 있는 방안"이라고 했다(282쪽).

(사) 북한에 대한 태도 등

① **다수의견**

다수의견은 피청구인 주도세력이 1차적으로 폭력에 의한 진보적 민주주의를 실현하고 최종적으로 북한식 사회주의를 실현하는 것을 진정한 목적과 활동으로 하고 있다는 점을 인정할 근거로 여러 사실을 나열하면서 그러한 요소로서 다음 사항을 지적하고 있다.

> "피청구인 주도세력은 북한의 핵실험, 대남 무력도발 등 북한 문제와 관련하여 일관되게 북한의 입장을 지지하고 북한을 비난하는 데 반대하였다."(49쪽).

"북한 인권문제와 3대 세습문제에 대해서도, 피청구인 주도세력은 이를 북한의 입장에서 이해해야 하고 이를 비난하여서는 안 된다고 한다."(51쪽).

"피청구인 주도세력은 민중민주주의변혁론에 따라 혁명을 추구하면서, 대중투쟁의 일환으로 외부단체와 연계하여 한미FTA 무효화, 제주해군기지 전면 재검토, 국가보안법 폐지 등 각종 사회적 이슈에 참가하여 왔다. 북한의 핵실험, 북한 인권문제와 3대 세습 문제에 대해서도 피청구인 주도세력은 일관되게 북한의 입장을 옹호하고, 북한에게 책임 있음이 명백한 장거리 미사일 발사, 천안함 사건, 연평도 포격 등에 관해서도 오히려 그 책임을 대한민국 정부에 돌리고 있다."(130쪽).

② **소수의견**

소수의견은 위와 같은 피청구인의 입장이나 주요 인사들의 발언 등은 북한 추종의 근거로 볼 수 없다고 했다.

"SOFA의 불평등성이나 전시작전권의 소재에 관한 종속성 등을 지적하는 피청구인의 문제 제기는 우리 사회에서 이미 오랜 기간에 걸쳐 축적된 논의의 한 단면이며, 그것이 무조건적인 반미(反美) 지향이나 국가 안보를 저해하기 위한 것으로만 해석될 것은 아니다."(220쪽).

"국가보안법은 반민주 악법이므로 전면 폐지해야 한다는 피청구인의 주장은 우리 사회에서 이미 충분히 논의되어 온 정치적·사회적 현안에 대한 하나의 입장을 지지하는 것에 불과하다."(224쪽).

(북한 핵 관련 발언) "그것이 곧 북한의 핵보유의 당위성을 두둔하고, 북한의 핵위협을 옹호한다거나 한반도 비핵화에 반대하는 등 무조건적인 북한 추종성을 드러낸다고 보기는 어렵다. 북한의 핵보유를 반대하고, 핵폐기를 요구하는 입장에서도 북한이 핵개발에 이르게 된 이유를 자위권 행사(미국의 북한에 대한 위협)의 측면에서 분석하는 것은 불가능하지 않다."(250-251쪽).

"북한 핵문제나 인권 문제, 3대 세습의 문제와 같이, '진보'의 관점에서 또는 일반 국민의 상식에 비추어 비판적 의견 표명이 당연한 듯 보이는 사안에서 자주파가 취한 태도, 즉 소극적으로 유감을 표시한다거나 침묵하는 모습은 많은 비판을 받았다. 그러나 침묵이 곧 추종을 표시하는 것이라고 볼 수는 없을 것이다."(321쪽).

(아) 북한식 사회주의 및 대남혁명전략과의 동일 내지 유사성

다수의견은 북한식 사회주의의 내용과 대남혁명전략에 대해 장황하게 설명하면서 피청구인 주도세력의 주장 내용이 이와 동일 내지 유사하다고 인정했다. 즉, 피청구인의 우리 사회에 대한 인식, 변혁을 위한 강령적 과제와 순위, 변혁의 주체 및 주권의 소재와 그 범위, 변혁의 대상, 변혁의 전술적 방법, 변혁의 목표, 연방제 통일방안 등에서 북한의 민족해방 민주주의변혁론의 그것과 전체적으로 같거나 매우 유사하며, 이러한 동질성 내지 유사성은 단편적 또는 부분적 범주를 넘어선다는 것이다(101쪽). 결과적으

로 북한 주장과의 동질성 내지 유사성을 정당해산의 사유로 인정한 것과 다르지 않다.

반면에 소수의견은 "우리 사회를 지배한 반공이념의 편향성을 비판하면서 통일에 적극적인 자세를 취하려는 노력이 북한에 대한 동조의 혐의를 받곤 하였던 과거의 역사적 경험에 비추어 보면, 북한에 대한 경계라는 명분의 이면에 진보적 이념 일반에 대한 사상적 탄핵을 시도하는 의도가 개입될 가능성을 배제하기 어렵다."고 하면서, 1958년 조봉암의 진보당 사례를 들었다. "정부와 권력에 대한 우리 사회의 비판적 정신들과 시각들이 북한과의 연계나 북한에 대한 동조라는 막연한 혐의로 좌절을 겪는 일이 재발하지 않도록 하기 위해서는, 북한의 주장과 유사하다는 점만으로 북한 추종성이 곧바로 증명된다고 보아서는 아니 될 것이다."(283쪽).

(자) 내란관련 사건

① 이 사건 모임의 성격

다수의견은 "내란관련 회합은 피청구인 경기도당 위원장의 제안으로, 경기도당의 의결을 거쳐 개최되었고, 회합 참석자들은 모두 피청구인 당원들인데 그 중 대다수가 경기도당 위원장 등 간부들이었으므로, 내란관련 회합이 피청구인 경기도당의 행사인 점은 분명하다."고 했다(123쪽). 소수의견도 이 사건 모임 자체는 피청구인의 지역조직인 경기도당의 활동으로 볼 수 있다고 했다(286쪽).

② 이 사건 모임의 민주적 기본질서 위배 여부

다수의견은 이석기 의원이 경기동부연합의 수장의 지위에 있음을 인정하고(123-124쪽), "이석기를 비롯한 내란관련 회합 참석자들은 경기동부연합의 주요 구성원으로서 북한의 주체사상을 추종하고, 당시 정세를 전쟁 국면으로 인식하고 그 수장인 이석기의 주도하에 전쟁 발발시 북한에 동조하여 대한민국 내 국가기간시설의 파괴, 무기 제조 및 탈취, 통신 교란 등 폭력 수단을 실행하고자 회합을 개최한 것이다."라고 인정했다(126쪽).

소수의견은 "이석기가 경기도당 지역의 정치적 지도자로서의 지위를 가짐은 인정할 수 있으나, 이를 넘어 그가 이 사건 모임 참석자들 전체를 구성원으로 한 특정한 비밀조직의 수장임을 인정하기는 어렵다."고 했다(292쪽). 그러나 이 사건 모임의 구체적 위험성에 대해서는 "이석기나 김○열, 이○호 등 소위 내란관련 사건의 피고인들이나 이 사건 모임에서 구체적인 폭력적 방안을 제시한 발언자들의 경우 이 사건 모임을 통하여 그 실행가능성을 보였으며, 군사적 긴장상황이 수시로 되풀이되는 한반도 정세에서 향후 유사한 모임의 개최를 반복하고 세력을 규합하여, 폭동의 구체적 실행에 이를 개연성이 인정된다. 그러므로 이 사건 모임에서 이루어진 발언 활동은 단순한 언사에 그친 것이 아니라 민주적 기본질서에 실질적 해악을 끼칠 구체적 위험성이 있는 것으로서 민주적 기본질서에 위배된다."고 인정하였다(294쪽).

③ 이 사건 모임의 피청구인의 활동에 해당 여부

다수의견은 이 사건 모임을 피청구인의 활동으로 귀속된다고 인정했다. "내란관련 회합의 개최 경위, 참석자들의 피청구인의 당내 지위 및 역할, 위 회합이 경기동부연합의 주요 구성원 등 피청구인의 핵심 주도세력에 의하여 개최된 점, 위 회합을 주도한 이석기의 경기동부연합의 수장으로서의 지위 및 위 사건에 대한 피청구인의 전당적인 옹호·비호 태도 등을 종합하면, 위 회합은 피청구인의 활동으로 귀속된다."(124쪽).

반면에 소수의견은 이 사건 모임을 피청구인 전체의 책임으로 볼 수 없다고 보았다. 즉, "이석기 등의 … 발언은 피청구인의 기본노선과 현저하게 다르고, 이 사건 모임 참석자들이 피청구인 전체를 장악하였다고 할 수 없으며, 나아가 피청구인이 이 사건 모임 또는 모임에서의 발언을 승인하였다고 볼 수도 없으므로, 이 사건 모임이나 그 모임에서 이루어진 구체적 활동으로 인한 민주적 기본질서 위배의 문제를 피청구인 전체의 책임으로 볼 수는 없다."(301쪽).

(차) 비례대표 부정 경선, 중앙위 폭력, 야권단일화 여론조작 사건 관련

다수의견은, 비례대표 부정경선 등은 폭력적 수단으로 자신들이 지지하는 후보의 당선을 관철시키려 한 것으로서 민주사회에서는 도저히 있을 수 없는 행태이고, 당내 민주적 의사형성을 왜곡하고 선거제도를 형해화 하여 민주주의 원리를 훼손하는 것이라고 하면서(128쪽) 정당해산 사유로 인정했다. 반면에 소수의견은, 일부 구성원의 개별 활동으로 보았다(304-305쪽).

(7) 구체적 위험성 및 비례원칙

(가) 구체적 위험성

다수의견은 "정당이라는 단체의 위헌적 목적은 그 정당이 제도적으로 존재하는 한 현실적인 측면에서 상당한 위험성을 인정할 충분한 이유가 된다."(134쪽)고 한 후, 피청구인의 진정한 목적이 대중투쟁, 전민항쟁, 저항권 등 폭력에 의한 진보적 민주주의 실현과 이에 기초한 북한식 사회주의 실현이며, 소위 내란관련 사건, 비례대표 부정경선 사건, … 등 피청구인의 활동들은 단순히 일회적, 우발적인 것이 아니라 피청구인의 진정한 목적에 기초한 것으로서 향후 유사 상황에서 반복될 가능성이 매우 크고, 피청구인이 폭력에 의한 집권가능성을 인정하고 있는 점에 비추어 보면 피청구인의 여러 활동들은 민주적 기본질서에 대한 실질적 해악을 끼칠 구체적 위험성이 발현된 것으로 보았다(131-135쪽).

소수의견은 내란관련 사건에서의 모임에 대해서는 민주적 기본질서에 실질적 해악을

끼칠 구체적 위험성이 있는 것으로 인정했다. 다만 이 사건 모임으로 인한 민주적 기본질서 위배의 문제를 피청구인 전체의 책임으로 볼 수는 없다고 함으로써 해산요건을 충족하지 못하는 것으로 보았다(301쪽).

(나) 비례원칙

다수의견은 피청구인에 대한 정당해산결정이 비례원칙에 어긋나지 않는다고 판단했다. 그 근거로 첫째, 피청구인의 목적과 활동에 내포된 위헌적 성격의 중대성을 들었다. 피청구인은 적극적이고 계획적으로 민주적 기본질서를 공격하여 그 근간을 훼손하고 이를 폐지하고자 하였으므로, 이로 인해 초래되는 위험성을 시급히 제거하기 위해 정당해산의 필요성이 인정된다는 것이다(137쪽). 심지어 "목적이나 활동에 관하여 일정 부분의 위헌적 성격을 가지는 정당에 대해서 설령 현재 우리 사회의 정치적 공론장이 적절하게 작동함으로써 그 정당의 정치적 위험성을 상당부분 견제할 수 있다 하더라도, 그 정당의 목적이나 활동의 중대한 위헌성을 지니는 것이라면 정당해산제도의 예방적 성격에 비추어 정당해산의 필요성은 인정된다."고 하였는바, 사실상 피해의 최소성이나 법익형량 등의 기준은 무력화 된 것이라고 할 수 있다.

둘째, 대한민국이 처해 있는 특수한 상황, 즉 남북한의 분단과 이념적 대립, 그리고 북한의 대남도발과 같은 상황 또한 고려되어야 한다고 하였다(138쪽). 셋째, 피해의 최소성, 즉 다른 대안적 수단이 존재하는지에 대하여, 위법행위가 확인된 개개인에 대한 형사처벌이 가능하지만 그것만으로 정당 자체의 위헌성이 제거되지는 않으며, 피청구인 주도세력은 언제든 그들의 위헌적 목적을 정당의 정책으로 내걸어 곧바로 실현할 수 있는 상황에 있다고 하면서 피청구인의 고유한 위험성을 제거하기 위해서는 정당해산 결정 외에 다른 대안이 없다고 했다(139쪽). 넷째, 해산결정을 해야 할 사회적 필요성(법익 형량)에 관하여는, 정당해산결정으로 민주적 기본질서를 수호함으로써 얻을 수 있는 법익은 정당해산결정으로 초래되는 피청구인의 정당활동 자유의 근본적 제약이나 민주주의에 대한 일부 제한이라는 불이익에 비하여 월등히 크고 중요하다고 했다(141쪽).

반면에 소수의견은 이 사건에서 정당해산이 비례원칙을 충족하지 못하는 것으로 판단했다. 소수의견은 우선 정당해산 결정의 실효성에 의문을 제기한다. 피청구인에 대한 해산결정은 그것을 통해 달성할 수 있는 사회적 이익이 통상적인 관념에 비해 크지 않을 수 있는 반면, 피청구인의 해산결정으로 인해 초래될 사회적 불이익은 민주사회의 순기능에 장애를 줄 만큼 크다는 것이다(307-311쪽). 특히 민주주의 사회에서 소수의견의 가치와 성숙한 민주주의 사회를 위해 소수의견을 보호해야 한다는 점을 강조하였다(309-310쪽 참조).

나아가 소수의견은 정당해산은 그 필요성이 인정된다고 하더라도 최대한 최후적이고 보충적인 용도로만 활용되어야 한다면서 피청구인 소속 당원들 중 북한의 대남혁명론에 동조하여 대한민국의 민주적 기본질서를 전복하려는 세력이 있다면, 형법이나 국가보안법 등을 통해 그 세력을 피청구인의 정책결정과정으로부터 효과적으로 배제할 수 있고, 그 세력 중 일부가 국회의원이고 그 지위를 활용하여 국가질서에 대한 공격적인 시도를 더욱 적극적으로 행하고 있다면, 국회는 이를 스스로 밝혀내 자율적인 절차를 통해 그들을 제명할 수 있는 길도 열려 있다고 보았다(314쪽). 나아가 정당해산 여부는 원칙적으로 정치적 공론의 장에 맡기는 것이 적절하다는 점을 지적했다(326-327쪽). 그리고 해산결정으로 초래되는 불이익이 해산결정을 통해 획득할 공익을 능가하여 이 사건 심판청구는 비례원칙을 준수하지 못한다고 결론지었다(316-317쪽).

(8) 국회의원 자격 상실

다수의견은 피청구인 소속 국회의원 전원, 지역구 의원이든 비례대표 의원이든 불문하고 국회의원 자격을 상실하는 결정을 했다. 그 근거에 대해서는, "어떠한 정당을 엄격한 요건 아래 위헌정당으로 판단하여 해산을 명하는 것은 헌법을 수호한다는 방어적 민주주의 관점에서 비롯되는 것이고, 이러한 비상상황에서는 국회의원의 국민대표성은 부득이 희생될 수밖에 없다."고 하고, "헌재의 해산결정으로 해산되는 정당 소속 국회의원의 의원직 상실은 정당해산심판 제도의 본질로부터 인정되는 기본적 효력으로 봄이 상당하므로, 이에 관하여 명문의 규정이 있는지 여부는 고려의 대상이 되지 아니"한다고 보았다(144-145쪽).

(9) 해산결정에 대한 우려

다수의견이나 소수의견이나 이 사건 결정의 막대한 파급력을 고려하여 그에 대한 우려를 표현하고 있다.

다수의견은 이 사건 결정으로 민주주의가 후퇴하고 진보정당 활동이 위축될 것이라는 우려가 있음을 알고 있다면서 오히려 이 결정을 통해 북한식 사회주의 이념이 우리의 정치영역에서 배제됨으로써, 그러한 이념을 지향하지 않는 진보정당들이 이 땅에서 성장할 수 있는 계기가 될 수 있으리라 믿는다고 하였다. 또한 피청구인의 해산이 또 다른 소모적인 이념 논쟁으로 비화될 가능성을 경계하면서 과거에 위 주도세력과 무관했던 피청구인의 일반 당원들 및 경우에 따라 피청구인과 우호적인 관계를 맺기도 했던 다른 정당들에 대한 사회적 낙인과 이념 공세는 있어서는 안 될 것이라고 하였다. 이 결정을 통해 향후 민주적 기본질서의 존중 아래 한층 더 성숙한 민주적 토론과 우리 사회의 이념적 다양성이 실현될 수 있기를 희망한다고 밝혔다(146-147쪽).

소수의견은 다수의견이 몰고 올 파장과 혼란에 대하여 심각한 우려를 표현했다. 다수의견의 논리에 따를 경우 피청구인은 국가보안법상의 반국가단체에 해당하고, 피청구인 당원 전체는 반국가단체의 구성원, 피청구인을 지지했던 국민들은 반국가단체의 지지자가 되며, 그에 따라 엄청난 공안탄압이 뒤따라올 수 있다는 점을 지적했다(324-325쪽). 그리고 이 사건 결정이 우리 사회가 1987년 헌법 개정 이후 꾸준히 진전시켜 온 민주주의를 퇴보시키고 진보의 흐름을 위축시키는 계기가 될 것을 우려하였다. 그러면서 우리가 오랜 세월 피땀 흘려 어렵게 성취한 민주주의와 법치주의의 성과를 훼손하지 않기 위하여, 또한 대한민국 헌정질서에 대한 의연한 신뢰를 천명하기 위하여, 헌법정신의 본질을 수호하기 위하여 이 사건 심판청구가 기각되어야 한다고 결론을 맺었다(326-327쪽).

4. 해산결정 이후의 상황

가. 해산결정에 대한 평가

헌재 해산결정 직후 진보적 학자, 사회단체 등은 비판적인 성명을 발표하고 긴급토론회 등을 개최했다. 특히 소수의견이 단 1명밖에 없고, 국회의원직 상실에 대해 다수의견 내에서 이견이 전혀 없었다는 점은 상당한 충격을 주었다. 소수자 보호, 인권 옹호, 국가권력 남용 견제라는 헌재의 본래적 기능을 제대로 수행할 수 있는지 의문을 제기하기도 했다. 국제인권기구인 UN자유권규약위원회(Human Rights Committee)가 해산결정에 대해 우려를 표명하기도 했다.

나. 관련사건의 경과

(1) 이 사건 결정에 대한 재심청구 등

2015. 1. 22. 내란관련 사건 대법원 판결 선고가 있었다. 이석기 등 피고인에 대해 내란음모 무죄, 내란선동 유죄로 확정되었다. 이에 피청구인은 2015. 2. 16. 이 사건 결정에 대한 재심을 청구하였으나 헌재는 이를 각하 하였다(헌법재판소 2016. 5. 26. 선고 2015헌아20 결정).

(2) 국회의원 지위확인 소송 등

이 사건 결정으로 의원직을 상실한 6명은 대한민국을 상대로 국회의원 지위확인 소송을 제기하여 1심 각하, 2심 항소기각 판결을 받았고 2017. 10. 현재 상고심 계속 중이다(대법원 2016두39856). 비례대표지방의회의원의 경우 지방선거관리위원회, 지방의회의장을 피고로 한 퇴직처분취소 등 소송에서는 각하판결을 받았다. 그러나 지방자치단체를 피고로 한 지위확인 소송에서는 인용판결을 받았고, 현재 2심(광주고법 2016누3917 원고 이○옥 외 4), 3심(대법원 2016두39825 원고 이○숙) 계속 중이다.

관련자료

법무부, 『통합진보당 해산 심판 사건 백서(상), (하)』 (2015).

변론기: 이재화, 『기획된 해산 의도된 오판』 도서출판 글과생각, 2015; 고윤덕, "결론 내려놓고 퍼즐 맞추기 한 판결: 통합진보당 정당해산 사건" 민변, 「민주사회를위한 변론」 제105호, 2015.

소송대리인이 집필한 헌재결정 평석: 김선수 외, 『통합진보당 해산결정, 무엇이 문제인가』, 도서출판 말, 2015.

이 사건 참고인들의 의견서를 모은 자료: 헌재, 『헌법재판자료집』 제20집, 2015.

정당해산심판제도에 대한 연구자료: 이성환 등, "정당해산심판제도에 관한 연구", 헌재, 『헌법재판자료』 제15권, 2004.

심층질문

1. 헌재의 소수보호 기능과 민주적 정당성의 측면에서 현행 헌법재판관 선출방식의 문제점과 개선방안

2. 정당해산심판 과정에서 논란이 된 쟁점들, 예컨대 소송법적 쟁점, 의원직 상실 근거 규정 부재 등 문제에 대한 입법적, 정책적 개선방안

자료 1 헌법소원심판청구서

• **청구취지**

헌법재판소법(2012. 12. 11. 법률 제11530호) 제40조 제1항은 정당해산심판절차에 관하여 '증거와 사실인정에 대하여 민사소송에 관한 법령을 준용하는 것으로 해석하는 한' 헌법에 위반된다. 라는 결정을 구합니다.

• **청구이유**

1. 당사자: 청구인의 지위

2. 심판청구에 이르게 된 경위

3. 헌법재판소법 제40조 제1항의 위헌성

가. 침해된 청구인의 기본권 - 재판청구권, 공정한 헌법재판을 받을 권리

1) 재판청구권의 의의

2) 공정한 정당해산심판을 받을 권리의 침해

위에서 본 바와 같은 「공정한 재판을 받을 권리」는 정당해산심판 절차에서도 당연히 보장되어야 하며, 따라서 해산이 청구된 정당은 충분한 방어권을 보장받고 헌법과 법률에 따른 사실 확정방법이 적용되어야 할 것입니다. 그리고 그러한 <u>'사실 확정 방법'은 각 절차의 특성에 따라 발전한 헌법의 구체화 법이어야</u> 하며, 절차 특성과 상관없이 사실의 확정이 이루어진다면 재판청구권의 침해에 해당할 것입니다.

나. 적법절차 원리 위반

헌법 제12조 제3항은 "체포・구속・압수 또는 수색을 할 때에는 적법한 절차에 따라 검사의 신청에 의하여 법관이 발부한 영장을 제시하여야 한다"고 하여 이른바 『적법절차의 원리』를 형사절차에 관해서만 규정하고 있으나, 이 원리는 입법 및 행정 등 국가의 모든 공권력 작용에 적법절차를 요구하는 일반조항으로 이해되고 있습니다. 적법절차의 내용이나 한계는 일의적으로 확정지을 수 없으나 본래 '공정하고 개명된 사법체계(fair and enlightened system of justice)'를 의미하였으므로 적어도 정당한 소송법의 절차에 따라야 한다고 할 수 있습니다.

… 따라서 이 원리는 '헌법재판'이라는 공권력의 행사에도 적용되어야 하고, 그 내용도 "형식적인 절차뿐만 아니라 실체적 법률내용이 합리성과 정당성을 갖춘 것"이라는 실질적인 의미로 보아야 하며(헌재 1992. 12. 24. 선고 92헌가8 결정), 그 적용과 관련하여서는 "모든 국가작용에 대하여 문제된 법률의 실체적 내용이 합리성과 정당성을 갖추고 있는지 여부를 판단하는 기준"(헌재 1998. 5. 28. 선고 96헌바4 결정)이어야 합니다.

다. 정당해산심판 청구에 적용되어야 할 사실 확정 방법

1) 헌법재판소법 제40조 제1항의 해석

헌법재판소법 제40조 제1항은 … 규정하고 있는바, '헌법재판의 성질에 반하지 아니하는 한도에서 민사소송법에 관한 법령을 준용한다'는 문언의 의미를 어떻게 볼 것인지의 문제가 생깁니다. 변론기일의 진행이나 준비절차, 서면의 제출과 상대방에의 송달 등 대등당사자 사이의 변론기일 절차 등에 대해서는 민사소송에 관한 법령을 준용하더라도 아무런 문제가 없겠으나, 증거와 사실인정의 경우에는 대등당사자 사이의 사적 분쟁 해결을 목적으로 하는 민사소송절차를 헌법재판, 특히 정당해산심판에 그대로 적용하게 되면 헌법재판의 본질에 반하게 될 우려가 있기 때문입니다.

정당해산심판절차에서 증거와 사실인정에 대하여 어느 법령을 적용 또는 준용할 것인가와 관련하여 위 조항을 해석하는 방법은 세 가지가 가능합니다. 첫째, 민사소송 관련 법령을 준용하는 견해, 둘째, 헌법소송의 성질을 고려하여 탄핵심판절차에 준하여 형사소송에 관한 법령을 준용하는 견해, 셋째, 헌법재판소법과 헌법재판소심판규칙의 증거 관련 규정을 독자적으로 적용하는 견해가 그것입니다.

그리고 그 중 어느 견해가 타당한지는, 헌법재판이 기본적으로 헌법적 가치의 수호를 위한 것이므로 그 절차를 규율하는 원리 역시 헌법에서 도출되는 것이 당연하고, 절차의 기술적 규정들은 헌법재판의 특성에 반하지 않는 한 민사소송 또는 형사소송에서 발달한 제도들을 원용할 수도 있겠지만 그 목적의 실현을 위해 중요한 절차는 헌법적 정신에 입각하여야 한다는 측면에서 그 답을 찾아야 할 것입니다.

2) **민사소송과 형사소송에서 사실확정의 차이**

민사소송에서의 사실 확정 문제는 사인(私人) 사이 이익 조정과 분쟁 해결을 목적으로 하는 "당사자들 사이의 상대적인 진실"을 확정하는 것이 목적인 반면, 국가 형벌권 및 소추권의 적정한 행사를 목적으로 하는 형사소송 절차에서의 사실 확정 문제는 소추당한 절차의 대상자에게 방어권의 보장과 불리한 증거들에 대한 반대신문의 보장을 통한 "실체적 진실의 확정"을 절차의 목적으로 한다는 점에서 큰 차이가 있습니다.

구체적으로 증거와 사실인정에 대하여 민사소송법이 정당해산심판절차에 적용되게 되면 공문서는 진정하게 성립된 것으로 추정되므로(민사소송법 제356조) 당연히 증거능력이 인정되고 단지 증명력의 문제로 되어 정당해산심판청구를 당한 정당은 반대신문권의 기회가 박탈되는 결과가 되고, 사문서의 경우에는 제출자가 진정성립을 증명하여야 하나(같은 법 제357조), 본인이나 대리인의 서명이나 날인 또는 무인이 있는 사문서의 경우에는 진정성립이 추정됩니다(같은 법 제358조). 결국 민사소송법에 따른 서증 등의 증거조사를 하게 되면 사문서에 한해 피청구 정당 본인 작성 문서의 경우 성립인정 또는 부인으로, 제3자 작성 문서의 경우 성립인정 또는 부지로 인부하게 되고, 공문서는 진정성립이 추정되어 그 자체로 증거능력이 인정됩니다. 증거능력이 인정된 서증에 대해서는 변론기일에 별도로 증거조사를 할 필요 없이 재판부가 법정 외에서 읽기만 하면 됩니다.

반면 엄격한 증명에 의해 증거능력 있는 증거들만 사용하여 실체적 진실을 규명해야 하는 형사절차에서는 위법수집증거 배제 법칙(제308조의2), 전문증거배제 법칙(제310조의2 내지 제316조), 당사자의 동의에 의한 증거능력의 인정(제318조), 증거서류의 낭독에 의한 조사방식(제292조) 등의 규정을 준용하게 됩니다.

따라서 각 헌법재판에 이 두 가지 중 어떠한 절차를 준용할 것인지의 문제는 당해 헌법재판의 본질과 그로부터 비롯되는 사실 확정의 목적을 고려하여, '당사자 사이의 상대적 진실' 확정에 가까운지 여하에 따라 결정해야 할 것입니다.

3) **정당해산심판절차의 본질과 사실확정의 원리**

정당해산심판절차는 헌법 적대적 정당에 대한 헌법수호의 절차이지만, 정치적 고려에 의한 정당 탄압이란 권력남용으로부터 복수정당의 다원적 민주주의 보호를 위하여 헌법재판의 형태로 규정되어 있습니다. 헌법수호가 목적인 정당해산심판 제도에서의 사실확정은 당사자인 정부와 피청구인 사이에서만의 상대적 진리와 이익의 형량의 문제가 아니고, 그 판단의 효력도 당사자들 사이의 상대적 효력에 그치는 것이 아닙니다. 민사소송법상의 사실 확정의 증거조사방식이 적용될 수 없는 이유가 여기에 있습니다.

한편 헌법 수호를 위하여 정치 영역에서 정당의 존재와 활동을 제거하는 민주주의 원리의 침해적 조치인 정당해산심판절차는 그 절차의 성격상 탄핵심판절차와 유사합니다. 헌법재판소법 제40조 제1항 제2문은 탄핵심판절차에 대하여는 형사소송법을 준용하도록 규정하고 있는바, 정당해산심판절차의 경우에도 증거조사와 사실인정 등에 대해서는 형사소송법이 준용되어야 합니다. 국가의 권력 행사에 따라 개시되는 절차는 절차의 대상이 된 당사자의 방어권을 국가의 권력행사에 준하는 가치로 보아 보장하는 것이 형벌권 행사에서 우리 헌법이 발전시킨 정신이기도 합니다. 헌법재판소가 정당해산심판절차에서 고려하여야 하는 피청구인의 방어권의 구체적 내용을 형성하여야 할 의무가 여기에 있습니다. 정당해산심판절차가 '자유의 적'으로부터 자유를 박탈하는 것을 의미한다면, 그 절차에서 '자유의 적'에게 방어권을 최대한 보장하는 것이야말로 가장 중요한 요건이라고 할 것이기 때문입니다.

4) **적법절차 원리와 정당해산심판의 사실확정 원리**

앞서 본 바와 같이 사법적 판단이 이루어지는 과정을 지배하는 핵심적 가치인 '적법절차 원칙'은 국가공권력이 국민에 대하여 불이익한 결정을 하기에 앞서 국민은 자신의 견해를 진술할 기회를 가짐으로써 절차의 진행과 그 결과에 영향을 미칠 수 있어야 하고, 헌법재판소를 포함한 모든 국가공권력의 단순한 대상이 아니라 절차의 주체로서, 자신의 권리와 관계되는 결정에 앞서서 자신의 견해를 진술할 수 있어야만 객관적이고 공정한 절차가 보장될 수 있고 당사자 사이의 절차적 지위의 대등성이 실현될 수 있다는 것을 의미하는바, 이는 구체적으로 해당 사법절차에서 '무기 평등의 원칙'과 불리한 증인·증거에 대한 반대신문권의 보장으로 나타나야 합니다.

그런데 피청구인은 정당해산심판절차의 당사자이자 대상인 지위에서 피청구인의 행위로 귀속시키려는 무수한 사실과 행위들에 대한 청구인의 주장에 대하여 방어하는 지위에 있는바, 적법절차 원리에 따르면 이러한 당사자에게는 절차적 지위의 대등성(=무기평등)이 실현될 수 있도록 반대신문권 등을 통한 탄핵과 방어가 충실히 보장되어야 합니다. 무엇보다 현행 법체계에 따르면 일반단체에 대한 형벌의 제재조치는 실체적 진실의 발견을 위하여 형사소송절차를 지배하는 증거법칙에 따라 일반 법원에서 사실의 확정이 이루어지고 있는데, 특별한 헌법적 보호를 받아야 하는 정당이 정당해산심판절차에서 오히려 실체적 진실의 발견을 위한 증거법칙이 아닌 사적 이익의 조정과 분쟁의 해결을 목적으로 하는 민사소송절차에서 발전한 증거법칙에 따라 사실의 확정이 이루어진다면 이는 정당의 특권을 규정한 헌법 정신과도 배치된다고 할 것입니다.

5) **소결**

결국 헌법재판소법 제40조 제1항을 정당해산심판절차에서 사실확정의 방법이 민사소송법에 의하여 이루어지도록 한 것으로 해석하는 한, 이는 정당해산심판절차에서 피청구인이 되는 정당의 지위(침익적 공권력의 행사대상으로 방어권 행사가 무엇보다 중요한 상태)를 전혀 반영하지 않는 것이 되어, 헌법이 공정한 재판을 받을 권리의 내용으로 형성하여 온 각 절차의 특성에 따른 증거법칙과 사실의 확정문제와 관련하여 청구인의 "공정한 정당해산심판을 받을 권리"를 침해하게 될 것이며, 절차적 지위의 대등성(=무기평등)이 실현될 수 있도록 반대신문권 등을 통한 탄핵과 방어가 충실히 보장되어야 한다는 적법절차의 원리에도 위배된다고 할 것입니다.

라. 헌재의 헌법재판소법 개정안 의견

5. 이 사건 심판청구의 적법 요건 및 기간의 준수

6. 결　론

자료 2 형사기록송부촉탁결정에 대한 이의신청

• 원결정의 표시

1. 수명재판부가 2013. 12. 30.자로 수원지방법원에 수원지방법원 2013고합620, 624, 851 사건(이석기 의원 등 내란음모사건), 수원지방검찰청 2013형제59321호, 57424호, 57426호 등 기록 포함한 문서의 인증등본의 송부를 촉탁한 결정.

2. ~ 5.(생략)

• 이의신청 취지

귀 재판소 2013헌다1 사건 수명재판부가 한 위 '원결정의 표시' 기재 원결정을 취소한다.

라는 결정을 구합니다.

• 이의신청의 원인

1. 사건의 개요

2. 위 결정의 위법 · 부당성

가. 헌법재판소법 제32조

나. 헌법재판과 위 규정의 취지

헌법재판은 일반법원에서의 재판과는 달리 헌법재판기관, 즉 헌법재판소의 직권에 의한 심리가 요구되는 정도가 크고, 또한 직권심리가 바람직한 경우가 더 많다고 할 수 있습니다. 그러므로 당사자의 변론이나 주장은 헌법재판소의 직권탐지를 촉구하고 보완하는 것에 그치며, 당사자가 주장하지 않은 사실도 직권으로 수집하여 재판의 기초로 삼아야 할 때가 많습니다. 재판부는 사건의 심리를 위하여 필요하다고 인정하는 경우에는 헌법재판소법 제31조 및 제32조의 증거조사를 당사자의 신청 또는 직권에 의하여 실시할 수 있습니다.

위 헌법재판소법의 규정은 헌법재판소가 헌법재판을 실시하는 방법을 규율하는 규범에 해당

합니다. 위 규정은 소추 및 범죄수사가 진행 중인 경우와 '재판'이 진행 중인 경우에 예외적으로 헌법재판소가 송부촉탁의 요구를 할 수 없다고 단서에서 명시하고 있는데, 위 '재판'의 범주는 범죄수사로 인한 소추로 인하여 형사재판이 진행 중에 있는 경우를 포함합니다. 이는 헌법재판의 필요성에 불구하고 헌법상의 적법절차의 원칙과 형사재판의 무죄추정원칙과의 조화를 위하여 규정된 것입니다.

국가의 형벌권을 실현하는 형사재판에 있어서 실체적 진실주의는 가장 중요한 이념입니다. 형법을 적용함에 있어 범죄의 진상을 밝혀 죄 있는 사람만을 벌하여야 한다고 할 때, 이는 형사재판에서 진실의 발견이 충실하게 지켜져야 한다는 것을 의미합니다. 그러나 실체적 진실주의가 다른 어떤 요청에도 결코 양보할 수 없는 절대적인 것은 아닙니다. 형사절차에서 적법절차와 신속한 재판의 요청, 무죄추정의 원칙 등의 기본권 보장의 원칙과 인간능력의 사실상의 한계 등이 실체적 진실주의를 제약합니다. 그러므로 범죄 사실을 증명할 수 있는 증거라도 그 수집방법이 적정하여야 하고, 그 적정성을 해치는 위법성이 존재하는 경우 아예 증거능력조차 인정하지 않는다는 증거법칙이 국가의 형벌권의 실현절차를 지배하는 것입니다.

다. 내란음모 사건 등 진행 중인 형사사건 기록 현출의 문제점

정당해산심판의 사유 중 현재 수원지방법원에서 진행되고 있는 형사사건은 양적인 면이나 질적인 면에서 모두 신청인의 위헌성을 좌우할 수 있는 가장 중요한 요소처럼 되어 있습니다. 이 형사사건은 국가정보원과 검찰 등 이른바 공안당국의 일방적 수사발표만이 있을 뿐, 피고인들이 그 조직의 존재 자체를 강력하게 다투고 있는 제1심 재판이 진행 중입니다. 또한 이 형사사건에서는 이른바 'RO 조직'이 반국가단체 결성 등의 죄목으로 기소조차 되지 않았고, 이른바 '내부협조자'라는 사람의 신빙성 낮은 진술이나 그가 녹취한 불명확한 녹취록 외에는 변변한 증거도 없는 상황입니다. 이러한 사정에 적법절차의 원칙과 형사재판에서의 무죄추정의 원칙까지 더하여 살펴보면, 위 내란음모 사건의 재판자료는 신청인의 위헌성 판단의 증거자료로 삼을 수 없습니다.

특히 헌법재판소법 제32조 단서의 규정은 ① 헌법재판의 증거절차를 통해 진행 중인 형사사건에 부당한 영향을 미치는 것을 예방함과 동시에, ② 무죄추정의 원칙에 따라 확정되지 않은 형사사건의 자료가 헌법재판 과정에 현출되어서는 안 된다는 뜻을 담고 있습니다. 따라서 현재 재판이 진행 중인 위 내란음모 사건의 관련 자료는 여하한 경우에도 이 사건 청구에서 위헌성 판단의 근거나 증거가 되어서는 안 되며, 만일 반드시 그 자료가 위헌성 판단의 자료가 되어야 한다면, 위 내란음모 사건이 확정된 이후에나 가능할 것입니다.

위와 같은 점은 내란음모 사건 이외에 수명재판부가 인증등본의 송부촉탁을 결정한 현재 진행 중인 형사사건 기록의 경우에도 마찬가지입니다.

라. 형사사건 기록 송부촉탁 결정의 부당성

수원지방법원 등에 위 내란음모 사건 등의 형사사건 기록의 송부촉탁을 하는 것은 헌법재판소법 제32조 단서에 정면으로 위반되는 것으로서 부당합니다. 이의신청인의 입장에서는 위와 같은 송부촉탁을 정당화할 만한 논거를 도저히 상상할 수 없습니다. 다만, 다음과 같은 두 가지 논거를 예상해 볼 수 있으나 모두 타당성을 인정할 수 없습니다.

첫째, 헌법재판소가 직접 송부를 요구할 수는 없지만 정당해산의 청구인이나 피청구인의 신청에 의해 헌법재판소가 이를 수용하여 요구할 수 있고, 송부 요구를 받은 기관이 자체적으로 판단해서 송부 여부를 결정할 수 있다는 것입니다. 그러나 헌법재판소가 직권으로 송부를 요구하든 청구인이나 피청구인의 신청을 받아들여 송부를 요구하든 결국 헌법재판소가 해당 기관에 송부를 요구하기 때문에 위와 같이 해석은 헌법재판소법 제32조 단서가 헌법재판의 중요성과 당해 형사사건 피고인의 무죄추정의 원칙을 중심으로 하는 방어권과 같은 기본권 및 국가작용의 적법절차의 원칙 등의 종합적 산물이라는 점을 고려할 때 사실상 헌법질서의 침해이자 위 규정을 사문화하는 결과를 가져오게 되어 부당하기 이를 데 없습니다.

둘째, 탄핵사건에서도 청구인이나 피청구인의 신청을 받아들여 진행 중인 사건의 기록을 송부 받아 증거로 사용한 선례가 있다는 것입니다. 그러나 성문법국가인 우리나라에서 선례가 실정법에 우선하는 효력을 가질 수는 없습니다. 과거의 선례가 실정법에 위반되는 것이라면 더더욱 그렇습니다. 따라서 위 주장은 성문법주의를 유지하고 있는 우리나라에서는 도저히 성립될 여지가 없습니다.

셋째, 원본 제출은 위 규정에 의하여 금지되지만, 당해 형사사건의 재판부의 결정에 따라 재판 진행에 방해가 되지 않는 범위에서 사본의 제출은 가능하다는 것입니다. 그러나 재판부의 자의적인 결정에 따라 헌법상의 원칙들이 무시될 수 있다는 점, 사본의 제출은 원본의 존재를 전제로 한 것인데 원본의 진정성 여부가 다투어지는 재판이 확정되지 않았다면 사본만을 제출받았을 뿐이기에 사본을 증거로 사용하는 것이 허용될 수 없다는 점 등을 고려할 때 헌법재판소법 제32조 단서의 규정의 예외를 해석으로 인정할 이유가 전혀 없습니다.

민주주의는 절차적 정의를 그 생명으로 하며, 특히 정당해산심판과 같은 중대한 기본권을 침해하는 재판은 법률에 규정된 절차를 엄격하게 준수해야만 그 결론의 타당성도 인정받을 수 있을 것입니다. 헌법재판소법의 명문 규정에 위반되는 방식으로 절차가 진행되어서는 아니 될 것입니다.

3. 수명재판부의 증거조사에 대한 이의신청의 정당성

4. 결 론

자료 3 쟁점요약서면

1. 심리 절차에 관하여

2. 위헌정당해산심판 해당 요건의 부존재

가. 중대한 절차상의 흠(국무회의 심리 절차 위반)

나. 목적의 민주적 기본질서 위배 여부

1) **판단기준**

정당 목적의 민주적 기본질서 위배 여부 판단은, 첫째 정당의 강령, 당헌과 당규, 정당의 선언문, 강령해설서 등 피청구인의 공식적인 의결을 거쳐 작성된 문언을 기준으로 하여야 하고, 둘째 목적을 추구하는 객관적인 강도를 고려하여야 하며, 셋째 폭력적 수단으로 헌법질서를 전복하는 것을 주장하는 정도로 구체적으로 위험을 초래하는 경우에 해당하는지를 기준으로 이루어져야 합니다.

2) **판단대상**

피청구인 목적의 민주적 기본질서 위배 여부는 2011. 피청구인 창당 이후의 사정만을 기준으로 판단하여야 하며, 또한 정당해산 심판의 판단기준은 "민주적 기본질서의 위배 여부"이지 북한의 정책기조와의 동일성 여부가 아닙니다.

청구인은 피청구인 목적의 민주적 기본질서 위배 여부와 관련하여 장황하게 설명한 후에 최종적으로 국민주권주의 및 평등권 훼손(민중주권주의 추구), 사유재산제도 및 시장경제질서 훼손, 평화통일 원칙 훼손, 대한민국 체제 파괴・변혁 도모(반국가단체인 북한 추종) 등 네 가지 점에서 민주적 기본질서에 위배된다고 주장합니다. 위 네 가지 사항 이외에 나머지 사항들은 경과사실에 불과하다는 의미인지 심리대상을 명확히 정리할 필요가 있습니다.

3) **구체적인 판단**

가) 정당해산 요건으로서의 민주적 기본질서는 '자유민주적 기본질서'로서 정치질서에 한정되며 경제질서는 이에 해당하지 않으므로 이 부분은 판단대상에서 제외되어야 합니다.

나) 청구인은 피청구인의 전신인 민주노동당이 2011. 6. '사회주의적 이상과 가치를 계승'한다는 내용의 강령을 삭제한 것은 '사회주의 용어를 숨기기 위한 위장전술'이라고 주장하나, 위 강령 개정은 16개 시도당 순회토론회, 강령토론회 등 공개적인 토론과 절차를 거쳐 채택된 점, 당시 강령 개정에 반대한 당원들의 반발도 상당하였던 점에 비추어 볼 때 근거 없습니다.

다) 피청구인이 강령에서 제시한 진보적 민주주의는 현재의 자유민주주의나 사회주의가 갖고 있는 문제점을 해결하는 제3의 사회체제에 대한 모색을 하는 과정에서 나온 미완성 개념으로, 북한식의 사회주의나 북한의 지령과는 무관합니다. 피청구인의 강령 및 강령해설 자료집의 관련 내용을 종합할 때 헌법의 민주적 기본질서인 권력분립, 대의제, 의회제도, 복수정당제도, 선거제도, 사법권의 독립, 지방자치 보장, 기본권의 존중 등을 모두 인정하고 있으므로 민주적 기본질서에 위배되지 않습니다.

라) 피청구인이 강령 등에서 '민중주권의 보장', '민중주권원리의 구현'을 규정하고 있는 취지는 정치・경제적으로 열세에 있는 대다수 민중의 주권이 형식화되는 것을 경계하고 적극적으로 그들의 이익이 실현될 수 있도록 하겠다는 의지의 표현이지, '소수 특권 계층의 주권을 박탈'한다거나, '민중만이 주권을 가진다'는 것이 아니며, 국민주권주의를 부인하는 것이 아닙니다.

마) 피청구인 강령의 '자주적 평화통일 실현' 및 대통령선거 공약인 '코리아연방 공화국'은 남북한 협상을 통해 추진하고 무력통일이나 흡수통일을 추구하지 아니하는 점 등에서 헌법의 평화통일원칙에 위반되지 않으며, 특히 '코리아연방 공화국'은 남과 북에 각각의 체제와 가치를 존중하는 '1국가 2체제 2정부'를 추구하는 것이라는 점, 대한민국의 자본주의 체제와 자유민주주의를 그대로 유지한다는 점, 남북한의 총투표로 통일헌법을 제정하고 연방정부, 연방중앙의회 및 연방사법기구를 구성하고자 하는 것이라는 점 등으로 볼 때 자유민주적 기본질서에 위배되지 않습니다.

바) 목적과 관련된 청구인의 기타 주장은 헌법상 자유민주적 기본질서 위배 여부 판단에 영

향을 미칠 수 없는 사항들에 불과합니다.

다. 활동의 민주적 기본질서 위배 여부

1) **판단기준**

정당 활동의 민주적 기본질서 위배 여부는 당의 의사결정기관이나 집행기관 등의 결정에 의해 이루어진 당 자체의 행위를 기준으로 판단해야 합니다. 개별 구성원의 행위는 그것이 ① 정당의 기본노선에 근거하고, ② 민주적 기본질서를 적극적으로 거부하는 경우이며, ③ 정당의 정치적이고 공적인 활동의 영역 내에서 당해 정당이 권한을 부여했을 때에만 정당의 활동으로 고려될 수 있습니다.

정당이 당원의 위헌적 행위 자체를 옹호, 은폐하는 경우와 당원의 행위에 대한 부당한 공격 내지 공권력에 의한 탄압에 저항하는 경우는 구별되어야 하며, 정당이 개별 당원의 위헌적인 행위를 적극적으로 방지해야 할 법적 의무를 진다고 볼 수 없으므로 이를 적극적으로 제재하지 않은 것만으로 정당의 책임을 물을 수는 없습니다.

정당해산심판의 예외성과 최후수단성을 고려할 때 위배행위의 적극성, 지속적 계획성, 구조적 기능 훼손의 위험이 고려되어야 합니다.

2) **판단대상**

피청구인 활동의 민주적 기본질서 위배 여부는 2011. 피청구인 창당 이후의 활동만이 그 판단대상이며 그 이전의 활동은 판단대상에서 제외되어야 합니다.

피청구인의 여러 활동 중에서 청구인이 민주적 기본질서를 위배하였다고 주장하는 활동을 특정하여 이 사건의 심리대상을 명확히 할 필요가 있습니다.

3) **구체적인 판단**

가) 피청구인 소속 이석기 의원 등에 대한 내란음모 사건은 현재 1심 재판이 진행 중에 있는바, 아직 사실관계가 확정되지도 않았을 뿐만 아니라 이에 연루된 사람들이 피청구인의 일부 구성원에 불과한 점에서 피청구인의 활동으로도 평가할 수 없습니다. 또한 피청구인이 위 내란음모 사건과 관련하여 수사기관의 부당한 수사와 기소에 대해 비판하고 공안탄압이라고 주장하는 것을 위헌적인 활동 내지 그에 동조하는 것으로 볼 수 없습니다.

나) 피청구인 소속 인사들의 과거 국가보안법 위반 전력은 법률상 당원 자격이나 공천자격을 제한할 요건이 되지 않는 점에서 이들의 공천 및 기용을 위헌적인 정당 활동으로 볼 수 없습니다. 강○운 사건, 일심회 사건, 왕재산 사건 등 간첩 활동, 6·15 소풍 사건, 유○덕 이적단체 활동 사건 등 반국가·이적단체 활동, 이적표현물 관련 기타 이적활동 등은 구성원의 개별적인 위법행위일 뿐 피청구인의 전신인 민주노동당의 기본노선에 근거한 것이 아니며, 구성원 몇몇의 개별적인 의도나 행위가 민주노동당의 공식적인 활동을 좌우할 수 없는 구조입니다. 따라서 위와 같은 사정을 들어 정당의 활동이 민주적 기본질서에 반하는 것으로 볼 수 없습니다.

다) 비례대표 부정경선 사건이나 관악을 야권단일화 경선 여론조작 사건은 피청구인 차원에서 계획적으로 한 행위가 아닌 점, 피청구인이 매번 선거에서 이와 같은 부정행위를 반복한 것이 아닌 점, 일부 당원의 위법행위인 점, 일부 당원의 부정행위가 선거제도의 구조적 기능까지 훼손한 것이 아니라는 점 등을 종합해볼 때, 정당해산사유로 삼을 만한 민주적 기본질서 위배행위라고 할 수는 없습니다. 또한 김선동 의원 사건이나 2012. 5. 12. 중앙위원회 집단폭력 사

건 역시 정당의 활동으로 평가될 수 없을 뿐만 아니라 그 위반행위가 일회성에 그치거나 법위반자의 형사적 제재로 그 위험성이 제거되는 경우에 해당하므로 정당해산사유로 삼을 수 없습니다.

라) '피청구인과 북한의 연계성'이라는 별도 제목으로 언급된 피청구인 전·현직 당원들과 관련된 국가보안법 위반 사건은 개별 당원의 형사사건일 뿐 정당의 활동이 아니므로 이를 정당해산사유로 삼을 수 없습니다.

라. 정당 해산의 필요성 요건 구비 여부

정당해산심판의 예외성, 최후수단성 등을 고려할 때 정당해산사유로서의 민주적 기본질서에 '위배될 때'는 중대한 법위반 또는 정당해산을 정당화할 수 있을 만큼의 구체적 위험성과 필요성이 인정되는 경우로 한정하여야 할 것이며, '정당 해산 이외에 다른 적절한 대체수단은 없는지'라는 비례성, 정당해산으로 인해 침해되는 헌법상 정당 활동의 자유 침해와 해산하지 않음으로 인해 야기될 위험성 사이의 법익의 균형성도 고려되어야 합니다. 헌법재판소는 2004. 5. 14. 선고 2004헌나1 대통령 탄핵사건 결정에서 헌법재판소법 제53조 제1항의 '탄핵심판청구가 이유 있는 때'란, 모든 법위반의 경우가 아니라, 단지 공직자의 파면을 정당화할 정도로 '중대한' 법위반의 경우를 말한다고 판시하였는바, 이러한 법리는 정당해산심판의 경우에도 마찬가지로 적용되어야 합니다.

1) **구체적 위험성 여부**

청구인은 대중정당을 매개로 한 대한민국 변혁 위험성이 내재하며, 연대·연합전략에 따른 현실적 집권으로 대한민국을 변혁할 가능성이 있으므로 해산의 필요성이 있다고 주장하나, 이는 객관적인 증거가 없을 뿐만 아니라 인과관계도 밝혀지지 않았으며 실현가능성도 없는 막연한 추측에 불과합니다.

2) **비례성(유효적절한 대체수단의 존재)**

피청구인은 대중정당으로서 모든 활동을 공개하고 있으므로 정당의 활동으로서 국가안위에 위협이 될 만한 내용이 있다면 사정기관은 즉시 대처할 수 있고, 피청구인의 구성원 일부가 비공개활동을 할 수도 있으나, 이러한 활동은 피청구인의 활동으로 볼 수 없습니다. 피청구인 소속 국회의원이나 지방자치단체장 또는 지방의회의원의 활동은 공개적으로 이루어지기 때문에 그 직분에 위배되거나 국가 안위를 해하는 내용이 있다면 그에 상응하여 각 소속기관 자격심사나 수사기관에의 고발 등을 통해서 얼마든지 대처하는 것이 가능합니다.

3) **법익의 균형성 여부**

헌정사상 처음으로 이 사건 심판청구가 인용될 경우 그 효과는 단지 피청구인의 해산에 그치는 것이 아니라, 피청구인을 지지하였던 국민들의 정치적 의사가 반영되는 통로가 차단되게 되고 나아가 정부 정책에 비판적인 야당 활동이나 시민단체 활동, 개인의 정치적 표현의 자유가 위축되는 결과를 낳게 될 것이며, 결국 전체주의 사회로 전락하게 될 위험에 직면하게 됩니다. 반면에 이 사건에서 피청구인의 민주적 기본질서 위배 정도가 중대하다고 할 수 없을 뿐만 아니라 피청구인이 해산되지 않는다고 하더라도 민주적 기본질서 위배 활동에 대해서는 사정기관의 활동과 국민의 여론에 의해 얼마든지 대처할 수 있습니다. 따라서 이 사건 심판청구는 법익의 균형성 요건도 구비하지 못하였습니다.

3. 의원직 상실 청구의 부당성

의원직 상실은 단순히 기술적이거나 결과적인 불이익에 그치는 것이 아니라 적법한 선출절차를 통해 부여된 헌법기관의 지위를 박탈하는 것입니다. 이와 관련하여 ① 헌법은 물론 법률에도 근거 규정이 전혀 없는 점, ② 1962년 헌법상 존재하였던 의원직 상실 조항(제38조)이 현행 헌법에 삭제된 점, ③ 무소속 입후보·국회의원이 허용되는 점, ④ 국회의원 자격 유지 문제는 국회의 자율적 결정사항인 점 등을 고려할 때 청구인의 의원직 상실 청구는 이유 없습니다.

4. 결 론

‘언론 소비자 주권연대’ 광고주 불매운동 업무방해 사건

김 정 진*

1. 사건의 개요

2008년 미국산 쇠고기 수입의 범위를 대폭 확대하기로 한 정부 방침이 광우병에 시민들을 노출시킬 위험이 있다고 하여 광범위한 촛불집회가 수개월간 지속되었다. 당시 이명박 정부는 예상치 못한 시민들의 항의에 대해서 한 편으로는 대국민 사과와 미국산 쇠고기 수입을 확대한 고시 공포를 지연하면서 다른 한 편으로는 형사사법권을 남용하여 시민들에 대한 대대적인 탄압을 개시하였다. 이 사건도 대표적인 정부에 의한 시민탄압 사례로 할 수 있는바 전업으로 시민사회운동을 하는 사람들이 아닌 생활인들에 대한 대대적인 수사를 개시하여 7명에 대해서 구속 영장청구를 하여 그 중 2명을 구속하여 자발적 시민운동을 위축시킨 것으로 우리 사법사에 지속적으로 부정적인 영향을 낳을만한 사건이었다. 특히 주로 노동자들에 대한 파업권 행사에 남용되던 업무방해죄의 확대적용을 평화적인 소비자운동에까지 확대적용하여 소비자운동을 위축시키는 결과를 낳았다는 점에서 그 영향이 현재까지 지속되고 있는 사건이라고 할 수 있다.

언론 소비자 주권연대(이하 ‘언소주’라 한다)는 현재에는 체계적인 시민단체의 모습을 갖추고 있지만 이 사건이 터진 2008년 당시에는 다음 카페를 기반으로 한 것으로 규약이나 의결기구 등이 존재하지 않은 형태였다. 이들은 조선−중앙−동아(이하 ‘조중동’이라 한다) 등 3개 신문사가 김대중, 노무현 정부 때에는 광우병의 위험성에 대해서 지속적으로 지적하다가 정권이 바뀐 후, 미국산 쇠고기 수입 확대가 광우병을 확산시킬 위험이 있다는 시민들의 주장에 대해서 태도를 바꾸어 이것으로 “괴담”이라고 일방적으로 매도하자 조중동 언론사의 왜곡보도를 시정하기 위해서 조중동에 광고하는 업체에 조중동에 광고하지 말라는 의견을 적극적으로 개진하는 운동을 전개하게 된다. 카페는 광고주와 그 전화번호를 게시하였고, 시민들은 해당 업체에 전화나 이메일, 게시판 게재 등을 통하여 조중동에 광고하지 말라는 의견을 전달한 것이 사건의 전부이다.

---

* 변호사, 제일합동법률사무소.

2. 검찰의 대대적 수사개시 및 민변의 변론 개시

처음에는 검찰은 폭력이나 협박이 개입되지 않으면 죄가 되지 않는다는 입장을 견지하다가 갑자기 입장이 돌변하여 대대적인 수사에 착수한다. 나중에 기소되어 증거기록을 열람한 후 확인한 것이지만 조중동 3개신문사는 고소장을 제출하였지만 이 사건은 일반적인 고소사건으로 수사된 것이 아니었다. 검찰은 관련자들에 대한 출국금지, 가택의 압수수색, 수십명에 이르는 카페 참여자들을 무더기로 소환하기에 이른다.

언소주 카페 관련자들은 오프라인에서 전혀 만난 적이 없는 사람들로 수사가 개시되자 서로 연락을 하게 되었고, 공식적으로 민변에 찾아 와서 도움을 요청하게 되었고 사안의 심각성을 깨달은 민변에서는 총 17명(1명은 선임계를 내지 않고 법리검토만 함)으로 구성된 변호인단(단장: 안상운 변호사)을 구성하여 언소주 관계자들을 변호하기에 이른다.

3. 수사 과정에서의 어려움

언소주 관계자들은 서로 알고 지내는 사이도 아니고 카페에서는 실명이 아닌 "닉네임"으로 활동하기 때문에 초기 수사대상 파악에 곤란을 겪었다. 결과적으로 총 25명이 수사대상인 것으로 파악되었다. 미성년자인 1인을 제외하고는 모두 직업이 있는 분들로 전국에 흩어져 있었고 검찰수사는 처음 받아 본 분들이 대부분이어서 언소주 관계자들은 두려움과 어려움을 호소하였고, 변호인 참여 하에 조사받기를 원하였다. 민변에서 대규모 변호사단을 구성하기는 하였으나 다들 현업에서 활동하는 관계로 모든 사람에 대해서 참여를 하지는 못하였다. 서울중앙지검에서도 여러 명의 검사를 배치하여 언소주 관계자들을 강도 높게 수사하였다. 대부분 생업에 종사하는 생활인들이어서 변호인단의 부담도 더욱 컸던 것으로 기억된다. 현직 교사와 공무원, 연구소 연구원, 대학생, 자영업자 등 다양한 직업군의 사람들이 해당되었으며 자발적으로 진행된 운동이라는 것을 웅변적으로 보여주고 있었고, 변호인단의 역할은 부당한 권력에 의한 시민탄압을 최대한 저지하기 위한 것에 집중할 수밖에 없었다.

변호인단에서는 구속수사까지 예상하지는 않았으나 피의자 신문 참여과정에서 24명 중 7명의 명단을 따로 정리해 놓은 것을 필자가 우연히 보게 되어 영장청구 대상자를 선별한 것이 아닌가 의심을 하게 되었다. 아니나 다를까 카페지기에 대한 강도 높은 수사가 마무리 된 후 7인에 대한 구속영장이 청구되었다. 검찰은 카페지기와 카페운영자 중 조중동 광고주 리스트를 맡아서 카페에 게시한 사람 위주로 영장을 청구한 것으로 보였지만 실제로는 불매운동을 중단시키기 위해서 시민들을 구속영장청구 권한으로 겁

박한 것이나 다름 없었다. 형사사법권이 특정 신문사 보호를 위해 남용된 사건으로 검찰이 근본적 개혁 되지 않으면 이런 사건은 언제든지 다시 일어날 수 있는 일이라고 생각된다.

영장실질심사 과정에서는 특기할만한 점은 없었다. 그런데 예상과 달리 2명에 대한 구속영장이 발부되었다. 광우병 촛불시위가 있은 직후였고, 정부는 그 수반인 대통령이 대국민 사과를 했음에도 불구하고 검경을 동원하여 시민들에 대한 탄압에 집중하던 시절이었다. 구속된 사람은 카페지기와 단순 카페 회원 중 구글에 개인적으로 광고주 리스트를 계속 올린 사람이 그 대상이 되었다.

이미 9년이 지난 일이지만 이 때의 침담함은 잊을 수 없나. 무고한 시민을 검찰과 법원이 공모하여 구금한 것이다. 이명박 정권과 조중동을 보호하기 위하여 시민의 자유를 내팽개쳐 버린 이 기관들은 9년이 지난 지금 하나는 국정농단의 주축으로 판명되었고, 다른 하나는 블랙리스트를 만들어 그 구성원들을 체계적으로 순치한 것으로 드러났다. 이 두 기관을 근본적으로 수술하지 않는 한 대한민국의 민주헌정은 절름발이 일 수 밖에 없다고 생각된다.

4. 사건의 쟁점

이 사건의 쟁점은 크게 두 가지였다. 사실관계는 전체적으로 크게 다툼이 없었다. 다만 광고업체에 정말로 많은 전화가 갔는가 또는 그 전화 때문에 광고를 중단한 것인가에 대한 일부 다툼도 있었지만 과연 업무방해죄에 규정된 위력이 있는가와 언소주 관련자들에게 공모공동정범 책임을 인정할 수 있는가가 주로 다투어졌다.

언소주 관련자들은 초지일관 소비자의 입장에서 광고주들에게 의견을 개진한 것이라고 주장하였다. 소비자는 당연히 당연히 자신의 의견을 사업자에게 반영시킬 수 있으며 광고비 또한 신문가격에 반영되기 때문에 광고업체에 자신의 의견을 반영시킬 수 있다는 것이다. 전화를 해서 의견을 이야기하는 것이 불법이 아닌데 단지 많은 사람이 전화하면 그것이 위력이 될 수 없는 노릇이었다. 이런 논리라면 그렇다면 전화를 통한 소비자 불매운동은 성공하여 많은 사람들이 전화를 할 경우에만 처벌된다는 것인데 성공한 불매운동만 처벌된다는 것으로 그 자체로 모순이다. 전화를 지속적으로 하여 위력이 되기 위해서는 권세와 지위가 있어야 한다는 것이 대법원 판례인데(대법원 2005. 3. 25. 선고 2003도5004 판결 등), 대부업자와 채무자(대법원 2005. 5. 27. 선고 2004도8447 판결)가 이러한 관계이고 대부업자가 채무업자에게 과도한 전화를 하면 업무방해죄에서 규정한 위력이 된다는 것이다.

그런데, 소비자와 사업자와의 관계가 대부업자와 채무업자와의 관계와 준한다고 보는 것은 너무나 작위적이라는 것이 변호인단의 판단이었다. 소비자는 헌법 상 소비자운동이 보장되어 있고, 소비자 기본법 제4조 제5호[1]에서 '의견이 반영될 권리'가 규정되어 있기 때문에 이러한 권리행사 차원에서 이루어지는 의견개진은 위력이 될 수 없다는 것이다.

다음으로 설령 다중의 전화 거는 행위가 위력이 된다고 하더라도 언소주 관련자들은 이들에 대한 기능적 행위지배를 할 수 없었다. 기소된 사람 대부분은 규약도 전혀 없는 카페를 만들거나 가입한 사람들로 실제 실행행위를 한 사람들을 지시하거나 영향을 미칠 지위에 있지 않았다. 광화문 광장에 대자보를 붙여 "AA업체에 전화하여 조선일보에 광고하지 말라"라는 것과 동일한 행위인데 이러한 정보제공만으로 다수의 전화행위를 조직할만한 지위에 있지 않은 것이 명백했다. 그러나 검찰은 이른바 공모공동정범이론을 적용하여 피고인들이 업무방해 행위에 대해서 기능적 행위 지배가 있다고 기소한 것이었다.

5. 공소제기 후의 진행

가. 서 설

가장 큰 어려움은 구속자들의 석방 문제였다. 생업이 있는 분들이 구속이 되었으니 이는 정말로 어려운 문제였다. 정권이 모든 수단을 동원하여 시민들을 탄압하던 때였다. 사회주의노동자연합(사노련)에 대해서도 영장이 청구되었고, 개인적인 경제평론가였던 미네르바도 구속되었으며, MBC PD 수첩에 대한 대대적인 탄압도 진행되었다. 지금 돌이켜보면 이러한 탄압의 종착점이 고 노무현 대통령의 사망이었던 것으로 생각된다. 1970-80년대 폭력으로 통치하던 시절과는 달랐지만 형사소송법에 근거한 수사권과 기소권을 최대한 남용하여 시민을 탄압하는 것은 더더욱 교묘한 방법이었고, 변호인단은 실제로 속수무책이었다. 구속된 분들에 대해서 보석청구를 했지만 법원은 결정을 계속 미루었다. 사실 이 사건은 다른 사건과 달리 모든 것이 인터넷에 의하여 이루어진 것이고 피고인들은 수사가 개시되기 전까지 따로 연락한 적이 없었기 때문에 입을 맞출 수 있는 사건도 아니었다. 또한 검찰이 압수수색영장으로 모든 증거를 수집한 상태에서 수사가 이루어졌기 때문에 언소주 관련자들이 증거를 인멸할 래야 할 수도 없는 사건이었으며 성실한 생활인들이 가족을 두고 도주할 일도 없었다. 애초에 불법이라고 생각하지 않고 시작된 일이었으며, 아마 누군가 이를 불법이라고 했다면 시작조차 되지 않았

1) 소비자 기본법
제4조(소비자의 기본적 권리) 소비자는 다음 각 호의 기본적 권리를 가진다.
1.~4. (생략)
5. 물품등의 사용으로 인하여 입은 피해에 대하여 신속·공정한 절차에 따라 적절한 보상을 받을 권리
6.~8. (생략)

을 일인지도 모른다. 이 사건을 보면서 대한민국의 법률가라고 하는 사람들은 온갖 미사여구로 대한민국의 헌법이 국민의 기본권을 보호하는 것이라고 설명하고는 시민들이 그에 따라 행동하려 하면 바로 국가보안법 위반이다 또는 업무방해다 하면서 사람들을 가두는 데에 익숙한 것이 아닌가하는 생각조차 들었다.

다음으로 실무상 어려운 문제는 2만페이지에 달하는 증거기록을 복사하는 문제였다. 당시 이 기록은 담당 검사실에 가서 복사를 해야 했고, 검사실에는 복사기가 1대 밖에 없다고 하니 도대체 어느 세월에 복사를 할지 답답한 노릇이었다. 변호인단에 속한 변호사들에게 직원을 한 명 씩 파견하게 하고 복사기 3대를 빌려 검찰청에 들어가서 3일 만에 복사하는 식으로 해결을 하였다. 그 결과 복사비도 상당히 많이 소요되었으나 이는 언소주에 후원금이 쇄도하여 그것으로 충당되었다고 한다. 이 많은 증거기록을 검토하는 것도 큰 일이었다. 일단 피고인 별로 담당 변호사를 정하여 기록 검토를 전담하게 하는 방식으로 진행하였다. 다행히 한 변호사님이 법리검토를 전담하여 변호인단은 큰 부담을 덜었다. 업무방해의 위력과 공모공동정범의 기능적 행위지배에 대해서는 한 변호사님이 논문수준으로 대법원 판례를 정리하여 이후 변론에서 유용하게 사용되었다.

총 25명 중 미성년자 1인을 제외하고 24명이 기소되었다. 16명이 1건으로 기소되었고(서울중앙지방법원 2008고단5024, 2명은 구속기소, 14명은 불구속기소), 8명은 구약식 기소(서울중앙지방법원 2008고단5623) 되었으나 통상회부되어 16명의 사건과 병합되었다.

나. 1심의 진행(2008고단5024, 2008고단5623)

공판준비기일은 총 4회 진행되었다. 증거에 대한 의견은 이미 제출한 상태였으나 검찰이 등사해준 증거기록에는 이른바 광고주 업체의 이름과 증인의 성명조차 지워져 있었다. 변호인단은 최소한 광고주 업체의 이름과 증인의 성명은 알아야 증인신문을 할 수 있다고 하면서 형사소송법 제266조의4[2]에 근거하여 해당 증거기록의 공개를 요구하였다. 법원은 공개결정을 하였고, 이것은 검사가 반드시 증거로 제출하여야 할 것이었기

---

2) 제266조의4(법원의 열람·등사에 관한 결정) ① 피고인 또는 변호인은 검사가 서류등의 열람·등사 또는 서면의 교부를 거부하거나 그 범위를 제한한 때에는 법원에 그 서류등의 열람·등사 또는 서면의 교부를 허용하도록 할 것을 신청할 수 있다.
② 법원은 제1항의 신청이 있는 때에는 열람·등사 또는 서면의 교부를 허용하는 경우에 생길 폐해의 유형·정도, 피고인의 방어 또는 재판의 신속한 진행을 위한 필요성 및 해당 서류등의 중요성 등을 고려하여 검사에게 열람·등사 또는 서면의 교부를 허용할 것을 명할 수 있다. 이 경우 열람 또는 등사의 시기·방법을 지정하거나 조건·의무를 부과할 수 있다.
③ 법원은 제2항의 결정을 하는 때에는 검사에게 의견을 제시할 수 있는 기회를 부여하여야 한다.
④ 법원은 필요하다고 인정하는 때에는 검사에게 해당 서류등의 제시를 요구할 수 있고, 피고인이나 그 밖의 이해관계인을 심문할 수 있다.
⑤ 검사는 제2항의 열람·등사 또는 서면의 교부에 관한 법원의 결정을 지체 없이 이행하지 아니하는 때에는 해당 증인 및 서류 등에 대한 증거신청을 할 수 없다.
[본조신설 2007.6.1.]

때문에 이 사건에서 검찰은 용산참사 사건 때와는 달리 문제된 증거기록을 공개하였다.

이 사건은 피고인들의 수가 많고 거주지도 전국에 흩어져 있어 재판진행을 신속하게 할 필요가 있었다. 그러나, 피고인들은 무죄주장을 하고 있었기 때문에 참고인들의 진술에 대해서는 법정에서 충분한 심리가 이루어져야 했다. 공판준비기일을 진행한 결과 주 1회의 증인신문을 진행하기로 결정하였고, 다행히 2개월 정도 지난 후에 피고인들 중 구속된 2인은 보석으로 석방되어 불구속 상태에서 재판받게 되었다. 구속된 두 분이 석방되자 조금 여유로운 상태에서 재판을 받게 되었다.

공판기일은 주 1회 정도 이루어졌고, 총 14회가 진행되었다. 증인은 모두 38명이 출석하였다. 한 기일에 증인을 평균 4명～6명 정도 소환하였고, 증인 별로 1시간 이상 증인신문이 진행되었다. 상당히 타이트한 진행이었고 지금 돌이켜 보면 불구속 재판인데 서두를 필요가 있었나 하는 생각도 드는 것이 사실이다. 그러나, 생업이 있고 주소가 전국 각지에 흩어져 있는(주소가 부산인 분도 있었음) 피고인 24인이 재판을 받는 것은 매우 부담스러운 상황이었기 때문에 피고인들도 이에 대해서 찬성하였고, 변호인단으로서도 증인신문을 주로 한 재판장에게 판결을 받는 것이 적절하다고 생각했었다.

증인 중 조중동 관계자들은 시민들의 항의전화로 광고가 취소되었다는 식으로 진술을 하였던 것으로 기억한다. 광고업체 직원들은 언소주에 대해서는 들어본 적이 없다고 대부분 증언하였다. 항의전화를 직접 받은 사람들의 경우에는 피고인들에게 적대감을 일부 표시하는 경우도 있었다. 중간에 한 관광회사 직원과 방청하러온 언소주 회원의 다툼이 있었고, 그 회원이 이로 인하여 증인 폭행협박 혐의로 구속영장이 청구되기 까지 하였다. 법정에서 해당 증인이 자신이 방청객으로부터 협박을 당하였다고 진술하여 법정의 분위기가 상당히 긴장되었다. 당시 재판장이 이 문제 때문에 법원행정처에 불려가 질책을 받았다는 소문이 있었으나 그 진위는 지금도 알 수 없다.

감정 증인으로는 고려대 박경신 교수와 김기창 교수가 증인으로 출석하였다. 검찰이 1차 불매와 2차 불매 운동을 구분하여 불매운동 사유와 직접 관련이 없는 광고주를 상대로 한 불매운동은 2차 불매운동으로 2차 불매운동의 경우에는 외국에서도 처벌한다는 식의 주장을 폈다. 1차 불매운동은 문제가 된 당사자에 대한 불매운동을 의미하는 것이었고, 제2차 불매운동은 당사자가 아닌 제3자에 대한 불매운동을 의미하는 것으로 이해되었는데, 이 사건에서는 조중동에 대한 불매운동은 1차 불매운동, 광고주에 대한 불매운동은 2차 불매운동이기 때문에 처벌되어야 한다는 논리였다.

미국 판례의 입장을 알기 위하여 해당 분야를 전공한 두 교수님께서 협조를 해 주셔서 미국 판례의 동향을 청취하게 되었다. 결론적으로 교수님들의 의견에 의하면 1차 불매/2차 불매의 구분은 미국에서 의미가 없을 뿐이고 미국에서는 직접 폭력행위를 한 사람 외에 단체가 책임지는 일은 없다는 것이 연방대법원 판결(1982년 NAACP v. Claiborne

Hardware Co.)의 의미라는 것을 설득력 있게 증언하여 주셨다. 국내에 선례가 없는 사건의 경우에는 외국 사례를 증언해줄 수 있는 전문가 증인의 협조가 큰 도움이 된다는 것을 느꼈다. 두 분 전문가 증인의 증언 때문에 1심 판결에는 2차 불매운동에 대한 구분이 전혀 없었으나, 감정증인의 증언을 직접 듣지 못한 항소심 재판부는 형량은 낮추었으나 2차 불매운동이기 때문에 위법성이 크다는 식으로 판시하였다.

1심 진행결과 변호인들의 무죄주장은 받아들여지지 않았다. 일부 광고업체에 대한 업무방해가 증거가 없다고 하여 무죄가 선고된 것을 제외하고는 대부분 공소사실에 대해서 유죄가 선고되었다. 총 24인 중 1인은 징역 10월, 집행유예 2년(구속자), 1인은 징역6월 집행유예 2년(구속자), 3인은 징역 4월 집행유예 1년(언소주 회원은 아니나 조중동에 광고하는 여행사의 광고를 반복하여 취소하거나 여행사에 자동접속 프로그램을 사용), 4인을 벌금 200만원, 8인은 선고유예(벌금 100만원, 구약식기소자)로 결론이 났다. 피고인들은 선고 당일 모두 항소의사를 밝혔다.

다. 항소심의 진행(2009노677)

피고인들은 6가지 이유의 법리오해, 양형부당을 이유로 항소하였고, 검사도 일부무죄된 부분에 대해서 사실오인, 양형부당을 이유로 항소하였다. 항소심에서도 위력이 있는지 여부, 공모공동정범이 해당되는지 여부에 대해서 주로 다투었다. 항소심은 2회의 공판준비기일과 5회에 걸친 공판기일이 진행되었다. 증인으로는 1심에서 심리되지 않은 광고주 업체 7인을 신청하였고, 실제로는 5인에 대해서 증인신문이 이루어졌다. 항소심 결과도 원심과 대동소이하였으나 특기할만한 것은 9인에 대해서는 기능적 행위지배가 없다고 하여 전부 무죄가 선고된 것이었다. 구체적으로 1인은 징역 10월, 집행유예 2년, 6인은 벌금 300만원, 4인은 벌금 200만원, 3인은 선고유예(벌금 100만원), 9인은 무죄판결이 선고되었다. 즉 원심보다 전체적으로 형이 감경된 것이다. 이는 재판부가 전향적인 판단을 한 것도 있지만 이미 칼날 같은 상황은 지나갔기 때문에 재판부에서 부담을 덜 느낀 것이 아닌가 하는 점도 작용한 것으로 보인다. 이 판결에 대해서 유죄판결을 받은 피고인 전원은 상고하였고, 검사도 무죄판결을 받은 피고인들에 대해서 상고하였다.

라. 상고심의 진행(2010도410)

상고심에 있어서 특기할만한 점은 신영철 대법관이 속한 재판부에 해당 사건이 배당되었다는 것이다. 신영철 대법관은 알려졌다시피 서울중앙지방법원장 시절 야간집회금지를 규정한 집시법 조항이 위헌 제청되었고, 형사처벌을 규정한 법률조항이 위헌제청

될 경우 그 조항으로 기소된 사람의 경우 관행적으로 법원에서 재판을 중단하고 기일을 추정해 왔는데 서울중앙지방법원 소속 판사들에게 재판을 중단하지 말도록 지시하여 물의를 빚었던 인물이었다. 피고인들은 대법원 앞 기자회견을 하면서 '설사 무죄를 선고받는다고 하더라도 신영철에게는 재판받을 수 없다'는 강력한 의지를 표명한 후 신영철 대법관에 대하여 직접 기피신청을 하였다.

이에 대해서 외부에서 일부 이견이 제기되기도 하였다. 상고이유서를 내야 주심 대법관이 정해지는데 주심 대법관이 정해진 후에 기피신청을 하는 것이 유리한 것 아닌가 하는 점이었다. 그러나 피고인들은 이를 유불리의 문제로 파악하지 않았다. 설령 결과가 불리하더라도 신영철 대법관처럼 재판에 부당개입했던 사람에게 재판을 받을 수 없다는 원칙이 확고하였다. 피고인들이 신영철 대법관에 대하여 기피신청을 하자 대법원은 재배당을 한 후 권리보호의 이익이 없다는 이유로 기피신청을 각하하였다.

피고인들의 상고이유도 1심 및 원심에서 주장한 법리를 다시 한 번 강조하는 내용이었고, 검사는 무죄가 선고된 피고인들에 대해서 유죄라고 주장하였다. 선례가 없는 사건이기도 하고, 무죄를 다투는 불구속 사건 때문인지는 몰라도 항소심은 2009. 12. 18.에 선고되었는데 상고심은 3년 4개월이 지난 2013. 3. 14. 에 선고되었다.

상고심은 14인은 일부 무죄취지 파기환송, 10인은 상고기각(1인 벌금 300만원 확정, 9인 무죄 확정)의 판결이 나왔다. 일부 무죄가 선고된 부분은 광고업체에 대한 업무방해가 된다고 하여 조중동 3개 신문사에 대한 업무방해가 자동적으로 성립하는 것은 아니라는 판단이었다.

마. 파기환송심의 진행(2013노1041)

파기환송심은 특별히 더 진행할만한 것이 없는 상황에서 총 4회 공판기일이 진행되었다. 피피고인 13인에 대해서는 1회 공판기일에 변론이 종결되었고, 피고인 1인이 사정에 의하여 불출석하여 해당 피고인에 대하여만 1회 공판이 더 진행된 후 판결이 선고되었다. 파기환송심은 1인은 징역 8월, 집행유예 2년, 6인을 벌금 200만원, 4인은 벌금 100만원, 3인은 선고유예(벌금 70만원)이 선고되었고, 이 중 벌금 200만원을 선고받은 1인만이 재상고하였다. 대법원에서 일부 무죄가 선고되었기 때문에 전체적으로 형량은 떨어진 것이다.

바. 재상고심의 진행(2013도10558) 및 최종결과

1인의 상고는 기각되었다. 최종적으로 기소된 24인은 1인은 징역8월, 집행유예2년, 1인은 벌금 300만원, 6인은 벌금 200만원, 4인은 벌금 100만원, 3인은 선고유예(벌금

100만원), 9인은 무죄가 확정된 것이다. 즉 이 사건은 구속영장청구를 7명이나 하고 2명이나 구속하여야 할만한 사건이 아니라는 것이 밝혀졌다고 해도 과언이 아니다.

사. 형사비용보상청구(2013코459호)

무죄를 선고받은 9인은 형사비용보상청구를 하여 소정의 출석비용 및 변호사 비용을 상환받게 되었다. 무죄를 선고받은 경우에 구속되지 않더라도 장기간 재판을 받는 경우 출석비용과 변호사비용을 받을 수 있는 제도가 있기 때문에 반드시 청구하여야 한다. 이 당시에는 보상청구기한이 6개월의 초단기였으나 2014. 12. 30. 이후 무죄확정된 사건은 안 날로부터 3년, 무죄확정된 날로부터 5년으로 연장되었다(형사소송법 제194조의 3 제2항).

6. 여러 가지 변수

정부가 시민을 탄압하는 경우 예상하지 못하는 일들이 발생한다. 변호인으로서는 이에 대해서 일일이 대응하기 어려울 뿐만 아니라 변호인이 처리할 수 없는 경우도 많다. 그러나, 피고인을 최대한 옹호하여야 할 변호인의 입장에서는 최대한 노력하는 수밖에 없는 일이다. 이 사건에서도 예상치 못한 일들이 많이 일어났고, 이해할 수 없는 상황이 다수 발생하였다. 일례로 항소심 재판이 끝나고 변호인들과 피고인들, 단체 회원들 회식 자리에서 알 수 없는 일이 발생하기도 하였다. 피고인들 및 변호인들과 전혀 면식이 없는 한 사람이 갑자기 이해할 수 없는 행동을 하면서 피고인들 및 변호인들에 대한 정보를 수집하기도 하였고, 증인 폭행, 협박 시비 사건에서도 석연치 않은 이유로 증인에게 접근하여 분란을 유발시킨 사람도 있었다. 한반도에서 일어나는 모든 일은 남북한의 정보기관과 직간접적으로 관련이 있는 일이라는 말이 생각나기도 하였다. 이러한 여러 가지 변수들을 변호인이 통제할 수는 없다. 변호인으로서는 그 임무에 충실하는 수밖에 없는 것이다.

7. 결론 – 이 사건의 여파

피고인들은 이 사건으로 인생이 달라진 분들이 많다. 생활인으로서 살다가 정권의 탄압으로 전업으로 시민사회단체에서 활동하기도 하게 된 분도 있었다. 변호인으로서는 정권의 탄압에 맞서 이들을 충분히 변호했는지에 대한 여전히 아쉬움이 있다. 이미 정권이 야수의 길로 들어섰는데 과거의 경험으로 그 하수인들인 제 국가기관에 대해서 지나친 신뢰를 하였던 것이 아니었던가 하는 반성도 한다. 이 사건으로 한국의 소비자운동은 그 수단으로 불매운동이 매우 제한되게 되었다고 생각된다. 항의표시로 항의전화를 하자고 하고 그 결과 많은 항의전화가 폭주하는 순간 그것은 업무방해가 되는 것이다. 실제로 이 판결 이후 항의전화를 하자는 주장은 위축될 수밖에 없었다. 개인적으로도 항의전화가 가능하냐는 문의를 받은 적이 있는데, '처벌이 될 수 있다'라는 답변을 할 수밖에 없었다.

이 사건에서 국가기관들은 작동하지 않았다. 검찰과 법원은 거대신문사와 정권의 이해에 맞게 움직였고, 결과적으로 시민의 자유와 인권은 축소되었다. 8년 후 한국의 주요 국기기관이 국정을 농단하게 된 시발점은 어쩌면 이 사건 때부터 인지도 모른다. 한국의 지배집단은 자신의 협소한 정치적 이해를 위하여 표현의 자유에 대한 중대한 후퇴를 야기했다. 아마도 그 부메랑은 자신한테 결국 돌아온다는 것을 모르는 우둔한 집단이었기에 박근혜 씨나 최순실 씨에 좌우되면서도 말 한마디 제대로 하지 못했던 것이 아니었나 하는 생각도 든다. 그 역사의 현장을 목도한 변호인으로써 부정한 권력에 저항했던 시민들을 옹호하기 위하여 미력한 힘이나마 보탰던 것에 후회는 없다. 언제라도 야수로 돌변해서 시민을 탄압하는 권력을 막아내기 위해서 근본적 방책을 논의하여야 한다는 생각을 해 보았다. 그것이 1000만 촛불시민들이 바라는 것이 아니었을까.

심층질문

1. 수사기관과 법원이 기존 법령을 확장해석 내지 유추적용할 경우 변호인이 할 수 있는 변론 범위는 어디까지인가? 법정에 충실하여야 하는지 아니면 다른 수단을 사용하여야 하는가?

2. 업무방해의 '위력' 개념과 공모공동정범 이론의 '공모관계'의 범위는 계속 확장되어 왔다. 이에 대해서 제동을 걸기 위한 방법은 무엇이 있는가?

3. 결론이 정해져 있는 것으로 보여지는 재판에 있어서 변호인이 취해야할 태도는 무엇인가? 무익한 재판이라고 하더라도 형사소송법에 규정한 모든 절차를 통하여 피고인을 옹호하는 것에 매진하는 것이 정답인가?

4. 재판 외부 변수가 재판에 절대적 영향을 미치는 경우, 변호인은 변호전략을 어떤 식으로 수립하여야 하는가?

자료 1 1심 제출 변론요지서 중 발췌

…… (생략) ……

가. 구성요건 해당성 ①: '위력'에 해당하지 않음(변론요지서 19-22**면)**

주지하는 것처럼 형법상 업무방해죄(제314조)는 "허위의 사실을 유포하거나 기타 위계의 방법 또는 위력으로써 사람의 업무를 방해"한 경우에 성립하는 범죄인데, 여기서 말하는 위력에 의한 업무방해죄를 구성하는 '위력'에 대해 종래 법원은 "사람의 자유의사를 제압·혼란케 할 만한 일체의 세력으로, 유형적이든 무형적이든 묻지 아니하므로 폭행·협박은 물론, 사회적, 경제적, 정치적 지위와 권세에 의한 압박 등도 이에 포함된다"고 말하고 있습니다(대법원 2005. 3. 25. 선고 2003도5004 판결 등 참조). 이 사건에서 수사기관이 주로 인용하는 선례는 사채업자의 반복적인 전화를 '위력'이라고 한 「간판업자-대부업자 판결(대법원 2005. 5. 27. 선고 2004도8447 판결)」인데, 이 판결은 "대부업을 이용하는 사람들은 주로 은행이나 카드사와 같은 제도권 금융회사에서 소외된 저 신용자들로서 사회·경제적으로 곤궁한 약자들이라는 점까지를 감안해 볼 때(사채업의 양성화를 목적으로 제정된 대부업의등록및금융이용자보호에관한법률이 제8조에서 이자율의 제한에 관한 규정을, 제10조에서 불법적 채권추심행위의 금지에 관한 규정을 둔 것도, 이처럼 대부업 이용자들이 특별한 보호를 필요로 하는 경제적 약자임을 감안한 조치라 할 수 있다) 위 피해자에게 소액의 지연이자를 문제 삼아 법적조치를 거론하면서 무차별적인 전화공세를 하는 식의 채권추심행위는 사회통념상의 허용한도를 벗어나 경제적 약자인 피해자의 자유의사를 제압하기에 족한 위력에 해당한다고 할 것이고, 또한 기록에 의하면 위 피해자는 소규모 간판업을 경영하는 자로서 업무상 휴대폰의 사용이 긴요하다고 할 수 있는데 대부분의 전화가 그 휴대폰에 집중된 이상 이로 인하여 동인의 간판업 업무가 방해되는 결과를 초래할 위험이 발생하였다고 인정하기에 충분하다고 보여진다"는 이유로 위 전화가 '위력'이라고 판단하였습니다. 즉 종래 대법원 판결에서 폭행이 아닌 협박을 위력으로 인정하기 위해서 들고 있는 '사회적, 경제적, 정치적 지위와 권세'라는 요건을 사회적·경제적으로 곤궁한 저신용채무자와 대부업자의 관계 속에서 찾고 있는 것입니다.

그런데 아무리 보더라도 광고주 기업에 전화를 거는 사람들(네티즌, 시민)은 광고주 기업과의 관계에서 이러한 '사회적·경제적·정치적 지위와 권세'를 가지고 있다고 볼 근거가 없습니다(오히려 공판과정에 출석한 증인들은 이 사건 카페나 아고라 등의 회원 규모나 활동 내용에 대하여 알지 못하는 경우가 더 많았고, 특히 전화를 거는 사람들이 어디에 소속되어 있는지에 관해서는 정확히 인식하지도 않고 있었습니다). 이들은 모두 개별적인 소비자들로서, 언론보도의 바람직한 방향에 관한 자신의 생각에 근거하여 광고중단 운동에 동참을 결정하고, 이들 광고주들에게 ⅰ) 왜곡 보도를 하는 언론에 광고를 싣는 것은 잘못되었다는 점을 고지하고(불매운동의 이유 설명), ⅱ) 계속 광고를 싣는 경우 광고주 제품에 대한 불매운동을 할 수 있다는 점을 경고하며(불매운동의 경고), ⅲ) 광고를 중단할 것을 요청하는(불매운동에의 동참 촉구) 전화를 한 것이 전부여서, 경제적 취약자-저신용자인 채무자가 심적 압박을 느끼게 하는 것을 목표로 반복적으로 전화를 거는 위 「간판업자 – 대부업자」 사례와는 명확히 구분되는 것입니다.

한편 만약 광고주에게 전화를 한 실행행위자 중 실질적으로 폭행 또는 협박을 행한 사람이 있다면 개별적으로 이들을 처벌할 수 있을 것이지만(신문사 광고주들에 대한 불매운동의 향후 추이가 전화를 한 네티즌들의 지배력 아래 있었다고 볼 수 없으므로 불매운동을 미리 알리는 전화 내용이라고 하더라도 이는 '경고'에 해당할 뿐 협박으로 인정하기는 어렵습니다), 이러한 개별적 · 돌출적 행동은 이 사건 피고인들이나 카페와는 아무런 관계가 없습니다. 처음 수사를 시작하면서 안상돈 대검찰청 형사1과장은 "점잖게 전화해서 광고중단 의견을 말하는 소비자운동은 단속대상이 아니다, 집단적으로 폭언이나 협박을 한다든지 업무방해 등 범죄요건에 해당되는 것을 처벌할 예정"이라고 하였는바, 이러한 관점을 유지하였다면 이 사건 피고인들을 무분별하게 기소하는 일은 없었을 것입니다.

…… (생략) ……

나. 공모공동정범등 공범이 성립되는지 여부(변론요지서 19-22**면)**

카페를 개설하고 활동한 피고인들의 행위만으로는 업무방해죄는 성립한다고 할 수 없음은 명백하므로, 그들이 위 카페에 게시된 전화번호를 이용하여 조중동 광고주에 대해 전화를 하여 광고중단을 요청한 사람들(실행행위를 한 성명불상자)과 함께 공모공동정범이 성립하는지 살펴보겠습니다.

1) **공모공동정범 성립 여부**

피고인들과 전화를 건 행위자들 사이에 명시적 공모는 전혀 없었으므로 공모가 인정된다고 할 수 없고, 다만 판례의 태도에 의하면 공모가 순차, 암묵적으로 행해지는 경우에도 공모의 성립을 인정하는바, 이에 관하여 살펴보면, 순차 또는 암묵에 의한 공모의 성립은 범죄를 목적으로 의기투합한 범죄집단 내지 그에 준하는 단체 또는 다수나 최소한 행위자 상호간 강한 인적 유대관계가 존재해야만 그와 같은 공모가 인정된다 봅니다. 왜냐하면 그러한 범죄집단이나 강한 인적 유대관계가 존재해야만 눈빛만 보아도, 몸짓만 보아도 서로의 마음을 알 수 있어 범행에 대한 의사연락이 가능하다는 암묵에 의한 공모 또는 순차적인 의사연락에 의한 순차적인 공모가 성립될 수 있기 때문입니다. 만일 그러한 관계가 아님에도 공모관계를 인정하는 것은 형벌권의 부당한 남용이자 자의적인 법집행이라고 하지 않을 수 없습니다.

그런데 위 카페는 위에서 본 바와 같이 단체라고 할 수 없을 정도로 단체성이 현저히 약하며 피고인 등과 전화를 건 행위자 사이에는 평소에 일면식도 없는 관계로, 그들 사이에는 온라인과 오프라인이라는 거대한 부지(不知)의 간극(間隙)이 존재하므로, 그들 사이에 어떤 암묵적인 공모나 순차적인 공모가 있다고 인정할 수 없고, 특히 광고리스트를 올린 피고인들의 행위와 이것을 보고 5만명이 넘는 가까운 카페 회원 또는 일반 네티즌 중 이것을 보고 전화를 한 사람사이에 어떠한 의사연락이 있다고 볼 수 없어 피고인들에게 공모공동정범에 의한 업무방해죄를 인정할 수 없습니다. 대법원은 이른바 「보라매 병원 사건」에서 "… 형법 제30조의 공동정범이 성립하기 위하여는 **주관적 요건인 공동가공의 의사와 객관적 요건으로서 그 공동의사에 기한 기능적 행위지배를 통하여 범죄를 실행하였을 것이 필요하고,** 여기서 공동가공의 의

사란 타인의 범행을 인식하면서도 이를 제지함이 없이 용인하는 것만으로는 부족하고 공동의 의사로 특정한 범죄행위를 하기 위하여 일체가 되어 서로 다른 사람의 행위를 이용하여 자기의 의사를 실행에 옮기는 것을 내용으로 하는 것이어야 하는바… 결국 피고인들의 이 사건 범행은, 피해자의 담당 의사로서 피해자의 퇴원을 허용하는 행위를 통하여 피해자의 생사를, 민법상 부양의무자요 제1차적 보증인의 지위에 있는 원심공동피고인의 추후 의무 이행 여부에 맡긴 데 불과한 것이라 하겠고, 그 후 **피해자의 사망이라는 결과나 그에 이르는 사태의 핵심적 경과를 피고인들이 계획적으로 조종하거나 저지·촉진하는 등으로 지배하고 있었다고 보기는 어렵다.** 따라서 피고인들에게는 앞에서 본 공동정범의 객관적 요건인 이른바 기능적 행위지배가 흠결되어 있다고 보는 것이 옳다"라고 판시하였습니다(대법원 2003. 3. 28. 선고 2002도7477 판결).

2) **순차적, 묵시(암묵)적 공모여부**

검찰은 이 사건 피고인들이 '순차·묵시적 공모'를 하였다고 하고 있으나, 종래 '순차·묵시적 공모'를 인정한 대법원 판례는 아래와 같습니다.

순번		판례번호	공모자 사이의 관계	비고
1	순차·암묵에 의한 공모	대법원 2008. 1. 17. 선고 2006도1721 판결	한국자산관리공사 해외사업본부장, 해외사업본부 국제업무부 부장, 국제업무부 자산유동화 팀장 사이	
2		대법원 2006. 8. 24. 선고 2006도211 판결	국회의원 출마자, 그 휘하에 있는 선거본부장, 선거자금조달 및 집행책임자 사이	
3		대법원 2006. 5. 11. 선고 2003도4320 판결	알고 지내는 사이	
4		대법원 2004. 3. 26. 선고 2003도7112 판결	채권·채무자 사이	
5		대법원 2001. 6. 29. 선고 2001도1319 판결	알고 지내는 사이, 사위장모 사이, 관할경찰서의 선진질서추진위원회 회장과 그 경찰서의 경위계급의 경찰관 사이	순차·암묵에 의한 공모에 대한 판단에 관한 정형을 보여주는 판례
6		대법원 1997. 9. 12. 선고 97도1706 판결	딱지어음의 최종소지인과 그 어음의 발행인인 사이	순차(암묵)에 의한 공모의 정형을 보여주는 사안
7		대법원 1994. 3. 11. 선고 93도2305 판결	알고 지내는 사이	
8		대법원 1990. 9. 28. 선고 90도602 판결	노조원들 사이	
9		대법원 2008. 2. 28. 선고 2007도10004 판결	채권·채무자 사이	

10	암묵에 의한 공모	대법원 2006. 9. 8. 선고 2006도388 판결	회사 임직원 사이	
11		대법원 2006. 2. 23. 선고 2005도8645 판결	고교 및 대학동창, 처남 사이	
12		대법원 2006. 2. 23. 선고 2005도8645 판결	투자자(고객)와 투자금 관리자 사이	
13		대법원 2005. 9. 9. 선고 2005도2014 판결	해병대 선·후배로 잘 아는 사이	1심 법원은 공모 부정, 2심 법원, 대법원 공모 긍정
14		대법원 2005. 1. 27. 선고 2004도7511 판결	국회의원 출마자와 그 선거조력자 사이	
15		대법원 2004. 8. 30. 선고 2004도3212 판결	같은 학교 총학생회 소속 학생 사이	
16		대법원 2004. 6. 24. 선고 2004도520 판결	같은 회사 임원 사이	
17		대법원 2003. 1. 24. 선고 2002도6103 판결	같은 회사 임원 사이	
18		대법원 2000. 11. 10. 선고 2000도3483 판결	같은 회사 임원 사이	
19		대법원 2000. 3. 14. 선고 99도4923 판결	같은 회사 임원 사이	
20		대법원 1999. 4. 23. 선고 99도636 판결	안기부 직원 사이	
21		대법원 1998. 11. 24. 선고 98도2654 판결	알고 지내는 사이	
22		대법원 1998. 7. 28. 선고 98도1395 판결	한총련 의장과 그 하부조직인 남총련 의장 사이	
23		대법원 1998. 3. 27. 선고 98도30 판결	사실혼 배우자 사이	
24		대법원 1997. 10. 10. 선고 97도1720 판결	한총련 간부와 그 조직원 사이	
25		대법원 1997. 2. 14. 선고 96도1959 판결	같은 회사 사장, 국장 사이	원심 법원과 대법원의 공모에 관한 판단 상이
26		대법원 1995. 9. 5. 선고 95도1269 판결	같은 구청 직원 사이	
27		대법원 1994.9. 9. 선고 94도1831 판결	서로 알고 지내는 사이	
28		대법원 1994. 3. 8. 선고 93도3154 판결	사립대학 이사장, 총장, 그 대학 소속의 교수들 사이	

29		대법원 1993. 7. 27. 선고 93도1435 판결	서로 알고 지내는 사이	
30		대법원 1993. 7. 13. 선고 92도2832 판결	동일 그룹내의 사장, 간부사원 사이	
31		대법원 1993. 4. 23. 선고 92도2628 판결	신용협동조합의 이사장과 그의 휘하에 있는 그 조합의 직원 사이	
32		대법원 1992. 8. 18. 선고 92도1244 판결	전대협 의장과 전대협 소속 대학생 사이	
33		대법원 1990. 6. 22. 선고 90도767 판결	같은 학교 학생회 간부, 학생 사이	
34		대법원 1989. 4. 11. 선고 88도1247 판결	은행 지점의 지점장, 차장, 대리 사이	
35		대법원 1988. 9. 13. 선고 88도1114 판결	서로 알고 지내는 사이; 같이 범행 일삼아온 사이	원심 법원과 대법원 판단 상이
36		대법원 1987. 11. 24. 선고 87도2011 판결	서로 알고 지내는 사이; 조직폭력배	
37		대법원 1987. 10. 13. 선고 87도1240 판결	조직폭력배 사이	
38		대법원 1986. 8. 19. 선고 85도2728 판결	서로 알고 지내는 사이로 판단	
39		대법원 1984. 12. 26. 선고 82도1373 판결	범행 이전에 모르는 사이, 범행 현장에서 윤간에 대해 의기투합한 사이	
40		대법원 1986. 1. 28. 선고 85도2421 판결	서로 알고 지내는 사이; 밀수 파트너 관계	

위 판례를 보면 거의 예외 없이 인적 관계가 있는 경우에 암묵적인 공모가 인정되고 그 외에는 암묵적 공모를 상쇄할 만큼의 강한 현장대면성(위 39번 판례), 강한 경제적 결속관계(위 6번 판례)이 있어야 하는 것으로 볼 수 있습니다.

그런데 검찰이 피고인들에 대하여 업무방해로 공소를 제기한 내용은 위에서 보는 바와 같이, '피고인들 및 성명불상의 위 카페 회원들은 순차적, 묵시적으로 광고주압박행위를 공모하였다'는 것이고, 그 결과 위 카페 회원 등은 총 9개 피해업체에 각 수백여통의 전화를 걸어 위 업체들의 정상적인 업무를 불가능하게 하여 업무를 방해하고, 또한 조중동의 총 189개 광고주들이 광고를 중단하거나 취소함으로써 조중동의 광고영업 업무를 방해하였다는 것이나, 아래에서 보는 바와 같이 위와 같은 공소사실은 심히 부당하다고 하지 않을 수 없습니다.

즉 피고인들과 성명불상의 카페회원들은 서로 알지도 못하고 그렇다고 해서 별다른 인적관계도 존재하지 않습니다. 카페회원들은 인터넷에 존재하는 수많은 카페 중 자신이 동조하는 카페에 회원으로 가입한 것일 뿐, 카페회원들 사이에나 카페회원과 피고인들 사이에 아무런 인적 관계도 존재하지 않아 위와 같은 판례의 흐름에 비추어 볼 때, 공모를 인정할 여지가 없습니다. 그럼에도 암묵에 의한 공모를 무한히 확대하여 이러한 경우까지 공모를 인정하는 것은 형벌권의 부당한 남용이자 국민에 대한 심각한 인권침해라고 하지 않을 수 없습니다. 또한 그것은 죄형법정주의의 핵심인 명확성의 요청에도 어긋나고 유추해석 금지의 정신에도 어긋난다도 하지 않을 수 없습니다.

그리고 더욱 중요하다고 하지 않을 수 없는 문제는 조중동에 광고를 실은 위 업체에 전화를 한 사람은 물론 위 카페에서 명단 및 전화번호 등 정보를 얻은 후 전화할 여지도 있으나, 자신이 스스로 정보를 다른 곳에서 찾아서 그와 같은 전화를 얼마든지 할 수 있습니다. 실례로 조중동 광고주압박운동이 http: //cafe.daum.net/antimb/K3NM/229의 이명박탄핵을 위한 국민운동본부, 82cook.com 등 다양한 다른 카페에서도 전개되었고, 검찰이 제시한 증거 목록(제5권 등)에 따르면 다음 내 아고라에서 활발하게 조중동 광고주압박운동이 전개되었고, 또한 이 사건 카페가 개설되기 이전에 이미 다음 아고라에서 조중동 광고주압박운동이 전개되고 있는 것을 알 수 있는 바, 이러한 사실에 의하면 조중동에 광고를 실은 위 업체에 전화를 한 사람은 이 사건 카페를 통해서 조중동 광고주에 대한 정보를 얻어서 그 업체에게 항의성 전화를 하였다고 단정할 수 없는 것입니다. 게다가, 위와 같은 인터넷을 통한 의제 파급이론에 의하면 정보유통의 특성과 인터넷 커뮤니케이션의 특징으로 말미암아 '조중동 광고주압박운동'이라는 의제 및 그에 필요한 조중동 광고주리스트가 다음 아고라 등 인터넷 커뮤너티 등을 통하여 급속하게 무차별적으로 불특정 다수에게 전파·확산되었다면 조중동에 광고를 실은 위 업체에 전화를 한 사람들이 위 카페에서 정보를 얻어서 그와 같이 실행하였다고 단정하였다고 더욱 볼 수 없는 것입니다.

검찰에서는 조중동 광고주 리스트의 유통경로 및 전화 건 사람들의 그 리스트의 입수경위 등에 대한 수사를 전혀 하지 않은 채 안이하게도 위와 같이 공소를 제기하고 있으나, 전화를 건 사람들이 모두 위 카페에서 전화번호 등의 정보를 얻었다는 것이 엄격한 증명에 의하여 입증되지 않은 이상, 의심스러울 때는 피고인의 이익이라는 형사소송의 대원칙에 따라 피고인에게 유리한 판단이 내려져야 합니다. 또한 위 카페에서 정보를 얻어 위 업체에 전화를 한 사람이라 하더라도, 그 전화 여부는 위에서 본 수평성, 능동성 및 자발성에 기초한 자신의 자유로운 판단과 의지에 기인한 경우가 대부분이지 위 카페의 관리자와 암묵으로 상통하여 하였다고 하는 것은 지나친 의제라고 하지 않을 수 없습니다. 그러한 사실에 대하여 엄격한 증명에 의하여 입증되지 않은 이상, 의심스러울 때는 피고인의 이익이라는 형사소송의 대원칙에 따라 피고인에게 유리한 판단이 내려져야 봅니다.

또한 위 피해업체에 전화를 거는 행위는 한 사람이 모두 위 카페회원이라고 단정할 수도 없습니다. 본 카페는 공개카페로서 누구든지 회원으로 가입할 수 있고, 회원으로 가입하지 않더라도 게시판에 올려진 정보를 누구나 자유로이 이용할 수 있습니다. 그럼에도 불구하고 카페회원이 공소사실에 적시된 피해가 발생하였다고 하는 것은 지나치게 사건을 단순화하고 피고인들에게 책임을 전가하기 위한 무책임한 처사라고 하지 않을 수 없습니다. 검찰에서도 이러한 점을 인식하여서인지 공모에서는 '피고인들 및 성명불상의 위 카페 회원들은 순차적, 묵시적으로 광고주압박행위를 공모하였다'고 표현하였다가, 전화를 한 사람들에 대해서는 '위 카페 회원 등'이라고 모호하게 표현하고 있는 바, 이러한 점을 보더라도 이 사건 공소제기가 무리하게 철저한 수사가 이뤄지지 않은 채 안이하게 제기된 것이라고 하지 않을 수 없습니다.

3) **카페 개설 이전의 광고주 불매운동**

공소사실은 카페 개설일인 2008. 6. 1. 이전의 광고주 불매운동에 대해서조차 순차적, 승계적으로 공모하였다고 하나 이에 대해서는 아무런 입증이 없습니다. 카페 개설 이전에 누가 리스트를 작성했는지도 특정이 안되어 있을 뿐만 아니라 피고인들이 카페 개설 이전 리스트 작성자와 어떠한 공모가 있다고도 할 수 없습니다.

4) **소결**

결국, 피고인에 대한 이 사건 공소제기는 법리적으로도, 수사의 완결적인 측면에서도 모두 함량미달이라고 하지 않을 수 없고, 위와 같은 이유에서 마땅히 피고들에게는 무죄의 판단이 내려져야 합니다. 암울한 중세를 지나 근대의 형사사법이 발전시켜온 대원칙은 심정형법(心情刑法)이 이닌 행위형법(行爲刑法)의 원칙이고, 또한 자신이 한 행위만큼 형사책임을 부담한다는 책임주의의 원칙이라고 할 것입니다. 그러한 관점에서 보더라도 이 사건 공소제기는 심히 부당하다고 하지 않을 수 없는 바, 피고인들이 행하지 않은 전화로 인한 업무방해에 대해 책임을 피고인들에게 귀속시키는 것은 그러한 원칙에 어긋난다고 할 것입니다.

자료 2

열람등사신청서

사 건 2008고단5024 업무방해

피고인 이태봉 외 15

위 사건에 관하여 피고인들의 변호인은 검사가 아래와 같이 증거로 신청할 서류 등의 제한하였으므로 형사소송법 제266조의 4 제1항에 의하여 제한된 서류 등의 열람등사를 신청하는 바입니다.

다 음

(1) 2008. 9. 29. 변호인은 검사가 증거로 신청한 서류에 대해서 별지 목록과 같이 검사에게 열람 등사를 구하였습니다. (별지목록은 검사가 증거로 신청한 서류 중 피해업체의 이름이 기재되어 있는 서류입니다.)

그러나, 2008. 9. 30. 검사 이영제는 피해 업체의 상호와 피해를 진술한 자가 누구인지 알 수 있는 구절은 가린 상태로 제한하여 허가하였습니다. (그러나, 이미 변호인은 피해를 진술한 자가 누구인지 알 수 있는 구절은 가린 상태로는 등사를 하여 이러한 제한적 허가는 아무런 실익이 없습니다.)

(2) 현재 변호인은 공소장 미특정으로 인하여 공소사실 상 주요 피해자인

9개업체를 특정할 수도 없어서 증거목록과 피해기업명을 가린 각종 증거서류와 공소장을 대조한 후 피해자를 추리하는 수 밖에 없는 상황이고, 아무리 추리하여도 공소장이 너무 간략하게 기재되어 4~5개 업체는 어디인지도 알 수 없는 상황입니다. (검사가 증거서류를 피해업체 명을 가리지 않고 공개한다고 하여도 공소장 상 피해업체가 어디인지 4~5개 업체는 도저히 알 수 없는 상황입니다.)

즉, 피고인은 검사의 공소사실을 추리하여 방어권을 행사할 수 밖에 없는 상황입니다. 사정이 이러한데도 증거서류 중 피해기업명을 가리고 공개한다는 것은 피고인의 방어권을 중대하게 침해할 수 있는 것입니다. 특히, 피고인은 현재 피해기업에 대한 증거를 대부분 부동의할 계획에 있는 바, 피고인이 부동의할 경우 피해기업 관련자들이 증언하게 될 상황에 예견된 바 피해기업에 대한 기본정보도 없는 상황에서 피고인이 증인들의 증언을 탄핵한다는 것은 불가능하다고 하겠습니다.

(3) 따라서, 별지 목록 기재 증거서류에 대해서는 변호인에게 즉시 열람 및 등사가 허용되어야 합니다.

첨부서류

1. 열람등사신청서(검사제한결정 부기)

2008. 10. 1.

위 피고인들의 변호인

변호사 김 정 진(인)

서울 중앙지방법원 형사2단독 귀중

권수 및 순번	쪽수
5, 14	89면
5, 15	92면
5, 17	107면
5, 19	125면
5, 20	126면
5, 21	127면
5, 22	128면
5, 23	129면
5, 24	130면
5, 51	223면
5, 52	229면
5, 53	230면
5, 54	236면
5, 55	243면
5, 57	265면
5, 64	296면
5, 65	310면
5, 66	323면
5, 69	348면
5, 70	361면
5, 77	369면
5, 78	375면
5, 87	401면
5, 88	402면
5, 89	403면
5, 92	434면
5, 94	451면
5, 95	461면
5, 96	462면
5, 97	474면
5, 99	500면
5, 100	501면
5, 102	518면
5, 104	529면
5, 107	536면
5, 110	541면
5, 113	544면
5, 116	548면
5, 119	551면
5, 122	554면
5, 152	655면
5, 234	867면
5, 236	875면
5, 237	876면
5, 238	877면
5, 239	878면
5, 240	879면
5, 241	880면
5, 242	881면
5, 243	882면
5, 244	883면
5, 245	884면
5, 246	885면
5, 247	894면
5, 248	901면
5, 249	907면
5, 250	909면
5, 251	911면
5, 253	926면
5, 254	927면
5, 255	928면
5, 256	929면
5, 257	930면
5, 258	931면
5, 260	933면
5, 261	934면~937면
5, 298	1037~1045면
5, 300	1047~1103면

인터넷실명제 결정

박 경 신*

1. 사건의 개요

가. 사회적 배경

역사는 승자가 쓴다.
패자는 무엇을 쓰는가?

위의 질문에 대한 대한민국에서의 답은 2012년 당시 한 트위터러에 따르면 "트윗(tweet)"이다. 이 말은 한국 네티즌들이 2008년 광우병 시위 이래로 처해왔던 상황을 간명하게 잘 표현하고 있었다. 즉 한국의 제도권미디어 즉 방송과 신문이 각각 '승자'들에 의해 장악되고 있는 것과 더불어 인터넷 역시 세계에서 유례를 찾아보긴 어려운 중첩적 규제의 대상이 되면서 '패자'들은 그러한 규제의 올가미를 벗어나기 위한 출구로 140자 내의 짧은 글로 공권력의 이목을 끌지 않고 자유롭게 감정과 견해 표명을 할 수 있는 소셜미디어로 눈을 돌리고 있었다.

이명박 정부는 소위 "광우병" 시위가 정권의 안정성을 해친다고 보고 정부를 비판하는 표현에 대한 탄압을 대대적으로 개시하며 2008년 언론소비자주권 국민캠페인에 대한 기소, 2009년 1월 "미네르바" 구속기소, 2009년 6월 MBC <PD수첩> 광우병 보도 제작진 기소 등으로 나아갔다. 이와 함께 정연주 사장을 KBS에서 쫓아내고 이병순과 김인규 사장을, MBC에 김재철 사장을, YTN에 구본홍 사장을 임명하면서 정부에 비판적인 방송이 잦아들도록 만들었다. 신문 분야에서도 당시 친정부 논조를 유지해온 조선 중앙 동아는 광우병 시위대를 공격하며 불매시위의 위기를 맞았지만 검찰이 불매운동가들을 기소해주고 바로 다음해 2009년 7월에 방송겸영을 허락하는 미디어법 개정을 선물받아 각자 케이블방송을 운영할 수 있는 자격을 얻어 신문 분야에서 겪던 경영위기를 타개하였다.

---

* 교수, 고려대학교 법학전문대학원.

방송과 신문이 민주주의에서의 제 역할을 하지 못하게 되면서 2008년부터 미네르바, PD수첩, 언소주 사건 등에 개입했던 참여연대 공익법센터는 힘없는 개인도 수많은 대중과 한꺼번에 소통할 수 있는 인터넷에서의 표현의 자유의 중요성을 절감하게 되었다. 그리고 "미네르바" 사건에서는 그렇게 민주주의의 최후의 보루로 기능하던 인터넷에서 정부의 금융정책을 비판하던 익명의 블로거의 삶이 검찰의 기소와 수사에 의해 무참히 파괴되어 가는 과정을 보며 익명 표현의 자유의 중요성을 더욱 절감하게 되었다. 이에 참여연대 공익법센터는 2007년 법제화되어 주요 온라인 사이트에 글을 게시하고자 하는 모든 국민들에게 자신의 실명정보를 입력하도록 만들어 온 국민의 온라인상 익명표현의 자유를 박탈한 인터넷실명제(소위 "게시판실명제")[1]에 대한 헌법소송을 기획하기에 이르렀다.

당시 인터넷실명제는 다음과 같은 법조항으로 구성되어 있었다.

정보통신망 이용 촉진 및 정보보호에 관한 법률

제44조의5(게시판 이용자의 본인확인) ① 다음 각 호의 어느 하나에 해당하는 자가 게시판을 설치·운영하려면 그 게시판 이용자의 본인 확인을 위한 방법 및 절차의 마련 등 대통령령으로 정하는 필요한 조치(이하 "본인확인조치"라 한다)를 하여야 한다.

2. 정보통신서비스 제공자로서 제공하는 정보통신서비스의 유형별 일일 평균 이용자 수가 10만명 이상이면서 대통령령으로 정하는 기준에 해당되는 자

동법 시행령 제30조(정보통신서비스 제공자 중 본인확인조치의무자의 범위) ① 법 제44조의5 제1항 제2호에서 "대통령령으로 정하는 기준에 해당되는 자"란 전년도 말 기준 직전 3개월간의 일일평균 이용자수가 10만명 이상인 정보통신서비스 제공자를 말한다.

이 법의 시행을 위해 방송통신위원회는 모든 웹사이트들의 3개월간의 일일평균 이용자수를 조사하여 이용자 본인확인의무가 부과되는 정보통신서비스제공자들을 정기적으로 발표하였는데 정보통신서비스제공자들에게는 매우 두려운 발표였다. 왜냐하면 웹사이트가 인기를 끌어 일일평균 이용자수가 10만명이 넘는 순간부터 글이나 영상을 게시하려는 이용자들에게 갑자기 이름과 주민번호를 요구해야 했기 때문이다. 이 때문에 <미디어오늘>은 본인확인기능을 사이트에 장착하는 순간 댓글이 20분의 1로 줄어들기도 했다.[2] <구글>은 이런 현상을 피하기 위해 일찍이 유튜브 동영상 게시자들에게 본인확인의무를 부과할 수 없다면서 한국(kr) 탭에 대해서 동영상 게시기능을 중단시켜 게시판실명제에 대한 사회적 관심을 불러일으킨 바 있다.[3]

---

1) 정보통신망 이용 촉진 및 정보 보호에 관한 법률 제44조의5(2007. 1. 26. 개정).
2) http: //www.hani.co.kr/arti/society/media/416087.html
3) http: //www.hani.co.kr/arti/economy/it/348876.html

나. 법적 환경 및 소송준비과정

하지만 2010년 당시 소송을 제기하기는 어려웠다. 인터넷의 이용자들에게 실명제시를 의무화하는 형식의 법은 게시판실명제 이전에 공직선거법 실명제가 2004년에 도입된 상황이었다. 이에 대해 제기된 헌법소송은 2007년에 소송 기간 중에 법이 상당 부분 개정되었다는 이유로 각하되었다.[4] 공직선거법상 실명제에 대해 풍부한 경험을 가진 진보네트워크와 김기중 변호사는 2009년 개정된 공직선거법에 다시 헌법소원을 제기하고 결과를 기다리는 상태여서 이와 비슷한 또 하나의 소송에 관여하기를 기대하기는 어려웠다.

이와 같은 사건에 있어서는 정보통신분야 전문변호사이면서도 무료변론을 하는 변호사들을 찾아야 하지만 이들의 숫자는 많지 않아 여의치 않았다. 결국 삼고초려 끝에 정보통신분야에 새롭게 관심을 갖게 된 전종원 변호사가 무료변론을 자원하여 2010년 1월 청구서가 접수되었다. 청구인은 참여연대 간사였던 분 손대규 씨 등이 맡아 주었다. 법률은 정보통신서비스제공자에게 자신의 이용자들에 대해 신원확인을 할 의무를 부과하였지만 그와 같은 의무는 결과적으로 온라인에 글을 쓰려는 이용자의 익명표현의 자유과 사생활의 비밀을 제한하는 것이므로 온라인에 글을 쓰고자 하는 누구나 청구인이 될 수 있었다고 보았다.

청구서가 접수되자마자 2010년3월에 헌법재판소는 공직선거법상 실명제에 대해서는 합헌결정을 내렸다.[5] 헌법재판소는 익명표현의 자유는 인정하면서도 공직선거법 상 인터넷실명제는 선거의 공정성을 위해서 필요한 법률이라며 7대2로 법률을 용인하였다. 정치적 표현의 자유가 표현의 자유의 핵심이라고 생각할 때 공직선거법 상 특정 후보를 지지하거나 비판하는 내용의 글은 표현의 자유에서도 가장 중요한 부분이라고 할 수 있다. 그렇게 중요한 표현을 위축시키는 제도에 대해서도 합헌이라고 결정을 내린 이상 정치적이지 않은 표현의 영역에까지 적용이 확장된 게시판 실명제라고 해서 헌법

---

4) 헌법재판소 2007. 12. 27. 선고 2004헌마218 결정, 공보 제135호, 93 공직선거 및 선거부정방지법 제82조의6 위헌확인 등 "① 실명확인 기간과 관련하여, 구법에서는 항시 실명확인 조치를 하도록 되어 있던 것을 '선거운동기간 중'에만 하도록 하고, ② 실명확인 요건과 관련하여, 구법에서는 게시판 등에 '선거에 관한 의견을 게시할 수 있도록 하는 경우' 실명확인 조치를 하도록 되어 있던 것을 '정당·후보자에 대한 지지·반대의 글을 발표할 수 있도록 하는 경우'에만 실명확인 조치를 하도록 하며, ③ 실명확인 방법과 관련하여, 구법에서는 행정자치부장관의 주민등록전산자료 또는 신용정보업자가 제공하는 정보를 이용하도록 되어 있던 것을 일률적으로 행정자치부장관의 실명인증방법을 이용하도록 하면서, 그러한 실명인증방법의 제공이 행정자치부장관의 재량사항인 것으로 해석될 여지를 없앴고, ④ 인터넷언론사는 당해 인터넷홈페이지의 게시판·대화방 등에 글을 게시하고자 하는 자에게 주민등록번호를 기재할 것을 요구하여서는 아니 된다고 규정하고 있다."

5) 사실 익명표현의 자유가 헌법상 보장되는 기본권임을 처음 확인한 것은 헌법재판소였다. 헌법재판소 2010. 2. 25. 선고 2009헌바31 결정 등. 헌재는 익명표현의 자유는 보장되지만 선거의 공정성을 위해 선거운동기간이라는 짧은 기간 동안에만 이를 제한하는 것은 합헌이라고 판시하였다.

적 평가가 다를 것이라고 기대하기 어려웠다. 특히 헌재의 구성에 큰 변화가 없는 상태에서 비슷한 내용의 헌재결정이 내려질 가능성이 높았고 이렇게 될 경우 익명표현의 자유에 불리한 판례를 고착할 위험도 컸다. 다른 한편 공직선거법 실명제는 선거운동기간이라는 2주 내지 3주 정도의 비교적 짧은 기간에만 적용되지만 게시판실명제는 1년 365일 계속 적용되는 것이라서 선거외의 기간에 정부를 비판할 수 있는 자유에 미치는 영향은 심대하였다.

공직선거법상 실명제에 대해 합헌결정이 내려진 후에 공직선거법상 실명제에 집중했던 단체와 개인들도 게시판실명제에 관심을 돌렸다. 게시자의 신원확인의무를 온라인사이트 운영자들에게 부과한다는 점에 착안하여 사업자들의 영업의 자유 침해를 이유로 별도의 소송을 2010년 4월에 제기하였고 이 소송은 병합되어 헌법재판소가 이 사건을 중요하게 바라보도록 하는데 도움을 주었다. 하나의 이슈가 제대로 다루어지기 위해서는 이렇게 여러 단체와 세력들이 다양한 구심점을 가지고 접근해야 한다.

게시판실명제 헌법소송에 대해서는 인터넷업체들과 학계의 관심과 지지도 지대하였다. <블로터닷넷>은 이 소송에 의견서를 제출하여 온라인미디어업체 입장에서 이용자들에게 댓글을 달 때 자신의 신원을 밝히도록 강요한 것이 사업에 어떤 영향을 주는지를 밝혔다.[6] 사업자들의 학계에서는 게시판실명제가 주창자들의 주장대로 불법게시물을 위화시키는 효과가 있는가에 대한 각종 실증적 연구들을 집대성하여 검토한 우지숙 교수의 논문,[7] 당시 게시판실명제의 기술적 토대가 되었던 '이름+주민등록번호' 조합이 기술적으로 본인확인 기능을 하지 못함을 밝힌 김기창 교수의 논문[8]이 각각 2010년 4월 및 2009년 7월에 나왔고 전응휘 녹색소비자연대 이사가 인터넷실명제가 개인정보의 대량축적을 초래하여 결국 개인정보대량유출을 방조하며 이 위험은 주민등록번호를 통한 본인확인 때문임을 밝힌 의견서가 작성되어 모두 이 소송에 참고자료로 제출되었고 판결문에 실제로 비중있게 반영되었다.

2. 변론 내용

2010년 2월초 청구서가 제출된 후 관련 법률의 주무부처인 방송통신위원회는 비교적 빠르게 대응하였다. 2010년 3월에 민사소송의 답변서에 해당하는 주무부처 의견서가 제출되었다. 이에 대해 다시 청구인의 반박의견서가 2010년 6월에 제출되었고 곧바로 헌법재판소는 공개변론을 2010년 7월 8일에 진행하였다. 그 후 청구인과 방송통신

6) 관련 입장을 보여주는 블로터의 사설 http: //www.bloter.net/archives/30820
7) 우지숙·나현수·최정민(2010). "인터넷 게시판 실명제의 효과에 대한 실증 연구: 제한적 본인 확인제 시행에 따른 게시판 내 글쓰기 행위 및 비방과 욕설의 변화를 중심으로". 「행정논총」 48(1): 71-96.
8) 김기창, "인터넷 '실명제'의 기술적, 사업적, 법적 문제점", 인권과 정의 2009년 7월호.

위원회의 서면공방은 계속 이어져 청구인측은 청구서를 포함하여 총 4회 방송통신위원회측은 총 3회 의견서를 제출하는 서면공방이 이루어졌다.

서면공방과 공개변론에서 가장 중요하게 다루어졌던 쟁점은 '온라인상의 익명성이 온라인 상의 불법행위를 초래하는가' 였다. 방송통신위원회는 첫 번째 의견서에서부터 호기롭게 헌법소원의 법적 구성요건은 다투지 않고 곧바로 본안으로 들어가 익명의 온라인 공간에서 불법행위가 더 자주 일어난다는 일응 상식적인 경험칙을 중심으로 변론을 진행하였다.

그러나 이것은 방송통신위원회의 자충수가 되었다고 볼 수 있는데 실제 연구결과를 살펴보면 실명제 하에서 불법행위의 비율이 줄어들었다는 확인이 되지 않았다. 총 7개의 실증연구가 있었는데 어느 것 하나 명확히 불법행위의 비율의 감소를 검증하지 못했고 오히려 1개는 불법행위의 비율이 높아졌음을 보고했다. 이는 인터넷 공간이 컴퓨터를 매개로 한다는 특수성 때문인데 실제로 본인확인을 한다는 것은 생체인식 등을 통하지 않는 한 거의 불가능하다. 결국 의도적으로 대량의 불법행위를 하는 사람은 타인의 주민등록번호 등을 이용하면서 계속 비슷한 빈도로 불법행위를 행하는 반면, 선량한 이용자들은 '잠재적 범죄자'처럼 자신의 이름과 주민등록번호를 밝히면서까지 글을 쓰는 것을 거리끼게 되어 합법적인 게시글의 숫자가 줄어들게 되어 결국 불법글의 "비율"은 높아진다는 시나리오가 가능해진다.

또 한가지 청구인 측에서 공을 들였던 부분은 익명표현의 자유 침해에 대한 심사기준이다. 실명제가 헌법적으로 공격하기 어려웠던 이유는 특정 내용의 표현을 억제하는 소위 "내용규제"라기 보다는 표현의 저자 또는 게시자의 공개를 요구하는 "표현 방법상의 규제"로 인식되었기 때문이었다. 미국, 한국, 독일 모두 국가공권력에 의해 제약되는 기본권이 심대하면 심대할수록 그 공권력행사를 정당화하는 공익이 명백하고 심대해야 한다는 헌법원리가 어떤 형태로든 작동하는데 공권력행사에 대해 더 지대하고 명백한 공익의 창출을 요청하는 행위를 "엄격심사"라고 공히 개념화되어 있다. 중도심사는 이보다 더 낮은 심사를 말한다. 표현의 자유는 표현의 내용에 대한 규제의 경우 엄격심사가 적용되는데 이 심사가 바로 '명백하고 현존한 위험' 심사이다. 이에 반해 표현의 방법규제는 미국연방대법원에서도 중도심사(intermediate scrutiny)가 기본이고 우리나라에서도 위헌판결을 받은 사례를 찾아보기 어렵다. 표현의 내용을 전달하는 수단이므로 내용만 전달이 된다면 표현의 목표는 달성된 것으로 볼 수 있다. 표현의 내용규제가 아닌 방법규제는 '내용의 전달'이라는 표현의 목표를 훼손하지 않기 때문에 표현의 자유에 대한 제약이 낮은 것으로 받아들여져왔다. "누가 썼는지 저자만 밝힌다면 마음놓고 이야기해도 좋다"는 너그러워 보이는 목소리에 날카로운 헌법이론을 갖다대기는 어려웠다.

[자료] 청구인측 참고인 진술문

3. 판결내용

당시 헌법소원은 본인확인정보를 제출하지 않고는 글을 올릴 수 없는 이용자 입장과 본인확인정보를 수집하고 보관해야 하는 의무를 가진 웹사이트 운영자 입장에서 각각 제기되었는데 헌재 결정은 주로 이용자의 입장에 치중하였다.

가. 심사기준의 확정: 실명제는 사전검열인가

사전검열은 방법규제이지만 표현의 발화 이전에 작동하여 합법적인 표현의사를 가진 사람들을 위축시키기 때문에 일반적인 내용규제보다도 훨씬 더 엄격하게 심사되는데 우리나라에서는 거의 위헌과 등가이다.

청구인측도 실명제를 사전검열로 규정하기 위해 무진 애를 썼는데 이 노력은 실패했다(하지만 아래에서 말하겠지만 '사전제한에 대한 엄격심사'라는 값진 열매를 얻었다).

> "게시 글의 내용에 따라 규제를 하는 것이 아니고, 정보통신서비스 제공자의 삭제의무를 규정하고 있지도 않은 바 의견발표 전에 국가기관에 의하여 그 내용을 심사, 선별하여 일정한 사상표현을 저지하는 사전적 내용심사로는 볼 수 없다."

이번 결정의 비교법적 배경이 되었을 미국연방대법원 McIntyre 대 Ohio 판결(514 U.S. 334 (1995))은 선거홍보물실명제에 대하여 저자의 이름은 내용에 해당된다고 하여 실명제를 내용규제로 보아 엄격심사로 위헌판정을 하였다. 청구인측도 저자명 표시에 따라서 내용의 함의가 달라진다면 당연히 내용규제로 보아야 한다고 하였다. 헌재는 이에 대해서 아무런 판정을 하지 않고 단지 위와 같이 결정을 하였다. 한상희 교수는 "저자명을 내용으로 보지 않은 것이 아니냐"고 비판했고 헌재가 그랬을 가능성이 높다.

하지만 다른 더욱 너그러운 해석도 있다. 저자명이 내용에 포함된다손 치더라도 인터넷실명제가 절대로 "국가기관이 내용을 심사 선별"하는 것은 아닌 것이 확실하다. 물론 본인확인정보가 없으면 글을 올릴 수 없으니 "자동적 내용검열"이라고 할 수도 있고 청구인측도 그런 주장을 하였다.

그러나 솔직히 말하자면 사전검열의 위축효과는 재량의 자의적인 행사가능성에서 나오는 것이다. 재량의 행사여지가 없다면 사실 내용심사라고 할지라도 그래서 사전검열로 분류된다고 할지라도 합헌이 될 수 있다. 본인확인제는 재량의 행사여지가 없는 것은 확실하다. 저자명을 내용으로 보더라도 사전검열은 아니라는 판단은 완전히 틀린 것은 아니다.

나. 표현의 자유 사전제한에 대한 엄격한 심사

그런데 그렇다고 해서 위축효과가 없는 것은 아니다. 위축효과 발생의 기전이 사전검열의 그것과는 다를 뿐이다. 사실 헌재는 이 부분을 정확히 짚어주었을 뿐만 아니라 그 이상을 했다. "사전검열"이라는 말 대신 사상 처음 "사전제한"이라는 표현을 쓰고 "사전제한"이 허용되는 요건까지 설시하였다. 앞으로 수십년은 회자될 문구라고 하겠다.

> "표현의 자유는 민주주의 근간이 되는 중요한 헌법적 가치이므로 표현의 자유의 사전 제한을 정당화하기 위해서는 그 제한으로 인하여 달성하려는 공익의 효과가 명백하여야 한다. 본인확인이라는 방법으로 게시판 이용자의 표현의 자유를 사전에 제한하여 의사표현 자체를 위축시키고 그 결과 헌법으로 보호되는 표현까지도 억제함으로써 민주주의의 근간을 이루는 자유로운 여론 형성을 방해한다(법익의 균형성)."

사전검열이 표현물 게시여부에 대한 재량권의 자의적 행사 가능성으로 사람들을 위축한다면 본인확인제는 자의적인 수사가능성으로 사람들을 위축시킨다. 어차피 사전검열이 방법규제임에도 금기시되는 이유가 위축효과 때문이라면 강도는 다르더라도 역시 위축효과를 발생시키는 규제에 대해서는 금기시는 못하더라도 엄격하게 심사할 이유는 있는 것이며, 헌재는 바로 이 지점에 매우 합리적인 점진주의적 법리를 창설한 것이다.

위의 문구에서 "명백하여야 한다"는 말을 그냥 지나쳐서는 안 된다. "명백하고 현존한 위험"과 연계시킨 것이고 우리나라 헌법학의 숙원 중의 하나인 헌법 제21조의 "사전검열"의 현재 지엽적인 적용범위를 더 넓힌 쾌거라고 본다. 즉 '사전검열'의 엄격한 정의를 충족시키지 않아 '사전검열'은 아니라고 할지라도 '사전제한'에 이른다면 최소한 엄격한 심사는 해야 한다는 원리의 맹아라고 볼 수도 있다. 실명제 외에 어떤 '사전제한'이 있을 수 있을지 모르나 아마도 표현의 자유에 대한 여러 방법규제들이 영향을 받을 것으로 보인다. 게임제작자의 표현의 자유를 제약하는 게임사전심의제도나 게임하는 사람들을 제약하는 게임셧다운제들이 우선 생각이 난다.

다. 전혀 명백하지 않은 공익

헌재의 위 '공익적 효과의 명백성' 요구 설시는 빈말이 아니다. 위의 문단의 끝은 위 규범(대전제)이 적용되는 구체적인 사실(소전제)을 언급하여 삼단논법을 잘 마무리짓고 있다.

> "방송통신위원회가 제시한 자료에 의하더라도 본인확인제 이후에 명예훼손, 모욕, 비방의 정보의 게시가 표현의 자유의 사전제한을 정당화할 정도로 의미있게 감소하였다는 증거는 찾아볼

수 없다."

사실 위의 사실판단을 이끌어내기 위해서 청구인측은 무진 애를 썼다. 실제로 2007년 이후에 이루어진 실명제 효용성 연구 보고서 7개를 직접 입수하여 검토하여 가장 최근 연구인 2010년 우지숙 교수의 연구결과를 추인하였고 검토내용을 모두 헌재에 제출하였다. 그리고 실제로 왜 불법정보 감소효과가 나타나지 않는지 그 기전을 추측하여 헌재에 제안하였고 이는 결정문에 역시 인지되었다.

"본인확인제에 의하더라도 가해자가 주민등록번호와 명의를 도용하는 경우에는 가해자를 특정하기 어려움"

라. 인터넷의 세계성과 "갈라파고스" 규제

헌재는 실명제로 달성하려는 공익이 명백하지 못함을 다음과 같은 놀라운 문단으로 전개한다.

"우리 법상의 규제가 규범적으로 현실적으로 적용되지 아니하는 통신망이 존재하고 그에 대한 인터넷 이용자의 자유로운 접근이 가능함에도… 본인확인제를 규정함으로써 국내 인터넷 이용자들의 해외사이트로의 도피, 국내 사업자와 해외 사업자 사이의 차별 내지 자의적 법집행의 시비로 인한 집행 곤란의 문제를 발생시키고 있는 바… 인터넷은 전세계를 망라하는 거대한 컴퓨터 통신망의 집합체로서 개방성을 그 주요한 특징으로 하므로 외국의 보편적 규제와 동떨어진 우리 법상의 규제는 손쉽게 회피될 수 있고, 그 결과 우리 법상의 규제가 의도하는 공익의 달성은 단지 허울좋은 명분에 그치게 될 수 있음을 간과한 것(법익의 균형성)"

위 문단도 획기적이다. 우선 "우리 법상의 규제가 규범적으로 현실적으로 적용되지 아니 하는 통신망이 존재하고 그에 대한 인터넷이용자의 자유로운 접근이 가능함"은 바로 외국정보통신서비스 제공자를 말하는 것이다. 즉 국내포털을 아무리 규제해도 똑같은 정보를 해외서버에서 얻을 수 있기 때문에 규제가 현실적으로 무의미하다는 것이다. 이는 놀라운 일인데 법적용이 현실상 어려운 경우 그 난점을 보상하기 위해 항상 더 강한 규제를 만드려는 것이 보통 규제당국의 습성이고 우리나라 사법부는 그런 습성에 제재를 거는 과감함을 보여주지 않았는데 이번에 "현실을 인정하자"는 목소리가 들린다. 특히 이 부분은 블로터닷넷 측의 사업자 의견서와 Google측이 2009년에 해당법 상의 본인확인의무에 거부하여 한국(kr) 탭의 게시기능을 무력화시켰던 "YouTube 대첩"이 주효했을 것으로 보인다.

위 문단을 짧게 요약하자면 '세계성 있는 인터넷에 갈라파고스 규제를 적용하려는 것은 부작용만 있을 뿐 성취하는 공익은 없다.' "외국의 보편적인 규제와 동떨어진 우리 법상의 규제"는 바로 갈라파고스 규제를 풀어 쓴 것이다.

그렇다면 우리나라들의 규제는 어떻게 갈라파고스적인가? 바로 인터넷망이나 정보에 대한 접근자체를 제한하려는 다양한 "정보접근규제"를 두고 있는데 바로 이것이 갈라파고스적이다. 방송통신심의위원회의 인터넷심의도 그런 종류에 속하는데 대부분의 나라는 외국서버를 통한 우회가능성 때문에 정보접근 자체를 제어하기 어렵다는 것을 인정하고 "대인규제"인 형법이나 민사불법행위에 의존하고 있다. 정보는 자유롭게 국경을 넘지만 사람은 그렇게 하지 못하므로 당연한 귀결이다. 헌재가 '정보접근규제'라고 특정하지는 않았지만 여기서 헌재가 보여준 갈라파고스적 정보접근규제에 대한 경계를 대면하니, 심의를 전혀 받지 않은 Angry Birds를 국내에서 자유롭게 플레이하는 유저들이 눈앞에 어른거리고 게임등급제나 게임셧다운제와 같은 다른 인터넷규제들에 대한 함의가 벌써 속삭여지고 있다.

마. 익명표현의 부작용과 순작용

헌재는 저울의 반대쪽 즉 본인확인제에 의해 침해당하는 기본권에 대해서도 매우 현실을 직시하는 판시를 하고 있다.

> "인터넷공간에서 이루어지는 익명표현은 인터넷이 가지는 정보전달의 신속성 및 상호성과 결합하여 현실 공간에서의 경제력이나 권력에 의한 위계구조를 극복하여 계층, 지위, 나이, 성 등으로부터 자유로운 여론을 형성함으로써 다양한 계층의 국민 의사를 평등하게 반영하여 민주주의가 더욱 발전되게 한다. 따라서 비록 인터넷 공간에서의 (a)익명표현이 부작용을 초래할 우려가 있다 하더라도 그것이 갖는 헌법적 가치에 비추어 강하게 보호되어야 한다."

> "이 사건 본인확인제는… 표현의 내용을 불문하고 주요 인터넷 사이트의 대부분의 게시판 이용과 관련하여 본인확인을 요구하고 있다. 이는 정보 등을 게시하고자 하는 자가 무엇이 금지되는 표현인지 확신하기 어려운 상태에서 본인의 이름, 주민등록번호 등의 노출에 따른 규제나 처벌 등 불이익을 염려하여 표현 자체를 포기하게 만들 가능성이 높고, (b) 인터넷을 악용하는 소수의 사람들이 존재하고 있다는 이유로 대다수 시민의 정당한 의사표현을 제한하는 것으로서 익명표현의 자유에 대한 과도한 제한이라 할 것이다(법익의 균형성)."

(a) "부작용을 초래할 우려가 있더라도"와 같은 표현은 우리나라의 친규제적 사법부에서 많이 보지 못했던 과감한 표현이다. (b) 또 뒤 문단에서 밑줄친 문구는 실명제가 결국 범죄예방이 목표라면서 범죄의 개연성과 관계없이 모든 글에 실명의무를 부과하여 개인정보 노출을 요구하고 그러한 요구를 통해 게시자를 위축시키는 매우 세련되지

못한 규제라는 것도 체감하고 있는 듯하다.

바. 표현의 자유 뿐 아니라 프라이버시도 침해

헌재는 표현의 자유 뿐만 아니라 프라이버시권 관련 법익의 침해도 명백히 인지하고 있다. 비록 앞부분에서 사생활의 비밀침해에 대해서는 판시를 하지 않겠다고 하고 이보다 훨씬 넓은 개념인 개인정보자기통제권에 대한 판시를 하여서 조금 서운한 마음은 있으나 어쩔 수 없다.

> "본인확인제는… (c) 모든 게시판 이용자의 본인확인정보를 수집하여 장기간 보관하도록 함으로써 개인정보가 유출될 위험에 놓이게 하고 다른 목적에 활용될 수 있도록 하며, (d) 수사편의 등에 치우쳐 모든 국민을 잠재적 범죄자와 같이 취급하는 바…"

(c) 2010년 1월 소제기 이후 지난 2년간 대형개인정보유출사태 발생이 여럿 발생했는데[9] 청구인측이 냈던 서면들을 보면 마치 예언을 읽는 것 같다. 헌재도 이 개인정보유출의 위험을 짧은 결정문에서 2회나 언급한 것으로 보아 영향을 받았을 것으로 추측된다.

(d) 또 하나 중요한 부분은 "수사편의 등에 치우쳐 모든 국민을 잠재적 범죄자와 같이 취급한다"는 설시인데 "잠재적 범죄자" 표현은 참고인진술서에도 반복해서 인용되고 있고 헌재는 실명제를 통해 축적된 정보가 통신자료제공 요청을 통하여 수사기관에 전달된다는 점을 들어 "수사편의"라는 표현을 쓴 것이다. 그리고 이와 같은 본인확인정보의 유출이 포털고객들의 권리침해를 조장한다는 것에 대한 인식도 아래 문단에서 강하게 드러난다.

> "본인확인정보 보관의무 부과로 인하여… 수사기관 등이 정보통신서비스제공자에게 이용자의 개인정보 제출을 요청(전기통신사업법 제83조 제3항)하는 경우 발생할 수 있는 본인확인정보의 보관목적외 사용 우려에 비추어 보면, 개인정보자기결정권의 제한 역시 중대함을 부인할 수 없다."

사. 소 결

정리하자면, 게시판실명제 위헌결정의 기본구조는 다음과 같다. (1) 표현의 자유에 대한 "사전제한"은 공익적 효과가 명백해야 하는데 (2) 실명제는 명의도용의 가능성 및 외국서버를 통한 소통가능성 때문에 '불법정보 위화'라는 공익적 효과가 명백하지 않은 반면 (3) 익명표현의 자유는 민주주의를 위해 매우 중요한 기본권인데 (4) 소수의 불법

---

9) 한윤형 발표문, "개인정보보호의 이해 및 안전한 관리 – 개인정보의 의의 및 처리 실태"(2012. 11. 21.), 정보화진흥원.

정보의 게시자를 적발하기 위해 표현의 내용을 불문하고 모든 국민에게 본인확인의무를 부과하는 것은 표현의 자유를 과도하게 침해하는 것이며 (5) 본인확인을 위해 개인정보가 보관 및 유통되기 때문에 이용자들의 사생활의 비밀을 침해한다는 것이다. 위 구조를 도식화하자면 다음과 같이 조망해 볼 수 있다.

(1) 표현의 자유에 대한 "사전제한"	심사기준의 확정	엄격한 심사
(2) 불법정보 위화 효과 불분명	국가가 성취한 공익	크지 않음
(3) 익명표현의 자유 중요	국가가 침해한 기본권의 질적 중요성	큼
(4) 소수 색출을 위해 모두에게 실명표현 요구	국가가 침해한 기본권의 양적 중요성 및 공익과의 비례성	과도한 제약이라서 비례성이 없음
(5) 개인정보 보관에 의한 사생활의 비밀 침해	국가가 침해한 기본권(프라이버시)	큼
결론: 공익성취 ≪ 사익침해 → 위헌		

4. 후속작업

게시판실명제는 없어졌지만 다른 형태의 실명제들이 여럿 남아 있다. 이 분야에 관심있는 공익변호사들을 위해 소송가능성을 적어본다.

가. 청소년보호법 본인확인제

우리나라는 청소년보호를 목적으로 청소년보호법 하에 술, 담배 등을 청소년유해물로 지정하고 이를 청소년에 판매하는 것을 형사처벌하고 있다.[10] 이와 함께 청소년유해매체물로 지정된 콘텐츠를 청소년에게 판매하는 것 역시 형사처벌하고 있다.[11] 청소년

10) **청소년보호법 제28조(청소년유해약물등의 판매·대여 등의 금지)** ① 누구든지 청소년을 대상으로 청소년유해약물등을 판매·대여·배포(자동기계장치·무인판매장치·통신장치를 통하여 판매·대여·배포하는 경우를 포함한다)하거나 무상으로 제공하여서는 아니 된다. 다만, 교육·실험 또는 치료를 위한 경우로서 대통령령으로 정하는 경우는 예외로 한다. ② 누구든지 청소년의 의뢰를 받아 청소년유해약물등을 구입하여 청소년에게 제공하여서는 아니 된다. ③ 청소년유해약물등을 판매·대여·배포하고자 하는 자는 그 상대방의 나이를 확인하여야 한다.

제59조(벌칙) 다음 각 호의 어느 하나에 해당하는 자는 2년 이하의 징역 또는 1천만원 이하의 벌금에 처한다… 6. 제28조제1항을 위반하여 청소년에게 제2조제4호가목1)·2)의 청소년유해약물(술, 담배-편집자 주)을 판매·대여·배포(자동기계장치·무인판매장치·통신장치를 통하여 판매·대여·배포한 경우를 포함한다)하거나 영리를 목적으로 무상 제공한 자

11) **제16조(판매 금지 등)** ① 청소년유해매체물로서 대통령령으로 정하는 매체물을 판매·대여·배포하거나 시청·관람·이용하도록 제공하려는 자는 그 상대방의 나이 및 본인 여부를 확인하여야 하고, 청소년에게 판매·대여·배포하거나 시청·관람·이용하도록 제공하여서는 아니 된다. **제58조(벌칙)** 다음 각 호의 어느 하나에 해당하는 자는 3년 이하의 징역 또는 2천만원 이하의 벌금에 처한다. 1. 영리를 목적으로 제16조제1항을 위반하여 청소년에게 청소년유해매체물을 판매·대여·배포하거나 시청·관람·이용하도록 제공한 자

유해매체물 지정은 청소년보호위원회 또는 각 분야 심의기관(방송통신위원회, 간행물윤리위원회, 영상물등급위원회 등)이 할 수 있다.

나아가 청소년유해물에 대해서는 "상대방의 나이를 확인"할 의무를 부과하며 청소년유해매체물의 경우 "상대방의 나이 및 본인 여부를 확인"할 의무까지 부과된다. 술, 담배와 같은 청소년유해물의 경우 관련 법에 의해 판매처가 한정되어 있고 이들 판매처는 모두 대면 거래를 전제로 하고 있으므로 구매자의 신원까지 확인하지 않더라도 육안으로 확인되는 얼굴, 신체조건 만으로도 나이를 확인할 수 있으므로 '본인 여부' 확인은 요구되지 않는다.

위의 게시판실명제 위헌결정문에 비추어보자면 청소년보호법 본인확인제에 대해서는 다음과 같이 평가해볼 수 있다. 아래의 각 문단은 위의 게시판실명제 위헌결정을 소개한 단원의 (1), (2), (3) 등에 대응한다.

첫째, 표현의 자유는 '알 권리'를 포함하거나 '알 권리'도 표현의 자유와 적어도 똑같은 수위로 보호되어야 한다. 정보에의 접근은 단지 그 정보가 표현의 내용이 되는 사유를 형성하는 근거가 되기 때문이 아니라 타인에게 아무런 해를 끼치지 않는 사적 행위이다. 표현의 자유도 똑같은 이유로 보호되는 만큼[12] '알 권리'도 보호되어야 한다. 청소년유해매체물이라고 할지라도 불법이 아니라 단지 청소년에게 보여지는 것이 부적합한 것이므로 성인이 이를 볼 권리는 표현의 자유에 내재된 '알 권리'의 일부로서 보호되어야 한다.

둘째, 자신의 신원정보를 19금물 제공자에게 제출하지 않고는 19금물에 접속할 수 없으니 '알 권리'을 포함하는 표현의 자유에 대한 사전제한이다. 사전 제한이므로 공익적 효과가 명백해야 한다.

셋째, 청소년들이 명의도용을 통해 접근할 수 있으므로 청소년접근제한 효과는 명백하지 않다. 2013년 초부터 휴대폰인증 즉 이용자가 19금물에 이용하고자 하는 시점에 소지하고 있는 휴대폰번호를 입력하여 인증하는 방식이 되어 명의도용이 어려워지기는 하였으나 국내사업자들의 콘텐츠보다 훨씬 더 유해한 콘텐츠를 외국서버를 통해 자유롭게 접근할 수 있다는 점에서 변함이 없다.

넷째, 규제가 접근제한을 가하려는 대상은 청소년이지만 성인들도 모두 일괄적으로 신원확인정보의 노출을 감수하도록 함으로써 19금물의 이용을 위축시킨다. 청소년을 제한하려고 하면서 "나이를 불문하고" 모든 이용자가 반드시 "명찰"을 달고 성인물을 이용할 것을 강제한다.

다섯째, 본인확인제는 본인확인정보의 저장을 전제로 기능한다. 검증받기 위해 19금

12) 박경신, "국제인권법상 표현의 자유 및 대한민국 법제의 평가", 홍익법학 제13권 제3호(2008. 10).

물 접속자 명단을 보유하고 있어야 할 것이다. 이 개인정보가 유출될 경우 사생활의 비밀이 노출되는 수많은 피해자가 발생할 수 있다.

위와 같이 청소년보호법 상 본인확인제는 위헌판정을 받은 게시판실명제가 가지고 있는 문제들을 모두 노정하고 있다.

뿐만 아니라 청소년보호법 상 본인확인제는 다음과 같은 이유로 게시판실명제 보다 더 위헌적이다. 첫째 자유권으로서의 '알 권리'는 표현의 자유에 앞선다. 급부권으로서의 '알 권리' 즉 정보공개청구권은 다양한 이유로 제한될 수 있지만, 자유권으로서의 '알 권리' 즉 합법적으로 기 공개된 정보에 대해 접근할 권리는 똑같은 정보를 유포할 권리보다 더 강하게 헌법적으로 보호된다. 명예훼손, 사기, 음화배포죄 등 다양한 형법 조항들이 표현의 발화를 처벌할 뿐 해당 표현의 수령을 처벌하지는 않는 이유이다. 표현물의 수령을 처벌하는 조항들은 국가보안법의 이적표현물소지죄나 아동청소년성보호에 관한 법률의 아동청소년이용음란물 소지죄 뿐이며 이 경우에도 똑같은 표현물이나 음란물이라 할지라도 배포는 소지에 비해 훨씬 더 엄중하게 처벌된다. 이는 통신에 있어서 수신이 아니라 송신이 적극적인 행위라서 송신자에게 책임을 지우기 때문이다.

마지막으로 개인정보유출시 겪게 되는 프라이버시침해의 위험은 매우 강하다. 19금물의 경우 성적인 표현이 문제가 될터인데 개인이 어떤 성적 팬터지를 가지고 있는가는 사생활의 영역으로서 보호되어야 할 필요가 더욱 강하다.

결론적으로 청소년보호법 본인확인제는 위헌일 가능성이 매우 높다.

나. 게임산업진흥법 본인확인제

게임산업진흥법은 게임 자체를 청소년유해물로 보지는 않지만 '오랫동안 하는 게임'은 규제 대상으로 삼아 게임셧다운제를 통해 청소년의 이용시간을 제한하고 있는데, 이를 위해서는 역시 이용자가 청소년임을 확인해야 하고 이를 위해 온라인게임제공업자에게 모든 이용자에 대해 신원확인을 할 의무를 부과한다.[13] 온라인게임 실명제의 목표는 온라인게임을 하는 사람의 연령을 확인하여 미성년자들이 온라인게임을 하는 것을 부분적으로 제한하기 위함이다. 즉 이용자가 미성년자인 것이 확인되면 셧다운제도 및 법정대리인 동의를 통해 이용권리를 제한한다.[14]

---

13) **게임산업진흥에 관한 법률 제12조의3(게임과몰입·중독 예방조치 등)** ① 게임물 관련사업자[「정보통신망 이용촉진 및 정보보호 등에 관한 법률」 제2조 제1항 제1호의 정보통신망(이하 "정보통신망"이라 한다)을 통하여 공중이 게임물을 이용할 수 있도록 서비스하는 자에 한한다. 이하 이 조에서 같다]는 게임물 이용자의 게임과몰입과 중독을 예방하기 위하여 다음 각 호의 내용을 포함하여 과도한 게임물 이용 방지 조치(이하 "예방조치"라 한다)를 하여야 한다. 1. 게임물 이용자의 회원가입 시 <u>실명·연령 확인 및 본인 인증</u> 2. 청소년의 회원가입 시 친권자 등 법정대리인의 동의 확보

청소년보호법 상 본인확인제와는 달리 본인확인을 하지 않더라도 제재가 부과되지는 않는다. 법정대리인의 동의 미확보의 경우에도 사업자에 대한 제재는 없다.

결과적으로는 청소년보호법 상 본인확인제와 비슷한 헌법적 실체를 가지게 된다. 첫째 온라인게임 역시 자기실현의 매개가 되는 합법적인 정보이므로 이 정보에 접근할 권리는 표현의 자유의 일부로서 보장된다. 둘째 온라인게임에 접근하기 위해서는 자신의 신원정보를 제공해야 하고 이는 정보접근권에 대한 사전제한이므로 그 공익적 효과가 명백해야 한다. 셋째 게임산업진흥법 상의 본인확인제 역시 기존의 본인확인 방식을 이용하기 때문에 그 실효성은 명백하지 않을 것으로 보이면 이는 실제 경험연구에 의해서도 입증된 바 있다.[15] 이를테면 온라인게임을 심야에 하는 학생들의 40%가 명의도용을 하였다고 한다. 넷째 이에 비해 미성년자의 온라인게임이용을 제한하기 위해 성인을 포함한 모든 사람들에게 본인확인을 요구하는 것은 과도한 침해가 되며 이들을 위축시킨다. 다섯째 본인확인 정보의 저장으로 인해 개인정보 유출의 유험이 높아진다.

게임산업진흥법 상의 본인확인제는 청소년보호법 상의 그것보다 더 위헌성이 심하다고 볼 수 있다. 왜냐하면 온라인게임이라고 해서 모두 청소년유해매체물이 아니기 때문에 온라인게임접근제한은 청소년보호라는 공익적 효과와의 인과관계가 없기 때문이다. 물론, 청소년보호법이 스스로 '인터넷게임'의 경우 16세 이하의 청소년은 친권자의 동의 하에서만 이용할 수 있도록 규정하고 있기는 하나 이러한 규정이 있다고 해서 온라인게임을 청소년유해매체물로 정의한 것이라고 볼 수는 없다. 청소년유해매체물과 청소년유해물은 친권자의 동의가 있다고 하더라도 청소년이 이용할 것이 허용되지 않기 때문이다.[16]

더욱이 청소년의 접근을 완전히 제한하는 것이 아니라 단지 법정대리인의 동의를 얻도록 요구하거나 이용시간을 제한하는 정도의 효과를 위해 모든 온라인게임이용자에게 본인확인을 요구하는 것은 법익의 비례성 측면에서 부정적으로 평가될 수밖에 없다.

---

14) **청소년보호법 제24조(인터넷게임 이용자의 친권자등의 동의)** ①「게임산업진흥에 관한 법률」에 따른 게임물 중「정보통신망 이용촉진 및 정보보호 등에 관한 법률」 제2조 제1항 제1호에 따른 정보통신망을 통하여 실시간으로 제공되는 게임물(이하 "인터넷게임"이라 한다)의 제공자(「전기통신사업법」 제22조에 따라 부가통신사업자로 신고한 자를 말하며, 같은 조 제1항 후단 및 제4항에 따라 신고한 것으로 보는 경우를 포함한다. 이하 같다)는 회원으로 가입하려는 사람이 16세 미만의 청소년일 경우에는 친권자등의 동의를 받아야 한다.
② 제1항의 친권자등의 동의에 필요한 사항은「게임산업진흥에 관한 법률」에서 정하는 바에 따른다.
친권자의 동의를 얻지 않더라도 사업자에 대한 제재는 없다. 친권자의 동의 요건 자체가 위헌성이 있다는 주장에 대해서는 황성기, "인터넷게임 이용을 위한 청소년의 회원가입시 부모의 필요적 사전동의제도의 헌법적 문제점",「공법학연구」 제12권 제1호, 한국비교공법학회, 2011. 2. 28.

15) 현군택외 3인, <청소년 인터넷게임 건전이용제도(강제적 셧다운) 실태조사 보고서>, 2012년 여성가족부 용역. 이 보고서에 따르면 600명을 조사한 결과 셧다운제 시행 이후 심야시간 게임이용 빈도수에 의미있는 변화는 없었으며 심야시간이용경험이 있는 학생은 9%(54명)였으며, 이 54명의 학생 중 '부모님의 게임이용 동의하에 부모아이디로 접속함'이라고 응답한 학생은 59%수준이었고, 다른 40%의 학생들은 '허락없이 부모님 아이디를 개설하여 게임에 접속함'(27.8%), '가족외 타인 주민등록번호를 이용하여 게임에 접속함'(13%)이라고 답했다.
참고로 셧다운제가 게임이용시간을 의미있게 줄이지 못한다는 통계학적으로 세밀한 연구결과는 박문수, 고대영, 박정수, <게임시장의 규제가 산업생태계 발전에 미치는 영향과 시사점>, 산업연구원 (2013. 12).

16) 친권자의 동의 하에 청소년 접근이 허용되는 것은 청소년보호법 제29조가 정하는 청소년유해업소 뿐이다.

다. 공직선거법 상의 본인확인제

공직선거법은 선거운동기간에 한하여 '정당 · 후보자에 대한 지지 · 반대' 글을 쓸 때는 반드시 본인확인을 거치도록 의무화하고 있다.[17] 글을 쓰려면 본인확인을 해야 한다는 점에서 이미 위헌판정을 받은 게시판실명제와 같지만 적용범위('정당 · 후보자에 대한 지지 · 반대')와 적용기간(2주 혹은 3주 동안의 공식선거운동기간)은 더 좁지만, 다른 한편으로는 게시판실명제가 하루 방문자 10만명 이상인 게시판에만 적용되었던 것에 비하여 적용범위가 더 넓은 면도 있다.

게시판실명제 위헌결정의 기본구조는 공직선거법 상 본인확인제에 대해서도 똑같이 적용될 수 있다. (1) 선거에 관한 익명표현의 자유는 민주주의의 형성에 매우 중요하며[18] (특히 선거에서 중요한 진실의 발견을 위해서는 사상의 자유시장이 왕성하게 작동해야 하므로) (2) 그러한 기본권에 대한 사전제한으로서 공익적 효과가 명백해야 함에도 불구하고 (3) 명의도용의 가능성 및 외국서버를 통한 소통가능성 때문에 불법정보 위화의 공익적 효과가 명백하지 않고 (4) 소수의 불법정보의 게시자를 적발하기 위해 모든 국민에게 본인확인의무를 부과하는 것은 표현의 자유를 과도하게 침해하는 것이며 (5) 본인확인을 위해 보관 및 유통되는 개인정보가 이용자들의 사생활의 비밀을 침해한다는 것이다.

그러나 실제 헌법재판소의 합헌결정문과 비교해보면 다음과 같은 대조점들이 포착된다.

(1) 심사기준의 문제 – 실명확인의무의 강제성

첫째, 심사기준의 확정에 영향을 주는 '사전제한' 문제를 보건대 선거법 상 실명확인제가 게시판실명제와 다른 점은 적어도 법적으로는 이용자가 게시물을 올릴 때 반드시 본인확인을 하도록 해야 하는 것은 아니며 사업자가 추후에 본인확인이 되어 있지 않은 "후보지지 또는 반대 글"을 삭제하는 것으로도 족하다는 면에서 '사전제한'으로서의 강제성이 다소 완화되어 있는 것처럼 보인다. 실제로 헌법재판소는 "인터넷이용자가 인터넷언론사 홈페이지의 게시판 · 대화방 등에 정당 · 후보자에 대한 지지 · 반대의 정보를 게시하는 경우에도 실명확인을 받고 정보를 게시할 것인지 여부는 게시자가 선택할

---

17) **공직선거법 제82조의6(인터넷언론사 게시판 · 대화방 등의 실명확인)** ① 인터넷언론사는 선거운동기간 중 당해 인터넷홈페이지의 게시판 · 대화방 등에 정당 · 후보자에 대한 지지 · 반대의 문자 · 음성 · 화상 또는 동영상 등의 정보(이하 이 조에서 "정보등"이라 한다)를 게시할 수 있도록 하는 경우에는 안전행정부장관 또는 「신용정보의 이용 및 보호에 관한 법률」 제2조제4호에 따른 신용정보업자(이하 이 조에서 "신용정보업자"라 한다)가 제공하는 실명인증방법으로 실명을 확인받도록 하는 기술적 조치를 하여야 한다. 다만, 인터넷언론사가 「정보통신망 이용촉진 및 정보보호 등에 관한 법률」 제44조의5에 따른 본인확인조치를 한 경우에는 그 실명을 확인받도록 하는 기술적 조치를 한 것으로 본다. <개정 2008. 2. 29, 2010. 1. 25, 2013. 3. 23>

18) 사실 익명표현의 자유가 헌법상 보장되는 기본권임을 처음 확인한 것은 헌법재판소였다. 헌법재판소 2010. 2. 25. 선고 2009헌바31 등. 헌재는 익명표현의 자유는 보장되지만 선거의 공정성을 위해 선거운동기간이라는 짧은 기간 동안에만 이를 제한하는 것은 합헌이라고 판시하였다.

수 있다"고 하였다. 또 사전검열금지법리를 근거로 한 실명제 관련 주장이 이루어진 바 있는 '2010년 선거법실명제' 결정[19]에서 헌재는 합헌결정을 내리면서 다음과 같이 판시하였다. "이용자로서는 스스로의 판단에 따라 자신이 게시하려는 글이 지지 및 반대의 글에 해당하면 실명확인 절차를 거쳐 '실명확인'의 표시가 나타나게 게시하는 것이 가능하므로, 이러한 제한이 사전검열금지의 원칙에 위배된다고 할 수 없다."

그러나 공직선거법 제82조의6 제6항은 "인터넷언론사는 당해 인터넷홈페이지의 게시판 및 대화방 등에 "실명인증"의 표시가 없는 정당이나 후보자에 대한 지지 및 반대의 글이 게시된 경우에는 지체없이 이를 삭제하여야 한다"라고 되어 있고 이를 지키지 않는 언론사는 과태료 300만원에 처해진다.[20] 이를 보면 틀림없이 신원제출을 절대적인 의무로 만들고 있다. 즉 실명인증이 되지 않으면 사전에 차단되지 않아도 사후라도 즉시 삭제되는 것이다.

뿐만 아니라 대부분의 사업자들은 사후적으로 게시글을 관리하기가 어렵기 때문에－실명확인되지 않은 후보 지지·반대글이 올라온 후 신속하게 삭제한다는 것이 매우 어렵기 때문에－선거운동기간에 모든 글에 대해서 실명확인의무를 부과하고 있다(아래 그림 참조).[21]

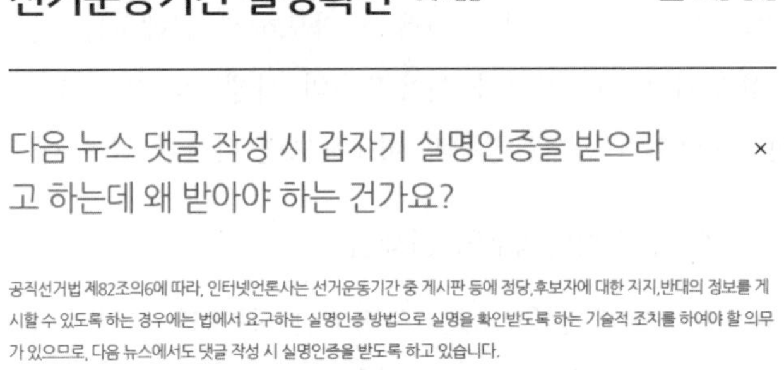
선거운동기간 실명확인 6개 도움말 전체 조회순 만족순

다음 뉴스 댓글 작성 시 갑자기 실명인증을 받으라고 하는데 왜 받아야 하는 건가요? ×

공직선거법 제82조의6에 따라, 인터넷언론사는 선거운동기간 중 게시판 등에 정당,후보자에 대한 지지,반대의 정보를 게시할 수 있도록 하는 경우에는 법에서 요구하는 실명인증 방법으로 실명을 확인받도록 하는 기술적 조치를 하여야 할 의무가 있으므로, 다음 뉴스에서도 댓글 작성 시 실명인증을 받도록 하고 있습니다.

물론 헌재는 "또한 위와 같은 인터넷언론사의 의무내용을 종합할 때, 청구인이 주장하는 바와 같이 당해 인터넷언론사가 내용과 상관없이 먼저 실명확인의 절차를 거치지 아니하면 글을 게시조차 못하게 하였다고 하더라도, 이는 자신의 홈페이지 관리의 편의를 위한 사실상의 조치일 뿐 이 사건 법률조항들로 인하여 생기는 법률효과는 아니라고 할 것이다"라고 지적한다.

그러나 제82조의6 법조문을 살펴보면 '후보 지지·반대의 글을 게시할 수 있도록 하는 경우에는' 기술적 조치를 하도록 해야 하며 예외는 없다. 즉 이 사건 소수의견 4인도 지적했듯이 이용자가 어떤 글을 쓸지 미리 알 수가 없으니 후보 지지·반대글이 올라올 가능성이 있는 모든 게시판에는 모두 실명확인을 사전요건으로 둘 수밖에 없다. 뿐만

19) 헌법재판소 2010. 2. 25. 선고 2008헌마324 결정.
20) 제261조(과태료의 부과·징수 등).
21) http: //cs.daum.net/faq/63/18303.html#35708 2016년 11월 5일 최종방문.

아니라 이를 사업자들이 선택했든 사업자들에게 강제되었든 이용자 입장에서는 틀림없이 실명확인이 강제되는 것이고 그와 같은 상황을 초래한 것은 그 강제성에 대해 이론이 있을 수 있으나 제82조의6의 기술적 조치 의무임에는 틀림이 없다. 그렇다면 헌재가 그렇게 쉽게 '법률'의 문제가 아니라 '사실적 조치'의 문제로 치부할 수는 없는 것이다.

(2) 국가가 성취하는 공익의 문제 – 불법게시물 위화의 효과

둘째, 국가가 성취하는 공익 즉 불법선거게시물의 위화라는 측면을 보건대 2012년 12월 헌법재판소가 인터넷 상의 선거운동 및 정치적 표현에 대한 공직선거법 상의 규제 즉 선거법 제93조의1항에 대한 위헌결정을 함으로써[22] 인터넷에 올라올 것으로 예상되는 선거법상 '불법정보'의 양을 대폭 줄여버렸다. 즉 과거에 헌법재판소가 공직선거법상 실명제에 대해 합헌 결정[23]을 여러차례 내렸을 때의 불법정보는 두 가지 유형이었다. 하나는 사전선거운동금지 또는 선거전 180일간 후보 지지·반대 금지 등의 기간제한위반형이고 다른 하나는 표현의 내용 자체가 허위이거나 비방인 불법내용형이었는데, 전자가 후자보다 압도적으로 많았다. 예를 들어 18대 국회의원선거에서 인터넷상 선거법위반행위에 대해 중앙선거관리위원회는 총 10,623건을 적발했는데 비방·흑색선전 5.6%(600건), 사전선거운동 89.2%(9,475건), 기타 5.2%(548건)이었다.[24] 그렇다면 2012년 12월 위헌결정 전에는 모든 후보 지지·반대글 또는 선거운동용 글이 기간제한을 위반하면 공직선거법 제93조와 제254조에 의거하여 불법이 될 우려가 있었고 이에 따라 많은 양의 불법정보를 위화해야 할 공익이 본인확인제도를 상대적으로 정당화할 수 있었다. 그러나, 2012년 12월 위헌결정 후에는 이제 전체 선거법 상 불법정보의 5-10%만을 차지하는 허위사실공표, 후보자 비방글들만이 불법이 되므로 이런 소수의 글을 잡기 위해서 유권자 다수에게 족쇄를 씌우는 것은 위헌 가능성이 더욱 높아지게 되었다.

헌재는 오히려 선거기간은 "선거의 공정성이 가장 절실하게 요구되는 시기"라는 이유로 선거법 실명확인제를 통해 불법정보 위화의 필요성을 옹호하고 있는데 익명표현의 자유가 탄압을 피해 권력자를 고발하려는 사람들의 언로를 열었던 역사를 생각하면 선거법 실명확인제 때문에 이용자들이 위축되어 선거후보자에 대한 비리가 묻혀버려 선거의 공정성이 훼손될 것에 대해서 논의하지 않은 점은 안타깝다. 4인 소수의견(재판관 이정미, 김이수, 이진성, 강일원)은 다음과 같이 이 점을 설시하였다. "투표 전에 이루어지는 정치적 의사표현에 있어서도 의사표현자의 신원에 대한 비밀이 보장될 필요가 있다… 따라서 선거운동에 있어서 정치적 익명표현의 자유는 비밀선거 원칙을 규정한

22) 헌법재판소 2011. 12. 29. 선고 2007헌마1001 결정.
23) 헌법재판소 2010. 2. 25. 선고 2009헌바31 등.
24) 제18대 국회의원선거총람.

헌법정신에 비추어도 그 보호 필요성이 인정된다" 익명표현의 자유가 보장되어야 선거후보자에 대한 비리를 자유롭게 고발할 것이고 선거가 더 공정해질 것이라는 이야기이다.

(3) 국가에 의해 침해당하는 사익의 문제－기간제한 및 규제대상내용의 범위

셋째, 국가에 의해 침해당하는 사익 면을 보건대, 이 사건에서 헌재가 지적하듯이 선거법 실명확인제는 게시판실명제와 달리 선거운동기간에 한하여 '정당 · 후보자에 대한 지지 · 반대' 글을 쓸 때만 본인확인을 거치도록 의무화하고 있다. 글을 쓰려면 본인확인을 해야 한다는 점에서 이미 위헌판정을 받은 게시판실명제와 같지만 적용기간(2주 혹은 3주 동안의 공식선거운동기간)은 더 좁고 적용범위도 선거관련 글로 한정되어 있다.

하지만, 우선 일견 짧아 보이는 선거기간이지만 이는 우리나라 선거규제의 특성을 살펴보면 기간이 짧다고 해서 너그러울 이유가 없다. 왜냐하면 평상시에 유권자들의 입을 묶어 놓기 때문에 선거기간 동안에 후보자 지지반대의 목소리가 집중적으로 터져 나올 수밖에 없기 때문이다. 즉 기간은 짧지만 그 기간에 제약되는 표현의 자유의 양을 생각한다면 결코 적다고 볼 수 없다. 또 '민주주의의 꽃은 선거'라는 표현에 비추어볼 때 선거기간의 표현의 자유는 평상시의 표현의 자유보다 10배, 100배의 가치를 가진다고도 볼 수 있다. 4인 소수의견이 "선거운동기간이 정치적 표현의 자유를 행사함에 있어 가장 긴요한 시기"라고 강조한 것이 설득력이 있다.

적용범위가 '정당 · 후보자에 대한 지지 · 반대' 글이어서 게시판실명제에 비해 좁다고도 볼 수 없다. 위에서 설명했듯이 사업자들은 게시글 관리의 어려움 때문에 모든 게시글에 대해 실명확인제를 적용하기 때문이다. 어느 글이 "정당 및 후보에 대한 반대 지지" 글이 될지 포털이 미리 예측을 할 수 없기 때문에 결국 선거운동기간에는 모든 글의 게시자들에 대해서 본인확인을 할 수밖에 없게 된다는 것이다. 결국 선거법 하나 때문에 선거와 무관한 모든 인터넷을 통한 게시글에서 익명성이 추방되는 결과가 나올 수밖에 없게 된다. 실제로 대부분의 인터넷언론사들은 실명확인조치를 취하는데 소요되는 비용을 감당하지 못해 아예 댓글기능을 폐쇄하였음(아래 그림 참조)을 생각하면 표현의 자유 전체에 미치는 제약은 상당하다.

이 사건 헌재가 범한 또 한가지 오류는 '인터넷언론사 홈페이지의 게시판 · 대화방'등에 한정하여 적용되는 점을 합헌의 근거로 제시하였는데 사실은 반대로 2011년 당시 게시판실명제 위헌결정 당시 게시판실명제가 적용되던 사이트는 150여개였던 반면[25] 2015년 현재 인터넷언론사로 지정된 회사는 3천개가 넘기 때문에[26] 사실은 규제대상이 게시판실명제 보다 더욱 늘어났다.

(4) 소 결

위의 내용을 표로 정리해보자면 다음과 같다.

	게시판실명제		선거법실명제
심사기준의 확정	(1) 표현의 자유에 대한 "사전제한"	엄격한 심사	실명확인 안된 글을 즉시 삭제하는 사후적인 방식으로 집행될 수도 있으나 실제로는 실명확인을 할 수 없는 대부분의 사이트는 게시글 기능을 차단해버려 이용자 입장에서는 "사전제한"의 방식으로 기능함 → 엄격한 심사 필요
국가가 성취한 공익	(2) 불법정보 위화효과 불분명	크지 않음	더 적음. 2011년 헌재결정에 따라 인터넷 상 사전선거운동이 허용됨에 따라 위화대상 게시글이 대폭 줄어들었음.
국가가 침해한 사익(표현의 자유)	(3) 익명표현의 자유 중요	큼	더 큼. 선거기간의 표현의 자유는 더욱 중요함.
국가가 침해한 사익(표현의 자유)	(4) 소수 색출을 위해 모두에게 실명표현 요구	크며 과도함	동일. 적용기간은 더 짧으나 선거관련 표현이 집중적으로 나오는 기간이며 정치적 표현의 중요성을 고려해야 함. 적용범위도 후보 지지 · 반대글로 한정되나 실질적으로는 모든 글에 적용되어 비례성 없음.
국가가 침해한 사익(프라이버시)	(5) 개인정보 보관에 의한 사생활의 비밀 침해	큼	동일
결론	공익성취 < 사익침해 → 위헌		공익성취 < < < 사익침해 → ??

결국 게시판실명제 위헌결정에 비추어 볼 때 선거법 실명확인제는 귀중한 익명표현의 자유에 대한 '실질적인 사전제한'에 해당하므로 동일하게 엄격하게 심사되어야 한다. 또 선거법 실명확인제가 위화하려는 대상인 불법선거관련 게시글은 2011년 헌재결정을 통해 대폭 줄어들어 이를 통해 달성하려는 공익은 매우 줄어들었다. 반면 선거법 실명확인제가 제약하는 사익 면에서는 게시판실명제에 비해 적용기간이 짧긴 하지만 표현의 자유의 핵심이라고 할 수 있는 정치적 표현이 집중적으로 분출하는 기간임이 고려

25) http: //www.boannews.com/media/view.asp?idx=25192&page=1281&kind=3&search=title&find=
26) 선거관리위원회 홈페이지 https: //www.iendc.go.kr/library/library02.php 2016년 3월 당시 2,903개.

되어야 할 것이다. 특히 사업자들이 실질적으로는 모든 게시글에 대해서 실명확인제를 적용할 수밖에 없는 점을 생각하면, 선거관련 게시글을 위해서 모든 게시글에 대해 실명의무가 부과되는 법익의 불균형성도 고려되어야 한다.

(5) 소 결

위에서 평가한 청소년보호법, 게임산업진흥법 및 공직선거법 상 본인확인제들은 규제자가 원치 않았던 범위로 익명성제한을 확산시킨다. 예를 들어 성인물 접속자가 과연 성인인지 확인하려는 시도는 접속자를 위축시키고 결국 접속자가 그러한 신원확인이 불필요한 대체콘텐츠를 찾도록 유도한다. 방문자를 다른 사이트로 빼앗기고 싶지 않은 운영자는 최대한 현저하지 않게 본인확인을 해야 할 필요를 느끼며 가장 현저하지 않게 본인확인을 할 수 있는 시점은 바로 보통 최초 계정 개설 시점이다. 해당 운영자의 서비스를 전혀 이용하지 않던 사람이 계정개설을 결정할 시점에는 해당 서비스 내에 반드시 필요한 요소가 있기 마련이며 이러한 필요를 느끼고 있는 이용자에게는 신원확인은 그다지 높은 장애물로 작용하지 않기 때문이다.

이러한 이유로 2012년도의 온라인게시판실명제 위헌결정 이후에도 대부분의 포털들은 자발적으로 계정개설 시점에서 본인확인을 요구하였다. 그런데 이렇게 계정개설시에 본인확인이 이루어지면 규제대상인 19금물, 온라인게임, 선거운동기간 중 후보 지지·반대글 외에도 다른 콘텐츠의 교환이나 소통도 본인확인이 이루어진 상태에서 이루어지게 된다. 결국은 이용자들은 19금물이나 온라인게임 이용 또는 선거운동기간 중 후보지지반대글 게시가 아닌 다른 포털서비스의 이용도 본인확인 상태에서 해야만 하는 상황이 지속되고 있다. 결론적으로 신원확인을 해야만 온라인 글쓰기를 해야 하는 상황, 2012년 헌법재판소가 위헌이라고 지적했던 상황은 지금도 계속되고 있는 것이다.

라. "휴대폰실명제"의 문제

위에서 살펴보았듯이 본인확인제의 궁극적인 한계는 명의도용의 가능성과 외국서비스를 통한 우회가능성에서 출발한다.

그런데, 외국서비스를 통한 우회가능성은 인터넷의 본래적인 특성은 아니다. 왜냐하면 인터넷에 대한 물리적 접속을 제공하는 통신사업자들은 국내사업자일 수밖에 없으며 이들 국내사업자들에게 불법적인 소통 또는 유해한 소통을 제한할 것을 요청하는 방식의 규제가 가능하기 때문이다. 본인확인제의 경우에도 규제자가 원하기만 한다면 국내인들이 이용하는 웹사이트의 경우 외국에 서버를 두고 있더라고 본인확인제를 지키지 않는 경우 통신사업자를 통해 국내유통을 차단하는 방식으로 집행할 수도 있다. 사실 이와 같은 가능성을 원천적으로 차단하기 위해 구글이 유튜브의 Korea페이지의 게시기능을 없애버려 본인확인제 적용을 피했던 것은 유명하다.[27] 물론 국내인들은 계속해서 유튜브의 다른 페이지를 통해 게시를 할 수 있었지만 당국은 유튜브 전체를 차단하는 조치를 취하지는 않았다.

그렇다면 본인확인제의 궁극적인 한계는 명의도용의 가능성인데 기실 명의도용의 가능성이란 본인확인제가 대응하려고 했던 익명성의 다른 이름일 뿐이다. 본인확인제는 생태적으로 무산 가능성을 내포하고 있다.[28] 가장 근원적으로는 기계와 사람 간의 '접속'이 불가능한 상태에서 기계를 통한 통신은 지문인식 또는 홍채인식 등이 보편화되지 않는 한 숙명적으로 신원도용을 가능하게 한다. 실제로 이런 문제 때문에 인터넷 상 본인확인제는 단지 그 이론적 가능성 만 활발하게 논의되거나 이용자나 사입자가 자발적으로 시행하는 형태의 본인확인제 만이 논의되어 왔을 뿐 지금 이 논문의 주제인 강제적 본인확인제가 실제 실시된 경우는 우리나라 외에는 중국의 1개 서비스가 있을 뿐이다.

우리나라의 규제당국이 다른 나라에서 포기한 본인확인제도에 대해 자신감을 갖게 된 것은 주민등록번호의 존재와 밀접한 관계가 있다. 즉 주민등록번호라는 전국민에게 부여되는 고유식별정보가 있어 이를 기반으로 한 신원확인이 이루어지고 있다. 물론 고유식별정보가 존재한다는 것 만으로는 신원확인이 불가능하다. "이름+출신초등학교+졸업년도" 조합도 확률상으로 보면 훌륭한 고유식별정보이지만 주민등록번호는 주민등록증이라는 상대적으로 간편한 유효성 검증수단에 연계되어 있다. 이 때문에 주민등록번호는 학력정보와 달리 기업들이 소비자들과 거래를 하면서 왕성하게 수집하고 보관하고 있다. 그렇다면 인터넷소통의 신원확보 역시 이 주민등록번호를 이용한다면 기업들이 가진 데이터베이스 조회를 통해 유효성 검증을 할 수 있으니 가능하다는 것이 현재 우리나라 익명성 규제의 핵심논리이다.

그러나 이 핵심논리는 타인의 주민등록번호를 이용하여 소통할 위험에 취약하다. 특히 위에서 말했듯이 주민등록번호의 신원확인수단으로서의 가치를 높여주는 것은 기업들이 왕성하게 수집하고 있어서 통신당사자가 입력한 주민등록번호의 유효성 검증이 용이하다는 것인데 바로 이러한 왕성한 수집과 보관 때문에 불법적인 유출과 유통이 더욱 가능하고 이는 명의도용 가능성을 더욱 증폭시킨다. 필자는 이런 현상을 "신뢰성의 패러독스"라고 명명한 바 있다.[29]

그럼에도 불구하고, 2012년 인터넷실명제 위헌결정이 내려지던 해에 규제당국은 명

---

27) 2009년 4월 당시 유튜브의 결정을 설명한 유튜브 블로그의 공시문 http: //youtubekrblog.blogspot.kr/2009/04/blog-post_08.html <2013. 12. 25. 방문>

28) 김기창은 인터넷 상의 본인확인은 기술적으로 불가능하다고 말한다. 인터넷상으로 할 수 있는 것은 본인의 표지를 소지하고 있는지만 확인할 수 있을 뿐이기 때문이다. 김기창, "인터넷 '실명제'의 기술적, 사업적, 법적 문제점", <인권과 정의> (2009. 7).

29) 박경신, "신뢰성의 패러독스, 전자주민증", 한겨레신문 2010년 10월 28일, http: //www.hani.co.kr/arti/opinion/column/445882.html <2013. 12. 25. 방문>

의도용 가능성 문제를 해결하기 위해 휴대폰인증시스템을 개발하여 대중화하였다. 휴대폰인증시스템에서는 이용자가 실명, 주민등록번호[30] 외에도 휴대폰 번호를 넣어서 본인확인을 한다. 이때 입력된 번호의 휴대폰으로 인증번호가 전송되고 그 인증번호를 이용자가 입력해야 본인확인이 이루어지므로, 실명, 주민등록번호 만을 알고 있다고 해서 명의도용이 이루어지지는 않는다. 결국 위에서 검토한 청소년보호법, 게임산업진흥법, 공직선거법에 따른 본인확인제들은 각각 휴대폰인증시스템을 통해 유지되고 있다.

그러나 이 시스템의 실효성의 전제는 위의 본인확인에서 이용된 휴대폰이 해당 주민등록번호를 가진 사람의 이름으로 발부되었다는 것이다. 그렇지 않으면 타인의 실명, 주민등록번호를 가진 사람은 항상 자신의 휴대폰 번호를 입력하여 명의도용을 완수할 수 있을 것이기 때문이다. 결국 이 시스템은 '휴대폰실명제'[31]라는 또 하나의 위헌적인 제도에 의지해서만 제대로 기능할 수 있다.[32]

'휴대폰실명제'에 대한 토론은 학계에서 전무한 상태이며 대부분의 사람들이 "대포폰은 범죄자들에게 이용되기 때문에 규제되어야 한다"는 류의 추상적인 이해만을 하고 있는 상태이다. 필자의 입장을 간단히 소개하자면 "익명통신의 자유"는 가장 강력히 보호되어야 하는 기본권 중의 하나라고 생각한다. 첫째 인터넷에의 게시와는 달리 전화통화는 1대1 또는 많아야 수십명 정도를 대상으로 이루어지기 때문에 명예훼손죄, 모욕죄, 선거법규제 등 표현의 자유 규제가 보통 전제로 하는 '공연성'이 없다. 둘째, 공갈

---

30) 2012년 규제당국은 이와 동시에 위에서 언급했던 대형 주민등록번호 유출사태를 막기 위해 정보통신서비스 제공자에 의한 주민등록번호수집을 금지하도록 법을 개정하여서 포털들은 주민등록번호 대신 생년월일 만을 수집하고 있다. 정보통신망 이용촉진 및 정보보호 등에 관한 법률([시행 2012. 8. 18] [법률 제11322호, 제23조의 2. 2012. 2. 17, 일부개정]

31) 현재 전기통신사업법 제2조(정의)는 '전기통신설비'란 전기통신을 하기 위한 기계·기구·선로 또는 그 밖에 전기통신에 필요한 설비를 말하며, '전기통신역무'란 전기통신설비를 이용하여 타인의 통신을 매개하거나 전기통신설비를 타인의 통신용으로 제공하는 것을 말하고 있다고 규정하고 있고, 같은 법 제30조(타인 사용의 제한)는 "누구든지 전기통신사업자가 제공하는 전기통신역무를 이용하여 타인의 통신을 매개하거나 이를 타인의 통신용으로 제공하여서는 아니 된다. 다만, '이용자가 제3자에게 반복적이지 아니한 정도로 사용하도록 하는 경우(같은 조 제4호)' 등의 경우에는 그러지 아니하다."고 규정하고 있으며, 전기통신사업법 제97조 제7호는 '제30조 각 호 외의 부분 본문을 위반하여 전기통신사업자가 제공하는 전기통신역무를 이용하여 타인의 통신을 매개하거나 이를 타인의 통신용으로 제공한 자를 1년 이하의 징역 또는 5천만 원 이하의 벌금에 처한다.'고 규정하고 있다. 이에 대하여 서울북부지방법원 판결(2012고정3168, 2013. 1. 23.)에서는 ① 전기통신사업법 제30조의 입법목적은 본래 사설 전화국 운영 등을 금지하는 것으로, 무선통신가입자의 명의대여 제한 또는 휴대전화기 양도 금지를 예정하지 않았고, ② 문언상 휴대전화기 자체를 '전기통신사업자가 제공하는 전기통신역무'라고 볼 수 없으므로, 휴대전화기 양도를 '전기통신사업자가 제공하는 전기통신역무를 타인의 통신용으로 제공하였다'라고 해석할 수 없다고 하였으나 항소심과 상고심에서 각각 파기되어 유죄가 선고되었다. 서울북부지방법원 제2형사부 판결(2013노188, 2013. 5. 3.), 대법원 판결(2013도6062, 2013. 10. 16.)

32) 헌법재판소 2002. 5. 30. 선고 2001헌바5 결정, 구 전기통신사업법 제74조 등 위헌소원. 이 헌재결정에서는 다음과 같은 구법의 조항이 위헌판정을 받았고 그 위헌판정에 대응하여 해당 조항이 현재와 같이 개정되었다. **구 전기통신사업법(2000. 1. 28. 법률 제6230호로 개정되기 전의 것) 제32조의2(타인사용의 제한)** 누구든지 전기통신사업자가 제공하는 전기통신역무를 이용하여 타인의 통신을 매개하거나 타인의 통신용에 제공하여서는 아니된다. 다만, 대통령령이 정하는 경우에는 그러하지 아니하다. **제74조(벌칙)** 제32조의2 본문의 규정에 위반하여 전기통신사업자가 제공하는 전기통신역무를 이용하여 타인의 통신을 매개하거나 타인의 통신용에 제공한 자는 500만원 이하의 벌금에 처한다.
필자는 개정된 조항 역시 위헌성을 치유하지 못하였다고 생각한다.

죄 협박죄처럼 공연성이 요구되지 않는 경우라고 하더라도, 전화통화는 상호간의 동의를 전제로 이루어진다. 서로 모르는 사람 사이에서도 통화를 개시한 후 상대방이 전화를 끊지 않음으로서 암묵적인 동의를 표시한 상태에서 통화의 지속이 가능해진다. 그렇다면 상호 합의하에 이루어지는 대화의 경우 그 대화 자체가 불법적인 피해를 발생시키는 경우는 매우 제한적이라고 보아야 한다(피싱 등이 익명의 전화번호로부터 걸려오기는 하지만 피해는 통화의 내용이 발생하는 것은 아니다). 정리하자면, 인터넷에 수십억명이 볼 수 있는 공연성 있는 글을 올릴 익명표현의 자유가 있다면, 전화로 1인의 대상과 동의하에 대화를 익명으로 할 자유는 훨씬 두텁게 보장되어야 한다.

심층질문

1. 헌법재판소는 이 사건 결정에서 온라인의 익명표현은 오프라인 상의 위계질서를 극복하고 사람들이 동등하게 소통할 수 있도록 하여 민주주의를 발전하게 하므로 부작용이 있더라도 보호되어야 한다고 하였다. 그러나 헌법재판소는 2010년 정보통신망법 상 임시조치제도에 대해 합헌결정(헌재 2012. 5. 31. 2010헌마88, 정보통신망 이용촉진 및 정보보호 등에 관한 법률 제44조의2 제2항 위헌확인)을 내리면서 불법이 아니더라도 '권리침해 여부를 판단하기 어렵고 당사자간의 분쟁이 예상되는 경우' 반드시 게시물을 삭제하도록 한 부분에 대해서도 인터넷의 특성 상 수인되어야 한다고 판시한 바 있다. 이 두 개의 결정은 일관되는가 상호모순되는가?

2. 이 사건 결정에서 큰 역할을 한 것은 인터넷실명제가 당시 주민번호 입력을 통해 이루어지고 있었으므로 불법행위를 의도하는 자는 타인의 주민번호를 이용할 수 있어 실제 온라인불법행위를 위화하는 실효성이 별로 없다는 것이었다. 현재 여러가지 이유로 주민번호 입력에 인한 신원확인은 거의 이루어지고 있지 않으며 대부분 이동전화를 이용한 신원확인이 이루어지고 있다. 대부분의 이동전화는 실명으로 발급되므로 주민번호 입력보다 실효성이 더 높아졌다고 볼 수 있다. 이 새로운 사실에 비추어 헌법재판소의 결정은 변경되어야 하는가?

3. 이 사건 결정에서 위헌이유 중의 하나는 개인정보를 사업자가 유지하도록 강제하여 정보유출의 위험을 높여 궁극적으로는 사생활의 비밀의 침해가능성을 높인다는 것이다. 그렇다면 인터넷실명제 뿐만 아니라 모든 신원확인제도는 그와 같은 사생활의 비밀 침해가능성 증대를 동반하는데 이를 근거로 헌법소송의 대상으로 삼을만한 법제를 찾아보시오. 특히 우리나라는 선불폰이라 할지라도 실명으로만 가입할 수 있는데 이 제도의 위헌성에 대해서 논하시오.

4. 이 사건 결정에서 헌법재판소는 "본인확인정보 보관의무 부과로 인하여 …수사기관 등이 정보통신서비스제공자에게 이용자의 개인정보 제출을 요청(전기통신사업법 제83조 제3항)하는 경우 발생할 수 있는 본인확인정보의 보관목적 외 사용 우려에 비추어 보면, 개인정보자기결정권의 제한 역시 중대함을 부인 할 수 없다"고 하는데 여기서 "보관목적 외 사용"이란 무엇을 말하는가? "정작 개인정보보호법은 타법에 의한 정보취득은 정보주체의 동의없이 가능하다고 되어 있으며 전기통신사업법이라는 다른 법에 따라 이루어지는 신상정보의 취득은 개인정보자기결정권의 침해를 동반하지 않는다"라는 반론에 대해서 답하시오.

5. 우리나라는 전 세계에서 모든 연령의 사람들이 인터넷게임이나 온라인성인물을 보기 위해서는 본인확인을 해야 하는 유일한 나라이다. 인터넷게임실명제와 청소년보호법상의 실명제에 대한 합헌결정(헌법재판소 2015. 3. 26. 선고 2013헌마354 결정, 헌법재판소 2015. 3. 26. 선고 2013헌마517 결정)에 대해서 평가하시오. 특히 "청소년유해물을 오프라인에서 배포하려는 자에게도 연령확인의무가 합헌적으로 부과되는 상황에서 청소년유해매체물을 온라인으로 배포하려는 자에게 연령확인의무를 부과하는 것은 당연히 합헌이다. 인터넷게임은 청소년유해물은 아니나 게임셧다운제 등의 다른 법상 유해물로 간주되고 있으므로 인터넷게임실명제도 마찬가지이다"라는 주장에 대해 반론을 하시오.

6. 이 사건 결정에서 헌법재판소는 표현의 자유에 대한 "사전제한"이라는 개념을 만들어 표현의 자유에 대한 사전제한의 경우 사전검열처럼 즉시 위헌이 되지는 않으나 그 제도를 통해 달성하고자 하는 공익이 명백해야 한다고 판시하였다. 이와 같이 표현의 자유에 대한 "사전제한"에 해당되는 법제들을 주변에서 찾아보고 과잉금지의 원칙 상의 형량을 해보시오.

자료 청구인측 참고인 진술문

존경하는 헌법재판소 소장님 그리고 재판관님들, 국민에 대한 감시를 하면 범죄구제가 수월해진다는 것은 사실일 수 있습니다. 그러나 이것은 헌법적인 주장이 아닙니다. 존재에 대한 주장이지 당위에 대한 주장이 아닙니다. 아무리 범죄구제가 수월해져도 침범해서는 안 될 선이 있고 헌법재판소는 그 선을 그어야 합니다.

인터넷에만 익명성이 있는 것이 아닙니다. 익명성은 숨쉬는 공기와도 같이 우리 주변에 널려 있습니다. 수많은 물건들이 제조자 표시 없이 팔립니다. 길거리에서 부딪히는 수많은 사람들 우리가 누군지 모릅니다. 이 익명성을 없애면 범죄구제는 당연히 쉬워진다는 기대를 가집니다. 소매치기나 강도를 막으려면 보행자실명제를 하면 됩니다. 성매매를 막으려면 숙박업소와 유흥주점 실명제를 하면 됩니다. 하지만 그러한 실명제가 범죄구제에 아무리 도움이 된다고 할

지라도 헌법적으로 허용되지 않는다는 것에 재판관님 모두들 동의하실 것입니다. 그렇다면 인터넷본인확인제도 그러한 과잉한 제도인지 파악해야 합니다.

1. 과잉금지의 원칙

가. 기본권의 침해

침해당하는 기본권을 살펴보겠습니다. 본인확인제는 온라인글쓰기라는 표현행위를 하려는 사람에게 신원정보라는 사적정보를 공개토록 하므로 사생활의 자유, 표현의 자유가 문제가 됩니다.

(1) **사생활의 자유부터 살펴보겠습니다**: 신원정보도 틀림없이 사생활의 자유에 포함이 됩니다. 그래서 경찰관직무집행법과 주민등록법도 범죄관련성과 같은 법적 요건이 충족되었을 때만 신원확인을 허용합니다.

그렇다면 본인확인제는 아무런 법적 요건없이 무차별적으로 모든 온라인게시자에게 신원확인을 요구하는 것이므로 그자체로 더 이상의 이익형량없이도 사생활의 자유를 침해하는 것이 확실합니다. 침해의 최소성과 법익의 균형성을 애당초 충족시킬 수 없습니다.

예외적으로 금융및부동산실명제 자동차번호판제도 모든 거래자나 운전자에게 신원정보위탁을 요구하지만 탈세, 사기, 부동산투기, 자동차로 사람을 치는 것은 물론 도망갈수도 있다는 위험 등의 물리적인 또는 재산상의 구체적인 위험을 막기 위한 것입니다. 입니다. 온라인글쓰기는 그러한 위험은 없습니다.

아니 표현의 자유가 헌법상 보호된다는 말은 바로 그러한 위험이 없다고 추정해야 한다는 것입니다. 그래서 '명백히고 현존하는 위험이 있을 때만 처벌하자'는 원리가 있는 것입니다. 그런데 본인확인제는 전혀 그러한 위험이 확인되지 않은 모든 온라인글쓰기에 대해 위험하다고 추정하고 있습니다.

도리어 온라인글쓰기는 표현이라는 면에서 실 보다는 득이 많습니다. 사상을 발현시키고 진실의 추구를 도우며 문화를 발전시킵니다. 그래서 대부분의 자유민주주의헌법은 거래의 자유나 이동의 자유는 명시하지 않아도 표현의 자유를 명시하고 가장 중요한 기본권으로 추대하는 것입니다. 결국 온라인글쓰기는 자동차번호판제처럼 일률적인 신원확인을 강제할 만큼 위해한 행위가 아닙니다.

본인확인제가 신원을 화면에 표시하라는 것이 아니라 신원정보의 위탁만을 요구한다고 하여도 사생활침해이기는 마찬가지입니다. 보복이나 탄압의 화살이 게시자에 미치도록 단서가 제공되면 이미 사생활이 침해된 것이지 그 단서인 실명, 주민번호, iPIN 등이 화면상에 표시되는지 국민중 몇명에게 보여지는지 전혀 중요하지 않습니다. 또 법치주의 국가에서 보복탄압의 도구가 되는 폭력은 국가가 독점하고 있습니다. 국가기관에게 보여진다면 모두에게 공개되는 것과 다를바 없습니다.

(2) **표현의 자유**: 표현의 자유 제한은 방법제한에 대해서는 완화된 심사를 내용심사에 대해서는 엄격심사를 하도록 한다는 것이 일반적으로 받아들여져 있습니다. 글에 작성자의 신원정보가 연계되도록 하는 것은 틀림없는 내용규제입니다. (McIntyre 판결) 작성자가 알려져있는가에 따라 게시여부가 결정된다는 것은 작성자가 누군지에 따라 게시여부가 결정된다는 것과 등가이며 작성자가 누구인지에 따라서 표현은 다른 의미를 가지기 때문입니다.

그렇다면 이에 따라 엄격심사를 해보면 더 이상의 형량이 필요없이 위헌임을 알 수 있습니다. 음란물규제, 명예훼손규제 모두 그 내용이 발생시키는 폐해 때문에 법적의무를 부과하지만 본인확인제는 모든 글에 부과합니다. 애당초 침해의 최소성과 법익의 균형성이 충족될 수가 없습니다.

그래서 미국연방대법원도 본인확인제에 대해서 명시적으로 위헌선언하였고 그 이후 중국을 포함한 세계의 어떤 나라도 본인확인제를 실시하지 않습니다. 여기 계신 재판관님들께서도 올해 2월에 만장일치로 익명표현의 자유의 기본권성을 선언하였습니다. 물론 그땐 선거가 있는 해에만 2주내지 3주의 기간 동안 후보 지지·반대의 글에만 적용되는 예외적으로 최소한의 규제라서 합헌을 선언하셨지만 이 사건 본인확인제는 모든 글에 1년 365일 적용되는 최대한의 규제입니다.

더욱 중요한 것은 본인확인제는 "위축효과"를 발생시킨다는 점입니다. 현재 본인확인제의 효과에 대해서 방송통신위원회가 제도추진을 위해 발주한 2건의 연구를 빼고 독립적인 연구가 7건 있었습니다만 모두 전체게시글 및 댓글의 감소를 보고하고 있습니다. 같은 조항에 대해 헌법소원을 제기한 미디어오늘의 경우 20분의 1 이하로 줄었습니다. 대개의 연구에서 불법정보의 비율이 10-15%이므로 없어진 글들의 85-90%는 모두 합법적인 글로 예측됩니다. 이렇게 합법적인 게시물임에도 자발적으로 발화가 자제하는 것이 바로 위헌적인 "위축효과"입니다. 다른 분야에서는 위축효과가 헌법적 해악이 아닙니다. 0.08%라는 음주단속기준 때문에 한잔도 안 마시는 걸 해악으로 말하진 않습니다. 그러나 표현의 자유에서는 해악입니다.

본인확인제에 70-80%가 찬성한다고 하지만 이들에게 국가가 강제하는 본인확인제에 찬성하는지 또는 익명으로 글을 올릴 선택권이 없어지는 것에 찬성하는지를 묻는다면 결과는 다를 것입니다. 강제적 본인확인제 실시 이전에 이미 80%의 웹사이트들이 회원가입시 실명과 주민번호를 받고 있었습니다. 여기에 사람들이 자신의 선택으로 가입한 것의 헌법적 문제는 없습니다. 실명 상황에서는 자신이 위축되지만 상대방도 위축됩니다. 이렇게 상호 위축된 상황에서 대화를 나눌 것을 자발적으로 선택한 것이기 때문입니다. 하지만 국가가 그러한 상호 위축효과를 강제하는 것에 대한 평가는 완전히 다릅니다.

미국의 어떤 신문이 자발적으로 본인확인제를 하는 건 매우 좋은 일일 수 있습니다. 이를 국가가 강제할 때 나쁜 일이 되는 것입니다. 국민들이 모두 축구경기를 보고 싶어한다고 이를 국가가 강제하는 것이 합헌이 될 수는 없는 것입니다. 재판관님 한분이 말씀하신 "열린 사회"는 자발적으로 열어서 좋은 것이지 열기가 강제되면 "폐쇄된 사회"와 다름 아닙니다.

'위축효과'는 우리나라에서 특히 중요합니다. 우리나라의 토론문화에서는 익명성이 중요합니다. 우리는 익명의 견해를 소중히 합니다. "대세", "분위기", "위화감" 등과 같이 번역하기 어려운 우리말들에서 보듯이 우리나라는 익명의 견해들을 준거로 많은 결정과 판단을 내립니다. 보도 역시 "소식통" "증권가" "정계" 등 익명의 주체들이 취재원으로 등장합니다. 수많은 주요 회의 및 심의들이 비공개로 이루어집니다. 네티즌들을 "익명성의 뒤에 숨어있다"라는 비난해야 한다면 그 비난은 사회지도층에게도 똑같이 적용되어야 할 정도로 익명토론은 우리 문화의 한 부분인 것입니다. 본인확인제는 우리 문화의 중요한 부분을 위축시키고 있습니다.

익명표현의 자유는 끽연권이나 성적 자기결정권과는 차원이 다르게 민주주의와 밀접한 관계를 맺고 있다는 점을 고려해야 합니다. 볼테르나 해밀톤과 같이 가명을 사용한 민주주의 사상가들 뿐 아니라 우리나라도 일제시대와 군사독재시절에 많은 투사들이 익명 및 가명을 써야 했습니다. 더욱이 우리나라와 같이 지위에 따라 말의 경중을 중요시 생각하는 문화에서는 특히 소수자들이 발언을 할 수 있는 중요한 통로는 익명성입니다. 본인확인제가 일으키는 위축효과는 민주주의, 소수자권리, 우리나라 고유의 토론문화를 질식시킵니다.

나. 공 익

위에서 본 참고인이 기본권침해부분만을 보고 이익형량없이도 완결된 위헌의 주장을 할 수 있었던 것은 본인확인제가 모든 글에 무차별적으로 적용된다는 치명적 약점 때문이었습니다.

이 상황에서 본인확인제를 정당화할 남아있는 유일한 공익이 있다면 아마도 불법으로 이미 확인된 게시물에 대한 구제 및 그러한 정보의 '위축'일 것입니다만 그러한 공익은 없거나 매우 직습니다.

(1) 불법정보예방의 기대는 사실과 다릅니다. 독립적인 실증조사들은 7건 중의 6건이 악플을 감소시키지 않는다고 보고하였습니다. 방송통신위원회 자체조사 2건 악플 감소효과는 미미합니다. 사실 방송통신위원회가 들고 있는 개똥녀, 최진실 사건 모두 완전실명제로 운영되는 사이트에서 발생한 사건들입니다.

(2) 이는 당연한 결과입니다. 불법정보예방은 불법정보구제의 수월성을 전제로 기대되는 효과인데 그런 수월성이 없습니다. 현재 소위 '본인확인'은 고객들이 통장이나 핸드폰 개통시에 개인정보사용동의에 서명하면서 신용정보회사의 데이터베이스에 축적하는 주민번호－이름조합과 비교해보면서 이루어지는 것입니다. 그렇다면 누구든 타인이 사용했던 주민번호－이름조합만 알면 명의도용을 할 수 있습니다. 그래서 검경은 실제 범죄구제를 위해서는 본인확인제를 통한 신원확인 외에도 IP추적을 추가로 할 수밖에 없습니다. 미네르바 박대성 검거도 IP추적을 통해 컴퓨터의 위치를 확인한 연후에야 이루어졌습니다. 동경시에서 며칠전 PC방실명제를 하기 시작하였는데 바로 이런 이유에서 하게 된 것입니다. 또 해외사업자에는 본인확인제가 적용될 수가 없기 때문에 국내인들이 자유롭게 사용하는 해외사이트를 통한 불법정보는 구제불가능입니다. 역설적으로 최근 국무총리실 민간인사찰에서 해외의 동영상 작성자는 그대로 두고 배포자만 신원확인이 되어 탄압한 것은 다음블로그에 본인확인제가 적용되었기 때문이었습니다. 결국 본인확인제는 범죄수사에 도움이 되지 않으며 고로 범죄를 위축시키지도 못하는 것입니다. iPIN도 주민번호에 기반하기 때문에 똑같은 문제를 야기시킵니다.

(3) 도리어 본인확인제는 범죄자들이 경찰의 주의를 타인에게 돌리거나 또는 그럴 수 있다는 기대감을 갖도록 하여 불법정보 게시를 부추깁니다. 또 본인확인제는 본인확인정보들이 네트워크 곳곳에 축적되도록 만들어 본인확인정보의 유출을 방조하고 이에 따라 명의도용을 북돋고 결국 불법정보 게시를 역시 부추깁니다.

(4) 혹자는 불법정보의 비율이 줄지 않은 것은 전체게시글이 같이 줄어들었기 때문이며 "불법정보의 절대숫자는 줄었다"는 면을 지적합니다. 한 재판관님이 지적하셨듯이 의도적인 불법정보 게시자도 본인확인제하에서는 명의를 도용해야 하는 부담이 있을 것이며 그 효과가 나타나는 것입니다. 그러나 10개였던 불법정보 2개 줄이려고 모든 사람들에게 보복과 탄압의 두려움 속에서 글을 쓰도록 강요하고 또는 이들을 위축시켜서 100개였던 전체글이 20개 줄어드는 것을 감수해야 할까요.

이 제도들의 필요성을 느끼는 사람들의 충정을 이해 못하는 바 아닙니다. 실명제찬성론자들의 가슴 속에는, 각자의 언행에 대해 엄밀하게 책임을 묻는 '사상의 자유시장'의 냉혹한 경쟁으로부터 사람들을 보호해주고자 하는 공동체적 온정주의가 틀림없이 자리하고 있습니다. 이들 입장에서는 이 제도들이 악플의 비율을 줄이지는 못하더라도 전체 게시글 숫자를 줄여서 최소한 악플의 절대숫자라도 조금 줄일 수 있다면 성공인 것입니다. 즉 인터넷 상의 폭풍같은 소통에 브레이크를 걸어줘야 우리가 조금 덜 각박하게 살 수 있다는 기대감의 발로입니다. '위축효과'이든 헌법이든 '먹고 살자고 하는 일' 보다 중요할 수는 없다는 주장입니다.

그러나 이러한 온정주의는 누구를 위한 것일까요. '힘이 없는' 사람들일수록 더욱 익명을 필요로 합니다. 이런 광범위한 모니터링 속에서는 아직 취직을 못하고 있는 소비자들은 기업들이 생산하는 제품에 대한 사용후기도 제대로 올리지 못하게 될 것입니다. 실명제로 소통의 총량이 줄었다면 '힘없는' 사람들의 말이 주로 줄었을 것입니다.

그리고 '힘없는 사람'들의 목소리가 위축된다면 결국 민주주의에도 영향을 미치게 될 것입니다. 정책적 고려의 저울 한 쪽에 온정주의가 있다면, 저울의 다른 한 쪽에는 위에서 말했듯이 민주주의가 있다는 것을 잊어서는 안 됩니다.

(5) 특히 우리나라의 불법정보의 대부분은 모욕죄 위반정보 즉 악플입니다. 모욕죄 자체가 전 세계적으로 독일, 일본, 대만에만 있으며 원조국인 독일에서는 사적범죄라 하여 공소가 아닌 사소로 처리될 정도입니다. 아무리 사소해도 범죄구제를 위해서라면 모든 것을 포기해야 할까요. 물론 단순악플이 아니라 사실적인 주장도 있습니다. 허위의 사실적인 주장은 악플과 달리 파괴력이 있어 절대수를 단 몇 개 줄이는 것도 중요할 수 있습니다. 그러나 재판관님 한분이 제안하셨듯이 허위의 사실주장은 다르게 다루면 될 터인데 본인확인제는 의견성 글을 포함한 모든 글까지 법적의무를 부과하고 있습니다. 즉 사실적 주장을 할 때는 자신이 책임지고 본인확인을 하도록 하고 나중에 허위로 밝혀질 경우 본인확인을 하지 않은 것에 대해 책임을 물으면 됩니다. 현재 본인확인제는 그러한 별도의 대응을 불가능하게 합니다.

(6) "인터넷강국예외론"이라는 것이 있습니다. 우리나라는 인터넷강국이라서 세계 어느 곳에서도 시행하지 않는 제도도 시행할 수 있다는 논리입니다. 결국 불법정보 숫자 단 몇개라도 폐해가 심각하니 본인확인제가 필요하다는 것이지요. 헌법재판소는 "불온통신"결정(전기통신사업법 제53조 등 위헌확인 선고, 2002. 6. 27, 99헌마480)에서 이에 대해 "인터넷 매체가⋯ 표현의 쌍방향성이 보장되며, 그 이용에 적극적이고 계획적인 행동이 필요하다는 특성을 지닌다⋯ 인터넷상의 표현의 자유에 대하여 질서위주의 사고만으로 규제하려고 할 경우 표현의 자유의 발전에 큰 장애를 초래할 수 있다"고 지적한 바 있습니다. 즉 인터넷상의 소통은 게시행위와 그 글의 제목을 보고 관심을 갖고 클릭하는 독자의 행위를 통해 이루어지는 것이 방송이나 신문처럼 일방적으로 이루어지는 것이 아닙니다. 또 검색순위가 클릭수에 의해 결정되므로 특정 글의 영향력은 게시자의 능력 밖의 일입니다. 같은 불법정보라도 인터넷강국에서 폐해가 커지는 것은 게시자의 책임이 아니라 그 글을 클릭하고 퍼나르는 사람들의 집단행위의 귀결이며 그런 왕성한 집단행위에 대한 대응은 게시자의 신원확인이 아닙니다.

다. 소결론

합법적 글쓰기를 하는 사람을 포함한 모두에게 법적의무를 부과하는 본인확인제는 표현의 자유와 사생활의 자유를 과잉 침해합니다. 본인확인제는 본인확인효과가 없어 범죄구제 및 예방의 적정한 방법이 아니라서 성취하는 공익은 별로 없습니다. 2010년2월 헌재결정에 비추어도 항시 모든 글에 적용되기 때문에 더 이상 과잉할 수 없다고 할 정도로 최대규제입니다.

2. 영장주의와 사전검열금지원칙

부연하여, 우리나라 헌법은 사생활의 자유와 표현의 자유를 과잉하게 침해해서는 안 된다는 일반규범 외에도 특별규범들이 있습니다. 이 규범들은 국가가 창출하는 공익과 형량하더라도 침범할 수 없는 보호영역들을 규정하고 있습니다. 바로 영장주의와 사전검열금지원칙입니다.

가. 영장주의

국가는 범죄수사라는 막대한 공익실현을 위해 개별국민의 사생활의 자유를 침해할 수 있습니다. 바로 압수수색이나 불심검문이 그 예입니다. 하지만 영장 또는 범죄와의 연관성 확인을 전제로 가능합니다. 본인확인제는 영장/범죄연관성 확인을 통하지 않고 모든 온라인글쓰기에 일률적으로 적용되어 결국 수사기관이 신원정보를 취득하게 되므로 영장주의 위반입니다. 물론 공항수색, 음주단속, 현금거래보고제도도 그렇게 이루어집니다. 그러나 온라인글쓰기에도 그러한 긴급성이나 위험성이 존재한다고 생각하는 사람은 없을 것입니다.

방송통신위원회는 영장주의 위반은 신원정보가 수사기관에 의해 취득되는 단계에서 발생하는 것이므로 단지 신원정보의 위탁을 의무화하는 본인확인제와는 별개의 것이라고 주장합니다. 청구인은 신원정보의 위탁의 의무화와 이 정보의 영장 없는 취득은 개별적으로 위헌적이라고 생각합니다. 그러나 한 제도는 다른 제도의 위헌적 해악을 배가할 수 있으며 본인확인제는 바로 수사기관에 의한 위헌적 정보취득의 대상을 확대시켜 그 해악을 배가합니다. 그러므로 본인확인제는 영장주의를 위반하는 다른 제도의 위헌성을 배가하므로 스스로 위헌입니다.

또 실제로 본인확인제를 통해 축적되는 신원정보를 이용하는 곳은 수사기관밖에 없으며 1년에 10만건 이상씩 신원정보를 취득하고 있으며 이는 압수수색영장 숫자와 맞먹습니다. 본인확인제와 범죄수사는 불가분의 관계이며 이를 위해 수사기관이 개인정보를 취득하는 본인확인제는 영장주의 위반입니다.

나. 사전검열금지원칙

본인확인제는 글의 내용에 작성자의 충분한 신원정보가 포함되어 있는지를 사업자가 심의하여 게시여부를 결정하는 것으로 볼 수 있습니다. 즉 사전검열입니다. 사전검열이 헌법적으로 금기시되는 가장 큰 이유는 표현이 발화되기도 전에 금지될 수 있다는 사전성 때문입니다. 공선법실명제와 달리 정보통신망법상 본인확인제는 이용자의 익명선택권이 원천적으로 봉쇄되어 있습니다. 2월 결정에서는 헌재는 이용자가 후보지지글만 책임지고 실명으로 올리면 되고 나머지글은 익명으로 올릴 수 있어서 합헌이라고 했지만 이 사건 본인확인제는 모든 글에 적용되기 때문에 그러한 선택권 자체가 없습니다. 또 행정기관이 아니라 사업자가 심의를 한다는 것은 그다지 중요한 것이 아닙니다. 헌법재판소가 사전검열의 정의에 행정권이라는 용어를 쓴 것은 사법통제의 부재의 표지로 쓴 의미한 것이지 행정기관보다도 중립성 없는 사기업이 심의를 하면 위헌성은 도리어 높아집니다. 그러므로 '사법부의 통제를 받지 않는 사전적인 내용심의'라는 면에서 틀림없이 사전검열에 해당합니다.

3. 결 론

본인확인제는 모든 온라인글쓰기에 대해 사적정보공개를 요구하므로 과잉하게 표현의 자유/사생활의 자유를 침해합니다. 또 이용자에게 사전에 자신의 신원정보를 내용에 포함시키지 않으면 글의 게시가 불가능하므로 표현의 자유를 보호하는 특별규범인 사전검열금지원칙을 위반합니다. 국가기관이 영장이나 범죄관련성 판단 없이 범죄수사를 목적으로 개인정보를 취득하니 영장주의도 위배합니다.

2008년 촛불집회 사건으로 본 집회주최자에 대한 민·형사상 책임

김 남 근*

1. 사건의 개요

가. 소송의 배경: 2008년 미국과의 쇠고기수입 협상과 국민들의 분노

2003년 미국에서 광우병 발생이 확인되자 정부는 미국산 쇠고기 수입을 금지하였다. 이후 2006년부터 정부는 다시 미국산 쇠고기 수입을 재개하기로 합의하고 미국 정부와 수입위생조건에 대한 협상을 진행하였는데, 그 당시 수입재개 조건은 "도축 월령 30개월 미만의 뼈를 제거한 쇠고기를 수입하고, 모든 월령에서 7개 특정위험물질[SRM(Specific Risk Material)] 부위를 제거한다"는 것이었다. 그러나 이후 검역과정에서 뼛조각 등이 여러차례 검출되는 등 미국산 쇠고기의 안정성에 대한 우려는 계속되었다. 정부는 2007년 미국산 쇠고기 검역을 전면 중단하였다가 다시 재개하고, 2007년 11월부터는 수입위생조건에 관한 협상을 새로 진행하였다.

이러한 상황에서 이명박 정권이 새롭게 들어선지 몇 개월 되지 않은 2008. 4. 17. '30개월령 미만 소의 경우, 특정위험물질(SRM)을 편도, 회장원위부로 하여 특정위험물질을 제거한 부위의 수입을 허용하고, 30개월령 이상 소의 경우, 특정위험물질을 편도, 회장원위부, 뇌, 눈, 척수, 머리뼈, 등배신경절, 척추로 하며, 미국 정부가 동물성 사료정책의 강화를 발표하면 특정위험물질을 제거한 부위의 수입을 허용한다'는 내용의 미국산 쇠고기 수입위생조건에 대한 협상이 타결되었다. '30개월 미만 뼈 없는 살코기 수입'이라는 기존의 조건을 대폭 완화(특정위험물질이 제거되었다면 연령 제한없이 뼈 있는 살코기 수입 가능)한 조치였다.

협상 타결 소식이 발표되자 정부가 검역주권을 포기하고 국민의 안전을 미국의 결정에 맡겼다는 비판이 제기되기 시작했다. 2008. 4. 29. MBC 'PD 수첩'의 '긴급취재－미국산 쇠고기, 과연 광우병에서 안전한가?'라는 비판적 보도가 큰 논쟁을 일으키면서 이

---

* 변호사, 법무법인 위민.

후 미국산 쇠고기의 안정성과 정부의 협상태도 등이 크게 문제가 되었고 4월말 경부터는 서울 도심에서 소규모 촛불집회가 시작되었다.

촛불집회를 전후해서 광우병 위험 쇠고기 수입에 대한 비판이 마치 보수층과 진보층 사이에 이념적 대립인 것처럼 주장되었지만, 사실 미국산 소의 수입에 따른 국민건강권 침해 우려는 우리 사회 보수와 진보를 망라한 국민적 관심사였다. 조선일보는 2002. 4. 자 신문에서 광우병은 사망률 100%에 이르는 무서운 질병이며, 우리나라 사람들의 경우 98%가 광우병에 걸리기 쉬운 형질을 가지고 있다는 내용을 게재했었고,[1] 동아일보도 2007. 3. 24. 자 신문에 "SRM(특수위험물질)외에도 정상적인 프리온이 있는 곳이라도 병원성 프리온이 존재할 수 있다", "화장품을 통해 소량 몸에 들어오더라도 위험하다"라는 취지의 기사를 게재한 바 있다. 정부의 공식 문서에서도 미국산 쇠고기가 광우병으로부터 안전하지 않다는 보고가 있었다.[2] 유럽과 미국, 캐나다 등에서 발생한 인간 광우병 사례가 언론에서 자주 다루어지면서 수입산 쇠고기에 대한 우려도 점증하고 있었던 상황이었다. 앞선 정부에서는 이런 상황을 반영하여 미국산 쇠고기 수입대상과 검역 등에 관하여 신중한 태도를 보이며 수입협상을 해 오고 있었다.

이렇게 먹거리에 대한 국민적 관심이 높았던 상황에서, 정권이 교체된 지 불과 2개월 만에 광우병 위험이 있는 30개월령 이상의 소와 특정위험물질까지 수입대상에 포함된 미국과의 쇠고기 수입협상이 전격적으로 타결되었다는 소식은 당연히 우려와 비판을 불러일으킬 수 밖에 없었다. 검역주권을 포기한 굴욕협상이라는 지적과 더불어 4대강 사업 추진 등 이명박 정부가 보여준 밀어붙이기식의 국정운영방식은 국민들 사이에서 더욱 더 비판의 도마에 오르고 있었다. 미국산 쇠고기 수입을 계기로 시작된 촛불집회는 이후 4대강 사업추진 반대나 종교차별 반대 등 이명박 정부가 추진하는 다양한 국정과제에 대한 항의로 이어졌다.

나. 2008년 촛불집회의 양상

2008년 5월 2일 청계광장에서는 청소년을 중심으로 미국산 쇠고기 수입협상을 비판하는 촛불문화제가 열렸다. 사회적 이슈가 있을때마다 시민단체가 주도적으로 시민을

---

1) 이렇게 광우병 위험을 보도했던 조선일보는 2008년 미국산 쇠고기 수입을 비판하는 여론에 대해서는 '광우병 괴담'이라고 비난하는 등 태도를 바꾸게 된다.

2) 2005년 11월 농림부 축산국이 작성한 「미국 BSE 상황 및 미국산 쇠고기의 안정성에 대한 검토」 보고서(농림부 국정감사 제출자료)에서는 "미국의 현행 사료정책은 교차오염으로 인해 광우병을 유발할 수밖에 없다. 미국정부는 동물사료금지 법안을 입법예고 해놓고도 축산기업의 반발로 시행조차 못하고 있다. 따라서 미국의 동물사료정책은 필연적으로 광우병을 유발하게 될 것이고, 미국은 전체 도축소의 1% 정도에 대해서만 광우병 검사를 하고 있음에도 부실한 광우병 검사 계획마저 1/10로 축소하겠다고 발표한 바 있다. '30개월 미만의 소'에서도 여러 차례 광우병이 발생했고, 미국과 합의한 '뼈를 제외한 살코기'에도 광우병 위험물질이 들어있을 가능성이 높다" 등의 내용이 포함되어 있었다.

대변하여 집회를 주최한 것과 달리 2008년 촛불집회 초반은 시민단체의 주최가 아닌 청소년, 직장인, 주부, 대학생 등이 자생적으로 모인 촛불문화제 형식의 집회가 산발적으로 이어졌다. 그러다가 2008년 5월 6일에 참여연대, 진보연대, 여성단체, 노동조합 등 500여개 시민단체들이 연합하여 "광우병위험 미국산 쇠고기 전면수입을 반대하는 국민대책회의(이하 "대책회의"라고만 한다)"을 구성하고 되고 이후부터는 대책회의 상황실을 중심으로 체계적인 집회가 진행되게 되었다.

초기의 집회는 문화제 형태로 진행되었는데, 예를 들어, 5월 24일의 경우 노래패 '땅과 자유'의 노래공연, 시민남성 3인의 소방차가 노래한 '어젯밤 이야기' 패러디송 공연, '미친소 몰아내는 10대연합'의 공연 등 다양한 문화공연 행사가 있었다. 공연 중간중간에 노인, 주부, 청소년 및 외국인 등의 자유발언이 이어지고 행사장 주변에서는 화가들의 전시회, 행위예술가들의 공연, 퍼포먼스, 풍물, 기타연주, 각종 악기 연주 다양한 행사가 같이 진행되었다. 훗날 집회주최자들에 대한 형사재판에 증거로 제출된 경찰의 집회 상황에 대한 정보상황 보고에도 이러한 촛불집회의 양상은 잘 나타나 있다. 예를 들어 6월 4일자 상황보고의 <시민반응> 중 노점상 부분에서 "과거에는 일반 노동단체나 한총련 학생만이 시위를 하였는데, 지금은 다양한 계층의 다양한 사람들이 시위를 하고 있어 과거와는 확연히 구분이 되고 있다"라는 진술부분이 있는데, 실제로 촛불문화제와 그 이후의 시위에서는 특정단체의 회원들이나 학생 등 조직된 단위들만 참여하는 게 아니라 주부, 직장인, 청소년, 네티즌 등 다양한 계층의 사람들이 다양한 방식으로 참석했다.

그러나 촛불집회가 계속되는데도 미국산 쇠고기의 특정위험물질의 수입이 그대로 유지되고 검역이 미국 축산업자의 자율규제에 맡겨지는 것으로 협상이 되자, 촛불문화제에 참여하는 네티즌들이나 시위 참가자들이 집회 주최측에 거리시위에 나설 것을 요구하는 수위가 높아지고 평화집회 원칙을 천명하는 주최측을 비난하는 목소리들이 높아졌다. 5월 24일부터는 집회 참가자들의 이러한 요구가 받아들여져 거리시위가 시작되었다. 집회 주최측은 수많은 사람들이 거리를 행진함에 따라 발생할 수 있는 경찰과의 충돌을 방지하기 위해, 경찰이 시위대의 진출을 막기 위해 세워둔 차벽이 있는 광화문 방면이 아닌 남대문 방면으로 시위를 유도하고 일정시간 후에는 집회참가자들의 해산을 권유하는 등 평화시위의 기조를 유지하기 위해 노력하였다. 그러나 촛불집회가 장기화 되면서 이명박 정부의 시위대응도 거칠어져 시위대를 해산하는 과정에서 시민들을 폭력적으로 진압하는 경우가 늘어났고, 시위 참가자들 중 일부도 경찰과 충돌하는 사례가 발생했다. 시위 참가자들 중 일부가 경찰 차량을 손괴하거나 경찰에 폭력을 행사하는 경우도 나타나게 되면서 점점 촛불집회를 과격, 폭력집회로 매도하는 논조가 보수언론 사이에 자리를 잡았다.

이명박 정부의 강경진압 방침이 정해지고 촛불집회 장기화에 대한 비판여론이 점증하자 경찰이 시위참가자들을 강제로 연행하는 사례도 늘어났다. 5월 25일부터 촛불집회가 사실상 마무리된 시점인 8월 26일까지 민주사회를위한변호사모임(이하 '민변')이 접견한 연행자만 총 183회, 1,398명이었다.[3] 경찰의 진압방식도 점점 과격해져 5월 말에는 경찰의 물대포와 진압장비로 부상자가 발생하게 되고, 특히 여학생의 머리를 경찰이 군화발로 밟는 장면이 언론에 보도됨에 따라 경찰의 공권력 행사에 대한 시민들의 분노도 높아갔다. 이후 매 거리시위마다 부상자가 발생하는 상황이 이어지게 된다. 법원은 2008 촛불집회의 중요한 분기점과 관련하여 집회·시위가 비교적 평화적으로 시작되었으나, 수입위생조건이 그대로 고시될 움직임이 있자 격화되었고, 반면 정부가 여론을 일부 받아들여 2008. 6. 21.경 수입위생조건에 관한 추가협상 결과를 발표하자 집회·시위 인원이 감소하기 시작했다고 보았다. 그리고 이에 비추어 보면 집회·시위 참가자는 '미국산 쇠고기의 안전성에 대한 불안감, 정부의 태도 등에 대한 불만감'에서 집회·시위에 참가한 것으로 보이고 대책회의등이 집회를 주최하지 않았다면 집회가 일어나지 않았을것이라고 단정할 수 없다고 평가하였다.[4]

다. 2008년 촛불집회 현장에서 발생한 다양한 인권문제

헌법재판소의 2009. 9. 24. 야간집회금지 헌법불합치 결정과 2014. 3. 27. 야간시위금지 일부위헌 결정으로 "집회 및 시위에 관한 법률(이하 "집시법"이라고만 한다)" 제10조[5]의 야간 집회·시위 금지규정이 법적 효력을 상실 전인 2008년 상황에서는 모든 일몰 후의 집회·시위는 불법으로 금지되고 있었다. 대학생이나 직장인들은 학업이나 직장일이 끝나야 집회·시위에 참여할 수 있는데 주간에만 집회·시위가 허용된다는 것은 노동조합이나 종교단체, 학생회 등 특정단체의 회원들이 주최하는 집회·시위만이 가능하다는 것이었다. 그래서 집회주최측이 대학생, 직장인 등이 참여할 수 있도록 저녁 7시경부터 집회를 하겠다고 신고하면 경찰은 집시법 제10조에서 금지하는 불법집회라고 하며 아예 신고서를 접수조차 하지 않았고 따라서 저녁 집회·시위에 참여하는 시민들은 모두 잠재적 불법행위자, 전과자가 될 수밖에 없었다.

---

3) 연행된 사람 대부분은 기소되었고, 민변은 이후 총 939명(약식명령사건 858명, 정식기소사건 81명)을 무료로 변론하게 된다. －출처. <민변촛불백서 Ⅱ>. 19면. 2016. 5. 2. 민주사회를위한변호사모임 발간

4) 서울고등법원 제1민사부 2016. 8. 19. 선고 2013나72574 판결.

5) 집시법 제10조(옥외집회와 시위의 금지시간) 누구든지 해가 뜨기 전이나 해가 진 후에는 옥외집회 또는 시위를 하여서는 아니된다. 다만, 집회의 성격상 부득이하여 주최자가 질서유지인을 두고 미리 신고한 경우에는 관할경찰관서장은 질서유지를 위한 조건을 붙여 해가 뜨기 전이나 해가 진 후에도 옥외집회를 허용할 수 있다.－이 조항의 '옥외집회' 부분은 2009. 9. 24. 헌법불합치 결정 이후 2010. 6. 30. 개정시한을 넘겨 현재는 실효되었고, '시위' 부분은 2014. 3. 27. '해가 진 후부터 같은날 24시까지의 시위'에 적용하는 한 헌법에 위반된다는 일부위헌 결정을 받았다.

한편 집시법은 제10조에서 금지하는 야간 집회 · 시위 참가자에 대하여 50만 이하의 벌금 · 구류 또는 과료로 처하도록 규정하였는데(집시법 제23조 제3호), 형사소송법 제214조(경미사건과 현행범 체포)[6]에 따르면 50만원 이하의 벌금 · 구류 또는 과료의 현행범인에 대해서는 주거가 분명하지 않은 경우에 한하여 현행범 체포가 가능하도록 되어 있어 야간집회 참가혐의만으로는 현장에서 참가자들을 연행할 수 없었다. 그러나 경찰은 편법으로 10년 이하의 중형에 처할 수 있는 형법 제185조의 일반교통방해죄[7]를 적용하여 집회 참가자들을 현행범으로 체포하여 연행하고 있었다. 도로를 손괴하거나 장애물을 설치하여 교통을 방해하는 행위와 도로에서 집회 · 시위를 하는 행위를 동일한 행위대양으로 보아 중형이 가능한 형사처벌 규정을 적용하는 사례는 다른 국가에서는 그 예를 찾아볼 수 없어 집회 · 시위에 대한 과잉규제라는 비난이 제기되어 왔다.

또한 검찰은 집회 주최측에 대한 구속영장청구에서, 일부 시위자가 경찰차에 방화하려고 한 행위나 일부 시위자들이 경찰과 충돌하며 폭력을 행사한 행위에 대해 주최자도 공범(공모공동정범)이라는 식으로 범죄사실에 포함시켰다. 그러나 막상 그 방화혐의자를 제지하고 경찰에 신병을 인도한 것은 집회주최 측이었다. 이런 무리한 법적용에 대해 집회주최자 변호인들이 비판의견을 제기하자 검찰은 결국 공소장에서는 방화, 폭력행위 등 처벌에 관한 법률 위반 등의 혐의는 제외하였다.

집회 참가자, 주최자에 대한 형사적 처벌과 함께 경찰청(대한민국)은 집회주최자들에 대해 경찰의 부상치료 비용, 경차차량 수리비용 등 5억여원의 손해배상 소송을 제기하였다. 다종다양한 사람들이 참가하는 집회 · 시위 현장에는 손괴 · 폭력 등을 행사하는 일부 시위자들은 항상 존재할 수 있다. 그런데 수십만이 참가하는 시위에서 일부의 폭력 행위가 있다고 해서 집회 주최측이 그 모든 책임(손괴 · 폭력 심지어 방화등에 대한 공범등의 형사책임이나 민사상 공동불법행위책임)을 져야 한다면 집회를 주최하는 것은 사실상 불가능해진다. 따라서 이런식으로 주최측에 책임을 묻는 소송들은 집회 · 시위의 자유를 극도로 위축시키는 공권력 행사로 비난을 받아왔다. 미국에서는 이렇게 정부의 정책이나 대기업의 비윤리적 행위에 대한 비판을 봉쇄하기 위하여 비판자들에 대해 명예훼손, 재산적 손해, 위자료 등을 이유로 손해배상을 청구하는 소송을 '전략적 봉쇄소송' 이라고 하여 본안 판단을 하지 않고 바로 각하시키는 판례법리가 있다. 이런 소송은 사실상 피해구제를 목적으로 한다기 보다 비판자들의 표현의 자유를 봉쇄하려는 목적으로 소권을 남용한 것이라 보기 때문이다. 그러나 우리의 경우 정부정책이나 대기업의

---

6) 형사소송법 제214(경미사건과 현행범인의 체포) 다액 50만원 이하의 벌금, 구류 또는 과료에 해당하는 죄의 현행범인에 대하여는 범인의 주거가 분명하지 아니한 때에 한하여 제212조 내지 213조(현행범인의 체포, 체포된 현행범인의 인도)의 규정을 적용한다.

7) 형법 제185조(일반교통방해) 육로, 수로 또는 교량을 손괴 또는 불통하게 하거나 기타 방법으로 교통을 방해한 자는 10년 이하의 징역 또는 1천500만원 이하의 벌금에 처한다.

비도덕적 행위를 비판하는 단체나 시민들의 표현의 자유에 재갈을 물리는 수단으로 정부나 대기업이 제기하는 손해배상 소송은 광범위하게 활용되고 있다. 위와 같은 경찰청의 집회주최자에 대한 손해배상 소송은 그 대표적 예라 할 것이다.

라. 소송 진행경과

2008. 7. : 촛불집회 주최자 중 일부에 대한 형사재판 시작

2008. 7. 17. : 광화문 근처 상인들, 집회 주최자들을 피고로 소송 제기(상인소송)

2008. 7. 31. : 대한민국(경찰청), 집회 주최자들을 피고로 소송제기(경찰청 소송)

2008. 10. 9. : 집시법 제10조 야간집회금지규정에 대한 위헌심판제청결정(서울중앙 2008초기2418)

2009. 3. 16. : 대법관 진상조사단, 신영철 대법관(전 서울중앙지방법원장) 촛불재판 개입 결론

2009. 9. 24. : 야간집회금지 규정 헌법불합치 결정(헌법재판소 2009. 9. 24. 선고 2008헌가25 결정)

2009. 12. 7. : 집시법 제10조 야간시위금지 규정에 대한 위헌심판제청결정(서울중앙 2009초기3733)

2010. 3. 25. : 형법 제185조 일반교통방해 합헌 결정(헌법재판소 2010. 3. 25. 선고 2009헌가2 결정)

2011. 1. 5. : 상인소송 1심 선고. 원고 청구 기각{서울중앙지방법원 2011. 1. 5. 선고 2008가합69164, 2008가합71938(병합)}

2012. 1. 19. : 상인소송 2심 선고. 원고 청구 기각{서울고등법원 2012. 1. 19. 선고 2011나16525, 2011나16532(병합) 판결}. 원고들 상고포기로 항소심 판결 확정

2013. 10. 31. : 경찰청 소송 1심 선고. 원고 청구 기각(서울중앙지방법원 2013. 10. 31. 선고 2008가합74845 판결)

2014. 3. 27. : 야간시위 금지규정 한정위헌 결정(헌법재판소 2014. 3. 27. 선고 2010헌가2 결정)

2016. 8. 19. : 경찰청 소송 2심 선고, 원고 청구 기각(서울고등법원 2016. 5. 30. 선고 2013나72574 판결). 원고 상고

2. 형사·헌법·민사 소송의 경과

가. 집회주최자의 구속과 형사재판 및 위헌법률심판 제청

(1) 변론의 준비

2008년 촛불집회를 주최한 대책회의 실무자들 중 안진걸, 윤희숙, 황순원 3인은 시위 현장에서 현행범 등으로 체포된 후 먼저 구속 기소되어 다른 대책회의 사람들보다 빨리 형사재판이 시작되었다. 사전에 체포영장이 발부되었던 박원석, 한용진 공동상황실장과 김동규 상황실 조직담당, 청소년단체인 흥사단의 사무국장으로 촛불집회 사회를 몇 번 봤던 권혜진, 네티즌까페운영자 백성균 등 5인은 조계사에 피신하여 있다가 그 뒤 체포되어 구속 기소되었다.

변호인단은 집회주최자인 대책회의 실무자들 변호인과 네티즌 대표와 청소년단체 흥사단 소속 피고인의 변호인으로 나누어 구성되었다. 후자의 두 피고인은 대책회의 구성원이 아니어서 집회주최 책임을 물을 수 있는지에 대한 법리상 문제제기가 필요했고, 또한 집회·시위 관여 경위와 양상의 특수성 즉 네티즌들의 경우 집회주최자와 다른 입장에서 집회·시위를 평가하며 참가한 측면, 청소년 단체인 흥사단의 경우는 다수의 중·고등학생들이 집회에 참가하면서 교육단체로서 학생들 보호차원에서 참가한 측면을 변론에서 구체적으로 현출할 필요가 있었기 때문이다.

집시법 제10조의 야간집회·시위 금지 위반의 점에 대해서는 이 조항이 집회·시위에 참가한 수십만 명의 시민들을 잠재적 범죄자로 만드는 악법이기 때문에 위헌법률심판 제청신청을 하기로 하였지만 이미 1994년 헌법재판소에서 합헌결정[8)]을 한 바가 있어 고심이 되었다.

그러나 그 당시에는 야간 집회·시위 금지의 세부 쟁점에 관한 심리가 되지 않았다고 판단하였다. 그래서 헌법 제21조 위반의 위헌부분뿐만 아니라, 현대사회에서 주간시간과 다름없이 시민들의 사회·경제적 활동이 이루어지는 저녁시간과 심야시간을 구별하지 않고 저녁시간의 집회·시위마저 금지하는 것은 직장인, 학생들의 집회·시위를 사실상 봉쇄하는 것이라는 점 등 헌법 제37조의 과잉금지 원칙 위반에 초점을 맞추어 위헌법률심판 제청신청을 하기로 하였다. 나중에 헌법재판소는 '옥외집회' 부분은 허가제를 금지하는 헌법 제21조에 위반된다는 취지로 헌법불합치 결정을, '시위'에 대해서는 24시 전의 저녁시간까지 금지하는 것은 과잉금지원칙에 위배라는 취지로 한정위헌 결정을 하였다. 연세대학교 김종철교수, 서강대학교 임지봉 교수, 건국대학교 한상희 교

---

8) 헌법재판소 1994. 4. 28. 선고 91헌바14 결정.

수, 아주대학교 오동철 교수 등 많은 헌법학자들이 외국의 집회·시위 입법례를 연구하고 과잉금지, 헌법 제21조 위반의 헌법이론적 근거를 제공해 준 것이 위헌결정을 이끌어 내는데 큰 도움이 되었다.

[자료 1] 야간집회 위헌심판제청결정문(발췌)

(2) 야간집회 금지규정에 대한 위헌법률심판 제청과 서울중앙지방법원장의 재판개입 논란

먼저 구속기소된 안진걸, 윤희숙, 황순원 3인의 형사재판은 2008년 7월경 시작되었는데, 변호인들이 제기한 공판의 쟁점은 사실관계 보다는 주로 법리적인 부분이었다. 구체적으로는 야간 집회·시위 금지규정이 위헌이라는 것, 도로를 부분적·병존적으로 점거하여 행진한 경우나 경찰이 이미 차벽을 설치하고 교통을 차단하여 그 사이 열린 공간에서 집회·시위를 한 경우에까지 일반교통방해의 행위태양인 “육로를 손괴 또는 불통하게 한 행위”에 준하는 “기타방법에 의한 교통방해”로 포섭하는 것은 위법하므로 일반교통방해죄의 구성요건해당성이 없다는 것, 그리고 전체적으로 2008년 촛불집회는 그 목적이나 수단이 정당하여 정당행위로서 위법성이 조각된다는 것 등이었다. 법리적 내용이 주된 쟁점이기는 하지만, “정당행위”라는 위법성 조각사유를 주장하기 위한 전제사실로서 주최측의 평화적 집회·시위를 위한 노력이나 집회와 시위의 전반적 태양과 관련하여 여러 증거조사가 필요했다. 질서유지대에 참여한 시민단체 회원, 현장취재를 통해 전체적인 집회·시위의 상황을 목격한 기자, 부상당한 시위자나 전경을 치료한 의사 등 적지 않은 증인들을 불러 신문을 진행해야 했고 도로행진을 촬영한 영상자료의 검증도 필요했다. 무엇보다 야간 집회·시위 규정의 위헌성에 대한 재판부의 입장은 피고인에 대한 공소사실의 유무죄를 결정하는데 있어서 핵심적인 부분이었다. 그러나 재판진행에 대해 태도는 재판부마다 크게 달랐다.

2008. 7. 21. 공판이 시작된 윤희숙 피고인의 재판부는 변호인의 증거신청을 대부분 받아들이지 않았고 2008. 8. 25. 공판기일 후부터는 공판기일을 1주일마다 진행하겠다고 한 후 2008. 9. 1. 결심을 하고 2주 후인 2008. 9. 18. 판결을 선고하였다. 다른 피고인들의 경우 헌법재판소의 야간집회·시위의 위헌여부 결정 이후에 판결선고가 이루어짐으로써 야간 집회·시위에 대한 헌법재판소의 헌법불합치와 일부위헌 결정이 반영될 수 있었고 결국 해당 공소사실은 철회되어 공소기각 결정이 내려졌다. 또한 일반교통방해죄에 대해서도 충분한 증거조사를 통해 많은 부분 무죄가 선고되었다. 그러나 윤희숙 피고인에 대한 재판은 이례적으로 신속하게 진행되어 윤희숙 피고인은 헌재 결정 등에 따른 유리한 법리 적용의 기회도, 충분한 증거조사의 기회도 갖지 못한채 판결이 선고되었고 결과적으로 다른 피고인들에 비해 높은 형량을 받게 되었다.[9]

이러한 재판진행과 관련하여 사법부가 피고인의 인권보다는 정치적 상황을 고려하여

재판을 빠르게 진행하는 것은 아닌지 하는 의문이 제기되었다. 그런데 실제로 그 뒤 서울중앙지방법원장이 2008년 촛불집회 사건을 담당하는 형사 단독 판사들에게 재판을 신속히 진행할 것을 권고하고 압력을 행사했다는 사실이 보도되었다.[10] 인권의 최후 보루라는 사법부에서마저 법관의 독립성을 훼손하려는 시도가 있었다는 사실은 국민들에게 사법부에 대한 큰 실망과 불신을 안겨주기에 충분했다. 윤희숙 피고인에 대한 재판은 이렇게 재판의 공정성에 대한 의문과 아쉬움을 남기고 끝났다. 그러나 황순원 피고인의 재판부는 검찰구형 절차까지 모두 종료한 후에도 야간 집회·시위의 위헌성 여부를 판단해 보겠다는 신중한 태도를 보여주었다. 안진걸 피고인의 재판부는 변호인이 제기한 집시법 제10조의 야간집회·시위 위헌법률심판제청신청을 받아들여, 2008. 10. 9. 헌법재판소에 위헌법률심판제청을 하고 헌법재판소 결정시까지 재판을 추정[11]하였다.

(3) 야간시위금지 규정에 대한 위헌법률심판 제청

집시법 제10조 야간집회금지 조항은 헌법재판소 2009. 9. 24. 선고 2008헌가25 결정으로 헌법불합치결정이 내려졌고, 헌재가 입법개정시한으로 정한 2010. 6. 30.까지 법률이 개정되지 않아 2010. 7. 1.부터 효력을 상실하였다. 그 뒤 서울중앙지방법원 2009. 10. 28. 선고 2009고정1140 판결 등에서는 집시법 제10조 위반죄에 대하여 전부 무죄판결이 내려지기도 하였으나, 효력을 상실한 야간'집회'금지 규정 외에 야간'시위'금지 규정은 헌법불합치 판단이 없었다는 이유로 유죄판결이 내려지기도 하였다. 이와 같이 야간시위금지 조항의 효력을 둘러싼 형사재판의 혼란 속에서 서울중앙지방법원은 야간시위금지 부분에 대해서도 위헌법률심판 제청을 하게 된다(서울중앙지방법원 2009. 12. 7. 2009초기3733 결정).

야간시위금지 위헌법률심판 사건에 대하여 헌법재판소는 2014. 3. 27. 선고 2010헌가2, 2010헌가13(병합) 결정으로 앞서 야간집회금지 규정에 대해서 헌법불합치 결정을 했던 것과 달리 야간시위에 대해서는 '해가 진 후부터 24시까지의 시위에 적용하는 한 헌법에 위반된다'는 한정위헌 결정을 하였다. 이러한 헌법재판소의 한정위헌 결정에는 야간시위금지에 대해 또다시 헌법불합치 결정을 할 경우 국회의 후속입법 미비로 야간

---

9) 서울중앙지방법원 2008. 9. 18. 선고 2008고단3902 판결. 한편 제2심(서울중앙지방법원 2010. 11. 29. 선고 2008노3175 판결)은 야간집회에 대해 헌재의 헌법불합치 판결이 나온 이후였기 때문에 야간집회 부분은 공소가 취소되었으나, 야간시위에 대해서는 계류중인 헌법재판소의 결정을 기다리지 않고 선고를 함으로써 24시 이전의 야간시위 부분에 대해서 유죄판결이 선고되었다. 일반교통방해에 대해서는 2008. 6. 18.자와 2008. 6. 24. 자 일반교통방해 2개 공소사실에 대해서만 무죄판결을 받았다.

10) 2008년 당시 서울중앙지방법원장이었던 신영철 대법관은 촛불사건 담당 판사들에게 e메일을 보내 집시법에 대한 헌법재판소의 위헌결정결과를 기다리지 말고 재판을 신속하게 처리하라고 독촉한 바 있고, 이에 대해 대법원 진상조사단에서는 "재판진행에 관여한 것으로 볼 소지가 있다"는 결론을 내렸다. '신영철 대법관 촛불 재판 개입 파문'(경향신문 3. 5.), '신영철 대법관 촛불 재판 개입 결론'(한겨레. 2009. 3. 16.) 기사 등.

11) 차회 공판기일을 당해 재판기일에서 정하지 않고 추후에 지정하는 것, 추후지정.

집회 금지 규정 전체가 실효된 것과 같이 야간시위 금지 규정도 전부 효력을 상실할 수 있다는 우려가 영향을 미친 것으로 보인다. 이러한 야간시위 금지규정에 대한 한정위헌 결정은 헌법재판소가 정무적 판단에 기해 사실상 입법까지 하는 것과 같기 때문에 삼권분립 원리에 반하는 결정이라는 비판이 제기되었다. 또한 우리 대법원 판례가 헌법재판소의 한정위헌 결정은 법원을 구속하는 효력이 없다는 입장이어서 과연 헌법재판소가 한정위헌으로 결정한 야간시위 부분에 대해 이후 법원이 무죄를 선고할 것인지에 대한 우려도 존재했다. 그러나 그 뒤 대법원이[12] 야간시위금지에 대한 헌법재판소의 한정위헌 결정을 24시 이전의 야간시위금지에 대해서만 위헌결정을 한 일부위헌 결정으로 해석함으로써 결국 집시법 제10조의 야간시위금지 규정은 야간집회금지와 같이 전부 효력을 상실하는 것이 아니라 24시 이전의 야간시위 금지 부분만 효력을 상실하고 24시 이후는 여전히 유효한 것으로 남아있게 되었다.

(4) 일반교통방해에 대한 위헌법률심판 제청

집시법 제10조의 야간집회금지 규정에 대한 위헌법률심판 제청 사건의 헌재 심리가 진행되는 중에 서울중앙지방법원 제8형사부는 촛불집회 사건이 아닌 별도의 집회 사건에 대한 심리 과정에서 형법 제185조 일반교통방해죄에 대해 위헌법률심판제청을 하게 된다.[13] 재판부는 위헌제청결정문에서, 도로교통법의 규정들은 도보에 의한 신체이동의 자유를, 집시법 규정들은 집회·시위의 자유를 각 일정 부분 제한하면서도 최대한 보호하기 위한 것이고 도보에 의한 신체이동의 자유와 집회·시위의 자유가 차량을 이용한 신체이동의 자유보다 우위에 있는 기본권인데, 일반교통방해죄의 '기타 방법'을 교통을 방해하는 행위에 아무런 제한을 두지 않는 것으로 해석한다면 적법한 도로 통행이나 집회·시위의 경우도 모두 일반교통방해의 구성요건에 해당하게 되고 정당행위 등의 사유가 인정되는 경우에만 위법성이 조각된다는 것이고 이는 차량을 이용한 신체이동의 자유를 도보에 의한 신체이동의 자유나 집회·시위의 자유보다 우위에 두는 것이어서 기본권의 체계상 받아들일 수 없는 결과라고 그 위헌제청 이유를 밝혔다.

이 위헌제청사건에 대해 헌법재판소 합헌결정을 내렸다(헌법재판소 2010. 3. 25. 선고 2009헌가2 결정). 그러나 헌재는 합헌 결정문을 통해 '기타 방법'에 대한 일정한 제한해석원칙을 제시하였다. 즉 '손괴, 불통, 기타 방법'이라는 예시적 입법형식이 명확성의 원칙에 위배되지 않으려면 예시적인 개별적 구성요건이 그 자체로 일반조항의 해석을 위한 판단지침을 내포하고 있어야 한다고 한 후, '기타의 방법'에 의한 교통방해라는 것은 육로 등을 손괴하거나 불통하게 하는 행위에 준하여 의도적으로, 또한 직접적으로

12) 대법원 2014. 7. 10. 선고 2011도1602 판결 등.

13) 서울중앙지방법원 2009. 5. 1. 자 2009초기1242 결정.

교통장해를 발생시키거나 교통의 안전을 위협하는 행위를 하여 교통을 방해하는 경우를 의미하는 것으로 볼 수 있고, 이렇게 손괴나 불통이 '기타의 방법'을 해석하는 유용한 판단지침을 이루고 있기 때문에 예시적 입법형식이라 하더라도 명확성 원칙에 반하지 않는다는 것이었다. 헌재는 육로 자체를 손괴한 것은 아니지만 교통표지 등 시설물이나 도로 위의 차량 등을 손괴·연소케 하는 행위나 다른 차량으로의 계획적인 충돌행위 등을 '기타 방법'의 예로 들었다. 이런 헌재의 합헌 취지에 따르면 육로를 손괴하거나 불통하는 행위에 준하지 않는 행위까지 기타방법을 무작위적으로 적용하는 것은 '기타 방법'의 해석범위를 벗어나는 것이었다. 그 뒤 대법원[14]은 촛불집회에서 도로를 부분적·병존적으로 점거한 시위에 대해 무죄를 선고하기도 했다.

나. 헌법재판소의 야간집회금지 헌법불합치 결정과 야간시위 금지 한정위헌 결정

(1) 야간집회금지 헌법불힙치 결정

2008. 10. 9. 서울중앙지방법원 제7형사단독에서는 집시법 제10조가 위헌의 소지가 있다고 판단하여 헌법재판소에 위헌심판제청을 하였고, 결국 2009. 9. 24. 선고 2008헌가 25호 결정으로 헌법재판소는 야간집회를 금지한 집시법 제10조와 그에 대한 벌칙조항인 제23조 제1호에 대해 ＜위헌 5: 헌법불합치 2: 합헌 2＞의 내용으로 '헌법불합치' 결정을 내렸다.

헌법재판소의 5인 다수 의견은, "현행 헌법 제21조 제2항의 집회에 대한 허가제 금지 규정은 집회의 허용여부를 행정권의 일방적·사전적 판단에 맡기는 집회에 대한 허가제는 집회에 대한 검열제와 마찬가지이므로 이를 절대적으로 금지하겠다는 헌법개정권력자인 국민들의 헌법가치적 합의이며 헌법적 결단"이라는 점을 분명히 한 후, "헌법 제21조 제2항의 취지는 집회의 내용을 기준으로 한 허가뿐만 아니라 집회의 시간·장소를 기준으로 한 허가도 금지된다는 의미이므로 옥내·외의 집회나 주·야간의 집회를 막론하고 집회 전반에 걸쳐 허가제는 금지"되는 것인데, "집시법 제10조는 야간 옥외집회에 관한 일반적 금지를 규정한 본문과 관할 경찰서장에 의한 예외적 허용을 규정한 단서로 구성되어 그 전체로서 야간옥외집회에 대한 '허가'를 규정한 것이므로 헌법 제21조 제2항에 정면으로 위반되는 것"이며, 외국 입법례에 의하더라도 영국, 독일, 일본, 오스트리아 등은 야간옥외집회를 특별히 금지하거나 행정권에 의한 허가의 방법으로 제한하고 있지 않으며, 프랑스에서는 밤 11시 이후의 집회만을, 러시아의 경우에도 밤11시부터 아침 7시까지의 집회만을 금지하고 있다고 밝힌 후 이러한 비교법적 차원도 집시법 제10조의 위헌여부를 평가함에 있어서 고려해야 한다고 하였다. 다수의견

14) 대법원 2010. 5. 13. 선고 2009도10578 판결 등.

은 결론으로 집시법 제10조 중 '옥외집회' 부분은 허가제를 금지한 헌법 제21조 제2항에 위반되고, 그 처벌조항인 집시법 제23조 제1호 중 '제10조 본문의 옥외집회' 부분도 헌법에 위반된다고 하였고 아울러 이전에 집시법 제10조에 대해 합헌결정을 내렸던 판시(헌법재판소 1994. 4. 28. 선고 91헌바14 결정)는 변경되어야 한다고 밝혔다.

2인 헌법불합치 의견은 집시법 제10조가 '해가 뜨기 전이나 해가 진 후'라는 광범위하고 가변적인 시간대의 옥외집회를 금지하는바 "낮 시간의 짧은 동절기의 평일의 경우에는 직장인이나 학생은 사실상 집회를 주최할 수 없거나 참가할 수 없게 되어, 집회의 자유를 실질적으로 박탈하거나 명목상의 것으로 만드는 결과를 초래하게 된다. 또한 도시화·산업화가 진행된 현대 사회에서, 해가 진 후라고 할지라도 일정한 시간 동안에는 낮 시간 동안 이루어지던 활동이 계속되는 것이 일반적이므로 '야간'이라는 시간으로 인한 특징이나 차별성이 명백하게 존재한다고 볼 수 없고, 설사 일부 있다고 하여도 그 정도가 심각한 수준에 이른다고 보기 어렵다"고 한 후 "집시법 제10조는 목적달성을 위해 필요한 정도를 넘는 지나친 제한이다. 침해최소성에 반하고, 법익균형성도 갖추지 못하였다. 따라서 집시법 제10조 중 '옥외집회'에 관한 부분은 과잉금지 원칙에 위배하여 집회의 자유를 침해하는 것으로 헌법에 위반되고, 이를 요건으로 하는 집시법 제23조 제1호의 해당부분 역시 헌법에 위반된다"라는 견해를 취하였다. 다만 '해가 뜨기 전이나 해가 진 후' 중 어떠한 시간대에 옥외집회를 금지하는 것이 입법목적을 달성하면서도 집회의 자유를 필요최소한 범위에서 제한하는 것인지에 관하여는 입법자의 판단에 맡기는 것이 바람직하다라고 하여 단순 위헌으로 선언하지 않고 헌법불합치 결정을 하였다.

(2) 야간시위 한정위헌 결정

앞서 언급한 바와 같이 야간집회금지에 대한 헌법불합치 결정 이후 제청된 야간시위 금지규정에 대한 헌재의 심사결과는 한정위헌이었다{2014. 3. 27. 선고 2010헌가2, 2010헌가13(병합)}. 재판관의 의견은 <한정위헌의견 6, 전부위헌의견 3>으로 나뉘었다.

재판관 6인은 '해가 뜨기 전이나 해가 진 후'라는 시간대 동안 시위를 절대적으로 금지하는 것에는 위헌적인 부분과 합헌적인 부분이 공존하고 있고, 입법목적을 달성하면서도 시위의 주최자나 참가자의 집회의 자유를 필요최소한의 범위에서 제한하는 방법은 여러 방향에서 검토될 수 있으므로 이는 입법자의 판단에 맡기는 것이 바람직하지만 헌법불합치 결정을 하면서 적용을 중지하면 공공의 질서 내지 법적 평화에 대한 침해의 위험이 높아 규제가 불가피한 경우에도 대응하기 어려운 문제가 발생할 수 있으므로 위헌성이 명백하다고 할 수 있는 24시까지의 시위에 적용하는 한 헌법에 위반된다고 결정하고 24시 이후의 시위에 대해서는 입법자가 결정할 여지를 남겨두는 바람직하므로 한정위헌결정을 한다고 설시하였다.

그러나 이에 대해 재판관 3인은, 헌법재판소가 직접 위헌인 부분과 합헌인 부분을 구분하는 것은 쉽지 않고, 제한의 범위 및 정도와 관련한 위헌성의 해소에 다양한 방법의 접근이 가능함에도 헌법재판소가 그 경계를 특정하는 것은 사실상 입법권을 직접 행사하는 것과 마찬가지여서 권력분립의 원칙과 충돌할 여지가 많으므로, 원칙으로 돌아가 전부 위헌결정을 함이 타당하다고 밝혔다.

다. 형사재판의 결과

헌법재판소가 2014. 3. 27. 야간시위금지 규정에 대한 한정위헌 결정을 하고, 대법원이 2014. 7. 10. 이 결정의 의미를 24시 이전의 야간시위에 한정한 일부위헌으로 해석하면서 2008 촛불집회에 대한 집시법 위반 및 일반교통방해 형사재판과 관련한 위헌소송은 모두 마무리 되었다. 이에 따라 법원은 2014. 8.부터 추정되어 있던 공판을 재개하였다. 검찰은 야간집회 공소사실과 24시 이전의 야간시위 공소사실 부분은 공소를 취소하고 24시 이후의 야간시위 부분과 미신고 집회주최 부분, 일반교통방해 부분의 공소사실은 유지하였다.

그런데 이런식의 공소유지는 부당한 것이었다. 공소제기 당시는 야간집회·시위 금지 규정이 유효하여 경찰은 야간집회 신고조차 받아주지 않았기 때문에 주최측은 집회신고를 하고 싶어도 신고할 방법이 없었다. 따라서 피고인들은 검찰이 야간 집회·시위 부분에 대한 공소를 취소하면서 당연히 이와 불가분의 관계에 있었던 집회를 신고하지 않고 주최한 점에 대해서도 함께 공소를 취소할 것으로 기대했다. 그런데 검찰은 야간 집회·시위 부분만 쏙 빼서 공소를 취소했다. 이는 객관적으로 불가능한 것을 하지 않았어도 처벌하겠다는 검찰의 입장을 보여주는 것이었다. 일반교통방해의 점도 헌법재판소 결정의 취지에 따라 손괴·불통에 준한다고 볼 수 없거나 공소장 자체에서 도로를 부분적·병존적으로 점거한 사실이 확인되는 부분은 공소취소할 것을 기대했으나 검찰은 그대로 공소를 유지하였다.

제1심[15]은 한국진보연대 민주인권국장이며 대책회의 상황실에 상근한 실무자인 황순원 피고인이 ⅰ) 대책회의의 간부 또는 회원들인 박원석, 한용진 등과 공모하여 2008. 5. 29.부터 같은 해 6. 22.까지 14차례 미신고 옥외집회를 주최하고, ⅱ) 위 박원석 및 시위참가자들과 공모하여 2008. 5. 29.부터 같은 해 6. 22.까지 14차례 서울 시내 주요 도로를 점거한 채 행진하여 위 도로상의 교통소통을 방해하였다는 공소사실에 대하여 이를 유죄로 인정하고, 황순원 피고인의 2008. 5. 30.자, 같은 해 6. 4.자, 6. 6.자, 6. 9.자, 6. 11.자, 6. 16.자, 6. 21.자 일반교통방해의 공소사실에 대해서는 그 당시 시위

15) 서울중앙지방법원 2015. 8. 21. 선고 2008고단4050 판결.

참가자들의 행진으로 말미암아 차량의 통행이 불가능하거나 현저하게 곤란한 상태가 발생하였음을 인정하기에 부족하고, 달리 그와 같은 사실을 인정할 증거가 없다는 이유로, 2008. 6. 12.자, 같은 해 6. 17.자, 6. 18.자, 6. 23.자, 6. 24.자 일반교통방해의 공소사실에 대해서는 공소장 기재 자체에 의하더라도 집회참가자들이 차로의 일부만을 점거한 채 행진하였으므로 그로 인하여 차량의 통행이 불가능하거나 현저하게 곤란하게 되었다고 보기 어렵고, 달리 그와 같은 사실을 인정할 증거가 없다고 이유로 무죄판결을 하였다(다만, 2008. 5. 30.자, 6. 6.자, 6. 21.자 일반교통방해의 죄는 이와 상상적 경합관계에 있는 집회 및 시위에 관한 법률 위반죄를 유죄로 인정하여 따로 주문에서 무죄를 선고하지는 않았다).[16]

라. 경찰청(대한민국)의 집회주최자에 대한 손해배상과 소송의 결과

(1) 경찰청의 소송제기 의도와 전략적 봉쇄소송

대한민국(경찰청)[17]은 2008 5월에서 6월 사이 촛불집회 과정에서 발생한 일부 시위자들의 경찰에 대한 폭행, 경찰차량의 손괴 등으로 발생한 재산적 손해에 대해, 2008. 7. 31. 집회주최자인 광우병국민대책회의등 단체와 실무자 등 17명을 피고로 하여 337,833,177원의 금원을 손해배상으로 청구하였다. 이후 원고는 2008. 11. 26. 517,090,559원으로 청구취지를 확장하였다가, 항소심에서 다시 청구취지를 감축하여 최종 청구금액은 484,951,570원(치료비 합계 229,780,840원+장비 피해 합계 111,016,481원+경찰버스 피해 합계 144,154,249원)으로 정리되었다. 이 사건 민사송에서도 집시법상 야간집회금지의 위헌성 여부가 쟁점의 하나였기 때문에 헌법재판소의 결정이 나올 때까지 추정되었다가 2013년 4월 변론이 재개되었고 1심과 2심 모두 경찰의 청구는 전부 기각되었다(서울중앙지방법원 2013. 10. 31. 선고 2008가합74845 판결, 서울고등법원 2016. 8. 19. 선고 2013나72574 판결).

원고(경찰청)의 주장은 단순했다. 대책회의와 그 실무자들이 집시법과 일반교통방해죄를 위반한 불법집회를 주최하였으니, 그 집회 과정에서 일부 시위자들에 의해 발생한 폭력·손괴 행위로 인한 손해도 모두 주최측에서 배상책임을 져야 한다는 것이었다. 이렇게 집회주최자에게 집시법과 일반교통방해 형사책임이 성립하면 바로 그 집회 과정에서 발생한 모든 재산적, 인적 손해에 대해 집회주최자가 공동불법행위자로 책임을 부담

---

16) 안진걸 피고인(서울중앙지방법원 2015. 5. 15. 선고 2008고단3949 판결)의 경우에도 부분적·병존적 도로점거형태의 일반교통방해에 대해서는 무죄가 선고되었으나, 박석운 진보연대 대표(서울중앙지방법원 2014. 11. 26. 선고 2008고단5026 판결) 등에 대해서는 전부 유죄판결이 내려져 같은 사안에 대해 하급심마다 판결의 일관성을 유지하지 못하고 있다.

17) 민사소송에서 행정기관은 당사자능력이 없어 대한민국이 원고가 되어 손해배상 청구소송을 제기하였지만, 실질적으로는 경찰청이 부상당한 전경들의 치료비와 경찰차량 수리비 등을 청구하는 것이어서 아래에서는 "경찰청 소송"이라고만 한다.

해야 한다는 단순한 논리에 의존하고 있었기 때문에 경찰청의 입증도 주로 집회주최자의 형사책임과 관련한 부분에 집중되었다. 또한 시위대의 가해행위와 무관하게 경찰이 업무수행 과정에서 스스로의 실수로 발생한 모든 피해, 예를 들어 출동과정에서 급히 서두르다가 발목을 삐었다거나 방패를 챙겨 나가려다가 너무 세게 방패를 잡아 당겨 자신의 방패에 맞아 찢어졌다는 등의 피해까지 집회 주최측에서 손해를 배상해야 한다는 식의 비상식적 주장도 다수 있었다. 이런 주장, 입증 자체에서도 이 손해배상 소송의 목적이 피해를 전보하기 위한 것이 아니라 촛불집회를 폭력집회로 비난하는 보수여론을 등에 업고 집회 주최자에 대해 법의 이름으로 정치적 단죄를 하는 판결을 주문하려는 의도가 드러났다. 집회 주최 단체들은 경찰청 소송이 시민들의 집회·시위 자체를 봉쇄하고 정부에 반대하는 여론을 잠재우고자 전략적으로 제기된 봉쇄소송이라고 비판하였다.

피고측 변호인들은 원고 대한민국(경찰청)이 주장하는 손해의 내용이 2008년 촛불집회 과정에서 발생한 경찰차량의 피해나 전경들의 부상이 모두 집회주최 행위 때문에 발생한 것인 양 배상을 청구하는 것이어서 사실관계의 측면에서 인과관계도 없고, 법리적 측면으로 봐서도 1) 집시법이나 일반교통방해와 같은 행정법규 위반이 바로 재산적 손해에 대한 불법행위 책임 성립으로 이어지려면 그 법규가 행정질서의 유지 등 사회적 법익뿐만 아니라 개인적 법익의 보호도 포함하고 있어야 한다는 점과 2) 집회와 시위가 빈번하게 개최되고 집회주최자에 대한 민사상 책임 문제에 대해 사례가 많이 축적되어 있었던 미국이나 독일 등의 판례법리를 소개하며 집회주최자의 민사책임은 헌법상의 집회·시위의 자유나 민주적 기본질서의 헌법원리와 밀접히 연관되어 있는 법리적 문제라는 점을 쟁점으로 제기하였다. 이러한 법리적 쟁점의 수립과 미국과 독일의 집회주최자 민사책임 관련 판례 조사와 관련해서는 고려대 로스쿨의 박경신, 김제완 교수의 도움이 컸다.

(2) 경찰청 소송의 판결

경찰청 소송의 판결 이전에 보수 변호사단체가 2008년 촛불집회 장소 주변 상인들을 모아 집회·시위로 매출액 감소의 영업손실을 입었다며 집회주최자들을 상대로 제기한 손해배상 청구소송(이하 "상인소송"이라고만 한다)의 판결이 먼저 있었다. 이 소송의 주요 쟁점 중 하나는 촛불집회 과정에서 발생한 일부의 손괴·폭력 행위에 대하여 집회주최자가 공동불법행위 책임을 부담하는지였다. 이에 대해 서울고등법원 제19민사부 2012. 1. 31. 선고 2011나16525,16532(병합) 판결은 "집단적 형태로 의사를 표현하는 집회 및 시위에 있어서, 그 참가자들에게 공동불법행위 책임을 지나치게 용이하게 인정하게 되면 「헌법」에서 보장된 집회의 자유가 공동화(空洞化)될 것이다. 따라서 평화적인 집회 도중에 일부의 과격분자에 의하여 저질러진 일탈행위로 인한 손해에 대하여는 그 과격분자만이 책임을 져야 할 것이고, 일부 참가자들이 폭력을 행사할 수도 있음이 사전에 예견되더라도, 집회 및 시위 현장에서 폭력을 행사하는 참가자들과 연대하거나 그들을 적극적으로 격려하는 행동을 명시적으로 하는 경우에 한하여 폭력행사로 인한 손해에 대하여 책임을 진다고 할 것이다[18]"라고 판시하면서 시위 참가자들 가운에 일부가 저지른 폭력행위에 대한 주최측이나 다른 참가자들의 가담・선동 등 구체적 관여행위가 입증되지 않는다면 공동불법행위 책임을 지지 않는다는 법리를 명확히 하며 원고들의 청구를 모두 기각했다.

경찰청 소송 제1심 판결(서울중앙지방법원 2013. 10. 31. 선고 2008가합74845 판결)은 가해자, 상해의 원인과 원인 제공자, 참가자, 구체적인 행위자와 피고들의 관계, 버스가 파손된 장소와 경위, 원고 주장 상해, 피해와 집회・시위와의 상당인과관계에 대한 원고 대한민국의 주장이나 증명이 없다고 하며 경찰청의 청구를 모두 기각하였다.

제1심 판결은 집회 과정에서 발생한 시위자 일부의 폭력 행위에 대해 집회 주최자가 공동으로 불법행위를 져야 하는지에 대한 법리적 쟁점을 직접적으로 판단하지는 않았지만, 집회 주최자에게 집시법, 일반교통방해 등 행정법규 위반의 형사책임이 인정되면 집회에서 발생한 경찰차량 파손이나 전경들의 부상 손해를 결과적으로 모두 책임져야 한다는 원고측 주장을 배척하고 일반적인 불법행위 손해배상 책임의 원리대로 구체적인 행위자와 피고들의 관계, 과실이나 방조 책임을 인정할 요건에 대한 구체적 증명과 특정이 필요하다고 하였다. 이러한 기본적인 증명도 없이 단지 집회 와중에 인적 손해나 물적 손해가 발생했다고 해서 집회 주최자에게 모든 책임을 묻는 것은 판례와 증거법칙에 어긋나는 것이고 결과책임을 묻는 것과 같으므로 원고의 청구는 받아들일 수 없다는 판시였다.

그 뒤 경찰청이 항소하여 3년여의 항소심 끝에 서울고등법원 제1민사부는 2016. 8. 19. 대한민국(경찰청)의 항소를 기각하였다. 항소심에서 경찰청은 집회주최자들이 폭력・손괴 등을 직접 실행하였다거나 폭력・손괴행위를 행한 시위자들과 공모하였다는 주장 보다는 일부 시위자들의 폭력・손괴행위를 방조하였다는 소위 "과실에 의한 방조"이론에 기대어, "집회주최자의 질서유지의무 위반", "일부 시위자들의 폭력・손괴행위가 예상되는데도 집회・시위를 중단하지 않고 계속 진행" 등을 불법행위 책임의 근거로 주장하였다. '질서유지의무 위반'에 대해 재판부는 "집회주최자가 부담하는 질서유지의무는 순조로운 집회・시위의 진행과 유지를 위하여 필요한 준비나 조치를 해야 한다는 정도로 이해된다. 이를 넘어서 집회・시위 주최자가 마치 공권력이나 경찰행정업무를 담당하는 것처럼 집회・시위 참가자의 폭력행위를 미리 철저하게 차단해야 한다거

18) 판결문 55면. 이 판결은 원고들이 상고하지 않아 확정되었다.

나 폭력시위자를 적극적으로 제지하고 억압하여 완전무결한 집회·시위가 이루어지도록 하는 정도의 질서유지의무를 부담하는 것으로 보기 어렵다"고 판단하였다. 또한 "집회주최자가 '불특정 다수의 시민이 모인 집회·시위 과정에서 일부 소수 참가자의 일탈행위가 있을 수 있다'고 예상할 수 있었다는 이유로, 폭력시위자뿐만 아니라 집회주최자에 대해서까지 손해배상책임을 확대한다면, 집회·시위 주최자로서는 감당할 수 없는 위험을 안게 된다. 이로 인해 사회·정치현상에 대한 불만을 느끼는 소수집단은 집회·시위를 주최하는데 큰 부담을 갖게 되고, 종국적으로 소수집단의 구성원은 집단적 의견표명을 통해 공론의 장에 참여할 기회를 상실하게 된다. 이는 자기책임의 원칙에 반하여 집회·시위의 자유를 과도하게 제한하는 결과로 이어질 수 있다"고 판시하였다.

[자료 2] 경찰청 소송 2심 판결(발췌)

3. 야간집회·시위 금지규정의 위헌성 쟁점

가. 헌법 제37조의 과잉금지 위반

야간 집회·시위에 대하여 기본권제한의 필요성이 있다 하더라도 제한의 목적에 비추어 그 범위, 즉 금지의 시간과 장소 등의 제한범위를 보다 구체적으로 특정하는 등 집회·시위의 자유를 최소침해하는 방식을 택해야 한다. 예를 들어 야간 집회·시위의 경우 금지시간을 야간전부로 할 것이 아니라 심야시간인 오후 11시 이후로 한정한다든가 금지장소를 공공도로 등으로 한정하여 기본권을 제한할 수 있음에도 야간시간 전부, 옥외의 모든 장소에서 야간시위를 제한하는 것은 과잉금지 원칙에 위배된다. 특히 직장과 학교에서의 무한경쟁을 특징으로 하는 현대사회에 있어서는 생업과 학업에 전념하는 직장인이나 학생 등이 주간에 개최되는 집회·시위에 참여하기란 사실상 불가능하다. 따라서 정치적 의사교류나 사회적 여론형성이라는 집회·시위의 목적을 달성하기 위해서는 직장인, 학생 등이 참여하기 쉬운 퇴근시간대인 오후 7-9시의 시간대에 집회·시위를 개최할 필요성이 높다. 그럼에도 불구하고 이렇게 효율성과 필요성이 가장 높은 시간대에 집회·시위를 전면적으로 금지하거나 사전허가제로 운영하도록 하는 집시법 제10조는 사실상 실효성이 없는 시간대에만 집회·시위를 하도록 하는 것으로써 기본권의 본질적 내용을 침해하는 것이다. 프랑스, 러시아, 일본(동경도 조례), 중국, 미국의 일부 지방도시 등 야간 집회·시위에 제한을 두고 있는 나라에서도 오후 11시(프랑스, 러시아, 일본 동경도 조례) 또는 오후 9시, 10시(중국, 미국의 몬태나, 사우스캐롤라이나 등)를 기준으로 모두 "심야"시간대에 집회를 제한하고 있을 뿐 우리의 집시법 제10조처럼 "야간"시간 전부를 제한하는 경우는 찾아보기 힘들다.

옥외 집회 제한의 경우도 공공도로(프랑스), 주거전용지역(독일) 등 장소를 특정하여 제한하는 입법례는 있지만, 전국의 모든 일체의 옥외장소에서 집회를 금지하는 입법례는 찾아보기 어렵다. 또한 역사적, 전통적으로 중요한 집회 장소였던 공원이나 광장 등에서마저 집회를 제한하는 입법례도 드물다. 야간집회금지 위헌제청사건(헌법재판소 2009. 9. 24. 선고 2008헌가25 결정)에서 경찰청은 미국에서도 야간시위를 금지하는 곳이 있다고 하며 몇몇의 도시를 언급했다. 그러나 학자들이 좀 더 확인을 해보니 경찰이 예시로 든 City of Waukee, Iowa는 주민 8천명, Oglala Sioux Tribe는 인디언 부족마을로 주민 2,000명 정도가 거주하는 곳이었고 Town of Cottage Grove, Wisconsin도 주민 2,000명의 소도시였다. 우리의 면단위 정도의 시골이나 지방 소도시에서 동네의 음주행태를 고치기 위하여 음주제한 시간에 맞추어 술 먹고 퍼레이드 하는 것을 금지하는 사례를 마치 미국의 경우 야간 집회·시위를 금지하는 도시가 많은 것처럼 주장했던 것이다. 오히려 뉴욕, 디트로이트, 시카고, 포트랜드, 시애틀, 오클랜드, 오스틴, 애틀란타 등 미국을 대표할 수 있는 대도시들은 야간시위 금지와 같은 시간제한 규정을 두고 있지 않았다. 시간제한 규정을 두고 있는 보스턴과 매디슨의 경우도 오후 10시 이후 "심야"시간의 집회·시위만을 규제할 뿐 "야간"시간 모두를 규제하지는 않는다.

또한 각 야간 집회·시위의 개별·구체적인 심사를 통한 제한방식으로도 그 입법목적을 달성할 수 있기 때문에 집시법 제10조와 같이 일반적, 전면적으로 금지하는 방식은 기본권 제한에 있어 목적 달성에 필요한 최소한의 범위로 한정해야 한다는 과잉금지 원칙에도 위반된다.[19] 규범조화적 해석에 의하더라도 소음·진동규제법의 입법례와 같이 장소와 시간별로 제한의 정도를 달리하는 방법이 있음에도 불구하고 집시법 제10조는 야간의 경우 전국 어디든지 옥외 집회·시위를 금지하는 방식을 취하고 있어 역시 과잉금지 원칙에 반한다.

나. 표현의 자유에 관한 "명백하고 현존하는 위험"의 법리에 위반

집회·시위의 자유는 표현의 자유에 속하고 표현의 자유는 대의민주주의를 보충하는 기본권으로서 중요한 가치를 가지므로 이익형량의 원칙에 따라 다른 기본권보다도 우선하여 보호하여야 한다. 그러므로 표현의 자유의 제한은 매우 신중하게 행해져야 하고 이에 대한 법리로서 "명백하고 현존하는 위험"이라는 법리가 형성되어 있다. 공공의 안녕과 질서에 대한 위험이 명백하고 현존하는 경우에만 집회나 시위 등 표현의 자유를 제한할 수 있다는 것이다. 이러한 '명백하고 현존하는 위험'의 원칙은 미국연방대법원의 Holmes 대법관이 1919년 Schenk사건에서 처음 적용한 후 표현의 자유에 대한 제한에

19) 국회입법조사처, "도심대규모집회 불허정책의 위헌성 검토" 10, 11면.

있어서 합헌성을 판단하는 중요한 기준이 되어 왔다.

독일 연방헌법재판소의 집회의 자유에 관한 대표적 법리를 정립한 브록도르프 판결에서도 "집회의 금지와 해산은 공공의 안전과 질서에 대한 '직접적 위험'이 있는 경우에 한하여" 허용된다는 원칙을 분명히 한 바 있다. 또한 이 경우 "인식할 수 있는 상황에 근거해야 하고, 단순한 혐의나 가정만으로는 충분하지 않다. 집회의 자유가 가진 근본적인 중요성을 고려할 때, 당국이 위험의 예후에 대한 기준을 너무 낮게 책정해서 예방적 금지를 해서는 안된다"고 하여 구체적인 근거에 의해서만 집회를 금지할 수 있을 뿐 단지 우려나 예측만으로 집회를 해산하거나 금지하는 것은 위헌이라고 선언하였다.[20] 이렇듯 단순히 폭력·과격행위가 발생할 우려가 있다는 이유만으로 일체의 야간집회·시위를 전면적, 절대적으로 금지하는 것은 "명백하고 현존하는 위험"의 법리에도 반하는 것이다.

야간 집회·시위에 대한 제한을 찬성하는 측은 치안유지나 폭력행위의 발생 가능성을 이유로 들고 있다. 그러나 이는 막연한 우려에 불과할 뿐 집회의 자유를 제한할 수 있는 명백하고 현존하는 위험이라고 할 수 없다. 현대 사회는 전기기술, 산업의 발달, 야간통행금지의 해제, 주간에서 야간까지 이어지는 사회적, 문화적 활동 등으로 인해 주간과 야간의 차이는 갈수록 없어지고 있다. 따라서 단지 야간이라는 이유만으로 폭력 발생의 우려가 있다는 것은 근거가 매우 박약하다. 특히 다른 나라에 비해 야간 활동이 훨씬 활성화 되어 있는 한국적 상황을 고려하면[21] 더더욱 야간시위의 전면적 금지는 정당성이 없다. 또한 야간 영업과 활동은 거의 전면적으로 열려있으면서[22] 유독 야간의 집회와 시위에 대해서만 규제하는 것은 표현의 자유를 영업의 자유보다 더 많이 규제하는 방식을 취하는 것으로, 집회의 자유의 제한에 대해서는 "집회의 금지와 해산은 원칙적으로 공공의 안녕질서에 대한 직접적인 위협이 명백하게 존재하는 경우에 한하여 허용될 수 있다"[23]고 하여 엄격한 심사기준을 채택하는 반면, 영업의 자유에 대해서는 "직업

20) "Secondly, the power for authorities to intervene is limited by the fact that bans and dispersals are only permitted when there is a "direct endangering" of public safety or order", "Accordingly the statute provides that it must be based on "recognisable circumstances", and therefore on facts, situations, and other particulars; mere suspicion or assumptions cannot suffice. Taking into consideration the fundamental importance of freedom of assembly the authority may not, in particular when issuing a preventative ban set too low a standard for the prognosis of the dangers" – BVerfGE 69, 315, Beschluß v. 14. 5. 1985.

21) "한편, 외국보다는 근로시간이 월등히 많다는 점도 한국에서 야간시간대에 사회적 활동이 많다는 점을 간접적으로 보여주고 있다고 할 것입니다. 주 5일제 전면시행에도 불구하고, 한국 노동자의 연간 노동시간은 2261시간으로 OECD 29개국 중 가장 많습니다. 이는 OECD 회원국 중 유일하게 2천시간을 초과한 것입니다. 야간집회에 시간적 제한을 두고 있는 프랑스 근로자의 연간 근로시간은 1457시간에 불과하다는 것을 고려하면 우리나라의 야간활동이 프랑스에 비해 훨씬 많을 것임을 추측할 수 있습니다." – 2010. 4. 야간시위금지 위헌제청사건 청구인측 의견서 중 인용.

22) "예를 들어 대형유통업체인 홈플러스의 경우 서울지역에 있는 영업점의 각 영업시간을 분석해보면, 전체 15개의 영업점 가운데 80%에 해당하는 12개 영업점이 24시간 영업을 하는 것을 알 수 있습니다" – 위 의견서 중 인용.

수행의 자유는 공공복리 등 공익상의 이유로 비교적 넓은 법률상의 규제가 가능하다"[24] 고 하여 완화된 심사기준을 채택하고 있는 기본권 제한 체계와도 부합하지 않는다.

다. 헌법 제21조 집회 · 시위의 허가제 금지 위반

검찰과 경찰은 집시법 제10조가 본문에서는 야간의 옥외 집회 · 시위를 일반적으로 금지하였지만 단서에서 "성격상 부득이한 경우" 예외적으로 야간의 옥외 집회 가능성을 열어놓았기 때문에 위헌성이 없고 오히려 다른 선진국 보다 선진적인 조항이라고 주장하였다. 하지만 헌법은 제21조 제2항에서 명시적으로 집회의 허가제를 금지하고 있고 헌법에서 금지하는 '허가'란 행정권이 주체가 되어 집회의 내용등을 사전 심사하여 일반적인 집회금지를 특정한 경우에 해제함으로써 집회를 할 수 있게 하는 제도인데, 집시법 제10조는 원칙적 금지(본문)과 행정권에 의한 예외적 허용(단서)의 구조를 취함으로써 그 전체로 헌법 제21조 제2항이 금지하고 있는 "허가제"의 실질과 형식을 그대로 갖추고 있었다. 이는 집회의 자유가 원칙이고 금지가 예외인 신고제와는 집회의 자유에 대한 이해의 출발점부터 달리하고 있는 것이다.

또한 집시법 제10조는 그 입법목적상 금지범위에 포함시킬 이유가 없는 행위까지지도 광범위하게 금지대상을 포괄하고 있다. 집회의 성격상 사전 신고가 불가능하거나 필요하지 않다고 해석되는 '우발적 집회'나 '긴급집회', 또는 법무부 스스로도 주장하고 있는 바와 같이 소수의 폭력시위자에 의하여 주도되지 않은 평화적 집회 · 시위도 이 조항에 의할 경우 전면적으로 금지될 수 밖에 없는 것이다. 이와 같이 집시법 제10조는 '원칙적 금지, 예외적 허용' 방식의 '원칙과 예외'가 전도된 규율형식을 취하고 있고, 내용에 있어서도 규제의 편의성만을 강조하여 금지범위에 포함시킬 불가피한 이유가 없는 행위까지 광범위하게 포함하고 있으므로 입법목적의 달성을 위한 최소한의 불가피한 수단이라고 볼 수 없어 그 위헌성을 면할 수 없다.[25]

4. 일반교통방해죄의 위헌성을 둘러싼 쟁점

가. 일반교통방해죄의 연혁과 계수과정의 입법적 오류

우리 형법 제185조(일반교통방해)의 원형은 독일형법에서 찾아볼 수 있다. 독일형법은 제315조b에서 [특수 도로교통방해]를 규정하고 있는데 그 행위태양은 "i) 교통설비 또는 자동차의 파괴, 손상 또는 제거 ii) 장애물의 설치 iii) 이와 유사하고 동일한 정도

23) 헌법재판소 2003. 10. 30. 선고 2000헌바67 등 결정.
24) 헌법재판소 2004. 10. 28. 선고 2002헌바41 결정.
25) 헌법재판소 2000. 4. 27. 선고 98헌가16 결정.

로 위험한 침해행위의 기도"로 명확히 규정되어 있다. 한편 이를 계수하여 다시 우리 형법 제185조로 전달한 일본형법 제124조도 [왕래방해 및 동 치사상]이라는 죄에서 "육로, 수로 또는 다리를 손괴하거나 불통케 하여 왕래의 방해를 발생"하게 한 행위라고 하여 구성요건을 명확하게 규정하고 있다. 따라서 이들 나라에서는 도로에서의 집회·시위 행위를 교통방해죄로 처벌하는 사례가 없다. 그러나 우리 형법 제185조 일반교통방해죄는 독일이나 일본과 달리 구성요건적 행위태양으로 육로, 수로 또는 교량을 손괴, 불통하게 하는 것 외에 "기타 방법" 이라는 불명확한 요건을 두고 있어 손괴나 불통과는 전혀 성격을 달리하는 도로에서의 집회·시위 행위태양까지 이 조항이 적용될 여건을 만들어놓고 있다. 최근 몇 년 동안 일반교통방해죄가 가장 많이 적용된 행위도 집회나 시위였다. 이런 법적용은 계수법적 연혁으로 보나, 입법자의 의도로 보나 정상적이라고 할 수 없다.

일반교통방해죄의 불명확성을 극복하기 위한 시도는 이전에도 있었다. 1989년 법무부의 형법개정안에서는 형법 제185조의 "기타 방법"을 "교통로의 표지 기타 부속물을 손괴, 제거, 변경하거나 허위의 표지나 신호를 하여"로 명확히 규정하여 위헌의 소지를 없애고자 하였다. 1989년 법무부의 "형사법 개정 특별심의위원회"의 "형법개정요강 소위원회 심의결과"는 [제44. 일반교통방해죄의 구성요건 수정]을 보고하면서, 이 조항의 문제점으로 "기타 방법"을 지적하였고, "죄형법정주의 명확성의 원칙에 비추어 이론(異論)의 여지를 없도록 함이 타당"하므로 개정해야 한다는 입장을 정리하였다. 그리고 더 나아가 행위태양에 대해서는 "다른 입법례를 참작하여 조문화 작업 시에 좀 더 구체적으로 규정하기로 의견일치를 보았다"고 기록되어 있다.[26]

〈표 1〉 현행법과 법무부 개정안 비교[27]

현행 형법 제185조	법무부 개정안 제268조
육로, 수로 또는 교량을 손괴 또는 불통하게 하거나 기타 방법으로 교통을 방해한 자는 10년 이하의 징역 또는 1천500만원 이하의 벌금에 처한다.	육로, 수로, 교량, 기타 교통로를 손괴 또는 불통하게 하거나 교통로의 표지 기타 부속물을 손괴, 제거, 변경하거나 허위의 표지나 신호를 하여 교통을 방해한 자는 10년 이하의 징역 또는 1천500만 이하의 벌금에 처한다.

법무부 개정안에는 "교통로"와 "부속물" 앞에 각 '기타'를 적시하여 '사람 또는 교통기관의 교통에 쓰이는 일체의 교통로'를 포함하도록 하면서 현행 조문의 '기타 방법'이란 용어는 삭제할 것을 주문하고 있다. 대신 행위의 태양은 "손괴, 제거, 변경, 허위표

26) 법무부 형사법개정특별심의위원회, 형법개정요강 소위원회 심의결과, 형사법개정자료(VIII), 1989.1, 370~371쪽.

27) 한인섭, "일반교통방해죄와 집회시위에의 그 적용을 둘러싼 문제", 2008.

시, 허위신호"로 명시하였다.[28] 이 개정안을 통해 볼 때 법무부 역시 이 사건 법률조항의 "기타 방법"이 지나치게 추상적이며 불명확하다는 문제점을 정확히 인식하고 있었다고 할 수 있다.

나. 도로에서의 집회 · 시위행위를 도로를 파괴하거나 장애물을 설치하는 행위와 동일하게 처벌하는 판례의 문제점

형법 제185조는 일반교통방해죄의 행위 태양으로 손괴와 불통 2가지를 특정하고 기타의 방법을 추가하고 있다. 형법 교과서들은 손괴를 "교통시설물에 직접 유형력을 행사하여 물리적으로 훼손하는 행위", 불통은 "장애물 등을 설치하여 통행을 방해하는 행위"로 규정하고 있다. 그리고 "기타 방법"에 대하여는 위 손괴와 불통에 준하여 i) 도로 가운데 차를 세워놓아 소통을 방해한 행위 ii) 교통표지판을 제거하는 행위 iii) 고속도로에 철 구조물을 던져 놓는 행위 등을 예시하고 있다. 그러나 2008 촛불집회처럼 도로에서 집회 · 시위 행위를 일반교통방해죄의 행위태양으로 예시하는 형법 교과서는 없다. 손괴와 불통에 '준하는' 기타방법을 해석함에 있어 도로에 서 있는 집회 · 시위 참가자들을 '물리적 훼손'이나 '물리적 장애물의 설치'에 준하는 장애물처럼 취급할 수는 없기 때문이다. 물론, 집회 · 시위 중 교통을 방해하기 위하여 장애물을 도로에 설치하는 것이라면 일반교통방해를 적용할 수 있겠지만 도로에 서 있는 시위 참가자들이나 집회 · 시위 주최행위에 일반교통방해죄를 적용하는 것은 '기타 방법'을 명확성의 원칙에 반하여 확장해석 하는 것으로 죄형법정주의라는 형법과 헌법의 원칙에 부합하지도 않는다.

도로에서의 집회 · 시위를 처벌할 수 있는 또 다른 법규인 도로교통법은 제157조 제5호, 제68조 제3항에서 행위자를 20만원 이하의 벌금형에, 집시법은 제23조 제3호, 제12조에서 참가자를 50만원 이하의 벌금 · 구류 또는 과료에 처하도록 규정하고 있다. 50만원 이하의 경미범죄이기 때문에 주거가 불분명한 경우가 아닌 한 현행범 체포를 할 수 없고(형사소송법 제214조), 긴급체포의 대상도 아니다. 그러나 동종 · 유사한 행위를 했다 하더라도 도로교통법이나 집시법이 아닌 형법 제185조의 일반교통방해죄를 적용하는 순간 이들은 경미범죄가 아닌 10년 이하의 징역에 처할 수 있는 중범죄를 저지른 사람이 되어 버린다. 현장에서 연행도 가능하고 영장없이 체포도 할 수 있다. 이와 같이 도로에서 시위를 한 행위에 대해 검찰이 어떤 법을 적용하는냐에 따라 처벌의 정도에서 엄청난 차이가 난다는 것은 정의감이나 일반인의 상식에도 반한다. 법원이 일반교통방해죄의 계수과정이나 입법취지를 연구하여 그 구성요건을 엄격하게 해석하였다

---

28) 법무부, 형법개정법률안 제안이유서 – 형사법개정자료(XIV) – 1992. 10, 211쪽.

면 도로파괴나 장애물 설치와 같은 행위를 시위와 동일하게 처벌하는 관행은 만들어지지 않았을 것이다. 법원이 적극적 법리정립에 소홀했던 것은 정부에 대항하는 도로에서의 집회·시위를 엄벌해야 한다는 공안통치 분위기가 상당한 영향을 미쳤을 것으로 보인다.

다. 도로에서의 집회·시위에 일반교통방해죄를 적용하는 위헌성을 개선하기 위한 노력

형법 제185조(일반교통방해)의 '기타의 방법'은 손괴 그리고 불통이라는 용어의 수식을 받는 것이 아니라 이들과 병렬적인 구성요건처럼 규정되어 있어 국민들은 해당조항을 보고 금지되는 행위태양이 무엇인지 알기 어렵다. 법관의 보충적인 해석을 통하여도 규범내용이 명확하게 확정되기 어렵고 법집행기관의 자의적인 판단에 맡겨져 있다는 점은 집회·시위를 처벌함에 있어 '기타 방법'이라는 구성요건이 광범위하게 활용되고 있다는 사실에서도 확인할 수 있다. 죄형법정주의의 파생원칙인 명확성의 원칙에 위배되는 것이다.

헌법재판소는 2010. 3. 25. 선고 2009헌가2 결정을 통해 일반교통방해의 불명확성은 법관의 보충적 해석을 통해 극복할 수 있다는 논지로 형법 제185조가 합헌이라고 판단하였다. 법관이 형법 제185조를 해석할 때 '기타의 방법'은 육로 등을 손괴하거나 불통하게 하는 행위에 준하여 "의도적", "직접적"으로 교통장해를 발생시키거나 교통의 안전을 위협하는 행위로, '교통방해'에 대해서는 단순한 곤란을 넘어서 '현저한' 수준에 이르는 정도로 판단할 것이고, 이렇게 법관이 해석을 통해 그 의미를 명확히 할 것이기 때문에 죄형법정주의의 원칙에 반하지 않는다는 취지였다. 또한 헌법상 보장되는 집회의 자유의 행사로 인하여 필연적으로 발생하고, 회피되기 어려운 일정한 교통방해의 경우 법관이 이 조항을 제대로 해석해서 형사처벌의 대상이 되지 않을 것이기 때문에 집회의 자유의 침해 문제도 발생하지 않는다고도 했다. 요컨대 헌재의 합헌 결정의 전제에는 법관이 이 조항을 엄격히 해석할 것이기 때문에 위헌성의 문제도, 집회의 자유 침해문제도 발생하지 않을 것이라는 법관에 대한 무한한 신뢰가 전제되어 있었다.

문제는 법률해석과 관련해서는 대법원이 헌법재판소의 해석에 구속되지 않는다고 선언하고 있다는 것이다. 헌법재판소는 법관의 엄격한 해석을 통하여 도로에서의 집회·시위에 일반교통방해가 적용되는 경우는 집단적인 폭력 등의 행사로 집회의 자유에 의해 더 이상 보호될 수 없는 경우 등에 한할 것이라는 전제에서 합헌결정을 하였지만 여전히 일선 법원에서는 도로에서의 집회·시위에 일반교통방해죄를 당연히 적용하고 양형에서 벌금형 등으로 처벌을 낮추는 수준으로만 접근하고 있다. 이렇게 헌법재판소와 법원이 동상이몽을 꾸는 사이에 국민들의 형사재판에 대한 신뢰는 한없이 무너졌다.

헌재의 결정에도 불구하고 일반교통방해죄의 위헌 문제가 지속적으로 제기됨에 따라 법원도 이런 비판을 어느 정도 수용하여 단순참가자의 경우 교통방해에 대한 '공모공동정범'성을 부정한다거나 도로가 부분적으로만 점거된 경우 교통방해의 현저성을 부정하여 무죄를 선고하는 판결이 조금씩 늘어나고 있다. 그러나 여전히 대법원은 4분 정도의 짧은 시간에 도로의 일부 차선만을 점거한 경우에도 일반교통방해죄가 성립한다는 판결을 내놓고 있는 등 일반교통방해의 해석에 대한 혼선과 비판은 계속되고 있다.

라. 여전히 극복되지 않은 위헌성

먼저, 일시적·우연적으로 전차로 점거행진을 하게 된 경우이다. 교통방해는 육로 등을 손괴하거나 불통하게 하는 행위에 준하여 의도적, 직접적으로 현저하게 교통을 방해하는 경우로 엄격하게 해석하여야 한다는 헌법재판소 결정의 법리에 따르면 '장시간 동안' 도로의 '전부'를 '직접' 점거하는 경우에 한하여 일반교통방해죄가 성립할 수 있다고 보아야 한다. 따라서 일시적으로 어느 지역을 행진하여 통과하였지만 바로 교통이 원활하게 소통된 경우 또는 도로를 부분적·병존적으로 행진하다가 도로의 폭이 좁아지는 바람에 일시적으로 좁은 도로를 전면적으로 점거하게 된 후 다시 도로 폭이 넓어져 도로를 부분적으로만 점거하며 행진하는 경우 등은 일반교통방해죄가 성립하지 않는다고 해석하는 것이 맞다.

둘째로 집시법상의 적법, 위법여부로 일반교통방해죄의 성부가 결정되는가에 대한 의문이다. 현재 판례는 적법한 신고를 마치고 도로에서 집회나 시위를 하는 경우 도로의 교통이 어느 정도 제한될 수밖에 없으므로 그 집회 또는 시위가 신고된 범위 내에서 행해졌거나 신고된 내용과 다소 다르게 행해졌어도 신고된 범위를 현저히 일탈하지 않는 경우에는 그로 인하여 도로의 교통이 방해를 받았다고 하더라도 특별한 사정이 없는 한 형법 제185조의 일반교통방해죄가 성립한다고 볼 수 없다고 판단하고 있다.[29] 즉 도로를 행진하는 태양이 동일했다 하더라도 신고한 집회의 경우는 일반교통방해죄로 처벌되지 않고, 미신고 집회의 경우는 일반교통방해죄로 처벌한다는 의미이다. 그런데 대법원은 집회 '신고'의 의미에 대해 "신고를 하지 아니하였다는 이유만으로 옥외집회 또는 시위를 헌법의 보호 범위를 벗어나 개최가 허용되지 않는 집회 내지 시위라고 단정할 수 없다"라고도 하고 있다.[30] 집회 신고 여부로 헌법상 보호범위가 결정되는 것이 아니라고 하면서도 신고를 하지 않으면 바로 (헌법상 보호가 되는 집회 여부와 상관없이) 일반교통방해죄가 성립한다고 하는 것은 모순이다. 대법원도 집시법의 적법, 위법과

29) 대법원 2008. 11. 13. 선고 2006도755 판결 등.
30) 대법원 2012. 4. 9. 선고 2010도 6388 전원합의체 판결.

헌법상 보호 범위, 일반교통방해의 관계에 대해 일관된 논리를 갖지 못하고 우왕좌왕하고 있다. 동일한 법리로, 헌재의 일부위헌 결정에 따라 집시법상 적법한 시위로 평가받는 24시 이전의 시위의 경우 일반교통방해가 성립할 것인가의 문제도 제기된다. 검사는 헌재의 결정 이후에도 24시 이전의 시위에 대해 일반교통방해죄의 공소사실을 취소하지 않았다.

셋째로 시위 참가자들이 직접 교통을 방해한 것이 아니라 경찰이 사전에 차벽을 설치하여 교통을 차단한 경우에도 일반교통방해죄가 성립하는가의 의문이다. 일반교통방해는 육로 등을 손괴하거나 불통하게 하는 행위에 준하여 의도적으로, 또한 직접적으로 교통상해를 발생시킨 경우에 성립한다는 것이 헌재의 태도이다. 따라서 집회에 의해 직접적으로 발생하지 않은 교통방해, 즉 집회로 인하여 교통방해 상황이 발생한 것이 아니라 이미 경찰의 교통통제에 의해 차량의 소통 등이 차단되어 있었던 것이라면 '직접성'이 부인되어 일반교통방해가 성립할 수 없다고 보아야 한다.[31)]

5. 집회·시위 과정에서 발생한 폭력·손괴 행위에 대한 집회주최자의 책임

가. 집회의 자유와 공동불법행위의 법리 및 외국의 판례

집회의 자유는 개인의 인격발현의 요소이자 민주주의 구성요소라는 이중적 헌법적 기능을 갖고 있다. 인간의 존엄성과 자유로운 인격발현을 최고의 가치로 삼는 우리 헌법질서 내에서 집회의 자유도 다른 모든 기본권과 마찬가지로 일차적으로는 개인의 자기결정과 인격발현에 기여하는 기본권이다. 그러나 이런 개인적 가치 뿐만 아니라 집회의 자유는 이를 통해 국민들이 자신의 의견과 주장을 집단적으로 표명함으로써 여론의 형성에 영향을 미친다는 점에서 표현의 자유와 더불어 민주적 공동체가 기능하기 위한 불가결한 근본요소에 속한다.

헌법은 집회의 자유를 국민의 기본권으로 보장함으로써 평화적 집회 그 자체는 공공의 안녕질서에 대한 위험이나 침해로 평가되어서는 아니되며, 개인이 집회의 자유를 집단적으로 행사함으로써 불가피하게 발생하는 일반대중에 대한 불편함이나 법익에 대한 위험은 보호법익과 조화를 이루는 범위 내에서 국가와 제3자에 의하여 수인되어야 한다는 것을 헌법 스스로 규정하고 있다.[32)]

경찰청 소송은 공동불법행위의 성립요건인 "객관적 공동"의 의미를 광범위하게 인정

---

31) 안진걸 피고인에 대한 항소심인 서울중앙지방법원 2017. 1. 26. 선고 2015노2108 판결은 "이미 경찰병력이나 경찰차벽으로 인하여 차량의 소통이 막혀 있는 경우 집회참가자들의 행진과 교통방해의 결과 사이에 인과관계가 있다고 볼 수 없다."고 하여 이미 도로에 차벽이 설치된 후 그 열려진 공간 안에서의 집회·시위에 일반교통방해죄를 적용한 부분에 대해서 무죄판결을 선고했다.

32) 헌법재판소 2003. 10. 30. 선고 2000헌바67 등 결정.

해 오고 있는 대법원 판례의 법리적 경향에 크게 기대고 있다. 집회 주최자에게 집시법상 신고의무 위배나 금지통고 위반 등의 위법이 있고,[33] 그런 집회에서 일부 시위 참가자의 폭행이나 손괴행위로 재산적 손해가 발생한 경우 비록 집회 주최자와 일부 행위자의 폭행 등 불법행위 사이에 공모나 지원, 연대, 가담 등의 "주관적 공동"이 없더라도 객관적 공동 차원에서는 공동불법행위 책임이 인정될 수 있을 것이라는 막연한 기대를 가지고 있는 듯 하다. 이렇듯 일본의 판례 법리를 받아들여 공동불법행위의 '객관적 공동' 범위를 확대하는 경향에 대해서는 그 자체로 여러 비판이 있다. 또한 집회를 주최하는 행위는 헌법상 집회의 자유를 실행하는 행위라는 점에서 공동불법행위의 성립에 관한 법리를 정립할 때는 집회의 자유에 관한 헌법원리와의 조화를 꾀해야 한다. 집단적 형태로 의사를 표현하는 집회의 본질상, 그 참가자들에게 공동불법행위 책임을 용이하게 인정하게 되면 헌법에서 보장된 집회의 자유가 공동화될 것이기 때문이다. 이와 같이 집회의 자유의 헌법상 중요성에 입각하여 집회주최자의 공동불법행위 책임을 제한하려는 법리는 미국과 독일에서 명확한 판례법리로 정립되어 있다. 대표적인 리딩 판례가 미국 연방대법원의 NAACP 판결과 독일 연방통상법원의 그론데 판결이다.

미국 연방대법원은 수정헌법 제1조의 집회의 자유와 관련된 사안에서 불법행위 성립과 관련하여 중요한 법리를 발전시켜왔다. 이와 관련한 리딩 판례가 NAACP v. Claiborne 사건[34]이다. 이 사건은 1966년 미시시피주 클레이본 카운티에서 흑인들의 인종평등과 인종차별철폐를 위한 상세한 요구를 담은 청원이 받아들여지지 않자, 흑인인권단체인 "전미 유색인종 지위향상 협회(the National Association for the Advancement of Colored People, 이하 NAACP)"가 지역에 있는 백인상인들을 대상으로 7년간의 불매운동(보이콧) 벌이는 과정에서 다수의 차량과 상점 파괴사태가 발생하여 상인들이 소송을 제기한 케이스였다. 이에 대해 미시시피 주법원은 NAACP의 손해배상의 책임을 인정하고, 나아가 보이콧을 영구히 중지할 것을 명했다. NAACP는 이 결정에 불복하여 주 대법원을 거쳐 연방대법원에 상고하였고, 연방대법원은 이 사건에서 집회의 자유와 관련해서 계속적으로 언급될 중요한 법리를 형성하게 되는데 그것이 '규제의 정교함(precision of regulation)'과 '근접한(proximately) 인과관계'의 법리이다. '규제의 정교함(precision of regulation)'이란 집회의 자유와 같이 헌법상의 기본권 실현행위에 의해 발생한 손해의 경우에는 구체적 폭력행위에 대해서만 책임을 물을 수 있고 그러한 행위가 헌법상 보호받는 활동의 맥락에서 발생한다면 그 위법성 인정이나 불법행위 책임의 성립과 관련하여 '규제의 정교함(precision of regulation)'이 요구된다는 것이다. 보다 구체적으로는

33) 집시법이나 일반교통방해 등의 행정법규 위반이 행정형벌을 받는 것은 별론으로 하고, 민사상 재산적 손해와 관련한 불법행위의 성립 근거가 될 수 있느냐에 대해서는 아래 다에서 별도로 살펴본다.
34) NAACP v. Claiborne, 458 U.S. 886, S. Ct. 3409, 73 L.Ed 1215.

수정헌법 제1조에 의하여 보호받는 활동의 존재는 손해배상책임의 발생원인과 손해배상책임을 지울 대상의 범위를 제한하게 된다는 것을 의미한다.[35) '근접한(proximately) 인과관계'란 집회·시위과정에서 발생한 일부 폭력행위등에 대하여 집회의 주최자, 참가자, 연설자 등에게 그 책임을 묻기 위해서는 그러한 집회의 주최, 참가, 단체가입, 연설 등의 행위와 폭력행위 등과의 사이에 '근접한(proximately) 인과관계'가 있어야 한다는 법리이다. 이후 Mine Worker v. Gibb 사건,[36) Lam v. NGO 사건[37) 등 많은 판례를 통하여 일부 시위자들의 행위를 이유로 집회주최자나 참가자, 연설자 등에게 불법행위 책임을 전가하는 것을 엄격히 제한하는 "정교한 규제법리"가 정립되어 있으며, 집회·시위를 주최한 단체의 구성원이라는 이유만으로 민사책임을 부과하여서는 안 된다는 법리가 확고히 자리잡고 있다.

2003. 3. 20. 미국의 이라크 참전을 반대하는 집회가 시카고의 연방광장에서 개최되었다. 5천명에서 1만명의 시위대가 행진을 시작하면서 점점 더 불어나자 시카고 경찰은 도로를 행진하려면 허가를 받아야 한다는 시카고시의 집회·시위 관련 조례를 어겼다는 이유로 진압을 시작하여 313명을 체포하였다. 이에 대해 시위 참가자들이 시카고 시와 경찰을 상대로 과잉진압, 불법체포 등을 근거로 집단소송을 제기하자 시카고 시와 경찰도 반소로 경찰투입과 시위자 체포, 수송, 인치 등과 관련한 비용에 대한 손해배상을 청구하였다(Vodak v. City of Chicago[38)). 이 사건에서도 법원은 위 NAACP 판결을 인용하면서 수정헌법 제1조에 의하여 보호되는 표현의 자유가 문제되는 경우에 법원은 책임을 부과하는 근거를 비판적으로 검토할 것이 특별히 요구된다고 하면서, 시당국은 특정한 손해를 발생시킨 특정한 행위에 대한 증거를 제출하지 못했고 표현의 자유와 관련되는 사안에서 무과실책임을 지우는 것은 옳지 않다고 하며 시당국의 손해배상 청구를 기각하였다.

독일연방통상법원의 그론데 판결[39)도 집회 주최자나 참가자의 공동불법행위 책임을 엄격하게 판단한 대표적 케이스이다. 1977년 핵발전소 건설에 반대하는 대규모 시위가

35) When such conduct occurs in the context of constitutionally protected activity, however, "precision of regulation" is demanded. NAACP v. Button, 371 U.S. 415, 438, 83 S.Ct. 328, 340, 9 L.Ed.2d 405.FN52 Specifically, the presence of activity protected by the First Amendment imposes restraints on the grounds that may give rise to damages liability and on the persons who may be held accountable for those damages.

36) Mine Workers v. Gibbs, 383 U.S. 715, 86 S.Ct. 1130, 16 L.Ed.2d 218: 허용되는 주(州) 차원의 구제책의 범위는 그러한 [폭력적] 행위의 직접적 결과로 엄격하게 한정되어 있으며, 평화적인 단체 피케팅이나 다른 노동조합의 활동으로부터 발생하는 결과는 포함하지 않는다.

37) Lam v. NGO, 91 Cal.App.4th 832, 111 Cal.Rptr.2d 582: 정치적 시위의 주최자가 구체적인 불법행위를 승인 또는 지휘하거나, 위법행위를 선동하거나, 폭력을 행사하도록 구체적으로 지시하지 않은 이상 다른 시위자들의 행동에 대하여 단순히 주최자라는 이유로 책임을 지지 않고, 또한 폭력을 행사한 시위자들에 대한 책임을 묻기 위해서는 피고를 구체적으로 지정할 필요가 있다.

38) Vodak v. City of Chicago, 624 F.Supp.2d 933.

39) 독일연방통상법원 1984년 1월 24일, Az.: VI ZR 37/82.

발전소 건설부지(그론데)에서 개최되었고 경찰이 세운 차벽 앞에서의 충돌 등으로 많은 경찰과 시위참가자들이 부상을 입고 경찰장비들이 파손되었다. 이에 대해 경찰이 시위대를 상대로 손해배상 소송을 제기한 것이 그론데 사건이다. 경찰은 피고들이 공동행위자 또는 방조자로 볼 수 있고 따라서 이들은 모든 손해에 대해 책임을 져야 한다고 주장했다. 그러나 독일연방통상법원은 공동불법행위, 방조의 개념을 매우 엄밀하게 해석하였고 집회 참여자의 책임을 쉽게 인정함으로써 집회의 자유가 형해화되는 사태가 발생해서는 안된다는 점도 명확히 했다. 구체적으로 "대규모의 집회·시위에서 폭력을 행사하거나 지원하는 참여자의 개별적인 의사는 원칙적으로 특정한 행위 상황과만 연계되어야 한다. 공동의 행위나 공동의 지원을 위한 의사는 먼저 시위대에게 장소적·시간적으로 개관(조망)할 수 있는 행위영역(Aktionsfeld)의 범주에서, 그에 의해서 혹은 그가 연대하려고 한 다른 그룹에 의해서 행해진 행위와만 연계되어야 한다. (…) 대규모 시위에 동참하거나 상황에 따라 다른 이에게 폭력을 행사하겠다는 단순한 의도만으로는 그러한 의사의 일치가 성립되지 않는다. 시위 참여자가 구체적인 계획수립에 함께 했거나 그 계획을 지도적 지위에서 실행하지 않는 한, 따라서 의도적으로 폭력적 행위를 유도하지 않는 한, 통상 그러한 의사의 일치는 일반적으로 다른 폭력적 행위자나 폭력행위 현장의 일부 그룹과 연대할 때 비로소 현실화된다. (…) 다른 집회시위 참여자의 폭력행위에 가담하는 것에 대해 아주 쉽게 책임을 긍정함으로써 집회시위의 자유를 형해화해서도 안 된다. 그러므로 폭력행위에 적극 가담하지 않은 시위 참여자가 현장을 떠나지 않았다는 사실에 근거하여 바로 폭력행위(Ausschreitungen)에 대한 공범행위나 종범행위를 인정할 수는 없는 것이다. 이것은 그가 처음부터 개별 혹은 전체 그룹의 폭력행위를 예상하고 있었고 자신이 그 현장에 있는 것만으로 폭력행위자들에겐 적어도 익명성을 부여해주게 되고, 그것이 폭력행위를 지지하고 보호하는 결과가 될 수 있다는 것—이런 일은 대규모 집회시위에서는 일반적이라고 할 것인데—을 알고 있었다고 하더라도 마찬가지다. (…) 그것이 형사책임이나 민사책임을 구성할 수 있으려면 익명성을 제공하고 공감을 표명한 것이 폭력행위자의 결심과 행위를 지원하고 강화하는데 적합하게 지향되어 있다는 사실의 확인이 추가적으로 요구된다. 예컨대 처음 폭력을 행사하기 시작한 그룹에 대해 그가 처음부터 이를 자극했거나 분명히 동조한 경우가 이에 해당한다".[40]는 판시였다. 의도적으로 폭력행위를 유도하거나 직접적으로 연대하지 않은 경우, 단순히 현장에 있었다는 이유로 공동불법행위 성립을 인정할 수는 없다는 것이다.[41]

---

40) <번역: 그론데 판결>, 이계수, 박병욱. 행정법연구 제46호. 2016. 8.

41) 또한 집회·시위 중 일부의 폭력행위로 인한 손해는 그 행위자만의 책임으로 제한하여야 한다는 것이 우리 민법학계의 통설이었다. 민법주해 제16권 제178쪽에서 "우선 평화적 집회도중에 일부의 과격분자에 의하여 저질러진 일탈행위로 인한 손해에 대해서는 그 과격분자만이 손해에 대하여 책임을 져야 할 것이라고 하는

나. '청와대로 가자'라는 구호선창이 폭력행위 선동의 증거라는 주장

원고인 경찰청측은 대책회의 공동상황실장인 박원석이 집회에서 '청와대로 가자'는 구호를 외친 사실을 폭력・손괴 등 불법행위 선동의 구체적 증거라고 주장하였다. 그러나 '청와대로 가자'라는 말은 한국 사회의 집회현장에서 가장 자주 외쳐지는 구호중 하나이다. 이 구호는 "대통령에게 우리의 뜻을 알리자"는 상징적 표현으로 이해되기 때문에 집회 현장에 있는 사람들 중 그 구호를 듣고 직접 내 발을 청와대에 디뎌야겠다고 생각하는 경우는 많지 않다. 사실 수사적 표현(Rhetoric)으로서 이 구호의 의미는 집회 행정을 담당하는 경찰이 누구보다도 더 잘 알고 있다. 그런데 경찰청은 집회현장에서 자주 사용되는 이 표현을 끄집어 내어 마치 이 구호가 전경들의 부상이나 경찰차량 등의 손괴 피해의 직접적인 원인이 되는 것처럼 주장했다. 이런 주장의 무리함에 대해서는 이미 앞서 언급한 독일연방통상법원의 그론데 판결에서도 갈파된 바 있다. "저항을 물리치고(unter Überwindung von Widerstand) 발전소 부지를 점거하려는 공통의 목적만으로는 행사된 모든 폭력행위에 대한 공동의 의지 아니면 적어도 그에 대한 방조의 고의를 인정하기에 턱없이 부족하다"고 판시한 것이다. 요컨대 '청와대로 가자'라는 구호를 외쳤다는 이유로 집회 주최자에게 공동불법행위 책임을 인정할 수는 없다 할 것이다.

다. 집시법 등 행정법규 위반과 불법행위 책임의 성립

경찰청은 집회주최자가 집시법과 일반교통방해죄로 처벌받음으로써 관련 집회가 불법집회로 판정되었으니 그 집회과정에서 발생한 경찰관의 부상이나 경찰차량의 피해에 대한 재산상의 불법행위 책임도 성립한다는 논지의 주장을 하였다. 마치 노동쟁의에 대해 형사상 업무방해죄가 성립하면 그 쟁의행위의 불법행위성이 인정된 것이므로 영업손실의 손해배상을 해야 한다는 것과 유사한 논지였다. 업무방해죄에 대한 위 법리는 헌법상 보장된 기본권 실현행위인 쟁의행위에 대해 그 자체로 바로 업무방해죄가 성립하고 예외적으로 주체・목적・수단・절차 등의 정당성이 인정되는 경우에만 위법성이 조각된다는 방식이기 때문에 문제가 많다. 그러나 업무방해죄와 손해배상책임의 구조를 집시법, 일반교통방해죄와 손해배상책임에 그대로 차용하는 것은 또 하나의 문제가 있다. 집시법, 일반교통방해죄는 사회적 법익을 보호하는 법규로서 재산적 법익을 보호하는 업무방해죄와는 성격이 다르기 때문이다. 사회적 법익을 보호하는 행정법규 위반책임을 재산적 손해와 기계적으로 연결시키는 것은 "타인의 법규위반 행위에 대한 불법행위 책임" 원리에 반하는 것이 된다.

점에 대해서는 이론이 없을 것이다" 라고 하고 있다.

행정법규 위반행위가 바로 개인에 대한 손해배상청구로 이어질 수 있는가에 대해서는 이미 우리 학계에서나 영미법, 독일법 등에서 관련법리가 정립되어 있다. 사회적 법익을 보호하기 위한 행정법규 위반에 대해 그와 연관성이 있는 모든 사람이 피해자라고 하여 소송을 제기하기 시작하면 "봇물 터지듯" 소송이 폭주하는 사회경제적 문제(이른바 "floodgate arguments")가 발생하기 때문에 영미법에서는 이를 허용하지 않고 있는 것이다. 예를 들어 집시법상의 사전신고의무 등 행정법규를 위반하여 행정질서형벌을 받게 되었다 하여 집회로 인하여 불편을 겪은 주변 상인, 인근주민, 택시기사, 식자재 납품회사, 주변에서 공사를 하고 있던 공사업자와 인부 등이 집회 주최자를 상대로 소송을 제기하는 경우를 생각해볼 수 있을 것이다. 독일 민법도 행정법규의 규범목적을 고려하여 그 규범이 타인(피해자)의 보호 목적을 포함하고 있는 경우에만 법규위반행위에 관하여 불법행위 성립을 인정하고 있다.[42]

우리 대법원도 영미법의 판례나 독일민법과 같이 행정법규위반행위가 타인에 대한 불법행위가 되기 위해서는 그 행정법규가 국민전체의 이익이나 국가와 시민 사이의 법률관계를 규율하는 것을 넘어 개개인의 안전과 이익을 직접적으로 보호하려는 것일 때에만 불법행위에 기한 손해배상책임을 논할 수 있다고 보고 있다.[43] 같은 취지로 상인소송의 제1심 판결은 "위와 같은 헌법상 기본권으로서의 집회·시위의 자유, 집시법의 취지 및 목적 등에 비추어 보면, 집시법의 규정은 공공의 안녕질서와 조화를 이루는 범위 내에서 집회·시위의 자유를 보장하여 궁극적으로 국민 전체의 이익을 도모하기 위한 것일 뿐 이 사건과 같이 집회 및 시위 과정에서 나타나는 인근 상인들의 영업상 손실 등과 같은 국민 개개인의 이익을 직접적으로 보호하기 위한 것이라고 보기 어려우므로, 설령 피고 대책회의 등이 집시법 규정에 위반하여 이 사건 시위를 하였다고 하더라도 그와 같은 사정만으로는 원고들에게 손해배상책임을 부담하지 않는다."라고 판시하였다.[44] 상인소송의 제2심 판결도 "집회 및 시위로 인하여 원고들의 영업소 부근의 교통이 방해되고 그에 따라 원고들의 영업소 부근에 도로를 사용하여 그 영업소에 출입하는 것에 불편이 초래되는 등 원고들의 영업에 부정적인 영향을 미치는 환경이 조성된 사정이 있다고 하더라도, 이러한 사정만으로는 원고들의 개인적 보호법익이 침해되었다고 할 수 없다."고 판시하고 있다.[45]

[자료 3] 상인소송 2심 판결문(발췌)

42) 김제완(고려대학교 법학전문대학원), "법규위반행위로 인한 손해배상청구권의 주체 및 영업손실 인정여부", 2010.10. 서강법학 제12권 제1호, 125-169면.
43) 대법원 2001. 10. 23. 선고 99다36280 판결 등.
44) 서울중앙지방법원 2011. 1. 11. 선고 2008가합69164,71938(병합) 판결.
45) 서울고등법원 제19민사부 2012. 1. 31. 선고 2011나16525,16532(병합) 판결문 51내지53면.

라. 집시법상의 질서유지의무 위반에 따른 과실책임 주장에 대하여

원고측은 집회 주최측이 질서유지 의무를 위반했기 때문에 적어도 과실책임이 있다고 주장했다. 그러나 집시법상 주최자의 질서유지에 관한 조항이나 질서유지인 제도는 집회 · 시위 자체의 운영을 평화롭고 질서있게 할 것을 권고하기 위한 제도이지, 원고 경찰청이 주장하는 것처럼 일부에서 발생한 폭력행위를 질서유지인이 통제하고 물리적으로 방지해야 할 의무를 부과하는 것이 아니다. 집회주최자가 아무리 질서유지인을 많이 둔다 하더라도 민간인에 불과한 질서유지인이 개별적 행위를 하는 참가자들을 물리적으로 막는 것은 불가능하다. 오히려 개별적 폭력행위를 방지해야 할 의무는 경찰의 책임영역에 속한다고 볼 수 있다. 집회 · 시위에 관한 경찰행정의 중요한 기능 중 하나가 이런 우발적이거나 개별적 폭력행위로부터 평화적인 집회 · 시위를 분리하여 집회가 평화롭게 진행되도록 보호하는 것이기 때문이다. 경찰청 소송과 같이 집회주최자에게 폭력행위의 책임을 전가하여 손해배상책임을 구하는 것은 집회 · 시위에 관한 경찰행정을 본래의 기능을 망각하는 것이다.

미국 등에서도 단지 폭력집회의 우려가 있다는 이유로 집회를 전체적으로 불법으로 규정하여 금지하는 것이 아니라 평화적 집회 참가자의 자유를 보장하면서 폭력행위를 한 자에 대해서만 공권력을 동원하는 방식의 경찰행정이 이루어지고 있다. 집회주최자에게 과도한 책임을 부여하고 광범위하게 집회시위를 금지하거나 물리적으로 막는 방식이 오히려 폭력시위를 유발할 가능성이 높다는 평가를 한 경험이 있기 때문이다. 이와 관련하여 1967년 린든 존슨 대통령이 '사회혼란에 관한 자문위원회(The National Advisory Commission on Civil Disorders)'를 조직하여 도심폭동의 원인 등을 조사한 후 제출된 보고서가 있는데 그에 의하면 조사된 24개 폭동 가운데 절반가량이 경찰의 시위관리 잘못으로 시발되었다고 보고 있다. 1968년 마틴 루터 킹 목사의 암살을 계기로 조직된 '폭력의 원인과 방지에 관한 위원회(National Commisson on the Cause and Prevention of Violence)' 또한 '집회 · 시위의 통제에 있어서 과도한 물리력의 사용은 시위를 오히려 과격하게 만들 수 있다'고 지적한 바 있다. 이런 과거의 경험들을 통해 서구의 국가들은 한국처럼 일부의 과격 · 폭력 행위 등이 있었다는 이유로 그 집회 · 시위의 주최자나 참가자에게 그와 관련한 민형사상 책임 전체를 묻는 것이 아니라 전체적인 집회와 개별적인 폭력을 분별하고 그 폭력행위자만을 처벌하는 태도를 취하고 있다. 특히 1990년대 이후에는 집회 · 시위의 대처방식도 물리적 진압보다는 협상과 타협을 중시하는 방향으로 진화하고 있는 추세이다.

6. 다시 생각해 보는 민주적 기본질서와 집회의 자유

집회의 자유는 개인의 인격발현의 요소이자 민주주의의 구성하는 요소라는 이중적 헌법적 기능을 가지고 있다. 인간의 존엄성과 자유로운 인격발현을 최고의 가치로 삼는 우리 헌법질서 내에서 집회의 자유도 다른 모든 기본권과 마찬가지로 일차적으로는 개인의 자기결정과 인격발현에 기여하는 기본권이다. 뿐만 아니라, 집회의 자유를 통하여 국민들이 자신의 의견과 주장을 집단적으로 표명함으로써 여론의 형성에 영향을 미친다는 점에서 집회의 자유는 표현의 자유와 더불어 민주적 공동체가 기능하기 위하여 불가결한 근본요소에 속한다.[46] 의견표현의 자유는 사람의 인격의 가장 직접적인 표현이자 자유민주주적 국가질서를 구성하는 가장 중요한 인권의 하나이다. 집회의 자유는 집단적 의견표현의 자유라고 이해되므로 동일한 원칙이 집회의 자유에도 적용된다. 시위를 행하는 자는 완전히 공개된 상태에서 미디어가 개재함이 없이 신체적 참여에 의해 자신의 의견을 표명함으로써 직접적인 방법으로 자기의 인격을 발현시키는 것이다.[47]

야간집회에 대한 위헌제청결정문은 "특히 간접민주주의 한계를 차츰 드러내고 있는 대의제 민주주의 위기, 주권자인 국민이 선거가 끝난 후 다음 선거시까지는 더 이상 선거를 통한 정치적·사회적 의사표현을 할 방법이 없다는 임기제의 폐해를 각 보완하기 위한 방편으로써 국민의 직접참여에 의한 참여민주주의의 확대를 통하여 민주주의의 발전을 이루고자 하는 새로운 모색의 시대에 있어서, 집회의 자유는 과거 그것이 요구되었던 기능과는 또 다른 의미에서의 새롭고도 중요한 기능을 담당하고 있지만, 현재까지도 과거 그것이 요구되었던 시대의 기능, 즉 이미 표현의 자유를 충분히 누릴 수 있는 위치에 있는 정치적 다수나 사회적 강자보다는 그들의 표현의 자유가 위축되고 억압될 가능성이 높은 정치적 소수나 사회적 약자에게 절대적으로 필요한 기본권으로서 이들에게 집회를 통한 의사표현의 자유를 보장함으로써 비로소 온전한 의미에서의 민주주의와 실질적인 사회통합을 가능하게 한다는 기능 또한 여전히 요구되고 있다"라고 집회의 의미를 설명하였다.[48] 집회의 자유는 민주적 공동체가 기능하기 위한 불가결한 근본요소라는 중요한 헌법적 의미를 부여받고 있기 때문에 집회의 자유에 대해서는 다른 기본권이나 사회적 이익에 대해 우월적 지위를 인정하는 것이 헌재, 법원, 헌법이론의 태도이다.

시위 참가자중 일부가 집회 주최자의 평화집회 방침에 따르지 않고 개별적 행동을

46) 헌법재판소 2003. 10. 30. 선고 2000헌바67, 83 결정.
47) 독일연방헌법재판소 BVerfGE 69, 315[345].
48) 서울중앙지방법원 2008. 10. 9. 자 2008초기2418 위헌심판제청 결정.

할 가능성은 모든 집회에 항상 존재한다. 그런데 이렇게 막연한 가능성을 예견할 수 있었다는 것이 방조나 공동불법행위의 근거가 된다면 집회의 자유는 극도로 위축되거나 형해화 될 수밖에 없다. 평화집회에 관한 경찰행정의 역할 중에는 일부 시위자의 폭력 등 행위로부터 평화집회를 보호하는 기능도 포함되어 있다. 경찰청이 자신의 의무를 주최자에게 전가하고 평화적인 집회를 주최하고자 노력한 피고들에게 불법행위 책임을 묻는 것은 부당하다. 집회 주최자에 대한 경찰청의 손해배상 소송은 집회에서 발생한 폭력행위 등을 문제삼기 보다는 집회를 주최했다는 것 자체를 불법행위로 추궁함으로써 집회 자유를 봉쇄하려는 의도가 짙다. 이렇게 정부의 정책을 비판하는 집회를 봉쇄하려는 의도로 제기하는 이른바 '전략적 봉쇄소송'에 대해 미국은 소권의 남용으로 보아 조기에 청구를 종료하고 있다. 우리 법원도 서구유럽이나 미국의 법원과 같이 정부 정책에 대한 비판을 막기 위한 전략적 봉쇄소송에 대해 단호하게 배척할 것을 기대한다. 이것이 행정부의 전횡을 막고 민주적 기본질서를 수호하는 사법부의 가장 기본적인 기능에 충실한 것이며 현대 민주주의의 근본 원리인 삼권분립을 지키는 것이다.

함께 검토할 판결례

〈집회의 자유의 의미〉

헌법재판소 2003. 10. 30. 선고 2000헌바67, 83 결정.

〈집회 자유 제한의 엄격한 요건(독일 브록도르프 판결)〉

독일연방헌법재판소 BVerfGE 69, 315[345].

〈집회에서 발생한 손해에 대해 책임을 부과하기 위한 요건(독일 그론데 판결)〉

독일연방통상법원 1984년 1월 24일, Az.: VI ZR 37/82.

〈집회의 자유와 손해배상 인정과 관련한 규제의 정교함과 밀접한 인과관계의 법리(미국 NAACP 판결)〉

NAACP v. Claiborne, 458 U.S. 886, S. Ct. 3409, 73 L.Ed 1215.

관련자료

김제완, "법규위반행위로 인한 손해배상청구권의 주체 및 영업손실 인정여부". 서강법학 제12권 제1호. 2010. 10.

김제완, "집회 및 시위로 인한 경찰의 손실에 대한 불법행위법 적용의 문제점: 영미법상 municipal cost recovery rule 및 fireman's rule의 시사점". 민주법학 제62호. 2016. 11.

김종서, "번역: 평화적 집회의 자유에 관한 지침(OSCE ODIHR)". 민주법학 제64호. 2017. 7.

김종철, "집회 관련 민사상 손해배상 소송의 헌법적 쟁점: 집회의 자유의 헌법적 의의를 중심으로". 연세 공공거버넌스와 법 제7권 제2호. 2016. 8.

서선영, "집회 및 시위에 대한 국가 손해배상 청구 사례 및 문제점". 연세 공공거버넌스와 법 제8권 제1호. 2017. 2.

이계수 · 박병욱, "집회 주최자 및 참가자의 대 국가적 불법행위책임에 대한 비판적 고찰-독일 연방통상법원의 그론데 사례를 중심으로". 행정법 연구 제46호. 2016. 8.

심층질문

1. 집회 · 시위 중에 일부 시위자가 경찰에 폭력을 행사하거나 경찰차량을 손괴한 경우 그 일부 시위자의 폭력 · 손괴 행위에 대해 집회주최자가 손해배상 책임을 부담해야 하는가? 어떤 경우에 집회주최자에게 일부 시위자의 폭력 · 손괴행위에 대한 민사상 공동불법행위나 형사상 공모공동정범 책임을 물을 수 있는가? 예를 들어, 집회주최자가 집회 도중 "청와대로 가자"는 구호를 외친 경우 이를 정치적 상징이나 레토릭으로 받아들어야 하는가, 아니면 시위자들에게 경찰과 충돌하도록 선동한 것으로 보아 형사책임을 물어야 하는가?

2. 집회주최자가 통제하기 어려운 일부 시위자의 일탈행위에 대해 민 · 형사상 책임을 부담해야 한다면, 예상하지 못한 일부 시위자들에 의한 폭력 · 손괴 등 일탈행위로 인한 민 · 형사상 책임부담을 우려하여 집회를 주최하였던 시민단체나 노동조합 등은 집회 주최를 꺼리게 된다. 이러한 경우 헌법상의 집회 · 시위의 자유가 위축되고 다양한 여론형성의 기능이 저하되어 민주적 기본질서가 침해될 수 있다는 견해에 대해서는 어떻게 평가하는가?

3. 일반교통방해죄를 최초로 도입한 독일 형법은 도로를 파괴하거나 장애물을 설치하여 교통을 방해하는 행위 또는 이와 동일 유사한 행위를 처벌하도록 하고 있어, 도로에서의 집회 · 시위를 교통방해죄로 처벌하지는 않는다. 독일 형법을 계수한 한국의 형

법은 "이와 동일 유사한 행위"를 "기타의 방법"으로 표현하였고, 법원은 도로에서 집회 · 시위를 "기타의 방법"의 하나로 보아 중한 법정형의 교통방해죄로 처벌하고 있다. 도로를 물리적으로 파괴하거나 장애물을 설치하는 행위와 사람이 도로에서 집회 · 시위를 하는 행위가 동일한 행위태양으로 평가되어 처벌되는 점에 대해서 법리적으로 어떻게 평가할 수 있는가?

4. 미국에서는 1960년대에 인종차별제도 철폐 등 다양한 집회 · 시위가 활발하였는데, 미국의 일부 주의 경찰은 시위자들에게 폭력을 행사하거나 강제연행 하는 등 강경진압이 많아 인권침해라는 비판이 많았고 일부 시위자들은 경찰의 폭력진압에 대항해 폭동을 일으키기도 하였다. 1960년대 말 미국의 존슨 대통령 정부는 반성적 고려에서 집회 · 시위의 행정적 관리방식을 강경진압에서 평화적 집회를 보호하는 방향으로 바꾸었다고 한다. 집회 · 시위에 참가하는 대다수는 평화적인 집회의 진행을 원하고 있으나, 일부 시위자들은 경찰의 집회통제에 항의하며 경찰과 충돌하고 있는 경우 집회관리 행정을 담당하는 경찰이 어떻게 대응해야 한다고 생각하는가?

5. 헌법재판소 2010. 3. 25. 2009헌가2 결정은 "교통방해가 집회의 자유에 의하여 국가와 제3자에 의하여 수인되어야 할 것으로 인정되는 범위라면 사회상규에 반하지 아니하는 행위로서 위법성이 인정될 수 없다"고 한 바 있다. 역사적으로 집회 · 시위는 주로 도로나 광장 등에서 개최되었고, 헌법상의 집회 · 시위의 자유는 이러한 공공장소에서 개최되는 것을 예정하고 있다고 볼 수 있다. 헌법상의 집회 · 시위 자유를 구현하는 행위가 바로 형사상 구성요건에 해당하고, 그 뒤 수인한도 여부에 따라 위법성이 조각된다는 법리는 헌법적 관점에서 어떻게 평가할 수 있는가?

자료 1 집시법 제10조 야간집회금지 위헌심판제청결정문(발췌)

서울중앙지방법원
결 정

사 건	2008초기2418 위헌심판제청
신청인(피고인)	안진걸
신청대리인	
본안사건	서울중앙지방법원 2008고단3949 집회및시위에관한법률위반등

주 문

신청인의 서울중앙지방법원 2008고단3949 집회및시위에관한법률위반 등 사건에 관하여 집회및시위에 관한 법률 제10조, 제23조 제1호의 위헌 여부에 대한 심판을 제청한다.

이 유

1. 사건의 개요
2. 신청대상 법률조항 및 재판의 전제성
3. 이 사건 법률조항의 위헌여부 판단

(…) 앞서 살펴 본 바와 같이 집시법 제10조는 "누구든지 해가 뜨기 전이나 해가 진 후에는 옥외집회 또는 시위를 하여서는 아니된다. 다만 집회의 성격상 부득이하여 주최자가 질서유지인을 두고 미리 신고한 경우에는 관할경찰관서장은 질서유지를 위한 조건을 붙여 해가 뜨기 전이나 해가 진 후에도 옥외집회를 허용할 수 있다"라고 규정함으로써 시간적으로는 야간에, 장소적으로는 옥외에서 개최되는 집회에 대하여 사전허가제를 인정하고 있다. 허가란 행정법상 인간의 본래의 자유로운 행위를 미리 금지해두고(부작위의무 부과), 일정한 요건을 갖춘 경우 신청에 따라 일반적인 금지를 해제하는 행위를 말하는 것, 즉 잠정적으로 금지된 행위를 적법하게 하는 행정행위인바, 야간의 옥외집회에 대하여 미리 금지해두고 일정한 요건을 갖춘 경우 신청에 따라 관할경찰관서장이 이를 허용할 수 있도록 하는 것은 사전허가제임이 분명하다.

이와 같은 사전허가제가 인정된다면 집회의 금지(禁止)가 원칙이고 집회의 자유(自由)는 예외적으로 허용되는 행위가 되는 것이므로, 결국 사전허가제는 집회의 자유의 본질적 내용에 대한 침해가 되는 것이고(사전신고제라 하더라도 이것이 사실상 허가제와 마찬가지일 경우 본질적 내용에 대한 침해가 된다는 점에서 볼 때 이러한 점은 더욱 분명하여 진다), 이에 따르면 집시법 제10조는 집회에 대한 사전허가제를 절대적으로 금지한다는 의미를 담고 있는 헌법 제21조 제2항과 정면으로 배치되는 위헌적 법률 조항임이 명백하다. 자유민주주의국가에서 집회와 시위의 자유가 갖는 중요성에 비추어 볼 때 집회와 시위의 자유에 대한 법률적 제한은 가능하면 필요불가피한 최소한에 그쳐야 하는 것이어서, 집회와 시위의 자유는 옥내·옥외와 주간 · 야간을 가릴 것 없이 원칙적인 허용과 예외적인 최소한의 제한 · 금지의 형식으로 최대한 보장되는 것이 헌법의 정신에 부합하는 것이므로, 비록 위 조항이 야간의 옥외집회에 한정된 것이라 하더라도 다른 집회와는 다르게 야간의 옥외집회에 대하여는 "집회에 대한 사전허가제의 금지"라는 뚜렷한 헌법정신을 도외시 할만한 합리적이고도 설득력 있는 헌법상의 근거를 찾아볼 수 없는 이상 위와 같은 결론은 달라지지 아니한다.

야간의 옥외집회라는 특수한 상황조건으로 인하여 기본권 제한입법의 목적 원리가 강화될 수 밖에 없는 논리적 측면을 십분 감안한다 하더라도, 이러한 해석은(집시법 제10조가 합헌적이라는 해석) 우리 헌법 제21조 제2항이 갖는 사전허가제의 금지, 즉 사전허가제를 명백하게 금지함으로써 헌법 제37조 제2항에 따라 국가안전보장 · 질서유지 또는 공공복리를 위하여 필요한 경우 법률로써 기본권이 제한될 수 있다 하더라도 사전허가제는 인정될 수 없다는 취지로 집회의 자유에 대한 제한의 한계를 명백히 규정한 것을 도외시하는 것이고, 오랜 독재 및 권위주의적 정권에서 사실상 기본권이라기 보다는 범법행위로 취급되었던 집회의 자유, 정치적 소수자의 최후의 권리였던 집회의 자유에게 원래의 자리를 되찾아주기 위하여 노력하였던 1987. 10. 29. 헌법 개정 당시의 입법자들의 입법의도와도 역시 배치되는 것이며, 특히 대의기관이 국민을 위한다는 미명하에서 독자적으로 권력을 행사하면서 정치적 소수나 사회적 약자의 의견을 무시하는 상황일 경우 집회의 자유가 국가적, 사회적 의사형성에 능동적으로 참여하려는 국민에게 가장 공공성이 강한 기본권이라는 사실을 함께 고려한다면, 시간적 · 장소적인 제한하에서 한정적으로나마 사전허가제가 인정될 수 있다는 취지로 헌법정신을 양보하는 것은 자유민주주의의 현실적인 구현이나 궁극적인 사회통합을 저해하는 비극적인 결과를 낳을 수도 있는 것이다. (…)

4. 결 론

따라서, 야간의 옥외집회에 사전허가제를 도입한 집회 및 시위에 관한 법률 제10조 및 그에 대한 벌칙 조항인 같은 법 제23조 제1호는 그 위헌 여부가 이 사건 재판의 전제가 될 뿐 아니라, 집회에 대한 사전허가제를 금지하고 있는 헌법 제21조 제2항의 본질적 내용을 침해한 위헌적 조항이라고 의심할 만한 상당한 이유가 있으므로 주문과 같이 결정한다.

2008. 10. 9.

판사 박재영

자료 2 경찰청 소송 2심 판결문(발췌)

서울고등법원
제1민사부
판 결

사 건	2013나72574	손해배상(기)
원고, 항소인	대한민국	
피고, 피항소인		
제1심판결	서울중앙지방법원 2013. 10. 31. 선고 2008가합74845 판결	
변론종결	2016. 5. 30.	
판결선고	2016. 8. 19.	

주 문

1. 원고의 항소를 모두 기각한다.
2. 항소비용은 원고의 부담으로 한다.

청구취지 및 항소취지

제1심 판결을 취소한다. 피고들은 공동하여 원고에게 484,951,579원과 이에 대하여 2008. 6. 29.부터 이 사건 2014. 9. 2. 자 청구취지 및 청구원인 변경신청시까지 연 5%의, 그 다음 날부터 다 갚는 날까지 연 20%의 각 비율로 계산한 돈을 지급하라(원고는 당심에서 청구취지를 감축하였는데, 항소취지도 그 범위에서 감축한 것으로 본다).

이 유

1. 기초 사실

2. 원고의 주장

3. 공모 또는 고의를 원인으로 한 손해배상청구에 관한 판단

제4항에서 보는 바와 같은 이유로, 원고 제출 증거만으로는 피고들이 이 사건 집회·시위 과정에서 발생한 폭력행위에 직접 가담하였다거나 폭력시위자를 지휘하였다는 사실, 피고들이 폭력시위자와 공모하였다는 사실을 인정하기 부족하고, 달리 인정할 만한 증거가 없다. 따라서 원고의 이 부분 주장은 이유 없다.

4. 과실에 의한 방조를 원인으로 한 손해배상청구에 관한 판단

가. 관련 법리와 쟁점

1) 민법 제760조 제3항은 불법행위 방조자를 공동불법행위자로 보아 방조자에게 공동불법

행위의 책임을 지우고 있다. 방조는 불법행위를 용이하게 하는 직접·간접의 모든 행위를 가리키는 것으로서 손해의 전보를 목적으로 하여 과실을 원칙적으로 고의와 동일시하는 민사법의 영역에서는 과실에 의한 방조도 가능하다. 이 경우 과실의 내용은 불법행위에 도움을 주지 말아야 할 주의의무가 있음을 전제로 하여 그 의무를 위반하는 것을 말한다. 그런데 타인의 불법행위에 대하여 과실에 의한 방조로서 공동불법행위의 책임을 지우기 위해서는 '방조행위와 피방조자의 불법행위 사이', '방조행위와 불법행위에 의한 피해자의 손해 발생 사이'에 상당인과관계가 인정되어야 한다. 여기서 상당인과관계를 판단할 때에는 과실에 의한 행위로 불법행위를 용이하게 한다는 사정에 관한 예견가능성과 아울러 과실에 의한 행위가 피해 발생에 끼친 영향, 주의의무를 부과하는 법령의 목적과 보호법익, 가해행위의 태양 및 피침해이익의 성질, 피해의 정도 등을 종합적으로 고려하여 책임이 지나치게 확대되지 않도록 신중을 기하여야 한다(대법원 1998. 12. 23. 선고 98다31264 판결, 대법원 2007. 7. 13. 선고 2005다21821 판결, 대법원 2016. 5. 12. 선고 2015다234985 판결 등 참조).

2) 이 사건은 '집회·시위 과정에서 발생한 일부 참가자의 폭력행위와 관련하여, 집회·시위의 주최자에 대하여까지 손해배상책임을 물을 수 있는지'가 쟁점이다. 위 법리에 비추어 보면, '집회·시위 과정에서 일부 참가자의 돌발적인 폭력행위가 있었다는 이유로, 집회·시위 주최자에게 이로 인한 모든 손해배상책임을 묻는 것'은 자기책임의 원칙에 반한다. 위와 같은 상당인과관계를 판단할 때에는 결과 발생의 예견가능성 뿐만 아니라 ① '집회·시위 주최자 또는 이들의 주최행위'와 '참가자 또는 참가자의 행위'와의 연관성, ② '집회·시위 주최자가 집회·시위를 개최하게 된 동기와 집회·시위 과정에서 보인 행동, 집회·시위 주최자의 행위가 폭력행위에 영향을 미친 정도, ③ 집회·시위 주최자가 일부 일탈행위를 막는데 한계가 있었는지, ④ 헌법에서 집회·시위의 자유를 기본권으로 보장하는 취지 등을 종합적으로 고려하여 판단하여야 한다.

그리고 '집회·시위 주최자 또는 이들의 주최행위'와 '참가자 또는 일부 시위자의 폭력행위와의 관련성', 집회·시위 주최자가 원고의 피해 발생에 영향을 끼쳤는지를 평가하기 위해서는 먼저 개별 폭력행위에 관한 구체적인 증명이 전제되어야 한다. 이 사건에서는 이 사건 집회·시위의 특징을 고려할 필요가 있다. 결론적으로, 이 사건 집회·시위 과정에서 원고에게 손해가 발생하였다 하더라도 '집회·시위의 주최자에 불과한 피고들에게 손해배상책임을 인정할 정도로 상당인과관계가 있다'는 점에 관한 원고의 증명이 부족하다.

나. 이 사건 집회·시위의 특징

1) **이 사건 집회·시위에 관한 원고의 평가**

2) **피고들과 '이 사건 집회·시위의 발생·진행'의 관계**

앞서 본 사실과 증거에 의하여 인정되는 다음 사정을 고려하면, '피고들이 이 사건 집회·시위를 주최하지 않았다면 미국산 쇠고기 수입위생조건에 반대하는 이 사건 집회·시위가 일어나지 않았을 것'이라고는 단정하기 어렵다.

가) 정부는 2006년부터 미국 정부와 미국산 쇠고기의 수입에 관하여 협상을 진행하였다. 중간에 수입이 재개되기도 하였지만, 수입된 쇠고기에서 뼛조각이 검출되는 등 안정성에 대한 우려는 계속 제기되었다.

나) 이러한 상황에서 '30개월 미만 뼈 없는 살코기 수입'이라는 기존의 수입위생조건을 '특수위험물질이 제거되었다면 연령 제한 없이 뼈 있는 살코기도 수입할 수 있다'는 것으로 변경하는 내용의 협상이 발표되었다. 이후 일부 교수 등 전문가가 정부 조치를 비판하였고, MBC 등 언론사의 비판적인 보도가 큰 논쟁을 일으키면서 '미국산 쇠고기의 안정성'과 '정부의 협상태도' 등이 전국민적인 관심을 끌었다. 이에 피고 국민대책회의의 구성 전에 이미 정부를 비판하는 촛불집회가 자발적으로 시작되었고, 2008. 5. 2. 집회에는 1만명 이상이 참가하였다. 이에 관하여 수사백서는 '쇠고기 수입 협상 과정과 결과를 국민에게 충분히 전달하지 못함으로써 소통이 제대로 이루어지지 않았다는 지적이 제기되었다'고 평가하였다.

다) 이 사건 집회·시위는 비교적 평화적으로 시작되었으나, 수입위생조건이 그대로 고시될 움직임이 있자 격화되었다. 반면 정부가 여론을 일부 받아들여 2008. 6. 21. 경 수입위생조건에 관한 추가협상 결과를 발표하자, 이 사건 집회·시위 참가인원은 감소하기 시작하였다. 이에 비추어 보면, 이 사건 집회·시위 참가자는 '미국산 쇠고기의 안정성'에 대한 불안감, '정부의 태도' 등에 대한 불만감에서 이 사건 집회·시위에 참가하였던 것으로 보인다.

라) 도피 등으로 일부 피고들이 이 사건 집회·시위를 주최할 수 없게 되었는데도, 이 사건 집회·시위는 2008. 8. 15. 경까지 계속되었고, 언론이나 종교 문제와 관련된 새로운 이슈가 제기되기도 하였다. 피고들은 서울 도심에서의 집회·시위를 주최하였으나, 미국산 쇠고기 수입위생조건에 반대하는 시위는 전국적으로 개최되었다.

마) 피고 국민대책회의는 이 사건 집회·시위 이전부터 존재하였던 단체가 아니다. 피고 국민대책회의는 촛불집회 시작 이후인 2008. 5. 6. 비로소 출범한 단체로서, 이 사건 집회·시위 외에는 다른 활동을 하지 않았다. 피고 국민대책회의는 2008. 4. 18. 발표된 '미국산 쇠고기 수입위생조건에 반대'하는 의사를 밝힌 1,000여 시민단체와 운영자 등으로 구성되었을 뿐이다.

3) **소결론**

가) 집회·시위에 이르게 된 경위나 성격 등에 따라, 참가자에게 집회·시위의 주최자가 누구인지, 누가 집회신고를 하였는지 중요하지 않은 경우가 적지 않다. '집회·시위를 통하여 표현하고자 하는 공통의 의견이나 생각에 기본적으로 동의하는 다양한 사람이 특정 장소에 일시적으로 모이는 것'이 집회·시위의 본질이자 현실적인 모습이다. 집회·시위 주최자가 미리 고지하였던 공간에 함께 모였다는 사정만으로, 참가자가 집회·시위 주최자의 개별적인 지시나 지휘를 받거나 여기에 구속되는 관계가 형성되는 것은 아니다. 이 사건에서도 집회·시위의 자유에 내재하는 이와 같은 특성을 고려할 필요가 있다.

나) 이 사건의 경우, 이 사건 집회·시위는 미국산 쇠고기 수입위생조건에 대한 불안감과 그 협상 과정에 대한 불만을 가진 시민이 모이면서 자발적으로 발생·진행되었다. 비록 피고들이 이 사건 집회·시위 시간의 시간·장소 등을 제안하고 일부 장비를 준비하며 사회를 보는 등의 행위를 하였다 하더라도, 그러한 사정만으로 피고들이 이 사건 집회·시위의 발생부터 진행, 소멸에 이르는 일련의 과정을 지배하였다거나, 참가자가 피고들의 지휘·선동에 따라 이 사건 집회·시위에 참가하였다고 인정하기 어렵다. 이는 이 사건 집회·시위 참가자의 개별적인 참가 동기와 목적을 간과한 것이다(원고가 들고 있는 대법원 2009. 12. 10. 선고 2009다60022 판결은 '집회·시위 주최자는 집회·시위 과정에서 발생한 모든 폭력행위에 대하여 손해배상책임을 진다'는 취지로 해석되지 않는다. 이 판결 사안은 이 사건과 달리 '특정 단체가

특정일에 자신의 직접적·구체적 지배하에 있는 소속 구성원들을 대상으로 개최한 집회에 관한 것'이어서 이 사건에 그대로 원용할 수 없다). 이와 같은 점에서 피고들의 행위와 개별 폭력행위 사이에 구체적으로 어떤 관련성이 있는지 증명되어야 한다.

다. '피고들 또는 피고들의 행위'와 '폭력시위자 또는 폭력행위'와의 관련성에 관한 증명 부족

1) 이 사건은 피고들의 직접적인 행위가 아닌 제3자의 불법행위로 인해 생긴 손해에 대하여, 피고들에게 손해배상책임을 묻는 것이다. 따라서 '피고들의 행위가 방조에 해당하는지, 피고들이 질서유지에 필요한 주의의무를 다하지 않았는지, 피고들의 행위와 폭력행위, 또는 원고의 손해 발생 사이에 상당인과관계가 있었는지' 평가하기 위해서는 먼저 '① 원고 주장과 같은 폭력 시위자가 누구인지, ② 폭력시위자가 피고 1 내지 3 소속 구성원이거나 피고들의 영향을 받는 위치에 있었는지, ③ 폭력시위자가 피고들에게 요구되는 질서유지의무의 범위 내 또는 시간적·장소적 통제 범위 내에 있었는지, ④ 피고들의 행위가 폭력시위자에게 어떠한 영향을 미쳤는지'에 관한 구체적인 증명이 필요하다. 이는 피고들의 적절한 방어권 행사의 전제이기도 하다. 그러나 원고 제출 증거만으로는 이를 알 수 없다.

2) ① 앞서 본 이 사건 집회·시위의 진행 경과나 참석 인원 등에 비추어 볼 때, 이 사건 집회·시위의 참가자와 이를 제지하는 원고 소속 경찰관 사이에 다양한 원인과 경위로 물리적인 충돌이 생길 수 있고, 원고의 인적 피해나 물적 피해 역시 다양한 원인과 경위로 생길 수 있다. ② 극히 일부 사례에서 문제 된 경우이겠지만, 이 사건 집회·시위와 관련하여, 국가인권위원회가 '원고 소속 경찰관이 집회·시위 현장에 대해 과도한 통행제한을 하였고, 인권침해적인 과잉진압을 하였다'는 지적을 하기도 하였다(을마 제12호증). ③ 헌법재판소는 '원고 소속 경찰관이 경찰버스로 차벽을 형성하는 방법으로 통행을 제지하는 행위는 일정한 경우 개인의 일반적 행동자유권을 침해하는 것으로 허용되지 않는다'는 결정을 하기도 하였다(헌법재판소 2011. 6. 30. 선고 2009헌마406 결정). 이와 같은 점에서도, '단지 이 사건 집회·시위 참가자와 원고 소속 경찰관 등 사이에 물리적인 충돌이 있었다'는 이유만으로, 쉽게 집회·시위 주최자의 행위가 방조에 해당한다거나 앞서 본 상당인과관계가 있다고 단정하기 어렵고, 위와 같은 점에 관한 구체적인 증명이 필요하다.

라. 피고들이 이 사건 집회·시위를 주최한 목적과 폭력행위에 기여하였는지 여부

1) **인정 사실**

2) **판단**

위와 같이 피고들은 평화적인 집회·시위를 계획하였던 것으로 보이고, 이를 위하여 필요한 노력을 하였던 것으로 보인다. 또한, 이 사건 집회·시위 과정에서 발생한 원고의 손해와 관련하여, 집회·시위 주최자에 불과한 피고들에게 손해배상책임을 귀속시킬지 판단할 때에는 다음 사정을 고려할 필요가 있다.

가) '집회·시위 주최자가 집회 및 시위에 관한 법률(이하 '집시법'이라 한다)에 따라 부담하는 질서유지의무'는 순조로운 집회·시위의 진행과 유지를 위하여 필요한 준비나 조치를 해야 한다는 정도로 이해된다. 이를 넘어서 집회·시위 주최자가 마치 공권력이나 경찰행정업무를 담당하는 것처럼 집회·시위 참가자의 폭력행위를 미리 철저하게 차단해야 한다거나, 폭력시위자를 적극적으로 제지하고 억압하여 완전무결한 집회·시위가 이루어지도록 하는 정도의

질서유지의무를 부담하는 것으로는 보기 어렵다.

나) 원고는 '일부 피고들이 이 사건 집회 · 시위 현장에서 한 발언'을 문제삼지만, 이는 '미국산 쇠고기 수입위생조건과 그 협상 과정에 대한 불만을 강한 어조로 표시하거나 그와 같은 뜻을 상징적으로 표현한 것'으로 보인다. 피고들이 이와 같은 정도를 넘어 일부 참가자의 '폭력행위'를 직접 선동하고 격려하였다거나 용인한 것으로는 단정하기 어렵다. '일부 피고들이 이 사건 집회 · 시위 현장에서 하였다는 발언이나 행위'와 '일부 폭력시위자의 폭력행위' 사이에 시간적 · 장소적 근접성이 있었는지, 폭력시위자가 위 피고들의 언행에 따라 폭력행위를 하였는지도 알 수 없다.

다) 원고 제출 증거만으로는 '피고들이 쇠파이프, 각목, 돌 등을 준비하여 폭력시위자에게 내주었거나 폭력시위자가 이를 휴대하는 것을 용인하였다거나 알면서 방치하였다'고 단정하기 어렵다.

라) 일부 피고들이 일반교통방해죄, 집시법 위반죄 등으로 유죄판결을 받았거나 기소되었지만, 폭력시위자들과 공모하여 폭력행위를 하였다는 것으로는 처벌받거나 기소되지 않았다. 일부 피고들이 위와 같이 형사처벌을 받았거나 형벌법규를 위반하였다고 하여, 곧바로 원고 에 대한 불법행위가 성립하는 것이 아님은 당연하다.

마. 원고가 주장하는 정도의 질서유지인을 두지 않았다는 점에 대한 평가

앞서 인정한 사실에 나타난 제반 사정, 즉 ① 미국산 쇠고기 수입과 관련한 논쟁이 국민적인 관심사로 대두되면서 이 사건 집회 · 시위에 자발적으로 참여하는 참여자가 폭발적으로 증가하였던 점, ② 상당수의 이 사건 집회 · 시위 참가자는 피고들과 관련 없는 다양한 생각과 성향을 가진 각양각색의 일반 시민이었던 점, ③ 집회 · 시위의 내용이나 이를 하게 된 동기, 집회 · 시위자가 갖는 불만의 정도, 집회 · 시위의 규모 등에 따라 일부 집회 · 시위 참가자가 돌발적인 행동을 한다거나, 집회 · 시위 주최자가 예정하였던 것과 다른 방향으로 집회 · 시위가 진행되는 경우도 있는 점, ④ 원고가 주장하는 정도의 질서유지인을 두었다 하더라도, 질서유지인의 권한에 비추어 이들이 일부 참가자의 일탈행위를 일사분란하게 제압하거나 통제하는 데 한계가 있을 수 있는 점을 고려하면, 설사 피고들이 원고가 주장하는 정도의 질서유지인을 두지 않았다 하더라도, '피고들이 이 사건 집회 · 시위를 주최하고 진행한 행위'와 '일부 시위자의 돌발적인 폭력행위 또는 원고의 손해 발생' 사이에 상당인과관계가 있다고 쉽게 단정하기 어렵다.

바. 이 사건 집회 · 시위를 계속하였던 점에 대한 평가

1) **관련 법리**

가) 집회 · 시위의 자유는 정치적 불만이 있는 자를 사회에 통합하고 정치적 안정에 기여하는 기능을 한다. 특히 집회 · 시위의 자유는 집권세력에 대한 정치적 반대의사를 공동으로 표명하는 효과적인 수단이다. 소수가 공동체의 정치적 의사형성과정에 영향을 미칠 가능성이 보장될 때, 다수결에 의한 공동체의 의사결정은 더욱 정당성을 가지며 다수에 의하여 압도당한 소수에 의하여 수용될 수 있다. 헌법이 집회의 자유를 보장한 것은 관용과 다양한 견해가 공존하는 다원적인 '열린 사회'에 대한 헌법적 결단이다.

집회 · 시위의 자유는 비록 타인과 공동으로 행사하는 것을 예정한 기본권이지만, 어떠한 단체에 귀속되는 자유가 아니라 개인적 자유이다. 따라서 집회·시위 과정에서 일부 소수 참가자가 폭력·불법행위를 할 수도 있다는 점을 사실상 예견할 수 있더라도, 집회·시위 자체가 집단적인 폭력·불법행위를 목적으로 한다는 사실이 증명되지 않는 한, 평화적으로 집회의 자유를 행사하고자 한 다수의 기본권 행사는 보호되어야 한다. 소수의 폭력·불법행위가 사실상 예견된다는 사정만으로 평화적 집회·시위의 기회가 처음부터 박탈된다면, 폭력적인 소수가 자신들뿐만 아니라 평화적 참가자의 기본권 행사 여부를 결정하게 되기 때문이다. 이는 소수집단으로 하여금 사회·정치현상에 대한 불만과 비판을 공개적으로 표출할 수 있게 함으로써 정치적 불만이 있는 자를 사회에 통합하고 정치적 안정에 기여하겠다는 헌법의 기본정신에 반한다[헌법재판소 2003. 10. 30. 선고 2000헌바67 등 결정(취지 참조)].

나) 위와 같은 법리에 비추어 보면, 집회·시위 주최자가 '불특정 다수의 시민이 모인 집회·시위 과정에서 일부 소수 참가자의 일탈행위가 있을 수 있다'고 예상할 수 있었다는 이유로, 폭력시위자뿐만 아니라 집회·시위 주최자에 대해서까지 손해배상책임을 확대한다면, 집회·시위 주최자로서는 감당할 수 없는 위험을 안게 된다. 이로 인해 사회·정치현상에 불만을 느끼는 소수집단은 집회·시위를 주최하는데 큰 부담을 갖게 되고, 종국적으로 소수집단의 구성원은 집단적 의사표명을 통해 공론의 장에 참여할 기회를 상실하게 된다. 이는 자기책임의 원칙에 반하여 집회·시위의 자유를 과도하게 제한하는 결과로 이어질 수 있다.

2) **이 사건의 경우**

위와 같은 법리에 더하여 앞서 본 사실에 나타난 다음 사정을 고려할 때, 피고들이 이 사건 집회·시위를 중단하지 않은 점을 근거로 쉽게 상당인과관계를 인정할 수 없다.

가) 원고 제출 증거만으로는 이 사건 집회·시위가 집단적인 폭력행위를 목적으로 하였다고 인정하기 어렵다. 앞서 본 것처럼 피고들은 평화적으로 집회와 시위가 이루어지도록 필요한 조치를 취하였고, 피고들의 집회·시위의 주최나 선동으로 폭력행위가 일어난 것도 아니다. 이 사건 집회·시위는 평화적으로 시작되었고, 서울 도심, 특히 경찰과 대치한 현장 외의 다른 장소에서는 비교적 평화적으로 진행되었다.

나) 다음과 같은 이유로, 피고들에게 집단적인 의견표명의 기회를 보장할 필요가 있었다.

(1) 이 사건 집회·시위 당시 미국산 쇠고기의 수입위생조건은 전국민적인 관심사항이었다. 비록 미국산 쇠고기로 인한 광우병 감염률이 높지 않은 것으로 밝혀졌지만, 당시 주요 언론사의 대대적인 보도로 미국산 쇠고기에 대한 불안감이 크게 주목받았고 원고의 꾸준한 설명에도 불구하고 오히려 불안감과 불만이 확대되었다. 여기에 원고의 협상 태도까지 논란이 되면서, 이와 같은 논쟁이 전국민적인 관심사항으로 대두되었고, 해외 언론에도 크게 보도되었다. 이와 같은 논제에 대해 원고나 우리 사회가 다양한 형태의 의견표명이나 비판을 폭넓게 허용할 필요가 있음은 물론이다.

(2) 위와 같은 논쟁에 관한 국민적인 관심의 정도는 이 사건 집회·시위의 경과를 통해서도 알 수 있다. 이 사건 집회·시위는 피고들과 무관하게 여러 시민이 자발적으로 촛불집회를 하면서 시작되었다. 당시 적어도 연인원 92만 3,000명 이상의 시민이 이 사건 집회·시위에 참가하였고, 2008. 6. 10.에는 서울 종로구 세종로 일대에만 8만명 이상의 시민들이 모이기도 하였다. 이 사건 집회·시위 참가자 중에는 중·고증학생과 주부 등 집회·시위에 잘 참가하지 않는 시민도 많았다.

(3) 부수적인 논제도 있었지만, 이 사건 집회 · 시위의 주된 논제는 미국산 쇠고기 수입위생조건의 개정이었고, 수입위생조건이 협상 경과에 따라 집회 · 시위 참가인원이 크게 변동하였다.

사. 소결론

위와 같이 피고들의 집회 · 시위의 주최행위와 일부 시위자의 일탈행위 사이에 상당인과관계를 인정하기 위한 전제인 '참가자 또는 개별 폭력행위와 피고들과의 관련성'에 관한 증명이 부족하다. 또한, ① 피고들이 이 사건 집회 · 시위를 개최하게 된 동기와 그 과정에서 보인 행동, 피고들의 행위가 폭력행위에 영향을 미친 정도, ② 피고들이 원고 주장의 질서유지인을 두었을 경우 폭력행위를 충분히 막을 수 있었는지에 관한 증명의 정도, ③ 헌법에서 집회 · 시위의 자유를 기본권으로 보장하는 취지 등을 종합하면, 원고 제출 증거만으로는 피고들이 이 사건 집회 · 시위를 주최하고 진행한 행위와 폭력행위 사이, 또는 원고의 손해 발생 사이에 상당인과관계를 인정하기 어렵다.

5. 결 론

그렇다면 원고의 이 사건 청구는 모두 이유 없어 기각해야 하는데, 제1심판결은 이와 결론을 같이하여 정당하다. 따라서 원고의 항소는 모두 이유 없으므로 기각하기로 하여, 주문과 같이 판결한다.

재판장 판사 김상환
판사 이영창
판사 조찬영

자료 3 상인소송 2심 판결문(발췌)

서울고등법원
제19민사부
판 결

사 건	2011나16525 손해배상(기) 2011나16532(병합)손해배상(기)
원고, 항소인	
피고, 피항소인	
제1심판결	서울중앙지방법원 2011. 1. 5. 선고 2008가합69164, 2008가합71938(병합) 판결
변론종결	2011. 10. 25.
판결선고	2012. 1. 19.

주 문

3. 원고들의 항소를 모두 기각한다.
4. 항소비용은 원고들의 부담으로 한다.

청구취지 및 항소취지

제1심 판결 중 원고들의 피고들에 대한 부분을 취소한다.

피고들은 연대하여 [별지 2] '원고'란 기재 각 원고에게, 같은 '청구금액'란 기재 각 돈 및 이에 대하여 이 사건 소장 송달일로부터 다 갊는 날 까지 연 20%의 비율에 의하여 계산한 돈을 지급히라.

이 유

3 판단

1. 피고 국민대책회의, 피고 참여연대, 피고 한국진보연대의 행위

2. 원고들의 영업

3. 보호법익

가. 원고들은 앞서 본 바와 같이, 피고 국민대책회의와 피고 참여연대 및 피고 한국진보연대가 위법한 집회 및 시위를 개최·주도하여 원고들에게 손해를 가하였으므로, 위 피고들은 원고들에 대하여 불법행위로 인한 손해배상의무를 부담한다고 주장한다. 이에 대하여 위 피고들은 앞서 본 바와 같이, 집회의 자유는 표현의 자유에 관한 기본권으로 경제적 자유에 관한 기본권보다 우월한 지위에 있고, 집회 및 시위 과정에서 「집회 및 시위에 관한 법률」을 위반하거나 「형법」 소정의 일반교통방해죄에 해당하는 행위가 있었다고 하더라도 이는 원고들의 개인적 보호법익을 침해한 것이 아니므로, 원고들에 대한 불법행위가 성립하지 않는다고 주장한다.

나. (1) 살피건대, 복수의 기본권 주체가 서로 충돌하는 권익을 실현하기 위하여 국가에 대해 각기 대립하는 기본권의 적용을 주장하는 경우 기본권 충돌이 일어난다. 이익단체들이 거리에서 시위를 하는 집회의 자유와 그 시위 현장 부근에 영업소를 두고 있는 상인들의 영업의 자유나 재산권이 충돌하는 것은 이러한 기본권 충돌에 해당한다. 옥외집회는 집회 장소로서 도로 등 공공장소의 사용을 필요로 한다는 점에서 교통소통 장애 등 일반인에게 불편을 주게 되고, 다수인에 의한 집단적 행동을 수반한다는 점에서 질서유지에 위험을 가져올 수 있으므로, 집회의 자유의 행사 방법과 절차에 관하여 보다 자세하게 규율할 필요가 있다. 이는 한편으로는 집회의 자유의 행사를 실질적으로 가능하게 하기 위한 것이고, 다른 한편으로는 집회의 자유와 충돌하는 제3자의 법익을 충분히 보호하기 위한 것이다(헌법재판소 2003. 10. 30. 선고 2000헌바677, 83 결정).

(2) 「헌법」이 기본권으로 보장하고 있는 가치 가운데는 그 성질상 사인(私人)간에도 존중되고 보호되어야 하는 것이 있고, 이러한 경우 국가는 그에게 부과된 기본권보장의무에 따라 사인(私人)간에 이러한 가치의 존중이 보장되도록 하는 제도적 장치를 마련하게 된다. 신체의 자

유를 침해하는 상해나 폭행 등에 관하여 「형법」에 의하여 가해자를 처벌하거나 「민법」에 의하여 가해자에게 손해배상을 명하는 것 등이 이러한 제도적 장치에 해당한다.

「민법」은 사법(私法)상의 법률관계로서 불법행위를 규정하고 있고 이는 계약 등 법률관계의 의도적 형성을 도모할 기회를 갖지 못하였던 당사자들 사이에서 우연한 기회에 일방이 불이익을 입은 경우 그 불이익을 상대방에게 전가하여 그로부터 손해의 배상을 받을 수 있게 하는 것이다. 위와 같은 손해는 법적으로 보호되는 이익의 손상을 말하고, 이러한 보호법익을 침해한 경우에 불법행위로 인한 손해배상의무가 인정된다. 즉, 사실적인 생활이익에 대하여 법적으로 보호될 수 있는 것인가라는 평가적 요소가 더해짐으로써 배상의무를 부담하는 손해가 확정되는 것으로서, 법적 보호영역 안에 부정적인 변화를 초래한 경우에 불법행위로 인한 손해배상의무가 인정된다.

(3) 따라서, 집회 및 시위에 관련하여 불법행위로 인한 손해배상의무가 인정되기 위해서는 집회 및 시위로 인하여 개인적 보호법익을 침해한 경우라야 하고, 국가적 보호법익이나 사회적 보호법익을 침해하였을 경우에는 「형법」에 의한 처벌 등으로써 제재된다고 할 것이다.

다. (1) 「헌법」 제21조 제1항은 모든 국민은 집회의 자유를 가진다고 규정하고, 시위는 '장소를 이동하는 집회'로서 집회의 자유에 의하여 보호된다. 「헌법」 제21조 제1항은 집회의 자유와 함께 언론·출판의 자유를 규정하고 있는데, 「헌법」 제21조 제4항은 언론·출판이 타인의 명예나 권리를 침해한 때에는 피해자가 손배의 배상의 청구할 수 있다고 규정하면서, 집회의 자유에 관하여는 손배의 배상을 청구할 수 있다는 규정을 두지 않고 있다.

(2) 「집회 및 시위에 관한 법률」은 주요 도로에서의 집회 및 시위에 대하여 교통소통을 위하여 필요하다고 인정하면 그 집회 및 시위를 금지할 수 있도록 하면서 이러한 금지를 위반한 경우 징역 등에 처할 수 있도록 규정하였는데(제12조, 제23조), 집회 및 시위로 인한 손해배상에 관해서는 별도의 규정을 두지 않고 있다.

「형법」은 육로(陸路)를 불통하게 하거나 기타 방법으로 교통을 방해하는 경우 일반교통방해죄로 징역 등에 처할 수 있도록 규정하였는데(제185조), 이는 일반공중의 교통안전을 보호법익으로 하는 범죄이고(대법원 1995. 9. 15. 선고 95도1475 판결), 「소송촉진등에 관한 특례법」은 상해죄 등 개인적 보호법익을 침해하는 범죄에 관하여 형사공판절차에서 손해의 배상을 신청할 수 있도록 하면서, 일반교통방해죄에 관해서는 그러한 배상신청 규정을 두지 않고 있다.

(3) 「도로법」에 의하면, 도로는 일반인의 교통을 위하여 제공되는 것으로서(제2조), 도로를 구성하는 부지 등에 대하여는 사권(私權)을 행사할 수 없고(제3조), 장관이나 도지사 또는 시장 등이 관리청이 되면서(제20조), 도로에 관한 비용은 국가 또는 지방자치단체가 부담하고(제67조), 도로 점용에 관하여 관리청이 점용료를 징수한다(제41조).

일반 공중의 사용에 제공된 공공용물을 그 제공 목적대로 이용하는 것은 일반사용 내지 보통사용에 해당하는 것으로서 따로 행정주체의 허가를 받을 필요가 없는 행위이고, 이처럼 일반 공중에게 개방된 장소를 개별적으로 통행하는 것 등은 일반적 행동자유권의 내용으로 보장된다(헌법재판소 2011. 6. 30. 선고 2009헌마406 결정).

(4) 또한 「헌법」은 집회의 자유를 국민의 기본권으로 보장함으로써, 평화적 집회 그 자체는 공공의 안녕질서에 대한 위험이나 침해로 평가되어서는 아니되고, 집회의 자유를 행사함으로써 불가피하게 발생하는 일반대중에 대한 불편함이나 법익에 대한 위험은 보호법익과 조화를 이루는 범위 내에서 국가와 제3자에 의하여 수인되어야 한다는 것을 「헌법」 스스로 규정하고 있

다(헌법재판소 2003. 10. 30. 선고 2000헌바67, 83 결정).

「헌법」은 국가의 최고규범으서 입법·행정·사법과 같은 모든 공권력의 행사가 「헌법」에 의한 제약을 받는 것은 물론, 사법(私法)상의 법률관계도 직·간접적으로 「헌법」의 영향을 받게 된다(헌법재판소 2005. 2. 3. 선고 2001헌가9 등 결정).

라. 앞서 본 바에 의하면, △ 피고 국민대책회의가 집회를 연속적으로 개최하고 그 집회 종료 후 차도를 점거하면서 행진하는 시위가 계속됨으로 인하여, 원고들의 영업소 부근의 교통이 방해되고 그에 따라 원고들의 영업소 부근에 도로를 사용하여 그 영업소에 출입하는 것에 불편이 초래되는 등 원고들의 영업에 부정적인 영향을 미치는 환경이 조성되었는데, △위와 같은 집회 및 시위는 기본적으로 미국산 쇠고기 수입에 관한 정부의 시책이나 결정에 반대하는 것으로서, 원고들의 영업이나 그 영업소 자체에 관하여 의사표현을 한 것이 아니었고, 또한 그 집회 및 시위가 원고들의 영업소 부근에서 진행되었을 뿐, 원고들의 영업소 자체가 의사표현을 위한 집단적 행동의 목표물로 정해진 것도 아니었다.

마. (1) 그렇다면, △원고들은 일반적 행동자유권의 행사로서 그들의 영업소 부근의 도로를 그 제공 목적대로 일반사용 내지 보통사용할 수 있음에 그치는 것으로서, △그러한 도로가 집회 및 시위로 인하여 교통이 방해되지 않는 상태로 유지된다는 것은 원고들이 일반적으로 기대할 수 있는 것일 뿐, 원고들이 그들의 개인적 보호법익으로 주장할 수 있는 것은 아니라고 할 것이고, △그러한 도로가 집회 및 시위로 인하여 교통이 방해되는 경우, 원고들에게 별도로 인정되는 개인적 보호법익과의 조화에 따라 원고들의 수인 한도가 정해질 뿐이라고 할 것이다.

(2) 따라서, 집회 및 시위로 인하여 원고들의 영업소 부근의 교통이 방해되고 그에 따라 원고들의 영업소 부근에 도로를 사용하여 그 영업소에 출입하는 것에 불편이 초래되는 등 원고들의 영업에 부정적인 영향을 미치는 환경이 조성된 사정이 있다고 하더라도, 이러한 사정만으로는 원고들의 개인적 보호법익이 침해되었다고 할 수 없다.

(3) 또한 원고들의 앞서 본 주장과 같이 집회 및 시위로 인하여 수인 한도를 넘는 소음이 발생하였다는 점에 관하여는 이를 인정할 만한 증거가 없다.

(4) 그렇다면, 피고 국민대책회의, 피고 참여연대, 피고 한국진보연대의 행위로 인하여 원고들의 개인적 보호법익이 침해되었다고 할 수 없으므로, 위 피고들이 원고들에 대하여 불법행위로 인한 손해배상의무를 부담한다고 할 수 없다.

4. 폭력행위

가. (1) 앞서 본 바에 의하면, 원고 주식회사 ○○호텔의 경우에는 시위 참가자들 가운데 일부가 위 원고 운영의 호텔 로비에 쓰레기를 던져 넣는 등의 행위를 하였다.

(2) 「헌법」상 집회의 자유에 의하여 보호되는 것은 오로지 '평화적' 또는 '비폭력적' 집회에 한정되는 것이므로, 집회의 자유를 빙자한 폭력행위나 불법행위 등은 헌법적 보호범위를 벗어난 만큼, 「집회 및 시위에 관한 법률」, 「형법」, 「국가보안법법」, 「폭력행위 등 처벌에 관한 법률」, 「도로교통법」 등에 의하여 형사처벌되거나 민사상의 손해배상책임 등에 의하여 제제될 수 있다(헌법재판소 2009. 9. 24. 선고 2008헌가25 결정).

(3) 한편으로, 집회의 자유는 공동으로 인격을 발현하기 위하여 타인과 함께 하고자 하는 자유로서, 타인과의 의견교환을 통하여 공동으로 인격을 발현하는 자유를 보장하고, 국가권력

에 의하여 개인이 타인과 사회공동체로부터 고립되는 것으로부터 보호한다. 또한, 집회를 통하여 국민들이 자신의 의견과 주장을 집단적으로 표명함으로써 여론의 형성에 영향을 미친다는 점에서, 집회의 자유는 표현의 자유와 더불어 민주적 공동체가 기능하기 위한 불가결의 근본요소로 기능한다(헌법재판소 2009. 5. 28. 선고 2007헌바22 결정).

(4) 나아가 우리나라에서 1990. 7. 10. 조약 제1007호로 발효된 「시민적·정치적 권리에 관한 국제규약」[49] 제21조는 '평화적인 집회의 권리가 인정되어야 한다. 이 권리의 행사에 대하여는 법률에 따라 부과되고, 또한 국가안보 또는 공공의 안전, 공공질서, 공중보건 또는 도덕의 보호 또는 타인의 권리 및 자유의 보호를 위하여 민주사회에서 필요한 것 이외의 어떠한 제한도 과하여져서는 아니 된다'고 규정하고 있다.[50]

(5) 위와 같이 집단적 형태로 의사를 표현하는 집회 및 시위에 있어서, 그 참가자들에게 공동불법행위 책임을 지나치게 용이하게 인정하게 되면 「헌법」에서 보장된 집회의 자유가 공동화(空洞化) 될 것이다. 따라서 평화적인 집회 도중에 일부의 과격분자에 의하여 저질러진 일탈행위로 인한 손해에 대하여는 그 과격분자만이 책임을 져야 할 것이고, 일부 참가자들이 폭력을 행사할 수도 있음이 사전에 예견되더라도, 집회 및 시위 현장에서 폭력을 행사하는 참가자들과 연대하거나 그들을 적극적으로 격려하는 행동을 명시적으로 하는 경우에 한하여 폭력행사로 인한 손해에 대하여 책임을 진다고 할 것이다. (…)

다. (1) 위에서 본 바에 의하면, 시위 참가자들 가운데 일부가 원고 주식회사 ○○ 호텔이 운영하는 호텔의 로비에 쓰레기를 던져 넣는 등의 행위를 하여 위 원고가 영업에 방해를 받은 것은, 시위 참가자들 가운데 일부가 우발적으로 저지른 일탈행위라 할 것인데, 피고 국민대책회의는 평화집회를 호소하고 질서유지를 위한 활동을 하였다고 인정되고, 피고 국민대책회의가 집회 및 시위 현장에서 폭력을 행사하는 참가자들과 연대하거나 그들을 적극적으로 격려하는 행동을 하였다고도 볼 수 없으며, 달리 이러한 점을 인정할 만한 증거가 없다.

(2) 그렇다면, 설사 시위 참가자들 가운데 일부의 행위로 인하여 원고 주식회사 ○○ 호텔이 영업에 방해를 받은 사정이 있다고 하더라도, 그러한 사정만으로는 피고 국민대책회의, 피고 참여연대, 피고 한국진보연대가 위 원고에게 불법행위로 인한 손해배상의무를 부담한다고 할 수 없다. (…)

Ⅲ. 결 론

그렇다면 원고들의 피고들에 대한 이 사건 청구는 이유 없어 이를 모두 기각할 것인바, 제1심 판결은 이와 결론을 같이 하여 정당하므로 원고들의 항소를 모두 기각하기로 하여, 주문과 같이 판결한다.

재판장 판사 고의영
판사 박해빈
판사 이인석

49) International Covenant on Civil and Political Rights: ICCPR, B규약 혹은 자유권규약이라고도 한다.

50) The right of peaceful assmbly shall be recognized. No restriction may be placed on the exercise of this right other than those imposed on confirmity with the law and which are necessary in a democratic society in the interests of national security or public satety, public order (ordre public), the protection of poblic health or morals or the protection of the rights and freedoms of others.

긴급조치위반 형사재심과 국가배상청구 소송

이 상 희*

1. 사건 개요의 설명

가. 소송의 배경 – 긴급조치에 대하여

1) 박정희 전 대통령은 독재정권을 유지하고 유신체제에 대한 국민적 저항을 탄압하기 위하여 7차에 걸쳐(1974. 1. 8.~1979. 12. 8.) 긴급조치를 발동하였다. 긴급조치는 민주주의와 법치주의 원칙을 무시하며 일반 국민들의 일상을 지배하고 기본권을 침해하였다. 진실·화해를 위한 과거사정리위원회(이하 '과거사정리위원회'라고 함)[1]가 확인한 긴급조치 피해자(긴급조치 위반으로 처벌)만 해도 1,140명에 이른다.

제목(발동일시)	내 용
긴급조치 제1호[2] 1974. 1. 8. 발동 1974. 8. 23. 해제	– 유신헌법의 부정, 반대, 왜곡 또는 비방하거나 개정 또는 폐지를 주장, 발의, 제안 또는 청원하는 일체의 행위금지 – 유언비어를 날조, 유포하는 일체 행위금지 – 위반자는 법관의 영장 없이 체포, 구속, 압수, 수색 가능 – 15년 이하의 징역, 비상군법회의에서 심판
긴급조치 제2호 1974. 1. 8. 발동	긴급조치 제1호 위반자 심판을 위한 비상군법회의 설치
긴급조치 제4호 1974. 4. 3. 발동 1974. 8. 23. 해제	– 민청학련 조직, 가입, 회합, 통신 등 관계된 일체 행위 처벌 – 법관 영장 없이 체포, 구속, 압수, 수색 – 비상군법회의에서 심판 – 사형, 무기, 또는 5년 이하의 징역
긴급조치 제7호 1975. 4. 8. 발동 1975. 5. 13. 해제	– 고려대학교에 대한 휴교령 선포 및 일체의 집회, 시위의 금지 – 3년 이상 10년 이하의 징역 – 병력을 사용한 위 학교의 질서유지 가능 등

* 변호사, 법무법인 지향.

1) 항일독립운동, 반민주적 또는 반인권적 행위에 의한 인권유린과 폭력, 학살, 의문사 사건 등을 조사하기 위하여 2005. 5. 3. 「진실·화해를 위한 과거사정리기본법」(이하 '과거사정리기본법'이라고 함)이 제정되었고, 위 법에 따라 과거사정리위원회가 2005. 12. 출범하여 2010. 12.까지 활동하였다.

2) 이하 긴급조치 제 1, 2, 4, 7, 9호를 '긴급조치'라고 한다.

긴급조치 제9호 1975. 5. 13. 발동 1979. 12. 8. 해제	– 유언비어 날조, 유포 및 사실을 왜곡하여 전파하는 행위 금지 – 집회, 시위, 신문, 방송, 문서 등을 통해 헌법 부정, 반대, 왜곡, 비방하거나 개정 또는 폐지를 주장, 청원, 선동, 선전하는 행위 금지 – 학생의 집회, 시위 또는 정치관여행위 금지 – 위반자는 법관 영장 없이 체포, 구금, 압수, 수색가능 – 1년 이상의 징역

2) 과거사정리위원회는 2006년 하반기 조사보고서에서 긴급조치위반 사건의 판결 1,412건을 분석하고 판사의 실명을 공개하였다. 그 당시 대법원 내부에서는 긴급조치 피해자를 구제하기 위하여 ① 긴급조치위반 사건을 무효화하는 특별법 제정, ② 재심청구 범위를 확대하는 특별법 제정, ③ 법원 차원의 과거사 정리 기구를 만들어 판결 경위 등을 조사하는 방안 등이 검토되었다고 한다. 그러나 대법원장은 법적 안정성 등을 고려하여 형사소송법에서 정한 재심절차를 강조하였고, 법원이나 국회에서 긴급조치 유죄판결을 일괄 해결하기 위한 노력을 보이지 않았다.

나. '오종상 긴급조치위반 사건'에 대한 과거사정리위원회의 진실규명 결정

마침 과거사정리위원회가 2007. 10. 30. '오종상 긴급조치 위반 사건'에 대하여 진실규명 결정을 하였다. 오종상씨는 반공·저축 웅변 대회에 나가는 학생에게 그 당시 사회적으로 문제가 되었던 은행사기 사건을 이야기하면서 '사기꾼들을 위해 하는 저축은 필요 없다', '이렇게 가난하게 살 바에는 이북과 합쳐 통일을 해서라도 잘 살게 됐으면 좋겠다'고 하였다. 오종상씨를 이상하게 생각한 학생은 반공 담당 교사에게 신고하였고, 교사는 경찰당국에 신고하였다. 오종상씨는 중앙정보부에 영장도 없이 불법으로 구금되어 고문 등의 가혹행위를 당했고, 위법하게 수집된 증거에 기초하여 비상보통군법회에서 징역 7년과 자격정지 7년을 선고받았고, 항소심인 비상고등군법회의에서 징역 3년과 자격정지 3년을 선고받았다(대법원에서 상고를 하였으나 기각됨).

과거사정리위원회는 직권으로 조사개시결정을 하고, 수사권한이 없는 중앙정보부가 오종상씨를 구금하고 자백을 강요하기 위하여 구타, 잠 안 재우기 등의 가혹행위를 하였으며, 조사에 참여하지 않은 경찰관이 조서를 작성한 것처럼 조작한 사실을 규명했다. 그리고 과거사정리위원회는 긴급조치위반 피해자들의 피해 및 명예가 회복되기 위해서는 재심과정에서 법원과 헌법재판소가 긴급조치 발동에 대해 위헌여부를 판단하여 피해자들에게 재심을 청구할 수 있는 기회를 부여하고, 더 나아가 국회는 입법적 조치를 마련하라고 권고하였다.

다. 긴급조치변호단의 구성과 원고 모집

1) 민주사회를 위한 변호사모임(이하 '민변'이라 한다)은 오종상씨를 비롯하여 1000여 명이 넘는 긴급조치 피해자의 구제와 진실규명, 그리고 유신체제의 청산을 위하여 연구와 자료수집에 들어갔다. 피해자가 다수이고 피해구제를 위하여 수개의 재판(형사재심, 헌법소송, 민사소송)이 예상되며, 유신헌법 및 긴급조치에 대한 연구와 입법운동을 병행하기 위하여 긴급조치변호단(이하 '변호단'이라고 한다)을 구성했다.

2) 많은 피해자들이 구제받을 수 있도록 민변 홈페이지와 신문광고, 학교 동문회 등을 통해 소송계획을 알리고 소송참가 신청을 받았다. 참가신청을 받을 때 '긴급조치 위반 등에 관한 진술서'를 교부하여 기본적인 인적사항, 판결 내용, 고문 등의 가혹행위 여부, 피해 내역(후유장애, 징계, 제적, 강제징집, 출소 후 사회·경제적 어려움 등)을 정리해 달라고 요청했다. 변호단은 피해자들을 직접 만나서 '긴급조치 위반 등에 관한 진술서'와 국가기록원에서 복사한 판결문, 주민등록초본, 수사의 위법성을 입증할 만한 서류 등을 확인하고 사건의 구체적인 내용을 조사했다.

변호단 소속 변호사와 피해자는 변호단이 정한 기준에 따라 헌법소원, 형사재심, 형사보상과 민사 손해배상청구 사건에 대하여 일괄적으로 위임계약을 체결하였다.

3) 2009. 2. 오종상씨의 형사재심청구를 시작으로 다른 긴급조치 피해자들의 형사재심청구가 계속 이어졌다. 대법원은 오종상씨가 제기한 사건'(이하 '오종상 사건'이라 한다)에서 사법 역사상 처음으로 긴급조치에 대하여 위헌·무효를 선언하고 무죄를 선고했고, 그 후 법원은 위 판결을 인용하며 긴급조치 피해자들에게 재심을 개시하고 무죄를 선고하였다.

[자료 1] 긴급조치 위반 등에 관한 진술서

[자료 2] 보도자료

라. 소송 진행 경과

오종상씨는 형사재심을 청구하여 무죄판결을 받은 뒤 국가의 책임을 묻는 민사소송을 제기하였는데 소송진행경과는 다음과 같다(다른 긴급조치 피해자들도 형사재심에서 무죄판결을 받고, 국가를 상대로 민사소송을 제기하였다).

〈형사재심 및 헌법재판〉

2007. 10. 30. : 진실·화해를 위한 과거사정리위원회 결정

2009. 2. 12. : 형사재심청구

2009. 2. 23. : 유신헌법 제53조 및 긴급조치와 형사소송법 제326조 제4호에 대하여 위헌

제청신청
2009. 12. 29. : 형사재심개시결정, 위헌제청신청 기각 결정
2010. 2. 3. : 유신헌법 제53조 및 긴급조치와 형사소송법 제326조 제4호에 대하여 헌법소원
2010. 4. 30. : 서울고등법원 판결 선고(2009재노19 판결, 반공법위반 무죄, 긴급조치위반 면소)
2010. 12. 16. : 대법원 판결 선고(2010도5986 전원합의체판결, 긴급조치위반 무죄)
2013. 3. 21. : 헌법재판소 위헌결정(2010헌바70, 132, 170(병합) 결정)
〈민사소송〉
2011. 7. 29. : 민사소송 제기
2012. 5. 3. : 제1심 판결 선고(서울중앙지방법원 2011가합78601 판결)
2012. 12. 21. : 2심 판결 선고(서울고등법원 2012나43159 판결)
2016. 5. 12. : 3심 판결 선고(대법원 2013다200759 판결)

[자료 3] 형사재심청구서
[자료 4] 유신헌법 제53조 및 긴급조치에 대한 위헌제청신청서
[자료 5] 형사소송법 제326조 제4호에 대한 위헌제청신청서

2. 형사재심 및 헌법소원

가. 소송의 쟁점과 변론

(1) 재심 관할 법원

재심청구의 관할은 재심대상이 되는 원판결의 법원이다.[3] 오종상 사건에서는 징역 3년과 자격정지 3년이 선고된 비상고등군법회의가 원판결의 법원인데, 비상고등군법회의는 긴급조치 제2호에 의해 설치된 기구로 더 이상 존재하지 않는다. 법원은 이러한 경우 비상고등군법회의에 상응하는 서울고등법원에 재판 관할이 있다고 보았다(대법원 1985.1.29. 선고 74도3501 전원합의체 판결).

(2) 형사재심개시 여부

가) 형사재심절차에 들어가기 위해서는 형사소송법 제420조[4]에서 정한 재심사유가

3) 형사소송법 제423조(재심의 관할) 재심의 청구는 원판결의 법원이 관할한다.
4) 형사소송법 제420조(재심이유) 재심은 다음 각호의 1에 해당하는 이유가 있는 경우에 유죄의 확정판결에 대하여 그 선고를 받은 자의 이익을 위하여 청구할 수 있다.
1. 원판결의 증거된 서류 또는 증거물이 확정판결에 의하여 위조 또는 변조인 것이 증명된 때
2. 원판결의 증거된 증언, 감정, 통역 또는 번역이 확정판결에 의하여 허위인 것이 증명된 때
3. 무고로 인하여 유죄의 선고를 받은 경우에 그 무고의 죄가 확정판결에 의하여 증명된 때
4. 원판결의 증거된 재판이 확정재판에 의하여 변경된 때

있어야 한다. 오종상 사건은 다행히 과거사정리위원회에서 수사권한이 없는 중앙정보부가 오종상씨를 불법으로 조사하고 폭행 등의 가혹행위를 한 점이 인정되어, 형사소송법 제420조 제7호에 의하여 재심개시결정을 받았다.

"피고인이 수사과정에서 사법경찰관 직무를 수행하는 수사관들로부터 무차별적인 구타와 잠 안 재우기 등의 가혹행위를 당한 사실이 인정되는바(과거사정리위원회는 2007. 10. 30. 이 사건에 관하여 진실규명결정을 하였다), 이 사건을 수사한 사법경찰관들의 위와 같은 행위는 형법 제125조 소정의 범죄에 해당한다. 한편 피고인이 수사기관에서 조사를 받은 것은 1974년이고 수사관들의 위 폭행·가혹행위죄는 그 법정형이 5년 이하의 징역과 10년 이하의 자격정지이므로 형사소송법 부칙 제3조, 구 형사소송법(2007. 12. 21. 법률 제8730호로 개정되기 전의 것) 제249조 제1항 제4호에 의하여 이미 5년의 공소시효가 완성되었음이 분명하다고 할 것이어서, 이는 형사소송법 제422조 소정의 '확정판결을 얻을 수 없는 때'에 해당한다고 볼 것이고, 앞서 본 바와 같이 수사관들이 가혹행위를 함으로써 직무상 범죄를 저질렀다는 점이 확정판결을 대신할 정도로 증명된 이상, 이 사건은 형사소송법 제420조 제7호에서 정한 재심사유가 있는 경우에 해당한다고 할 것이다"(서울고등법원 2009. 12. 29.자 2009재노19 결정).

나) 그러나 과거사정리위원회의 진실규명을 거치지 않은 사건은 재심 관문을 어떻게 통과해야 할지 문제였다. 긴급조치위반 피해자의 대다수가 폭행 등의 고문을 당했을 것이라고 미루어 짐작할 수 있으나 과거사정리위원회의 진실규명을 거치지 않으면 입증이 사실상 불가능하고, 이 사건의 핵심이 '긴급조치'라는 법률의 형식으로 다수 국민의 인권을 침해했다는 것이므로, 긴급조치 자체를 건드리지 않고서는 해결될 수 없다고 생각했다. 변호단은 재심사유를 다음과 같이 정리하여 법원을 설득하기로 했다.

① **검사나 사법경찰관의 직무에 관한 죄**(제420조 7호): 수사과정에서의 위법성(폭행 등의 가혹행위)을 최대한 주장, 입증한다.

② **무죄를 인정할 명백한 증거가 새로 발견된 때**(제420조 5호): 긴급조치를 중대한 공권력의 인권침해로 규정하고 위헌무효라고 진상규명한 과거사정리위원회의 결정을 새로운 증거라고 주장한다.

③ **헌법재판소법 제47조 제4항**[5]: 재심청구와 동시에 긴급조치에 대하여 위헌제청신

5. 유죄의 선고를 받은 자에 대하여 무죄 또는 면소를, 형의 선고를 받은 자에 대하여 형의 면제 또는 원판결이 인정한 죄보다 경한 죄를 인정할 명백한 증거가 새로 발견된 때
6. 저작권, 특허권, 실용신안권, 의장권 또는 상표권을 침해한 죄로 유죄의 선고를 받은 사건에 관하여 그 권리에 대한 무효의 심결 또는 무효의 판결이 확정된 때
7. 원판결, 전심판결 또는 그 판결의 기초 된 조사에 관여한 법관, 공소의 제기 또는 그 공소의 기초된 수사에 관여한 검사나 사법경찰관이 그 직무에 관한 죄를 범한 것이 확정판결에 의하여 증명된 때 단, 원판결의 선고 전에 법관, 검사 또는 사법경찰관에 대하여 공소의 제기가 있는 경우에는 원판결의 법원이 그 사유를 알지 못한 때에 한한다.

청을 하고 헌법재판소에서 위헌결정을 받아 재심 사유를 주장한다.

다) 변호단은 긴급조치의 위헌성을 다투기 위하여 오종상 사건을 비롯하여 몇 건의 형사재심사건에서 긴급조치 및 유신헌법 제53조에 대하여 위헌제청신청을 하였다. 그런데 법원은 내용도 심사하지 않고 형식적인 이유로 각하결정을 하였다(서울고등법원 2009. 12. 29.자 2009초기39 결정 등[6]). 이에 대해 변호단은 위헌소원(헌법재판소법 제68조 제2항)을 제기하였다. 그런데 헌법재판소의 결정을 기다리고 있던 중에 뜻밖에도 대법원이 오종상 사건에서 긴급조치에 대하여 위헌결정을 하였다. 대법원은 긴급조치가 입법권 행사라는 실질을 전혀 갖추지 못하여 '법률'에 해당하지 않으므로 위헌심사권한이 헌법재판소가 아니라 대법원에 있다고 보고, 직접 위헌무효를 선언하면서 긴급조치 위반에 대하여 무죄를 선고하였다(대법원 2010. 12. 16. 선고 2010도5986 전원합의체 판결).[7]

라) 변호단은 위 전원합의체 판결이 '무죄를 인정할 명백한 증거가 새로 발견된 때'에 해당한다고 보고 전국 각 법원에서 진행하고 있던 긴급조치 형사재심사건에 재심사유를 추가했다. 법원은 변호단의 주장을 받아들여, "대법원에서 긴급조치가 위헌·무효라고 판단된 이상, 이는 '유죄의 선고를 받은 자에 대하여 무죄를 인정할 명백한 증거가 새로 발견된 때'에 해당하므로 형사소송법 제420조 제5호 소정의 재심사유가 있다"고 판단하였다.

"형사소송법 제420조 제5호는 재심사유의 하나로 '유죄의 선고를 받은 자에 대하여 무죄 또는 면소를, 형의 선고를 받은 자에 대하여 형의 면제 또는 원판결이 인정한 죄보다 경한 죄를 인정할 명백한 증거가 새로 발견된 때'를 규정하고 있다. 여기에서 무죄 등을 인정할 '증거가 새로 발견된 때'라 함은 재심대상이 되는 확정판결의 소송절차에서 발견되지 못하였거나 또는 발견되었다 하더라도 제출할 수 없었던 증거로서 이를 새로 발견하였거나 비로소 제출할 수 있게 된 때는 물론이고, 형벌에 관한 법령이 당초부터 헌법에 위반되어 법원에서 위헌·무효라고 선언한 때에도 역시 이에 해당한다고 할 것이다. (중간 생략) 앞서 본 바와 같이 재항고인에 대한 재심대상판결의 공소사실은 긴급조치 제9호를 형벌법령으로 한 것임이 분명하고, 위 대법원 2011초기689 전원합의체 결정에서 긴급조치 제9호가 당초

---

5) 헌법재판소법 제47조(위헌결정의 효력) ③ 제2항에도 불구하고 형벌에 관한 법률 또는 법률의 조항은 소급하여 그 효력을 상실한다. 다만, 해당 법률 또는 법률의 조항에 대하여 종전에 합헌으로 결정한 사건이 있는 경우에는 그 결정이 있는 날의 다음 날로 소급하여 효력을 상실한다.
④ 제3항의 경우에 위헌으로 결정된 법률 또는 법률의 조항에 근거한 유죄의 확정판결에 대하여는 재심을 청구할 수 있다.

6) 법원은, "신청인이 당해 사건으로 이 법원에서 재심이 개시된다고 하더라도 대통령긴급조치 위반의 점에 대하여는 형사소송법 제326조 제4호에 따라 '범죄 후의 법령개폐로 형이 폐지되었을 때'에 해당되어 면소판결이 선고될 수 밖에 없으므로, 결국 이 사건에서 위헌 여부가 문제되는 대통령긴급조치 제1, 2호가 당해 사건의 재판이 적용된다고 볼 수 없을 뿐더러 위 대통령긴급조치가 헌법에 위반되는지의 여부에 따라 당해 사건을 담당하는 법원이 다른 판단을 하게 되는 것도 아니라고 할 것이다"고 하면서, 긴급조치 제1, 2호의 위헌 여부는 형사재심 재판의 전제가 되지 않는다고 보았다(서울고등법원 2009초기39 결정).

7) 긴급조치 제1호에 대해서는 대법원 2010.12.16. 선고 2010도5986 전원합의체 판결, 긴급조치 제4호에 대해서는 대법원 2013. 5. 16. 선고 2011도2631 전원합의체판결, 긴급조치 제9호에 대해서는 대법원 2013. 4. 18.자 2011초기689 전원합의체 결정이 위헌·무효를 선언했다.

부터 위헌·무효라고 판단된 이상, 이는 '유죄의 선고를 받은 자에 대하여 무죄를 인정할 명백한 증거가 새로 발견된 때'에 해당하므로, 결국 재심대상판결에는 형사소송법 제420조 제5호 소정의 재심사유가 있다고 할 것이다"(대법원 2013. 4. 18.자 2010모363 결정).

(3) 위헌인 법령이 폐지된 경우 면소사유인지 무죄사유인지에 대한 쟁점

형사재심에 적용된 법령은 재심판결 당시의 법령이다. 법원은 민청학련 형사재심사건에서, 긴급조치 근거법인 유신헌법 제53조가 1980. 10. 27. 헌법의 제정·공포로 폐지되어 실효되었으므로 '범행 후 법령의 개폐로 형이 폐지된 경우[8)]'에 해당한다고 보고 긴급조치위반에 대하여 면소판결을 하였다(서울고등법원 2008재노55 판결 등). 위 법리에 따르면 재심절차에 들어가더라도 실체적 판단(무죄)을 받지 못한다.

그러나 형사재심은 실질적 정의를 실현하고 무고한 사람을 구제하기 위한 적법절차로서 공정한 재판을 받을 헌법상 권리에 기초하고 있으므로 근거법령이 위헌이라면 무죄가 선고되어야 한다. 그런데도, 청구인의 개인적인 사정과 무관하고 전혀 예측하지 못한 법령 폐지를 이유로 실체적 심리도 하지 않고 면소판결을 한다면 헌법에서 보장하고 있는 재판청구권이나 평등권, 행복추구권을 침해하는 결과를 가지고 올 것이다. 더욱이 과거사정리위원회가 법원에 피해자 구제를 권고하였는데, 면소판결을 선고한다면 피해구제나 명예회복이 불가능하다. 이에 변호단은 형사재심청구를 하면서 형사소송법 제326조 제4호에 대하여 위헌제청신청을 하였다.

그런데 대법원이 오종상 사건(대법원 2010도5986 전원합의체판결)에서 이 문제를 해석으로 해결하였다. 즉, 법령의 폐지가 당초부터 헌법에 위배되어 효력이 없는 법령에 대한 것이었다면, 면소판결을 할 것이 아니라 형사소송법 제325조 전단[9)]이 규정하는 '범죄로 되지 아니한 때'에 해당하여 무죄를 선고해야 한다고 판단하여 긴급조치위반에 대하여도 면소가 아닌 무죄를 선고하였다.

(4) 긴급조치에 대한 위헌법률심사 권한

헌법재판소가 긴급조치 및 유신헌법 제53조에 대하여 심리 중일 때, 대법원이 오종상 사건에서 선제적으로 긴급조치에 대하여 위헌결정을 하였다. 그런데 대법원의 위헌결정만으로 다른 긴급조치 피해자들도 형사재심절차에 들어갈 수 있을 지가 불분명했

8) 제326조(면소의 판결) 다음 경우에는 판결로써 면소의 선고를 하여야 한다.
1. 확정판결이 있은 때
2. 사면이 있은 때
3. 공소의 시효가 완성되었을 때
4. 범죄후의 법령개폐로 형이 폐지되었을 때

9) 제325조(무죄의 판결) 피고사건이 범죄로 되지 아니하거나 범죄사실의 증명이 없는 때에는 판결로써 무죄를 선고하여야 한다.

다(대법원은 오종상 사건에서 무죄를 선고한지 3년이 지나서야 '긴급조치 위헌 · 무효 판결'을 형사소송법 제420조 제5호의 재심사유에 해당한다고 판시하였다. 대법원 2013. 4. 18. 선고 2010모363 결정).

이에 변호단은 헌법재판소 제47조 제4항의 재심사유를 인정받기 위하여 헌법재판소에 심리를 촉구했는데, 헌법소원의 최대 쟁점은 위헌심사권한이었다. 대법원이 이미 긴급조치에 대하여 "입법권 행사라는 실체를 갖추지 못하여서 위헌여부의 최종심사권한이 대법원에 있다"고 판단하였는데, 헌법재판소가 다시 위헌성을 심사할 수 있는지가 문제되었다. 그러나 헌법재판소는 "긴급조치가 국민의 기본권을 제한하는 내용이 포함되어 있어서 법률보다 하위에 있다고 보기 어렵고 최소한 법률과 동일한 효력을 가지는 것으로 보아야 한다"면서 위헌심사권한이 헌법재판소에 있다고 판단하였다(헌법재판소 2013. 3. 21. 선고 2010헌바70, 132, 170(병합) 결정).

(5) 긴급조치가 사법심사의 대상이 되는지 여부

형사재심과 헌법재판에서 긴급조치가 사법심사의 대상이 되는지 여부도 또 하나의 쟁점이었다.

검사는 유신헌법 제53조 제4항에서 '제1항과 제2항의 긴급조치를 사법적 심사의 대상이 되지 아니한다'고 규정하였고 유신체제에서 대법원이 긴급조치에 대하여 사법적 심사의 대상이 되지 않는다고 판단하였으므로(대법원 1977. 3. 22. 선고 74도3510 전원합의체판결) 현행 헌법 하에서도 사법심사의 대상이 되지 않는다고 주장했다. 그러나 오종상 사건에서 대법원 전원합의체와 헌법재판소는 긴급조치가 국민의 기본권에 대한 제한과 관련된 조치로서 형벌법규와 국가형벌권의 행사에 관한 규정을 포함하고 있으므로 사법심사의 대상이 된다고 보았다(그런데 대법원은, 국가에게 불법행위책임을 묻는 민사소송에서 '긴급조치 발동은 사법심사의 대상이 되지 않는다'는 모순된 판결을 하였다. 다음 항에서 구체적으로 살펴본다).

(6) 실체적 심리의 부재

오종상 사건은 과거사정리위원회의 진실규명을 바탕으로 진행되었다. 진실규명을 통해 사건의 실체가 확인되었고 수사과정에서의 위법성이 입증되었다. 그런데, 대법원 전원합의체가 긴급조치에 대하여 위헌 · 무효를 선언한 이후부터, 긴급조치 위반 형사재심 법원은 더 이상 사실관계를 심리하지 않고, 긴급조치의 위헌 · 무효를 이유로 형사소송법 제325조 전단의 무죄를 선고하였다. 적용 법률이 위헌 · 무효이고 형사재심절차에서 당사자가 진실을 규명하는 데에 한계가 있으므로 신속한 재판을 위하여 형사소송법 제325조 전단의 무죄를 선고한 것으로 보인다. 그러나, 수사기관과 법관이 긴급조치라는 법형식을 남용하여 국민의 기본권을 어떻게 침해하였는지를 구체적으로 밝힐 수 있는 기회를 박탈당했다는 점에서 아쉬움이 있다.

나. 오종상 사건 형사재심법원과 헌법재판소 판결의 구체적인 내용

(1) 서울고등법원 판결(서울고등법원 2009재노19 판결)

서울고등법원은 긴급조치위반에 대하여 법령의 개폐로 그 형이 폐지된 경우에 해당한다고 보고 형사소송법 제326조 제4호에 따라 면소를 선고하였다. 한편, 긴급조치와 함께 기소된 반공법 위반에 대해서는, 수사과정에서의 위법성올 전제로 사법경찰관 작성의 피의자신문조서와 진술조서, 검찰 작성의 피의자신문조서에 대한 증거능력을 배척하고 범죄사실의 증명이 없다고 보아 무죄를 선고하였다.

(2) 대법원 판결(대법원 2010도5986 전원합의체판결)

대법원은 긴급조치위반에 대한 고등법원 판결을 파기하고 직접 무죄를 선고했다.

① 우선, 법령의 폐지로 면소를 해야 한다는 고등법원의 판단에 대하여, "재심이 개시된 사건에서 범죄사실에 대하여 적용하여야 할 법령은 재심판결 당시의 법령이므로, 법원은 재심대상판결 당시의 법령이 변경된 경우에는 그 범죄사실에 대하여 재심판결 당시의 법령을 적용하여야 하고, 폐지된 경우에는 형사소송법 제326조 제4호를 적용하여 그 범죄사실에 대하여 면소를 선고하는 것이 원칙이다. 그러나 법원은, 형벌에 관한 법령이 헌법재판소의 위헌결정으로 인하여 소급하여 그 효력을 상실하였거나 법원에서 위헌·무효로 선언된 경우, 당해 법령을 적용하여 공소가 제기된 피고사건에 대하여 같은 법 제325조에 따라 무죄를 선고하여야 한다. 나아가 형벌에 관한 법령이 재심판결 당시 폐지되었다 하더라도 그 '폐지'가 당초부터 헌법에 위배되어 효력이 없는 법령에 대한 것이었다면 같은 법 제325조 전단이 규정하는 '범죄로 되지 아니한 때'의 무죄사유에 해당하는 것이지, 같은 법 제326조 제4호의 면소사유에 해당한다고 할 수 없다. 따라서 면소판결에 대하여 무죄판결인 실체판결이 선고되어야 한다고 주장하면서 상고할 수 없는 것이 원칙이지만, 위와 같은 경우에는 이와 달리 면소를 할 수 없고 피고인에게 무죄의 선고를 하여야 하므로 면소를 선고한 판결에 대하여 상고가 가능하다"고 판단하였다.

② 둘째, 긴급조치가 사법심사의 대상이 되는지에 대하여는, "입헌적 법치주의국가의 기본원칙은 어떠한 국가행위나 국가작용도 헌법과 법률에 근거하여 그 테두리 안에서 합헌적·합법적으로 행하여질 것을 요구하고, 이러한 합헌성과 합법성의 판단은 본질적으로 사법의 권능에 속한다. 다만 고도의 정치성을 띤 국가행위에 대하여는 이른바 통

치행위라 하여 법원 스스로 사법심사권의 행사를 억제하여 그 심사대상에서 제외하는 영역이 있을 수 있으나, 이와 같이 통치행위의 개념을 인정하더라도 과도한 사법심사의 자제가 기본권을 보장하고 법치주의 이념을 구현하여야 할 법원의 책무를 태만히 하거나 포기하는 것이 되지 않도록 그 인정을 지극히 신중하게 하여야 한다"고 판단하였다.

③ 셋째, 대법원이 긴급조치에 대하여 사법심사의 권한이 있는지 여부에 대하여, "헌법 제107조 제1항, 제111조 제1항 제1호의 규정에 의하면, 헌법재판소에 의한 위헌심사의 대상이 되는 '법률'이란 '국회의 의결을 거친 이른바 형식적 의미의 법률'을 의미하고, 위헌심사의 대상이 되는 규범이 형식적 의미의 법률이 아닌 때에는 그와 동일한 효력을 갖는 데에 국회의 승인이나 동의를 요하는 등 국회의 입법권 행사라고 평가할 수 있는 실질을 갖춘 것이어야 한다. 구 대한민국헌법 제53조 제3항은 대통령이 긴급조치를 한 때에는 지체 없이 국회에 통고하여야 한다고 규정하고 있을 뿐, 사전적으로는 물론이거니와 사후적으로도 긴급조치가 그 효력을 발생 또는 유지하는 데 국회의 동의 내지 승인 등을 얻도록 하는 규정을 두고 있지 아니하고, 실제로 국회에서 긴급조치를 승인하는 등의 조치가 취하여진 바도 없다. 따라서 유신헌법에 근거한 긴급조치는 국회의 입법권 행사라는 실질을 전혀 가지지 못한 것으로서, 헌법재판소의 위헌심판대상이 되는 '법률'에 해당한다고 할 수 없고, 긴급조치의 위헌 여부에 대한 심사권은 최종적으로 대법원에 속한다"고 판단하였다.

④ 넷째, 긴급조치의 위헌성에 대하여는, "유신헌법 제53조에 근거하여 발령된 대통령 긴급조치 제1호는 그 발동 요건을 갖추지 못한 채 목적상 한계를 벗어나 국민의 자유와 권리를 지나치게 제한함으로써 헌법상 보장된 국민의 기본권을 침해한 것이므로, 긴급조치 제1호가 해제 내지 실효되기 이전부터 유신헌법에 위배되어 위헌이고, 나아가 긴급조치 제1호에 의하여 침해된 각 기본권의 보장 규정을 두고 있는 현행 헌법에 비추어 보더라도 위헌이다. 결국 이 사건 재판의 전제가 된 긴급조치 제1호 제1항, 제3항, 제5항을 포함하여 긴급조치 제1호는 헌법에 위배되어 무효이다"고 판단하면서, 이전에 유신헌법 제53조에 근거를 둔 긴급조치 제1호가 합헌이라는 취지로 판시한 대법원 판결들을 모두 폐기하였다.

다. 헌법재판소의 결정(헌법재판소 2010헌바70, 132, 170(병합) 결정)

헌법재판소는 긴급조치 제1, 4, 9호의 위헌성을 심사했는데, 결정의 주요 요지는 다음과 같다.

① 첫째, 긴급조치에 대한 위헌심사권한에 대하여, "긴급조치가 표현의 자유 등 기본권을 제한하고 형벌로 처벌하는 규정을 두고 있으며, 영장주의나 법원의 권한에 대한

특별한 규정 등을 두고 있는바 긴급조치의 효력을 법률보다 하위에 있는 것이라고 보기 어렵고 최소한 법률과 동일한 효력을 가지는 것으로 보아 위헌 여부 심사권한도 헌법재판소에 전속한다"고 판단하였다.

② 둘째, 위헌심사 준거 규범에 대하여, "유신헌법에는 권력분립의 원리에 어긋나고 기본권을 과도하게 제한하는 등 제헌헌법으로부터 현행헌법까지 일관하여 유지되고 있는 헌법의 핵심가치인 '자유민주적 기본질서'를 훼손하는 일부 규정이 포함되어 있었고 주권자인 국민은 이러한 규정들을 제8차 및 제9차 개헌을 통하여 모두 폐지하였다"고 보고, 긴급조치 위헌여부를 심사하는 기준은 유신헌법이 아니라 현행헌법이라고 판단하였다.

③ 셋째, 사법심사의 대상이 되는지 여부에 대하여, "유신헌법 제53조 제4항은 '긴급조치는 사법적 심사의 대상이 되지 아니한다'고 규정하고 있는데, 비록 고도의 정치적 결단에 의하여 행해지는 국가긴급권의 행사라고 할지라도 그것이 국민의 기본권침해와 직접 관련되는 경우에는 헌법재판소의 심판대상이 될 수 있고 긴급조치 여부는 원칙적으로 현행헌법을 기준으로 판단해야 하므로 모든 국민은 현행 헌법에 따라 긴급조치의 위헌성을 다툴 수 있다"고 판단하였다.

④ 넷째, 긴급조치의 위헌성에 대하여는, "긴급조치가 입법목적의 정당성이나 방법의 적정성을 갖추지 못하였을 뿐 아니라 죄형법정주의에 위배되고, 헌법개정권력의 행사와 관련한 참정권, 표현의 자유, 영장주의 및 신체의 자유, 법관에 의한 재판을 받을 권리 등 국민의 기본권을 지나치게 제한하거나 침해하므로 헌법에 위반된다"고 판단하였다.

3. 민사 손해배상청구 소송

가. 소송의 쟁점과 변론

(1) 청구 내역

오종상씨와 그 가족들은 형사재심에서 무죄판결을 받은 뒤 긴급조치 발동과 수사의 위헌·위법성을 주장하며 국가를 상대로 손해배상청구 소송을 제기하였다(이하 손해배상청구 사건을 '오종상 민사사건'이라고 한다).

(2) 위법성 여부

가) 오종상 민사사건에서 대법원은 오종상씨가 민주화보상심의위원회에서 생활지원금을 받았다는 이유로 그의 청구를 각하하였다(다음 항에서 구체적으로 살펴보겠음). 가족들에 대해서는 국가배상책임을 인정하였는데 이마저도 긴급조치 발동의 위헌성에 대해

서는 별도로 판단하지 않았고, 과거사정리위원회가 규명한 사실(고문으로 사건이 조작되어 오종상씨가 유죄판결을 받고 복역한 사실)을 전제로 가족들이 정신적 고통을 겪었을 것이라고 판단하였다.

나) 긴급조치 피해자들은 국가배상청구 소송에서 ① 긴급조치 발동의 위헌성, ② 영장 없는 불법 체포·구금 및 압수·수색 등의 위법성, ③ 고문 등 가혹행위의 위법성을 주장하며 국가의 책임을 주장했다.

① 긴급조치 발동의 위헌성에 대하여, 하급심 법원은 "공무원인 박정희 대통령이 긴급조치를 발령한 행위는 유신헌법 제53조에서 정한 발동요건을 위반하고 긴급조치권의 목적상 한계를 벗어난 것으로서 그 직무집행 과정에서 저지른 위법행위에 해당하고, 그 외의 피고 공무원이 위헌, 무효인 긴급조치를 위반하였다는 이유로 영장 없이 체포, 구금하고, 위헌·무효인 긴급조치에 터잡아 유죄판결을 선고한 행위는 공무원이 직무집행 과정에서 저지른 위법행위에 해당한다"고 보았다(서울중앙지방법원 2014. 6. 27. 선고 2013가합544065 판결 등). 그런데 대법원은 긴급조치권 행사의 위법성에 대하여, "대통령의 긴급조치권 행사는 고도의 정치성을 띤 국가행위로서 대통령은 국가긴급권의 행사에 관하여 원칙적으로 국민 전체에 대한 관계에서 정치적 책임을 질 뿐 국민 개개인의 권리에 대응하여 법적 의무를 지는 것은 아니므로, 대통령의 이러한 권력행사가 국민 개개인에 대한 관계에서 민사상 불법행위를 구성한다고는 볼 수 없다"고 보고, 원고의 청구를 기각하였다(대법원 2015. 3. 26. 선고 2012다48824 판결). 대법원 전원합의체가 '긴급조치'를 사법심사의 대상으로 보고 직접 위헌결정을 하였는데, 국가의 법적 책임을 묻는 소송에서 '긴급조치 발동'을 '긴급조치'와 달리 사법심사의 대상이 아니라고 판단한 이유가 무엇인지 납득하기 어렵다.

② 영장 없는 불법 체포·구금 및 압수·수색 등의 위법성에 대해서도 하급심은 그 위법성을 인정했으나, 대법원은 "긴급조치에서 영장주의의 예외를 규정하고 있는데 사건 발생 당시 긴급조치가 위헌·무효임이 선언되지 아니하였던 이상 공무원의 고의 또는 과실에 의한 불법행위에 해당한다고 보기 어렵다"고 보고 국가배상책임을 인정하지 않았다(대법원 2014. 10. 27. 선고 2013다217962 판결). 그러나 위 판결은 국가의 책임을 회피하기 위해 '고의'와 '위법성 인식'에 관한 기존 법리까지 위배한 것으로 부당하다. 대법원은 "불법행위에 있어서 고의는 일정한 결과가 발생하리라는 것을 알면서 감히 이를 행하는 심리상태로서, 객관적으로 위법이라고 평가되는 일정한 결과의 발생이라는 사실의 인식만 있으면 되고 그 외에 그것이 위법한 것으로 평가된다는 것까지 인식하는 것을 필요로 하는 것은 아니다"라고 판시했다(대법원 2002. 7. 12. 선고 2001다46440 판결). 즉 영장 없이 체포·구속한다는 인식이 있는 이상 고의는 인정된다. 그리고 행위자가 위법성을 인식했는지 여부와 상관 없이 객관적으로 그 행위가 전체 법질서에

위반하면 위법성이 인정되는바, 대법원이 처음부터 긴급조치가 위헌·무효라고 했으므로 영장 없이 이루어진 체포·구금 등은 위법하다고 할 것이다.

③ 한편, 대법원은 고문 등의 가혹행위가 인정되는 경우에도 위법하게 수집된 증거에 기초하여 유죄판결을 받은 경우에 국한하여 국가의 소멸시효 항변을 배척하였다(대법원 2014. 10. 27. 선고 2013다217962 판결). 그러나 형사재심에서 무죄판결을 받기 전까지 수사의 위법성을 다투기가 어려운데 위법수사와 유죄판결의 사이의 인과관계를 좁게 해석하여 인과관계가 인정되는 경우에 한해서만 소멸시효를 배제하는 것은 공권력의 중대한 인권침해에 대하여 국가의 책임을 지나치게 제한하는 것으로 부당하다.

그리고 법원은 소멸시효 항변을 배척하는 경우에도 재심무죄판결 확정일부터 6개월 또는 형사보상결정 확정일부터 6개월 이내에 소송을 제기할 것을 요구하고 있다(대법원 2013. 12. 12. 선고 2013다201844 판결). 위 대법원 2013다201844 판결 이전에는 재심무죄판결 확정일부터 3년 이내에 소송을 제기하더라도 소멸시효 항변을 배척하였는데, 대법원이 임의로 위 기간을 단축하여 많은 피해자들이 불측의 손해를 입었다. 고문 등 공권력의 중대한 인권침해에 대하여 소멸시효를 적용하는 것은 국제인권기준에도 위배되는 것으로 입법적인 보완이 필요하다.

(3) 재판상 화해와 관련한 쟁점

오종상씨는 이 사건으로 2006. 6. 13. 「민주화운동관련자 명예회복 및 보상 등에 관한 법률」(이하 '민주화보상법'이라 한다)에 따라 동의서를[10] 민주화보상심의위원회에 제출하고 생활지원금을 지급받았다. 그런데 보상금을 받은 지 5년이 지나 국가의 불법행위 책임을 묻는 손해배상청구 소송에서, 피고인 대한민국은 "민주화보상법 제18조 제2항[11]에 따라 재판상 화해가 성립되었으므로 손해배상청구 소송은 부적법하다"고 항변하였다. 수사기관의 불법행위에 대한 국가배상책임도 생활지원금을 지급함으로써 해결되었다는 것이다.

그러나, 민주화보상법에 따른 생활지원금은 민주화 운동 기여자에 대한 배려 또는 지원책이고 손해배상청구는 공무원의 위법행위를 전제로 하여 법적 책임을 묻는 것으로서 그 성격을 달리한다. 그리고, 재심절차에서 무죄판결이 확정된 사정은 보상금 지

10) 민주화보상법 시행령 제20조는 "보상결정통지서·생활지원금지급결정통지서 또는 명예회복결정통지서를 받은 신청인이 보상금 등의 지급을 받고자 하는 때에는 다음 각 호의 사항을 기재한 [별지 제10호 서식]의 동의 및 청구서에 보상결정서·생활지원금지급결정서 또는 명예회복결정서 정본과 신청인의 인감증명서 각 1부를 첨부하여 위원회에 제출하여야 한다"고 규정하고, 시행령 [별지 제10호 서식]의 동의 및 청구서에는 "신청인은 그 보상금 등을 받은 때에는 그 사건에 대하여 화해계약을 하는 것이며, 그 사건에 관하여 어떠한 방법으로라도 다시 청구하지 아니할 것임을 서약합니다"라고 기재되어 있다.

11) 민주화보상법 제18조(다른 법률에 따른 보상 등과의 관계 등) ② 이 법에 따른 보상금등의 지급 결정은 신청인이 동의한 경우에는 민주화운동과 관련하여 입은 피해에 대하여 「민사소송법」에 따른 재판상 화해가 성립된 것으로 본다.

급 이후의 중대한 사정 변경에 해당하므로, 손해배상청구에 대해서까지 재판상 효력이 미치는 것으로 보는 것은 부당하다. 서울중앙지방법원[12]은 재판청구권과 국가배상청구권 침해 등을 이유로 위헌제청결정을 하기도 하였다(서울중앙지방법원 2014. 6. 11. 선고 2014카기50515 결정, 현재 헌법재판소 2014헌가10 사건으로 계류 중에 있다). 그러나 대법원은 재판상 화해의 효력이 발생한다고 보고, 오종상의 청구를 각하했다.

나. 법원 판결의 구체적인 내용

(1) 1심 판결(서울중앙지방법원 2011가합78601 판결)

1심 판결은 오종상의 청구에 대하여, "신청인이 민주화보상법에 의한 보상금등을 신청하는 경우 신청서를 직접 작성하고 동의 및 청구서에 기재된 내용을 숙지할 일반적인 주의의무가 요구된다고 보이는 점, 민주화보상법에 의한 보상금등을 지급받고서도 재차 민사소송 등을 통하여 국가에 손해배상청구를 할 수 있다고 본다면 입법을 통하여 과거에 민주화관련자가 입은 피해를 일괄적으로 해결하려는 국가의 노력이 무용해지는 점 등에 비추어 보면, 민주화보상법 제18조 제2항에 의하여 신청인이 보상금 등의 지급결정에 동의하는 경우에는, 위자료를 포함하여 민주화운동과 관련하여 입은 피해 일체에 대하여 민사소송법의 규정에 의한 재판상 화해가 성립된 것으로 보아야 한다"고 보고 오종상의 청구를 각하하였다.

그러나 오종상의 가족들이 제기한 손해배상청구에 대하여는, "피고 소속 수사관들은 원고 오종상을 영장 없이 강제연행하여 1주일간 불법구금하고, 원고 오종상에게 구타 및 각종 고문 등 극심한 가혹행위를 하여 허위자백을 받아내었고 그 결과 원고 오종상이 결국 중형을 선고받고 3년이 넘는 무고한 수형생활을 하게 되었다. 피고의 이러한 불법행위로 인하여 원고 오종상의 가족들이 큰 정신적 고통을 겪었을 것은 경험칙상 자명하므로 피고는 국가배상법 제2조 제1항에 따라 위 원고들에게 그들이 입은 손해에 대한 배상으로서 위자료를 지급할 의무가 있다"고 판단하였다.

(2) 2심 판결(서울고등법원 2012나43159 판결)

2심은 1심 판결의 기본적인 내용은 유지하면서, 민주화보상법 제18조 제2항에 대해서만 달리 해석하여 오종상의 청구도 인용하였다.

2심은 "민주화보상법에 기한 보상의 범위가 매우 제한적인 것임에도 불구하고 재판상 화해의 효력 범위를 민법상의 손해배상 청구권에까지 무제한적으로 확장하는 것은

12) 긴급조치 피해자 김○○이 국가를 상대로 제기한 2013가합69625 사건에서, 법원이 원고의 위헌제청신청을 받아 제청결정을 하였다.

일정한 법률요건(관련자 및 그 유족의 동의)에 결부된 법률효과(재판상 화해 간주)가 입법 목적에 비추어 지나치게 과다한 경우에 해당한다"고 보고, 재판상 화해의 대상은 민법상의 손해배상 청구권이 아니라 민주화보상법에 따른 보상청구권이라고 해석하였다. 또한 "설령 재판상 화해의 효력이 민법상의 손해배상 청구권에까지 미친다고 하더라도, 보상 원고가 동의한 생활지원금은 소극적 손해 소송물에 관한 것일 뿐이고, 원고들이 이 사건에서 청구하는 위자료 손해 소송물과는 무관하다"고 판단하였다.

(3) 3심 판결(대법원 2013다200759 판결)

그러나 대법원은 "민주화보상법은 민주화운동을 이유로 유죄판결을 받고 일정 기간 복역한 사람에 대하여 생활지원금을 지급함에 있어 유죄판결에 이르게 된 경위를 구분하지 아니하고 있으므로, 적법한 형사절차에 따라 유죄판결을 받고 복역한 경우뿐만 아니라 불법체포·구금이나 고문·조작 등과 같은 수사기관의 불법행위가 개재되어 유죄판결을 받고 복역한 경우도 생활지원금의 지급대상이 된다고 해석된다. 따라서 신청인이 민주화운동과 관련하여 수사기관에 의하여 불법체포·구금된 후 고문 등 가혹행위를 당하여 범죄사실을 자백하고 그에 기하여 유죄판결을 받고 복역함으로써 입은 피해 역시 민주화운동과 관련하여 입은 피해에 해당하므로 이에 대하여도 신청인이 위원회의 보상금 등 지급결정에 동의한 때에는 민주화보상법 제18조 제2항에 따라 재판상 화해와 동일한 효력이 발생한다고 보아야 하고, 비록 위와 같은 사유를 이유로 나중에 형사재심절차에서 무죄판결이 확정되었다고 하여 그 부분 피해를 재판상 화해의 효력이 미치는 범위에서 제외할 수는 없다"고 보고 오종상의 청구를 각하하였다.

4. 판결 이후의 상황

과거사정리위원회가 판결문을 통해 확인한 피해자만 해도 1,140명인데, 아직도 형사재심절차에 들어가지 않은 피해자가 많다. 국가가 위헌·무효인 긴급조치를 발동하여 수 많은 무고한 시민들을 처벌하였으므로, 재심청구를 기다릴 것이 아니라 스스로 나서서 정의를 회복하는 절차를 진행해야 한다. 지금 국회에는 긴급조치 위반 판결을 무효화하고 국가가 긴급조치 피해자들을 배상하는 법률안이 발의되어 있다. 법률의 형식을 이용한 국가폭력은 피해의 정도와 규모, 헌법가치의 파괴적인 측면에서 보더라도 법 집행과정에서의 불법행위와 달리 체계적이고 조직적이며, 무차별적인 폭력으로 작동한다. 따라서, 법률의 형식을 이용한 인권침해가 이루어지지 않도록, 긴급조치 사건에서 국가가 스스로 피해자를 구제하고 정의를 회복하는 방안을 제시해야 할 것이다.

함께 검토할 판결례

〈통치행위의 사법심사 대상 여부〉

대법원 2004. 3. 26. 선고 2003도7878 판결.

헌법재판소 1996. 2. 29. 선고 93헌마186 결정.

〈긴급조치 발동의 위법성을 인정한 판결〉

서울중앙지방법원 2014. 6. 27. 선고 2013가합544065 판결.

광주지방법원 2016. 2. 4. 선고 2013가합11470 판결.

광주지방법원 목포지원 2015. 2. 5. 선고 2013가합10678 판결.

〈긴급조치에 따른 수사 및 재판의 위법성을 인정한 판결〉

서울중앙지방법원 2014. 6. 19. 선고 2013가합69595 판결.

서울중앙지방법원 2014. 8. 20. 선고 2013가합543970 판결 등.

〈위헌 결정된 「인신구속 등에 관한 임시특례법」에 따른 수사의 위법성을 인정한 판결〉

서울고등법원 2013. 11. 7. 선고 2013나21408 판결.

관련자료

김선택, 「유신헌법, 긴급조치의 불법성과 그에 근거한 불법판결의 청산」, 『긴급조치의 위헌성과 피해자 명예회복방안에 대한 토론회』, 진실·화해를 위한 과거사정리위원회, 2007.

김선택, 「긴급조치의 불법성과 긴급조치위반사건 판결의 청산방안」, 『공법연구』 제36집 제1호, 2007. 10.

김선택, 「유신헌법 제53조와 동조에 근거한 긴급조치 제1, 2, 9호의 위헌여부에 관한 의견」, 『헌법연구』 제2권 제1호, 2015. 3., 173-232쪽.

문병효, 「대법원의 긴급조치 및 국가배상 관련 판결들에 대한 비판적 고찰」, 『민주법학』 제59호, 민주주의법학연구회, 2015. 11., 41-97쪽.

이재승, 『국가범죄』, 엘피, 2010.

한상희, 「통치행위와 긴급조치: 그 사법심사의 문제」, 『민주법학』 제59호, 민주주의법학연구회, 2015. 11., 11-40쪽.

2006년 하반기 조사보고서, 진실·화해를 위한 과거사정리위원회, 2007.

심층질문

1. 긴급조치와 같이 법률의 형식으로 기본권의 침해가 장기간·지속적으로 이루어진 경우, 정의를 회복하고 다수의 피해자를 구제하는 합리적인 방법은 무엇인지?

2. 형사 재심 사건에 적용되는 법령은 재심판결 당시의 법령인데, 재심 판결 당시 법령이 폐지된 경우 형사소송법 제326조 제4호를 적용하여 면소판결을 하는 것이 재심 제도의 취지에 부합한 것인지?

3. '긴급조치'를 사법심사의 대상으로 보고 위헌·무효 판결을 한 대법원 2010도5986 전원합의체 판결과 '긴급조치 발동'에 대하여 정치적 책임만 인정하고 민사상 불법행위를 구성하지 않는다고 판단한 대법원 2012다48824 판결의 논리를 비교 분석할 때, 대법원이 긴급조치와 긴급조치의 발동을 달리 평가한 이유가 있는지?
그리고 통치행위의 사법심사 여부와 관련한 기존의 판례에 비추어볼 때 대법원 2012다48824 판결의 문제는 무엇인지?

4. 대법원 2013다217962 판결은 긴급조치가 국가긴급권의 내재적 한계를 일탈하고 당초부터 위헌·무효이지만 긴급조치에 따른 수사 및 재판에 대해서는 공무원의 고의 또는 과실에 의한 불법행위가 성립하지 아니하여 국가배상책임이 성립하지 않는다고 보았는데, 법치주의 관점에서 위 판결의 문제는 무엇인지?

5. 대법원(대법원 2012다204365 판결)은 민주화보상법에 따라 보상금을 받은 이상 그 후 관련 사건으로 수사의 위법성 등이 규명되어 형사재심에서 무죄를 선고 받더라도 재판상 화해 규정때문에 국가를 상대로 손해배상을 청구할 수 없다고 보았는데, 국제인권조약은 공권력의 중대한 인권침해에 대하여 피해자에게 어떠한 권리를 인정하고 있는지?
국제인권조약에 비추어 볼 때 위 판례의 문제는 무엇인지?

자료 1 긴급조치 위반 등에 관한 진술서

본인은 과거 1970년대의 유신헌법, 긴급조치의 피해자로서 그 진상규명과 명예회복을 위한 형사 재심, 형사보상, 민사소송, 헌법소송 등을 위하여 아래와 같이 사실대로 기재하는 바입니다.

다 음

작성일자 년 월 일

<table>
<tr><td>① 성명</td><td colspan="2">(인)</td><td>② 한자</td><td></td></tr>
<tr><td>③ 생년월일</td><td colspan="2"></td><td>④ 성별</td><td></td></tr>
<tr><td>⑤ 현 주소</td><td colspan="4">우)</td></tr>
<tr><td>⑥ 전화번호</td><td colspan="2"></td><td>⑦ 핸드폰</td><td></td></tr>
<tr><td>⑧ 이메일
주소</td><td colspan="2"></td><td>⑨ 현 직업</td><td></td></tr>
<tr><td>⑩ 당시
가족관계</td><td colspan="4"></td></tr>
<tr><td>⑪ 당시연령</td><td colspan="2"></td><td>⑫ 당시직업</td><td></td></tr>
<tr><td>⑬ 죄명</td><td colspan="4">긴급조치 ( ) 호 위반( ),
반공법 위반 ( ),
국가보안법위반 ( ),
기타 ( )</td></tr>
<tr><td>⑭ 공소사실요지</td><td colspan="4">별지1)에 기재 요망</td></tr>
<tr><td>⑮ 피해내역</td><td colspan="4">불법체포, 감금 · 폭행 여부:
회유 · 협박:
증거조작, 사실왜곡 등:
가족 · 변호인 접견권 침해, 구매 · 서신금지:
기타 ( )
(필요하다면 피해 과정을 별지3)를 이용하여 작성 · 첨부)</td></tr>
<tr><td>⑯ 피해결과</td><td colspan="4">후유장해(건강):
징계, 해직(파면), 제적, 강제징집 등:
주변사람들 피해:
기타:</td></tr>
<tr><td rowspan="3">⑰ 사건번호</td><td>1심</td><td>법원</td><td>선고</td><td>년</td></tr>
<tr><td>2심</td><td>법원</td><td>선고</td><td>년</td></tr>
<tr><td>3심</td><td>법원</td><td>선고</td><td>년</td></tr>
<tr><td>⑱ 공소사실이
사실과 다른 점</td><td colspan="4">별지 2)에 기재요</td></tr>
</table>

⑲ 구금기간	년 월 일 ~ 년 월 일 년 월 일 ~ 년 월 일		
⑳ 관계인	체포, 수사, 폭행 등 수사관(실명 · 별명)		
	기소, 공소유지 검사		
	1심 판사		
	2심 판사		
	3심 판사		
인우보증	이름	전화번호	증언취지 (부족시 별지이용)
하고싶은 말씀	별지 4)에 기재요		
입증자료	판결문: 진단서: 인우보증서: 급여대장(가계부): 당시 사진이나 신문기사: 기타 입증 · 참고할 수 있는 자료 등:		

〈진술서 작성안내〉

가급적 청구인이 피해사실을 가장 잘 알고 있으므로 기초적인 내용을 아는 범위까지 작성해 주시길 바라며, 만일 필요하다면 담당변호사가 진술서 작성에 도움드릴 수 있고, 진술서는 향후 재심 · 민 · 형사 재판과정에 중요한 증거자료가 될 것입니다.

⑮, ⑯ '피해내역'은 긴급조치 위반 등 혐의로 체포, 수사, 재판 과정에서 고문 등 인권 침해, 형사상 불이익한 처분을 받았다면 그 과정, 그리고 후유증, 장해가 있으면 이를 기재하고, 당시 또는 현재의 진단서가 있으면 첨부해주십시오.

⑰ '사건번호'는 당시 재판을 받았던 법원과 사건번호(판결문 상단)를, 선고는 법원의 형 선고결과를 말하고, 예를 들면 3년 실형, 징역2년 집행유예3년 등으로 기재하면 됩니다.

⑱ '공소사실이 사실과 다른 점'은 위와 같은 수사과정의 폭행, 협박, 조작 등에 의하여 공소사실이 실제 사실과 다른 내용을 자세히 기재해 주십시오.

⑲ '구금기간'은 체포시부터 최종 경찰, 형무소(교도소) 등에서 석방된 때까지를 말합니다.

⑳ '관계인'은 체포시부터 재판시까지 관여하였던 경찰, 중정직원, 검찰직원, 검사, 판사 등의 이름, 또는 인상착의, 별명 등을 알고 있다면 기재하십시오.

'인우보증'은 체포시부터 재판시까지 구체적인 인권침해를 받았던 사실이나 경위를 알고 있는 분들의 이름과 전화번호를 기재하여 주십시오.

별지1) ⑭ 긴급조치 위반 '공소사실'의 요지를 기재해주십시오.

별지2) ⑮ 체포 · 수사 · 재판 · 석방될 때까지 겪었던 인권침해 등 피해과정, 또는 피해내역, 그리고 이로 인한 인생의 질곡 등에 관하여 자세하게 기재해주십시오.

별지3) ⑱ '공소사실이 사실과 다른 점'은 수사과정의 폭행, 협박, 조작 등에 의하여 공소사실이 실제 사실과 다른 내용을 자세히 기재해 주십시오.

별지4) '하고 싶은 말씀'은 유신헌법, 긴급조치 위반으로 인하여 겪었던 과정에 대한 소회, 향후 재심 등 재판과정에서 하시고 싶은 말씀 등을 기재해주시면 됩니다.

자료 2 보도자료

역사의 이름으로 유신헌법 및 긴급조치에 대한 단죄를 요구한다.

우리는 오늘, 과거 30여년 전 유신체제하 사법의 이름으로 단죄된 긴급조치 위반자 2인에 대한 재심청구와 더불어 유신헌법 제53조 및 긴급조치 제1호, 2호, 제9호, 그리고 법령이 폐지된 경우 재심사유에 해당하더라도 면소하도록 규정하고 있는 현행 형사소송법 제326조 제4호에 대한 위헌법률심판제청을 청구하기에 이르렀다.

청구인 오씨는 버스 안에서 저축 웅변대회에 참가하는 여학생들에게 행한 유신헌법을 반대하는 발언으로 인해 유신헌법 '비방'죄 등 긴급조치 제1호 위반으로 대법원에서 징역 3년, 자격정지 3년을 선고받은 바 있는데, 이미 진실화해를 위한 과거사정리위원회는 당해 긴급조치의 위헌성과 더불어 수사권한 없는 중정 수사관들이 가혹행위를 통하여 사건을 조작, 왜곡 등을 하였음을 밝히고 재심 등 명예회복을 위한 적절한 조치를 권고하였다. 또한, 청구인 양씨는 민주인사 및 구속학우 석방 · 언론탄압중지 · 긴급조치 해제 등을 요구하는 선언문을 배포하였다는 이유로 긴급조치 9호 위반으로 징역 1년 6월을 선고받았다.

유신헌법은 박정희 대통령이 스스로 형성한 국가비상사태를 빌미로 국민을 강박하여 제정한 헌법으로서 국가권력 전부를 대통령 개인에게 집중시키고 영구집권을 가능케 하는 흠정헌법 내지 수권헌법에 다름 아니다. 또한, 헌법의 기본원리인 권력분립주의, 국민주권주의, 기본권 존중주의, 사법부의 재판권 등을 부인하고, 나아가 애초에 헌법적으로 수용할 수 없는 초헌법적 수준의 긴급조치를 창설하여 합헌적 국가긴급권으로 위장하는 등 근대적 헌법의 기본원리를 부인하였다.

더욱이, 긴급조치 제1호, 제2호, 제9호는 비판의 자유 및 죄형법정주의, 영장주의, 인신구속기간의 제한 등 헌법상 보장된 최소한의 국민의 권리와 자유 전반을 박탈 내지 제약하고, 정권안보 및 유지를 위하여 이 조치를 비판하는 경우까지 처벌하였던 것으로, 이는 헌법 개 · 제정권자인 국민의 정치적 기본권, 언론출판의 자유 등을 본질적으로 침해하는 것으로서 현대 입헌주의 국가에서는 용납될 수 없는 자의적인 공권력 행사에 다름 아니었다.

이미 이용훈 대법원장도 사법60주년 기념식에서 언급하였듯이, 과거 법원이 헌법의 기본적 가치나 절차적 정의에 맞지 않는 판결을 '법'이라는 이름으로 선고하였음을 부인할 수 없다. 더욱이, 사법부 자체가 과거의 불법적 · 범죄적 공권력 행사를 확정했거나 방조함으로써 피해를 초래한 본 긴급조치사건에 대해서는 특별법을 통한 입법적 구제가 반드시 필요하다 할 것이나,

사법부 또한 진화위의 재심권고에 따라, 기계적, 형식적 면소규정을 탈피하여 실체재판을 통하여 스스로 과거의 국가폭력을 단죄함으로써 국민의 신뢰를 되찾고 법과 정의를 바로 세워야 할 것이다. 이제 사법부가 과거 자신의 역사에 대해 답할 차례이다.

우리는 역사의 발전을 믿는다. 암울한 유신, 긴급조치의 시대를 넘어 어렵게 쌓아 온 민주주의를 후퇴시키는 그 어떠한 기도도 유신체제와 마찬가지로 종국에는 실패한다는 것이 역사의 교훈이다. 사법부라도 국가권력이 긴급조치라는 법을 근거로 국민의 권리를 짓밟았던 역사를 단죄하고, 사법정의를 세워줄 것을 다시 한번 촉구한다.

2009. 2. 12

민주사회를 위한 변호사모임

자료 3 형사재심청구서

1. 재심 청구 취지

비상고등군법회의 1974. 9. 23. 선고 74비고군형항 제34호 대통령 긴급조치 위반, 반공법 위반사건에 대하여 재심을 개시한다 라는 결정을 구합니다.

2. 재심 관할 법원: 서울고등법원

재심 대상 판결을 선고한 비상고등군법회의는 긴급조치 제2호에 의해 국방부에 설치된 위헌적 기구로서 긴급조치 위반 사건들을 심리하다가 1980. 10. 27. 공포된 구 헌법의 시행과 더불어 자동 폐지되었습니다(대법원 1985. 1. 29. 선고 74도3501 판결). 이처럼 관할권을 정하고 있는 관련 법규가 실효되어 재심을 제기할 법원이 존재하지 아니하는 경우에는 그에 상응하는 법원이 재심의 관할권을 갖는다고 할 것인 바, 긴급조치 제1호 및 반공법 위반 사건의 재심 대상 판결이 군사법원법 관할 사건이 아님은 명백합니다. 따라서 재심 대상 판결을 선고한 비상고등군법회의에 상응하는 일반 법원인 서울고등법원이 재심 대상 판결의 관할 법원이라고 할 것입니다.

3. 재심 사유

가. 재심 사유 1: 위헌의 긴급조치 제2호에 따라 설치된 비상고등군법회의에 의한 유죄 판결(헌법재판소법 제47조 제2항 및 3항[13])에 의한 재심 사유)

1) 재심 대상 판결은 유신 헌법 제53조와 그에 따라 설치된 비상고등군법회의에서 선고되었고, 이 판결은 형량을 일부 줄인 것 외에는 청구인에 대하여 유죄를 선고한 비상보통군법회의의 판결을 그대로 인용한 것입니다.

---

13) 구 헌법재판소(2014. 5. 20. 법률 제12597호로 개정되기 전의 것) 제47조(위헌결정의 효력) ② 위헌으로 결정된 법률 또는 법률의 조항은 그 결정이 있는 날부터 효력을 상실한다. 다만, 형벌에 관한 법률 또는 법률의 조항은 소급하여 그 효력을 상실한다.
③ 제2항 단서의 경우에 위헌으로 결정된 법률 또는 법률의 조항에 근거한 유죄의 확정판결에 대하여는 재심을 청구할 수 있다.

2) 그런데 유신헌법 제53조와 그에 따라 제정된 긴급조치 제2호는 모두 헌법에 어긋나는 것입니다. 유신헌법 제53조와 긴급조치 제1호 및 제2호의 위헌성은 이 청구서에 이어 따로 제출하는 위헌법률제청신청서에서 상세히 밝히겠습니다.

3) 먼저 유신헌법 제53조는 대통령을 제외한 모든 국가 기구 및 국민의 기본권을 본질적으로 제한하는 초헌법적 긴급조치 제정권을 대통령 1인에게 부여하고, 일단 발동된 긴급조치에 대하여는 사법심사 마저 배제하고 있습니다. 이는 민주주의의 핵심적 원리인 권력 분립주의, 국민 주권주의, 기본권 존중주의, 사법부의 재판권 등을 부인하는 것으로서 헌법상 용인될 수 없는 것입니다.

4) 한편 유신헌법 제53조에 따라 제정된 긴급조치 제2호는 그 근거가 되는 유신헌법 제53조가 헌법에 어긋남으로써 그 자체로 위헌입니다. 특히 긴급조치 제2호는 법관이 아닌 군인들 다수로 구성된 비상군법회의를 설치 심판하게 하여 국민의 재판받을 권리를 침해하고 있습니다. 그리고 법관의 영장없이 국민들을 체포, 구금할 수 있도록 하고 있으며, 중앙정보부가 군법회의 사건을 조정, 감독하게 함으로써, 민주주의 국가에서 기본적 인권인 신체의 자유를 비롯한 본질적인 권리를 형해화 시켰습니다. 따라서 이 조항은 위헌의 규정임이 명백하고, 이에 따라 설치된 비상보통군법회의 청구인에 대한 판결 및 이를 그대로 인용하여 비상고등군법회의에서 선고한 재심 대상 판결에는 긴급조치 제1호 위반 및 반공법 위반의 점 모두에서 헌법재판소법 제47조 제2항과 제3항에 의한 재심 사유가 있다고 할 것입니다.

나. 재심 사유 2: 위헌의 긴급조치 제1호에 의한 유죄 판결(헌법재판소법 제47조 제2항, 제3항에 의한 재심 사유)

1) 긴급조치 제1호 제1항, 제3항 및 제5항의 규정은 상술한 바와 같고, 재심 대상 판결은 청구인이 긴급조치 제1호 제1항 및 제3항에 위반되는 행위를 하여 긴급조치 제1호 제5항에 따라 처벌한다고 판시하였습니다.

2) 그런데 위 긴급조치 제1호는 긴급조치 제2호처럼 위헌인 유신 헌법 제53조에 따라 제정, 시행되었으므로 마찬가지로 위헌임을 면할 수 없습니다.

3) 특히 긴급조치 제1호는 "유신 헌법에 대한 비판 논의"를 원천적으로 금지하고 있고, 개념 정의가 거의 불가능한 "유언비어"를 구성요건으로 하고 있습니다. 이에 따라 긴급조치 제1호 위반으로 재판을 받을 경우 피고인은 말할 것도 없고 변호인도 재판 과정에서 헌법을 거론하는 변론을 할 수 없으며, 심지어 재판을 담당하는 법관조차 그에 대한 당부의 심증을 가질 수 없습니다. 이처럼 긴급조치 제1호는 기본권중의 기본권이라 할 국민의 표현의 자유를 공동화시키고, 죄형법정주의 등에 위배되며 국민의 재판받을 권리를 극단적으로 침해하고 있습니다. 따라서 재심 대상 판결은 위헌인 긴급조치 제1호 제1항, 제3항 및 제5항에 의거하여 청구인에 대하여 유죄 판단을 하였으므로, 재심 대상 판결에는 긴급조치 제1호 위반의 점에서 헌법재판소법 제47조 제2항 및 제3항에 의한 재심 사유가 있다고 할 것입니다.

다. 재심 사유 3: 증거된 서류의 위조·변조(형사소송법 제420조 제1호 및 제422조에 의한 재심 사유)

1) 진실·화해를 위한 과거사정리기본법에 따라 설치된 과거사정리위원회는 일제시대 이후 과거의 권위주의 통치시기에 이르기까지 국민의 인권을 침해하고 진실이 은폐되거나 왜곡된

것을 바로 잡기 위한 직무를 수행하는 기관으로서, 법원의 확정 판결을 받은 경우에도 형사소송법상 재심 사유에 해당하여 진실규명이 필요하다고 인정한 경우(위 법 제2조 제2항 단서)에는 그 진실을 규명하도록 하고 있습니다.

2) 재심 대상 판결의 경우 과거사정리위원회는 2007. 10. 30. 재심 대상 사건을 면밀히 조사한 끝에 재심 대상 판결은 위헌적인 긴급조치 제1호와 제2호를 적용하여 인용된 잘못된 판결로서, 청구인에 대한 재심 대상 사건의 수사는 수사 권한이 없는 중앙정보부 직원에 의하여 이루어졌다고 진실을 규명하였습니다(과거사정리위원회 직바-10862호 오종상 긴급조치 위반 사건).

3) 과거사정리위원회의 청구인에 대한 결정문에 의하면, 청구인에 대한 사법경찰관 피의자신문조서 및 재심 대상 판결에서 유죄 판결의 증거가 된 참고인 김00에 대한 진술조서는 실제로는 중앙정보부 직원이 조사하고 작성하였는데도, 서류 상으로는 모두 서울 경찰국 소속의 사법경찰관이 조사하고 작성한 것으로, 즉 위조된 것으로 규명되었습니다. 따라서 재심 대상 판결에는 형사소송법 제420조 제1호가 정하는 바의 "원 판결의 증거된 서류가 위조 · 변조"된 경우에 해당되는 재심 사유가 있고, 그 증명은 확정 판결에 준하는 과거사정리위원회의 결정에 의하여 규명되었으므로, 재심 대상 판결에는 긴급조치 제1호 위반 및 반공법 위반의 점 모두에 형사소송법 제422조가 정하는 재심 사유가 있다고 할 것입니다. 재심 사유 3 및 아래의 재심 사유 4, 5에서 기술하는 재심 대상 판결의 수사 과정상의 문제점은 청구인에 대한 과거사정리위원회의 진실 규명 기록을 추후 송부받는 대로 상세히 밝히겠습니다.

라. 재심 사유 4: 무죄를 선고해야 할 명백한 새 증거의 발견(형사소송법 제420조 제5호에 의한 재심 사유)

1) 청구인에 대한 재심 대상 판결의 수사는 제보자인 우○○에 대한 중앙정보부의 조사가 발단이 되었는바, 과거사정리위원회의 우○○에 대한 조사 및 그가 당시 청구인이 김○○에게 하였다는 말을 듣고 작성하여 중앙정보부에 제출한 노트에 대한 조사에 의하면, 당시 청구인이 정부 시책을 비방하는 투의 말을 한 일은 있으나, 유신 헌법을 비방하거나 북한을 찬양, 고무, 동조 등의 말은 한 바가 없다는 것입니다. 즉 과거사정리위원회 진실 규명 과정에서 새로 발견된 우○○의 위 진술 및 그 작성의 노트에 의하면, 재심 대상 판결이 인정한 헌법 비방의 점(긴급조치 제1호 위반) 및 북한 찬양 등(반공법 위반의 점)은 잘못된 판단으로서 무죄가 선고되어야 할 것입니다.

2) 따라서 과거사정리위원회의 우○○ 및 그 작성 노트에 대한 조사는 형사소송법 제422조 제5호 소정의 "무죄를 선고해야 할 명백한 새로운 증거의 발견"에 해당되는 재심 사유가 되므로, 긴급조치 제1호 위반 및 반공법 위반의 점으로 유죄 판결을 선고한 재심 대상 판결에 대하여는 재심이 개시되어야 할 필요가 있습니다.

마. 재심 사유 5: 사법경찰관의 직무상 범죄(형사소송법 제420조 제7호 및 제422조에 의한 재심 사유)

1) 상술한 바와 같이 재심 대상 사건을 수사한 중앙정보부는 재심 대상 사건을 수사할 권한이 없음에도 불구하고 청구인과 참고인들을 수사하였고, 서울 경찰국 소속 경찰관이 작성한 것처럼 위조된 허위 내용의 피의자신문조서 및 참고인 진술조서를 작성하여 비상보통군법회의

검찰부에 증거자료로 보냈습니다. 또 청구인을 영장없이 체포, 연행 및 강제 구금하면서 허위 사실을 자백하라고 폭행, 협박, 잠 안재우기 등의 고문을 가하였습니다. 이러한 중앙정보부 직원의 행위는 형법 제123조(직권 남용), 제125조(폭행, 가혹행위) 및 제225조(공문서등의 위조 · 변조)에 해당하는 범죄로서, 형사소송법 제420조 제7호에 의한 "공소의 기초된 수사에 관여한 사법경찰관이 그 직무에 관한 죄"를 범한 때에 해당된다고 할 것인 바, 이는 그 범죄에 대한 확정 판결을 얻을 수는 없으나, 과거사정리위원회의 청구인에 대한 진실 규명에서 증명되었습니다.

2) 따라서 재심 대상 판결에는 긴급조치 제1호 위반 및 반공법 위반의 점 모두에 대하여 형사소송법 제420조 제7호 및 제422조에 의한 재심 사유가 있습니다.

4. 형사소송법 제326조 제4호(법령 개폐로 형이 폐지되었을 때 면소의 판결 선고)의 적용 여부

가. 재심 대상 판결에서 유죄 인정시 적용한 긴급조치 제1호는 1980. 10. 27. 제정된 구 헌법이 시행되면서 그 근거가 된 유신 헌법 제53조와 함께 자동 폐지되었습니다. 이에 따라 "범죄 후의 법령 개폐로 형이 폐지되었을 때" 판결로써 "면소의 선고"를 하도록 규정하고 있는 형사소송법 제326조 제4호가 재심 대상 판결의 재심 절차에서 적용되는지 검토해 봅니다.

나. 형사소송법 제326조 제4호는 공소 제기 후 유죄 또는 무죄의 종국 판결 이전에 법령의 개폐로 형이 폐지되어 피고인의 이익을 위해 또는 소송 경제상 실체 판단을 해야 할 필요가 없는 경우 간이하게 면소의 선고를 함으로써 공판을 종료하는 제도입니다.

다. 그런데 재심의 경우는 이미 과거에 실체 판단을 모두 거쳐 확정된 종국 판결에 대해 형사소송법이 규정하는 재심 사유가 있는 경우 재심을 개시하여 새로운 절차와 증거 조사를 거쳐 무죄를 선고하는 경우로서 재판의 성격이 근본적으로 다릅니다. 즉 재심의 경우 무죄의 판결은 면소의 선고와는 비교할 수 없는, 피고인을 위한 본질적인 법률상의 이익이 있습니다.

라. 이 점은 위헌으로 결정된 법률 또는 법률의 규정에 근거한 유죄의 확정 판결에 대하여 재심을 청구할 수 있도록 한 헌법재판소법 제47조 제3항의 경우 재심 절차에서 면소의 선고가 아니라 반드시 무죄를 선고해야 하는 이치와 동일합니다.

마. 또 유죄의 확정 판결을 받았어도 형사소송법상 재심 사유가 인정되어 면밀한 조사를 거쳐 내린 과거사정리위원회의 진실 규명의 경우에도 그에 기초하여 개시된 재심 절차에서 종전의 확정 판결이 증거법상 유죄를 유지할 수 없으면 면소가 아닌 무죄가 선고되어야 하는 것과 마찬가지입니다. 이 경우 면소의 판결이 선고되면 과거사정리위원회의 진실 규명 절차는 아무런 의미가 없을 것입니다.

바. 따라서 형사소송법 제326조 제4호는 재심 대상 판결에는 해당되지 않으므로, 면소의 선고가 아닌 무죄의 판결을 선고해야 할 것입니다. 형사소송법 제326조 제4호의 적용에 관하여는 이 청구서에 이어 따로 제출하는 동 조항의 해석에 관한 위헌법률신청서에서 상세히 밝히겠습니다.

자료 4 유신헌법 제53조 및 긴급조치에 대한 위헌제청신청서

1. 신청취지

구 헌법(1972. 12. 27. 제정) 제53조, 대통령 긴급조치 제1호(1974. 1. 18. 제정), 제2호(1974. 1. 18. 제정)는 각 헌법 제10조, 제11조, 제12조, 제13조, 제21조, 제22조, 제26조, 제27조 및 제37조 등에 위반된다 라는 취지의 위헌법률심판제청을 구합니다.

2. 재판의 전제성

(중략)

3. 유신헌법 제53조의 위헌성

가. 유신헌법 제53조에 대한 위헌심사의 필요성

1972년 12월 27일 공포·시행된 유신헌법은 제53조에서 대통령의 긴급조치권을 규정하고 있습니다. 이 조항은 현행 헌법 제76조에서 규정하고 있는 대통령의 긴급조치권과 비교하여 ① 사후조치만이 아닌 사전예방적 조치도 허용하고 있고, ② 국민의 기본권에 대한 긴급조치와 정부나 법원의 권한에 대한 긴급조치를 허용하였으며 ③ 국회의 승인이 아닌 국회에 대한 통고만으로 그 요건이 충족되는 것으로 규정하고 있다는 특징을 갖습니다. ④ 특히 유신헌법 제53조 제4항은 「제1항과 제2항의 긴급조치는 사법적 심사의 대상이 되지 아니한다.」라고 규정하여 긴급조치에 대한 사법심사의 가능성 자체를 차단하였는바, 이번 재심청구의 경우에 유신헌법 제53조에 근거하여 내려진 대통령 긴급조치의 위헌성을 다투기 위해서는 긴급조치 자체의 위헌성과 함께 유신헌법의 위 조항 자체의 위헌성 여부에 관한 판단이 선행되어야 할 것입니다.

또한 유신헌법 제53조의 나머지 조항들은 제4항과 극히 밀접한 관계에 있어서 전체적·종합적으로 양자가 분리될 수 없는 일체를 형성하고 있는 경우이므로(99. 9. 16. 99헌가1) 유신헌법 제53조 전체에 관한 위헌 여부가 함께 판단되는 것이 타당할 것입니다.

나. 유신헌법 제53조에 대한 위헌심사 가능성

(중략)

다. 유신헌법 제53조의 위헌 여부

(중략)

4. 긴급조치 제1호의 위헌성

가. 긴급조치 발동요건의 불비

유신헌법은 긴급조치권이 사전적·예방적 목적을 위해서도 발동될 수 있도록 규정하고 있었으나, 긴급조치의 발동 당시 상황이 국가안전보장 또는 공공의 안녕질서가 중대한 위협을 받았거나 받을 우려가 있었다고 보기는 어렵습니다. 또한, 긴급조치권이 위기에 대응하기 위한 예외적 권한이라는 점에서 외부 적의 침입 징후의 포착이나 대규모의 테러 위협 등 중대한 위험이 명백하게 존재하는 경우에만 발동되어야 함에도 당시 이와 같은 위기 상황을 찾을 수 없고, 다만 유신헌법에 반대하는 학생 및 국민들의 반대운동이 있었을 뿐이었습니다.

더욱이, 긴급조치 제1호는 "대한민국 헌법을 부정, 반대, 왜곡 또는 비방하는 일체의 행위, 대한민국 헌법개정·폐지를 주장, 발의, 제안, 청원하는 일체의 행위"등 헌법 개정논의 자체를 전면적으로 금지하고 있습니다. 그러나 헌법의 개정논의를 포함하여 국민은 정치적 의견과 정치사상을 외부로 표현할 정치적 표현의 자유를 가지며, 이는 자유민주적 헌법의 근본가치로서 민주정치의 필수불가결한 요소인 것입니다. 이러한 당시 국민의 유신헌법개정논의가 정권의 '위기'가 될지언정 국가의 안전과 질서에 대한 중대한 '위협'이 될 수는 없는 것입니다.

따라서 유신헌법 하의 긴급조치는 헌법 제53조마저 충족하지 못한 위헌적인 조치였던 것입니다.

나. 국가긴급권으로서 내재적 한계의 일탈

국가긴급권은 국가적 위기를 극복해야 할 필요성이 있는 경우 일부 헌법조항을 부분적으로 금지하는 조치를 승인한다 하더라도, 국가가 법치주의적 질서 아래에서 행사되는 정상적인 헌법보호수단에 의해서는 제거할 수 없는 비(정)상사태(긴급사태)에서만 행사될 수 있는 것이고(발동요건상의 한계), 그러한 긴급사태에 대한 판단은 국가원수 단독으로 결정할 수 없으며(절차상의 한계), 행사의 목적이 국가의 존립 내지 자유민주적 기본질서의 보호를 위한 것이어야 하고(목적상의 한계), 특히 국가긴급권은 일시적인 국가비상사태에 대응하기 위한 특별한 조치이므로 반드시 일시적이고 임시적인 조치에 한정되어야 합니다(시간상의 한계). 마지막으로 구체적인 조치들이 비례의 원칙에 합치되었는지 여부를 사후 심사할 수 있는 사법적 통제가 보장되어야 할 것입니다(사법적 통제의 가능성).

첫째, 국가긴급권은 목적에 의하여 내재적으로 제한됩니다. 그러나 긴급조치 제1호는 그 목적이 국민의 유신헌법 반대운동을 탄압하고 언론의 자유를 박탈함으로써 정권의 존립과 안정을 확보하기 위하여 발동된 것이라는 점에서 긴급조치권의 목적상 한계를 벗어났습니다.

둘째, 국가긴급권은 시간적 한계를 가집니다. 그러나 긴급조치 제5호는 제1호와 제4호를 해제하면서도 당시 재판 계속 중인 자(청구인을 포함)를 처벌하여, 결과적으로 유신헌법이 실효될 때까지 5년여 동안 지속되는 결과를 낳았습니다. 이는 국가긴급권의 잠정적 한계를 일탈한 것입니다.

셋째, 국가긴급권은 발동의 요건과 효력에 있어서 내용적 한계를 가집니다. 그러나 긴급조치 제1호와 제2호는 국민의 정치적 표현의 자유를 박탈하고, 영장주의를 전면 배제시키는 등 사법부를 무력화하고 법치국가원리를 부인하여 그 내용적 한계를 벗어났다고 아니할 수 없는 것입니다.

다섯째, 대통령의 모든 긴급조치에 대해서 사법심사의 가능성을 원천적으로 봉쇄하고(제53조 제4항), 일반법원이 아닌 군사법원에서 재판받도록 함으로써 사법권을 대통령권력과의 관계에서 무력화하고 사법권의 독립을 형해화시켰습니다.

다. 정치적 표현의 자유 등 정치적 기본권 침해(중략)

라. 죄형법정주의 위반(중략)

마. 영장주의 위반(중략)

5. 긴급조치 제2호의 위헌성

가. 법관에 의한 재판을 받을 권리의 침해(중략)

나. 영장주의 위반(중략)

다. 인신구속기간 제한의 부적용(중략)

자료 5 형사소송법 제326조 제4호에 대한 위헌제청신청서

1. 신청취지

위 사건에 관하여 형사소송법 제326조 제4호는 헌법재판소법 제47조의 재심청구사건, 형사소송법 제420조의 재심청구사건 및 진실·화해를 위한 과거사정리 기본법 제36조 제1항에 의하여 규명된 진실에 따라 희생자, 피해자 및 유가족의 피해 및 명예를 회복시키기 위하여 필요한 재심 청구 사건에 적용되는 것으로 해석하는 한 헌법 제10조, 헌법 제11조 및 헌법 제27조 등에 위반된다 라는 취지의 위헌법률제청신청을 구합니다.

2. 재판의 전제

(중략)

3. 재심과 형사소송법 제326조 제4호의 관계

가. 재심청구 사건과 면소 판결 규정

재심이란 유죄의 확정판결에 대하여 적용 법령이 위헌이거나 중대한 사실오인 또는 그 오인의 의심이 있는 경우에 판결을 받은 자의 이익을 위하여 판결의 부당함을 시정하는 구제절차로, 판결을 받은 자의 이익을 위한 제도입니다. 재심은 실질적 정의를 실현하고 무고한 사람을 구제하기 위한 적법절차로서, 공정한 재판을 받을 피고인의 헌법상 권리에 기초하고 있습니다. 따라서, 재심청구 사건에서 청구인의 개인적 사정과 무관하고 전혀 예측하지 못한 법령 폐지를 이유로 실체적 심리도 하지 않고 바로 면소 판결을 한다면, 실질적 정의를 실현하고 판결의 부당함을 바로 잡기 위해 헌법에서 보장하고 있는 재판청구권이나 평등권, 행복추구권 등을 침해하는 결과를 가지고 올 것입니다.

나. 과거사정리위원회의 진실 규명과 면소 판결 규정

과거사정리위원회는 유죄의 확정판결을 받은 경우에도 형사소송법상 재심 사유가 인정되면 진실 규명을 하도록 규정하고 있습니다. 이에 따라 과거사정리위원회의 면밀한 조사를 거쳐 진실 규명이 이루어지면, 당사자는 국가 등에 대하여 명예 회복 등을 구하고, 유죄 확정 판결에 대하여는 재심을 청구하게 되는 바, 이때 유죄의 근거가 된 법률이 폐지된 경우 면소의 판결을 선고하게 되면 과거사정리위원회의 진실 규명은 아무런 의미가 없게 됩니다.

따라서 과거사정리위원회가 진실 규명한 사건에 대하여는 면소 판결 규정을 적용할 수 없다고 보는 것이 정의 관념에 부합합니다.

4. 재심청구 사건에서 형사소송법 제326조 제4호의 위헌성

가. 재판청구권 침해

신청인은 재심대상사건에서 이미 기소가 되어 유죄확정 판결을 받았기 때문에 신청인을 조금이라도 빨리 형사절차에서 해방시켜야 할 필요가 없으며, 오히려 신청인을 영구히 형사절차에서 해방시키기 위하여는 무죄판결을 향한 실체적 심리가 필요합니다. 형사소송법 제326조 제4가 재심사건에도 그대로 적용된다면, 피고인의 이익을 위한 면소 규정이 재심 사건에서는 오히려 피고인에게 불이익으로 작용할 것입니다.

형사소송법 제440조는, 재심에서 무죄를 선고한 경우에만 그 판결을 관보와 법원소재지의 신문에 기재하여 공고하여야 한다고 규정하고 있습니다. 그리고, 형사보상법은 무죄재판을 받은 자에게 형사보상을 인정하면서 예외적으로 면소나 기각판결을 받은 사람에 대하여, 면소 또는 공소기각의 재판을 할 만한 사유가 없었더라면 무죄의 재판을 받을 만한 현저한 사유가 있었을 때에 한하여 형사보상을 인정하고 있습니다(형사보상법 제25조). 즉, 이 사건과 같이 재심청구 사건에서 법령 폐지를 이유로 면소판결을 받는다면, 법원에서 '무죄의 재판을 받을 만한 현저한 사유가 있었는지 여부'에 대하여 재차 심리를 받아야 합니다. 따라서 무죄판결은 재심청구인의 사회적·도덕적 평가를 개선시킨다는 일반적인 명예 관점뿐 아니라 이와 같이 형사소송법이나 형사보상법에서 규정하고 있는 배상적 정의 및 법률상 이익과 연결되어 있습니다.

이와 같이 재심대상 사건에서 유죄판결을 받은 신청인이 재심청구를 통해 무죄판결을 받아야 할 이익은 법률상 이익이므로, 신청인에게 실체적 재판을 구할 권리가 있다고 할 것입니다.

나. 평등권의 침해

형식재판은 무죄판결을 구하는 피고인의 기대를 만족시키지는 못하지만 절차를 신속히 종결할 수 있다면 소송경제적 측면에서 정당화될 수 있습니다. 그러나 이는 재심대상 사건 즉, 1차적 판단국면에 한정되어야 합니다. 1차적인 판단국면에서의 형식재판은 피고인의 사실상의 기대를 배반하였으나 판결에 의한 실체적인 권리 침해를 수반하지 않았기 때문입니다.

그러나 과거 판결에 의한 실체적 권리침해가 전제되어 있는 재심청구 사건, 즉 2차적 판단과정에서는 판결에 의한 실체적 권리 회복이 급선무입니다. 1차적 판단 국면에서 형식재판 우선의 논리는 2차적 판단국면에서 실체적 재판 우선의 논리로 중심 이동을 해야 합니다. 1차적 판단국면에 있는 사람과 2차적 국면에 있는 사람을 동일하게 처리하는 것은 평등의 원칙에 반합니다. 전자는 아직 판결에 의해 침해받지 않은 자이고 후자는 이미 판결에 의해 침해받은 자이므로, 다른 것은 다르게 취급해야 합니다.

다. 행복추구권 침해

부당한 유죄판결은 그 자체로 심리적·신체적·사회적 고통입니다. 따라서, 형사소송법 제326조 제4호 규정에 의해 실체적 심리의 기회를 주지 않는다면, 신청인을 비롯한 재심청구인들의 행복추구권을 침해할 것입니다.

한센인 단종·낙태 국가배상청구 사건

조 영 선*

1. 여는 말

한센인 단종·낙태[1] 소송의 역사는 2003년 8월~2017년 5월까지 진행되었던 대일본 소록도보상청구소송의 역사와 경험을 이어받아 2011. 10. 17. 소제기하면서 본격적으로 시작되었다. 6년여에 걸친 단종·낙태 소송은 해방 후 대한민국 한센인들에게 가해진 인권차별의 민낯을 보는 아픈 과정이었고, 동시에 한센인들의 인권회복을 위하여 '아무도 가보지 않은 길'을 가는 거친 길이기도 하였다.

비록 대일본 한센인 보상 청구소송과 한국 단종·낙태소송이 마무리되었지만 소송과 별개로 아직도 한센인들에 대한 편견과 차별은 여전히 존재하며, 많은 한센인들은 가난과 질병, 그리고 사회적 멸시속에서 여전히 살아가고 있다. 한센인 뿐만 아니라 어떠한 이유로도 빈곤, 장애라는 이름으로, 또는 을이라는 이름으로, 이주노동자라는 이름으로 낙인찍고 차별받는 사회가 되어서는 안 된다. 그것은 평등이라는 거창한 이름에 앞서 인간은 누구나 지구보다 무겁게 태어났고, 우주보다 넓은 삶의 가치를 품고 있기 때문이다.

한센인권변호단은 2004. 7월 결성된 이후 13년여에 걸쳐 대일본 보상청구소송 및 단종·낙태소송을 진행하였다. 본 서면은 주로 2011. 10. 17 1차 한센인 단종·낙태 소제기 이후부터 2017. 9월까지의 한센인권변호단이 수행한 단종·낙태소송 경과 기록이다. 긴 세월 '기본적 인권을 옹호하고 사회정의를 실현'하기 위한 변호사들의 땀과 한숨이 담겨 있기도 하다.

---

* 변호사, 국가인권위원회 사무총장, 전 법무법인 동화.

1) 단종·낙태 수술의 의학적 표현은 단종은 정관절제 수술, 낙태는 임신중절 수술이다. 한센인은 거세당했다는 인식으로 인해 단종이라고 표현하고 있고, 또한 인권침해의 상징적 표현이기도 하기 때문에 단종·낙태로 표현한다.

2. 한센병, 한센인은 누구인가

가. 한센병

한센병은 나균에 의한 만성 감염병[2]이다. 나균은 결핵균과 같은 항산균[3]으로 세균의 일종이며, 1873년에 한센(Gerhard Henrik Armauer Hansen, 노르웨이; 1841～1912)에 의해 발견되었는데, 나균의 발견은 전염병일 뿐 유전은 아니라는 것을 의미한다. 인류 최초로 발견된 병원균인 나균을 발견한 그의 업적을 기념하기 위해 나균에 의한 이 병을 한센병이라고 부르고 있다. 나균은 항산균인 결핵균과 매우 비슷한 모습과 세균적 특성이 있기는 하지만, 감염되어 발병되는 경우는 결핵에 비해 매우 적고, 단지 나균에 대한 면역 기능이 약한 경우에서만 한센병이 발생된다. 또 어떤 경우에는 발병한 후에도 면역 기능에 의해 자연스럽게 치유되는 일도 있다.

과거 영양이 부족한 상태에서 충분한 치료를 제대로 받지 않아 안면이나 손 및 발에 심한 변형이 발생하였지만, 지금은 세계보건기구(WHO) 주도로 답손, 크로파지민, 리팜피신 등의 3개의 약제를 조합해 사용하는 복합화학요법(MDT)을 사용함으로써 우리나라는 한센병 완치치국가가 되었고 후유증인 변형이 남는 경우는 거의 없다. 한 때 “불치의 질병”에서 “완치의 질병”이 되었듯이 결코 무서운 병이 아닌 것이다.

나. 한센인

현재 한센인[4]이라고 불리는 사람들은 대부분 한센병에 걸렸다가 치료가 완치된, 말하자면 과거 병력자(病歷者)로서 전염성이 전혀 없다. 그러므로 이들이 격리되어야 할 아무런 이유도 없다. 그럼에도 그들은 한때 한센병 환자였다는 낙인으로 인해 가족과 사회로부터 버림받은 채 평생을 차별과 편견 속에서 살아와야만 하였다.

한센병, 한센인이라는 용어가 기존 나병, 문둥병이 갖는 부정적인 이미지를 다소 개선하였다고 하나, 근본적인 편견과 차별이 불식된 것은 아니다. 소록도나 정착촌에 있는 사람들은 모두 한센병이 치유된 보통사람들임에도, 한센인이라는 이름으로 아직도 ‘병을 앓고 있는 사람’으로 오해되고 있다. 일본 ‘한센병요양소입소자등에대한보상금등

---

2) 「알기 쉬운 한센병」, 한국한센복지협회 (2017. 9. 24. 현재)
http: //www.khwa.or.kr/sub.asp?maincode=484&sub_sequence=533&sub_sub_sequence=

3) 나균 등과 같이 어느 염색액으로 염색 하면, 산이나 메타놀 등을 작용시켜도 쉽게 탈색하지 않는 성질을 가지는 세균을 항산균이라고 말한다. 한센복지협회 http: //www.khwa.or.kr

4) 2007. 10. 17 제정된 한센인피해사건의진상규명및피해자생활지원등에관한법률(제8644호)(이하 한센피해자법이라 한다) 제2조 제1호에 의하면, ‘한센인이란 한센병에 걸린 자 또는 한센병에 걸렸다가 치료가 종결된 자’라고 규정하고 있다.

에관한법률'(이하 일본 한센보상법이라 한다)에는 '입소자'라는 표현을 쓰고 있고, 간염을 앓았던 사람을 간염인이라고 하지 않는 것처럼 한센인이라는 낙인은 소멸되어야 할 표현이라 할 것이다. 다만 이곳에서는 일정한 역사적, 사회적, 법률적 표현으로서 한센인이라는 호칭을 그대로 사용한다.

전국한센복지협회에 2016. 12. 31. 현재 등록된 한센사업대상자 10,402명 중 활동성 환자는 166명이고 나머지는 마무리 치료, 재발관리 및 재활서비스를 받고 있다. 그리고 한센사업대상자 10,402명 중 재가 6,213명, 정착촌 87개소에 3,301명, 소록도병원 등 7개 생활시설에 888명이 생활하고 있고, 평균연령은 74세, 60세 이상이 91%에 이른다. 말하자면 소멸되어가는 질병이며, 과거 한때 한센병을 앓있던 사람들이 고령의 연세로 살아가고 있는 것이다.

3. 대 일본 한센인 보상청구소송 - 단종·낙태 소송의 前史

가. 일본의 나관리 정책 및 위헌소송

일본정부는 1907년 '나예방에관한건'이 제정된 이래, 1953년(소화 28년. 법률240호) '나예방법'을 제정하였다가 1996년 '나예방법폐지에관한법률'(법률 제28호)에 의해 폐지될 때까지 거의 90여년 동안 한센인들을 요양소에 강제 수용하는, 이른바 강제격리정책을 실시하였다. 이러한 정책은 한센인의 인간성을 완전히 부정하고, 사회로부터 말살하는 것을 목표로 한 '절대 격리, 절멸정책'으로서 극단적이고 비인도적 정책이었다.

비록 일본의 한센인 강제격리정책의 근거법인 '나예방법'이 1996년 폐지되었으나, 일본정부가 잘못된 강제격리정책을 수립하고 수행해온 것에 대한 책임이나 보상에 대해서는 아무런 대책도 마련되지 않았었다. 이에, 1998년 구마모토, 가고시마의 요양소 입소자 13명이 '나예방법'의 위헌성 및 국가의 90년에 걸친 강제격리정책의 위법성, 비인도성을 주장하면서 구마모토 지방법원에 '나예방법 위헌 국가배상청구소송'을 제기하였다.[5] 그 후 일본 한센병요양소에 입소하였거나 당시 입소하고 있는 한센인들 다수가 마찬가지로 동경지방재판소, 오오야마 지방재판소 등에 제소하였다.

2001. 5. 11 구마모토 지방재판소는 국가의 한센병 정책과 특히 강제격리정책의 법적 근거였던 '나예방법'은 일본국 헌법에 위반한다고 판단하면서, 원고들에 대하여 그 입소기간에 대응한 1인당 800만 엔에서 1400만 엔까지의 손해배상을 인정하는 판결을 선고하였다. 위 판결은 한센인들에 대한 오랜 차별과 편견을 일소하는데 획기적인 전기

5) 구마모토 지방재판소 민사 제3부 평성10년(1999년) 제764호, 동 제1000호, 동 제1282호, 평성 11년(2000년) 와(ワ) 제383호 나예방법 위헌 국가배상 청구사건.

를 마련한 역사적인 판결이었다. 그 후, 소송을 제기한 일본 한센 원고단을 비롯한 일본 전국 한센병요양소 입소자협의회, 한센병 보상청구소송 일본 변호단은 전면적으로 구마모토 판결을 지지하면서 연일 후생노동청사 내지 수상관저에서 연좌시위를 하는 한편, 전국적으로 일본 정부를 상대로 한 항소포기운동을 전개하였다.

결국, 고이즈미 내각총리대신은 항소마감일인 2001. 5. 23 마침내 '한센병문제의 빠르고 전면해결을 향한 내각총리대신 담화[6)]'를 통해 항소포기를 선언하는 한편, 2001. 6. 22. 판결취지에 맞게 일본 한센보상법을 제정하였다. 결국 일본 전국 1만명 이상의 한센인들이 일본한센보상법에 의해 강제격리 정책에 따른 피해보상을 받게 되었다.

나. 일제 강점기 하 한센인 정책

일제하에서 조선 한센인 정책은 조선총독부가 1916년 개설한 소록도 자혜의원(慈惠醫院)과 이전에 설립된 선교사들에 의한 3개의 한센요양소를 중심으로 전개되었다. 1933년 9월 조선총독부는 수호(周防正季)를 제4대 소록도 자혜의원장으로 임명하였는데, 그는 1934년부터 1939년까지 세 차례에 걸쳐 소록도 갱생원[7)]을 대대적으로 확장하면서, 한센인[8)]에 대한 강제격리정책을 실시하였다. 1935년 4월 제령 제4호로 조선나예방령이 공포되고, 부령 제62호로 제정된 조선나예방령 시행규칙이 6월부터 시행되었다. 환자의 강제 종신격리를 핵심내용으로 하는 이 법령과 시행규칙은 1931년 4월에 공포된 일본의 나예방법, 그리고 7월에 공포된 내무성령 제16호 나예방령 시행규칙을 모방한 것이다. 이 조선나예방령과 시행규칙은 원장의 자의적인 징계검속권[9)]과 각종 인권침해의 법적 근거가 되었다.

일제하 소록도 갱생원을 중심으로 이루어진 중대한 인권침해[10)]는 의사에 반한 강제

---

6) 당시 담화문의 내용을 보면, '지난 5.11 구마모토 지방재판소의 한센병국가배상청구재판에 관하여, 저는 한센병대책의 역사와 환자. 원환자의 모든 분들이 강제되어왔던 수많은 고통과 고난을 생각하고, 지극히 이례적인 판단입니다만 감히 항소를 단념하기로 결정하였습니다. 중략. 우리나라에 있어서 옛날에 취해진 한센병환자의 시설입소정책이 많은 환자의 인권에 대한 큰 제약, 제한이 되었던 점, 또한 일반 사회에서 있어서 지극한 편견, 차별이 존재해온 사실을 심각히 받아들여…중략…정부로서는 심각히 반성하고 솔직히 사죄드리는 동시에, 많은 고통과 원통함 속에 사망하신 분들께 애도의 염을 올리는 바입니다. 중략…한센병문제에 있어서는 가능한 빨리, 그래서 전면적인 해결을 도모하는 것이 지금 가장 필요한 것이라고 판단하기에 이르렀습니다. 이하 생략.' 2004. 1. 30. 쿠니무네 나오코. 일본 후생노동성에 제출한 의견서「소록도 갱생원입소자의 보상금수급자격에 관하여」3면 재인용.

7) 1934. 9. 14. 조선총독부 나요양소관제 제정 및 조선총독부지방관제 개정 칙령 공포로 '소록도 자혜의원'이 폐지되고 '소록도 갱생원'으로 확대개편(1934. 10. 1. 시행)됨.

8) 1932년의 조선 나예방협회의 설립 취의서(조선나예방협회요람)에 따르면, 당시 조선에는 관립요양소에 770인, 3개의 사립요양소에 1,750인의 환자가 수용되어 있었고, 나머지 대부분은 부랑환자로 '병독 전파' 우려가 크다고 판단하였다. 국가인권위원회『2005년 한센실태조사 보고서』2005, 30면 참조.

9) '여기에는 조선총독부 나요양소 환자징계검속규정은 소록도갱생원에서의 환자 인권침해의 바탕이 되었다. 여기에는 견책, 근신, 감식, 감금, 근신 및 감식, 감식 및 감금 등의 징계가 규정되어 있었고, 특히 필요한 경우 60일까지의 감금이 가능하도록 규정하였다. 규정상 감식과 감금은 도주, 타인 물품이나 공용품의 무단점유, 다중취합의 진정청원, 직원에 대한 폭행이나 협박, 기타 안녕질서를 저해하는 행위를 한 경우에 행해졌다. 이 규정을 공간적으로 구현한 것이 감금실이었다. 그것은 자의적 폭력성을 제도화한 것이어서 환자들에게는 1935년 설치된 소록도의 형무소보다 더 무서운 공포의 대상이었다.' 위의 책 31면 참조.

격리와 강제수용, 강제 노동, 단종 및 낙태소송이다. 특히, 강제격리정책은 일본 나병정책에서 연유한 것이지만, 한센병에 대한 차별과 공포를 심화시켰고, 가족들과 생이별을 강요당함으로써 평생동안 가족과 고향으로 돌아갈 수 없게 되었으며, 단종 및 낙태 수술은 자녀 없는 고독한 노후를 만들었다.[11)]

다. 대일본 소록도 한센보상 청구소송[12)]

소록도 한센인들의 후생노동성에 대한 한센인보상청구가 시작된 것은 2003. 12. 25. 28명부터이다. 이후 2005부터 2010. 12. 31까지 13차례에 걸쳐 일제강점기하 소록도 병원 입소 한센인 595명의 대일본 보상 청구가 있었다.

한편, 일본 후생노동성은 이러한 한국 한센인들의 보상청구를 거부하였고, 한센인들은 결국 도쿄지방재판소에 거부처분 취소 소송을 제기하였다. 당시 쟁점은 일제강점기하 설립되어 운영된 대만 낙생원, 한국 소록도 병원이 일본 한센보상법상 '국립요양소 등'에 해당하여 보상청구권이 인정되는지 여부였다. 그런데 동일한 쟁점임에도 2005. 10. 25. 일본 도쿄지방재판소 소록도 재판부는 기각을, 대만 낙생원 재판부는 인용판결을 하였다. 이러한 엇갈린 판결에 대해 한일 한센인들과 시민단체들은 10. 27 종묘 집회, 일본 대사관 항의 집회 및 1인 시위 등으로 항의하는 한편 일본 정부에게 한센보상법 개정을 촉구하였다. 항의에 직면한 일본 정부는 결국 2006. 2. 3 일제 강점기 하에 소록도 병원과 같이 강제 격리 당했던 '외지' 한센인들에게도 보상하기로 하고 일본 한센보상법(2002. 6. 22 법률 제63호)을 개정하였다.

결국 일본 후생노동성이 2017. 5. 12. 최종 9명에 대한 보상결정을 함으로써 590명의 한센인들이 보상금을 받기에 이르렀다.[13)]

4. 해방 후의 한센인 인권침해 실태[14)]와 과제

가. 일제하 강제격리정책의 지속

한편, 비록 일제강점기하 한센인들에 대한 강제격리 등으로 인한 인권침해가 일본정

---

10) 보다 자세한 일제하 한센인들에 대한 인권침해는 위의 책 29면부터 52면까지 참조.

11) 소록도환자들은 사망하면 예외 없이 시체해부를 당해야 했는데, 1941년경에는 1일 5-6구의 시체해부가 이루어졌다는 보고가 있다. 위의 책 44면 참조.

12) 대한민국 한센인권변호단『한센 인권활동 백서 1~4』2017, 25~91면 참조.

13) 대일본 한센인보상 청구는 모두 595명이 청구하였는데, 한센등록카드(한센인들은 한센복지협회에 한센인 등록을 하여야 무료로 치료 등 복지를 이용할 수 있음)에 등재되지 않은 채 사망한 5명에 대해서 '한센인'인 사실을 입증하지 못해 취하하였다. 사실 한센인들은 한센등록카드에 등재됨으로써 지역사회에 노출되어 주택 임차, 교육 등 생활하기 곤란한 문제가 발생하기 때문에 미등록하는 경우도 있었다.

14) 국가인권위원회 앞의 책 3면 이하, 53면 이하 참조.

부로부터 일정한 보상금을 지급받았다고 해서 한센인에 대한 우리사회의 편견과 차별이 해결된 것은 결코 아니었다. 한센인들에 대한 우리사회의 편견과 차별은 해방 후에도 10여 차례에 달하는 한센인 학살사건, 오마도사건, 비토리 사건 등을 비롯해서 칠곡 개구리소년 관련 보도 등 현재까지 미완의 과제로 남아 있다.

한센인에 대한 뿌리 깊은 편견과 차별의 관행은 무엇보다 일제시대 형성된 '나환자'에 대한 강력한 격리정책과 부정적인 인식이 크게 작용했다. 한센병의 전염력에 대한 잘못된 정보와 사회적 차별의식은 일반 사회로부터의 강제격리를 당연한 것으로 받아들이도록 하였다. 불행히도 일제시대 소록도 갱생원의 비인간적인 처우와 관행은 해방이후에도 지속되었다. 다만 해방이후 일제시기의 절대격리 정책으로부터 벗어나 상대적 격리에 바탕을 둔 보다 개선된 길을 걸었으나, 강제격리 정책으로 인한 한센병에 대한 편견과 차별은 불식되지 않았으며, 분단체제로의 전환기에 중대한 인권침해로서 집단학살을 낳았고, 뒤이어 식민지 시기의 차별 관행들이 한센인 병원과 시설, 그리고 정착촌에서 반복되었다.

나. 전염병 예방법 개정과 강제 격리

1963. 2. 9. 전염병 예방법이 일부 개정됨으로써 한센병 환자에 대한 강제격리근거는 없어졌다하나, 여전히 귀휴[15]제도나 외부 정착촌으로 이주시 병원장의 허가를 받도록 함으로써 사실상 강제격리 정책은 지속되었다. 또한, 구걸을 하거나 도주에 '성공한' 한센인들은 '강제송환'(강송)을 통해 또다시 강제로 소록도 병원이나 기타 국립시설에 1980년대까지 지속적으로 보내졌다.

또한, 정착촌[16]은 사회복귀를 위한 노력이기는 했지만 한센인들만 모여 사는 일종의 고립된 특수지역인 '육지속의 소록도'로, 정착촌 설립시 많은 지역사회로부터 차별 · 기피 · 폭행을 당했으며 설립 후에도 지역주민과 한센인 2세들의 교육 문제 등으로 많은 갈등을 겪었다. 최근에는 토지소유권문제, 환경문제, 축산업 붕괴에 따른 생존권문제 등 많은 문제를 앓고 있다. 더욱이, 소록도의 엄격한 규율을 본받은 정착촌 내 통제 방식은 정착촌 내에서 발생하는 인권침해와 폭력사건의 원인이 되기도 하였다.

다. 한센인에 대한 단종 · 낙태의 지속

해방 이후 한센인들에 대한 단종 · 낙태는 일본 강점기하의 우생학적 측면[17]에서 실

15) 귀휴 제도(歸休制度)는 교도소에서 복역 중인 수형자가 출소하기 전 일정한 사유에 따라 잠시 휴가를 얻어 교도소 밖으로 나오는 것(형의 집행 및 수용자의 처우에 관한 법률 제77조)을 말한다. 소록도 병원장의 이러한 '귀휴' 허가권은 수형자의 처우와 동일한 한센인들에 대한 강제격리를 반증하는 것이기도 하다.

16) 2016. 12. 31. 현재 정착촌은 87개소이다. 한센복지협회 http: //www.khwa.or.kr

시된 강제격리, 절대절멸 정책을 그대로 답습하였다는 데서 연원한다. 소록도병원 등에서는 일제하에서 관행적으로 실시된 단종 수술이 계속되었다. 해방직후 일시적인 자유동거가 허용되었다가, 1948년부터 정관수술을 전제로 한 부부동거제가 부활하였고, 1958년 소록도 갱생원 연보에 따르면 1949년부터 1958년까지 1,191인이 단종 수술을 받았으며, 1980년대까지 단종 수술이 행해진 것으로 보고되고 있다. 또한, 1960년대부터 가족계획 정책이 실시되었다 하더라도 한센병 환자라는 이유로, 부부 동거방을 얻기 위해서는 단종 수술을 할 수밖에 없었기 때문에 가족계획 정책과 무관하게 사실상 강제적으로 행해진 것이다.

5. 단종·낙태 국가배상 청구 소송의 전개

가. 한센인권변호단의 설립과 활동

대일본 보상청구소송 당시 한국 한센병 소록도보상청구소송 변호단은 2004. 7. 대한변협 인권위원회의 사업으로 60여명의 전국 각지 변호사들로 구성되었다. 이후 대한변협 집행부 교체 및 장기간 소송 지원활동으로 인해 독립적으로 2006. 10. 12. '한센인권변호단'[18]을 결성하여 활동[19]을 전개하여 오늘에 이르렀다.

나. 단종 · 낙태 국가배상청구 소송을 제기한 이유

한센인들이 국가배상 청구 소송을 제기하는 것은, ① 국가와 사회에 의해 낙인찍혔던 한센인들에 대한 잘못된 인식을 바로잡고, 한센인 스스로 똑 같은 인간임을 선언하

17) 우생학적 측면이라는 것은 독일 나찌의 게르만 우대, 유대인 학살과 같이 특정 인종, 민족에 대한 말살 정책이었다. '1933. 7. 14 나찌 정부는 단종법을 공포, 악질 유전이 예상되는 병에 대해서는 단종 수술을 하도록 하였다. 1934. 1. 1.부터 발효된 이법으로 40만 명이 단종 수술을 강요당했고 10만명은 안락사당했다. 이어 1935. 9월 뉘른베르크에서 선포된 독일혈통 및 명예보전법(뉘렌베르크법)은 독일과 유대인간의 결혼이나 성관계를 금지했고, 한 달 뒤는 깨끗한 건강증서를 받은 종족 구성원과 유전질환이나 유전적 장애가 있는 사람들의 결혼을 불법화하였다. 이렇게 해서 우생학적으로 허용된 결혼의 목적은 다산이었다. 히틀러의 어머니의 생일인 8월 12일에는 해마다 수천 명의 산모가 상을 받았다. (중략). 이러한 우생학적 폭력은 덴마크, 스웨덴 등 유럽 각국은 물론 이미 미국에서도 만연한 것이었다. (중략). 미국은 물론 독일 우생학자들에게까지 막대한 연구자금을 제공함으로써 사실상 1920년대의 우생학 연구를 주도한 것은 인구과잉에 대한 강박관념을 갖고 있던 존 D.록펠러 3세(John D. Rockerfeller, Jr., 1874~1960)가 주도한 록펠러 재단이었다.' 강준만, 『미국사 산책 6』, 인물과 사상사, 2010, 156면 인용. 이러한 우생학적 주장은 탈아입구(脱亜入欧, だつあにゅうおう)를 외치던 일본 제국주의에 의해 일본 및 조선 한센인들에 대한 강제격리의 논리적 근거로 적용되었다.

18) 현재 한센인권변호단은 김성기(고문), 박영립(단장), 조영선(간사), 김준우, 박종강, 서중희, 이정일, 이영기, 양정숙, 장철우, 최용근, 한석종 변호사 등 12명으로 구성되어 있다.

19) 대한민국 한센인권변호단 『한센 인권활동 백서 1~4』 2017, 참조. 한센인권변호단의 주요 활동은 ① 대일본 한센 보상 청구 및 입증 작업, ② 일본 변호단과의 협력, ③ 단종·낙태 소송 진행, ④ 한센피해자 단체인 한센총연합회 등과의 연대활동, ⑤ 정착촌 방문 피해 진술서 작업 등이다.

는 것이며, ② 한센 피해자법이 생활지원에 그친 '생색내기용'에 불과함에도 위 법 제정만으로 한센인 인권침해에 대한 구제를 모두 완료한 것으로 착각하는 것에 대한 각성을 촉구하기 위한 것이었고, ③ 결국 일본 대만과 같이 한센인 강제격리 및 각종 인권침해에 대해 일괄보상을 할 수 있도록 한센피해자법을 개정할 것을 촉구하기 위한 것이었다. ④ 나아가 강제단종·낙태 수술로 인하여 고통을 겪은 한센인들에게 명예회복과 더불어 최소한의 피해를 배상해 주는 계기로 삼을 뿐만 아니라 사회의 평범한 구성원으로서 최소한의 인간적인 삶의 기준을 삼고자 하는 것이기도 하였다.

다. 단종·낙태 국가배상청구소송 경과

대한민국을 상대로 한 단종·낙태 소송 경과(전체 538명, 단종 원고 269명, 낙태 원고 269명 2017. 9. 2.일 현재)[20]는 아래와 같다.

순번	원고	사건번호	진행경과	비고
1차	강○○ 외 202	서울중앙지방법원 2011가합108342	2011. 10. 17. 제소 2015. 2. 12. 선고	
		서울고등법원 2015나2017218	2015. 3. 25. 항소 2016. 10. 4. 선고	
		대법원 2016다267920	2016. 10. 20. 상고 2017. 3. 30. 선고	파기 환송
		서울고등법원 2017나2019652	2017. 8. 11 화해권고	종결
2차	강○○ 외 173	서울중앙지방법원 2012가합501276	2012. 1. 16. 제소 2015. 5. 20. 선고	
		서울고등법원 2015나2029815	2015. 6. 19. 항소 2016. 11. 29. 선고	
		대법원 2017다202654	2016. 12. 20. 상고 2017. 6. 15. 선고	파기환송
		서울고등법원 2017나2031867	2017. 8. 24. 화해권고	종결
3차	강○○ 외 18	광주지방법원 순천지원 2013가합10285	2013. 3. 18. 제소 2014. 4. 29. 선고	
		광주고등법원 2014나11542	2014. 5. 13. 항소 2014. 10. 22. 선고	
		대법원 2014다230535	2014. 11. 11. 상고 2017. 2. 15. 선고	종결

20) 5차는 낙태 피해자 2명의 상속인들 청구이고, 6차는 단종 피해자 1명의 상속인들 청구이다. 결국 5.6차 사망한 한센 피해자는 3명(낙태2, 단종1)이다.

4차	엄○○ 외 138	서울중앙지방법원 2013가합521666	2013. 5. 21. 제소 2015. 7. 16. 선고	
		서울고등법원 2015나2040959	2015. 7. 31. 항소 2016. 9. 23. 선고	
		대법원 2016다260646	2016. 10. 11. 상고 2016. 5. 11. 선고	파기 환송
		서울고등법원 2017나2024494		계류 중
5차	김○○ 외 4	서울중앙지방법원 2015가합503228	2015. 1. 13. 제소 2015. 10. 2. 선고	
		서울고등법원 2015나2060823	2015. 10. 22. 항소 2016. 11. 29. 선고	
		대법원 2017다202166	2016. 12. 20. 상고 2017. 5. 31. 선고	파기환송
		서울고등법원 2017나 2027615	2017. 8. 11. 화해권고	종결
6차	문○○ 외 2	서울중앙지방법원 2015가단5359955	2015. 11. 13. 제소	계류 중

2011. 10. 17. 1차 단종·낙태 소송을 제기하였지만 판결은 2013. 3. 18. 제소한 3차 소송 즉 순천지원에서 2014. 4. 29. 먼저 선고(광주지방법원 순천지원 2014. 4. 29. 선고 2013가합10285 판결, 이하 순천지원 판결이라 한다)되었다. 순천지원 재판부(재판장 유영근, 강선아, 정연우)는 처음으로 단종·낙태로 인한 국가배상 책임을 인정하면서 위자료로서 낙태 피해자 4,000만원, 단종 피해자 3,000만원을 인정하였다. 위 판결취지에 따라 항소심인 광주고등법원, 그리고 1차, 2차, 4차 서울중앙지방법원 등 또한 같은 취지로 판결하였다.

그런데, 4차 소송 재판부(서울고등법원 2016. 9. 23. 선고 2015나2040959 판결, 재판장 강영수, 장철익, 최봉희)는 이례적으로 2016. 6. 20. 소록도에서 특별기일, 특별법정을 개설하여 현장검증, 증인 및 당사자본인 신문 등 특별 변론기일을 진행하였으나, 오히려 위자료 청구금액을 종래 단종 피해자 3,000만원, 낙태피해자 4,000만원에서 모두 2,000만원으로 감액하는 판결을 선고하였다. 이런 판결기조에 따라 광주고등법원을 제외한 서울고등법원의 다른 항소심 재판부(1차, 2차, 5차)도 위자료를 감액하는 판결을 선고하였다. 이는 참으로 한센인들이 겪은 인생을 모욕하는 판결이었다.

다시 반전이 일어났다. 즉 순천지원−광주고등법원 판결에 따라 피고 대한민국이 상고하였던 3차 소송 대법원 판결이 2017. 2. 15. 원심 그대로 위자료를 단종 3,000만원, 낙태 4,000만원으로 확정하는 일이 벌어졌다. 사실 작은 위자료마저 감액했던 4차 판결에 대한 반전이었으나, 일본과 대만 일괄배상에 비한다면 미흡하기 짝이 없었다. 결국 다른 1차, 2차, 5차 대법원 재판부도 위 3차 대법원 판결취지에 따라 원심을 파기 환송하였다. 결국 현재 4차를 제외한 나머지 파기환송심에서 위 대법원 판결 취지로 화해조정결정을 하였고, 원·피고 이의하지 않아 확정되었다.

6. 단종·낙태 국가배상 청구 소송의 주요 쟁점

가. 순천 지원 3차 단종·낙태 소송 판결 경위

앞서 언급한 바와 같이, 한센인 단종·낙태 소송 첫 판결은 3차 순천지원 판결이다. 순천지원 판결은 해방 후 국가에 의해 자행된 강제 단종·낙태 수술 피해에 대하여 처음으로 국가배상 책임을 인정한 판결이자, 한센인에 대한 차별, 편견을 바로잡는 계기가 되었다는 점에서 의미 있는 판결이다. 순천지원 판결의 쟁점은 나머지 소송에서도 동일 유사하므로 위 첫 판결을 중심으로 쟁점을 정리한다.

나. 단종·낙태를 할 법률상의 근거가 있었는지

원고들은 원고들에 대한 단종·낙태 수술이 당시 법적 근거 없이 행한 불법한 행위였다고 주장하였고, 이에 비해 피고들은 1954. 2. 2. 제정된 전염병 예방법, 1973. 5. 28. 제정된 모자 보건법 등의 법적근거를 주장하였다.

① 전염병 예방법에 대한 판단

㉮ 1954. 2. 2. 제정된 구 전염병예방법(법률 제308호, 1957. 2. 28. 시행)에서는 '나병'에 관하여 이를 비교적 전염력이 낮은 제3종 전염병으로 분류(제2조 제1항)하면서도, (중략) 하지만 위 규정 중에서 어느 것도 한센병 환자에게 그 의사에 반하여 정관절제 수술을 하거나 임신중절 수술을 할 만한 법적 근거가 될 만한 것은 없다. 다만 위 법 제26조에서 "제3종 전염병 요양소장은 주무부장관의 정하는 바에 의하여 입원환자의 질서유지에 필요한 조치를 가할 수 있다"고 규정하였고, 이는 소록도 병원 등에서 내부 규정을 정하고 기타 재량을 통하여 입원자 등에게 이른바 '징계 검속권'을 가할 수 있는 법적 근거가 되었던 것으로 보인다. 하지만 입원환자의 의사에 반하여 정관절제 수술을 하거나 임신중절 수술을 하는 것은 위 '질서유지에 필요한 조치'의 범주에 포함된다고 보기도 어려울 뿐만 아니라, 기본권 제한의 목적의 정당성, 방법의 적절성, 피해의 최소성, 법익의 균형성 등 어느 측면에서 보아도 허용되기 어렵다.

더구나 구 전염병예방법은 1963. 2. 9. 개정(법률 제1274호, 1963. 3. 12. 시행)되면서, (중략) 비록 제26조에서 정한 요양소장의 질서유지 조치권은 그대로 유지되었지만, 마찬가지로 개정된 구 전염병예방법에 의하더라도 국가가 한센병 환자에 대하여 그 의사에 반하여 정관절제 수술을 하거나 낙태 수술을 할 근거는 없다.

결국 개정 전 및 개정된 구 전염병 예방법에 의한 요양소장의 질서유지조치권이 인정된다 하더라도 한센인의 의사에 반하여 정관 수술을 하거나 낙태 수술을 할 권한은 없다는 것이다.

② **모자보건법에 대한 판단**

1973. 5. 28. 제정된 모자보건법시행령[대통령령 제6713호]에서는 그 전염성 질환을 전염병예방법 제2조 제1항에 규정된 전염병을 말한다(제3조 제3항, 제4조 제1항)고 하여 위 인공 임신중절 수술 및 불임 수술의 대상 질환에 한센병을 비롯한 제1종 내지 제3종 전염병까지를 모두 포함시켰다. 이러한 구 모자보건법 및 시행령의 규정에 의하면, 한센병과 같은 전염성 질환에 이환된 사람의 경우 인공 임신중절 수술을 할 수 있지만 반드시 본인과 배우자의 동의가 있어야 하고, 불임 수술의 경우 본인의 의사에 반하여서도 할 수 있지만, 반드시 의사의 보고 및 가족계획심의위원회의 심의(시행령 제4조 제4항)를 거쳐 보건사회부장관의 명령에 의하여야 하고, 그 시행도 소정의 자격을 갖춘 의사에 의하도록(시행령 제5조) 되어 있다. (중략)

결국 피고 소속 의사 등이 원고들에게 이 사건 정관절제 수술이나 임신중절 수술을 시행한 것은, 정관절제 수술이 구 모자보건법 소정의 불임 수술 명령에 의하여 이루어지거나, 원고들 스스로 동의하거나 승낙하여 정관절제 수술이나 임신중절 수술이 이루어진 경우가 아닌 한 정당한 법률상의 근거 없이 원고들의 헌법상의 기본권을 침해하는 행위라고 보아야 한다.

결국 단종 수술의 경우에는 본인의 동의가 있는 경우에는 모자보건법 제정 전후로 보더라도 위법하지 않을 수 있지만 낙태, 즉 임신중절 수술은 1973 제정 이전에는 동의여부를 불문하고 법적근거가 없기 때문에 위법하고, 제정 이후에는 본인의 동의가 있는 경우에 위법하지 않을 수 있다는 취지였다. 그런데 낙태 수술 피해자들 대부분은 1973년 이전에 낙태를 당한 경우였기 때문에 낙태 수술은 법적 근거가 없이 행해진 위법한 것이었다.

다. 단종 · 낙태의 위법성－피해자의 동의

피고는 원고들이 단종 · 낙태 수술을 동의하였으므로 위법성이 없다는 취지로 주장하였고, 이에 원고는 수술에 동의한 바 없었고, 설령 외견상 동의한 것이라 하더라도 '소록도나 정착촌에서 쫓겨나지 않기 위해서', 또는 '굶어 죽을 수 없어서 어쩔 수 없이 한 회피할 수 없었던 강요에 의한 것'이라고 주장하였다. 이에 법원은 아래와 같이 판시하였다.

그러나 설령 원고들이 정관절제 수술이나 임신중절 수술에 명시적 혹은 묵시적으로 동의 또는 승낙하여 피고 소속 의사 등이 이를 시행하였다고 하더라도, 피고가 원고들을 대상으로 시행한 이 사건 정관절제 수술과 임신중절 수술은 그 표면적인 동의나 승낙에도 불구하고 다음과 같은 이유로 정당화되기 어렵다.

㉮ 1873년경 한센균이 발견된 이래 이미 1900년대 초반에 한센병은 유전병이 아니라 전염병이라는 것이 보편적으로 알려졌고, 국내에 DDS 치료기법이 본격적으로 사용된 1950년대 초반부터 한센병은 완치가 가능한 질병으로 인식되기 시작하여 1960년대부터는 대부분의 환자가 완치되고 있었다. (중략) 이는 한센병이 다른 전염병과 달리 외모에 변형이 생기고 이로 인하여 사회적 차별과 편견이 심하다는 이유에 기인한 것으로 보일 뿐, 적어도 1960년대에 이르러서는 한센병이 강제 격리정책을 유지할 정도의 특별할 질환이 아니었다.

㉯ (중략) 따라서 한센인들이 스스로 한센병에 대한 정보를 취득하거나 진지하게 인권에 대한 교육을 받을 기회는 사실상 없었다고 보아야 하고, 이러한 정보나 교육은 대부분 수용시설에서 피고에 의하여 제공받은 것이라고 보아야 한다. (중략) 이로 인하여 한센인 스스로도 한센병은 전염성이 강한 질환으로서 특히 자식에게 전염될 가능성이 매우 크다고 인식하고, 심지어는 유전되기도 하는 질환이라고 오해하기도 하였다. 나아가 이러한 격리수용 정책은 일반인들로 하여금 한센인들에 대한 편견과 차별을 조장하는 것이었음과 동시에 한센인들에게는 열등감과 외부 사회에 대한 두려움을 심어 주었던 것으로 보인다.

㉰ (중략) 한편 병원 내에서의 임신과 출산을 엄격하게 금지하는 정책 역시 1990년대까지 유지되어 여성이 임신하는 경우 일단 병원의 규율을 위반한 것으로 취급되어 비난의 대상이 되었던 것으로 보이고, 굳이 출산을 원한다면 퇴소를 하여야 했다. 그러나 오랜 기간 동안 수용생활을 하면서 제대로 교육받지 못하고 직업을 선택할 자유도 없었던 한센인들로서는 갑작스럽게 부부가 함께 퇴소하여 정착촌이나 일반사회로 진출하기에는 자립능력이 부족했고, 여러 가지 편견과 차별이 상존하는 외부 세상에 대한 두려움이 큰데다 기존의 생활터전을 잃는다는 상실감도 있었기 때문에 사실상 퇴소를 선택하기는 힘들었고, 퇴소를 원하지 않는 임신 여성은 결국 임신중절 수술을 할 수 밖에 없었던 것으로 보인다.

㉱ (중략) 즉 피고가 정관절제 수술을 조건으로 부부동거를 허용하고, 임신에 대하여 비난을 가하면서 퇴소당하지 않는 조건으로 임신중절 수술을 요구하는 상황에서, 원고들로서는 사실상 그 조건들을 받아들이지 않을 수 없는 어쩔 수 없는 선택이라고 보아야 한다. (중략) 설령 원고들이 병원 측에 이러한 수술들을 원했다고 하더라도, 이는 정상적인 판단력을 가진 사람의 자의에 의한 선택과는 본질적인 차이가 있고, 원고들이 이와 같이 판단을 할 수밖에 없었던 것 역시 피고가 제공한 잘못된 정보와 교육 때문이다.

㉲ (중략) 그럼에도 불구하고 피고가 원고들을 비롯한 한센인들에게 인간 본연의 욕구와 권리인 부부동거를 허용하는 조건으로 정관절제 수술을 받도록 하고, 국가가 마땅히 보호해야 할 대상에 대하여 퇴소를 명하지 않는 조건으로 임신중절 수술을 받도록 하는 것은, 강요된 행위 또는 반사회적인 조건이 붙은 동의 내지 승낙을 요구하는 것이다. 동시에 위 동의 내지 승낙이 정상적인 판단력을 가진 원고들에 의하여 이루어진 것도 아니어서 통상의 처분가능한 법익의 침해에 대한 동의 내지 승낙과 동일하게 취급하여 피고의 행위를 정당화할 수는 없다.

(4) (생략) 피고가 한센인들의 본질적인 욕구와 천부적인 권리에 대하여 합리적인 대책을 수립하지 아니하고 전면적인 출산금지정책을 오랜 기간 동안 유지한 것은 명백히 잘못된 선택이다. 이는 피고가 한센인을 대등한 인간으로서 하나의 목적으로 대우하지 않고 사회 일반에 만연한 한센인들에 대한 편견과 차별에 동조한 것으로서 국가가 개인의 존엄을 기초로 한 혼인과 가족생활을 보장할 의무, 보건에 관하여 국민을 보호할 의무와 모성을 보호할 의무를 모두 이행하지 아니한 것이다. 그리고 가족계획이란 인구문제를 해결하기 위한 계획으로 모자보건과 가정복지의 향상을 꾀하고자 자녀의 수와 터울을 조정하는 계획을 말하는 것일 뿐, 한센인들에 대하여 자녀 자체를 갖지 못하도록 하는 정책이 결코 가족계획이라는 명분으로 합리화될 수 없다.

(5) 결국 피고 소속 의사 등이 원고들에 대하여 정관절제 수술과 임신중절 수술을 한 것은 국가가 정당한 법률상의 근거 없이 국민으로서 마땅히 누려야 할 신체를 훼손당하지 않을 권리와 태아의 생명권을 침해하는 것임과 동시에 자손을 낳고 단란한 가정을 이루어 행복을 추구할 권리와 사생활의 자유를 침해하는 것으로, 궁극적으로 인간으로서의 존엄과 가치를 훼손한 것이다. 나아가 국가가 개인의 존엄을 기초로 한 혼인과 가족생활을 보장할 의무와 모성의 보호를 위하여 노력할 의무, 보건에 관하여 국민을 보호할 의무를 저버리는 것으로서 어느 측면에서 보아도 위법함을 면할 수 없다.

결국 재판부는 ① 이미 1950년대 이전부터 한센병에 관한 각종 국제회의에서 한센인들에 대한 강제격리정책을 철폐할 것을 요구하고 있었고, 적어도 1960년대에 이르러서는 한센병이 강제 격리정책을 유지할 정도의 특별할 질환이 아니었으며, ② 1990년대까지도 부부동거를 원하는 남성은 정관절제 수술을 받지 않을 수 없었고, 여성이 임신하는 경우 일단 병원의 규율을 위반한 것으로 취급되어 비난의 대상이 되었고, 갑작스럽게 부부가 함께 퇴소하여 정착촌이나 일반사회로 진출하기에는 자립능력이 부족했고, ③ 결국 피고가 부부동거를 허용하는 조건으로 정관절제 수술을 받도록 하고, 퇴소를 명하지 않는 조건으로 임신중절 수술을 받도록 하는 것은, 강요된 행위 또는 반사회적인 조건이 붙은 동의 내지 승낙을 요구하는 것으로 통상의 처분가능한 법익의 침해에 대한 동의 내지 승낙과 동일하게 취급하여 피고의 행위를 정당화할 수는 없다는 것이다.

라. 소멸시효 항변

피고는, 설령 원고들에 대한 정관절제 수술이나 임신중절 수술이 국가의 불법행위가 된다고 하더라도 그 행위가 이루어진 후 5년 또는 원고들이 그 손해 및 가해자를 안 때로부터 3년이 경과하여 이 사건 소가 제기되었으므로, 원고들의 손해배상청구권은 이미 시효가 완성되어 소멸하였다고 항변하였고, 원고들은, 피고의 소멸시효 항변은 신의성실의 원칙에 반하는 것으로서 권리남용에 해당한다고 재항변하였다.

결국 재판부는 피고의 소멸시효항변을 권리남용을 이유로 배척하였다.

① 소멸시효 완성 여부

원고들의 경우 피고 소속의사 등에 의하여 행해진 이 사건 정관절제 수술이나 임신중절 수술이 원고들에게 불법행위가 되어 손해가 된다는 사정을 진상규명위원회의 피해자 결정 통지가 있기 전까지는 제대로 알기 어려웠다고 할 것이므로, 원고들은 진상규명위원회의 피해자 결정 통지가 있었던 때에 손해 및 가해자를 알았다고 보는 것이 타당하다. 따라서 원고들에 대한 피해자 결정통지가 있었던 2010. 6. 24.부터 2012. 6. 27.경(앞의 기초사실)으로부터 3년 이내인 2013. 3. 18. 이 사건 소가 제기된 사실이 기록상 명백한 이상, 이 사건은 위 단기소멸시효가 완성되었다고 할 수 없다.

결국 재판부는 원고들이 진상규명위원회의 피해자 결정 통지가 있었던 때에 손해 및 가해자를 알았다고 보는 것이 타당하다면서 그로부터 3년 이내 소제기한 이상 단기소멸시효는 완성되었다고 볼 수 없고, 다만 구 예산회계법상의 5년 시효는 완성되었다고 판단하였다.

② 피고의 소멸시효 원용이 권리남용에 해당하는지 여부

따라서 이 사건의 경우는 채무자인 피고가 시효완성 전에 채권자인 원고들의 권리행사나 시효중단을 불가능 또는 현저히 곤란하게 한 것일 뿐만 아니라, 한센병에 대한 일반적인 지식을 가진 사람들 역시 진상규명위원회의 한센인피해사건 결정이 있기 이전까지는 피고의 행위가 위법한 행위라는 것을 알 수 없었을 것이므로, 객관적으로 피해자가 권리행사를 할 수 없는 장애사유 즉 채권자가 아닌 제3자가 채권자의 입장에서 선다고 하더라도 권리행사가 불가능한 사실상의 장애사유가 된다고 보기에 충분하다. (중략)

따라서 피고가 한센인피해사건법의 적용 대상인 피해자의 진실규명신청을 받아 피고 산하 진상규명위원회에서 피해자로 확인하는 결정을 하였다면, 그 결정에 기초하여 피해자가 상당한 기간 내에 권리를 행사할 경우에, 국가가 적어도 소멸시효의 완성을 들어 권리소멸을 주장하지 않을 것이라는 데 대한 신뢰를 가질 만한 특별한 사정이 있다고 보는 것이 타당하다. (중략)

결국 위와 같은 사정들을 모두 고려하여 보면, 이 사건에서 채무자인 피고가 소멸시효의 완성을 주장하는 것은 신의성실의 원칙에 반하는 권리남용으로서 허용될 수 없다.

특히 한센진상규명위원회의 한센인피해사건 결정이 있기 이전까지는 피고의 행위가 위법한 행위라는 것을 알 수 없었을 것이므로 권리행사가 불가능한 사실상의 장애사유가 된다고 보기에 충분하고, 일본과 대만의 일괄보상 사례에 비추어 볼 때 피고가 소멸시효 완성을 주장하는 것은 권리남용으로 허용될 수 없다는 취지이다.

마. 위자료 액

원고들은 처음 소제기 당시 1억원 씩 청구하였다가 순천 3차 소송 재판부가 단종 3,000만원, 낙태 4,000만원 판결을 선고하자 항소심에 이르러 5,000만원으로 감축항소하였고 광주고등법원 항소심 또한 원심을 그대로 인정하였다. 한편 3차 소송이 대법원에 계류 중인 상태에서 서울고등법원 4차 소송에서 위자료가 각 2,000만원으로 하향판결이 내려졌다. 그리고 앞서 본바와 같이 1차, 2차, 5차 소송 또한 위 4차 소송과 같이 하향 판결이 내려졌는데, 다시 3차 소송 대법원 판결은 이러한 서울고등법원의 일련의 판결을 파기한 것이다. 모욕적 반전에 대한 원상 회복적 반전이었다. 그러나 한센인들이 겪은 고통과 일본 및 대만사례 등에 비추어보면 한국 한센인들에게는 미흡하기 이를 데 없는 것이다.

① 광주지방법원 순천지원(2014. 4. 29. 선고 2013가합10285 판결, 3차 소송)

> 한센인들에 대한 일반인들의 냉대와 멸시는 그들에게 사회로부터 배제되고 인간으로서 인정받지 못한다는 심한 정신적 고통과 모욕감을 주었다. 그러나 피고는 사회적인 차별과 편견에 의하여 고통받고 살아온 한센인들에 대하여 이를 해소하려는 노력을 적극적으로 하지 아니하고 오히려 이에 편승하여 한센인들을 엄격히 격리하고 자녀마저 두지 못하게 함으로써 원고들을 비롯한 한센인들에게 심한 열등감과 절망감을 심어 주었다.
>
> 이 사건 정관절제 수술과 임신중절 수술은 원고들이 갖는 인간본연의 욕구와 기본적인 행복추구권을 정당한 법률상의 근거 없이 제한하면서 오히려 원고들에게 죄의식을 갖게 하고 수치심을 느끼도록 한 것으로서 반인권적·반인륜적 성격이 강하다. (중략)
>
> 다만 피고는 한센인들에 대한 편견과 차별이 극심하던 시절부터 적지 않은 예산과 인력을 투입하여 원고들을 비롯한 한센인들을 치료하고 보호하는 역할을 꾸준히 해왔다. 피고가 한센인들을 대상으로 시행한 정책들 중 이 사건과 같이 일부 부적절하거나 반인권적인 부분이 있지만, 그 점만을 가지고 피고의 한센인 정책을 일률적으로 잘못되었다고 폄하할 수는 없다. (중략)
>
> 위와 같은 모든 사정들을 고려해 보았을 때, 이 사건 변론종결일을 기준으로 정관절제 수술을 받은 사람들에 대한 위자료는 각 30,000,000원, 임신중절 수술을 받은 사람들에 대한 위자료는 각 40,000,000원 정도로 정하는 것이 적절해 보인다.

재판부는 단종·낙태의 국가배상책임을 인정하면서도 다른 한편 피고가 한센인들에 대한 편견과 차별이 극심하던 시절부터 적지 않은 예산과 인력을 투입하여 원고들을 비롯한 한센인들을 치료하고 보호하는 역할을 꾸준히 해왔던 점을 감안하여 위자료를 책정하였다. 이에 대해 아래 서울고등법원 판결은 국가의 한센인들에 대한 역할을 더 넓게 판단하였다.

② 서울고등법원(2016. 9. 23. 선고 2015나2040959 판결, 4차 소송)

8.15광복 이후 현재까지 한센병에 대한 체계적인 대책을 세우고, 한센병에 대한 국제적인 의료체계를 적극적으로 수용하여 한센병의 치료체계를 확립하였으며, 한센인에 대한 국제적인 권고에 따라 한센병에 대한 의료체계의 발전에 발맞추어 격리수용 정책을 폐기하고 한센병에 대한 사회의 편견과 차별을 해소하기 위한 계몽정책을 실시하였다. 피고가 국가재정이 어려운 상황에서도 한센인 요양소를 통하여 한센병 환자를 무상으로 치료하고, 피고 산하 한센인 요양소에서는 한센인에게 급여를 지급하면서 작업하게 하여, 사설 요양소에 대하여는 한센인의 생활비에 관하여 보조금을 교부하여 한센인의 생활의 기반을 마련해주었고, 피고 산하 한센인 요양소에서는 종교와 오락 등으로 한센병 환자에게 안식과 위안을 주려고 세심하게 배려하였으며, 두려움과 위험을 무릅쓰고 피고 소속 공무원과 의료인 및 사설 한센인 요양소 소속 직원 및 의료인이 헌신적으로 한센인을 돌본 덕분에 원고들이 한센병을 치료할 수 있었고, 그 생활을 영위 할 수 있었음은 부인할 수 없다. 또한 피고는 격리수용의 당시에도 한센인과 그 자녀의 의식주를 해결하고, 한센인을 교육시키고 한센인 자녀를 양육하고 교육시켰으며, 일상생활에 있어서도 여건이 허락하는 한 물심양면으로 부족함이 없도록 보살피려고 노력하였고, 한센인사건법을 제정하여 위로지원금, 의료지원금, 정착촌 개선 등으로 현재의 생활에도 도움을 주고 있다. (중략)

한편 낙태 수술은 여성에 대하여만, 정관절제 수술은 남성에 대하여만 행하여질 수밖에 없는데, 순번 1. 내지 117. 원고들과 순번 118. 내지 139. 원고들이 각기 여성과 남성으로서 받았을 앞서 본 바와 같은 정신적 고통은 서로 그 정도를 비교하여 그 경중에 있어서 차이가 있다고 볼 자료가 없다(원고들도 이러한 취지에서 같은 금액인 5,000만원을 일부 청구로 구하고 있는 것으로 보인다).

따라서 앞서 본 법리 및 위와 같은 기준에서 볼 때 원고들에 대한 위자료 금액을 같은 금액으로 정함이 실질적 평등의 원칙에 부합한다 할 것이다. 그러므로 앞서 본 바와 같은 제반사정에 비추어 피고의 원고들에 대한 원고들이 낙태 수술 및 정관절제 수술로 입은 정신적 손해에 관한 배상범위는 각 20,000,000원으로 정함이 상당하다.

참으로 이해할 수 없는 것은 '피해자들에 대한 위자료의 액수의 산정에 있어서도 위와 같은 평등의 원칙이 적용되어야 한다. 물론 여기서의 평등은 형식적 의미의 평등이 아니라 공정·형평의 관념에 반하지 아니하는 실질적인 평등을 가리키는 것임은 그 당연한 전제'라고 하면서도 남녀 피해자들의 위자료를 하향적으로 각 금 2,000만원으로 판결한 점이다. 이것이 단종·낙태 피해의 우열논의나 다른 하급심 판결과는 다른 '튀는 판결'이라는 점은 별론으로 하고, 굳이 하향하는 것이 어떻게 실질적 평등에 부합하는 것인지 이해하기 어렵다.

③ **대법원(2017. 5. 11. 선고 2016다260646 판결 4차 소송, 파기환송)**

임신한 여성에 행하여진 낙태 수술은 신체에 가해진 폭력성과 침습의 정도가 중하고, 형성중인 생명인 태아의 생명권을 침해하는 행위로서 그 비난가능성이 매우 클 뿐만 아니라, 경험칙상 강제로 모성을 상실당한 여성의 정신적 고통은 일반적으로 다른 유형의 불법행위로 입게 되는 정신적 고통보도 더 심각하다. 또한 한센인피해사건법에 의한 피해자 결정을 거친 사건은 그 피해가 발생한 때부터 약 30년 내지 60년의 오랜 시간이 경과하였고, 한센인피해사건법도 피해의 일률적인 회복을 지향하고 있으며, 피해자의 숫자도 매우 많고 전국적으로 분포되어 있는 등 특수한 사정이 있으므로, 그에 대한 위자료의 액수를 정할 때에는 피해자들 상호간의 형평도 중요하게 고려하여야 한다.

그런데 대법원 2017. 2. 15. 선고 2014다230535 판결에서 피고의 상고가 기각됨으로써 한센인피해사건의 위자료를 원심이 정한 금액보다 상당히 높은 금액으로 정한 판결이 확정되었는바, 이 사건에서 위자료 액수를 위 사건과 달리할 만한 특별한 사정을 찾아보기 어렵다. 그러므로 원심판결에는 위자료 산정에 관한 법리를 오해하여 그 재량의 한계를 일탈한 잘못이 있고, 이를 지적하는 원고들의 이 부분 상고이유 주장은 이유 있다. 원심판결 중 원고들 패소 부분을 파기하고, 이 부분을 서울고등법원으로 환송한다. 피고의 상고를 모두 기각한다.

결국 지루한 단종낙태 소송은 파기 환송되어 순천지원 원심판결과 같이 확정되었다. 무용한 소송으로 1년을 낭비한 것이다. 사실 한센병은 1940년대에 이미 완치 가능한 질병으로 분류됐고, 1970~80년대엔 실제 대부분이 완치되었다. WHO 기준(인구 10만 명당 유병률 15명 이하)에 따라 한국은 1980년대에 한센병 퇴치 국가로 분류되었으며, 현재 '한센인'이라고 불리는 이들은 이미 완치된 '한센병력자'임에도 국가는 이를 적극적으로 알리지 않았고, 유전병이 아님에도 한센인에 대한 단종·낙태 수술을 자행했다.[21)]

또한 적어도 '피고측 참작사유로서 피고가 이 사건 강제단종·낙태 수술을 회피할 수 있었는지, 회피하기 위하여 어떠한 노력을 하였다는 것인지 등'을 고려하여야 하는데, 8.15 해방 후 어떠한 반성적 고려가 없이, 이미 전염병이 미약하고 유전되지 아니한 사실을 알고 있었음에도, 다시 말해 회피할 사유 내지 대체할 방안(보육소 운영 등)이 있었음에도 '강제격리, 관리'를 위하여 단종·낙태를 회피하지 않은 고의 과실이 있었던 것이다. 그럼에도 막연히 피고의 한센인에 대한 전반적인 정책을 참작사유로 드는 것은, 국가의 불법행위에 대해서 국민을 보호하기 위한 국방, 의료사업을 예로 드는 것과 다를 바 없는 것이었다.

---

21) http: //beminor.com/detail.php?number=10205

국민을 보호할 의무가 있는 국가, 특히 병자와 약자를 더욱 보호해야 할 국가가 그러한 병약자를 위한 정책을 실시하였다고 하여, 병들고 힘없는 국민에 대하여 국가적으로 가해진 불법행위가 용인되거나 그 책임이 경감될 수는 없는 것이다.

7. 대일본 한센인 보상청구 소송 및 단종·낙태소송의 의의와 과제

무엇보다도 단종·낙태 국가배상 청구 소송은 소록도 한센인들의 대일본 보상청구소송에서 연원한다. 대일본 청구소송에서 보여준 일본변호단의 헌신적인 노고와 열정, 그리고 십여 년을 변함없이 한센인을 비롯한 인권을 고민하는 모습에서 한국인권변호단 변호사들은 많은 영감을 받을 수밖에 없었다.

특히 한·일 양심적 지식인, 변호사, 한센단체들의 노고를 지적하지 않을 수 없다. 이들은 한센인권이라는 보편적 의제를 가지고 지난 12년여를 함께 해왔다. 한센인권문제가 국경을 넘어 함께 할 수 있었던 것은 무엇보다도 동질적인 차별과 인권에 대한 공감대가 있었기 때문이다. 특히 가해자인 일본국 국민으로서 어찌 보면 쉽지 않을 피해국 국민을 위한 변론 및 인권활동을 해온 일본 변호사들의 노고는 베트남전과 같은 아픈 역사를 갖고 있는 우리에게 시사하는 바 크다 할 것이다.

특히, 일제 강점기하 한센인 강제격리 등 피해자들이 적게나마 일본 정부로부터 보상받게 된 것은 한일 과거사 문제를 해결하는 중요한 사례가 되었다. 2015. 12. 28. 졸속적인 10만엔, 소위 '불가역적 해결'이라는 한일 외무장관간의 정치적 합의는 이러한 한센인 사례와 보상금 금액, 경위, 사과 표시여부 등과 비교할 때 지극히 반 인권적이며, 반 역사적인 사례에 불과하다. 일제하 한센인문제와 마찬가지로 일본군 위안부 문제 또한 일제가 저지른 용서할 수 없는 범죄행위라는 측면에서 보면, 한센인 해결사례는 일본군 위안부 문제를 비롯하여 강제징용, 강제징병 등 많은 한일 과거사문제를 푸는데 주요한 사례로 기록될 것이다.

일본 정부는 항소를 포기하고 법률안을 만들어 일괄배상을 실시하였으며, 특히 장문의 일본한센보상법 전문(前文)을 통하여 오랜 한센인들에 대한 차별과 편견 등에 대해서 사과하였다. 그러나 대한민국은 한센피해자법을 만들었으나, 미미한 생활지원금을 명분삼아 한센인들이 겪어온 평생 동안 숱한 아픔과 고통을 외면하고 있다. 일본이라고 해서 한센인들 치료를 위한 노고가 없고, 치료 사업과 예산지원이 없었을 것인가. 예산을 지원했다고 하여, 치료 사업을 했다고 하여, 또는 마땅히 해야 할 국가 책무를 다했다고 하여 국가가 자행한 불법행위마저 당연히 용서되고 면책될 수 있다는 말인가, 최근 위자료를 감액한 고등법원 판결은 그 만큼 법리적으로도, 인권 감수성 측면에서도 도저히 납득할 수 없는 판결이다.

대한민국 한센인 단종 · 낙태 소송을 통하여 해방 후 한센인들에 대한 다양한 인권침해를 고발하고, 국민들로 하여금 그 실상을 이해하고 한센인 또한 사회구성원의 한 사람이라는 것을 자리매김할 수 있었다. 특히 숙명, 절망처럼 스스로를 괴롭혔던 한센인이라는 낙인이 개인의 운명이 아닌 사회와 국가의 차별적 편견의 산물이라는 인식을 깨닫게 해주었다

원고들이 2011. 10. 17 단종 · 낙태 소송을 제기한 이후 6년 동안 대한민국은 수없는 항소와 상고를 통하여 소송을 지연해왔으며, 그 결과로 많은 한센인들은 한 많은 인생을 마감하고 있다. 생을 달리한 이후의 '제사상 판결문'이 과연 무슨 의미가 있단 말인가. 더욱이 4차 한센소송 서울고등법원 재판부는 일본정부의 한센보상금에도 턱없이 모자란 금액마저 오히려 감액하려 하였으니, 참으로 모욕적 처사가 아닐 수 없다. 대한민국 정부가 자행한 한센인 인권침해에 대해서는 현 한센피해자법을 개정하여 명명백백하게 사과와 더불어 일괄배상의 계기를 마련하여야 한다.

얼마 남지 않았다. 평생 차별과 멸시를 받아온 한센인들에게 따뜻한 여생을 보낼 수 있도록 용기를 내는 것이 그리 어려운가. 대한민국의 전향적 태도변화를 기대한다.

함께 검토할 판결례

광주지방법원 순천지원(2014. 4. 29. 선고 2013가합10285 판결, 3차 소송)
서울고등법원(2016. 9. 23. 선고 2015나2040959 판결, 4차 소송)
대법원(2017. 5. 11. 선고 2016다260646 판결, 4차 소송, 파기환송)

심층질문

1. 한센병, 문둥병, 나병은 어떤 질병인가, 이른바 천형인가?
2. 일본과 한국에서의 한센인들에 대한 차별은 어디에서 연원하는가?
3. 일제강점기하 한센인 정책은 어떠하였는가?
4. 해방 후 대한민국의 한센인 정책은 어떠하였는가?
5. 한센인피해사건의 진상규명 및 피해자 지원 등에 관한 법률의 주요 내용은 무엇인가?
6. 단종 · 낙태 한센인들이 대한민국을 상대로 소송을 제기한 이유는 무엇인가?

7. 단종 · 낙태 국가배상 청구소송의 경과는 어떠한가?

8. 단종 · 낙태의 법적근거는 있었는가?

9. 단종 · 낙태 피해자들의 동의가 있었던가, 있다면 유효한가?

10. 소멸시효에 대한 법원의 판단은 무엇인가?

11. 법원은 단종 · 낙태 피해자들의 위자료는 어떻게 판단하였는가, 그 이유는 어떠한 것인가?

12. 한센인들의 단종 · 낙태 소송은 한국 사회에 어떠한 의미와 영향을 주었는가?

13. 한센인들의 단종 · 낙태 소송이 한국전쟁 전후 민간인학살, 형제복지원 등 과거사 해결에 있어 시사하는 바가 무엇인가?

14. 끝나지 않은 차별과 편견 속에서, 한센인들이 최소한의 인간답게 살도록 하기 위한 법제도적인 방안은 무엇인가?

15. 변호사는 향후 한센인들의 인권회복을 위하여 어떤 역할을 수행할 수 있는가?

자료 1 단종대 (斷種臺)

이 동 (李 東)*

그 옛날 나의 사춘기에 꿈꾸던
사랑의 꿈은 깨어지고
여기 나의 25세 젊음을
파멸해 가는 수술대 위에서
내 청춘을 통곡하며 누워있노라.

장래 손자를 보겠다던 어머니의 모습…
내수술대 위에서 가물거린다.
정관을 차단하는 차가운 메스가
내국부에 닿을 때…

모래알처럼 번성하라던
신의 섭리를 역행하는 메스를 보고
지하의 히포크라테스는
오늘도 통곡한다.

* 이동 (李東)

일제하 수호원장 시설 남생리에 살던 원생. 벽돌 원토 채취장에서 작업에 방해되는 소나무 두 그루를 옮기라는 수간호장 사또(佐藤三代治)[22]의 명을 받았으나, 갑자기 발생한 자기 마을의 위급환자를 등에 업고 치료 본관에 가는 바람에 지시를 이행하지 못하게 되었다. 이에 사또로부터 "이 소나무만도 못한 생명"이란 말과 구두발로 밟히고 방망이로 두들겨 맞아 감금실에 갇히게 되었고, 출감하는 날 어김없이 단종 수술을 받기 위해 외과수술대 위에 올라 (斷腸)의 시한 수를 읊으면서 고요히 수술을 받았다.[23]

---

22) 환자위에 군림하여 거의 절대권을 행사할 수 있는 간호주임은 경찰관 출신의 일본인들이 대다수였고, 그 밑의 환자조무원들은 모두 일에 숙달된, 즉 의사소통이 잘되는 자들로 조직되어 있었으며, 이 가운데 사또 간호주임은 수호(周防正季)원장의 신임이 가장 두터운 심복이었다. 어려서 고아가 된 그를 수호원장이 일찍부터 양자로 삼아 수의학교를 졸업시켰고, 경기도 위생과장으로 있을 때부터 부하직원으로 데리고 있었다. 가장 악명이 높았다. 국립소록도 병원, 『소록도 80년사 1916-1996』 1996. 64면, 73면 참조.

23) 국립소록도 병원, 위의 책 69면 참조.

자료 2 서울고등법원 2016. 9. 23. 선고 2015나2040959 손해배상 사건 준비서면 7(2016.7.22제출) 일부

- 한센인 단종・낙태 4차 소송 재판부에 제출한 준비서면 7 일부로, 소록도 연보, 환자준수사항 등에 따른 단종・낙태의 법치주의 위반, 강제성을 주장・입증한 내용임.

1. 소록도 직제 규정 등에 의한 단종・낙태 수술의 강제성

가. 단종・낙태 수술의 근거

국립소록도병원 등에서 이루어진 일제 강점기부터 1990년대까지도 산아제한(産兒制限)의 목적으로 한센인에게 가해진 정관절제 수술 또는 임신중절 수술(자궁내장치 루－프 삽입 포함)에 대한 법령의 근거는 없었습니다. 원고 10 강○○가 가장 늦은 1973년경에 낙태당했던 점에 비추어 보면, 백보 양보하여 예외적으로 인공임신중절 수술을 할 수 있다 하더라도 1973년에야 제정된 모자보건법(시행 1973. 5. 10. 법률 제2514호, 1973. 2. 8., 제정)은 낙태의 법적근거조차 될 수 없는 것입니다.

따라서 단종・낙태 수술의 유일한 근거는 법령의 근거가 아닌 강제격리시설의 성격을 갖는 국립소록도운영과 관련한 운영규정 또는 직제규정이 될 수밖에 없습니다. 결론적으로 단종・낙태 수술은 법령상의 근거가 없음이 명백하지만, 단종・낙태 수술이 강제성 또는 강요된 행위임을 명확히 하기 위하여 단종・낙태 수술의 근거를 검토해 보겠습니다.

나. 1951. 9. 29. **나요양소직제규정 및 소록도갱생원분장규정**

1951. 9. 29. 개정된 나요양소직제규정에 의해 '갱생원, 소생원, 애생원, 성계원'의 명칭으로 나요양소를 두게 되었습니다. 각 요양소는 요양소 수용환자 준수사항으로 '부부동거는 정관수술을 받은 자에 한하여 이를 허가한다.', '미감아동은 절대로 환자와 동거함을 엄금한다.', '환자 준수사항을 위반한 경우 이를 의법 처단(依法處斷)한다'라는 규정을 두게 되었습니다. 소록도갱생원사무분장 규정에서는 "환자 단종 수술에 관한 사항"을 의무과 의무계의 분장사무(제4조 제6호)로 규정하고 있었습니다[갑 제170호증 소록도연보(1952년) 제75～77쪽].

따라서 해방이후에 국립소록도 병원 등은 요양소 수용환자 준수사항을 주요근거로 하여 단종・낙태 수술을 실시하였고, 환자 단종 수술에 관한 사무를 맡은 부서는 "의무과"라고 할 것입니다.

다. 국립소록도병원의 직제규정과 운영규정에 따른 단종・낙태 수술

한편, 국립나병원운영규정[24]에서 금지사항으로 출산금지와 가족동반 입원금지규정[25](제5조

---

24) 국립나병원운영규정이 최초 제정되었는지는 정확히 알 수 없으나, 1968. 11. 8. 대통령령 제3629호에 의하여 '국립나병원'으로 개칭된 시기에 비추어 '국립나병원운영규정'은 이즈음에 최초 제정된 것으로 보입니다.

25) 국립나병원운영규정 제5조(금지사항) ① 나병원에 수용된 자는 나병원내에서 출산할 수 없다. 임신 후 출산

제1항, 제2항)을 두고 있고, 위 규정에 위반하여 퇴원조치 당한 자의 관할 보건소 등록의무(제7조 제1, 2항)를 규정하고 있고, 국립나병원운영세칙에서는 원생의 임신 및 출산 금지(제9조 제1항)와 사전 승인 없이는 부부동거 할 수 없다(제9조 제2항)는 규정,[26] 외출금지(제16조), 무단이탈 금지와 방조자 처벌(제19조), 운영세칙에 위반한 원생에 대한 징계사유와 징계처분(제28조) 등을 규정하고 있습니다.

2. 결 론

따라서 ① 김상태 원장(재임 1948. 4. 15.~1954. 10. 2.)시절 제정된 23개항의 '요양소 수용환자 준수사항'에서 '부부동거는 정관수술을 받은 자에 한하여 이를 허가한다.'(제20조), '미감아동은 절대로 환자와 동거함을 엄금한다.'라는 규정은 일제 강점기 하에서 소록도 강제격리수용 시설 내에서 이루어진 단종 · 낙태 수술 정책의 지속이라는 성격을 갖고 있는 점,

② 해방 이후에도 역시 강제격리시설로서 국립소록도병원 시설 내에서 '요양소 수용환자 준수사항'에 의하여 단종 · 낙태 수술이 1970년대 말까지 이루어 졌고, 1970년경 이후에는 국립나병원운영규정과 국립나병원운영세칙에서 '요양소 수용환자 준수사항'과 동일한 성격을 갖는 원생 임신 및 출산 금지(제9조 제1항), 사전 승인 없는 부부동거 금지(제9조 제2항) 규정을 두고 위반하는 경우에는 징계를 받도록 제도화 되어 있었던 점,

③ 강제격리시설인 국립소록도 병원에서 요양소 수용환자 준수사항에 따라 장기간 적응한 한센인 환자들이 국립나병원운영규정과 국립나병원운영세칙으로 규정화되었다고 하여 달리 인식할 가능성이 전혀 없는 점,

④ 국립나병원운영규정과 국립나병원운영세칙에서 정한 원생 임신 및 출산 금지(제9조 제1항), 사전 승인 없는 부부동거 금지(제9조 제2항)라는 제도 등은 기본권을 제한하는 내용으로서 여전히 법령의 근거를 가지고 있지 않았던 점 등을 종합하면,

1980년대 말까지 이루어진 단종 · 낙태 수술 또한 강제성 또는 강요된 행위로 보는 것이 상식에 부합한 결론이라고 할 것입니다.

을 원하는 자는 퇴원하여야 하며 출산 후에는 재입원을 금한다. ② 환자는 여하한 가족도 동반 입원할 수 없다.

26) 국립나병원운영세칙 제9조(출산금지) ① 원생은 규정 제5조 제1항에 의하여 임신 및 출산을 할 수 없다. ② 원생은 원장의 사전 승인 없이는 부부동거 할 수 없다.

자료 3 대법원 2017. 5. 11. 선고 2016다260646 손해배상 상고이유서 일부

• 한센인 단종·낙태 4차 소송 재판부의 위자료 하향 판결 (서울고등 2016. 9. 23. 선고 2015나2040959 판결에 대한 상고이유서 일부 발췌)

1. 사실심 법원이 갖는 위자료산정 재량의 한계에 관한 판결

대법원은 '불법행위로 입은 정신적 고통에 대한 위자료 액수에 관하여는 사실심법원이 여러 사정을 참작하여 그 직권에 속하는 재량에 의하여 이를 확정할 수 있다. 다만 그것이 위자료의 산정에 법관의 자의가 허용됨을 의미하는 것은 아니고, 그 시대와 일반적인 법 감정에 부합할 수 있는 액수를 산정하여야 하므로, 사실심법원이 가지는 재량에는 손해의 공평한 분담이라는 이념과 형평의 원칙에 현저히 반하는 위자료를 산정하여서는 아니 된다는 한계가 있다(대법원 2013. 5. 16. 선고 2012다202819 전원합의체 판결 등 참조).'[27]이라고 판시하여, 위자료 산정에 있어서 ① 자의금지, ② 시대와 일반의 법 감정에 부합할 것, ③ 손해의 공평분담 이념과 형평의 원칙에 현저히 반하지 않을 것이라는 기준[28]을 제시하고 있습니다.

2. 이 사건 위자료 액수 산정의 구체적인 문제점

가. 원심 위자료 참작사유

원심은 이 사건에서 위자료 산정의 참작사유로, 원고(피해자)측 사유 즉, ① 이 사건 수술에 대하여 원고 과실이 없음, ② 여성의 경우 태아를 잃은 상실감과 이를 지키지 못한 죄책감이 평생의 한으로 남음, ③ 남성의 경우 성정체성에 대한 혼란과 상실감과 자녀를 가질 수 없을 수도 있다는 두려움과 수술당시의 치욕으로 평생 고통 받음을 들면서도, 피고(가해자)측 사유 즉 ① 국가적인 대책·치료·계몽, ② 한센인에 대한 생활보조, ③ 한센인과 그 자녀의 의식주 해결, 양육, ④ 한센인사건법 제정을 통한 위로 지원금, 의료지원금, 정착촌 개선 등을 말하자면 위자료 감액사유로 들고 있습니다.

나. 위자료 참작사유의 잘못 (피고의 ① ② ③ 사유)

그러나 원심이 들고 있는 이른바 위자료 감액사유는 사실을 오인한 잘못이 있습니다. 피고는 해방이후에도 1980년대까지 한센인 통제를 위한 감금을 실시하였습니다. 1980년대까지 외출·외박 시, 도주 및 미귀가 방지를 위한 연대책임제가 폐지되고 허가제가 실시되었습니다. 말하자면, 피고는 한센인의 치료보다는 사회격리수용을 목적으로 사실상 감금한 것이었고, 감금에 따라 의식주가 해결되었을 뿐입니다. 물론 의사, 간호사의 헌신적인 치료가 있었지만, 이러한 치료는 국민을 보호할 의무가 있는 국가의 당연한 업무수행입니다.

---

27) 대법원 2015. 9. 10. 선고 2013다73957 판결 손해배상(기).

28) 최우진, 『구체적 액수로 증명 곤란한 재산적 손해의 조사 및 확정－사실심 법원 권능의 내용과 한계』, 사법논집 제51집. 법원도서관. 2011. 481면, 482면.

의료조무원에 실시된 단종 수술 기록은 1992년까지 남아있으며, 해당 규정은 2002년에서야 완전히 삭제되었습니다. 아이들은 '미감아(未感兒, 아직 감염되지 않은 아이)'로 낙인찍혀 부모와 떨어져 보육소에서 양육되었고, 1달에 1번 수탄장(愁嘆場, 탄식하는 장소)에서만 면회가 허용되었습니다. 1960년대 초, 정부 주도로 한센인 정착촌 사업이 추진되었으나 매번 현지 주민의 거센 반대에 부딪쳤습니다. 해방 이후 다수의 한센인 학살사건이 발생하였는데, 여기에는 군경에 의한 경우도 포함되어 있습니다. 정부는 격리수용 정책을 폐기했다고 하나 현실 속에서 한센인은 여전히 격리 수용됐고, 지독한 편견과 차별, 멸시를 견디며 살아야 했습니다.

정확한 사실관계를 전달하는 것은 '계몽'이 아니라 국민의 '알 권리'에 대한 문제였습니다. 한센병은 1940년대에 이미 완치 가능한 질병으로 분류됐고, 1970~80년대엔 실제 대부분이 완치되었습니다. WHO 기준(인구 10만 명당 유병률 15명 이하)에 따라 한국은 1980년대에 한센병 퇴치 국가로 분류되었습니다. 따라서 현재 '한센인'이라고 불리는 이들은 이미 완치된 '한센병력자'입니다. 그러나 정부는 이를 적극적으로 알리지 않았고, 유전병이 아님에도 한센인에 대한 단종·낙태 수술을 자행 했습니다.29)

또한, '피고 참작사유로서 피고가 이 사건 강제단종·낙태 수술을 회피할 수 있었는지, 회피하기 위하여 어떠한 노력을 하였다는 것인지 등'을 고려하여야 합니다. 그러나 8.15 해방 후 어떠한 반성적 고려가 없이, 이미 전염병이 미약하고 유전되지 아니한 사실을 알고 있었음에도, 다시 말해 회피할 사유 내지 대체할 방안(보육소 운영 등)이 있었음에도 '강제격리, 관리'를 위하여 단종낙태를 회피하지 않은 고의 과실이 있는 것입니다. 그럼에도 막연히 피고의 한센인에 대한 전반적인 정책을 참작사유로 드는 것은, 국가의 불법행위에 대해서 국민을 보호하기 위한 국방, 의료사업을 예로 드는 것과 다를 바 없습니다.

국민을 보호할 의무가 있는 국가, 특히 병자와 약자를 더욱 보호해야 할 국가가 그러한 병약자를 위한 정책을 실시하였다고 하여, 병들고 힘없는 국민에 대하여 국가적으로 가해진 불법행위가 희석된다는 것은 그 자체로 논리와 경험칙에 반하는 것이 논리구조입니다.

다. 위자료 참작사유, 한센인 사건법의 오인 (피고의 ④사유)

2001년 일본의 구마모토(熊本) 판결 이후 일본정부가 법률을 제정하여 한센인 강제격리피해를 입은 자국 한센인들에 대한 입소기간(강제격리기간)에 따라 1인당 800만엔~1400만엔의 일괄배상을 하고, 이후 일본 한센보상법개정으로 일제강점기에 한국과 대만에서 실시한 강제격리 정책에 대해서도 1인당 800만엔의 일괄배상을 하였습니다. 또한 대만에서도 일괄배상법을 제정하여 해방 후 강제 격리되었던 한센인들에게 배상을 실시하였습니다.

그런데, 한센피해자법은 이러한 국내외 사정에 의해 한센인과 시민사회단체가 일본·대만과 같이 일괄배상법을 통해 사과, 위로, 배상을 요구하였지만, 이를 거부한 채 엉거추춤 억지로 떠밀려 제정된 법률입니다. 그리고 위 법률에 따라 피해자로 인정되는 경우 생활지원금으로 월 15만원이 지급되는 정도에 불과한 것입니다. 또한 이미 한센인들은 모두 노인, 질병 등을 가지고 있기 때문에 굳이 이법에 의한 의료지원을 받을 필요도 없습니다.

즉 비록 그나마 이 법률이라도 제정한 것이 다행일 수 있을 것이나, 그로 인하여 피고가 한

29) http: //beminor.com/detail.php?number=10205

센인사건의 해결을 위하여 진지한 노력을 다하였다고 볼 수 있는지는 여전히 의문입니다.

라. 실질적 평등, 남녀 평등 운운에 대한 반박

원심은 '실질적 평등'의 원칙에 입각하여 이 사건 각 원고들에 일률적으로 2,000만원으로 위자료를 산정하면서, 그 산정 기준(이유)으로 ① 원고들의 손해가 피고의 정책에 의한 것으로 발생 원인이 동일한 점, ② 수술시기가 70~40년 전으로 오래되어 원고들 개별사정을 알 수 있는 객관적 자료를 찾기 어려운 점, ③ 원고들 개별적 사정도 피고에게는 동일하게 평가되는 점, ④ 여성과 남성으로서 받았을 고통의 경중에 차이가 있다고 보기 어려운 점, ⑤ 원고들도 같은 금액을 청구하고 있는 점을 들고 있습니다.

그러나 원심의 이러한 하향적 '평등론'은 '본질적으로 같은 것을 같게, 다른 것을 다르게' 취급하라는 헌법상의 평등원칙을 자의적으로 왜곡하여 본질적으로 같지 않은 것을 다르게 취급하는 것에 다름 아닙니다. 이점은 헌법이 모든 국민이 법 앞에 평등하다고 하면서, 성별에 의하여 모든 영역에서 차별을 받지 아니한다고 하면서도(제11조), 국가에 대하여 혼인과 가족생활을 보호할 것과 특히 모성(母性)의 보호를 위한 노력할 것을 규정하여(제35조), 우리사회 공동체 및 그 유지의 기본이 되는 '임신과 출산에 즈음한 여성을 특히 보호' 하려는 헌법 정신에 정면으로 배치되기 때문입니다.

즉 원심이 설시하고 있는 평등론은 그야말로 '형식적 평등론'으로서 모성보호를 규정한 우리 헌법의 '실질적 평등론'에 정면으로 배치되고 있습니다. 원심이 판단하기에, 제1심법원의 남녀 차등 배상이 남녀평등에 반한다고 한다면, 남자의 배상액을 1,000만원 증액하여 남녀 공히 4,000만원으로 맞추는 게 합당한 것이지, 굳이 여자의 배상액을 절반이나 감액하여 각 2,000만원으로 맞추는 것은 '권리의 평등'이 아니라, '손실(고통)의 평등'이라는 점에서 헌법이 규정하는 평등'권'의 취지에 정면으로 배치된다고 할 것입니다.

원심은 또한 '오래된 것이어서 자료가 없고, 수술피해로 인한 남녀가 느끼는 고통의 경중 차이가 없다'는 취지로 설시하고 있으나. 이와 달리 일반 상식이나 경험적으로도 단종 수술과 낙태 수술에 대한 남녀의 차이는 분명히 존재한다고 할 것입니다.

① 그러나 '고통의 경중이 없다'는 것은 재판부의 '주관'에 불과한 것으로서, 지금까지의 다수의 다른 재판부는 '고통의 경중이 있다'는 점을 전제로 판결한 점을 부인할 수도 없습니다.

② 나아가 이 사건에서 기존에 인용되었던 위자료 액수를 감액할 만한 특별한 사정이 현출된 바도 없고, 기존 제1심 법원에 나타난 사정과 원심에서 나타난 사정이 달라진 것이 없습니다. 즉 지금까지의 사실심 법원들의 판결결과에 비추어 보면, 유독 이 사건 원심 재판부만 자의적으로 판단하였다고 지적하지 않을 수 없습니다.

③ 한편 남녀는 신체의 침습과 그로 인한 손상의 강도는 확연히 다를 것입니다. 낙태 수술의 경우 정식 의사면허를 가진 의사에 의해 행해진 것도 아니고 일부는 마취도 없이 낙태 수술을 받았고, 부작용이나 후유증 치료도 없었습니다. 즉 낙태 수술로 인한 피해, 그 고통과 공포의 후유증은 정서적 차원에서 머물지 않고 고스란히 신체에 각인되어 남는 것입니다. 이점에서 원심도 단종 수술 피해자에 대하여 '굴욕감, 비참함' 등 정서적 표현으로 그치고 있는 것입니다.

④ '산아제한 정책의 실시'라는 동일원인에 의한 수술이라고 하더라도, 단종 수술과 낙태 수술은 그 폭력의 실재성에 현저한 차이가 난다고 할 것입니다. 즉 단종 수술의 경우 남성으로서

는 '생길 수도 있는' 자식을 잃게 된다는 것이지만, 낙태 수술로 인해 여성으로서는 '이미 생긴' 자신의 태내의 생명을 빼앗긴다는 것입니다. 단종 수술로 인해 남성은 '자녀를 가질 수도 없는 두려움'을 느끼지만, 낙태 수술로 인해 여성은 '태아를 지키지 못하였다는 죄책감'을 평생 마음의 한으로 남기게 되는 것입니다.[30]

마. 한센인들에 대한 차별과 편견에 대한 사회 · 국가의 반성

단종 · 낙태로 인한 국가배상 청구소송의 외형이 단종 · 낙태로 인한 피해에 국한되는 듯이 보이지만, 실상은 한센피해자법에 의한 피해자를 넘어서 한센인 전체에 대한 우리 사회 · 국가의 위로와 사과, 보상의 의미를 담고 있는 것입니다. 국가배상은 한센인들이 국가에 의해 강제 격리되어 수십 년 동안, 아니 열 몇 살에 가족으로부터 버림받은 이후 평생 동안 사회로부터 격리 · 고립되어 살아온 한 많은 인생에 대한 국가 · 사회의 반성인 것입니다.

고작 2,000만원으로 '인간'도 아닌 삶을 살아온 한센인들에게 이제는 '국가가 너희들에게 밥도 주고, 옷도 주지 않았느냐'며 '단종 · 낙태는 잘못이지만 어쩔 수 없었다'고 강변하는 것은 국민을 보호할 국가의 의무를 저버린 것입니다. 더더욱 국민의 인권을 보호할 최후의 보루인 사법부가 하향적 평등을 남녀평등이라고 판시하는 것은, 지극히 권위주의적, 국고주의적(國庫主主義) 사고에 불과한 것입니다.

3. 결 론

특히 원심 재판부는 지난 2016. 6. 20. 한센인 피해의 현장, 소록도에서 특별법정을 개설하여 많은 언론의 각광을 받았고, 한센인들 또한 스스로 자신들의 고통을 세상에 알림으로써 공감을 얻을 수 기대하였습니다. 마치 재판부는 '국민에 다가가는 법정, 법원'의 이미지를 최대한 부각시키려는 듯 언론을 대동하고 나타났을 때 한센인들은 최초로 소록도를 찾아온 법원의 태도에 감사의 마음, 위로받는 마음을 가졌습니다.

그런데 이처럼 터무니없이 위자료액을 감액하는 판결을 선고하였습니다. 말하자면 법원과 재판부는 한껏 한센인들에게 다가가 그들을 위로한 것처럼 하였지만, 만령당[31]에서 죽어간 한센인들을 위해 추념의 묵념을 하였지만, 한센인들의 가슴에 비수를 꽂은 것입니다. 굳이 이런 판결을 선고할 것이었다면 소록도에 오지 말았어야 합니다. 이것은 위자료 몇 푼의 문제가 아니라 한센인들, 평생을 차별과 편견의 감옥에서 살아온 한센인들에게 다시 한 번 섬뜩한 차별을 각인시켜주는 것이기 때문입니다.

---

30) http: //beminor.com/detail.php?number＝10209

31) 만령당(萬靈堂), 만명의 한센인 영혼이 모셔져 있는 납골당입니다. 한센인들은 세 번 죽는다고 하는데, 한번은 병에 걸려, 두 번째는 해부되어, 세 번째는 화장되어 죽는다고 합니다. 당시 실정에 육지에서는 상상할 수 없었던 해부, 화장이 소록도에서 당연히 행해졌습니다. 그래서 스스로 비관적으로 이런 말을 하게 됩니다. 어떻든 사망하면 해부, 화장되어 납골당에 모셔져 일정 시기가 지나면 뒷 묘소에 합사됩니다. 그래서 소록도에서 만명이 모셔진 단 하나의 묘가 있습니다.

일본국 전범기업*에 대한 손해배상청구 사건

장 완 익**

1. 사건 개요의 설명

가. 소송의 배경

일제 강점기에 미쓰비시 중공업에 강제동원되어 강제노동을 한 피해자 6명이 1995년 12월 11일 일본 히로시마 지방재판소에 일본 정부와 미쓰비시 중공업을 상대로 손해배상과 미불임금을 청구하는 소송을 제기하였다. 또한 추가로 40명의 피해자가 1996년 8월 29일 같은 법원에 제소하였다. 하지만 이들은 1999년 3월 25일 1심에서 패소하였으며, 히로시마 고등재판소가 2005년 1월 19일 재한 피폭자를 배제해 온 일본 정부의 잘못을 인정하여 원고 일부 승소 판결을 하여 이 부분은 2007년 11월 1일 일본 최고재판소에서 그대로 확정되었으나, 미쓰비시 중공업에 대하여는 최종 패소하였다. 1심 패소 후 피해자들은 한국 법원에 소송을 제기하는 문제를 검토하게 되었다.

한국이 민주화되어 해외여행이 자유로워진 1990년대 이전에는 일본에서 소송을 제기한다는 것은 감히 상상할 수 없는 것이었다. 그래서 원폭 피해자 손진두는 1970년 일본 정부를 상대로 건강수첩을 교부받기 위한 소송을 하기 위하여 밀항을 하여야만 했다. 강제동원 피해자(군인, 군속, 노무자 등)들과 일본군위안부 피해자들은 1990년대 초부터 일본에서 일본 정부와 일본 전범기업들을 상대로 수많은 소송을 제기하였으나 3건의 소송(신일본제철, 일본강관, 후지코시)들이 화해[1)]에 도달하였을 뿐 나머지 소송은 모두 피해자들이 패소하였다. 당시에는 일본 정부가 강제동원 피해에 대하여 가장 책임이 크다고 보았기 때문에 일본에서 소송을 제기하는 것이 당연하다고 여겼으며, 일본의

* 이 글은 미쓰비시 중공업을 상대로 한 소송을 중심으로 하나, 관련 소송인 신일본제철 소송도 필요한 범위에서 언급하기로 한다. 신일본제철은 2012년 10월 스미토모 금속과 합병하여 현재는 신일철주금주식회사가 되었다. 이 글에서는 신일본제철과 신일철주금을 혼용한다.

** 변호사, 법무법인 해마루.

1) 신일본제철의 경우는 유족들이 제소한 소송에서는 화해를 이루었으나, 생존자들이 제기한 소송에서는 패소하였으며, 후지코시의 경우도 1차 소송에서는 화해가 이루어졌지만 2차 소송은 피해자들이 패소하였다.

사법부가 제대로 판단해 주리라는 기대도 있었다. 하지만 10년간의 소송에서 피해자들이 확인한 것은 일본 정부뿐만 아니라 일본 사법부도 자신들의 피해에 대하여 아무런 관심을 가지지 않는다는 사실뿐이었다.

이에 한국 변호사들은 피해자들의 요청으로 한국 법원에 소송을 제기하는 문제를 검토하게 되었다. 우선 한국 법원에 일본 정부를 상대로 제소할 수 있는지가 문제가 되었다. 일본 정부를 상대로 소송할 경우 일본 정부가 주권면제(Sovereign immunity)를 주장할 것이 예상되어, 전범기업인 미쓰비시 중공업을 상대로 한 소송이 그나마 가능하다고 판단하고 제소 준비를 시작하였다.

나. 제 소

변호사들이 예상하였던 것과는 달리 미쓰비시 중공업은 서울에 지점을 두지 않았으며, 부산에 연락사무소가 있을 뿐이었다. 그래서 부산지방법원에 제소하기로 했고, 일본 소송과는 달리 46명의 원고들 중 5명과 새로운 원고 1명 등 6명이 2000년 5월 1일 부산지방법원에 손해배상 소송을 제기하였다. 이 소송에서 미쓰비시 중공업은 '대한민국과 일본국간의 재산 및 청구권에 관한 문제의 해결과 경제협력에 관한 협정'(이하 '청구권협정')에 의하여 원고들의 청구권이 소멸되었다는 주장을 하였다. 따라서 원고들은 청구권협정에 대한 한국 정부의 입장을 확인하기 위하여 사실조회와 문서송부촉탁을 신청하였으나 한국 정부는 외교상의 문제라며 답변을 거부하였다.

다. 정보공개소송

이에 원고들을 포함한 강제동원 피해자들은 정식으로 외교통상부에 한일협정 문서의 공개를 요청하였다. 하지만 외교통상부가 이를 거부하여, 부산 소송을 잠시 중단한 상태로 2002년 10월 11일 서울행정법원에 한일협정 문서의 공개를 구하는 소송을 제기하였다(서울행정법원 2004. 2. 13. 선고 2002구합33943 판결).

위 문서공개거부처분취소 소송에서 2004년 2월 13일 5건의 청구권협정 문서의 공개를 명하는 1심 판결이 나왔으며, 이에 대하여 양 당사자가 모두 항소하였다. 그런데 항소심 진행 중에 정부 측이 한일회담 관련 문서 전부를 공개하겠다고 약속하여 양측은 항소를 취하하였다. 정부는 판결이 확정된 후 바로 5건의 청구권협정 관련 문서를 공개하였다. 아울러 정부는 민관공동위원회를 구성하여 한일회담 문서를 어느 범위까지 공개할 것인지를 검토하여 2005년 8월 26일 거의 모든 한일회담 관련 문서를 공개하고, '한일회담 문서공개 후속대책 관련 민관공동위원회(이하 '민관공동위원회')'를 통하여 청구권협정의 법적 효력 범위, 한일협정 협상 당시 한국정부가 일본정부에 대하여 요구했던 강제동원 피해보상의 성격 및 무상자금의 성격, 1975년 한국정부 보상의 적정성 문제, 정부 지원 대책, 일제 강점하 반인도적 불법행위에 대한 외교적 대응방안 등에 대한 정부 의견을 발표하였다. 정부 지원 대책을 법제화한 것이 '태평양전쟁 전후 국외 강제동원희생자 등 지원에 관한 법률'(2007. 12. 10. 제정)이며, 이 법률에 의거하여 사망하거나 행방불명된 국외강제동원 피해자들에게 2,000만원의 위로금을, 부상으로 장해를 입은 피해자에게는 300만원에서 2,000만원까지의 위로금을, 일본 정부나 일본 전범기업 등으로부터 지급받을 수 있었던 급료, 여러 가지 수당, 조위금 또는 부조료 등을 지급받지 못한 피해자에게는 1엔을 2,000원으로 환산하여 미수금을 지급하였다.[2)]

라. 1, 2심 패소와 파기환송

이와 같이 문서공개거부처분취소 소송은 좋은 결과를 이끌어 냈으나, 이후 속행된 미쓰비시중공업 소송에서 원고들은 2007년 2월 2월 패소하였고, 2009년 2월 3일 항소마저 기각되었다(한국에서 새로이 소송을 제기하였던 원고 1명이 항소하지 않아 항소심부터는 5명의 원고가 소송을 진행하였다). 그러나 대법원은 2012년 5월 24일 1, 2심과 다른 판단을 하였고, 파기환송심은 대법원의 취지대로 원고 승소 판결을 하였으며, 미쓰비시중공업의 상고로 현재까지 심리중이어서 확정 판결이 나오지 않고 있다.

〈표 1〉 미쓰비시 중공업 소송의 경과

	원 고	법 원	제소 · 항소 · 상고일 등	사건번호	소송결과 등
1심	이근목 외 5	부산지방법원	2000. 5. 1.	2000가합7960	2007. 2. 2. 기각
항소심	망 박창환 외 4	부산고등법원	2007. 3. 6.	2007나4288	2009. 2. 3. 항소기각
상고심	망 박창환의 소송수계인 외 4	대법원	2009. 3. 16.	2009다2549	2012. 5. 24. 파기환송
파기환송심	망 박창환의 소송수계인 박재훈 외 4	부산고등법원	2012. 5. 24.	2012나4497	2013. 7. 30. 원고일부승
재상고심	망 박창환의 소송수계인 박재훈 외 22	대법원	2013. 8. 20.	2013다67587	심리 계속 중

2) '태평양전쟁 전후 국외 강제동원희생자 등 지원에 관한 법률'은 2010. 3. 22. '대일항쟁기 강제동원 피해조사 및 국외강제동원 희생자 등 지원에 관한 특별법(이하 '특별법')'이 제정되면서 폐지되었으며, 특별법에 의하여 피해자들에게 위로금과 미수금은 계속 지급하였다.

마. 관련 소송: 신일본제철(현 신일철주금) 소송

(1) 일본 소송

일본에서 강제동원 피해자들은 일본제철의 후신인 신일본제철을 상대로 두 번의 소송을 제기하였다. 첫 번째 소송은 1945년 연합군의 함포 사격을 받아 일본제철에서 근무하다가 사망한 강제동원 피해자들의 유족 11명이 1995년 9월 22일 일본 정부와 신일본제철을 상대로 제소한 것이다. 이 소송에서 유족들과 신일본제철은 1997년 9월 17일 유족들이 200만엔의 위령금을 받는 것으로 하는 화해가 성립되었다. 신일본제철은 전쟁 전의 일본제철과는 별개의 회사이기 때문에 법적인 책임은 인정할 수 없으나 피해자들이 사망하였으므로 인도적 차원에서 합의하겠다고 한 것이다. 물론 이 소송에서 일본 정부는 책임을 인정하지 않았고 유족들은 소송에서 패소하였다(2007년 1월 29일 일본 정부 상대로 최종 패소).

두 번째 소송은 1997년 12월 24일 일본의 오사카 지방재판소에 피해자 2명이 소송을 제기하였는데, 이 소송에서 신일본제철은 유족들이 소송하였을 때와는 달리 화해를 하지 않고 자신의 책임을 인정할 수 없다는 주장을 계속하였다. 원고들은 2003년 10월 9일 최고재판소에서 최종 패소하였다.

(2) 한국 소송

신일본제철에서 강제노동을 한 피해자 5명이 2005년 2월 28일 서울중앙지방법원에 신일본제철에 대하여 손해배상 소송을 제기하였다. 원고들 중 2명은 일본에서 1997년 소송을 한 피해자들이었고, 나머지 3명은 한국에서 처음으로 소송을 한 피해자들이었다. 제소 당시 이미 일본 재판은 패소 확정된 상태였으며, 한국에 신일본제철의 사무소가 없어서 서울중앙지방법원에 제소하였다. 원고들은 2008년 4월 3일 패소하였고, 서울

〈표 2〉 신일본제철 사건의 경과

	원 고	법 원	제소 · 항소 · 상고일 등	사건번호	소송결과 등
1심	여운택 외 4	서울중앙지방법원	2005. 2. 28.	2005가합16473	2008. 4. 3. 기각
항소심	여운택 외 3	서울고등법원	2008. 4. 24.	2008나49129	2009. 7. 16. 항소기각
상고심	여운택 외 3	대법원	2009. 8. 5.	2009다68620	2012. 5. 24. 파기환송
파기환송심	여운택 외 3	서울고등법원	2012. 5. 24.	2012나44947	2013. 7. 10. 원고일부승
재상고심	여운택 외 3	대법원	2013. 7. 30.	2013다61381	심리 계속 중

고등법원에서 2009년 7월 16일 항소기각 되었다(한국에서 새로이 소송을 제기하였던 3명의 원고 중 1명이 항소하지 않아 항소심부터는 4명의 원고가 소송을 진행하였다). 이 소송은 위 미쓰비시 중공업 소송과 같은 날 대법원 판결이 있었고, 파기환송되어 파기환송심에서 원고 승소하였으며, 현재 대법원에 계속 중이다.

2. 양 소송의 차이점

미쓰비시 중공업 소송은 부산에 연락사무소가 있어서, 부산지방법원에 제소하였으며, 소송 서류도 연락사무소로 하면 되었기 때문에 송달 관련 기간이 짧았다. 반면에 신일본제철은 한국 내에 아무런 주소지가 없어서 결국 서울중앙지방법원에 제소하였고, 소송 서류를 일본 본사로 송달하여야 했기 때문에 송달 관련 기간이 상당히 길었다. 송달 문제는 항소심과 상고심에서도 계속 문제가 되었으며, 파기환송심에서 패소한 일본 기업들이 재상고를 하면서도 위임장을 제출하지 않아서 결국 일본 본사로 송달하는 일이 발생하였다. 이러한 송달 문제는 추가 소송에서도 똑같이 나타나고 있다. 심지어 소장을 받고도 송달 보고서가 법원에 도착하지 않았음을 확인하고서 위임장과 답변서를 늦게 내기도 하였다.

미쓰비시 중공업 소송은 앞에서 살펴본 바와 같이 청구권협정으로 원고들의 청구권이 소멸되었는지가 문제가 되어 소송 도중인 2002년 10월 서울행정법원에서 문서공개거부처분취소 소송을 진행하게 되었고, 행정 소송의 경과를 지켜보기 위하여 소송이 상당 기간 중단되었다. 반면에 신일본제철 소송은 2005년 1월 위 행정 소송이 종료된 이후인 2005년 2월 제소하였고, 한일수교관련 문서가 같은 해 8월에 공개되어 한일청구권협정에 관한 논의가 심도 깊게 진행되었다.

미쓰비시 중공업 소송은 1심에서는 일본 소송에 참가하지 않은 원고가 1명 있었으나, 항소심부터는 일본 소송에 참가한 5명만이 원고로 참여하였다. 이에 반하여 신일본제철 소송은 1심에서 일본 소송에 참가하지 않은 원고가 3명이었으나, 1심 패소 후 1명이 항소하지 않아서, 항소심부터는 일본 소송 참가 원고 2명과 참가하지 않은 원고 2명 등 모두 4명이 소송을 진행하였다.

미쓰비시 중공업 소송은 1심 제소 시에는 일본 소송이 항소심 진행 중이었다가, 한국 항소심 계속 중에 일본 최고재판소의 확정판결이 나왔으나, 신일본제철 소송은 일본 최고재판소에서 패소 확정 판결 후에 한국에서 소송이 제기되었다. 그래서 미쓰비시 중공업 소송은 1심에서는 일본 판결의 승인 문제가 크게 쟁점이 되지 않다가, 일본 소송이 확정된 후인 항소심에서 문제가 된 반면에, 신일본제철 소송은 1심부터 외국 판결을 승인하여야 할지 여부가 큰 쟁점이 되었다.

반면에 미쓰비시 중공업 소송은 항소심부터는 원고들 모두가 일본 소송에 참가한 피해자들이어서 일본 판결을 승인할 경우 더 이상 다른 쟁점에 대한 판단이 필요하지 않았으나, 신일본제철 소송은 항소심 이후에도 일본 소송에 참가하지 않았던 원고가 2명 있었기 때문에 일본 판결을 승인한다 하더라도 이는 일본 소송에 참가하지 않은 원고에게는 그 효력이 미치지 않기 때문에 다른 쟁점에 대한 판단을 하여야 했다.

미쓰비시중공업 소송은 불법행위에 따른 위자료 1억원과 임금 등 미불금 100만원을 합한 1억 100만원을 청구하였다가 파기환송심에서 미불 임금 청구는 취하하였다. 신일철주금 소송은 위자료로 1억원만 청구하였고 따로 미불 임금을 청구하지는 않았다.

3. 법원의 판결 내용

가. 하급심 내용

(1) 미쓰비시 중공업

미쓰비시 중공업은 1심에서 구 미쓰비시와 별개 회사라는 주장을 하였지만, 재판부는 "회사경리응급조치법과 기업재건정비법 등 일본 국내법은 전후 처리를 위한 특별한 목적으로 제정된 기술적인 입법에 불과하고, (중략) 구 회사가 피고로 변경되는 과정에서 실질적으로 회사의 인적, 물적 구성에는 기본적인 변화가 없었던 사실이 인정되므로, 비록 위와 같이 일본국의 법률이 정한 바에 따라 구 회사가 해산과 제2회사 3사의 설립 및 흡수합병의 과정을 거쳐 피고로 변경된 사정이 있다고 하더라도 구 회사와 피고 사이에는 그 법인격의 동일성이 유지되어 왔다고 보아야 할 것이다(이는 앞서 든 증거에서 나타나듯이 피고 스스로도 구 회사를 피고의 기업 역사의 한 부분으로 인정하고 있는 점에서도 확인된다)"라고 판시하였다.

또한 중복제소에 해당하는지 여부에 관하여는 "아직 이 사건 전소[3]에 대한 일본국 최고재판소의 상고심 판결이 이루어지지 않아 일본국 최고재판소가 향후 어떠한 법적 논리를 전개하여 위 원고들의 청구를 판단할 것인지 예측하기 어렵고, 아울러 이 사건 전소에 대한 히로시마 지방재판소 판결 이외에 다수의 과거 일본국 재판소의 판결 내용에 비추어 볼 때 일본국 최고재판소가 위 원고들과 같은 재판 피징용자들의 손해배상 등 청구에 관한 판단을 함에 있어 그 판단의 기초가 되는 대한민국과 일본 사이에 있었던 역사적 사실이나 일본국 또는 그 국민에 의하여 자행되었던 과거의 행위에 대한 평가, 법령의 적용 및 해석 등에 있어서 대한민국의 법원과 그 견해를 달리할 가능성을 배제할 수 없으므로 이 사건 전소에 관하여 일본국 재판소가 결론 내린 확정판결

3) 원고 5명의 일본에서의 소송을 말한다.

의 효력을 그대로 승인하는 것이 대한민국의 공익이나 정의관념 및 국내법질서 등에 비추어 허용될 수 없는 결과를 전혀 예상 못할 바 아니므로, 결국 이 사건 전소에 대한 일본국 재판소의 확정판결이 대한민국에서 당연히 승인될 것이라고 단정할 수 없다. 그렇다면, 이 사건 전소가 일본국 최고재판소에 계속 중이라는 사정만으로 곧 이 사건 소가 중복제소에 해당하여 부적법하다고 할 수 없다"라고 판단하였다.

그러나 1심 재판부는 원고들이 이 사건 청구원인으로 주장하는 사실관계의 존부를 판단하지 않고 소멸 시효가 완성되었다는 피고의 항변을 먼저 판단하기로 하고, 소멸시효기간 경과를 이유로 원고의 청구를 기각하였다.

항소심에서는 원고 5명 모두가 일본 소송의 원고였기 때문에 재판부는 일본의 종전 소송확정 판결[4)]의 승인가능성과 관련하여 "항소심 판결[5)]에서 징용에 따른 불법행위에 의한 손해배상청구가 인정될 여지가 있고, 안전배려의무 위반에 따른 손해배상청구권이나 미지급 임금 등의 존재 자체는 시인한 점 등에 비추어 보면, 종전 소송확정 판결을 승인하는 것이 대한민국의 '선량한 풍속이나 그 밖의 사회질서'에 어긋난다고 할 수 없고, 과거 일본이 한반도를 침탈하고 지배하면서 피해를 끼치는 등 양국 및 그 국민들 사이에 과거사에 대한 평가가 엇갈릴 뿐만 아니라 감정이 좋지 않다는 사정만으로 달리 볼 수 없다. (중략) 일본국 재판소의 종전 소송 확정판결은 대한민국에서 그 효력이 승인된다고 하겠고, 이 사건 청구가 종전 소송의 청구와 동일한 이상 이 법원으로서는 기판력에 따라 그와 모순된 판단을 할 수 없으므로, 원고들의 청구는 더 나아가 살필 것 없이 이유 없다"라고 판단하였다.

이와 같이 1심에서는 소멸시효 완성을 이유로, 항소심은 일본 확정판결의 기판력을 이유로 청구를 기각하였으며, 소송의 주요한 쟁점이 되어 한일회담 문서공개까지 이끌었던 청구권협정에 관하여는 정작 아무런 판단을 하지 않았다.

(2) 신일본제철

신일본제철 1심 판결은 일본 소송에 참가하였던 2명의 원고들에 대하여는 "일본 판결의 내용[6)]이 선량한 풍속이나 기타 사회질서에 비추어 허용될 수 없다고 할 수는 없으므로, 결국 일본의 위 확정 판결은 우리나라에서 그 효력이 인정된다"라고 판단하

4) 일본 최고재판소 2007년 11월 1일 원고 패소 판결을 말한다. 부산 소송의 항소심 판결 선고는 최고재판소 판결 이후인 2009년 2월 3일이었다.
5) 히로시마 고등재판소 판결을 말한다.
6) 일본 재판소는 구 일본제철은 회사경리응급조치법, 기업재건정비법의 제정 시행에 따라 위 각 법에서 정한 특별경리회사, 특별경리주식회사로 지정되어 1950. 4. 1. 해산하였고, 구 일본 제철의 자산출자로 야하타제철(八幡製鐵) 주식회사, 후지제철(富士製鐵) 주식회사, 일철기선(日鐵汽船) 주식회사, 하리마내와연와(播磨耐火煉瓦) 주식회사(위 4개 회사를 '제2 회사'라 한다)가 설립되었는데, 이들 중 일부가 합병되어 설립된 신일철에게 피해자들에 대한 채무가 승계되지 않았다고 보아 원고들의 청구를 기각하였다.

였다.

또한 일본 소송에 참가하지 않았던 3명의 원고들에 대하여는 구 일본제철이 원고들을 강제노동에 종사하게 한 것이 불법행위여서, 이들 원고들은 구 일본제철에 대하여 위자료청구권이 있으며, "대한민국과 일본 양국은 청구권협정을 체결함으로써 상대국이 취하는 국내조치에 대하여 외교보호권을 행사하지 않고 재산, 권리, 이익, 청구권에 대하여 외교보호권을 행사하지 않기로 하며 상대국이 어떠한 국내조치를 취할지는 각 국민의 결정에 맡기기로 한 것이라고 봄이 상당하다. 따라서 청구권협정에 의하여 대한민국 국민의 일본국 및 그 국민에 대한 청구권 자체가 소멸되었다고 볼 수는 없다"라고 판단하였다.

하지만 재판부는 "가사, 피고가 구 일본제철의 영업재산, 임원, 종업원을 그대로 계승하였다 하더라도 그러한 점과 구 일본제철과 상호가 유사한 점 등을 들어 구 일본제철과 피고의 법인격이 동일하다고 할 수는 없다"라고 하여 청구를 배척하였다. 또한 부가적 판단으로 청구권의 시효가 이미 소멸되었고, "구 일본제철과 법인격이 동일하지 않고 구 일본제철의 채무를 승계하였다고도 볼 수없는 피고에 대하여 채무 이행의 거절을 인정하는 것이 현저히 부당하거나 불공평하게 되는 특별한 사정이 있다고 보기 어렵다"면서 신일철이 소멸시효 완성을 주장하는 것이 신의성실의 원칙에 반하여 권리남용으로서 허용될 수 없는 것이 아니라고 판단하였다.

결국 일본 소송에 참가하였던 원고들이던 그렇지 않은 원고들이던 모두 구 일본제철과 신일철의 법인격이 동일하지 않다는 이유로 패소한 것이다.

항소심에서는 법인격 동일성이 많이 다투어졌으며, 이에 대하여 재판부는 1심과 같이 판단하면서, 회사경리응급조치법 등이 국제법 질서 또는 우리나라 헌법에 위반하여 무효임을 인정하기에 부족하고, 제2회사는 일본 정부에서 제정·시행한 회사경리응급조치법 등에 따라 설립된 것이므로 이를 가지고 구 회사가 채무를 면탈할 목적으로 제2회사를 설립하였다고 할 수는 없다는 이유를 추가하여 결국 구 일본제철과 신일철의 법인격 동일성을 부정하였다.

나. 대법원

(1) 일본 판결의 승인 여부

대법원은 "일본판결의 이유에는 일본의 한반도와 한국인에 대한 식민지배가 합법적이라는 규범적 인식을 전제로 하여, 일제의 국가총동원법과 국민징용령을 한반도와 원고들에게 적용하는 것이 유효하다고 평가한 부분이 포함되어 있다. 그러나 대한민국 제헌헌법은 그 전문(前文)에서 "유구한 역사와 전통에 빛나는 우리들 대한국민은 기미삼

일운동으로 대한민국을 건립하여 세상에 선포한 위대한 독립정신을 계승하여 이제 민주독립국가를 재건함에 있어서"라고 하고, 부칙 제100조에서는 "현행법령은 이 헌법에 저촉되지 아니하는 한 효력을 가진다"고 하며, 부칙 제101조는 "이 헌법을 제정한 국회는 단기 4278년 8월 15일 이전의 악질적인 반민족행위를 처벌하는 특별법을 제정할 수 있다"고 규정하였다. 또한, 현행헌법도 그 전문에 "유구한 역사와 전통에 빛나는 우리 대한국민은 3·1운동으로 건립된 대한민국임시정부의 법통과 불의에 항거한 4·19 민주이념을 계승하고"라고 규정하고 있다. 이러한 대한민국 헌법의 규정에 비추어 볼 때, 일제강점기 일본의 한반도 지배는 규범적인 관점에서 불법적인 강점(强占)에 지나지 않고, 일본의 불법적인 지배로 인한 법률관계 중 대한민국의 헌법정신과 양립할 수 없는 것은 그 효력이 배제된다고 보아야 한다. 그렇다면 일본판결 이유는 일제강점기의 강제동원 자체를 불법이라고 보고 있는 대한민국 헌법의 핵심적 가치와 정면으로 충돌하는 것이므로, 이러한 판결 이유가 담긴 일본판결을 그대로 승인하는 결과는 그 자체로 대한민국의 선량한 풍속이나 그 밖의 사회질서에 위반되는 것임이 분명하다. 따라서 우리나라에서 일본판결을 승인하여 그 효력을 인정할 수는 없다"라고 하였다.

대법원은 한국 헌법의 해석을 통하여 일제강점기의 일제의 한반도 지배[7]를 불법이라고 본 것이다.

대법원은 이에 덧붙여 청구권협정의 성격을 판시하면서 일제강점하 강제동원[8]을 '식민 지배와 직결된 불법행위'로 규정하였다. 결국 대법원은 강제동원의 성격을 '일제가 한반도와 한국인을 식민 지배를 유지하고 침략 전쟁을 효율적으로 수행'하기 위한 것으로 판단한 것이다. 이는 신일본제철의 아래 파기환송심 판결 이유에서 재차 명료하게 확인할 수 있다.

파기환송심 재판부는 "일본 정부는 중일전쟁과 태평양전쟁 등 불법적인 침략전쟁의 수행과정에서 일본의 제철소에 필요한 인력을 확보하기 위하여 장기적인 계획을 세워 조직적으로 인력을 동원하였고, 구 일본제철은 철강통제회에 주도적으로 참여하는 등 일본 정부의 위와 같은 인력동원정책에 적극 공모하여 인력을 확충하였는데, 원고들은 당시 한반도와 한국민들이 일본의 폭압적 지배를 받고 있었던 상황 아래에서 장차 일본에서 처하게 될 노동 내용이나 환경에 대하여 잘 알지 못한 채 일본 정부와 구 일본제철의 위와 같은 조직적인 기망에 의하여 동원되었다고 봄이 상당하다. 더욱이 원고들이 성년에 이르지 못한 어린 나이에 가족과 이별하여 생명이나 신체에 위해를 당할 가

7) 이는 대한민국과 일본국간의 기본관계에 관한 조약 제2조 '1910년 8월 22일 및 그 이전에 대한제국과 대일본제국간에 체결된 모든 조약 및 협정이 이미 무효임을 확인한다'에 대한 대법원의 판단이라고 할 수 있다.

8) 일제강점하 강제동원피해 진상규명 등에 관한 특별법 제2조 제1호, '일제강점하 강제동원 피해'라 함은 만주사변 이후 태평양전쟁에 이르는 시기에 일제에 의하여 강제동원되어 군인·군속·노무자·군 위안부 등의 생활을 강요당한 자가 입은 생명·신체·재산 등의 피해를 말한다.

능성이 매우 높은 열악한 환경에서 위험한 노동에 종사하였고, 구체적인 임금액도 모른 채 강제로 저금을 당하였으며, 일본 정부의 혹독한 전시 총동원체제 하에서 외출을 제한당하고 상시 감시를 당하여 탈출이 불가능하였으며 탈출시도가 발각된 경우 혹독한 구타를 당하기도 하였는바, 이러한 구 일본제철의 행위는 당시 한반도에 대한 불법적인 식민지배 및 침략전쟁의 수행과 직결된 반인도적인 불법행위에 해당하고, 이러한 불법행위로 인하여 원고들이 정신적 고통을 입었음이 경험칙상 명백하다"라고 하였다(서울고등법원 2013. 7. 10. 선고 2012나44947 판결).

(2) 법인격의 동일성 여부

대법원은 신일본제철 판결에서 "구 일본제철이 피고로 변경되는 과정에서 피고가 구 일본제철의 영업재산, 임원, 종업원을 실질적으로 승계하여 회사의 인적, 물적 구성에는 기본적인 변화가 없었음에도, 전후처리 및 배상채무 해결을 위한 일본 국내의 특별한 목적 아래 제정된 기술적 입법에 불과한 회사경리응급조치법과 기업재건정비법 등 일본 국내법을 이유로 구 일본제철의 대한민국국민에 대한 채무가 면탈되는 결과로 되는 것은 대한민국의 공서양속에 비추어 용인할 수 없다", "일본법의 적용을 배제하고 당시의 대한민국 법률을 적용하여 보면, 구 일본제철이 책임재산이 되는 자산과 영업, 인력을 제2회사에 이전하여 동일한 사업을 계속한 점 등에 비추어 구 일본제철과 피고는 그 실질에 있어 동일성을 그대로 유지하고 있는 것으로 봄이 상당하여 법적으로는 동일한 회사로 평가하기에 충분하고, 일본국의 법률이 정한 바에 따라 구 일본제철이 해산되고 제2회사가 설립된 뒤 흡수합병의 과정을 거쳐 피고로 변경되는 등의 절차를 거쳤다고 하여 달리 볼 것은 아니다. 따라서 위 원고들은 구 일본제철에 대한 청구권을 피고에 대하여도 행사할 수 있다"라고 판시하였으며, 미쓰비시 중공업의 경우도 마찬가지로 판단하여, 구 회사와 피고들 회사와의 법인격이 동일함을 인정하였다. 일본의 회사경리응급조치법과 기업재건정비법 등 일본 국내법을 한국의 공서양속에 반한다고 보고 이를 적용하지 않기로 하고 한국 국내법으로 기업의 동일성 여부를 판단한 것이다.

신일본제철 소송의 파기환송심 역시 위 회사경리응급조치법과 기업재건정비법에 관하여 "일본국 헌법의 경우에도 제9조에서 "일본국민은 정의와 질서를 기조로 하는 국제평화를 성실히 희구하고 국권의 발동으로 인한 전쟁, 무기에 의한 위협과 무력의 행사를 국제분쟁을 해결하는 수단으로서 영원히 포기한다."라고 규정하는 등 과거 일본정부가 일으켰던 침략전쟁의 참화에 대한 반성에 기초하여 영구적인 평화를 염원하며 국제사회에서 명예로운 위치에 설 것을 헌법적인 가치로 내세우고 있는 점에 비추어 보면, 일본의 과거 침략전쟁의 필요에 부응하여 이루어진 기망적인 모집이나 징용을 통해 인권을 침해하는 불법행위를 저지른 군수업체에게까지 그 불법행위로 인한 손해배상책임을 사실상 면탈하게 하는 내용의 법률 기타 규범의 효력을 그 문언 그대로 해석하는 것은 일본국 헌법의 가치에 부합하는 해석이라고도 볼 수 없는 점 등에 비추어 보더라도 위 각 법 등 당시의 일본법이 정한 절차는 문명국가에서 일반적으로 용인될 수 있는 방법에 의한 갱생절차라고 볼 수 없다. 따라서 위 각 법은 결국 전후처리 및 배상채무 해결을 위한 일본 국내의 특별한 목적 아래 부당한 채무면탈이 예견됨에도 이를 용인하는 방식으로 제정된 기술적 입법에 불과하여 이러한 일본 국내법을 이유로 구 일본제철의 대한민국 국민에 대한 반인도적 불법행위에 기한 손해배상채무가 면탈되는 결과를 수긍하는 것은 대한민국의 법률이 외국법을 적용할 때 고려하도록 정하고 있는 국제적 강행법규 내지 공서에 반하는 것으로 용인할 수 없다"라고 적용을 배제한 이유를 한층 자세하게 설명하고 있다.

(3) 청구권협정의 효력

대법원은 "청구권협정은 일본의 식민지배 배상을 청구하기 위한 협상이 아니라 샌프란시스코조약 제4조에 근거하여 한일 양국 간의 재정적·민사적 채권·채무관계를 정치적 합의에 의하여 해결하기 위한 것으로서, 청구권협정 제1조에 의해 일본 정부가 대한민국정부에 지급한 경제협력자금은 제2조에 의한 권리문제의 해결과 법적 대가관계가 있다고 보이지 않는 점, 청구권협정의 협상과정에서 일본 정부는 식민지배의 불법성을 인정하지 않은 채, 강제동원피해의 법적 배상을 원천적으로 부인하였고, 이에 따라 한일 양국의 정부는 일제의 한반도 지배의 성격에 관하여 합의에 이르지 못하였는데, 이러한 상황에서 일본의 국가권력이 관여한 반인도적 불법행위나 식민지배와 직결된 불법행위로 인한 손해배상청구권이 청구권협정의 적용대상에 포함되었다고 보기는 어려운 점등에 비추어 보면, 위 원고들의 손해배상청구권에 대하여는 청구권협정으로 개인청구권이 소멸하지 아니하였음은 물론이고, 대한민국의 외교적 보호권도 포기되지 아니하였다고 봄이 상당하다", "청구권협정에는 개인청구권의 소멸에 관하여 한일 양국 정부의 의사의 합치가 있었다고 볼만큼 충분한 근거가 없는 점, 일본이 청구권협정 직후 일본국 내에서 대한민국 국민의 일본국 및 그 국민에 대한 권리를 소멸시키는 내용의 재산권조치법을 제정·시행한 조치는 청구권협정만으로 대한민국 국민 개인의 청구권이 소멸하지 않음을 전제로 할 때 비로소 이해될 수 있는 점 등을 고려해 보면, 위 원고들의 청구권이 청구권협정의 적용대상에 포함된다고 하더라도 그 개인청구권 자체는 청구권협정만으로 당연히 소멸한다고 볼 수는 없고, 다만 청구권협정으로 그 청구권에 관한 대한민국의 외교적 보호권이 포기됨으로써 일본의 국내 조치로 해당 청구권이 일본국 내에서 소멸하더라도 대한민국이 이를 외교적으로 보호할 수단을 상실하게 될 뿐이다. 따라서 위 원고들의 피고에 대한 청구권은 청구권협정으로 소멸하지 아니하였으므로, 위 원고들은 피고에 대하여 이러한 청구권을 행사할 수 있다"라고 판단하였다.

민관공동위원회는 2005. 8. 26. "청구권협정은 일본의 식민지배 배상을 청구하기 위한 협상이 아니라 샌프란시스코 조약 제4조에 근거하여 한일 양국 간의 재정적·민사적 채권·채무관계를 해결하기 위한 것이었으며, 일본군 위안부 문제 등 일본정부·군 국가권력이 관여한 반인도적 불법행위에 대하여는 청구권협정에 의하여 해결된 것으로 볼 수 없고 일본정부의 법적 책임이 남아 있으며, 사할린동포 문제와 원폭피해자 문제도 청구권협정 대상에 포함되지 않았다"는 공식의견을 표명하였다. 또한 민관공동위원회는 "청구권협정을 통하여 일본으로부터 받은 무상 3억불은 개인재산권(보험, 예금 등), 조선총독부의 대일채권 등 한국정부가 국가로서 갖는 청구권, 강제동원 피해보상 문제 해결 성격의 자금 등이 포괄적으로 감안되어 있다고 보아야 할 것"이라고 판단하였다.

한국 정부는 민관공동위원회 발표 이후 위에서 본 바와 같이 특별법을 제정하여 위로금과 미수금을 지급하고 있으나, 특별법 제1조에서 '1965년에 체결된 「대한민국과 일본국 간의 재산 및 청구권에 관한 문제의 해결과 경제협력에 관한 협정」과 관련하여 국가가 태평양전쟁 전후 국외강제동원 희생자와 그 유족 등에게 인도적 차원에서 위로금 등을 지원함으로써 이들의 고통을 치유하고 국민화합에 기여함을 목적'으로 하고 있다고 밝혔듯이, 한국 정부는 인도적 차원에서 희생자와 유족에게 지원하고 있다고만 하여, 강제동원 및 강제노동 등 불법행위에 따른 손해배상청구권이 '강제동원 피해보상 문제 해결 성격'에 포함되는지 여부에 대하여 논란이 있었다. 물론 1970년대의 '대일민간청구권 신고에 관한 법률' 및 '대일민간청구권 보상에 관한 법률'과 현행 특별법이 그 성격이 유사하므로 한국 정부가 청구권협정으로 한국 국민에 대한 재산권을 제한하여 그에 대한 보상으로 위로금과 미수금을 지급하고 있다고 볼 여지도 있다. 그러나 '대일민간청구권 보상에 관한 법률'에 따라 30만원씩 지급한 피징용사망자에 대한 청구권보상금[9]이나 특별법에 따라 사망하거나 행방불명된 국외강제동원 피해자들에게 지급하는 2,000만원의 위로금과 부상으로 장해를 입은 피해자에게는 300만원에서 2,000만원까지의 위로금 등을 강제동원 혹은 강제노동에 대한 보상의 성격까지 포함되어 있다고 보기는 어려울 것이다.

이에 대하여 대법원은 청구권협정의 성격에 대하여 민관공동위원회가 지적한 바와 같이 식민지배 배상을 청구하기 위한 협상이 아니므로 일본의 국가권력이 관여한 반인도적 불법행위나 식민지배와 직결된 불법행위로 인한 손해배상청구권이 청구권협정의 적용대상에 포함되었다고 볼 수 없으며, 강제동원도 식민지배와 직결된 불법행위여서 협정의 대상이 아니라고 판단한 것이다.

---

9) 대일민간청구권 보상에 관한 법률 제4조 제2항. 청구권신고법 제2조 제1항 제9호의 피징용사망자에 대한 청구권보상금은 1인당 30만원으로 한다.

(4) 소멸시효 완성 여부

대법원은 신일본제철 소송에서 소멸시효와 관련하여 “구 회사의 불법행위가 있은 후 1965. 6. 22. 한일 간의 국교가 수립될 때까지는 일본국과 대한민국 사이의 국교가 단절되어 있었고, 따라서 위 원고들이 피고를 상대로 대한민국에서 판결을 받더라도 이를 집행할 수 없었던 사실, 1965년 한일 간에 국교가 정상화되었으나, 한일 청구권협정 관련 문서가 모두 공개되지 않은 상황에서 청구권협정 제2조 및 그 합의의사록의 규정과 관련하여 청구권협정으로 대한민국 국민의 일본국 또는 일본 국민에 대한 개인청구권이 포괄적으로 해결된 것이라는 견해가 대한민국 내에서 일반적으로 받아들여져 온 사실, 일본에서는 청구권협정의 후속조치로 재산권조치법을 제정하여 원고들의 청구권을 일본 국내적으로 소멸시키는 조치를 취하였고 원고 여운택, 신천수가 제기한 일본소송에서 청구권협정과 재산권조치법이 원고 등의 청구를 기각하는 부가적인 근거로 명시되기도 한 사실, 그런데 원고들의 개인청구권, 그 중에서도 특히 일본의 국가권력이 관여한 반인도적 불법행위나 식민지배와 직결된 불법행위로 인한 손해배상청구권은 청구권협정으로 소멸하지 않았다는 견해가 원고 여운택, 신천수 등 강제동원 피해자들이 일본에서 소송을 제기한 1990년대 후반 이후에서야 서서히 부각되었고, 마침내 2005. 1. 한국에서 한일 청구권협정 관련 문서가 공개된 뒤, 2005. 8. 26. 일본의 국가권력이 관여한 반인도적 불법행위나 식민지배와 직결된 불법행위로 인한 손해배상청구권은 청구권협정에 의하여 해결된 것으로 볼 수 없다는 민관공동위원회의 공식적 견해가 표명된 사실 등을 알 수 있다. 여기에 앞서 본 바와 같이 구 회사와 피고의 동일성 여부에 대하여도 의문을 가질 수밖에 없도록 하는 일본에서의 법적 조치가 있었던 점을 더하여 보면, 적어도 위 원고들이 이 사건 소를 제기할 시점인 2005. 2.[10]까지는 위 원고들이 대한민국에서 객관적으로 권리를 사실상 행사할 수 없는 장애사유가 있었다고 봄이 상당하다”라고 판시하였다.

대법원은 피해자들이 청구권협정의 해석 등과 관련하여 객관적으로 권리를 행사할 수 없는 장애사유가 있었다고 판단하였다. 그런데 두 소송은 모두 민관공동위원회가 2005. 8. 26. 청구권협정에 대한 공식 견해를 밝히기 전에 제소한 것이어서 대법원 판결 이후에 추가로 제기된 소송에서 일본 기업들은 ① 민관공동위원회의 공식적인 견해가 표명된 2005. 8. 26., ② 한국의 일제강점하강제동원피해진상규명위원회가 강제동원 피해자로 인정한 때, ③ 2012년 5월 24일 대법원 판결 선고 이후 “권리행사를 기대할 수 있는 상당한 기간인 6개월” 내에 권리행사를 하지 못하였고, 상당한 기간을 6개월 이상으로 연장할 특별한 사정은 없으므로 피해자들의 권리행사는 소멸시효에 반하여 허용될 수 없다고 주장하였다.

10) 미쓰비시 중공업 소송의 경우는 소 제기일인 2000. 5.까지.

이에 대하여 근로정신대 피해자들이 주식회사 후지코시를 상대로 한 손해배상청구 소송[11)]에서 재판부는 "대법원 판결에도 불구하고 청구권협정의 적용대상에 원고 등과 같은 강제노동 피해자의 손해배상청구권이 포함되는지에 관하여 여전히 국내외적으로 논란이 되고 있고, 청구권협정의 당사자인 일본국 정부는 청구권협정에 의하여 과거 일본국 정부 등이 관여한 반인도적 불법행위나 식민지배와 직결된 불법행위로 인한 손해배상청구권이 소멸되었다는 입장을 고수하고 있는 사정을 더하여 보면, 원고들이 이 사건 소를 제기할 무렵까지도 원고들에게는 객관적으로 권리를 사실상 행사할 수 없는 장애사유가 있었다고 봄이 상당하다. (중략) 다만, 법령의 해석·적용에 관한 최종적인 권한을 갖고 있는 대법원이 위와 같은 청구권협정에 관한 해석을 천명한 이상, 적어도 대한민국 내에서 원고 등과 같은 강제동원 피해자들이 청구권협정의 해석 등과 관련하여 객관적으로 권리를 사실상 행사할 수 없었던 장애사유는 소멸하였다고 볼 여지는 있다고 할 것이나, 그렇다고 하더라도 원고들이 위 대법원 판결의 당사자도 아니었고, 이 사건과 위 대법원 판결의 구체적인 사안이 동일하다고 보기 어려운 점에 비추어 볼 때, 원고들이 위 대법원 판결 선고일로부터 민법 제766조 제1항이 규정한 단기소멸시효인 3년 내에 이 사건 소를 제기한 이상, 원고들로서는 그 장애사유가 해소된 때로부터 상당한 기간 내에 권리를 행사한 것이라고 할 것이다. 또한 피고의 이 사건 불법행위는 피고가 원고 등의 개인의 존엄성을 부정한 채, 일본국 정부의 한반도에 대한 불법적인 식민지배와 침략전쟁의 수행과정에 적극적으로 편승한 반인도적 행위로서, 피고로서는 그러한 역사적 사실을 반성하고 자신의 불법행위로 인한 피해자들의 피해에 대한 진심어린 사과와 적절한 배상을 해야 함이 마땅함에도 무려 70년 가까이 지난 지금까지도 자신의 책임을 부정하고 회피하고 있는 바, 이러한 피고가 소멸시효의 완성을 주장하여 원고들에 대한 불법행위로 인한 손해배상채무의 이행을 거절하는 것은 일정기간 계속된 사회질서를 유지하고 시간의 경과로 인하여 커져가는 법률관계의 불명확성에 대처하려는 목적에서 인정되는 소멸시효 제도의 취지에 부합하지 않는다"라고 판단하였다.

후지코시 소송은 소멸시효가 완성되지 않았다고 하면서도 부가적으로 2012년 대법원 판결로 청구권협정의 해석 등과 관련하여 객관적으로 사실상 권리를 행사할 수 없었던 장애사유가 소멸되었다고 볼 여지가 있다고 판단하여 많은 피해자들이 선고한지 3년이 경과한 현 시점에서는 제소가 불가능한 것이 아닌가 불안해하고 있다.

이에 대하여 2015년 신일철주금을 상대로 한 추가 소송[12)]에서 재판부는 "위와 같은 대법원 판결에도 불구하고 청구권협정의 적용대상에 강제동원 내지 징용 피해자들의 손해배상청구권이 포함되는지에 관하여 여전히 국내외적으로 논란이 되고 있고, 더욱이

11) 서울중앙지방법원 2014. 10. 30. 선고 2013가합11596(2013. 2. 14. 제소)
12) 서울중앙지방법원 2016. 5. 13. 선고 2015가단86115(2015. 5. 22. 제소)

피고가 재상고하여 현재 위 대법원의 판결이 아직 확정되지 아니한 상황에서, 위 대법원 판결의 당사자가 아닌 원고들이 위 판결에 기하여 그들의 손해배상청구권이 청구권협정에 의하여 소멸되지 않았음을 확정적으로 인식하였다고 보기 어렵다. 이와 같이 대법원 판결 선고 이전에는 원고들은 권리행사 가능성도 알지 못하였고, 현재까지도 권리행사방법도 불명확하다고 할 것이므로 원고들이 이제까지 권리를 행사하지 아니한 것을 두고 권리행사의 태만이라고 하거나, 원고들에게 귀책사유가 있다고 할 수 없다"라고 판단하였다.

아쉽게도 대법원 판결 선고일인 2012년 5월 24일로부터 만 3년이 되기 전인 2015년 5월 22일 4건의 소송이 제기된 후 아직까지 추가 소송은 없다.

4. 소송 이후의 사회적 변화

가. 추가 소송

대법원 판결에 힘을 입은 강제동원 피해자들이 일본 기업을 상대로 다수의 소송을 한국 법원에 제기하였으며, 일부는 1심 혹은 항소심에서 승소한 상태이다. 그러나 소송이 폭주하리라는 예상과는 달리 추가 소송이 많이 제기되었다고 볼 수는 없다. 추가 소송 역시 미쓰비시 중공업과 신일철주금을 상대로 한 것이 많으며. 새로이 추가 제소된 기업은 주식회사 후지코시가 있다. 또한 69개 일본 전범기업을 상대로 한 소송이 있으나 송달 문제로 아직 진행되지 않고 있다(서울중앙지방법원 2015가합11064).

추가 소송의 대부분은 일본 소송에서 패소한 원고들이나 그 유족들이 제기한 것이고, 아주 예외적으로 일본 소송과 관계없이 한국에서 처음으로 제소하는 소송도 있다. 또한 생존 피해자들이 거의 없는 상태여서 그 유족들이 소송을 제기하는 경우가 늘고 있다. 그런데 유족들은 피해자들이 어디로 강제동원 되었는지, 강제동원되어 어떠한 피해를 입었는지 등을 거의 알지 못하기 때문에 일제강점하강제동원진상규명위원회(현 대일항쟁기강제동원피해조사및국외강제동원희생자등지원위원회. 2015년 12월 31일 활동 종료)에서 조사한 자료를 많이 활용하고 있다. 그런데 이들 소송은 일본에 주소지를 둔 일본 기업을 상대로 한 것이어서 국제송달을 하여야 하기 때문에 송달에만 1년 이상이 걸리는 경우가 허다하며, 1심에서 승소한다 하더라도 일본 기업이 항소하거나 상고하면 마찬가지로 송달 문제가 발생하여 판결이 확정될 때까지 얼마나 많은 시간이 걸리지 모르는 상태여서 생존 피해자가 소송을 제기한다 하여도 그 결과를 알지 못하고 사망하는 경우가 대부분이 되리라 예상된다. 또한 판결이 확정된다 하여도 한국 내에 재산 등이 없으면 강제집행에도 어려움이 있을 것이다.

일본군위안부 피해자들이 2013년 8월 13일 일본 정부를 상대로 조정 신청을 하였으나, 일본 정부는 주권 침해를 이유로 신청 관련 서류를 받기를 거부하고 있어서, 심리가 이루어지지 않다가 2015년 12월 30일 조정하지 아니하는 결정을 하여 현재 본안 소송이 진행 중이나 여전히 송달 문제로 인하여 변론 기일이 열리지 못하고 있다(서울중앙지방법원 2013머50479, 2016가합505092). 또한 한일 외교장관 사이에 일본군위안부 합의를 한 2015년 12월 28일로부터 1년 후인 2016년 12월 28일 일본 정부를 상대로 한 새로운 소송이 제기되었으나 이 소송 역시 일본 정부가 '민사 또는 상사의 재판상 및 재판외 문서의 해외송달에 관한 협약' 제13조에 따른 일본의 주권을 침해한다는 이유로 소장을 반송한 바 있다(서울중앙지방법원 2016가합580239).

나. 일본군위안부와 원폭피해자들의 부작위 위헌 헌법소원 청구

강제동원피해자들은 2005년 8월 한일회담문서 공개 이후 한국 정부가 일본 정부에 외교 협상을 통하여 책임을 추궁할 것을 기대하였으나, 한국 정부는 즉각적인 외교적인 대응을 하지 않았다. 이에 일본군위안부들은 2006년 7월 5일, 원폭피해자들은 2008년 10월 29일 헌법재판소에 그들의 일본 정부에 대하여 가지는 손해배상청구권이 청구권협정 제2조 제1항에 의하여 소멸되었는지 여부에 관한 한·일 양국 간 해석상 분쟁을 청구권협정 제3조가 정한 절차에 따라 해결하지 아니하고 있는 한국 정부의 부작위가 위헌임을 확인하는 헌법소원 심판을 청구하였다. 헌법재판소는 2011년 8월 30일 한국 정부가 일본 정부를 상대로 이들 피해자들을 위하여 아무런 외교적 조치를 취하지 않는 부작위가 위헌이라는 결정을 하였다(헌법재판소 2011. 8. 30. 선고 2006헌마788, 2008헌마648). 헌법재판소의 위헌 결정 후 한국 정부는 일본 정부에게 일본군위안부 문제의 해결을 수차례 요구하였으나, 일본 정부는 청구권협정으로 해결된 문제라는 입장을 고수하여 큰 진전이 없는 상태에서 2015년 12월 28일 어처구니없는 합의가 이루어진 것이다.

다. 식민지배 책임으로

한국 소송의 쟁점은 일본 소송을 승인할 것인가와 강제동원 피해자들의 손해배상청구권이 청구권협정으로 소멸하였는지 여부가 되었고, 대법원은 대한민국 헌법 정신에 비추어 볼 때 일제의 식민지배가 불법이고 강제동원이 식민지배와 직결된 불법행위여서 일본 판결을 승인할 수 없으며, 청구권협정 협상 과정을 살펴볼 때 식민지배와 직결된 불법행위로 인한 손해배상청구권이 청구권협정의 적용대상에 포함되었다고 보기는 어렵다고 밝혔다. 강제동원 피해는 전쟁으로 인한 것이지만 식민지배로 인한 것이기도 하여 이중적 성격을 갖고 있다. 대법원 판결 전까지는 일본 소송이든 한국 소송이든 식민지배 책임보다 전쟁 책임이 많이 부각되었는데, 대법원은 더 본질적인 요인으로 식민지배 책임을 지적한 것이다.

미쓰비시 머티리얼이 2016년 7월 자신의 회사에서 강제 노동한 미군 포로에게 사과하고, 중국 피해자와 화해를 하면서도 한국 피해자에게는 사과나 화해할 의사가 없다고 밝힌 것은 한국의 경우는 일본의 합법적인 식민지였기 때문에 다른 나라 피해자들에 대하여는 인정한 전쟁 책임을 인정하지 않겠다는 것이며, 식민지배 책임도 없다는 것이다.

한일기본관계조약과 청구권협정으로 이루어진 1965년 체제는 일본 정부가 식민지 책임을 부인하는 출발점이므로 이에 대한 근본적인 반성이 필요한 시점이다.

2012년의 대법원 판결은 일본에서의 연이은 패소 판결에 침체되어 있던 한국 피해자들에게 큰 희망이 되었다. 그러나 대법원 판결 후 3년이 지났음에도 아직 판결은 확정되지 않고 있다. 재상고심에서 일본 기업들은 청구권협정으로 해결되었으며, 소멸시효의 완성으로 청구권을 주장할 수 없다는 기존 주장을 되풀이 하며 판결 확정을 어떻게 해서라도 미루려 온갖 노력을 다 하고 있다. 그동안 2명의 원고가 사망하였으며, 나머지 원고들도 기다림에 지쳐서 나날이 기력을 잃어가고 있다. 대한변호사협회는 2015년 4월 17일 대법원에 해방 70년, 한일 수교 50년이 되는 올해가 다 가기 전에 '법적 싸움의 조속한 종결'을 바란다는 의견서를 제출하였다.

지난 20세기의 식민지배 책임을 21세기에 와서 물어야 하는 것이 한일 사이의 현실이다. 대법원의 확정 판결은 식민지배의 책임을 묻는 시발점이 될 수 있을 것이다. 하루 빨리 그 결론을 확인할 수 있기를 소망한다.

심층질문

1. 군인, 군속 노무자, 일본군 위안부 피해자 등이 일본 법원에 일본 정부와 일본 기업을 상대로 어떠한 소송을 제기하였고 그 소송에서의 쟁점은 무엇이었나? (http://justice.skr.jp/ 참조)

2. 군인, 군속 노무자, 일본군 위안부 피해자 등이 한국에서 한국 정부를 상대로 제기한 소송의 쟁점은 무엇이었나? (http://justice.skr.jp/ 참조)

3. 일본군 위안부 피해자들이 한국 정부를 상대로 부작위위헌 헌법 소원을 청구하였는데 이를 인용한 헌법재판소의 논리와 선례로 언급한 사건을 각하할 때의 논리를 비교, 분석해 보자(헌법재판소 2011. 8. 30. 선고 2006헌마788 결정. 헌법재판소 2000. 3. 30. 선고 98헌마206 결정).

4. 청구권협정 체결 이후 강제동원 관련한 입법 현황을 찾아보자. 미흡한 부분이 있었는지 분석하고, 앞으로 필요한 입법이 무엇이라고 생각하는가?

5. 참고자료 1, 2와 관련하여 정부가 강제동원 피해자들을 위하여 어떤 조치를 하였나?

자료 1

국무조정실	보 도 자 료	작성자	한일회담문서공개등대책기획단 정병규 과장/ 김덕곤 사무관
		연락처	Tel. 3703−2976
2005.8.26(금) 10:00 이후부터 보도하여 주십시오		매수	총 4쪽

한일회담 문서공개 후속대책 관련 민관공동위원회 개최

□ **정부는 8월 26일 오전 李海瓚 국무총리 주재로 한일회담 문서공개 후속대책 관련 민관공동위원회를 개최하고, '65년 한일청구권협정의 효력범위 문제 및 이에 따른 정부대책 방향 등에 대해 논의하였음**

□ **이날 위원회에서는 그간 민관공동위 법리분과에서 회담문서내용 등을 토대로 검토해 온 한일청구권협정의 법적 효력 범위 등에 대해 논의하고 다음과 같이 정리하였음**

- 한일청구권협정은 기본적으로 일본의 식민지배 배상을 청구하기 위한 것이 아니었고, 샌프란시스코 조약 제4조에 근거하여 한일양국간 **재정적 · 민사적 채권 · 채무관계**를 해결하기 위한 것이었음
- **일본군위안부 문제** 등 일본정부 · 軍 등 국가권력이 관여한 **반인도적 불법행위**에 대해서는 청구권협정에 의하여 해결된 것으로 볼 수 없고, 일본정부의 법적 책임이 남아있음
  − 사할린동포, 원폭피해자 문제도 한일청구권협정 대상에 포함되지 않음

□ **또한 위원회는 한일협정 협상 당시 한국정부가 일본정부에 대하여 요구했던 강제동원 피해보상의 성격, 무상자금의 성격, '75년 한국정부 보상의 적정성 문제 등을 검토하고 다음과 같이 정리하였음**

- 한일협상 당시 한국정부는 일본정부가 강제동원의 법적 배상 · 보상을 인정하지 않음에 따라, "**고통받은 역사적 피해사실**"에 근거하여 정치적 차원에서 보상을 요구하였으며, 이러한 요구가 양국간 무상자금산정에 반영되었다고 보아야 함

- 청구권협정을 통하여 일본으로부터 받은 무상 3억불은 **개인재산권**(보험, 예금 등), 조선총독부의 대일채권 등 한국정부가 **국가로서 갖는 청구권, 강제동원 피해보상 문제 해결 성격의 자금** 등이 포괄적으로 감안되어 있다고 보아야 할 것임
- 청구권협정은 청구권 각 항목별 금액결정이 아니라 정치협상을 통해 총액결정방식으로 타결되었기 때문에 각 항목별 수령금액을 추정하기 곤란하지만,
  - 정부는 수령한 무상자금중 상당금액을 강제동원 피해자의 구제에 사용하여야 할 도의적 책임이 있다고 판단됨

※ 한국정부가 61년 6차회담시 8개항목의 보상으로 일본에 요구한 총 12억 2천만불 중 강제동원 피해보상에 대해서 3억 6천만불(약 30%)을 산정한 바 있음

- 그러나 '75년 우리정부의 보상 당시 강제동원 부상자를 보상대상에서 제외하는 등 도의적 차원에서 볼 때 피해자 보상이 불충분하였다고 볼 측면이 있음

□ **정부는 이러한 위원회의 논의결과를 토대로 오랜 기간 고통을 겪어 온 강제동원피해자의 아픔을 치유하기 위해서 도의적 · 원호적 차원과 국민통합 측면에서 정부 지원대책을 마련하기로 하였음**

- 강제동원 피해자들에 대해 추가적 지원대책을 강구하고, 강제동원 기간중의 미불임금 등 미수금에 대해서도 일본으로부터 근거자료 확보 노력 등 정부가 구제대책을 마련
- 아울러, 정부는 일제 강제동원 희생자에 대한 추모 및 후세에 대한 역사교육을 위해 추도공간 등을 조성하는 방안도 검토

□ **정부는 또한 일제 강점하 반인도적 불법행위에 대해서는 외교적 대응방안을 지속적으로 강구해 나가기로 하였음**

- 일본군위안부 문제는 일본정부에 대해 법적책임 인정 등 지속적인 책임 추궁을 하는 한편, UN인권위 등 국제기구를 통해서 이 문제를 계속 제기
- "해남도 학살사건" 등 일본군이 관여한 반인도적 범죄 의혹에 대해서는 진상규명을 한 후 정부 대응방안을 검토

□ **이날 회의에서 李海瓚 국무총리는 60년 이상 지속해 온 강제동원 피해자들의 고통과 아픔을 치유하여 국민통합을 도모하고, 정부의 도덕성을 제고하기 위해서는 늦었지만 이들에 대한 지원조치가 필요하다고 강조하고,**
관계 부처는 사회각계의 의견을 폭넓게 수렴하여 충실한 정부대책을 마련하고, 외교적 차원의 노력도 다하도록 지시하였음

자료 2

국무조정실	보 도 자 료	작성자	한일회담문서공개등대책기획단 정병규 과장/ 김덕곤 사무관
		연락처	Tel. 02－722－0490
2006.3.9(목) 조간부터 보도하여 주십시오		매수	총 5쪽

일제강제동원피해자 지원대책 마련

□ **정부는 3월 8일(수) 오전 李海瓚 국무총리 주재로 한일회담문서공개 후속대책 관련 민관공동위원회를 개최하여 일제강제동원피해자 지원대책을 논의하였음**

- 이번에 논의한 일제강제동원피해자 지원대책은 민관공동위원회 중심으로 그간 공청회, 국민여론조사 등 피해자 및 사회각계의 폭넓은 의견수렴을 거쳐 마련된 것임

□ **일제강제동원피해자 지원대책은 정부의 법적책임에 따른 것이 아니고 한일청구권협정에 의한 '75년 정부의 강제동원피해자 보상이 충분치 못했다는 것에 대한 도의적 책임과 피해자들의 오랜 고통을 위로하고자 하는 인도주의 원칙에 의해 마련되었음**

□ **이번 정부대책의 특징은 다음과 같이 요약할 수 있음**

- '75년에는 "해방이전 피징용사망자"에 한정하여 보상하였으나, 이번 지원대책에서는 인도적인 차원에서 부상자, 행방불명자, 귀국선 침몰 등으로 인한 사망자, 미수금 피해 등까지 **지원대상 범위를 확대**하였음
- 피해정도가 심한 **사망자, 부상자, 행방불명자**에 대해서는 **개인별 위로금**을 지급하고 상대적으로 피해가 적었던 무사생환자에 대해서는 사회복지성격의 의료 및 교육지원 방안을 강구
- 지원대책 추진시 '일제하강제동원피해**진상규명위원회**'**의 피해판정결과를 활용**하고 정부차원에서 강제동원 관련자료 등을 최대한 확보하도록 노력함으로써 **피해자들의 입증문제에 따른 부담을 최소화**할 수 있도록 함
- 한일청구권협정에서 다루어지지 않은 일본군위안부 등 **반인도적 불법행위**에 대해서는 일본정부에 **지속적으로 책임을 추궁**하고, 사할린동포, 원폭피해자 문제 등은 일본정부와 외교적 협의를 통해 지원범위를 확대해 나갈 계획임

□ **일제 국외강제동원 피해자 지원대책의 주요내용은 다음과 같음**

① 일제 국외강제동원기간 중 사망자, 부상자에 대해 인도적 차원의 위로금 지급

- 일제강제동원기간 중 **사망한 피해자 유족**에게 위로금 **2천만원** 지급

– '75년에 정부로부터 보상(30만원)을 지급받은 유족의 경우에는 보상받은 금액의 현재 가치(234만원)를 차감하여 지급

* **행방불명자도** "일제강점하 강제동원피해진상규명위원회"에서 사망자로 추정하는 "행방불명판정"을 받은 경우 **지원대상에 포함**

• 일제강제동원기간중 **부상으로 장해를 입고 귀국해서 현재 생존해 있는 피해자** 및 **부상귀환후 사망한자의 유족**에게 위로금 지급

– **중부상**의 경우 **2천만원**, **경부상**의 경우 이의 반액인 **1천만원** 지급

* 지급금액은 외국사례('88-'95년 일본의 대만인 사망·중부상 징용자 위로금 지급 등) 등을 감안하여 결정

② **일제에 의해 국외강제동원된 후 귀환한 미부상 생환자에게는 사회복지 성격의 의료, 교육 지원 실시**

• **현재 생존자**에게는 피해당사자이고 고령임을 감안하여 **사망시까지** 본인이 지출한 **의료비 일부를 지원**(연 50만원 한도)

• 생환 후 사망한 강제동원피해자의 경우, 저소득층(차상위계층 이하) 중·고생 손자녀 1명에게 **학자금** 일부(년14만원씩 3년간)를 지원

* 관련사례: 독립유공자의 손자녀(중고생)에게 부교재비 명목으로 년14만원 지급

③ **국외강제동원기간중 미불임금 등 미수금 구제**

• 일제강제동원피해자의 강제동원기간 중 발생한 미불임금 등 미수금에 대해 현재 입증자료가 있는 사람부터 구제

– 입증자료가 없는 피해자들의 구제를 위해 **일본정부로부터 공탁금명부**등을 최대한 **확보**토록 노력

• 미수금 구제금 수준은 일본화폐 **1엔당 1,200원**으로 환산하여 지급

* 일본의 '95-'99년 대만인 징용자 미수금 보상기준을 준용

④ **일제강제동원피해자의 정신적 위로를 위한 조치**

• **위령공간조성, 유골봉환, 해외 위령제행사** 등 희생자 유족을 정신적으로 위로할 수 있는 조치들을 범정부차원에서 적극 추진

⑤ **국무총리소속하에 "국외강제동원희생자 등 지원심의위원회" 구성**(9인)

• 국무총리 소속하에 지원심의위원회를 구성하여, 지원금 지급 결정 등의 업무를 수행하고, 위원회 산하에 사무국을 두어 실무적 지원역할 담당

□ **정부는 오늘 논의한 일제강제동원피해자 지원대책은 앞으로 입법과정을 거쳐 상반기중 국회에 제출할 계획이며, 국회에서 금년중에 법률안이 통과되면 2007년부터는 지원대책을 본격적으로 시행할 수 있을 것으로 예상됨**

□ **이날 회의에서 李海瓚 국무총리는 "늦었지만 일제식민치하에서 일반국민이 감내해야했던 수준을 넘어 특별한 피해를 입은 분들을 위로하고 지원하는 것은 국민을 보호해야 할 국가의 당연한 책무"라고 언급하면서,**

“이번 지원대책을 통하여 국민통합을 이루고 일제강점기 민족사의 아픈 상처를 치유하는 계기가 될 수 있기”를 희망하였음

- **李海瓚 국무총리**는 또한 “외교부는 외교교섭을 통해 일본정부로부터 피해자 지원에 관한 관련 자료를 최대한 확보하고, 대책주관부처인 행정자치부는 대책시행에 따른 사전준비를 철저히 하여 피해자지원에 차질이 없도록 하라”고 당부하였음

유서대필 조작사건

송 상 교*·서 선 영**

1. 사건의 개요 – 유서대필 사건과 '자살방조' 유죄판결

가. 1991년 5월 8일 김기설 분신

노태우 정권 집권 후반기로서 3당합당[1]과 공안통치, 대형비리 등으로 이어지는 정치적 격변기였던 1991년 4월 26일, 명지대학교 1학년 강경대 학생이 시위 도중 진압경찰의 쇠파이프에 의해 사망하였다. 이후 범국민대책회의(이하 "대책위")가 결성되고 민주화 시위가 전국적으로 발생했으며 대학생 등의 분신, 투신이 이어졌다. 민주화 시위가 최고조로 향하던 5월 8일, 재야 민주화단체인 전국민족민주운동연합(이하 "전민련") 사회부장 김기설이 서강대 옥상에서 분신자살하였고 현장에서 속필체로 흘려쓴 유서 2장이 발견되었다(<표 1>의 ①).

분신 당일 아침 대통령 비서실장 주재로 검찰총장, 법무부장관 등이 참석한 '치안관계대책회의'가 열렸는데, 여기서 정부는 분신 배후에 대해 조사해야 한다고 결정하고 회의 직후 정구영 당시 검찰총장은 산하 검찰에 '최근의 분신자살사건에 조직적인 배후세력이 개입하고 있는지의 여부를 철저히 조사할 것'이라는 명령을 하달하였다.

나. 검찰의 '유서대필' 꿰어맞추기 수사

서울지검은 이 사건을 공안부가 아닌 강력부에 배치하였고 부장검사 강신욱을 중심으로 수석검사 신상규, 강력부 검사 남기춘, 박경순, 송명석, 곽상도, 윤석만 등으로 전담 조사반을 구성하였다. 초기부터 검찰은 유서가 김기설 필적이 아니라는 의심을 두고

---

* 변호사, 민주사회를 위한 변호사모임 공익인권변론센터.
** 변호사, 공익인권변호사모임 희망을 만드는 법.

1) 1988년 13대 총선에서 당시 여당 민주정의당이 과반수 의석에 실패하고 개혁의 요구에 직면하자 비밀리에 보수대연합을 추진하여 1990년 1월에 민정당과 야당인 통일민주당, 신민주공화당이 합당하여 민주자유당이라는 거대여당을 만든 사건을 말한다.

김기설의 필적을 집중 수집하여 국립과학수사연구소(이하 "국과수")에 필적감정을 의뢰하였다. 또한 검찰은 사건 발생 5일 후 김기설의 여자친구 홍○○을 조사하면서 홍○○을 김기설에게 소개해준 사람이 강기훈이었다는 점을 고리로 당시 전민련 총무국장 강기훈을 유서대필자로 몰아가기 시작했다.

검사가 수집한 김기설의 필적에는 이력서, 주민등록증분실신고서(<표 1>의 ②)와 같은 정자체 필적도 있었고 유서와 같은 속필체 필적도 있었다.[2] 그런데 검사는 중요한 속필체 필적들을 은폐하였다. 김기설이 군복무 시절 상관인 서○○ 하사에게 써준 필적인 '서○○ 하사 수첩'[3]을 직접 부대를 방문하여 입수하였음에도 이 필적과 입수사실을 수사기록에서 누락시켰고, 김기설의 자취방에서 압수한 김기설의 자필 싸인 필적들을 증거로 제출하지 않았다.

반면 검사가 김기설의 필적이라고 국과수에 감정의뢰한 필적은 김기설의 정자체 필적들이었다. 검사의 필적감정 의뢰를 받은 국과수 감정인 김형영은 처음에는 속필체인 유서와 김기설의 정자체 필적은 서로 필체가 달라 동일성 여부 판단이 불가하다고 회신했다. 정자체와 속필체 필적은 비교하여 감정하지 않는다는 것은 필적감정의 기본원칙이었기 때문이다.[4] 그러자 검사는 강기훈의 과거 수사기록에서 강기훈 필적자료를 입수한 후 그중 상대적으로 유서와 비슷해 보이는 속필체 필적인 '진술서'[5](<표 1>의 ③)를 골라 유서와 필적동일성 여부를 감정의뢰하면서 4장짜리 진술서에서 강기훈의 이름과 서명이 있는 맨 앞장과 맨 뒷장을 빼고 중간 두 장만을 의뢰하였다. 김기설 명의로 된 정자체 필적을 계속 감정의뢰받았던 감정인 김형영은 속필체인 강기훈의 진술서가 의뢰되자, 두 개의 속필체 글씨(유서와 진술서)를 동일인의 필적이라고 회보하였다.[6]

강기훈의 필적이 유서가 동일하다는 감정결과를 받아낸 검사는 이어서 김기설 필적임이 표시된 정자체 필적들을 추가로 확보하여 유서와의 동일성 여부에 대한 필적감정 의뢰했다. 이번에는 김형영이 정자체와 속필체의 동일성 여부를 논할 수 없다는 감정원칙을 무시하고 자신의 종전의 판단불가 결론조차 뒤집어 정자체 필적과 유서가 다른

---

2) 여기서 정자체는 흘리지 않고 또박또박 쓰는 필적, 속필체는 빠른 속도로 흘려 쓰는 필적의 의미로 사용하였다.

3) 김기설이 1988년 제대하면서 의무대에서 함께 일한 서○○ 하사의 군인수첩에 자신의 주소와 전화번호를 적어준 필적으로서 김기설 분신 5일 뒤 검사가 부대를 직접 방문하여 서○○ 하사로부터 김기설 필적으로 제출받은 자료이다.

4) 김형영 본인이 진실·화해를 위한 과거사정리위원회(이하 "진화위") 조사시 "필적감정에서 속필체와 정자체를 단순하게 비교하는 것은 원칙에 맞지 않고 대조자료로도 맞지 않습니다"라고 진술하였고 같은 의견을 논문에서도 밝혔다. 김형영 외「한글의 운필형태분류와 희소성에 대한 연구」1985년.

5) 강기훈이 과거 다른 사건으로 수사를 받으면서 수사기관에 제출한 진술서.

6) 1991년 당시 및 2006년 국과수 감정인인 진○○은 진화위 조사에서 "당시 검찰에서 국과수로 감정을 의뢰할 때 강기훈의 진술서를 감정자료로 보냈는데, 강기훈의 이름이 들어가 있는 것은 빼고 내용만 주었다면 오류를 불러일으킬 수 있다고 생각합니다. 김형영 실장에게 유서와 비슷한 속필체 글씨를 제시하고, 다른 한편 김기설은 정자체만 사용하는 사람이라는 인상을 심어준다면 감정인은 유서와 강기훈의 필적이 같다는 판단을 할 수 있습니다"라고 진술하였다.

사람의 필적이라고 감정했다. 이미 유서가 강기훈 필적과 같다고 감정했기 때문이다. 유서≠김기설 필적이라는 결론이 만들어졌다.

〈표 1〉 유서, 김기설과 강기훈의 필적(1991년 필적감정한 자료)

① 유서	② 김기설 정자체 필적	③ 강기훈 진술서	④ 강기훈 화학노트
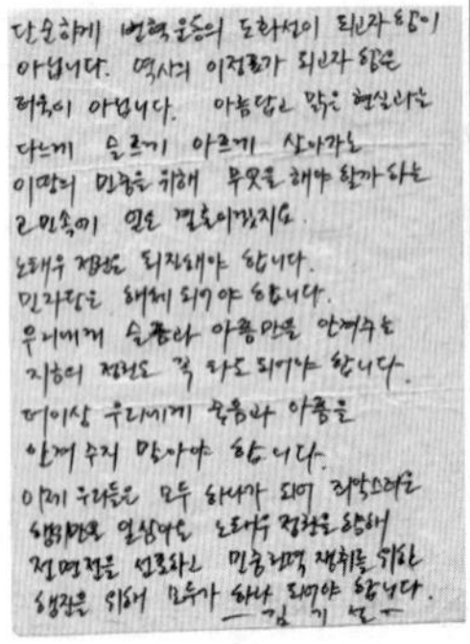 단순하게 변혁운동의 도화선이 되란자 함이 아닙니다. 역사의 이정표가 되란자 함은 더욱이 아닙니다. 아름답고 맑은 현실이라는 단어에 슬프게 아프게 살아가는 이땅의 민중을 위해 무엇을 해야 할까 하는 고민속에 얻은 결론이겠지요. 노태우 정권은 퇴진해야 합니다. 민자당은 해체되어야 합니다. 우리에게 슬픔과 아픔만을 안겨주는 지하의 정권도 꼭 타도되어야 합니다. 더이상 우리에게 죽음과 아픔을 안겨주지 말아야 합니다. 이제 우리들은 모두 하나가 되어 죄악스러운 생활만을 일삼아온 노태우 정권을 향해 전면전을 선포하고 민중권력 쟁취를 위한 행진을 위해 모두가 하나 되어야 합니다. —김기설—	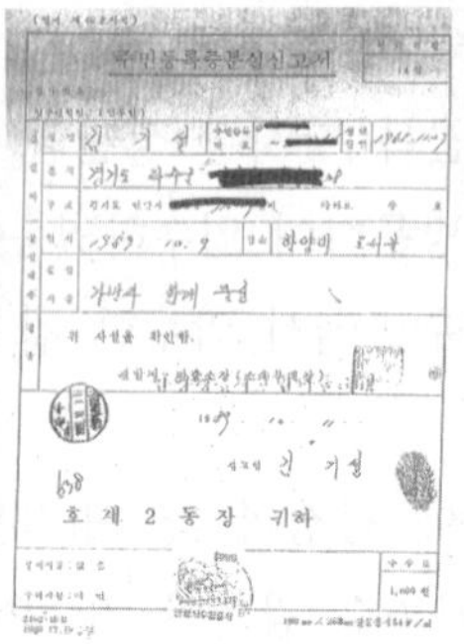	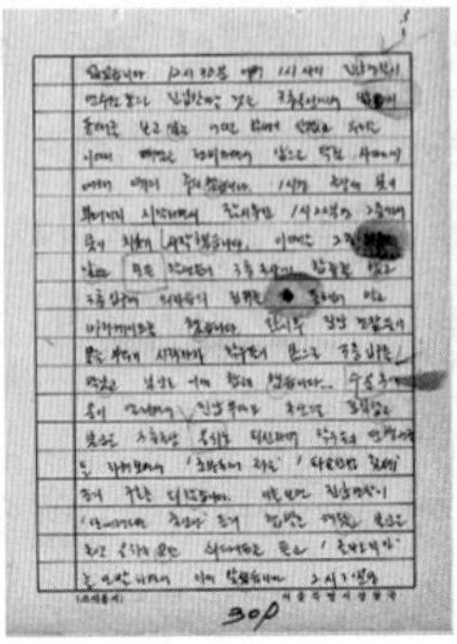	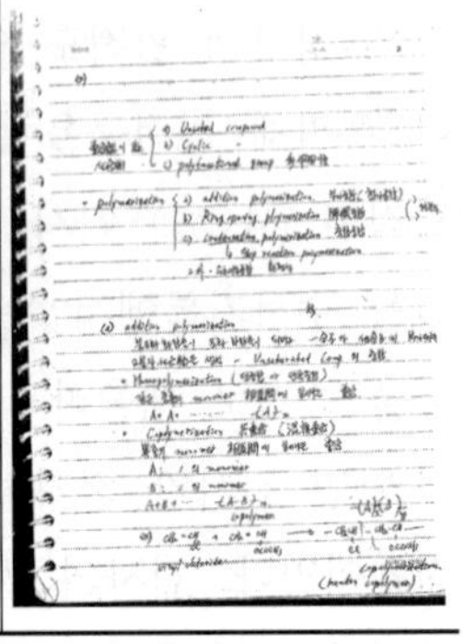

한편 검사는 유서=강기훈 필적이라는 감정결과를 확고히 하기 위해 위 '진술서'와 함께 강기훈의 속필체 필적인 '화학노트'(<표 1>의 ④)를 추가로 감정의뢰했다. 이때 주도면밀하게 이미 유서와 동일한 필적이라는 감정결과를 확보한 '진술서'를 종전과 달리 강기훈의 이름이 표시된 부분을 빼지 않은 온전한 형태로 다시 의뢰하였다. 감정인은 유서=강기훈 필적이라는 종전 감정을 바꿀 수 없는 상황에 빠졌고, 화학노트는 검사가 감정을 맡기면서 강기훈이 사용한 것이라고 밝혔기 때문에 진술서는 물론이고 그와 함께 감정의뢰된 '화학노트'가 유서와 동일한 필적이 아니라는 점을 잘 알면서도 화학노트도 유서와 동일한 필적이라는 감정결과를 하루만에 내놓았다.[7] 그 후로는 모든 강기훈 필적은 유서와 동일하다는 감정이 자판기처럼 나왔다.[8]

검사는 수사 과정에서 필적감정 외에 여러 위법 수사를 통하여 '유서대필' 사건을 만들어갔다. 검사는 6월 24일 강기훈을 구속한 후 변호인 접견교통권을 보장하지 않은채 밤샘수사 및 협박, 모욕, 폭행을 하였다. 김기설 여자친구 홍○○이나 강기훈의 동료 등을 소환하여 밤샘조사하고 협박·가혹행위를 하였다. 특히 홍○○을 60시간 넘게 밤샘조사하면서 허위의 정보를 주어 혼란에 빠트린채 사실과 다른 진술을 유도하였다. 한편 사건 초기부터 대책위 등에서 다수의 김기설의 속필체 필적을 취합하여 제출하였으나 그때마다 트집을 잡아서 강기훈이 김기설의 필적인 것처럼 조작한 것으로 몰아갔다.

7) 김형영은 후에 진화위 조사에서 "당시 화학노트의 경우에는 유서와 동일필적을 찾기가 대단히 힘들었다", "화학노트는 유서의 필적이 나오지를 않아서 애를 먹었던 기억이 난다", "화학노트의 경우에도 강기훈(필적)으로 분류되었기 때문에 유서와 동일필적으로 감정되었던 것이다"라고 진술하였다.

8) 검사는 국과수에 수사과정에서 12회, 기소 후 1회 등 13회에 걸쳐 감정의뢰를 하였다.

피의자신문 과정에서 강기훈에게 수십 장의 시필(試筆)을 작성하게 했으나 유서와 필적이 다르자 이를 찢어버리고 증거로 제출하지 않았다.

다. 자살방조죄 유죄 확정

검사는 7월 12일 강기훈을 '자살방조' 혐의로 기소하고 8월 12일 국가보안법 위반 혐의로 추가 기소하였다. 1심은 12회 공판기일, 21명의 증인신문이 진행되었고 강기훈과 변호인은 유서대필 혐의를 완강히 부인하였다. 변호인은 꿰어맞춰진 국과수 감정을 탄핵하기 위해 일본 감정인의 감정결과를 제출하였으나 한글을 잘 모른다는 이유로 배척되었다. 김기설 여자친구 홍○○은 법정증언을 통해 수사기관에서 한 강기훈에게 불리한 진술을 번복하였다. 그러나 법원은 모든 기소 내용을 인정하여 유죄를 선고하였다. 항소심에서는 변론종결 후에 그간 검사가 은폐하였던 김기설 필적인 '서○○ 하사 수첩'의 존재가 알려졌다.[9] 변호인은 변론재개를 신청하였으나 재판부는 받아들이지 않았다. 대법원 상고 역시 기각되었고, 강기훈은 징역 3년, 자격정지 1년 6월의 형이 확정되어(대법원 1992. 7. 24. 선고 92도1148 판결) 1994년 만기 출소하였다. 한 청년이 다른 사람의 유서를 대필하였다는 이유로 옥고를 치룬 이 사건은 그후 '한국의 드레퓌스 사건'으로 알려지게 되었다.

[자료 1] 재심 전 대법원판결문(대법원 1992. 7. 24. 선고 92도1148 판결)

라. 국가기관의 진실규명

형사 확정판결 이후 강기훈의 무고함을 밝혀주는 진술과 자료가 나왔지만 많은 이들의 노력에도 불구하고 사안의 진실 규명은 지체되었다. 수사와 재판에 관여한 검사와 판사들이 승승장구하는 상황은 사건의 진실규명을 더욱 어렵게 하였다.[10]

(1) 경찰청 과거사진상규명위원회의 조사

2004년 경찰청은 과거사진상규명위원회를 꾸려 김기설의 친구 한○○로부터 김기설

---

9) 검사가 1991년 5월 13일 부대를 방문하여 서○○ 하사에게 필적을 입수할 당시 부대 법무참모로서 당시 상황을 잘 알고 필적에 대한 의견을 나눴던 이○○이 이 사실을 폭로하였다.

10) 수사 당시 부장검사 강신욱은 2000년 7월 대법관이 되고 2007년 박근혜 후보 법률지원특보단장을 맡았다. 주임검사 신상규는 2009년 변호사 개업 전까지 서울지검 특수2부장, 대구지검 2차장, 서울지검 3차장, 창원지검장, 광주지검장, 광주고검장 등 검찰 요직을 맡았다. 남기춘 검사는 서울중앙지검 특수2부장, 서울서부지검장 등을 역임했고 곽상도 검사는 대구지검 서부지청장을 역임한 뒤 변호사로 개업했다가 2013년 박근혜 정부에서 청와대 대통령비서실 민정수석 비서관으로 일했다. 1심 재판장 노원욱 판사는 서울형사지법 부장판사를 지냈고 2심 재판장이었던 임대화 판사는 서울지법 북부지원장, 제주지법원장, 춘천지법원장, 특허법원장 등을 지냈다. 2심 배석판사였던 부구욱은 영산대학교 총장이 되었다. 뉴스1. 2015. 5. 14.자 '유서대필' 사건 검사·판사들은 지금…'승승장구' 중 http://www.news1.kr/articles/?2231513

필적인 '전대협노트'와 '낙서장'[11]을 제출받는 등 이 사건에 대하여 조사활동을 한 후 2005년 12월 16일 유서는 김기설 필체로 보이고 국과수 감정이 객관적이고 공정한 감정이 아니었다는 취지의 진상규명 중간조사결과를 발표했다.[12]

(2) 진실화해위원회 조사결과 및 국과수 등의 새로운 필적감정 결과

그후 진실·화해를 위한 과거사정리위원회(이하 "진화위")는 강기훈의 진실규명신청을 받고 2006. 4. 25. 조사개시를 의결하고 조사를 하였다. 진화위는 국과수 및 국내 7개 사설감정기관에 새로 발견된 전대협노트 등 광범위한 새로운 필적감정을 의뢰하였고 모든 감정기관으로부터 유서는 김기설 필적과 동일하고 강기훈 필적과 상이하다는 회보를 받았다. 진화위는 수사관, 사건 관계자 등에 대한 방대한 조사를 거쳐 2007년 11월 13일 유서대필의혹 사건에 대한 진실규명 결정을 내리고 국가의 사과와 재심등 조치를 권고하였다.

〈표 2〉 유서와 유죄판결 확정 이후 새로 발견된 김기설 필적

유서	전대협노트	전대협노트
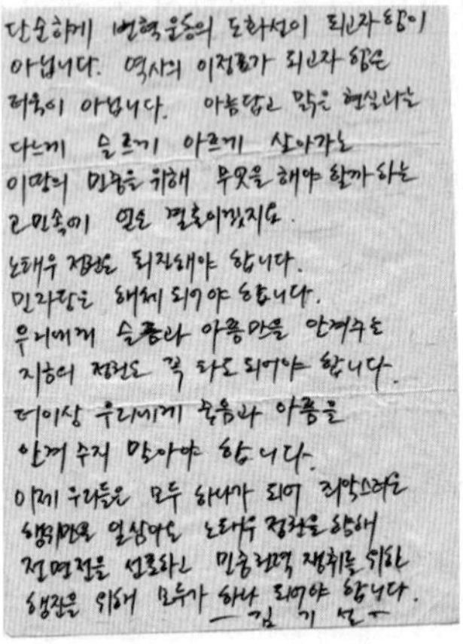	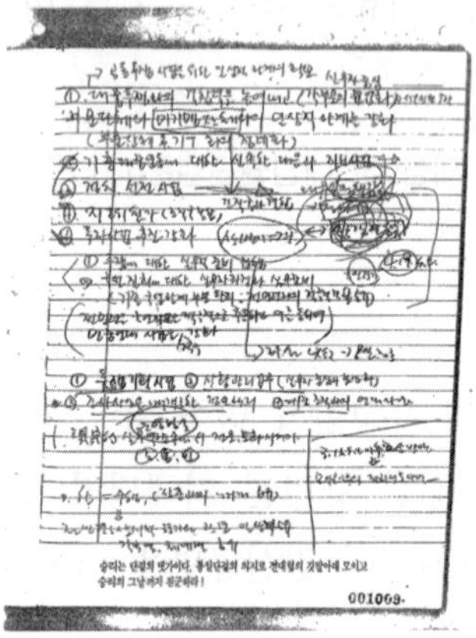	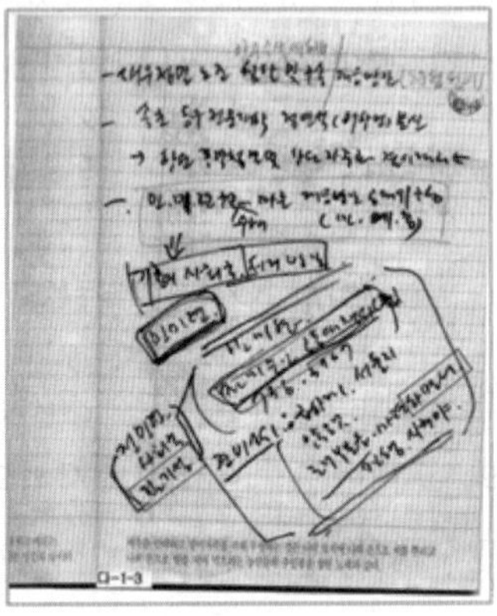

마. 소송 진행 경과

진화위의 진실규명 결정 후 강기훈은 형사재심을 청구하였다. 이미 진화위에서 조사한 결과들이 있었기 때문에 형사재심은 신속히 결정될 수 있을 것이라는 예측도 있었

11) 김기설의 친구 한○○이 1997년 자신의 책정리 과정에서 발견하였다면서 2005년 경찰청 진화위에 제출한 필적들. '전대협노트'는 1990년 전국대표자협의회(전대협)에서 배포한 대학노트에 여러 필기구로 속필체로 흘려쓴 22쪽 분량의 필적이 있는 자료이고, 낙서장은 낱장에 흘려쓴 낙서이다.

12) "현재까지의 조사결과로 보아 이 사건의 유서는 김기설의 필체로 보이고, 국과수의 필적감정은 객관적이고 공정한 감정은 아니었다는 의문이 있다. 검찰은 미리 유서 대필 쪽으로 결론을 내리고 불리한 증거를 배척하는 등 무리한 수사를 한 것이라 의심되는 부분이 있으나, 유서 원본에 대한 필적감정을 하지 못한 상태에서는 명확한 결론을 내리기 어렵다고 판단된다."

으나, 검사의 즉시항고 등으로 인해 재심개시 결정을 받기까지도 5년이라는 시간이 걸렸다. 이후 개시된 재심절차에서 강기훈은 무죄를 선고받고 24년 만에 유서대필범이라는 누명에서 벗어났다. 무죄가 선고되었지만 91년 당시 사건에 관여한 그 누구도 사과를 하지 않았다. 강기훈씨는 국가와 수사검사들을 상대로 조작사건의 책임을 묻기 위해 손해배상 소송을 제기했다. 소송의 진행경과는 다음과 같다.

<형사재심>

2007. 11. 13. : 진실・화해를 위한 과거사정리위원회 진실규명 결정
2008. 5. 2. : 형사재심청구
2009. 9. 15. : 재심개시결정(서울고등법원 2009. 9. 15. 자 2008재노20 결정)
2009. 9. 21. : 검사, 즉시항고
2012. 10. 19. : 대법원, 즉시항고 기각 결정(대법원 2012. 10. 19. 자 2009모1181 결정)
2014. 2. 13. : 재심 항소심 판결 선고(서울고등법원 2014. 2. 13. 선고 2008재노20 판결)
2015. 5. 14. : 대법원 판결 선고(대법원 2015. 5. 14. 선고 2014도2946 판결)
2015. 8. 21. : 형사보상청구
2015. 11. 12. : 형사보상결정

<민사소송>

2015. 11. 3. : 손해배상 소송 제기
2017. 7. 6. : 1심 판결 선고(서울중앙지방법원 2017. 7. 6. 선고 2015가합569037 판결)
2017. 7. 20. : 피고 김형영 항소장 제출
2017. 7. 24. : 원고측 항소
2017. 7. 24. : 대한민국 항소포기
2017. 10. 19. : 항소심 제1회 기일 시작

2. 형사 재심

가. 재심청구 쟁점과 진행

진화위 진실규명 결정 후 이 사건에 대한 재심을 청구하였다. 원판결 당시 변호인이었던 이석태, 백승헌 변호사 외에 젊은 변호사들이 새로이 변호단에 결합하여 진화위 기록 등을 검토한 후 2008년 5월 서울고등법원에 재심을 청구하였다. 재심청구 사유와 쟁점은 다음과 같다.

(1) 형사소송법 제420조 제5호 "무죄를 인정할 명백한 증거의 새로운 발견" 여부

재심대상판결(서울고등법원 판결) 이후 김기설 필적인 '전대협노트'와 '낙서장'이 발견되어 필적감정이 이루어졌던바, ① 새로 발견된 위 필적, ② 진화위 의뢰로 이루어진 국과수 및 사설감정기관의 새로운 감정 결과, ③ 경찰청 과거사위 중간결정 및 진화위의 진실규명 결정들이 형사소송법 제420조 제5호의 재심사유인 '신규명백증거'에 해당하는지가 문제되었다.

(2) 형사소송법 제420조 제2호의 "허위의 증언"의 증명 여부

진화위 조사 과정에서 과거 재심대상 공판 과정에서 증언한 증인들이 진술을 번복하여 당시 증언이 사실이 아님이 밝혀졌다. ① 국과수 감정인이었던 김형영, 양○○의 증언, ② 유서가 김기설의 필적이 아니라고 진술했던 김기설의 부친과 사촌동생의 증언, ③ 김기설 여자친구 홍○○의 증언에 대하여 형사소송법 제420조 제2호의 '허위의 증명'이 있는지가 쟁점이 되었다.

(3) 재심개시결정

서울고등법원은 새로 발견된 필적자료인 '전대협노트'와 '낙서장', 국과수와 사설감정원의 감정결과, 진화위 및 경찰청 과거사위 중간조사결과가 형소법 제420조 제5호의 신규·명백증거에 해당하고, 1991년 당시 국과수 감정인들의 법정 증언이 위증이라는 증명이 있다고 인정하여 재심개시 결정을 하였다.

(4) 검찰의 즉시항고 및 재판지연

서울고검 검사는 재심개시결정에 대해 즉시항고(이하 "재항고")를 했다. 검사가 법원의 재심개시결정에 대해 재항고를 하는 것은 매우 이례적인 일이었다. 즉시항고는 형사소송법 제415조가 정한 헌법·법률·명령 또는 규칙의 위반 사유만을 이유로 가능하기 때문이다.

재심청구 대리인단은 곧 재항고가 기각되고 본안재판이 열릴 것으로 예상하고 본안재판을 준비하였다. 그러나 대법원은 아무런 결정을 내리지 않은채 사건을 방치하였다. 그 사이 강기훈의 건강이 악화되었다. 대리인단은 대법원이 신속한 결정을 하도록 방법을 찾아야 했다. 2012년 1월 대법원에 신속한 결정을 촉구하는 의견서를 제출하였다. 그해 5월 강기훈이 간암 수술을 받게 되자 대리인단은 다급한 마음으로 대법관 면담신청을 하였다. 많은 시민과 단체가 대법원에 탄원서를 제출하고 1인시위를 하였다. 대법원은 검사의 재항고 후 3년 2개월 지나서 2012년 12월 19일 항고를 기각하는 결정을

하였다. 다행스러운 일이었으나 대법원 결정 내용은 호의적이지 않았다. 대법원은 고등법원의 결정 내용 중 국과수 감정인들의 위증에 대한 증명 만을 인정하였다. 새로 발견된 전대협노트와 낙서장이 이를 제출한 친구 한○○의 진술 만으로 김기설이 작성했다고 단정하기 어렵고 기존의 김기설의 필적임이 명백한 필적자료와 전대협노트 등의 필적 사이의 감정을 추가로 할 수도 있으며,[13] 국과수나 사설감정원 감정인이 위 자료가 김기설 필적이라는 예단을 가졌을 가능성도 살펴보아야 한다는 이유였다.

[자료 2] 대법원 재항고 기각 결정문(발췌)

나. 재심 본안 소송

(1) 항소심

대법원의 결정으로 재심개시가 확정되었고 2012년 12월 23일부터 재심 항소심 본안 공판이 시작되었다. 본안의 쟁점은 간단했다. 공소사실이 강기훈이 김기설 명의의 유서를 대필하여 줌으로써 자살을 방조하였다는 것이므로, 결국 유서를 강기훈이 대필하였는가가 핵심 쟁점이었다. 따라서 유서와 강기훈 필적의 동일성 여부, 유서와 김기설 필적의 동일성 여부가 중요한 심리 대상이 되었다. 1심 유죄판결 거시 증거 중, 직접증거는 91년 김형영 작성 감정결과 뿐이었다. 그 외 나머지 모든 증거들은 '유서가 김기설의 필적과 다르다'거나 당시 강기훈의 행적에 관한 진술들로서 이는 '강기훈이 유서를 대필하였다'는 점에 관하여는 간접증거 또는 정황증거에 불과하였다. 따라서 1심의 핵심 증거인 김형영의 감정결과의 신빙성 여부가 중요한 쟁점이 될 수 밖에 없었다. 검찰로서는 22년 만에 열린 재심공판이 부담스러웠을 것이다. 1회 공판기일부터 치열한 공방이 벌어졌다.

(가) 재심의 심리 범위 공방

검사는 재심개시결정에 대한 재항고 사건에 관한 대법원의 기각결정이 내려진 후 진행되는 항소심은 파기환송심의 성격을 갖는 것이고 대법원 결정은 법원조직법 제8조에 따라 본건 본안법원을 기속하므로 항소심 법원은 대법원이 재심사유를 인정한 범위 내에서만 심리할 수 있다고 주장하였다. 즉 재심 법원은 국과수 감정인의 위증 부분만 심리할 수 있고, 신규·명백증거로 인정되지 않은 자료인 전대협노트 등 필적, 새로운 국과수 등의 필적감정결과, 과거사정리위원회의 진실규명 결정 등을 심리 대상에서 제외해야 한다는 주장이었다.

---

13) 재심 전 판결에서 김기설의 필적임이 명백한 자료로 인정된 것은 모두 김기설의 정자체 필적이었으므로, 대법원의 판시는 새로 발견된 전대협노트 등과 김기설의 정자체 필적 사이의 감정을 통해서 두 필적의 동일성이 있는지 확인되어야 한다는 취지였다. 이는 정자체 필적과 흘림체 필적 사이의 감정은 필적감정의 원칙에 반하는 점을 간과한 것이었다.

재심절차는 재심사유의 존부를 판단하는 재심개시결정 절차와 개시결정 후 해당 심급에서 유무죄를 판단하는 본안 심리절차로 구분된다. 따라서 대법원의 재항고 기각결정의 기속력이 미치는 '당해사건'은 서울고등법원의 재심개시결정에 한정되는 것이며, 재심이 개시된 이후의 재심본안재판의 심리와 관련해서는 법원조직법 제8조가 적용될 여지가 없다. 재심개시결정이 된 이상 법원은 해당 심급의 공판절차에 따라 본안심리를 하여야 하고, 이때 "원판결의 증거들과 재심공판절차에서 새롭게 제출된 증거들의 증거가치를 종합적으로 평가하여 원판결의 원심인 제1심판결의 당부를 새로이 판단하여야 한다"(대법원 2004. 9. 24. 선고 2004도2154 판결). 이 점에서 검사의 주장은 무리한 것이었다. 결국 재판부는 항소심의 심리 범위는 증거 별로 개별적으로 판단하기로 하였다.

(나) 항소심 증거조사 방법

우선 과거 원판결 당시 제출된 증거와 공판기록을 어떻게 정리할 것인지 문제되었다. 재심개시결정 대상 판결은 항소심 판결이었으므로, 재심개시결정으로 인하여 재심 전 항소심 판결과 항소심의 증거는 원칙적으로 효력이 없게 되며 재심 본안 재판은 재심 전 1심 판결에 대한 항소심 절차로 진행된다. 따라서 과거의 증거를 어떻게 정리할 것인지 논란이 있었고 이에 대해 아래와 같이 정리하였다. 변호인단은 재심 전 항소심이 간과한 증거들을 목록으로 제출하고, 과거사정리위원회 기록 등 새로운 증거를 적극 제출하였다.

증 거	증거조사 방식
재심 전 1심에서 제출된 증거	1심에서 증거인부 및 증거조사가 이루어졌으므로 그대로 증거로 사용한다.
재심 전 1심 이후 항소심 공판과정에서 현출되어 증거조사되었던 증거	검사 또는 피고인 측에서 유무죄의 입증에 필요한 범위 내에서 각각 증거로 다시 제출하되 목록만 제출한다.[14]
원판결 이후 새로 현출된 필적이나 감정결과, 과거사정리위원회 결정 등 자료	검사 또는 피고인측이 필요한 범위 내에서 증거로 제출한다.

(다) 새로운 필적자료에 대한 필적 감정 공방

사안의 핵심 쟁점이 유서와 피고인의 필적의 동일성 여부, 유서와 김기설 필적의 동일성 여부였기 때문에 필적에 대한 감정 대상과 범위가 쟁점이 되었다.

검사는 대법원의 재항고 기각결정을 근거로 전대협노트, 낙서장과 김기설 필적임이 다툼이 없는 김기설의 정자체 필적 사이에 필적 동일성 여부에 대한 감정을 해야 한다고 주장하였다. 사실 이러한 검사의 주장은 필적감정의 원칙에 반하는 것이다. 정자체

14) 구체적으로 ① 공판조서, 검증조서, 기타 검사의 신청에 의하여 이루어진 증거조사결과(증인신문 등)에 대해서는 검사가 목록으로 호증을 제출하고, ② 변호인측이 제출하거나 신청하여 이루어진 증거조사결과에 대해서는 변호인측에서 증거목록으로 호증을 제출하는 것으로 하였다.

와 속필체 필적은 감정하지 않는 것이 원칙이라는 점은 이미 살펴본 바 있다. 감정을 하더라도 '상이'하거나 '판단불능'이라고 나올 가능성이 높다. 검사의 의도는 그러한 감정결과가 나오면 이를 근거로 전대협노트가 김기설의 필적이라는 근거가 없다고 주장하려는 것이었다. 변호인단은 정자체와 속필체 사이의 필적감정은 허용되지 않은바, 무의미한 쟁점흐리기 증거신청이라고 다투었다.

재판부는 위 증거신청의 채택 여부에 대해 신중한 태도를 보였다. 결국 필적감정의 필요성 여부를 판단하기 위해 쌍방 PPT를 진행하기로 했다. 변호인단은 PPT가 공판의 중요한 분수령이 될 것으로 예상하였다.

변호인들은 보다 근본적으로 필적감정의 원칙에서 출발하여 김형영 감정의 신빙성을 탄핵하고자 했다. 필적감정의 대원칙은 필습의 핵심적 요소인 '희소성과 항상성'을 확인하는 것이다. 희소성은 고정화된 필적 개성이 타인의 것과 크게 동떨어진 성질이고, 항상성은 개인의 고정화된 필적습성이 반복하여 나타나는 성질을 말한다. 필적감정이란 타인과 동떨어진 고유한 성질인 희소성을 찾아내는 것이고, 그 다음으로는 필적 전체를 조사하여 그 희소성 있는 특징이 일관하여 예외없이 반복되는지, 즉 항상성이 있는지 확인하는 것이다. 특징 필습이 희소성과 항상성을 모두 갖추었다고 인정될 때에만 이를 고유한 필습으로 확정할 수 있게 된다. 변호인단은 1991년 김형영 감정이 위 기본원칙을 명백하게 벗어났음을 드러내고자 하였다. 재판부가 오감(五感)으로 공소사실과 1991년 감정이 허구임을 판단할 수 있도록 다양한 시각 자료를 제시하였다. 특히 "ㅎ", "ㅆ", "ㅍ" 등 국과수와 모든 사설감정원이 일치하여 지적한 강기훈과 김기설의 필적 '희소성'의 본질적 차이를 보여주었다(아래 <표 3>). 유서와 김기설 필적은 심지어 정자체 필적에서도 일관된 동일성을, 유서와 강기훈 필적은 일관된 상이성을 보여주었다. 이 명백한 희소성과 항상성은 1991년 김형영의 감정에서는 언급되지 않은 것이었다.

〈표 3〉 유서(上)와 강기훈 필적(下)의 필습 '희소성' 차이(2007년 국과수 감정서 발췌)

"ㅎ" 필습	"ㅆ" 필습	"ㅍ" 필습
	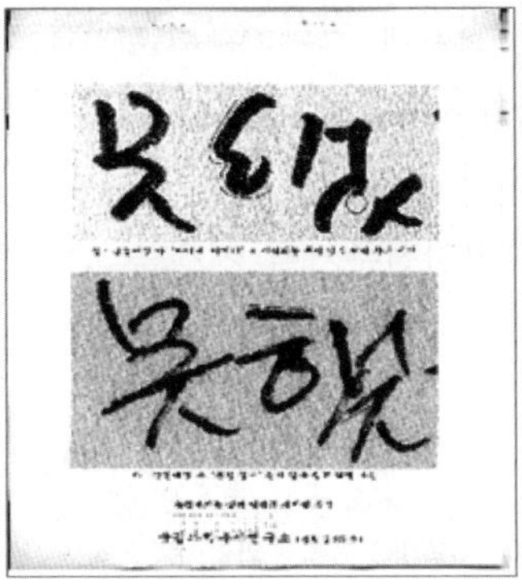	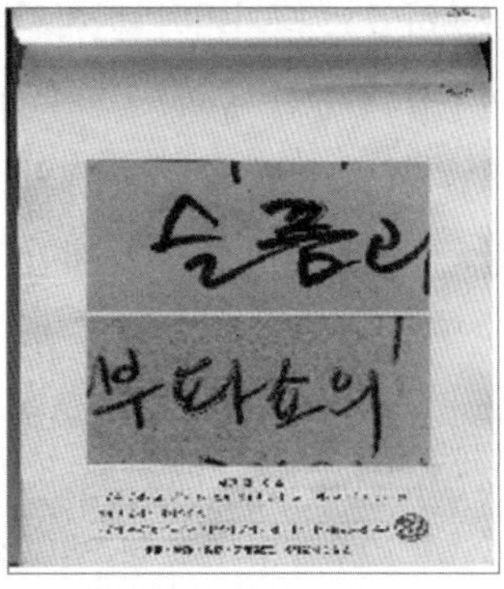

아울러 1991년 당시 감정된 주요 필적자료에 대한 전수조사 결과를 제출하였다. 예를 들어 "ㅎ"이 유서에서는 39회, 강기훈 진술서에서는 89회 사용되었는데 아래 <표 4> 처럼 둘 사이에 "ㅎ" 필습이 본질적으로 다른 '희소성'을 드러나고, 이 희소성이 문서 전체에 일관되게 유지되고 있음을 밝혔다[15](상세한 전수조사 사진자료는 자료3 참조).

〈표 4〉 유서와 강기훈 필적 전수조사 비교("ㅎ" 필습)

유 서	진술서2(강기훈)
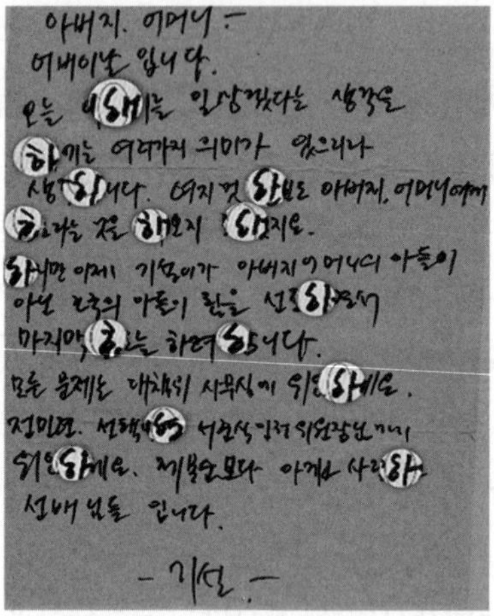	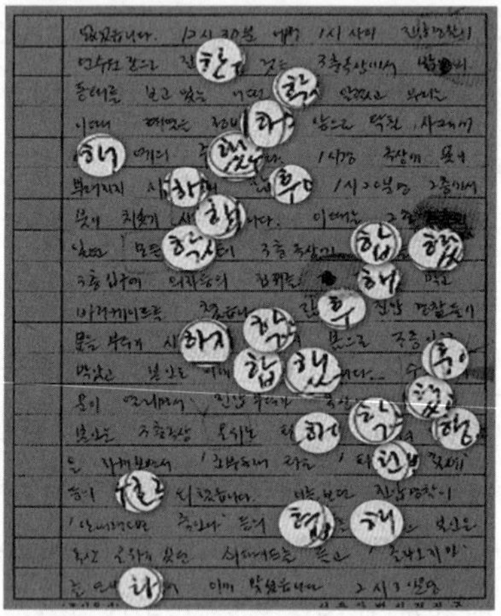

[자료 3] 변호인 2013년 3월 14일자 PT 자료 일부

한편 변호인단이 보기에 이미 진화위 의뢰 필적감정에서 국과수와 모든 사설감정원의 감정결과가 일치하여 유서=김기설 필적, 유서≠강기훈 필적으로 나왔으므로 전대협노트와 김기설 필적 사이의 감정은 무의미했다. 그러나 법원은 검사의 필적감정 신청을 채택하였다. 이후 감정 절차도 우여곡절이 있었다. 전대협노트의 원본은 국가기록원에서 보관하고 있었는데, 국가기록원은 원본 문서 보관 의무와 감정시 문서 일부 파괴 가능성을 들어 법원에 대한 자료 제출을 거부하였다. 결국 법원이 국가기록원에 대한 압수수색영장을 발부하였고 국가기록원 직원이 법정에 직접 원본 문서를 들고와서 원본과 사본의 동일성 여부를 검증한 후에 국과수가 감정을 진행하였다. 미묘한 필적감정이었기 때문에 미리 필적감정의 방법 및 정자체와 속필체 사이의 필적감정의 적절성의 확인을 위해서 변호인단은 국과수 감정인에 대한 감정인신문기일 지정을 신청하여 감정인신문을 진행하였다.

몇 개월 뒤 국과수는 전대협노트, 낙서장과 김기설의 정자체 필적 감정 결과 '동일한

15) 유서는 초성에 "ㅎ"이 오는 경우 같은 문장 안에서도 1획이 우하방과 좌하방이 혼재하고, 또한 'ㅎ'획의 1획의 운필방향 및 1획과 2획을 한번에 연결하여 쓰는 필습의 희소성이 있다. 반면 강기훈 진술서에 쓰인 "ㅎ"을 보면 초성에 "ㅎ"이 오는 경우 운필방향이 "예외없이" 우하방이고, 또한 1획과 2획을 한번에 연결하여 빨리 쓰는 유서 필습이 발견되지 않는다.

필적일 가능성을 배제할 수 없음'이라는 감정결과를 회신하였다. 두 필적이 정서체와 흘림체 필적이어서 서로 기재조건이 부합하지 않지만 각 필적에서 일관성 있게 관찰되는 특징을 비교할 때 유사점이 발견되어 두 필적 사이에 기본적으로 필적의 희소성과 항상성이 드러났다는 것이다.[16] 국과수 감정결과는 검사에게는 치명적이었다. 검사도 의심의 여지 없이 김기설 필적이라고 인정한 정자체 필적들과 새로운 김기설의 속필체 필적인 전대협노트 사이에서조차 동일성이 인정되었으므로 더 이상 유서가 강기훈의 필적이라고 주장할 근거는 설 자리가 없어졌다.

(라) 변호인단의 추가 증거제출 – 91년 당시 검사의 필적 자료 은폐

한편 변호인단은 91년 수사 당시 검사가 강기훈에게 유리한 필적 자료를 적극적으로 은폐하였음을 드러내고자 하였다. 91년 수사 당시 검사는 김기설 자취방, 강기훈 방 등을 압수수색하여 많은 필적자료를 압수하였음에도 그중 상당수 필적자료를 증거로 제출하지 않았고 법정에서 조사되지도 않았다. 변호인단은 진화위 기록에서 이를 확인하고, 수사 당시 검사가 김기설 자취방·강기훈 집에서 압수한 필적 자료 중 종전에 검토되지 아니한 자료를 법정에 현출해줄 것을 요청했다. 아울러 이는 각 김기설과 강기훈의 필적임이 분명하므로 해당 필적과 유서 사이에 필적감정을 신청하였다. 해당 기록은 검찰에 원본이 보관되어 있었으므로 변호인단은 재판부의 명령을 받아 직접 서울고등검찰청을 방문하여 해당 자료를 열람하고 그중 법정에 현출할 자료를 지정하여 그 목록을 법원에 제출하였다.[17] 이 과정에서 1991년 당시 검사가 김기설 자취방 압수수색 과정에서 김기설의 이름이 표시된 싸인 자료를 복수로 입수하였고(아래 ②내지④) 이는 유서의 김기설 서명과 직접 비교할 수 있는 자료이고 또한 당시 기존 변호인 제출 김기설 필적자료(아래 ⑤,⑥)의 신빙성을 확인해줄 수 있는 중요한 필적 자료[18]였음에도 불구하고 압수한 싸인 필적을 사건기록에 현출하지 않은 점을 확인하여 주장하였다.

---

16) 국과수는 '아라비아숫자 '8', '9'의 구성형태, '학', '책', '각' 등의 종성 'ㄱ'을 다른 자획보다 작게 기재하는 습성, '파', '풀'의 초성 'ㅍ', '만', '막', '민'의 초성 'ㅁ', '있'의 종성 'ㅆ'의 구성형태 및 '는'의 초·중·종성간 상대 위치와 각도 및 구성형태 등'에서 유사점이 발견되었다고 밝히고, 나아가 '붙임 1~7과 같은 유사점들이 다른 사람들에서도 반복적으로 나타날 수 있는 확률이 얼마나 되는지 확인하기 위하여' 수집된 700명을 대상으로 위와 같은 주요 필습이 드러날 수 있는 글자 및 숫자를 주고 평소 습관대로 자연스럽게 10회씩 쓰게 하여, 국과수 감정인 5명이 이를 유사/차이로 구분하여 테스트 하였는데 그 결과 '위 특징이 나타날 수 있는 확률이 0%'이었다고 밝혔다. 이는 '서로 다른 사람의 필적 사이에서도 우연히 위와 같은 필습 유사성이 발생할 가능성이 있는지'를 확인하였다는 것인바, 위 700명을 대상으로 한 테스트 결과 700명의 다른 사람 중에 우연히 위 7개 필습이 유사하게 나타난 사람이 전혀 없었다는 것이다. 이 조사 결과는 국과수의 감정결과는 국과수가 확인한 필습들 모두가 유사한 경우는 동일인의 필적일 수 밖에 없다는 것을 강하게 시사하는 것이었다.

17) 진화위 조사기록에서 진화위가 1991년 당시 검사의 압수물 중에서 김기설의 싸인 필적이 있는 자료가 있었음을 확인하여 해당 부분을 정리한 기록을 확인하였다. 그러나 진화위가 조사 후 검찰에 위 기록을 반납함으로써 재심 당시 위 기록이 검찰청에 보관되어 있음을 확인하게 되었다.

18) 당시 검사는 각서(위⑤)의 경우 김기설의 도장이 없다는 등 이유를 내세우거나 기타 자료는 김기설의 필적임을 확인할 명의 내지 근거가 부족하거나 조작 가능성이 있다는 등 여러 트집을 잡아서 제대로 유서와의 동일성을 판단받지 못하도록 하였다.

〈표 5〉 검사가 제출하지 않은 김기설의 싸인자료

① 유서에 기재된 김기설 서명 부분	② 91년 전국대의원회 표지(검사 압수)	③ 책자 윗면(검사 압수)	④ 한국노동운동 20년의 결산과 전망(책) 속지(검사 압수)
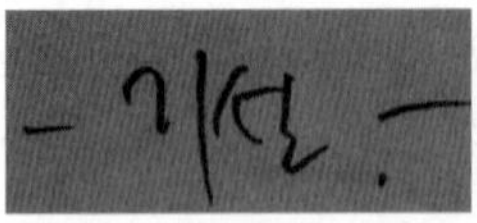	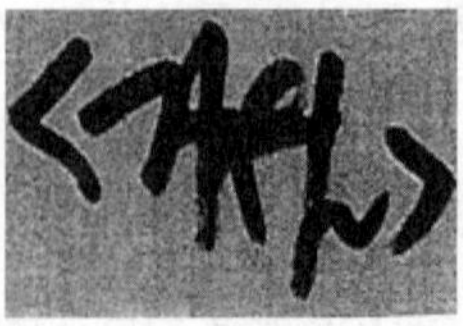		
⑤ 각서(변호인 제출)		⑥ 속초동우전문대 녹취록 속지(변호인 제출)	

한편 변호인단은 원판결 이후 전대협노트를 경찰에 제출한 김기설 친구 한○○를 증인으로 신청하였다. 과연 그의 진술의 신빙성이 있는지를 밝히기로 했다. 증인신문 준비를 위하여 수사기록 및 경찰청 과거사위 기록, 진화위 기록 중 한○○의 진술 부분과 검사가 의문을 제기하는 부분을 꼼꼼하게 정리하였다.

(마) 필적감정인에 대한 증언 공방

공판 과정에서 필적감정의 신빙성에 대한 공방이 계속되었다. 변호인단은 1991년 당시는 물론 2007년에도 국과수에 계속 재직한 감정인 2명을 증인신청하였다. 이들은 91년 당시 감정인 김형영이 현미경으로 대조하고 토론하는 등 공동으로 감정하였다고 주장한 동료였고, 한편 2007년에는 진화위 의뢰로 새로운 필적감정을 했던 당사자였기 때문에 1991년과 2007년의 국과수 감정의 본질적 차이를 누구보다 잘 설명할 수 있는 전문가였다. 그리하여 4회 공판기일에 증인신문이 진행되었다. 변호인들은 형소법 제56조의2, 형소규칙 30조의2 근거하여 일주일 전에 녹음을 신청하였다. 변호인들은 1991년 감정 당시와 2007년 감정 시를 나누어 증인신문을 준비하였다. 신문 과정에서 1991년 감정이 김형영 혼자 진행한 것인 점, 2007년 감정은 모든 감정인들이 함께 진행한 것인 점, 1991년 김형영 감정은 감정의 원칙을 무시한 것으로서 오류에 빠진 것이었다는 진술을 들을 수 있었다.

[자료 4] 녹음신청서

반면 검사는 1991년 당시 감정 당사자이며 법정에 나와서 증인까지 한 김형영, 그리고 역시 당시 김형영의 진술에 부합하는 취지로 증언한 국과수 감정인 양○○을 다시 증인신문하자는 증인신청을 하였다. 변호인들은 위 감정인들은 이미 재심개시결정을 통해 대법원이 당시 이들의 증언이 위증이었음을 확인하였으므로 그 신빙성 확인을 위해 다시 불러 증언을 들을 이유가 없다고 맞섰다.

그런데 검사는 공판 중반에 이르러 이례적인 증거신청을 하였다. 진화위 의뢰를 받아 2007년에 감정을 진행한 국과수 및 7개 사설감정원 감정인들의 감정결과가 검사에게 불리하자 이를 탄핵하기 위해 항소심 공판 진행 중 위 감정인들을 따로 검사실로 불러서 진술조서를 받은 후 증거로 법원에 제출한 것이다. 그러면서 이늘에 대한 증인신청을 하였다. 변호인들은 공소제기 후 재판이 진행되는 상황에서 작성된 참고인 진술조서를 증거로 제출하는 것은 직접주의에 정면으로 반하는 행위이며, 전문증거는 예외적으로 인정해야 한다는 형사소송의 원칙에 위배될 뿐 아니라, 실질적으로는 '증인채택'에 있어서 재판장의 소송지휘권을 잠탈하여 검사가 원하는 방향으로 증거조사가 이루어지도록 하는 효과를 목적으로 하고 있다는 점에서 매우 부적절한 소송행위라고 주장하였다.[19] 따라서 공소제기후 작성된 진술조서에 대해서는 법정에서의 반대신문권 보장이나 진정성립 인정여부와 무관하게 증거능력이 인정되어서는 안된다는 의견을 개진하였다. 다만 진술내용과 증언 가능성을 고려하여 위 진술조서 중 일부만 증거동의하였다. 결국 공방 끝에 변호인이 부동의한 증거 중 한명에 대해서만 검사의 증인신청이 채택되어 증인신문이 진행되었고 나머지는 채택되지 않았다.

(바) 최후변론

항소심은 1년 이상 심리가 진행되었고 우여곡절 끝에 국과수 감정결과가 제출된 후 2014년 1월 16일 10회이자 마지막 공판기일이 열렸다. 쌍방이 논고와 최후변론을 PPT로 진행하기로 하였다.

사실 항소심 공판 과정에서 현출된 물적 증거, 증언, 전대협노트와 유서에 대한 국과수의 필적감정 결과들을 종합할 때 검사의 공소사실은 유지될 수 없었다. 변호인단은 검사가 이를 직시하고 혹시 잘못된 과거사를 반성하는 메시지를 내놓지 않을까 실낱같

---

19) 법원은 공판준비 또는 공판기일에서 이미 증언을 마친 증인을 검사가 소환한 후 피고인에게 유리한 증언 내용을 추궁하여 이를 일방적으로 번복시키는 방식으로 작성한 진술조서를 유죄의 증거로 삼는 것은 당사자주의·공판중심주의·직접주의를 지향하는 현행 형사소송법의 소송구조에 어긋나는 것일 뿐만 아니라, 헌법 제27조가 보장하는 기본권, 즉 법관의 면전에서 모든 증거자료가 조사·진술되고 이에 대하여 피고인이 공격·방어할 수 있는 기회가 실질적으로 부여되는 재판을 받을 권리를 침해하는 것이므로, 이러한 진술조서는 피고인이 증거로 할 수 있음에 동의하지 아니하는 한 그 증거능력이 없다고 하여야 할 것이고, 그 후 원진술자인 종전 증인이 다시 법정에 출석하여 증언을 하면서 그 진술조서의 성립의 진정함을 인정하고 피고 측에 반대신문의 기회가 부여되었다고 하더라도 그 증언 자체를 유죄의 증거로 할 수 있음은 별론으로 하고 위와 같은 진술조서의 증거능력은 없다고 하였다(대법원 2012. 6. 14. 선고 2012도534 판결, 대법원 2000. 6. 15. 선고 99도1108 전원합의체 판결).

은 기대를 가졌다. 국과수는 1991년의 잘못을 인정하고 과거 잘못을 바로잡는 감정결과를 내놓은 상태였기 때문이다. 그러나 기대는 완전히 어긋났다. 검사는 과거 유서는 물론이고 김기설의 속필체 필적으로 제출된 모든 증거를 강기훈이 조작하였다고 주장하던 태도를 조금도 바꾸지 않았다. 심지어 공판 과정에서 국과수 감정을 통해 김기설의 필적임이 확인된 전대협노트와 낙서장 조차도 강기훈이 사건 후에 새로이 조작한 필적이라는 억지를 끝까지 포기하지 않았다.

"피고인의 항소를 기각하시되, 피고인이 재심 대상 사건에서 증거조작을 했던 것처럼 그 일환으로 문제되는 전대협노트, 낙서장을 조작하는 등 관련 증거를 조작하여, 국민과 언론을 호도하여 공권력을 불신케 하는 얼마나 크나큰 잘못을 하였는지, 국민과 언론이 알 수 있도록 판결문에 상세히 적시하여, 다시는 이런 일이 우리 사회에 없도록 해 주시기 바랍니다{검사 항소심 의견서(10)}"

변호인단은 최후변론을 위해 꼼꼼하게 PPT 준비를 시작하였다. 현출된 증거자료를 정리하고, 필적 자료를 시각적으로 드러냈다. 무엇보다 1991년 김형영 감정의 신빙성이 더 이상 유지될 수 없다는 점을 집중 정리하였다. 최종 PPT 후 피고인 최후진술이 진행되었다. 피고인 최후진술은 큰 의미가 있었다. 강기훈 자신이 온전하게 자신의 목소리로 법원에 뜻을 밝히는 자리였다. 변호인단과 상의해가며 최후진술서를 완성하였고, 법정에서 강기훈이 이를 직접 낭독하였다. 최후진술서에는 24년간 그가 겪어야 했던 낙인과 고통, 분노와 슬픔, 이제는 놓여나고 싶은 마음이 고스란히 담겼다. 그는 마지막으로 검사에게 "진정한 용기는 잘못을 고백하는 것"이라고 말하였다.

2014. 1. 16. 피고인 최후진술(일부 발췌)

하지만 이번 재판이 대한민국 수사기관과 사법절차가 어느 수준인지를 가늠할 수는 있겠다는 생각에는 변함이 없습니다. 이것은 적지 않은 세월 동안 재심을 열기 위해 노력하고 그 시간을 견딘 수많은 사람들이 바라는 것이기도 합니다. 유서대필 사건이 추억에서나 존재하는 게 되길 바랍니다. 법을 다루는 전문가들이 어떤 '편견'을 가지게 되면 얼마나 불행한 일들이 벌어지는지를 생각하게 하는 참고자료가 되길 바랍니다. 그렇게만 될 수 있다면 제가 겪어온 시절은 아무렇지도 않게 털 수 있겠다는 마음입니다.

법정에서 제가 진술하는 기회도 오늘로서 끝입니다. 너무 오랜 기간 동안 화제의 중심에 섰습니다. 이제는 좀 놓여나고 싶습니다. 잔혹한 시간들도, 끝도 없이 지속됐던 불면도, 여러 사람들을 저주하며 보냈던 시간과도 이별하고 싶습니다. 할만큼 했구요, 잘 견뎠잖습니까. 이 정도면 과거의 잘못된 수사와 판결을 바로 잡을 수 있는 기회를 준 저에게 검찰과 법원은 고마워할 만도 하다는 생각도 듭니다.

재심법정에서도 여전히 과거의 주장을 되풀이하는 검찰에게 한마디 남기고 싶습니다. 진정한 용기는 잘못을 고백하는 것입니다. 국민의 자랑거리가 되어야 할 검찰이 조롱거리가 된 현실의 책임은 검찰 스스로에게 있습니다.

마지막으로 변호인의 최후변론이 진행되었다. 변호인단은 내부 회의에서 위 PPT에서 법적 쟁점을 충분히 변론할 것이므로, 최후변론서는 이 사건의 의미와 중요성을 재판부에게 환기하는 데 초점을 두기로 하였다. 이석태 단장이 작성 및 낭독한 위 변론요지서는 사안의 본질을 잘 드러낸 글이었다.

[자료 5] 2014. 1. 16. 변호인 변론 요지서(이석태 변호사)

(사) 선고

2014년 2월 13일 항소심 법원의 선고가 있었다. 법원은 강기훈의 자살방조죄에 대하여 무죄를 선고하고, 재심대상이 아니었던 국가보안법 혐의에 대해서만 집행유예 1년을 선고하였다.

(2) 상고심

검사는 위 항소심 판결에 대해 상고하였다. 검사는 상고이유로 △재심 공판 과정에서 재심 전 1심 및 2심에서 이루어진 증거판단을 배척한 잘못, △과거사정리위원회 의뢰 감정결과 및 원심 의뢰 국과수 감정 결과의 신빙성에 대한 판단유탈, △1991년 김형영 감정결과는 신빙성이 있는 증거임에도 독단적으로 위 감정이 잘못되었다고 판단한 잘못, △2007년 과거사정리위원회 의뢰 감정결과가 신빙성이 없음에도 이를 간과한 잘못, △피고인의 집에서 압수된 자료가 피고인의 필적임이 명백함에도 원심이 그 증명력을 배척한 잘못, △홍성은 진술은 신빙성이 있음에도 원심이 그 증명력을 인정하지 아니한 잘못, △전민련 수첩의 절취선 불일치, 업무일지, 홍성은 제출 메모지 등은 피고인이 조작한 것으로서 피고인이 유서를 작성하였다는 증거임에도 이를 인정하지 아니한 잘못 등을 주장하였다. 검사는 91년 유서와 동일필적으로 감정된 전민련 수첩, 홍성은 제출 메모지, 업무일지 등을 모두 피고인이 조작하였고, 이어 새로 발견된 전대협 노트와 메모지도 모두 피고인이 조작한 것이라는 주장을 계속하였다. 그러나 위 주장은 대법원에서 모두 배척되어 2015. 5. 14. 상고기각으로 확정되었다(대법원 2014도2946).

[자료 6] 재심 대법원 판결문

3. 손해배상 청구소송

가. 손해배상 소송의 의미와 청구의 개요

(1) 조작간첩 사건을 비롯한 많은 과거사 사건에서는 검찰 이전 단계인 경찰, 중앙정보부, 보안사 같은 기관이 조작의 적극적 연출자로 등장한다. 이들 기관이 고문 등을 통해 사건을 조작하면 검찰과 법원은 이를 적극적으로 묵인하거나 눈감았었다. 그에 반

해 유서대필 조작 사건은 검찰이 최초단계부터 사건을 주도했다는 점에서 다른 조작사건과는 다른 점이 있다. 법률가들이 사건의 핵심에 있었고 법을 다루는 사람들의 책임이 무엇보다 큰 사건이었다.

그러나 사법부는 24년 만에 무죄를 선고하면서 강기훈씨에게 어떤 사과나 반성을 표하지 않았다. 강기훈씨를 유서대필범으로 만든 후 승승장구한 검사 그 누구도 사과를 하지 않았다. 가해자들의 책임을 묻는 것이 무엇보다 절실했다.

(2) 과거사 사건에서 가해자에게 형사책임을 묻는 것은 쉽지 않다. 수십년의 세월이 지난 후 진실이 밝혀지는 경우가 많고, 진실이 밝혀진 시점에서는 공소시효가 완성된 경우가 대부분이기 때문이다. 그러므로 가해자에게 법적 책임을 묻기 위해서는 손해배상이라는 민사적 방법을 통할 수밖에 없다. 손해배상 소송에서 국가를 피고로 하는 것 외에 가해자 개인을 피고로 하는 것은 이런 이유에서이다.

재심에서 무죄판결을 받은 후 강기훈씨와 그 가족들은 손해배상소송을 제기했다. 이 소송을 통해 유서대필 조작사건이 단순히 수사상 착오나 판단의 오류로 인해 발생한 불행한 결과가아니라 정권의 위기를 반전시키기 위해 적극적으로 조작된 사건이라는 점이 확인되어야 한다는 문제의식은 확실했다. 그런 점에서 대한민국과 91년 당시 필적감정을 했던 국과수 감정인 김형영을 피고로 한다는 것에는 특별히 고민이 필요하지 않았다. 문제는 당시 수사에 관여한 사람들 중 어느 범위까지를 피고로 할 것인가였다. 당시 이 사건 수사를 위해 강력부 검사 대부분이 투입되었다. 수사관까지 포함하면 관여한 사람은 십 여명이 넘었다. 이들 모두를 피고로 할 것인가, 아니면 상징적인 일부만을 피고로 할 것인가에 대해서는 논의가 필요했다. 조작사건에 관여한 그 누구도 면책되어서는 안 된다는 의견, 모든 사람을 피고로 할 경우 쟁점이 부수적인 것으로 희석되거나 재판 지연의 위험이 있기 때문에 일부만 피고로 하자는 의견이 있었다. 결국 숙고 끝에 당시 수사에서 핵심적 역할을 한 검사 2명(1991. 5. 당시 강력부 부장검사였던 강신욱, 강력부 수석검사이자 주임검사였던 신상규)을 피고로 하기로 결정했다. 유서대필 조작에 있어 검찰이 핵심에 있었다는 점이 재판을 통해 확인되는 것이 가장 중요하다는 문제의식에서였다. 그러나 검사 2명을 피고로 삼은 것이 다른 수사관여자들은 책임이 없다는 의미는 아니었다. 이 점은 확실히 할 필요가 있었다. 그래서 다른 수사관여자들이 피고로 특정되지는 않았지만 역시 조작사건의 공범이며 책임이 면제되지 않는다는 점을 소장에서 명확히 했다.[20)]

20) "이 사건의 본질은 단순한 직무상 과실이 아니라 국가가 정치적 위기를 피하기 위한 목적으로 국가기관을 동원하여 조직적으로 진실을 왜곡한 '조작 사건'입니다. 특히 검찰은 이 사건 조작의 핵심에 있었던 바, 원고들이 피고로 특정한 강신욱, 신상규 뿐 아니라 당시 서울지검장 전재기, 수사검사 남기춘, 박경순, 곽상도, 망 송명석 등도 모두 위와 같은 조작을 공모하고 역할을 분담하여 수행한 공범이라 할 것입니다. 다만 원고들은 이 사건 국가배상 청구에서 공무원 개인의 법적 책임을 분명히 묻기 위하여 그 중 수족 역할을 넘어서

나. 소송의 쟁점 · 변론과 1심 판결

(1) 피고들의 불법행위와 그 총체로서 만들어진 유서대필범

(가) 유서가 대필되었다는 거짓 사실이 만들어지기까지

고 김기설은 1991. 5. 8. 정권의 불의를 외치며 분신했다. 그가 분신한 자리에는 유서 2장이 남아있었다. 그로부터 채 열흘도 되지 않아 김기설씨의 외침 대신 유서대필이라는 음험한 단어가 한국사회를 뒤흔들었다. 김기설씨가 세상을 향해 남긴 마지막 메시지였던 유서는 위기에 몰린 정권의 반전카드로 이용되었다. 유서대필이라는 방법까지 동원하는 타락한 집단에 의해 민주화투쟁이 조종되고 있다는 정권의 프레임을 완성하기 위한 카드로 김기설의 유서가 이용된 것이다. 강기훈씨는 동료를 죽음으로 몰아간 파렴치한 인간으로 세상에 불려나왔다. 24년 동안 대한민국의 판례, 학생들이 공부하는 교과서에는 유서대필범이 존재했다. 그러나 밝혀진 진실은 누구도 유서를 대필하지 않았다는 것, 유서는 김기설씨가 쓴 것이 맞고 강기훈씨는 무엇도 대필하지 않았다는 것이다.

누군가의 유서를 본인이 쓴 것이 아니라 다른 사람이 자살을 부추키며 대신 써줬다는 삼류 범죄소설에나 나올만한 이야기, 그것도 도덕성이 무엇보다 중요한 민주화 투쟁세력이 그런 행위를 했다는 선정적이고 충격적인 거짓 이야기를 실재하는 사건처럼 만들기 위해 어떠한 일들이 행해졌을까. 무고한 사람이 조작사건으로 유죄로 만들어지기 위해서는 각 단계별로, 각자 역할에 따라 여러개의 불법행위가 개입한다. 원고측은 피고들의 불법행위들을 아래와 같이 밝혔다.

(나) 피고들의 불법행위

① 필적 은폐

'대필'사건이기 때문에 가장 중요한 것은 유서의 필적이 김기설씨가 아닌 다른 사람의 것이어야 한다. 김기설씨가 정자체와 속필체 두가지 필습을 가진 사람이었다는 점은 유서가 대필되었다는 조작사건을 만들어내기에 좋은 조건이었다. 속필체로 쓰여진 유서를 김기설의 정자체 필적과 비교하면 유서가 대필된 것으로 보이기 때문이다. 문제는 김기설씨가 두가지 필습을 갖고 있다는 것을 검찰은 처음부터 알았다는 것이다. 그러나 검찰은 김기설의 정자체 필적은 모두 법정에 현출하고 언론에 흘리면서, 수사 초기부터 확보하고 있었던 김기설의 속필체 필적은 법정에 증거로 제출하지 않거나 아예 압수목

핵심적이고 주도적인 역할을 수행한 자인 피고 강신욱, 신상규, 김형영을 피고로 특정한 것인바, 비록 그 밖에 언급한 검사들이나 원 감정에 참여하였던 감정인 등이 피고로 특정되지 않았다고 하여 이들의 법적, 역사적 책임이 면제되는 것은 결코 아님을 밝혀둡니다" (손해배상 소장 중 발췌)

록 조차도 기재하지 않았다. 강기훈씨를 구속한 이후 검찰은 유서를 대신 써보라고 시필(試筆)도 시켰다. 그러나 강기훈의 시필 글씨체가 유서와 다르자 모두 찢어버렸다. 유서가 김기설이 쓴 것이 맞고 강기훈이 쓴 것이 아니라는 점을 밝혀줄 수 있는 중요한 필적 자료는 검찰의 손에서 은폐되었다. 이런 필적 은폐는 유서대필범을 만들기 위해 필연적으로 수반할 수 밖에 없는 위법행위였다.[21)]

② 허위감정 유도와 허위 감정

국과수의 필적감정 결과는 과학으로 '대필'이라는 사실에 쐐기를 박는다는 점에서 유서대필범을 만드는데 가장 핵심적인 부분이었다. 검사는 직접 감정물을 국과수에 들고 가서 감정을 의뢰하고 감정이 끝나면 직접 감정서와 자료를 갖고 갔다. 통상적인 감정에서 볼 수 없는 이례적 방식이었다. 한편 검찰이 감정의뢰물로 제출한 김기설의 정자체와 속필체인 유서를 비교하는 것은 감정원칙에 어긋나는 것이었다. 최초의 감정(김기설의 정자체 필적과 유서 비교)도 감정원칙에 맞춰 동일여부에 대해 '논단불가'라는 결론이 나왔다. 그런데 이 결론은 유서가 대필되었다는 검찰의 주장을 뒷받침할 수 없었다. '대필'이 되기 위해서는 김기설 정자체 필적과 유서는 상이하다는 결론이 나왔어야 했기 때문이다. 김기설의 이름이 적혀있는 정자체 문서(김기설 명의 주민등록분실신고서 등)를 이미 감정했던 감정인은 김기설의 필적이 정자체라는 인상을 갖고 있었을 가능성이 높았다. 이런 시점에 검찰은 김기설의 동료인 강기훈씨의 필적(강기훈씨가 쓴 진술서. 강기훈씨는 속필체 필적 하나만을 갖고 있다)과 유서의 동일성 여부의 감정을 의뢰하면서 강기훈씨 명의가 있는 페이지는 빼고 의뢰하였다. 감정 대상물 전체가 아니라 명의자 부분을 빼고 의뢰하는 것은 감정인에게 예단을 심어주어 오류를 불러일으킬수 있기 때문에 감정의뢰 원칙에 어긋나는 것이었다. 여기서 국과수 감정인 김형영은 이 두가지 속필체 자료(강기훈씨의 진술서와 유서)가 동일인 필적이라는 감정을 했다. 검찰의 유서대필이라는 결론에 맞는 감정결과가 나온 것이다.

이후 검찰은 여러차례 추가로 감정을 의뢰했는데 강기훈의 다른 필적과 유서등 감정을 의뢰할 때는 항상 김형영이 유서와 동일하다고 감정했던 진술서를 강기훈이 쓴 것임을 밝히며 끼워넣었다. 그 중 강기훈이 쓴 <화학노트>라는 필적 자료가 있었는데

---

21) 앞서 언급한 바와 같이 김기설의 속필체 필적을 검찰이 갖고 있다는 사실은 2심 형사재판의 변론종결후, 이 필적을 입수한 검사와 함께 식사를 한 당시 정훈장교 이○○의 폭로로 알려지게 되었다. 변호인들은 변론재개신청을 했으나 법원은 받아들이지 않았다. 한편 재판단계에서 김기설의 싸인 필적도 중요한 쟁점이 되었다. 싸인이 중요한 쟁점이 되었을 때 검찰은 이미 3개의 김기설 싸인을 갖고 있었지만 이 사실을 91년 재판 당시에 피고인측은 알 수 없었다(검찰이 싸인 필적을 보관하고 있었다는 사실은 15년이 지난 뒤 진화위 조사과정에서 밝혀졌다). 변호인측에서는 김기설이 속필체를 쓰는 사람이라는 것을 증명하기 위해 싸인이 포함된 속필체 필적을 법정에 제출했는데 검찰은 변호인측이 제출한 싸인과 육안으로봐도 비슷한 김기설의 싸인 필적을 세 개나 갖고 있었으면서도, 변호인이 제출한 필적의 싸인이 김기설이 쓴 것인지 확인할 수 없다고 주장했다. 법원도 이 주장을 그대로 받아들였다. 피고인의 무죄를 밝혀줄 수 있는 핵심자료를 갖고 있으면서 검찰은 이를 은폐한 것이었다.

김형영 스스로도 유서와 화학노트는 도저히 동일한 필적이라고 할 수 없을 정도로 유사점을 찾기 힘들었다(김형영은 진화위원회 조사에서 "화학노트에는 유서와 동일한 습성이나 필습이 거의 찾기 힘들"었다는 진술을 했다). 그럼에도 김형영은 이미 유서와 (강기훈의 필적인) 진술서가 동일필적이라는 결론을 내린 바 있기 때문에 강기훈씨의 화학노트도 유서와 동일필적이라는 허위 감정을 했다. 또한 감정의 후반단계에서는 정자체와 속필체를 단순 비교할 수 없다는 감정원칙도 무시하고 유서와 김기설의 다른 정자체 필적 여러건을 모두 동일 필적이라는 결론까지 내렸다. 검찰의 허위감정유도와 감정인의 허위감정이 결합한 엉터리 감정은 유서대필범을 만드는데 핵심적 역할을 했다.

③ 참고인들에 대한 가혹행위

검찰은 김기설의 속필체 필적을 은폐했지만 많은 지인들은 김기설의 속필체 글씨를 알고 있었다. 김기설이 쓴 속필체 필적이 검찰에 다수 제출되었다. 그런데 검찰은 이 모든 속필체 필적을 조작으로 몰아갔다. 이를 위해 필적 제출자를 참고인으로 불러 구속할 수 있다고 협박하거나 잠을 재우지 않거나 직접적으로 구타를 하는 등의 가혹행위가 있었다는 진술이 다수 존재했다.

④ 강기훈씨에 대한 가혹행위

강기훈은 구속된 후 20일간 조사를 받았다. 잠을 재우지 않는 것은 기본이었고 조사받던 취조실 문을 열고 옆방에 있던 포승줄과 수갑, 쇠사슬 등 고문도구를 보여주며 달아매겠다는 등의 협박을 하기도 했다. 강기훈 자신에 대한 직접적인 폭언과 폭행 외에 가족과 여자친구를 구속하겠다는 등의 협박은 무엇보다 강기훈을 힘들게 했다. 잠을 재우지 않고 계속되는 강압행위, 폭행, 욕설, 이런 고립무원의 밤과 낮동안 유서가 대필되었다는 것을 전제로 한 검찰의 회유, 협박을 동원한 유도신문은 계속되었다. 지칠대로 지치고, 피폐해져 가는 시간동안에도 '유서가 대필되었다'는 점은 세뇌가 될 정도로 주입되었다. 절망감 속에 강기훈은 검찰이 주입한 유서대필이라는 사실을 인정하는 듯한 진술을 하게 되었다. 결국 이 진술들은 모두 강기훈 본인에 대한 유죄의 증거로 거시되었다.

⑤ 변호인 접견권 침해와 가족 면회 차단 등

강기훈씨 구속당일부터 변호인들은 접견을 하고자 했다. 그러나 검찰은 처음에 접견을 허락하지 않다가 변호인단이 성명을 내는 등 항의를 하자 몇일 뒤 접견을 하게 했는데 이마저도 검사가 바로 옆에서 접견 내용을 다 듣는 곳에서 하게 했다. 가족에 대한 면회는 완전히 차단되었다.

⑥ 검찰의 피의사실공표와 명예훼손

검찰은 김기설의 정자체 필적을 선별해서 언론에 흘리는 방식으로 피의사실을 공표했다. 육안으로도 다르게 보이는 정자체와 유서의 비교사진이 언론에 보도되자 사람들은 유서가 대필되었다는 검찰의 태도를 쉽게 믿었다. 이런 여론조작을 통해 강기훈씨는 재판을 받기도 전에 이미 유서대필범이라는 낙인이 찍혔다. 강기훈씨, 그리고 가족은 이런 낙인을 24년이라는 세월동안 짊어지고 살아야 했다.[22)]

(다) 불법행위들의 총체로서의 만들어진 유서대필범

앞서 언급한 불법행위들은 유서대필범이라는 결론을 만들어내는데 유기적으로 작용했다. 국과수만의 불법행위만으로나 검찰의 불법행위 중 일부만으로 유서대필범이라는 희대의 조작사건이 만들어지기 어렵다. 각각의 불법행위들이 모두 합해져서 희대의 '유서대필범'이 만들어진 것이다. 가해자들의 책임을 묻는 과정에서 이들 불법행위들이 모두 합해져서 유서대필범이라는 큰 그림이 완성된 것이라는 판단은 매우 중요하다. 불법행위들을 하나하나 분해해서 별도로 법적 판단을 하게 되면 각 행위와 유서대필범이 만들어진 연관성도 모호해지거나 단절될 가능성이 높고 그 결과 소멸시효가 완성되었다는 면책의 법기술이 동원될 기반이 조성될 수 있기 때문이다. 91년 당시에는 유기체의 각 부분으로 활발하게 작동했던 불법행위들이 손해배상 단계에서 부분별로 해체되어 단순히 실수가 많았던 수사, 결과적으로 불행한 사건이었다는 방식으로 결론지어지는 것은 또 한번 사법부에 의해 진실이 왜곡되는 것이다.

(2) 주요 쟁점과 1심 법원의 판단

(가) 원·피고측 주장과 쟁점의 개요

원고측은 피고들의 불법행위가 각각 분리된 것이 아니라 처음부터 유서가 대필되었다는 결론을 내려놓고 이에 도달하기 위해 꿰어맞춰진 수사라는 점을 강조했다. 꿰어맞춘 수사이므로 공무원들의 행위는 고의 내지 고의에 준하는 정도의 중과실이 있다는 점, 불법행위들이 상호작용해서 유서대필이라는 공소사실이 만들어졌고 이에 기초해서 유죄가 선고되었기 때문에 재심 무죄선고로부터 6개월 이내에 제기된 손해배상 청구는 소멸시효가 완성되지 않았다는 점도 주요한 쟁점이었다. 이에 대해 피고들은 당시 수사에서 불법행위나 고의, 중과실이 없고 설령 있었다 하더라도 유죄판결과의 인과관계가 없으며 따라서 소멸시효도 완성되었다고 주장했다.

---

22) "무엇보다 원고 강기훈을 가장 괴롭힌 것은 무기력함과 사람들의 시선이었습니다(…)언론에 크게 얼굴이 나왔던 터라 지하철을 타고 자신을 뚫어져라 쳐다보는 사람들의 시선이 꼭 느껴져서 지하철을 타는 것이 괴로웠습니다. 기자가 직장으로 불쑥 찾아와서 '정말 그랬느냐'과, 왜 '그랬냐'고 물어봐 그가 간 뒤 온종일 일을 못했던 적도 있습니다"—소장 중 일부.

(나) 필적자료 은폐와 수사의 위법성 문제

검사가 입수했으나 법정에 현출하지 않은 싸인, 압수목록 조차도 기재하지 않았던 김기설의 수첩과 같은 속필체 필적은 모두 강기훈의 무죄를 밝혀줄 수 있는 핵심적 자료였다. 특히 속필체 필적이 압수목록에 기재조차 되지 않았다는 것은 매우 중요한 의미가 있었다. 목록의 기재가 없다면 피고인측에서는 검사가 자료를 어디까지 갖고 있는지 아는 것 자체가 불가능하기 때문이다. 당시 검찰사건 사무규칙으로도 검사는 압수시 압수물 총목록을 작성하도록 되어 있었다. 그런데 김기설씨가 두가지 필습을 갖고 있다는 점을 밝혀줄 핵심적 자료를 입수하면서 압수조서나 목록을 남기지 않았다는 것은 고의적 은폐행위라고 볼 수 밖에 없다.

대법원도 검사가 피고인에게 유리한 증거를 제출하지 않은 사안에서 "검사는 공판과정에서 피고인인 원고에게 결정적으로 유리한 증거를 입수하고도 이를 법원에 제출하지 아니하고 은폐한 것으로 그와 같은 검사의 행위는 도저히 그 합리성을 긍정할 수 없는 정도에 이르러 위법"하다(대법원 2002. 2. 22. 선고 2001다23447 판결)고 판단한 바 있다.

그러나 손해배상 소송의 1심 재판부는 검사의 싸인이나 속필체 필적 은폐에 대해 미처 발견하지 못했거나 김기설의 필적임이 객관적으로 인정되지 않는다는 판단하에 사건기록에 현출하지 않았을 가능성이 있으므로 수사가 조작된 것이라거나 경험칙이나 논리칙에 비추어 도저히 그 합리성을 긍정할 수 없을 정도에 이르렀다고 보기에 부족하다고 하여 위법성을 인정하지 않았다(서울중앙지방법원 2017. 7. 6. 선고 2015가합569037 판결. 재판장 김춘호).

91년 당시 검사는 사건 초기부터 유서가 대필되었다는 것에 초점을 두고 수사를 진행했다. 그런데 검찰이 입수한 유서와 비슷한 김기설의 속필체 필적은 유서가 대필되었다는 결론에 불리한 결정적 자료였다. 그런데 손해배상 소송 1심 판결은 이렇게 검사의 공소제기나 유지에 불리한 자료, 그러나 피고인에게는 결정적으로 유리한 자료를 검사가 임의로 판단해서 감추거나 제출하지 않아도 법적으로 문제되지 않는다는 것을 의미했다. 검찰이 피고인에게 유리한 자료를 감춘 후 나중에 중요하지 않은 자료인거 같아서 기록에 남기지 않았다고 변명하면 이를 받아들여야 하는가. 1심의 판단은 '공익의 대표자로의 검사'(검찰청법 제4조 제1항)의 규범적 의미를 무의미하게 만드는 것이다.

(다) 인과관계와 소멸시효의 문제

① 가혹행위를 인정하면서도 소멸시효로 책임을 면제한 1심의 판단

수사과정에서 피고 검사가 강기훈씨를 직접적으로 폭행하거나 가족에 대한 위해의 고지 등 협박을 하는 등으로 가혹행위를 했다는 점,[23] 변호인과의 접견 교통권이 침해되었다는 점, 피의사실을 공표한 점에 대해서는 1심 법원도 위법한 수사라는 점을 인정했다.

피고측은 설령 가혹행위 등이 있었다 하더라도 소멸시효가 이미 완성되었다고 주장했다. 이미 사건 당시로부터 24년이 지난 후 청구된 손해배상 소송은 소멸시효가 완성되어 청구가 기각되어야 한다는 것이다.[24] 그러나 채무자의 소멸시효 완성의 항변권 행사가 우리 민법의 대원칙인 신의성실 원칙에 반하는 경우 권리남용으로 허용될 수 없다는 것이 대법원의 태도이다(대법원 2008. 5. 29. 선고 2004다33469[25] 판결 등). 피고들의 가혹행위, 접견권 침해, 피의사실 공표 등은 모두 결합해서 유서대필범을 만들어냈다. 불법행위를 통해 취득한 진술들은 재심에 의해 무죄선고가 나기 전까지 여전히 자살방조죄를 증명하는 증거능력 있는 합법적 증거로 법원에서 인정되어 온 터였다. 그러므로 재심에 의해 무죄가 선고되기 전까지 각각의 불법행위에 대해 손해배상을 청구하는 것은 객관적으로 불가능했다. 객관적 손해배상 청구를 할 수 없는 장애사유가 있었고 채무자의 소멸시효 항변은 권리남용에 해당하는 것이었다. 그러나 피고측은 수사기관의 가혹행위 등은 반드시 형사재심 절차를 거쳐야만 손해배상을 받을 수 있는 경우에 해당한다고 보기 어렵고 소멸시효 완성 주장은 권리남용이 아니라고 주장했다.

1심 판결은 피고측 주장과 같이 "검찰 수사과정에서의 각 개별적인 불법행위에 대해서는 반드시 유죄판결에 대한 재심절차를 거쳐야만 손해배상을 받을 수 있는 경우에 해당한다고 볼 수 없고, 이 사건 수사과정에서의 개별적인 불법행위를 포함하여 수사 전체와 공소제기가 모두 위법하므로 재심 무죄판결이 확정된 후에야 권리를 행사할 수

---

23) "① 피고 신상규는 원고 강기훈이 구속된 1991. 6. 24. 경부터 1991. 7. 12. 기소되기 전까지 총 7회에 걸쳐 피의자신문조서를 받는 등 원고 강기훈을 조사를 하였는데, 원고 강기훈으로부터 동의를 받지 않은 채 2회에 걸쳐 이틀밤을 재우지 않았고, 하루밤을 재우지 않고 조사한 적도 있으며, 원고 강기훈이 졸면 선 채로 조사를 하기도 한 사실, ② 원고 강기훈이 최초 검찰 수사에서 묵비권을 행사하자, 수사관들은 원고 강기훈에게 '마약 사범을 조사할 때 천장에 달아매고 조사를 하는 관행이 있는데, 천장에 매달아 공사를 하겠다.'고 말하는 등 원고 강기훈을 위협하고, 김기설의 사체 사진을 보여주며 "네가 죽인 것이니 잘 보라."고 말한 사실, ③ 검사 신상규는 원고 강기훈에게 "검찰 공안부, 안기부, 기무사 등 입맛 다시는 곳이 많다. 우리는 이것을 막으려고 한다."고 말하거나 원고 강기훈을 주먹으로 때리기도 한 사실, 조사 도중 검사는 원고 강기훈에게 "네가 말을 안 하면 주변에 있는 사람들을 족치는 수밖에 없다. 네 주변에 네 에미, 여자친구 잡아다가 하는 거 우습지 않아. 우린 부담 느끼지 않고 그렇게 하면 너 대신 그쪽에서 무슨 얘기하겠지."라고 말한 사실을 인정할 수 있다"(1심 판결문 중 일부 발췌).

24) 국가의 불법행위에 대한 손해배상청구의 소멸시효 기간은 손해 및 가해자를 안날로부터 3년, 불법행위를 한 날로부터 5년(국가재정법 제96조 제2항, 제1항, 민법 제766조), 일반 불법행위 소멸시효 기간은 손해 및 가해자를 안날로부터 3년, 불법행위를 한 날로부터 10년(민법 제766조)이므로 91년으로부터 24년이 지난 2015년에 제기한 소송은 소멸시효가 완성되었다는 주장이었다.

25) "채무자의 소멸시효에 기한 항변권의 행사도 우리 민법의 대원칙인 신의성실의 원칙과 권리남용금지의 원칙의 지배를 받는 것이어서, 채무자가 시효완성 전에 채권자의 권리행사나 시효중단을 불가능 또는 현저히 곤란하게 하였거나, 그러한 조치가 불필요하다고 믿게 하는 행동을 하였거나, 객관적으로 채권자가 권리를 행사할 수 없는 장애사유가 있었거나, 또는 일단 시효완성 후에 채무자가 시효를 원용하지 아니할 것 같은 태도를 보여 권리자로 하여금 그와 같이 신뢰하게 하였거나, 채권자보호의 필요성이 크고, 같은 조건의 다른 채권자가 채무의 변제를 수령하는 등의 사정이 있어 채무이행의 거절을 인정함이 현저히 부당하거나 불공평하게 되는 등의 특별한 사정이 있는 경우에는 채무자가 소멸시효의 완성을 주장하는 것이 신의성실의 원칙에 반하여 권리남용으로서 허용될 수 없다(대법원 2008. 5. 29. 선고 2004다33469 판결).

있었다는 것은 원고들의 판단에 따른 것으로 원고 강기훈에 대한 재심대상 판결이 유죄로 확정된 채 남아있다는 점이 위 개별적인 불법행위를 이유로 한 손해배상청구권을 행사할 수 없게 만드는 객관적인 장애사유라고 보기는 어렵다. 따라서 피고 강신욱, 신상규의 소멸시효 항변과 불법수사로 인한 손해배상 청구에 대한 피고 대한민국의 각 소멸시효 완성항변이 권리남용에 해당한다고 보기는 어렵다"고 하여 검사의 불법행위와 관련한 부분의 배상책임을 '소멸시효'라는 법리로 모두 면제시켜버렸다.

강기훈이 원고가 되어 3년안에 소송을 제기했어야 한다는 것은 어떤 의미일까. 3년을 구체적으로 따져보면, 강기훈에 대한 불법행위가 집중된 것이 1991. 6. 말에서 7.초였으니 1994. 7. 정도까지(가해자 및 불법행위를 안 날로부터 3년) 검사의 가혹행위 등에 대해 소송을 제기했어야 한다는 것이다. 1994. 7.은 강기훈이 여전히 유서대필범이라는 낙인이 찍힌채로 교도소에서 복역할때이다. 피고 신상규와 강신욱은 검찰 조직내에서 승승장구하고 있었다. 무엇보다 강기훈이 폭행과 협박, 가혹행위 속에서 했던 진술을 합법적이고 증거능력 있는 증거로 인정하는 확정판결이 살아있던 시기이기도 했다. 1심 판결에서 말한 3년은 이런 시점이다. 사법부가 바로 몇 년 전에 했던 판결(자살방조 유죄 판결)을 스스로 뒤집는 기적같은 일이 일어나지 않는 한 손해배상 소송을 제기해도 승소할 가능성이 없는 시점이었던 3년 내. 이때까지 소송을 제기하지 않았다면 가혹행위를 한 검찰은 영원히 책임을 지지 않아도 된다는 말이었다.

② 수사기관의 위법행위와 소멸시효

대법원은 수사기관의 구타 등으로 피의사실에 대한 자백을 하고 이를 기초로 유죄가 선고된 후 재심을 통해 무죄를 선고받고 국가에 대해 손해배상을 청구한 사건에서 "국가기관이 수사과정에서 한 위법행위 등으로 수집한 증거 등에 기초하여 공소가 제기되고 유죄의 확정판결까지 받았으나 재심사유의 존재 사실이 뒤늦게 밝혀짐에 따라 재심절차에서 무죄판결이 확정된 후 국가기관의 위법행위 등을 원인으로 국가를 상대로 손해배상을 청구하는 경우, 재심절차에서 무죄판결이 확정될 때까지는 채권자가 손해배상청구를 할 것을 기대할 수 없는 사실상의 장애사유가 있었다고 볼 것이다. 따라서 이러한 경우 채무자인 국가의 소멸시효 완성의 항변은 신의성실의 원칙에 반하는 권리남용으로 허용될 수 없다" 고 판시한 바 있다(대법원 2013. 12. 12. 선고 2013다201844 판결). 잘못된 유죄판결이 나온 원인에 수사기관의 위법행위가 개입되어 있을 경우 재심절차에서 무죄 판결이 확정될 때까지는 사실상 장애사유가 있다고 보는 것이다.

재심과 상관없이 손해배상을 청구할 수 있기 때문에 소멸시효가 완성되었다는 피고측과 1심 판결은 강기훈에 대한 가혹행위, 변호인 접견권 침해, 피의사실 공표등 수사기관의 위법행위와 자살방조죄의 유죄판결은 상관이 없었다는 입장을 전제로 한다고 볼 수 있다. 피고 신상규, 강신욱은 "강기훈은 수사과정에서 공판과정에 이르기까지 일관되게 범행을 부인하였을 뿐 아니라 달리 자백한 적이 없"기 때문에 폭행이나 협박과 공소제기와는 어떠한 인과관계가 없다고 주장하기도 했다. 강기훈이 끝까지 허위자백을 하지 않았기 때문에 가혹행위에 대한 손해배상 책임을 지지 않는다는 것이다.

1심 판결과 피고측의 논리는 그 자체로 심각한 부정의의 문제를 안고 있다. 자백을 받아내기 위한 방법으로 행한 가혹행위가 소기의 목적을 달성한 경우, 즉 가혹행위로 인해 피의자가 결국 허위자백을 한 경우는 가혹행위와 유죄와의 인과관계가 인정되어 나중에 재심에서 무죄판결이 나면 소멸시효가 완성되지 않아 손해배상을 받을 수 있지만 그와 반대로 가혹행위가 실패한 경우 즉, 피의자가 가혹행위에도 불구하고 끝까지 버텨서 허위 자백을 하지 않았지만 결국 유죄가 선고된 경우는 나중에 재심에서 무죄로 인정되더라도 가혹행위자에게 손해배상을 물을 수 있는 통로가 소멸시효에 의해 봉쇄된다는 것을 의미하기 때문이다. 그러나 1심 판결의 더욱 심각한 문제는 가혹행위를 당한 대상이 자백 아니면 진실 두 가지 선택지만을 진술하는 기계가 아니라 절망감, 모멸감, 고통을 느끼는 사람이었다는 사실, 폭력 앞에서 무너지는 이성, 혼선, 불신이 어떻게든 진술에 영향을 미칠 수 밖에 없다는 사실이 완전히 망각되어 있다는 점에 있다.

강기훈씨는 91년 6월 24일 구속된 후 검사와 수사관에 둘러싸인 채 20일동안 잠을 자지 못한 상태에서 뺨을 맞거나 졸면 선 채로 조사를 받고 모욕적인 말을 수도 없이 들어야 했다. 계속 묵비하면 천장에 매달아 공사하겠다는 위협이나 본인이 무슨 말이라도 하지 않으면 가족들이나 여자친구가 고통을 당할 수 있겠다는 두려움 속에서 조사를 받았다. 그 기간동안 느꼈을 고립감, 믿었던 지인이 자신을 대필자로 몰아갔다는 배신감, 나로 인해 다른 사람이 위해를 당할지 모른다는 두려움, 어서 이 상황을 벗어나고 싶다는 절망감 속에서 판단과 진술은 많은 혼란이 생길 수 밖에 없다. 변호인의 조력도 받지 못하고 가족 등 지인과의 면회도 일체 거부된 고립무원과 20여일간의 가혹행위 속에서 '김기설의 속필체 수첩이 조작된 것으로 보인다, 유서의 글씨가 본인의 글씨와 일부 같다'는 내용이 포함된 진술서와 피의자신문조서는 그대로 유죄의 증거로 사용되었다. 유서대필범이 강기훈이라는 결론이 나오기 위해서는 두가지 조건이 필요하다. 첫 번째는 유서(또는 지인들이 제출한 김기설의 속필체 필적)은 누군가가 대신 써준 것이라는 것, 두 번째는 대필자가 강기훈이라는 것이다. 강기훈은 온갖 가혹행위나 협박에도 불구하고 본인이 유서를 대필했다는 거짓자백은 하지 않았다. 그러나 정신적 고통과 혼란 속에서 이루어진 강기훈씨 진술의 많은 부분(김기설의 속필체 필적이 조작되었다는 것이나 유서의 글씨가 일부 본인의 글씨와 같다는 진술[26])은 검찰 공소제기를 뒷받침

---

26) 1991년 1심 판결 중 증거의 요지: 1. 검사 작성의 피고인에 대한 제3회 내지 제5회 피의자신문조서 및 피고인 작성의 진술서(91. 7. 5. 자) 중 ① 업무일지 첫장의 4분의 3 가량이 찍어져 없어지고 둘째, 셋째장은 한

해주는 주요한 증거로 제출되고 인정되었다.

가혹행위는 있어서는 안 되는 범죄이며 어떻게든 유죄판결에 영향을 미칠 수밖에 없다. 수사기관의 고문에도 불구하고 초인적인 정신력으로 피의자가 죄를 부인했지만 결국 유죄가 선고된 경우, 피의자가 허위 자백을 하지 않은 것은 오히려 죄질을 나쁘게 판단하는 자료로 사용되었을 것이다. 단지 허위 자백을 하지 않았다는 이유로 가혹행위와 유죄판결의 연관성을 부인하고 소멸시효와 완성되었다고 판단한 손해배상의 소송 1심 판결은 전문용어와 법적 기교를 통해 사건의 진상은 묻고 가해자는 면책시켜준 나쁜 선례로 기록될 것이다.

(라) 입증의 문제와 당사자본인신문

수십년이 지난 과거사 사건의 입증은 일반 사건과 다른 특수성이 있다. 남아있는 자료는 대부분 조작의 결과물인 기록뿐인 경우가 많다. 그마저 가혹행위 등은 직접적인 흔적이 남아있는 경우가 거의 없다. 따라서 수사기관의 위법을 밝혀줄 중요한 증거로 당사자의 진술은 매우 중요하다.

또한 당사자 본인신문은 법정에서 마지막으로 강기훈이 남기는 육성증언이라는 점에서도 중요한 의미가 있었다. 원고 소송대리인은 첫 변론기일에서 강기훈 당사자본인신문을 신청하고 꿰어맞춘 수사라는 맥락이 법정에서 드러나도록 하기 위해 총 330여 문항의 신문사항을 미리 제출했다. 이에 대해 피고측은 이 사건의 쟁점이 검찰이나 국과수의 위법수사여부이기 때문에 그와 관련없는 사항은 당사자신문으로 진행할 필요가 없다고 주장했다. 양당사자의 주장을 들은 재판부는 주제별 신문사항의 범위를 정하지는 않고 당사자 신문 시간을 한정해서 하는 것으로 정리했다.

강기훈의 진술에서 당시 구체적인 정황들이 잘 드러났다. 예를 들어 필적 공방이 가장 중요한 문제였기 때문에 수사과정에서 강기훈씨에게 필적들은 자세히 보여줬을 거라는 우리의 상식이다. 그러나 강기훈씨는 수사과정에서 필적들을 자세히 본 적이 없다고 진술했다. 김기설의 속필체로 제출된 필적들에 대해서도 검찰은 제대로 보여주지 않고 이런게 있다더라 정도로 이야기를 했다고 증언했다. 사건의 진상을 밝히는 것, 유서가 대필되었는지 여부를 확인하는 것이 수사의 목적이 아니라, 강기훈으로부터 유서를 대필했다는 진술을 받아내는 것이 주요한 목적이었다는 것을 보여주는 대목이었다.

강기훈에 대한 가혹행위가 당사자본인신문을 통해 인정된 것과는 달리, 홍○○(김기설의 여자친구로서 유서대필 사건에서 가장 중요한 참고인 중 1명)에 대한 가혹행위 주장은

번 또는 두 번째 속필로 급하게 작성 된 것으로 보여지고 임○○이 썼다는 파란색 볼펜 글씨는 처음 보았을 때는 없었던 것으로 기억된다. ② 김기설의 수첩은 조작된 것이 틀림없는 것으로 보인다. ③ 업무일지와 김기설의 수첩 및 유서의 글씨는 김기설의 글씨가 아니라고 생각한다. ④ 유서의 글씨가 피고인의 글씨와 일부 같다는 취지의 각 진술기재.

인정되지 않았다. 제3자의 경우 수십년이 지난 현재에 증언을 하기가 현실적으로 어려운 상황이 있다. 그러므로 현 시점에서 법정 진술이 없더라도 가혹행위 등 주장의 신빙성은 91년 당시 수사와 재판자료만이 아니라 그 이후의 기자회견, 인터뷰 등의 진술까지 모두를 종합적으로 판단해야 한다. 홍○○은 수사당시 잠을 제대로 자지 못하고 구속의 위협 등이 있었다는 진술을 기자회견등을 통해 여러번 한 적이 있다. 그러나 법원은 유서대필범을 인정한 당시 기록을 토대로 이후 홍○○의 가혹행위 등에 대한 진술은 믿기 어렵다고 판단했다.

다. 1심 판결의 전체적인 의미 및 이후의 상황

1심은 국과수 감정인과 국가의 불법행위만을 인정했다. 검사의 배상책임은 인정되지 않았다. 결과적으로 한 시대를 뒤흔든 유서대필 조작사건이 국과수 감정인 한명의 잘못한 행위로 축소되어버린 것이다. 조직적, 총체적으로 연결되어 있는 불법행위를 분해한 다음 불법행위성이 명확히 인정되는 사실관계에 대해서는 소멸시효로, 필적 은폐등 소멸시효 항변 논리를 주장하기 어려운 부분에 대해서는 수사기관의 귀책사유가 없다는 논리로, 어떤 부분은 입증이 부족하다는 이유로 면책시켰다. 각 단계별로 행해진 불법행위들의 연관관계가 사라지면서 사건의 전체적 맥락은 사라졌고, 다양한 면책의 법리들이 그 자리를 채웠다.

대한민국은 2017. 7. 24. 1심 판결에 대한 항소를 포기했다. 국가가 배상책임을 다투지 않겠다고 결정한 것은 당연한 일이다. 그러나 1심 판결은 검사의 책임을 인정하지 않은 점에서 진실과 정의와는 거리가 먼 판결이므로 원고측은 항소를 유지하기로 했다. 강기훈씨는 한 언론사와의 인터뷰에서 "기설이가 살아 돌아와서 '내가 유서를 쓴 거다'라고 말해도 나는 유서대필범이 되었을 것이다"라고 말한적이 있다. 아직까지 사법부는 이 진실을 외면하고 있다.

[자료 7] 〈시론〉 합리적 의심을 말살하는 검사들(이재승 건국대 법학전문대학원 교수)

함께 검토할 판결례

〈수사기관의 위법행위와 소멸시효〉

대법원 2011. 1. 13. 선고 2009다103950 판결.

관련자료

권태평(강기훈씨의 어머니), 『너를 위한 촛불이 되어』, 한겨레출판, 1994.
안재성, 『거짓말 잔치』, 주목, 2015.
경찰청, 「경찰청 과거사진상규명위원회 조사결과보고서」, 2007. 349면 이하.
SBS 그것이 알고 싶다 214회(1998. 3. 15.), 987회(2015. 5. 30.)
권경원, 「국가에 대한 예의」 다큐멘터리.

심층질문

1. 유서대필조작사건과 프랑스에서 있었던 '드레퓌스' 사건은 어떤 점에서 공통점이 있고 어떤 점에서 차이가 있을까?

2. 검사가 피고인에게 유리한 자료를 입수하고도 수사목록과 기록에 전혀 남기지 않고 기소한 경우, 그 수사의 합리성을 긍정하는 것이 경험칙이나 논리칙에 부합하는 것인지?

3. (1) 고문, 가혹행위에도 불구하고 허위자백을 하지 않았다면 유죄판결과 가혹행위와의 인과관계는 항상 부인되는 것인지?

   (2) 조사과정에서 가혹행위를 통해 수집된 진술들이 유죄의 증거로 사용되었으나 허위자백이 없었다는 이유로 가혹행위 당시부터 소멸시효가 진행된다고 본 손해배상 1심 판결의 문제는 무엇인지?

4. 현재 법원은 수사 공무원 개인의 법적 책임을 어떤 기준에서 인정하고 있고 수사 공무원 개인의 책임이 인정된 례는 어떤 것이 있는가. 검사는 재심 항소심 등 재판 진행 중 계속하여 잘못을 인정하지 않고 사과하지 않았는데 이러한 검사의 태도와 공무원 개인의 책임 인정에 관한 현재 법원의 태도는 어떤 관계가 있을까?

자료 1 재심 전 대법원판결문

대 법 원
제 3 부
판 결

사 건 92도1148 자살방조, 국가보안법 위반
피 고 인 강 기 훈
상 고 인 변호인
변 호 인 김창국, 유현석, 이석태, 박연철
원심판결 서울고등법원 1992. 4. 20. 선고 92노401 판결

주 문

상고를 기각한다.
상고후의 구금일수 중 43일을 징역형에 산입한다.

이 유

1. 피고인의 변호인들의 상고이유 제1점에 대하여

원심이, (1) 형법 제252조 제2항의 자살방조죄는 자살하려는 사람의 자살행위를 도와 주어 용이하게 실행하도록 함으로써 성립되는 것으로서, 그 방법에는 자살도구인 총, 칼등을 빌려주거나 독약을 만들어 주거나, 조언 또는 격려를 한다거나 기타 적극적, 소극적, 물질적, 정신적 방법이 모두 포함되는바, 이 사건 자살방조죄에 관한 공소사실은, 피고인은 공소외 1이 공소장에 기재된 상황에서 분신자살을 하겠다는 생각을 갖고 있음을 알고 그 실행을 용이하게 도와주겠다는 의도로 1991. 4. 27.경부터 같은 해 5. 8.까지의 어느 날에 서울 어느 곳에서 리포트용지에 검은 색 사인펜으로 공소장에 기재된 내용의 유서 2장을 작성하여 줌으로써 그 유서내용에 의하여 공소외 1에게 그의 분신자살이 조국과 민족을 위한 행위로 미화될 것이며 사후의 장례의식을 포함한 모든 문제도 서준식, 김선택 등 전국민족민주운동연합(약칭전민련; 이하 전민련이라고 한다)에서 책임진다는 것을 암시하는 방법으로 분신자살의 실행을 용이하게 도와주어 공소외 1의 자살을 방조하였다는 내용이므로, 이는 결국 적극적, 정신적 방법으로 자살하려는 사람에게 자살의 동인과 명분을 주어 자살을 용이하게 실행하도록 하였다는 것으로서 자살방조죄에 해당되는 공소임이 명백하여 공소장에 자살방조죄가 될 만한 사실이 포함되지 아니하였다고는 볼 수 없고, (2) 또한 그 공소사실에 일시와 장소로서 '1991.4. 27.경부터 같은 해 5. 8.까지의 어느 날 서울 어느 곳에서'로 되어 있고, 유서 작성의 방법에 관하여 구체적인 기재가 없다 하더라도, 유서 대필 여부가 문제로 되는 한 이는 자살자와 유서 대필자 사이에 일어난 일이어서, 결국 그 유서가 대필되었는지 여부가 그 범죄성립의 핵심을 이루는바, 이 사건

과 같이 자살이 이미 실행되어 버렸고 그 유서가 압수되어 특정되어 있는 경우, 그 일시와 장소는 범죄의 동일성 인정과 이중기소 방지, 시효저촉 여부, 토지관할을 가름할 수 있는 범위에서 그 유서대필 사실을 뒷받침할 수 있는 정도로만 기재되어 있으면 충분하므로, 이 점에서 위 공소사실은 특정되어 있다고 봄이 상당하고, 따라서 위와 같은 정도의 기재만으로는 현장부재 등의 증명 또는 방어권 행사에 장애를 초래한다고 단정할 수 없다고 판단한 데에, 소론과 같은 위법은 없으므로 논지들은 모두 이유 없다.

2. 피고인의 상고이유 제1점

가. 그 변호인들의 상고이유 제2점에 대하여 원심이 그 설시 증거들로 인정한 사실 및 판단을 간주리면 다음과 같다.

(1) **공소외 1의 분신자살 경위에 대하여**

공소외 1은 1965. 11. 27.생으로서 6세 무렵에 생모를 여읜 채 아버지와 계모 밑에서 성장하였고, 경기 파주군 광탄상고 1학년때 상경하여 큰 누나 공소외 2집에서 그 부부와 함께 살면서 한때 대학입학시험자격 검정고시 준비를 하다가 1985. 12.경부터 1988. 6.경까지 군복무를 마치고 제대한 뒤 1989년부터 성남민주화청년연합에 가입하여 활동하였고 1990. 12.말부터는 전민련에 가입하여 활동해 오면서 1991. 4. 26. 이른바 '강경대군 치사사건'이 발생하여 전국적으로 시위 열기가 고조되고 재야운동권인사들이 범국민대책회의를 결성하면서 전민련도 그 대책회의에 참가하게 되자 전민련 파견자로서 위 대책회의본부가 설치되어 있었던 연세대학교에서 활동하고 있었던 사실, 공소외 1은 처음 전민련 총무국에 근무할 때 실제와는 다르게 학력을 속여 한양대학교 3학년 중퇴자로 행세하였고 이미 그 전부터 전민련 총무국에 근무하던 피고인과 일상접촉을 통해 친하게 되자 1991. 1. 20. 피고인과 그 애인 공소외 3의 소개로 공소외 3의 대학동창생인 공소외 4를 소개받아 동인과 교제하게 되었는바, 공소외 1은 동인에게도 한양대학교 3학년 중퇴자로 행세한 사실, 그 후 공소외 1은 공소외 4와 주 1,2회 가량 만나 교제하였고 같은 해 3. 17. 춘천 청평사에 놀러갔다가 공소외 4에게 청혼을 하였고(그달 말경에는 중학교 동창생 조원혁에게 여자친구가 생겼다고 자랑을 하였으며, 같은 해 4. 중순경에는 둘째 누나 공소외 5에게 결혼하게 될 것 같다는 말까지 하여, 누나들이 결혼하면 방을 얻어 주어야겠다고 상의하기도 하였다), 공소외 4도 위 청혼에 대해 대답은 하지 않았으나 같은 해 4.말에서 5.초에 이르러서는 공소외 1에게 애정을 느끼게 된 사실, 한편 공소외 1은 박경민으로부터 한국방송통신대생 몇명의 모임인 '소리새벽'의 진로를 지도해 달라는 부탁을 받고 같은 해 5. 5. 서울 종로구 동숭동에 있는 한국방송통신대학교에서 박경민, 송국영, 이지혜 등 회원들과 첫모임을 갖고 자기 소개와 모임의 진로 등을 논의하였는데, 공소외 1은 위 모임의 지도자로 추대되어 있는 셈이고 그 회원들보다 대체로 6, 7세 정도 나이가 많은 사회인인데도, 모임 도중에 위 모임의 성격이나 체신에 걸맞지 않게 두 차례나 술을 사오게 하여 낮부터 술을 많이 마셨는가 하면, 모임이 끝난 후에도 회원들과 식당과 술집을 옮겨 다니며 대취하도록 술을 마시다가, 끝내는 여자들인 이지혜, 송국영과 함께 술을 사들고 백제여관에 들어가 그곳에서도 술을 마시게 되었는바, 그곳에서 술에 만취하여 노래를 부르는가 하면 신변잡담을 하고 주먹으로 방바닥을 치고 울기까지 하면서 "5. 8.에 자살하겠다. 이러한 사실은 다른 사람들에게는 말 못하겠고 처음하는 말이다."고 5. 8.에 자살하려는 결심을 토로하였고, 그때 "왜 우리에게 얘기 하느냐. 의문이 난다."고 물어보는 송국영의 뺨을 때리기까지 하면서 "개새끼들" "죽는 의미를 생각해 보자"는 등의 표현을 쓰기도 하였으며, 5. 6. 오후까지 함께 있으면서 자살을 만류하는 이지혜에게 다시 5. 8. 자살할 계획임을 확인해 준 사실, 또한 공소외 1은 이틀 후 19:30경에는 서울 서대문구 신촌에 있는 카페에서 공소외 4를 만나 "분신한 사람들은 누가 책임져야 하는가" "분신한 사람들은 어떠하였을 것 같은가"라는 등 심각한 말을 하여, 공소외 4는 전날과 그날 공소외 1과 두 차례 전화할 때에도 "당분간 못 만날 것 같다. 잘 살아라"는 등의 말을 들은 바 있고 그때는 이른바 '강경대군 치사사건'으로 분신자살이 잇따르던 상황이어서 공소외 1이 자살하려는 것으로 눈치채고 울면서 "우리는 왜 이제까지 만났느냐. 그러면 나는 어떻게 된단 말이냐"고 애원반 항의반 자살하려는 결심을 돌리도록 노력하였으나, 공소외 1은 끝내 그날 22:30경 공소외 4를 아현 전철역 플랫홈에 밀어넣다시피 들여 보낸 뒤 공소외 4와 헤어져 버린 사실, 또한 이지혜와 박경민 등이 전민련측에 알리고 전민련을 통하여, 공소외 1이 위와 같이 이지혜, 송국영에게 같은 해 5. 8. 자살할 계획임을 토로한 사실을 알게된 임근재는 5. 7. 22:00경 그 자취방에 가서 기다리다가 그 자취방으로 들어오는 공소외 1을 만나 부근 포장마차로 데려가 술을 마셨고, 임근재의 전화를 받고 그곳에 온 전민련 관계자 이보은(여)과 함께 그곳에서 대학로까지 가서 함께 지냈는데, 공소외 1은 5. 8. 05:30경 전화를 걸겠다고 간 뒤 잠적하였고, 그날 06:30경 공소외 4에게 신촌 이대 부근이라고 하면서 "열심히 살아라. 사랑한다"는 내용의 전화를 한뒤 신나 두 통을 신문지에 싸들고 서강대학교 본관5층 옥상에 올라가 그날 08:07경 신나를 몸에 뿌리고 라이타 불을 붙인 뒤 약16미터 아래 땅바닥에 떨어져 분신자살 하였고, 그때 이 사건 유서 2장이 위 옥상에 벗어 놓은 상의에 넣어져 있는 채 발견된 사실, 이 사건 유서 2장 중 부모에 대한 유서에는, 공소외 1이 감수성이 예민한 고교 1학년 중퇴 후부터 의지해 왔고 특히 자살 7개월 전 금 2,700,000원을 몰래 가지고 나와 당연히 인간적인 고뇌를 느꼈을 큰 누나에 대하여는 아무런 언급이 없고, 특히 어버이날을 골라 부모에게 인륜상 차마 하여서는 안될, 건전한 일반인이 가장 불효라고 보는 자살을 하면서 오히려 그동안 하지 못한 효도를 마지막으로 하려한다고 하고, 자살 후의 처리를 부모나 가족이 아닌 제3자에게 위임하라고 하면서 부모에게는 말미에 공소외 1이라고 이름만을 기재하고 다른 존칭을 쓰지않은 데 반하여 그 제3자에게는 '제 목숨보다 아끼고 사랑하는 선배님들'이라고 표현하고 있는 점으로 보아, 이는 공소외 1 본인이 쓴 마지막 유서라고 볼 수 없는 사정 등을 인정할 수 있다.

그렇다면, 공소외 1은 이지혜 등을 만난 1991. 5. 5.전에 이미 자살을 계획하였고, 5. 5. 이지혜 등을 만났을 때 내심의 갈등을 이기지 못하고 술을 만취하도록 마신 뒤 그들에게 5. 8. 자살할 계획을 털어 놓은 것이지 그날 즉흥적으로 자살하려 한 것은 아니라고 보아야 할 것이고, 굳이 5. 8. 자살을 고집할 사정이 없는데도 결혼까지 염두에 둔 여자의 간절한 만류까지 끝내 뿌리치고 이지혜 등에게 공언한 대로 5. 8. 쫓기듯이 분신자살한 점에 비추어 볼때, 이는 일반인의 사회통념을 뛰어 넘은 자살로서 그 자체로도 다른 사람과의 관련에서 자살하려 한 것임을 쉽사리 추정할 수 있다.

(2) **이 사건 수첩의 조작 여부에 대하여**

공소외 1이 분신자살한 날 공소외 1의 유해가 안치된 연세대학교 부속병원 영안실에서 공소외 1의 둘째, 셋째 누나들이 이 사건 유서가 공소외 1의 필적이 아닌것 같다는 의문을 제기하고, 1991. 5. 10.에는 공소외 1의 셋째 자형인 공소외 6이 가족들의 뜻에 따라 이 사건 유서 글씨가 공소외 1의 것이 아니니 그 사망경위를 조사해 달라고 검찰에 요청하면서 공소외 1의 필적이 있는 책표지 2장(검사가 제출한 증 제3-1호)을 제출하였고, 이에 따라 검찰은 그 날 공소외 1이 소속되었던 전민련 관계자에게 공소외 1의 평소 필적자료를 요구하여 전민련 측에서 같은 달 11. 공소외 1이 기재하던 일지라고 하면서 업무일지(검사가 제출한 증 제5-1호)를 제출하였으며, 그후 검찰은 같은 달 16. 공소외 4가 공소외 1의 분신자살 전날 그로부터 동인의 수첩을 받이서 가지고 있다가 그 다음 날 전민련측에 교부한 사실을 알게 되어 전민련 관계자에게 그 수첩의 제출을 요구하였던바, 전민련 측에서는 같은 달 20. 그 수첩이라면서 이 사건 수첩을 검찰에 제출하였음이 명백하다.

그러므로, 이 사건 수첩이 바로 공소외 1이 공소외 4에게 주고 공소외 4가 전민련에 전달한 그 수첩인지를 살피건대, 이 사건 수첩의 본체와 글씨가 써 있는 전화번호 기재용지 3장의 각 절취선이 일치하지 아니하므로, 이 전화번호 기재용지 3장은 원래부터 이 사건 수첩에 붙어 있던 것이 아니라 다른 수첩에 붙어 있던 것이라고 보아야 하는 점, 전화번호 기재용지 3장의 연필로 기재되어있는 문자 밑에 강한 필압형태가 나타나 있으나 그 뒷장에 나타나 있어야 할 필압흔적이 필흔재생기에 의하여도 관찰되지 않는다는 점, 또한 위 수첩을 공소외 1로부터 교부받았다가 전민련에 제출한 공소외 4의 진술에 의하면 전화번호기재용지 등에 기재된 글자의 필기구와 색깔이 원래와 다른 사실이 인정되는 점, 위 전화번호 기재용지에 적혀 있는 안혜정은 공소외 1의 광탄중학교 동창생으로서 서로 절친하게 지내왔고, 공소외 1은 1991. 4. 초순경까지 안혜정이 근무하던 서울 서부경찰서 수사과로 수시로 전화를 하곤 하였으며, 그 전화번호는 '386-3766'인데도 위 전화번호 기재용지의 안혜정란에는 이와 다르게 '386-2776'으로 기재되어 있는 점, 국립과학수사연구소 김형영이 작성한 1991. 5. 25.자 및 5. 29.자 각 감정서의 기재에 의하여 이 사건 수첩의 필적이 공소외 1의 것이 아니고 피고인의 것임을 알 수 있는 점들을 종합하면, 이 사건 수첩은 원래 공소외 1이 남긴 수첩 그대로가 아니고 공소외 1의 분신자살 후 피고인에 의하여 조작된 것으로 판단된다.

(3) **업무일지의 조작 여부에 대하여**

전민련이 제출한 업무일지(위 증 제5-1호)는 표지를 제외한 3장으로서, 1991. 3. 20.부터 같은 해 4. 15.까지 그 행사 내용 등이 적혀 있는바, 그 첫 장에는 3. 20.자 행사 내용만 기재되어 있는 채 그 아래부분이 찢어져 남아 있지 아니하고, 마지막 장에는 상단에 4. 15.자 행사 내용만 기재되어 있는 채 그 아래부분은 여백이며, 둘째 장 다섯째 칸 '4. 9. 4월 혁명 기념대회 준비'부분만 파란색 볼펜으로 기재되어 있고 나머지 부분은 모두 연필로 기재되어 있는 사실, 전민련 조직국 부장 김현수는, 전민련 상임의장 신창균 및 서울민협회장 최규성으로부터 업무일지를 찾으라는 지시를 받고 공소외 1의 책상 위 책꽂이에서 이를 찾아 피고인 및 김형민과 함께 살펴 보았는데, 파란색 펜으로 쓴 부분은 기억이 없다고 진술하고 있는 점, 전민련 조국통일위원회 부장 정윤서도 전민련 사무실에 들렀다가 업무일지를 받아 위 최규성에게 전달해 주라는 부탁을 받아서 보았는데 연필로 써 있었다고 진술한 점에 비추어 원래의 업무일지인지 의심이 가고, 한편 전민련 사회국 부장 임무영은 제1심 법정에서 둘째 장 파란 글씨는 자신이 썼고 전민련 사무실에서 업무를 보던 중 자신이 맡아서 한 일을 적어 놓은 것이라고 진술하였으나, 검찰에서 위 업무일지는 공식적인 장부가 아니라 공소외 1이 편의상 만들어 기재하여 왔기 때문에 그가 작성한 것으로 알고 있을 뿐 자신이 기록한 일은 없고, 그 둘째 장의 파란색 볼펜 글씨가 자신의 글씨체로 보이기는 하나 자신이 기재한 것인지, 언제, 왜 기재한 것인지는 기억이 나지 않는다고 진술한 점, 또한 전민련 사회국 부장 이동진도 제1심 법정에서 첫째 장은 자신이 작성하였다고 진술하였지만, '업무일지를 본 일이 없어 작성 시기나 기간, 모양은 알 수 없고, 사회국업무진행표를 본 적이 없다는 진술서를 작성하여 제출한 사실이 있음'을 인정하는 취지로 진술하였고, '사회국 업무일지의 첫째 장 첫 부분을 기재 하였다면 그 업무일지를 동인이 처음 썼는가 아니면 그 앞의 부분을 누가 이미 작성하였는가, 증인이 기재할 때에도 첫째 장의 5분의 4 가량이 찢어져 없어졌는가'는 검사의 질문에는 "기억이 없다"고 진술한 점, 당초 위 업무일지가 전민련 사회국의 공식일지가 아니고 공소외 1의 개인적인 필요(전민련 사무에 관한 것이라 하더라도)로 사용되던 것이라면, 이동진, 임무영이 그 일지에 어떤내용을 기재한다는 것 자체가 이례적일 뿐더러, 위 일지의 기재내용은 1991. 3. 20.부터 같은 해 4. 15.까지의 것이어서 이 사건 검찰조사시와 근접한 시기의 것이고 전민련에 관련된 행사들이므로 만일 동인들이 그 기재를 하였다면 위 행사내용과 대비하여 동인들이 기재한 이유를 쉽사리 떠올릴 수 있어서 이를 기억하지 못할리 없다고 보이는바, '공소외 1이 그 업무일지를 기재하는 것을 본 일은 없다', '공소외 1의 필적을 잘 모른다'는 동인들의 진술까지 종합하면 위 업무일지의 첫째 장과 둘째 장의 파란글씨 부분에 관하여 동인들이 그 후 기억이 새롭게 되살아났다는 연유에 관한 합리적인 설명 없이 당초의 검찰 진술을 번복하여 위 필적이 동인들의 것이라거나 동인들이 기재한 것으로 단정적으로 진술하였다 하여도 이를 쉽사리 믿어 이 부분을 동인들이 각 기재한 것으로 단정할 수 없고, 피고인은 당초 위 업무일지를 본 일이 없다고 허위 진술하였다가 나중에 첫째 장과 둘째 장의 파란글씨 부분이 이동진과 임무영의 글씨 같다고만 하였으며, 이동진, 임무영이 제1심 법정에서 그 진술을 합리적인 이유없이 바꿨을 뿐인데도, 피고인과 그 변호인들은 이동진과 임무영이 위 부분들을 기재하였음은 움직일 수 없는 사실이라는 전제에서 국립과학수사연구소 김형영 작성의 감정서 등을 공박하고 있는 점, 위 업무일지에는 뒤에 치룬 행사가 거꾸로 앞에 기재되어 있는 점, 위 김형영이 작성한 1991. 5. 15.자 감정서의 기재 등에 의하여 위 업무일지의 일부 필적이 피고인의 필적이고 공소외 1의 필적이 아님을 알 수 있는 점들로 보아, 위 업무일지 역시 피고인에 의해 조작된 것으로 판단된다.

(4) **메모지(검사가 제출한 증 제7-2호)에 대하여**

공소외 4의 검찰 제2회 진술에 의하면, 이는 공소외 1이 자기가 보기에도 잘 쓴 글이라고 생각된다며 읽어보라고 주었다는 것이고, 오히려 위 김형영이 작성한 1991. 5. 29.자 감정서 기재에 의하면 이 사건 수첩과 위 메모지의 필적이 동일하다는 것이므로, 위 메모지는 공소외 1이 작성하지 않은 것으로 판단된다.

(5) **피고인의 행적 및 진술에 대하여**

공소외 4가 공소외 1과 마지막으로 헤어져 집에 돌아온 날인 같은 달 7. 23:30경 참담한 심정으로 피고인에게 전화하였을 때 피고인은 "공소외 4야, 공소외 4야, 미안하다, 미안하다, 미안하다."고 미안하다는 말을 세번이나 되풀이 한 사실, 피고인은 그 이유에 대하여 1991. 5. 5. 14:00경 공소외 3 집에서 공소외 3, 김진수, 공소외 4와 만났을 때 그 곳과 호프집, 포장마차에서 다음날 00:30경까지 늦도록 술을 마신 일이 있었기에 이를 사과한 것이라고 변명하고 있으나, 그때 공소외 4 등에게 특별히 실수라고 할 만한 행동을 한 일이 없고 따라서 공소외 4도 그때 피고인이 어떤 실수를 하였다고 생각한 일이 없을 뿐더러 공소외 4가 이에 대해 어떤 언급을 한 일이 없는 사실, 공소외 4가 위와 같이 피고인에게 전화를 할 때, 공소외 1에게 무슨 일이 생기면 집에 연락해 달라면서 공소외 1 부친댁 전화번호를 두 번이나 불러 주었는데도, 피고인은 그 후 이에 대해 전화번호를 불러 준 것은 맞는데 그것이 어디 전화번호인지 알지 못했고 따라서 그 전화번호를 적어 놓은 일도 없다고 검찰이래 진술하고 있는바, 공소외 4의 참담한 심정이나 공소외 1에게 무슨 일이 생기면 그의 집으로 연락해 달라는 취지로 보아, 같은 전민련 상근 근무자인 공소외 1에게 어떤 심각한 일이 벌어지고 있을지도 모른다는 사정을 쉽사리 간취할 수 있는 상황이었는데도, 공소외 4에게 무슨 일이냐고 물어보거나 이에 관심을 두지 않았다는 사실, 또한 피고인은 그 다음 날인 같은 달 8. 아침 텔레비젼뉴스를 보고 공소외 1이 분신자살을 하였음을 알았다면서도 그 직후 공소외 3이 전화를 하여 공소외 1이 분신자살 하였는데 알고 있느냐고 물어본 데 대해 아무런 반응을 보이지 않고 냉담한 태도를 보였다는 사실, 공소외 4는 물론 공소외 3도 그날 12:00까지는 고인의 유해가 안치된 연세대 영안실에 나와 있었는데도 피고인은 그날 14:00경에야 그곳에 나타나는 등 자살한 공소외 1과의 평소 친분관계에 비추어 이해하기 어려운 행동을 보인 사실, 그리고 공소외 4가 같은 달 10. 15:00경 피고인을 찾아와 검찰에 출두할 경우의 진술 대책을 물어보자, 피고인은 "검찰에서는 말조심 하고, 예, 아니오라고만 대답하고 쓸데없는 말이나 쓸데없는 사람을 끌어들이지 말라"고 말하였고, 공소외 4의 수첩(검사가 제출한 증 제7-1호)에 이미 사망한 공소외 1의 성명과 전화번호를 기재하여 둔 사실, 게다가 피고인과 김진수, 공소외 4, 공소외 3이 같은 달 12. 21:00경 종로 5가 도위취 호프집에서 만나, 김진수가 "내가 최덕수 등 분신사건 장례 등에 관여하였지만, 이번 일(공소외 1 분신자살사건을 지칭하는 것)에 여자인 공소외 4를 개입시킨 것이 최대의 실수다"고 하자, 피고인은 "이미 엎질러진 물이다"고 말한 사실, 피고인은 5. 5. 공소외 3 집에서 만난 날 공소외 4에게 "공소외 1이 좋은 사람이니 잘 사귀어 보라"고 말해놓고는, 분신자살 후인 5. 10.에는 동인에게 "공소외 1이 죽기 일주일 전쯤부터 공소외 1과 사이가 안 좋았다"고 모순되는 말까지 한 사실, 공소외 4가 같은 달 13. 검찰에 1차 소환되어 조사를 받고 3일 후 2차 소환되어 조사를 받게 되자, 피고인은 그 다음 날 어머니를 공소외 4의 집에 보내어 공소외 4의 어머니에게 "왜 변호사를 안 대느냐. 공소외 4가 얘기를 잘 하지 못하면 아들 입장이 난처해진다."고 단순히 참고인에 지나지 않은 공소외 4를 위해 변호사 선임까지 하여 대응하도록 적극 권유한 사실, 피고인은 같은 달 18. 고 강경대군 장례행렬에 참가하였다가 그날 연대앞 로타리에서 일간지를 보고 자신이 공소외 1의 유서를 대필해 준 혐의를 받고 있음을 처음 알았다고 변명하는바, 그런데도 특별한 사유없이 같은 달 13.부터 귀가하지 않고 전민련사무실, 연세대학교, 명동성당에 머물러 있으면서 농성에 참여하고 기자회견을 하여 자신의 무고함을 주장하면서도 검찰의 소환이나 사전 발부된 구속영장의 집행을 거부해 오다가 한달이 넘은 같은 해 6. 26.에야 검찰에 출두하여 조사를 받은 사실, 피고인은 위 업무일지를 본 일이 없다고 부인하였다가 그후 김형민의 진술에 의하여 피고인도 1991. 5. 10. 전민련 사무실에서 이를 본 일이 있음이 밝혀진 뒤에야 진술을 번복한 사실, 또한 피고인은 "양심과 명예를 걸고 결백하다", "과학이 진실을 덮을 수는 없다"고 주장하면서도, 그 임의성을 인정한 검찰진술에서는 "이 사건 수첩이 조작된 것임을 부인할 수는 없겠다" "이 사건 수첩, 업무일지, 이 사건 유서의 글씨는 모두 같아 보이는데 공소외 1의 글씨가 아니고 다른 한 사람의 글씨라고 할 수 밖에 없다" "이 사건 유서, 업무일지, 수첩의 글씨가 피고인이 작성한 진술서{검사가 제출한 증 제8-1호(서울지검북부지청 85형제43084호 기록에 편철된 것}의 몇가지 글씨와 똑같다고 인정할 수 밖에 없다" "유서가 다른 사람에 의해 대필된 것은 명백하다"고 진술하였는바, 비록 위 진술들이 위 김형영의 감정서에 터잡은 검사의 신문에 대하여 이루어졌다 하여도, 자신이 무죄라는 입장을 확고하게 지키는 한 얼마든지 그 감정서 내용 대로 진술하지 아니할 수 있는데도, "위 필적들은 서로 같으나, 피고인이 이 사건 유서를 대필해 준 일은 없다"고 답변함은 모순일 뿐더러, 오히려 이 사건 유서 필적이 이 사건 수첩과 업무일지, 피고인이 작성한 위 진술서의 필적과 같다는 진술부분은 이 사건 감정서들의 감정결론과 일치함으로써 그 신빙성을 높여주는 자료가 될 수 있고, 그밖의 피고인의 행적이나 진술 취지 역시 이 사건 유서대필 사실에 관한 정황증거로 삼을 수 있다.

(6) **국립과학수사연구소 김형영이 작성한 감정서의 신빙성에 대하여**

이 사건 감정서를 작성한 김형영과 공동심의에 참여한 같은 감정인 양후열은, 한결같이 최초의 감정의뢰와 관련된 추가감정의뢰가 있을 때에는 편의상 그 접수를 생략하고, 여러 건의 감정의뢰를 한 데 묶어 회보해 온 관례가 있기 때문에 이 사건에서도 추가감정의뢰 중 일부 의뢰서에 대한 접수절차를 생략한 것이고, 중복을 피하기 위하여 일괄처리하면서 의뢰공문과의 대조번호 기재가 누락된 것일 뿐 의뢰한 사항에 대하여는 모두 회보가 되었으며, 검사가 제출한 증 제2-1호(공소외 1이 작성한 주민등록증 분실신고서), 증 제3-1호(책표지 2장)와 이 사건 유서의 필적감정소견은 당초 대조자료 부족으로 일단 판정을 유보하였다가 추가자료의 현출로 대조자료가 충분해져서 공소외 1의 필적의 특징이 일관성 있게 나타났기에 이 사건 유서와 다른 필적으로 판정할 수 있게 되었다고 진술하고 있는바, 이 사건에서 변호인들이 주장하는 접수기재가 생략되었다는 흠은, 추가 관련된 여러 건의 감정의뢰 중의 하나이고 결국 감정의뢰사항에 대한 회보가 누락되었는지 여부는 의뢰기관과의 문제일 뿐이며, 감정방법을 부동문자로 처리하는 것은 업무의 증가에 능률적으로 대처하기 위한 것임을 쉽사리 인정할 수 있으므로 위 사항의 여하만으로는 감정내용의 신빙성이 좌우되는 것은 아니므로 결국 문제는 그 감정내용의 신빙성에 귀착된다.

원래 필적은 물리학적 입장에서 볼 때 점과 선이 합쳐서 성립되는 것이고, 그 구성은 개인차에 의하여 천태만상으로 표현되는 것으로서 이렇게 점과 선이 합친 대소의 형태에 개인의 특징이 현출되며, 필적감정은 이러한 고유의 특징을 발견하여 필적의 이동을 식별하는 것이나, 현재 그 필적감정의 정확성에는 한계가 있을 수밖에 없어 결국 그 한계 내에서 객관성과 공정성이 보장되는 여러 가지 합당한 방법으로 감정이 이루어져야 하는 것인바, 이 사건감정인 김형영이 뽑은 원심판결 첨부 별지 필적대조표의 희소성 있는 특징은 다른 사정이 없는 한 감정인의 감정경험 및 그 연구와 전문지식에 의하여 선정 제시된 것이고, 위 필적대조표에 나타난 필적을 보건대 비전문가가 보더라도 이 사건 유서와 피고인이 작성한 위 진술서의 필적은 일반인의 통상적인 필적과 달리 아주 독특하여 동일한 반면에, 이들과 공소외 1의 필적은 판이할 뿐더러, 앞에서 설시한 바와 같이 이 사건 수첩 등이 조작되었고 피고인 스스로 이 사건 유서의 필적 등이 피고인의 필적과 같은 사실을 인정하고 있음이 이 사건 감정서의 신빙성을 보태주는 자료가 되는 점에서 이 사건 감정서는 신빙성이 있다.

이에 반하여 변호인들이 제출한 일본국인 오오니시 요시오의 감정서는 위 감정서와 다른 감정결과를 담고 있으나, 동인은 제1심 법정에서 진술한 바와같이 'ㄹ' 'ㅁ' 'ㅂ'과 같은 한글 자모를 알지 못하고 'ㅏ'와 'ㅣ', '비'와 '버', '자'와 '사' 같은 평이한 글자를 구분하지 못할 정도로 한글을 전혀 모르는 사람으로서, 신원을 알 수 없는 재일교포 4인의 도움을 받아 그들이 동일한 모음과 자음의 숫자를 세어 주고 동인들이 한글에 해서체와 행서체가 있다고 하므로 스스로는 잘 모르면서 이에 따랐다는 것일 뿐더러, 잘 알지도 못하는 'ㄹ' 'ㅁ' 'ㅂ'의 필법을 중점으로 감정하고 있는 점에서, 한글 필적에 나타나는 일반적인 유사성과 희소성에 관한 지식과 경험이 없어 감정대상물에서 나타난 필적의 특징이 그 사람에만 고유한 희소성이 있는지 여부를 판단하는 것 자체가 원초적으로 불가능하다고 보이고, 원래 사본으로 필적을 감정하면 필기구의 종류나 복사기의 성능, 상태에 따라 필압의 형태나 필적의 미세한 특징이 잘 현출되지 아니하여 오류의 가능성이 있음을 자인하면서도, 이 사건 유서와 수첩 등을 사본으로 감정하고도 자신의 감정결과는 정확하다고 강조하고 있고, 또한 한글을 모르면서 일본 글자의 필적감정시간과 거의 같은 시간에 감정을 하였다는 점, 그리고 동인은 한글에서 자모가 정서체와 속필체에 따라 어떻게 변화하는지를 전혀 고려하지 않았고 이 사건 유서 이외의 자료들(이 사건 수첩 이외에도 아래 변호인들이 제출한 숭의여전 메모, 방명록 노트 등)이 모두 공소외 1의 필적임을 움직일 수 없는 전제로 하여 감정한 점 등을 참작하면, 위 감정서는 감정인으로서의 기본능력과 감정의 기본조건을 결한 상태에서 작성한 것으로서 믿을 수 없음이 명백하다.

(7) 기타 증거에 대하여

증인 안혜정이 원심 법정에서 한 증언에 의하면, 동인은 공소외 1과 광탄중학교 동기 동창으로서 중학교 재학시부터 친하게 지내던 사이이고, 1985. 12.경 군에 입대하여 1988. 6.경 제대한 공소외 1로부터 군복무기간 중 10여통 이상 편지를 받았는데 공소외 1이 분신자살한 다음 날인 1991. 5. 9. 위 영안실에서 유서 사본 1장을 얻은 뒤 파주에 있는 친정집에 가서 찾아낸 공소외 1의 카드 및 편지(검사가 제출한 증 제13-1, 2호)와 대조해 보았으나 그 필적이 달라보여 그 후 이를 검찰에 제출하였는바, 위 김형영 작성의 감정서에 의하면 위 필적은 이 사건 유서의 필적과는 상이하다는 것이고 이는 일반인도 쉽게 이해할 수 있을 정도이다.

(8) 변호인들이 제출한 필적 관련 증거들에 관하여

(가) 증 제1호(방명록)은 대학노트에 방명록 내용이 기재되어 있는 것인데, 장기보존을 위한 방명록인데도 그 사연을 기재한 부분 두장이 모두 떨어져 있을 뿐더러, 위 방명록에 처음 사연을 기재하고 서명한 전현철의 진술에 의하면 그 방명록의 형상과 기재내용이 위 증 제1호와 다르다는 것이고, (나) 증 제3호(전교조 원주지회 방명록)은 우선 공소외 1의 필적이라는 부분

이 찢어져 첫 장에 핀으로 철해져 있고 필기구의 색깔이 곽대순의 검찰 진술과 다르며, (다) 증 제4-1, 2호(대유학보 원고 및 대유학보)중 대유학보에는 그 기고자 성명이 이용복으로 되어 있는데 대해 위 대유학보 원고에는 그 기고자 성명이 없는바, 이용복이 공소외 1임을 인정할 만한 증거가 없을 뿐더러 도중에 다른 필적임이 분명한 원고도 끼워져 있고, (라) 증 제5호(숭의여전 메모)는, 이는 원래 1991. 5. 20. 저녁에 그 보관자들인 이보령, 민수진 등에 의하여 전민련측에 전달되었고 그 다음날 그들이 이에 관해 기자회견을 가졌음이 동인들의 진술로 보아 명백한데, 당시 이 사건 유서대필 문제를 둘러싸고 피고인측에게 자문하던 변호사들 중 한 사람이 그들에 대한 검찰의 수사에 대비하여 일문일답식의 문답을 하면서 그들에게 위 증 제5호의 원본을 같은 달 21. 기자회견 후에 전민련에 전달한 것으로 하라고 지시함으로써 동인들은 처음 검찰진술에서 위와 같은 취지의 허위진술을 하였는바, 이 사건 유서의 대필 여부 및 이 사건 수첩의 조작 여부가 문제되는 이 사건에서는 위와 같은 원본전달시기의 조작은 결국 그 원본 존재의 신빙성에까지 영향을 미친다고 아니할 수 없는 데다가, 이보령, 민수진 등은 당시 유서대필사건으로 화제가 된 때 이어서 위 메모를 찾았을 때 이를 유심히 보았으리라고 여겨지는데도, 각 그 진술서에서 원본이 뒤바뀌었을 가능성은 모른다거나 당초 복사해 둔 사본과 원본이 같은 것으로 믿고 있다는 투로 애매하게 진술하고 있고, (마) 증 제10호(방명록)는 장수가 다른 5묶음의 종이가 합쳐져 비정상적으로 제본된 것으로서 그 지질이 서로 다르고 제본상태도 정돈되어 있지 않으며, 앞뒤에 찢어진 부분이 있는 등 그 방명록 자체로 원래의 것인지 신빙성에 의심이 가고, (바) 증 제23-1호(각서)는, 그 소지자라는 한원석의 경위설명서(증 제23-2호)의 기재와 원심법정 진술이 서로 다를 뿐더러, 동인은 원심법정에서 금원을 대여한 사람과 공소외 1을 단지 소개하기만 하였다고 하면서 동인이 그 돈을 대위변제 하였다고 진술하고 있고, 이렇게 대위변제한 후 공소외 1의 채권자로부터 돌려받은 약속어음을 구상도 받지 않고 공소외 1에게 그대로 돌려주었다고 진술하는 한편, 그러고도 그 변제시각까지 위 각서에 명기해 꼭 변제를 받기로 하였다고 진술하고 있으나, 이는 모두 경험칙에 어긋나고, (바) 증 제20-1, 2(수첩 사본)은 이 사건 수첩이 조작된 후의 복사본으로 보아야 하며, (사) 그 밖의 증거들은 이 사건에서 피고인과 입장을 같이하고 있음이 명백한 전민련측에서 뒤늦게 발견하였다고 하면서 제출한 것들이거나 필체, 자수, 형식 등에 비추어 별다른 증거가치가 없는 것들이거나 그 필적 등이 유서 필적과 동일 또는 상이하다고 인정하기 어려운 것들일 뿐더러 원심이 인용한 위 증거들과 어긋나므로 이를 이 사건의 증거로 삼을 수 없다.

(9) 위와 같은 증거들 및 인정사실에 의하면, 피고인은 제1심이 인정한 바와 같이 공소외 1이 자살하려는 정을 알고 이 사건 유서를 대필해 준 사실과 그후 그 사실을 은폐하려 한 사실을 인정할 수 있다.

나. 기록을 정사하건대, 원심의 이러한 사실인정 및 이에 터잡은 판단은 모두 옳고, 거기에 소론과 같은 위법은 없으므로, 논지들 역시 이유 없다.

3. 피고인의 상고이유 제2점 및 그 변호인들의 상고이유 제3점에 대하여

원심은, 피고인이 '혁명의 불꽃'이라는 단체에 가입하고 제1심 판시와 같은 서적과 유인물들을 소지한 사실을 스스로 인정하고 있고, 그 설시 증거들에 의하면, 위 단체는, 현 정부를 '미, 일 제국주의 자본의 강도적 약탈과 소수 독점재벌의 무한한 이윤을 보장하기 위한 제국주의무리와 독점 자본가놈들의 민중에 대한 파쇼적 억압과 착취의 도구'로서, 제반 '파쇼적 악법'과 '권력기구' '수탈적인 조세제도' 등을 통하여 민중에 대한 억압과 수탈을 자행하고 있어 타도하여야 할 대상으로 규정하고, 의회주의적 방식, 점진적 교체의 방식으로는 그 타도가 불가능하다는 전제에서 그 타도의 방법론으로서 노동자, 농민, 도시 소자산가 등 모든 민중이 단결하여 무장봉기에 의한 임시혁명정부의 구성을 제시하면서 군대 및 경찰의 해체와 혁명군 창설, 자본몰수와국유화를 통한 민중적 민족경제의 수립 등을 이루어 공산주의에 기초한 민주주의 민중공화국을 수립하고 북한과 연방제 통일을 이루려는 것을 조직강령으로 하고 있고, 피고인이 소지한 유인물 등은 그러한 민중혁명을 명시적 묵시적으로 선전, 선동하는 내용임을 인정할 수 있는바, 이는 헌법이 전혀 상정하지 아니하는 혁명적 방법으로 대한민국을 전복하여 헌법체계와 양립할 수 없는 공산주의 국가의 건설을 지향하는 것이므로, 비록 북한이 대한민국과 함께 국제연합에 동시 가입하였다거나 그 사이에 '화해와 교류협력에 관한 합의서'가 체결, 발효되었다 하더라도 국가보안법이 그 규범력을 상실하였다고 할 수 없을 뿐더러, 그 공범들에 대한 형사 제재가 이미 종료되었다 하여 그 공소시효가 완성되지 않은 이 사건에서는 이 부분 공소제기가 부당하다고 볼 수 없으니, 결국 피고인의 위와 같은 행위에 가벌성이 없다고는 할 수 없다고 판단하였는바, 원심의 이러한 판단도 옳고, 이와 반대의 견해에서 원심판결을 비난하는 논지 또한 이유 없다.

4. 이에 상고를 기각하고 상고 후의 구금일수 중 43일을 원심판결의 징역형에 산입하기로 관여 법관의 의견이 일치되어 주문과 같이 판결한다.

1992. 7. 24.

재판장 대법관 김상원
대법관 박우동
대법관 윤영철
대법관 박만호

자료 2 대법원 재항고 기각 결정문(대법원 2012. 12. 19.자 2009모1181 결정)(발췌)

1. 형사소송법 제420조 제2호 소정의 재심사유에 관한 법리오해의 점 등에 대하여

형사소송법 제420조 제2호 소정의 재심사유에 해당하기 위하여는 원판결의 증거된 증언이 확정판결에 의하여 허위인 것이 증명되어야 한다. 여기에서 말하는 '원판결의 증거된 증언'이라고 함은 원판결의 이유 중에서 증거로 채택되어 죄로 되는 사실(범죄사실)을 인정하는 데 인용된 증언을 뜻하므로, 원판결의 이유에서 증거로 인용된 증언이 '죄로 되는 사실'과 직접 혹은 간접으로 관련된 내용이라면 위 법규정에서 정하는 '원판결의 증거된 증언'에 해당한다. 그리고 그 증언이 허위임이 증명된 이상 그 허위증언 부분을 제외하고서도 다른 증거에 의하여 그 '죄로 되는 사실'이 유죄로 인정될 것인지 여부에 관계없이 형사소송법 제420조 제2호 소정의 재심사유가 있다고 보아야 한다(대법원 2010. 9. 30. 선고 2008도11481 판결 등 참조).

원심은 이 사건 재심대상판결 중 자살방조죄 부분(이하 '이 사건 재심대상판결 부분'이라고 한다)에 관한 범죄사실의 인정증거로 채택·인용된 증인 김형영, 양후열의 각 증언 중에서 국립과학수사연구소(이하 '국과수'라고 한다) 소속 문서감정인들의 공동심의에 관한 다음과 같은 내용의 증언, 즉 ① 증인 김형영이 "다른 사람들의 의견을 제시할 때 현미경 관찰 등을 하였나요"라는 재판장의 질문에 "예, 4명이 돌아가면서 현미경으로 관찰하고 나름대로의 판단을 가지고 토의를 하고, 이 사건의 경우도 그렇게 하였습니다"라고 증언한 부분, ② 증인 양후열이 "이 사건과 관련해서는 언론에 부각된 사건이라 수시로 특징과 상이점이 나올 때마다 감정인들이 돌아가며 현미경 등 장비를 이용, 관찰하였지요"라는 검사의 질문에 "예"라고 증언하고, "증인 등 다른 감정요원들이 이 사건 감정을 심의하는 과정에서 소요된 시간은 김형영이 쓴 시간과 대체로 같겠군요"라는 변호인의 질문에 "예"라고 증언한 부분은 '진실·화해를 위한 과거사정리 위원회'(이하 '진실화해위원회'라고 한다)의 조사과정에서 확인된 내용, 즉 진명수, 최섭의 "당시 유서의 필적감정과 관련하여 직접적으로 감정에 참여한 바는 없고, 감정서 회신 부본의 공동심의란에 서명날인한 것이 공동심의와 관련하여 자신들이 한 일의 전부"라는 취지의 그 판시 진술과 양후열의 "당시 대부분의 감정을 김형영 실장이 진행하였고 자신이 유서의 필적감정에 들인 시간은 짧았으며 공동심의자가 지정감정인과 똑같은 방법으로 감정을 할 수는 없다"는 취지의 그 판시 진술 및 진실화해위원회의 진실규명결정에 의하여 허위인 것이 증명되었다고 보았다. 그리고 김형영, 양후열의 위와 같은 허위의 증언에 대하여 공소시효가 완성되어 위증죄의 확정판결을 얻을 수 없는 때에 해당한다는 이유로 형사소송법 제422조에 의하여 같은 법 제420조 제2호 소정의 재심사유가 있다고 판단하였다.

앞서 본 법리에 비추어 기록을 살펴보면, 원심의 위와 같은 판단은 정당한 것으로 수긍할 수 있다. 거기에 재항고이유로 주장하는 바와 같이 형사소송법 제420조 제2호 소정의 재심사유에 관한 법리를 오해하는 등의 잘못이 있다고 볼 수 없다.

2. 형사소송법 제420조 제5호 소정의 재심사유에 관한 법리오해의 점에 대하여

(중략)

결국 재심청구인이 재심사유로 내세우는 새로 발견된 증거들, 특히 유서가 김기설의 필적과 동일하고 재심청구인의 필적으로 볼 수 없다는 진실화해위원회의 감정의뢰결과는 다음과 같은 사정들에 비추어 볼 때, 감정기관의 수와 감정결론의 일치에 따른 양적 우위를 넘어서 감정대상물의 질과 내용, 감정절차와 방법에 있어서도 종전의 국과수(김형영) 감정결과보다 객관적으로 현저히 우월한 지위에 있다고 볼 수 없다고 할 것이다.

① 전대협노트 등의 발견 및 보관경위를 둘러싼 한송흠의 진술내용에 여러 의문점들이 남아 있고 가능한 조사·자료에 의하여 그 진술내용의 신빙성이 충분히 확인되거나 객관적으로 뒷받침되지 아니하였음에도 전대협 노트 등이 김기설의 필적이라는 예단의 영향 아래 대부분의 감정이 진행된 것으로 의심되는 이상, 그러한 예단이 감정결과에 영향을 미쳤는지 여부나 그 정도 등을 가려보지 아니한 상태에서 섣불리 그 감정결과에 신빙성을 부여하거나 증거가치가 객관적으로 확실하게 보장되어 있다고 단정할 수 없다.

② 감정인들이 나름대로의 전문지식과 경험에 기초하여 감정한 결과 유서를 재심청구인의 필적으로 볼 수 없다는 데에 그 결론이 일치하였다고 하더라도 그 감정내용이나 국과수 감정인들의 진술내용만으로는 종전의 국과수 감정에 있어서 문서감정인이었던 김형영이 저지른 감정방법상의 과오가 구체적이고 객관적으로 확인되는 등 그 감정결론이 잘못되었음이 분명하게 밝혀졌다고 선뜻 말하기 어렵다.

③ 김기설의 필적임이 분명한 자료들에 대한 감정의뢰결과에 의하면 유서의 필적과 동일한지 여부에 관한 판단이 유보되었거나 감정인들마다 각각 다른 결론에 이르렀다.

④ 재심대상판결에서 재심청구인에 의하여 사후에 조작된 것으로 인정된 전민련수첩과 업무일지에 대하여는 그 필적이 김기설의 것인지 여부에 관한 직접적인 감정이 이루어지지 아니하였고, 전대협노트 등이 김기설의 필적자료라는 예단을 가지고 진행된 것으로 의심되는 감정과정에서 위 문서들 또는 유서의 필적이 재심청구인의 필적과 상이하다는 감정결과가 나온 것에 불과한 데다가 종전의 국과수(김형영) 감정에 있어서 감정방법상의 과오 등 감정결론이 잘못되었음을 분명하게 확인하기 어려운 이상 전민련수첩과 업무일지가 조작된 것이 아니라 실제로 김기설에 의하여 작성되었다는 사실을 인정하는 것 역시 쉽지 아니하다.

그렇다면 재심대상판결의 사실인정에 기초가 된 종전의 국과수(김형영) 감정결과나 김형영의 증언내용 등 위의 새로운 증거들과 유기적으로 밀접하게 관련·모순되는 종전의 증거들과 함께 살펴볼 때, 위와 같은 의문이나 문제점들을 따져보거나 해소하지 아니한 상태에서는 진실화해위원회의 감정의뢰결과와 이를 토대로 한 진실화해위원회의 진실규명결정, 그리고 재심대상판결에 대한 의혹을 제기하는 데 불과한 경찰청 진화위원회의 중간조사결과 발표자료 등 새로이 발견된 증거들은 이 사건 재심대상판결 부분에 대하여 그 정당성이 의심되는 수준을 넘어 이를 그대로 유지할 수 없을 정도로 고도의 개연성이 있는 증거가치가 보장되어 있다고 할 수 없다. 따라서 이와 달리 위의 새로운 증거자료들이 이 사건 재심대상판결 부분에 관하여 무죄를 인정할 명백한 증거에 해당한다는 이유로 형사소송법 제420조 제5호에 정한 재심사유가 있다고 본 원심은 위 법규정에서 정한 재심사유 중 증거의 명백성에 관한 법리를 오해하였거나 필요한 심리를 다하지 아니한 잘못이 있다.

자료 3 변호인 2013년 3월 14일자 PT 자료 일부 (필적자료 전수조사 중 "ㅎ" 필습 부분)

<김기설 유서의 'ㅎ'>

<강기훈 진술서의 'ㅎ'>

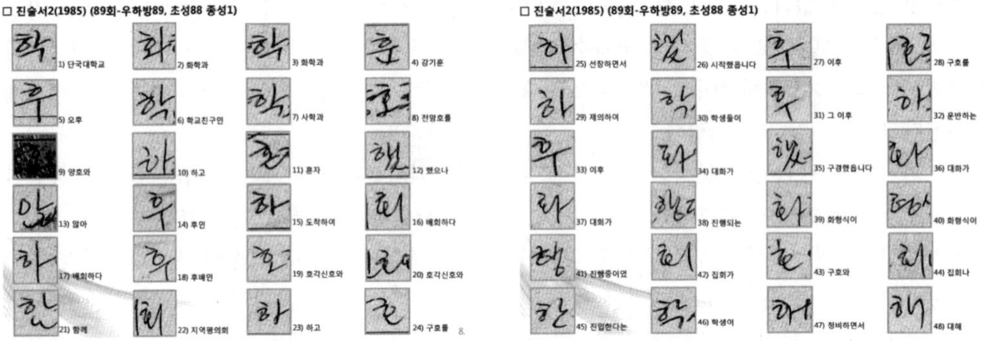

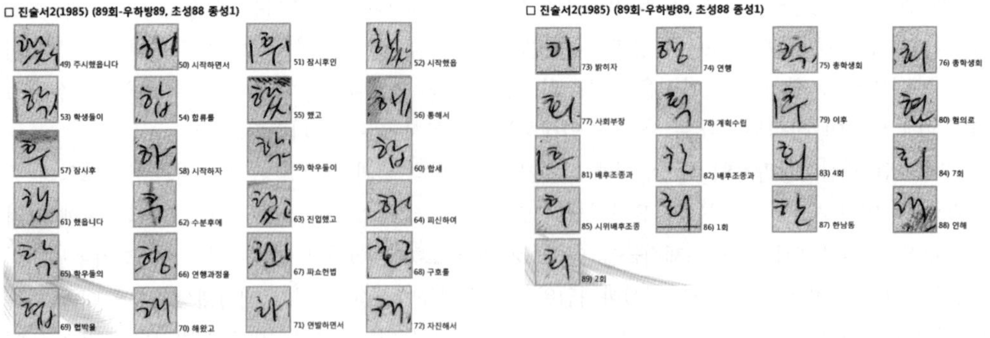

자료 4 증언녹음신청서

녹 음 신 청 서

사　　　건　2008재노20　자살방조 등
피고인(항소인)　강　기　훈

위 사건에 관하여 피고인의 변호인은 피고인의 변론준비를 위하여 형사소송법 제56조의2에 의해 다음과 같이 공판정에서의 심리의 전부를 녹음하여 주실 것을 신청합니다.

다　　　음

1. 일시 및 장소
2013. 6. 20. 14:30 공판기일(서관 505호 법정)

2. 공판 예정 사항
증인 최○○, 진○○, 한○○에 대한 증인신문 및 증거조사

2013.　6.　12.

위 피고인(항소인)의 변호인　○○○

서울고등법원　제10형사부　귀중

자료 5 2014. 1. 16. 변호인 변론 요지서(이석태 변호사)

<진실의 승리를 위하여>

지금부터 23년 여 전인 1991. 5. 8. 전민련 사회부장 김기설씨가 서강대 옥상에서 분신 후 건물 아래로 몸을 던져 자살한 충격적이고 비극적인 사건이 일어났습니다. 당시 현장에서 노태우 정권과 민자당을 비난하는 내용 등이 쓰여 있는 김씨 명의의 유서가 발견되었습니다. 그런데 이는 김씨 본인이 쓴 것이 아니라 전민련 동료 간부인 피고인이 김씨의 자살을 부추길 목적으로 대신 써 준 것이며, 그렇게 해서 피고인이 김씨의 자살을 방조하였다는 것이 이 사건 공소사실의 요지입니다.

검찰의 공소는 재심 전의 제1심 판결에서 유죄로 인정되었고, 이는 제2심 판결과 1992. 7. 22. 선고된 대법원 판결에서 그대로 유지되었습니다. 보통의 예였더라면 이로써 피고인 사건은 종결되고 곧 사람들의 기억에서 잊혀 졌을 것입니다. 그런데 과연 그랬습니까. 법원이 판결로 그렇다고 확정했으니, 피고인이 김기설씨의 유서를 대신 써 준 것으로 사람들 또한 받아들였습니까.

아니 그렇지 않았습니다. 시민들은 동의하지 않았습니다. 재판이 끝났는데도 이 사건의 공소 유지를 둘러 싼 의혹이 시간이 지남에 따라 오히려 눈덩이처럼 점점 커졌습니다. 국회의 국정조사가 이루어지고 신문과 방송 등에서 끊임없이 이 사건을 재조명했습니다. 김기설씨의 부친도 피고인이 억울하다고 호소했습니다.

이렇듯 사람들이 도처에서 이 사건은 다시 심리되어야 한다고 말해 온 이유는 무엇입니까. 그것은 이 사건이 진실과 허위의 싸움이며, 정의와 불의, 상식과 비상식의 대결이었기 때문입니다. 어제까지 사무실에서 같이 일하던 운동권 동료의 자살을 만류하기는커녕 유서를 대신 써 주어 자살하도록 유도하였다는 이 사건의 가설은 그 비인간적인 발상에서 참으로 유례가 없는 것이었습니다.

그러기에 이 사건은 한 마디로 우리 사회의 도덕과 양심이 건강하게 작동하고 있는 가를 정면에서 묻고 도전한 것이었습니다. 따라서 이 사건을 둘러 싼 날조와 허구의 거짓 그물을 걷어내고 마침내 진실을 드러내어 구원을 받아야 할 대상은 피고인이 아니라 우리 사회 보통사람 모두의 도덕률과 양심임을 사람들은 잘 알고 있었기 때문입니다.

드레퓌스 사건에서 법원이 드레퓌스에게 유죄 판결을 선고했을 때 에밀 졸라는 이렇게 외쳤습니다. “아, 이 얼마나 어처구니없는 재판입니까. 한 인간이 그러한 죄목으로 유죄 판결을 받을 수가 있다면 이것은 불의의 극치입니다. 나는 양심 있는 사람들에게 그 판결을 받고 분노에 떨지 말 것을 촉구하는 바입니다.” 그러면서 그는, “나는 궁극적 승리에 대해 조금도 절망하지 않습니다. 더욱 강력한 신념으로 거듭 말합니다. 진실이 행군하고 있고 아무도 그 길을 막을 수 없을 것”이라고 덧붙였습니다.

피고인 사건의 경우는 어떠했습니까. 진실의 행군이 가다가 주저앉지는 않았습니까. 그렇지 않았습니다. 에밀 졸라의 예언대로 우리 또한 진실의 발걸음을 멈추지 않았습니다. 그 행군은 고난을 뚫고 전진하여 이 사건 재심에 이르렀고, 거기서 나아가 스스로 허위의 탈을 결정적으로 벗어야 할 책무가 있는 국립과학수사연구소에까지 닿았습니다. 그렇게 해서 국립과학수사연구소가 그 과학 수사의 명징함에 바탕 하여 과거의 오점을 씻고 새롭게 진실의 외침에 공명하자, 이제까지 지체되었던 진실의 본 모습이 이윽고 우리 모두에게 확연히 드러났습니다.

여기서 굳이 반복할 필요 없이 이 사건 종전 유죄 판결이 근거하고 있는 유일무이한 직접 증거는 김기설씨의 분신 직후 검찰의 요구에 따라 당시 국립과학수사연구소 문서분석실장이던 김형영씨가 한 필적 감정 결과입니다. 그는 김기설씨가 남긴 유서와 검찰이 압수한 피고인의 진술서 등의 필적이 동일하다고 판정하였습니다. 반면 유서와 김기설씨 이력서 등 김씨의 다른 필적은 서로 상이한 필적이라고 감정하였습니다.

그런데 재판 과정에서 김형영씨의 필적 감정 결과와 모순되는 많은 필적 자료들이 현출되었습니다. 그리고 이들을 뒷받침하는 증언들이 이루어졌습니다. 그러나 종전 재판에서 법원은 이를 모두 배척하였습니다. 법원은 오직 김형영씨의 필적 감정 결과만을 신빙성 있는 것으로 받아 들였습니다. 그렇게 해서 피고인이 김기설씨의 유서를 대필하였다는 오도된 판결이 선고되었습니다. 더불어 국립과학수사연구소가 쌓아 온 과학적 신뢰와 명예 또한 바닥으로 추락하였습니다.

김형영씨는 이 사건 감정 후 다른 사건의 감정에서 뇌물을 받고 구속되었습니다. 그가 어떤 인물인지는 이 사건에 관심이 있는 사람은 다 알고 있었으므로, 아무도 놀라지 않았습니다. 김씨는 그 뒤 여기 저기 자신이 한 감정의 진실성을 추궁 받는 자리에서 궁색한 변명과 허위 진술을 일삼았습니다.

그러나 김형영씨가 국립과학수사연구소를 떠나자, 자칫하면 영원한 추문으로 남을 수도 있었을 그 치욕을 국립과학수사연구소 스스로 바로 잡을 기회가 찾아 왔습니다. 즉 2007년 진실·화해를위한과거사정리위원회가 국립과학수사연구소에 필적 감정을 의뢰한 것입니다. 국립과학수사연구소는 감정을 마치고 김기설씨가 분신 현장에 남긴 유서의 필적과 피고인이 과거 수감 중에 쓴 엽서 등의 필적이 서로 다르다고 회신했습니다. 또 김씨의 오랜 친구가 김씨의 필적으로 제출한 '전대협 노트와 낙서장'의 필적이 유서의 필적과 동일하다고 감정하였습니다. 이들 감정으로 피고인이 김기설씨의 유서를 대신 썼다는 검찰의 공소는 그 기반이 허물어졌습니다.

이어서 종전의 연구소에서 2010. 8. 연구원으로 승격된 국립과학수사연구원은 이 사건 재심 재판 중인 지난 해 12월 검찰의 신청에 따라 한 감정에서 검찰이 압수한 김기설씨의 이력서 등의 필적이 앞서의 '전대협 노트와 낙서장'의 필적과 동일하다는 취지로 감정하였습니다. 검찰은 이 재심 재판에서 유서와 '전대협 노트와 낙서장'의 필적은 검찰이 보기에도 동일한 사람이 쓴 것이라고 자인한 바 있습니다. 따라서 국립과학수사연구원의 이번 감정 결과는 논리적으로 검찰이 그동안 국민들에게 내 보인 김기설씨의 이력서 등의 필적과 김씨가 분신 현장에 남긴 유서의 필적이 동일하다는 것이었습니다. 즉 검찰의 주장에 의하더라도 유서는 김기설씨 본인이 쓴 것입니다!

그러므로 이제 우리는 김씨의 안타까운 죽음 무렵부터 이미 공유해 왔던 진실에 대해 흔들림 없는 확신을 가지고 되풀이 말할 수 있게 되었습니다. '김기설씨가 남긴 유서는 김기설씨 본인이 쓴 것입니다.'

그 유서는 피고인뿐만 아니라 그 누구에 의하여서도 대필되지 않았습니다. 종전 재판에서 피고인의 결백을 위하여 제출된 필적 자료들은 예외 없이 본래의 자료들 그대로이며, 그것이 진실하다고 한 증인들의 진술 또한 모두 사실대로 증언한 것입니다. 피고인과 전민련 동료들을 비롯한 그 누구도 이 사건에서 사실을 꾸미거나 진실을 감춘 바 없습니다. 그들은 정직하게 모든 것을 있는 그대로 내 보였다가 불의한 정권에 의해 일시적으로 패배한 것처럼 보였을 뿐입니다.

국립과학수사연구소의 이름을 빈 잘못된 감정에 의해 오명을 쓴 피고인이 바로 그 국립과학수사연구소, 지금의 국립과학수사연구원 자신의, 이번에는 제대로 된 감정 결과에 의하여 누명을 벗는 계기를 마련하게 된 사실은, 우리가 어떠한 상황에 놓이더라도 결코 포기해서는 안 될 우리의 최후의 의지처가 다름 아닌 바로 우리 사회의, 우리들 자신의 건전한 상식과 양심임을 웅변해 줍니다.

우리는 이 사건 기소로 인해 한창 때의 피고인이 강제로 접게 된 꿈과 희망, 그렇게 해서 상실한 젊음과 그가 감내해 온 고통에 대해 이루 말할 수 없는 통한과 억제할 수 없는 분노를 느낍니다.

드레퓌스가 작성하여 적국에 넘겼다고 한 문제의 군사기밀명세서는 드레퓌스의 필적이 아닌 것으로 판명되었습니다. 드레퓌스는 반역죄로 체포되어 기소된 지 12년 만에 재심에서 무죄 판결을 받아 석방되었습니다. 드레퓌스가 그의 부대로 복귀하던 날은 이렇게 묘사되어 있습니다.

"질랭 준장이 도열한 병사들 앞을 지나와 그의 칼을 빼들었다. '공화국의 대통령의 이름으로 본관은 그대 드레퓌스에게 레종 도뇌르 훈장을 수여한다.' 장군은 이렇게 선언하고 칼로 드레퓌스의 어깨를 세 번 두드렸다. 식의 종료를 알리는 트럼펫이 세 번 울렸다. 만장의 프랑스인들은 외쳤다. '프랑스 만세! 진실 만세!' 드디어 드레퓌스의 눈에서 눈물이 흘러 내렸다."

아직 이 법정에서 우리는 피고인에 대한 무죄를 선고받지 못했습니다. 그럼에도 불구하고 지금 이 순간, 저 쉼 없이 불의에 대한 저항의 행군을 계속해 온 이들의 염원이 모여 다시 시작한 이 재판을 마무리하는 순간, 우리 모두를 두껍게 에워쌌던 근거 없는 의심의 장막과 권력의 불순한 검은 그림자가 마침내 한 점의 그늘도 남기지 않고 거두어지고 물러 난 이 순간, 적어도 우리는 그간의 오랜 고통 속에서 초인적으로 인내하며 진실을 지켜 온 피고인에 대한 뜨거운 경의와 공감, 그리고 참된 연대와 지지의 표시로 우리 각자의 마음속에서 우러나오는 양심의 훈장을 피고인에게 수여할 수 있을 것입니다. 그리고 다 같이 피고인의 어깨를 감싸 안으며, 우리도 이렇게 외칠 수 있을 것입니다. "진실 만세!"

2014. 1. 16.

피고인의 변호인

자료 6 재심 대법원 판결문(대법원 2015. 5. 14. 선고 2014도2946)

대 법 원
제 2 부
판 결

사건	2014도2946 자살방조등
피 고 인	강 기 훈
상 고 인	검사
변 호 인	생략
원심판결	서울고등법원 2014. 2. 13. 선고 2008재노20 판결
선 고 일	2015. 5. 14.

주 문

상고를 기각한다.

이 유

상고이유를 판단한다.

형사소송법 제438조 제1항은 "재심개시의 결정이 확정한 사건에 대하여는 제436조의 경우 외에는 법원은 그 심급에 따라 다시 심판을 하여야 한다."고 규정하고 있다. 여기서 '다시' 심판한다는 것은 재심대상판결의 당부를 심사하는 것이 아니라 피고 사건 자체를 처음부터 새로 심판하는 것을 의미하므로, 재심대상판결이 상소심을 거쳐 확정되었더라도 재심사건에서는 재심대상판결의 기초가 된 증거와 재심사건의 심리과정에서 제출된 증거를 모두 종합하여 공소사실이 인정되는지를 새로이 판단하여야 한다(대법원 2004. 9. 24. 선고 2004도2154 판결, 대법원 2013. 1. 24. 선고 2010도14282 판결 등 참조). 그리고 재심사건의 공소사실에 관한 증거취사와 이에 근거한 사실인정도 다른 사건과 마찬가지로 그것이 논리와 경험의 법칙을 위반하거나 자유심증주의의 한계를 벗어나지 아니하는 한 사실심으로서 재심사건을 심리하는 법원의 전권에 속한다. 한편 형사재판에서 공소제기된 범죄사실에 대한 증명책임은 검사에게 있고, 유죄의 인정은 법관으로 하여금 합리적인 의심을 할 여지가 없을 정도로 공소사실이 진실한 것이라는 확신을 가지게 하는 증명력을 가진 증거에 의하여야 하므로, 그와 같은 증거가 없다면 설령 피고인에게 유죄의 의심이 가더라도 피고인의 이익으로 판단하여야 한다(대법원 2006. 4. 27. 선고 2006도735 판결, 대법원 2014. 2. 13. 선고 2013도9605 판결 등 참조).

원심은, ① 국립과학수사연구소 감정인 공소외 1이 이 사건 유서와 피고인의 필적이 동일하다고 판단하는 근거로 내세우는 특징들 중 일부는 항상성 있는 특징으로 볼 수 없는 점, ② 공소외 1은 이 사건 유서에 나타난 'ㅎ' 필법의 특징, 즉 제1획 기재 방향이 우하방인 'ㅎ'과

좌하방인 'ㅎ'이 모두 혼재하여 나타나고 있는 특징은 최근 변형된 것으로 판단하여 이를 제외한 다른 희소성 있는 특징을 가지고 이 사건 유서와 피고인의 필적이 동일하다는 결론을 내린 것이라고 진술하고 있으나, 필적감정 시 대조자료로 제출된 피고인의 수첩(일터에서 90, 검사 제출의 증 제9-23호)은 이 사건 유서가 작성되기 직전인 1990년에 작성된 것으로 그 수첩에는 'ㅎ'의 제1획 기재 방향이 모두 우하방인 점 등을 고려하여 볼 때 이 사건 유서상의 'ㅎ'의 필법이 최근에 변형된 것으로 단정하고 희소성 있는 필적 특징에서 제외하였다는 공소외 1의 진술은 쉽게 이해하기 어려운 점, ③ 이 사건 유서에는 '겠', '있', '했'자의 종성인 'ㅆ'의 제2획을 생략하는 특징이 나타나지만(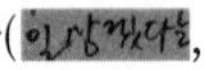, 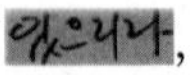, 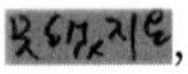,  부분 참조), 피고인의 진술서 등에는 'ㅆ'의 제2획 부분이 생략된 글자가 보이지 아니하는 점, ④ 공소외 1은 1991. 5. 29.자 및 1991. 7. 4.자 감정서에서 피고인의 화학노트 필적도 이 사건 유서의 필적과 동일하다고 감정하였으나, 2007. 8. 8. 진실 · 화해를 위한 과거사정리위원회에서 조사를 받을 때에는 '피고인의 화학노트의 경우 유서와 동일 필적의 특징을 찾기가 대단히 어려웠고 유서와 단순하게 비교하면 상이한 점이 많았다'고 진술한 점, ⑤ 당시 국립과학수사연구소에 소속되어 있던 다른 문서감정인들이 필적감정에 직접적으로 참여한 적이 없음에도 공소외 1은 제1심 공판기일에 증인으로 출석하여 당시 국립과학수사연구소에 재직 중이던 감정인 4명 모두 직접 감정에 참여하여 공동심의를 한 것처럼 허위의 증언을 한 점 등을 비롯한 그 판시와 같은 이유로, 공소외 1이 작성한 감정서 중 이 사건 유서와 피고인의 필적이 동일하다는 부분은 그대로 믿기 어렵고, 검사가 제출한 나머지 증거만으로는 피고인이 이 사건 유서를 대필하여 주어 공소외 2의 자살을 방조하였다는 공소사실이 합리적 의심의 여지가 없을 정도로 충분히 증명되었다고 볼 수 없다고 판단하여, 자살방조의 공소사실에 대하여 무죄를 선고하였다.

원심판결 이유를 앞서 본 법리와 기록에 비추어 살펴보면 원심의 위와 같은 판단은 정당한 것으로 수긍할 수 있고, 거기에 상고이유의 주장과 같이 논리와 경험의 법칙을 위반하고 자유심증주의의 한계를 벗어나거나 판단을 누락하는 등으로 판결 결과에 영향을 미친 위법이 없다.

그러므로 상고를 기각하기로 하여 관여 대법관의 일치된 의견으로 주문과 같이 판결한다.

재판장 대법관 김창석
주 심 대법관 이상훈
대법관 조희대

자료 7 [시론] 합리적 의심을 말살하는 검사들/이재승 건국대 법학전문대학원 교수(2017. 7. 19. 한겨레 신문)

1991년 5월 서강대에서 전민련(전국민족민주운동연합) 사회부장 김기설씨가 투신하며 남긴 유서로 인해 운동권은 도덕적 치명상을 입었다. 검찰은 어떤 시인이 말한 죽음의 굿판 프레임으로 전쟁을 완성하였다. 재판 결과 강기훈은 유서를 대신 써주고 동료의 죽음을 방조한 비정한 인물로 전락하였다. 이 사건의 진실이 완전히 규명되기까지 더 많은 민주주의가 필요하였다. 2007년 진실화해위원회는 이 사건이 검찰의 대필조작 사건임을 밝히고 재심을 권고하였다. 2015년 대법원은 강기훈씨에게 마침내 무죄를 선고하였다. 그사이 강기훈의 부모는 한을 품고 스러져갔고 본인도 옥살이 후 암으로 고통을 겪고 있다.

이제 죄와 책임을 계산해야 할 시간이 왔다. 2017년 7월 6일 서울중앙지방법원은 강기훈씨가 조작사건에 관여한 검사와 감정인 그리고 국가를 상대로 제기한 손해배상 청구소송에서 국가와 감정인에게 배상 책임을 인정하였다. 그러나 이 조작의 핵심인 검사들에게는 고의나 중과실이 존재하지 않으므로 책임이 없다고 판단하였다. 유서대필 조작사건에서 검사에게 책임이 없다면 도대체 누가 책임이 있다는 말인가! 이 판결이 선배 법률가들에 대한 동업자적 배려의 결과가 아닌지 의문을 가진다.

실제로 재판에 관여한 법률가들이 잘못된 판결을 이유로 책임을 추궁당하는 경우는 매우 드물다. 독일에서도 법을 왜곡하여 부정의한 판결을 내리는 법관을 처벌하는 법왜곡죄가 있지만 동료 법조인들을 상대로 아무런 역할도 하지 못했다. 판사들은 전문용어의 안개 속에서 법조인의 책임을 마사지해왔기 때문이다. 이번 판결에서 고의와 중과실이 바로 그러한 장애물로 작동하였다.

강기훈 사건은 검사의 과오와 판사의 오판이 빚어낸 불행이 아니라 정권을 구하고 운동권을 파괴하기 위해 정치적 각본에 따라 진행된 국가범죄였다. 유서대필 조작사건에 관여한 검사들이 체포감금죄의 교사범이나 간접정범이라면, 허위감정을 한 감정인은 종범이고 판사들은 정범이나 책임 없는 도구라고 볼 수 있다. 이들은 민사적으로는 불법행위의 책임을 공동으로 져야 한다.

어쨌든 판사에게는 오판에 대해 고의나 중과실이 존재하지 않을 여지가 있지만 이와 같은 사건에서 검사의 고의는 피할 수 없다. 그는 인과관계의 일부가 아니라 인과관계의 총연출자이기 때문이다. 운동권을 상대로 한 검찰의 성전에서 검사에게는 고의를 초과하는 적대성 의식이 존재할 수밖에 없다. 강기훈에게 유리한 증거자료를 의도적으로 법정에 현출하지 않거나 유리한 증거를 불리한 증거로 둔갑시키는 행위나 불법수사와 가혹행위는 이러한 적대성의 부수 행태들이다.

이 사건에서 검사의 모든 행태는 공직자의 객관의무를 위반한다. 잘못된 범죄 프레임과 양립할 수 없는 증거들이 수차례 나왔는데도 검찰은 강기훈을 자살관여죄로 몰고 갔다. 검찰은 강기훈에게 유리한 증거자료들을 왜곡하거나 은폐하거나 유야무야함으로써 최종적으로 법원의 오판을 유도하였다. 검사가 자신의 확신에 따라 직무에 충실하게 행동했으므로 책임을 질 수 없다면 검사는 확신범이 될 것이다. 그러나 우리는 정치적 의도에 영합하며 범죄적 확신을 추구하는 확신범 검사를 원치 않는다.

이번 판결은 모든 합리적 의심을 말살하고 그릇된 범죄적 프레임을 관철시킨 검사를 면책시켰다. 사법개혁, 검찰개혁이 무엇인가? 공직자의 책임을 냉정하게 추궁하는 법리를 확립하는 것이다. 어쨌든 항소심 재판에서는 이 조작사건에 관여한 검사들의 지향과 행위를 정확하게 포착하기를 기대해 본다.

주민등록법 헌법소원

이 혜 정*

1. 사건 개요

가. 소송의 배경

시공을 초월한 정보화 시대의 가속은 필연적으로 빈번한 개인정보 유출 사고를 가져왔다. 끊임없이 이어지는 개인정보 유출 사고의 발생으로 인해 확대된 개인정보의 중요성에 대한 인식은 곧바로 우리나라의 독특한 주민등록번호 및 그 체계와 충돌하게 되었다. 그럼에도 정부는 개인정보 유출 사고에 따른 방지책에 있어서 미봉책에 그치는 대안만 제시할 뿐, 이미 유출된 개인정보에 대한 구제책이나 향후 대책에 관해 명확한 해결책을 제시하지 못했다. 주민등록번호가 공공기관뿐 아니라 민간에서까지 광범위하게 수집되어지고 있는 상황에서 2014년 1월 초에 발생한 카드 3사의 대규모 개인정보 유출 사건은 신용사회의 근간을 흔드는 중대한 사태였다. 한번 유출된 개인정보는 2차 피해로 이어져 보이스피싱, 명의도용 등으로 다시금 악용되었기 때문에 국민들의 불안감은 가중될 수밖에 없었다.

이전부터 시민단체들은 개인정보 유출 사고와 관련하여 주민등록번호 체계의 문제점을 꾸준히 지적해왔다. 주민등록번호 변경소송도 그 일환의 하나였다. 실제로 시민단체인 진보네트워크와 민변은 2011년 SK 네이트와 옥션의 대규모 개인정보 유출 사고가 발생하자 피해자들을 대리해 주민등록번호 변경 거부처분에 대한 행정소송과 헌법소송을 제기한바 있다. 그렇지만 행정소송은 국민에게 개인정보 유출 사고를 이유로 주민등록번호 변경을 요구할 신청권이 없다며 각하되었고, 헌법소송도 기본권침해의 직접성이 인정되지 않는다며 각하되었다. 이러한 상황에서 2014년에 발생한 카드 3사의 대규모 개인정보 유출 사건은 더 이상 이러한 사태를 방치할 수 없다는 공감대를 확산시켰고, 본격적으로 주민등록번호의 변경뿐 아니라 주민등록제도 전반에 대한 논의의 장

* 변호사, 법무법인 동화.

을 열게 했으며, 이는 곧 헌법재판소가 헌법불합치 결정을 하게 된 결정적인 단초가 되었다.

나. 공익소송의 기획과 준비과정

(1) 변호인단 구성과 소송비용 마련을 위한 아이디어

민변은 2014년 카드사의 대규모 정보 유출 사건이 발생하자 주민등록번호 변경소송을 공익소송으로 진행할 것을 검토하고 있었다. 먼저 진보네트워크와 민변의 변호사들이 모여 변호인단을 구성했다. 공익소송으로 진행하기 위해서는 기본적으로 피해자들인 원고 모집과 소송을 위해 지출해야 하는 최소한의 실비 마련이 필요했기 때문이다. 개인정보 유출사고로 피해를 입은 사람들을 모집하는 것은 어려운 문제가 아니었으나, 자발적으로 원고로 참여하는 시민들에게 비용을 청구해서는 안 된다는 것을 전제로 하였기에, 소송을 위해 지출해야 하는 비용을 어떻게 마련할 것인지가 중요했다. 게다가 이전 행정소송에서 각하된 경험이 있기에 행정소송 패소를 대비한 소송비용도 염두에 두어야만 했다.

소송비용 마련을 위해 진보네트워크센터의 소셜펀치를 이용하자는 아이디어가 나왔다. 소셜펀치란 지금의 크라우드 펀딩과 유사한 것으로, 사회운동을 지원하고자 하는 시민이라면 누구든지, 언제, 어디서나 전자결제를 통해 후원을 할 수 있도록 돕는 온라인 후원 플랫폼이다. 변호인단은 소송을 위한 최소한의 비용인 200만원을 목표로 시민들의 후원과 협조를 요청하고자 아래와 같이 호소했다(참고자료1).

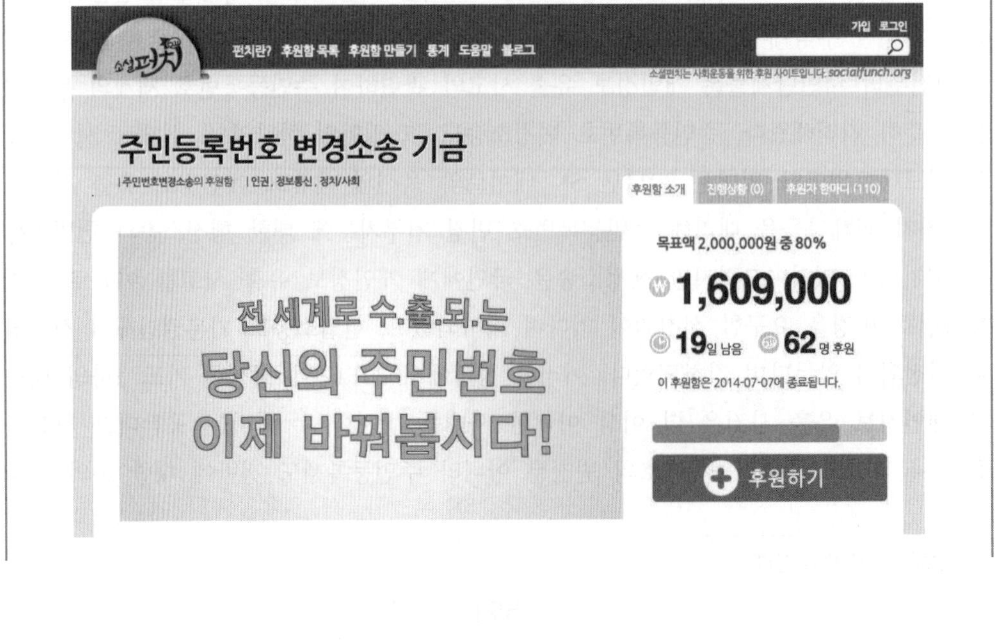

> 1991년 주민등록전산망이 갖춰진 이후 2014년까지 4억건의 주민등록번호가 유출되었습니다. 주민등록번호는 만능열쇠로써 개인의 모든 정보와 연결되어 있습니다. 주민등록번호는 개인의 정보입니다. 국가의 번호가 아닙니다. 주민등록번호가 유출되어 도용되고 있는 상황이라면 개인이 자신의 주민등록번호를 바꿀 수 있도록 해야 합니다. 시민단체(경실련, 소시모, 시민행동, 진보넷, 참여연대)와 민변이 중심이 되어 주민등록번호 소송을 진행합니다. 시민들이 자발적으로 소송에 참여했습니다. 민변 변호사들이 무료로 소송을 맡았습니다. 그러나 소송을 하기 위해서 법원에 내야 하는 필수적인 비용이 있습니다. 이 소송에 원고로 참여하는 시민들이 이러한 비용을 부담하지 않도록 하기 위해서 기금을 마련하려 다방면으로 노력하고 있습니다. 이번 소송을 통해 주민등록번호 변경의 길을 연다면 다른 분들도 손쉽게 주민등록번호를 변경할 수 있습니다. 지금 참여하는 시민들만을 위한 소송이 아닙니다. 우리 모두를 위한 소송입니다.

결과적으로 이러한 전략은 주효했고, 목표 금액은 금세 채워졌다. 주민등록번호에 대한 문제의식을 느낀 시민들이 생각보다 많았던 것이다. 시민들의 소중한 후원과 더불어 변호인단에 건네는 따뜻한 응원의 메시지는 변호인단으로 하여금 더 많은 힘을 내게 하는 동인이 되었고, 이러한 동인은 결국 50년 이상 견고하게 유지되면서 아무런 문제의식 없이 개인정보를 주고받게 했던 주민등록번호의 사회적 관행에 시나브로 균열을 내는 변화의 움직임으로 변모되고 있었다.

(2) 본격적인 소 제기 전 논리 구성을 위한 자료수집 및 연구

이미 2008년 인터넷 쇼핑몰 옥션의 고객정보 1,800만 건 유출사건과 2011년 포털사이트 네이트의 개인정보 3,500만 건 유출사건에 대해 행정소송과 헌법소원이 제기된 적 있으나, 이후에 일어난 신용카드 정보 유출 사태는 그 심각성이 한층 커져 사회·경제 시스템 자체를 위협할 수 있겠다는 위기의식이 확대돼 재차 소송을 제기하기로 결정했다.

먼저 당사자 문제와 관련하여 카드사 정보유출로 인해 피해를 입은 사람들을 모집하여 행정소송과 헌법소송을 진행하되, 소송비용과 행정소송 패소를 대비한 비용까지 감안하여 최소한의 규모로 원고를 모집하기로 했다. 쟁점과 관련해서는 거대한 장벽으로 존재하고 있는 기존의 행정소송 각하판결을 극복하기 위해서는 사회변화와 현재의 피해상황을 밀도 있게 설명하고, 설득력 있고 치밀한 논리전개를 하는 것이 무엇보다 절실했다. 그리하여 소제기에 앞서 쟁점에 대한 관련 자료의 조사와 연구가 시급하기에 변호단은 수십여편의 국내외 논문과 관련 자료 및 판결을 살펴보고 연구하는 작업에 집중하였다. 그러자 어느새 주민등록번호 변경이 불가한 채로 굳건하게 유지돼 오던 주민등록제도에 빈틈이 보이기 시작했다. 그 틈을 포착하여 견고했던 장막에 마침내 균열을 가할 수 있는 논리들을 잘 구성하기만 한다면 승산이 있을 것이라 판단했다.

먼저 개인정보는 정보인권의 하나로서 중요성이 나날이 높아지고 있고, 이에 대한 방증으로 매년 평균 2만 건 안팎의 주민등록번호 변경 요청이 접수되는 상황에서 주민등록번호변경 요구는 더욱 가속화될 것으로 판단했다. 정부는 주민등록번호 변경을 허용하면 사회적 혼란이 발생할 것이라는 주장을 주된 논거로 반대할 것이나, 개인을 식별하는 가장 중요한 이름마저도 변경할 수 있도록 이미 개명이 가능한 상황이고, 근래 세종시에서는 법령에도 없는 감정적인 사유로 신생아들에 대한 주민등록번호(444로 시작되는 번호가 불길하다는 민원)변경 요구를 받아들인 사례가 있었으며, 도로명 주소도 전체적으로 변경되었던 선례에서 별다른 사회혼란이 없었음을 확인했다. 위 사례들을 근거로 주민등록번호도 변경이 충분히 가능하다고 역설할 수 있을 것이라 판단했다.

게다가 헌법재판소 산하 헌법재판연구원도 '주민등록번호제에 대한 헌법적 쟁점'이란 연구보고서에서 "우리나라 주민등록번호는 피해의 최소성과 법익의 균형성에 있어서 과도하게 개인의 인격권과 개인정보 자기결정권을 제한해 기본권의 침해에 이르는 것으로 평가된다"고 지적하였을 뿐만 아니라 기타 다수의 논문들은 우리나라만의 독특한 주민등록번호 제도에 문제점이 있으며 그로 인하여 현재의 문제 상황이 발생하고 있음을 지적하고 있었다. 민변 변호단은 행정소송 판결에서 정당하다고 인정된 거부 처분 사유에 대한 반박자료를 최대한 수집하여 행정소송 및 헌법소원을 제기해 주민등록 제도와 주민등록번호 변경에 대한 논의를 재점화하기로 했다.

2. 소송의 쟁점과 변론

가. 이전의 소송 진행 및 결과

개인정보 유출 피해자들은 '인터넷 포털사이트 또는 온라인 장터의 개인정보 유출 또는 침해사건 등으로 주민등록번호가 불법유출 되었다'는 이유로 행정안전부장관[1)]과 관할 지방자치단체장을 상대로 주민등록번호변경신청을 하였다가 '주민등록법령상 변경이 허용되지 않는다'는 이유로 거부되자, 위 거부행위의 취소를 구하는 소 및 위헌법률

---

1) 개인정보 유출 피해자들인 원고들은 "인터넷 포털사이트 또는 온라인 장터의 개인정보 유출 또는 침해사건 등으로 주민등록번호가 불법유출 되었다"는 이유로 행정안전부장관에게 주민등록번호변경신청을 하였다가 "주민등록법령상 변경이 허용되지 않는다"는 이유로 거부되자, 위 거부행위의 취소를 구하는 소를 제기하였으나 2012. 5. 4. 각하되고(서울행정법원 2012. 5. 4. 선고 2011구합37633 판결), 항소하여 그 소송 계속 중, 주민등록법 제7조 제3항 및 제4항, 주민등록법 시행령 제7조, 제8조 제1항에 대하여 위헌법률심판 제청신청을 하였으나 2012. 12. 6. 항소는 기각되고(서울고등법원 2012누16703), 위헌법률심판 제청신청은 각하되었다(서울고등법원 2012아505). 이에 원고들은 주민등록법 제7조 제3항 및 제4항이 개인정보자기결정권 등을 침해한다고 주장하며, 2013. 2. 27. 헌법재판소법 제68조 제1항에 따라 위 법률조항들의 위헌확인을 구하는 헌법소원심판을 청구하였다(2013. 4. 2. 선고 2013헌마124 주민등록법 제7조 제3항 등 위헌확인).

심판제청신청, 헌법소송을 잇달아 제기하였다. 이하는 동일한 소를 피고만 달리 한 경우이므로 중복하여 소개하지 않는다.

■ 서울행정법원 2012구합1204 주민등록번호변경신청거부처분 취소의소
- 2012. 5. 4. 선고
- 원고: '네이트' 개인정보 해킹 사건, '옥션' 개인정보 유출 사건 피해자
- 피고: 관할 자치구청장
- 주문: 각하

> 주민등록법 제13조, 동 시행령 제8조 제1항에 의하면 '가족관계등록신고 등에 따른 주민등록표의 정리에 따라 주민등록사항을 정정한 결과 주민등록번호를 정정하여야 하는 경우, 주민으로부터 주민등록번호 오류의 정정신청을 받은 경우, 주민등록번호에 오류가 있음을 발견한 경우'에 한하여 주민등록번호 정정만이 허용되는 점, 북한이탈주민법은 "주민등록번호로 북한이탈주민임을 식별 가능한 경우 받을 수 있는 불이익을 방지하기 위하여 1회에 한하여 정착지원시설 소재지를 기준으로 하는 종전 주민등록번호를 현 거주지 기준으로 하여 정정할 수 있다"는 규정을 명시적으로 두고 있는 점, 성별전환시에도 오류가 생긴 주민등록번호를 정정하는 것에 불과한 점, 주민등록번호는 개인마다 하나의 고유번호가 부여되기 때문에 표준적·통일적 개인식별번호로서의 기능을 갖게 되어 행정사무처리의 효율성을 제고할 뿐만 아니라, 주민들에게 신속하고 안정적인 각종 행정서비스·사회복지 등을 지속적으로 제공하기 위한 본인여부 확인에 매우 유용한 점, 현재의 주민등록번호체계 자체를 일률적으로 변경하지 않고 개별적으로 주민등록번호변경만을 인정할 경우 주민등록번호의 개인식별기능과 본인동일성 증명기능이 약화되어 사회적 혼란을 초래할 수 있는 점, 한편 인터넷상에서 주민등록번호를 대체하는 아이핀이 개발되어 사용되고 있는 점, 정부에서는 주민등록번호와 주민등록증번호를 이원화하고 필요시 주민등록증번호 변경을 허용하며, 향후 2015년까지 관련 법률을 개정하여 민간영역에서의 주민등록번호 수집 및 활용을 전면 금지하는 정책을 추진하고 있는 점 등을 고려할 때, 별도의 입법 전까지 현행 주민등록법령에서 허용한 주민등록번호 정정 외에 해석상 주민등록번호변경 신청권을 인정할 수 없고 조리상 신청권이 있다고 볼 수 없다. 또한 주민등록번호변경 허부 및 사유는 주민등록번호체계의 효율성, 폐해 및 그 보완책, 주민등록번호 변경에 따른 사회적 혼란과 비용, 주민등록번호 유출에 따른 개인의 피해 등을 종합적으로 고려하여 결정하여야 할 입법재량의 문제이므로 주민등록번호 유출을 주민등록번호변경 사유로 정하지 않은 주민등록법령을 위헌이라고 보기 어렵다.

■ 항소심: 서울고등법원 2012누16727
- 2013. 1. 17. 선고
- 주문: 각하
- 판단: 1심과 동일

■ 헌법재판소 2013헌마124
- 2013. 4. 2. 선고
주문: 각하

법령 자체가 헌법재판소법 제68조 제1항에 의한 헌법소원의 대상이 될 수 있으려면 그 법령에 의하여 청구인의 기본권이 직접 침해되어야 하는바, 위 조항으로 인한 기본권침해는 대통령령의 제정이라는 집행행위를 통하여 비로소 현실화되는 것이므로, 이 부분 심판청구는 기본권침해의 직접성이 인정되지 아니한다.

■ 상고심: 대법원 2013두2945[2)]
- 2017. 6. 15. 선고

나. 이전 사건의 각하 판결의 존재와 이후 소송 전략

(1) 개 관

국가에 의해 50년 이상 개인을 식별하는 도구로 활용되었던 주민등록번호는 그 시간만큼이나 매우 견고하게 작동되고 있었다. 법원과 헌법재판소도 일거에 각하 판결을 할 만큼 사회변화와 국민의 계속적인 피해에도 불구하고 이를 변경하는데 소극적이었다. 이러한 상황에서 변호단은 다시금 행정소송과 헌법소송을 제기하려 한 것이다. 주민등록번호는 거의 모든 공공기관과 민간에서 범용적으로 사용되고 있고, 우리나라의 주민등록번호는 여타 국가와 달리 개인의 나이와 성별, 출생지역 등 민감한 정보까지도 고스란히 담고 있어 매우 좋은 경제적 가치를 가지고 있다. 그렇기 때문에 2차 피해가 끊임없이 발생되고 확대되는 것이다. 우선 소송의 전제이자 쟁점인 주민등록번호의 역사와 문제점을 간단히 살펴본다.

(2) 주민등록제도 및 주민등록번호의 연혁과 도입배경

모든 주민에게 주민등록을 강제하고, 주민등록증, 지문날인, 주민등록번호를 반드시

---

2) 상고심은 헌법재판소의 헌법불합치 결정 이후 2017. 6. 15. 선고되었는데, 결국 파기되었으므로 후술한다.

부여하도록 하는 우리나라의 주민등록제도는 다른 나라의 제도와 비교하여 무척 엄격한 주민관리시스템으로 구성되어 있다. 주민등록제도는 1962년 제정 주민등록법에 의해 도입되었고, 주민등록번호는 1968년 5월 29일 주민등록법 제1차 개정 시 추가된 주민등록증 제도와 함께 도입되었다. 주민등록증은 "간첩이나 불순분자를 용이하게 식별, 색출하여 반공태세를 강화하기 위하여" 도입(개정법률 개정 이유 중)되어 1975년 생년월일, 성별, 지역을 표시하는 13자리의 숫자체제로 정착되었다. 주민등록번호 부여에 대해서는 당시에도 많은 사회적 비판이 제기되었다. 예컨대, 사람에 대해 번호를 붙이는 것은 사람을 사물과 같이 다루는 격이어서 인간의 존엄성을 해한다거나, 헌법상의 개인의 권리를 난지 행성사무의 도구처럼 희생시키는 것이어서 인권옹호를 생명으로 삼는 일반의 법감정에 반한다[3]는 비판이 제기되었다.

(3) 현행 법령상 주민등록번호의 변경 요건

주민등록번호는 주민에게 부여하는 개인별 고유한 등록번호로(주민등록법 제7조의2), 주민등록법은 주민등록번호 자체의 변경이나 정정에 관하여 직접적인 규정을 두고 있지 않다. 다만 성명, 성별, 생년월일, 세대주와의 관계, 등록기준지, 주소, 전입지와 전입연월일 등의 신고사항에 변동이 있는 경우에 정정신고를 하도록 규정하고 있다(동법 제13조). 즉, ① 동법 제14조에 따라 주민등록사항을 정정한 결과 주민등록번호를 정정하여야 하는 경우 ② 주민으로부터 주민등록번호 오류의 정정신청을 받은 경우 ③ 주민등록번호에 오류가 있음을 발견한 경우에 한하여 주민등록번호 부여지의 시장, 군수, 구청장에게 정정하도록 하고 있다(동법 제7조의3). 그 밖에 북한이탈주민의 보호 및 정착지원에 관한 법률 제19조의3의 주민등록번호 정정의 특례규정이 있는데, 이는 주민등록번호로 북한이탈주민임을 식별 가능한 경우 받을 수 있는 불이익을 방지하기 위하여 1회에 한하여 정착지원시설 소재지를 기준으로 하는 종전 주민등록번호를 현 거주지 기준으로 하여 정정할 수 있다는 내용이다. 2013. 3. 서부지방법원에서 성전환자가 성기 성형수술을 받지 않았더라도 기존의 성을 제거하는 수술을 하였다면 법적으로 성별을 바꿀 수 있고, 주민등록번호도 정정 가능하도록 하고 있다.

(4) 주민등록번호 유출로 인한 2차 피해 유형

개인정보 유출사고가 발생하면 주민등록번호도 함께 유출되고, 이는 2차 피해로 확대, 재생산 되면서 다음과 같은 유형의 피해가 지속적으로 발생되고 있음이 확인되었다.

3) 이장희 <주민등록번호제에 대한 헌법적 쟁점>, 헌법재판소 헌법재판연구원, 2013, 9쪽.

피해구분		이용정보	피해유형
명의도용	인터넷 회원가입	성명, 주민번호	- 회원가입 가능한 사이트에 타인명의 회원가입 - 사이버머니 취득 후 판매
	기존회원 자격 도용	ID, PW, 성명, 주민번호	- 회원 자격 도용 - 타인 명의 비방 글 게시
	신분증 위조	성명, 주소, 주민번호	- 타인명의 각종 신분증 위조(2차 유출시 재산 피해가 큼) - 위조신분증으로 타인명의 부동산 절취 - 불법취업 등 신분 위장
	오프라인 서비스 명의도용	성명, 주소, 주민번호, 계좌번호	- 타인명의 휴대폰 및 금융계좌 개설 - 증권사 CMS 계좌이체로 금전 탈취 - 보이스피싱용 대포통장 판매 - 타인명의 대포차 할부구매 후 판매
개인정보 불법유통	개인정보 불법유통	모든 개인정보	- 통신사 영업점, 스팸 발송업자, 서비스 사업자 등에게 판매되어 이용
	인터넷 유포	모든 개인정보	- 개인정보 판매 목적
스팸	불법 스팸발송	이메일, 전화번호	- 불법 스팸 및 TM 발송에 이용
피싱	보이스 피싱	성명, 전화번호	- 기관 사칭 전화사기, 납치 사칭 전화사기 등에 이용

(5) 주민등록번호 변경의 필요성을 위한 논리 구성

주민등록번호는 성명 등 별개의 개인정보를 연결하는 만능키로서 활용되고 있었다. 즉, 주민등록번호 하나만 알고 있으면 그 개인의 이름, 주소, 이메일, 심지어 직장까지도 알 수 있는 핵심적인 역할을 하는 것으로 드러났다. 만일 유출된 주민등록번호의 변경이 허용되지 않는다면 어쩌면 2차 피해는 멈추지 않고 계속될 위험성이 상존하게 되는 것이다. 역사적으로 간첩색출 목적으로 도입된 주민등록번호는 인간을 국가의 행정편의를 위한 도구로 활용하기 위해 시작되었다는 비판을 시작으로, 각종 해외 사례를 소개하고 비교하면서 우리만의 독특한 주민등록번호는 세계적으로 그 유례가 없는 제도임을 부각시키기로 했다. 또한, 현재의 무수한 피해 사례를 열거하면서 주민등록번호 변경의 필요성과 시급성을 강조하는 것이 중요하다고 판단했다. 나아가 설령 주민등록번호의 변경을 허용하더라도 사회적 혼란은 없을 것이고, 비용도 많이 들지 않음을 이미 진행되고 있었던 개명과 도로명 변경 사례를 들면서 설득하고자 하였다. 결과적으로 이러한 논의 전개와 쟁점 부각은 주효했다.

3. 이번 행정소송 및 헌법소원 진행 및 결과

가. 행정소송의 쟁점과 변론

변호단은 2014년 5월 7일 국민의 주민등록번호 변경 신청을 거부한 지방자치단체들의 행위는 위법한 것이므로 이를 취소해달라는 취지로 행정소송을 제기했다. 또한, 2014년 6월 9일에는 현행 주민등록법 및 관계 법령이 개인정보자기결정권 등의 기본권을 침해해 위헌이라는 이유로 헌법소원도 청구했다. 이번 소송에서 지방자치단체들은 '주민등록번호가 공공·민간에서 개인 식별번호로 활용되고 있는 상황에서, 주민등록번호 변경을 허용할 경우, 각종 기록변경 및 신분확인 절차 등에 막대한 사회적 비용과 혼란이 발생할 가능성이 있어 이를 허용하면 안 된다'는 이전의 주장을 반복해 주장할 것으로 예상했다.

그러나 변호단은 개인정보보호법 제2조 제2호의 '그 밖에 이와 유사한 행위'에는 정정과 유사한 변경도 당연히 포함되고, 원고들은 주민등록번호가 유출되었으므로 개인정보 보호법 제4조 제5호 및 제4호에 따라 개인정보 처리로 발생한 피해를 신속하고 공정한 절차에 따라 구제받을 권리가 있으며, 피고들에게 주민등록번호 정정 또는 주민등록번호 처리 정지를 요구할 권리가 있으므로, 결국 원고들은 피고들에게 주민등록번호 변경을 구할 신청권이 있다고 주장했다.

또한, 주민등록법 시행령 제8조 제1항은 그 내용상 주민등록번호와 관련된 행정절차를 규정한 것에 불과하고, 위 규정은 주민등록번호 변경 신청을 명시적으로 금지하고 있지 않으므로 위 조항에 규정된 경우에만 주민등록번호 정정이 허용된다고 볼 수 없다. 만약 주민등록법 시행령 제8조 제1항과 같은 법 시행규칙 제2조에 따라 주민등록번호 변경이 거부된다면 위 각 규정은 원고들의 개인정보자기결정권을 침해하여 위헌·무효에 해당된다고 주장했다.

이러한 사정들과 더불어 북한이탈주민의 보호 및 정착지원에 관한 법률은 북한이탈주민의 주민등록번호 변경을 허용하고 있는 점, 2012. 12.경 세종특별자치시에서 주민등록번호 뒷자리가 '4444'로 시작되는 자들의 주민등록번호를 변경해 준 점, 주민등록번호만으로 생년월일·성별·출생 지역 등이 노출되는 점, 주민등록번호가 유출되어 각종 범죄행위에 악용되고 있는 점, 피고들이 원고들에게 새로운 주민등록번호를 부여하더라도 새로운 등록번호 체계가 입법되기 전까지 잠정적으로 사용될 뿐이고 사회적 혼란도 발생할 우려가 크지 않은 점, 성전환자의 성별 정정 시 주민등록번호 변경이 허용되는 점 등을 고려하면, 원고들은 피고들에게 주민등록번호 변경을 요구할 법규상 또는 조리상 신청권이 있고, 따라서 이 사건 회신은 항고소송의 대상이 되는 처분에 해당하므로 다시 한 번 판단해 달라고 호소하였다.

나. 행정소송 결과

■ 서울행정법원 2014구합57867 주민등록번호변경거부처분 취소의소
- 2014. 11. 6. 선고
- 원고: 카드사 개인정보 유출 피해자 5인
- 피고: 서울특별시 노원구청장 외 4인
- 주문: 각하

> 주민등록법 시행령 제8조 제1항은 주민등록번호 정정을 할 수 있는 경우를 한정하여 규정하고 있다. 또한 개인정보 보호법은 개인정보의 변경과 관련하여서는 그 규정을 두고 있지 않은 점, '정정'은 동일성이 인정되는 범위 내에서 그 잘못된 기재를 바로잡는 것을 의미하는 반면에 '변경'은 다르게 바꾸어 새롭게 고치는 것을 의미하는 것인 점 등을 고려하면, 개인정보 보호법 제2조 제2호의 '정정'이나 '그 밖에 이와 유사한 행위'에 '변경'이 포함된다고 볼 수 없으므로, 개인정보 보호법을 근거로 주민등록번호 변경을 요구할 수 있는 권리가 곧바로 도출된다고 보기도 어렵다.
>
> 인간의 존엄과 가치와 행복추구권을 규정한 헌법 제10조 제1문에서 도출되는 일반적 인격권 및 헌법 제17조의 사생활의 비밀과 자유에 의하여 보장되는 개인정보자기결정권은 자신에 관한 정보가 언제 누구에게 어느 범위까지 알려지고 또 이용되도록 할 것인지를 정보주체가 스스로 결정할 수 있는 권리이므로(대법원 2014. 7. 24. 선고 2012다49933 판결), 이러한 개인정보자기결정권에 자신에 관한 정보인 주민등록번호를 새로운 번호로 변경해 줄 권리가 당연히 포함된다고 볼 수도 없다.

다. 헌법소원 결과

■ 헌법재판소 2013헌바68 주민등록법 제7조 제3항 등 위헌소원/2014헌마449(병합) 주민등록법 제7조 제3항 등 위헌확인
- 선고: 2015. 12. 23.
- 주문: 주민등록법(2007. 5. 11. 법률 제8422호로 전부개정된 것) 제7조는 헌법에 합치되지 아니한다. 위 조항은 2017. 12. 31.을 시한으로 입법자가 개정할 때까지 계속 적용된다.

(1) 이 사건의 쟁점 및 심판 대상 규정

이 사건의 쟁점은 주민등록번호 변경에 관한 규정을 두고 있지 않은 주민등록법 제7조가 헌법에 위반되는지 여부 및 청구인들의 기본권을 침해하는지 여부이다.

주민등록법 (2007. 5. 11. 법률 제8422호로 전부개정된 것)

제7조(주민등록표 등의 작성) ① 시장·군수 또는 구청장은 주민등록사항을 기록하기 위하여 전산정보처리조직(이하 "전산조직"이라 한다)으로 개인별 및 세대별 주민등록표(이하 "주민등록표"라 한다)와 세대별 주민등록표 색인부를 작성하고 기록·관리·보존하여야 한다.
② 개인별 주민등록표는 개인에 관한 기록을 종합적으로 기록·관리하며 세대별(世帶別) 주민등록표는 그 세대에 관한 기록을 통합하여 기록·관리한다.
③ 시장·군수 또는 구청장은 주민에게 개인별로 고유한 등록번호(이하 "주민등록번호"라 한다)를 부여하여야 한다.
④ 주민등록표와 세대별 주민등록표 색인부의 서식 및 기록·관리·보존방법 등에 필요한 사항과 주민등록번호를 부여하는 방법은 대통령령으로 정한다.

주민등록법 시행령 (2008. 2. 22. 대통령령 제20615호로 전부개정된 것)

제7조(주민등록번호) ① 시장·군수 또는 구청장은 법 제7조 제3항에 따라 주민등록번호를 부여하려면 반드시 등록기준지를 확인하여야 한다.
② 시장·군수 또는 구청장이 법 제7조 제3항에 따라 주민등록번호를 부여할 때에는 별지 제6호 서식에 따른 주민등록번호 부여대장에 이를 기록하여야 한다.
③ 법 제7조 제3항에 따른 주민등록번호의 부여는 전산조직을 이용하여 처리할 수 있다.
④ 주민등록번호의 부여에 필요한 사항은 행정자치부장관이 정한다.
제8조(주민등록번호의 정정) ① 주민등록이 되어 있는 거주지의 시장·군수 또는 구청장(이하 "주민등록지의 시장·군수 또는 구청장"이라 한다)은 다음 각 호의 어느 하나에 해당하는 사유가 발생하면 주민등록번호를 부여한 시장·군수 또는 구청장(이하 "번호부여지의 시장·군수 또는 구청장"이라 한다)에게 별지 제7호 서식에 따라 주민등록번호의 정정을 요구하여야 한다.
1. 법 제14조에 따라 주민등록사항을 정정한 결과 주민등록번호를 정정하여야 하는 경우
2. 주민으로부터 주민등록번호 오류의 정정신청을 받은 경우
3. 주민등록번호에 오류가 있음을 발견한 경우

주민등록법 시행규칙 (2008. 2. 22. 행정자치부령 제425호로 전부개정된 것)

제2조(주민등록번호의 작성) 주민등록법 제7조 제3항에 따른 주민등록번호는 생년월일·성별·지역 등을 표시할 수 있는 13자리의 숫자로 작성한다.

(2) 헌법재판소의 주민등록법 제7조에 대한 헌법불합치 결정 요지

개인정보자기결정권은 자신에 관한 정보가 언제 누구에게 어느 범위까지 알려지고 또 이용되도록 할 것인지를 그 정보주체가 스스로 결정할 수 있는 권리이다. 주민등록번호는 모든 국민에게 일련의 숫자 형태로 부여되는 고유한 번호로서 당해 개인을 식별할 수 있는 정보에 해당하는 개인정보이다. 그런데 심판대상조항은 주민등록번호 변경에 관한 규정을 두지 않음으로써 주민등록번호 불법 유출 등을 원인으로 자신의 주민등록번호를 변경하고자 하는 청구인들의 개인정보자기결정권을 제한하고 있다.

주민등록번호제도는 주민생활의 편익을 증진시키고, 행정사무의 적정한 처리를 도모하기 위한 것으로, 모든 주민에게 고유한 주민등록번호를 부여하면서 이를 변경할 수 없도록 하는 것은 이러한 목적을 달성하기 위한 적합한 수단이 될 수 있다. 그러나 주민등록번호는 단순한 개인식별번호에서 더 나아가 표준식별번호로 기능함으로써, 결과적으로 개인정보를 통합하는 연결자(key data)로 사용되고 있는바, 개인에 대한 통합관리의 위험성을 높이고, 종국적으로 개인을 모든 영역에서 국가의 관리대상으로 전락시킬 위험성이 있으므로 주민등록번호의 관리나 이용에 대한 제한의 필요성이 크다.

또한, 현대사회는 개인의 각종 정보가 타인의 수중에서 무한대로 집적, 이용 또는 공개될 수 있으므로 연결자 기능을 하는 주민등록번호가 불법 유출 또는 오·남용되는 경우 개인의 사생활뿐만 아니라 생명·신체·재산까지 침해될 소지가 크고, 실제 유출된 주민등록번호가 범죄에 악용되는 등 해악이 현실화되고 있다. 이러한 현실에서 주민등록번호 유출 또는 오·남용으로 인하여 발생할 수 있는 피해 등에 대한 아무런 고려 없이 주민등록번호 변경을 일률적으로 허용하지 않은 것은 그 자체로 개인정보자기결정권에 대한 과도한 침해가 될 수 있다. 비록 국가가 개인정보보호법 등의 입법을 통하여 주민등록번호 처리 등을 제한하고, 유출이나 오·남용을 예방하는 조치를 취하였다고 해도, 여전히 주민등록번호를 처리하거나 수집·이용할 수 있는 경우가 적지 않고, 이미 유출되어 발생되는 피해에 대해서는 뚜렷한 해결책을 제시하지 못하므로, 이러한 조치는 국민의 개인정보자기결정권에 대한 충분한 보호가 된다고 보기 어렵다.

한편, 주민등록번호 변경을 허용하더라도 변경 전 주민등록번호와의 연계 시스템을 구축하여 활용한다면 개인식별기능과 본인 동일성 증명기능이 충분히 이루어질 것이고, 입법자가 정하는 일정한 요건을 구비한 경우에 객관성과 공정성을 갖춘 기관의 심사를 거쳐 변경할 수 있도록 한다면 주민등록번호 변경절차를 악용하려는 경우를 차단할 수 있으며, 사회적으로 큰 혼란을 불러일으키지도 않을 것이다. 따라서 주민등록번호 변경에 관한 규정을 두고 있지 않은 심판대상조항은 과잉금지원칙을 위반하여 청구인들의 개인정보자기결정권을 침해한다.

다만, 심판대상조항의 위헌성은 주민등록번호 변경에 관하여 규정하지 아니한 부작위에 있는바, 이를 이유로 심판대상조항에 대하여 단순위헌결정을 할 경우 주민등록번호제도 자체에 관한 근거규정이 사라지게 되어 용인하기 어려운 법적 공백이 생기게 되고, 주민등록번호 변경제도를 형성함에 있어서는 입법자가 광범위한 입법재량을 가지므로, 심판대상조항에 대하여는 헌법불합치결정을 선고하되, 2017. 12. 31.을 시한으로 입법자가 개선입법을 할 때까지 계속 적용하기로 한다.

(3) 헌법재판소의 주민등록법 헌법불합치 결정문 분석과 그 의의

헌법재판소 결정의 핵심 요지는 "주민등록번호 변경이 필요한 경우가 있음에도 그 변경에 관하여 규정하지 아니한 부작위에 있고, 주민등록번호 유출 또는 오·남용으로 인하여 발생할 수 있는 피해 등에 대한 아무런 고려 없이 주민등록번호 변경을 일률적으로 허용하지 않은 것은 과잉금지원칙을 위반하여 개인정보자기결정권에 대한 침해가 된다."라고 정리할 수 있다.

헌법재판소는 변호단이 주장하는 현행 주민등록번호의 문제점을 거의 그대로 수용하는 결정을 하였다. 자신의 개인정보가 불법 유출사고를 통해 부실하게 관리되어졌음에도 그 피해는 오히려 정보주체가 감당해야 했고, 유출로 인한 피해에 대해 뚜렷한 구제절차도 없어 무기력한 상황에서, 자신의 개인정보에 대한 운명을 결정할 권리를 더 이상 국가나 사회에 내맡기지 않으려는 정보주체의 강한 요구에 헌법재판소가 부응하여 개인정보자기결정권을 보다 적극적 권리로 인정하였기 때문이다. 헌법재판소는 주민등록법에서 변경규정을 두지 않은 부작위의 위헌성을 지적하면서 향후 주민등록번호의 변경을 허용하더라도 이로 인한 사회적 혼란이나 부작용은 없을 것이라며 장래의 개선방향까지 제시하며 일각의 우려를 잠재우는 표현도 하였다. 이는 현행 주민등록번호 자체가 가지고 있는 특성과 그 사용 현황, 이로 인한 유출피해의 심각성을 헌법재판소가 인식한 결과의 방증이라 할 수 있다. 다만, 주민등록법 제7조 및 시행령 등 관련 규정을 면밀히 살펴보면 주민등록번호의 근거 내지 부여 방법에 대한 법률유보원칙 위배 등 내재된 법률적 흠결이 있음에도 이에 대한 판단을 하지 않은 것은 아쉬운 대목이다. 그럼에도 현행 주민등록제도 및 주민등록번호의 문제점을 인식하고, 그 제도 개선에 대해 첫 물꼬를 텄다는 점에서 이번 헌법재판소의 결정은 상당히 의미 있는 결정으로 평가된다. 이번 헌법재판소의 결정은 다섯 가지 측면에서 그 의미를 찾을 수 있다.

첫째, 헌법재판소는 주민등록번호의 특성 및 광범위한 사용 현실을 통해 주민등록법과 주민등록번호의 문제점을 인식했다.

> "현행 주민등록번호는 국민 각자에게 부여되는 고유한 번호로서 서로 중복되는 경우가 없고, 일단 부여받은 다음에는 변경되는 일이 없으며, 법으로 강제 부여되고, 개인을 특정하는데 사용되는 특성을 가진다. 이에 따라 주민등록번호는 주민관리용 식별기능에서 나아가 모든 영역에서 특정 개인을 다른 사람과 구별하며, 본인 여부를 증명해주고 있다. 그런데 주민등록법은 주민등록번호의 수집·이용에 대한 범위나 제한을 명시적으로 규정하지 않은데다가, 위와 같은 주민등록번호의 특성과 기능으로 인해 다양한 행정영역뿐만 아니라 민간영역에서도 그 활용이 일상화되었고, 그에 따라 주민등록번호의 유출이나 오·남용으로 인해 언제든지 개인의 사생활이 심각하게 침해될 수 있다는 우려가 제기되었다. 그리고 실제로 주민등록번호의 대량 유출사고가 여러 차례

에 걸쳐 발생하였으며, 그로 인하여 유출된 주민등록번호가 도용되면서 각종 범죄에 악용되는 등의 피해가 발생하기에 이르렀다."

일부 국가를 제외하고 대부분의 다른 국가에서 발행하는 개인식별 번호는 민감한 개인정보를 포함하지 않고, 극히 제한된 공공행정 업무(조세, 사회보장 등)에만 한정하여 사용하고 있으며, 그 외 민간영역에서는 개인 신분인증의 수단으로 활용하지 않는다.[4) 그런데 우리 주민등록번호는 국가안보 및 주민관리용 식별 목적으로 1968년에 처음 도입되었으나, 주민등록법상 특별히 목적상의 범위 제한이나 수집·이용에 대한 별도의 제한 규정이 없어 공공·민간 사회 전반에서 본인확인 수단으로 광범위하게 활용되었고, 2000년대 이후 정보통신산업이 발전되면서 온라인 환경에서 회원가입 시 실명인증, 성인인증 및 중복가입방지 등의 목적으로 광범위하게 이용되었다. 2011. 9.「개인정보보호법」 시행 이후 2014. 5.까지 안전행정부에 신고한 개인정보 유출사고는 총 42건(회), 1억1,868만명에 이른다. 그 중 주민등록번호가 포함된 유출사고는 27건(64.3%), 1억1,060만명(93.2%)으로, 거의 대부분 유출사고에서 주민등록번호가 함께 유출되고 있는 것으로 나타났다.[5)]

이처럼 현행 주민등록번호의 문제점은 ① 번호 자체가 그 사람을 대표하는 유일한 번호로서 개인정보의 통합자와 식별자 및 연결자 역할을 하고, ② 번호의 구성만 보아도 나이, 출신지역, 성별 등 민감한 개인정보의 확인을 가능하게 하며, ③ 한번 발급되면 특별한 경우가 아닌 한 평생 변경을 허용하지 않는 강력한 종신성을 가지고 있어, 이상과 같은 고유불변성, 종신성, 강제성, 개인정보성으로 인해 기본권 침해가 매우 크다는 문제점을 가지고 있었는데, 헌법재판소가 이번 결정에서 이를 확인하면서 그 문제의식을 표명한 것이다.

둘째, 헌법재판소는 주민등록번호의 유출사고를 방지하기 위한 개인정보보호법 등 법령의 정비 내지 기존의 방지책은 근본적인 해결책이 될 수 없다고 판단했다.

계속되는 개인정보 유출사고는 커다란 사회문제가 되었고, 정부는 이에 대한 방지책으로 아이핀이나 개인정보보호법 등 관련 법령 등을 정비하였으나 근본적인 해결책은 되지 못했다. 이를 의식하여 헌법재판소도 아래와 같이 판시하면서 더 이상의 입법적 불비를 해결하지 않으면 안된다는 절박감을 드러내었다.

"오늘날 현대사회는 인터넷의 발달과 전산화의 실시로 인해 개인의 인적사항이나 생활상의 각종 정보가 정보주체의 의사와는 전혀 무관하게 타인의 수중에서 무한대로 집적되고 이용 또는

4) 하혜영, <주민등록번호 개편을 둘러싼 주요 쟁점과 향후 과제>, 이슈와 논점, 제811호, 국회입법조사처, 2014, 2쪽.
5) 안전행정부 개인정보보호 종합지원 포털의 "마이핀[내 번호]에 대한 모든 것"

공개될 수 있게 되었다. 비록 국가가 개인정보보호법이나 정보통신망법 등의 입법을 통하여 주민등록번호 처리와 수집·이용을 제한하고, 주민등록번호의 유출이나 오·남용을 예방하는 조치를 취하고 있다고는 하나, 여전히 관련 법령 등에 의하여 주민등록번호를 처리하거나 수집·이용할 수 있는 경우가 적지 아니할 뿐만 아니라, 이미 주민등록번호가 유출되어 발생되었거나 발생될 수 있는 피해 등에 대해서는 뚜렷한 해결책을 제시하지 못하고 있으며, 위와 같은 입법조치 이전에 이미 주민등록번호가 유출된 경우도 상당수 존재하므로, 위와 같은 조치만으로는 국민의 개인정보자기결정권에 대한 충분한 보호가 된다고 보기 어렵다."

셋째, 개인정보자기결정권의 중요성과 개인정보보호를 위한 국가의 보호 책무를 명확히 하였다.

"주민등록번호는 단순한 개인식별번호에서 더 나아가 표준식별번호로 기능함으로써, 개인에 관한 정보가 주민등록번호를 사용하여 구축되고 그 번호를 통해 또 다른 개인정보와 연결되어 결과적으로 개인정보를 통합하는 연결자(key data)로 사용되고 있다. 이러한 점은 개인에 대한 통합관리의 위험성을 높이고, 종국적으로는 개인을 인격체로서가 아니라 모든 영역에서 국가의 관리대상으로 전락시킬 위험성이 있으므로 주민등록번호의 관리나 이용에 대한 제한의 필요성이 크다.

특히 현재의 주민등록번호는 목적별로 식별번호를 구분하여 사용하지 않고 모든 영역에 걸쳐 통합 사용되고 있는바, 공공부문에서 행정사무처리의 효율성을 높이는 기능을 하는 이외에 민간부문에서도 각종 상거래 등에 광범위하게 사용되는 등 국민의 사회경제생활에 필수적인 도구가 되었기 때문에, 이를 관리하는 국가는 주민등록번호가 유출되거나 악용되는 사례가 발생하지 않도록 철저히 관리하여야 하며, 그럼에도 불구하고 문제가 발생하는 경우 그로 인한 피해가 최소화되도록 제도를 정비하고 보완하여야 할 의무가 있다. 이러한 현실에서 주민등록번호 유출 또는 오·남용으로 인하여 발생할 수 있는 피해 등에 대한 아무런 고려 없이 주민등록번호 변경을 일률적으로 허용하지 않는 것은 그 자체로 개인정보자기결정권에 대한 과도한 침해가 될 수 있다."

헌법재판소의 결정은 주민생활의 편익을 증진시키고 행정사무의 적정한 처리를 도모하기 위한 목적으로 주민등록번호가 도입되었다고 하더라도 그 번호가 무분별하게 사용되는 작금의 현실에서 주민등록번호를 통해 국가는 개인을 인격체가 아닌 모든 영역에서 국가의 관리대상으로 전락시킬 위험성이 있으므로, 이를 관리하는 국가로서는 개인정보가 유출되거나 악용되지 않도록 철저히 관리하거나 제도를 정비하고 보완하여야 할 책무가 있음을 명확히 하였다. 나아가 현대 사회에서 개인정보자기결정권의 중요성을 확인하고, 정보주체에게 자기정보에 대한 소극적이고 수동적인 통제권이 아니라 자기정보를 스스로 통제하고 결정할 수 있는 적극적이고 능동적인 통제권을 인정하였다는 점에서 그 의미가 있다.

넷째, 주민등록번호의 변경을 허용하더라도 사회적 혼란이 일어나지 않는다는 점을 강조하였다.

> "개별적인 주민등록번호 변경을 허용할 경우 주민등록번호의 개인식별기능과 본인 동일성 증명기능이 약화되어 주민등록제도의 목적 달성이 어렵게 되고, 범죄은폐 또는 신분세탁 등의 불순한 용도로 이를 악용하려는 경우가 생길 수 있으며, 이미 수많은 주민등록번호가 유출되어 있는 상황에서 주민등록번호의 변경을 모두 허용하게 되면 사회적 혼란이 야기될 수 있다는 점 등의 우려가 제기될 수 있다. 그러나 주민등록번호가 변경된다고 하더라도 변경 전 주민등록번호와의 연계 시스템을 구축하여 활용한다면 본인확인이 가능할 것이고, 이러한 점은 공인인증서(NPKI)나 전자관인(GPKI)이 1년 내지 2년마다 갱신되어야 하지만, 개인식별기능에 별다른 문제가 발생한 바가 없다는 점에 의해서도 충분히 증명된다. 또한 주민등록번호를 무분별하게 변경할 수 있도록 허용하는 것이 아니라, 예컨대 생명·신체에 대한 위해를 입거나 입을 우려가 있는 경우 등과 같이 입법자가 정하는 일정한 요건을 구비한 경우에 객관성과 공정성을 갖춘 행정기관 또는 사법기관의 심사를 거쳐 변경을 할 수 있도록 허용한다면, 범죄은폐 또는 신분세탁 등의 불순한 용도로 주민등록번호 변경절차를 악용하려는 경우를 차단할 수 있으며, 사회적으로 큰 혼란을 불러일으키지도 않을 것이다. 2010년 전후로 한해 평균 16만 1천여 명이 개명을 신청하고, 그 인용률은 94.1%에 이르지만, 이로 인해 사회적인 혼란이 일어나지는 않았다."

이 부분은 실제 공개변론에서 변호단이 중요하게 다룬 분야로 이번 헌법재판소의 결정문에도 그대로 인용되었다. 안전행정부의 통계자료에 따르면, 2000년부터 2012년까지 주민등록번호를 변경(정정)한 사례는 총 245,588건에 이르렀는데, 매년 평균 2만여 명, 하루 평균 60여명이 주민등록번호를 바꾸고 있으나, 그로 인해 사회적 혼란이나 비용이 문제된 적은 없었다. 또한 가장 중요한 신분확인 장치인 '성명'의 변경이 허용되고 있다는 점도 중요하게 고려되었다. 2010년 전후로 한해 평균 16만 1천여 명이 개명 신청을 하고 있고 같은 기간 법원이 개명신청을 받아들인 인용률이 94.1%에 달한다. 하루 442명 꼴로 개명을 신청하는데, 94%인 415명이 매일 개명을 하고 있는 셈이다. 과거에도 개명으로 인하여 사회적 폐단이나 부작용이 발생할 것이라는 우려가 있었으나, 지금은 아무도 개명에 따른 사회적 비용과 혼란을 언급하지 않는다. 실제 사회적 혼란이 발생하지도 않았고 그 비용도 개인적으로 처리하기 때문이다.

최근 정부는 새로운 주소체계를 도입함으로써 그 변화를 시도한 바 있다. 당시 정부는 새로운 주소의 도입 배경으로 "일제가 1910년에 만든 현재의 주소체계로는 건물을 찾기 어려워 교통 혼잡을 초래하고 물류비용을 증가시키는 것은 물론 범죄·화재 등 각종 사고와 재난에서 신속하게 대응할 수 없는 만큼 시급히 고쳐야 할 필요가 있다"고 설명했다. 이에 대한 사회적 혼란 등의 문제에 대해서는 "혼란을 방지하기 위해 서식과 주민등록주소는 현재대로 사용하면서 도로 이름과 건물번호를 현장과 지도에 표시해 화물운송업자, 홈쇼핑업자, 관광안내원 등 우선적으로 필요한 사람들에게 사용을 권장할 것이며, 시범지역을 선정하여 현실에 맞게 구체적인 방안을 마련하겠다"고 밝혔다.

이러한 여러 실제 사례 등을 고려하면, 주민등록번호 변경으로 인한 사회적 혼란이라는 것은 가정적 판단이나 우려에 불과하다는 것을 알 수 있고, 이러한 명목 하에 실제 발생하는 개인정보 유출피해를 국민들로 하여금 계속 수인하도록 국가가 방치하는 것은 타당하지 않다. 헌법재판소도 그 점에서 주민등록번호의 변경을 허용함으로써 제기되는 여러 문제 및 장래의 개선 방향 등을 일일이 설시하면서 막연한 우려를 불식시키고 주민등록번호 변경의 필요성 및 당위성을 강조한 것으로 판단된다.

다섯째, 헌법재판소가 주민등록법 자체에 내재하는 법률적 흠결에 대한 판단을 하지 않은 부분은 아쉬운 점이다. 주민등록법은 주민등록번호의 목적이나 수집 등에 대한 범위 내지 제한을 규정하지 않아 명확성의 원칙에 반하는 문제가 있고, 법률유보원칙, 포괄위임금지원칙에 위배되는 문제점이 있기 때문이다.

국민의 기본권을 제한하는 사항인 주민등록번호의 사용 목적과 범위, 절차나 한계 등은 근거 법률인 주민등록법 및 그로부터 적법한 위임을 받은 하위 법령에 명확히 규정해야 한다. 현행 주민등록법은 시장·군수 또는 구청장이 주민에 대하여 주민등록번호를 부여하도록 하는 한편, 주민등록번호를 부여하는 방법에 관하여는 대통령령에 정하도록 규정하고 있고(제7조 제3항, 제4항), 주민등록법 시행령은 주민등록번호의 부여에 필요한 사항은 행정자치부장관이 정하도록 규정하고 있으며(제7조 제1항, 제4항), 주민등록법 시행규칙은 주민등록번호는 생년월일·성별·지역 등을 표시할 수 있는 13자리의 숫자로 작성하도록 규정하고 있다(제2조).

이처럼 주민등록법 제7조 제3항은 주민등록번호의 '부여근거'만을 규정할 뿐이고 그 밖에 주민등록번호의 사용범위, 절차, 법적 한계 등을 전혀 규정하지 않고 있다. 다만, 법 제1조에서 "이 법은 ... 주민의 거주관계 등 인구의 동태를 항상 명확하게 파악하여 주민생활의 편익을 증진시키고 행정사무를 적정하게 처리하도록 하는 것을 목적으로 한다."고 규정하고 있을 뿐이다. 주민등록번호가 주민등록제도의 일부라는 점에서 주민등록번호는 기본적으로 주민의 거주관계 등 인구의 동태를 파악하기 위한 주민등록의 목적에 따르는 활용에 그쳐야 할 것으로 해석할 수는 있다.

그런데 이러한 법률상의 활용범위는 실제 주민등록번호의 활용범위를 한정하지 못할 뿐만 아니라 광범위한 이용이 이루어지고 있는 현실을 반영하고 있지도 못하는 문제가 있다. 또한, 법 제1조는 주민등록번호를 "행정사무의 적정한 처리"를 위해 사용될 수 있다는 추상적인 근거를 마련해 놓고 있지만 이러한 추상적 목적 규정만으로는 주민등록번호의 광범위한 이용에 대한 법적근거가 마련되었다고 볼 수 없다. 주민등록번호의 활용과 범위 제한에 대해서는 부분적으로 개인정보보호법 등의 다른 법률이 규율하고 있으나, 이것이 주민등록번호에 대한 제한으로서 충분하지도 않을뿐더러 정작 주민등록법의 관련 규정을 통해서는 이러한 내용을 전혀 알 수도 없다는 점에서 국민의 인식가능성을 확보하지 못하고 있다고 할 수 있다.[6)]

나아가 기본권 제한에 있어 헌법이 요구하는 법률유보원칙은 법률로써 기본권 제한을 적정하게 규율하여 기본권 침해를 방지하고자 하는 것이므로, 입법자는 법률에 주민등록번호에 대한 도입 및 부여 근거를 마련하는 것에 더 나아가 그 목적, 그에 따른 사용범위와 사용방법 및 절차, 법적 한계까지 근거 법률을 통해 명확히 규정하여야 할 헌법상의 의무가 있다. 주민등록번호는 1968년 시행령 개정으로 도입된 후 오랫동안 법률적 근거 없이 시행되어 오다가 2001년 4월 27일 시행된 개정 주민등록법 제7조 제3항이 신설되어 처음으로 그 법률적 근거가 마련되었다. 그러나 주민등록법은 여전히 주민등록번호의 목적을 제한하고 있지도 못하며 또 사용범위와 사용방법 및 절차, 법적 한계에 대하여는 아무런 규정을 두고 있지 않다는 점에서 법률유보의 원칙에 위배된다고 할 수 있다.

또한, 법률의 위임은 반드시 구체적이고 개별적으로 한정된 사항에 대하여 이루어져야 하며, 일반적이고 포괄적인 위임은 사실상 입법권을 행정부에 백지위임하는 것이나 다름없어서 헌법상 의회입법 원칙이나 법치주의 원칙에 반하고 행정권의 자의적 행사로 인한 기본권 침해를 초래할 수 있다는 점에서 금지된다. 그런데 주민등록법이 그 시행령에 입법을 위임함에 있어서 주민등록법은 주민등록번호의 부여 근거에 대한 간단한 언급을 하는 외에는 별다른 구체적 범위를 정함이 없이 중요한 사항들을 모두 하위법령에서 위임하고 있는데, 이는 헌법 제75조, 제95조가 명령하는 위임입법의 원칙에 배치되는 것으로 포괄위임금지의 원칙에 위배된다.

그럼에도 헌법재판소가 주민등록법 자체에 내재되어 있던 법률적 흠결을 명시적으로 판단하지 않은 것은, 주민등록번호는 주민등록제도의 일부이고 국가가 행정사무나 복지 등의 이유로 여전히 주민등록번호를 사용해야 할 필요가 있는 상황에서 주민등록법 전반에 대하여 그 위헌성을 확인한다면 오히려 법적 공백으로 인한 혼란이 가중될 것이므로, 정책적으로 주민등록번호 및 그 제도의 필요성은 인정하되, 개인정보 유출사고로 인한 피해 구제를 위해 주민등록번호의 변경을 허용하는 것이 혼란을 줄이며 시급한 문제를 해결할 방안이라고 판단한 것으로 보인다.

---

6) 이장희, <주민등록번호제에 대한 헌법적 쟁점>, 헌법재판연구원, 2013.

4. 소송 이후의 사회적 변화

가. 대법원 계류 중인 사건에 대한 파기환송

■ 대법원 2013두2945
- 2017. 6. 15. 선고
- 주문: 원심판결을 파기하고, 사건을 서울고등법원에 환송한다.

> 피해자의 의사와 무관하게 주민등록번호가 불법 유출된 경우 개인의 사생활뿐만 아니라 생명·신체에 대한 위해나 재산에 대한 피해를 입을 우려가 있고, 실제 유출된 주민등록번호가 다른 개인정보와 연계되어 각종 광고 마케팅에 이용되거나 사기, 보이스피싱 등의 범죄에 악용되는 등 사회적으로 많은 피해가 발생하고 있는 것이 현실인 점, 반면 주민등록번호가 유출된 경우 그로 인하여 이미 발생하였거나 발생할 수 있는 피해 등을 최소화할 수 있는 충분한 권리구제방법을 찾기 어려운데도 구 주민등록법(2016. 5. 29. 법률 제14191호로 개정되기 전의 것)에서는 주민등록번호 변경에 관한 아무런 규정을 두고 있지 않은 점, 주민등록법령상 주민등록번호 변경에 관한 규정이 없다거나 주민등록번호 변경에 따른 사회적 혼란 등을 이유로 위와 같은 불이익을 피해자가 부득이한 것으로 받아들여야 한다고 보는 것은 피해자의 개인정보자기결정권 등 국민의 기본권 보장의 측면에서 타당하지 않은 점, 주민등록번호를 관리하는 국가로서는 주민등록번호가 유출된 경우 그로 인한 피해가 최소화되도록 제도를 정비하고 보완해야 할 의무가 있으며, 일률적으로 주민등록번호를 변경할 수 없도록 할 것이 아니라 만약 주민등록번호 변경이 필요한 경우가 있다면 그 변경에 관한 규정을 두어서 이를 허용해야 하는 점 등을 종합하면, 피해자의 의사와 무관하게 주민등록번호가 유출된 경우에는 조리상 주민등록번호의 변경을 요구할 신청권을 인정함이 타당하고, 구청장의 주민등록번호 변경신청 거부행위는 항고소송의 대상이 되는 행정처분에 해당한다.

나. 주민등록법 시행령 개정과 시행

시행일 2017. 5. 30.
개정이유 및 주요내용

주민등록번호의 유출로 인하여 발생할 수 있는 피해에 대한 국민의 불안감이 높아짐에 따라 주민등록번호가 유출되어 생명·신체 또는 재산에 대한 위해 또는 재산에 피해를 입거나 입을 우려가 있다고 인정되는 사람과 「아동·청소년의 성보호에 관한 법률」, 「성폭력방지 및 피해자보호 등에 관한 법률」, 「성매매알선 등 행위의 처벌에 관한 법률」, 「가정폭력 범죄의 처벌 등에 관한 특례법」 등에 따른 피해자로서 주민등록번호의 유출로 인하여 피해를 입거나 입을 우려가 있다고 인정되는 사람은 주민등록지의 시장·군수 또는 구청장에게 주민등록번호의 변경을 신청할 수 있도록 하고(제7조의4 제1항 신설), 주민등록번호 변경 신청을 받은 주민등록지의 시장, 군수 또는 구청장은 주민등록번호변경위원회에 주민등록번호 변경에 관한 결정을 청구하고, 주민등록번호변경위원회가 주민등록번호 변경 결정을 하는 경우에는 주민등록지의 시장, 군수 또는 구청장이 신청인의 주민등록번호를 변경할 수 있도록 하였다(제7조의4 제2항 및 제3항 신설).

심층질문

1. 주민등록번호는 '인간 바코드'라고도 불리면서 50년 이상 개인을 식별하는 도구로 사용되었음에도, 이에 대한 문제제기가 뒤늦게 이루어진 이유는 무엇일까?

2. 주민등록번호 변경과 관련해 법원과 헌법재판소에 이미 각하 판결이 존재하고 있었고, 법령에도 주민등록번호 변경을 허용하는 규정이 없는 경우, 변호사들이 이러한 난관을 극복하기 위해 해야 할 일들과 필요한 자세는 무엇일까?

3. 주민등록번호는 거의 전 국민이 가지고 있어서 국가로서는 그 관리가 용이하기에 이에 대한 변경을 쉽게 허용하지 않으려고 했는데, 주민등록번호의 변경 외에 다른 대안은 무엇일까?

4. 주민등록번호의 변경이 허용되었다고 하더라도 개인정보 유출사고로 인해 또 다시 주민등록번호가 유출될 경우, 다시 그 주민등록번호의 변경을 허용해야 하는가?

5. 주민등록번호의 변경을 통해 신분세탁을 하는 등 이를 악용하는 사례도 발생될 수 있는데, 이를 방지하기 위한 방법은 무엇일까?

6. 현재 주민등록번호는 나이와 성별, 지역 등 개인의 정보를 그대로 드러내 보이고 있는데 이러한 번호 구성이 꼭 최선의 방법이라고 할 수 있을까?

학교 내 종교의 자유 침해에 대한 손해배상청구 사건

김 기 현*

1. 사건 개요의 설명

가. 소송의 배경

2004. 6. 16. 대광고등학교 3학년이고 학생회장이던 강의석이 수요일 전체예배 참석을 거부하겠다고 교내 방송을 하고, '강요된 예배는 종교자유를 침해하는 것'이라고 하면서 이를 시정하라는 진정을 국가인권위원회에 제출하고, 서울시 교육청 앞에서 "헌법 제20조 '모든 국민은 종교의 자유를 가진다.' 그런데 학교에서는 예외다?!"라고 쓴 피켓을 목에 걸고 1인 시위 및 단식(45일간)을 감행하여 강군의 생명이 위태로울 지경에 이르게 되었다. 이에 전국교직원노동조합, 사단법인 인간교육실현 학부모연대, 종교자유를 위한 시민연합, 종교자유 정책 연구원 등 시민단체가 강군을 지지하면서 단식 중단을 촉구하였다.

학교 법인 대광학원은 위와 같이 강군의 예배 반발에 대하여 교내 방송실 공공기물 무단 사용과 교사의 정당한 지시에 강한 반발을 징계사유로 들어 학교선도위원회를 개최하여 2004. 7. 8. 강군을 퇴학처분하고, 강군은 2004. 7. 29. 서울북부지방법원에 퇴학처분효력정지 및 지위보전가처분과 퇴학처분 무효 확인 청구의 소를 제기하였고, 2004. 8. 31. 퇴학처분 효력정지 및 지위보전가처분을 인용하여 2004. 2학기 수업을 계속 받았고, 대광고등학교장의 추천을 받아 서울대학교 법과대학 수시모집에 합격하였고, 2005. 1. 최종적으로 위 퇴학처분이 무효라는 판결을 받고 강군은 그해 2월 대광고등학교를 졸업하고 서울대학교에 입학하였다.

나. 이 사건 소의 제기 및 사건의 진행

강군이 위와 같이 국가인권위원회에 예배 강제를 시정하여 달라는 진정을 하자. 국가인권위원회는 강군의 재입학 조치를 위해 대광고등학교 및 강군의 친권자 간에 합의를

---

* 변호사, 법무법인 안양.

유도하여 2004. 8. 27. 교회에 다니는 자만 학생회 임원이 될 수 있다는 "학칙 개정 및 강군의 재입학 조치를 취하기로 하고, 위 수요일 예배 문제는 교단과 기독교연합회 등과 연계하여 협의 검토하여 근본적인 해결책을 강구하기로 한다."라는 합의를 하였으나, 학생들의 예배선택권에 관하여 위 합의가 지켜지지 않아 강군이 다시 단식에 들어가고, 상황이 악화되자 당시 대광고등학교 교목실장이던 류상태 선생님이 학교 측에 강군과의 합의를 지키라고 촉구하면서 그 합의사항을 지킨다면 목사직과 교사직을 사직하겠다고 하였고, 2004. 9. 25. 강군과 대광고 기독교 교육문제 대책협의회는 "예배 거부 학생에 대한 대체활동계획을 강구하여 재단, 교단과 기독교 학교 연합회와 협의를 거쳐 빠른 시일 안에 실시하기로 한다. 대체활동계획이 수립되어 유관 기관과 협의 결정하기 전까지는 담임교사와 교목실의 상담을 거쳐 학부모의 동의를 얻어 개별적으로 지도한다."는 합의를 하고 강군은 단식을 중단하였고, 류상태 선생님은 목사직과 교사직을 사직하였다.

그러나 강군이 학교를 졸업하자 대광학원의 종교관련 행사 및 종교교육이 개선되지 아니하였고 과거와 마찬가지로 진행되고 있는 상황이었다. 강군은 이미 고등학교를 졸업하여 더는 종교 강요를 당할 이유가 없음에도 강군은 위와 같은 종교 강요로 인한 고통을 다른 사람이 받는 것을 그냥 둘 수 없다고 하면서 자신이 단식할 때 걱정하여 주었던 단체에 대하여 대응 방안을 강구해 줄 것을 요구하고, 당시 종교자유정책연구원 상근변호사인 본인이 사안을 검토하고, [별지 1.]과 같이 공익소송 진행 계획서를 작성하여 '원고 모집 및 학내종교자유 실현을 위한 공익소송 전문가회의'를 개최하였다.

당시 사립 고등학교의 종교교육 내지 종교행사에 관하여는 법원의 판결이 존재하지 않아 구체적으로 어떤 법적 대응이 가능할 것인지를 위 전문가 회의를 통하여 의견을 나누었고, 종교교육 내지 종교행사로 인한 인권침해 사례를 접수하였지만 원고 소송인단으로 참여하겠다는 학생 및 학부모가 나타나지 않아 결국 강의석 군만 원고로 하기로 하여 몇 개의 시민단체의 도움을 받아 서울중앙지방법원에 대광학원과 서울특별시(대표자 교육감)를 상대로 하여 대광학원은 종교관련 행사 및 종교교육의 강제에 의한 불법행위를 이유로, 서울특별시는 위 대광학원을 관리 감독하는 기관으로 국민의 기본권 보호 의무를 저버리고 위 강요적인 종교교육을 행함에도 이를 개선키 위한 관리 감독을 하지 않은 위법행위(국가 배상법 제2조) 내지 대광학원의 사용자(민법 제756조)로서 금 50,000,100원[1]의 위자료를 지급하라는 손해배상 청구소송을 2005, 10. 7. 제기하였다.

[자료 1] 학내 종교자유 실현을 위한 공익소송 진행계획

[자료 2] 소장 요지

1) 위 소송물 가액을 50,000,100원으로 한 이유는 제소 당시 소송물 가액이 오천만원 이상인 경우에는 항소심 법원의 관할을 고등법원 관할로 하였기 때문에 항소심 관할로 서울고등법원의 판결을 받고자 소송물 가액을 위와 같이 정하였습니다(민사 및 가사 소송의 사물관할에 관한 규칙 참조).

다. 피고 대광학원에서 행한 종교 관련 행사 및 종교과목 수업

원고가 재학할 당시 대광고등학교는 아래와 같이 각종 행사시에 기독교의식을 포함시키거나, 학생들로 하여금 기독교의식을 행하게 하였다.

(1) 신입생 입학식이나 개학식, 졸업식 행사시에는 전 학년 학생들 모두가 참석한 가운데 찬송 및 기도와 목사의 설교 등을 포함시켜 진행하였고, 수업이 있는 날 매일 아침에는 이른바 '경건회 시간'을 두어 담임교사가 입회한 가운데 5분 정도 학급 부회장인 종교부장 등의 인도아래 '찬송－묵도－성경구절 낭독－기도'를 하는 방식으로 진행하고, 학급에 따라서는 학생들의 번호순으로 일률적으로 기도 등을 행하게 하였다.

(2) 방학기간을 제외한 매주 수요일에는 정규 교과시간에, 각 학급에 설치된 텔레비전 수상기를 통하여 간접적으로 참여하는 3학년 학생들을 제외하고 1, 2학년 학생들 전부를 학교 강당에 집합시켜 1시간가량 '묵도－찬송－사도신경 낭독－대표자기도－성경봉독－찬송－목사 설교－축도'의 순으로 기독교의식인 이른바 '수요예배'를 진행하였다.

(3) 매년 반별로 3박4일간 합숙하며 진행하는 생활관교육 프로그램을 시행하면서 아침기도회, 식사 전 기도회, 취침 전 기도회, 촛불의식이나 성경읽기, 찬송 등을 포함시켜왔고, 그 생활관 교육 중의 각종 강연프로그램 진행시에는 개회예배, 폐회예배 등을 행하였으며, 그 생활관 생활수칙 중 "우리는 예수그리스도를 따라 생활한다."는 구절을 암기하게도 하였다.

(4) 부활절에는 전 학년 학생들이 모두 참석한 가운데 정규 교과시간에 부활절예배를 진행하였고, 부활절과 동시에 3일간 정규 교과시간인 3, 4교시에 '심령수양회'라는 시간을 편성하여 외부강사를 초빙하여 설교 및 기도, 예배를 진행하기도 하였다.

(5) 매년 반별 성가합창대회를 개최하여 모든 반이 참여하도록 하였고, 추수감사절에는 정규 수업대신에 감사예배를 진행하기도 하였으며, 휴일인 성탄절에 학생들을 교회에 출석하게 하기도 하였다.

(6) 학교의 지도로 제정된 학생회 회칙에 '학생회 회장, 부회장은 교회에 다니는 자여야 한다.'는 취지의 규정을 두었고, '학교가 종교과목을 부과할 때에는 종교 이외에 과목을 포함하여 복수로 과목을 편성하여 학생에게 선택의 기회를 주어야 한다.'는 교육부 고시(1997.12.30 제1997－15)가 있음에도 종교과목 이외의 다른 대체 과목을 편성하지 아니하였으며, 학교 생활기록부의 '세부능력 및 특기사항'에 그 종교과목에 대한 교사의 의견을 기재하게 하였다.

라. 원고 강군의 입학 경위 및 수학내용과 이의

(1) 원고는 서울특별시 교육위원회의 학교 배정에 따라 2002. 3. 4. 대광고등학교에 입학하여 재학하다가 2004. 7. 8. 퇴학처분을 받았으나 퇴학처분 직후 퇴학처분효력정지 및 지위보전가처분을 신청하여 2004. 8. 31. 그 인용결정을 받았고, 서울북부 지방법원에 퇴학처분 무효 확인 소송절차를 통하여 복학한 후 2005. 2. 졸업을 하였으며, 2004. 9. 대광고등학교장의 추천으로 서울대학교 법과대학에 수시 2학기 모집 중 특기자전형에 합격하였다.

(2) 대광고등학교는 신입생 입학 시에 기독교적 교육방식에 대하여 학생과 학부모에게 설명하고, 학생들로부터 '기독교 교육과 함께 모든 교과과정을 충실히 받겠다.'라는 내용의 선서를 받아 왔고, 원고는 입학 당시 신입생들을 대표하여 그러한 내용이 담긴 선서를 낭독하였다.

(3) 원고는 원래 기독교를 신봉하지 않았으나 위와 같은 대광고등학교의 방침에 따라 기독교의식이 포함된 각종 행사에 참석하거나, 그 행사에 참석하여 기독교의식을 행하였는데, 1학년 초 증조부의 사망을 계기로 학교에서 행하는 종교교육과 예배시간에 앞장서서 손뼉치고 큰소리로 찬송가를 부르는 등 적극적으로 참여하게 되었다.

(4) 원고는 2004. 3. 10. 학생회장으로 취임하면서 학교의 교육방침에 따르겠다는 내용의 서약을 하였다.

(5) 원고는 2002년도 1학기 말 학생회 부회장 선거에 출마하면서 그 자격요건으로 '교회에 1년 이상 다녀야 한다.'는 규정이 있음을 알고는 이를 시정하여 주도록 학교의 교목 선생님에게 건의하였으나, 교목 선생님으로부터 기독교를 종교가 아닌 서양철학으로 공부해보라는 권유를 듣고 학생회 임원이 될 목적으로 1년 정도 교회에 다녔고, 2002년 말에는 교목 선생님에게 '예배를 강요하는 것은 잘못된 것이 아니냐'는 취지로 각종 예배참가에 대한 거부감을 표시하였는데, 교목 선생님으로부터 학교에서 진행되는 예배나 교회출석에 대하여 넓게 생각하고 교양으로 접하라는 말을 듣고 이야기가 안 통한다고 생각하였으나 일단 수긍하여 종전과 같이 대광고등학교의 행사 및 종교교육에 참여하였다.

(6) 원고는 2004년 초경에는 담임선생님에게 명시적으로 '예배는 잘못된 것이니 자신은 참여하지 않겠다.'는 의사를 표시하였는데, 담임선생님은 '원고의 말이 맞지만 종교행사 이전에 학교행사이므로 따라주어야 하지 않겠느냐? 공적인 행사에 참석하는 의미에서 일어서거나 장소를 이동하는 것 정도는 하자'라고 제안하였고, 원고는 부모님과 대화를 해본 후 설교시간에 다른 책을 보는 것 외에는 일단 따르기로 하였다.

(7) 원고는 2004. 6. 16. 08: 30경 대광고등학교 방송실에서 '대광고등학교는 학생들에게 매주 수요일마다 예배를 강요하는데 이는 잘못된 것이다. 원고는 수요예배를 거부하겠다. 원고가 학교를 떠나게 되는 상황이 되더라도 그때까지 원고가 할 수 있는 일은 무엇이든지 할 것이다'라는 취지의 1차 교내방송을 하였고, 그 직후 '1차 교내방송 내용은 원고의 개인적인 생각이고, 학생회와는 관련이 없다'는 취지의 2차 교내방송을 하였다.

마. 사건 및 소송 진행 경과

위 사건을 정리하고 전체 소송의 진행의 경과를 밝히면 아래와 같다.

2004. 6. 16. : 강의석 군 예배 불참 선언
6. 17. : 서울시 교육청 앞에서 1인 시위
6. 18. : 대광고 선도위원회 강의석 군에게 전학 권유 – 전학하지 않으면 7월 8일자로 제적처분하기로 함.
7. 8. : 강의석군 전학요건인 거주이전을 거부하면서 전학을 거부함, 대광고 강군 제적처분
7. 13. : '강요된 예배는 종교자유를 침해하는 것이다.'며 국가인권위원회에 진정
7. 29. : 퇴학처분효력정지 및 지위보전가처분 신청(서울북부지방법원 2001카합806호)
퇴학처분 무효 확인 청구 소송(서울북부지방법원 2004가합4809호)
8. 31. : 서울북부지방법원 위 퇴학처분효력정지 및 지위보전가처분 인용
9. 16. : 대광학원 위 가처분에 대하여 이의 서울북부지방법원 2004카합1024호
9. 25. : 강군 단식 해제(46일째)
2005. 1. 21. : 위 가처분에 대한 이의신청 기각, 퇴학처분 무효 확인 청구 강의석 승소 판결
3. : 강의석 군 서울대학교 진학
10. 7. : 원고 강의석, 피고 학교법인 대광학원, 피고 서울특별시를 상대로 위자료 50,000,100원 지급 청구 소송제기(서울중앙지방법원 2005가단305176호)
2007. 10. 5. : "피고 학교법인 대광학원은 원고 강의석에게 1,500만 원 지급하라, 원고 강의석의 피고 서울특별시에 대한 청구를 기각한다." 라는 위 1심 판결을 받음, 원고 강의석 및 피고 학교법인 대광학원 항소(서울고등법원 2007나102467호).

2008. 5. 8. : 원고 강의석의 청구를 모두 기각한다는 위 2심 판결을 받음, 원고 강의석 상고(대법원 2008다38288호)

2009. 12. 21. : 대법원 전원합의체 변론기일 지정 통보

2010. 1. 21. : 대법원 대법정 전원합의체 변론기일 진행

2010. 4. 22. : '원심 판결 중 피고 학교법인 대광학원에 대한 부분을 파기하고, 이 부분 사건을 서울고등법원에 환송한다. 피고 서울특별시에 대한 상고를 기각한다.' 라는 대법원 판결 선고

2010. 10. 7. : 위 대법원 환송심(서울고등법원 2010나41401호)에서 원고 강의석 및 피고 학교법인 대광학원 항소를 기각한다는 판결 선고

2010. : 이후 강의석군 위 손해배상금 약 2,500만 원(원금1,500만 원+이자)을 수령하여 인권연대에 기부하였고, 인권연대는 '종교자유 인권상'을 제정하기로 하였음.

2. 지위보전 가처분 및 퇴학처분 무효 확인 소송

가. 대광학원의 강군에 대한 전학 및 퇴학처분

강의석이 교내 방송을 통하여 예배불참 선언을 하자 학교법인 대광학원은 '① 학교 공동 기물 개인 무단 사용의 건(1, 2차 교내 방송과 관련하여 방송장비 무단 사용), ② 교사의 정당한 지도에 강한 반발과 불손한 태도로 불응한 점, ③ 학생회장 신분으로 학생 선동의 건 등의 사유를 들어 먼저 전학을 권유하고, 이에 불응하면 퇴학처분을 하기로 결정하였다. 이에 강의석 군은 우선 학생지위 보전을 위하여 퇴학처분 효력정지 및 지위보전 가처분 신청과 퇴학처분 무효확인 청구소송을 제기하였고, 서울북부지방법원은 강군의 퇴학처분 효력정지 및 지위보전 가처분에 대하여 인용하였고, 학교법인 대광학원의 위 가처분 이의 신청 및 원고 강군의 퇴학처분 무효 확인 청구소송에서 아래와 같이 원고 승소 판결을 하였고, 그 당시 확정되었다.

나. 퇴학처분 무효 확인 판결의 요지

(1) 위 1, 2차 교내방송과 관련해서는, 원고가 전교생을 상대로 종교의 자유에 대한 자신의 개인적인 견해 및 그에 따라 원고가 앞으로 대광고등학교에서 시행되고 있는 수요예배를 거부할 것임을 알려 앞으로 있을 자신의 행동에 대하여 다른 학생들의 이해와 지지를 얻을 개인적인 목적으로 학교의 공공시설인 방송실을 사용하였고, 이와 같이 방송실을 사용함에 있어 이러한 원고의 목적을 알리지 아니하고 방송실을 관리하는

문화부차장으로부터 방송실 사용 허락을 얻은 점이 엿보이기는 하나, ① 교육기본법 제12조 제1항의 규정에 비추어 원고와 같은 고등학생의 종교의 자유 및 표현의 자유 등 기본권도 존중되어야 하는 점, ② 종교의 자유에는 신앙선택, 신앙변경, 신앙고백, 신앙불표현 및 무신앙의 자유가 포함되고, 이러한 내심의 자유는 절대적 자유에 해당하는 점, ③ 교육기본법 제6조 제2항의 반대해석상 사립학교는 특정 종교를 위한 종교교육을 실시할 수 있으나, 학생들의 신앙을 가지지 않을 자유를 침해하지 않는 범위 내에서만 학생들로 하여금 일정한 내용의 종교교육을 받도록 하는 것이 가능한 점, ④ 현재 주요 대도시의 경우 국·공립 고등학교는 물론 사립 고등학교까지 본인의 의사와는 관계없이 학교가 일방적으로 배정되고 있어 학생들의 학교선택권이 인정되지 않는 점, ⑤ 사립 고등학교에서 종교교육을 실시하는 경우에는 종교의 자유와 함께 교육에 관한 헌법상의 원칙 즉 중립성, 교육제도법정주의와 교육의 정치적 중립성, 교육이념 등에 의한 제약을 받으므로, 사립 고등학교에서 학생의 의사에 반하여서까지 종교의례의 참석 또는 종교교리교육의 이수를 요구할 수 없고, 사립학교에서 학생들을 상대로 종교의례를 거행하거나 종교교리교육을 할 경우에는 그 참가를 원하지 않는 학생들을 위하여 그에 상응하는 대체교과를 마련하여야 하는 점, ⑥ 대광고등학교는 매주 수요일 교회의 일요일 예배와 같은 형식의 예배시간을 가지고, 매일 아침 각 반별로는 성경낭독과 기도를 하는 방식으로 아침예배시간을 가지는데. 위 수요예배 및 아침예배에 참석을 원하지 않는 학생을 위한 대체교과가 편성되어 있지 않은 점, ⑦ 2003년까지는 종교적인 사유로 전학이 가능하였고, 대광고등학교에서도 종교적인 사유로 전학을 한 예가 있으나, 현재는 종교적인 사유로는 전학이 불가능하여졌고, 거주이전의 편법을 써서 전학을 한 예가 있을 뿐이며, 대광고등학교는 종교상의 문제로 전학이 가능하다는 사실을 학생들에게 공개적으로 공표한 적은 없는 점, ⑧ 원고는 1차 교내방송 이후 2차 교내방송에서 1차 교내방송의 내용을 원고의 개인적인 생각임을 분명히 하였고, 위 1, 2차 교내방송이후에는 교내에서 학생들을 상대로 방송을 하거나 자신의 견해를 밝히기 위한 시위를 하는 등의 행동을 하지 않은 점 등의 사정에 비추어 보면, 원고의 1, 2차 교내방송이 징계기준에서 규정한 '공공시설을 나쁜 목적에 사용한 것'에 해당한다고 보기 어렵다.

(2) 원고가 담임교사인 문○○의 정당한 지도에 대하여 반발하고 불손한 태도를 보인 점은 퇴학처분까지 가능한 징계기준에는 일단 해당하나, 위 (1)의 ① 내지 ⑦의 각 점과 원고가 자신이 가지는 종교의 자유를 표현하는 과정에서 1. 2차 교내방송과 앞서 본 바와 같은 1인 시위를 하였고, 원고의 1, 2차 교내방송 및 1인 시위에 대한 문○○의 원고에 대한 지도 과정에서 원고의 위 징계사유에 해당하는 행위가 있었던 점, 원고의 위 징계사유에 해당하는 행위의 정도가 품행이 불량하여 개선의 가망이 없다고 인정되는 정도에 이른 것으로는 보이지 않는 점 등을 종합하여 보면, 피고 대광학원이 위

징계사유에 기하여, 원고에게 징계처분 중 가장 무거운 퇴학처분을 한 것은 비례의 원칙에 반하고 징계재량권의 범위를 벗어난 것으로 위법하다.

(3) 초·중등교육법 제18조 제2항과 대광고등학교의 학칙 및 학생선도규정의 관련조항에 의하면, 학생선도위원회는 그 심사절차에서 학생의 보호자(학부모)에게 의견을 진술할 기회를 부여하여야 하는데, 학생선도위원회는 원고의 부모에게 학생선도위원회에 참석하여 진술할 수 있음을 알리지 않았고, 심의절차에서 의견을 진술할 기회를 부여하지 않았으므로, 징계절차에도 하자가 있다.

다. 이후의 진행 경과

위 지위 보전 가처분과 퇴학처분 무효 확인 소송 제기 후 거의 1년이 지난 시점에 학교법인과 지방자치단체를 상대로 손해배상 청구소송을 제기하였는데, 지위 보전 가처분과 퇴학 처분 무효 확인 소송은 당시 고등학교 3학년으로서 당장 학생의 지위를 보전하여야 할 필요성에 따라 가장 적절한 소송 방안을 선택하였던 것이고, 1년 뒤의 손해배상 청구소송은 강군이 예배를 거부하고 단식을 할 때 국가인권위원회의 중재로 학교법인 대광학원이 예배 선택권을 부여하기로 합의하였음에도 여전히 예배를 강제하고 있어 위 '이 사건 소의 제기 및 사건의 진행'에서 밝힌 바와 같이 공익소송 차원에서 소송을 진행하였다.

3. 학교 내 종교자유 침해에 대한 손해배상 청구 판결의 구체적 내용

가. 쟁점과 변론

(1) 위 손해배상 청구 사건의 쟁점은 크게 종교자유침해문제, 퇴학처분의 위법 문제, 그 사립학교를 관리 감독하는 행정청의 관리 감독의무 위반 문제 등 3가지이다. 구체적으로는 ① 종교재단 설립 사립학교는 특정종교의식 및 종교교육을 행할 수 있는가, 종교의식 및 종교교육을 행할 수 있다고 하더라도 고등학교에 강제 배정되어 입학한 학생들에게 일률적으로 참석하도록 강제하는 것은 헌법 및 교육관계법령에 위반한 위법행위가 되지 않는가의 문제, ② 위 사립학교에서 행하는 수요일 예배에 참석을 거부하면서 서울시 교육청 앞에서 1인 시위를 행하고 학교에서 요구하는 전학을 거부한 원고에게 퇴학처분을 행한 것에 대하여 서울북부지방법원에서는 위 퇴학처분이 위법하여 무효라고 판시하였는데 퇴학처분이 무효라고 하더라도 민법상의 불법행위를 구성하여 원고에게 손해배상 책임을 부담하는지, ③ 만약 사립학교에서 행한 위와 같은 행위로 인하여 위 ①, ②가 위법행위라고 판단될 경우 위 사립학교를 관리 감독하는 행정청의

위법성과 고의 과실이 존재하는지 그에 따라 관리 감독청은 원고에게 손해배상 책임을 부담하는지가 사안의 쟁점이다.

(2) 종교의 자유와 종교교육의 자유

헌법 제20조의 종교의 자유는 종교를 가지거나 가지지 않을 자유, 종교를 선택·변경할 수 있는 자유, 자기가 신봉하는 종교를 선전·포교할 자유, 종교교육의 자유, 종교적 집회·결사의 자유를 의미하고, 국가는 국민의 종교자유를 침해하여서는 아니 되며, 국교는 인정되지 아니하고 종교와 정치는 분리되기 때문에 국가가 특정종교를 우대 또는 차별하거나 특정종교를 교육하여서는 아니 된다.

> "종교는 인간과 사회 그리고 세계에 대한 가장 근원적이고 궁극적인 관심이며, 가치의 근원이고 인간의 삶 자체를 결정하는 문제[2)]"이기 때문에 민주주의 국가에서는 헌법 등 최고의 법으로 종교의 자유를 보장하고 있다. 여기서 종교교육의 자유는 인간의 종교적 자각과 성숙을 위한 믿음 체계의 훈련·강화의 과정으로서 능동적으로 종교교육을 할 자유와 수동적으로 종교적 교육을 받거나 받지 아니할 자유를 말한다.[3)]

나. 서울중앙지방법원 판결의 요지(2005가단305176호)

(1) 종교 자유 침해에 대하여

(가) 피고 대광학원이 위와 같이 기독교 정신에 입각한 교육을 목적으로 설립된 이상 원칙적으로 선교나 종교 실행의 자유를 누린다 할 것인데, 대광 고등학교가 입학식이나 개학식, 졸업식을 거행함에 있어서 기독교의식을 일부 포함시켰다 하더라도 그러한 입학식 등은 어느 학교나 시행하는 통상적인 행사로서 그에 포함된 기독교의식도 그 자체가 주목적은 아니고 입학식 등에 부수된 의례적인 것일 뿐인 점과 그에 포함된 기독교의식의 내용도 '찬송 및 기도와 목사의 설교' 등으로서 기독교의식에 따라 진행되는 결혼식 등에서도 흔히 볼 수 있는 정도인 점을 고려하면 그로 인하여 침해되는 신앙의 자유의 정도는 그리 크다고 할 수 없고, 따라서 대광고등학교가 입학식 등을 거행함에 있어서 의례적인 절차로 위와 같은 기독교의식을 일부 포함시켰다 하더라도 그것이 합리적인 이유 없이 사회적인 허용한도를 초과하여 타인의 기본권을 침해한 위법한 행위에 해당한다고 단정하기는 어렵다.

(나) 그러나 앞서 인정한 바와 같이 대광고등학교가 매일아침 각 반에서 진행되는

---

2) 송기춘, "종교학교에서의 종교교육과 학생의 종교의 자유", 사단법인 한국공법학회 공법연구 제33집 제1호 2004. 11.

3) 송기춘, 위 논문 참조.

'경건회 시간'을 두고 학생들이 참석하지 않으면 담임선생님이 학급지각으로 처리하고 주의를 주기도 하였고, '수요예배'의 참석이 강제된 것이라 보지 않을 수 없고, 또 위와 같은 '경건회 시간'이나 '수요예배'는 어느 학교나 시행하는 통상적인 학교의 행사라기보다는 그 내용상 특정 교리와 의식을 주입하는 종교적인 색채가 강한 것이므로, 앞서 본 법리에 비추어 보면 이는 피고 대광학원의 선교나 신앙실행의 자유보다 더 본질적이며 인격적 가치를 지닌 상위의 기본권에 해당하는 원고의 신앙의 자유를 위법하게 침해한 것에 해당한다 할 것이다.

(다) 그리고 ① 대광고등학교가 3박 4일간의 합숙교육 프로그램을 시행하면서 기독교를 신앙하는지 여부와 관계없이 일률적으로 학생들로 하여금 아침기도회, 식사 전 기도회, 취침 전 기도회, 촛불의식이나 성경읽기, 찬송 등을 행하게 하거나, 생활수칙 중 "우리는 예수그리스도를 따라 생활한다."는 구절을 암기하게 하고, 강연 프로그램 전후로 개회예배, 폐회예배를 진행한 일, ② 수업시간표에 별도의 시간으로 정하지도 않은 채 다른 과목 수업시간을 대체하여 부활절 예배, 추수감사절 예배 등을 수업시간으로 진행하거나 추수감사절 예배를 이유로 정규수업을 생략한 일, ③ 정규교과 시간에 '심령수양회'라는 시간을 편성하여 설교 및 기도와 예배를 진행한 일, ④ 다른 대체과목을 편성함이 없이 종교과목의 단일 과목을 편성하여 기독교를 신앙하지 않는 학생들을 포함하여 학생들 전부에게 일률적으로 기독교에 대한 일반적인 소개를 넘어 성경읽기와 그에 관한 토론까지 진행하고, 십계명이나 사도신경을 써오도록 과제를 부여하며, 학교 생활기록부의 '세부능력 및 특기사항'에 그러한 종교과목의 수업태도에 대한 교사의 의견을 기재하게 한 일, ⑤ 휴일인 성탄절에 특정 교회로 출석하게 한 후 출석 여부를 확인한 일, ⑥ 반 원 전원이 참가하는 반별 성가합창대회를 개최하거나, 음악시험의 가창곡목으로 '주기도송'을 부르게 한 일, ⑦ 각종 예배 시 자비로 성경책을 구입하여 소지하도록 하고 그 소지 여부를 검사한 일 등도 보다 상위의 기본권에 해당하는 학생들의 신앙의 자유보다는 피고 대광학원의 선교나 신앙실행의 자유를 앞세운 것으로서 모두 특정 교리와 의식을 주입하는 종교적 색채가 강하고 의무가 아닌 것을 사실상 강제한 경우에 해당하거나, 학생들의 '정당하고 적절한 방식과 내용으로 수업을 받을 권리'를 침해한 경우에 해당하고, 사회적 허용한도도 초과한다고 봄이 상당하므로 역시 모두 위법하다 할 것이다.

(라) 나아가, 학생회 회칙에 '학생회 회장, 부회장은 교회에 다니는 자여야 한다.'는 취지의 규정을 둔 것도 누구든지 종교 등에 의하여 정치적·경제적·사회적·문화적 생활의 모든 영역에 있어 차별을 받지 아니한다는 헌법상의 평등 의 원칙에 어긋나는 것일 뿐만 아니라, 학생회 회장 등에 출마하기 위해서는 자신이 신봉하지도 않는 종교기관에 다녀야 한다는 결과가 되어 양심의 자유도 침해하게 되므로, 그 규정이 비록 기독교 정신에 입각하여 설립된 학교의 건학이념을 구현하기 위한 목적에서 비롯된 것이

라 하더라도 합리성을 결하여 마찬가지로 위법하다 봄이 상당하다.

(마) 그렇다면 피고 대광학원은 위와 같은 여러 가지 위법한 행위를 통하여 원고의 기본권인 신앙의 자유나 학습권 등을 침해하였고, 이는 특별한 사정이 없는 한 사법상 인격권의 침해로서 불법행위를 구성한다 할 것이므로 원고에게 이로 인한 손해를 배상할 의무가 있다.

(2) 퇴학처분에 대하여

이 사건 퇴학처분에는 위 북부지방법원 퇴학처분 무효 확인 소송의 판결 이유를 들어 실체적이나 절차적으로 중대한 하자가 있다 할 것인데, 위와 같은 징계경위나 절차 등에 비추어 보면, 그러한 하자의 존재와 관련하여 피고 대광학원에게 적어도 과실이 없었다고는 볼 수 없다 할 것이므로, 결국 피고 대광학원의 이 사건 퇴학처분도 위법하게 징계처분 대상자인 원고에게 정신적 고통을 가한 것이 되어 위 법리에 따라 불법행위를 구성한다 할 것이므로 원고에게 이로 인한 손해를 배상할 의무가 있다.

(3) 서울특별시의 관리 감독 의무 위반에 대하여

서울특별시로서는 '대광고등학교에서의 종교교육 등과 관련하여 학생들의 인권이 침해되지 않도록 일반적인 지도·감독은 지속적으로 다하여 왔다.' 라고 하면서 원고의 청구를 기각하였다.

다. 서울고등법원(2007나102467호)의 판결 요지

(1) 종교행사의 강제 및 종교교육의 실시와 위법성

피고 대광학원의 설립목적은 기독교 정신에 입각한 교육에 있고, 사립학교에서는 국·공립학교와는 달리 특정종교교육이 폭넓게 허용되어야 하는 점, 원고가 입학 당시 기독교 교육과 함께 모든 교과교육을 충실히 받겠다고 선서하였고, 원고나 원고의 부모는 그 이후에도 원고가 교내방송을 한 2004. 6. 16.까지, 적어도 2004년 초경 담임선생님에게 예배참가에의 거부의사를 표명하기 전까지는 피고 대광학원의 종교의식과 종교교육에 대하여 명시적으로 거부의 의사를 표시하지 않았을 뿐만 아니라 기독교의식이 포함된 각종 학교행사에 적극적으로 참여해 온 점, 원고와 같은 학년의 학생 1명은 1학년 때 피고 대광학원의 종교행사에 명시적으로 반대의사를 표명하고 다른 학교로 전학을 간 사례가 있었고, 그로부터 3-4년 전에는 여호와증인을 신봉하는 학생이 예배에 참석하지 않고 교실에 남아서 공부를 하기도 했던 점 등을 종합하여 보면, 원고가 기독교의식이 일부 포함된 개학식 등 행사, 경건회 시간, 수요예배, 생활관교육, 부활절예배 및 심령수양회 등에 참가한 것을 두고 원고의 의사에 반하여 강제로 이루어진 것이라고 단정하기 어렵고, 비록 신앙의 자유가 인격적 가치를 지닌 상위의 기본권이고 그 과정에서 학생인 원고의 자발적·자주적인 의사가 충분히 존중되지 못하였다고 할지라도, 이러한 행사나 의식 및 수업이 실시된 동기 내지 목적, 대광고등학교의 기독교학교로서의 전통 등에 비추어 볼 때, 그것이 원고의 행복추구권, 신앙의 자유 내지 학습권을 침해하는 행위로서 합리적인 이유 없이 사회적인 허용한도를 초과한 위법한 행위로 평가할 수는 없다고 할 것이다.

이 사건 교육부 고시는 위 구 교육법 등 관계 법령의 규정에서 특정 행정기관인 교육부장관에게 법령 내용의 구체적 사항을 정할 수 있는 권한을 부여함으로써 그 법령 내용을 보충하는 행정규칙에 해당한다고 할 것이므로, 근거 법령인 위 구 교육법 등의 규정과 결합하여 대외적으로 구속력이 있는 법규로서의 효력을 가진다 할 것이다. 이 사건에 있어서 피고 대광학원이 이 사건 교육부 고시를 위반하여 종교 이외의 과목을 포함한 복수과목을 편성하지 아니한 것이 원고에 대하여 불법행위를 구성하는지에 관하여 보건대, 이 사건 교육부 고시는 "학교 교육과정을 편성·운영함에 있어서는 교원의 조직, 학생의 실태, 학부모의 요구, 지역사회의 실정 및 교육시설·설비 등 교육여건과 환경이 충분히 반영되도록 노력한다.", "선택과목은 학교의 실정과 학생들의 요구를 반영해서 편성한다."라고 규정하고 있는 사실, 대광고등학교의 종교시간에는 기독교를 포함한 종교일반을 수업대상으로 삼았고 별도의 시험평가를 실시하지 아니한 사실을 인정할 수 있는바, 위 인정사실에 원고나 원고의 부모가 위 종교시간의 실시에 대하여 명시적으로 거부의 의사를 표명하지 아니한 점, 교육과정은 교원 수, 학급 수, 시설 등 현실적인 조건을 고려하여 운영되지 않을 수 없으므로 교원수급상의 문제나 희망 학생이 소수일 경우에는 종교과목 이외의 다른 대체과목 개설이 어려워 부득이 종교과목을 희망하지 않은 일부 학생도 종교과목을 이수하게 될 여지가 있는 점 등 제반사정을 종합하여 보면, 비록 대광고등학교가 종교과목을 부과함에 있어서 종교 이외의 과목을 포함하여 복수로 과목을 편성하지 않음으로써 이 사건 교육부 고시를 위반하였다고 할지라도 이것으로 곧바로 원고에 대하여 불법행위를 구성한다고 보기는 어렵다고 할 것이다.

(2) 퇴학처분에 대하여

원고에 대한 징계로 학칙에 따라 퇴학처분을 선택한 것이 비례의 원칙에 어긋나 재량권을 남용한 것으로 인정된다고 하더라도 이는 법률전문가가 아닌 징계위원들이나 징계권자가 징계의 경중에 관한 법령의 해석을 잘못한 것으로 보아야지, 조금만 주의를 기울였더라면 원고에 대한 징계사유가 퇴학처분을 할 사유가 되지 못한다는 점을 쉽게 알 수 있었음에도 제적처분을 한 것으로 사회통념상 용인될 수 없을 정도의 징계권 남용에 해당한다고 보기는 어려우므로, 이 사건 퇴학처분이 불법행위를 구성하지 않는다고 판단하였다.

(3) 서울특별시의 관리 감독 의무 위반에 대하여

피고 서울특별시로서는 '사립학교인 대광고등학교가 그 존재목적을 살릴 수 있도록 학교장이 가지는 의사결정의 자율성 및 재량권을 보장하면서도 종교교육 등이 학생의 의사에 반하여 강제로 행하여짐으로써 학생들의 인권이 침해되지 않도록 일반적인 지도·감독을 지속적으로 다하여 왔다.'라고 하면서 원고의 청구를 모두 기각하였다.

위 서울고등법원의 판결에 대하여 임지봉 교수[4] 및 장은주 교수[5]는 논문을 통하여 반박하고, 시민사회단체들은 '위 판결을 개탄한다.'는 기자회견을 하였다.

[자료 3] 헌법상의 상위의 기본권을 내팽개친 재판부의 판결을 개탄한다. 기자회견문

4. 대법원 전원합의체(2008다38288호) 판결

가. 대법원 전원합의체 재판의 진행

대법원은 최고 심이자 법률심으로 대법원이 1심이 되는 소송(예 조례안의결무효소송, 사건번호는 '추'가 부여되고, 이 경우 담당재판부 대법관 4인이 변론에 참가한다.)과 예외적으로 전원합의체(이 경우 대법관 전원이 참석한다.)에 회부되어 공개변론하기로 하는 경우 변론기일을 지정한다. 이 사건의 경우 2008. 8. 상고한 이래로 2009. 12. 4.경 대법원 담당 재판연구관의 주재 하에 원·피고 대리인 등이 참석하여 회의를 진행하고, 그 회의 진행에 따른 소송 대리인의 작업 및 회의 및 프레젠테이션 준비를 하였으며, 12. 21. 이용훈 재판장 대법원장이 [자료 4]와 같은 변론준비명령을 발하였고, 그에 따라 원고의 소송대리인들은 [자료 5]와 같은 준비서면을 제출하였고, 2010. 1. 21. 대법정에서 공개변론을 진행하였다. 원고, 피고 각 쟁점에 대한 당사자 변론(프레젠테이션 발표), 대법관들의 질문, 참고인진술(헌법, 교육법 전문교수 등으로 후보군에서 원·피고가 각 1인씩 선정) 원·피고 각자, 최종의견 진술[자료 6]을 하고 변론을 종결하였다.

[자료 4] 대법원 변론준비명령

[자료 5] 쟁점에 대한 준비서면

[자료 6] 최종의견진술

---

4) 「사립 고등학교의 종교교육의 자유와 청소년의 권리-서울고등법원의 강의석군 사건 판결에 대한 평석을 중심으로-」, 헌법학 연구 제14권 제4호, 2008. 12.

5) 「종교 사학의 자율과 관용의 원칙-강의석 대 대광학원 사건에 대한 서울고등법원 판결의 전도된 인식에 부쳐-」 2009.

나. 판결의 요지

(1) 종교 자유와 관련하여

(가) 헌법상의 기본권은 제1차적으로 개인의 자유로운 영역을 공권력의 침해로부터 보호하기 위한 방어적 권리이지만 다른 한편으로 헌법의 기본적인 결단인 객관적인 가치질서를 구체화한 것으로서, 사법을 포함한 모든 법 영역에 그 영향을 미치는 것이므로 사인간의 사적인 법률관계도 헌법상의 기본권 규정에 적합하게 규율되어야 한다. 다만 기본권 규정은 그 성질상 사법관계에 직접 적용될 수 있는 예외적인 것을 제외하고는 사법상의 일반원칙을 규정한 민법 제2조, 제103조, 제750조, 제751조 등의 내용을 형성하고 그 해석 기준이 되어 간접적으로 사법관계에 효력을 미치게 된다. 종교의 자유라는 기본권의 침해와 관련한 불법행위의 성립 여부도 위와 같은 일반규정을 통하여 사법상으로 보호되는 종교에 관한 인격적 법익침해 등의 형태로 구체화되어 논하여져야 한다.

(나) 공교육체계의 헌법적 도입과 우리의 고등학교 교육 현실 및 평준화정책이 고등학교 입시의 과열과 그로 인한 부작용을 막기 위하여 도입된 사정, 그로 인한 기본권의 제한 정도 등을 모두 고려한다면, 고등학교 평준화정책에 따른 학교 강제배정제도에 의하여 학생이나 학교법인의 기본권에 일부 제한이 가하여진다고 하더라도 그것만으로는 위 제도가 학생이나 학교법인의 기본권을 본질적으로 침해하는 위헌적인 것이라고까지 할 수는 없다.

(다) 고등학교 평준화정책에 따른 학교 강제배정제도가 위헌이 아니라고 하더라도 여전히 종립학교(종교단체가 설립한 사립학교)가 가지는 종교교육의 자유 및 운영의 자유와 학생들이 가지는 소극적 종교행위의 자유 및 소극적 신앙고백의 자유 사이에 충돌이 생기게 되는데, 이와 같이 하나의 법률관계를 둘러싸고 두 기본권이 충돌하는 경우에는 구체적인 사안에서의 사정을 종합적으로 고려한 이익형량과 함께 양 기본권 사이의 실제적인 조화를 꾀하는 해석 등을 통하여 이를 해결하여야 하고, 그 결과에 따라 정해지는 양 기본권 행사의 한계 등을 감안하여 그 행위의 최종적인 위법성 여부를 판단하여야 한다.

(라) 고등학교 평준화정책 및 교육 내지 사립학교의 공공성, 학교법인의 종교의 자유 및 운영의 자유가 학생들의 기본권이나 다른 헌법적 가치 앞에서 가지는 한계를 고려하고, 종립학교에서의 종교교육은 필요하고 또한 순기능을 가진다는 것을 간과하여서는 아니 되나, 한편으로 종교교육으로 인하여 학생들이 입을 수 있는 피해는 그 정도가 가볍지 아니하며 그 구제수단이 별달리 없음에 반하여 학교법인은 제한된 범위 내에서

종교의 자유 및 운영의 자유를 실현할 가능성이 있다는 점을 감안하면, 비록 종립학교의 학교법인이 국·공립학교의 경우와는 달리 종교교육을 할 자유와 운영의 자유를 가진다고 하더라도, 그 종립학교가 공교육체계에 편입되어 있는 이상 원칙적으로 학생의 종교의 자유, 교육을 받을 권리를 고려한 대책을 마련하는 등의 조치를 취하는 속에서 그러한 자유를 누린다고 해석하여야 한다.

(마) [**다수의견**] 종립학교가 고등학교 평준화정책에 따라 학생 자신의 신앙과 무관하게 입학하게 된 학생들을 상대로 종교적 중립성이 유지된 보편적인 교양으로서의 종교교육의 범위를 넘어서서 학교의 설립이념이 된 특정의 종교교리를 전파하는 종파교육 형태의 종교교육을 실시하는 경우에는 그 종교교육의 구체적인 내용과 정도, 종교교육이 일시적인 것인지 아니면 계속적인 것인지 여부, 학생들에게 그러한 종교교육에 관하여 사전에 충분한 설명을 하고 동의를 구하였는지 여부, 종교교육에 대한 학생들의 태도나 학생들이 불이익이 있을 것을 염려하지 아니하고 자유롭게 대체과목을 선택하거나 종교교육에 참여를 거부할 수 있었는지 여부 등의 구체적인 사정을 종합적으로 고려하여 사회공동체의 건전한 상식과 법 감정에 비추어 볼 때 용인될 수 있는 한계를 초과한 종교교육이라고 보이는 경우에는 위법성을 인정할 수 있다.

[**대법관 안대희, 대법관 양창수, 대법관 신영철의 반대의견**] 종립학교의 종교교육이 그 허용되는 한계를 벗어나서 위법하다고 평가되어 불법행위가 성립된다고 볼 수 있으려면, 그 종교교육이 보편적이고 건전한 사회인의 양성이라는 교육목적에 전혀 어울리지 아니하는 것이 아닌 한, 학생이 자신의 종교적 신념이나 확신에 기초하여 종립학교의 종교교육을 거부한다는 의사를 명시적으로 표시하거나 또는 이와 동일하게 평가될 수 있는 행동을 하였음에도 그러한 학생에게 전학의 기회를 부여하는 등 보완책을 제시하지 아니한 채 종교의 자유를 가지는 학생의 인격적 가치를 무시하여 일방적으로 종교교육을 강제한 것임이 인정되어야 한다. 그리고 위와 같은 종교교육 거부의 의사가 학생 자신의 종교적 신념이나 확신에 기초한 것인지를 판단함에 있어서는 고등학생이라는 그 연령대가 아직 감정의 기복이 심하고 인격적으로 미성숙의 성장단계임을 감안한다면 학생 본인의 의사표현만 가지고 판단할 것이 아니라 부모의 태도 등을 충분히 고려하여 본인의 진지한 성찰을 거친 것임이 명확히 확증될 수 있어야 하고, 나아가 부모도 이에 동의한 경우라야 하는데, 교내방송 이전까지 자신의 종교적 신념이나 확신에 기초한 명시적인 거부의사를 표시하지 아니하였고, 그의 부모 역시 아무런 거부의사를 표시하지 않았으므로 교내방송 이후 종교교육 거부의 의사표시가 일시적 즉흥적인 것이 아니라 숙고한 결과로 얻어진 종국적인 결단에 기하여 종전의 종교교육 수용의 의사를 번복하여 행하여진 것인지 의심되므로 종전과 같은 종교교육을 실시한 것이 위법하다고 평가될 수 없다.

(바) [다수의견] 종립학교가 고등학교 평준화정책에 따라 강제 배정 된 학생들을 상대로 특정 종교의 교리를 전파하는 종파적인 종교행사와 종교과목 수업을 실시하면서 참가 거부가 사실상 불가능한 분위기를 조성하고 대체과목을 개설하지 않는 등 신앙을 갖지 않거나 학교와 다른 신앙을 가진 학생의 기본권을 고려하지 않은 것은, 우리 사회의 건전한 상식과 법 감정에 비추어 용인될 수 있는 한계를 벗어나 학생의 종교에 관한 인격적 법익을 침해하는 위법한 행위이고, 그로 인하여 인격적 법익을 침해받는 학생이 있을 것임이 충분히 예견가능하고 그 침해가 회피 가능하므로 과실 역시 인정된다.

[**대법관 안대희, 대법관 양창수, 대법관 신영철의 반대의견**] 종립학교의 종교교육의 한계 설정이 극히 어려운 문제이므로 종전과 같이 종교교육을 실시하여도 위법하지 아니하다고 판단한 것 및 오랜 기간 동안 이루어진 종교교육에 대하여 특별한 이의제기가 없었다는 점, 종전 종립대학의 학칙에서 6학기 이상의 대학예배 참석을 졸업요건으로 정하고 있더라도 위헌 무효의 학칙이 아니라는 대법원 판례가 전체 종립학교가 종교교육에 관한 규범적 판단기준을 형성하는데 영향을 미쳤을 것이므로 과실을 인정할 수 없다.

(2) 퇴학처분에 관하여

[다수의견] 학생에 대한 징계가 징계대상자의 소행, 평소의 학업 태도, 개전의 정 등을 참작하여 학칙에 정한 징계절차에 따라서 징계위원들이나 징계권자의 자율적인 판단에 따라 행하여진 것이고, 실제로 인정되는 징계사유에 비추어 그 정도의 징계를 하는 것도 무리가 아니라고 인정되는 경우라면, 비록 그 징계양정이 결과적으로 재량권을 일탈한 것으로 인정된다고 하더라도 이는 특별한 사정이 없는 한 법률전문가가 아닌 징계위원들이나 징계권자가 징계의 경중에 관한 법령의 해석을 잘못한 데 기인하는 것이라고 보아야 하므로, 이러한 경우에는 징계의 양정을 잘못한 것을 이유로 불법행위책임을 물을 수 있는 과실이 없다. 그러나 학교가 그 징계의 이유로 된 사실이 퇴학 등의 징계처분의 사유에 해당한다고 볼 수 없음이 객관적으로 명백하고 조금만 주의를 기울이면 이와 같은 사정을 쉽게 알아 볼 수 있는데도 징계에 나아간 경우와 같이 징계권의 행사가 우리의 건전한 사회통념이나 사회상규에 비추어 용인될 수 없음이 분명한 경우에 그 징계는 그 효력이 부정됨에 그치지 아니하고 위법하게 상대방에게 정신적 고통을 가하는 것이 되어 그 학생에 대한 관계에서 불법행위를 구성하게 된다.

원고에 대한 퇴학처분은 그 징계의 이유로 된 사실이 퇴학처분에 해당한다고 볼 수 없음이 객관적으로 명백하고 징계권자 또는 징계위원들이 조금만 주의를 기울이면 이와 같은 사정을 쉽게 알아 볼 수 있음에도 징계에 나아간 것으로, 그 징계권의 행사가 우리의 건전한 사회통념이나 사회상규에 비추어 용인될 수 없음이 분명하여 갑에 대하여 불법행위가 된다.

[**대법관 양승태, 대법관 안대희, 대법관 차한성, 대법관 양창수, 대법관 신영철의 반대의견**] 징계처분에서 징계사유로 되지 아니한 비위사실이나 피징계자의 평소의 소행 등도 징계양정의 참작자료로 삼을 수 있으므로, 징계처분의 이유가 된 사실이 징계처분의 사유에 해당한다고 볼 수 없음이 객관적으로 명백하고 징계권자 또는 징계위원들이 조금만 주의를 기울이면 이러한 사정을 쉽게 알아 볼 수 있음에도 징계를 한 것으로서 징계권의 행사가 우리의 건전한 사회통념이나 사회상규에 비추어 용인될 수 없음이 분명한 경우에 해당하는지 여부를 판단함에 있어서는 징계사유뿐만 아니라 그 징계양정에 참작한 비위사실 등도 종합적으로 고려하여야 한다.

원고에 대한 퇴학처분은 교사에게 불손하게 반항하였다는 징계사유와 아울러 징계양정의 자료로 삼을 수 있는 비위사실들을 감안하면, 그 징계처분의 이유로 된 사실만으로 징계대상이 된 학생이 개전의 가망이 없다고 단정하기에는 부족하여 퇴학처분이라는 징계양정이 과하다고 볼 수는 있을지라도, 그 징계에서 인정된 사실이 퇴학처분을 할 정도의 사유에 해당하지 아니함이 객관적으로 명백하였거나 징계권자 또는 징계위원들이 조금만 주의를 기울였더라면 이를 쉽게 알 수 있었던 경우에 해당한다고 보기는 어려워, 학교법인에게 징계의 양정을 잘못한 것을 이유로 불법행위책임을 물을 수 있는 과실이 있다고 볼 수 없다.

(3) 서울특별시 관리 감독 위무 위반에 대하여

[**다수의견**] (가) 초·중등교육법은 제6조에서 사립학교는 교육감의 지도·감독을 받는다고 규정하고, 제7조에서 교육감은 학교에 대하여 교육과정운영 및 교수·학습방법에 대한 장학지도를 실시할 수 있도록 규정하고 있다. 또한 제63조 제1항에서 "관할청은 학교가 시설·설비·수업·학사 및 기타 사항에 관하여 교육관계 법령 또는 이에 의한 명령이나 학칙을 위반한 경우에는 학교의 설립·경영자 또는 학교의 장에게 기간을 정하여 그 시정 또는 변경을 명할 수 있다."고 규정하고 있다. 이러한 규정은 교육의 공공성을 고려하여 사립학교 교육에 있어서도 국가 교육이념을 실현하고 그 운영의 적정성을 확보하기 위한 것일 뿐 아니라 나아가 그러한 학교 운영을 통하여 학생 개개인의 균형 있는 정신적·육체적 발달을 도모하려는 취지라고 봄이 상당하다. 그러나 교육감이 위 법률의 규정에서 정하여진 직무상의 의무를 게을리 하여 그 의무를 위반한 것으로 위법하다고 하기 위해서는 그 의무 위반이 직무에 충실한 보통 일반의 공무원을 표준으로 할 때 객관적 정당성을 상실하였다고 인정될 정도에 이르러야 한다. 또한 교육감의 장학지도나 시정·변경명령 권한의 행사 등이 교육감의 재량에 맡겨져 있는 위 법률의 규정 형식과 교육감에게 그러한 권한을 부여한 취지와 목적에 비추어 볼 때

구체적인 상황 아래에서 교육감이 그 권한을 행사하지 않은 것이 현저하게 합리성을 잃어 사회적 타당성이 없는 경우에 해당하여야만 교육감의 직무상 의무를 위반한 것으로서 위법하게 된다.

(나) 서울특별시 교육감과 담당 공무원이 취한 일부 시정조치들만으로는 종립학교의 위법한 종교교육이나 퇴학처분을 막기에는 부족하여 결과적으로 학생의 인격적 법익에 대한 침해가 발생하였다고 하더라도, 교육감이 더 이상의 시정·변경명령 권한 등을 행사하지 아니한 것이 객관적 정당성을 상실하였다거나 현저하게 합리성을 잃어 사회적 타당성이 없다고 볼 수 있는 정도에까지 이르렀다고 하기는 어렵다.

[대법관 박시환, 대법관 이홍훈, 대법관 전수안의 반대의견] (가) 대법원은 종래 공무원의 부작위의 경우에도 공무원의 작위로 인한 국가배상책임을 인정하는 경우와 마찬가지로 '공무원이 직무를 집행하면서 고의 또는 과실로 법령을 위반하여 타인에게 손해를 입힌 때'라고 하는 국가배상법 제2조 제1항의 요건을 충족하면 국가배상책임이 인정됨을 밝혀 왔다. 여기서 '법령을 위반하여'라고 하는 것이 엄격하게 형식적 의미의 법령에 명시적으로 공무원의 작위의무가 규정되어 있는데도 이를 위반하는 경우만을 의미하는 것은 아니고, 국민의 생명, 신체, 재산 등에 대하여 절박하고 중대한 위험상태가 발생하였거나 발생할 우려가 있어서 국민의 생명, 신체, 재산 등을 보호하는 것을 본래적 사명으로 하는 국가가 초법규적, 일차적으로 그 위험 배제에 나서지 아니하면 국민의 생명, 신체, 재산 등을 보호할 수 없는 경우에는 형식적 의미의 법령에 근거가 없더라도 국가나 관련 공무원에 대하여 그러한 위험을 배제할 작위의무를 인정할 수 있는 것이며, 이를 위반하는 경우도 포함하는 것이다. 이러한 경우 위법성 판단의 전제가 되는 작위의무는 공무원의 부작위로 인하여 침해된 국민의 법익 또는 국민에게 발생한 손해가 어느 정도 심각하고 절박한 것인지, 관련 공무원이 그와 같은 결과를 예견하여 그 결과를 회피하기 위한 조치를 취할 수 있는 가능성이 있는지 등을 종합적으로 고려하여 판단하여야 한다. 이와 같이 국가배상법에서의 위법이라는 개념은 법령에 명문으로 정해진 작위의무의 위반뿐만 아니라 관련 법규 및 조리를 종합적으로 고려할 때 인정되는 공무원의 직무상 손해방지의무에 대한 위반을 포함하는 것이다. 또한 위와 같은 사정 아래에서 작위의무를 인정하는 결과, 그 작위의무의 판단 자체에 공무원의 예견가능성이나 회피가능성이라는 과실 요소에 관한 판단이 포함되게 되므로 위와 같이 인정되는 작위의무를 위반한 경우에는 특별한 사정이 없는 한 과실은 당연히 인정된다고 보아야 한다.

(나) 자신의 종교적 신념에 반하는 행동을 강제당하지 아니하는 것이 소극적 신앙고백의 자유와 소극적 신앙실행의 자유의 가장 본질적이고 유일한 내용이라 할 수 있으므로, 종립학교가 학교 강제배정제도에 의하여 신앙을 가지지 않았거나 학교와 다른 신

앙을 가졌음에도 그 학교에 입학하게 된 학생들을 상대로 참가의 실질적인 자율성을 보장하지 않거나 자유로운 상태에서의 동의를 받지 아니한 채 특정 종교교리를 전파하는 종파교육 형태의 종교교육을 강행하여 학생이 자신이 원하지 아니하는 종파교육에 노출되게 하는 것은 이러한 소극적 신앙고백의 자유와 소극적 신앙실행의 자유에 대한 본질적인 침해라고 할 수 있을 만큼 중대하고 절박한 침해인데, 종교의 자유라는 침해법익의 중대성·절박성 및 고도의 예견가능성이 인정되고 충분한 회피가능성이 보인다는 점을 종합적으로 고려한다면, 비록 초·중등교육법이 교육감에게 시정·변경명령 권한행사에 재량을 부여하였다고 하더라도 이와 같은 사정 아래에서는 서울특별시 교육감의 시정·변경명령 권한의 행사에는 재량의 여지가 거의 없어지고 특별한 사정이 없는 한 이를 행사할 의무만이 남게 된다고 할 것임에도, 위 교육감이 이를 행사하지 아니한 것은 고의 또는 과실로 법령을 위반한 것이라고 하지 않을 수 없다.

또한 사회통념이나 사회상규상 용인될 수 없어 원고에 대하여 불법행위를 구성할 정도로 심각한 불법성을 지닌 징계처분은 인간의 존엄성에 근거하는 인격권 및 교육을 받을 권리에 대한 중대한 침해이고 더구나 퇴학처분은 징계처분 중 가장 무거운 것으로 학생에게 심각하고 절박한 불이익을 가하는 것이 된다. 그런데 원심판결 이유에 의하면 서울특별시 교육감이 이러한 사실을 알았거나 충분히 알 수 있었던 것으로 보이므로, 그러한 상황 하에서 서울특별시 교육감이 대광고등학교의 장에게 이에 대한 유효한 구제수단인 시정·변경명령 조치를 하지 않은 것 역시 조리 등에 의하여 인정되는 작위의무를 이행하지 아니한 것으로 고의 또는 과실로 법령을 위반한 것이다.

마지막으로 서울특별시 교육감은 학교의 종교교육과 학생의 종교적 신념이 배치된다는 이유만으로는 전학이 불가능하도록 전학업무를 처리하여 왔음을 알 수 있는바, 이는 학생의 종교의 자유를 유효하게 보장할 수단을 학교나 학생이 선택할 수 없도록 한 것으로 적절하게 학사행정을 이끌고 지도할 교육감의 의무를 위반한 것에 다름 아니므로 이 역시 고의 또는 과실로 법령을 위반한 것이다.

5. 위 소송에 따른 영향과 이후 진행 경과

원고가 위와 같이 소송을 제기하자 2006. 6. 서울시교육청은 '종교교육에 관한 지침 공문 세부사항'으로 '① 종교 과목 개설시 종교 이외의 과목을 포함해 복수로 편성, ② 학교나 학년 단위로 한 곳에 모여 특정 종교의식 실시 금지, ③ 특정 종교의 의식 활동을 교과 내용에 포함한 지도 금지, ④ 정규 교과 시간 외 종교 활동 실시 시 학생의 자율적 참여하에 실시, ⑤ 창의적 재량활동 시간에 특정 종교 교육 금지, ⑥ 특별활동 시 특정 종교 활동 제시 금지, ⑦ 수행평가 과제로 특정 종교 활동 제시 금지, ⑧ 학급 내 순번제로 돌아가며 종교 관련 의식 행사 금지, ⑨ 종교로 인한 차별 금지 사항 – 학생회 임원 출마 자격 제한, – 의식 행사 불참자에 대한 개별 상담 지도 및 특별 면학 지도'를 정하여 일선학교에 시달하자, 기독교학교연맹, 전국교목연합회에서 '기독교 학교를 탄압하는 것'이라고 강력 반발을 하였고, 그러자 서울시 교육청은 위 세부적 지침을 모두 삭제하는 등 하여 이전의 종교교육 지도 감독의 형태로 되돌아갔던 것이고 이후에도 어떠한 조치를 취한 바도 없다.

위 대법원 판결에 따라 파기 환송된 서울고등법원(2010나41401호)은 위 대법원의 다수의견과 동일한 이유를 들어 피고 대광학원은 원고 강군에게 종교자유 침해에 따른 위자료 500만 원, 퇴학처분의 위법에 따른 위자료 1,000만 원 합계 1,500만 원을 지급하라는 위 서울중앙지방법원 1심 판결 인용하여 원고 강의석 및 피고 학교법인 대광학원 항소를 기각한다는 판결을 선고하였고, 이후 강군은 위 손해배상금 약 2,500만 원을 수령하여 인권연대에 기부하였고, 인권연대는 '종교자유 인권상'을 제정하기로 하였다.

위 판결과 같이 종교자유 및 종교행사 내지 종교교육의 한계에 관하여 일방적으로 강제하는 종교의식 내지 종교교육은 위법이라고 하였고, 위 대법원 판결의 소수 견해로 서울시 교육청의 관리감독 의무 위반 불법행위를 지적하였음에도 현재까지 종교재단 설립 중·고등학교에서는 여전히 참석이 강제된 종교의식 및 종교행사를 진행하고 있고, 종교과목을 개설하면서 선택 가능한 복수과목을 편성하지 않은 채 종교수업이 진행되고 있어 여전히 학생들의 인권을 침해하고 있으나, 학생들과 학부모 입장에서 대놓고 거부의 의사를 표시하기도 어려운 실정이어서, 이후 사회적으로 예배 강요로 인하여 문제가 불거진 예는 거의 없다. 오히려 기독교 단체들은 학생인권조례에 양심과 종교의 자유를 규정한 것에 대하여 동성애 옹호, 종교학교 예배 행위를 제한 받을 수 있다고 반발하고 있는 실정이다.

한편 대학의 경우 1995년 숭실대 학생이 6학기 동안 채플(기독교 학교의 교내 예배의식) 이수를 졸업 요건으로 정한 학칙이 종교의 자유를 침범한 것이라며 법원에 소송을 제기하였으나, 패소하였고, 2003년에는 이화여대, 명지대, 2004년 연세대, 2006년 다시 숭실대에서 채플반대운동이 연이어 일어났고, 2011. 이화여대, 명지대 총학생회는 반값 등록금 투쟁과 연계하여 예배를 거부하였으나 강의석군이 제기한 고교와는 달리 대학은 학생 스스로 학교를 선택해 입학했다는 이유에서 법적인 청구는 모두 기각되었고, 이후에는 대학생들의 채플 반대 주장은 더 이상 존재하지 않는 것으로 보인다.

함께 검토할 판결례

〈종교관련 판례〉

대법원 1982. 7. 13. 선고 82도1219 판결.
대법원 2004. 7. 15. 선고 2004도2965 판결.
대법원 1998. 11. 10. 선고 96다37268 판결.
대법원 2001. 2. 23. 선고 99두6002 판결.
대법원 1989. 9. 26. 선고 87도519 판결.
헌법재판소 2001. 9. 27. 선고 2000헌마159 결정.

〈징계관련 손해배상 판례〉

대법원 1997. 9. 9. 선고 97다20007 판결.
대법원 2004. 9. 24. 선고 2004다37294 판결.
대법원 2008. 1. 31. 선고 2005두8269 판결.
대법원 1998. 5. 22. 선고 98다2365 판결.
대법원 2002. 5. 28. 선고 2001두10455 판결.
대법원 1997. 9. 26. 선고 97다18974 판결.

〈공무원의 불법행위에 기한 국가배상책임 인정여부〉

대법원 2005. 6. 10. 선고 2002다53995 판결.
대법원 2001. 4. 24. 선고 2000다57856 판결.
대법원 1998. 5. 8. 선고 97다54482 판결.
대법원 2006. 7. 28. 선고 2004다759 판결.
대법원 2008. 4. 10. 선고 2005다48994 판결.
대법원 1973. 10. 10. 선고 72다2538 판결.
대법원 1998. 10. 13. 선고 98다18520 판결.
대법원 2008. 10. 9. 선고 2007다40031 판결.

〈사립학교 설립자의 학교운영의 자유 및 교육받을 권리, 부모의 자녀 교육권, 고교평준화 정책〉

대법원 2007. 5. 17. 선고 2006다19054 판결.
헌법재판소 2001. 11. 29. 선고 2000헌마278 결정.
헌법재판소 2001. 1. 18. 선고 99헌바63 결정.
헌법재판소 2004. 4. 27. 선고 98헌가16 결정.
헌법재판소 2001. 11. 29. 선고 2000헌마278 결정.

헌법재판소 1995. 2. 23. 선고 91헌마204 결정.

헌법재판소 2000. 3. 30, 선고 99헌바14 결정.

〈기본권 충돌에 관한 판례〉

대법원 2006. 11. 23. 선고 2004다50747 판결.

대법원 2009. 1. 15. 자 2008그202 결정.

대법원 1988. 10. 11. 선고 85다카29 판결.

헌법재판소 2004. 8. 26. 선고 2003헌마457 결정.

헌법재판소 1991. 9. 16. 선고 89헌마165 결정.

관련자료

고병철, 종립사학과 종교교과교육의 공공성과 자율성, 정신문화연구 제32권 제4호, 2009.

고영한, 「기본권의 상충관계와 그 해결방안」, 판례실무연구(Ⅱ), 박영사, 1998.

권영성, 헌법학 원론, 법문사 1999, 307면.

김종서, 「한국 종교교육의 과제와 전망」, 종교학연구 제20집, 2001, 31면.

대한변호사 협회, 「교육에 관한 권리」, 인권보고서 제19집 2005. 11. 21.

성낙인, 「종교의 자유와 학교에서의 종교교육」, 판례실무연구(Ⅱ), 박영사, 1998.

송기춘, 「종교학교에서의 종교교육과 학생의 자유」, 사단법인 한국공법학회 공법연구 제33집 제1호, 2004. 11.

오시진, 미국초중고교 교육과정에서 종교교육과 종교의식에서 종교교육에 관한 법제연구.

임지봉, 「사립 고등학교의 종교교육의 자유와 청소년의 권리－서울고등법원의 강의석군 사건 판결에 대한 평석을 중심으로－」, 헌법학 연구 제14권 제4호, 2008. 12.

장은주, 종교 사학의 자율과 관용의 원칙－강의석 대 대광학원 사건에 대한 서울고등법원 판결의 전도된 인식에 부쳐－참여불교재가연대, 2009.

학교 종교자유 신장을 위한 법제개선 방안 세미나 2006. 3. 31. 종교자유정책연구원.

한수웅, 「교육을 받을 권리와 국가교육권한의 한계－고교평준화 및 학교선택권 제한의 헌법적 한계를 중심으로」, 월간 법조 2008. 4. 법조협회 25면.

허영, 한국 헌법론, 2007, 405면.

허종렬, 헌법상 사립학교의 자유와 헌법 재판의 동향, 헌법실무연구 제2권, 박영사, 2001.

심층질문

1. 대법원은 개인의 종교자유 뿐만 아니라 종립학교 법인의 종교행사 및 종교과목 수업의 자유도 일반적으로 보장된다고 판단하였는데, 현행 교육관련 법령상 사립학교는 교원, 교육내용, 교과용 도서의 사용, 학교에 대한 공적 지도 감독 등 학교에 대하여 국공립학교와 구분 없이 동일한 규율을 받고 있고, 국가로부터 재정지원을 받고 있는 상항에서 ① 사립학교 법인이 사인인지 여부, ② 현재 사립학교의 공공적 성격과 관련하여 일반적으로 종교 행사(종교의식)와 종교과목 수업의 자유가 보장되는 것인지, ③ 종교과목 수업에 관하여는 교육과정에서 예정하고 있으나, 종교행사(종교의식)에 대하여는 무엇을 근거로 인정할 수 있는가?

2. 대법원은 이 사건에서 학생과 학교법인의 종교에 관한 기본권의 충돌로 보고 기본권 충돌의 해결 원칙에 의하여 학생의 종교의 자유가 우위의 기본권으로 보고 있으나, 위와 같이 사립학교는 공교육체제하에서 교육이라고 하는 공적업무를 수행하는 하나의 행정기관으로서 지위와 성격을 가지는 공권력의 행사자이자 기본권의 주체라고 할 때, 학생의 종교자유와 학교법인의 종교 교육에 관한 기본권이 충돌되는 것인가?

3. 대법원 판결과 같이 기본권 충돌 관계라고 보았을 때 위 대법원 판결과 같이 기본권 충돌을 해결하는 것이 적절한가?

4. 대법원은 고교평준화 정책이 학교법인의 종교교육의 자유를 제한하는 지를 판단하였는데, 고교평준화 정책이 헌법에 위반되는지 여부가 이 사안에 적용되는 것인가?

5. 대법원 1998. 11. 10. 선고 96다37268호 사건에서 '대학예배에의 6학기 참석을 졸업요건으로 정한 학칙'은 헌법상 종교의 자유에 반하는 위헌무효의 학칙이 아니라고 판단하였는데 위 판결이 타당한가. (대학채플은 학교 내 예배실에서 진행하며, 수강신청한 시간에 지정된 자리에 좌석 하여야 출석이 인정되고, 별도로 시험을 치르지 않지만, 한 학기당 4회 정도 불참하면 이수가 되지 않으며 졸업할 때까지 6학기를 이수하지 않으면 학사학위를 부여하지 않는 것으로 강제). 대학 채플 강제에 대한 학생의 권리 구제 방안은 무엇인가?

자료 1 학내 종교자유 실현을 위한 공익소송 진행계획

소송 진행 세부계획

1. 학내종교자유 침해유형

가. 사립학교의 경우-채플수업 강제(종교과목 교육 시 선택과목 미 개설), 전체5분 예배, 방과 후 종교 활동 참가 강제, 강제헌금 등

나. 공립학교의 경우- 전일 제 계발활동 시간에 실시하는 특정종교기관이나 학내에서 실시하는 성경 읽기 반, 가톨릭 반, 불교 사상이해 반 등

다. 교사의 경우-종교 교육을 할 것을 강제 받는 것, 교감·교장이 되고자 할 때 특정 종교 신봉자일 것 등

2. 소송의 목적

본 소송은 종교교육이라는 미명하에 광범하게 이루어지는 종교자유의 침해행위와 국가의 특정종교 우대를 금한 정교분리의 가이드라인을 정립함을 목적으로 한다.

3. 소송의 형태

* 일반적인 검토일 뿐 모집 중인 소송인단의 구체적인 침해 유형에 따라 근거 조문이나 주장형태는 달라질 수 있다.

가. 민사소송-헌법 제29조 제1항, 국가배상법 제2조, 민법 제750조

(1) 원고-서울 소재 공·사립학교 재학생 및 졸업 후 2년 이내인 자 및 학부모, 교사

(2) 피고-공·사립학교의 경우는 서울시 교육감, 국립학교 및 대학교의 경우는 교육인적자원부장관

(3) 대상-종교자유 침해에 대한 관리 감독 위반의 부작위, 정교분리위반

(4) 요건-공무원, 직무집행, 위법성(법령에 위반하여), 고의 과실, 손해, 인과관계

(5) 주장요약

교육감은 공·사립학교를 지도·감독을 하여야 함에도 불구하고 일부 학교의 종교교육이 교육이라는 미명하에 헌법상 보장되어 있는, 학생의 종교의 자유 및 수학권 및 평등권 및 인간의 존엄과 가치, 행복추구권을 침해하고, 학부모의 자녀 교육권 및 교사의 종교의 자유, 양심의 자유 및 자주적 교육권, 직업의 자유가 침해당하고 있음에도 이에 대한 적절한 조치를 마련하지 아니하여 기본권을 계속 침해.

(6) 검토사항-교육감의 위와 같은 부작위가 위법성을 충족할 것인지를 검토.

4. 결 론

자료 2 소장요약

가. 종교 자유 침해의 점

① 교육기본법 제12조 제1항이 학생을 포함한 학습자의 기본적 인권은 학교교육 또는 사회교육과정에서 존중되고 보호된다고 규정하고 있으므로 원고와 같은 고등학생의 종교의 자유 및 표현의 자유 등 기본권도 존중되어야 한다는 점. ② 종교의 자유에는 신앙선택, 신앙변경, 신앙고백, 신앙 불 표현 및 무신앙의 자유가 포함되고, 이러한 내심의 자유는 절대적 자유에 해당하는 점. ③ 사립학교는 학생들의 신앙을 가지지 않을 자유를 침해하지 않는 범위 내에서만 학생들로 하여금 일정한 내용의 종교교육을 받도록 하는 것이 가능한 점(대법원 1998. 11. 10. 선고 96다37268 판결 참조), ④ 사립 고등학교에서 종교교육을 실시하는 경우에는 종교의 자유와 함께 교육에 관한 헌법상의 원칙 즉 중립성, 교육제도 법정주의와 교육의 정치적 중립성, 교육이념 등에 의한 제약을 받으므로, 사립 고등학교에서 학생의 의사에 반하여서까지 종교의례의 참석 또는 종교교리 교육의 이수를 요구할 수 없고, 사립학교에서 학생들을 상대로 종교의례를 거행하거나 종교교리 교육을 할 경우에는 참가를 원하지 않는 학생들을 위하여 그에 상응하는 대체교과를 마련하여야 하는 점 등을 볼 때 위법행위를 하여 원고의 기본권을 침해한 것이다.

나. 서울특별시(대표자 교육감)의 감독의무 불이행

피고 서울특별시(대표자 교육감)은 위와 같이 원고의 기본권이 계속 침해되고 있음에도 이를 인식하지 못하고 그 동안 관행적으로 행하여 온 사립학교의 종교교육이 문제없다는 인식으로 형식적 장학 지도만 한 점과, 원고가 2004. 6. 16. 서울시 교육청 앞에서 '1인 시위'와 소외 ○○○ 장학사와 ○○○ 장학관과 면담을 통하여 피고 대광학원의 위법성을 수차 밝혔음에도 피고 서울시 교육감은 기본권 침해 행위를 중단시키기 보다는 지도하기 어렵다는 소극적인 자세로 일관하면서 단순한 합의 중재를 시도한 것이다. 따라서 피고 서울시 교육감은 피고 대광학원의 계속 된 원고의 기본권침해에 대하여 '재량권이 영으로 수축'된 상황에서 원고의 기본권 보호 의무를 위반 한 것이다.

자료 3 기자회견문

헌법상 상위의 기본권을 내팽개친 재판부의 판결을 개탄한다.

2008년 5월 8일. 서울고등법원 민사17부(재판장 곽종훈 판사)는 학생의 종교의 자유와 양심의 자유를 보장하기 위해 벌이고 있는 강의석 군의 힘겨운 행진에 가시덤불을 치는 것으로 답했다. 2007년 10월 5일 서울중앙지방법원이 내린 '피고 대광학원이 강제적인 특정종교(개신교) 교육으로 원고 학생의 학습권과 신앙의 자유를 침해했다.'는 판결을 아무런 새로운 이유 없이 뒤집은 것이다.

우리가 2심 판결문을 살펴보고 확인할 수 있는 유일한 새로운 이유라고는 오직, 강제적인 특정종교 교육을 통한 선교(포교) 실행으로 신앙의 자유를 침해하는 종교사학을 대안교육을 실행하는 품격 높은 교육자로 미화하고, 그런 미화를 바탕으로 종교사학에 대해서는 특정종교 교육이 폭넓게 허용되어야 하며, 마땅히 신앙의 자유와 학습권이라는 상위의 기본권은 내동댕이쳐도 된다는 재판부의 경이로운 현실 인식뿐이다.

재판부는 고교진학을 하는 학생들에게 학교선택권이 없음을 버젓이 인정해 놓고서도, '초중등교육법'에 의해 거주지 이전과 같은 특수한 경우 외에 종교적인 이유로는 전・편입을 인정하지 않는 현실에 대해서는 눈감았다. 더구나 단 두 건의 사례, 그것도 신도 수 10만 명 내외의 한 특수한 종교인 '여호와의 증인'의 거주지 이전을 통한 전학 사례를 '명시적 거부의사'를 통한 해결 사례로 인용하는 등 특수를 보편으로 환치시키는 오류를 범하고 있다. 2005년 인구주택 총 조사 결과에 의하면 대한민국국민의 단 17.1%만이 개신교 신도다. 약 48%는 무종교이며 34.9%는 불교와 천주교 등 다른 종교인이다.

판결한 바대로라면 개신교 종교사학에서는 17.1%를 제외한 82.9%의 학생이 상위의 기본권인 종교의 자유와 학습권을 향유하기 위해 '명시적 거부의사'를 표시해야 하고, 또 이를 위해 모두 거주지를 옮겨서 전학을 가야 한다는 것이다. 더더욱 기가 막힌 것은 신앙의 자유와 학습권이 특정종교 선교(포교) 실행의 자유보다 상위의 기본권이라고 한다면, 1심판결과 같이 신앙의 자유를 침해할 수 있는 행위를 하는 자(학교)가 침해를 당할 가능성이 있는 학생이나 부모에게 동의를 받아야 마땅하다. 그러함에도 고등법원 재판부는 오히려 침해당한 사람이 '명시적 거부의사'를 표명하지 않았으니 강제적인 특정종교(개신교) 교육이 아니었다고 판결하고 있다. 물구나무를 서서 세상을 보지 않고서는 나올 수 없는 판결임에 틀림없다.

재판부는 또한 고교입학 시 행한 '기독교 교육과 함께 모든 교육과정을 충실히 받겠다.'는 선서서를 낭독한 것까지 원고 대광학원의 특정종교교육이 강제성이 없었다는 증거로 인용하고 있다. 이 판결대로라면 모든 종교사학에 배정된 고교 진학생과 그 학부모는 이런 종류의 입학식에 참여하고서 나중에 딴소리를 하면 안 된다는 것이 된다. 그러나 현실에서 과연 그것이 가능한 일인가. 자녀교육이 지상과제인 학부모에게 자녀에게 자칫 피해가 될 수도 있고, 정신적 불안을 줄 수 있는 행위를 입학식 때부터 하는 것이 도대체 가능하단 말인가! 현실이 이러하기 때문에 1심에서는 입학 시 선서 낭독이 특정종교 교육을 받겠다고 인정한 것이라면 이는 신앙의 자유를 넘어 양심의 자유를 침해하는 것이라고 정확히 판시한 것이다.

우리는 고등법원 재판부가 '종교사학에 대해서는 특정종교교육이 폭넓게 허용되어야 한다.'는 논리를 폄에 있어서 한국사회 종교사학의 현주소를 들여다보는 작은 시사적 안목이라도 갖추었으면 하는 바람이다. 현재 사립 고등학교의 경우 실제 학교법인의 지원(전입)금이 평균 1.8%에도 못미처서 실질적으로 무늬만 사립학교이지 국공립과 거의 차이가 없는 현실이다.

필요한 학교운영비의 98% 이상을 국민 혈세인 국고의 지원과 학생의 납입금으로 충당하는 우리 교육의 현실에 사립학교의 건학이념이 학생의 기본권에 우선한다고 생각할 국민은 없다. 교육의 공공성을 이유로 지원하는 것이지, 특정종교를 학생들에게 강요하라고 지원한 것은 아니기 때문이다.

헌법에 정해진 학생의 기본권을 제한할 학교의 권리는 없다. 피고 대광학원처럼 선택의 여지없이 기독교 교육을 받아야 하고, 이와 별도로 매주 1시간씩 개신교 예배에 참석해야 하며, 매일 아침 5분씩 개신교식 기도를 해야 하고, 매년 3박 4일간 생활관 학습교육 시에 기독교 의식으로 채워진 생활을 하게 하는 것은 비개신교인 학생과 학부모에게는 감내하기 힘든 고통으로 상식수준을 벗어난 종교사학의 횡포이다. 역지사지, 불교학교에서 기독교인에게 불교과목 교육과 예불참석을 강요한다면 이를 받아들일 개신교인이 얼마나 될 것인가. 우리나라가 종교 야만국가라는 소리를 듣는 이유이다. 따라서 '합리적 이유 없이 사회적 허용한도를 초과한 위법한 행위로 평가할 수 없다'는 고등법원 재판부의 논리는 인권감수성 부족을 증명하는 근거 없는 관념적 궤변에 불과하다.

우리가 또 한 가지 제기하고자 하는 것은 고등법원 재판부 재판장이 서울 강남에 소재한 'ㄴ교회' 장로라는 점이다. 우리가 신앙의 자유 침해일 수도 있는 재판장의 종교를 지적하는 것은, 이 교회가 원고 대광학원의 설립교회가 소속되어 있는 '예장통합' 교단이라는 점에 있다. 민사소송법 상의 명시적 제척사유에 해당하는 것은 아니지만 일반적인 사회적 감정에 비추어 재판부 배정에서 신중했어야 한다고 생각한다.

인류와 사회의 흐름을 거스르는 이번 고등법원 재판부의 판결은 학생뿐 아니라 모든 국민의 비판에 부딪힐 것이다. 국민의 자유와 권익을 지켜야 할 마지막 보루인 사법부의 현명한 판단을 다시 한 번 촉구한다.

2008. 5. 27.

21세기 청소년공동체 희망, 인간교육실현학부모연대, 인권실천시민연대, 종교자유정책연구원, 참교육을위한전국학부모회, 우리신학연구소, 제3시대그리스도교연구소, 학교종교자유를위한시민연대, 민주사회를위한변호사모임, 시민사회단체연대회의, 한국YMCA전국연맹

자료 4 대법원 변론준비명령

별지 쟁점에 관한 변론을 준비하여 2010. 1. 8.까지 대법원에 준비서면을 제출하여 주시기 바랍니다.

쟁점

• **원고와 피고** 1. **관련**

① 고교평준화제도와 사립학교의 자율성

– 사립학교에 대한 국가 통제의 헌법적 · 법률적 근거와 그 한계

– 고교평준화제도(학교강제배정제도)가 사립학교의 자율성 또는 종교교육의 자유와 상충되는지 여부

② 종립학교의 종교교육의 한계

– 학교강제배정제도 하에서의 종교교육의 자유와 한계

– 종교교육에 관한 학생 · 학부모의 동의가 필요한지 여부와 그 방법, 내용 등

– 종교교육에 동의하지 않는 학생에 대한 조치방법(종교교육 면제, 대체수업 등)

– 종교교육에 동의하지 않는 학생에 대한 전학 조치의 정당성 여부

③ 종교교육의 자유 및 신앙의 자유와 관련하여, 이 사건 교육부 고시[종교수업에 선택과목을 두고, 종교행사는 자율적 참가를 원칙으로 함]의 합헌 · 합법성 여부

• **원고와 피고**2. **관련**

④ 교육청의 사립학교에 대한 감독의무 및 시정권한 행사의 요건과 그 한계

–유의사항–

1. 이 사건의 변론기일은 2010. 1. 21. 14: 00이며, 대법원에 제출하는 준비서면에는 사건번호를 반드시 기재하여 주시기 바랍니다.

2. 준비서면에는 상대방의 수에 20을 더한 수의 부본을 붙여야 합니다.

3. 변론기일에서 당사자의 변론은 제출된 준비서면의 주요한 내용을 강조하고 명확하게 하는 것이어야 합니다.

4. 재판장 및 관여 대법관은 필요한 경우 언제든지 당사자에게 질문할 수 있습니다.

5. 각 당사자 측의 변론은 재판장 및 관여 대법관이 질문에 답변하는 시간을 포함하여 30분 이내에 완료되는 것을 원칙으로 합니다.

6. 참고인의 진술에 대하여 그 진술이 끝난 후에 의견을 진술할 수 있습니다.

자료 5 쟁점에 대한 준비서면

쟁점1 고교평준화 제도와 사립학교의 자율성

- 사립학교에 대한 국가 통제의 헌법적·법률적 근거와 그 한계
- 고교평준화제도(학교강제배정제도)가 사립학교의 자율성 또는 종교교육의 자유와 상충되는지 여부

가. 사립학교에 대한 국가 통제의 헌법적·법률적 근거와 그 한계

사립학교는 그 특수성에 비추어 자주성을 보장받고, 국가와 지방자치단체는 사립학교를 지원·육성하여야 하고, 사립학교의 다양하고 특성 있는 설립목적이 존중되어야 하나(교육기본법 제25조), 교육은 그것이 학교 제도의 틀 안에서 행사될 경우 교육제도법정주의에 관한 헌법의 규정과 교육관계 법령의 규정에 의한 규제를 받게 되며(대법원 1989. 9. 26. 선고 87도519 판결, 1992. 12. 22. 선고 92도1742 판결), 이러한 교육법 등의 규제는 헌법상의 종교의 자유를 침해하는 것이 아닙니다(대법원 2001. 2. 23. 선고 99두6002 판결).

나. 고교평준화제도가 사립학교의 자율성 또는 종교교육의 자유와 상충되는지 여부

위에서 살펴본 바와 같은 사립학교에 대한 국가의 통제와 사립학교의 자율성 존중은 모두 헌법 및 교육관계 법령의 규정에 따라 이루어질 수밖에 없습니다. 현재 우리 헌법의 하위규범인 교육관계 법령이 예정하고 있는 종교교육은 재량활동시간 내지 교과 교양과목으로 종교과목을 편성하여 종교교육을 행할 수 있도록 하되 '학교가 종교과목을 부과할 때는 종교 이외의 과목을 포함 복수로 과목을 편성하여 학생에게 선택의 기회를 주도록' 하는 것으로 되어 있습니다(교육부 고시 제1997-15호, 제7차 교육과정). 위와 같이 제7차 교육과정에서 정한 종교과목을 편성하여 행하는 종교교육은, 사립학교뿐만 아니라 국공립학교에서도 행할 수 있고 고교평준화 정책이나 사립학교의 자율성과도 무관한 것입니다. 따라서 고교평준화 정책은 현행 헌법 및 교육관계 법령에서 예정하고 있는 종교교육과 상충되지 않는다고 할 것입니다.

쟁점2 종립학교의 종교교육의 한계

가. 학교강제배정제도 하에서의 종교교육의 자유와 그 한계

교육기본법이 제6조 제1항에서 "교육은 교육 본래의 목적에 따라 그 기능을 다하도록 운영되어야 하며, 어떠한 정치적·파당적 또는 개인적 편견의 전파를 위한 방편으로 이용되어서는 아니 된다."라고 하여 교육의 중립성을 규정하고 있는 점을 주목하여야 합니다. 이에 따라 종교교육을 행할 수 있는 종립학교의 자유는 그 교육 내용이 특정 종교에 관한 것일 경우 당연히 위 범위 내에서 제약을 받아야 합니다. 주의적으로 덧붙이자면, 학교 내에서 정규과정시간에서 행하는 종교의례 기타의 종교행사는 종교교육과는 다른 차원에서, 허용하여서는 아니 될 것입니다. 학생의 소극적인 종교의 자유, 즉 신앙침묵의 자유와 신앙불실행의 자유를 보호하여야 하기 때문입니다. 현재의 학교강제배정제도는 그 자체로 종교교육의 자유를 제한하고 있지는 않습니다. 따라서 국공립 고등학교뿐만 아니라 종교단체가 설립한 고등학교에서는 법령에

따라 교육과정에서 정해진 종교과목을 편성하여 종교교육을 자유로이 실시할 수 있는 것입니다.

설령 사립학교의 설립 목적을 존중하여 특정 종교에 관한 교육(교리 교육 및 종교의례)을 허용한다고 할지라도, 이는 교육의 중립성, 교육제도 법정주의라는 헌법상의 원칙과, 교육의 정치적 중립성, 민주시민 양성이라는 교육이념에 의한 제약을 받으므로, 학생의 의사에 반하여 특정 종교의 교리교육 이수 또는 종교의례 참석을 요구할 수는 없습니다. 사립학교에서 학생들을 상대로 특정 종교의 교리에 대한 교육을 하거나 종교의례를 거행하는 경우에는 여기에 참석을 원하지 않는 학생들을 위하여 그에 상응하는 대체교과를 마련하여야 하고, 종교교육이라는 이름 아래 정규교과 외의 예배를 보게 하는 행위, 특정 종교장소로 출석하게 하는 행위, 특정 종교행사(부활절 행사, 심령수양회 등)에 학생을 강제 참석하도록 하는 행위 등을 하여서는 안 되는 한계가 있다고 할 것입니다.

나. 종교교육에 대한 학생 · 학부모의 동의가 필요한지 여부와 그 방법, 내용 등

위에서 본바와 같이 '보편적 교양 교육으로서 종교 일반에 관한 종교과목' 교육의 경우에는 반드시 대체과목을 편성하도록 규정하고 있고 이에 따라 종교교과 과목을 수강하지 않는 경우 대체과목을 수강하면 될 것이므로 학생 및 학부모의 동의는 불필요할 것입니다. 결국 헌법 및 교육관계 법령에서 정한 범위 내의 종교교육의 경우에는 학생 및 학부모의 동의가 필요하지 않습니다. 그러나 이러한 사회과학적인 관점에서의 종교 일반에 대한 교육과는 달리, 특정 종교의 교리, 경전 및 의식 등에 관한 교육에서는 학생과 학부모의 동의가 필요하다고 보아야 합니다.

다. 종교교육에 동의하지 않는 학생에 대한 조치방법(종교교육 면제, 대체수업 등)

위에서 본 바와 같이 종교일반에 관한 종교과목 수강을 원치 않는 학생의 경우 대체과목을 편성하여 대체수업을 행하여야 합니다. 학교에서의 특정 종교의 교리 교육이나 종교의례는 헌법 및 교육관계 법령에서 예정하고 있지 않고 있으며 이는 당초부터 종교교육의 범주에 포함되지 않는다고 보아야 할 것입니다. 따라서 정규 교과시간에는 종교의례 및 종교교리교육이 허용되어서는 아니 될 것입니다. 이와는 달리 특정 종교의 교리 교육이나 종교의례가 헌법 및 교육관계 법령상 허용된다고 해석한다 하더라도, 적어도 이를 원치 않는 학생은 종교의례 및 종교교리교육 참석을 거부할 권리가 있으며, 그러한 학생에게는 대체교과 수업의 선택권을 부여하여야 합니다. 그와 같은 종교교육에 동의하지 않는다고 하여 해당 학생에게 그에 따른 어떠한 불이익도 주어서는 안 됩니다.

라. 종교교육에 동의하지 않는 학생에 대한 전학 조치의 타당성 여부

종교교육은 개인의 의사에 반하여 강요에 의하여 시행될 수 있는 성질이 아니므로, 종교교육에 동의하지 않는 학생이 학교의 종교교육의 한계를 넘어서는 권한의 행사에 따르지 않았다고 하더라도 학교가 전학을 요구할 수는 없을 것입니다. 반면, 학생 스스로 종교적 이유로 전학을 요구할 수는 있다고 생각합니다. 종립학교라고 하더라도 모든 학생에게 동일한 신앙과 동일한 행동을 요구할 수는 없는 것이므로, 학생에게 전학을 요구할 수는 없을 뿐만 아니라 전학을 거부한다고 하여 제적처분 등의 불이익을 주는 것은 더더욱 인정될 수 없을 것입니다.

쟁점3 종교교육의 자유 및 신앙의 자유와 관련하여, 이 사건 교육부고시[종교수업에 선택과목을 두고, 종교행사는 자율적 참가를 원칙으로 함]의 합헌·합법성 여부

위 교육부 고시가 사립학교의 종교교육의 자유를 제한하고 있는지 및 그 제한이 과중하여 위헌 내지 위법이 되는지는 기본권 제한의 일반 법리에 따라 위 교육부 고시의 목적의 정당성, 수단의 상당성 및 최소제한의 원칙 및 법익의 균형성을 지켰는지를 살펴보아야 합니다. 위 고시는 정규교과 외의 종교 활동은 필시 특정 종교 활동이므로 이것이 학생의 신앙의 자유를 침해하지 않도록 참가에 있어 자유로운 의사 결정권을 보장하고자 하는 목적에서 제정된 점에서 그 목적에 있어 정당하고, 종교교과 수업 내지 종교 활동을 하더라도 학생의 신앙의 자유에 비추어 이를 원하지 않는 학생에게는 참석 여부에 대한 선택권을 부여하는 방식을 택하게 하는 점에서 수단이 상당하고, 대체과목 편성이나 학생의 자율참가를 인정할 뿐 다른 학생의 종교교과 수업과 종교 활동을 못하도록 하는 것이 아니므로 피해 최소의 원칙에도 어긋나지 않고, 종교교육의 자유에는 종교교육을 행할 자유도 포함되지만 종교교육을 받지 않을 자유도 포함되는데 양자를 모두 고려하고 있는 점에서 법익의 균형성도 보장하고 있다고 할 것입니다. 따라서 위 고시는 헌법과 법률에서 정한 종교교육의 자유를 과도하게 제한하였다고 볼 수 없습니다.

쟁점4 교육청의 사립학교에 대한 감독의무 및 시정조치권한 행사의 요건과 한계

국가는 학교가 교육관계 법령 또는 이에 의한 명령을 위반하여 종교교육을 강제로 행한다던지 학생의 소극적인 종교의 자유가 침해되는 경우 해당 사립학교에 대하여 시정조치 권한을 발하여야 할 것입니다. 피고 서울시가 행한 관리 감독 및 시정조치 권한 행사가 적절하였는지에 관하여 살펴보면 1인 시위 이전에는 대광고등학교 뿐만 아니라 전체 학교에 대하여 종교교육 실태나 예배가 강제되는지에 대하여 조사도 행한바 없이 교육부 고시에 따른 '복수선택과목 편성 및 정규 교과 외 종교 활동에 자율 참석을 보장하라'는 말만 되풀이하였고, 위와 같이 종합장학 지도점검에서 지적한 것이 어떻게 시정되었는지에 대하여도 확인한 바도 없고, 시정된 바도 없음에도 아무런 조치를 취하지 않아 실질적으로 아무런 감독의무를 이행한바가 없고, 1인 시위 이후에도 대광고등학교에서 행하는 종교교육 및 예배가 교육기본법 제12조 및 교과부 고시에 위반되는 정을 알면서도 위와 같이 '음악과목의 가창시험으로 주기도송을 평가곡목에서 제외'한 이외에는 아무것도 시정된 것이 없고, 심지어 원고의 생명 신체에 중대한 위험이 발생하였음에도 아무런 시정조치를 취하지 않은 이상 시정조치 권한 행사가 적정하다고 할 수 없다 할 것입니다.

자료 6 최종의견진술

1. 쟁점에 관한 변론의 요약
2. 대법원에 대한 청원

이제 여기까지의 주장에 기대어 이 사건 원심판결의 정당성을 검토해 보겠습니다. 이 사건의 자세한 사실관계는 물론 법원이 파악하고 계시리라고 믿어 결론만 말씀드리겠습니다.

(1) 교육은 중립적이어야 합니다. 그러나 대광고등학교에서 행한 종교교육과 종교행사는 교육의 중립성을 해치는 것이었습니다. 학교는 특정한 종교적 신앙이나 사상을 강요하는 곳이어서는 안 됩니다. 그러나 대광고등학교는 기독교신앙을 사실상 강제하였습니다. 학생에게는 다양한 세계관과 가치관에 접할 수 있는 기회가 주어져야 합니다. 이것이 우리나라의 교육이념입니다. 그러나 원고는 대광고등학교에서 다양한 세계관과 가치관 대신, 학교가 일방적으로 주입을 의도한 기독교신앙에 노출되어야 했습니다. 원고는 그가 겪은 부자유와 그가 받은 불이익을 서울특별시 교육청에 알렸습니다. 그러나 교육청은 소극적이고 방임적인 자세로 일관하였습니다. 교육청은 평소에 이러한 문제가 일어나지 않도록 하여야 할 책무를 다하지 못하였습니다.

(2) 사립학교 일부가 종교적 대안교육의 실시를 목적으로 하는 점을 감안하더라도, 강제적인 배정에 따라 그러한 학교에 입학할 수밖에 없었던 원고에게 획일적이고 강제적인 종교행사와 종교교육을 사실상 강요한 것은 분명 종교의 자유라는 기본권의 침해라고 보아야 합니다. 헌법상 인정된 기본권을 침해당한 원고에게는 법적 구제가 주어져야 합니다. 그 권리는 피고 대광학원의 선교의 자유나 신앙 실행의 자유보다 우월한 것이며, 종교적 양심의 자유가 가지는 절대성의 특성상 우선적으로 보호되어야 하는 것입니다.

(3) 기독교는 그 신앙의 자유를 얻고 지키기 위하여 수많은 신자가 순교하고 또 지독한 정치적·종교적 박해를 받았습니다. 이것은 종교적 관용의 부재가 빚은 비극입니다. 그러한 기독교가 이제 다시 성장기의 학생이 가지고 있는 종교적 양심의 자유에 대하여 비관용의 태도를 보이는 것은 잘못된 일입니다.

(4) 원고는 법에 호소하였습니다. 그러나 유감스럽게도 서울고등법원은 권리 구제의 소임을 다하지 않았습니다. 이제 원고는 마지막으로 우리나라의 최고법원에 청원합니다. 원고에게 법적 구제를 부여하지 못한 원심 판결을 파기하여 주십시오. 그리하여 종교의 자유가 가지는 헌법적 가치를 지켜 주시고, 종교와 관련한 교육의 중립성이 가지는 의미와 학교가 행하여 할 책무의 엄정성이 어떠한지를 밝혀 우리 사법에서 길이 빛날 선례를 남겨 주시길 바랍니다.

도라산역 벽화 철거 손해배상 사건

김 진 영*

1. 사건 개요의 설명

가. 사라진 벽화

2010년 5월 어느날 파주 도라산역에 설치되어 있던 대형벽화가 사라졌다. 도라산역은 전쟁으로 단절된 경의선(서울-신의주)의 남측 최북단역이다. 2000년 6·15 남북정상회담 이후 복원되어 2002년에 준공되었다. 2005년 참여정부 시절 통일부는 남북교류협력을 상징하는 도라산역사(驛舍)에 통일문화광장을 조성하기로 하고, 작가 이반에게 통일문화광장의 벽화 제작을 의뢰했다. 이반은 국전, 만해대상 등 수상은 물론이고 20여년이 넘는 기간동안 비무장지대 예술운동을 전개해 온 대한민국의 대표 작가였다. 이반은 통일부의 의뢰를 받아들여 3년여에 걸쳐 벽화를 제작, 2007년에 완성했다. '생명사랑, 인간사랑, 자유사랑, 평화사랑, 자연사랑'이라는 제목의 벽화는 길이 100미터, 폭 2.7.미터의 대형 작품 14점으로 구성되었고, 도라산역을 상징하는 작품이 되었다. 작가로서도 그간의 예술작업 성과를 집대성하고 공력을 쏟은 필생의 역작이었다. 그런데 이명박 정부 시절인 2010년 5월, 도라산역에서 갑자기 이 벽화가 사라진 것이다. 벽화가 사라진 자리에는 백두산 천지 사진이 부착되어 있었다. 이러한 사실을, 이반은 지인에게서 연락을 받고서야 알게 되었다.

나. 벽화철거에 문제가 없다는 정부, 시민사회 각계의 대응과 민사 손해배상청구

작가 이반은 2010. 6. 11. 통일부 남북출입사무소에 청원서를 제출하고 정보공개청구 등의 절차를 거쳐서야 철거 이유와 경과 등에 대한 형식적인 답변을 들을 수 있었다. 통일부의 답변은, '벽화에 대해 '어둡다, 난해하다, 민중미술 같다'는 등의 부정적 평가가 있어서 관광객 설문조사와 관계전문가회의를 거쳐 2010. 5. 18. 벽화를 철거했

* 변호사, 법무법인 덕수.

다'는 것이었다. 벽화 철거 사실이 알려지자 문화예술계를 비롯한 시민사회에서는 정부의 몰지각한 행위를 비판하고 진상규명 및 원상회복 등 합당한 조치를 요구했다. 문화연대, 민주화를위한변호사모임, 사단법인 천주교인권위원회, 인권단체연석회의, 한국민족예술인총연합, 한국작가회의 등이 참여한 '도라산벽화 원상회복과 예술저작권 수호를 위한 대책위원회'가 결성되었고 525명이 참여한 각계 원로 · 인사 기자회견 등이 이루어졌다.

[자료 1] 도라산역벽화 원상회복과 예술저작권 수호를 위한 각계 원로 · 인사 기자회견

하지만 정부는 벽화 철거는 아무런 문제가 없다는 입장을 고수했다. 잘못을 바로잡을 어떠한 정부 조치도 기대하기 어려운 상황에서, 작가 이반은 2011. 5. 대한민국을 상대로 민사 손해배상청구소송을 제기했다. 도라산역 벽화 철거는 작가 개인의 문제가 아니었다. 정권교체 후 국가가 공공미술작품을 일방적으로 철거해버린 것은 국가권력이 예술을 사후검열한 것이나 다름없었다. 예술의 자유를 보장해야 할 정부가 작품의 소유권을 내세워 예술작품을, 그리고 예술가의 인격을 무참히 짓밟은 사건이었다. 공익소송으로 진행함이 마땅했다. 소송대리는 사단법인 천주교인권재단 이사장으로서 벽화 철거 사실이 알려진 직후부터 적극적으로 사건 대응에 나섰던 법무법인 덕수의 김형태 변호사와 송상교, 김진영 변호사가 맡았다.

[자료 2] 소장

다. 소송 진행 중 알려진 벽화 소각 사실

작가에게 통지도 없이 정부에서 일방적으로 철거한 벽화는 어떻게 되었을까. 2011. 8. 9. 민사 재판 제1회 변론기일에서 피고 소송대리인은 '철거한 작품을 피고가 보관하고 있다'고 진술했다. 이에 원고 소송대리인이 도라산역 및 보관 중인 벽화의 현장검증을 신청했고, 재판부는 작품의 현상태와 손상 정도를 촬영하여 법정에서 상영하라고 지시했다. 그런데 작품 상태 촬영을 위해 2011. 9. 도라산역을 방문한 원고 일행은, 그 자리에서 믿기 어려운 이야기를 들어야 했다. 통일부에서 작품을 보관하고 있다던 기존의 입장을 갑자기 번복하여 철거한 벽화를 "5-6개월 전 도라산역 공터에서 소각하였다"고 한 것이다. 정부가 용역을 불러 작품을 철거 · 훼손한 후 문화예술계의 거센 비판에 직면하고 소송을 당하자 한 걸음 더 나아가 작품을 아예 소각해버린 것이다. 소송 대응, 변론에서는 유리한 한 걸음이었을지도 모르지만, 공공미술작품을 의뢰하고 설치하고 관리해온 국가, 예술의 자유를 보장해야 할 국가로서는 결코 내디뎌서는 안 될 한 걸음이었다. 저작인격권에 관한 소송 쟁점은 작품 철거 및 훼손이 작가의 저작인격권을 침해하는지 여부에서 소유권자의 작품 '폐기'가 저작인격권 침해에 해당하는가로 옮겨졌다.

일 자	사건 진행 경과
2010. 5. 18.	통일부, 도라산역 벽화 철거
2010. 6. 11.	이반 작가가 지인에게서 벽화 철거 소식을 듣고 통일부 남북출입사무소에 청원서 제출, 벽화 철거 경위 및 철거된 벽화 소재에 대한 정보공개청구
2010. 8. 19.	도라산역벽화 철거사건 작가 이반 긴급 기자간담회
2010. 12. 15.	도라산역벽화 원상회복과 예술저작권 수호를 위한 각계 원로·인사 525명 공동성명 및 기자회견
2011. 5. 18.	민사 손해배상소송 제기
2011. 8. 1.	1회 변론기일에서 피고측이 작품을 보관하고 진술, 재판부가 작품의 현상태와 손상 정도를 촬영하여 법정에서 상영하라고 지시
2011. 9. 14.	원고 일행의 현장 방문이 이루어지자 피고측에서 작품을 이미 5-6개월 전 소각하였다고 함
2012. 3. 20.	1심 판결 선고-원고 패소(동일성유지권 침해, 불법행위 성립 주장 모두 기각)
2012. 11. 29.	2심 판결 선고-인격권 침해에 의한 손해배상책임 인정
2015. 8. 27.	대법원 판결 선고

2. 소송의 쟁점과 변론

가. 청구 내용

작가 이반은 대한민국 정부가 일방적으로 도라산역 벽화를 철거, 훼손한데 대하여 대한민국을 상대로 손해배상금 3억원 및 지연손해금을 지급할 것과 저작인격권 침해와 명예훼손을 인정하는 광고문을 3개 이상 중앙일간지 사회면 광고란 및 통일부 홈페이지 초기화면에 게재할 것을 청구하였다. 저작인격권 침해에 따른 손해배상청구 및 광고문 게재청구의 근거 조항은 저작권법 제127조, 제13조이고, 예술에 관한 인격적 법익 침해에 따른 위자료 청구의 근거 조항은 국가배상법 제2조 제1항, 민법 제750조, 제751조이다.

나. 저작인격권(동일성유지권) 침해 인정 여부에 관한 공방

(1) 동일성유지권

동일성유지권이란 저작자가 저작물을 원형 그대로 유지시키고, 변경·삭제·개변 등에 의해 저작물이 무단히 손상되지 않도록 할 권리를 의미한다. 저작권법 제13조는 "저작자는 그의 저작물의 내용·형식 및 제호의 동일성을 유지할 권리를 가진다"고 규정함으로써, 동일성유지권을 명문화하고 있다. 동일성유지권 침해를 인정한 기존 판례들을 살펴보면, 방송사가 작가의 동의없이 임의로 극본을 수정한 경우,[1] 만화가가 공동저작자인 만화스토리작가의 동의없이 공동저작물인 만화의 제호를 변경하여 재출판한 경우,[2] 인터넷상 음악사이트 운영자가 타인의 음악저작물을 무단으로 발췌하여 인터넷 이용자들에게 통화연결음, 벨소리 등의 음원서비스를 제공한 경우,[3] 서울특별시 도시철도공사가 원작가의 동의없이 지하철역 장식벽에 연작작품의 일부만을 벽화로 만들거나 작품의 위·아래를 거꾸로 설계·시공한 경우[4] 등을 찾아볼 수 있다.

이 사건은 장소적 특성이 중요한 전시 작품을 소유권자가 일방적으로 철거하고 이후 소각하기까지 한 경우로서 일반적으로 다루어지던 기존의 동일성유지권 사례들과 달랐다. 이 사건 이전에도 국가나 지방자치단체가 공공장소에 설치된 작품을 임의로 철거하고 폐기해버린 경우는 어렵지 않게 찾아볼 수 있다. 그러한 경우 국가나 지방자치단체가 우월적 지위를 지위를 이용해 작가의 문제제기를 막고 사태를 조기종결시킴으로써 소유권자의 일방적 철거나 폐기가 법적 판단 대상이 된 적은 없었던 것으로 보인다.[5] 본 소송은 이전까지 묻혀왔던 소유권자의 일방적 전시작품 철거나 폐기에 관하여 최초로 동일성유지권 침해 여부 등 법적 판단을 구한 사건이었기에 학계와 문화예술계의 비상한 관심을 받았다.

(2) 동일성유지권 침해에 있어 이용 요건이 전제되는가

앞서 살펴본 사례들에서 보듯 일반적으로 동일성유지권 침해가 논의되는 경우는 저작물이 임의로 변경되어 '이용'되는 경우였다. 작품 철거 및 폐기가 문제된 이 사건에서 피고는, 동일성유지권 침해는 침해된 저작물의 '이용'을 전제로 하고 피고는 이 작품을 떼어낸 후 전혀 이용(전시)하지 않았으므로 피고 행위는 동일성유지권 침해에 해당하지 않는다고 주장하였다.

작품의 이용이 없는 경우 동일성유지권이 문제되지 않는다는 주장에는 동일성유지권이 저작자의 사회적 명예와 명성이 침해되는 것을 막기 위한 권리라는 전제가 깔려있다. 이 사건에서도 1심 법원은 저작물을 파괴하는 경우에는 작품에 대한 외부적 평가 자체가 상실되었다며 동일성유지권 침해를 부인하였다. 동일성유지권이 저작자의 사회적 명예와 연결된 권리이고 동일성유지권 침해가 인정되기 위해서는 '개변된 저작물의

---

1) 서울민사지방법원 남부지원 1995. 10. 24.자 95카합3860 결정.
2) 서울북부지방법원 2008. 12. 20. 선고 2007가합5940 판결.
3) 서울고등법원 2008. 9. 23. 선고 2007나70720 판결.
4) 서울중앙지방법원 2006. 5. 10. 선고 2004가합67627 판결.
5) 2003년 서울 을지로4가 전철역의 환승통로 벽에 그려졌던 작가 이동기, 강영민의 팝아트 벽화 '서브웨이 코믹스트립'이 철거된 사건이 그 대표적 예라 할 수 있다. 당시 팝아트작품인 아토마우스 등이 그려진 두 작가의 벽화에 대해 '무슨 작품인지 모르겠다', '해괴하다'는 일부 시민의 항의가 있었고 급기야 작품 위에 페인트를 뿌려 작품을 훼손시키는 일도 발생했다. 서울시는 벽화를 지우기로 결정했고, 두 작가는 서울시의 방침에 수긍하는 쪽으로 사건이 봉합됐다. 2007년 작가 최정화가 창원시청 인근에 설치한 작품 또한 비슷한 수모를 겪었다. 작품이 무당집 같다는 시민들의 항의가 있자 작가의 반발에도 불구하고 창원시에서 이를 조기에 철거해버렸다.

이용'이라는 요건이 필요한 것일까.

우리 저작권법은 동일성유지권을 '저작자가 저작물의 내용·형식 및 제호의 동일성을 유지할 권리'라고 정의하고 있을 뿐 이를 저작자의 명예와 연결시켜 규정하고 있지 않다. 더구나 구 저작권법(1986. 12. 31. 법률 제3916호로 개정되기 전의 것)에서 "명예와 명성을 해할 것"을 요건으로 규정하고 있던 것과 달리 현행 저작권법은 이러한 요건을 삭제하였다. 이러한 입법연혁을 고려할 때, 동일성유지권 침해는 개변된 저작물 이용(명예와 명성의 손상)을 요하지 않고 저작물의 완전성을 해하는 것만으로 인정될 수 있다는 견해는 충분히 설득력이 있다.[6)]

- **서울고등법원 2008. 9. 23. 선고 2007나70720 판결**

저작자는 저작물에 관한 재산적 권리에 관계없이 또한 그 권리의 이전 후에 있어서도 그 저작물의 내용 또는 제호에 변경을 가하여 그 명예와 성망을 해한 자에 대하여 이의를 주장할 권리가 있다"라고 규정하여 '저작자의 명예와 성망을 해할 것'을 동일성유지권 침해의 요건으로 규정하였던 것과 달리, 위 개정 이후의 우리나라 저작권법은 이러한 요건을 삭제함으로써 저작자의 명예와 성망 등 구체적인 인격적 가치의 훼손이 동일성유지권 침해의 요건이 아니라는 점을 명백히 하였으므로, 우리 저작권법의 해석상으로는 저작물의 동일성을 해치는 변경이 저작자의 동의없이 이루어진 이상 그와 같은 변경이 실제로 저작자의 명예와 성망을 해한 것인지 여부를 묻지 않고 저작물의 완전성에 관한 저작자의 인격적 이익이 침해된 것으로 간주하여 이를 동일성유지권 침해에 해당한다고 봄이 상당하다"

원고는 1심 재판에서 부산대학교 법학전문대학원 계승균 교수를 감정증인으로 신청했다. 도라산역 벽화 철거 사건이 발생한 이후 사건에 관한 논문을 발표하는 등 지속적으로 이 문제에 관심을 갖고 있던 계승균 교수는 1심 법정에서, 동일성유지권 침해의 요건으로 "저작물의 내용·형식·제호의 동일성을 해하는 개변 등의 행위가 있으면 그 자체로 동일성유지권의 침해가 되므로, 침해를 인정하기 위해서 저작물의 이용이 전제되어야 한다는 것은 타당하지 않다"고 진술했다.

이러한 전제하에 원고는, 장소적 특성이 중요한 전시 작품(이른바 '장소특정적 미술')을 설치 장소에서 일방적으로 철거한 것은 그 자체로 작품의 본질을 해하므로 동일성유지권 침해에 해당하고, 피고가 벽화 철거 과정에서 벽화를 작은 조각으로 절단하는 등 벽화를 심하게 훼손한 행위 역시 그 자체로 저작물의 완전성을 해하는 것으로서 동일성

6) 동일성유지권과 관련된 외국의 입법례를 보면, 저작물의 동일성 유지를 그 자체로 요구하는 입법례가 있는가 하면, 이와는 대조적으로 저작자의 명예와 연결시키는 입법례가 있다. 영국, 호주, 독일, 미국 등은 명예침해와 연계시키고 있으며, 스위스, 프랑스, 중국, 우리나라 등은 명예침해와 연계시키지 않고 있다. 후술하겠지만 미국의 'The Visual Artists Rights Act(VARA)'은 동일성유지권을 명예훼손과 연계시키면서 저작물 파괴를 금지할 권리를 저작자에게 부여하고 있다(한지영, "예술작품의 폐기와 예술가의 권리침해", 「인하대학교 법학연구」 제19권 제3호, 인하대학교 법학연구소, 2016. 13쪽).

유지권 침해에 해당한다고 주장하였다.

(3) 철거 · 훼손과 폐기를 별도의 침해 행위로 볼 것인가

소장의 주요 청구원인 중 하나는 피고의 작품 철거 및 철거 과정에서의 훼손 행위가 동일성유지권 침해에 해당한다는 것이었다. 그런데 1심 1회 변론기일 이후 피고는 작품을 보관하고 있다던 기존 진술을 변경하여 작품을 소각했다고 알려왔다. 이후 피고는, 작품 파괴/폐기는 동일성유지권 침해에 해당하지 않고, 작품 철거 · 훼손 행위는 소각 행위에 이르는 일련의 과정으로서 '폐기' 과정의 일부이므로 별도의 동일성유지권 침해에 해당하지 않는다고 주장하였다.

작품이 소각되었다는 결과만으로 그 이전에 별개의 행위로 이루어진 철거 · 훼손이 별도의 저작인격권 침해 행위가 될 수 없는가. 이 사건에서 피고 행위의 핵심은 벽화 철거 · 훼손이었다. 소각은 철거에 의한 훼손 논란을 피하려는 별도의 고의에 의해, 시간적으로도 철거 · 훼손과 완전히 단절되어 행해진 것이었다. 원고는 벽화 철거 · 훼손이 소각과는 별개로 동일성유지권 침해에 해당한다고 주장했으나, 1심과 2심 재판부 모두 벽화 철거 및 철거 과정에서의 훼손은 폐기를 위한 전 단계 행위로서 폐기행위에 흡수되어 별도의 저작인격권 침해를 구성하지 않는다고 판단했다.

(4) 벽화 소각이라는 작품 파괴 행위가 동일성유지권 침해에 해당하는가

도라산역 벽화를 피고가 임의로 철거했을 뿐 아니라 아예 소각해버렸다는 사실이 알려지자 이를 둘러싼 논의가 문화예술계와 법률가들 사이에서 치열하게 이루어졌다. 국가가 소유권을 내세워 공공미술작품을 저작자의 동의도 없이 일방적으로 철거하고 나아가 소각해버린 것은 부당하며, 이를 막을 장치가 필요하다는 점에 관해서는 대체로 의견이 수렴되었다. 2010년 국회 문화예술위원회 상임위에서 문화체육관광부 유인촌 전 장관은 "만약 내가 알았다 하더라도 잘못됐다. 절대로 그런 일이 있어서는 안 된다"고 하였고, 2011. 9. 19. 국정감사에서 문화체육관광부 모철민 제1차관도 통일부가 벽화를 임의로 소각한 사실에 대하여 '믿기지 않는다', '같은 정부 내에서 도저히 납득할 수 없는 일'이라고 진술했다. 다만 법적으로 '저작물 파괴가 저작인격권 침해에 해당하는가'에 관해서는, 현행법상 명문의 규정이 없고 판례도 없는 만큼 견해가 대립했다.

(가) 피고 주장—'작품 파괴는 동일성유지권 침해에 해당하지 않는다'

학계의 다수 의견 및 피고의 주장은 저작물 파괴는 저작권 침해의 범위를 넘어서므로 이를 저작권법 위반으로 보기 어렵다는 것이었다. 개변이 일정한 한도를 넘어서서 원래 저작물의 본질적인 특성을 감득할 수 없을 정도가 된 경우에는 원래 저작물에 대한 동일성유지권 침해로 볼 수 없다는 것이다. 저작자가 대가를 지불받고 작품을 소유자에게 넘긴 이상 저작물 파괴를 비롯한 저작물의 처분은 소유권 행사 범위에 속한다고 본다.

그러나 이러한 견해는 저작물 보호에 중요한 문제를 야기한다. 이에 따르면 저작물을 단순훼손한 소유자는 동일성유지권 침해에 따른 책임을 질 여지가 있지만 아예 저작물을 파괴해버리면 동일성유지권 침해에 따른 책임을 피할 수 있다. 이 사건 2심 판결문에서는 "벽화를 철거하는 과정에서 손상한 행위, 절단한 행위, 방치하여 추가로 소상한 행위는 개별적으로 나누어 보면 동일성유지권 침해 행위를 구성할 여지도 있으나, 그 궁극적인 폐기행위를 저작인격권의 침해로 볼 수 없는 이상, 위 손상, 절단 등의 행위는 폐기를 위한 전 단계 행위로서 그 폐기행위에 흡수되어 별도의 저작인격권 침해를 구성하지 아니한다"고 판단했다. 저작물 훼손에 대해서는 동일성유지권 침해를 인정하면서 파괴에 대해서는 침해를 부정하는 것은 오히려 저작물에 대한 심각한 손상을 조장할 수 있다. 저작물을 훼손한 자가 저작권법상 책임을 면하기 위해 저작물을 완전히 폐기해버릴 수 있기 때문이다.

(나) 원고 주장-'작품 파괴는 동일성유지권 침해에 해당한다'

이와 달리 베른협약, 독일의 이익형량론 또는 미국의 VARA 해석론 등[7]을 참조하여 우리 저작권법상 해석상으로도 저작물 파괴를 동일성유지권 침해로 해석할 수 있다는 견해 또한 존재했다. 베른협약[8]은 문화예술저작물 보호를 위한 국제협정으로서, 위 협약 제6조의2는 '저작물의 변경 · 삭제 기타의 개변 또는 저작물에 대한 **기타의 침해**'를 저작인격권 침해로 폭넓게 규정하고 있다. 우리나라는 1996년 이에 가입하였고, 위 협약은 국내법으로서 효력을 가지므로, 이에 따라 저작물 파괴행위도 저작물에 대한 침해로 볼 수 있다.

미국의 시각예술저작권법인 VARA(Visual Artists Rights Act of 1990, 이하 'VARA'라고 함)는 시각예술저작물에 대한 보호를 강화한 법이다. 미국은 저작인격권 보호에 소극적이던 태도에서 벗어나 1989년 베른협약 가입 이후 VARA를 제정했다. VARA에 따라 시각예술저작물의 저작자는 인정된 지위를 가진 작품(work of a recognized stature)을 고의 또는 중과실로 파괴하는 행위를 금지하고 배상받을 권리를 가지게 되었다(VARA 제106조의A). 물론 일정한 예외가 있기는 하지만 이 경우에도 소유주는 저작권자에게 사전에 동의를 구해야 한다. VARA는 특히 철거 과정에서 작품이 손상된 경우까지, 보다 분명히 저작인격권 침해를 인정하고 있다.[9]

7) 이 외에도 스위스 저작권법 제15조는 "원작품의 소유자는 그 작품의 별도의 복제물이 존재하지 아니하고 또 저작자가 보존에 관하여 정당한 이익을 가진다고 추정할만한 상당한 사유가 있는 경우에는 먼저 저작자에 대한 반환의 제의를 하여야 하며, 이러한 제의를 하지 아니하고는 파괴하지 못한다. (후략)"고 규정하고 있다.

8) 정식 명칭은 '문학 및 미술 저작물 보호에 관한 국제협정'으로서, 1886년 스위스베른에서 체결되었다. 이후 1908년 베를린, 1929년 로마, 1948년 브뤼셀, 1967년 스톡홀름, 1971년 파리 회의에서 규정이 개정되었다. 우리나라는 1996년 가입하였다.

9) 대표적인 사건으로 Martin v. City of Indianapolis를 들 수 있다. 작가 Jan Martin이 1984년에 Symphony라는 작품을 설치했는데, 1992년 도시재개발 계획 과정에서 인디애나폴리스시가 작가에게 아무런 통보도 하

독일의 이익형량론은 구체적인 사건마다 소유권과 저작자의 동일성유지권을 비교형량하여 소유권자의 폐기행위가 동일성유지권을 침해하는지를 판단하는 이론이다. 독일에서는 종래 소유권을 양도한 저작자는 소유자의 저작물 파괴를 감수해야 한다는 것이 판례의 기본입장이었으나, 2001년 「민덴 쐐기조각」 사건에서 법원은 저작물의 파괴행위를 저작권법 제14조 '침해'에 해당한다고 판단하면서 그 흐름이 바뀌었다. 위 사건에서 법원은 개별적인 사건에서 저작자의 보존의 이익과 소유권자의 파괴의 이익 사이를 비교형량하여 파괴가 허용될 수 있는지를 판단해야 한다고 밝혔다.[10] 이익형량에서 주요한 판단기준은 '저작물의 등급 내지 수준, 대체가능성 여부, 동산인지 부동산인지 여부, 원본인지 복제본인지 여부, 저작자가 유명한지 여부, 저작물의 소유자가 저작물을 저작자나 관심이 있는 제3자에게 제공할 수 있는지 여부' 등이다.

원고는 저작권법 제13조 문언 해석상 작품 파괴를 동일성유지권 침해에서 배제할 근거가 없고, 국가나 지방자치단체와 같은 소유권자가 우월한 지위에서 공공미술작품을 일방적으로 폐기해버리는 본 사례와 같은 경우 소유권과 저작권의 이익형량을 통해 구체적으로 판단할 필요가 있다고 주장했다. 벽화의 소유권자가 사인이 아닌 국가이고 벽화가 공공미술작품이라는 점, 벽화 소각에 정당한 사유가 없다는 점, 철거 과정에서의 벽화 훼손에 대한 증거를 인멸하고 재판의 쟁점을 전환하기 위해 악의적으로 벽화를 소각하였다는 점, 작가인 원고의 명망과 벽화의 가치, 유일한 원본이라는 점 등을 이익형량의 요소로 제시했다. 그러나 1심 법원과 2심 법원은 작품 폐기가 동일성유지권 침해에 해당한다는 원고의 주장을 배척하였다.[11] 구체적인 판단의 근거는 후술한다.

[자료 3] **항소이유서**

다. 벽화 철거 전 공론화 절차에 관한 공방

피고는 공론화 절차로서 철거 전 관광객들을 대상으로 설문조사를 실시하고 전문가회를 거쳤다고 답변했다. 2010. 4. 1.부터 같은 달 15.까지 관광객 140명을 대상으로 설문조사를 실시한 결과 벽화를 교체·보완해야 한다는 의견 80%로 나오고, 2010. 4. 30. 관계전문가회의 실시 결과 벽화 철거 및 교체 의견이 제시되었다는 것이다.

원고는 설문조사 문항과 실제 응답 내용 등에 관한 자료 제출을 요청했으나 피고는

지 않고 이 작품을 철거했다. 이에 저작인격권 침해 소송이 제기되었고, 법원은 '작가의 작품이 안정된 지위를 얻었으므로 작가에게 통보하지 않고 작품을 무단으로 철거한 행위는 작가의 저작인격권을 침해하였다'고 인정했다(Martin v. City of Indianapolis 사건, 미국 항소법원 제7순회법정, 1999).

10) LG Bielefeld, Urt, v. 9. 2. 2001-4 O 20/01(unveroff) {빌레빌트 지방법원 2001. 2. 9. 선고 4 O 20/01(미간행)}, 계승균, "소유자의 저작물 파괴와 저작권", 『창작과 권리』 Vol.-No. 62. 2011.에서 재인용.

11) 동일성유지권 침해 주장을 기각한 2심 법원의 판단에 대하여 원고가 상고하지 않았기 때문에 이에 관하여 대법원의 판단은 이루어지지 않았다.

이에 관한 자료를 전혀 제출하지 않았다. 제출된 것은 공식문서번호도 기재되어 있지 않은 '도라산역 벽화 관련 설문조사 결과'라는 제목의 문서 한 장 뿐이었다. 관계전문가 회의 역시 회의에 참석한 외부전문가의 인적 사항을 전혀 밝히지 않았고 회의 내용을 정리한 내부 문서만이 제출되었을 뿐이었다. 게다가 정리된 회의 내용에 따르더라도 당시 회의에서 제시되었다는 부정적 의견이란 도라산벽화를 제작하기 전 도안을 검토하기 위해 2006. 11. 2. 열린 회의에서 외부전문가들이 지적한 사항과 거의 동일해서 새삼 철거 이유가 될 수는 없었다. 심지어 2006년 회의 지적 사항과 내용이 동일한 일부 내용은 2006년 당시 작가가 지적 사항을 수용하여 도안을 변경했기 때문에 작품에 대한 평으로는 어불성설인 것도 있었다. 결국 재판 과정에서 철거에 합당한 공론화 과정이 전혀 이루어지지 않았음이 드러났고, 이는 모두 후술할 국가배상법상 벽화 폐기 행위의 객관적 정당성 결여를 판단하는 데 있어 구체적 사정으로 고려되었다.

라. 국가배상책임 성립 여부에 관한 공방

벽화 철거 경위, 벽화의 성격, 국가로서 피고의 책무, 철거 후 벽화 소각 등의 여러 사정을 종합적으로 고려할 때 피고의 행위는 저작인격권 침해와는 별개로 국가배상법 제2조 제1항 본문의 불법행위를 구성하기에 충분했다.

(1) 예술에 관한 인격적 법익/저작자의 명예감정 및 사회적 신용과 명성 침해

헌법 제22조는 예술의 자유 및 예술가의 권리 보장을 규정하고 있다. 헌법상 기본권은 불법행위책임 성립에 직접적으로 적용될 수는 없으나, 사법상의 일반원칙을 규정한 민법 제2조, 제103조, 제750조, 제751조 등의 내용을 형성하고 그 해석 기준이 되어 간접적으로 사법관계에 효력을 미치게 된다.[12] 원고는 예술의 자유라는 원고의 기본권 침해와 관련된 피고 공무원의 불법행위 성립[13] 역시 사법상으로 보호되는 예술에 관한 인격적 법익침해로 구체화되어 논의되어야 하고 피고 공무원의 벽화 철거·훼손·소각 행위는 예술에 관한 인격적 법익을 침해한 것이라고 주장하였다. 피고는 원고가 침해당했다고 주장하는 것은 명예감정의 손상에 불과하고, 명예감정의 손상만으로는 명예훼손이 될 수 없어 인격권 침해를 인정할 수 없다고 주장했다.

2심법원은 원고 주장을 받아들여 원고의 예술에 관한 인격적 법익침해를 인정하였

---

12) 대법원 2010. 4. 22. 선고 2008다38288 판결 "헌법상 기본권은 (중략) 헌법의 기본적인 결단인 객관적인 가치질서를 구체화한 것으로서, 사법을 포함한 모든 법 영역에 그 영향을 미치는 것이므로 사인의 사적인 법률관계도 헌법상의 기본권 규정에 적합하게 규율되어야 한다. 다만 기본권 규정은 그 성질상 사법관계에 직접 적용될 수 있는 예외적인 것을 제외하고는 사법상의 일반원칙을 규정한 민법 제2조, 제103조, 제750조, 제751조 등의 내용을 형성하고 그 해석 기준이 되어 간접적으로 사법관계에 효력을 미치게 된다."

13) 국가배상법 제2조 제1항 본문, 민법 제750조, 민법 제751조.

고, 대법원 역시 여러 사정을 종합할 때 저작자가 자신의 예술작품이 공공장소에 전시・보존될 것이라는 점에 대하여 정당한 이익을 가질 수 있음을 인정하고 국가 소속 공무원의 폐기행위가 저작자의 명예감정 및 사회적 신용과 명성 등을 침해하는 방식으로 이루어졌다고 판단했다.

(2) 공무원의 직무상 의무 위반

공무원의 행위를 원인으로 한 국가배상책임을 인정하기 위해서는 '공무원이 직무를 집행하면서 고의 또는 과실로 법령을 위반하여 타인에게 손해를 입힌 때'라는 국가배상법 제2조 제1항의 요건이 충족되어야 한다. 대법원은 국가배상법 제2조 제1항의 "'법령에 위반하여'라고 함은 엄격하게 형식적 의미의 법령에 명시적으로 공무원의 작위의무가 정하여져 있음에도 이를 위반하는 경우만을 의미하는 것은 아니고, 인권존중・권력남용금지・신의성실과 같이 공무원으로서 마땅히 지켜야 할 준칙이나 규범을 지키지 아니하고 위반한 경우를 비롯하여 널리 그 행위가 객관적인 정당성을 결여하고 있는 경우도 포함한다"고 판시해오고 있다(대법원 2012. 7. 26. 선고 2010다95666 판결).

이 사건에서 벽화 철거・훼손・소각에 이르는 피고의 행위는 이를 둘러싼 사정을 종합해볼 때 객관적 정당성을 상실하였다고 보기에 충분했지만, 하급심의 변론 과정에서 소송대리인으로서는 객관적 정당성 결여 주장 뿐 아니라 구체적인 법령상 작위의무 위반 또한 제시할 필요가 있다고 판단했다. 이에 따라 원고 소송대리인은 물품관리법시행령의 위임[14]에 따라 정부미술품 관리를 위해 제정된 정부 미술품 보관관리규정[15]의

---

14) 물품관리법 시행령(2011. 12. 20. 대통령령 제23429호로 개정되기 전의 것)
제51조(법의 적용을 일부 배제하는 물품) ① 법 제49조에 따라 다음 각 호의 물품에 대해서는 법 제5조, 제9조부터 제13조까지, 제15조, 제16조, 제16조의2, 제18조부터 제25조까지, 제28조부터 제35조까지, 제37조, 제38조, 제43조부터 제46조까지 및 제48조를 적용하지 아니할 수 있다. 다만, 제7호 및 제7호의2의 물품에 대해서는 법 제36조 및 제41조를 추가로 적용하지 아니할 수 있다. <개정 2011.12.30.>
1. 국가의 사무 또는 사업의 집행에 필요한 서류
2. 수표용지
3. 법령에 따라 몰수하거나 국가에 귀속된 물품
4. 국가의 사무 또는 사업의 집행에 필요한 물품으로서 법령에 따라 국가기관이 점유하여 보관하고 있는 물품
5. 「국고금관리법」 제24조에 따른 관서운영경비로 취득한 물품으로서 사용에 비례하여 소모되는 물품(이하 "소모품"이라 한다)과 그 밖에 조달청장이 정하여 고시하는 소모품
6. 「공직자윤리법」 제16조에 따라 국고에 귀속된 선물(膳物)
7. 조달청장이 정하는 절차와 기준에 따라 예술적 가치가 인정된 서화, 조각, 사진, 공예품 등 미술품(이하 "정부미술품"이라 한다)
7의2. 정부미술품이 아닌 서화, 조각, 사진, 공예품 등 미술품(이하 "정부미화물품"이라 한다)
8. 도서, 박물관 보존물품, 과학관 전시물품
9. 불용품 중 역사적・학술적 보존가치가 있다고 중앙관서의 장이 인정하여 보관하는 물품
10. 조달청장이 재활용하기 위하여 무상으로 관리전환받은 불용품
11. 동식물 등 특수물품
12. 소프트웨어
13. 리스 물품
② 정부미술품 및 정부미화물품의 관리에 관하여는 제52조에 따르고, 제1항제12호 및 제13호의 물품에 관하

위반을 주장했다. 이에 대해 피고는 정부미술품 보관관리규정은 정부 물품인 미술품의 효율적이고 적정한 관리를 도모하기 위한 것으로서 개인의 권리·의무에 영향을 미치는 대외적 효력을 가진 법규가 아니므로 규범의 보호목적을 고려할 때 손해와의 상당인과관계가 부정된다고 주장하였다. 국가배상책임 인정에 있어 규범의 보호목적에 따른 공무원의 직무상 의무 위반과 손해간 상당인과관계를 문제삼은 것이다.

이와 관련하여 일본의 최고재판소 판례는 공립도서관의 직원인 공무원이 도서관에 비치되어 있던 도서를 임의로 폐기한 사안에서 공립도서관 직원의 직무상 의무와 관련하여 도서 저작자가 가지는 사상, 의견 등을 공중에 전달할 이익을 인정하였는데, 이는 이 사건 변론에 충분히 참조할만했다. 원고는 물품관리규정이 정부미술품의 효율적 관리 뿐 아니라 그 예술적 가치 보존 및 국민 개개인에게 예술작품 향유의 기회를 제공하기 위한 것으로서, 이는 저작자인 작가에게 자신의 작품을 보존하고 대중에게 전달할 이익 또한 보호하는 것임을 주장하였다.

• **일본최고재판소 2005. 7. 14. 제930호 판결 中**

지방, 공립도서관이 상기와 같이 주민에게 도서관자료를 제공하기 위한 공적인 장소라는 점은, 열람에 제공된 도서의 저작에게 있어서 그 사상, 의견 등을 공중에 전달하는 공적인 장소이기도 하다고 할 수 있다. 따라서 공립도서관의 도서관 직원이 열람에 제공되고 있는 도서를 저작자의 사상이나 신조를 이유로 하는 등 불공정한 취급에 의해 폐기하는 것은 해당 저작자가 저작물에 의해 그 사상, 의견 등을 공중에 전달하는 이익을 부당하게 훼손하였다고 하지 않을 수 없다. 그리고 저작자의 사상의 자유, 표현의 자유가 헌법에 의해 보장되는 기본적 인권이라고 하는 것에 비추어 볼 때도 공립도서관에서 그 저작물이 열람에 제공되고 있는 저작자가 갖는 상기 이익은 법적으로 보호할 가치가 있는 인격적 이익이라고 볼 수 있음이 상당하며, 공립도서관의 직원인 공무원이 도서의 폐기에 대해 기본적인 직무상의 의무에 반하여 저작자 또는 저작물에 대한 독단적인 평가나 개인적인 취향에 의해 불공정한 취급을 한 때에는 해당 도서의 저작자의 상기 인격적 이익을 침해한 것으로서 국가배상법상 위법하다고 해야 한다.

[자료 4] 일본최고재판소 2005. 7. 14. 제930호 판결 번역문

여는 조달청장이 그 관리방법을 따로 정하여 각 중앙관서의 장에게 통보할 수 있다. <개정 2011.12.30.>
③ 각 중앙관서의 장은 제1항에 따라 법 적용이 배제되는 물품에 관하여 다른 법령이나 제2항에 따라 조달청장이 관리방법을 따로 정하여 통보한 경우 및 제52조가 적용되는 경우를 제외하고는 해당 물품의 특성을 고려하여 그 물품의 효율적이고 적정한 관리에 필요한 사항을 정하여 관리하여야 한다. <개정 2011.12.30.>

15) 정부미술품 보관관리규정(2010. 2. 4. 조달청고시 제2010-4호)
제4조(보존 및 관리)
1. 각 중앙관서의 장 또는 물품관리관은 미술품의 효율적인 보존과 관리를 위하여 다음 각 호의 조치를 하여야 한다.
① 미술품 관리에 전문적인 지식을 가진 자 또는 적정한 관리자를 선정하여 관리하도록 한다.
② 미술품의 보존·관리를 위하여 수선을 하거나 비치(게재) 장소 변경 등 이동할 필요가 있을 때에는 미술품의 가치를 충분히 고려하여 원형이 손상되지 않도록 하여야 한다.

2심 법원은 물품관리규정은 국가 재산의 효율적 보존과 적정한 관리를 목적으로 한 것으로서, 미술품의 경제적 가치를 보호하고자 하는 것이 주된 목적이지만, 이와 더불어 정신적, 문화적 산물인 미술품의 창작자가 자신의 작품이 장기간 온전히 유지되고 공중에 전시되는 데 대하여 갖는 인격적 이익이나 해당 작품이 가지는 문화 예술적 유산으로서 공공적 가치도 부수적으로 보호하고 있다고 보아 상당인과관계를 인정하는 취지의 판시를 함으로써, 물품관리법령 위반에 따른 직무상 의무 위반을 인정하였다.

더불어 원고는 벽화 설치 및 철거·훼손·소각을 둘러싼 모든 사정을 종합하여 피고 행위는 원고가 예술창작자로서 갖는 법적으로 보호할 가치가 있는 인격적 이익을 침해하는 행위로서 객관적 정당성을 상실하여 위법한 행위라고 주장하였는데, 피고 행위가 객관적 정당성을 상실했다고 볼 만한 구체적인 사정들은 후술할 판결의 구체적 내용에서 살펴보기로 한다.

3. 법원 판결의 구체적 내용

가. 1심 판결

(1) 동일성유지권 침해 여부에 대한 판단

1심 법원은 피고가 벽화를 떼어낸 후 소각하여 폐기한 것을 전체로서 하나의 행위로 보고, 이는 피고가 소유권자로서 권능을 행사한 것으로서, 이에 대하여 원고가 동일성유지권을 주장할 수 없다고 보았다. 원고가 저작물 원본에 대한 소유권을 피고에게 양도하고 이에 대한 대가도 지급받은 이상, 저작물의 운명에 대해서는 점유자 손에 맡기는 행위를 하였다고 볼 수 있고, 소유자는 어떠한 이유로든지 예술저작물을 처분할 수 있으므로 이를 부당한 소유권 행사라 보기 어렵다는 것이다. 또한 1심 법원은 동일성유지권을 저작물에 대한 외부적 평가와 연결된 예술저작물의 유지와 무흠결에 대한 이익으로 보고 저작물을 완전히 파괴한 경우에는 외부적 평가 자체가 상실되었으므로 위와 같은 예술가의 이익이 침해되었다고 보기 어렵다고 하여 동일성유지권 침해를 부정하였다.

(2) 인격권 침해의 불법행위 성립 여부에 대한 판단

원고의 인격권 침해 주장에 대해서도, 피고가 관광객의 부정적 여론을 근거로 설문조사 및 전문가 간담회 실시 등 일응 내부적 절차를 거친 점에 비추어볼 때 그 평가가 부적절했다 하더라도 정책 판단의 부적절함은 별론으로 하고 예술의 자유 또는 인격권이 침해되었다고 볼 수 없고, 실정법상 피고가 저작자인 원고에게 저작물 철거에 대한 사전 협의나 동의를 구해야 할 의무를 부담하고 있지 않은 이상 그 불이행을 두고 예술의 자유 또는 인격권 침해라고 할 수 없다고 판단하여 원고 청구를 기각했다.

나. 2심 판결

(1) 동일성유지권 침해 여부에 대한 판단

2심 법원은 피고가 벽화를 철거, 소각한 것은 벽화 소유자로서 권능을 행사한 것으로서 원고가 이에 대항할 수 없다고 보았다. 또한 작품을 폐기한 이상 철거 과정에서 훼손 행위에 대해 별도의 동일성유지권 침해를 인정할 수 없다고 판단했다. 즉, 벽화 철거 과정에서 벽화를 손상, 절단, 기타 훼손한 행위는 개별적으로 나누어보면 동일성유지권 침해를 구성할 여지도 있지만, 그 궁극적 폐기행위를 저작인격권 침해행위로 볼 수 없는 이상, 손상, 절단 등 훼손 행위는 폐기를 위한 전 단계 행위로서 폐기행위에 흡수되어 별도의 저작인격권 침해를 구성하지 않는다고 보았다. 철거·훼손과는 별개의 행위로 이루어진 소각행위를 모두 묶어 일련의 폐기행위로 판단한 점이 아쉽지만, 피고가 벽화를 소각하지 않았더라면 철거 과정에서의 훼손 행위가 동일성유지권 침해를 구성할 여지도 있다는 판시 부분이 주목된다.

[자료 5] 2심 판결문

(2) 인격권 침해의 불법행위 성립 여부에 대한 판단

인격권 침해의 불법행위 성립을 인정하지 않은 1심 법원과 달리 2심 법원에서는 벽화 폐기를 둘러싼 구체적 사정을 근거로 피고 공무원의 행위가 객관적 정당성을 상실하였고 원고의 예술에 관한 인격적 법익을 침해하여 불법행위가 성립함을 인정하였다. 2심 법원이 인정한 구체적 사정을 살펴보면 다음과 같다.

(가) 벽화의 성격

① 이 사건 벽화는 처음부터 도라산역에 설치할 것이 예정되었고, 벽화 내용 또한 설치 장소에 맞추어 제작되었으며, 피고 스스로도 벽화 내용 및 의미, 작가인 원고를 상세히 소개하는 홍보자료를 제작·배포하였다.

② 특정 공공장소에 설치된 특별한 의미가 있는 시각예술은 작품의 의미와 설치장소가 하나로 결합하여 새로운 예술적 장치와 공간적, 역사적 의미를 창조한다. 이러한 창작물이 관람객들에게 상당한 인지도를 얻게 되면 창작자 개인이 작품이 유지·보존되는 데에 이익을 갖게 됨은 물론, 후대를 위한 문화예술자산으로 유지·보존할 이익이 발생한다.

(나) 국가인 피고의 의무

① 국가는 예술의 자유를 보장하고, 적극적으로 예술을 보호하고 장려할 책무를 부담하므로, 스스로 설치하여 인지도를 얻은 공공예술작품을 폐기하는 데 신중해야 하고, 충분한 공론화의 과정을 거쳐야 한다.

② 물품관리법시행령에 따른 정부미술품 보관관리규정은 정부미술품에 대한 보존의무 및 극히 예외적인 경우에 한해 폐기할 수 있음을 규정하고 있다. 이러한 물품관리규정은 미술품의 경제적 가치 보호 뿐 아니라 창작자의 인격적 이익이나 해당 작품의 문화 예술 유산으로서 공공적 가치도 부수적으로 보호하는 것이다.

(다) 벽화의 폐기절차

① 피고는 관람객 140명에 대한 설문조사와 2010. 4. 30. 외부전문가 의견 수렴 회의를 거쳤다고 하나, 설문 내용이나 실제 응답에 관한 자료를 전혀 제출하지 않았고, 외부전문가들의 부정적 평가는 2006. 11. 2. 벽화 제작 도안에 관한 외부전문가 지적사항과 동일한 것이어서 철거 사유로 삼기에 설득력이 부족하다(외부전문가들의 인적 사항도 전혀 밝히지 않았다).

② 피고는 철거 전 공론의 장을 충분히 거쳤다고 할 수 없고, 철거의 공익적 목적도 불분명하다. 피고의 벽화 소각은 정부미술품 보관관리규정에 명백히 위반된다.

③ 피고의 소각 행위는 이 사건 벽화 훼손에 따른 원고의 인격적 이익 침해 여부와 관련하여 그 증거자료를 파기함으로써 벽화 훼손 사실에 대한 원고의 입증을 방해한 행위라고 볼 여지가 있다.

(라) 폐기의 결과

① 벽화 철거 과정에서 손상이 있었다고 하더라도 복원을 통해 다른 곳에 전시하거나 보관이 가능했을 수 있으므로, 벽화가 철거되었다고 하더라도 원고는 작품 보존에 관해 상당한 이익을 가지고 있었다고 할 것이다.

② 벽화를 스스로 홍보하기까지 한 피고로서도 원고의 인격적 이익을 충분히 알고 있었으리라 보인다. 피고가 소각 전에 원고에게 알렸더라면 원고로서는 보존 조치를 강구할 수 있었을 것으로 보인다. 그럼에도 피고는 원고에게 아무런 통보 없이 관련 법령상 절차도 어긴 채 소각하였는바, 저작권법의 시각에서만 보면, 저작물의 '내용·형식 및 제호'에 대한 동일성유지를 넘어 저작물 그 자체를 극단적으로 변형·왜곡하여 버린 것으로 평가할 수 있다.

2심 법원은 위와 같이 원고의 예술가로서 사회적 지위, 벽화 제작 경위, 원고 개인적 측면 및 공공적 관점에서 벽화의 보존가치, 벽화의 구체적 제작방법과 재제작의 가능성, 벽화가 도라산역에 전시된 기간, 벽화에 대한 공중의 인지도, 피고가 벽화 철거를 결정하게 된 이유와 절차, 피고의 벽화 제거 방법과 보관 경위, 소각 시기와 경위, 원고가 입었을 정신적 고통의 정도, 피고의 기본권 보장의무 내용 및 위반의 정도 등 모든 사정을 고려하여 위자료를 10,000,000원으로 정하였다.

다. 대법원 판결

2심 법원의 국가배상책임 인정에 대하여 피고만이 상고한 사건에서 대법원은 피고의 상고를 기각하였다. 대법원은 '예술작품이 공공장소에 전시되어 일반대중에게 상당한 인지도를 얻는 등 예술작품의 종류와 성격 등에 따라서는 저작자가 자신의 예술작품이 공공장소에 전시·보존될 것이라는 점에 대하여 정당한 이익을 가질 수 있으므로, 저작물의 종류와 성격, 이용의 목적 및 형태, 저작물 설치 장소의 개방성과 공공성의 정도, 국가가 이를 선정하여 설치하게 된 경위, 폐기의 이유와 폐기 결정에 이른 과정 및 폐기 방법 등을 종합적으로 고려하여 볼 때 국가 소속 공무원의 해당 저작물의 폐기 행위가 현저하게 합리성을 잃고 저작자로서의 명예감정 및 사회적 신용과 명성 등을 침해하는 방식으로 이루어진 경우에는 객관적 정당성을 결여한 행위로서 위법하다'고 판시하였다.

그리고 2심 판결과 마찬가지로, 반복·재현이 불가능한 벽화의 특성, 벽화가 설치된 도라산역의 역사적·시대적 상징성, 원고의 이력 및 피고의 벽화 의뢰 경위, 수차례 협의를 통한 제작 과정 및 설치 후 피고의 벽화 홍보, 일방적인 철거와 공론화 과정의 부재, 납득하기 어려운 피고의 철거 사유, 벽화 소각 사실 등 구체적 사정을 적시한 후, '원고는 특별한 역사적, 시대적 의미를 가지고 있는 도라산역이라는 공공장소에 피고의 의뢰로 설치된 이 사건 벽화가 상당 기간 전시되고 보존되리라고 기대하였고, 피고로서도 이 사건 벽화의 가치와 의미에 대하여 홍보까지 하였으므로 단기간에 이를 철거할 경우 원고가 예술창작자로서 갖는 명예감정 및 사회적 신용이나 명성 등이 침해될 것을 예상할 수 있었음에도, 피고가 이 사건 벽화의 설치 이전에 이미 알고 있었던 사유를 들어 적법한 절차를 거치지 아니한 채 그 철거를 결정하고 그 원형을 크게 손상시키는 방법으로 철거 후 소각한 행위는 현저하게 합리성을 잃은 행위로서 객관적 정당성을 결여하여 위법하다고 보아, 피고는 국가배상법 제2조 제1항에 따라 원고에게 위자료를 지급할 의무가 있다'고 판단하였다.

4. 판결의 의의

도라산역 벽화는 2000년 남북정상회담 이후 무르익은 남북화해·협력의 분위기 속에서 이를 상징하는 도라산역의 의미를 구현하기 위해 제작·설치한 공공미술작품이다. 정부 스스로 가장 적임자라고 판단한 작가를 선정했고, 작품 제작·설치 과정에서도 관계전문가회의 등 통일부와 수차례 협의를 거쳤으며, 벽화 설명 책자 제작·배부 등을 통해 스스로도 벽화를 홍보해 온 정부가 작품 설치 3년만에 이를 철거해버리기까지 변경된 사정이란 정권 교체 뿐이었다. 피고는 벽화를 철거하면서 공론화는 물론 작가인 원고에게조차 어떠한 통지도 하지 않았다. 그리고 민사 손해배상 소송이 제기되자 보관 중이라던 작품을 소각해버렸다고 하였다. 공공미술작품 혹은 예술에 대한 최소한의 이해도 예의도 존재하지 않았다. 이 사건 이후 원고는 오랫동안 작품 활동을 하지 못했다. 도라산역벽화를 복원하는 바람을 품었지만 이는 결국 바라기 어려운 일이 되어버렸다. 작품을 훼손하고 파괴한 사건이 법정에서 다투어지기까지 작가는 그 무엇으로도 회복이 불가능한 타격을 입었다.

공공에 전시된, 장소적 특성이 매우 중요한 예술작품을 소유권자가 일방적으로 철거하고 결국은 소각해버린 이 사건에서 동일성유지권 침해가 인정되지 않은 점은 아쉬움이 남는다. 다만, 이 사건 판결은 저작권자가 저작인격권으로 소유권자의 소유권행사를 제한하지 못한다 하더라도, 관람객들에게 인지도를 얻은 공공미술작품의 창작자 개인은 작품의 유지·보존에 관한 이익을 갖게 되고 이를 민법(국가배상법)상 인격권 침해로 구성할 수 있음을 보여주었다. 정도의 차이는 있을지라도 국가나 지방자치단체, 혹은 우월적 지위에 있는 소유권자가 공공미술작품을 폐기하는 일은 과거에도 있어왔고 앞으로도 충분히 있을 수 있다. 이 사건 판결이, 예술작품에 대한 국가나 지방단체의 소유권이 작가의 인격적 법익 침해를 아랑곳하지 않는 절대적 권능이 될 수 없음을 일러주는 선례가 되기를 바란다.

이 사건에서 피고 행위의 불법성은 워낙 선명했다. 만일 유사한 사건에서 작품의 소유권자인 국가나 지방자치단체가 형식적인 공론화 절차를 거치고 작가에게 철거 통지를 했다면 어떻게 될까? 소유권자가 사인이라면 어떠할까? 이 사건을 계기로 저작자의 인격의 연장으로서 저작물을 이해하는 관점이 보다 확산되고, 소유권의 절대적 권능만이 아닌 예술작품의 보존과 저작자의 권리 보호를 위한 보다 세심한 논의와 입법이 이루어지기를 바란다.

함께 검토할 판결례

서울고등법원 2008. 9. 23. 선고 2007나70720 판결.

관련 읽을거리

계승균, 「소유권행사로서 저작물폐기행위의 동일성유지권 침해여부」, 『계간 저작권』, 101호, 2013

남형두, "[판례평석] 소유는 예술가의 혼마저 지배할 수 있는가?" 대한변협신문. 2015. 9. 28.

오승종, 『저작권법』, 박영사, 2014.

이상정, "도라산역 벽화 철거와 공공미술 저작권", 「저작권문화」, 한국저작권위원회, 2010.

이상정, "소유자의 작품 파괴와 저작인격권", 「계간저작권」 제97호, 한국저작권위원회, 2012.

이준형, "미술저작물에 있어서 저작권과 소유권의 충돌-저작권과 소유권", 「스포츠와 법」 제10권 제3호, 한국스포츠엔터테인먼트법학회, 2007.

한지영, "예술작품의 폐기와 예술가의 권리침해", 「인하대학교 법학연구」 제19권 제3호, 인하대학교 법학연구소, 2016.

심층질문

1. 예술 작품의 소유권자가 작품을 폐기하는 경우 저작가가 저작인격권 침해를 주장할 수 있는가?
2. 공공미술작품을 폐기할 경우, 규정할만한 합당한 절차로는 어떤 것이 있을까?
3. 우리 저작권법의 동일성유지권 해석상 장소특정적 미술의 개념을 인정할 수 있을까?
4. 위 3.의 질문과 관련하여 이러한 작품을 설치 장소에서 이동 혹은 폐기하는 것이 동일성유지권 침해가 될 수 있을까?
5. 이 사건에서 작품의 철거, 철거 과정에서의 훼손, 작품의 소각이 동일성유지권 침해 여부 판단과 관련하여 작품 파괴에 이르는 일련의 행위로 보아야 할까 아니면 각각 별도의 행위로 보아 동일성유지권 침해 여부를 판단해야 할까?
6. 이 사건에서 벽화 철거, 훼손, 소각이 일련의 폐기행위로서 동일성유지권 침해를 구성하지 않는다는 판결의 결론에 대하여 어떻게 평가하는가?

자료 1 [공동성명] 도라산벽화 원상회복과 예술저작권 수호를 위한 각계 원로·인사 공동성명

도라산역 벽화를 다시 보고 싶다!

지난 5월 한반도 평화의 상징인 도라산역 내부 벽면에 설치되어 있던 작가 이반(70)의 벽화 「생명사랑, 인간사랑, 자유사랑, 평화사랑, 자연사랑」이 철거되는 어처구니없는 사건이 있었다. 이 벽화 작품은 통일부가 작가에게 요청하여 2005년부터 2007년까지 2년여에 걸친 작업을 통해 완성된 벽화로 만해 한용운 선생의 생명사상을 바탕에 두고 작가가 노년의 모든 열정을 쏟아 부어 제작한 총 15점, 총 길이 98미터의 대작이다.

통일부는 작가에게 단 한 차례의 상의나 통보조차 없이 벽화를 철거하였고 이후 이 사실을 알게 된 작가의 서면 질의에 대해 벽화의 분위기가 '무당집 같다'거나 어둡고 민중적이라는 등의 의견을 들어 전문가 간담회 결과와 도라산역 방문객 140명을 대상으로 한 설문조사 결과 등을 토대로 적법하게 철거했다는 답신만을 보내왔다. 이후 통일부는 설문의 내용과 전문가들의 신상 공개를 요구한 정보공개 청구도 거부하였고 통일부 장관과 차관은 지난 국회 국정감사에서도 의원들의 질의에 작품의 소유권이 통일부에 있음으로 벽화 철거는 아무런 문제가 없다는 입장을 고수하였다.

언론은 기사와 전문가 칼럼 등을 통해 이 사건이 예술저작권, 특히 작가의 저작인격권을 침해한 심각한 사안임을 지적하였고, 임진왜란 당시 왜군들에 의해 자행된 문화재 파괴나 탈레반에 의한 바미안 불상 파괴와 같은 반달리즘에 비유하기까지 이르렀다. 이 사건은 미술계는 물론 모든 문화예술인들의 창작 의지를 꺾어버리는 일이며 예술작품에 대한 대한민국 정부의 무지와 몰이해를 만천하에 공개한 부끄러운 일이다. 문화예술 표현의 자유가 침해받는 국가에 무슨 국격이 있을 수 있겠는가? 이에 오늘 문화예술계를 비롯하여 예술을 사랑하고 문화를 존중하는 시민사회의 대표적 원로와 인사들이 기자회견을 열고 공동서명을 발표하게 되었다.

통일부는 작가 이반과 국민들에게 공개적으로 머리숙여 사과함은 물론 이 참담한 사건의 진상을 철저히 밝혀 책임자를 문책하는 등 도리를 다해야 한다. 또 이 작품의 원상회복을 위한 모든 조치를 취해야 할 것이다. 또, 예술저작권에 대한 사회적 인식을 올바르게 세우고 예술저작권을 온전히 보호할 수 있는 법과 제도의 정비가 시급함을 잊어서는 안 된다. 통일부는 물론 이와 관련 있는 정부의 모든 부처들에 책임이 있음을 인식하고 대책마련을 위해 적극 나서라.

또, 온 국민이 이 사건을 지켜보고 있음을 기억하라. 오늘 이 자리에 모인 우리들은 다시는 이러한 불행한 일이 우리 사회에서 반복되어 일어나지 않기를 바라며 우리의 요구사항이 받아들여질 때까지 '도라산역벽화 원상회복을 위한 범국민 서명 운동', '예술저작권 수호를 위한 문화예술인 공동행동' 등 우리가 할 수 있는 최선을 다하여 힘과 마음을 모아 갈 것임을 분명히 밝힌다.

우리의 요구

1. 통일부는 도라산역벽화를 즉각 원상회복하라!
2. 통일부는 도라산역벽화 철거에 대해 작가와 국민에게 공개 사과하라!
3. 통일부는 도라산역벽화 철거의 진상을 밝혀내고 책임자를 문책하라!
4. 정부는 예술저작권 수호를 위한 전반적인 대책을 마련하라!

(후략: 각계 원로 인사 525명 서명자 명단)

자료 2 소 장

청구취지

1. 피고는 원고에게 금 300,000,000원 및 이에 대하여 2010. 5. 18.부터 이 사건 소장부본 송달일까지 연 5%의, 그 다음날부터 다 갚는 날까지는 연 20%의 각 비율에 의한 금원을 지급하라.

2. 피고는 별지 광고문을,

가. 이 판결 송달 후 3일 내 발행되는 3개 이상의 중앙일간지 사회면 광고란에 가로37센티미터, 세로 17센티미터의 크기로 제목은 2호, 내용은 3호의 활자로,

나. 이 판결 송달 1일 후부터 7일 동안 통일부 홈페이지(http://unikorea.go.kr) 초기화면 중앙 상단에,

각 게재하라.

3. 소송비용은 피고의 부담으로 한다.

4. 제1항은 가집행할 수 있다.

라는 판결을 구합니다.

청구원인

1. 사건의 개요

가. 원고의 경력

원고 이반(이하 "원고"라 함)은 1968년 첫 개인전을 시작으로 11회의 개인전을 열었고, 1977년 <팽창력-비무장지대>로 대한민국 미술전람회에서 대상을 수상하는 등 대한민국의 대표적 미술가로 활동하여 왔습니다. 1987년 이후 지금까지 20여년간 비무장지대 예술활동을 전개하여, 1989년에 비무장지대 예술문화협의회 Fron DMZ를 구성하고, 한라백두수토통합통혼제(1990년) 등의 퍼포먼스와 1990년대 이후 4차례의 <비무장지대 예술문화운동작업전>을 기획·진행하고, 1995년에 DMZ의 작업성과를 총망라한 「DMZ의 과거 현재 미래」를 출간하였습니다. 원고는 2005년부터 피고 대한민국(이하 "피고"라 함) 통일부의 요청으로 아래와 같이 도라산역에 벽화 작업을 하였습니다.

나. 사실 관계

(1) 2006. 3. 31. 통일부는 '경의선 철도출입시설 통일문화광장 조성 추진' 계획을 입안하였습니다.

(2) 통일부는 2006. 4. 4. '통일문화광장 조성 관련 전문가 회의'를 개최하였습니다. 외부전문가 4명, 시설관계자 3명, 남북출입사무소 4명이 참가한 이날 회의에서 원고는 "화합과 평화—통일과 축제(부제: 자연, 인간, 생태, 생명)라는 벽화 제목과 벽화 설치 위치 및 크기, 벽화 벽화 내용을 설명하고 벽화 표현 방법에 대해서는 '경계선의 회화(포토콜라주)'로 표현한다고 하였습니다. 이 자리에서 '작가가 언급한 포토콜라쥬 기법은 벽체 마감에 손상도 없고 현 마감재에 벽화의 성질을 잘 살릴 수 있는 기법이라 생각됨'이라는 전문가 총평이 정리되었습니다.

(3) 이후 원고는 벽화 도안 작업 등을 진행하였고, 이를 기초로 2006. 11. 2. '통일문화광장 조성(벽화제작) 관련 전문가회의(2차)'가 개최되었습니다. 외부전문가 2명, 시설관계자 4명, 내부 5명이 참가하였고, 이 때 나온 의견을 반영하여 원고는 작업을 계속 진행하여 2007년에 작품을 완성하여 설치하였습니다. 이 작품은 만해 한용운의 생명사상 등을 형상화한 14점으로 구성된 것으로 길이 97미터, 폭 2.8미터에 이르는 초대형 작품입니다(이하 "이 사건 벽화"라 함).

(4) 2010. 5.경 원고는 지인에게서 원고가 제작한 벽화가 사라졌다는 소식을 들었습니다. 이에 원고가 6. 11. 통일부 남북출입사무소에 청원서를 제출하여 철거 이유와 경과 등을 문의한 결과, 6. 17. 통일부 남북출입사무소장은 방문객들의 반응이 '전반적으로 어둡고 난해하여 이해할 수 없다','정치 이념적 색깔이 가미된 민중화 같다','일부 외설 · 혐오스러운 표현이 있다'는 등 교체 필요성이 제기되어 철거하였고, "벽화에 물을 분사, 벽체와 박리시키는 방법으로 작업"을 하였으며, 철거 과정에서 "부득이하게 손상된 부분이 있다"고 시인하면서 "철거한 벽화 전체를 출입사무소 내 적절한 장소에 보관하고 있다"고 회신하였습니다.

(5) 정보공개 등을 통해 확인한 결과 통일부는 2010. 2. 3. '벽화교체 추진계획(안) 검토 보고'를 시작으로 설문조사(15일간 관광객 140명을 조사하였다고 함)와 관계전문가 의견 수렴이라는 요식행위를 거친 후 5. 18. 이 사건 벽화 철거를 완료하였습니다(이하 "이 사건 벽화 철거"라 함). 이후 5. 31. 철거한 장소에 백두산 천지 사진을 구입하여 설치하였습니다.

(7) 이후 수많은 사회, 정치, 예술, 언론계 인사와 단체가 「도라산역벽화 원상회복과 예술저작권 수호를 위한 대책위원회」를 구성하여 원상회복을 요구하고, 2010. 12. 15. 각계 인사 522명이 원상회복을 요구하는 성명을 발표하였으나, 피고는 이에 불응하고 있습니다.

2. 손해배상책임의 성립

가. 저작권법상 저작인격권 침해

(1) 헌법 제22조 제1항은 "모든 국민은 학문과 예술의 자유를 가진다"고 규정하고 제2항은 "저작자, 발명가, 과학기술자와 예술가의 권리는 법률로서 보호한다"고 규정합니다. 이에 터잡아 저작권법 제13조 제1항은 "저작자는 그의 저작물의 내용 · 형식 및 제호의 동일성을 유지할 권리를 가진다"고 규정합니다.

(2) 저작물을 원형 그대로 유지시키고 무단히 변경 · 삭제 · 개변 등에 의해서 손상되지 않도록 할 권리가 저작자에게 보장되어 있고, 아무리 고쳐진 내용 · 형식 · 제호가 원래의 것보다 좋게 되었다 하더라도 오자나 탈자의 정정이라면 모르되 저작자의 동의없는 개변은 인정되지

않는바,[16] 이것이 저작인격권의 주요 내용인 동일성유지권(right to integrity of the work)입니다. 이는 저작물을 양도하더라도 소유권과 관계없이 인정되는 일신전속적 권리입니다. 저작물은 저작자의 인격을 표현한 것이라고 할 수 있는데 그 변경을 자유롭게 허용한다면 저작자의 감정을 해하는 동시에 그 창작의욕에도 영향을 미치므로 저작자의 의사에 반하는 변경행위를 금하는 것입니다. 따라서 저작물의 내용이나 형식, 제호의 동일성을 저작자 동의없이 해하는 행위는 저작인격권 침해에 해당합니다.

(3) 또한 저작권에 관한 세계적인 기준이 되는 다자간 협약인 '문학적 및 미술적 저작물의 보호에 관한 베른협약(이하 "베른협약"이라 함) 제6조의2는 "저작자는 저작물의 재산적 권리와는 별개로, 또 재산적 권리가 이전된 후에 있어서도 저작물의 창작자임을 주장할 권리 및 저작물의 변경·삭제 기타의 개변 또는 저작물에 대한 기타의 침해로써 저작자의 명예 또는 성망을 해할 우려가 있는 행위에 대해서는 이의를 제기할 권리를 갖는다"고 규정합니다. 대한민국은 1996년 이에 가입하여 조약이 발효되었던바, 위 협약은 국내법과 같은 효력을 가집니다.

(4) 피고는 "벽화에 물을 분사, 벽체와 벽화를 박리시키는 방법으로" 철거를 하였으며, 철거 과정에서 "부득이하게 손상된 부분이 있다"고 인정하였습니다. 저작자의 동의없이 벽화를 벽에서 박리하는 행위와 그 과정에서 벽화를 손상시킨 행위는 그 자체로 벽화의 내용·형식의 동일성을 깨뜨리는 행위이고 베른협약상 저작물의 무단 변경·삭제 기타의 개변 또는 저작물에 대한 기타 침해"에 해당합니다.

(5) 한편 이 사건 벽화는 이른바 '장소특정적 미술(site-specific art)에 해당합니다. 장소특정적 미술이란 통합미술(integrated art)의 하나로서 유체물인 구성부분 중 하나가 그 작품의 위치인 것을 말합니다. 이 사건 벽화는 만해 한용운의 생명 사상을 축으로 생명, 인간, 자유, 평화, 자연에 대한 사랑을 표현한 작품으로서 원고의 20여년간의 비무장지대 예술운동의 모든 성과를 가장 상징적인 장소인 도라산역에 집약하여 형상화한 작품입니다. 벽화는 도라산역에 설치되어 있어야 비로소 양자가 일체를 이루어 진정한 예술작품으로서 가치를 가질 수 있습니다. 이처럼 이 사건은 작품의 위치가 작품의 주요부분을 구성하는 경우이므로, 작품을 철거하여 다른 곳에 옮긴 것 자체로 저작물의 내용, 형식, 제호의 동일성을 깨뜨린 것에 해당합니다.

나. 예술의 자유 및 인격권 침해

(1) 이 사건 철거행위는 저작권법상 저작인격권의 침해와 별개로 헌법상 보장된 예술의 자유와 작가의 일반적 인격권을 침해한 위법행위로서 피고는 국가배상법 제2조 제1항, 민법 제750조, 제751조에 따른 손해배상책임이 있습니다.

(2) 예술활동은 인가의 창조적 정신의 표현이며, 자유로운 예술활동의 보장은 헌법 최고이념인 '인간존엄성의 보장'을 위하여 필수적인 것입니다. 독일 연방헌법법원은 '메피스토-클라우스만' 판결에서 "예술적 활동의 본질은 예술가의 인상·견문·체험 등을 일정한 형태 언어를 매개로 하여 직접적인 표상으로 나타내는 자유로운 창조적 형성에 있다"라고 하였습니다 (BVerfGE 30, 173[188F]).

(3) 원고는 지난 20여년간 비무장지대 공간에 부활한 생태생명에 대한 조형적 미학적 추구에 천착해왔습니다. 원고는 2005년부터 2007년까지 주어진 예산으로 재료비와 조수들 인건비

---

16) 송영식외 6 공저, "지적소유권법 下" 육법사, 2008, p.626.

조차 감당하기 어려운 상황에서도 작가의 사명감으로, 그리고 신앙인으로서 하느님의 사역이라는 책임감으로 지난 수십년간의 노력과 성과, 역량을 이 사건 벽화 제작에 쏟아부었습니다. 원고에게 이 사건 벽화는 분신과도 같은 존재입니다. 원고는 2007, 2008년에 "화가 이반과 함께하는 벽화 기행"을 개최하는 등 큰 애착을 가지고 있었습니다.

(4) 피고는 원고의 벽화에 대하여 '정치 이념적 색깔이 가미된 민중화같다', '일부 외설·혐오스런 표현이 있다','일반이 찾는 공간에 음침한 분위기를 조성하고 있다'는 등의 이유를 내세워 철거를 자행하였습니다. 피고는 예술작품에 대한 몰지각과 왜곡된 정치·이념적 잣대로 사실상 국가기관의 검열을 행사하였고, 그 결과 이 사건 벽화를 일방적으로 공공장소에서 철거한 것인바, 이는 헌법상 예술의 자유를 침해한 것입니다.

(5) 또한 피고의 행위는 원고의 작업과 원고의 작가적 자부심을 송두리째 폄훼한 것으로서 원고의 인격권을 침해하였습니다. 이로 인해 원고는 견딜 수 없는 정신적 고통을 겪어야 했습니다. 피고의 행위는 원고 개인 뿐 아니라 미술계, 예술계의 숨낳은 작가들에게 예술가와 예술작품에 대한 근본적인 침해로 받아들여져 큰 충격을 주었습니다. 그 결과 각계 522명이 벽화의 원상회복과 예술저작권 수호를 위한 공동성명에 참가하였습니다.

(6) 절차상으로도 피고는 철거 과정에서 원고에게 사전 협의나 동의조차 구하지 않았습니다 철거 과정에서도 미술저작물의 관리자로서 기울여야 할 최소한의 주의의무조차 기울이지 않았습니다. 피고의 철거 시방서를 보더라도 '벽체 분리시 벽화 자체의 손상을 최소화'하라는 내용은 전혀 들어있지 않고 벽화가 붙어 있던 바닥 붙임돌이나 벽체의 시트마감 손상에 대해서만 언급할 정도로, 원고의 저작물을 훼손하지 않기 위한 최소한의 주의의무조차 기울이지 않았음을 알 수 있습니다.

3. 손해배상의 범위 및 명예회복에 필요한 조치

(1) 원고가 입은 저작인격권 침해 또는 인격권 침해 등으로 원고가 입은 정신적 손해에 대하여 피고는 금원으로나마 이를 위자하여야 할 것입니다. 원고의 그간 활동 경력, 이 사건 벽화 제작에 들인 노력, 이 사건 벽화가 원고에게 가진 의미, 벽화의 철거로 원고가 입은 작가적 명예의 훼손 정도와 정신적 고통 등을 종합할 때 손해배상액은 적어도 금 300,000,000원에 이릅니다.

(2) 한편 피고 행위로 인하여 원고가 입은 명예훼손에 대하여 피고는 저작권법 제127조가 정한 명예회복에 필요한 조치로서 별지 기재 광고문을 중앙일간지에 게재하여야 합니다.

(3) 그렇다면, 피고는 원고에게 금 300,000,000원 및 이에 대하여 저작인격권 침해일 또는 불법행위일인 2010. 5. 18.부터 이 사건 소장부본 송달일까지는 민법이 정한 연 5%의 법정지연손해금을, 그 다음날부터 다 갚는 날까지는 소송촉진등에관한특례법이 정한 연 20%의 비율에 의한 금원을 지급하고, 명예회복에 필요한 조치를 이행할 의무가 있습니다.

<u>별지 광고문</u>

도라산역 벽화 철거 관련 저작인격권 침해 인정

통일부는 「경의선 철도출입시설 통일문화광장 조성 추진」 계획에 따라 이반 작가에게 도라산역에 벽화 제작을 의뢰하여, 이반 작가가 2005년부터 2007년까지 작업을 거쳐 만해 한용운의 생명사상 등을 형상화한 길이 97미터, 폭 2.8미터에 이르는 14점의 벽화를 제작하여 도라산역 내에 설치하였습니다. 그런데 통일부는 작가에게 사전 통보나 동의를 구하지 않은 채 벽화가 도라산역에 적합하지 않다는 독자적인 판단으로 2010. 5. 18. 위 벽화에 물을 뿌려 벽화를 벽에서 떼어냈습니다.

통일부는 2011. . .경 서울중앙지방법원으로부터 위와 같은 행위가 작가의 저작인격권을 침해하고 명예를 훼손하였으므로 작가에게 금 3억원의 손해배상금을 지급하고, 명예회복 조치로서 중앙일간지와 통일부 홈페이지에 광고문을 게재하라는 판결을 선고받았습니다. 위와 같은 사실을 작가와 국민에게 널리 알리기 위하여 이 광고문을 게재합니다.

2011. . .

통일부장관 현인택

자료 3 항소이유서

1. 이 사건 청구의 개요

2. 사건의 경위 및 본질

3. 항소이유 요지

4. 저작권법상 동일성유지권 침해

가. 동일성유지권

나. 동일성유지권 침해 여부에 대한 원심 판단

다. 동일성유지권 침해 여부 판단의 전제

(1) 철거 · 훼손 · 소각 행위 각각에 대해 침해 여부를 판단할 필요성

(2) 동일성유지권 침해 인정시 저작물의 '이용' 요건은 불요

라. 이 사건 벽화 철거로 인한 동일성유지권 침해

마. 이 사건 벽화 훼손으로 인한 동일성유지권 침해

바. 이 사건 벽화 소각으로 인한 동일성유지권 침해

(1) **작품의 파괴를 동일성유지권 침해에서 배제하는 것은 부당**

① **저작권법 제13조 문언 해석상, 파괴를 배제하는 것은 부당**

원심 법원은「저작물을 완전히 파괴하는 경우에는 작품에 대한 외부적 평가 자체가 상실되므로」 동일성유지권이 침해되었다고 볼 수 없다고 판시하였습니다(원심판결문 제6쪽). 그러나 앞서 기재한바와 같이 우리 저작권법의 해석상 동일성유지권 침해는 저작자의 명예나 성망을 해치는 것인지 여부와 관계없이 저작자의 동의없는 저작물 변경 자체로 성립한다고 보는 것이 타당하므로, 명예나 성망과 연결되는 외부적 평가가 불가능하다는 이유로 저작물의 파괴를 아예 동일성유지권 침해에서 배제하는 것은 타당하지 않습니다.

또한 일부 손상이나 변경으로부터 저작물을 보호하면서 본질적인 내용의 극단적 모습이라 할 수 있는 파괴의 경우는 동일성유지권의 보호범위 밖이라고 하여 아예 보호범위에서 배제해 버리는 것은 저작물 수정・변경 금지권이 아닌 동일성유지권으로 규정되어 있는 저작권법 제13조의 ＜유지＞라는 의미를 말살하는 것이라 할 수 있고, 문화예술의 향상에 이바지함을 목적으로 하는 저작권법의 입법 목적에 비추어보더라도 결코 타당한 해석이라 할 수 없습니다.[17)]

② **<u>헌법상 예술의 자유에서 유래하는 '예술표현의 자유로서 예술품 보호</u>'를 위한 실천적 필요상, 파괴를 배제하는 것은 부당**

예술은 인간의 창조적 정신활동을 통하여 형성되는 것이기 때문에 예술의 자유 보장은 헌법이 지향하는 인간존엄의 보장을 위하여 필수적입니다. **헌법 제10조의 예술의 자유**는 <u>'창작한 예술작품을 예술품으로 보호하고 이를 일반대중에게 전시・공연・보급할 수 있는' 예술표현의 자유를 포함합니다</u>.[18)]

이러한 <u>**헌법상** 예술의 자유를 충실히 보장하기 위해서는 미술저작물의 운명을 전적으로 소유자의 손에 맡겨놓을 수만은 없다</u> 할 것입니다. 최근 문화예술진흥법 등의 개정으로 <u>공공미술이 증대되고 있는 현실</u>은 이러한 필요성을 더욱 강하게 부각시킵니다. 창작시에 혹은 전시 초기에 관심을 끌지 못하거나 무시되거나 심지어는 비난의 표적이 되었던 작품이 **시간이 흐르면** 위대한 창작품으로 재평가되기도 합니다. <u>헌법상 예술의 자유 보호라는 측면에서 보았을 때 일시적, 순간적 평가에만 작품의 운명을 맡기는 것은 부당</u>합니다. 저작물은 개인의 창작품이기도 하지만 그 시대의 산물이기도 하며, 소유자의 소유물이기도 하지만 **사회의 중요한 문화자산**이기 때문입니다.[19)]

스위스 저작권법 제15조는 "원작품의 소유자는 그 작품의 별도의 복제물이 존재하지 아니하고 또 저작자가 보존에 관하여 정당한 이익을 가진다고 추정할만한 상당한 사유가 있는 경우에는 먼저 저작자에 대한 반환의 제의를 하여야 하며, 이러한 제의를 하지 아니하고는 파괴하지 못한다. (후략)"라고 규정하고 있는바, <u>헌법상 기본권인 예술의 자유에 대한 보호를 방기하지 않으면서 소유권과의 조화를 꾀하고 있는 이러한 '입법취지'는 입법의 공백이 존재하는 우리 저작권법의 해석에 충분히 고려될 수</u> 있다고 판단됩니다.

따라서 헌법상 예술의 자유에서 유래하는 '예술표현의 자유로서 예술품 보호'를 위한 실천적

17) 이상정, "소유자의 작품 파괴와 저작인격권", 계간저작권, 2012, 제62쪽.
18) 허영, 한국헌법론, 박영사, 1994, 제403쪽.
19) 이상정, 위의 논문, 제66쪽.

측면에서도 작품의 파괴를 동일성유지권 침해에서 배제하는 것은 결코 타당하지 못하다 할 것입니다.

(2) **작품 파괴의 경우 소유권과 저작권의 이익형량에 기초하여 구체적 사례별로 판단할 필요성**

원심 법원은 「저작물에 대한 소유권을 양도하고 이에 대한 대가를 지불받은 예술가라면 이후 자신의 저작물에 발생가능한 운명에 대하여는 이를 점유자의 손에 맡기는 행위를 이미 한 것이라고 봄이 조리에 부합」하고, 「취향 변화 등 예술저작물에 싫증이 났다면 …… (이를) 제거하여 자신 또는 다른 사람이 보지 못하도록 하는 것이 부당한 소유권의 행사라고 보기 힘들다」고 판시한바, 위 판시 내용과 관련하여 우선 다음의 질문들을 하고 싶습니다 : 작품의 소유자라면 그 어떠한 상황에서도 작품을 싫증이 났다는 이유로 마음대로 파괴할 수 있는 것인가, 만일 작품의 소유자가 국가인 경우라면 어떠한가, 작품이 공공의 장소에 전시된 공공미술 작품일 경우라면 어떠한가. 장소와 불가분성을 지니고 공공장소에 설치된 작품을 임의로 철거하여 작가가 항의하고 원상회복을 요구하는데도 이를 묵살하다 아예 태워버린 경우라면 어떠한가

민법 제211조는 "소유자는 법률의 범위내에서 그 소유물을 사용, 수익, 처분할 권리가 있다"고 규정하고 있습니다. 물론 저작물에 대한 소유자의 소유권 행사는 충분히 보호될 필요가 있습니다. 그러나 저작자가 저작인격권을 보장받는다고 해서 이를 무소불위로 행사하여 모든 저작물의 파괴를 동일성유지권의 침해로 규정하고 이를 금지하는 것이 옳지 않은 것처럼, 소유자가 소유권을 절대적인 권리로 행사하여 모든 경우에 저작물의 임의적인 제거나 파괴가 허용된다고 하는 것 또한 타당하지 않습니다.

결국 이러한 사안에서는 소유권과 저작인격권의(동일성유지권)의 조화가 필요하고, 소유자의 이익과 저작자의 이익의 균형이 유지되어야 할 것인데, 이에 관한 특별한 규정이 없는 현행법하에서는 양측의 이해관계를 고려하여 권리행사의 당부를 사례별로 판단하는 것이 타당합니다.[20] 원심 판시 내용은 다양한 구체적 사안들에서 소유권과 저작인격권의 충돌로 인하여 야기되는 각각의 권리 침해에 대하여 구체적 타당성을 도모하는 판단이 요구된다는 점을 전혀 고려하지 않은 채 일률적으로 소유권이 우선한다는 취지의 판시를 한 것인바, 이는 결코 타당한 해석이라 할 수 없습니다.

(후략)

20) 이상정, 위의 논문, 제64쪽.

자료 4 일본최고재판소 2005. 7. 14. 제930호 판결 번역문

[판시사항]

공립도서관의 직원이 도서의 폐기에 대하여 불공정한 취급을 하는 것과 해당 도서의 저작자의 인격적 이익의 침해에 의한 국가배상법상의 위법

[판결요지]

공립도서관의 직원인 공무원이 열람에 제공되고 있는 도서의 폐기에 대하여 저작자 또는 저작물에 대한 독단적인 평가나 개인적인 취향에 의하여 불공정한 취급을 하는 것은 해당 도서의 저작자의 인격적인 이익을 침해하는 것으로서 국가배상법상 위법이 된다(하다).

주 문

원판결 가운데 피상고인에 관한 부분을 파기한다.
전항의 부분에 관하여 본건을 동경고등재판소로 환송한다.

이 유

상고대리인 内田智외의 상고 수리 신청 이유에 대해

1. 원심이 확정한 사실관계의 개요 등은 다음과 같다.

2. 본건은, 상고인들이 본건폐기에 의하여 저작자로서의 인격적 이익 등이 침해되어 정신적 고통을 받았다는 취지로 주장하고, 피상고인에 대하여 국가배상법 1조 1항 또는 민법 715조에 근거하여 위자료의 지불을 구하는 것이다.

3. 원심은, 상기의 사실관계를 바탕으로 다음과 같이 판단하여, 상고인들의 청구를 기각하였다.

저작자는 도서관이 자신의 저작물을 구입할 것을 법적으로 청구할 수 있는 지위에 있다고는 볼 수 없으며, 그 저작물이 도서관으로부터 구입된 경우라 하더라도 해당 도서관에 이것이 열람에 제공되는 방법에 대하여, 저작권 또는 저작(자)인격권 등의 침해를 수반하는 경우 이외에는, 법률상 어떠한 구체적인 청구가 가능한 지위에 이른다고 볼 수 없다. 따라서 피상고인의 도서관에 수장되어 열람에 제공되고 있는 서적의 저작자는 피상고인에 대하여 그 저작물이 도서관에 수장되어 열람에 제공되는 것에 대해 어떠한 법적 권리이익을 갖는 것이 아니다. 그렇다면, 본건폐기에 의해 상고인들의 권리이익이 침해되어진 것을 전제로 하는 상고인들의 주장은 채용할 수 없다.

4. 그러나 원심의 상기판단은 인정할 수 없다. 그 이유는 다음과 같다.

(1) 도서관은 「도서, 기록, 그 외 필요한 자료를 수집·정리·보존하고 일반 공중의 이용에 제공하여 그 교양, 조사연구, 레크레이션 등에 이바지하는 것을 목적으로 하는 시설」이자(도서관법 2조 1항) 「사회교육을 위한 기관」이며(사회교육법 9조 1항), 국가 및 지방공공단체가 국

민의 문화적 교양을 높일 수 있는 환경을 양성하기 위한 시설로 위치해 있다(동법 3조 1항, 교육기본법 7조 2항 참조). 공립도서관은 이 목적을 달성하기 위하여 지방공공단체가 설치한 공공시설이다(도서관법 2조 2항, 지방자치법 244조, 지방교육행정의 조직 및 운영에 관한 법률30조). 그리고 도서관은 도서관봉사(도서관 서비스)를 위해 ① 도서관 자료를 수집하여 일반 공중의 이용에 제공하고, ② 도서관 자료의 분류배열을 적절히 하여 그 목록을 정비하는 것 등에 힘써야 하며(도서관법 3조), 특히 공립도서관에 대해서는 문부과학대신에 의해 정해진 그 설치 및 운영상의 바람직한 기준이 교육위원회에 지시됨과 더불어 일반 공중이 알 수 있도록 표기되어야 하며(동법 18조), 헤이세이 13년 7월 18일 문부과학대신에 의해 고시된 「공립도서관의 설치 및 운영상의 바람직한 기준」(문부과학성고시 132호)은 공립도서관의 설치자에 대해 동 기준에 의거하여 도서관봉사(도서관 서비스)의 실시에 힘쓰도록 하고 있다. 동 기준에 의하면, 공립도서관은 도서관 자료의 수집, 제공 등에 있어 ① 주민의 학습활동 등을 적절히 보조하기 위하여 주민의 고도화, 다양화되는 요구를 충분히 배려할 것, ② 주민의 이용에 널리 제공하기 위하여 정보처리기능의 향상을 꾀하고, 유효하고도 신속한 서비스를 행할 수 있는 체제를 정비하도록 노력할 것, ③ 주민의 요구에 응하기 위하여, 신간도서 및 잡지의 신속한 확보 및 다른 도서관과의 연대·협력을 통해 도서관의 기능을 십분 발휘할 수 있는 종류 및 양의 자료의 정비에 힘써야 한다.

공립도서관의 상기와 같은 역할, 기능 등에 비추어 보면, 공립도서관은 주민에 대해 사상, 의견, 그 외의 다양한 정보를 포함한 도서관자료를 제공하여 그 교양을 함양할 것 등을 목적으로 하는 공적인 장소라고 할 수 있다. 그리고 공립도서관의 도서관직원은 공립도서관의 상기와 같은 역할을 다할 수 있도록 독단적인 평가나 개인적인 취향에 얽매임 없이 공정히 도서관 자료를 취급해야 할 직무상의 의무를 부담한다고 할 것이며, 열람에 제공되고 있는 도서에 대하여 독단적인 평가나 개인적인 취향에 의해 이것을 폐기하는 것은 도서관 직원으로서의 기본적인 직무상의 의무에 반하는 것이라고 하지 아니할 수 없다.

(2) 그러므로 지방, 공립도서관이 상기와 같이 주민에게 도서관자료를 제공하기 위한 공적인 장소라고 하는 것은, 열람에 제공된 도서의 저작자에게 있어서 그 사상, 의견 등을 공중에 전달하는 공적인 장소이기도 하다고 할 수 있다. 따라서 공립도서관의 도서관 직원이 열람에 제공되고 있는 도서를 저작자의 사상이나 신조를 이유로 하는 등 불공정한 취급에 의해 폐기하는 것은 해당 저작자가 저작물에 의해 그 사상, 의견 등을 공중에 전달하는 이익을 부당하게 훼손하였다고 하지 않을 수 없다. 그리고 저작자의 사상의 자유, 표현의 자유가 헌법에 의해 보장되는 기본적 인권이라고 하는 것에 비추어볼 때도, 공립도서관에서 그 저작물이 열람에 제공되고 있는 저작자가 갖는 상기 이익은 법적으로 보호할 가치가 있는 인격적 이익이라고 볼 수 있음이 상당하며, 공립도서관의 도서관 직원인 공무원이 도서의 폐기에 대해 기본적인 직무상의 의무에 반하여 저작자 또는 저작물에 대한 독단적인 평가나 개인적인 취향에 의해 불공정한 취급을 한 때에는 해당 도서의 저작자의 상기 인격적 이익을 침해한 것으로서 국가배상법상 위법하다고 해야 한다.

(3) 상기 사실관계에 의하면, 본건폐기는 공립도서관인 船橋市 서도서관의 본건사서가 상고인 A회와 그 찬동자 등 및 그 저자에 대한 부정적 평가와 반감에서 행한 것이므로, 상고인들은 본건폐기에 의해 상기 인격적 이익을 위법하게 침해당한 것이라고 할 것이다.

5. 따라서, 이와 다른 견해에 서서 피상고인에 대한 상고인들의 청구를 기각한 원심의 판단에는 판결에 영향을 미친 명백한 법령의 위반이 있다. 논지는 상기의 취지를 말할 이유가 있으며, 원판결 중 피상고인에 관한 부분은 파기를 면할 수 없다. 그리고 본건에 대해서는 다시 심리하게 할 필요가 있으므로 상기부분에 관한 본건을 원심에 환송하기로 한다.

따라서, 재판관 전원일치의 의견으로 주문과 같이 판결한다.

(재판장재판관 이하 생략)

자료 5 2심 판결문

1. 인정사실

2. 피고의 본안전 항변에 대한 판단

3. 쟁점

4. 판단

가. 동일성유지권의 침해: 부정

• 다음과 같은 이유로 피고의 행위가 원고의 동일성유지권을 침해하였다고 보기 어렵다.

1) 동일성유지권은 저작물 소유권자의 처분행위에 대항할 수 없다고 보아야 한다.

가) 피고가 이 사건 벽화를 떼어낸 후 소각하여 폐기한 것은 이 사건 벽화의 소유권자로서의 권능을 행사한 것이라고 보아야 하고, 이에 대하여 원고가 동일성유지권을 주장할 수는 없다고 보아야 한다. 즉 원고가 저작물 원본에 대한 소유권을 피고에 양도하고 이에 대한 대가도 지급받은 이상, 그 저작물이 화체된 유형물의 소유권자인 피고의 그 유형물 자체에 대한 처분행위를 제한할 법적 근거가 없으며, 특별한 사정이 없는 한 저작권법상 동일성유지권이 보호하는 '저작물의 동일성'은 저작물이 화체된 유형물 자체의 존재나 귀속에 관한 것이 아니라 그 저작물의 내용 등을 대상으로 하는 것이라고 해석할 수 밖에 없다.

만일 저작인격권자가 저작물 원본의 소유권 양도 후에도 동일성유지권을 유보하고 소유권의 행사에 대하여 언제라도 이를 추급할 수 있게 한다면, 저작물의 소유권자로 하여금 저작물 보유에 대한 예측할 수 없는 과도한 부담을 갖게 하여 오히려 저작물의 원활한 유통을 저해함으로써 저작권자의 권리를 해할 우려도 있다.

그리고 피고가 이 사건 벽화를 철거하는 과정에서 손상한 행위, 절단한 행위, 방치하여 추가로 손상한 행위는 개별적으로 나누어보면 동일성유지권 침해 행위를 구성할 여지도 있으나, 위에서 살펴본 바와 같이, 그 궁극적인 폐기행위를 저작인격권의 침해로 볼 수 없는 이상, 위 손상, 절단 등의 행위는 폐기를 위한 전 단계 행위로서 그 폐기행위에 흡수되어 별도의 저작인격권 침해를 구성하지 아니한다고 보아야 할 것이다.

나) 특정 형태의 저작물에 대하여는 소유권자에 대한 저작자의 권리를 보장하여야 할 필요성이 있을 수도 있으나 이는 쌍방의 이해관계를 합리적으로 조정한 새로운 법률을 제정하는

방법으로 해결되어야 하며, 원고 주장처럼 쌍방 이익의 비교형량을 통한 현행법의 해석론으로 이를 인정할 수는 없다고 할 것이다. 원고의 주장은 현행 저작권법에 대한 해석의 한계를 벗어나는 것이다.

그리고 베른협약 제6조의2 저작물에 대한 '기타의 침해'에 공공장소에 설치된 미술작품의 철거행위가 포함된다는 원고의 주장을 인정할 아무런 근거가 없고, 위 협약의 규정이 직접 이 사건에 적용된다고 볼 수도 없다(위 협약에서는 저작인격권의 보호를 보호가 주장되는 국가의 입법에 맡기고 있다).

다) 원고의 이 부분 주장은 모두 이유 없다.

2) 현행 저작권법상 장소특정적 미술에 대한 특별한 보호는 인정되지 아니한다.

원고가 주장하는 장소특정적 미술이란 현행 저작권법에서는 인정하지 아니하는 개념임이 명백하므로 이에 대하여 다른 저작물에 비하여 특별한 보호를 할 근거가 없다. 원고의 이 부분 주장 또한 현행 저작권법 해석의 한계를 넘는 것으로서 더 나아가 살필 필요없이 받아들일 수 없다.

나. 불법행위: 성립

5. 결 론

대형마트 영업시간제한 등 취소사건

양 창 영*

1. 유통산업의 현황과 제도도입 등 사건 개요

가. 유통시장의 개방과 대형마트의 증가

1995년 국내 유통시장이 개방되었고, 유통산업은 새로운 성장산업으로 인식되면서 1997년 유통산업발전법이 제정되었다. 유통산업을 지원하고 진흥하기 위한 정부의 지원이 이어졌고 대규모점포[1] 개설이 허가제에서 등록제로 변경되어 그만큼 쉽게 개설할 수 있게 되었다. 국내외 유통산업 환경의 변화와 제도적 뒷받침에 힘입어 대규모점포 중 대형마트와 준대규모점포(SSM)[2]는 급격하게 늘어갔다. 유통시장 개방과 함께 일시적으로 외국계 대형 유통업체들이 국내에 진출하여 영업하였으나, 대형마트는 이마트·롯데마트·홈플러스 등 이른바 빅3를 중심으로 재편되었고 소매업 시장에서 영향력을 확대해 갔다.

〈표 1〉 대형마트 현황 중 빅3(이마트, 홈플러스, 롯데마트)의 국내 점포개수[3]

구 분		'00	'01	'02	'03	'04	'05	'06	'07	'08	'09	'10.9
1	이마트 (주)신세계	26	40	49	59	69	79	103	109	119	126	127
2	홈플러스 삼성테스코(주)	7	14	21	28	31	40	51	64	111	114	116

* 변호사, 법무법인 정도.

1) 대규모점포는 대형마트, 전문점, 백화점, 쇼핑센터, 복합쇼핑몰 등으로 분류되고 용역의 제공장소를 제외한 매장면적 3천㎡ 이상을 공통적인 요건으로 하고 있다. 그 중 대형마트는 식품·가전 및 생활용품을 중심으로 점원의 도움 없이 소비자에게 소매하는 점포의 집단으로 정의하고 있다(유통산업발전법 제2조 제3호).

2) 매장면적의 크기를 기준으로 대형마트와 준대규모점포(SSM)으로 나뉘는데, SSM은 한국표준산업분류상의 슈퍼마켓(47121)과 기타 음·식료품 위주 종합소매업(47129)을 영위하는 점포로서 대규모점포를 경영하는 회사 또는 그 계열회사가 직영하는 점포, 「독점규제 및 공정거래에 관한 법률」에 따른 상호출자제한기업집단의 계열회사가 직영하는 점포, 위 회사 또는 계열회사가 직영점형 체인사업 및 프랜차이즈형 체인사업의 형태로 운영하는 점포를 말한다(유통산업발전법 제2조 제4호).

3) 표1~4 및 표4 아래 그래프는 박정만 변호사, '공룡에 대한 보고서', 2012. 5. 에서 인용.

3	롯데마트 롯데쇼핑(주)	17	24	32	33	36	43	52	56	63	69	86
국내대형마트 점포 총합계		163	192	230	248	273	300	331	354	386	411	422

또한 대형마트 빅3의 점유율은 점점 증가하였는데, 2000년 당시 국내 대형마트 점포 수 비율 중 빅3가 차지하는 비율은 31%에 머물렀으나, 2005년에는 54%까지 높아졌고, 다시 5년이 지난 2010년 9월에는 그 비율이 약 80%까지 늘어났다.

〈표 2〉 전체 대형마트 중 빅3가 성장한 비율

구 분	이마트 (주)신세계	홈플러스 삼성테스코(주)	롯데마트 롯데쇼핑(주)	Big3합계	전체대형마트 합계	Big3비율
2000.	26	7	17	50	163	31%
2005.	79	40	43	162	300	54%
2010. 9.	127	116	86	329	422	80%

대형마트에 비하면 규모가 작았고 진출이 쉬웠던 SSM은 2005년 이후 급격히 증가하였는데, SSM의 빅3는 롯데슈퍼 · 홈플러스익스프레스 · GS슈퍼였다. 특히 이들 SSM 빅3의 점포 수 증가는 2007년부터 더욱 가속화 되었다. SSM 빅3가 차지하는 전체 점포 수 비율도 대형마트와 마찬가지로 2010년 9월에 이르러서는 75%에 달할 정도로 과점화가 심화되었다.

〈표 3〉 SSM의 성장 추이

구 분	'05	'06	'07	'08	'09	'10.9	비 고
홈플러스 익스프레스 삼성테스코(주)	**21**	32	57	110	185	**196**	가맹점 18개 미포함
롯데슈퍼 롯데쇼핑(주)	**46**	52	79	110	183	**244**	가맹점 8개 미포함
GS슈퍼 (주)지에스리테일	**80**	82	81	103	138	**175**	가맹점 11개 미포함
탑마트 (주)서원유통	**45**	46	51	56	70	**74**	
킴스마트 (주)킴스클럽마트	**32**	30	32	37	43	**52**	

이마트 (주)신세계					11	17	–
기 타	43	50	53	57	60	62	
계	267	292	353	473	690	820	–

나. 대형마트의 증가와 중소상인 매출 감소

중소기업청 산하 시장경영진흥원의 전통시장 실태조사 결과와 통계청의 대형마트 매출액 자료에 의하면 2006~2010 사이 전통시장의 매출액은 약 20% 감소한 반면, 전체 대형마트의 매출액은 31% 증가하였다. 특히 SSM이 급격하게 증가한 2007년을 기준으로 전통시장의 매출액이 급감하였다.

〈표 4〉 전통시장과 대형마트의 매출액 비교

(단위: 원)

구 분	2006	2007	2008	2009	2010
전통시장 매출액	29조8천억	26조7천억	25조9천억	24조7천억	24조
대형마트 매출액	25조7천억	28조3천억	30조1천억	31조2천억	33조7천억

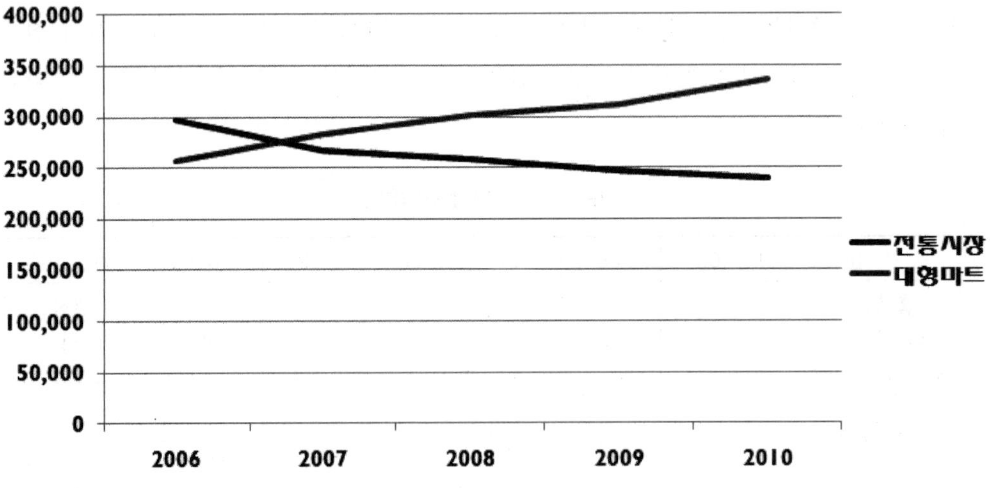

다. 대형마트 종사자의 열악한 근무환경

대형마트들은 경쟁적으로 영업시간을 늘려가면서 365일 24시간 영업을 하는 경우도 있었고, 자정까지 영업은 당연시 되었다. 대형마트의 급격한 증가는 전통시장과 중소상인의 매출하락 등 영업 환경에 영향을 미쳤을 뿐만 아니라 대형마트 사이에 경쟁이 심해지면서 영업시간을 확대해 갔고, 서비스 경쟁이라는 미명아래 대형마트 종사자들은 대부분 장시간 서서 근무해야 했다. 야간노동이 증가했고 건강 이상을 호소하는 종사자들이 늘어나면서[4] 대형마트 종사자들에게 휴식권과 건강권이 절실하였으나 그 보장은 멀기만 하였다.

라. 대형마트 영업시간제한 제도 도입과 영업시간제한 처분

2008년경부터 민주사회를 위한 변호사모임(이하 '민변'이라 한다)은 민주노총 서비스연맹과 함께 대형마트 종사자들의 휴식권과 건강권 보호를 위해서 대형마트의 영업시간을 제한해야 한다는 내용의 법개정 운동을 전개하였다.[5]

이후 민변은 대형마트 영업시간제한(대형마트에 대한 영업시간제한은 심야영업을 금지하는 '영업시간제한'과 매월 2일 휴무일을 지정하는 '의무휴업일 지정'으로 분류할 수 있는데, 이를 통칭하여 '영업시간제한'이라고 함)이 종사자의 휴식권과 건강권 보호에 더하여 대형유통업체와 중소상인의 균형 있는 발전을 위해서도 필요하다는 취지로 법개정 운동을 진행하였고, 2012. 1. 17. 유통산업발전법이 일부 개정되어 대형마트 영업시간제한 제도가 다음과 같은 내용으로 처음 법제화되었다.

유통산업발전법(법률 제11175호, 2012. 1. 17., 일부개정)

제12조의2(대규모점포등에 대한 영업시간의 제한 등) ① 시장·군수·구청장은 건전한 유통질서 확립, 근로자의 건강권 및 대규모점포등과 중소유통업의 상생발전을 위하여 필요하다고 인정하는 경우 대규모점포 중 대통령령으로 정하는 것과 준대규모점포에 대하여 다음 각 호의 영업시간 제한을 명하거나 의무휴업일을 지정하여 의무휴업을 명할 수 있다. 다만, 연간 총매출액 중 「농수산물 유통 및 가격안정에 관한 법률」에 따른 농수산물의 매출액 비중이 51퍼센트 이상인 대규모점포등으로서 해당 지방자치단체의 조례로 정하는 대규모점포등에 대하여는 그러하지 아니하다.
1. 영업시간 제한
2. 의무휴업일 지정

② 시장·군수·구청장은 제1항제1호에 따라 오전 0시부터 오전 8시까지의 범위에서 영업시간을 제한할 수 있다.

③ 시장·군수·구청장은 제1항제2호에 따라 매월 1일 이상 2일 이내의 범위에서 의무휴업일을 지정할 수 있다.

④ 제1항부터 제3항까지의 규정에 따른 영업시간 제한 및 의무휴업일 지정에 필요한 사항은 해당 지방자치단체의 조례로 정한다.

---

4) 한겨레 21, 2011. 7. 13.자 기사 '호환마마 보다 무서운 야간노동'

5) 제18대국회 의안번호 1813783 「유통산업 근로자 보호와 대규모점포 등의 주변생활환경 보호 등에 관한 특별법안」(이미경 의원 대표발의) 참조, 이 법안은 대형마트의 급격한 증가로 인하여 종사자 수는 늘었으나 건강권과 휴식권은 보장되지 않고 있으며, 대형마트 심야영업으로 인한 주변 생활보호가 필요하다는 등이 주된 취지였으나 임기만료로 폐기.

유통산업발전법의 위 규정은 2013. 1. 23. 다시 다음과 같이 일부 개정되어 영업시간제한 범위를 확대하였다.

> **유통산업발전법(법률 제11625호, 2013. 1. 23., 일부개정)**
>
> 제12조의2(대규모점포등에 대한 영업시간의 제한 등) ① 특별자치시장·시장·군수·구청장은 건전한 유통질서 확립, 근로자의 건강권 및 대규모점포등과 중소유통업의 상생발전을 위하여 필요하다고 인정하는 경우 대형마트(대규모점포에 개설된 점포로서 대형마트의 요건을 갖춘 점포를 포함한다)와 준대규모점포에 대하여 다음 각 호의 영업시간 제한을 명하거나 의무휴업일을 지정하여 의무휴업을 명할 수 있다. 다만, 연간 총매출액 중 「농수산물 유통 및 가격안정에 관한 법률」에 따른 농수산물의 매출액 비중이 55퍼센트 이상인 대규모점포등으로서 해당 지방자치단체의 조례로 정하는 대규모점포등에 대하여는 그러하지 아니하다.
>
> 1. 영업시간 제한
> 2. 의무휴업일 지정
>
> ② 특별자치시장·시장·군수·구청장은 제1항제1호에 따라 오전 0시부터 오전 10시까지의 범위에서 영업시간을 제한할 수 있다.
>
> ③ 특별자치시장·시장·군수·구청장은 제1항제2호에 따라 매월 이틀을 의무휴업일로 지정하여야 한다. 이 경우 의무휴업일은 공휴일 중에서 지정하되, 이해당사자와 합의를 거쳐 공휴일이 아닌 날을 의무휴업일로 지정할 수 있다.
>
> ④ 제1항부터 제3항까지의 규정에 따른 영업시간 제한 및 의무휴업일 지정에 필요한 사항은 해당 지방자치단체의 조례로 정한다.

한편, 2012. 1. 17. 유통산업발전법 개정으로 대형마트 영업시간제한 제도가 도입되면서 관할지역에 대형마트가 있는 전국의 시장·군수·구청장은 2012년 초 조례를 개정하여 대형마트 영업시간제한 처분의 근거를 마련한 뒤 대형마트에 대하여 영업시간을 제한하는 처분[6]을 하였다.

마. 소송진행 경과

대형마트들은 영업시간제한 제도 시행 직후 2012. 2. 공동으로 헌법소원을 제기하고, 같은 해 4. 부터 영업시간제한 처분의 취소를 구하는 행정소송[7]을 제기하였는데, 행정소송에서 대형마트들의 청구가 받아들여져 영업시간제한 처분이 취소되었다(이하 위 헌

6) 처분의 내용은 서울시 각 구의 경우 유통산업발전법 제12조의2, 각 지방자치단체 조례에서 정한 대로 오전 0시~다음날 8시까지 영업제한, 월 2회(일요일) 휴업으로 하였다.

7) 대형마트 영업시간제한 처분의 처분권자는 시장·군수·구청장이었기 때문에 처분에 대한 취소소송은 전국 지방법원에서 동시다발적으로 제기되었는데, 주된 쟁점은 동일하였고 다만 지역적 특색에 따라 쟁점이 다를 수 있으라 이는 생략한다. 그리고 관할구역 안에 있는 대형마트들은 원고단으로 함께 소를 제기하였다.

법소원과 행정소송을 '1차 소송'이라고 합니다).

이후 시장·군수·구청장들은 1차 소송 판결에서 지적한 위법을 시정하기 위해 조례를 개정하고 다시 대형마트들에 대하여 영업시간제한 처분을 하였고, 이에 대해 대형마트들은 집행정지신청(강서구청 사건), 행정소송 등으로 맞섰다(이하 '2차 소송'이라고 합니다).

【1차 소송】

2012. 2. : 대형마트 헌법소원 제기(2012헌마162, 252(병합), 2012헌마308)
2012. 4. 6. : 대형마트 영업시간제한 처분등 취소소송 제기
2012. 6. 22. : 대형마트 승소(영업시간제한 처분등 취소)
2012. 7.~9. : 각 지방자치단체 조례 개정 및 다시 대형마트 영업시간제한 처분
2012. 11. 8. : 민변 민생경제위원회 변호인단 헌법소원 사건 이해관계인 의견서 제출
2013. 12. 26. : 헌법소원 각하 결정

【2차 소송】

2012. 10. 19. : 대형마트 영업시간제한 처분에 관해 집행정지 신청(서울행정법원 2012아3614강서구청 사건)
2012. 하반기 : 대형마트들[8] 영업시간제한처분 취소소송제기
2012. 11. 9. : 집행정지신청 기각(서울행정법원 2012아3614강서구청 사건)
2013. 9. 24. : 1심판결 선고(서울행정법원 2012구합43352-서울시 동대문구, 성동구 사건)
2014. 12. 12. : 2심판결 선고(서울고등법원 2013누29294-서울시 동대문구, 성동구 사건)
2015. 9. 18. : 대법원 공개변론(대법원 2015두295-서울시 동대문구, 성동구 사건)
2015. 11. 19. : 대법원 판결선고(파기환송, 대법원 2015두295-서울시 동대문구, 성동구 사건)
2016. 3. 23. : 환송심판결(항소기각, 서울고등법원 2015누2101-서울시 동대문구, 성동구 사건)

8) 롯데쇼핑 주식회사, 주식회사 이마트, 홈플러스 주식회사, 홈프러스테스코 주식회사 등 대형마트 사업자 뿐만 아니라 씨에스유통 주식회사, 주식회사 에브리데이리테일, 주식회사 지에스리테일 등 준대규모점포 사업자들이 공동 원고로 하여 취소소송 제기하였는데, 이처럼 대형마트나 준대규모점포 사업자들은 2012년 하반기 취소소송 뿐만 아니라 앞에서 본 2012년 상반기에 있었던 헌법소원과 취소소송에서도 공동 원고 또는 공동 청구인으로 하여 소송을 제기하였다. 다만 지역에 따라 참가하는 원고들이 일부 차이가 있었다.

2. 1차 소송의 쟁점과 결과

가. 행정소송: 대형마트 영업시간제한처분 취소소송

(1) 위법한 조례에 근거한 처분의 위법

지방자치단체는 법령의 범위 안에서 조례를 제정하여야 한다(지방자치법 제22조). 그리고 위법한 조례에 근거한 처분은 그 자체로 위법하다. 유통산업발전법은 대형마트 영업시간제한에 필요한 사항은 조례로 정할 수 있도록 위임하였고, 지방자치단체들은 위 위임에 따라 다음과 같이 조례를 제정하였는데, 이러한 조례규정이 법령의 범위안에서 제정되었다고 볼 수 없어서 위법한지 여부가 문제되었다.

서울특별시 강동구 유통기업상생발전 및 전통상업보존구역 지정 등에 관한 조례[9)]
[시행 2012.3.26.] [서울특별시강동구조례 제987호, 2012.3.26., 일부개정]

제16조의2(대규모점포등에 대한 영업시간의 제한 등) 구청장은 법 시행령 제7조의2에 따라 대형마트로 등록된 것과 준대규모점포에 대하여 다음 각 호와 같이 영업시간 제한과 의무휴업일을 명하여야 한다. 다만, 연간 총매출액 중 「농수산물 유통 및 가격안정에 관한 법률」에 따른 농수산물의 매출액 비중이 51퍼센트 이상인 대규모점포등은 제외한다. 〈본조신설 2012.3.26.〉

1. 영업시간 제한: 오전 0시부터 오전 8시까지
2. 의무휴업일: 매월 두 번째 일요일과 네 번째 일요일

위와 같은 개정 조례는 위임법률인 유통산업발전법의 규정 '다음 각 호의 영업시간 제한을 명하거나 의무휴업일을 지정하여 의무휴업을 명할 수 있다'와 달리 '다음 각 호와 같이 영업시간 제한과 의무휴업일을 명하여야 한다'고 정하고 있었기 때문에 문언상 처분권자의 재량권을 인정하지 않는다는 문제가 있었다.

1심 법원은 위임법률과 달리 조례는 처분권자의 재량권을 인정하고 있지 않아 위법하여 효력이 없고, 이 조례에 근거한 대형마트 영업시간제한 처분 또한 위법하다고 판단하였다.

9) 서울시 25개 구를 포함하여 대형마트 영업시간제한에 관한 조례를 개정한 모든 지방자치단체들이 같은 내용으로 조례를 개정함.

〈서울행정법원 2012구합11676 영업시간제한등처분취소-서울시 강동구청 사건 판결이유 중〉
유통산업발전법은 시장 · 군수 · 구청장에게 대형마트 등의 영업시간제한 및 의무휴업을 명함에 있어 그 필요성 판단과 그 시행여부 및 범위설정에 대한 재량권을 부여하고 있음에도 이 사건 조례는 특별한 부가요건도 없이 피고에게 유통산업발전법에 따른 대형마트 등에 대한 영업시간제한 및 의무휴업 범위의 최대치를 의무적으로 명하도록 강제하고 있는바, 이는 유통산업발전법이 시장 · 군수 · 구청장에게 대형마트 등의 영업시간 제한 및 의무휴업의 시행과 관련한 판단의 여지내지 재량권을 부여함으로써 공익상의 필요와 충분한 형량을 할 수 있도록 한 취지에 반하여 위 법률에 따라 부여된 피고의 판단재량을 박탈하는 것이므로 이 사건 조례는 위법하다고 할 것이다.

(2) 처분절차의 위법

영업시간제한 처분은 처분의 상대방인 대형마트의 권리를 제한하고 의무를 부과하는 침익적 처분에 해당하므로 이 경우 행정절차법에서 정한 예외 사유가 있지 않은 이상 처분의 사전통지 등 일련의 절차를 거쳐야 한다. 그런데 처분권자가 이러한 절차를 거쳤는지가 문제되었으나 결국 절차를 이행하지 않은 위법한 처분이었다고 판단하였다.

나. 헌법소원 사건

(1) 헌법소원심판청구 주된 내용과 대응

대형마트는 영업시간제한 제도를 규정하고 있는 유통산업발전법 제12조의2는 청구인들의 직업의 자유와 평등권을 침해한다고 주장하면서 헌법소원을 제기하였다. 또한 이 법률 규정에 의하여 기본권이 직접 그리고 현재 침해받는다고 하였다. 민변 민생경제위원회 회원들은 변호인단을 꾸려 이해관계인 의견서를 제출하기로 하고 대형마트의 증가로 인하여 영업상 어려움을 겪고 있는 중소상인들로 구성된 협동조합을 대리하여 의견서를 공동으로 작성한 뒤 2012. 11. 8. 제출하였다.

(2) 헌법소원심판이 적법한지 여부

헌법재판소는 법률 또는 법률조항이 헌법소원의 대상이 될 수 있으려면 그 법률 또는 법률조항에 의하여 구체적인 집행행위를 기다리지 아니하고 직접 · 현재 자기의 기본권을 침해받아야 하고, 당해 법률에 근거한 구체적인 집행행위를 통하여 비로소 기본권 침해의 법률효과 발생한 경우에는 직접성이 없다는 원칙을 확인한 뒤, 청구인들이 주장하는 기본권 침해의 법률효과는 시장 등 지방자치단체장이 영업시간제한에 관한 구체적인 처분을 하였을 때 그 처분에 의하여 비로소 발생하는 것이지, 이 사건 법률조항에 의해 곧바로 발생하는 것이 아니므로 기본권 침해의 직접성을 인정할 수 없다고 판단하였다.

(3) 결과 및 성과

헌법소원심판청구가 각하결정 되면서 대형마트 영업시간제한 제도에 대한 판단을 받을 수 있는 기회를 갖지 못하였다. 그러나 대형마트 영업시간제한 제도 필요성과 내용을 알려 사회적으로 공론화하는 기회가 되었다. 이 과정에서 상점에 대한 영업시간을 제한하고 있는 해외, 특히 유럽의 사례[10]가 알려졌고 독일 헌법재판소의 결정이 소개되기도 하였다. 위 독일 헌법재판소 결정은 강림절 일요일에 상점의 영업시간 제한을 완화한 베를린 주 개점시간에 관한 법률 제3조 제1항은 일요일과 공휴일의 휴무보장에 위배된다는 것으로 결정 이유 중 일요일과 공휴일 보장의 의미에 관한 부분을 소개하면 다음과 같다.

> 일요일과 공휴일 보장은 종교 자유의 행사를 장려하고 보호하지만은 않는다. 그 외에도 휴무는 육체적 및 정신적 재충전과 이를 통한 신체의 온전함(기본법 제2조2항)에 기여한다. 공통의 휴일 입법은 혼인과 가정의 보호(기본법 제6조1항)에 기여한다. 그러므로 결사의 자유(기본법 제9조1항)도 효과적으로 향유하게 한다. 끝으로, 일요일과 공휴일 보장은 인간의 존엄과 가치와 특별한 관계에 있다는데 가치를 둘 수 있는데, 왜냐하면 이 존엄과 가치가 경제적 효용 사상에 한계를 설정하고 인간에게 인간 그 자체를 위해 이바지하기 때문이다.
> 일요일과 공휴일 보호의 사회적 의미와 그와 함께 세속의 영역에서 공통의 휴무는 본질적으로 바로 일주일의 리듬으로 인해 사회생활의 똑같은 리듬이 생긴다. 근무시간 및 노동보호 규정이 각각 개인에게 보호효과가 있는 반면, 모든 영역에서 정기적인 휴무의 시간적인 일치는 다양한 형태의 사회생활 참여에 기본요소이다 이는 특히 다수의 직장인이 모여사는 가정은 물론 사회단체, 즉 여러 부문의 동호회에 해당된다. 그 외에도 일요일과 공휴

10) 대규모점포 제한 국내외 사례검토 및 과제, 2007. 9. 중소기업중앙회
- 영국: Sunday Trading Act(1994년)와 Christmas Day Trading Act
  - 일요일만 규제: 10~18시 중 6시간만 영업 가능
  - 영업시간 제한 위반시 5만 파운드 이하의 벌금
- 독일(상점영업시간제한법)
  - 유통업체 종업원(특히 여자) 휴식권 보장 및 가정생활 보호를 위해 모든 상점에 공통으로 영업시간 제한
  - 모든 상점은 평일, 토요일 6시부터 20시까지 개점하며, 일(공)요일은 폐점

  예외규정: 크리스마스 이브(12. 24)에 대한 특례규정

  연방정부 차원에서의 규제가 아닌 지자체 차원의 규제로 전환(14개주)
- 이탈리아(D.L.(Decree Legislative)법)
  - 노동자간 노동시간 불균형해소와 고객안전확보 차원에서 영업시간 제한
  - 일요일, 공휴일은 영업금지, 주중: 09~22시(하절기 23시) 영업
- 프랑스
  - 노동법에 의거 영업시간을 규정하고 퇴직연금 · 직업훈련 등 사회정책 규정과 경쟁정책 조항에 포함
  - 주중에는 22시까지 영업이 가능하나 일요일은 원칙적으로 금지
- 일본: 영업시간은 시장 및 마케팅 상황에 따라 자율로 결정하지만, 소음방지법에 의해 야간소음방지를 위해 영업시간 제한 가능

일의 휴무는 정당, 노동조합 및 그 외의 결사 참여의 기본조건에도 중요하고, 그 외에도, 물론 모두가 '일하지 않는 주말'의 조건에서, 집회를 개최할 가능성에도 작용한다는 사실을 주목하여야 한다. 그러므로 휴무는 활성화된 민주주의 일상생활에서 참여의 형성을 위해서도 큰 의미가 있다(독일 헌법재판소 1 BvR 2857/07).

3. 2차 소송의 쟁점과 결과

가. 2차 소송 전 지방자치단체의 조례개정 및 영업시간제한 처분

2012. 6. 22. 서울행정법원의 판결에서 위임법률과 달리 처분권자가 의무적으로 영업시간제한 처분을 하도록 정하고 있는 조례는 위법하다고 판단한 이후, 해당 지방자치단체는 조례를 법률의 취지와 내용에 부합하게 다음과 같이 개정하였다.

서울특별시 강서구 유통기업 상생발전 및 전통상업보존구역 지정 등에 관한 조례[11)]
[시행 2012.8.1.] [서울특별시강서구조례 제921호, 2012.8.1., 일부개정]

제18조의2(대규모점포등에 대한 영업시간의 제한 등) 구청장은 건전한 유통질서 확립, 근로자의 건강권 및 대규모점포등과 중소유통업의 상생발전을 위하여 「유통산업발전법」 제12조의2, 같은 법 시행령 제7조의2에 따라 대형마트로 등록된 것과 준대규모점포에 대하여 다음 각 호의 영업시간 제한을 명하거나 의무휴업일을 지정하여 의무휴업을 명할 수 있다. 다만, 연간 총매출액 중 「농수산물유통 및 가격안정에 관한 법률」에 따른 농수산물의 매출액 비중이 51퍼센트 이상인 대규모점포등에 대하여는 그러하지 아니하다.
1. 영업시간 제한: 오전 0시부터 오전 8시까지의 범위 이내.
2. 의무휴업일 지정: 매월 1일 이상 2일 이내의 범위.

지방자치단체들은 시차는 있었으나 2012. 6. 22. 서울행정법원의 대형마트 영업시간제한분 취소 판결 이후 위 판결의 취지에 부합하게 조례를 개정한 뒤, 다시 대형마트들에 대하여 영업시간제한 처분을 하였다. 이에 대해 대형마트들은 영업시간제한 처분에 대한 집행정지 신청을 하고, 처분의 취소를 구하는 행정소송을 이어갔다.

나. 집행정지 사건(서울행정법원 2012아3614-서울시 강서구청 사건[12)])의 쟁점

신청인 대형마트는 영업시간제한 처분을 규정하고 있는 유통산업발전법 조항은 명확

---

11) 서울시 강동구 뿐만 아니라 해당 지방자치단체들은 서울행정법원의 2012. 6. 22. 판결에서 확인된 조례의 위법을 시정하기 위해 서울시 강동구와 같은 내용으로 조례를 개정하였다.
12) 서울시 25개 구청장 중 강서구청장이 1차 소송 판결 이후 조례를 개정하고 대형마트 영업시간제한 처분을 처음으로 하였다.

하지 않고, 조례에 포괄적으로 위임하고 있으며, 조례는 행정처분의 절차 · 기준 · 방법 등에 관한 세부적인 사항을 전혀 규정하고 있지 않아 수권규정에 위배되고, 처분은 이익형량을 하지 않아 재량권 일탈 · 남용의 위법 등이 있다고 주장하였고, 이에 대한 공방이 치열하였다.

그러나 재판부는 대형마트 영업시간제한 처분의 성질과 태양 및 내용, 신청인들이 입는 손해의 성질 · 내용 및 정도, 원상회복 · 금전배상의 방법 및 난이, 본안청구의 승소가능성의 정도, 공공복리에 미칠 영향 등을 종합적으로 고려해 볼 때, 신청인들에게 회복할 수 없는 손해가 발생할 우려가 있고 이를 예방하기 위하여 처분의 효력을 정지할 긴급한 필요가 인정되지 않는다는 한 가지 이유로 신청을 기각하였다.

다. 취소소송의 쟁점

(1) 대형마트 개념해석 및 처분대상의 적법여부

① 대형마트 개념해석과 처분대상의 적법성이 쟁점이 된 배경

전국에 걸쳐 진행된 2차 소송에서 1심 법원은 모두 대형마트에 대한 영업시간제한 처분은 적법하다고 판단하였다. 각 지방자치단체의 특성이 반영되어 세밀한 부분에서 1심 판결 내용이 일부 차이가 있을 수 있었으나, 영업시간제한 처분은 적법하다는 판결이 이어졌다. 대형마트들은 1개의 사건[13]을 제외하고 1심 판결에 대해 항소하지 않았다.[14] 이렇게 항소한 1개 사건[15]의 항소심에 이르러 대형마트의 개념이 쟁점이 되었는데, 1심에서는 전혀 논란이 없었다.

유통산업발전법은 대형마트를 '식품 · 가전 및 생활용품을 중심으로 점원의 도움 없이 소비자에게 소매하는 점포의 집단'이라고 정의하고 있는데, 여기서 '점원의 도움 없이'라는 부분이 문제되었다. 대형마트는 계산원, 판매보조원 등 점원의 도움을 받아 판매와 구입이 이뤄지고, 임대매장에는 대부분 점원이 있으므로 대형마트로 등록되었다고 하더라도 처분의 대상인 대형마트로 볼 수 없다는 것이 대형마트 측의 논리였다. 즉, 대형마트에 점원이 종사하고 있으므로 유통산업발전법에서 정한 대형마트로 볼 수 없고, 처분대상이 될 수 없다는 것이었다. 결국 대형마트가 아닌데 대형마트로 보고 영업시간제한 처분을 했으니 처분대상을 오인하였다는 논리로 이어졌다.

이에 대하여 항소심은 침익적 행정처분의 근거가 되는 행정법규는 엄격하게 해석 적

---

13) 서울중앙지방법원 2012구합43352-서울시 동대문구, 성동구 사건. 이 사건의 1심 피고는 서울시 동대문구 · 성동구 · 성북구 · 종로구 · 중랑구 5개 구청장이었으나, 원고 대형마트는 2014. 10. 8. 동대문구청장 · 성동구청장에 대해서만 항소하고, 같은 날 나머지 3개 구청장에 대한 소를 취하하였다.

14) 전국에 걸쳐 취소소송이 진행되었기 때문에 항소한 사건이 더 있을 수 있으나 확인된 사건 중에 항소한 사건은 1사건이었다.

15) 서울고등법원 2013누29294-서울시 동대문구, 성동구 사건.

용해야 하고, '점원의 도움 없이 소비자에게 소매하는 점포의 집단'이라는 요건은 6가지 대규모점포 중 대형마트에만 특별히 규정되어 있는 요건으로 핵심적 개념표지라는 이유 등을 들어 현행 대형마트는 영업시간제한 처분의 대상이 될 수 없다고 판단하고, 1심 판결을 취소하였다.

위와 같은 항소심의 판단 결과 1심 판결이 취소되었고 '대형마트는 대형마트가 아니다'라는 논란이 일어나기도 하였다.[16)]

② 처분대상의 적법여부

항소심의 판단은 법해석의 원칙과 한계를 벗어난 위법이 있었다. 법해석은 법적 안정성을 저해하지 않는 범위 내에서 구체적 타당성을 찾는데 두어야 하고, 이를 위해서는 가능한 한 문언의 통상적인 의미에 충실하게 해석하는 것을 원칙으로 하면서, 법률의 입법취지와 목적·연혁·다른 법령과의 관계 등을 고려하여 체계적이고 논리적 해석이 필요하다는 점에서 항소심의 판단은 단편적으로 문언에만 집착해서 법을 해석한 결과였다.

대형마트 정의규정에 '점원의 도움 없이 소비자에게 소매하는 점포'라고 처음 도입한 유통산업발전법 개정 당시에도 전국 대형마트들은 현재와 같이 점원을 두고 영업을 해왔다. 항소심과 같은 논리라면 전국의 대형마트의 존재를 부정하는 결과가 되어 구체적 타당성에도 맞지 않는 결과가 되는 문제가 있었다. 따라서 대형마트의 개념표지로 '점원의 도움없이'라는 부분은 다른 대규모점포들과 비교해서 점원의 도움이 덜 필요하다는 상대적 의미로 해석했어야 한다.

이에 대해 대법원은 규정의 내용과 체계·입법목적 등과 아울러 영업시간제한 처분을 정한 조항은 기존의 대규모점포로 등록된 유형 구분을 전제로 대형마트로 등록된 대규모점포를 일체로서 규제 대상으로 삼고자 하는데 취지가 있고, 대형마트로 개설등록 되었다면 개설자에 대한 구속력을 가지는 점 등을 이유로 일단 대형마트로 개설 등록되어 운영되고 있는 이상 영업시간제한 등 규제의 대상에 해당한다고 판단하였다.

(2) 처분절차상의 하자여부

처분절차상 하자로 쟁점이 된 것은 대형마트 영업시간제한 처분을 하면서 침익적 행정처분에서 필요한 사전통지 등 일반적 절차상 하자의 문제는 아니었고, 대형마트 내에 있는 임대매장[17)]에 대하여 처분통지가 있었는지가 쟁점이었다. 임대매장에 대한 처분통

---

16) 한겨레신문, "이마트는 대형마트 아니다"는 법원…'황당' 판결, 2014. 12. 12.자 기사.
17) 대형마트는 직영매장 부분과 임대매장 부분으로 구성되어 있는데, 직영매장은 대형마트 개설자가 직접 운영하는 매장이고, 임대매장은 대형마트 안에 있기는 하지만 개설자로부터 공간을 임차하여 판매영업을 하는 매장이다.

지가 없어서 절차상 하자가 있다는 점도 항소심에 이르러 비로소 쟁점이 되었는데, 이는 앞에서 본 처분대상의 적법여부와도 관련이 있었다. 대형마트 영업시간제한 처분을 하면 직영매장 부분과 임대매장 부분 모두 영업시간의 제한을 받게 되는데 처분통지 등 일련의 절차는 직영매장 부분을 운영하는 개설자에게만 이뤄졌고 임대매장 영업주에 대해서는 절차가 없었다.

이에 대해도 대법원은 직영매장 이외에 임대매장이 병존하는 경우에도 전체 매장에 대하여 유지관리 책임을 지는 개설자만이 처분상대방이 되고, 임대매장의 임차인이 별도로 처분상대방이 되는 것은 아니라고 하면서, 임대매장을 운영하는 임차인들을 상대로 별도로 사전통지 등 절차를 거칠 필요가 없다고 해서 처분절차의 하자를 인정하지 않았다.

(3) 재량권 일탈남용 여부

① 판단의 전제로서 헌법 제119조에 대한 해석

대법원은 재량권 일탈남용여부를 판단하기 위한 전제로 헌법상 경제질서의 기본원칙과 헌법 제119조에서 정한 경제민주화 조항의 실천원리로서의 관계를 명확히 하였다. 즉, "우리 헌법상 경제질서는 '개인과 기업의 경제상의 자유와 창의의 존중'이라는 기본원칙과 '경제의 민주화 등 헌법이 직접 규정하는 특정 목적을 위한 국가의 규제와 조정의 허용'이라는 실천원리로 구성되고, 어느 한쪽이 우월한 가치를 지닌다고 할 수는 없다. 따라서 헌법 제119조 제2항에 따라 이루어진 경제규제에 관한 입법의 해석과 적용에 관하여도, 위와 같은 기본원칙이 훼손되지 않고 실천원리가 그 한계를 벗어나지 않으면서도 기능을 발휘할 수 있도록 하여야 한다."라고 판시하였다.

또한 "이 사건 조항은 헌법 제119조 제2항에 따라 입법자에게 부여된 입법재량에 기한 것으로 '대형마트 등의 시장지배와 경제력 남용의 방지' 및 '대형마트 등과 중소상인 등 경제주체간의 조화를 통한 경제의 민주화' 등 공익의 실현을 목적으로 한 경제규제에 관한 입법이라는 의미를 갖는다."라고 판시하여 대형마트 영업시간제한 제도가 경제민주화의 한 예임을 명확히 하였다.

② 공사익 형량을 해태하였는지 여부

영업시간제한 처분의 필요성을 판단하기 위하여 처분 전에 이해당사자들의 의견을 들었고, 처분으로 달성되는 건전한 유통질서 확립, 대규모점포 소속 근로자의 건강권과 중소유통업과의 상생발전 등 공익과, 그로 인한 영업의 자유・소비자의 선택권 등 이익을 포함한 관련 공사익의 요소를 모두 실질적으로 고려하였다고 대법원은 판단하였다.

③ **비례원칙을 위반하였는지 여부**

1997년 유통산업발전법 제정으로 대형마트의 개설을 허가제에서 등록제로 변경하여 자유로운 개설 등록이 가능해졌고, 대형마트가 소규모 지역상권에까지 무차별적으로 진출하여 시장을 잠식한 결과 전통시장의 위축과 중소상인의 생존 위협 및 24시간 영업에 따른 대형마트 소속 근로자의 일상적인 야간근무 등 부정적인 효과도 나타나게 되었다. 이에 대한 대책으로 영업시간제한 제도가 도입되었는데, 이는 헌법 제119조 제2항에 정한 헌법적 근거 및 정당성도 갖고 있고, 건전한 유통질서 확립과 근로자의 건강권 보호 및 중소유통업과의 상생발전 등 영업시간제한 처분으로 달성하려는 공익은 중대할 뿐만 아니라 이를 보호하여야 할 필요성도 크다고 판단하였다.

반면에 영업시간제한 처분으로 침해되는 대형마트의 영업의 자유는 직업의 자유 중 상대적으로 폭넓은 제한이 가능한 직업수행의 자유에 해당하고, 소비자들의 선택권은 헌법 제37조 제2항에 따라 '공공복리'를 위하여 필요한 경우 법률로 제한할 수 있는 기본권에 속한다. 그런데 이 사건 각 처분 중 영업시간 제한처분은 소비자의 이용빈도가 비교적 낮은 심야나 새벽 시간대의 영업만을 제한하는 것이고 의무휴업일 지정처분은 한 달에 2일의 의무휴업만을 명하는 것이어서, 영업의 자유나 소비자의 선택권의 본질적 내용이 침해되었다고 보기는 어렵다고 판단하였다. 또한 대형마트의 증가추세와 전통시장 등의 지속적 위축현상이 일반적으로 상관관계가 있고, 실제 의무휴업일 지정으로 전통시장 등의 고객 수 증가나 매출액 증대 효과가 통상 예측가능하다는 점에서 수단이 불필요하다거나 전혀 실효성이 없다고 볼 만한 자료도 없다고 판단하였다.

따라서 대형마트 영업시간제한 처분은 비례원칙을 위반하지 않는다고 결론지었다.

④ **서비스무역에 관한 일반협정과 한·유럽 자유무역협정 위반여부**

항소심까지 서비스무역에 관한 일반협정(General Agreement on Trade in Services, GATS) 및 한·유럽자유무역협정[18](Free Trade Agreement, 이하 두 협정을 '무역협정'으로 통칭) 위반여부는 첨예하게 쟁점이 되었다. 무역협정은 국내법과 같은 효력을 갖는 국제조약이고, 양허표에 명시되지 않는 한 서비스 총 영업량 또는 산출량에 대한 쿼터 경제적 수요 심사요건 형태의 제한을 유지하거나 채택할 수 없도록 하고 있음에도 불구하고 대형마트 영업시간제한은 서비스 영업량을 제한하는 경우에 해당하고, 양허를 통해 부여하기로 한 대우보다 불리한 대우를 제공해서 보호수준을 강화하고 있으므로 위법하다는 것이 대형마트 측의 주장 취지였다.[19]

---

18) 대형마트 중 홈플러스는 네덜란드 국적 법인이 지분을 소유하고 있었기 때문에 한·유럽 자유무역협정 위반 여부가 문제되었다.

19) 대형마트는 처분의 근거가 되는 조례가 무역협정에 위반된다는 주장과 그 조례에 근거한 처분도 모두 위법하다고 주장하였다.

반면, 무역협정 중 GATS는 국가정책목표를 위해 신규규제를 도입할 수 있는 회원국의 권리를 인정하고 있고, 합리성과 객관성 및 공평한 방법으로 국가정책을 위하여 규제를 도입할 수 있으므로 영업시간제한은 무역협정에 위반되지 않는다는 주장이 맞섰다.

이에 대해 대법원은 무역협정은 '국가와 국가 사이의 권리·의무관계를 설정하는 국제협정으로서, 이와 관련한 법적 분쟁은 협정에서 정한 바에 따라 국가 간 분쟁해결기구에서 해결하는 것이 원칙이고, 특별한 사정이 없는 한 사인에 대하여는 협정의 효력이 직접 미치지 아니하므로 협정의 개별 조항 위반을 주장하여 사인이 직접 국내 법원에 해당 국가의 정부를 상대로 그 처분의 취소를 구하는 소를 제기하거나 협정위반을 처분의 독립된 취소사유로 주장하는 것은 허용되지 않는다는 원칙을 제시하면서, 각 협정의 개별 조항 내용을 보더라도 무역협정에 정한 '서비스 영업의 총 수나 서비스 총 산출량의 제한 금지'는 국가간 서비스 등 공급에 관한 시장접근의 관점에서 영업 및 서비스의 총량제가 실시됨을 이유로 하여 시장접근 자체를 제한하는 것을 금지하는 취지이므로, 영업시간제한 처분과 같이 이미 시장진입이 허용된 대규모점포의 일부 영업행위에 대하여 내국인과 동일한 규제를 하는 것은 위와 같은 금지의 취지에 어긋난다고 볼 수 없다고 판단하였다.

라. 보론: 대법원 공개변론에 관하여

대형마트 영업시간제한처분 취소사건은 이례적으로 공개변론이 진행되었다. 공개변론은 변론준비와 변론으로 진행되는데, 변론기일에 진술할 내용을 서면으로 미리 제출하고 앞에서 본 것과 같은 쟁점들을 요약해서 발표할 수 있게 준비하였다. 대법관의 질문은 사전에 제공되지 않기 때문에 예상되는 질문을 미리 정리해서 진술내용과 방향을 정하였다. 사회적으로 관심이 많거나 영향이 큰 사건에 대해 공개변론이 이뤄지므로 사건의 전문가를 참고인으로 출석하게 하여 진술하도록 하는데, 이 사건에서도 양측 참고인이 출석하여 진술하였다.

4. 판결 성과와 과제

과정상의 성과를 보면, 대형마트 영업시간제한처분 취소사건은 제도도입을 위한 법 개정과 시행·소송 등 일련의 전 과정을 민변이 함께 하면서 헌법의 경제민주화 조항을 현실화하였다는 점을 들 수 있다. 다음으로 내용의 측면에서 성과라면, 헌법의 경제민주화 규정에 관해 해석하고 의미를 부여하였다는 점에서 찾을 수 있다. 특히 대법원에서 이례적으로 헌법 제119조를 인용하면서 이 규정의 의미와 해석방향 및 내용을 구체적으로 판시함으로 향후 유사한 사례에도 인용할 수 있는 토대를 마련하였다.

그러나 여전히 과제가 남아 있다. 유통산업은 변화를 거듭하고 있고 대형마트가 아닌 다른 형태의 대형유통업체들이 늘어나고 있으므로, 이들과 중소상인 사이에 균형 있는 발전을 도모할 방안과 대형 유통업체에 의해 소매시장이 독과점화 되는 것을 막을 방법을 모색해야 한다. 또한 대형 유통업체는 시장에서 영향력을 바탕으로 납품업체와 불공정거래 시비가 끊이지 않고 있다. 한편 대부분의 유통분야에 근무하는 노동자들은 비정규직 비율이 높고 임금도 낮은 편인데, 이는 경제주체 간 상생과 균형발전이나 불고정거래 시정만으로는 해결되지 않는 노동문제이기도 하다. 우리 일상에 보편화 되어 자리 잡은 대형마트 등 유통채널에서 벌어지고 있는 다양한 문제들을 종합적으로 감시하고 규제할 필요가 있다.

참고자료

권태구, 성낙일, 대형유통업체의 시장진입과 소매업종별 사업체 수의 변화 실증분석, 2014. 6.

김범식, 대형마트 영업제한의 전통시장 매출증대 효과와 정책방안, 서울연구원, 2012. 10. 1.

독일헌법재판소 판결문(원문), 점포 영업시간관련, 2004. 6. 9.

독일헌법재판소 판결문(번역문), 점포 영업시간관련, 2004. 6. 9.

독일헌법재판소 판결문(원문), 점포 영업시간관련, 2009. 12. 1.

독일헌법재판소 판결문(번역문), 점포 영업시간관련, 2009. 12. 1.

박은진, 「GATS 의무에 대한 일반적 예외의 해석과 적용」

박정만, 공룡에 대한 보고서, 2012. 5. 7.

박충렬, 대형마트 영업시간 규제에 대한 대법원 판결의 의미와 과제, 입법조사처, 2015. 12. 8.

소상공인진흥원, 외국의 대형소매점 출점규제, 2009. 9.

신기동, 대형소매점규제의해외동향과정책대응, 경기개발연구원, 2012. 3. 22.

이원우, 헌법상 경제질서와 공생발전을 위한 경제규제의 근거와 한계, 2013. 3.

주진열, 한국 대법원의 WTO 협정 직접 효력 부인, 2009. 6. 23.

중소기업중앙회, 대형마트제한 국내외 사례 검토, 2007. 9.

심층질문

대형마트는 현재 우리 생활에서 폭넓게 자리 잡았습니다. 그리고 대형마트의 영업시간에 관해서는 아무런 제한이 없었다가 유통산업발전법이 개정되면서 밤 12:00부터 다음 날 오전 10:00까지 심야영업 시간제한과 월2회 일요일 휴업 지정제도가 도입되었습니다. 이러한 심야영업 시간제한과 의무휴업일 지정은 지방자치단체장의 처분이 있어야 합니다.

1. 지방자치단체장이 대형마트에 대하여 심야영업 시간제한과 의무휴업일 지정할 경우 처분의 상대방인 대형마트 사업자를 포함하여 이해관계인에게 미치는 영향을 서술하고, 이 처분으로 얻고자 하는 공익과 처분의 상대방과 이해관계인의 이익을 형량하여 처분이 적법여부를 답하시오.

2. 현행 유통산업발전법은 대형마트(준대규모점포 포함)에 대해서만 영업시간제한과 의무휴업일 지정을 할 수 있도록 정하고 있고, 백화점이나 대형마트 보다 규모가 큰 대형쇼핑몰에 대해서는 영업시간제한 등을 할 수 없습니다. 노동자의 건강권과 휴식권 보호라는 면에서 현행 제도가 합리적이라고 할 수 있는지 서술하시오.

3. '유통산업의 효율적인 진흥과 균형 있는 발전을 꾀하고, 건전한 상거래질서를 세움으로써 소비자를 보호하고 국민경제의 발전에 이바지'한다는 유통산업발전법의 입법목적 달성을 위하여 대형마트에 대한 영업시간제한이나 의무휴업일 지정 제도 이외에 가능한 제도는 어떠한 것이 있는지 서술하시오.

자료 1 보도자료-유통산업발전법 헌법소원 각하/기각 의견서 제출 기자회견문(일부 발췌)

1999년 46조원에 이르던 전통시장의 매출액은 잡식성 공룡에 비견되는 유통재벌의 등장으로 10년이 지난 지금 현재 그 절반이하인 24조원으로 줄었다. "편리"라는 미명하에 연중무휴에 새벽까지 영업을 강행하면서 비정규직 판매직원들의 노동력 착취를 바탕으로 대형마트는 계속 몸집을 불려왔다. 같은 기간 7조원에 불과하던 대형마트 공룡들의 매출액은 36조원으로 5배 이상 증가하였다. 이는 무엇을 의미하는가. 같은 시장을 두고 살아가는 수많은 중소상인들이 생업의 터전을 떠나가야 했던 반면 그 경제이익이 소수의 유통재벌들에게 집중되었다. 또한 대부분 여성인 비정규직 노동자들은 장시간 저임금에 혹사되는 것뿐만 아니라 하지정맥류 등 직업병에 시달리고 있다.

이러한 배경에서 유통산업발전법 제12조의2는 지자체의 조례에 따라 월 2회내 휴무, 오전 0시~8시의 범위에서 영업시간을 제한하고 있다. 이에 대해 유통재벌들은 자신들의 직업 행사의 자유 및 평등권이 침해된다는 이유로 위 조항과 관련 조례가 위헌이라며 헌법소원을 제기하였다.

법령에 대한 헌법소원은 그 심사를 받기 위해 제대로 된 요건을 갖추어야 한다. 법령 또는 조례만으로 직접 기본권 침해가 발생해야 하는 침해의 직접성, 다른 법률 구제수단이 없어야 하는 보충성 등의 요건을 갖추어야 한다. 그런데 위 조항은 침해의 직접성 요건을 갖추지 못하였다.

한편, 직업행사의 자유와 중소상인들의 생존권, 노동자들의 휴식권을 한번 저울에 달아보자. 유통재벌의 영업의 제한 정도는 고작 한 달에 두 번, 그리고 심야시간에 영업이 금지되는 것이다. 반면 그로 인하여 얻는 무엇인가. 의무휴업제를 통하여 인근 중소상인들의 매출액이 적어도 11% 이상 증가 되었고 이는 앞으로 중소상인들의 생업권을 보장할 바탕이 된다. 대형마트 비정규직 노동자들은 또 어떤가. 그녀들은 쉬어야 할 때 쉴 수 있는 휴식권을 얻게 되었다. 이렇듯 모두가 "함께" 살자는 목적을 이루기 위해 제시된 유통산업발전법상의 의무휴업제는 목적의 정당성, 수단의 적절성, 피해의 최소성, 법익의 균형성 요건을 모두 갖추었다. 어느 쪽이 무거운가. 어느 쪽으로 기우는가.

이에 본 모임은 헌법소원 요건을 갖추지 못하여 각하되어야 하거나 의무휴업제 등이 대규모점포 등의 직업의 자유나 평등권을 침해할 소지가 전혀 없으므로 합헌이라는 취지의 의견서를 제출한다. 본 모임은 또한 이에 그치지 않고 중소상인 네트워크, 경제민주화 국민운동본부와 연대하여 앞으로 전국에서 제기되고 있는 행정소송에도 보조참가를 통하여 적극적인 법률 대응을 펼칠 것이다.

자료 2 상고이유서(일부 발췌)

8. 상고이유 제7점: 재량권 일탈 남용에 대한 법리오해

가. 원심판단 요지 및 상고이유 요지

원심은 이 사건 처분은 대규모점포와 전통시장 등의 건전한 유통질서 등에 관하여 고려하지 않았고, 대규모점포에 근무하는 근로자에 대하여 구체적인 조사를 하지 않았으며, 임대매장 입점 중소자영업자나 납품 중소유통업자의 피해나 소비자의 선택권 침해로 인한 지역 주민들의 생활상 불이익을 고려하지 않았으며 점포의 크기나 지역 등을 고려하지 않은 채 내려져 재량권 불행사 또는 해태의 위법이 있다고 판단하였습니다.

나. 행정기관의 재량권 일탈·남용에 대한 사법심사에 관한 법리

현대헌법의 입법, 행정, 사법의 삼권분리의 원칙상 사법부가 행정부의 행정행위의 재량권 행사를 심사함에 있어서는 행정부가 재량권을 행사함에 있어서 고려한 정책판단이나 행정행위의 기초가 된 사회·경제적 상황 등을 존중해야 하고, 더욱이 행정행위의 근거가 된 입법과정에서 행정행위 재량권 행사 범위나 방법에 있어 여러 기본권의 충돌과 이에 따른 법익교량에 대해서 상당한 입법적 고려를 한 결과 입법에서 행정부의 재량권 행사의 범위나 방법 등을 제한하고 있다면 이러한 입법부의 입법재량을 존중해야 합니다.

다. 대형마트 등 영업시간제한 입법과정에서 인정된 재량권

유통산업발전법 제12조의2 대형마트 영업시간제한은 입법과정에서 대형마트 영업의 자유나

소비자선택권, 납품업체의 생존권 등 다른 법익과의 법익교량을 오랜 시간에 걸쳐 구체적으로 논의한 결과 영업시간 제한의 범위를 오전 0시부터 오전 8시까지 이내로, 의무휴업일 지정의 범위는 매월 1일 이상 2일 이내로 행정기관의 재량권 범위를 정하였습니다. 오랜 입법과정에서 다른 기본권과의 법익교량이나 행정기관의 영업시간 제한처분의 재량권 행사 범위와 방법을 구체적으로 정한 경위나 취지를 존중하여 행정기관이 유통산업발전법이 정한 재량권 행사의 최대 범위로 재량권을 행사하였다 하여 이를 재량권의 남용이라 할 수는 없습니다.

라. 목적의 정당성 심사의 위법

유통산업발전법 제12조의2는 그 목적을 건정한 유통질서의 확립, 근로자의 건강권 보호, 중소유통업과의 상생발전 등에 두고 있습니다. 압도적 경쟁력 우위를 지닌 대형마트 등으로 인해 중소유통업자들이 시장에서 대부분 퇴출될 경우 유통업 시장이 대형마트 등을 운영하는 몇 개 기업의 독과점 구조로 고착되어 건전한 유통질서에 어긋나는 결과가 초래될 우려가 있으므로 건전한 유통질서 확립을 위하여 대형마트의 영업시간을 규제하는 입법이나 이에 따른 행정처분은 그 목적의 정당성이 인정됩니다.

야간·휴일 근로는 대형마트 뿐만 아니라 모든 사업장에서 불가피한 경우를 제외하고 일반적으로 극복해야 할 사회적 과제이고 대형마트 등의 연중무휴 24시간 영업으로 대형마트 등에 근무하는 근로자들이 적정한 휴무일을 보장받지 못한 채 생체리듬에 어긋나게 근무를 하게 될 우려가 있는 점을 고려하면 대형마트 등에 종사하는 근로자의 건강권 보호를 위하여 대형마트의 영업시간을 제한하는 것 또한 목적의 정당성이 인정됩니다.

마. 수단의 적절성 심사의 위법

원심은 대형마트 영업시간 규제가 중소유통업 종사자의 매출증대로 이어져 중소유통업과의 상생협력이라는 규제의 목적을 달성하는 적절한 수단인가를 심사함에 있어서, 피고 행정기관의 재량권 행사판단에 고려한 공적기관인 시장경영진흥원이나 소상공인진흥원의 조사결과 등은 중소상인에 "우호적인 단체"의 조사결과에 불과하다고 폄하하고, 원고 대형마트에 우호적인 단체인 전국경제인연합회나 대형마트가 회원사인 "체인스토어협회"에서 용역을 발주하여 만든 용역보고서는 신뢰할 만하다고 평가하는 등 재량권 행사판단에 필요한 자료의 취사선택에 있어서 편향된 태도를 취하고 있을 뿐만 아니라, 재량권 행사의 일탈·남용 여부를 심사하는데 있어 사후적으로 행정기관을 대신하여 재량권 행사의 적정성 여부를 판단함으로써 이 점에서도 재량권 일탈·남용 심사에 관한 법리에서 한참 벗어나고 있습니다.

시장경영진흥원의 조사결과에서도 서울특별시 내 대형마트의수는 2006년 48개에서 2011년 64개로, 준대규모점포의 수는 2006년 52개에서 2011년 267개로 각각 현저히 증가하였고 같은 기간 매출액도 약 30% 이상 증가한 반면, 서울특별시 내 전통시장의 수는 2005년 262개에서 2010년 218개로 감소하였고 같은 기간 매출액도 20% 이상 감소한 점, 전통시장의 쇠퇴에는 경쟁력 약화와 같은 내재적인 요인도 영향을 미쳤을 수 있으나 이와 같이 같은 시기에 성장세가 두드러진 대형마트 등이 가장 영향을 미친 것으로 보이는 점, 대형마트 등이 취급하는 물품은 백화점 등과 달리 생필품 위주여서 영업제한이 이루어질 경우 대안으로 전통시장이나 중소소매업체를 이용하는 소비자가 늘 수밖에 없는 점, 강제력이 없는 자발적인 영업시간 제한만으로는 상생발전에 실효성이 떨어지는 점에 비추어 보면 피고 행정기관들의 이 사건 영업시간 제한 및 의무휴업 처분은 건전한 유통질서의 확립, 근로자 건강권 보호와 중소유통업과의 상생발전을 위한 유효적절한 수단이라 할 것입니다.

이에 대하여 원심은 중소유통업자가 대형마트 등과 경쟁할 수 있는 경쟁력을 갖도록 지원하는 등 보다 효과적이고 대형마트의 영업권이나 소비자선택권 등을 침해하지 않는 대체수단이 있어 영업시간 제한처분은 수단의 적절성이 인정될 수 없다고 하고 있으나, 중소유통업자의 경쟁력 지원수단은 장기간에 걸쳐 보면 건전한 유통질서 확립이나 중소유통업과의 상생발전의 유효한 수단이 될 수 있으나, 이러한 지원·육성책만으로는 경쟁조건의 차이를 해소하기 어렵고, 중소유통업자들이 당장의 경쟁에 밀려 시장에서 퇴출될 위기에 처해 있을 경우 중소유통업자의 경쟁력 강화라는 장기적 정책수단만으로는 그 효과가 나타나기도 전에 중소유통업자들이 시장에서 퇴출되거나 고사할 수 있어 단기적 대책으로 영업시간 제한처분을 병행한다고 하여 이를 두고 수단의 적절성을 상실하여 비례의 원칙에 어긋난다고 할 수는 없습니다.

바. 법익교량에 있어 위법

(1) **대형마트의 매출이익 내지 영업권과 중소상인 생존권 내지 근로자 건강권의 비교형량**

대형마트 등은 중소유통업자 등에 비하여 자금동원력이 뛰어나고 할인전략이나 적극적인 홍보 등으로 경쟁력을 높일 수 있어 야간근로나 휴일근로를 줄이더라도 일정정도의 영업이익을 거둘 수 있고, 근로문화의 개선에 일조할 사회적 책무도 지는 점, 대형마트 등은 휴무일 전후 할인판매나 배송시간 연장과 같은 다른 조치를 통하여 영업시간 제한으로 인한 매출 감소를 어느 정도 만회할 수 있는 점 등을 고려할 때, 영업시간을 제한하는 것이 대형마트의 영업권에 관한 과도한 제한이라 할 수는 없는 것입니다.

(2) **소비자 선택권과 중소상인 생존권 내지 근로자 건강권의 비교형량**

소비자의 선택권은 헌법 제10조 행복추구권에서 파생되는 기본권으로 보장되는 것이기는 하나 제한이 불가능한 절대적 기본권이 아니라 헌법 제37조에 의한 공공복리 등의 사유로 제한이 가능한 상대적 기본권이라 할 것인데, 이 사건 처분으로 소비자들이 비교적 구매를 적게 하는 시간대인 오전 0시부터 오전 8시까지만 영업이 제한되고 매월 2일간 의무휴업일이 지정되었을 뿐이고, 궁극적으로 소비자의 선택권을 보호하기 위해서는 소수의 대형마트 등이 상권을 독과점하는 것은 바람직하지 않고 중소유통업자 등 경제적 약자들이 형성하는 상권이 활성화되어 대형마트 등과 조화를 이루며 공존할 수 있도록 하는 것이 소비자에게도 궁극적으로 도움이 됩니다.

영업시간 제한 등이 소비자의 선택권을 제한하는 측면이 있다고 하더라도 대형마트 영업시간 규제 등의 규제조치가 없는 경우 대형마트의 전국적인 유통망, 다른 대형마트 등과의 접근성 등으로 인하여 중소유통업자 등이 형성하는 상권 활성화에도 한계가 있는 점 등을 고려하면 소비자선택권이 제한되는 정도와 비교해도 건전한 유통질서의 확립, 근로자 건강권 보호, 중소유통업자의 상생발전 등의 공익적 이익이 더 크다 할 것이어서 비례의 원칙에 어긋나지 않는다 할 것입니다.

(3) **근로자의 건강권과 전통시장 상인의 건강권의 비교형량**

원심은 전통시장 종사자의 건강이 대형마트 근로자의 건강권 보다 더 열악하므로 대형마트 근로자의 건강권을 보호하기 위하여 대형마트 영업시간을 규제하는 것은 비례의 원칙에 어긋난다는 이상한 논리를 전개하고 있습니다. 야간·휴일근로는 앞으로 우리 사회가 극복해야 할 사회적 과제로서 전통시장 종사자들에 있어서도 야간·휴일근로는 극복해야 할 과제인 것이나, 전통시장 종사자들의 야간·휴일 근로가 극복되어야만 대형마트 근로자들의 야간·휴일 근로도 비로소 극복되는 것은 아닙니다. 대형마트의 야간·휴일 영업시간을 제한하는 결과 전통시장 종사자들이 야간·휴일 근로를 하게 되는 것이 아니고, 전통시장 종사자들이 대형마트의 영업시간이 규제되는 야간과 휴일에 근무할지 휴식을 취할지는 전적으로 전통시장 종사자들의 자유의지에 맡겨져 있는 것으로, 대형마트 근로자의 건강권 보호를 위하여 휴일·야간 근로를 제한하는 것이 바로 전통시장 종사자들의 건강권을 침해하는 것으로 보고 전통시장 종사자의 건강권과 대형마트 근로자의 건강권을 기본권의 충돌로 보아 두 법익을 교란하는 심사방법은 재량권심사의 기준인 비례의 원칙에 관한 심사방법에 관한 법리를 오해하고 있는 것입니다.

(4) **대형마트 납품업자의 영업권과 중소상인 생존권의 비교형량**

대형마트 등 영업시간제한으로 인해 대형마트 납품업자의 매출이 줄고 영업이 일부 위축될 것이라는 점은 예상할 수 있었던 것이고 이러한 사실은 입법과정에서도 논의가 되었던 것입니다. 그런데도 입법이 가능했던 이유는 납품업자의 이익과 중소 영세상인의 이익 및 근로자의 건강권 등을 비교해 보았을 때 대형마트 등의 영업시간 제한이 필요하다는 입법적 결단에 의한 것이고 행정기관은 이를 근거로 처분한 것입니다. 따라서 대형마트 등 영업시간제한의 근거 법령인 유통산업발전법 제12조의2가 위헌이라는 결정이 내려지지 않는 한 위 근거법령과 조례에 근거한 처분의 재량권 일탈·남용여부를 심사함에 있어서 납품업자의 이익을 쉽게 기준으로 삼는 것은 삼가하여야 합니다.

한편, 대형마트 등의 납품업자의 이익이 영업시간제한으로 일부 줄어들 수 있다고는 하나, 1개의 대형마트가 진입할 경우 인근 소규모 슈퍼마켓은 22.3개가, 식료품 소매업체는 20.1개가, 전체 소매업체는 83.3개가 각각 감소했다는 최근 발표된 연구논문의 내용을 고려할 때 대형마트 등의 영업시간제한을 통해서라도 중소 영세상인의 영업활동을 보호할 필요성은 더욱 크다고 해야 할 것입니다(참고자료4. 대형유통업체의 시장진입과 소매업종별 사업체 수의 변화: 실증분석). 그렇다면 대형마트 등 납품업체의 이익이 영업시간제한으로 인해 일부 줄어들 수 있다는 사실만으로 재량권 일탈·남용이 인정될 수는 없다고 해야 할 것입니다.

자료 3 변론요지서(대법원 공개변론)

이번 공개변론으로 상생의 길이 열리길 바라면서 마무리 변론 하겠습니다.

1997년 유통산업발전법이 제정되었습니다. 유통산업은 새로운 성장산업으로 인식되었고, 정부는 지원을 아끼지 않았습니다. 99년에는 대규모점포 개설자의 편의를 도모하고 인허가 규제를 더욱 완화해 주었습니다. 덕분에 국내 대형마트는 성장을 거듭해 2008년경 포화상태에 이르렀고, 이른바 빅3가 대형마트 전체매출의 80% 이상을 차지하는 과점체제를 구축했습니다. 대형마트들은 재빨리 몸집을 줄인 SSM으로 골목 깊숙이, 주거지역에까지 거침없이 파고들면서, 같은 체급자와 경쟁하는 대신 골목상권 장악을 선택했습니다. 기습입점으로 지역 상인과 갈등도 마다하지 않았습니다. 그 결과 골목의 슈퍼마켓이나 철물점, 과일가게들은 사라져 갔습니다. 전통시장은 그 수와 매출액이 눈에 띄게 줄었습니다.

이처럼 대형마트의 성장 뒷면에는 전통시장을 비롯한 중소상인의 쇠락과 폐업으로 발생하는 사회적 비용이 있었습니다. 365일 24시간 영업으로 인해 저임금으로 심야에도 일을 해야 했던 여성근로자들의 건강에 적신호가 들어왔습니다.

2011년 대형마트에 근무하는 여성근로자의 건강문제가 사회적으로 이슈가 되기도 하였습니다. 이때 심야노동을 2급 발암물질로 규정한 세계보건기구의 보고가 국내에 알려지기도 하였습니다.

이러한 문제를 바로잡기 위해 국회에서 길고 치열하게 토론하고 협의하였습니다. 이 과정에서 납품업체 피해, 소비자 불편, 그리고 통상문제 등 이 사건에서 쟁점이었던 모든 사안들이 면밀하게 검토되었습니다. 충돌이 예상된 이익들을 모두 비교한 뒤 비로소 피고들에게 재량권이 부여되었습니다.

원심은 피고들이 건전한 유통질서나 납품업체 피해를 고려하지 않았다, 근로자에 대한 구체적 조사와 소비형태 분석이 없었다고 하면서 재량권의 불행사를 인정하였습니다. 그러나 이 사건 처분 당시 소매업분야는 대형마트 3사가 이미 장악하였고, 대형마트와 경쟁관계 내지는 보완관계에 있는 중소상인들은 몰락의 길에 접어들고 있었습니다. 이는 시장 구조나 소비자의 선택권 측면에서 건전하지도 바람직하지도 않았습니다. 그대로 방치할 경우 소매업에서 다양성은 사라지고 두부 한모 사기 위해 대형마트 나들이를 해야 할 것이 불 보듯 뻔했습니다. 전경련 산하 한국경제연구소의 자료에 의하더라도 영업시간제한 이후에도 대형마트 매출이 눈에 띄게 줄어든 흔적은 찾아볼 수 없고, 오히려 성장하거나 꾸준히 유지되고 있어 우려했던 납품업체의 피해가 크지 않음이 확인되었습니다.

한편, 피고들은 사회적으로 이목이 집중된 상태에서 처분을 해야 했기 때문에 신중할 수 밖에 없었습니다. 관할 구역내 시장의 구조와 분포, 전통상업보존구역을 조사했습니다. 원고들과 주민들의 의견을 들어야 했습니다. 중소상인들의 호소에 귀를 기울였습니다. 가능한 모든 이익을 비교한 뒤 최선의 처분을 내렸습니다. 그런데도 원심과 원고들은 최고의 처분이 아니었기 때문에 위법하다면서 피고들과 제도를 탓하고 있습니다.

또한 원심은 건전한 유통질서 확립은 불공정거래를 개선하면 된다, 맞벌이부부가 불편하다, 전통시장 상인의 근무환경이 더 열악하다 등 납득하기 어려운 이유로 이 사건 처분이 위법하다고 하였습니다. 그러나 이는 기준설정이 불가능하거나 매우 곤란한 사실들을 가지고 행정청의 전문적이고 구체적인 판단을 완전히 대신한 결과입니다. 재량권의 사법적 심사 방식에 부합하지 않습니다. 처분의 취지는 고려되지 않았고 비교대상 설정에도 심각한 오류를 범하였습니다.

대금감액, 부당반품, 비용전가 등 대형마트의 납품업체에 대한 만연한 불공정거래를 바로잡기 위해 『대규모유통업 거래공정화에 관한 법률』이 이미 시행되고 있는데도 불구하고 원심이 유통질서 확립은 불공정거래를 개선하면 된다고 판단한 것은 이러한 오류와 편향의 한 예이기도 합니다.

대형마트 영업시간제한으로 중소상인들은 매출과 고객이 늘었고 잠시 나마 기대와 희망을 가졌습니다. 근로자들은 한 달에 두 번이지만 일요일에 쉴 수 있게 되었습니다. 최근 조사에서 소비자들 약 78%는 비록 불편하지만 영업시간제한이 필요하다고 답하였습니다. 동반성장을 위해 대기업에 대한 규제도 필요하다고 합니다. 영업시간제한을 더 확대하는 내용으로 유통산업발전법이 최근 개정되었습니다. 피고들을 포함한 지자체장들은 개정법 취지와 내용에 따라 새로운 처분을 이미 하였거나 준비하고 있습니다. 이 사건 처분이 과도하였다기 보다는 적절한 시기에 꼭 필요한 조치였음을 보여주는 사실들입니다. 영업시간제한이 점차 자리 잡아 가고 있다는 결과이기도 합니다.

대형마트들은 자본과 정보, 기술을 바탕으로 온라인 시장과 복합쇼핑몰, 편의점까지 다양하게 확장해 가고 있습니다. 반면 대형마트 1개가 진입할 경우 전체 소매업체 83개가 문을 닫았다는 연구보고가 최근 있었습니다. 이처럼 대형마트 성장의 그늘 뒤에서 가뭇없이 사라졌고 소리없이 위기에 서있는 중소상인들에게 대형마트 영업시간 제한은 기대였고 희망이었습니다. 부디 원심의 판단을 바로잡아 중소상인과 근로자의 희망이 지켜지길 바라면서 변론을 마치겠습니다. 감사합니다.

자료 4 대법원 2015두259 판결문(일부 발췌)

4. 이 사건 각 처분의 재량권 일탈·남용 여부

가. 원심의 판단

생략

나. 대법원의 판단

(1) 이 사건 조항은 앞서 본 바와 같이 '대형마트로 등록된 대규모점포와 준대규모점포(이하 '대형마트 등'이라 한다)'에 대하여 시장 등에게 영업시간 제한 및 의무휴업일 지정의 규제 권한을 부여하고 있다. 또한 구 유통산업발전법 제12조의2 제4항은 위와 같은 영업시간 제한 및 의무휴업일 지정에 필요한 사항을 해당 지방자치단체의 조례에서 정하도록 위임하고 있는바, 그에 따라 제정된 구 「동대문구 유통기업 상생발전 및 전통상업보존구역 지정 등에 관한 조례」(2013. 9. 26. 서울특별시 동대문구 조례 제975호로 개정되기 전의 것) 및 구 「서울특별시 성동구 유통기업 상생발전 및 전통상업보존구역 지정 등에 관한 조례」(2013. 9. 17. 서울특별시 성동구 조례 제1056호로 개정되기 전의 것)는 이 사건 조항 등 법률규정과 동일한 내용을 규정하고 있다(이하 이를 통틀어 '이 사건 각 조례'라 한다).

<u>우리 헌법 전문은 자율과 조화를 바탕으로 자유민주적 기본질서를 더욱 확고히 하여 정치·경제·사회·문화의 모든 영역에 있어서 각인의 기회를 균등히 함으로써 국민생활의 균등한 향상을 기하는 것이 국가의 기본 운영원리임을 밝히고 있다. 그에 따라 헌법 제119조는 제1항에서 "대한민국의 경제질서는 개인과 기업의 경제상의 자유와 창의를 존중함을 기본으로 한다."고 천명하는 한편, 제2항에서 "국가는 균형있는 국민경제의 성장 및 안정과 적정한 소득</u>

의 분배를 유지하고, 시장의 지배와 경제력의 남용을 방지하며, 경제주체간의 조화를 통한 경제의 민주화를 위하여 경제에 관한 규제와 조정을 할 수 있다."고 규정하고 있다.

위와 같이 우리 헌법상 경제질서는 '개인과 기업의 경제상의 자유와 창의의 존중'이라는 기본 원칙과 '경제의 민주화 등 헌법이 직접 규정하는 특정 목적을 위한 국가의 규제와 조정의 허용'이라는 실천원리로 구성되고, 어느 한쪽이 우월한 가치를 지닌다고 할 수는 없다. 따라서 헌법 제119조 제2항에 따라 이루어진 경제규제에 관한 입법의 해석과 적용에 관하여도, 위와 같은 기본 원칙이 훼손되지 않고 실천원리가 그 한계를 벗어나지 않으면서도 기능을 발휘할 수 있도록 하여야 한다.

그런데 경제활동에 대한 규제는 필연적으로 규제를 당하는 경제주체나 그와 같은 방향의 이해관계를 가지고 있는 이해관계인에게 불이익과 불편함을 수반하게 된다. 따라서 헌법이 지향하는 것처럼 여러 경제주체가 조화롭게 공존하고 상생하는 경제질서를 구축하고 공공복리를 실현하기 위하여 법률로써 어느 경제주체의 경제활동의 자유 등을 제한하게 되더라도 그 제한이 정당한 목적과 합리적인 수단에 의하고 있고 개인의 자유와 권리의 본질적인 내용을 침해하는 것이 아니라면 해당 경제주체는 이를 수인하여야 한다.

이 사건 조항은 헌법 제119조 제2항에 따라 입법자에게 부여된 입법 재량에 기한 것으로 '대형마트 등의 시장지배와 경제력 남용의 방지' 및 '대형마트 등과 중소상인 등 경제주체 간의 조화를 통한 경제의 민주화' 등 공익의 실현을 목적으로 한 경제규제에 관한 입법이라는 의미를 갖는다. 다른 한편, 이 사건 조항에 따른 영업시간 제한 및 의무휴업일 지정의 규제는 그 성질상 상대방인 대형마트 등을 운영하는 개인이나 기업이 헌법 제119조 제1항에 따라 가지는 경제상의 자유를 직접적으로 제한할 수밖에 없다. 따라서 이 사건 조항에 따른 규제는 위와 같이 서로 상반되는 공익과 사익 사이의 충돌을 수반할 수밖에 없다.

그리고 위와 같은 규제의 효과는 단순히 처분상대방에게만 미치는 것이 아니라, 대형마트 등에서 종사하는 근로자, 대형마트 등에 입점하여 임대매장을 운영하는 중소상인, 대형마트 등에 납품하는 농·공·상인들의 이해관계 및 대형마트를 상시 이용하는 소비자들의 선택권에도 직·간접적인 영향을 미치게 된다.

이 사건 조항에 따른 행정청의 영업시간 제한 및 의무휴업일 지정 처분에 비례원칙 위반 등 재량권 일탈·남용의 위법이 있는지 여부를 판단함에 있어서는, 행정청이 위와 같은 다양한 공익과 사익의 요소들을 고려하였는지, 나아가 행정청의 규제 여부 결정 및 규제 수단 선택에 있어서 규제를 통해 달성하려는 공익 증진의 실현 가능성과 규제에 따라 수반될 상대방 등의 불이익이 정당하고 객관적으로 비교·형량되었는지 등을 종합적으로 고려하여야 한다.

또한 시장의 지배와 경제력 남용의 방지 등을 위한 경제규제 행정 영역에서는, 규제 대상인 경쟁시장이 갖는 복잡다양성과 유동성으로 인해 사전에 경제분석 등을 거쳤다 하여 장래의 규제 효과가 확실히 담보되기는 어렵고, 만약 규제의 시기가 늦춰져 시장구조가 일단 왜곡되면 그 원상회복이 어려울 뿐 아니라 그 과정에서 중소사업자들이 중대한 피해를 입을 우려가 있으므로, 장래의 불확실한 규제 효과에 대한 예측판단을 기초로 한 규제 입법 및 그에 따른 규제 행정이 이루어질 수밖에 없게 된다. 이 사건 조항도 영업시간 제한 및 의무휴업일 지정의 규제가 일반적·통상적 시장상황 아래에서는 위와 같은 공익 목적 달성에 유효적절한 수단이 될 수 있다는 정책적 판단에 따라 이루어진 규제 입법에 해당하고, 이 사건 조항은 행정청에게 사실상 매우 제한된 범위 내에서 규제 수단의 선택재량을 부여하고 있다. 따라서 행정청은 규제가 이루어지는 해당 지역 시장상황의 특수성으로 인하여 이 사건 조항에 따른 규제가 전혀 실효성이 없다거나 불필요하다는 등의 특별한 사정이 없는 한, 대체로 유사한 내용의 규제에 이를 수밖에 없다. 이러한 여러 사정을 종합적으로 고려할 때, 행정청이 이 사건 조항에 따라 선택한 규제 수단의 실효성 등을 이유로 재량권 일탈·남용의 위법을 인정함에 있어서는 신중을 기하여야 한다.

(2) 그런데 원심판결 이유 및 원심이 적법하게 채택한 증거들에 의하면, 다음의 사실을 알 수 있다.

① 생략

② 생략

③ 구 「전통시장 및 상점가 육성을 위한 특별법」(2013. 5. 28. 법률 제11847호로 개정되기 전의 것)에 따라 설립된 중소기업청 산하 공법인인 시장경영진흥원 등의 조사 결과에 따르면, 서울특별시의 경우 2006년 대규모점포의 수는 48개, 준대규모점포의 수는 52개였으나, 2011년 대규모점포의 수가 64개로, 준대규모점포의 수가 267개로 각각 1.3배와 5.1배 증가하였고, 같은 기간 점포당 평균 매출액은 약 30% 이상 증가한 것으로 나타났다. 반면에 전통시장의 수와 매출액은 계속 감소하는 추세에 있는데, 2005년 전국적으로 1,660개였던 전통시장이 2010년 1,517개로 축소되어 연평균 1.8% 감소하였고, 서울특별시의 경우 2005년 262개였던 전통시장이 2010년 218개로 축소되어 연평균 3.6% 감소하였으며, 같은 기간 점포당 평균 매출액은 약 20% 이상 감소한 것으로 나타났다. 또한 전통시장의 침체로 종사자 수도 과거에 비해 크게 감소하였고, 규모도 영세화되는 추세에 있는데, 서울특별시의 경우 전통시장 종사자 수는 2005년 99,774명에서 2010년 85,482명으로 연평균 3.0% 감소하였고, 전통시장 점포당 평균 종사자 수도 2008년 2명에서 2010년 1.8명으로 감소하였다.

④ 그리고 구 「소기업 및 소상공인 진흥을 위한 특별조치법」(2013. 5. 28. 법률 제11847호로 개정되기 전의 것)에 따라 설립된 공법인인 소상공인진흥원과 시장경영진흥원의 공동조사 결과에 따르면, 2012. 5. 27.과 같은 해 6. 10.에 시행된 각 의무휴업일의 경제효과를 분석한 결과, 중소 소매업체 및 전통시장의 매출액과 평균 고객이 의무휴업일 전주에 비해 각각 10.3%와 10%씩 증가한 것으로 나타났다. 또한 구 '서울특별시 서울연구원 육성 조례(2014. 10. 20. 서울특별시 조례 제5746호로 개정되기 전의 것)'에 따라 설립된 지방자치단체 출연 연구기관인 서울연구원의 2012년 분석 결과에 따르면, 대형마트 등의 의무휴업일(두 번째, 네 번째 일요일)에 강동·송파지역 전통시장은 점포의 42%에서 일평균 매출액과 고객 수가 증가하였는데, 구체적으로 일평균 매출액 및 고객 수가 5% 이내로 증가한 점포 비율은 17.9%이고, 5~10% 증가한 점포 비율은 13.8%, 10% 이상 증가한 점포 비율도 10.3%이며, 입지, 거리 등의 이유로 일평균 매출액 및 고객 수에 변화가 없었다는 점포는 약 55%이다.

⑤ 한편 이 사건 각 처분의 상대방 중 원고 홈플러스 주식회사, 홈플러스스토어즈 주식회사는 네덜란드 국적 법인이 지분을 소유하고 있는 회사로서 이 사건 각 협정의 적용을 받는다.

(3) 위와 같은 사실관계 및 기록에 의하여 알 수 있는 다음과 같은 사정을 앞서 본 법리에 비추어 살펴보면, 피고들이 이 사건 각 처분을 함에 있어 재량권을 행사하지 않았거나 해태하였다고 할 수 없고 비례원칙을 위반하였다고 할 수 없으며 나아가 이 사건 각 협정에 위반하

여 재량권을 행사하였다고 할 수도 없으므로, 결국 재량권을 일탈·남용한 것으로 볼 수 없다.

① 피고들은 이 사건 각 처분에 앞서, 관련 이해당사자에 대한 의견청취 등 규제의 필요성을 판단하기 위한 절차를 모두 거쳤을 뿐만 아니라, 이 사건 각 처분으로 인해 달성되는 건전한 유통질서 확립, 대규모점포 소속 근로자의 건강권 및 중소유통업과의 상생발전 등 공익과 그로 인해 침해되는 원고들의 영업의 자유, 소비자의 선택권 등 이익을 포함한 관련 공·사익의 요소를 모두 실질적으로 고려하였다고 보인다.

② 피고들이 원고들에 대한 영업시간 제한 처분 및 의무휴업일 지정 처분의 구체적 내용에 아무런 차이를 두지 않고 같은 내용의 처분을 한 것은, 서울시 내 자치구들의 생활권이 동일하므로 이를 달리 정할 경우 규제의 실효성이 떨어지거나 형평성 시비가 있을 수 있는 점, 지역주민의 입장에서도 자치구별로 규제 내용이 제각기 다를 경우 경제활동의 혼란이 있을 수 있는 점 등을 고려한 것이지, 원고들의 구체적·개별적 사정을 고려하지 않은 채 일률적 처분을 하였다고 보기는 어렵다.

③ 유통산업발전법이 1997. 4. 10. 법률 제5327호로 제정되면서 대형마트의 개설을 허가제에서 등록제로 변경하여 자유로운 개설 등록이 가능하도록 함으로써 소비자들의 쇼핑 편익이나 유통구조 개선, 물가안정 등에 긍정적인 효과가 나타났으나, 다른 한편으로 대형마트 등이 소규모 지역상권에까지 무차별적으로 진출하여 시장을 잠식함으로 인한 전통시장의 위축과 중소상인의 생존 위협, 24시간 영업에 따른 대형마트 소속 근로자의 일상적인 야간근무 등 부정적인 효과도 나타나게 되었다. 이러한 현상에 대한 대책으로 2012. 1. 17. 법률 개정을 통하여 이 사건 조항이 신설되었으니, 이와 같은 대형마트의 영업행위에 대한 규제 입법과 이에 근거하여 이루어지는 규제 행정은 앞서 본 헌법 제119조 제2항에 정한 헌법적 근거 및 정당성도 갖고 있는 것이다. 그리고 건전한 유통질서 확립, 근로자의 건강권 보호 및 중소유통업과의 상생발전 등 이 사건 각 처분으로 달성하려는 공익은 중대할 뿐만 아니라 이를 보호하여야 할 필요성도 크다고 할 것이다.

④ 반면에 영업시간 제한 등 규제로 인하여 침해되는 원고들의 영업의 자유는 직업의 자유 중 상대적으로 폭넓은 제한이 가능한 직업수행의 자유에 해당하고, 소비자들의 선택권은 헌법 제37조 제2항에 따라 '공공복리'를 위하여 필요한 경우 법률로 제한할 수 있는 기본권에 속한다. 그런데 이 사건 각 처분 중 영업시간 제한 처분은 소비자의 이용빈도가 비교적 낮은 심야나 새벽 시간대의 영업만을 제한하는 것이고 의무휴업일 지정 처분은 한 달에 2일의 의무휴업만을 명하는 것이어서, 그로 인하여 원고들의 영업의 자유나 소비자의 선택권의 본질적 내용이 침해되었다고 보기는 어렵다.

⑤ 이 사건 각 처분으로 인한 규제의 실효성에 대하여는, 양측의 경제효과 분석 등 자료만으로 규제에 따른 전통시장과 중소상인들의 매출 증대 등 효과나 대형마트 개설자와 납품업자 등의 매출 감소 등 효과의 경중을 정확히 비교하기는 어렵다.

그런데 앞서 본 각 조사결과 등에 따르면, 적어도 대형마트 등의 연도별 증가 추세와 그에 대응하는 전통시장 등의 지속적 위축현상이 일반적으로 상관관계가 있고, 실제 의무휴업일 지정의 규제로 인한 전통시장 등의 고객 수 증가나 매출액 증대 효과가 통상 예측 가능하다는 점은 확인할 수 있다. 또한 그러한 일반적 조사결과와 달리, 특별히 피고들 관내에서만 이 사건 각 처분에서 선택된 규제 수단이 불필요한 것이라거나 전혀 실효성이 없다고 볼 만한 자료도 없다.

⑥ 이 사건 각 협정은 국가와 국가 사이의 권리 · 의무관계를 설정하는 국제협정으로서, 그 내용 및 성질에 비추어 이와 관련한 법적 분쟁은 협정에서 정한 바에 따라 국가 간 분쟁해결기구에서 해결하는 것이 원칙이고, 특별한 사정이 없는 한 사인에 대하여는 협정의 직접 효력이 미치지 아니한다. 따라서 이 사건 각 협정의 개별 조항 위반을 주장하여 사인이 직접 국내 법원에 해당 국가의 정부를 상대로 그 처분의 취소를 구하는 소를 제기하거나 협정 위반을 처분의 독립된 취소사유로 주장하는 것은 허용되지 아니한다(대법원 2009. 1. 30. 선고 2008두17936 판결 참조).

나아가 위 원고들이 주장하는 이 사건 각 협정의 개별 조항의 내용을 보더라도, 이 사건 각 협정에 정한 '서비스 영업의 총수나 서비스 총 산출량의 제한금지'는 국가 간 서비스 등 공급에 관한 시장접근의 관점에서 영업 및 서비스의 총량제가 실시됨을 이유로 하여 시장접근 자체를 제한하는 것을 금지하는 취지이므로, 이 사건 각 처분과 같이 이미 시장진입이 허용된 대규모점포의 일부 영업행위에 대하여 내국인과 동일한 규제를 하는 것은 위와 같은 금지의 취지에 어긋난다고 보기도 어렵다.

(4) 그럼에도 이와 달리 이 사건 각 처분이 재량권을 일탈 · 남용한 것이어서 위법하다고 본 원심판결에는 재량권 일탈 · 남용에 관한 법리를 오해하여 판결에 영향을 미친 위법이 있다.

한미FTA 협상문서 정보공개청구소송

김 종 보*

1. 사건 개요 및 경위 – 한미FTA 협상·체결 과정 및 정보공개청구소송 제기

가. 한미FTA의 의미 · 논쟁지점 · 체결경위 등에 대한 개괄

한미FTA는 한국과 미국의 '자유무역협정'이다. 「자유무역협정의 이행을 위한 관세법의 특례에 관한 법률」 제2조 제1항 제1호에 따르면, '자유무역협정'이란 '대한민국이 체약상대국과 관세의 철폐, 세율의 연차적인 인하 등 무역의 자유화를 내용으로 하여 체결한 「1994년도 관세 및 무역에 관한 일반협정」 제24조에 따른 국제협정과 이에 준하는 관세의 철폐 또는 인하에 관한 조약 · 협정'을 말한다.

그런데 여기서 '무역의 자유화'는 단순한 '자유무역'으로만 이해될 수 없다. 특히 미국의 세계적 영향력을 고려하면 한미FTA는 단순한 '자유무역을 위한 통상협정'이 아니다. 정부는 <한미FTA> 홈페이지[1]를 통해 한미FTA의 의의를 '세계최대시장 안정적 확보', '생산, 고용, 교역 및 외국인 직접투자 증대', '경제사회 시스템 선진화의 계기', '국민의 삶의 질 향상', '외국인 투자 증대' 등으로 설명하고 있다. 단순히 자유롭게 무역한다는 의미를 넘어선다.

외교통상부가 2011. 6. 3. 엮은 한미FTA 협정문(국문)은 부속서와 서한을 포함하여 678쪽에 이른다. 서문을 포함하여 상품에 대한 내국민대우 및 시장접근, 농업, 무역구제, 투자, 정부조달, 지적재산권 등 총 24장[2]으로 구성되어 있는데, 기체결된 FTA 중

---

* 변호사, 법률사무소 휴먼.

1) http: //www.fta.go.kr/us/info/1/

2) 한미FTA 목차는 아래와 같다.

서문

제1장 최초규정 및 정의	제2장 상품에 대한 내국민대우 및 시장접근
제3장 농업	제4장 섬유 및 의류
제5장 의약품 및 의료기기	제6장 원산지 규정 및 원산지 절차
제7장 관세행정 및 무역원활화	제8장 위생 및 식물위생 조치

가장 방대한 내용으로서 한국과 미국의 통상과 관련된 내용들을 거의 빠짐없이 다루고 있다. 현재까지의 FTA 중 가장 높은 수준의 개방이 이루어진 것으로 평가된다. 한미 양국의 주요 관심사항인 섬유와 의약품을 상품 챕터에서 분리하여 따로 규정하고 있고, 미국이 다른 국가와 맺어왔던 여러 FTA의 중요 챕터인 '노동'과 '환경'이 따로 규정되어 있다.

한미FTA 협상·체결 과정에서 가장 쟁점이 되었던 부분 중 하나는 ISDS 제도[3]이다. 격렬한 찬반 논란 끝에 도입된 ISDS 제도는 한미FTA 제11장 '투자', 제2절 '투자자와 국가 간 분쟁해결' 부분[4]에 도입되어 있고, 한미FTA 전반에 걸쳐 적용된다. 그런데 한미FTA 제11.28조에 따르면, '투자'란 "투자자가 직접적 또는 간접적으로 소유하거나 지배하는 모든 자산으로서, 자본 또는 그 밖의 자원의 약속, 이득 또는 이윤에 대한 기대, 또는 위험의 감수와 같은 특징을 포함하여, 투자의 특징을 가진 것"[5]을 말하고, 한미양국은 부속서한을 통해 "협정의 목적상, 부속서 11-나(수용) 제1항의 '유형 또는 무

제9장 무역에 대한 기술장벽	제10장 무역구제
제11장 투자	제12장 국경 간 서비스무역
제13장 금융서비스	제14장 통신
제15장 전자상거래	제16장 경쟁 관련 사안
제17장 정부조달	제18장 지적재산권
제19장 노동	제20장 환경
제21장 투명성	제22장 제도 규정 및 분쟁해결
제23장 예외	제24장 최종규정

3) Investor State Dispute Settlement, '투자자-국가 분쟁해결 제도'는 외국의 투자자가 상대방 국가의 법령이나 정책 등으로 인하여 이익을 침해당했을 때 해당 국가를 상대로 세계은행 산하 국제 투자 분쟁 해결 센터(International Centre for Settlement of Investment Disputes, ICSID), 또는 유엔 국제 무역법 위원회(United Nations Commission on International Trade Law, UNCITRAL) 등 국제중재기관에 의해 중재를 신청하여 분쟁을 해결하는 제도를 말한다.

4) Chapter 11 INVESTMENT, Section B: Investor-State Dispute Settlement

5) 한미FTA 11.28. 정의 규정은 아래와 같다.
투자라 함은 투자자가 직접적 또는 간접적으로 소유하거나 지배하는 모든 자산으로서, 자본 또는 그 밖의 자원의 약속, 이득 또는 이윤에 대한 기대, 또는 위험의 감수와 같은 특징을 포함하여, 투자의 특징을 가진 것을 말한다(investment means every asset that an investor owns or controls, directly or indirectly, that has the characteristics of an investment, including such characteristics as the commitment of capital or other resources, the expectation of gain or profit, or the assumption of risk.). 투자가 취할 수 있는 형태는 다음을 포함한다.
가. 기업
나. 주식, 증권과 그 밖의 형태의 기업에 대한 지분 참여
다. 채권, 회사채, 그 밖의 채무증서와 대부
라. 선물, 옵션과 그 밖의 파생상품
마. 완성품인도, 건설, 경영, 생산, 양허, 수익배분과 그 밖의 유사한 계약
바. 지적재산권
사. 면허, 인가, 허가와 국내법에 따라 부여되는 유사한 권리 그리고
아. 그 밖의 유형 또는 무형의 자산, 동산 또는 부동산, 그리고 리스·저당권·유치권 및 질권 같은 관련 재산권이 협정의 목적상, 상품 및 서비스의 상업적 판매로부터만 발생하는 지급청구권은 그것이 투자의 특징을 가진 대부가 아닌 한 투자가 아니다(For purposes of this Agreement, a claim to payment that arises solely from the commercial sale of goods and services is not an investment, unless it is a loan that has the characteristics of an investment.).

형의 재산권'이라는 용어는 계약상의 권리와 제11.28조(정의)에서 정의된 바에 따른 투자 상의 그 밖의 모든 재산권을 포함한다."라고 해석하였다. 한미FTA 협정에 따르면 ISDS 제도를 통해 보호되는 '투자'는 그 한계가 없을 정도로 넓은 것이다. 특히 ISDS 제도가 한국의 사법주권을 제약할 위험[6]이 있는 상황에서 '투자'에 대한 정의 내지 범위는 매우 중요하게 인식되었다.

노무현 정권은 2005. 2. 3. 한미FTA 사전실무점검회의를 개최하면서 한미FTA를 추진하였고, 노무현 전 대통령은 2006. 1. 18. 신년연설에서 "우리 경제의 미래를 위해 미국과도 FTA를 맺어야 한다."라며 한미FTA 협상의 본격 추진을 천명하였다. 그 후 이어진 한미FTA 협상 · 체결 · 발효 경과는 아래와 같다.

2006. 2. 3.	한미FTA 협상 선언
2006. 3. 6.~2007. 3. 12.	8차에 걸친 공식 협상 및 고위급 협상
2007. 4. 2.	한미FTA 협상 타결, 노무현 대한민국 대통령 대국민 특별담화문 발표
2007. 5. 25.	**타결된 협상문 원문 공개**
2007. 5. 29.~6. 6.	법률검토회의 (미국 워싱턴)
2007. 6. 21.~22.	추가협의 (대한민국 서울)
2007. 6. 25.~26.	추가협의 (미국 워싱턴)
2007. 6. 29.	추가협상 타결
2007. 6. 30.	**한미FTA 서명**(미국 워싱턴)
2007. 9. 7.	한미FTA 비준동의안 대한민국 17대 국회 제출
2008. 10. 8.	한미FTA 비준동의안 대한민국 18대 국회 제출
2010. 12. 3.	한미FTA 재협상안 타결
2011. 11. 22.	한미FTA 비준안 대한민국 국회 본회의 통과
2012. 3. 15.	한미FTA 발효

6) 김하늘 부장판사는 "내가 생각하기로는 이것은 본질적으로 우리나라의 사법주권을 빼앗는 조항이다. 왜 우리나라에서 벌어진 분쟁에 대해 국내 법원이 아닌 제3의 기관에 권리구제를 맡겨야 하는가? 왜 국내법과 같은 효력이 있는 조약의 해석에 관하여 법률의 최종적인 해석권한이 있는 법원이 국민으로부터 위임받은 사법권을 포기해야 하는가? 극단적으로 말하면 예컨대 공정거래사건에 관하여 우리나라 법원의 판결로 외국계 투자기업이 패소하여 손해를 입을 경우, 패소한 그 투자기업이 우리나라 사법부의 판결이 잘못되었다면서 판결 그 자체를 위 ICSID에 가져갈 수도 있다. 더군다나 앞서 설명한 조항들로 인해 한미FTA에 관하여 우리나라와 외국계 투자회사 사이에 분쟁이 발생할 경우, 위 조항이 최종적인 해결조항이라는 점을 생각해 보면 문제는 정말로 심각하다."라고 지적한 바 있다.
<출처> 나경원 찍었던 보수판사, '반 FTA'로 돌아선 까닭, 한겨레, 2011. 12. 2.
http: //www.hani.co.kr/arti/politics/politics_general/508270.html

나. 이 사건에서 쟁점이 된 한미FTA의 문제점 및 정보공개청구소송 제기

이 사건에서 문제가 되는 것은 <2007. 5. 25. 타결된 협상문>과 <2007. 6. 30. 서명된 협정문>에 차이가 있다는 점이었다. 협상이 타결되었다면 그것으로 일단락 된 것이고, 일부 문구의 보정이 아닌 한 협상 결과가 반영된 협상문의 내용이 추가로 수정될 여지는 없다. 그런데 불과 1달여 만에 <타결된 협상문> 중 일부가 공식적인 협상 절차 없이 '추가협의'를 통해 수정되었다. 특히 <타결된 협상문>의 서문에는 없던 '투자자 보호 조항'이 <체결된 협정문>에 갑자기 등장하였다. 민변은 이 조항이 불명확할 뿐만 아니라 한국에게 불리한 조항이라고 보았고, 해당 조항이 갑자기 들어가게 된 경위를 파악하고자 하였다.

하지만 한미FTA 체결과정에서 한국과 미국 양측은 한미FTA 발효 후 3년이 될 때까지 협상 관련 문서를 비공개하기로 합의하였다. 이에 한미FTA가 발효되었더라도 한국 정부가 어떤 과정을 거쳐 한미FTA 협상을 시작하였는지, 2007. 5. 협상이 타결되었음에도 불구하고 왜 미국의 요구에 따라 협정문이 수정되었는지 알 수 없었다.

결국 민변은 2015. 3. 11. 비공개합의가 효력을 다한 시점, 즉 한미FTA가 발효된 지 3년이 되는 시점[7)]에 맞추어 "2007. 6. 21.부터 같은 달 22.까지 그리고 같은 달 25.부터 26.까지 2회에 걸쳐 미국과 이 사건 자유무역협정에 관한 재협상을 하여, 같은 달 30. 협정문에 정식 서명하기까지의 투자자 보호 조항에 대한 문구를 추가·변경하기 위하여 한미 양측이 교환한 문서"에 대해 정보공개를 청구하였다.[8)]

위 정보공개청구에 대하여 정부(산업자원통상부)는 "공개시 1. 우리의 협상 전략과 대응과정이 현재 진행 중인 또는 향후 협상이 예상되는 상대국에게 노출될 우려와, 2. 해석이 확정되지 않은 협정문에 대한 우리측 내부 입장 공개로 향후 분쟁발생시 불리한 증거로 활용될 우려 등이 있으므로, 외교관계 등에 관한 사항으로 공개시 국가의 중대한 이익을 현저히 해칠 우려가 인정되는 경우"라는 이유로 「공공기관의 정보공개에 관한 법률」(이하 '정보공개법') 제9조 제1항 제2호에 따라 비공개결정을 하였다.

이에 민변은 2015. 6. 26. 서울행정법원에 대하여 정보공개청구소송을 제기하였다.

---

7) 한미FTA는 2013. 3. 15. 발효되었으므로 비공개가 해제되는 일은 2016. 3. 15.이다. 하지만 정보공개청구를 하더라도 통상 수일이 걸리므로 4일 앞선 3. 11. 이 사건 정보공개청구를 진행하였다.
8) 투자자 보호 조항을 추가로 변경하기 위하여 한미 양측이 교환한 문서 이외에도 여러 가지 한미 양측이 교환한 문서에 대해 정보공개를 청구하였으나, 이 사건에 국한하여 서술하기로 한다.

2. 정보공개청구소송의 쟁점과 변론

가. 소송 경과

2015. 6. 26. 정보공개청구소송 제기

2016. 1. 21. 제1심 판결선고(서울행정법원 2015구합666936 판결) – 원고 민변 승소

2016. 9. 1. 제2심 판결선고(서울고등법원 2016누34730 판결) – 항소인 산업통상자원부장관 항소 기각

2016. 12. 29. 대법원 판결선고(대법원 2016두51962 판결) – 상고인 산업통상자원부장관 상고 기각(심리불속행)

나. 제1심에서의 쟁점과 변론(서울행정법원 2015구합66936)

(1) '투자자 보호 조항' 자체와 관련된 쟁점 및 변론

한미FTA 서문중 <타결된 협상문>에는 없다가 1달 뒤 <서명된 협정문>에는 나타난 투자자 보호 조항은 아래와 같다. 국문은 산업통상자원부의 공식 번역문으로서, 한미FTA 홈페이지에 게재되어 있는 것이다.

영 문	국 문
Agreeing that foreign investors are not hereby accorded greater substantive rights with respect to investment protections than domestic investors under domestic law where, <u>as in the United States,</u> protections of investor rights under domestic law equal or exceed those set forth this Agreement.	국내법에 따른 투자자 권리의 보호가 미합중국에 있어서와 같이 이 협정에 규정된 것과 같거나 이를 상회하는 경우, 외국 투자자는 국내법에 따른 국내투자자보다 이로써 투자보호에 대한 더 큰 실질적인 권리를 부여받지 아니한다는 것에 동의하면서,

위 '투자자 보호 조항'은 다음과 같은 문제가 있다.

첫째, 위 국문은 한국말임에도 불구하고 무슨 뜻인지 이해되지 않는다. 즉 이해능력이 부족해서 발생하는 문제가 아니라 국어의 문제인 것이다.[9] 한미FTA는 통상조약으로서 규범이고, 규범은 응당 최소한의 예견가능성을 제공할 수 있어야 하는데, 무슨 말인

9) 한국말을 이해할 수 없었기에 원고 민변은 1심 소송 중 재판부에게 "이 사건 투자자 보호 조항의 구체적 의미가 무엇인지"에 대해 석명을 구하였고, 재판부도 피고 산업통상자원부측에 그 의미가 무엇인지 물었다. 그러나 피고측은 "정부가 해석을 하는 경우 그 해석을 두고 한미 양국간 불필요한 분쟁가능성이 있고, 추후 분쟁이 발생하는 경우 적절한 해석이 나올 것으로 보인다."라는 취지로 답변하면서 해당 조항의 의미가 무엇인지 밝히지 않았다.

지 이해할 수 없으므로 아무런 예견가능성을 제공할 수 없다([자료 1] 구석명신청서).

둘째, 영문해석에 따를 경우, '투자자 보호 조항'의 의미가 '미국법에 따른 투자자 보호 수준'이 '한미FTA에 따른 투자자 보호 수준'과 같거나 오히려 높은 것으로 보인다는 점이다. 영문을 해석하면 아래와 같다.

〈직역〉 "미합중국에서와 같이(as in the United States) 국내법상 투자자 권리 보호(protections of investor rights under domestic law)가 본 협정상 투자자 권리보호(those set forth this Agreement)와 같거나(equal) 상회하는(exceed) 곳에서는 투자 보호와 관련하여(with respect to investment protections) 외국인 투자자들(foreign investors)이 국내법상 국내 투자자(domestic investors under domestic law)보다 더 큰 실질적 권리(greater substantive rights)를 부여받지 않는다(are not herby accorded)는 것에 동의하면서(Agreeing)"

〈의역〉 "(한미 양국은) 외국인 투자자(foreign investors)가 본 협정으로부터(해석상 추가) 국내법에 따른(under domestic law) 국내 투자자(domestic investors)보다 투자 보호에 관하여 더 큰 실질적 권리를(greater substantive rights with respect to investment protections) 부여받지 않는 것(are not hereby accorded)에 동의한다(Agreeing). 그런데 **미국의 경우는(as in the United States)**, 국내법상 투자자 권리 보호(protections of investor rights under domestic law)가 본 협정에 기술되어 있는(set forth in this Agreement) 것들(those)과 같거나(equal) 이를 **상회한다(exceed)**."

즉 미국 국내법상 투자자 보호 수준이 한미FTA상 투자자 보호 수준 보다 더 우월(exceed)한 것으로 이해되는 것이다. 이러한 해석에 따를 경우 한국의 기업이 미국에 투자한 경우(즉 외국인투자자) 한미FTA에 따르더라도 미국법에 의해 보호되는 미국투자자(즉 내국인 투자자)에 비해 높지 않은 수준의 보호를 받게 될 것으로 예상된다. 이는 국제통상협정의 근본원칙이자 한미FTA에 명시된 내국민대우원칙과 상충되는 것으로 보인다(후술하는 공개된 협상문서 부분과 비교해보면 위 해석이 틀리지 않은 것으로 보인다).

셋째, 영문해석에 따를 경우, 위 '투자자 보호 조항'은 아무런 근거 없이 '미국법에 따른 투자자 보호 수준'과 '한미FTA에 따른 투자자 보호 수준'을 직접적으로 비교하면서 '미국법에 따른 투자자 보호 수준'이 더 높은 것으로 단정하고 있는 점이다. 앞서 살펴본 바와 같이 한미FTA상 '투자'는 재산권 전반을 의미하고, '투자자 보호'는 한미 양국의 재산권과 관련된 일체의 제도와 연관되어 버린다. 이를 비교하고 우열을 판단하는 것은 가능하지도 않고 적절하지도 않다.

넷째, '투자자 보호 조항'이 삽입된 경위 자체에 한미FTA 협상 과정의 불균형이 내포되어 있는 것으로 보이는 점이다. 앞서 언급한 바와 같이 '미국법에 따른 투자자 보호 수준'이 '한미FTA에 따른 투자자 보호 수준' 보다 더 높은 것으로 전제되어 버렸는데, 그 근거는 불분명하다. 특히 향후 미국의 법제도가 언제 어떻게 바뀔지 모르는데, '미국법에 따른 투자자 보호 수준'이 더 높다고만 할 수는 없다. 하지만 한국 측은 별다른 문제제기 없이 해당 서문에 동의하였다. 이는 협상 자체가 대등한 지위에서 이루어지지 못한 정황을 추론케 한다.

다섯째, '투자자 보호 조항'이 오히려 한미FTA의 법적 안정성을 저해시킨다는 점이다. '조약'이란 한 개의 문서로 되어있든 여러 관련 문서로 되어있든, 그리고 그 명칭이 어떠하든 간에 "서면형식으로 국가 간에 체결되고 국제법에 의하여 규율되는 국제적 합의"이다. 그런데 국내법과 조약은 그 제·개정 주체와 절차 등이 서로 다르다. 그렇다면 '미국법상 투자자 보호 수준'이 '한미FTA상 투자자 보호 수준'과 같거나 상회하는지의 여부는 한미 양국이 한미FTA를 이행하는 것에 있어 고려 대상이 아니다. 그저 한미 양국은 한미FTA 협정에 규정된 대로 관련 사항을 충실히 이행하면 되는 것이다. 그럼에도 불구하고 "미국 국내법을 근거로 협정의 적용이 제한될 수 있음"이라는 것으로 이해될 수 있는 조항을 삽입한 것은 한미FTA를 이행함에 있어 예상치 못한 유동성을 유발시킬 수 있다. 규범을 지킴에 있어 규범의 내용이 외적 요인에 의해 변동된다면, 그만큼 해당 규범은 안정성이 없다.

원고는 위와 같은 이 사건 '투자자 보호 조항'의 문제점을 주장하며 "왜 이렇게 문제가 있는 조항이 한미FTA 서문에 갑자기 삽입되었는지 국민은 알 권리가 있으므로 정보공개가 필요하다."라고 주장하였다. 이에 대해 피고는 "이 사건 쟁점은 비공개결정의 적법여부이지 공개의 필요성은 쟁점이 아니고, 이 사건 심리에 있어 고려되어야 할 요소가 아니다."라는 취지로 반론하였다. 그 후 피고는 '투자자 보호 조항'의 문제점에 대해서는 별다른 변론을 하지 않았다.

(2) 정보공개법과 관련된 쟁점 및 변론

이 사건의 법리적 쟁점은 비교적 간단하다. 정보공개법 제9조의 비공개사유에 해당하는지 여부, 즉 '투자자 보호 조항'이 삽입되기까지 한미 양국이 교환한 문서가 정부가 비공개처분을 한 법적근거인 정보공개법 제9조 제1항 제2호 "국가안전보장·국방·통일·**<u>외교관계 등에 관한 사항</u>**으로서 공개될 경우 국가의 중대한 이익을 현저히 해칠 우려가 있다고 인정되는 정보"에 해당하는지 여부에 한정된다. 게다가 사실관계에 대한 다툼도 없기에 판결문은 몇 쪽 되지 않는다.

정보공개법상 비공개처분의 정당성은 피고 정부가 입증해야 한다. 피고의 주장요지는 다음과 같았다.

① 한미FTA를 포함한 FTA 협정은 다른 어느 통상협정보다도 국익에 끼치는 영향이

크다.

② 다른 나라와의 FTA 협상시 다른 국가들의 교섭 정보로서 활용될 가능성이 높다.[10)]

③ (FTA는 양자합의 속성을 가지므로) 속성상 한미 양국 사이의 외교·통상관계에 마찰이 발생할 가능성이 높다.

④ 비록 3년의 비공개 합의기간은 2015. 3. 14.로 종료되었으나, 일정기간 동안 비공개하기로 한 한미 양국 간 합의의 취지에 비추어 공개여부를 더욱 신중히 판단해야 한다.

위와 같은 피고의 주장에 대하여 원고는 다음과 같이 반론하였다.

① **[국익에 끼치는 영향이 크다는 주장에 관하여]** 피고가 주장하는 '국익이 무엇인지 정확히 알 수 없다. 원고가 생각하는 '국익'이란 특정 업종이나 소수 기업만을 위한 이익이 아니라, 근로자·자영업자·농민 등 국민의 절대다수를 위한 이익, 대한민국의 자연과 환경을 위한 이익, 대한민국의 주권과 민주주의를 위한 이익이다. 오히려 '절대다수인 대한민국 국민들의 이익'에 끼치는 영향이 크기에 더더욱 투명하게 협상 과정이 공개될 필요가 있다. 그러나 피고 정부는 한미FTA 협상 과정과 관련된 거의 대부분의 정보를 공개하지 않은 채 비밀주의로 일관하고 있다. 한미FTA의 영향에 따라 생업을 위협받는 국민들은 "정부가 어떠한 협상 목적을 가지고 어떻게 협상을 하였는가"를 알 수 있어야 한다. 피고는 한미FTA 협상 과정 중 절대다수인 대한민국 국민들의 이익을 위해 협상에 임했다는 점을 밝혀야 한다.

② **[다른 국가들이 교섭 정보로 활용할 수 있다는 주장에 관하여]** 피고의 주장은 한국이 전세계 모든 국가들과 FTA를 체결한 후에야 공개가 가능하다는 것과 다르지 않다. 아무리 FTA를 체결해도 여전히 FTA를 체결하지 않은 다른 국가들과 FTA를 체결할 가능성이 남기 때문이다. 또한 만약 미국이 이 사건 투자자 보호 조항 삽입을 먼저 요청한 것이고 한국 정부는 이에 반대하는 입장이었으나 종국적으로 이 사건 투자자 보호 조항이 추가된 것이라면, 한국 정부는 이 사건 투자자 보호 조항의 추가로 어떤 이익이 발생하였는지 국민들에게 소명해야 한다. 이와 반대의 경우라면 왜 이 사건 투자자 보호 조항을 추가하려고 하였는지 국민들에게 소명해야 한다.

③ **[한미 양국 간 외교·통상관계에 마찰이 발생할 가능성이 높다는 주장에 관하여]** 외교·통상 관계에서 다른 국가들과의 마찰과 갈등은 항시적이고 필연적인데, 그 원인을 국민들을 위한 정보공개로 돌리는 것은 근거 없는 주장에 불과하다. 게다가 한미 양국이 합의한 비밀유지기간은 도과하였다. 나아가 미국이 우리 측을 심하게 압박한 것이

10) 피고 정부가 말하는 '현재 진행 중'인 협상(한중일 FTA, 한중미 FTA) 또는 '향후 예상되는' 협상(이스라엘, 말레이시아 와의 FTA 등)이란 우리나라와 미국 외의 다른 나라와의 FTA를 말하는 것이다.

라면, 국민들은 미국의 통상교섭 태도를 비판할 것이고, 다른 국가들도 미국의 태도를 견제할 것이다. 이는 우리 측이 재협상이나 다른 외교·통상 관련 협상에서 미국에 대해 유리한 국면을 조성할 수 있는 기제가 될 수 있다. 반대로 우리 측이 협상을 잘하지 못한 것이라면, 국민들은 우리 정부를 비판할 것이고, 우리 정부는 다른 FTA나 기타 협상에서 국민들의 감시 아래 같은 실수를 반복하지 않을 것이다.

④ [비공개합의를 하였던 점을 고려해야 한다는 주장에 관하여] 한미FTA 협상을 담당했던 김종훈 수석대표는 "협상 과정의 모든 문서들은 협상이 원활하게 진행되는 것을 돕고 협상 전략이 제3국에 노출되는 것을 방지하기 위해 3년간 일반에 공개하지 않기로 합의했다."라고 한 바 있다. 또한 당시 한덕수 부총리 겸 재정경제부 장관은 2006. 4. 27. 기자들과의 오찬 간담회에서 "한미FTA 협상 내용에 대해 최대한 투명하게 밝히겠다.", "협상 내용을 최대한 공개해야 국민과 국회의 지지를 받을 수 있다.", "당초 협상 내용은 모두 즉시 공개할 방침이었지만 미국 측에서 (협정 발효 후) 10년 비공개를 요구해서 3년으로 합의한 것이다."라고 한 바 있다. 결국 피고 정부는 약 10년 전부터 한미FTA 협정 발효 후 3년 경과시 협상 진행 중 생산된 문서를 공개해야 한다는 사정을 잘 알고 있었으므로, 3년의 비밀유지기간이 끝난 시점에서 이를 다시 고려해야 한다는 것은 납득되지 않는다.

(3) 제1심 판결의 내용

위와 같은 원피고 간의 공방 후 재판부(서울행정법원 제13부, 재판장 반정우)는 2016. 1. 21. 쟁점을 두 가지로 정리하고 다음과 같이 판결을 선고하였다.

① (이 사건 정보가 공개될 경우) **다른 나라들의 교섭 정보로 활용될 가능성이 높은지**

피고는 이 사건 정보가 공개되는 경우 다른 나라들의 교섭 정보로 활용될 가능성이 높아 국익을 해한다는 점을 뒷받침하는 근거로 '이 사건 정보에 한국과 미국의 입장과 협상 전략이 포함되어 있다.'라는 원론적이고 추상적인 내용만 되풀이하여 주장하고 있을 뿐 그 근거가 될 만한 구체적인 사유를 전혀 주장하고 있지 않다. 즉 이 사건 정보에 어떠한 성격과 차원의 협상 전략이 포함되어 있는지, 그 협상 전략이 공개되는 경우 다른 나라들이 이를 어떠한 방식으로 교섭 정보로 활용할 수 있는지, 다른 나라들이 이를 교섭 정보로 활용할 경우 한국의 교섭 진행에 어떠한 불이익을 주는지 등을 전혀 구체적으로 주장하고 있지 않다.

또한 이 법원이 비공개로 이 사건 정보를 열람·심사한 결과에 갑 제8호증[11)]의 기재와 변론 전체의 취지를 보태어 보면, '한미자유무역협정'은 서문을 포함하여 총 25개의 항목으로 구성되어 있는데, 이 사건 정보는 그중 서문에 포함되어 있는 특정 문장

---

11) 정부가 2007. 5. 배포한 <한미FTA 상세설명자료>. 한글문서로 273쪽 분량이다.

(별지 목록에 적시된 문장)에 대한 한국과 미국의 협상 과정에서 작성된 문서들이며, 따라서 이 사건 정보는 주로 위 특정 문장에 관한 내용으로만 이루어져 있고 위 특정 문장을 제외한 나머지 서문이나 다른 24개 항목에 관한 내용은 거의 포함되어 있지 않으며, 이 사건 정보에 담긴 위 특정 문장이나 이와 관련한 내용은 다른 24개 항목과는 크게 연관성이 없음을 알 수 있다. 이에 따르면 설령 이 사건 정보가 공개된다고 하더라도, '한미자유무역협정' 가운데 극히 일부분에 불과한 위 특정 문장에 국한하여 그 문장에 관한 한국과 미국의 입장이나 협상 전략이 외부에 알려질 여지가 있음에 그칠 뿐이고, 자유무역협정 전반에 관한 한국 정부의 기본적인 입장이나 핵심적인 협상 전략 등이 외부에 알려질 위험성이 있다고 보기 어렵다. 그리고 위 특정 문장에 관한 협상 전략 등이 알려지는 것만으로는 한국 정부가 다른 나라들과 자유무역협정 체결 협상을 할 때 직접적으로 불이익이나 방해를 받는다고 단정하기 어렵다. 이러한 점에 비추어 보면, 피고가 주장하는 사정과 제출한 증거들만으로는 이 사건 정보가 공개될 경우 다른 나라들의 교섭 정보로 활용될 가능성이 높아 국가의 중대한 이익을 현저히 해칠 우려가 있다고 보기 어렵다.

② (이 사건 정보를 공개할 경우) **한국과 미국 사이에 외교·통상 관계에 마찰이 발생할 가능성이 높은지**

피고는 이 사건 정보가 공개될 경우 한국과 미국 사이에 외교·통상 관계에 마찰이 발생할 가능성이 높아 국익을 해한다는 점을 뒷받침하는 구체적인 근거를 아무 것도 주장하고 있지 않다. 그뿐만 아니라 한국 정부와 미국 정부가 '한미자유무역협정(FTA)'에 관한 협상을 하는 과정에서 생성된 문서를 협상이 발효된 후 3년 동안 비공개하기로 합의하였고 그 합의된 비공개 기간이 2015. 3. 14.로 종료하였음은 당사자 사이에 다툼이 없다. 그렇다면 양 당사자 사이에 합의된 비공개기간이 지난 이 사건 결정 당시의 시점에서 이 사건 정보를 공개한다고 해서 위 합의의 한쪽 당사자인 미국이 그 공개에 반대하거나 이의를 제기할 여지가 있다고 보기는 어렵다.

이러한 점에 비추어 보면, 피고가 주장하는 사정과 제출한 증거들만으로는 이 사건 정보가 공개될 경우 한국과 미국 사이에 외교·통상 관계에 마찰이 발생할 가능성이 높아 국가의 중대한 이익을 현저히 해칠 우려가 있다고 보기 어렵다.

③ 결론

따라서 이 사건 정보가 정보공개법 제9조 제1항 제2호에서 정한 정보에 해당한다고 볼 수는 없다. 그러므로 이 사건 정보가 위 조항에서 정한 정보에 해당한다는 이유로 이를 비공개한다고 결정한 피고의 이 사건 결정은 위법하여 취소되어야 한다.

원고 민변은 제1심 판결에서 승소하였고, 피고 산업통상자원부는 항소하였다.

다. 제2심에서의 변론(서울고등법원 2016누34730)

(1) 원피고 양측의 변론 요지

피고의 항소이유는 다소 이해하기 어려웠는데, 전반적으로 1심에서의 주장 내용이 그대로 반복된 것이라 할 수 있다. 그 취지를 정리하면 다음과 같다.

① 원심 판단은 피고가 이 사건 정보에 어떠한 성격과 차원의 협상 전략이 포함되어 있어서 공개되는 경우 어떠한 불이익이 발생하는지 구체적으로 주장하고 있지 않다는 이유로 이 사건 정보공개 거부가 위법하다고 판단하였는데, 이는 FTA의 특수성을 간과한 그릇된 판단이다.

② 그 특수성에 기반하여 볼 때, 이 사건 정보를 통해 투자자 보호 조항이라는 쟁점에 대한 한국 정부의 입장이나 태도가 모두 공개되는 셈이어서 차후 다른 나라와 동일 쟁점에 대해 교섭하는 경우 큰 불이익으로 작용할 것이다. 또한 정보공개법 제9조 제1항 제2호에서 말하는 '국익을 현저히 해칠 우려'는 조문 상 구체성과 명백성을 요구하고 있지 않으므로 이를 구체적이고 명백하게 입증할 필요가 없다.

③ 단지 국민의 알 권리 실현의 차원에서 이 사건 투자자 보호 조항이 어떻게 협정에 포함되었는지 궁금하다는 것 외에 정보공개의 필요성이 인정되지 않는다. 따라서 '공개하는 경우'와 '공개하지 않는 경우'를 비교형량 해보면 공개할 경우 '국익을 현저히 해칠 우려'가 존재한다.

④ 이 사건 투자자 보호 조항은 선언적인 내용을 담은 서문이므로 해석의 개방성이 필요하다. 따라서 다소 불명료한 것은 당연하다.

이에 대하여 원고는 다음과 같은 요지로 반박하면서 원심 판결의 정당성을 주장하였다.

① 피고의 주장대로라면 FTA와 관련된 모든 정보는 그 특수성으로 말미암아 항상 비공개되어야 한다는 결론에 이른다. 피고는 항소심에서도 동일하게 '협상 전략이 포함되어 있다.'라는 주장을 전개하면서 그 근거가 될 만한 구체적인 사유를 전혀 주장하고 있지 않은 채 'FTA의 특수성'을 마치 전가의 보도처럼 내세우고 있다. 피고는 이 사건 정보가 공개되는 경우 "외교 전문가들은 그 일련의 자료들의 내용뿐만 아니라 시기·경위·표현 등 수 많은 세부 사항들을 통해 정부의 협상 전략을 추론해 낼 수 있을 것으로 명백하게 예측된다."라고 하나, 예측만으로 증명되는 것은 아무것도 없다.

② 피고는 단순히 추측만 할 것이 아니라 "왜 불이익으로 작용할 것인지"에 대해 입증해야 한다. 게다가 이 사건 정보는 1) 그 양이 매우 적을 것으로 보이는 점, 2) 이 사건 투자자 보호 조항은 다른 FTA와는 달리 유독 한미FTA에만 있는 점, 3) 이 사건 정보는 한미FTA 협상이 타결된 다음부터 협정이 체결될 때까지 사이의 약 1개월 동안에 관한 것이라는 점 등에 비추어 볼 때, 이 사건 정보는 협상 초기부터 등장한 것이

아닌 것으로 보이고, 협상 전략이 담겨있을 것이라고 보이지도 않는다.

③ 피고의 비교형량 주장은, 원고가 수없이 주장한 정보공개의 필요성을 완전히 무시하는 것이고, '국민에 의한 국가 감시'가 보장되어야 하는 민주주의의 원칙과 이를 가능케하는 기본권으로서의 '알 권리'를 폄훼하는 것이다. 피고의 태도는 마치 "정부가 알아서 해야 하는 일을 국민들에게 알려줄 수 없다."라는 것으로 이해되는데, 국민들에게 법규범의 내용도 설명하지 못하는 법치주의 국가는 상상할 수 없고, 밀실행정을 일삼는 반민주적 국가에서나 가능한 일이다. 피고는 민주주의의 원칙과 기본권에 대한 그릇된 인식에 근거하여 잘못된 비교형량을 주장하고 있다.

④ '조약법에 관한 비엔나협약' (1980. 1. 27. 발효, 조약 제697호) 제31조 제2항은 "조약의 해석 목적상 문맥은 조약문에 추가하여 조약의 <u>**전문**</u> 및 부속서와 함께 다음의 것을 포함한다."라고 하여 명시적으로 조약의 전문을 법원(法源)의 일부로 인정하고 있다. 1998년 WTO 새우－거북이 사건에서 WTO는 "WTO 설립 협정의 <u>**서문**</u>을 조문 서두의 한 문맥으로서 우리 판정단이 이를 고려하는 것은 마땅하다."라고 판정하여 서문의 법적 효력을 인정하고 있다. 피고의 주장은 국제법의 기본 원칙에 위반된다.

(2) 제2심 판결의 내용

항소심 재판부(서울고등법원 제9행정부, 재판장 김주현)는 2016. 9. 1. 제1심의 판단을 그대로 유지하였고, 아래와 같은 판단을 추가하면서 피고(항소인)의 항소를 기각하였다.

> "자유무역협정은 여러 가지 항목을 포괄하여 체결하는 총체적 합의의 산물이어서 어느 특정 항목의 의미나 협상과정만으로 무역협정 전체의 의미나 그 협상 전략의 성격 및 내용을 파악할 수 있는 것은 아니므로, 이 사건 정보의 공개로 인하여 노출되는 협상 전략이나 외교적 불이익을 구체적으로 특정하거나 적시할 수 없는 한계가 어느 정도 존재한다고 할 것이다.
>
> 그러나 국민의 알 권리를 보장하고 국정에 대한 국민의 참여와 국정 운영의 투명성을 확보함을 목적으로 공공기관이 보유·관리하는 정보는 국민에게 공개함을 원칙으로 하고 있는 공공기관의 정보공개에 관한 법률의 입법 목적에 비추어 보면, 그 예외사유인 비공개대상정보에 해당하는지 여부는 엄격하게 판단하여야 하고, '국가의 중대한 이익을 현저히 해할 우려'와 같은 사유를 들어 정보공개를 거부함에 있어서도 그 비공개로 인하여 보호되는 국가의 이익이 '국민의 알 권리 보장, 국정에 대한 국민의 참여와 국정 운영의 투명성 확보'라는 정보공개로 국민이 누릴 수 있는 이익보다 크다는 점이 인정되어야 함은 명백하므로, 외교·통상교섭 분야의 특수성을 고려하더라도 적어도 위와 같은 비교형량과 그에 대한 합리적 판단이 가능할 정도의 주장 및 입증은 이루어져야 할 것이며, 객관적 근거가 뒷받침 되지 않은 가능성이나 일반적인 추론만으로 섣불리 비공개사유의 존재를 인정하여서는 안 될 것이다.
>
> 더구나 이 사건 정보에 대하여 한국 정부와 미국 정부가 스스로 합의하여 설정한 비공개 기간

마저도 이미 도과한 상태라는 점을 고려한다면, 이 사건 정보의 비공개 여부를 결정함에 있어서 더욱 더 신중하여야 할 것이다.

그렇다면, 제1심 판결은 정당하므로 피고의 항소는 이유 없어 이를 기각한다."

정부는 제2심 판결에 불복하여 상고하였다.

라. 제3심에서의 변론(대법원 2016두51962)

피고 정부의 상고이유는 제1심과 제2심에서의 변론 내용과 같았다. 원고는 추가적인 변론을 할 것이 없었다.

대법원(제3부, 재판장 박병대, 주심 권순일)은 2016. 12. 29. 심리불속행으로 피고 측의 상고를 기각하였다.

3. 판결 확정 이후의 상황-공개된 협상문서 및 후속 정보공개청구

정부는 위 대법원 판결 확정 이후 한 달이 지난 2017. 1. 26. 한미FTA 서문의 투자자 보호 조항이 삽입된 경위와 관련된 협상문서를 공개하였다. 공개된 협상문서는 미국이 2007. 6. 16. 문안을 제시하고, 이에 대하여 한국이 22일에 수정문안을 제시하고, 다시 미국이 23일에 수정문안을 제시하고, 다시 한국이 25일과 27일에 재수정을 제안한 문서이다.

그런데 정부는 첨부자료와 같이 양측이 제안한 투자자 보호 조항 '문안'만 공개하였고, 나머지 부분을 삭제하였다. 통상 문안에 대해 수정 제안을 하는 경우, 왜 그러한 제안을 하는지, 즉 제안이유를 최소한이나마 설명하는 점을 고려하면, 삭제된 부분은 제안이유에 대한 서술인 것으로 추측된다. 하지만 정부가 앞뒤를 삭제한 채 문안만 공개함으로써 그 배경을 파악할 수 없게 되었다. 공개된 문서의 내용과 번역은 아래와 같다.

1) 2007. 6. 16. 미국 → 한국

"recognizing that where, as in the United States, protections of investor rights under domestic law equal or exceed international law standards, foreign investors shall not be accorded greater substantive rights with respect to investment protections than domestic investors under domestic law;

(미국의 6월 16일자 제시 문안 번역: 미합중국에서와 같이 국내법에 따른 투자자 권리의 보호가 국제법 기준과 같거나 이를 상회하는 곳에서는, 외국인 투자자는 국내법에 따른 국내 투자자보다 투자 보호에 대한 더 큰 실질적인 권리를 부여받아서는 안 된다는 것을 인식하면서)

2) 2007. 6. 22. 한국 → 미국

"recognizing that where, as in Korea and the United States, protections of investor rights under domestic law equal or exceed international law standards, foreign investors are accorded as ~~shall not be accorded~~ greater substantive rights with respect to investment protections as ~~than~~ domestic investors under domestic law;

(한국의 6월 22일자 수정 제안 문안 번역: 대한민국과 미합중국에서와 같이 국내법에 따른 투자자 권리의 보호가 국제법 기준과 같거나 이를 상회하는 곳에서는, 외국인 투자자는 국내법에 따른 국내 투자자와 동일한 실질적인 권리를 부여받는다는 것을 인식하면서)

3) 2007. 6. 23. 미국 → 한국

"Agreeing that foreign investors are not hereby accorded greater substantive rights with respect to investment protections than domestic investors under domestic law where, as in the United States, protections of investor rights under domestic law equal or exceed those set forth in this Agreement;

"미합중국에서와 같이 국내법상 투자자 권리 보호가 본 협정상 투자자 권리 보호와 같거나 상회하는 곳에서는 투자 보호와 관련하여 외국인 투자자들이 국내법상 국내 투자자보다 더 큰 실질적 권리를 부여받지 않는다는 것에 동의하면서"

4) 2007. 6. 25. 한국 → 미국

"Agreeing that foreign investors are ~~not~~ hereby accorded ~~greater~~ substantive rights with respect to investment protections ~~than~~ equal to those of domestic investors under domestic law where, as in Korea and the United States, protections of investor rights under domestic law equal or exceed those set forth in this Agreement;

(한국의 6월 25일자 재수정문안 번역: 대한민국과 미합중국에서와 같이 국내법에 따른 투자자 권리의 보호가 국제법 기준과 같거나 이를 상회한 경우, 외국 투자자는 국내법에 따른 국내 투자자와 동일한 실질적인 권리를 부여받는다는 것에 동의하면서)

5) 2007. 6. 27. 한국 → 미국

"Agreeing that foreign investors are not hereby accorded greater substantive rights with respect to investment protections than domestic investors under domestic law where, as in the United States, protections of investor rights under domestic law equal or exceed those set forth in this Agreement, and recognizing that the laws and regulations of Korea, including Article 6 of the Constitutuion and Article 3 of the Foreign Investment Promotion Act, provide foreign investors and their investments protection equal to that provided to domestic investors and their investments.;

(한국의 6월 27일자 재수정문안 번역: 미합중국에서와 같이 국내법에 따른 투자자 권리

의 보호가 국제법 기준과 같거나 이를 상회한 경우, 외국 투자자는 국내법에 따른 국내 투자자보다 이로써 투자 보호에 대한 더 큰 실질적인 권리를 부여받지 않는다는 것에 동의하면서, 그리고 대한민국의 헌법 제6조와 외국인투자촉진법 제3조를 포함하여 대한민국의 법률과 규정이 외국인 투자자 및 그들의 투자에 대하여 한국인 투자자 및 그들의 투자와 동등한 보호를 제공함을 인식하면서)

위 한미 양국 간의 협상 문서를 보면, 한국 정부가 3차례나 미국이 제시한 투자자 보호 조항에 '대한민국(Korea)'를 포함시키려고 했던 사정을 알 수 있다. 특히 정부가 2007. 6. 25. 'as in the United State'라는 문구를 'as in Korea and the United States'로 변경하려고 한 사실에 비춰보면, 정부는 미국이 제시한 투자자 보호 조항에 불평등한 요소가 있다는 점을 인식하고 있었던 것이 입증된다. 그럼에도 불구하고 정부는 2007. 6. 30. 미국의 2007. 6. 23.자 수정 문안대로 협정문에 서명하였다.

이에 민변은 2017. 3. 2. 산업자원통상부에 대하여 아래와 같이 추가로 정보공개를 청구하였다.

산업통상자원부가 2017. 1. 26. 공개한 한미FTA 협상 문서(이하 '협상 문서'라 합니다.)에 관하여, 1. 미국 측 6. 16.자 문안(협상 문서 2쪽)을 수용하지 않고 한국 측이 6. 22.자 문안(협상 문서 3쪽)으로 수정 제안 하게 된 사유를 기재한 한국 내부 검토 문서 및 결재 문서 2. 미국 측 6. 23.자 수정 문안(협상 문서 4쪽)을 수용하지 않고, 한국 측이 6. 25.자 재수정 문안(협상 문서 5쪽)을 및 6. 27.자 재수정 문안(협상 문서 6쪽)을 두 번에 걸쳐 제안하게 된 사유를 기재한 한국 내부 검토 문서 및 결재 문서 3. 최종 한미FTA 서문 조항으로 미국의 6. 23.자 수정 문안(협상 문서 4쪽)이 그대로 수용되고 한국 측의 6. 25.자 및 6. 27.자 재수정 제안이 수용되지 않은 사유를 알 수 있는 한국 내부 검토 문서 및 결재 문서

정보공개법 제11조상 공공기관은 10일 이내에 공개 여부를 결정하여야 하고, 부득이한 사유로 공개 여부를 결정할 수 없으면 10일의 범위에서 결정기간을 연장할 수 있다. 그러나 정부의 공무원은 2017. 3. 30. "지난 3. 2.에 정보공개를 신청하신 건과 관련하여, 정보공개청구처리기한이 어제(3.29)까지 였으나 처리를 해드리지 못한 점 정말 죄송합니다. 저희 부서가 열심히 검토하여 최대한 빠른 시일 내 처리하도록 노력하겠습니다."라고 문자를 보낸 후 2017. 10. 현재에 이르기까지 공개여부를 결정하지 않고 있다.

4. 마치며 – 국제통상조약에 대한 민주적 통제

우리가 먹고 입고 쓰는 물건 중 외국에서 생산되어 한국에 들어온 물건은 이루 헤아릴 수 없이 많다. 또 우리가 수출하는 상품·서비스도 많다. 원자재가 부족한 한국에서 수입과 수출은 필수적이다. 외국산 농산물이 한국 농업에 미치는 영향을 생각하면, 국제 무역 관계가 한 국가에게 얼마나 큰 영향을 미치는지 알 수 있다. 그런데 국제통상 질서는 국제통상조약과 같은 국제규범에 의해 뒷받침된다. 우리의 일상이 국제통상조약과 밀접한 이유다.

게다가 국제통상조약은 한국의 국내 정책과도 밀접하다. 한미FTA가 국내 입법·정책 주권을 제약한 사례는 다음과 같다.

- 한미FTA 독립적 검토기구의 '아큐트랙 스크루(의료기기)' 가격 인상 권고와 건강보험정책심의위원회 결정(인상불가) 사이에서 충돌 발생. 결국 건강보험정책심의위원회 결정이 변경됨.
- 지식경제부의 우체국 예금보험법 시행규칙 일부개정안(우체국보험 가입한도를 4,000만원에서 6,000만원으로, 최초 연금액을 연간 900만원에서 1,500만원으로 상향하는 안)이 주한미국상공회의소의 한미FTA에 따라 금융위와 사전협의했어야 한다는 지적이 있은 후 철회됨(참고로 우체국보험 가입한도는 1996년 이후 2017년 현재까지 증액이 이루어지지 않은 반면 민영보험사의 경우 가입한도가 폐지됨.)
- '유통산업발전법'을 개정하여 재래시장 500미터 인근에서의 SSM 진출을 규제하고, '대·중소기업 상생협력촉진법'에서 SSM 가맹점을 사업조정 대상에 포함시켜야 한다는 주장에 대해 정부는 한미FTA 위반 소지 언급하며 반대함.
- '중소상인 적합업종 보호에 관한 특별법' 도입 주장에 대해서 정부는 한미FTA 위반 소지가 있다는 이유로 반대함.
- 저탄소차 지원금 제도 좌절됨(한미FTA 위반이라는 지적에 따라 2013. 7.에서 2015. 1.로 연기, 다시 2020년 말로 연기)
- 금융감독위원회는 2013. 10. 국내에서 신용카드 사용시 미국 비자카드의 국외 결제망을 사용하지 않음에도 비자카드사에게 수수료를 주고 있는 상황을 시정하겠다고 발표하였으나 실패함(국내결제임에도 비자카드 등에 준 수수료는 2011년부터 2013년 6월까지 2,841억원).
- 2013년 말 철도민영화 논란 당시 야당이 철도민영화를 금지하는 철도사업법 개정을 준비하자, 정부는 한미FTA 위반 소지가 있다며 반대함.
- 문재인 정부의 이동통신 기본료 폐지 정책이 난관에 부딪침.

정부는 국제통상규범을 주도한다. 국회에 의한 비판과 감시는 미미하다. 은밀히 진행되면서 국민은 무엇이 어떻게 되고 있는 것인지 알 수 없다. 국제통상조약에 대한 민주적 통제를 위해 관련정보가 보다 더 투명하게 공개되어야 하는 이유이다.

원고는 항소심에서 아래와 같이 최종 변론하였다. 이로써 글을 마무리 한다.

(1) 한미FTA와 같은 국제통상조약은 국내법과 같은 효력을 가지므로 국민들의 이익에 끼치는 영향이 지대합니다. 특히 국제통상분야의 외교관계는 국민들의 일상적인 경제적 삶과 직결됩니다.

(2) 행정부는 국민들로부터 국가를 운영할 권력을 위임받아 국민의 이익(국익)을 위해 국민을 대신하여 업무를 수행합니다. 그리고 행정부는 업무 수행의 결과를 스스로 투명하게 공개하여 국민들로 하여금 행정부가 업무를 잘 수행하고 있는지 아닌지 평가할 수 있도록 해야 합니다. 이것이 국민들이 통치행위를 견제하는 민주주의의 작동원리입니다. 결국 정보공개를 통한 국정 운영의 투명성은 국정의 책임성을 확보하고 국민의 알 권리를 보장하는 중요한 기본권 실현 제도입니다.

(3) 피고가 비밀주의로 일관하는 것은 한미FTA의 당사자가 결국 '국민'이라는 것을 망각한 행위입니다. 특히 한국 정부와 미국 정부가 협상 과정에서 생성된 문서를 비공개하기로 합의한 기간이 2015. 3. 14.에 종료한 상황에서 '미국과의 통상 마찰'을 우려하는 것은 피고의 근거 없는 책임 회피입니다.

(4) 국민의 알 권리는 헌법상 표현의 자유의 내용을 이루면서도 자유민주주의 국가에서 국민 주권을 실현하는 핵심이 되는 기본권이고 인간의 존엄과 가치 및 인간다운 생활을 할 권리(헌법 제1조, 제10조, 제21조, 제34조 제1항 참조)와 관련되는 것이므로, 헌법 제37조 제2항에 근거하여 공공기관의 정보공개에 관한 법률이 이를 제한하는 경우에도 그 제한은 위와 같은 알 권리의 성격에 비추어 필요 최소한도에 그쳐야 할 것이고, 그러한 한도를 결정하기 위하여는 그 제한으로 인하여 국민이 입게 되는 구체적 불이익과 보호하려는 국익의 정도를 비교형량하여야 합니다(서울행정법원 2004. 2. 13. 선고 2002구합33943 판결 참조).

(5) 이 사건 정보는 특정 문장 및 특정 시기에 대한 것으로 그 대상을 매우 제한하고 있습니다. 원심도 인정하는 바와 같이 이 사건 정보가 공개된다고 하여 협상 전략이 노출되는 것은 없거나 미미할 것으로 보입니다. 반면 비공개로 말미암아 한미FTA 서문에 명시된 투자자 보호 조항의 애매모호함은 유지될 것이고, 원고나 국민들은 도대체 무슨 의미인지 해석할 방법을 구하지 못할 것입니다. 나아가 이 사건 투자자 보호 조항의 문제점을 고려할 때 국민의 알 권리는 보장되어야 합니다.

(6) 피고는 자유무역협정의 특수성이라는 모호한 근거를 바탕으로 어떠한 불이익이 있는지를 입증할 수 없다고 주장하며, 현저한 위험에 대한 설명 또한 근거 없는 가정에 근거하고 있습니다. 국민의 기본권을 제한하기 위해서는 기본 원칙을 준수하여야 하며, 구체적인 근거를 설명하지 못한다면 이 사건 정보를 공개하여야 할 것입니다.

(7) 피고는 이 사건 정보가 공개될 경우 국가의 어떠한 중대한 이익이 얼마나 현저히 해칠 우려가 있는지 입증하지 않고 원론적인 주장만을 되풀이하고 있습니다. 민주주의와 국민의 알 권리를 옹호하고 국정 운영의 투명성을 담보하여 대한민국 정부가 실질적인 선진국 정부로 나아갈 수 있도록 피고의 항소를 기각하여 주시기 바랍니다.

함께 검토할 판결례

〈국민의 알 권리와 공무상 비밀의 관계에 대한 헌법재판소 판례〉

헌법재판소 1992. 2. 25. 선고 89헌가104 결정.

〈WTO 통상조약이 사인(私人)에게 직접적 효력이 미치지 않는다고 판단한 사례〉

대법원 2009. 1. 30. 선고 2008두17936 판결.

대법원 2015. 11. 19. 선고 2015두295 전원합의체 판결.

관련자료

강준하, 「한-미 FTA 투자자-분쟁해결절차(ISDS)」, 『국제거래법연구』, 18권, 2호, 국제거래법학회, 2009.

안상운, 『대한민국 국민이라면 꼭 알아야 할 정보공개법』, 자음과모음, 2015.

「한-미 FTA 발효 5년, 쟁점과 과제」 토론회 자료집, 국회의원 홍익표 의원실 자료집, 2017.

홍기빈, 『투자자-국가 직접소송제』, 녹색평론사, 2006.

심층질문

1. '국민의 알 권리'와 '협상 과정의 비밀성'에 대한 비교형량의 구체적 기준은 무엇인가?

2. WTO체제의 의미와 한계는 무엇인가?

3. FTA는 WTO체제의 대안이 될 수 있는가?

4. 바람직한 국제통상질서는 무엇인가?

5. 국제통상질서와 인권은 무슨 관련을 가지고 있는가?

6. 한국에게 유리한 국제통상조약이 상대국에게 반인권적 결과를 초래하는 경우, 한국인은 해당 국제통상조약의 폐기를 주장해야 하는가? 국익이 우선인가 보편적 세계인권이 우선인가?

출생신고를 위한 친생자관계부존재확인 및 피해아동보호명령사건

김영주 외 3*

1. 개 요

가. 현행 출생등록의 방법

‘출생등록’이란 개인이 출생을 하여 존재하게 된 사실을 국가의 공문서에 기재함으로써 공식화하는 행위를 말한다. 국가는 출생등록을 통하여 개인의 존재를 인식하고 보건 · 교육 등 기초적인 국가서비스를 제공할 수 있게 되므로, 출생등록은 개인이 기본적인 권리를 보호받고 필요한 권리를 청구할 수 있는 기본적인 출발점이 된다.

우리나라는 「가족관계의 등록 등에 관한 법률」(이하 ‘가족관계등록법’이라 한다)에 따라 개인의 출생 · 혼인 · 사망 등 가족관계의 발생 및 변동사항에 관하여 가족관계등록부에 기재함으로써 등록 · 관리하고 있고, 가족관계등록사무는 가족관계의 발생 및 변동사항의 등록에 관한 신고 등을 접수하여 처리하도록 되어있다(가족관계등록법 제1조,[1] 제4조[2]). 즉, 우리나라의 출생등록은 출생사실 및 출생으로 인한 가족관계의 발생과 그 변동사항을 등록하기 위한 출생신고가 관계기관에 접수되고, 관계기관이 해당 출생신고를 접수 · 수리하여 가족관계등록부에 출생신고서에 기재된 정보를 기재함으로써 이루어진다(가족관계등록법 제9조[3]). 이렇게 ‘출생신고’가 출생등록의 시작점이 되는 것이다.

---

* 김영주(변호사, 법무법인 정우), 신수경(변호사, 법률사무소 율다함), 황준협(변호사, 법무법인 동화), 이혜선(변호사, 법률사무소 서담)이 함께함.

1) 가족관계등록법 제1조(목적) 이 법은 국민의 출생 · 혼인 · 사망 등 가족관계의 발생 및 변동사항에 관한 등록과 그 증명에 관한 사항을 규정함을 목적으로 한다.

2) 가족관계등록법 제4조(등록사무처리) 제3조에 따른 등록사무는 가족관계의 발생 및 변동사항의 등록(이하 “등록”이라 한다)에 관한 신고 등을 접수하거나 수리한 신고지의 시 · 읍 · 면의 장이 처리한다.

3) 가족관계등록법 제9조(가족관계등록부의 작성 및 기록사항) ① 가족관계등록부(이하 “등록부”라 한다)는 전산정보처리조직에 의하여 입력 · 처리된 가족관계 등록사항(이하 “등록사항”이라 한다)에 관한 전산정보자료를 제10조의 등록기준지에 따라 개인별로 구분하여 작성한다.
② 등록부에는 다음 사항을 기록하여야 한다. ＜개정 2010. 5. 4.＞
1. 등록기준지
2. 성명 · 본 · 성별 · 출생연월일 및 주민등록번호
3. 출생 · 혼인 · 사망 등 가족관계의 발생 및 변동에 관한 사항

나. 출생신고 접수방식을 통한 출생등록제도의 문제점

출생신고란 신생아 출생시 가족관계등록부 및 주민등록에 등록하기 위하여 관계기관에 신고하는 민원이다. 가족관계등록법은 신분변동사항의 등록·관리를 위하여 출생, 인지, 입양, 혼인, 이혼, 사망 등 일정한 사항에 대한 신고의무를 부과하고 있다. 출생의 신고는 자녀의 출생 후 1개월 이내에 혼인 중의 출생자는 부 또는 모가, 혼인 외의 출생자는 모가 법정의 요건을 갖추어 관계기관에 자발적으로 신고하는 것을 원칙으로 하고 있다(가족관계등록법 제44조,[4] 제46조[5]).

그런데 출생등록의 개시가 출생신고의 접수를 통하여 이루어진다는 것은 바꿔 말하면 출생신고의 접수가 없으면 출생자의 존재를 공적으로 확인할 방법이 없다는 것이기도 하다. 출생신고가 되지 않은 아동은 필수예방접종 등 기초적인 의료혜택에서 배제되고, 현행법상 의무교육대상이 아닌 어린이집과 유치원에 다닐 수 없음은 물론, 출생신고를 누락한 양육자의 판단에 따라 의무교육마저도 받지 못할 가능성이 높다. 그럼에도 가족관계등록법이 신고의무자만이 출생신고를 할 수 있도록 제한하고 있음으로 인하여,

---

4. 가족으로 기록할 자가 대한민국 국민이 아닌 사람(이하 "외국인"이라 한다)인 경우에는 성명·성별·출생연월일·국적 및 외국인등록번호(외국인등록을 하지 아니한 외국인의 경우에는 대법원규칙으로 정하는 바에 따른 국내거소신고번호 등을 말한다. 이하 같다)
5. 그 밖에 가족관계에 관한 사항으로서 대법원규칙으로 정하는 사항

4) 가족관계등록법 제44조(출생신고의 기재사항) ① 출생의 신고는 출생 후 1개월 이내에 하여야 한다.
② 신고서에는 다음 사항을 기재하여야 한다. <개정 2010. 5. 4.>
1. 자녀의 성명·본·성별 및 등록기준지
2. 자녀의 혼인 중 또는 혼인 외의 출생자의 구별
3. 출생의 연월일시 및 장소
4. 부모의 성명·본·등록기준지 및 주민등록번호(부 또는 모가 외국인인 때에는 그 성명·출생연월일·국적 및 외국인등록번호)
5. 「민법」 제781조 제1항 단서에 따른 협의가 있는 경우 그 사실
6. 자녀가 복수국적자(複數國籍者)인 경우 그 사실 및 취득한 외국 국적
③ 자녀의 이름에는 한글 또는 통상 사용되는 한자를 사용하여야 한다. 통상 사용되는 한자의 범위는 대법원규칙으로 정한다.
④ 출생신고서에는 의사나 조산사가 작성한 출생증명서를 첨부하여야 한다. 다만, 다음 각 호의 어느 하나에 해당하는 서면을 첨부하는 경우에는 그러하지 아니하다. <개정 2016. 5. 29.>
1. 분만에 직접 관여한 자가 모의 출산사실을 증명할 수 있는 자료 등을 첨부하여 작성한 출생사실을 증명하는 서면
2. 국내 또는 외국의 권한 있는 기관에서 발행한 출생사실을 증명하는 서면
⑤ 제4항 단서에 따라 첨부하는 서면에 관한 구체적인 사항은 대법원규칙으로 정한다.

5) 가족관계등록법 제46조(신고의무자) ① 혼인 중 출생자의 출생의 신고는 부 또는 모가 하여야 한다.
② 혼인 외 출생자의 신고는 모가 하여야 한다.
③ 제1항 및 제2항에 따라 신고를 하여야 할 사람이 신고를 할 수 없는 경우에는 다음 각 호의 어느 하나에 해당하는 사람이 각 호의 순위에 따라 신고를 하여야 한다.
1. 동거하는 친족
2. 분만에 관여한 의사·조산사 또는 그 밖의 사람
④ 신고의무자가 제44조 제1항에 따른 기간 내에 신고를 하지 아니하여 자녀의 복리가 위태롭게 될 우려가 있는 경우에는 검사 또는 지방자치단체의 장이 출생의 신고를 할 수 있다. <신설 2016. 5. 29.>

스스로 출생신고를 할 수 없는 신생아는 신고의무자가 출생신고를 하지 않는 한 보호의 사각지대에서 벗어날 수 없게 되는 것이다.

다. 출생신고 누락을 막지 못하는 현행 출생등록제도

현행 출생신고는 신고의무자가 아동의 출생 후 1개월 이내에 읍·면·동 주민센터를 직접 방문하여 출생사실을 알리는 방식으로 진행된다(가족관계등록법 제44조). 출생신고가 접수되면 관계기관은 출생신고서의 기재내용에 따라 출생자에 대한 가족관계등록부를 작성하게 되는데, 이 때 출생자의 등록부에는 부모 또는 인지한 부의 성명을 기록하고, 그 부모 또는 인지한 부의 등록부에도 출생자의 성명 등을 기록하게 되어있다. 즉, 출생자 가족의 등록부에까지 출생자의 정보가 기재되어야 비로소 출생자에 대한 출생등록이 완료되는 것이다. 그런데 이처럼 일정한 '가족'의 단위 안에서 누군가의 '자녀'로 등록하는 이러한 방식이 오히려 자녀의 출생등록을 누락시키는 주요 요인이 되고 있다.

가족관계등록법은 부와 모 모두를 신고의무자로 규정하고 있는 혼인 중 출생자와 달리, 혼인 외의 출생자의 경우 신고의무자를 모로 한정하고 있다(가족관계등록법 제46조). 그런데 혼인 외 출생자의 경우 1차적 신고의무자인 모가 미혼모에 대한 사회적 편견 등을 염려하여 출생신고를 하지 않는 경우가 빈번하게 발생하고 있다. 가족관계등록법은 제57조[6] 규정을 두어 신고의무자가 아닌 친부의 경우에도 친생자출생의 신고를 함으로써 출생자의 출생등록이 가능한 방법을 마련하고 있지만, 친부가 혼외 자의 출생사실을 알지 못하거나 모의 인적사항을 알고 있는 경우, 출생자가 제3자로부터 민법 제844조[7]의 친생자 추정을 받고 있음이 밝혀진 경우 등에는 친생자출생의 신고가 불가능하기 때문에 출생신고의 누락을 막을 수 없다.

---

6) 가족관계등록법 제57조(친생자출생의 신고에 의한 인지) ① 부가 혼인 외의 자녀에 대하여 친생자출생의 신고를 한 때에는 그 신고는 인지의 효력이 있다. <개정 2015. 5. 18.>
② 모의 성명·등록기준지 및 주민등록번호를 알 수 없는 경우에는 부의 등록기준지 또는 주소지를 관할하는 가정법원의 확인을 받아 제1항에 따른 신고를 할 수 있다. <신설 2015. 5. 18.>
③ 가정법원은 제2항에 따른 확인을 위하여 필요한 사항을 직권으로 조사할 수 있고, 지방자치단체, 국가경찰관서 및 행정기관이나 그 밖의 단체 또는 개인에게 필요한 사항을 보고하게 하거나 자료의 제출을 요구할 수 있다. <신설 2015. 5. 18.>
④ 다음 각 호의 어느 하나에 해당하는 경우에는 신고의무자가 1개월 이내에 출생의 신고를 하고 등록부의 정정을 신청하여야 한다. 이 경우 시·읍·면의 장이 확인하여야 한다. <신설 2015. 5. 18.>
1. 출생자가 제3자로부터 「민법」 제844조의 친생자 추정을 받고 있음이 밝혀진 경우
2. 그 밖에 대법원규칙으로 정하는 사유에 해당하는 경우
⑤ 확인절차 및 신고에 필요한 사항은 대법원규칙으로 정한다. <신설 2015. 5. 18.>

7) 민법 제844조(부의 친생자의 추정) ① 처가 혼인 중에 포태한 자는 부의 자로 추정한다.
② 혼인성립의 날로부터 2백일후 또는 혼인관계종료의 날로부터 3백일내에 출생한 자는 혼인 중에 포태한 것으로 추정한다. [헌법불합치, 2013헌마623, 2015. 4. 30. 1. 민법(1958. 2. 22. 법률 제471호로 제정된 것) 제844조 제2항 중 "혼인관계종료의 날로부터 300일 내에 출생한 자"에 관한 부분은 헌법에 합치되지 아니한다. 2. 위 법률조항 부분은 입법자가 개정할 때까지 계속 적용된다.]

민법 제844조 친생자추정규정은 출생한 자녀를 법률상 부의 자녀(제1항) 또는 전혼 중의 자녀(제2항)로 추정하는 규정인데, 친생자 추정을 받는 출생자는 우선 모와 모의 법률상 남편, 또는 전혼의 남편의 자녀로만 출생등록이 가능하고, 친부가 있는 경우에는 이렇게 등록된 등록부의 정정을 통하여서만 친부의 자녀로 등록될 수 있도록 하고 있다. 가족관계등록법 제57조 제4항에서 가족관계등록부는 출생자가 제3자로부터 친생자추정을 받고 있음이 밝혀진 경우 신고의무자가 "1개월 이내에 출생의 신고"를 하고 시·읍·면의 장의 확인을 받아 "등록부의 정정을 신청"하여야 한다고 규정하고 있기 때문이다. 이렇게 법률상 부에게 혼인 외 출생사실이 밝혀지게 된 이후에야 친부의 자녀로 정정신고를 하게 되는 절차로 말미암아 법률상 부에게 혼인 외 출생사실이 밝혀지게 되는 것을 부담스러워하는 모가 출생자의 출생신고를 회피하는 경우가 발생하고 있는 것이다. 혼인 중의 모가 혼인 외 출생자의 출생신고를 누락하면, 친부는 신고의무자에서도 배제되고 친생자출생의 신고에 의한 인지도 할 수 없으므로 출생자는 장기간 미등록상태에 있을 수밖에 없게 된다.

또 출생신고의 대상을 '대한민국 국민'으로 한정하고 있는 점도 문제이다. 가족관계등록부는 '국민'의 출생·혼인·사망 등 가족관계의 발생 및 변동사항에 관한 등록부라고 규정하여 '국민'에 대해서만 만들어지는 것으로 한정하고 있고, 출생신고시 출생증명서와 함께 자녀의 출생당시 모가 한국인임을 증명하는 서면과 부모의 혼인관계증명서 등을 제출하도록 하여 출생자가 대한민국 국적을 취득할 수 있는 자인지 여부를 확인하고 있다(가족관계등록법 제1조, 가족관계등록 등에 관한 규칙 제44조[8]). 즉, 가족관계등록부의 기재로 출생등록이 되는 현행법제도상 가족관계등록부를 가질 수 없는 '외국' 국적 아동은 출생에 대한 신고와 증명이 애당초 불가능하다. 국내 거주하는 외국인이 자녀를 출산한 경우 자국 대사관을 통하여 출생신고를 할 수 있지만, 단속의 두려움으로 인하여 자국 대사관에 쉽게 접근할 수 없는 '미등록' 이주민의 경우, 자녀의 출생신고를 포기하고 무국적상태로 상태로 양육하는 경우가 많다.

이처럼 가족관계등록 및 주민등록으로 출생을 등록하는 현행 제도는 국민의 신분정보의 관리 및 공시라는 행정적 편의 측면에서는 유용할 수 있으나, 대한민국에서 태어난 모든 아동의 출생등록을 담보하는 아동의 권리 보장 측면에서는 매우 취약하다고 할 수 있다. 특히 신고의무자의 자발적인 의사에 일임한 출생신고제도는 출생사실을 숨기고 싶어 하는 부모의 선택에 따라 출생신고 자체가 접수되지 않을 가능성이 있고, 후

---

8) 정부24 사이트 민원안내 및 신청(http: //www.gov.kr/main?a=AA020InfoCappViewApp&HighCtgCD=01008&CappBizCD=12700000045): 출생증명서, 자녀의 출생당시 모가 한국인임을 증명하는 서면, 자녀가 이중국적자인 경우 취득한 국적을 소명하는 자료, 신분확인(신고인이 출석한 경우에는 신분증명서, 제출인이 출석한 경우에는 신고인의 신분증명서 및 제출인의 신분증명서, 우편제출의 경우에는 신고인의 신분증명서 사본), 부모의 혼인관계증명서(가족관계등록관에서 행정정보공동이용이 가능한 경우에는 제출 생략).

순위 신고의무자 규정이나 친생자출생 신고 규정만으로는 이러한 출생신고 누락을 방지할 수 없다. 또한 부모의 혼인관계 및 국적에 따라 출생신고의 방법 및 가족관계등록부의 기재여부를 달리 정하는 것은 '모든' 아동의 출생신고와 등록을 담보할 수 없어서 출생한 아동이 확인되지 않는 무기한 무등록 상태를 초래할 위험성이 매우 크다.

2. 현행 출생신고제도의 문제점이 드러난 A아동의 사례

가. 사실관계

A아동은 서로 혼인하지 않은 갑(男)과 을(女) 사이에서 태어난 혼인 외의 자이다. 갑은 A의 출생 후 1개월가량 지난 2012. 12. A의 출생지에서 갑을 父, 을을 母로 하는 A에 대한 출생신고를 하였으나, 을이 제3자인 병(丙)과 법률상 혼인관계에 있어서 을이 혼인 중에 포태하여 출생한 A는 민법 제844조에 따라 병의 자로 추정되므로, 갑을 父로 기재한 출생신고는 수리가 불가능하다며 거부되었다. 그 직후 을은 A에 대한 출생신고로 병에게 자신의 출산사실이 알려질 수 있다는 우려 때문인지 출생신고를 하지 않은 채 종적을 감추었고 연락이 두절되어 더 이상 신고의무자인 을의 자발적인 출생신고를 기대할 수 없는 상황이 되었다. 이런 사유로 갑은 출생신고를 하지 않은 채 A를 양육하여 오다가 2015년 A와 함께 서울시 송파구로 이주하면서 송파구에 단독으로 A에 대한 출생신고를 시도하였는데, 출생신고서에 첨부한 출생증명서에 기재된 친모가 병과 법률상 혼인관계에 있다는 동일한 사유로 출생등록이 거부되었다.

갑은 친모의 인적사항과 무관하게 A의 출생신고를 할 수 있는 방법을 백방으로 알아보다가 2015. 5. 18. 혼인 외의 자녀에 대하여 부가 단독으로 친생자출생의 신고를 할 수 있도록 하는 가족관계등록법 제57조 제2항이 신설되었다는 사실을 알게 되었다. 갑은 본인도 미혼부이므로 이 조항에 근거하여 출생신고가 가능할 것으로 생각하고 2015. 11. 서울동부지방법원에 '친생자 출생신고를 위한 확인신청(이하 '선행소송'이라 한다)'을 제기하였다. 갑은 이 선행소송에서 유전자검사결과지 등을 제출하여 갑과 A간의 친자관계를 상당성 있게 입증하였으나, 서울동부지방법원은 갑이 을의 이름·생년월일·주민등록번호 등을 알고 있어서 가족관계등록법 제57조 제2항의 요건인 모의 성명·등록기준지 및 주민등록번호를 알 수 없는 경우에 해당하지 않는다는 이유로 갑의 신청을 기각하였다.

이처럼 친생자 출생신고를 위한 확인신청마저도 실패하자, 갑은 2016. 6. 마지막이라는 마음으로 자신을 청구인으로 하여 수원지방법원에 A에 대한 성본창설을 시도하였다. 그러나 수원지방법원은 성본창설은 부모 모두를 알 수 없는 자녀가 청구인이 되는 것인데, 제출한 소명자료에 의하면 A는 청구인인 갑의 친생자로 보여 자녀가 부모 모두를 알 수 없는 때에 해당하지 않는다고 하여 청구를 각하하였다.

갑의 위와 같은 노력에도 불구하고 끝내 A의 출생신고가 이루어지지 않음으로 인하여, A는 의료보험, 어린이집, 유치원 등 공공서비스를 제공받지 못하는 상황에 처하였고 각종 복지혜택이나 지원도 받지 못하였다. 갑이 관할 구청과 법원을 통하여 A의 출생등록을 시도하고 또 무산되는 일이 반복된 6년의 기간 동안 A는 그야말로 복리가 위태롭게 될 우려 속에 있었지만 가족관계등록법 제46조 제4항의 출생신고를 할 수 있는 검사 또는 지방자치단체의 장이 A의 출생신고를 위하여 움직이는 일도 없었다. 경제적 형편이 좋지 않았던 갑은 출생신고도 하지 못한다는 좌절감에 을에 대한 분노만을 키워갔고, 고령의 할머니가 양육하던 A는 자랄수록 교육과 의료부문에 있어서 공적인 도움이 더욱 절실하게 되었다.

나. 소송지원 결정

민주사회를 위한 변호사 모임 아동인권위원회(이하 '민변아동위'라고 한다)은 우리나라의 출생신고제도가 부모의 자의에 맡겨져 있고, 부모의 법적 지위와 혼인관계 · 출신 등에 따라 출생신고의 방법을 달리 정하거나 출생신고의 가능성 자체를 차단하고 있어 아동인권을 심각하게 침해하고 있다는 점을 지적하며, 여러 단체와 함께 '모든' 아동에게 출생신고가 가능하도록 보장하는 '보편적 출생등록제'의 도입을 위해 활동해왔다.

그러던 차에 민변아동위는 서울시 송파구 드림스타트로부터 출생신고에 어려움을 겪고 있는 A의 사례를 접하였고, 그동안 갑의 여러 가지 시도들이 무산된 원인이 현행 출생신고제도의 복잡성과 경직성에 있으며 아동인권은 무시한 채 행정편의에 방점을 둔 제도라는 점에 의견을 모았다. 을과 병의 동서의 결여, 갑과 A간 친자관계를 입증하는 유전자검사결과서 등 A가 병의 자녀가 아니고 갑의 자녀임을 확인할 수 있는 증거가 충분함에도 가족관계등록법상 갑이 A에 대하여 친생자출생의 신고를 할 수 있는 경우에 해당하지 않고, 친자관계는 친생부인의 소나 친생자관계존부의 소 등 친자관계에 관한 재판을 통하여만 확인받을 수 있다는 절차적 이유 때문에 A는 장장 6년간이나 무등록 상태로 남아 기본적인 법의 보호에서 배제되었던 것이다.

이처럼 친부와의 친자관계가 명확하게 입증됨에도 불구하고 끝내 친부의 출생신고 시도가 무산되어 법적 보호와 각종 지원을 전혀 받지 못한 A의 사례는 우리나라 출생신고제도의 문제점을 여실히 드러내고 있는 사안으로서 아동인권과 관련한 중대한 문제였다. 특히 A의 친부인 갑은 A의 출생등록을 위하여 여러 법률상 청구를 진행하였으나 경제적 어려움으로 충분한 법률적 조언을 받지 못한 탓에 번번히 실패하여 깊은 좌절감에 빠져 있었다. 이에 민변아동위는 더 지체할 경우 A의 무등록 상태가 더욱 장기화될 것을 우려하여 A의 출생등록을 위한 소송지원을 결정하고, 공동변호인단(이하 '변호인단'이라 한다)을 구성하여 진행하였다.

3. A아동에 대한 소송제기 등 법적 절차의 진행

가. 가족관계등록법상 규정 이외의 출생신고 방법 강구

(1) 출생신고에 관한 사무처리지침 및 호적 선례를 통한 접근

「출생신고에 관한 사무처리지침」(가족관계등록예규 제412호, 시행 2015. 2. 1.) 제7조에서는 혼인중의 여자가 다른 남자와의 사이에서 출생한 자녀에 대한 출생신고 방법에 대해 "혼인중의 여자와 다른 남자와의 사이에서 출생한 자녀는 친자관계에 관한 재판을 거치지 않고 다른 남자의 자녀로 출생신고를 할 수 없다."라고 규정하고 있다.

또한 호적선례 제5-51호에 의하면 '갑남과 혼인중에 있는 을녀가 갑남과 이혼한 후 1개월만에 병남과의 사이에서 자 정을 출산하였고, 그 후 출생신고를 하지 않은 상태에서 병남과 혼인한 경우, 정을 병남의 호적에 입적시키는 방법에 대해 갑남과 혼인중에 있는 을녀가 친생추정을 받는 기간 중이라도 동서의 결여 등으로 을녀가 갑남의 자를 포태할 수 없음이 외관상 명백한 경우에는 정에 대한 출생신고를 함이 없이도 이해관계인이 그러한 사정을 들어 갑남과 정 사이의 친생자관계부존재확인의 소를 제기할 수 있다'고 정하고 있다.

출생신고에 관한 사무처리지침
제정 2015. 1. 8. [가족관계등록예규 제412호, 시행 2015. 2. 1.]
제7조(혼인중의 여자가 다른 남자와의 사이에서 출생한 자녀에 대한 출생신고방법) 혼인중의 여자가 다른 남자와의 사이에서 출생한 자녀는 친자관계에 관한 재판을 거치지 않고 다른 남자의 자녀로 출생신고를 할 수 없다.

갑남과 혼인중에 있는 을녀가 갑남과 이혼한 후 1개월만에 병남과의 사이에서 자(子) 정을 출산하였고, 그 후 출생신고를 하지 않은 상태에서 병남과 혼인한 경우, 정을 병남의 호적에 입적시키는 방법.

제정 2002. 4. 10. [호적선례 제5-51호, 시행][9]
가. 갑남과 혼인중에 있는 을녀가 갑남과 이혼한 후 1개월만에 출산한 자도 민법 제844

9) 대법원 종합법률정보사이트(http: //glaw.scourt.go.kr/wsjo/intesrch/sjo022.do)에서 검색가능.

조의 규정에 의하여 전혼중의 자로 추정이 되므로, 먼저 을녀의 출생신고에 의하여 정을 갑남의 호적에 입적시킨 후, 갑남이 친생부인의 소를 제기하여 그 인용판결이 확정되면 갑남의 호적에서 정을 말소하고, 다시 병남이 출생신고를 하여야 정을 병남의 호적에 입적시킬 수 있다.

나. 그러나 친생추정을 받는 기간 중이라도 동서의 결여 등으로 을녀가 갑남의 자를 포태할 수 없음이 외관상 명백한 사정이 있는 경우에는, 정에 대한 출생신고를 함이 없이도 이해관계인이 그러한 사정을 들어 갑남과 정 사이의 친생자관계부존재확인의 소를 제기할 수 있다. 다만 을녀가 갑남의 자를 포태할 수 없는 명백한 사정이 있는지 여부는 당해 재판절차에서 법관이 판단할 사항으로, 위 인용판결이 확정되면 그 판결정본과 확정증명서를 첨부하여 병남이 정을 자신의 친생자로 출생신고 할 수 있을 것이다.

(2002. 11. 11. 법정 3202-387)

변호인단은 위 규정들에 착안하여 A의 친부인 갑을 원고로 하고, A와 을의 법률상 배우자인 병을 피고로 하여 "피고들 사이에 친생자관계가 존재하지 아니함을, 원고와 피고 A사이에는 친생자관계가 존재함"을 확인하는 친생자관계존부 확인의 소를 관할 가정법원에 제기하였다.

(2) 피해아동보호명령을 통한 접근

「아동학대범죄의 처벌에 관한 특례법」(이하 '아동학대처벌법'이라 한다) 제47조[10]에 따르면, 판사는 일정한 아동학대범죄의 피해자인 "피해아동"의 보호를 위하여 결정으로 피해아동보호명령을 할 수 있다. 출생신고를 하지 못하여 법적 권리와 보호를 전혀 받지 못함에도 아무런 조치를 취하지 않고 연락마저 끊어버린 을의 행위는 A에게 아동학대가 된다고 판단한 변호인단은 이를 피해아동에 대한 "아동학대범죄"로 보고, 동조 제1항 제9호의 "친권자 또는 후견인의 의사표시를 갈음하는 결정"을 구하여 피해아동보호명령을 통한 출생신고를 시도하였다.[11]

---

10) 아동학대범죄의 처벌 등에 관한 특례법 제47조(가정법원의 피해아동에 대한 보호명령)
① 판사는 직권 또는 피해아동, 그 법정대리인, 변호사, 아동보호전문기관의 장의 청구에 따라 결정으로 피해아동의 보호를 위하여 다음 각 호의 피해아동보호명령을 할 수 있다.
9. 친권자 또는 후견인의 의사표시를 갈음하는 결정

11) 2016. 5. 29. 신설되어 2016. 11. 30에 시행된 「가족관계의 등록 등에 관한 법률」 제46조 제4항에 따르면 검사 및 지방자치단체의 장이 신고의무자가 되어 직권으로 출생신고를 할 수 있으나, 본 사례의 경우 해당 조항 시행 전에 청구가 이루어졌으며, 소송 계속 중 해당 조항이 시행 되었으나 아동학대범죄로 수사가 개시되지는 않아 실질적으로 검사의 직권 출생신고를 기대하기 어려웠고, 지방자치단체 장의 직권 출생신고도 여의치 않아 결국 피해아동보호명령을 통한 출생신고를 시도할 수밖에 없었다.

나. 소송경과

(1) 친생자관계존부확인의 소

사건번호: 대전가정법원 2016드단55628
원고: 갑
피고 1. A
피고 2. 병

일 자	진행사항	내 용
2016. 11. 2.	소장접수	
2016. 11. 7.	사실조회신청서 제출	병을 특정하기 위해 원고의 주소지 관할인 대전서구청에 A의 친모 을의 법률상 배우자인 병의 법률혼 관계 여부 및 인적사항을 확인하기 위해 병의 이름, 주소, 주민등록번호, 등록기준지에 대해 사실조회신청함.
2016. 11. 16.	대전광역시 서구청 사실조회회신 제출	을의 기본증명서, 혼인관계증명서, 주민등록표 초본 회신
2016. 11. 28.	대전 서구청 사실조회 회신 제출	병의 주민등록표 초본, 혼인관계증명서 회신
2016. 11. 29.	당사자표시정정 신청서 제출	병의 이름 및 주민등록번호, 주소를 몰라 '성명불상자'로 기재하였던 부분을 종전 2016. 11. 28. 대전서구청의 사실조회회신결과를 바탕으로 병의 인적사항을 특정함. 이를 통해 피고 병에 대한 소장 송달이 이루어지도록 함.
2016. 12. 29.	소송고지신청서 제출	을은 이 사건의 당사자는 아니나 을은 병과 동서가 결여된 상태에서 A를 포태하여 출산한 사실을 알고 있어 갑의 승소를 돕기 위해 참가할 수 있는 보조참가인에 해당하며, 이 사건의 소송 판결 확정 후 피고 A에 대한 출생신고시 궁극적으로는 을 역시 피고 A의 '모'로 기재되어야 하는 자로서 그 법률상 이해관계를 가지게 되는 자로서 소송고지 신청하였고, 법원에서 이를 받아들임. 당초 심리기일에도 참여하여 그 동서결여사실에 대한 진술을 변론조서에 남기고자 하였으나, 심리기일에 불출석함.
2016. 12. 29.	구석명신청서 제출	피고 병에 대해 을이 A를 포태하였을 당시에 을과 함께 거주한 것이 아니라, 따로 지냈는지에 대한 구석명신청을 함.[12]
2016. 12. 29.	기일지정신청서 제출	신속하게 A에 대한 출생신고가 이루어지는 것이 중요하였으므로 피고 병에 대한 송달이 이루어진 것을 확인한 후 별도로 법원에 기일지정신청서를 제출하여 신속하게 기일을 지정받음.
2017. 2. 2.	변론기일	변론종결

2017. 2. 16.	판결선고	종국: 원고 승
2017. 3. 14.	원고 갑 판결정본 및 확정증명원 발급	이후 대전서구청에서 판결정본 및 확정증명원을 제출하여 A에 대한 출생신고를 완료함.
2017. 3. 14.	용인시 기흥구청장에게 가족관계등록사무를 처리하는 자에 대한 통지서 송달	원고의 재판결과가 원고의 가족관계등록사항 정정을 수반하는 내용이어서 등록기준지 관할 구청장에게 재판이 확정되었음(효력이 발생하였음)을 법원에서 직권으로 통지함.

(2) 피해아동보호명령청구

피해아동보호명령의 청구에 청구권자 및 변호인 선임상의 절차적 문제가 있어,[13] 재판부는 첫 기일에 본 재판을 판사 직권으로 개시하는 것으로, 변호인단을 친권자의 의사표시에 갈음하는 결정의 피해아동보호명령으로서 피해아동의 보조인이 되는 것으로 하여 재판을 진행하였다. 또한 이 피해아동보호명령 재판은 같은 법원에서 진행 중인 친생관계존부확인의 소의 결과에 따라 유지여부를 결정할 여지가 있으므로 해당 소송의 결과를 지켜보도록 하며, 그 사이 행위자[14] 친모가 스스로 출생신고를 할 기회를 준다는 취지로 속행하고, 이후 재판부 직권으로 한 차례의 기일 변경이 있었으며, 친생관계존부확인의 소의 결과로 생부와 피해아동간의 친자관계가 확인되자 해당 청구를 취하하였다.

사건번호: 대전가정법원 2016동처24 피해아동보호명령
청구인: 갑
피해아동: A
행위자: 을

일 자	진행사항	내 용
2016. 11. 18.	피해아동보호명령 청구	출생신고의무자인 피해아동의 모가 이를 해태하고 있고 연락까지 두절한 것은 방임의 아동학대에 해당될 수 있으므로, 법원에서 피해아동의 모의 의사표시에 갈음하여 출생신고서 작성하는 행위를 승낙하고 관할 지자체에 제출하는 행위를 승낙하는 내용으로 피해아동보호명령을 청구함.

12) 법원에서는 원고의 구석명신청에 대해서는 별도로 받아들이지 않았다. 원고가 이미 원고와 A 사이에 친생자 관계가 존재한다는 것을 입증할 수 있는 유전자검사지를 서증으로 제출하였기에 별도의 구석명신청의 실익이 없으므로 이를 기각한 것으로 보인다.
13) 소송의 쟁점 2) 다)항에서 상술한다.
14) 아동학대범죄의 처벌 등에 관한 특례법 제2조 제5호 "아동학대행위자"란 아동학대범죄를 범한 사람 및 그 공범을 말한다.

2016. 11. 24.	청구취지변경신청	피해아동의 모에 대한 정보를 위 친생자관계존부확인의 소에서 사실조회를 통해 알게 되었는바 이를 추가하는 것으로 변경하는 청구취지변경신청서를 제출함.
2016. 12. 21.	심리	법원에서 피해아동보호명령으로 출생신고를 하고자 하는 것에 대해서 고민하면서, 위 친생자관계존부확인의 소의 결론을 지켜보고 피해아동의 모에게도 스스로 출생신고할 기회를 주자는 의미로 속행함.
2017. 2. 7.	기일변경	위 친생자관계존부확인의 소의 선고기일이 잡힘에 따라 이의 결론을 보고 이 청구의 유지여부를 결정하기 위해 기일을 변경함.
2017. 3. 27.	피해아동보호명령 청구 취하	위 친생자관계존부확인의 소에서 승소함에 따라 출생신고가 가능해지게 되어 피해아동보호명령청구는 취하함.

다. 소송의 쟁점

(1) 친생자관계존부 확인의 소

(가) 청구취지 구성의 문제

이 사건 친생자관계존부확인의 소의 목적은 A에 대한 출생신고였고, 관할 구청에서는 을이 제3자인 병과 가족관계등록부상 혼인관계인 상태에서 A를 포태하고 출생한 것이어서 민법 제844조에 의해 A는 병의 자로 친생추정을 받으므로 갑의 자로 A를 출생신고할 수 없다고 갑의 A에 대한 출생신고신청을 거부하였다. 이에 갑과 A 사이의 친생자관계의 존재를 구하는 것으로는 확정판결을 받고서도 같은 사유로 갑의 A에 대한 출생신고신청이 거부될 것을 우려하여 소송대리인단은 청구취지 구성 시 단순히 갑(원고)과 A(피고)사이의 친생자관계가 존재한다는 것의 확인을 구하는 것에 그치지 않고 더불어서 병과 A사이에 친생자관계가 존재하지 않는다는 것의 확인을 구하는 것을 함께 청구취지로 명시하였다.

[자료 1] 소장

(나) 친생추정 복멸의 문제

① 동서의 결여 입증

이 사건 청구에서는 A의 모인 을이 병과 법률상 혼인관계를 유지한 상태에서 A를 포태하고 출산하였는바, 민법 제844조의 친생추정이 미치게 되어 A와 병 사이의 친생추정을 복멸하여야 하는 것이 핵심쟁점이었다.

제844조(부의 친생자의 추정) ① 처가 혼인 중에 포태한 자는 부의 자로 추정한다.
② 혼인성립의 날로부터 2백일후 또는 혼인관계종료의 날로부터 3백일내에 출생한 자는 혼인중에 포태한 것으로 추정한다.
[헌법불합치, 2013헌마623, 2015.4.30. 1. 민법(1958.2.22. 법률 제471호로 제정된 것) 제844조 제2항 중 "혼인관계종료의 날로부터 300일 내에 출생한 자"에 관한 부분은 헌법에 합치되지 아니한다. 2. 위 법률조항 부분은 입법자가 개정할 때까지 계속 적용된다.]

이에 대해 대법원 판례는 "민법 제844조는 부부가 동거하여 처가 부의 자를 포태할 수 있는 상태에서 자를 포태한 경우에 적용되는 것이지 부부의 한 쪽이 사실상의 이혼으로 별거하고 있는 경우 등 동서의 결여로 처가 부의 자를 포태할 수 없는 것이 외관상 명백한 사정이 있는 경우에는 그 추정이 미치지 않는다고 새겨야 할 것이다(대법원 1988. 5. 10. 선고 88므85 판결, 대법원 2000. 1. 28. 선고 99므1817 판결 등)."라고 판시하고 있어 을과 병 사이의 동서의 결여를 입증하는 방안을 생각하였으며, 이를 입증하기 위해 A를 포태한 기간 동안 을과의 동서의 결여사실에 대해 병에게 구석명신청을 하였다.

② **유전자 검사**

그러나 '피고에 대한 구석명신청을 통한 위 (1) 동서의 결여 입증'의 방법은 피고 병이 동서의 결여 사실을 부인하거나, 부지로 일관할 경우에는 사실상 입증이 어려운 문제가 있어 동서의 결여에 대한 입증 외에 친생추정을 복멸하기 위한 추가적인 방안을 강구하였다.

최근 하급심판례 및 실무례에서는 위 대법원판례에 더하여 "나아가 친생추정 및 친생부인 제도에 관한 입법은 부성의 정확한 감별이 실질적으로 불가능했던 시대적 배경하에 이루어진 것인데, 현대에 이르러서는 과학적 친자감별기법의 발달로 친자감정을 함으로써 친생추정이 혈연에 반하는지 여부를 명확하게 판단할 수 있는 점, 동서의 결여로 부의 자를 포태할 수 없는 것이 외관상 명백한 사정이 있는 경우에 그 추정이 미치지 않는다고 해석하면서도, 이와 달리 보다 더 과학성 및 객관성이 담보되는 유전자 검사 등에 의하여 부의 자가 아니라는 점이 명백히 밝혀진 경우까지 그 추정이 미친다고 할 합리적인 이유가 없는 점 등을 종합하면, 부부 사이의 동서의 결여뿐만 아니라 유전자형 배치의 경우에도 친생추정의 효력은 미치지 않는다고 봄이 타당하다고 볼 것이다(서울가정법원 2015. 7. 21. 선고 2014드단310144 판결)"라고 하여, 동서의 결여에 대한 입증 이외에도 친생자관계의 존재를 확인하려는 자들 사이의 유전자검사를 통해 친생추정을 복멸할 수 있는 길을 열어놓고 있는 사실을 확인하였고, 갑과 A간의 친생자관계가 존재한다는 유전자 검사지를 증거로 제출하여 민법 제844조의 추정을 벗어날 수 있었다.

(다) 피고 병의 특정 및 송달의 문제

이 사건 친생자관계존부확인의 소의 목적은 A에 대한 출생신고였고, 관할 행정청에서는 을이 제3자인 병과 법률상 혼인관계에 있다는 사유로 갑의 출생신고를 거부하였던 것인바, 법원의 판결문을 통해 출생신고(집행)를 하기 위해서는 A와 친생자관계가 존재하지 않는 병의 인적사항이 정확히 특정되어야만 했다. 또한 소 계속 상태를 발생시키기 위해서는 피고의 주소를 알아 피고에 대한 송달이 유효하게 이루어져야 했다. 따라서 공동소송대리인들은 A의 친모인 을의 법률상 배우자 병의 인적 사항 및 주소, 등록기준지를 확인하여야 했다. 소송대리인단에서는 갑이 소송대리인단의 도움 없이 신청하였던 선행소송에서 제출한 을의 인적사항에 대한 기록열람등사신청을 하였다. 이를 통해 확보한 을의 인적사항을 기초로 을의 인적사항 및 주소, 을의 주민등록초본, 기본증명서, 혼인관계증명서를 사실조회 및 문서송부촉탁신청을 통해 송부받았고, 을의 혼인관계증명서를 통해 병을 특정하고 병의 인적사항 및 현 주소가 기재된 주민등록초본을 송부받을 수 있었다.

[자료 2] 사실조회서

위와 같은 과정을 통해 피고 병을 특정하고 피고 병에게 소장을 송달하여 비교적 신속하게 절차를 진행할 수 있었다.

(라) 결과

A의 출생증명서상 부가 갑으로 모가 소외 을로 기재되어 있는 사실, 소외 을은 피고 병과 혼인신고를 하였으나 원고(갑)와는 혼인신고를 하지 아니한 사실 및 유전자검사결과 등을 근거로 원고와 피고 A사이에 친생자관계가 존재함이 명백하고, 피고 병과 피고 A사이에는 친생자관계가 존재하지 아니함이 명백하다고 하여 원고의 청구를 전부 인용하는 판결을 하였다.

갑은 위 판결이 확정되자 판결문 정본 및 확정증명원을 관할구청(대전 서구청)에 제출하여 A에 대한 출생신고를 할 수 있게 되었다.

[자료 4] 판결문

(마) 한계 및 문제점

종전에는 생모의 인적사항을 알지 못하는 미혼부가 친생자의 출생신고를 하는 방법은 특별대리인을 선임하여 성과 본을 창설하는 방법이 유일하였다. 이에 대해 사회적인 문제제기가 이루어졌고 2015. 5. 18. 일명 사랑이법이라 불리는 가족관계등록법 제57조 제2항(이하 '가족관계등록법 개정조항'이라 함)이 신설되었다. 가족관계등록법 개정조항을 통해 생모의 인적사항을 알지 못하는 경우에도 미혼부와 친생자간의 친자관계를 입증할 수 있는 유전자검사서 등을 제출하여 가정법원의 확인을 받음으로써 출생신고를 할 수 있는 길이 열리게 된 것이다.

가족관계의 등록 등에 관한 법률(약칭: 가족관계등록법)
[시행 2016. 11. 30.] [법률 제14169호, 2016. 5. 29., 일부개정]

제57조(친생자출생의 신고에 의한 인지) ①부가 혼인 외의 자녀에 대하여 친생자출생의 신고를 한 때에는 그 신고는 인지의 효력이 있다. 〈개정 2015. 5.18.〉

② 모의 성명·등록기준지 및 주민등록번호를 알 수 없는 경우에는 부의 등록기준지 또는 주소지를 관할하는 가정법원의 확인을 받아 제1항에 따른 신고를 할 수 있다. 〈신설 2015. 5. 18.〉

③ 가정법원은 제2항에 따른 확인을 위하여 필요한 사항을 직권으로 조사할 수 있고, 지방자치단체, 국가경찰관서 및 행정기관이나 그 밖의 단체 또는 개인에게 필요한 사항을 보고하게 하거나 자료의 제출을 요구할 수 있다. 〈신설 2015. 5. 18.〉

④ 다음 각 호의 어느 하나에 해당하는 경우에는 신고의무자가 1개월 이내에 출생의 신고를 하고 등록부의 정정을 신청하여야 한다. 이 경우 시·읍·면의 장이 확인하여야 한다. 〈신설 2015. 5. 18.〉

1. 출생자가 제3자로부터 「민법」 제844조의 친생자 추정을 받고 있음이 밝혀진 경우
2. 그 밖에 대법원규칙으로 정하는 사유에 해당하는 경우

⑤ 확인절차 및 신고에 필요한 사항은 대법원규칙으로 정한다. 〈신설 2015. 5. 18.〉

그러나 가족관계등록법 개정조항의 "모의 성명 · 등록기준지 및 주민등록번호를 알 수 없는 경우에는 부의 등록기준지 또는 주소지를 관할하는 가정법원의 확인을 받아 제1항에 따른 신고를 할 수 있다."라는 법문에 대해 문언적으로는 모의 성명 · 등록기준지 및 주민등록번호를 '전부' 알 수 없는 경우로 해석될 소지가 있다. 실제 갑이 변호인단의 도움 없이 진행했던 선행소송 서울동부지방법원 2015호기291 친생자 출생신고를 위한 확인 사건에서 갑이 모인 을의 성명 및 생년월일 등의 정보를 기재하여 신청서를 작성하였던 것에 대해, 이는 모의 성명 및 등록기준지 및 주민등록번호를 알 수 없는 경우에 해당하지 않는다고 보아 갑의 신청을 기각한 바 있다.[15]

15) 동 결정에 대해 갑은 항고하였으나 서울동부지방법원 2016브4 사건에서 갑의 항고를 기각하여 원심의 결정이 그대로 확정되었다. 한편 의정부지방법원 2016. 1. 20. 자 2015브60 결정. 친생자 출생신고를 위한 확인 사건에서는 "가족관계등록법 제57조 제2항, 제1항의 입법취지에 대해 "가족관계등록법 제57조 제1항에 따라 부가 친생자출생신고를 하는 경우 모의 성명 · 등록기준지 및 주민등록번호를 기재하여야만 하기 때문에 그와 같은 모의 인적사항을 알 수 없는 경우 후견인 지정 신청, 가족관계등록창설 및 성본 창설, 인지 등의 복잡한 절차를 거쳐야만 부자관계가 확정될 수 있는 문제점이 있어 모의 인적사항을 알 수 없는 부의 친생자 출생신고를 가정법원의 확인이라는 간이한 절차를 통하여 용이하게 하려는 데에 있다. 이와 같은 입법 취지를 고려하여 보면 가족관계등록법 제57조 제2항이 정하는 '모의 성명 · 등록기준지 및 주민등록번호를 알 수 없는 경우'라 함은 모의 인적사항, 즉 모의 성명 · 등록기준지 및 주민등록번호 전부 '또는' 일부를 알 수 없

이 사건에서 갑은 을의 성명 및 생년월일 등의 친모의 일부 인적정보를 알고 있어 선행소송에서 그 신청이 기각되었다. 그 결과 A는 5세가 넘도록 출생신고도 하지 못한 채 모든 공적지원체계에서 배제되어 아동에 대한 사회적 방임 내지는 학대의 상태에 놓여지게 된 것이다. 소송대리인단이 개입하여 소송을 진행한 이후에도 2016. 11. 02. 처음 소장이 접수되고, 2017. 2. 16. 판결이 선고된 후 같은 해 3. 14. 판결확정증명원을 받아 A에 대한 출생신고가 이루어지기까지 약 5개월 남짓 시간이 소요되었다. 즉, 현행법에서 정한 절차에 의하게 되는 경우 아무리 빠른 절차를 밟는다고 하더라도 아동은 최소 5개월 이상의 시간동안 사회적 방임 상태에 놓이게 된다.

출생신고를 하지 못한 아동은 의료보험을 비롯한 모든 공적지원에서 결과적으로 배제될 수밖에 없다. 신속한 출생신고는 아동의 생명권과도 직결될 수 있는 중요한 문제이다. 그러나 현행법 내지 현행법 해석에 대한 법원판례의 태도는 출생신고에 있어 친생자관계부존재확인소송 등과 같은 우회절차를 강요하는 것이어서 아동의 인권을 심각하게 제한 내지는 침해하게 되는 문제를 안고 있다.

결국 위처럼 법이 개정되었다고 하더라도 현행법 및 현행법에 대한 법원의 해석으로만 출생신고의 문제를 해결하는 데에는 일정한 한계가 있다는 것이다. 따라서 가족관계등록법 개정조항의 문제점을 보완할 수 있는 가족관계등록법의 개정이 조속히 이루어져야 할 것이다.

(2) 피해아동보호명령청구

(가) 피해아동보호명령의 보충성의 문제

해당 청구는 더불어 제기한 친생관계존부확인소송에 대하여 보충적으로 제기된 것으로 친생관계존부확인소송의 판결문을 통하여 본 사례의 생부가 피해아동과의 친자관계를 확인받고 이를 관할 행정청에 제출하여 출생신고를 할 수 있다면 더 이상 유지될 이유가 없다 할 것이다.

(나) 출생신고를 하지 않은 것이 아동학대범죄에 해당하는지 여부

피해아동보호명령은 피해아동이 아동학대범죄의 피해자임을 전제하고 있으므로 본 사례의 당사자 아동을 출생신고 하지 않은 것이 아동학대범죄에 해당하는지가 쟁점이 되었다. 이에 변호인단은 아래와 같은 이유로 이를 아동학대범죄에 해당한다고 보아 피해아동보호명령을 청구하였다.

아동은 출생신고를 통하여 공적으로 그 존재가 인지됨으로써 필수예방접종 등 국가

어 모를 특정하지 못하여 가족관계등록법 제57조 제1항에 따라 부가 바로 친생자출생신고를 하지 못하는 경우를 의미한다고 해석하여야 한다."라고 하여 가족관계등록법 제57조 제2항에 대한 적극적인 해석을 시도한 바 있다. 그러나 이에 대해 확립된 대법원의 결정례가 없어 하급심판례의 태도는 혼재되어 있는 것으로 보인다.

에서 제공하는 기본적인 의료혜택과 양육수당 등 본인 양육에 소요되는 비용을 지원받을 수 있고, 학령에 달하면 의무교육의 대상자로서 학교를 통한 교육을 받을 수 있다. 결국 출생신고를 하지 않아 아동이 공적인 인지를 받지 못하면 아동의 성장에 있어서 가장 기본적인 요소로서 국가가 제공하고 있는 위와 같은 의료・양육・교육의 혜택에서 배제되므로, 이는 "자신의 보호・감독을 받는 아동에 대하여 의식주를 포함한 기본적 보호・양육・치료 및 교육을 소홀히 하는 방임행위"로서 아동학대범죄에 해당한다 할 것이다.16)

(다) 청구권자의 문제

피해아동보호명령은 판사의 직권, 피해아동, 그 법정대리인, 변호사, 아동보호전문기관의 장의 청구로 개시할 수 있도록 되어 있다. 본 사례의 경우 피해아동의 생부가 주도적으로 출생신고를 위한 일련의 소송을 진행하고 있었고, 피해아동의 연령 등에 비추어 피해아동의 의사는 추정적으로 확인할 수밖에 없는 상황이므로 피해아동이 스스로 이를 청구하였다고 주장하기에는 어려움이 있었다. 또 피해아동은 출생신고가 되지 않아 법정대리인이 존재하지 않으므로 법정대리인에 의한 청구를 할 수 없었고, 국선변호사는 선정되지 않았으며,17) 미성년자인 피해아동이 단독으로 사선변호사를 선임할 수 있는지 여부가 명확하지 않아 본 변호인단이 이를 청구할 수 없었다.18)

결국 명확하게 청구권자를 확정하기가 곤란하여 법원의 직권개시를 염두에 두고, 피해아동의 생부를 청구인으로 하기로 결정하였다. 피해아동을 청구인으로 할 경우 선임행위 자체에 의문이 제기될 우려가 있고, 청구를 하지 않고 직권발동만을 요청할 방법이 없었으며, 이러한 복잡한 진행과정에 대하여 본 변호인단이 소송절차에서 진술할 기회를 얻기 위한 부득이한 선택이었다.

---

16) 유사사례에서 인천지방법원 2016. 6. 9. 선고 2015고단6538 판결은 "출생신고는 사회구성원으로서 교육, 보건의료, 사회보장 등 공적서비스와 법적인 보호를 받을 수 있는 기본적이고 필수적인 요소이며 아동의 정체성과 존재를 인정하여 사회 전반에 걸친 관심과 보호의 대상으로 편입하는 사회적 의미의 인간으로 겪는 첫 관문으로 출생신고가 이루어지는 것은 아동에게 주어진 권리"로 보아 출생신고를 하지 않은 행위를 아동학대범죄로서 방임행위로 본 바 있다.

17) 「아동학대범죄의 처벌 등에 관한 특례법」 제48조에 따르면 피해아동보호명령사건에서 피해아동은 보조인을 선임할 수 있으며, 동법 제16조의 피해자변호사는 보조인이 될 수 있고, 동법 제49조에 따르면 법원은 피해아동을 위하여 변호사를 국선보조인으로 선정할 수 있다. 동법 제16조의 피해자변호사는 대부분 「검사의 국선변호사 선정 등에 관한 규칙」에 따른 피해자국선변호사가 해당되는데, 피해자국선변호사는 각 검찰청에서 관리하는 명부에 등재되어 있어야 한다. 또한 동법 제49조의 국선보조인은 「아동보호사건의 처리에 관한 예규(재특2014-2)」, 「국선변호에 관한 예규(재형2003-10)」에 따라 각 가정법원이 관리하는 명부에 등재되어 있어야 한다. 본 사례에서는 이러한 국선변호사가 선정된 바가 없다.

18) 경우에 따라 피해아동은 사선변호사를 보조인으로 선임할 수 있는데, 변호사 선임행위는 법률행위로서 원칙적으로 법정대리인의 동의를 얻어서 행하여야 할 것이다. 그러나 본 사례의 경우는 피해아동은 출생신고가 되지 않아 법정대리인이 존재하지 않으므로, 법정대리인의 동의를 얻은 선임행위를 할 수 없었다. 가사 미성년자가 본인을 위하여 변호사선임행위를 단독으로 할 수 있다 하더라도, 본 사례의 경우 피해아동의 연령 등에 비추어 피해아동이 변호사를 단독으로 선임하였다고 해석하기는 어려웠다.

(라) 청구취지의 특정정도

피해아동보호명령 중 「아동학대범죄의 처벌 등에 관한 특례법」 제47조 제1항 제9호에 따른 청구취지의 기본 형태는 "친권자의 의사표시에 갈음하여 일정한 행위를 승낙한다(또는 행한다)."가 되며, 해당 청구취지에 따른 주문 그 자체로 곧바로 집행이 가능하여야 하므로, 일정한 행위의 내용이 상당히 구체적으로 특정되어야 한다.

본 사례의 경우 단순히 "출생신고를 승낙한다." 또는 "출생신고에 필요한 행위를 승낙한다."라는 결정만으로는 출생신고 집행을 할 수 없으므로, 청구취지에 성과 본을 비롯한 출생신고 집행이 가능할 정도의 최소 내용을 특정할 필요가 있었다.[19] 이에 어느 내용까지를 포함하여 청구취지를 특정할 것인지가 쟁점이 되었다.

이에 특정의 정도는 출생신고 집행에 있어서 반드시 필요한 기본적인 사항이되 사실조회 등을 통하여 획득할 수 있을 정도로서, 친권자인 친모에 대한 정보인 [이름, 주민등록번호, 등록기준지, 본]과 피해아동에 대한 정보인 [이름(한자이름포함), 출생연월일, 출생장소[20]]를 포함하여 청구취지를 작성하고자 하였으며, 다만, 집행의 용이함을 위하여 출생신고서 양식을 별지로 첨부하여 별지목록 기재의 내용을 작성하는 행위의 승낙과 이를 제출하는 행위의 승낙을 청구취지로 구체화 시켰다.

[자료 3] 피해아동보호명령청구서

(마) 한계 및 추가 고려 사항

해당 피해아동보호명령은 출생신고의무자인 친모의 출생신고의무를 강제하는 것으로, 만일 친모가 법률상 혼인 중에 피해아동을 포태한 사실이 있다면 피해아동은 친생추정을 받으므로 친모의 법률상 혼인 중인 자의 자녀로 가족관계등록부에 등재되게 된다. 본 사례의 경우처럼 생부가 주도하여 진행된 경우에 있어서도 결국 생부가 피해아동을 자신의 자녀로 가족관계등록부에 등재하고 친권을 행사하기 위해서는 다시 친생관계존부확인의 절차를 거쳐야 한다. 그런데 생부가 이러한 절차를 통해 친권을 확보하기 전에 지금에 이르러 비로소 친모가 아동에 대해 친권을 행사할 위험이 있었으므로, 피해아동보호명령 재판의 경과를 지켜보며 친모에 대한 친권행사를 정지시키고 임시후견인을 지정하는 내용의 피해아동보호명령을 추가하기로 하였다.

---

19) 유사사례인 의정부지방법원 2016동처4 피해아동보호명령사건의 경우 출생신고에 필요한 내용이 주문상으로 특정되지 않아 관할 지자체에서 집행이 거부된 바 있었다.
[주문: 친권자의 의사표시에 갈음하여 출생신고에 필요한 행위를 승낙한다.]

20) 피해아동에 대한 정보는 본 사례처럼 오랜 기간 실질적인 법정대리인으로 아동을 양육하여 오면서 피해아동의 이름 등 정보를 결정할 수 있는 자가 있는 경우에야 확정할 수 있으며, 이를 결정할 수 있는 자가 없거나 그러한 결정을 거부하는 경우 이를 결정하는 절차는 아직 마련되어 있지 않다. 이러한 정보를 결정할 수 없는 한 피해아동보호명령을 통한 출생신고는 집행이 불가능하여 실효성이 없다.

(바) 결과

이처럼 청구된 피해아동보호명령에 대해서 법원은 출생신고를 친권자의 의사표시에 갈음하는 결정을 내리는 피해아동보호명령으로 가능한지 여부에 대해서 고민하면서 위 친생자관계존재확인의 소의 결과를 먼저 확인하고자 하였고, 출석한 피해아동의 모에게 스스로 출생신고를 할 기회를 주고자 하였다. 이에 일단 기일을 속행하였고, 그 사이에 위 친생자관계존재확인의 소가 승소하여 변호인단은 피해아동보호명령을 취하하였다.

4. 출생등록제도의 개선 방향

가. 출생신고제도에 대한 국제인권기준

시민적 및 정치적 권리에 관한 국제규약(International Covenant on Civil and Political Rigths) 제24조 제2호는 “모든 아동은 출생 후 즉시 등록되고 성명을 가진다.”라고 규정하고 있고, 유엔아동권리협약(Convention on the Rights of the Child) 제7조도 “아동은 출생 후 즉시 등록되어야 한다(제1항)”고 하면서 “당사국은 국내법 및 관련 국제문서상의 의무에 따라 아동이 이러한 권리를 누릴 수 있도록 보장해야 한다(제2항).”고 규정하고 있다.

위와 같은 국제 규약이 ‘모든’ 아동의 ‘출생 후 즉시 등록’을 강조하는 까닭은 신생아는 출생등록을 통하여 비로소 국가로부터 연령과 발달단계에 알맞은 보호를 받고, 생존을 위하여 필요한 기본적인 권한을 청구할 수 있게 되지만, 스스로 국가에 대하여 자신의 출생사실을 입증하고 이에 대한 공식등록을 요구할 수 없는 미성숙한 존재이기 때문이다.

출생등록이 되지 않으면 아동은 해당 국가와의 관련성을 증명할 방법이 없어 무국적이 될 수 있는 위험에 노출되고, 아동의 교육·의료·사회 보장과 관련한 국가 서비스에 접근이 거부된다. 또한 무등록 상태의 아동은 인신매매, 아동 노동 착취, 아동 혼인, 불법 입양, 성적 착취와 같은 위험에서 보호 받기가 더욱 힘들어지고, 보호자로부터의 양육에서 분리될 경우 가족 결합을 이룰 수 있는 가능성도 감소한다.

즉, 출생등록은 아동의 신분을 확립하고 아동을 보호하는 데 가장 기초적인 도구인바, 이에 유엔아동권리위원회[21]와 유엔인종차별철폐위원회,[22] 유엔자유권위원회[23] 등은 출생신고가 부모의 의사에 맡겨져 있고, 부모의 혼인관계나 국적에 따라 모든 아동에 대한 출생등록이 보장되지 않고 있는 우리나라의 현행 출생신고제도에 우려를 표하고

21) 유엔아동권리위원회, 대한민국에 대한 제3·4차 권고사항 제37조, 2012.
22) 유엔인종차별철폐위원회, 대한민국에 대한 제15·16차 권고사항 제13조, 2012.
23) 유엔자유권위원회, 한국 정부 4차 보고서에 대한 최종견해 제57조, 2015.

우리 정부에 대하여 부모의 법적 지위 또는 출신과 관계없이 모든 아동의 출생이 신고 및 등록 될 수 있도록 할 것을 여러 차례 권고한 바 있다.

나. 출생등록제도에 대한 해외 입법례

대한민국 국적의 아동들마저도 출생신고 누락의 위험성이 상존하는 우리나라와 달리, 미국과 유럽 등 해외의 다른 나라들에서는 이미 미등록 이주아동들까지 포함한 모든 아동의 출생등록을 법적으로 보장하는 보편적 출생등록제도를 마련해 두고 있다.

미국은 우리나라와 같이 부모의 국적에 따라 아동의 국적이 결정되는 속인주의를 따르고 있으면서도 미국에서 출생한 모든 아동에게 부모의 국적과 상관없이 시민권을 보장함으로써 출생등록을 보장하고, 영국은 국내에서 출생한 모든 아동들에게 자동으로 의료보장 번호를 부여하고 출생을 등록한다. 네덜란드에서 태어난 모든 아동들도 3일 내에 네덜란드 법에 따라 출생등록이 이루어지며, 태국의 경우에도 2008년 주민등록법을 개정하여 태국에서 출생한 모든 아동의 출생등록을 보장하고 있다.

다. 국내의 출생신고제도 개선 동향

(1) 민법 제844조 개정안

정부는 민법 제844조 제2항 중 혼인관계종료의 날부터 300일 이내에 출생한 자녀는 혼인 중 포태한 것으로 추정하는 부분에 대한 헌법재판소의 헌법불합치 결정[24]의 취지를 반영하여, 혼인관계가 종료된 날부터 300일 이내에 출생한 자녀의 경우에도 친생부인의 소보다 간이한 방법인 가정법원의 허가를 받아 어머니 또는 어머니의 전 남편이 친생추정을 배제하거나, 생부가 자녀를 인지할 수 있도록 하는 민법 일부개정법률안[25]을 발의한 바 있다. 그러나 해당 법률안은 모가 혼인 중에 임신한 자녀에 대하여 법률상 남편의 자녀로 추정하는 친생자 추정 규정을 그대로 유지한 채, 친생부인 또는 인지의 허가만 간이한 절차로 가능하게 하는 규정을 신설하는 것뿐이어서 제3자의 친생추정을 받는 자에 대한 친모의 출생신고 회피를 막을 수 없고, 친부가 출생신고를 하기 위해서는 법원을 통한 친자관계 확인이라는 우회절차를 거쳐야 한다는 것에는 변화가 없는 문제가 있다.

(2) 보편적 출생등록제도 도입 논의

최근 우리나라에서도 부모의 혼인관계나 아동의 국적과 무관하게 출생사실 그 자체

---

24) 헌법재판소 2015. 4. 30. 선고 2013헌마623 결정.
25) 2017. 4. 5. 정부제출안, 의안번호 6617.

를 기록·관리하는 시스템을 마련하고, 아동의 출생을 담당한 의료기관이 직접 출생신고를 하게 하거나 최소한 아동의 출생사실을 관할 지방자치단체로 통지하도록 하는 등의 보편적 출생등록제도를 도입해야 한다는 목소리가 높아지고 있다. 출생등록을 위한 출생신고 절차의 개시를 신고의무자의 자발적인 의사에 맡겨두어 신고의무자의 권한과 의사가 아동의 출생등록에 절대적인 영향을 미치게 하거나, 부모의 법적 지위 또는 출신·혼인 여부·국적 등에 따라 등록방법에 제한을 두고 출생등록에 대한 접근을 어렵게 해서는 안 된다는 것이다.

출생등록은 아동의 신분을 국가기관이 증명해주는 제도라는 점에서 중요한 아동의 권리이며, 모든 개인은 '국민', '자녀' 등 관계성의 측면에서 뿐만 아니라 오롯한 인간으로서 그 존재를 인정받고 보호받을 권리가 있다. 아동의 권리를 보장하기 위한 제도로서 출생등록제도는 아동의 권리에 관한 기본적인 원칙, 즉 「유엔아동권리협약」에서 제시된 기본 원칙인 차별금지 원칙[26]과 아동 최선의 이익의 원칙[27]을 고려하여 마련되어야 한다. 따라서 혼인 중의 출생자에 비하여 혼인 외의 출생자의 출생신고를 어렵게 하고, 외국 국적의 아동이나 이주배경 아동의 출생등록을 배제하고 있는 대한민국의 현행 출생등록제도는 '보편적 출생등록'이라는 국제적인 기준을 고려하여 개선될 필요가 있다.

함께 볼 관련자료

국가인권위원회, 보편적 출생네트워크, 「아동의 출생신고 권리보장방안모색 토론회」, 2016.

권영준, 「외국의 신분관계법률 및 신분등록제도에 관한 연구」, 사법부정책연구용역자료, 2012.

박선영·송효진·구미영·김정혜·유혜경, 「여성가족관련 법제의 실효성 제고를 위한 연구(Ⅱ): 출생등록의무자 및 스토킹 규제 관련 외국의 입법례와 시사점」, 한국여성정책연구원, 2014.

박지영, 「출생신고제도 보완을 위한 입법방안」, 이슈와 논점, 국회입법조사처, 2015.

서종희, 「출생신고 및 등록절차에 관한 비교법적 연구: 국내입법방향에 대한 소고」, 연세법학 제27호, 2016.

소라미, 「아동인권의 관점에서 본 현행 출생신고제도의 문제점 및 제도개선방안」, 가족법연구 제30(3)호, 2016.

송효진·박복순, 「가족관계 등록 등에 관한 법률 시행 5년: 평가 및 개선방안」, 한국여성정책연구원, 2014.

송효진·박복순·안경희·김민지, 「출생신고제도의 개선을 위한 연구」, 법무부연구용역보

26) 유엔아동권리협약 제2조.

27) 유엔아동권리협약 제3조.

고서, 2016.
이주아동 권리보장 기본법 제정안 공청회 자료집, 2014.
최은정, 「재외국민을 위한 가족관계등록사무 처리절차의 개선 방안에 관한 연구」, 사법정책연구원, 2014.

심층질문

1. 위 사례와 달리, 출생신고되지 않은 아동의 부 또는 모가 외국인이거나 귀화한 한국인인 경우 어떠한 방식으로 출생신고를 할 수 있는가? 이 경우 국적의 문제는 어떻게 해결할 것인가?
2. 출생신고를 하지 않고 방치하면서 동시에 양육의지까지 없는 부 또는 모라면 실질적으로 해당 아동에 대한 어떠한 구제가 필요한가?
3. 출생등록의 문제를 아동인권의 측면에서 바라본다면 주민등록과 연계하는 등의 행정적 규제를 과감히 탈피해야 할 것인바, 어떠한 방식으로 이를 해결해야 할 것인가?
4. 출생신고가 되지 않았다고 하여도 존재하는 아동에 대해서 복지혜택이나 각종 지원이 가능할 것인가?
5. 보편적 출생등록을 위해서 어떤 방식으로 출생신고, 가족관계등록부, 주민등록 등 관련 제도가 변경되어야 하는가?

자료 1 소 장

1. 당사자

원고 갑, 피고 A, 병

2. 청구취지

갑과 A 사이에는 친생자관계가 존재함을 확인한다. 피고들(A, 병) 사이에는 친생자관계가 존재하지 아니함을 확인한다.

3. 청구원인

갑은 소외 을과의 사이에 A를 낳았으나, 출생신고의무자인 을은 A에 대한 출생신고를 하지 않고 연락이 두절되었다. 한편 갑이 A의 출생신고를 여러 차례 시도하였으나 을이 병과 법률혼관계에 있어서 수리되지 않았다. 그러나 을과 병이 당시에 함께 살지 않아 동서의 결여가 있었음은 명백하고 유전자검사결과에서도 A는 갑의 친생자임이 확실하다는 회신을 받았다. 이처럼 다른 방법으로 A의 출생신고를 할 수 없는 상황에서 친생자관계의 존재를 확인받아 출생신고를 하는 것이 유일한 방법이므로 확인의 이익도 인정되는바, 갑과 A 사이의 친생자관계존재, A와 병 사이의 친생자관계부존재를 각 확인하고자 이처럼 소를 제기한 것이다.

4. 입 증

갑과 A 간의 친생자관계를 확인하는 유전자검사결과, 주소불상인 병에 대한 사실조회신청 등

자료 2 사실조회신청서

1. 사실조회기관

****구청

2. 사실조회사항

(1) 병{을(주민등록번호: ***)의 법률상 남편}의 이름, 주소, 등록기준지, 병과 을의 법률혼관계 여부

(2) 을과 병의 이름, 주소, 등록기준지가 명시된 을 및 병의 주민등록초본, 기본증명서, 혼인관계증명서의 제출)

자료 3 피해아동보호명령청구서

1. 당사자

청구인 갑, 피해아동 A, 행위자 을

2. 신청취지

친권자의 의사표시에 갈음하여, 피해아동의 출생신고서 작성에 있어서 필요한 별지 목록 기재의 내용을 작성하는 행위를 승낙하고, 2. 작성된 제1항의 피해아동의 출생신고서를 관할 지방자치단체에 제출하는 행위를 승낙한다.

3. 별 지

(1) 출생자의 한글성명은 A로 한다.
(2) 출생자의 한자성명은 ***로 한다.
(3) 출생자의 본(한자) 는 **로 한다.
(4) 출생자의 성별은 *으로 한다.
(5) 출생자는 혼인외의 출생자로 한다.
(6) 출생자의 출생일시는 201*년 *월 *일 *시 *분으로 한다.
(7) 출생자의 출생장소는 ***** 산부인과 병원으로 한다.
(8) 출생자의 부모가 정한 등록기준지는 *****로 한다.
(9) 출생자의 주소는 *****으로 하고, 세대주 및 관계는 ***의 **으로 한다.
(10) 부모 중 부의 성명은 갑(한자: ***), 본(한자)는 **, 주민등록번호는 ******－1****** 으로 한다.
(11) 부모 중 모의 성명은 을(한자: 불상), 본(한자)는 불상, 주민등록번호는 ******－2****** 로 한다.
(12) 부모 중 부의 등록기준지는 ******로 한다.
(13) 부모 중 모의 등록기준지는 불상으로 한다.
(14) 혼인신고시 자녀의 성 · 본을 모의 성 · 본으로 하는 협의서를 제출하였습니까? 의 질문에 대하여 아니요로 답변한다.
(15) 신고인의 성명은 을, 주민등록번호는 ******－2******로 한다.
(16) 신고인의 자격은 모로 한다.
(17) 신고인의 주소, 전화, 이메일은 불상으로 한다.
(18) 제출인은 이성복, 주민등록번호는 ******－1******로 한다.

(신청취지 중 모의 정보와 관련하여 '불상'으로 된 부분은 친생자관계존재확인의 소에서 진행한 사실조회의 결과를 반영하여 신청취지 변경함)

출생신고서 (년 월 일)	※ 뒷면의 작성방법을 읽고 기재하시되, 선택항목은 해당 번호에 "○"으로 표시하여 주시기 바랍니다.

① 출생자	성명	*한글	A	본(한자)	**	*성별 ❶남 ②여	*①혼인중의 출생자 *❷혼인외의 출생자
		한자	***				
	*출생일시	201* 년 *월 * 일 * 시 *분(출생지 시각: 24시각제)					
	*출생장소	①자택 ❷병원 ③기타	*************병원				
	부모가 정한 등록기준지	******					
	*주소	**************	세대주 및 관계	***의 **			
	자녀가 복수국적자인 경우 그 사실 및 취득한 외국 국적						
② 부모	부 성명	갑 (한자: ***)	본(한자)	**	*주민등록번호	******	
	모 성명	을 (한자: 불상)	본(한자)	불상	*주민등록번호	******	
	*부의 등록기준지	****************					
	*모의 등록기준지	불상					

* 혼인신고시 자녀의 성·본을 모의 성·본으로 하는 협의서를 제출하였습니까? 예□아니요■

③ 친생자관계 부존재확인판결 등에 따른 가족관계등록부 폐쇄 후 다시 출생신고하는 경우				
폐쇄등록부상 특정사항	성 명		주민등록번호	−
	등록기준지			
④ 기타사항				
⑤ 신고인	*성 명	을 ㊞ 또는 서명	주민등록번호	**************
	*자 격	①부 ❷모 ③동거친족 ④기타(자격:)		
	주 소	불상		
	*전 화	불상	이메일	불상
⑥ 제출인	성 명	갑	주민등록번호	************

자료 4 판결문

대 전 가 정 법 원

판　　결

사　건	2016드단　친생자관계존재확인
원　고	이○○(64　)
	주소 대전 서구
	등록기준지 용인시
	소송대리인 법무법인　담당변호사
	소송대리인 법무법인　담당변호사
	소송대리인 법무법인　담당변호사
	소송대리인 변호사
피　고	1. 이○○(2012. 11. 9. 화성시　에 있는 산부인과에서 2.3kg으로 태어난 남아)
	주소 대전 서구
	2. 박○○(69　)
	주소 전남 무안군
	등록기준지 전남 무안군
변론종결	2017. 2. 2.
판결선고	2017. 2. 16.

주　　문

1. 피고들 사이에 친생자관계가 존재하지 아니함을 확인한다.
2. 원고와 피고 이○○ 사이에 친생자관계가 존재함을 확인한다.
3. 소송비용은 각자 부담한다.

청구취지

주문과 같다.

이　　유

갑 1 내지 2호증의 각 기재를 종합하면, 피고 이○○의 출생증명서상 부가 원고, 모가 이○○로 기재되어 있는 사실, 이○○는 피고 박○○과 1996. 9. 5. 혼인신고를 하였으나, 원고와는 혼인신고를 하지 아니한 사실, 유전자검사 결과 원고와 피고 이○○ 사이에 친생자관계가 존재하는 사실을 인정할 수 있으므로, 이를 종합하면, 원고와 피고 이○○ 사이에 친생자관계가 존재함이 명백하고, 피고들 사이에 친생자관계가 존재하지 아니함이 명백하며, 원고로서는 이를 확인할 이익이 있다.

따라서 원고의 피고들에 대한 청구는 모두 이유 있어 이를 인용하기로 하여 주문과 같이 판결한다.

판사 ______________________

강제송환 위기에 처한 장기구금된 난민신청자를 위한 유엔 개인청원 사건

김 종 철*

1. 개인청원을 제기하게 된 배경

가. 강제송환 위기에 처한 난민신청자

한국에 입국한 이후 교회에 다니면서 기독교 신앙을 가지게 된 이란 국적자 甲은 한국에 체류 하던 중 인도 대마초인 하쉬쉬 복용 혐의로 체포되어 징역 10월 집행유예 2년의 유죄판결을 받은 후, 출입국관리법에 따라 강제퇴거명령을 받고 화성외국인보호시설에 구금되었다. 甲은 이란으로 돌아갈 경우 기독교로 개종했다는 이유로 박해를 받는다고 주장하며 난민인정신청을 하였으나 법무부장관으로부터 불허결정을 받았다.

甲은 위 불허결정을 받으면서 행정소송으로 다툴 수 있다는 고지를 받지 못해 제소기간을 도과한 채로 화성외국인보호소에 구금되어 있던 중 위 보호소를 정기적으로 방문하던 목사로부터 세례를 받고 자신의 개종을 공식화하였다. 또한 화성외국인보호소 측은 甲에 대한 강제퇴거명령을 집행하기 위해 주한 이란 영사를 불러 甲과 면담을 주선했는데, 위 이란 영사는 甲과 대화 하던 중에 그의 개종사실을 알게 되어, 甲이 이란으로 돌아가면 받을 박해의 위험이 더 커지게 되었다.

이러한 사정변경을 이유로 甲은 다시 법무부장관에게 난민인정을 신청하였으나 이번에도 불허결정이 나왔고, 이에 불복하여 위 불허결정을 취소해달라는 이의신청과 소송을 제기하였으나 결국 대법원에서까지 패소 확정판결을 받았다.

위와 같이 대법원에서까지 패소판결을 받은 甲이 직면한 문제는 크게 두 가지였다. 하나는 주관적으로도 이란으로 돌아가면 죽을지도 모른다는 극심한 공포가 있었을 뿐 아니라 객관적인 자료에 의하더라도 이란에서는 기독교로 개종한 사람들에 대한 박해가 있고, 이미 발령된 강제퇴거명령이 언제든지 집행되어 강제로 이란으로 돌려보내질 수 있다는 것이다. 다른 하나는 甲이 위와 같은 강제퇴거명령이 집행되는 것에 물리적

* 변호사, 공익법센터 어필.

으로 저항한다고 해도 출입국관리법 제63조 제1항[1] 때문에 이미 3년 넘게 지속된 화성 외국인보호소에서의 구금이 기한 없이 지속 될 수 있다는 것이다. 강제송환되지 않으면서 구금상태에서 풀려나 체류할 수 있는 유일한 방법이 난민인정절차에서 난민으로 인정을 받는 것이었는데, 甲은 이미 두 차례나 난민인정신청을 하였고, 두 번째 난민인정절차는 대법원의 패소 확정판결로 끝났기 때문에, 당시 甲의 말에 따르면, "이제 이란으로 돌아가서 죽거나, 한국에서 갇혀서 죽는 수밖에 없는" 상황이었다.

甲의 인권이 침해를 당하고 있다는 것은 자명함에도 불구하고 甲을 위해 할 수 있는 것이 아무것도 없다는 생각에, 유엔 개인청원 제도를 이용해 보기로 하고서, 한국 정부가 비준한 국제인권조약 중 어떠한 규정을 위반하고 있는지 살펴보았다.

나. 한국 정부의 자유권 규약 위반

법무부장관과 법원이 甲에 대해 난민인정[2]을 하지 않고 서울출입국관리사무소장을 통해 甲을 박해와 고문을 받을 위험이 높은 이란으로 강제송환을 하려고 하는 것은, 국제관습법상 강행규정인 '강제송환금지 원칙[3]' 위반일 뿐 아니라, 한국이 1990. 4. 10. 비준한 시민적·정치적 권리에 관한 국제규약(이하 자유권 규약이라고 함) 제7조 및 1995. 1. 9. 비준한 고문 및 그 밖의 잔혹한, 비인도적인 또는 굴욕적인 대우나 처벌의 방지에 관한 협약(이하 고문방지협약이라고 함) 제3조에 반하는 것이었다.

또한 서울출입국관리사무소장이 구금의 상한이 없는 출입국관리법 제63조 제1항에 근거해 甲에 대해 행정처분으로 보호라는 이름의 구금명령을 하고, 정기적인 사법심사도 없는 상태에서 3년 넘게 구금을 계속하면서 甲을 무기한 구금이 가능한 상태에 둔 것은 자유권 규약 제9조에서 규정한 '자의적 구금금지 원칙'을 위반한 것이었다.

그런데 한국 정부가 실체적으로 위와 같은 자유권 규약 등을 위반을 하였다고 해도 甲이 개인청원을 제기하려면 심리적격성(admissibility)이라고 부르는 일정한 요건을 갖추어야 했다.

---

1) "사무소장·출장소장 또는 외국인보호소장은 강제퇴거명령을 받은 자를 즉시 대한민국 밖으로 송환할 수 없는 때에는 송환이 가능할 때까지 그를 외국인보호실·외국인보호소 기타 법무부장관이 지정하는 장소에 보호할 수 있다."

2) 난민협약 제1조 A(2)와 이에 기초해 규정된 난민법 제2조 제1호는 난민을 외국에 있으면서 국적국에 돌아가면 인종, 종교, 국적, 정치적 의견, 특정사회집단 구성원 신분으로 인해 심각한 인권 침해에 해당하는 박해를 받을 합리적인 가능성이 있음에도 불구하고 국적국으로 부터 보호를 받을 수 없는 사람으로 정의하고 있다.

3) 사람을 고문이나 잔혹한, 비인도적인 또는 굴욕적인 대우나 처벌을 받을 곳으로 강제로 보내서는 안 된다는 원칙이다.

2. 심리적격성 요건 구비

가. 유엔 개인청원 제도와 심리적격성

유엔은 자유권 규약을 비롯한 인권조약에 대한 비준국의 이행을 담보하기 위해 조약기구를 두고 그 조약기구가 일정한 인권 메커니즘을 운영하도록 하고 있는데, 그 인권 메커니즘의 대표적인 것이 개인청원제도이다. 그런데 어느 나라가 위 인권조약에 비준을 했다고 해서, 그 비준국을 상대로 개인청원을 바로 제기할 수 있는 것은 아니고, 비준국이 개인청원을 가능하게 하는 별도의 조약을 비준하거나 개인청원이 가능하다는 선언을 해야 비로소 그 비준국으로부터 권리를 침해당한 사람이 개인청원을 제기할 수 있다.

앞에서 살펴본 자유권 규약과 고문방지 협약에 한정해서 보자면, 한국은 자유권 규약의 경우 개인청원을 가능하게 하는 자유권 규약 제1선택 의정서에 1990. 4. 10. 비준하였고, 고문방지협약의 경우 2009. 11. 9. 개인청원을 가능하게 하는 선언을 하였기 때문에, 한국 정부로부터 자유권 규약 내지 고문방지협약상 권리를 침해당한 사람은 자유권 규약 위원회(the UN Human Rights Committee)와 고문방지위원회에 개인청원(Individual Communication)을 제기할 수 있다.

그런데 개인청원에 대한 자유권 규약 위원회 등과 같은 조약기구의 결정은 조약 비준국에 대한 구속력이 크고 그 판단 절차도 엄격하기 때문에, 피해자가 개인청원을 제기하기 위해서는 다음과 같은 몇 가지 심리적격성(amissibility)을 갖추어야 한다.

1) 위임장: 반드시 변호사가 개인청원을 제기해야 하는 것은 아니고, 피해자가 직접 제기하거나 변호사가 아닌 제3자가 피해자를 위해 대신 제기할 수 있으나, 변호사이든 아니든 제3자가 피해자를 위해 제기를 하는 경우에는 조약기구에 위임장을 제출해야 하고, 위임장을 피해자로부터 받을 수 없는 상황이라면 그 이유를 밝혀야 한다.

2) 구체적이고 직접적인 권리 침해: 청원인은 한국 정부의 작위 또는 부작위를 통해 개인적이고 직접적으로 권리를 침해당한 사람이어야 한다.

3) 해당 조약에 의해 보호되는 권리 침해: 청원인이 침해를 당했다고 주장하는 권리는 자유권 규약 등에 의해 보호되는 권리여야 하고, 한국이 비준을 하면서 유보한 조항(예를 들어 자유권 규약 제22조)과 관련된 권리여서는 안 된다.

4) 다른 조약기구에 중복 신청 금지: 청원인이 같은 사건을 가지고 다른 조약기구에 구제를 신청하지 않았어야 한다.

5) 국내구제절차 완료: 청원인은 청원제기 당시에 모든 국내구제절차를 완료했어야 하고, 만일 그렇지 못했을 경우에는 완료하지 않은 국내구제절차가 비합리적으로 장기적이거나, 남아있지 않거나, 구제가 명백히 실효성이 없다는 것을 자세히 밝혀야 한다.

앞에서 살펴본 바와 같이 甲은 법무부장관과 출입국관리사무소장 등의 작위로 인해서 자유권 규약 제7조 및 제9조와 고문방지협약 제3조가 규정하고 있는 고문 및 잔인하고 비인간적이거나 굴욕적인 처우나 처벌 등을 당할 곳으로 돌려보내지지 않을 권리, 자의적 구금으로부터 자유로울 권리 등을 직접적이고 개인적으로 침해 받고 있었기 때문에 심리적격성과 관련해서는 마지막 두 가지 요건만이 문제가 되었다.

다른 조약기구에 중복 신청 금지와 관련해서는 고문방지위원회와 자유권 규약 위원회 중에서 하나를 선택했어야 했는데, 고문방지협약 제3조에서 강제송환금지 원칙을 명시적으로 규정하고 있는 것이 사실이지만, 강제송환금지원칙은 자유권 규약 제7조에서도 도출할 수 있을 뿐 아니라 조약에 명시적인 규정이 없다고 하더라도 국제관습법상 강행규정이라는 것을 고려해서, 자의적 구금금지 규정이 있는 자유권 규약 위원회에 개인청원을 제기하기로 하였다. 이제 '국내구제절차 완료'라는 심리적격성을 충족시키는 것만 남았다.

나. 개인청원 심리적격성 충족 위한 국내구제절차 완료

강제송환으로부터의 구제 절차는 난민인정절차와 강제퇴거명령에 대한 이의신청과 취소소송 또는 무효확인 소송을 제기하는 방법이 있었다. 이 가운데 난민인정절차는 이미 완료를 하였고, 출입국관리법 제46조에 근거한 강제퇴거명령에 대한 이의신청과 취소소송은 발령된 신청기간인 7일(출입국관리법 제60조) 내지 제소기간 90일(행정소송법 제20조)이 지났기 때문에 남아있지 않았고, 강제퇴거명령에 대한 무효확인을 구하는 소송은 제소기간의 제한은 없지만 무효가 되기 위해서는 위 명령의 하자가 중대·명백해야 하는데, 甲이 서울출입국관리사무소장으로부터 강제퇴거명령을 받았을 당시를 기준으로 볼 때, 그 명령의 하자가 중대하거나 명백하다고 볼 수 없으므로, 강제퇴거명령에 대한 무효확인을 구하는 소송은 실효성이 없었다.

자의적 구금에 대한 구제절차와 관련해서는 출입국관리법 제63조에 따른 보호명령[4]에 대한 취소 또는 무효확인 소송을 제기하는 방법이 있을 수 있지만, 이에 관해서도 위와 같은 이유에서 소송을 제기할 수 있는 기간이 남아있지 않거나 남아있더라도 실효성이 없었다.

문제는 출입국관리법 제55조 제1항의 보호에 대한 이의신청절차였다. '보호명령'에 대한 취소소송은 제소기간의 제한이 있지만, '보호'에 대한 이의신청에 대해서는 보호가 계속되는 동안은 언제든지 제기할 수 있도록 규정해 놓았기 때문이다.

따라서 개인청원의 심리적격성을 맞추기 위해서 甲의 보호(구금)에 대해 이의신청을

4) 출입국관리법은 구금의 실질을 가지고 있음에도 불구하고 외국인 구금시설을 외국인보호소로, 구금을 보호로 규정하고 있다. 따라서 아래에서 출입국관리법상의 보호라고 지칭할 때에는 모두 그 실질이 구금이라고 이해를 하면 된다.

하고, 그 이의신청에 대해 기각결정이 나오면 그 결정을 취소하는 행정소송을 하는 등의 절차를 완료한 이후에 개인청원을 제기하려고 하였다.

甲은 2009. 8. 18. 법무부장관에게 보호에 대한 이의신청[5]을 하였다. 그런데 보호에 대한 이의신청을 규정한 출입국관리법 제55조 제2항[6]이 지체 없이 심사하여 판단할 것을 규정하고 있음에도 불구하고, 법무부장관은 보호에 대한 이의신청이 제기된 후 두 달이 되도록 아무런 결정도 하지 않고 있었다.[7]

위 보호에 대한 이의신청에 대한 법무부장관의 결정을 기다리다가는 甲이 갑자기 강제송환 될 수도 있고, 더 이상 구금이 계속될 경우에는 甲의 건강에도 치명적인 위험[8]이 생길지 모른다는 생각에, 위 보호에 대한 이의신청 설차는 권리 구제에 효과적이지 못하여 국내구제절차완료 원칙에 예외가 될 수 있다고 판단하고 자유권 규약 위원회에 개인청원을 제기하였다.

〈개인청원을 제기하기 전까지의 과정〉

- 2005. 5. 30. : 甲의 한국 입국
- 2005. 11. 4. : 甲의 인도대마초 복용 혐의로 체포
- 2005. 12. 9. : 甲의 구치소 출소 후 서울출입국관리사무소 보호실에 구금
- 2005. 12. 12. : 강제퇴거명령 및 보호명령을 받고 甲은 화성외국인 보호소에 구금
- 2005. 12. 28. : 甲의 난민인정신청
- 2006. 3. 10. : 법무부장관의 甲에 대한 난민인정불허결정
- 2006. 6. 23. : 위 난민인정불허결정에 대해 甲은 법무부장관에게 이의신청을 했으나, 법무부장관은 위 이의신청에 대해 기각결정을 내림[9]
- 2006. 7. 10. : 甲은 개종을 이유로 세례를 받고 자신의 기독교신앙을 공식화 함
- 2006. 10. 13. : 출입국 당국으로부터 새 여권 발급 요청을 받은 이란 영사가 화성외국인에 구금 중인 甲을 방문할 때 그의 개종사실을 알게 되어 甲은 이란에 돌아가면 더 위험하게 됨
- 2007. 2. 20. : 甲은 사정변경을 이유로 다시 난민인정신청을 제기

5) 2009. 8. 27. 인도적체류허가를 요청하는 취지로 甲은 법무부 인권국에 진정을 제기했으나, 법무부 인권국은 그 진정을 법무부 난민과로 이첩을 시킨 뒤 甲이 보호일시해제를 받은 뒤인 2009. 12. 29. 위 진정에 대한 기각결정을 내렸다.

6) "법무부장관은……(보호에 대한) 이의신청을 받은 경우 지체 없이 관계 서류를 심사하여 그 신청이 이유 없다고 인정되면 결정으로 기각하고, 이유 있다고 인정되면 결정으로 보호된 사람의 보호해제를 명하여야 한다."

7) 뒤에서 살펴보는 바와 같이 위 보호에 대한 이의신청에 대한 결정은 개인청원을 하면서 신청한 가처분 요청 신청이 자유권 규약 위원회에서 받아들여지고 나서 이루어졌다.

8) 당시 甲은 위가 너무 아파서 계속 혈변을 하고 있었고, 보호소 내에 먼지가 너무 많아서 눈에 통증이 심했고, 몸이 간지럽고 팔에 반점이 늘어나는 등 피부병이 생겼고, 스트레스로 치아가 상당 부분 빠졌고, 가슴에도 통증이 있었다.

9) 위 난민인정 불허 결정문은 90일 이내에 행정소송을 제기할 수 있다는 문구가 삭제된 채로 甲에게 교부 송달되어 甲은 제소기간을 도과하였다.

- 2007. 4. 20. : 법무부장관의 甲에 대한 난민인정불허결정
- 2007. 5. 25. : 위 난민인정불허결정에 대해 甲은 법무부장관에 이의신청을 했으나, 법무부 장관은 위 이의신청에 대해 기각결정을 내림
- 2007. 7. 3. : 甲은 2007. 4. 20.자 난민인정불허결정의 취소를 구하는 행정소송을 서울행정법원에 제기
- 2008. 1. 22. : 서울행정법원은 위 행정소송을 기각
- 2008. 2. 12. : 甲은 서울고등법원에 항소
- 2008. 11. 11 : 서울고등법원의 甲에 대한 항소 기각
- 2008. 12. 3. : 甲의 대법원 상고
- 2009. 2. 26. : 대법원의 甲에 대한 상고 기각
- 2009. 3. 31. : 甲을 방문한 이란 대사관 직원은 甲에게 재개종을 설득함
- 2009. 8. 18. : 甲의 법무부장관을 상대로 한 보호에 대한 이의신청

3. 개인청원 제기와 절차 진행 경과

가. 가처분 요청 신청을 포함한 개인청원 제기

개인청원서는 유엔인권최고대표사무소의 홈페이지[10]에 있는 모델 양식을 사용하였는데, 그 동안 한국 정부를 상대로 개인청원을 제기한 사례가 여러 건 있었지만, 이번 개인청원에서는 가처분(interim measures) 요청 신청을 처음으로 시도해 보기로 하였다. 왜냐하면 수많은 개인청원 사건들이 자유권 규약 위원회의 심리를 기다리고 있어서 청원을 제기한지 4년 정도가 지나야 최종 결정이 나올 것인데, 위 위원회가 심리를 하는 동안 甲의 구금은 계속되고, 더 끔찍한 것은 그 동안 甲에 대한 강제퇴거명령이 집행될 수도 있기 때문이었다. 그렇게 된다면 나중에 위원회가가 甲에게 유리한 결정을 한다고 해도, 그 때에는 甲이 입은 손해를 회복할 길이 없을 것이다. 따라서 개인청원을 제기[11]하면서, 결정이 나오기 전까지 甲을 강제퇴거하지 말고 구금에서 풀어달라고 하는 가처분 요청을 신청[12]하였다.

[자료 1] 가처분 요청 신청을 포함한 甲의 개인청원서

개인청원을 제기하면서 甲의 위임장 외에 심리적격성과 한국 정부의 자유권 규약상

10) http://www.ohchr.org/en/hrbodies/ccpr/pages/ccprindex.aspx
11) 개인청원서는 아래의 우편 주소 혹은 이메일 주소로 제출할 수 있고, 긴급한 경우에는 팩스로도 제출할 수 있다. 우편 주소: Human Rights United Nations Office at Geneva 1211 Geneva 10, Switzerland, 이메일 주소: petitions@ohchr.org, 팩스번호: + 41 22 917 90 22
12) 자유권 규약 위원회에 한국 정부가 가처분을 하도록 요청 해달라는 신청. 따라서 가처분의 주체는 한국 정부이고, 요청의 주체는 자유권 규약 위원회이며, 신청의 주체는 청원인이다.

의 권리 침해를 입증하기 위해 다음과 같은 입증자료를 제출하였다.

1) 甲의 개종의 진정성을 보여주기 위해 甲이 3년 넘게 화성외국인보호소에서 매일 자신의 신앙고백을 적은 일기장,

2) 이란에서 기독교 개종자가 박해를 받는다는 것을 입증하기 위한 유엔난민기구의 의견서 등 이란에 관한 인권보고서와 개종자를 처벌하도록 한 이란의 2008년 개정 형법,

3) 이란 정부가 개종한 甲을 주목하고 있다는 것을 입증하기 위해 주한 이란 대사관이 한국에 체류하고 있는 이란 사람들의 개종을 감시하고 있다는 내용을 담은 다른 이란인의 진술서,

4) 甲에 대한 구금이 정기적인 사법심사 없이 무기한으로 지속될 수 있어 자의적이라는 것을 입증하기 위한 출입국관리법 영어번역본,

5) 甲이 국내구제절차를 모두 완료하였다는 것을 입증하기 위한 난민인정신청에 대한 불허 처분서와 패소 판결문 그리고 행정처분에 대한 제소기간 등을 규정한 행정소송법의 영어번역본과 무효확인소송에서 승소하기 위해서는 처분이 중대·명백해야 한다는 것을 설시한 대법원 판결문의 영어번역본.[13)]

나. 가처분 요청 신청 인용과 甲에 대한 구금 해제

가처분 요청 신청을 제기한지 이틀 만에 자유권 규약 위원회는 "이 사건이 위원회에 계속되는 동안 甲을 이란으로 송환하지 말 것과 甲을 행정구금하는 동안 구금에 대한 정기적인 사법심사"를 하라는 가처분을 한국 정부에 요청을 하였다.

위와 같은 가처분 요청을 받은 한국 정부는 송환금지와 관련해서는 강제퇴거명령을 집행하지 않으면 되었지만, 甲에 대한 보호(구금)에 대한 정기적인 사법심사를 하라라는 요청에 대해서는 그와 같은 제도가 없기 때문에 가처분을 이행할 방법이 없었다. 결국 서울출입국관리사무소장은 위 가처분 요청을 받은지 한 달 만에 甲을 출입국관리법 제65조의 보호일시해제라는 방식으로 풀어주었다.

그리고 법무부장관은 개인청원의 심리적격성을 갖추기 위해서 제기했던 보호에 대한 이의신청을 위 가처분 요청을 받은 뒤에야 기각했는데, 甲은 이미 개인청원을 제기했고, 구금을 계속하기 위해서는 정기적인 사법심사를 해야 한다는 취지의 가처분 요청이 나왔기 때문에, 위 이의신청에 대한 기각결정에 대해서는 굳이 소송으로 다투지 않기로 하였다.

甲은 다행이 풀려나기는 했지만 이미 장기간 구금으로 신체적인 건강은 물론이거니와 정신적인 건강이 상당히 악화되어 있는 상태였다. 풀려난 뒤 처음 만난 자리에서 필자와 이야기 하던 甲이 갑자기 밖으로 나가더니 전화를 걸었던 순간을 잊을 수가 없다.

---

13) 법령의 영문번역문은 아래의 국가법령정보센터 영문법령 사이트를 참고하였다.
http://law.go.kr/engLsSc.do?menuId=0&subMenu=5&query=

당시 甲은 화성외국인보호소에 있으면서 너무 오랫동안 사람과 대면해서 이야기하지 못했기 때문에 전화가 아니면 이야기를 할 수 없다고 하였다. 이렇게 풀려난 이후 甲은 오랫동안 정신과 치료를 받았다.

[자료 2] 유엔 자유권 규약 위원회가 한국 정부에 가처분 요청을 했다는 취지의 편지(번역본)

다. 절차 진행 경과

자유권 규약 위원회는 개인청원에 대해 심리적격성(amissibility)과 본안을 동시에 판단하기도 하지만, 대개는 그 둘을 나누어 두 단계로 판단을 한다. 따라서 개인청원서를 제출하면 위원회는 그 청원서를 비준국 정부에 송달을 하고 답변서를 제출하도록 요청을 하는데, 비준국 정부는 송달을 받은 때로부터 보통 6개월 내에 답변서를 제출해야 하고, 만일 심리적격성(amissibility)을 구비하지 않았다는 다툼을 하려고 하면 송달받은 후 보통 2개월 내에 관련 답변서를 제출해야 한다. 자유권 위원회는 정부로부터 위와 같은 답변서를 받은 후 청원인에게 정부의 답변서를 송달하여 그에 관한 의견을 일정 기간 내에 제시하도록 한다. 甲과 한국 정부는 다음과 같이 의견서 등을 주고받으면서 공방을 하였다.

[자료 3] 2010. 7. 14.자 甲의 추가 의견서

4. 개인청원 사건의 쟁점과 변론

수차례의 서면 공방을 통해서 드러난 쟁점은 심리적격성과 관련해서는 甲이 국내구제절차를 모두 완료하였는지 여부이고, 본안과 관련해서는 甲에 대해 난민인정을 하지 않고 강제퇴거명령을 내린 채 외국인구금시설에 장기구금한 것이 자유권 규약 제7조의 강제송환금지원칙과 제9조의 자의적 구금금지 원칙 위반인지 여부이다.

가. 심리적격성

(1) 강제송환금지 위반과 관련한 국내구제절차 완료 여부

(가) 강제퇴거명령에 대한 이의신청과 행정소송을 하지 않은 점에 관하여

한국 정부는 甲이 출입국관리법 제46조에 따라 강제퇴거명령을 받은 후 같은 법 제60조에 따라 7일 이내에 법무부장관에 이의신청을 할 수 있었음에도 불구하고 이의제기를 하지 않았고, 행정소송법 제20조에 따라 90일 이내에 행정소송을 제기할 수 있었음에도 불구하고 소송을 제기하지 않아 국내구제절차를 완료하지 않았다고 문제제기를 하였다[14](2010. 1. 11.자 한국 정부의 답변서).

이에 대해 甲은 세례를 받고 자신의 개종 사실을 공식화한 2006. 7. 10. 이후에야 강제송환금지원칙의 위반을 구성하는 사유가 현실화되었기 때문에, 강제퇴거명령에 대한 이의신청과 행정소송을 가용할 수 있었을 때에는 한국 정부의 강제퇴거명령이 강제송환금지원칙을 위반하지 않은 상태였고, 그 이후 강제퇴거가 강제송환금지원칙에 반하게 되었을 때에는 이미 이의신청과 행정소송이 가용하지 않게 되었으므로, 甲이 국내구제절차를 완료하지 않은 것은 정당한 사유가 있다고 하였다. 더욱이 이 사건 강제퇴거명령이 이의신청이나 행정소송으로 취소된다고 하더라도 甲은 체류기간을 지나 체류하였고 유죄판결을 받아 어차피 출입국관리법상 강제송환 대상자로서 한국 내에서 안정적인 지위를 부여받지는 못하기 때문에, 甲이 강제송환을 피하기 위해 구할 수 있는 단 하나의 유효한 절차는 난민인정절차라고 할 것인데, 이 절차에 대해서는 甲이 이미 다 완료하였다고 하였다(2010. 4. 20.자 甲의 의견서).

(나) 제3국으로 가는 협의 절차를 완료하지 않은 점에 관하여

한국 정부는 출입국관리법 제64조 제2항 제4호[15]에 따라 甲은 국적국인 이란 이외의 지역으로 가는 절차를 한국 정부에 요청 할 수 있고, 실제로 甲은 이러한 절차를 거치기로 동의하고, 터키 등 제3국과 협의하기로 되어 있으므로, 甲은 국내구제절차를 완료하지 않았다고 하였다(2010. 1. 11.자 한국 정부의 답변서).

이에 대해 甲은 송환과 관련된 3국과의 협의는 기한이 없이 진행되는 법적 강제력 없는 절차일 뿐 아니라, 甲은 한국 정부에 끊임없이 비무슬림 국가로 송환해달라고 요청하고 있지만, 한국 정부는 甲에게 계속해서 터키를 그 제3국으로 제안하고 있는데, 터키는 이란 출신의 난민을 구금하거나 오히려 이란으로 강제송환을 하고 있는 나라[16]이므로, 한국 정부가 말하는 협의 절차는 추상적으로든 구체적으로든 甲에게는 효과적인 구제절차가 될 수 없다고 하였다(2010. 4. 20.자 甲의 의견서).

(2) 자의적 구금금지 원칙 위반과 관련한 국내구제절차 완료 여부

(가) 보호명령에 대한 행정소송을 하지 않은 점에 관하여

한국 정부는 甲이 출입국관리법 제63조 제1항에 따라 보호명령을 받은 후 행정소송법 제20조에 따라 90일 이내에 행정소송을 제기할 수 있었음에도 불구하고 소송을 제

14) 한국 정부는 甲이 강제퇴거명령과 보호명령에 대해 무효소송을 제기하지 않은 것에 대해서는 크게 문제 삼지 않았다.

15) 제64조(송환국) ① 강제퇴거명령을 받은 사람은 국적이나 시민권을 가진 국가로 송환된다. ② 제1항에 따른 국가로 송환할 수 없는 경우에는 다음 각 호의 어느 하나에 해당하는 국가로 송환할 수 있다. 1. 대한민국에 입국하기 전에 거주한 국가 2. 출생지가 있는 국가 3. 대한민국에 입국하기 위하여 선박등에 탔던 항(港)이 속하는 국가 4. 제1호부터 제3호까지에서 규정한 국가 외에 본인이 송환되기를 희망하는 국가

16) Keshmiri v. Turkey, Application no. 36370/08, Council of Europe: European Court of Human Rights, 13 April 2010

기하지 않아 국내구제절차를 완료하지 않았다고 하였다(2010. 1. 11.자 답변서).

이에 대해 甲은 자신이 구금될 당시에는 자의적 구금이 아니었고, 정기적인 사법심사가 없이 2~3년간 구금된 이후에야 구금이 비로소 자의적이 되었으므로, 보호(구금)명령에 대한 행정소송이 가용했을 때에는 보호명령에 대해 행정소송을 제기하는 것이 필요하지 않았고, 구금이 자의적이 되었을 때에는 위 절차는 더 이상 가용하지 않았으므로, 국내구제절차를 완료하지 않은 정당한 사유가 있다고 반박하였다(2010. 4. 20.자 甲의 의견서).

(나) 보호에 대한 이의신청을 하지 않은 점에 관하여

한국 정부는 甲이 위 보호명령을 받은 후 출입국관리법 제55조에 따라 보호 중 어느 때라도 보호에 대한 이의신청을 법무부장관에게 할 수 있었는데, 甲은 구금된 이후에 변호사를 통해 도움을 받고 있었음에도 불구하고 구금의 적법성에 관한 이의신청을 제기하지 않고 있다가, 2009. 8. 18.이 되어서야 비로소 뒤 늦게 보호에 대한 이의신청을 하였기 때문에 甲은 국내구제절차를 완료하지 못하였다고 하였다(2010. 4. 21. 한국 정부의 2차 의견서). 게다가 보호에 대한 이의신청이 기각된 경우에는 그 기각결정을 고지 받은 지 90일 이내에 행정소송법 제20조에 따라 기각결정의 취소를 요청하는 행정소송을 제기할 수 있음에도 불구하고, 甲은 2009. 11. 3. 위 이의신청에 대한 기각결정을 받고도 행정소송을 제기하지 않았으므로 이 역시 국내구제절차를 완료하지 못한 것이라고 하였다(2010. 1. 11. 한국 정부의 답변서).

이에 대해 甲은 보호에 대한 이의신청을 하는 경우에는 법무부장관이 출입국관리법 제55조 제2항에 따라 지체 없이 심사하여 결정을 하도록 하고 있으나, 실제로 甲이 제기한 2009. 8. 23. 보호에 대한 이의신청에 대해서 2009. 10. 19. 이 사건 개인청원을 제기하기까지 아무런 결정을 내리지 않고 있다가, 2009. 11. 3.이 되어서야 甲에게 통지하지도 않은 채 기각결정을 내렸으므로, 위 보호에 대한 이의신청은 甲에게 효과적인 구제절차가 되지 못하므로, 위 이의신청에 대한 기각결정을 행정소송으로 다투지 않았다고 해서 국내구제절차를 미완료했다고 볼 수는 없다고 하였다(2010. 4. 20. 자 甲의 의견서). 또한 이의신청에 대한 기각결정에 대해 90일 이내에 행정소송을 제기했다고 하더라도, 이미 47개월 동안 구금되어 있었던 甲은 소송을 통해 위 기각결정을 다투는 동안 계속 구금되어있어야 하므로, 위 이의신청과 이의신청 기각결정에 대한 소송절차는 甲에 대한 효과적인 구제절차가 될 수 없다고 하였다(2010. 7. 14.자 甲의 의견서).

(다) 보호일시해제청구을 하지 않은 점에 관하여

한국 정부는 甲이 보호(구금) 중에 출입국관리법 제65조에 따라 보호일시해제를 청구할 수 있고, 이러한 청구가 기각될 때에는 행정소송법에 따라 위 기각결정의 취소를 요청하는 행정소송을 제기할 수 있었음에도 불구하고, 甲이 위 보호일시해제를 청구하지 않았으므로, 국내구제절차를 완료하지 않았다고 주장하였다(2010. 1. 11.자 답변서).

그러나 甲은 보호일시해제는 서울출입국관리소장의 재량에 크게 의존하고 있어 보호일시해제에 대해 위 소장은 언제든지 그 연장 결정을 하지 않거나, 보호일시해제 결정을 언제든지 취소할 수 있어 보호일시해제 신청은 甲이 완료해야 하는 국내구제절차가 될 수 없다고 하였다(2010. 4. 20.자 甲의 의견서). 실제로 甲은 보호해제기간 연장 신청을 위해 서울출입국사무소에 갔을 때, 여권을 재발급 받으라는 출입국 당국의 요청을 따르지 않았다는 이유로 보호해제연장이 거부되었는데, 이 때 기존에 납부한 300만원의 보증금이 국고귀속되었을 뿐 아니라, 다시 보호(구금)되었고, 300만원의 보증금을 다시 납부한 후, 보호일시해제 될 수 있었다(2014. 2. 5.자 甲의 의견서).

나. 본 안

(1) 강제송환금지원칙 위반 여부

(가) 아직 강제송환을 집행하고 있지 않고 있다는 점에 관하여

한국 정부는 甲이 제3국으로 가는 협의를 진행하고 있는 동안에는 甲에 대한 강제퇴거명령에 대한 집행이 보류되고 있으므로, 甲이 강제퇴거명령을 받은 것만으로는 강제송환금지원칙 위반이라고 할 수 없다고 하였다(2010. 4. 21. 자 한국 정부 의견서).

이에 대해 甲은 제3국 송환가능성에 대한 협의가 법적인 강제력이 있는 절차가 아니므로, 甲에 대해 이미 강제퇴거명령을 내린 한국 정부는 甲을 언제든지 이란으로 송환할 수 있으므로 한국 정부는 강제송환금지원칙을 위반하고 있다고 반박하였다(2010. 7. 14. 자 甲의 의견서).

(나) 강제송환될 경우 이란에서 고문 등을 당할 위험에 관하여

한국 정부는 甲에 대한 난민재판을 담당한 법원의 판결을 인용[17]하면서 설령 甲이 이란으로 송환된다고 하더라도 甲이 자유권 규약 제7조와 고문방지협약 제3조에서 규정하고 있는 고문 및 잔인하고 비인간적이거나 굴욕적인 처우나 처벌을 받지 않을 것이라고 하였다(2010. 4. 21. 자 한국 정부 의견서).

이에 대해 甲은 유엔난민기구 의견서를 포함한 인권 보고서 등 여러 객관적인 자료에서 개종자가 이란으로 돌아가면 생명이 위험할 정도의 박해를 받을 수 있다고 하였

---

17) 서울행정법원은 2008. 1. 22. 청원인이 이란으로 송환될 경우 박해받을 것이라는 주장을 뒷받침할 만한 충분한 근거가 부족하다고 판단하였고, 대법원은 2009. 2. 26. 甲은 이란에서 기독교 관련 활동에 연루되지 않았으며, 경제적인 목적으로 한국에 입국하였을 뿐 아니라, 최초 난민신청이 거부된 후에야 비로소 세례를 받았고 이란 당국이 甲의 기독교 개종에 대해 인지하고 있을 가능성이 낮으며, 이란에서는 개종자에게 단지 교육적·경제적 활동에서 차별이 존재할 뿐이고, 선교에 적극적으로 참여하지 않는 이상 개종하였다는 이유로 형사상 박해로 이어지는 경우는 드물기 때문에, 甲이 받을 위해는 박해에 이르지 않는다고 판단하였다.

고, 설령 난민재판을 담당한 법원의 판결과 같이 선교에 동참하는 경우에만 박해를 받고 단순히 개종을 한 것만을 가지고는 차별을 받을 뿐이라고 하더라도, 선교를 하는 것은 종교의 자유의 중요한 부분이므로, 甲이 이란으로 돌아가면 종교의 자유를 침해당하는 박해를 받는다는 사실에는 변화가 없다고 하였다(2010. 7. 14. 자 甲의 의견서). 게다가 甲은 장기구금으로 정신적 건강이 크게 악화되어 약물 없이는 생활이 불가능하게 되었을 뿐 아니라, 보호일시해제를 받은 후 신학교에서 공부하여 학위까지 받은 상태이므로, 甲이 받을 박해의 위험은 매우 높다고 하였다(2014. 2. 5. 甲의 추가 의견서).

(2) 자의적 구금금지 원칙 위반 여부

한국 정부는 자의적 구금금지 원칙 위반과 관련해서는 심사적격성만을 다투고 본안에 관해서는 거의 반론을 제기하지 않았다.

이에 대해 甲은 자유권 규약 제9조를 구체화한 1982년 일반논평 제8호[18]에 따를 때, 이주구금의 경우에도 자의적 구금이 되지 않기 위해서는 최소한 구금의 필요성에 대한 판단이 있어야 하고, 구금의 상한이 있는 등 비례적이어야 하며, 사법부 등 독립적인 기관에 의한 정기적인 심사가 있어야 하는데, 甲에 대한 출입국관리법상의 구금은 위와 같은 요건을 모두 갖추지 못하고 있으므로 자의적 구금이라고 하였다(2009. 10. 19. 자 甲의 청원서).

또한 甲은 보호일시해제를 받은 후에 매 3개월마다 직접 출입국사무소에 출석하여 거소신고를 하면서 보호일시 해제 연장을 해오고 있는데, 이러한 자발적 거소 신고는 甲이 47개월 동안 외국인보호소에 구금되지 않고 석방되었더라도 소재불명되지는 않았을 것이라는 점을 방증하고 있으므로, 甲에 대한 구금은 구금의 필요성이 없음에도 불구하고 이루어진 자의적 구금이라고 봐야 하며(2014. 2. 5. 甲의 추가 의견서), 47개월의 구금기간 동안 甲의 건강상태는 크게 악화되어 甲은 치아의 대부분을 상실하였고, 자살을 기도하기도 할 정도였지만, 화성외국인보호소는 정신건강 서비스나 치과 서비스조차 제공하지 않았으므로, 이러한 구금은 자유권 규약 제9조를 위반하는 것이라고 하였다(2014. 2. 5. 甲의 추가 의견서).[19]

위와 같은 변론이 甲과 한국 정부 사이에 오갔고, 2009. 10. 19. 甲이 개인청원서 제출한 지 4년 4개월이 넘은 2014. 3. 25. 아래와 같은 자유권 규약 위원회의 최종결정이 나왔는데, 위 결정이 나오기 며칠 전에 甲은 세 번째 난민인정신청을 하였다.

---

18) 위 일반논평은 2014년 일반논평 제35호로 개정되었다.

19) 위 추가 의견서에 치과의사의 진단서와 정신과의사의 진단서를 첨부하였다. 치과 의사의 진단서에는 甲이 장기구금으로 치아를 대부분 상실 했다는 점이 기재가 되었고, 정신과의사의 진단서에는 '극심한 스트레스 징후'로 인해 甲이 항우울제, 항불안제를 처방받고 매 2주마다 정신상담을 받고 있다고 기재되어 있었고, 甲에게는 정신적 안정과 지지가 필요하고, 甲이 계속된 스트레스에 노출될 경우 증세가 악화될 것이라고 하였다.

〈개인청원을 제기하고 결정이 나오기까지의 과정〉

- 2009. 10. 19. : 유엔 자유권 규약 위원회에 개인청원
- 2009. 10. 21. : 유엔 자유권 규약 위원회의 한국 정부에 가처분 요청
- 2009. 11. 3. : 법무부장관의 보호에 대한 이의신청 기각
- 2009. 11. 20. : 서울출입국관리사무소장의 甲에 대한 보호일시해제결정
- 2009. 10. 19. : 甲의 유엔 자유권 규약 위원회에 개인청원서 제출
- 2010. 1. 11. : 한국 정부의 의견서 제출
- 2010. 4. 20. : 甲의 의견서 제출
- 2010. 4. 21. : 한국 정부의 의견서 제출
- 2010. 7. 14. : 甲의 의견서 제출
- 2014. 2. 5. : 甲이 추가로 의견서 제출
- 2014. 2. 13. : 한국 정부의 추가 의견서 제출
- 2014. 3. 17. : 甲이 서울출입국관리사무소장에게 난민인정신청
- 2014. 3. 25. : 자유권 규약 위원회의 최종결정

5. 자유권 규약 위원회 결정

개인청원을 제기한 지 4년 4개월 만에 나온 자유권 위원회는 다음과 같이 강제송환 금지원칙 위반과 자의적 구금금지 원칙 위반에 대해 심리적격성과 본안을 나누어 결정을 하였다.

가. 심리적격성

(1) 강제송환금지 위반과 관련한 국내구제절차 완료 여부

(가) 강제퇴거명령에 대한 행정소송을 하지 않은 점에 관하여

자유권 규약 위원회는 甲이 강제퇴거명령을 받은 후 90일 이내에 해당 명령의 취소를 구하는 행정소송을 제기하지 않았지만, 2006. 7. 10. 세례를 받았고, 기독교로 개종한 결과에 따른 위험이라는 청원의 핵심사안은 행정소송의 제소기간 내에서는 발생하지 않았기 때문에 시간적 관할 상 위 행정소송은 유효하지 않은 절차라고 보았다(이의신청을 하지 않은 점에 대해서는 판단하지 않았지만 같은 이유에서 이의신청절차 역시 유효하지 않은 절차라고 보았을 수 있다).

(나) 제3국으로 가는 협의 절차를 완료하지 않은 점에 관하여

완료해야 하는 국내구제절차는 당해 사건과 관련해 효과적이어야 하는데, 甲이 제3국에 정착할 수 있도록 하는 협의 절차는 재량적이고, 시한이 없으며, 퇴거를 공식적으

로 정지시키는 효과가 없으므로, 자유권 규약 위원회는 제3국 정착 협의는 甲이 완료해야 하는 국내구제절차에 해당되지 않는다고 보았다.

(다) 소 결

결국 자유권 규약 위원회는 甲이 개종 한 이후인 2007. 2. 20. 난민인정신청을 하였고, 이에 대해 불허처분을 받은 후에는 대법원에서 패소판결을 받을 때까지 관련 절차를 모두 완료하였으므로, 강제송환금지원칙 위반과 관련한 청원에 대해서는 심리적격성을 갖추었다고 판단하였다.

(2) 자의적 구금금지 원칙 위반과 관련한 국내구제절차 완료 여부

자유권 규약 위원회는 출입국 관리절차에 있어서 구금이 그 자체로 자의적인 것은 아니지만, 구금의 정당성 · 필요성 · 비례성을 갖추어야 하며, 시간이 지나감에 따라 재평가되어야 한다는 점을 언급하면서도, 甲이 변호사인 대리인이 있는 상태에서 2009. 8. 18.이 될 때까지 자신의 구금에 대해 이의신청을 하지 않았고, 2009. 11. 3. 비로소 이의신청을 했지만, 그 기각결정에 대해서 소송으로 다투지 않았으므로, 甲은 국내구제절차를 완료했다고 볼 수 없어 심리부적격이라고 판단하였다. 따라서 본안에서는 한국 정부의 강제송환금지원칙 위반 여부에 대해서만 판단하였다.

나. 본 안

• 강제송환금지원칙 위반 여부

甲은 한국 정부의 강제퇴거명령이 자유권 규약 제7조에 따른 강제송환금지원칙 위반이라고 주장을 하였는데, 자유권 규약 위원회는 한국 정부가 甲을 이란으로 송환시키는 것이 자유권 규약 제7조 뿐 아니라 제6조 제1항에 따른 생명권도 침해할 수 있는지 여부에 대해서 다음과 같이 판단하였다.

(1) 청원인이 개종을 했으며 이란 정부가 그 사실을 알고 있다는 점에 관하여

자유권 규약 위원회는 甲이 개종하였고, 이란 당국자가 그 사실을 알고 있다는 점에 대해서는 다음과 같이 甲과 한국 정부 사이에 다툼이 없는 사실로 정리를 하였다.

> "위원회는 청원인이 기독교로 개종했으며, 구금되어 있는 동안 이란 당국자가 그를 방문하였고 개종사실을 밝혔다는 점에 대해서는 이견이 없다고 본다."

(2) 기독교 개종자가 이란에서 겪는 박해에 관하여

자유권 규약 위원회는 이란에 대한 위원회의 최종견해[20]를 근거로 다음과 같이 개종

자들이 이란 정부로부터 박해를 받는 것이 사실이고 그 점을 위원회가 잘 알고 있다고 하였다.

"위원회는 이란법에서 배교행위가 범죄행위로 명문화되어 있지는 않지만, 검사나 판사가 범죄로 간주하여 종교적 개종을 배교로 기소하며, 이는 자의적 구금·독방 구금·고문·유죄판결과 심지어 사형으로까지 이어질 수 있다고 보고되고 있음에 주목하였다."

(3) 복음주의자의 성향을 가진 청원인이 이란으로 돌아갈 경우 받을 박해의 위험에 관하여

자유권 규약 위원회는 甲이 기독교 개종자일 뿐 아니라, 해외 선교를 목적으로 하는 신학교에서 학위를 취득한 뚜렷한 복음주의자의 성향을 가진 사람인데, 한국 정부도 동의하는 바와 같이 이란에서 선교행위에 참여하는 기독교인들은 심각한 박해와 형사처벌을 받을 위험이 있으므로, 한국 정부가 이러한 점들을 강제퇴거 절차에서 적절하게 고려하지 않고, 甲을 이란으로 강제송환될 경우 자유권 규약 제6조 제1항의 생명권 및 제7조의 고문 등을 받을 위험이 있다고 다음과 같이 판단하였다.

"위원회는 청원인이 안디옥선교단이 북아프리카, 중동 및 아시아의 "복음이 닿지 않은 곳의 민족들에게 효과적으로 복음을 전파하기 위하여" 운영하는 안디옥국제신학교에서 학위를 취득한 점을 주목한다. 위원회는 당사국도 이견 없이 동의하다시피, 이란에서 선교행위에 참여 하는 기독교인들은 심각한 박해와 형사처벌을 받을 위험에 처한다는 의견에 주목하였다. 위원회는 이러한 점들이 강제퇴거 절차에서 검토되지 않았다고 본다. 따라서 당사국은 기독교 개종자로서 뿐만 아니라, 뚜렷한 복음주의자의 성향을 가진 사람으로서 청원인이 이란에서 직면할 개인적 위험에 대해 적정한 고려를 하지 않았다. 따라서 위원회는 청원인이 이란으로 강제송환될 경우 자유권 규약 제6조 제1항 및 제7조에 의해 회복불가능한 위해의 실질적인 위험에 처할 것이라는 의견이다."

(4) 소 결

결국 자유권 규약 위원회는 甲을 이란으로 송환하는 것은 자유권 규약 제6조 제1항 및 제7조 상 청원인의 생명권 및 고문 등을 당하지 않을 권리를 침해하는 것이라고 판단하였다.

다. 위원회의 결정을 이행할 한국 정부의 의무

자유권 규약 위원회는 위와 같은 결정을 내리면서, 한국 정부는 이 결정을 이행하기 위한 다음의 3가지 의무가 있다는 점을 확인하였다.

---

20) 이란이슬람공화국에 대한 자유권 규약 위원회의 최종견해(CCPR/C/IRN/CO/3), 23항.

1) 한국 정부는 이란으로 송환된다면 자유권 규약 제6조 제1항 및 제7조에 위반하는 것이라는 甲의 주장을 전면 재검토하는 등, 甲에게 효과적인 구제를 제공할 의무가 있다. 더욱이 한국 정부는 甲을 이란으로 다시 송환할 가능성이 있는 제3국으로 송환해서도 안 된다.

2) 한국 정부는 향후에 유사한 침해를 방지하기 위한 조치를 취할 의무가 있다.

3) 한국 정부는 자유권 규약 위원회의 위 결정을 공표하고 당사국의 공식 언어로 널리 알릴 의무가 있다.

자유권 규약 위원회는 한국 정부에 위와 같은 의무를 부과하면서 180일 이내에 위원회의 결정을 이행하기 위해 어떤 조치를 취했는지 답변하도록 요청하였다.

6. 결정 이후 이행된 조치와 개인청원의 의미

가. 자유권 위원회의 결정 이후 이행된 조치

한국 정부는 위 자유권 규약 위원회의 결정 이행과 관련해 부과된 3가지 의무에 대해 2014. 11. 7. 관련 답변서를 제출하면서 1) 구제 제공과 관련해서는 2014. 4. 22. 이 사건 강제퇴거명령과 보호명령을 취소하고, 2014. 5. 12. 甲에게 합법적으로 체류할 수 있는 G-1-5 비자(난민신청자의 비자)를 주었고, 甲의 난인인정심사를 위원회의 결정을 고려해서 판단하겠다고 하였다. 2) 재발방지와 관련해서는 2013. 7. 1. 시행된 난민법 제2조 제3호에서 이미 난민정의를 충족하지 못하더라도 "고문 등의 비인도적인 처우나 처벌 또는 그 밖의 상황으로 인하여 생명이나 신체의 자유 등을 현저히 침해당할 수 있다고 인정할 만한 합리적인 근거가 있는 사람"을 인도적체류자로 보호하여 재발방지를 하였다고 하였다. 3) 위원회의 결정 공개와 관련해서는 위 결정문을 한국어로 번역해서 관보에 실었다고 하였다.

실제로 결정의 이행과 관련해 甲에게 일어난 결정적인 변화는 서울출입국관리사무소장이 甲에 대한 강제퇴거명령을 취소하고, 甲에 대해 G-1-5 비자를 발급한 후에 결국 甲을 난민으로 인정하였다는 점이다.

한국 정부의 위와 같은 이행을 환영하면서도 아쉬운 점이 있는데, 이 부분에 대해서는 甲이 2014. 11. 14. 자유권 규약 위원회에 제출한 이행 관련 의견서에서 다음과 같이 밝혔다.

1) 한국 정부는 甲에 대한 강제퇴거명령과 그에 따른 장기구금으로 발생한 甲의 정신적 건강의 위해를 포함한 손해에 대해 사과를 하고, 하루 30만원씩 계산하여 1,497일 동안의 손해에 대해 총 446,100,000원을 배상해야 한다. 2) 출입국 당국은 인도적체류지위 인정을 시혜적이고

재량적으로 하고 있고, 난민인정절차와는 별도로 인도적체류지위를 신청하는 방법이 없으므로, 난민인정절차와 별개의 제도를 마련해 강제송환금지원칙을 지킬 수 있도록 해야 한다. 3) 위원회의 결정을 관보에 번역해서 실은 것으로는 부족하고, 출입국관리사무소 공무원들에게 널리 알려 이러한 일이 재발하지 않도록 해야 한다.

나. 이 사건 개인청원의 의미

이 사건이 갖는 의미는 1) 외국인이 한국이 비준한 인권 조약상의 권리를 침해 당했다는 이유로 제기한 국내 최초의 개인청원이라는 점, 2) 법무부이든 법원이든 난민협약에 따른 난민인정에 실패를 하고 있는 상황에서 난민들이 국제인권메커니즘을 통해 권리구제를 받을 수 있음을 밝혀줬다는 점, 3) 국내 최초로 가처분 요청 신청이 자유권 규약 위원회에의해 받아들여져 개인청원을 제기한지 한 달 만에 47개월 간의 구금에서 벗어나게 된 점, 4) 비록 자의적 구금과 관련해서는 심리적격성 요건을 구비하지 못했다는 이유로 각하가 되었지만, 자유권 위원회는 이 사건 가처분 요청을 통해 구금이 자의적이지 않기 위한 최소한의 요건이 무엇인지 분명히 밝혔다는 점, 5) 국내의 난민인정절차를 모두 완료하였지만 난민인정을 받지 못한 甲이 자유권 규약 위원회의 개인청원 제도를 통해 구제를 받고 강제송환을 면하고 결국 난민으로 인정을 받게 된 점, 6) 기독교로 개종한 이란인이 국적국에 돌아갔을 경우 받을 박해의 가능성에 대해 유엔 조약 기구 차원에서 명시적으로 인정했다는 점을 들을 수 있다.

그러나 아쉬운 점도 있는데, 1) 甲의 장기 구금이 자의적이었는지 여부에 대해 자유권 규약 위원회로 부터 실체적인 판단을 받지 못했다는 것과 2) 강제송환 위협과 장기구금에 시달렸던 甲이 그 손해에 대해 한국 정부로부터 사과를 받거나 금전적인 배상을 받는 등의 더 적극적인 구제를 받지 못했다는 것이다.

〈자유권 위원회의 결정이 나온 뒤 난민인정을 받기까지의 과정〉

- 2014. 3. 25. : 자유권 규약 위원회의 최종결정
- 2014. 4. 22. : 서울출입국관리사무소장의 甲에 대한 강제퇴거명령 취소결정
- 2014. 5. 12. : 서울출입국관리사무소장의 甲에 대해 G-1-5 비자 발급
- 2014. 11. 7. : 정부의 이행 관련 답변서 제출
- 2014. 11. 14. : 甲의 이행 관련 의견서 제출
- 2015. 5. 28. : 서울출입국관리사무소장이 甲에 대해 난민인정

함께 검토할 판결례

서울행정법원 2014. 4. 25. 선고 2013구합56713 판결(장기 구금된 이란 출신의 난민신청자에 대한 난민인정 판결로 기독교로 개종을 한 이란인이 국적국으로 돌아갈 때 받을 박해 여부에 대해 알 수 있으며, 강제퇴거명령을 받은 이후에 제기된 난민인정신청이라고 하더라도 난민으로 보호해야 한다는 것을 보여주는 사건).

헌법재판소 2016. 4. 28. 선고 2013헌바196 결정(외국인에 대해 무기한 구금을 가능하게 하는 출입국관리법 제63조 제1항에 대한 위헌소원에 대한 결정으로 비록 5:4로 각하되었지만, 소수의견은 현 출입국관리법 제63조 제1항이 위헌이라는 것을 명확히 밝힌 사건).

관련자료

대한변협 외국인보호소 실태조사 결과 보고서, 2015.

자유권 규약 일반논평 제35호(2014. 자유권 규약 위원회의 제9조 자의적 구금 원칙에 관한 일반논평).

자유권 규약 위원회의 한국의 자유권 규약 이행에 관한 제4차 국가보고서 심의 최종견해, 2015.

심층질문

1. 이 사건 개인청원이 자의적 구금에 관해 본안 판단을 받기 위해서는 어떻게 했어야 했는가?

2. 난민법 제2조 제3호의 인도적체류자 인정 제도는 한국이 자유권 규약 제7조 내지 고문방지협약 제3조의 강제송환금지원칙을 준수하기 위한 제도로 충분한가?

3. 자유권 규약 일반논평 제35호와 헌재 2013헌바196 결정 결정문을 볼 때, 한국이 자유권 규약 제9조의 자의적 구금금지 원칙을 준수하기 위해 이주민 구금과 관련한 출입국관리법은 어떻게 개정이 되어야 하는가?

4. 甲이 장기 구금과 강제송환의 위협으로 입은 손해에 대해 금전적인 배상을 받기 위해서는 어떻게 했어야 했는가?

자료 1 개인청원서

Complaint
(including demanding request for interim measures)

* For communications under:

Optional Protocol to the International Covenant on Civil and Political Rights

* Date:

19. October 2009

Ⅰ. Information on the complainant:

* The author:

Name: **KIM** First name(s): **Jong Chul**
Nationality: **South Korea**
Date and place of birth: **31 July 1971, Suwon**
Address for correspondence on this complaint:
Gildo Building #401 1713-4 Seocho dong Seocho ku Seoul, South Korea (137-070)
E-mail: **cielgogh@hotmail.com**

* The Person on behalf of whom the author submits the communication(Ref. Doc. No. 1):

Name: **X** First name(s): **Y**
Nationality: **Iran**
Date and place of birth: **23 August 1965, SONGHOR KERMANSHAH**
Address or current whereabouts:
166 Hwaseong Detention Center for Foreigners, 166 Gohyang Bomgil Hwaseung gun Kyoungki do

Ⅱ. State concerned/Articles violated

* State concerned:

South Korea which ratified the International Covenant on Civil and Political Rights, its first Optional Protocol in 10 April 1990 with a reservation of the Article 22 of the

Covenant.

* Articles of the Covenant alleged to have been violated:

Article 3 of the Convention against Torture and Other Cruel, Inhuman or Degrading Treatment or Punishment(hereafter, 'CAT').

Article 7 of the International Covenant on Civil and Political Rights.

Article 9 of the International Covenant on Civil and Political Rights(Hearafter, 'ICCPR').

Ⅲ. Facts of the complaint

X was born in Iran as a Muslim, but his interest in Christianity grew when he started listening to an international Christian radio program called 'Voice of Hope'.

He came to Korea on May 30, 2005 with a C-(short term business) visa which was valid for 3 months. He started attending Kurdish services at Shin-Kwang Church in Dongducheon, where he began to have a Christian faith. As he studied the Bible with Salah(Kurdish) and Shin Su-Hwa(Korean), he converted to Christianity(Ref. Doc. No. 12).

On November 4, 2005 he was arrested by prosecutors on charge of taking a kind of drug called hashish. After he was sentenced to 10 months' imprisonment with 2 years' suspension of the sentence in the court, he was ordered to deportation and detained at Hwaseong Detention Center[21] on December 12, 2005(Ref. Doc. No. 7). The reason he was detained was not because he was sentenced to imprisonment(notice that his sentence was suspended), but because he was ordered to be deported based on articles 46 and 63 of the Immigration Control Act. So to speak, he was detained for the deportation order to be executed.

According to article 46 of the Immigration Control Act, the head of Immigration office may deport persons who deemed highly likely to commit any act detrimental to the interest of the Republic of Korea, who may sojourn in the Republic of Korea beyond period of sojourn and who is released after receiving a sentence of punishment of imprisonment without prison labor or heavier punishment etc.. And Article 63

---

21) While the Immigration Control Act names the administrative detention for foreigners 'foreigner internment camp' defined as 'facilities installed for the purpose of protecting foreigners under this Act'(Immigration Control Act Article 2, para. 12, Refer. Doc. No. 6), the Korean Office of UNHCR recommended the Ministry of Justice not to use the term 'protecting' for detention(Refer. Doc. No. 11). Therefore, hereafter the author calls 'internment camp' detention center.

provides that if it is impossible to immediately repatriate a person who is subject to a deportation order out of the Republic of Korea, the head of office or the head of the foreigner internment camp(detention center) may intern him in a foreigner internment room(detention cell), foreigner internment camp(detention center) or other place designated by the Minister of Justice until the repatriation is possible(Ref. Doc No. 6).

Detained in the Detention Center for Foreigners in Hwaseong, he applied to the Ministry of Justice for a refugee status on December 28, 2005. But the Ministry of Justice rejected his application on March 10, 2006(Ref. Doc. No. 14) and disapproved his objection(which was submitted on March 17, 2006) on June 23, 2006(Ref. Doc No 15).

When the Ministry notified him of the disapproval of the objection, however, they intentionally deleted the part in the notice document which states that the dissatisfied can file an administrative litigation within 90 days after being notified(Ref. Doc. No 15; compare reasons of Doc. No. 15 and those of Doc No. 18).

Even if the Ministry of Justice did not notify him of his right to access to the court, they waited for the deadline to pass, so that X could no longer file an administrative litigation, while keeping him detained. But while he was detained, he read the Bible devotedly and gained more confidence in the Christian faith.[22] Members from Shin-Kwang Church came to visit him periodically. X called Sala and

Shin Su-Hwa whenever he had questions about the Christian faith while reading the Bible. On July 10, 2006 he decided to make his Christian faith public by being baptized(Ref. Doc. No. 10 to notice the authentication of his faith).

On October 13, 2006 when he could no longer challenge the rejection of the Ministry of Justice, the immigration office invited an official from Iranian embassy named Khan Beigi to Hwaseung Detention Center to issue a new passport to him for repatriation. During the interview with the official from Iranian embassy, X told the official that he had converted to Christianity and that he had no intention to return to Iran when asked to reconvert to Muslim faith.

In regard of the conversation between X and the official from Iranian embassy, the Ministry denied the fact that the official had become aware of X's conversion to Christianity by saying "when we asked the official from Iranian embassy whether they had talked about X's conversion, the official replied that he had never talked about his conversion" in the notice document of reasons of refusal and memorandum dated

22) His diary reveals how his Christian faith is authentic(Ref. Doc. No. 10).

August 9, 2007 to the Court(Ref. Doc. No. 17). But their statement itself shows that the official from Iranian embassy became aware of his conversion to Christianity. Additionally the diary which he has written since he was detained shows what was conversed between him and the official from Iranian embassy when the official visited him(Ref. Doc. No. 10).

Not only because the situation facing Mr. X changed when the official from Iranian embassy was informed by Immigration officials of his conversion, but also because he wanted a chance to challenge the decision of the Ministry to the court which he lost due to the immigration officials, he applied once again for a refugee status on February 20, 2007. But it was rejected in April 20, 2007(Ref. Doc. No. 16). And on May 25, 2007 they also disapproved the objection which he had submitted on April 27, 2007(Ref. Doc. No. 18).

Mr. X filed an administrative litigation on July 3, 2007 to challenge the rejection of the Ministry of Justice. In this litigation, he submitted to the court documents prepared by the Korean office of UNHCR on request of the court where they found that converted Iranians would be persecuted on return to Iran(Ref. Doc. No. 8). He also asserted that the Iranian Embassy knew that he had converted to Christianity through the official from Iranian embassy whom the Immigration office had invited to Hwaseung Detention Center. He also submitted his diary to prove the authenticity of his conversion(Ref. Doc. No. 10). However, in spite of all these arguments and evidences, the Korean courts did not accept his pleas that he has a well-founded fear of persecution on return to Iran ruling as follows, if summarized(Ref. Doc. No. 2, 3, and 4).

1) The reason of entry into Korea seems to be from economic motivation;

2) X was baptized after initial refuge status application was rejected;

3) It is difficult to recognize that the Iranian authorities are aware of X's conversion only with the statement of X that he told officials from Iranian embassy about his conversion;

4) Despite the fact that conversion into Christianity is the subject of government oppression in Iran, unless a person is actively engaged in proselytizing Christianity to the public, simple conversion rarely leads to criminal prosecution, and while there are some levels of discrimination in education and economic activities, it cannot be viewed as serious violation of human rights to constitute persecution under the Refugee Convention.

The decision of the court on his refugee status is illegal and illegitimate in the light of both finding facts on persecution on Christian converts in Iran and of applying and interpreting the definition of refugee in the Refugee Convention.

But apart from illegality and illegitimacy of the decisions of the courts, it violates Article 7 of ICCPR and Article 3 of CAT for the Korean Government to deport him to Iran. Because the Iranian government is aware of X's conversion through the official from Iranian embassy(recently, on March 31, 2009, another official from Iranian embassy named Godarzi came to X and persuaded him to reconvert),[23] he will be subjected to torture and other cruel, inhuman or degrading treatment or punishment and even sentenced to death penalty according to the penal code revised last year on return to Iran(Ref. Doc. No 9, 11 and 13).

X has been detained at the Hwaseong Detention Center since December 12, 2005. But his detention will be indefinite as long as neither the deportation order is revoked nor withdrawn. Because as it is mentioned above, Article 63, on which the detention order was based, provides that "if it is impossible to immediately repatriate a person who is subject to a deportation order, out of the Republic of Korea, he may be detained until the repatriation is possible".

His detention is arbitrary because even if it is an administrative detention, there has been no periodic judicial review on the legitimacy of his detention for almost 4 years (especially from February 27, 2009 when the final decision of the Supreme Court on his refugee case was settled until now, he has been detained just for the deportation order to be executed). Another reason why his detention is arbitrary is that Immigration Control Act article 46 on which his detention was legally based presupposes indefinite detention as explained above. Therefore the Korean Government has violated Article 9 of ICCPR by administratively detaining him for almost 4 years without periodic judicial review.

Also, X is not in a good health condition. During the 4 years of detention, his health has gotten worse. He has been under a lot of stress because of resentment and anxiety, and this has caused stomach ulcer and insomnia. Recently, he has been on a hunger strike against his arbitrary detention and repatriation fasting for over a month. He has lost a significant amount of weight.

Ⅳ. Exhaustion of domestic remedies/Application to other international procedures

* For Freedom from Torture and Other Cruel, Inhuman or Degrading Treatment or

23) When X explained that he had converted to Christianity and would not go back to Iran, the official from Iranian embassy told him that there is nobody to help X but the Iranian Embassy. He emphasized that X should change his mind.

Punishment(right to non-refoulement)-Article 3 of CAT and Article 7 of ICCPR:

– X has exhausted refugee procedures

On December 12, 2005, X received a deportation order(Ref. Doc. No. 7). If the order is executed and he is deported to Iran, he will be subjected to torture and other cruel, inhuman or degrading treatment or punishment.

To remedy violation of the right, on December 28, 2005 he applied to the Ministry of Justice for a refugee status. But the Ministry rejected his application on March 10, 2006(Ref. Doc. No. 14) and disapproved his objection of the rejection on June 23, 2006(Ref. Doc. No. 15). When the Ministry notified him of their disapproval of the objection, they intentionally deleted the part that states that the dissatisfied can file an administrative litigation within 90 days. Because of this, X lost the chance to challenge the decision of the Ministry to the court.

Even though it is not usual, X reapplied to the Ministry of Justice for a refugee status on February 20, 2007 claiming that not only the situation he was facing had changed because on October 13, 2006 an official from Iranian embassy was informed by Immigration officials of his conversion, but also that he wanted a chance to challenge the decision of the Ministry to the court which he lost due to the immigration officials.

But the Ministry rejected the application again on April 20, 2007(Ref. Doc. No. 16 and 17). On April 27, 2007, X objected to the Ministry and on May 25, 2007 the objection was overruled(Ref. Doc. No. 18). On July 3, 2007, X filed an administrative litigation with the Seoul Administrative Court and on January 22, 2008 it was rejected(Ref. Doc. No. 2). He appealed on February 12 2008 to an appellate court, the Seoul High Court but was rejected on November 11, 2008(Ref. Doc. No. 3). Finally he brought the case to the Supreme Court on December 17, 2008 but was rejected on February 26, 2009(Ref. Doc. No. 3). So he has exhausted all the refugee procedures.

– Neither Revocation litigation nor Objection to the Ministry of Justice on the Deportation Order is available to Mr. X

Objection to the Ministry of Justice should be filed within 7 days after the notification of deportation order(Immigration Control Act Article 60, clause 1, Ref. Doc. No. 6). And Revocation litigation on the Deportation Order should be brought to the court within 90 days after the notification of deportation order(Administrative Litigation Act Article 20, Clause 2).

But X passed the deadlines while he was taking refugee procedures which he thought were direct remedies of the violation of the right. So now neither revocation litigation nor objection to the Ministry of Justice on the deportation order is available to Mr. X.

– Declaratory action for the affirmation of a nullity on the deportation order is available but not effective

Declaratory action for the affirmation of a nullity on the deportation order does not have a time limit unlike the revocation litigation(Administrative Litigation Act Article 4, para. 2). But it has been the jurisprudence of the courts that an administrative disposition or order can be affirmed null only if the disposition or order has significant and objectively clear defects when the disposition or order is issued, not when it is executed(Ref. Doc. No. 5).

The deportation order was issued based on Article 46[24] of Immigration Control Act which applied to Mr. X who overstayed and got convicted for drug usage on December 12, 2005 when the Ministry of Justice was not aware of X's conversion. Even if he filed declaratory action for the affirmation of a nullity on the deportation order, the court would not affirm nullity of the deportation order because when the deportation order was issued, it did not have significant and objectively clear defects. Therefore declaratory action for the affirmation of a nullity on the deportation order is not an effective measure.

* For Freedom from Arbitrary Detention – Article 9 of ICCPR:

– Neither Revocation litigation nor Objection to the Ministry of Justice on the Detention Order is available to Mr. X because he passed the deadline as it is mentioned above(Revocation litigation on the Detention Order should be brought to the court within 90 days after the notification of detention order, but Mr. X passed the deadlines while he was taking refugee procedures).

– Declaratory action for the affirmation of a nullity on the detention order is available but not effective

24) Article 46 provides that the head of immigration office may deport persons who deemed highly likely to commit any act detrimental to the interest of the Republic of Korea or public safety, or who may sojourn in the Republic of Korea beyond period of sojourn, or who is released after receiving a sentence of punishment of imprisonment without prison labor or heavier punishment etc.(Ref. Doc. No. 6).

As it is mentioned above, declaratory action for the affirmation of a nullity on the detention order does not have a time limit unlike revocation litigation. But it is the jurisprudence that an administrative disposition or order can be affirmed null only if the disposition or order has significant and objectively clear defects when the disposition or order is issued(Ref. Doc. No. 5).

The detention order was issued based on Article 63 of Immigration Control Act which applied to Mr. X to whom the deportation order was issued in December 12, 2005. Violation of freedom from arbitrary detention started not when he first received a deportation order and was detained(repeatedly the reason for the detention was not to punish him for the crime he committed because his sentence was suspended but to execute the deportation order), but when he has been detained for a long period without periodic judicial review.

Even if X made a declaratory action for the affirmation of a nullity, the courts would not affirm the nullity of the detention order as long as the deportation order is not affirmed null(but the author already explained lack of possibility of affirmation of nullity of the deportation order above). Because when the detention order was issued, it did not have significant and objectively clear defects. Therefore declaratory action for the affirmation of a nullity on the detention order is not an effective measure.

* Concludingly, X has exhausted all the domestic procedures, if not, remaining procedures are not available and/or would not be effective.

V. Interim Measures

It is possible that the Korean government will execute the deportation order and repatriate him to Iran or another place where he will be subjected to Torture and Other Cruel, Inhuman or Degrading Treatment or Punishment while your committee considers the compliant. Please issue request to the Korean government for interim measures in order to prevent irreparable harm to him, like suspension of executing the deportation order.

And Mr. X has been suffering from serious physical and mental problems due to long-term detention. Please issue request to the Korean government for interim measures in order to prevent irreparable harm to him, like temporal release.

Author's signature: …………

VI. list of supporting documentation

1. Written Authorization
2. Seoul Administrative Court Judgement on the refugee case
3. Seoul High Court Judgement on the refugee case
4. Supreme Court Judgement on the refugee case
5. Supreme Court Judgement on declaratory action for the affirmation of a nullity
6. Immigration Control Act
7. Deportation order
8. Documents submitted by the Seoul office of UNHCR to the courts on persecution on Christian converts
9. CORI Research Analysis
10. Mr. X's diary(excerpts)
11. UNHCR's recommendations regarding proposed revisions to Immigration Control Act(Republic of Korea)
12. Testimony of an Iranian missionary called Salah
13. USCIRF Annual Report 2009 Countries of Particular Concern: Iran
14. Refusal notice on the first refugee application
15. Refusal notice on the first objection
16. Refusal notice on the second refugee application
17. Refusal reasons on the second refugee application
18. Refusal notice on the second objection

자료 2 가처분요청

OFFICE DES NATIONS UNIES À GENÈVE
HAUT COMMISSARIAT AUX DROITS DE L'HOMME

UNITED NATIONS OFFICE AT GENEVA
HIGH COMMISSIONER FOR HUMAN RIGHTS

Téléphone: +41 (0)22 917 90 00
Téléfax: +41 (0)22 917 90 22
E-mail: tb-petitions@ohchr.org
Website: www.ohchr.org

Palais des Nations
CH-1211 Genève 10

REFERENCE: G/SO 215/51 KOR (125)
YH/sn 1908/2009

친애하는 김 선생님

2009. 10. 19. 甲을 대신하여 시민적 및 정치적 권리에 관한 국제규약 선택의정서에 따라 자유권 규약 위원회의 심리를 받기 위해 보내주신 개인 청원이 청원 번호 No. 1908/2009 로 등록 되었음을 알려 드리게 되서 영광으로 생각합니다. 추후 모든 연락은 이 등록번호를 참조해주시길 바랍니다.

위원회의 절차 규칙 제 97 번에 따라 개인 청원서 사본이 2009. 10. 21. 한국 정부 당국에 보내졌으며 개인 청원의 심사적격성과 본안에 대한 정보와 견해는 위원회에 6 개월 안으로 보내달라는 요청 또한 같이 보냈습니다.

위원회의 절차 규칙 92 번에 따라 위원회는 한국 정부 당국에게 甲의 사건이 위원회에 계속되는 동안 그를 이란으로 퇴거 하지않도록 요청했고 또한 그의 행정적 구금에 대하여 정기적 사법 심사를 보장 할 것을 요청했습니다. 하지만 이 요청이 이 사건의 실체적인 문제에 대한 결정이 내려진 것을 의미하는 것은 아님을 말씀드립니다.

한국 정부 당국에서 오는 회신에 대하여 답하시기 원하신다면 그렇게 하실 수 있도록 회신을 받으면 알려드리도록 하겠습니다.

더 많은 정보를 위하여 위원회의 절차규칙의 복사본을 첨부하였으니 참고 하시기 바랍니다.

Yours sincerely,

Ibrahim Salama
Chief
Human Rights Treaties Branch

Mr. Jong Chul Kim
Gildo Building #401 1713-4
Seocho dong Seocho ku Seoul
South Korea (137-070)

자료 3 추가의견서

Additional Information to the Complaint No.1908/2009.

Ⅰ. Date

5. February 2014

Ⅱ. Information on the complainant

1. The author
Name: **KIM** First name(s): **Jong Chul**
Nationality: **South Korea** Date and place of birth: **31 July 1971, Suwon**
Address for correspondence on this complaint: **(Changed)**
Girl Scout Building #505, 163, Anguk dong, Jongro gu, Seoul, South Korea (110-240)
E-mail: **(Changed) jckim@gmail.com**

2. The Person on behalf of whom the author submits the communication
Name: **X** First name(s): **Y**
Nationality: **Iran**
Date and place of birth: **23 August 1965, SONGHOR KERMANSHAH**

Ⅲ. Additional Information

1. Mental/Physical Health of Mr.X was seriously deteriorated for his 47months detention

As I put in the complaint, Mr.X got detained from 12 December 2005 in foreigner' detention facility(the facility is deceitfully referred to foreigner' protection center in the relevant legislation, but it is a detention facility in all aspect). And one month after the interim measures which requested the government of Korea not to deport him and to conduct periodic judicial review for his further detention, Mr.X was temporally released in 20, November 2009 from his 47 months detention because there has been no such a process as judicial periodic review of immigration detention up to date.

While he was in the detention facility, his mental/physical health became seriously deteriorated. For instance, he lost most of his teeth and he has attempted committing suicide. (There is neither mental health care service nor dental clinic serves in the foreigner' detention facility). This horrible experience of the prolonged detention made him very much vulnerable even after he was temporally released.

Please see Medical Opinion of psychiatrist dated 2, Sept. 2013 and 2, Dec. 2013

2. The risk he would face on return to Iran was increased.

I filed the individual complaint to UN Human Rights committee in 19 October 2009 on behalf of Mr.X after exhausting all the domestic remedies including litigation with regard to refugee status determination up to the Supreme Court. In the complaint I argued that since he was a Christian convert from Muslim, execution of deportation (or deportation order) of him to Iran is in violation of non refoulement.

Mr.X has been studying theology and working for his church as a bible teacher since he was temporally released, which increases the risk of persecution he would face on return to Iran. In 20, December 2012, Mr.X graduated from theological seminary called AMI and he will acquired M.A. in next few months.

3. His regular report/appearance to immigration authority shows that his prolonged detention was not necessary and arbitrary.

As mentioned above, in 21 October 2009 interim measures was issued to the government of Korea requesting that while treaty bodies were considering the case, he should not be deported and his detention should be judicially reviewed in a regular basis. Since there is no regular judicial review for immigration detention, Mr.X was temporally released in 20 November 2009 with a surety of 3,000 USD.

Since he was temporally released, he has extended his release every three months by reporting to immigration authority through his presence until recent days, which shows that even if he had been released rather than prolonged detention, he would have not absconded. Therefore again the absence of process of review in terms of necessity of continuous detention makes his prolonged detention arbitrary.

But when Mr.X appeared to an immigration office in 13, December 2013 for the extension (since 14, December 2013 is the deadline for next extension), his extension was denied and his surety of 3,000USD was confiscated. Immigration authority alleged that the reason for his re-detention was his disobedience of order by immigration officials who have requested him to go to Iranian Embassy and obtain his lost passport. He was detained in 30, Dec. 2013 and was temporally released after paying another surety of 3,000 USD. And since his extension was denied in 13 December 2013, his condition of the mental health became worse showing symptom of mental disorder.

4. Conclusion

47 months detention without periodic judicial review and proper medical service

leading to his serious mental illness was arbitrary under ICCPR and constituted torture, degrading, inhumane treatment under CAT.

Considering his physical and mental illness in addition to his Christian activities including studying theology and working for his church as a bible teacher, the possibility of persecution on him would be increased when he returns to his country of origin.

I would like to kindly request that the committee declare that Korean government grossly violated prohibition of arbitrary detention and non-refoulement principle of ICCPR and CAT and recommend the government of Korea should protect him, stopping attempts to detain or deport him..

Author' signature: …………

Ⅳ. list of supporting documentation

1. Medical Opinion of psychiatrist dated 2, Sept. 2013
   1-1. Medical Opinion of psychiatrist dated 2, Sept. 2013 English Translation
2. Medical Opinion of psychiatrist dated 2, Dec. 2013
   2-1. Medical Opinion of psychiatrist dated 2, Dec. 2013 English Translation
3. Bachelor of Theology dated 20, Dec. 2012

구치소 내 과밀수용행위 위헌확인 사건

장 서 연*

1. 사건 개요

인권활동가인 청구인은 집회에 참가했다는 혐의로 업무방해죄로 벌금 70만원의 판결을 확정 받고, 개인적인 신념에 따라 벌금 납부를 거부하고 노역장 유치를 통한 환형처분을 받기로 하였다. 청구인은 2012. 12. 8. ○○구치소에 수용되었다. 평소 감옥 인권(교정시설 내 수용자 인권)을 위한 활동을 해왔던 청구인은 자신이 수용된 거실의 면적이 거실 바깥 표지판에 기재되어 있는 면적보다 좁다고 느꼈고, 몸을 움직이기에도 매우 좁다고 생각하여 거실 내부의 면적을 실제로 측정해 보기로 하였다. 청구인은 편지 용지를 사용하여 거실 내부의 면적을 측정하고, 출소한 이후 측정 결과를 환산하여 1인당 면적의 최소치가 1.24m^2에 불과하다는 것을 알았다. 평균적인 체형을 가진 성인 남성이 팔을 펴거나 발을 뻗기도 어려울 만큼 비좁은 공간이었다.

교정시설에서의 과밀수용 문제는 어제 오늘의 일이 아니라 그동안 꾸준히 제기되어 온 사안이다. 국가인권위원회는 2005년 교도소 수용거실 1.687평에 5명을 수용한 것은 과밀수용이라고 판단하여 법무부장관에게 빈사동 활용계획을 수립하여 2006년 상반기까지 시행할 것을 권고한 바 있고,[1] 2013년 수도권·대도시 소재 미결수 수용 구치기능 13개 교정시설에 대해 직권조사를 한 후 과밀수용 해소 종합대책을 마련한 것을 법무부장관에게 권고하였다.[2] 또한 2015년 하루 최고기온이 34℃(평균 26.8℃)를 넘는 한여름에 교도소 수용자를 조사하면서 다른 빈 공간이 있음에도 수용정원 기준을 초과하여 수용한 것은 비인도적인 처우로 인권 침해 행위에 해당한다고 판단하는 등 과밀수용이 인권침해임을 거듭 지적하며 문제를 개선할 것을 권고하고 있다.[3]

하지만 2016년 6월 기준 전국 52개의 교정시설 중에서 38개의 교정시설의 수용인원

---

* 변호사, 공익인권법재단 공감.

1) 국가인권위원회 2005. 10. 10. 자 05진인784[과밀수용으로 인한 인권침해].

2) 국가인권위원회 2013. 9. 11. 자 13직권0000100 결정.

3) 국가인권위원회 2015. 7. 15. 자 15진정0036300 결정.

이 정원을 초과하고 있고, 평균 수용률은 122.5%이며, 수도권 교정시설 수용률은 150%를 넘고 있다. 최근 10년 동안 증감을 반복하던 교정시설 수용률이, 2013년 104.9%로 수용률을 초과하기 시작하여 2014년 108.0% · 2015년 115.6% · 2016년 8월 기준 122.8%로 점점 증가하고 있어, 교정시설의 과밀수용 상황이 점차 악화되고 있다.[4)]

청구인은 출소 이후인 2013. 3. 7. 구치소 내 과밀수용행위가 인간의 존엄과 가치 및 행복추구권, 인격권, 인간다운 생활을 할 권리 등 기본권을 침해하여 위헌이라는 헌법소원청구를 하였다. 이 소송은 천주교인권위원회 유현석공익소송기금의 지원으로 진행되었다.[5)]

헌법재판소는 2016. 12. 29. 청구인을 ○○구치소에 수용한 행위(과밀수용한 행위)가 청구인의 인간의 존엄과 가치를 침해한 것으로 위헌임을 확인한다는 결정을 하였다.[6)] 헌법재판소는 결정이유에서 인간의 존엄과 가치는 국가가 형벌권을 행사함에 있어 사람을 국가행위의 단순한 객체로 취급하거나 행형에 있어 인간 생존의 기본조건이 박탈된 시설에 사람을 수용하는 것을 금지하고 있으므로, 교정시설의 1인당 수용면적이 수형자의 인간으로서의 기본 욕구에 따른 생활조차 어렵게 할 만큼 지나치게 협소하다면, 이는 그 자체로 국가형벌권 행사의 한계를 넘어 수형자의 인간의 존엄과 가치를 침해하는 것이라고 판단하였다.

[자료 1] 헌법소원 청구서

[자료 2] 청구인 측 의견서

2. 헌법소원의 쟁점과 변론

가. 수용자의 기본권 제한 및 국가형벌권 행사의 한계

피청구인 ○○구치소장은 "수용자의 재소관계는 국가와 수용자 간에 성립하는 특수한 법률관계이며, 이들은 격리된 시설에서 강제적인 공동생활을 하게 되어 헌법이 보장하는 신체의 자유 등 기본권에 대한 다소간의 제한이 불가피하다"라고 주장하였다.

이에 청구인은 의견서를 제출하여 수형자가 형벌의 집행을 위하여 격리된 구금시설에서 강제적인 공동생활을 하게 되므로 헌법이 보장하는 신체활동의 자유 등 기본권 제한이 불가피하더라도, 기본권을 전면적으로 제한받는 것이 아니라 형의 집행과 도망의 방지라는 구금의 목적과 관련된 기본권에 한정되어야 하고, 그 역시 형벌의 집행을

---

4) 안성훈, 『교정시설에서의 과밀수용 현상과 그 대책에 관한 연구』, 형사정책연구원, 2016, 13쪽.
5) 천주교인권위원회, [보도자료] ○○구치소 과밀수용 위헌 결정에 대한 논평, 2016. 12. 29. 자. http: //www.cathrights.or.kr/bbs/list.html?table=bbs_8&idxno=22485&page=2&total=584&sc_area=&sc_word=
6) 헌법재판소 2016. 12. 29. 선고 2013헌마142 결정.

위하여 필요한 한도를 벗어날 수 없다고 한 헌법재판소의 판례를 들어 반박하였다. 헌법재판소는 이 사건에서 인간의 존엄과 가치에서 비롯하는 국가형벌권 행사의 한계를 다시 확인하였다.

> "인간의 존엄과 가치는 모든 인간을 그 자체로서 목적으로 존중할 것을 요구하고, 인간을 다른 목적을 위한 단순한 수단으로 취급하는 것을 허용하지 아니하는바, 이는 특히 국가의 형벌권 행사에 있어 매우 중요한 의미를 가진다. 국가의 형벌권 행사는 공동체의 질서를 유지함으로써 인간의 존엄과 가치를 보호하기 위한 것이기도 하지만, 동시에 그 대상이 되는 피의자 · 피고인 · 수형자의 인간의 존엄과 가치에 대한 위협이 될 수도 있기 때문이다. 인간의 존엄과 가치는 국가가 형벌권을 행사함에 있어서 피의자 · 피고인 · 수형자를 다른 모든 사람과 마찬가지로 존엄과 가치를 가지는 인간으로 대우할 것을 요구한다. 그러므로 인간의 존엄과 가치는 국가가 형벌권을 행사함에 있어 사람을 국가행위의 단순한 객체로 취급하거나 비인간적이고 잔혹한 형벌을 부과하는 것을 금지하고, 행형(行刑)에 있어 인간 생존의 기본조건이 박탈된 시설에 사람을 수용하는 것을 금지한다. 특히 수형자의 경우 형벌의 집행을 위하여 교정시설에 격리된 채 강제적인 공동생활을 하게 되는 바, 그 과정에서 구금의 목적 달성을 위하여 필요최소한의 범위 내에서는 수형자의 기본권에 대한 제한이 불가피하다 하더라도, 국가는 인간의 존엄과 가치에서 비롯되는 위와 같은 국가형벌권 행사의 한계를 준수하여야 하고, 어떠한 경우에도 수형자가 인간으로서 가지는 존엄과 가치를 훼손할 수 없다."(헌법재판소 2016. 12. 29. 선고 2013헌마142 결정)

나. 형집행의 목적과 과밀수용의 문제점

청구인은 행형의 목적인 교정교화 및 사회복귀를 달성하기 위해서는 수용자들이 일반 사회에서의 생활조건과 가능한 한 유사한 생활조건 하에서 생활할 수 있도록 해야 하고, 교정시설은 교정목적을 달성하기 위한 물적 토대로서 가장 기본적인 조건이므로 수용인원의 적정화는 수형자의 재사회화에 기여할 수 있는 형태로 보장받아야 한다고 주장했다. 과밀수용은 직업훈련과 교육 · 의료 · 운동 등 각종 서비스를 부실하게 하고 수형자끼리의 범죄 감염을 조장하고, 교정역량의 전반적인 저하를 야기하여 교정사고가 빈발하게 하는 원인이라고 주장했다.

2016년 형사정책연구원은 과밀수용이 초래하는 문제점으로 여러 가지 문제를 지적하고 있다. 교정시설의 수용인원의 수준과 그 추이는 일반적으로 그 나라의 범죄동향이나 사회의 치안상황을 보여주는 중요한 지표가 되는데, 과밀수용은 범죄발생의 악순환을 심화시키고, 국가 형사사법체계의 왜곡을 초래함으로써 국가 전반적인 형사정책과 형사사법체계가 총체적인 위기에 봉착했음을 보여준다는 것이다. 구체적으로는 수용자의 기본적 인권 침해, 분류수용 및 개별처우 등의 곤란에 따른 사회복귀처우의 곤란,

교정시설 관리운영의 지장에 따른 교정사고 발생의 증가, 권리구제 관련 청원 및 소송의 급증, 직원의 근무여건 악화를 들고 있다.[7)]

헌법재판소는 교정의 궁극적인 목적은 범죄자로 하여금 법을 준수하게 하고 일반시민으로 사회에 복귀하게 하는 재사회화에 있으며, 이 때 재사회화는 수형자가 출소 후에 범행하지 않고 정상적인 사회생활을 영위할 수 있도록 한다는 적극적인 의미를 담고 있다면서 과밀수용의 문제점을 아래와 같이 밝히고 있다.

"재사회화의 목적을 달성하기 위해서는 그에 알맞은 적절한 환경과 조건을 갖출 것이 요구된다. 그런데 교정시설의 수용면적, 관리인원의 수 등 제반 사정에 비추어 적정한 수를 초과하는 수용인원이 교정시설에 수용되는 이른바 '과밀수용'의 경우, 교정시설의 위생상태가 불량하게 되어 수형자 간에 질병이 퍼질 가능성이 높아지고, 관리인원이 부족하게 되어 수형자의 접견・운동을 제한하게 되거나 음식・의료 등 서비스가 부실해질 수 있으며, 수형자들의 처우불만이 제대로 해소되지 못하고 수형자 간 긴장과 갈등이 고조됨으로써 싸움・폭행・자살 등 교정사고가 빈발하게 될 수 있다. 또한 과밀수용은 수형자의 특성에 따른 개별화된 교정프로그램의 작동을 불가능하게 하고, 교정공무원들에게 과도한 직무를 부과하고 심리적 부담을 갖게 하여 직무수행능력에 악영향을 미칠 수도 있다.

이와 같이 과밀수용은 교정교화를 위한 적절한 환경과 조건을 갖추지 못함으로써 교정시설의 질서유지에 부정적 영향을 주고 교정역량을 저하시켜, 결국 교정의 최종목적인 수형자의 재사회화를 저해하게 한다."(헌법재판소 2016. 12. 29. 선고 2013헌마142 결정)

다. 과밀수용의 최저기준

(1) 관련법령

수용자의 처우와 권리 및 교정시설의 운영에 관한 사항을 규정하고 있는 법률은 「형의 집행 및 수용자의 처우에 관한 법률(이하 '형집행법'이라 약칭함)」이다. 형집행법에는 수용자 1인당 수용면적의 최저기준이나 적정한 수용면적에 대한 기준을 규정하고 있지 않다. 다만, 수용자는 독거수용을 원칙으로 규정하고 있고,[8)] "신설하는 교정시설은 수용인원이 500명 이내의 규모가 되도록 하여야 한다. 교정시설의 거실・작업장・접견실이나 그 밖의 수용생활을 위한 설비는 그 목적과 기능에 맞도록 설치되어야 한다. 특히, 거실은 수용자가 건강하게 생활할 수 있도록 적정한 수준의 공간과 채광・통풍・

---

7) 안성훈, 앞의 책, 27쪽.

8) 형의 집행 및 수용자의 처우에 관한 법률 제14조(독거수용) 수용자는 독거수용한다. 다만, 다음 각 호의 어느 하나에 해당하는 사유가 있으면 혼거수용할 수 있다.
1. 독거실 부족 등 시설여건이 충분하지 아니한 때
2. 수용자의 생명 또는 신체의 보호, 정서적 안정을 위하여 필요한 때
3. 수형자의 교화 또는 건전한 사회복귀를 위하여 필요한 때

난방을 위한 시설이 갖추어져야 한다."라고 규정하고 있다.[9)]

(2) 청구인의 주장

청구인은 이 사건 과밀수용행위는 법무부의 내부 규정도 준수하지 못하고 있다고 지적했다. '법무시설 기준규칙'(법무부 훈령 제848호)은 일반 혼거실의 경우 수용자 1인당 수용면적을 2.58m²로 규정하고 있고, '수용구분 및 이송·기록 등에 관한 지침'(법무부 예규 제924호)은 혼거실의 수용정원 산정기준을 2.58m²당 1명으로 규정하고 있다.

그런데, 청구인이 수용된 거실의 1인당 수용면적을 측정한 결과는 아래 표와 같았다.

수용기간	수용인원	1인당 평균면적
12. 8. 오후 4시경 ~ 12. 9. 오후 4시경	4명	1.85m²
12. 9. 오후 4시경 ~ 12. 11. 오후 9시경	5명	1.48m²
12. 11. 오후 9시경 ~ 12. 14. 오후 1시경	6명	1.24m²
12. 14. 오후 1시경 ~ 12. 18. 오후 1시경	5명	1.48m²

(3) 피청구인의 주장

피청구인 ○○구치소장은 "교정시설의 수용인원은 ① 사회 상황, 분위기에 따른 범죄의 증감에 따라 시시각각 변할 수밖에 없는 것이어서 국가에서 수용자의 수용인원을 미리 예측할 수 없는 점, ② 교도소·구치소와 같은 수용시설을 신축하는 데에는 예산확보 문제, 님비현상으로 인한 부지선정의 어려움 등으로 많은 절차와 시간이 소요되며 정치적 상황에도 많은 영향을 받는 점, ③ 교정시설은 국가의 한정된 예산으로 설치·운영하게 된다는 점, ④ 수용자가 갑자기 늘어난다고 하여 수용자를 수용하지 않을 수 없는 점 등에 비추어 수용동 거실에서의 불편함은 수용시설의 특성에 기인하는 당연한 현상으로 청구인이 수인할 수 있는 것"이라고 주장하였다.

법무부장관은 의견서를 통해 이 사건 수용행위가 청구인의 기본권을 침해하여 헌법에 위반되는지 여부는 단순히 위 수용구분지침의 면적기준을 충족하였는지 여부만을 고려할 것이 아니라, 해당 수용시설 전반의 운영 실태와 제반 생활여건 및 개별 수용자들에 대한 편의제공 등의 사정을 종합적으로 고려하여 판단하여야 한다면서, 청구인이 처한 당시 수용환경을 고려하면 이 사건 수용행위는 위헌이 아니라고 주장하였다. 또한

---

9) 형의 집행 및 수용자의 처우에 관한 법률 제6조(교정시설의 규모 및 설비)
① 신설하는 교정시설은 수용인원이 500명 이내의 규모가 되도록 하여야 한다. 다만, 교정시설의 기능·위치나 그 밖의 사정을 고려하여 그 규모를 증대할 수 있다.
② 교정시설의 거실·작업장·접견실이나 그 밖의 수용생활을 위한 설비는 그 목적과 기능에 맞도록 설치되어야 한다. 특히, 거실은 수용자가 건강하게 생활할 수 있도록 적정한 수준의 공간과 채광·통풍·난방을 위한 시설이 갖추어져야 한다.

이 사건과 유사하게 수용자가 과밀수용행위 대하여 국가를 상대로 손해배상청구를 한 사건에서 부산지방법원은 아래와 같은 이유로 원고패소 판결을 하였다.

> "① 전국에 있는 교정시설의 수용거실은 제한적이지만, 피고(대한민국)로서는 임의로 수용자 수를 일정한 수준 이하로 제한할 수 없는 점, ② 교정시설의 입장에서는 수용자들에게 인간다운 생활을 충분히 할 수 있는 공간을 확보해주기 위하여 추가로 입소하는 수용자들의 수용을 거부할 수도 없는 점, ③ 과밀수용의 문제를 해결하기 위해서는 교정시설을 추가로 신설할 수밖에 없으므로, 과밀수용의 문제는 단기간에 손쉽게 해결될 수 있는 것인 아닌 점(가령 피고는 2007년경 이래 수용정원 2,000명 규모의 신축시설을 2018년까지 건립하여 부산구치소를 이전하는 계획을 추진 중인바, 신축시설로 이전하기 전까지는 부산구치소의 과밀수용 문제를 해결할 다른 마땅한 방법은 없어 보인다), ④ 수용자들로서는 전적으로 국민들이 부담하는 세금으로 의식주를 해결하는 만큼 어느 정도의 불편함은 감내할 수밖에 없는 점, ⑤ 원고들이 수용된 공간보다 더 좁고 불편한 주거환경에서 생활하는 국민들도 존재하는 점, ⑥ 수용자들에게 행복추구권과 인간다운 생활을 할 수 있는 권리를 보장하였는지는 교정시설의 면적만 가지고 판단할 수는 없고 교정시설 전반과 제반 생활여건을 종합적으로 판단함이 상당한 점, ⑦ 미결수의 경우 재판에 참석하여야 하므로 과밀수용을 해소하기 위하여 수용현황이 양호한 원거리의 구치소로 이송하기도 어려운 점, ⑧ 구금시설 수준의 개선가능성을 판단함에 있어 정부의 경제 규모와 예산을 고려하지 않을 수 없는 점 등에 비추어 본다면, 원고들이 교정시설에 수용되는 동안 1인당 1.44m^2 내지 2.16m^2 정도 · 1.23m^2 내지 3.81m^2 정도의 좁은 공간에서 생활하고 잠을 자야하는 불편함이 있었다고 하더라도 피고가 객관적인 정당성 없이 수용자인 원고들을 적정한 수용수준을 넘어 좁은 공간에 과밀수용함으로써 원고들의 기본적인 인권을 수인한도를 넘을 정도 침해한 것으로 보기는 어렵다."(부산지방법원 2014. 2. 20. 선고 2011가합13633 판결)

(4) 외국의 사례 및 국제인권기준

형집행법은 "이 법을 집행하는 때에 수용자의 인권은 최대한으로 존중되어야 한다."라고 규정하고 있다(제4조). 또한 우리나라가 1990년 가입한 '시민적 · 정치적 권리에 관한 국제규약'(International Covenant on Civil and Political Rights) 제10조 제1항은 "자유를 박탈당한 모든 사람은 인도적으로 또한 인간의 존엄성을 존중하여 취급된다."라고 규정하고 있고,[10] 국제연합의 '피구금자 처우에 관한 최저기준규칙'(Standard Minimum Rules for the Treatment of Prisoners) 제10조는 "피구금자가 사용하도록 마련된 모든 설비, 특히 모든 취침 설비는 기후 상태와 특히 공기의 용적 · 최소면적 · 조명 · 난방 및

10) International Covenant on Civil and Political Rights
Article 10
1. All persons deprived of their liberty shall be treated with humanity and with respect for the inherent dignity of the human person.

환기에 관하여 적절한 고려를 함으로써 건강유지에 필요한 모든 조건을 충족하여야 한다."라고 규정하고 있다.[11)]

1인당 최소수용면적에 관한 외국의 사례를 살펴보면, '고문 및 비인도적 또는 모욕적 처우나 처벌의 방지를 위한 유럽위원회'(European Committee for the Prevention of Torture and Inhumane or Degrading Treatment or Punishment)는 혼거 수용실의 경우 1인당 최소수용면적을 4m²로 제시한 바 있고, 유럽인권재판소는 1인당 수용면적이 2.7m²인 수용시설에 몇 개월간 수용한 경우 유럽인권협약 제3조(모욕적 처우의 금지)에 위반된다고 판단하였다.[12)] 독일의 경우 연방헌법재판소는 7.6m² 내지 8m²의 독거실에 2인이 수용된 경우 인간의 존엄성을 침해한다고 판단하였고(BVerfG, NJW 2002. 2699 f.), 프랑크푸르트 주상급법원이 11.54m²(화장실 포함)의 방에 3인이 수용된 경우 인간의 존엄성을 침해한다고 판단한 바 있다(OLG Frankfurt a.M., NStZ-RR 2009, 326). 미국의 경우 수형자에 대하여는 수용시설 환경이 지나치게 열악하여 수정헌법 제8조의 '잔혹하고 이상한 형벌(cruel and unusual punishment)의 금지'에 위배되는지 여부를 판단하면서, 연방대법원이 약 6.3m²에 2인을 수용한 것이 헌법의 위반에 이르는 정도가 아니라고 한 예가 있으나(Rhodes v. Chapman, 452 U.S. 337, 1981), 제7연방항소법원은 1인당 수용면적이 2.2m²인 경우(실제 사용가능면적은 그 절반이었음) 위헌이라고 판단하였고(French v. Owens, 777 F.2d 1250, 1985), 제8연방항소법원은 1인당 2.5-3m²의 경우 그 수용조건이 위헌적이라고 판단하였다(Cody v. Hillard, 799 F.2d 477, 1986).

3. 헌법재판소의 결정(헌법재판소 2016. 12. 29. 선고 2013헌마142 전원재판부 결정)

가. 법정의견

헌법재판소는 피청구인이 청구인을 과밀수용한 행위는 청구인의 인간의 존엄과 가치를 침해한 것으로 위헌임을 확인한다는 결정을 하였다.

헌법재판소는 법무부 예규인 '수용구분 및 이송·기록 등에 관한 지침'에 의하면 ○○구치소의 수용정원은 2,200명인데, 청구인이 이 사건 방실에 수용되었던 2012. 12. 8.부터 2012. 12. 18.까지의 기간 동안 ○○구치소에 실제로 수용된 총 인원은 적게는

---

11) Standard Minimum Rules for the Treatment of Prisoners
10. All accommodation provided for the use of prisoners and in particular all sleeping accommodation shall meet all requirements of health, due regard being paid to climatic conditions and particularly to cubic content of air, minimum floor space, lighting, heating and ventilation.

12) Mandic and Jovic v. Slovenia; Strucl and Others v. Slovenia, Applications nos. 5774/10 & 5985/10, 20 October 2011.

2,957명부터 많게는 3,019명으로, 수용정원 대비 실제 수용인원의 비율이 134% 내지 137%에 이르렀고, 청구인이 이 사건 방실에 수용되었던 2012. 12. 8.부터 2012. 12. 18.까지의 기간 동안 시간별로 이 사건 방실에 실제로 수용된 인원과 1인당 수용면적은 다음 표와 같다는 사실을 인정하였다.

수용기간	수용 인원	1인당 수용면적		
		수평투영 면적	내부 치수	개인사용 가능면적
2012. 12. 8. 16:00 ~ 12. 9. 16:00	4명	2.24m²	1.82m²	1.59m²
2012. 12. 9. 16:00 ~ 12. 11. 21:00	5명	1.79m²	1.45m²	1.27m²
2012. 12. 11. 21:00 ~ 12. 14. 13:00	6명	1.49m²	1.21m²	1.06m²
2012. 12. 14. 13:00 ~ 12. 18. 13:00	5명	1.79m²	1.45m²	1.27m²

그러면서 "수형자가 인간 생존의 기본조건이 박탈된 교정시설에 수용되어 인간의 존엄과 가치를 침해당하였는지 여부를 판단함에 있어서는 1인당 수용면적뿐만 아니라 수형자 수와 수용거실 현황 등 수용시설 전반의 운영 실태와 수형자들의 생활여건, 수용기간, 접견 및 운동 기타 편의제공 여부, 수용에 소요되는 비용, 국가 예산의 문제 등 제반 사정을 종합적으로 고려할 필요가 있다."라고 하면서도 "교정시설 내에 수형자가 인간다운 생활을 할 수 있는 최소한의 공간을 확보하는 것은 교정의 최종 목적인 재사회화를 달성하기 위한 가장 기본적인 조건이므로, 교정시설의 1인당 수용면적이 수형자의 인간으로서의 기본 욕구에 따른 생활조차 어렵게 할 만큼 지나치게 협소하다면, 이는 그 자체로 국가형벌권 행사의 한계를 넘어 수형자의 인간의 존엄과 가치를 침해하는 것"이라고 판단하였다.

그리고 "이 사건의 경우, 성인 남성인 청구인은 6인이 수용되었던 2일 16시간 동안 1인당 수평투영면적 1.49m²(내부치수 1.21m²), 실제 개인사용가능면적 1.06m²인 이 사건 방실에서 생활하였고, 5인이 수용되었던 6일 5시간 동안 1인당 수평투영면적 1.79m²(내부치수 1.45m²), 실제 개인사용가능면적 1.27m²인 이 사건 방실에 수용되었는데, 위와 같은 1인당 수용면적은 우리나라 성인 남성의 평균 신장인 174cm(2010년 국가기술표준원 실시 제6차 한국인 인체치수 조사 결과) 전후의 키를 가진 사람이 팔을 마음껏 펴기도 어렵고 어느 쪽으로 발을 뻗더라도 발을 다 뻗지 못하며, 다른 수형자들과 부딪치지 않기 위하여 모로 누워 칼잠을 자야할 정도로 매우 협소한 것이다. 그렇다면 청구인이 이 사건 방실에 수용된 기간이 비교적 단기이고, 청구인이 접견 및 운동을 위하여 총 10시간을 이 사건 방실 밖에서 보낸 점 등 제반 사정을 참작하여 보더라도,

청구인은 인간으로서의 기본 생활에 필요한 최소한의 공간조차 확보되지 못한 이 사건 방실에서 신체적·정신적 건강이 악화되거나 인격체로서의 기본 활동에 필요한 조건을 박탈당하는 등 극심한 고통을 경험하였을 가능성이 크다.

따라서 청구인이 인간으로서의 최소한의 품위를 유지할 수 없을 정도로 과밀한 공간에서 이루어진 이 사건 수용행위는 청구인의 인간으로서의 존엄과 가치를 침해하여 헌법에 위반된다."라고 판단하였다.

나. 보충의견 – 수형자 1인당 확보해야 하는 최소수용면적

재판관 박한철, 김이수, 안창호, 조용호는 보충의견으로 교정시설 내에 수형자 1인당 적어도 2.58m^2 이상의 수용면적을 상당한 기간 이내에 확보하여야 한다고 밝혔다. 보충의견에서 인상적이었던 부분은 신영복의 「감옥으로부터의 사색」을 인용하고 있는 부분이다.

> "없는 사람이 살기는 겨울보다 여름이 낫다고 하지만 교도소의 우리들은 차라리 겨울을 택합니다. …… 여름징역은 바로 옆 사람을 증오하게 한다는 사실 때문입니다. 모로 누워 칼잠을 자야 하는 좁은 잠자리는 옆 사람을 단지 37℃의 열덩어리로만 느끼게 합니다. 이것은 옆 사람의 체온으로 추위를 이겨나가는 겨울철의 원시적 우정과는 극명한 대조를 이루는 형벌 중의 형벌입니다. 자기의 가장 가까이에 있는 사람을 미워한다는 사실, 자기의 가장 가까이에 있는 사람으로부터 미움받는다는 사실은 매우 불행한 일입니다. 더욱이 그 미움의 원인이 자신의 고의적인 소행에서 연유된 것이 아니고 자신의 존재 그 자체 때문이라는 사실은 그 불행을 매우 절망적인 것으로 만듭니다. 그러나 무엇보다도 우리 자신을 불행하게 하는 것은 우리가 미워하는 대상이 이성적으로 옳게 파악되지 못하고 말초감각에 의하여 그릇되게 파악되고 있다는 것, 그리고 그것을 알면서도 증오의 감정과 대상을 바로잡지 못하고 있다는 자기혐오에 있습니다."

헌법재판소는 보충의견으로 "국가는 수형자를 다른 모든 사람과 마찬가지로 존엄과 가치를 가지는 인간으로 대우하여야 하고, 수형자가 불필요한 신체적·정신적 불편을 겪지 않도록 할 수 있는 최소한의 공간을 갖춘 수용시설을 확충하는 것은 그 전제가 되는 기본적인 조건이다. 수형자라 하더라도 인간으로서의 품위를 지킬 수 있는 수용환경에서 각자의 인격을 형성하고 발전시킬 기회를 가질 수 있도록 함으로써 그들이 다시 자유를 회복하였을 때에는 개인과 공동체의 상호연관 속에서 균형을 잡고 자신의 인생과 공동체에 대한 책임을 다할 수 있는 인격체로 살아갈 수 있도록 하는 것이야말로 국가형벌권 행사의 궁극적인 목적이자 이를 정당화할 수 있는 근거이다."라고 밝히고 있다.

4. 판결 이후의 상황

헌법재판소의 이번 결정은 헌법 제10조 인간의 존엄과 가치에서 비롯되는 국가형벌권 행사의 한계를 명확히 밝혔다는 점에서 의미가 있다. 특히 수용자 수의 증가 등을 이유로 교정시설에서의 과밀수용이 점점 심각해지는 상태였음에도 불구하고, 그동안 시설이나 예산부족을 이유로 과밀수용을 사실상 방치하고 있었던 유관기관들은 헌법재판소의 이번 결정으로 교정시설 내 과밀수용 문제를 개선해야할 헌법적 의무가 있음이 재차 확인이 되었다. 하지만 헌법재판소의 다수의견이 수용자 1인당 수용면적의 최소기준이나, 과밀수용 문제를 언제까지 개선해야 한다는 기간의 기준을 제시하지 않은 것은 아쉬운 점이다. 정부는 헌법재판소의 보충의견으로 교정시설 내 수형자 1인당 적어도 2.58m^2 이상의 수용면적을 확보하도록 한 것, 교정시설 확충과 관련된 현실적 어려움을 참작하여, 늦어도 5년 내지 7년 내에 이러한 기준을 충족하도록 개선해 나갈 것을 촉구한 것을 유념할 필요가 있다.

한편, 헌법재판소의 위헌 결정 이후, 2017년 부산고등법원은 헌법재판소의 2016년 위헌 결정을 근거로 ○○구치소에 수용됐던 원고들이 과밀수용 등을 이유로 국가를 상대로 낸 손해배상청구소송에서 원고패소 판결한 1심을 취소하고, 성인 남성인 원고들에 대한 1인당 수용거실 면적이 2m^2에 미달하는 시설에 수용한 행위는 수인한도를 초과하여 위법하다며 국가배상책임을 인정하는 판결을 하였다.[13] 이제 법원에서도 국가의 과밀수용행위에 대한 위법성을 인정하여 손해배상책임을 묻기 시작한 것이다. 해당 법원은 국가는 수용 인원 증가에 대응하는 교정시설 신축 등 과밀수용을 근본적으로 해소하는 장기대책의 수립과 함께, 우선 임시조치로서 교정시설 내 사무실, 창고, 작업 공간 등 다른 공간을 수용거실로 리모델링하는 등의 조치를 취함으로써 수용자들의 고통을 덜어줄 책무가 있다고 밝히고 있다. 그리고 이러한 조치를 취하지 않은 것은, 인간의 존엄과 가치에서 비롯되는 국가형벌권 행사의 한계를 준수하였다고 할 수 없으므로 위법하다는 것이다. 따라서 교정시설에서의 과밀수용 문제를 해소하기 위한 근본적인 대책 마련과 함께, 수인한도를 초과하여 인간의 존엄성을 침해하는 과밀수용행위에 대해서는 이를 개선하기 위한 조치가 시급하게 이루어져야 한다.

13) 부산고등법원 2017. 8. 31. 선고 2014나50975 판결.

함께 검토할 판결례

〈과밀수용행위에 대한 국가배상을 인정한 판결〉
부산고등법원 2017. 8. 31. 선고 2014나50975 판결.

〈미결수용자 특히 유치인의 기본권 제한의 한계를 설시한 헌법재판소 결정〉
헌법재판소 2001. 7. 19. 선고 2000헌마546 결정.

〈교정시설에서의 과밀수용행위가 인권침해임을 인정한 국가인권위 결정〉
국가인권위원회 2005. 10. 10. 자 05진인784 결정.
국가인권위원회 2013. 9. 11. 자 13직권0000100 결정.

관련자료

안성훈, 『교정시설에서의 과밀수용 현상과 그 대책에 관한 연구』, 형사정책연구원, 2016.

심층질문

1. 헌법재판소는 국가형벌권 행사의 한계로 인간의 존엄과 가치를 근거로 들고 있다. 국가의 형벌권 행사는 공동체의 질서를 유지함으로써 인간의 존엄과 가치를 보호하기 위한 것이기도 하지만, 동시에 그 대상이 되는 피의자·피고인·수형자의 인간의 존엄과 가치에 대한 위협이 될 수도 있기 때문에, 피의자·피고인·수형자를 다른 모든 사람과 마찬가지로 존엄과 가치를 가지는 인간으로 대우할 것을 요구한다는 것이다. 그런데 국가인권위원회에 진정·접수된 인권침해 통계에 의하면 여전히 국가기관에 의한 인권침해 중 구금시설에서의 인권침해가 높은 비중으로 발생하고 있다. 구금시설에서의 인권침해는 어떤 유형이 있으며 이를 개선하기 위한 방법은 무엇일까. 또한 일각에서는 피의자·피고인·수형자의 인권만 보장하고 범죄피해자의 인권보장을 소홀히 한다는 주장이 있는데, 이러한 주장에 대한 반론은?

2. 교정시설 수용률이 2013년 104.9%로 수용률을 초과하기 시작하여 2014년 108.0%·2015년 115.6%·2016년 8월 현재 122.8%로 점점 증가하고 있어, 교정시설의 과밀수용 상황이 점차 악화되고 있다. 교정시설의 과밀수용 상황이 악화되고 있는 이유는 무엇일까?

3. 헌법재판소의 법정의견(다수의견)은 수용자 1인당 최소수용면적을 제시하지 않았고, 보충의견(소수의견)은 수형자 1인당 적어도 2.58m² 이상의 수용면적을 상당한 기간(늦어도 5년 내지 7년)이내에 확보하여야 한다고 판단하였다. 수용자 1인당 최소수용면적의 적정 기준은 얼마가 되어야 할까?

4. 교정시설에서의 과밀수용행위를 해소하기 위해서는 다각적인 정책이 필요하다. 어떠한 정책들이 필요할까?

자료 1 헌법소원 청구서

1. 청구취지

피청구인이 2012. 12. 8. 06:00경부터 같은 달 18일 13:00경까지 청구인을 ○○구치소에 수용한 행위는 청구인의 인간의 존엄성 및 행복추구권, 인격권, 인간다운 생활을 할 권리 등을 침해한 것으로 위헌임을 확인한다.

라는 결정을 구합니다.

2. 침해된 권리

헌법 제10조 인간의 존엄성 및 행복추구권, 인격권

헌법 제34조 제 1항 인간다운 생활을 할 권리

3. 헌법소원에 이르게 된 경위

청구인은 2007. 7. 27. 서울 상암동 근처에서 열린 비정규직 노동자 대량해고 항의집회에 참가했다가 업무방해죄 등의 혐의로 약식기소되어 2012년 6월 벌금 70만원(업무방해죄)의 판결을 확정 받았습니다. 청구인은 청구인의 행위에 대하여 위와 같은 업무방해죄에 인정한 것은 부당하다는 개인적인 신념에 따라 벌금납부를 거부하고 노역장유치를 통한 환형처분을 받기 위해 2012. 12. 7. 경찰서에 자진출두한 후 이송되어 2012. 12. 8. 오후 4시경 ○○구치소에 수용되었습니다.

청구인이 수용된 거실 바깥 표지판에는 거실의 면적이 8.96m², 정원은 6명이라고 기재되어 있었습니다. 청구인은 평소 감옥 안에서의 인권문제에도 관심이 있었던 바, 수용실 내부가 표시보다 좁다는 느낌이 들고 청구인이 몸을 움직이기에도 매우 좁다고 생각되어 청구인이 실제로 측정해 보기로 하였습니다. 그 결과 거실의 면적은 씽크대와 보관대를 포함하더라도 7.419m², 씽크대와 보관대를 포함하지 않으면 6.687m²에 불과했습니다. 또한 거실의 높이는 2.388m여서 씽크대와 보관대를 포함한 용적은 17.72m³였습니다.[14)]

씽크대와 보관대를 포함한 면적(7.419m²)을 기준으로 했을 때, 청구인이 수용된 후 거실의

14) 실제 측정값과 면적

수용인원과 1인당 면적 평균은 다음 표와 같습니다.

수용기간	수용인원	1인당 평균면적
12. 8. 오후 4시경 ~ 12. 9. 오후 4시경	4명	1.85m²
12. 9. 오후 4시경 ~ 12. 11. 오후 9시경	5명	1.48m²
12. 11. 오후 9시경 ~ 12. 14. 오후 1시경	6명	1.24m²
12. 14. 오후 1시경 ~ 12. 18. 오후 1시경	5명	1.48m²

4. 과밀수용행위의 위헌성

위와 같이 청구인이 수용된 방은 수용면적이 7.419m²고, 수용정원이 6명이므로 1인당 면적이 1.24m²(0.375평)으로서 평균적인 체형을 가진 성인 남성이 팔을 펴거나 발을 뻗기도 어려울 만큼 매우 비좁았습니다.

거실 바깥에 표시된 거실의 면적 8.96m²는 아마도 화장실 면적을 포함한 것으로 보이는 바, 이를 기준으로 하더라도 수용자 1인당 면적이 1.49m²에 불과합니다.

가. 과밀수용으로 인한 인권침해

행형법이론에서는 교정교화라는 행형의 목적에 비추어 '유사성의 원칙'이 적용됩니다. 유사성의 원칙이란 행형에서의 생활조건과 사회의 일반적인 생활조건 사이의 차이를 가능한 한 최소화해야 할 행형당국의 의무를 말합니다. 행형의 목적인 교정교화 및 사회복귀를 달성하기 위해서는 수용자들이 일반 사회에서의 생활조건과 가능한 한 유사한 생활조건 하에서 생활할 수 있도록 해야 합니다. 이를 통해 자유박탈로 인한 해악적 효과를 차단하고 수용자의 장래의 사회복귀에 도움을 줄 수 있기 때문입니다. 독일의 행형법은 유사성의 원칙을 명문화하여 수용생활의 조건이 일반적인 사회의 생활조건과 유사해야 한다고 규정하고 있습니다(독일 행형법 제3조 제1항).

유사성의 원칙은 헌법적으로는 인간의 존엄성 보장 및 행복추구권(헌법 제10조)와 인간다운

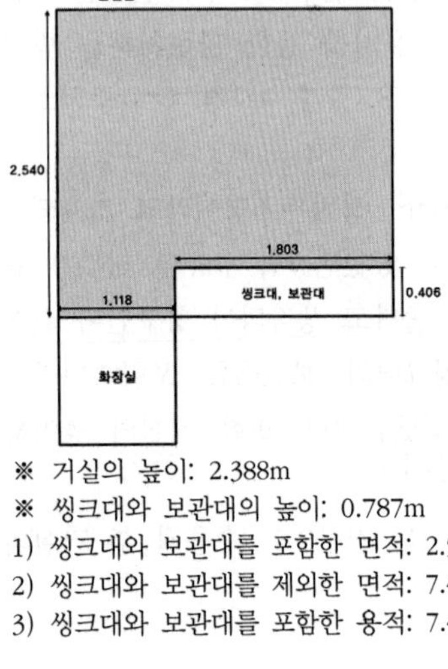

※ 거실의 높이: 2.388m

※ 씽크대와 보관대의 높이: 0.787m

1) 씽크대와 보관대를 포함한 면적: 2.540m×2.921m(=1.118+1.803)=7.419m²

2) 씽크대와 보관대를 제외한 면적: 7.419m²−0.732m²(=1.803×0.406)=6.687m²

3) 씽크대와 보관대를 포함한 용적: 7.419m²×2.388m=17.72m³

생활을 할 권리(헌법 제34조 1항)에서 연유할 뿐만 아니라, 사회국가원칙에도 그 근거가 있다고 할 것입니다. 사회국가원칙은 교정시설의 행형이 궁극적으로는 수용자의 사회복귀와 사회통합을 목표로 해야 한다는 점, 그리고 행형이 복지의 이념에 기초하여 설계·운영되어야 한다는 점을 지시해 주고 있기 때문입니다.

유사성의 원칙에 의할 때, 행형은 구금시설의 안전과 질서유지를 위하여 필요한 최소한도의 조치를 제외하고는, 수용자들의 능동적이고 책임있는 생활태도를 독려할 수 있도록 구성되어야 합니다. 물론 교정시설의 생활조건이 어떤 면에서 일반 사회의 그것과 유사한 것이어야 하는 지, 또한 그 유사성의 수준이 어느 정도여야 하는지에 대해서 일률적인 기준을 적용할 수는 없습니다. 유사성의 원칙이 지시해 주는 바는, 교정시설 밖의 일반적인 생활조건 가운데 어떤 특정한 기준을 지향해야 한다는 의미라기보다는, 교정시설에서의 삶의 조건이 수용사의 인간의 존엄을 유지하기에 적합하고 일반적으로 승인된 사회적 규범에 합치하는 것이어야 하며 수용자의 자긍심과 자존감을 침해하지 않는 수준을 유지해야 한다는 것입니다.

그런데 교정시설의 수용인원이 적정수준을 넘어 과밀상태가 되면, 이로 인해 발생하는 부정적 효과는 매우 큽니다. 청구인의 경우에 성인 남성이 거실 바닥에 등을 온전히 대고 잠을 잘 수도 없는 정도의 비좁은 거실에서 생활해야 했습니다. 이것만으로도 교정시설의 거실면적이 인간의 존엄성 유지에 필요한 기본적인 수준에 미치지 못하는 것이라고 보아야 합니다. 더 나아가서 비좁은 거실에 적정인원을 초과한 수용이 이루어지면, 협소한 공간으로 인한 수용자들의 스트레스와 물리적 충돌이 발생하게 되어 거실 내의 수용자들의 공동생활이 원만하게 유지되기 어렵습니다. 과밀수용이 수용자들의 공격성을 증가시켜 교정교화에 악영향을 미친다는 연구결과도 나와 있습니다. 과밀수용으로 인하여 수용자 개인의 존엄성을 보장하지 못하는 열악한 생활조건이 계속된다면, 이는 그 자체로 인간의 존엄성 보장에 반하는 것일 뿐만 아니라, 이로부터 수용자들의 자괴감이 증가하거나 공격성이 증대되어 결국에는 행형의 목적인 교정교화도 달성할 수 없게 되는 것입니다.

교정시설의 수용자에게 보장되어야 할 1인당 면적이 어느 정도 수준이 되어야 인간의 존엄성 보장 및 인간다운 생활을 할 권리에 합치하는가에 대하여 일률적인 기준으로 말하기는 매우 어렵습니다. 이는 우리 사회에서 사람들의 생활환경이 매우 다양하기 때문에도 그러합니다. 그렇지만, 우리 사회의 보편적인 생활수준과 환경을 고려하면서 인간의 존엄성 보장에 합치하는 최저수준의 거실면적기준을 정립하는 것은 반드시 필요하고 또 가능한 일입니다. 마치 최저임금의 기준을 결정하는 것과 유사하게 국가는 교정시설의 수용자들에게 제공해야 할 생활조건의 최저기준을 정립할 의무가 있습니다.

청구인은 이에 관한 다양한 자료를 수집하고 정리하여 추후 별도의 의견서로 보충할 예정입니다. 한 가지 분명한 것은, 성인이 발을 쭉 뻗고 등을 대고 누워 잠을 잘 수 없는 거실조건은 그 열악성의 수준이 인간의 존엄성 보장을 침해하는 것이라는 점입니다.

5. 해외사례

가. 독일의 경우

독일 행형법은 수형자가 기거하는 거실은 "거주하기에 적합하게(wohnlich)" 혹은 그 목적에 적합하게 구성되어야 하며, 충분한 공기용적 및 건강한 생활을 위해 충분한 정도로 난방·

환기시설·거주면적 및 창문을 갖추어야 한다고 규정하고 있습니다(제144조). 이 규정은 거실의 조건에 관하여 구체적인 기준을 정한 것은 아니지만, 구금시설을 관리하는 국가로 하여금 인간의 존엄성에 합치하는 거실조건을 유지하도록 의무지운 것으로 해석되고 있습니다.

독일에서는 위 규정에 근거하여 1980년대에 이미 다음과 같은 판례가 나온 바 있습니다. 7.98m^2의 면적과 22m^3의 용적을 가진 독거실에 2명을 수용한 것은 제144조 위반일 뿐만 아니라 인간의 존엄성을 규정한 독일헌법 제1조 위반이라고 판시한 판례가 있고, 11.54m^2의 방에 3명을 수용한 것이 위헌이라고 한 판례도 있습니다. 독일 행형법이 제정된 직후인 1978년 10월 3일 행형위원회의 행형시설 건축에 대한 권고안(Empfehlungen für den Bau von Justizvollzugsanstalten vom 3.10.1978)에서는 독거실의 경우 9m^2, 2인실의 경우 16m^2, 혼거실의 경우 수형자 1인당 7m^2를 최소면적으로 정한 바 있습니다.

나. 미국의 경우

미국에서는 1970년 한 교도소의 구금조건 전체를 수정헌법 제8조에 위반된다고 판시한 Holt v. Sarver판결이 있습니다. 이 판결에서 연방법원은 개방된 막사에의 과밀수용, 그 결과 폭행의 위험성 증가, 수형자를 무장시켜 간수로 활용한 점, 부적절한 의료설비, 불결한 위생상태, 재사회화프로그램의 결여 등을 지적하고, 이 모든 조건들은 "전체로서" 수정헌법 제8조에서 금지하는 "잔인하고 비통상적인 형벌"에 해당한다고 판시하였습니다. 교도소의 규칙(혹은 관행)이나 구금조건 등이 그 하나하나는 비록 위헌의 수준에 이르지 않더라도 그들 조건의 결합으로써 수정헌법 제8조의 위반에 이를 수 있다는 논리입니다.

또한 미국 연방대법원도 1978년 Hutto v. Finney판결에서 징벌방의 열악한 조건(부정기인 점, 평균 4명에서 많게는 10명의 수형자가 창문도 없는 80평방피트의 징벌방에 구금된다는 점, 수도꼭지와 화장실 외에는 일절 가구가 비치되어 있지 않고, 요는 밤에만 지급된다는 점, 식사는 하루에 1000칼로리 미만이라는 점 등)이 수정헌법 제8조 위반에 해당하며, 이에 대하여 징벌구금의 일수를 30일로 제한한 연방법원의 명령을 정당하다고 판시한 바 있습니다.

다. 국제연합 최저기준규칙

국제연합 최저기준규칙 제10조는 피구금자가 사용하도록 마련된 모든 설비, 특히 취침설비는 기후상태와 특히 공기의 용적·최소면적·조명·난방 및 환기에 관하여 적절한 고려를 함으로써 건강유지에 필요한 모든 조건을 충족하여야 한다고 규정하고 있습니다.

또한 위 규칙 제11조는 피구금자가 기거하거나 작업을 하여야 하는 모든 장소에는

(a) 창문은 피구금자가 자연광선으로 독서하거나 작업을 할 수 있을 만큼 넓어야 하며, 인공적인 통풍설비의 유무에도 불구하고 신선한 공기가 들어올 수 있도록 설치되어야 한다.

(b) 인공조명은 피구금자가 시력을 해치지 아니하고 독서하거나 작업하기에 충분하도록 제공되어야 한다.

라고 규정하고 있습니다.

마지막으로 위 규칙 제60조에서는

(1) 시설의 체계는 피구금자의 책임관념을 희박하게 하거나 인간으로서의 존엄성을 감소시키기 쉬운 수형생활과 자유생활 사이의 상위점들을 극소화하도록 해야 한다.

라고 규정하고 있습니다.

6. 권리보호의 이익

○○구치소장이 청구인에 대하여 좁은 방에 과밀수용한 행위는 심판청구일 현재 청구인이 이미 석방되어 주관적인 권리보호의 이익이 소멸되었으나, 그러한 기본권침해행위가 반복될 위험이 있고 여기에 미결수용자에 대하여 행하여지고 있는 과밀수용의 문제까지 감안한다면 그 해명이 헌법질서의 수호·유지를 위하여 긴요한 사항으로서 중대한 의미를 지니고 있으므로 심판청구의 이익이 있다고 하겠습니다.

자료 2 청구인 측 의견서

1. 수형자의 법적지위와 기본권

'형의 집행 및 수용자의 처우에 관한 법률'(이하 '행형법'이라 합니다) 제2조 제1호에 따르면 '수형자'란 징역형·금고형 또는 구류형의 선고를 받아 그 형이 확정된 사람과 벌금 또는 과료를 완납하지 아니하여 노역장 유치명령을 받은 사람을 의미합니다.

이러한 수형자는 형벌 등의 집행을 위하여 격리된 구금시설에서 강제적인 공동생활을 하게 되므로 헌법이 보장하는 신체활동의 자유 등 기본권이 제한될 수밖에 없습니다. 그러나 수형자라 하여 모든 기본권을 전면적으로 제한받는 것이 아니라, 제한되는 기본권은 형의 집행과 도망의 방지라는 구금의 목적과 관련된 기본권(신체의 자유, 거주이전의 자유, 통신의 자유 등)에 한정되어야 하고, 그 역시 형벌의 집행을 위하여 필요한 한도를 벗어날 수 없습니다(헌법재판소 2005. 2. 24. 선고 2003헌마289, 판례집 17-1, 261, 268; 헌법재판소 2008. 5. 29. 선고 2005헌마137, 판례집 20-1하, 187, 196 참조).

또한 행형법 제4조(인권의 존중)에서는 "이 법을 집행하는 때에 수용자의 인권은 최대한으로 존중되어야 한다."라고 규정함으로써, 수용자에 대한 인권보장을 명시하고 있습니다.

2. 과밀수용의 문제점

가. 수용자의 인권침해

(1) **행형법 제14조, 제56조, 제57조**

행형법 제14조는 수용자의 독거수용을 원칙으로 하되, "1. 독거실 부족 등 시설여건이 충분하지 아니한 때, 2. 수용자의 생명 또는 신체의 보호, 정서적 안정을 위하여 필요한 때, 3. 수형자의 교화 또는 건전한 사회복귀를 위하여 필요한 때" 등의 경우에 혼거수용을 할 수 있도록 규정함으로써, 일정한 공간을 확보할 것을 요구하고 있습니다.

또한 소장은 수형자의 개별적 특성에 알맞은 교육·교화프로그램, 작업, 직업훈련 등의 처우에 관한 계획을 수립하여 시행하여야 하고(행형법 제56조 제1항), "수형자는 분류심사의 결과에 따라 그에 적합한 교정시설에 수용되며, 개별처우계획에 따라 그 특성에 알맞은 처우를" 받아야 합니다(행행법 제57조).

(2) **행형법 개정이유**

행형법은 1999. 12. 28. 법률 제6038호로 일부개정 되면서 교도소등의 설치 운영에 관한 업무의 일부를 민간에 위탁할 수 있는 근거를 마련하였습니다. 이때 개정이유로 "수용질서 확립의 기초위에서 날로 증대하고 있는 수용자의 인권에 대한 사회적 관심을 수용자처우에 반영함으로써 질서와 인권이 조화되는 교정행정풍토를 조성하고, 수용자의 건전한 사회복귀를 촉진하기 위하여 관련규정을 정비하며, 과밀수용을 해소하고 교화효과를 제고하기 위하여 교도소등의 설치 및 운영에 관한 업무의 일부를 민간에 위탁할 수 있는 근거를 마련하려는 것임"이라고 명시하였습니다.

(3) **유엔인권협약, 피구금자 처우최저기준규칙**

우리나라가 1990년에 가입한 유엔인권협약B규약(자유권규약) 제10조 제1항에서는 "자유를 박탈당한 자는 누구든지 인도적이고 인간의 고유한 존엄을 존중받도록 처우 받아야 한다."라고 규정하고 있고, 유엔 피구금자 처우최저기준규칙 제10조에서는 "피구금자가 사용하도록 마련된 모든 설비, 특히 취침설비는 기후상태와 특히 공기의 용적 · 최소면적 · 조명 · 난방 및 환기에 관하여 적절한 고려를 함으로써 건강유지에 필요한 모든 조건을 충족하여야 한다."라고 규정하고 있습니다.

(4) **헌법재판소 결정례**

헌법재판소는, 형법 제73조가 "형기에 산입된 판결선고 전 구금의 일수는 가석방에 있어서 집행을 경과한 기간에 산입한다."라고만 규정하고, 사형판결 확정 후 무기징역형으로 감형된 자의 사형집행 대기기간을 무기수의 가석방 형집행 요건기간인 10년에 산입하는 규정을 두지 않은 것이 청구인의 평등권을 침해하였는지가 쟁점이 된 사안에서, "오늘날 가석방 제도는 수형자의 수용생활과정에서 교화개선의 효과가 나타나는 경우에 수형자를 형기종료일 이전에 석방함으로써 교정시설 내 처우에서 사회 내 처우로 전환시켜 효율적인 교정교화와 과밀수용해소 등을 도모하는 형사정책적 목적을 실현하기 위한 것이다."(헌법재판소 2009. 10. 29. 선고 2008헌마230 결정)라고 판시하여 과밀수용에 문제가 존재함을 전제로 이에 대한 해결이 필요함을 인정하고 있습니다.

(5) **국가인권위원회 결정**

국가인권위원회는, 비좁은 징벌실에 평균 2~3명의 조사 · 징벌자를 수용하는 행위로 인권을 침해받았다는 진정사건에 대해서, "사회가 정한 법을 위반하여 그 죄 값을 치르고 있는 수형자라고 하더라도 최소한 인간으로서의 존엄성이 보장되어야 한다는 것이 피구금자에 관한 인권기준의 기본 전제이며, 약 3.3㎡(1평)의 공간에 3명을 생활하도록 하는 것은 그 자체로 비인도적인 처우라고 할 것이고, 헌법 제10조 및 제11조에서 보장하고 있는 인간의 존엄성 및 행복추구권을 침해한 행위에 해당한다."라고 결정한 바 있습니다(국가인권위원회 결정 10진정34000 교도소의 부당한 처우로 인한 인권침해).

나. 교정목적에 반함

(1) **교정목적 및 목적달성의 조건**

오늘날 교정의 최종 목적이 범죄자로 하여금 법을 준수케 하고 일반시민으로서 사회에 복귀하게 하는 이른바 '재사회화'라는 것이 교정학 이론의 일반적인 견해입니다. 또한 행형법 제1조 역시 "이 법은 수형자의 교정교화와 건전한 사회복귀를 도모하고, 수용자의 처우와 권리 및 교정시설의 운영에 관하여 필요한 사항을 규정함을 목적으로 한다."라고 규정하여, 교정의 최종 목적이 수형자의 사회복귀에 있음을 분명하게 밝히고 있습니다.

따라서 교정당국은 수형자의 재사회화 목적을 위한 정신적·물질적 조건을 형성할 것이 요구되고, 이를 위해서 시설의 다양화 수용인원의 적정화 전문인력과 시설의 확충 등 수형자의 생활조건들을 수형자의 재사회화에 기여할 수 있는 형태로 보장하여야 함은 물론이고, 수형자의 재사회화를 저해하는 모든 장애요인들을 가능한 한 범위 내에서 배제시켜야 합니다. 그리고 그중에서도 특히 교정시설은 교정목적을 달성하기 위한 물적 토대로서 가장 기본적인 조건이 됩니다.

(2) **과밀수용이 교정목적달성에 미치는 부정적 영향**

과밀수용은 직업훈련과 교육·의료·운동 등 각종의 서비스를 부실하게 하고 수형자끼리의 범죄 감염을 조장합니다. 좁은 공간에 많은 인원이 수용되게 되면, 직원이 부족한 현실에서 수용자 간의 긴장과 갈등이 고조되어 폭력성과 공격성이 증대되고, 이에 따라 싸움·폭행·자살 등 교정사고를 빈발하기도 합니다.

또한 과밀수용은 교정역량의 전반적인 저하를 야기합니다. 재사회화라는 교정목적을 달성하기 위해서는 목적달성에 유리한 환경과 조건을 갖추는 것이 기본조건인데, 과밀수용 상황 하에서는 수용자의 기본적인 인권을 고려한 개별화된 교정프로그램 작동이 거의 불가능하게 되어, 교도관 등의 교정 공무원들은 관리차원에서의 질서유지와 구금에 더욱 치중하게 됩니다. 부실한 교정프로그램은 수용자의 반발을 불러오고, 이는 교정 공무원들의 교정의지를 나약하게 만들 뿐만 아니라 더욱 통제위주의 교정활동이 이루어지게 됩니다. 이처럼 과밀수용은 교정역량의 저하를 심화시키는 악순환을 발생시키는 주요 요인입니다.

3. 과밀수용 여부의 판단

가. 이 사건의 쟁점

이 사건의 쟁점은 청구인에게 허용된 1.11m^2(약 0.33평)라는 면적이 헌법에서 보장하고 있는 인간의 존엄성 등을 보장하기에 충분한 면적인가 하는 점입니다.

수형자는 사회가 정한 법을 위반하여 처벌을 받고 있는 사람이고, 이 경우 신체적 자유 등 기본권이 일정 부분 제약을 받을 수 있습니다. 그러나 헌법 제37조 제2항에서 명시하고 있는 바와 같이 기본권의 제한은 필요한 경우에 한하여 필요한 범위 내에서만 이루어져야 합니다.

수형자에게 어느 정도의 면적이 생활공간으로 허용되어야 하는 점에 대해서는 정확하게 말하는 것은 매우 어려운 일입니다. 하지만 국내외의 여러 기준을 종합적으로 검토해 봄으로써, 구체적인 경우에서의 위헌 여부에 대한 판단은 가능합니다.

나. 1인당 적정면적에 관한 다양한 기준

(1) **국토해양부 최저주거기준**

국토해양부공고 제2011-490호 [별표]에서는 아래의 표와 같이 최저주거기준을 설정하고 있습니다.

가구원 수(인)	표준 가구구성	총 주거면적(㎡)	1인당 주거면적(㎡)
1	1인 가구	14	14
2	부부	26	13
3	부부+자녀1	36	12
4	부부+자녀2	43	10.75
5	부부+자녀3	46	9.2
6	노부모+부부+자녀2	55	9.1

(2) **장애인복지법상의 다수인보호시설 기준**

장애인복지법 시행규칙(보건복지부령 제192호) [별표 5]에서는 장애인복지시설의 종류별 사업 및 설치·운영기준을 설정해 놓고 있습니다. 이에 따를 때, "장애인이 30명 이상 기숙하는 시설을 운영하는 경우에는 거실 등의 시설을 갖추어야" 하고 "이때 거실은 복도·다락 등을 제외한 바닥의 면적은 기숙하는 근로자 1명당 3.3제곱미터 이상으로 하고, 1실의 정원은 4명 이하"여야 합니다.

(3) **법무부의 내부 규정**

법무시설 기준규칙(법무부 훈령 제848호)에서는 수용시설의 표준을 아래의 표와 같이 정하고 있습니다.

	일반 혼거실	일반 독거실	엄정 독거실	징벌실
면적	$2.47m^2$(0.75평)	$4.62m^2$(1.4평)	$3.63m^2$(1.1평)	$2.97m^2$(0.9평)

또한 수용구분 및 이송·기록 등에 관한 지침(법무부 예규 924호) 제82조(수용정원 산정기준) 제1항 제2호에서는 "교정시설 수용정원 산정기준은 독거실 1인당 1명, 혼거실 $2.58m^2$당 1명으로 한다."라고 규정하고 있습니다.

(4) **경찰청 예규**

유치장설계표준규칙(경찰청예규 제514호) 제5조(유치실) 제1항에서는 "유치실의 면적은 13.2평방미터 이상으로 하고, 그 개수는 6실 이상을 설치하되, 1실당 수용인원은 최대 5명으로 한다."라고 규정하고 있으므로, 유치인 1인당 최소 면적은 $2.64m^2$(약 0.8평)입니다.

(5) **독일 판례**

1990년 Celle최고법원(OLG)은 2명의 수형자를 $13.15m^2$의 거실에 수용한 것은 아직까지는 용인할 수 있는 수준이라고 판결하였습니다(OLG Celle VollzD 1990, 2, 21). 한편 3명을 $11.54m^2$의 거실에 수용한 것과(OLG Hamm, NJW 1967, 2024), 2명을 $7.89m^2$의 거실에 수용한 것(LG Braunschweig, NStz 1984, 286)에 대해서는 위법이라고 판단하였습니다.

즉 독일 판례는 재소자 1인당 수용시설면적 최저수준으로 용인할 수 있는 범위를 3.94~$6.57m^2$로 상정하고 있습니다.

다. 소결

	국토해양부 최저주거기준	다수인 보호시설	법무시설 기준규칙	법무부 예규	유치장설계표준 규칙	독일판례	청구인
m^2	9.1	3.3	2.47	2.58	2.64	3.94～6.57	1.11

일반 국민의 주거시설과 수형자의 수용시설을 일률적으로 비교하기는 곤란하나, 국토해양부의 최저주거기준은 인간의 쾌적한 주거환경을 위해서 필요한 최소한의 기준이라는 점에서 의미가 있습니다. 이에 따를 때 청구인의 경우는 약 1/9에 불과한 면적에서 생활해야 했는데, 이 면적은 장애인복지시설 기준의 약 1/3에 불과한 수준입니다.

법은 사회적 약속인 까닭에 법이 규율하는 사회 내부의 특성에 따라 다르게 제정되고 적용될 수밖에 없고 이는 법 위반에 대한 제재인 형벌의 집행에 있어서도 동일하게 적용됩니다. 독일과 우리나라 사이에는 사회적·경제적 차이가 존재하고 법문화도 달라 독일의 판례를 우리나라에 그대로 적용하는 것은 타당하지 않는 경우가 있을 수도 있으나, 인간의 보편적 인권보장의 측면에서 양국이 동일하다고 볼 수 있어 이 사건의 경우에 있어서는 독일 판례 기준도 시사하는 바가 크다고 할 것입니다. 이에 따를 때 청구인의 경우는 독일 판례가 허용한 기준의 1/6～1/3이하의 수준에 불과합니다.

법무부 및 경찰청의 내부 규정과 비교해 봐도 청구인이 수용된 시설이 얼마나 좁은지를 알 수 있습니다. 법무부 훈령인 '법무시설 기준규칙'에서 규정한 일반 혼거실 기준(2.47m^2) 및 법무부 예규인 '수용구분 등에 관한 지침'에서 규정한 혼거실(2.58m^2) 면적, 그리고 경찰청 예규인 '유치장설계표준규칙'에서 규정한 유치실(2.64m^2) 면적의 절반 이하의 면적에 불과합니다.

4. 결 론

사회적으로 합의한 규칙인 법을 위반한 자에 대해서는 처벌이 이루어져야 하는 것이 당연한 이치입니다. 그러나 단순한 절도를 저지른 자에 대해서 다시는 절도 행위를 저지르지 않도록 손목을 자르는 처벌이 정당화될 수 없는 점에서 알 수 있듯이, 처벌은 필요한 범위 내에서 적정하게 이루어져야 합니다.

특정 사회의 인권보장수준은 '상한선 또는 중위선'이 아닌 '하한선'에 따라 결정됩니다. 즉 사회적 약자들의 인권이 어느 정도로 보장되느냐에 따라 그 사회가 얼마나 인권을 중시하는지 판단할 수 있는 것입니다. 수형자도 인권을 가지며 그들의 인권은 다른 사회적 약자와 마찬가지로 우리 사회 인권의 현주소를 알려주는 중요한 잣대라 할 수 있습니다.

이러한 관점에서 볼 때 청구인을 불과 1.11m^2(약 0.33평)의 면적에 수용한 행위는, 인간의 존엄성 및 행복추구권·인격권·인간다운 생활을 할 권리 등을 침해한 것으로 위헌이라고 봄이 상당합니다.

판례색인

[헌법재판소]

[대 법 원]

[하급심 등]

집필진 소개 (가나다 순)

고윤덕 (변호사, 법무법인 시민)
김기현 (변호사, 법무법인 안양)
김남근 (변호사, 법무법인 위민)
김도희 (변호사, 서울사회복지공익법센터)
김영주 (변호사, 법무법인 정우)
김영희 (변호사, 김영희 법률사무소)
김용민 (변호사, 법무법인 양재 강남분사무소)
김정진 (변호사, 제일합동법률사무소)
김종보 (변호사, 법률사무소 휴먼)
김종철 (변호사, 공익법센터 어필)
김진영 (변호사, 법무법인 덕수)
박경신 (교수, 고려대학교 법학전문대학원)
박한희 (변호사, 공익인권변호사모임 희망을 만드는 법)
서선영 (변호사, 공익인권변호사모임 희망을 만드는 법)
송상교 (변호사, 민주사회를 위한 변호사모임 공익인권변론센터)
신수경 (변호사, 법률사무소 율다함)
양창영 (변호사, 법무법인 정도)
염형국 (변호사, 공익인권법재단 공감)
이상희 (변호사, 법무법인 지향)
이용구 (변호사, 법무부 법무실장, 전 법무법인 엘케이비앤파트너스)
이재호 (변호사, 법률사무소 동하)
이종희 (변호사, 전국교직원노동조합)
이혜선 (변호사, 법률사무소 서담)
이혜정 (변호사, 법무법인 동화)
임자운 (변호사, 반도체 노동자의 건강과 인권지킴이 반올림)
장서연 (변호사, 공익인권법재단 공감)
장완익 (변호사, 법무법인 해마루)
정병욱 (변호사, 법무법인 송경)
조영선 (변호사, 국가인권위원회 사무총장, 전 법무법인 동화)
한상희 (교수, 건국대학교 법학전문대학원)
황준협 (변호사, 법무법인 동화)
황필규 (변호사, 공익인권법재단 공감)

한국의 공익인권 소송 ②

2018년 2월 15일 초판 인쇄
2018년 2월 20일 초판 1쇄 발행

저 자 민주사회를 위한 변호사모임

발행인 배 효 선

발행처 도서출판 法 文 社

주 소 10881 경기도 파주시 회동길 37-29
등 록 1957년 12월 12일 / 제2-76호 (윤)
전 화 (031)955-6500~6 FAX (031)955-6525
E-mail (영업) bms@bobmunsa.co.kr
(편집) edit66@bobmunsa.co.kr
홈페이지 http://www.bobmunsa.co.kr
조 판 법 문 사 전 산 실

정가 45,000원 ISBN 978-89-18-09136-5